Deutscher Sportclub für Fußball-Statistiken e.V.

Deutschlands Fußball in Zahlen 2008

mit Mannschaftskadern
und Aufstellungen
aller 36 Bundesligisten
und
aller 37 Regionalligisten

Kader und
Einsatzbilanzen
aller 158 Oberligisten

Ergebnisse und
Tabellen
der fünf höchsten
deutschen
Fußballklassen

Landespokale

Frauenfußball

Juniorenfußball

Inhalt

Allgemeines

Inhalt	2
Vorwort	3
Legende	4
Pyramide	5
Der DSFS stellt sich vor	99
Korrekturen zum Jahrbuch 2007	293
Abkürzungsverzeichnis	336
Internationale Länderabkürzungen	357
Mitarbeiter, Quellen und Impressum	358

1. Liga

Karte	6
Tabelle	7
Spielplan	8
Die Kader mit Aufstellungen	10
Bilanzen	46

2. Liga

Karte	52
Tabelle	53
Spielplan	54
Die Kader mit Aufstellungen	56
Bilanzen	92

3. Liga

Karte	100
Regionalliga Nord	101
Tabelle	101
Spielplan	102
Die Kader mit Aufstellungen	104
Bilanzen	142
Regionalliga Süd	145
Tabelle	145
Spielplan	146
Die Kader mit Aufstellungen	148
Bilanzen	184
Bilanzen aller Regionalligen	187

4. Liga

Karte	194
Oberliga Nord	195
Oberliga Nordost-Nord	199
Oberliga Nordost-Süd	203
Oberliga Westfalen	207
Oberliga Nordrhein	211
Oberliga Südwest	215
Oberliga Hessen	219
Oberliga Baden-Württemberg	223
Oberliga Bayern	227
Oberliga-Mosaik	234
Aufstiegsspiele zu den Oberligen	231

5. Liga

Karte	235
Verbandsliga im Norden	236
Verbands- und Landesligen im Nordosten	241
Verbandsligen im Westen	247
Verbandsligen im Südwesten	251
Verbands- und Landesligen im Süden	254
Aufstiegsspiele zu den VL/LL, einschl. Mosaik	263

Pokale

DFB-Pokal mit Aufstellungen	268
Verbandspokale	274
Schleswig-Holstein	274
Hamburg	275
Niedersachsen	276
Bremen	277
Mecklenburg-Vorpommern und Brandenburg	278
Berlin	279
Sachsen-Anhalt	281
Thüringen und Sachsen	282
Westfalen und Niederrhein	283
Mittelrhein und Rheinland	284
Südwest	285
Saarland	286
Hessen	288
Nordbaden	289
Südbaden	290
Württemberg	291
Bayern	292

Frauen

Pyramide	294
Bundesliga	295
Karte	295
Tabelle	296
Spielplan	297
Die Kader	298
Bilanzen	310
2. Bundesliga	311
Regionalligen	313
Ober- und Verbandsligen	316
Aufstiegsspiele	326
DFB-Pokal	327
Verbandspokale	328

Junioren

A-Junioren-Pyramide und -Meisterschaft	337
A-Junioren-Bundesligen	338
A-Junioren-2. Ligen	340
A-Junioren Aufstiegsspiele	345
A-Junioren DFB-Pokal	346
A-Junioren-Verbandspokale	346
B-Junioren-Pyramide	350
B-Junioren-Bundesligen	350
B-Junioren-Meisterschaft	352
B-Junioren-Aufstiegsspiele	352
B-Junioren-Verbandspokale	353
C-Junioren-Regionalligen	355
C-Junioren-Verbands- und Regionalmeister	355

Vorwort

Liebe Freundinnen und Freunde der Fußball-Statistik!

Die Saison 2007/08 war insgesamt sehr spannend - wenn man einmal von der Meisterschaft absieht. Diese hatte sich Bayern München zu einem relativ frühen Zeitpunkt gesichert, doch der Kampf um die Europapokal-Plätze, den Abstieg und Aufstieg der unteren Ligen war nichts für schwache Nerven. Obwohl die Bayern diese Saison eine recht schlagfertige Truppe zusammenstellen konnte, reichte es für einen internationalen Titel nicht aus. Die Bayern waren stark, aber nicht übermächtig. Einige Vereine der Bundesliga waren an den Bayern "dran", konnten sie aber durch eigenes Unvermögen nicht aufhalten. Natürlich gab es auch 2007/08 einige handfeste Überraschungen und herbe Enttäuschungen. Während die "Gladbacher" einen direkten Wiederaufstieg feiern konnten, drohte der 1. FC Kaiserslautern kurzerhand unterzugehen. Rettung in letzter Sekunde! Dafür hat die TSG Hoffenheim den erst später geplanten Aufstieg schon jetzt verwirklicht. In den unteren Klassen ging es auch um die Qualifikation zur neuen 3. Liga. Bei den Frauen errang der 1. FFC Frankfurt nochmals die Deutsche Meisterschaft. Hinzu kam der Gewinn des DFB-Pokals und des UEFA-Women's-Cup. Eine Mannschaft wie von einem anderen Stern! Der Herren-Fußball stand unter enormen Zeitdruck, da wegen der bevorstehenden Europameisterschaft in Österreich und der Schweiz die oberen Ligen schon Mitte Mai beendet sein mussten. Die EM hielt viele Überraschungen bereit, da viele vermeintliche Favoriten schon frühzeitig die Heimfahrt antreten konnten. Deutschland wurde einmal mehr dem Ruf einer "Turniermannschaft" gerecht und scheiterte erst im Finale denkbar knapp an Spanien.

Nun zu diesem Buch: Was einst als erfolgreiche *Regionalliga-Buch*-Reihe begann und heute als *Deutschlands Fußball in Zahlen* weitergeführt wird, ist mittlerweile als *das* deutsche Standardwerk für Fußballstatistiken in aller Welt etabliert. Nirgendwo kann man sonst alle Ergebnisse, Kader und Einsätze der 1. und 2. Bundesliga, der beiden Regionalligen und sogar aller neun Oberligen in einem Buch nachschlagen. Als wenn dies noch nicht reichen würde, haben wir auch alle Ergebnisse, Tabellen, Statistiken und Relegationsspiele aller 27 fünftklassigen Verbands- bzw. Landesligen zu bieten. Hinzu kommen die DFB- und Verbands-Pokale sowie ausführliche Kapitel über den Junioren- und Frauenfußball. Diese Saison haben wir einmal genau nachgezählt: Aufgelistet haben wir insgesamt 6.956 Personendaten. Alle mit Geburtsdatum, ihren Einsätzen und Toren; für die oberen Ligen ist auch die ehemalige Vereinszugehörigkeit erfasst. Insgesamt können Sie in diesem Buch 21.761 Ergebnisse aus dem Ligabetrieb und den Pokalwettbewerben nachschlagen. Eine solche Datenflut ist wohl einmalig!

Auch sollten wir hier schon einmal einen kleinen Ausblick auf die kommende Saison wagen. Auf Grund der Einführung der 3. Liga stehen einige Änderungen ins Haus, damit dieses Buch weiterhin zu einem annehmbaren Umfang und Preis zu erhalten ist: Die 3. Liga wird selbstverständlich im bekannten Umfang dargestellt. Von den drei neuen Regionalligen werden die Spielerkader detailliert aufbereitet (allerdings ohne Einsatzmatrizen). Die bisherige Oberliga-Spielerstatistik wird für die nächste Saison auf alle 5. Ligen ausgeweitet. Den zusätzlichen Seitenbedarf werden wir durch geringfügige Einschränken beim Frauen- und Juniorenfußball decken. Alle Daten, die herausfallen, sowie alle Einsatzmatrizen der Mannschaften der Regionalligen, können Sie in der geplanten Veröffentlichung "DFiZ-Plus", die bis Jahresende 2009 erscheinen wird, nachschlagen. Sie werden also auf keinerlei Daten verzichten müssen!

Die Erstellung eines solchen umfassenden Werks ist ohne die Mitglieder und Freunde des *Deutschen Sportclubs für Fußballstatistiken (D.S.F.S.)* und die Mitarbeiter von Vereinen, Kreisen, Bezirken und Verbänden unmöglich machbar. Ihnen gebührt ein besonderer Dank für diese meist stunden- und manchmal tagelange ehrenamtliche Arbeit!

Herzlich bedanken möchten wir uns auch für die reibungslose Zusammenarbeit mit Frau Martina Backes und Herrn Wolfgang Fuhr vom Kasseler AGON-Sportverlag (www.agon-online.de). Sie sind ein Garant dafür, dass Sie dieses Buch pünktlich und in gewohnter Qualität und zu einem weiterhin leserfreundlichen Preis in den Händen halten können!

Wir wünschen Ihnen nun viel Spaß beim Studium dieser Lektüre. Wenn Sie einmal Lust verspüren sollten, bei uns mitzumachen, empfehlen wir Ihnen, einmal im Internet bei uns (www.dsfs.de) vorbeizuschauen. Vielleicht sehen wir uns demnächst?

Ralf Hohmann und Dirk Henning   **September 2008**

Legende

Die folgenden Kommentare sollen Ihnen helfen, die vielen unterschiedlichen Statistiken richtig zu verstehen.

Tabellen

In den **Tabellen** ist der populäre Vereinsname angegeben. Hinter dem Tabellenplatz folgt in Klammern die Platzierung des Vorjahres. Es folgen die Anzahl Spiele, Siege, Unentschieden, Niederlagen, das Torverhältnis, die Tordifferenz und die Anzahl der Punkte. Die Symbole haben folgende Bedeutung:

- ↑ Aufstieg in die nächsthöhere Liga
- ^{n}↑ Aufstieg über n Spielklassen
- ↓ Abstieg in die nächstniedrigere Liga oder freiwilliger Rückzug
- $_n$↓ Abstieg über n Spielklassen oder freiwilliger Rückzug
- → Staffelwechsel (gleiche Ebene)
- ⋝ Spielbetrieb eingestellt
- ◇ Fusion oder Bildung von Spielgemeinschaften
- ∠ Auflösung einer Spielgemeinschaft

In den **Ergebniskästen** sind die Heimspiele waagerecht und die Auswärtsspiele senkrecht abzulesen. Für die Ergebnisse gilt:
- 2x0 Spiel wurde 2:0 gewertet
- x:0 Wertung als 0:0 Heimsieg (analog: 0:0 Auswärtssieg 0:x)
- 3a2 Spiel wurde beim Stand von 3:2 abgebrochen und so gewertet (gilt analog für andere Ergebnisse)

Die **Zuschauerstatistiken** sind für die Heimspiele berechnet.

Die **Pyramiden** beziehen sich auf die abgelaufene Saison 2007/08. Die Zahl der vermerkten Auf- und Absteiger bezieht sich auf den Regelfall entsprechend der Spielordnungen.

Kader

Der **Verein**sname ist möglichst genau angegeben. Die Vereinsgeschichte ist auf maximal zwei Zeilen zusammengefasst. Bei den größten Erfolgen handelt es sich nicht unbedingt um Titel, sondern um Erfolge, die von Verein zu Verein höchst unterschiedlich sein können.

Im **Aufgebot** sind alle Spieler in alphabetischer Reihenfolge (nach dem ersten Großbuchstaben des Nachnamens) aufgeführt. Bei der Spielposition bedeutet "T*", dass der Torwart auch im Feld gespielt hat. Es wird angegeben, seit wann der Spieler im Verein ist, nicht seit wann er einen Vertrag hat.
Bei den Spieleinsätzen und Toren der abgelaufenen Saison sind solche aus annullierten im Gegensatz zu wiederholten oder gewerteten Spielen nicht mitgezählt. Bei der Gesamtzahl sind die Einsätze und Tore seit Bestehen der jeweiligen Liga gezählt. Frühere Vereine sind in rückwärtiger Reihenfolge angegeben. Die Vereinsnamen sind sinnvoll abgekürzt. Wir haben alle uns bekannten Vereine (nicht Mannschaften, also ohne Zusätze wie *Amateure* etc.) angegeben. Hat ein Spieler für einen Verein mehrfach gespielt, so ist dieser Verein genauso oft angegeben. Ausländische Vereine sind zum Teil in der ortsüblichen Schreibweise angegeben.

Als **Zugänge** werden alle Spieler in alphabetischer Reihenfolge aufgeführt, die zum Saisonbeginn neu zur Mannschaft dazugekommen sind, nicht Spieler, die bereits während der letzten Saison dazu gekommen sind. Unter *während der Saison* sind alle Zugänge aufgelistet, die nach dem ersten Spieltag neu dazugekommen sind, auch dann, wenn sie den letzten Verein zum Ende der letzten Saison verlassen haben. Spieler, die nur sporadisch dem Kader angehörten, werden bei den Zugängen *(während der Saison)* nicht aufgeführt. Für die **Abgänge** gilt Ähnliches. Bei Spielern, die nicht mehr spielen, haben wir *Laufbahn beendet* vermerkt.

In den **Einsatzmatrizen** stehen E und A für Ein- bzw. Auswechslung. Ein X zeigt einen kompletten 90-Minuten-Einsatz an. Die Zahl dahinter gibt die Anzahl der geschossenen Tore an.

Liga-Bilanzen

Bei der **Torschützenliste** sind die Spieler mit den meisten Toren der aktuellen Saison mit Vereinsnamen angegeben. Bei Spielern, die für zwei Vereine Tore geschossen haben, sind beide Vereine angegeben.

Als nächstes werden die Spieler aufgeführt, die die meisten Tore in einem Spiel erzielt haben. Angegeben ist das Datum, der Spieler, der Gegner (mit Zusatz Heim- bzw. Auswärtsspiel) und das Spielergebnis. Unter *Hattrick* verstehen wir nur die so genannten *lupenreinen Hattricks*, also drei Tore innerhalb einer Halbzeit ohne Tor oder Gegentor eines anderen Spielers dazwischen.

Alle **Elfmetertorschützen** und **Eigentorschützen** sind vereinsweise tabellarisch nach der Anzahl der erzielten Treffer und danach in alphabetischer Reihenfolge angegeben. In Klammern steht die Anzahl ihrer verwandelten Elfmeter bzw. Eigentore, falls es mehr als einer bzw. eines war.

Analog sind die **Dauerbrenner** der Saison angegeben, also alle Spieler, die alle 34 bzw. 36 Spieltage im Einsatz waren.

In der **Fair-Play-Tabelle** sind die Vereine nach Roten und Gelb-Roten-Karten *olympisch* sortiert, an erster Stelle steht also der Verein mit den wenigsten Roten Karten.

In den **Sünderlisten** sind alle des Feldes verwiesenen Spieler getrennt nach Roten und Gelb-Roten-Karten vereinsweise tabellarisch nach der Anzahl der erhaltenen Karten und danach in alphabetischer Reihenfolge angegeben. In Klammern steht die Anzahl ihrer Roten bzw. Gelb-Roten-Karten, falls es mehr als eine war. Die Karten werden angegeben, egal ob der betreffende Spieler anschließend freigesprochen worden ist oder nicht.

Die **Schiedsrichter** sind in der Reihenfolge nach den meisten Einsätzen und den wenigsten Karten aufgeführt, mit Vornamen sowie Vereins- und Landesverbandszugehörigkeit. Ergänzt werden sie durch die Anzahl der Roten und Gelb-Roten-Karten, die sie verteilt haben.

Die **torreichsten Spiele** sind in der Reihenfolge der meisten Tore mit Datum angegeben.

In den **Zuschauer**kästen sind die Heimspiele waagerecht und die Auswärtsspiele senkrecht abzulesen. Die Zuschauerstatistiken sind getrennt für Heim- und Auswärtsspiele berechnet. Unter den best- bzw. schlechtestbesuchten Spielen sind die Spiele mit den meisten bzw. wenigsten Zuschauern mit Spieldatum aufgeführt.

Bei den **Ewigen Listen** sind die Spieler mit den meisten Gesamt-Einsätzen bzw. den meisten Toren seit Bestehen der jeweiligen Liga aufgeführt, ohne die Spiele bzw. Tore aus einer anderen Liga bzw. aus Aufstiegsspielen. Es werden alle Vereine aufgeführt, für die sie in der betreffenden Liga gespielt haben.

Pokale

Links neben den Pokal-Begegnungen findet sich (falls bekannt) das Datum, an dem das Spiel ausgetragen wurde. Unmittelbar danach folgen (in der Regel) zwei Zahlen, die andeuten, in welcher Liga die Mannschaften spielen: Spielt beispielsweise eine Mannschaft aus der 2. Bundesliga gegen einen Erstligisten, so wird das durch "2-1" angedeutet; wenn ein Regionalligist gegen einen Oberligisten spielt, steht dort "3-4" usw. In den Paarungen sind die Namen der Mannschaften aus Platzgründen zum Teil sinnvoll abgekürzt. Die Reihenfolge der Paarungen bestimmt sich entweder nach Datum oder nach offizieller Spielnummer.

Rechts neben den Paarungen folgt das Ergebnis (ggf. mit Halbzeitstand in Klammern). Ergebnisse, die *nach Verlängerung* ermittelt wurden, sind durch "nV", das Ergebnis eines etwaigen Elfmeterschießens durch "iE" (*im Elfmeterschießen*) bzw. "nE" (*nach Elfmeterschießen*) gekennzeichnet. Ist das genaue Ergebnis nicht bekannt, sondern nur der Sieger, so ist dies mit "+:?" dargestellt. Das Pluszeichen kennzeichnet die siegreiche Mannschaft.

Die komplette Pyramide

Diese Tabelle zeigt Ihnen, wie sich die Ligen der Männer in Deutschland verteilen. Zu den Ligen der oberen fünf Ebenen finden Sie auf den folgenden Seiten alle Ergebnisse und Tabellen.

Level	Liga	Staffeln
1	2 × CL 1 × CLQ 2 × UEFA-Cup 1 × UIC **Bundesliga** ▽3	1
2	△3 **2. Bundesliga** ▽4	1
3	△2 **Regionalliga Nord** ▽9 | △2 **Regionalliga Süd** ▽8	2
4	△3 Oberliga Nordost-Nord ▽1 | △4 Oberliga Nordost-Süd ▽1 | △6 Oberliga Nord ▽12 | △4 Oberliga Westfalen ▽7 | △4 Oberliga Nordrhein ▽7 | △4 Oberliga Südwest ▽2 | △4 Oberliga Hessen ▽2 | △4 Oberliga Baden-Württemberg ▽2 | △5 Oberliga Bayern ▽2	9

Level	VL Mecklenburg-Vorp.	VL Brandenburg	VL Berlin	VL Sachsen-Anhalt	LL Thüringen	LL Sachsen	VL Schleswig-Holstein	VL Hamburg	VL Niedersachsen West	VL Niedersachsen Ost	VL Bremen	VL Westfalen 1	VL Westfalen 2	VL Niederrhein	VL Mittelrhein	VL Rheinland	VL Südwest	VL Saarland	LL Hessen Nord	LL Hessen Mitte	LL Hessen Süd	VL Nordbaden	VL Südbaden	VL Württemberg	LL Bayern Nord	LL Bayern Mitte	LL Bayern Süd	Σ
5																												27
6	2 LL	2 LL	2 LL	3 LL	2 LK	3 BzL	4 BzOL	2 LL	4 BzOL	1 LL	5 LL	3 LL	2 LL	3 BzL	2 LL	2 LL	3 BzOL	2 | 3 LL	3 LL	3 LL	4 LL	2 | 3 BzOL	2					67
7	3 BzL	5 LK	3 BzL	9 LK	7 BzL	9 BzK	5 BzL	4 BzL	17 BzL	2 BzL	15 BzL	9 BzL	4 BzL	9 BzL	4 KLA	4 BzL	4 BzL	24 BzL	10 KL	6 BzL	16 BzL	15 BzL						180
8	9 BzK	17 KL	4 KLA	20 KOL	21 KL	28 KL	12 KL	8 KL	45 KL	2 KLA	46 KLA	17 KLA	10 KLA	16 KLB	10 BzK	8 KLA	38 KLA	12 KKA	16 KLA	42 KLA	43 KL							424
9	14 KL	20 1KK	6 KLB	24 KL	25 1KK	32 1KK	14 KKA	9 KK	66 1KK	1 KLB	63 KLB	31 KLB	26 KLB	22 KLC	19 KL	14 KLB	52 KLB	17 KKB	40 KLB	74 KLB	94 KK							663
10	14 1KK	26 2KK	5 KLC	28 1KK	31 2KK	35 2KK	17 KKB	2 LKA	71 2KK	1 KLC	92 KLC	39 KLC	41 KLC	23 KLD	32 KK	8 Res.	45 KLC	16 KKC	21 KLC	42 KLC	164 AK							753
11	5 2KK	7 3KK	1 KKA	9 2KK	10 3KK	11 3KK	9 KKC	3 LKB	74 3KK	1 1KK	4 KLD	1 KLD	10 KLD	—	8 Res.	8 Res.	23 KLD	4 Res.	—	28 Res.	100 BK							316
12	—	—	2 KKB	—	—	2 Res.	8 KKD	4 LKC	33 4KK	1 2KK	—	—	—	—	4 Res.	—	4 Res.	—	—	—	106 CK							164
13	—	—	1 KKC	—	—	1 Res.	—	—	2 5KK	1 3KK	—	—	—	—	—	—	1 Res.	—	—	—	—							6
Σ	48	78	25	94	97	122	70	33	314	11	227	101	94	74	80	45	198	63	87	207	532							2613

Anmerkungen:

- Umfangreiche Erläuterung der Liga-Kürzel siehe Seite 336; ferner bedeuten KLA = KreisLiga A, 1KL = 1. KreisLiga, AK = A-Klasse, BK = B-Klasse usw.; Res. bezeichnet Reservestaffeln.
- Angegeben ist immer die Mehrzahl der verwendeten Staffelbezeichnungen, obwohl diese in vielen Landesverbänden ab der Kreisebene auch auf dem gleichen Level durchaus variieren können! (Ausnahme: In Bayern befinden sich auf Level 11 und 12 überwiegend Reservestaffeln.)
- Die Grenzen zwischen den Regionalligen, den Oberligen Nordost-Nord und -Süd sind nicht streng. Das gleiche gilt häufig auch in tieferen Staffeln.
- Ab der 6. Liga ist für die einzelnen Verbände nur noch die Anzahl der Ligen angegeben. Die Summen in der letzten Tabellenzeile beziehen sich auf Level 5 bis 13 (jeweils einschließlich); die letzte Zahl ganz rechts jedoch ist die Summe aller Staffeln über alle Level.
- Reservestaffeln sind - wo verbandsseitig nicht explizit anders geregelt - grundsätzlich zwei Level tiefer eingeordnet.
- Bei einem Strukturwechsel in einem Verband während der Saison wurden generell die Staffeln der zweiten Saisonhälfte gewertet.
- Sogenannte Freizeitligen sowie jegliche wie auch immer geartete "Bunte Ligen" (Hobby-, Privat-, Straßen-, Medien-, Betriebssport-, Behörden-, Hochschul-, Fan-, Drogen-, KirchenLiga etc.) sind hier nicht berücksichtigt, selbst wenn sie im DFBnet gelistet sind.

Bundesliga:

Bundesliga

Pl.	(Vj.)	Mannschaft		Sp	S	U	N	Tore	TD	Pkt	Sp	S	U	N	Tore	Pkt	Sp	S	U	N	Tore	Pkt
				Gesamtbilanz							**Heimbilanz**						**Auswärtsbilanz**					
1.	(4.)	FC Bayern München		34	22	10	2	68-21	+47	76	17	12	5	0	41- 8	41	17	10	5	2	27-13	35
2.	(3.)	SV Werder Bremen		34	20	6	8	75-45	+30	66	17	13	0	4	48-19	39	17	7	6	4	27-26	27
3.	(2.)	FC Schalke 04		34	18	10	6	55-32	+23	64	17	10	4	3	29-13	34	17	8	6	3	26-19	30
4.	(7.)	Hamburger SV		34	14	12	8	47-26	+21	54	17	9	5	3	30-11	32	17	5	7	5	17-15	22
5.	(15.)	VfL Wolfsburg		34	15	9	10	58-46	+12	54	17	7	6	4	28-17	27	17	8	3	6	30-29	27
6.	(1.)	VfB Stuttgart		34	16	4	14	57-57	0	52	17	12	2	3	39-19	38	17	4	2	11	18-38	14
7.	(5.)	Bayer 04 Leverkusen		34	15	6	13	57-40	+17	51	17	9	4	4	32-13	31	17	6	2	9	25-27	20
8.	(11.)	Hannover 96		34	13	10	11	54-56	−2	49	17	8	5	4	32-27	29	17	5	5	7	22-29	20
9.	(14.)	Eintracht Frankfurt		34	12	10	12	43-50	−7	46	17	8	4	5	24-24	28	17	4	6	7	19-26	18
10.	(10.)	Hertha BSC Berlin		34	12	8	14	39-44	−5	44	17	9	3	5	21-18	30	17	3	5	9	18-26	14
11.	(↑)	Karlsruher SC		34	11	10	13	38-53	−15	43	17	6	6	5	23-22	24	17	5	4	8	15-31	19
12.	(8.)	VfL Bochum		34	10	11	13	48-54	−6	41	17	5	9	3	32-28	24	17	5	2	10	16-26	17
13.	(9.)	Borussia Dortmund		34	10	10	14	50-62	−12	40	17	7	5	5	29-24	26	17	3	5	9	21-38	14
14.	(13.)	FC Energie Cottbus		34	9	9	16	35-56	−21	36	17	8	2	7	25-20	26	17	1	7	9	10-36	10
15.	(12.)	DSC Arminia Bielefeld		34	8	10	16	35-60	−25	34	17	7	4	6	21-18	25	17	1	6	10	14-42	9
16.	(6.)	1. FC Nürnberg	↓	34	7	10	17	35-51	−16	31	17	5	7	5	21-18	22	17	2	3	12	14-33	9
17.	(↑)	FC Hansa Rostock	↓	34	8	6	20	30-52	−22	30	17	5	4	8	17-21	19	17	3	2	12	13-31	11
18.	(↑)	MSV Duisburg	↓	34	8	5	21	36-55	−19	29	17	3	3	11	19-29	12	17	5	2	10	17-26	17

Teilnehmer an der Champions League: FC Bayern München, SV Werder Bremen (Gruppenphase) und FC Schalke 04 (Qualifikation).
Teilnehmer am UEFA-Pokal: Hamburger SV, VfL Wolfsburg, Borussia Dortmund (als Pokalfinalist, da der FC Bayern München bereits für die Champions League qualifiziert war) und Hertha BSC Berlin (Teilnahme an der Qualifikation zum UEFA-Pokal durch die Fair-Play-Wertung).
Teilnehmer am UI-Cup: VfB Stuttgart.
Absteiger in die 2. Bundesliga: MSV Duisburg, FC Hansa Rostock und 1. FC Nürnberg.
Aufsteiger aus der 2. Bundesliga: Borussia Mönchengladbach, TSG 1899 Hoffenheim und 1. FC Köln.

Bundesliga 2007/08

	Bayern München	Werder Bremen	FC Schalke 04	Hamburger SV	VfL Wolfsburg	VfB Stuttgart	Bayer Leverkusen	Hannover 96	Eintracht Frankfurt	Hertha BSC Berlin	Karlsruher SC	VfL Bochum	Borussia Dortmund	FC Energie Cottbus	Arminia Bielefeld	1. FC Nürnberg	FC Hansa Rostock	MSV Duisburg
FC Bayern München	×	1:1	1:1	1:1	2:1	4:1	2:1	3:0	0:0	4:1	2:0	3:1	5:0	5:0	2:0	3:0	3:0	0:0
SV Werder Bremen	0:4	×	5:1	2:1	0:1	4:1	5:2	6:1	2:1	3:2	4:0	1:2	2:0	2:0	8:1	2:0	1:0	1:2
FC Schalke 04	0:1	1:1	×	1:1	1:2	4:1	1:1	1:1	1:0	1:0	0:2	1:0	4:1	5:0	3:0	2:1	1:0	2:1
Hamburger SV	1:1	0:1	0:1	×	2:2	4:1	1:0	1:1	4:1	2:1	7:0	3:0	1:0	0:0	1:1	1:0	2:0	0:1
VfL Wolfsburg	0:0	1:1	1:1	1:1	×	4:0	1:2	3:2	2:2	0:0	1:2	0:1	4:0	3:0	1:3	3:1	1:0	2:1
VfB Stuttgart	3:1	6:3	2:2	1:0	3:1	×	1:0	0:2	4:1	1:3	3:1	1:0	1:2	3:0	2:2	3:0	4:1	1:0
Bayer 04 Leverkusen	0:1	0:1	1:0	1:1	2:2	3:0	×	2:0	0:2	1:2	3:0	2:0	2:2	0:0	4:0	4:1	3:0	4:1
Hannover 96	0:3	4:3	2:3	0:1	2:2	0:0	0:3	×	2:1	2:2	2:2	3:2	2:1	4:0	2:2	2:1	3:0	2:1
Eintracht Frankfurt	1:3	1:0	2:2	2:1	2:3	1:4	2:1	0:0	×	1:0	0:1	1:1	1:1	2:1	2:1	1:3	1:0	4:2
Hertha BSC Berlin	0:0	1:2	1:2	0:0	2:1	3:1	0:3	1:0	0:3	×	3:1	2:0	3:2	0:0	1:0	1:3	1:3	2:0
Karlsruher SC	1:4	3:3	0:0	1:1	3:1	1:0	2:2	1:2	0:1	2:1	×	1:3	3:1	1:1	0:0	2:0	1:2	1:0
VfL Bochum	1:2	2:2	0:3	2:1	5:3	1:1	2:0	2:1	0:0	1:1	2:2	×	3:3	3:3	3:0	3:3	1:2	1:1
Borussia Dortmund	0:0	3:0	2:3	0:3	2:4	3:2	2:1	1:3	1:1	1:1	1:1	2:1	×	3:0	6:1	0:0	1:0	1:3
FC Energie Cottbus	2:0	0:2	1:0	2:0	1:2	0:1	2:3	5:1	2:2	2:1	2:0	1:2	0:2	×	1:0	1:1	2:1	1:2
DSC Arminia Bielefeld	0:1	1:1	0:2	0:1	0:1	2:0	1:0	0:2	2:2	2:0	1:0	2:0	2:2	1:1	×	3:1	4:2	0:2
1. FC Nürnberg	1:1	0:1	0:2	0:0	1:0	0:1	1:2	2:2	5:1	2:1	0:2	1:1	2:0	1:1	2:2	×	1:1	2:0
FC Hansa Rostock	1:2	1:2	1:1	1:3	0:1	2:1	1:2	0:3	1:0	0:0	0:0	2:0	0:1	3:2	1:1	1:2	×	2:0
MSV Duisburg	2:3	1:3	0:2	0:1	1:3	2:3	3:2	1:1	0:1	1:2	0:1	0:2	3:3	0:1	3:0	1:0	1:1	×

Das Spiel 1. FC Nürnberg – VfL Wolfsburg vom 28. Spieltag am 11.04.2008 wurde beim Stand von 1:0 in der Halbzeitpause wegen Unbespielbarkeit des Platzes nach heftigen Regenfällen abgebrochen und am 20.04.2008 wiederholt.

Termine und Ergebnisse der Bundesliga Saison 2007/08 Hinrunde

1. Spieltag
10.08.2007	VfB Stuttgart	FC Schalke 04	2:2 (0:1)
11.08.2007	Bayern München	Hansa Rostock	3:0 (1:0)
11.08.2007	Bayer Leverkusen	Energie Cottbus	0:0 (0:0)
11.08.2007	VfL Bochum	Werder Bremen	2:2 (0:2)
11.08.2007	Hannover 96	Hamburger SV	0:1 (0:1)
11.08.2007	Eintracht Frankfurt	Hertha BSC Berlin	1:0 (1:0)
11.08.2007	VfL Wolfsburg	Arminia Bielefeld	1:3 (0:1)
12.08.2007	1. FC Nürnberg	Karlsruher SC	0:2 (0:1)
12.08.2007	Bor. Dortmund	MSV Duisburg	1:3 (0:1)

2. Spieltag
17.08.2007	Karlsruher SC	Hannover 96	1:2 (1:0)
18.08.2007	FC Schalke 04	Bor. Dortmund	4:1 (2:0)
18.08.2007	Werder Bremen	Bayern München	0:4 (0:1)
18.08.2007	Hertha BSC Berlin	VfB Stuttgart	3:1 (0:1)
18.08.2007	Arminia Bielefeld	Eintracht Frankfurt	2:2 (0:0)
18.08.2007	Hansa Rostock	1. FC Nürnberg	1:2 (0:2)
18.08.2007	MSV Duisburg	VfL Wolfsburg	1:3 (0:1)
19.08.2007	Hamburger SV	Bayer Leverkusen	1:0 (0:0)
19.08.2007	Energie Cottbus	VfL Bochum	1:2 (0:2)

3. Spieltag
24.08.2007	VfL Bochum	Hamburger SV	2:1 (1:0)
25.08.2007	VfB Stuttgart	MSV Duisburg	1:0 (1:0)
25.08.2007	Bayern München	Hannover 96	3:0 (1:0)
25.08.2007	Bayer Leverkusen	Karlsruher SC	3:0 (3:0)
25.08.2007	1. FC Nürnberg	Werder Bremen	0:1 (0:0)
25.08.2007	Bor. Dortmund	Energie Cottbus	3:0 (1:0)
25.08.2007	Arminia Bielefeld	Hertha BSC Berlin	2:0 (0:0)
26.08.2007	Eintracht Frankfurt	Hansa Rostock	1:0 (1:0)
26.08.2007	VfL Wolfsburg	FC Schalke 04	1:1 (1:0)

4. Spieltag
31.08.2007	FC Schalke 04	Bayer Leverkusen	1:1 (1:0)
01.09.2007	Werder Bremen	Eintracht Frankfurt	2:1 (1:0)
01.09.2007	Hertha BSC Berlin	VfL Wolfsburg	2:1 (1:0)
01.09.2007	Hannover 96	VfL Bochum	3:2 (2:1)
01.09.2007	Energie Cottbus	1. FC Nürnberg	1:1 (1:0)
01.09.2007	Hansa Rostock	Bor. Dortmund	0:1 (0:1)
01.09.2007	MSV Duisburg	Arminia Bielefeld	3:0 (0:0)
02.09.2007	Hamburger SV	Bayern München	1:1 (0:0)
02.09.2007	Karlsruher SC	VfB Stuttgart	1:0 (0:0)

5. Spieltag
14.09.2007	Bor. Dortmund	Werder Bremen	3:0 (3:0)
15.09.2007	VfB Stuttgart	Energie Cottbus	3:0 (0:0)
15.09.2007	Bayern München	FC Schalke 04	1:1 (0:1)
15.09.2007	Bayer Leverkusen	VfL Bochum	2:0 (0:0)
15.09.2007	1. FC Nürnberg	Hannover 96	2:2 (0:2)
15.09.2007	Arminia Bielefeld	Hansa Rostock	4:2 (1:0)
15.09.2007	Eintracht Frankfurt	Hamburger SV	2:1 (1:0)
16.09.2007	VfL Wolfsburg	Karlsruher SC	1:2 (0:2)
16.09.2007	MSV Duisburg	Hertha BSC Berlin	1:2 (0:0)

6. Spieltag
21.08.2007	VfL Bochum	Eintracht Frankfurt	0:0 (0:0)
22.09.2007	FC Schalke 04	Arminia Bielefeld	3:0 (1:0)
22.09.2007	Werder Bremen	VfB Stuttgart	4:1 (3:1)
22.09.2007	Hamburger SV	1. FC Nürnberg	1:0 (0:0)
22.09.2007	Hertha BSC Berlin	Bor. Dortmund	3:2 (1:1)
22.09.2007	Energie Cottbus	VfL Wolfsburg	1:2 (1:1)
22.09.2007	Hansa Rostock	MSV Duisburg	2:0 (1:0)
23.09.2007	Hannover 96	Bayer Leverkusen	0:3 (0:0)
23.07.2007	Karlsruher SC	Bayern München	1:4 (0:2)

7. Spieltag
25.09.2007	Bor. Dortmund	Hamburger SV	0:3 (0:2)
25.09.2007	Hertha BSC Berlin	Hansa Rostock	1:3 (1:1)
25.09.2007	VfL Wolfsburg	Werder Bremen	1:1 (0:0)
25.09.2007	MSV Duisburg	FC Schalke 04	0:2 (0:1)
26.09.2007	VfB Stuttgart	VfL Bochum	1:0 (0:0)
26.09.2007	Bayern München	Energie Cottbus	5:0 (0:0)
26.09.2007	1. FC Nürnberg	Bayer Leverkusen	1:2 (0:2)
26.09.2007	Arminia Bielefeld	Hannover 96	0:2 (0:0)
26.09.2007	Eintracht Frankfurt	Karlsruher SC	0:1 (0:0)

8. Spieltag
28.09.2007	FC Schalke 04	Hertha BSC Berlin	1:0 (1:0)
29.09.2007	Werder Bremen	Arminia Bielefeld	8:1 (4:1)
29.09.2007	Bayer Leverkusen	Bayern München	0:1 (0:1)
29.09.2007	Hamburger SV	VfL Wolfsburg	2:2 (1:0)
29.09.2007	VfL Bochum	1. FC Nürnberg	3:3 (1:1)
29.09.2007	Karlsruher SC	Bor. Dortmund	3:1 (1:0)
29.09.2007	Hansa Rostock	VfB Stuttgart	2:1 (2:0)
30.09.2007	Hannover 96	MSV Duisburg	2:1 (1:1)
30.09.2007	Energie Cottbus	Eintracht Frankfurt	2:2 (2:0)

9. Spieltag
05.10.2007	Bor. Dortmund	VfL Bochum	2:1 (1:1)
06.10.2007	VfB Stuttgart	Hannover 96	0:2 (0:1)
06.10.2007	FC Schalke 04	Karlsruher SC	0:2 (0:0)
06.10.2007	Hertha BSC Berlin	Energie Cottbus	0:0 (0:0)
06.10.2007	Arminia Bielefeld	Hamburger SV	0:1 (0:0)
06.10.2007	VfL Wolfsburg	Hansa Rostock	1:0 (0:0)
06.10.2007	MSV Duisburg	Werder Bremen	1:3 (1:1)
07.10.2007	Bayern München	1. FC Nürnberg	3:0 (2:0)
07.10.2007	Eintracht Frankfurt	Bayer Leverkusen	2:1 (0:0)

10. Spieltag
19.10.2007	Energie Cottbus	MSV Duisburg	1:2 (0:1)
20.10.2007	Werder Bremen	Hertha BSC Berlin	3:2 (0:0)
20.10.2007	Bayer Leverkusen	Bor. Dortmund	2:2 (0:1)
20.10.2007	1. FC Nürnberg	Eintracht Frankfurt	5:1 (1:1)
20.10.2007	Hamburger SV	VfB Stuttgart	4:1 (3:0)
20.10.2007	VfL Bochum	Bayern München	1:2 (1:1)
20.10.2007	Hansa Rostock	FC Schalke 04	1:1 (0:0)
21.10.2007	Hannover 96	VfL Wolfsburg	2:2 (2:2)
21.10.2007	Karlsruher SC	Arminia Bielefeld	0:0 (0:0)

11. Spieltag
26.10.2007	Eintracht Frankfurt	Hannover 96	0:0 (0:0)
27.10.2007	VfB Stuttgart	Bayer Leverkusen	1:0 (0:0)
27.10.2007	FC Schalke 04	Werder Bremen	1:1 (1:1)
27.10.2007	Hertha BSC Berlin	VfL Bochum	2:0 (2:0)
27.10.2007	Arminia Bielefeld	Energie Cottbus	1:1 (0:0)
27.10.2007	VfL Wolfsburg	1. FC Nürnberg	3:1 (1:0)
27.10.2007	Hansa Rostock	Karlsruher SC	0:0 (0:0)
28.10.2007	Bor. Dortmund	Bayern München	0:0 (0:0)
28.10.2007	MSV Duisburg	Hamburger SV	0:1 (0:1)

12. Spieltag
02.11.2007	Energie Cottbus	FC Schalke 04	1:0 (0:0)
03.11.2007	Werder Bremen	Hansa Rostock	1:0 (1:0)
03.11.2007	Bayern München	Eintracht Frankfurt	0:0 (0:0)
03.11.2007	Bayer Leverkusen	Arminia Bielefeld	4:0 (3:0)
03.11.2007	1. FC Nürnberg	VfB Stuttgart	0:1 (0:1)
03.11.2007	Hamburger SV	Hertha BSC Berlin	2:1 (1:0)
03.11.2007	Hannover 96	Bor. Dortmund	2:1 (0:0)
04.11.2007	VfL Bochum	VfL Wolfsburg	5:3 (4:0)
04.11.2007	Karlsruher SC	MSV Duisburg	1:0 (1:0)

13. Spieltag
09.11.2007	MSV Duisburg	VfL Bochum	0:2 (0:1)
10.11.2007	VfB Stuttgart	Bayern München	3:1 (3:0)
10.11.2007	FC Schalke 04	Hamburger SV	1:1 (1:1)
10.11.2007	Werder Bremen	Karlsruher SC	4:0 (2:0)
10.11.2007	Bor. Dortmund	Eintracht Frankfurt	1:1 (0:0)
10.11.2007	Hertha BSC Berlin	Hannover 96	1:0 (0:0)
10.11.2007	Hansa Rostock	Energie Cottbus	3:2 (1:0)
11.11.2007	Arminia Bielefeld	1. FC Nürnberg	3:1 (0:1)
11.11.2007	VfL Wolfsburg	Bayer Leverkusen	1:2 (0:1)

14. Spieltag
23.11.2007	Karlsruher SC	Hertha BSC Berlin	2:1 (0:1)
24.11.2007	Bayern München	VfL Wolfsburg	2:1 (1:0)
24.11.2007	Bayer Leverkusen	MSV Duisburg	4:1 (0:1)
24.11.2007	VfL Bochum	Arminia Bielefeld	3:0 (2:0)
24.11.2007	Hannover 96	FC Schalke 04	2:3 (1:1)
24.11.2007	Energie Cottbus	Werder Bremen	0:2 (0:0)
24.11.2007	Eintracht Frankfurt	VfB Stuttgart	1:4 (1:1)
25.11.2007	1. FC Nürnberg	Bor. Dortmund	2:0 (1:0)
25.11.2007	Hamburger SV	Hansa Rostock	2:0 (1:0)

15. Spieltag
30.11.2007	Hansa Rostock	Hannover 96	0:3 (0:0)
01.12.2007	VfB Stuttgart	Bor. Dortmund	1:2 (1:1)
01.12.2007	FC Schalke 04	VfL Bochum	1:0 (1:0)
01.12.2007	Werder Bremen	Hamburger SV	2:1 (1:0)
01.12.2007	Hertha BSC Berlin	Bayer Leverkusen	0:3 (0:1)
01.12.2007	Energie Cottbus	Karlsruher SC	2:0 (0:0)
01.12.2007	VfL Wolfsburg	Eintracht Frankfurt	2:2 (1:1)
02.12.2007	Arminia Bielefeld	Bayern München	0:1 (0:1)
02.12.2007	MSV Duisburg	1. FC Nürnberg	1:0 (0:0)

16. Spieltag
07.12.2007	Bor. Dortmund	Arminia Bielefeld	6:1 (2:0)
08.12.2007	VfB Stuttgart	VfL Wolfsburg	3:1 (1:0)
08.12.2007	Bayern München	MSV Duisburg	0:0 (0:0)
08.12.2007	Hamburger SV	Energie Cottbus	0:0 (0:0)
08.12.2007	VfL Bochum	Karlsruher SC	2:2 (1:1)
08.12.2007	Hannover 96	Werder Bremen	4:3 (3:2)
08.12.2007	Eintracht Frankfurt	FC Schalke 04	2:2 (0:0)
09.12.2007	Bayer Leverkusen	Hansa Rostock	3:0 (1:0)
09.12.2007	1. FC Nürnberg	Hertha BSC Berlin	2:1 (2:0)

17. Spieltag
14.12.2007	Energie Cottbus	Hannover 96	5:1 (3:0)
15.12.2007	FC Schalke 04	1. FC Nürnberg	2:1 (2:0)
15.12.2007	Werder Bremen	Bayer Leverkusen	5:2 (1:1)
15.12.2007	Hertha BSC Berlin	Bayern München	0:0 (0:0)
15.12.2007	Arminia Bielefeld	VfB Stuttgart	2:0 (1:0)
15.12.2007	VfL Wolfsburg	Bor. Dortmund	4:0 (1:0)
15.12.2007	Karlsruher SC	Hamburger SV	1:1 (0:0)
16.12.2007	Hansa Rostock	VfL Bochum	2:0 (2:0)
16.12.2007	MSV Duisburg	Eintracht Frankfurt	0:1 (0:1)

Termine und Ergebnisse der Bundesliga Saison 2007/08 Rückrunde

18. Spieltag
01.02.2008	Hansa Rostock	Bayern München	1:2 (0:2)
02.02.2008	Energie Cottbus	Bayer Leverkusen	2:3 (1:0)
02.02.2008	Karlsruher SC	1. FC Nürnberg	2:0 (0:0)
02.02.2008	MSV Duisburg	Bor. Dortmund	3:3 (2:0)
02.02.2008	Hamburger SV	Hannover 96	1:1 (0:1)
02.02.2008	Hertha BSC Berlin	Eintr. Frankfurt	0:3 (0:1)
02.02.2008	Arminia Bielefeld	VfL Wolfsburg	0:1 (0:1)
03.02.2008	FC Schalke 04	VfB Stuttgart	4:1 (1:0)
03.02.2008	Werder Bremen	VfL Bochum	1:2 (1:0)

19. Spieltag
08.02.2008	Eintr. Frankfurt	Arminia Bielefeld	2:1 (1:0)
09.02.2008	Bayer Leverkusen	Hamburger SV	1:1 (0:1)
09.02.2008	VfB Stuttgart	Hertha BSC Berlin	1:3 (1:2)
09.02.2008	VfL Bochum	Energie Cottbus	3:3 (2:1)
09.02.2008	Hannover 96	Karlsruher SC	2:2 (1:0)
09.02.2008	1. FC Nürnberg	Hansa Rostock	1:1 (1:1)
09.02.2008	VfL Wolfsburg	MSV Duisburg	2:1 (1:1)
10.02.2008	Bor. Dortmund	FC Schalke 04	2:3 (1:2)
10.02.2008	Bayern München	Werder Bremen	1:1 (1:1)

20. Spieltag
15.02.2008	FC Schalke 04	VfL Wolfsburg	1:2 (0:0)
16.02.2008	MSV Duisburg	VfB Stuttgart	2:3 (0:2)
16.02.2008	Karlsruher SC	Bayer Leverkusen	2:2 (0:1)
16.02.2008	Werder Bremen	1. FC Nürnberg	2:0 (1:0)
16.02.2008	Energie Cottbus	Bor. Dortmund	0:2 (0:1)
16.02.2008	Hertha BSC Berlin	Arminia Bielefeld	1:0 (0:0)
16.02.2008	Hansa Rostock	Eintr. Frankfurt	1:0 (0:0)
17.02.2008	Hannover 96	Bayern München	0:3 (0:0)
17.02.2008	Hamburger SV	VfL Bochum	3:0 (1:0)

21. Spieltag
22.02.2008	VfL Bochum	Hannover 96	2:1 (1:0)
23.02.2008	Bayer Leverkusen	FC Schalke 04	1:0 (0:0)
23.02.2008	Eintr. Frankfurt	Werder Bremen	1:0 (0:0)
23.02.2008	VfL Wolfsburg	Hertha BSC Berlin	0:0 (0:0)
23.02.2008	VfB Stuttgart	Karlsruher SC	3:1 (2:0)
23.02.2008	Bor. Dortmund	Hansa Rostock	1:0 (0:0)
23.02.2008	Arminia Bielefeld	MSV Duisburg	0:2 (0:1)
24.02.2008	Bayern München	Hamburger SV	1:1 (1:0)
24.02.2008	1. FC Nürnberg	Energie Cottbus	1:1 (0:0)

22. Spieltag
29.02.2008	Hertha BSC Berlin	MSV Duisburg	2:0 (2:0)
01.03.2008	FC Schalke 04	Bayern München	0:1 (0:1)
01.03.2008	Hannover 96	1. FC Nürnberg	2:1 (1:0)
01.03.2008	Werder Bremen	Bor. Dortmund	2:0 (1:0)
01.03.2008	Hansa Rostock	Arminia Bielefeld	1:1 (0:0)
01.03.2008	Karlsruher SC	VfL Wolfsburg	3:1 (1:1)
02.03.2008	VfL Bochum	Bayer Leverkusen	2:0 (0:0)
02.03.2008	Hamburger SV	Eintr. Frankfurt	4:1 (1:0)
11.03.2008	Energie Cottbus	VfB Stuttgart	0:1 (0:1)

23. Spieltag
07.03.2008	Bor. Dortmund	Hertha BSC Berlin	1:1 (1:0)
08.03.2008	Arminia Bielefeld	FC Schalke 04	0:2 (0:1)
08.03.2008	VfB Stuttgart	Werder Bremen	6:3 (2:1)
08.03.2008	Eintr. Frankfurt	VfL Bochum	1:1 (0:0)
08.03.2008	VfL Wolfsburg	Energie Cottbus	3:0 (2:0)
08.03.2008	Bayern München	Karlsruher SC	2:0 (1:0)
08.03.2008	MSV Duisburg	Hansa Rostock	1:1 (1:1)
09.03.2008	1. FC Nürnberg	Hamburger SV	0:0 (0:0)
09.03.2008	Bayer Leverkusen	Hannover 96	2:0 (2:0)

24. Spieltag
14.03.2008	FC Schalke 04	MSV Duisburg	2:1 (0:1)
15.03.2008	VfL Bochum	VfB Stuttgart	1:1 (1:0)
15.03.2008	Energie Cottbus	Bayern München	2:0 (2:0)
15.03.2008	Hamburger SV	Bor. Dortmund	1:0 (0:0)
15.03.2008	Hansa Rostock	Hertha BSC Berlin	0:0 (0:0)
15.03.2008	Hannover 96	Arminia Bielefeld	2:2 (1:2)
15.03.2008	Karlsruher SC	Eintr. Frankfurt	0:1 (0:1)
16.03.2008	Bayer Leverkusen	1. FC Nürnberg	4:1 (1:1)
16.03.2008	Werder Bremen	VfL Wolfsburg	0:1 (0:0)

25. Spieltag
20.03.2008	Eintr. Frankfurt	Energie Cottbus	2:1 (0:0)
22.03.2008	Bayern München	Bayer Leverkusen	2:1 (1:0)
22.03.2008	VfL Wolfsburg	Hamburger SV	1:1 (0:1)
22.03.2008	1. FC Nürnberg	VfL Bochum	1:1 (1:1)
22.03.2008	MSV Duisburg	Hannover 96	1:1 (0:1)
22.03.2008	Bor. Dortmund	Karlsruher SC	1:1 (1:0)
22.03.2008	VfB Stuttgart	Hansa Rostock	4:1 (0:0)
23.03.2008	Hertha BSC Berlin	FC Schalke 04	1:2 (0:2)
23.03.2008	Arminia Bielefeld	Werder Bremen	1:1 (1:0)

26. Spieltag
28.03.2008	Hansa Rostock	VfL Wolfsburg	0:1 (0:0)
29.03.2008	Karlsruher SC	FC Schalke 04	0:0 (0:0)
29.03.2008	1. FC Nürnberg	Bayern München	1:1 (1:0)
29.03.2008	VfL Bochum	Bor. Dortmund	3:3 (3:2)
29.03.2008	Hamburger SV	Arminia Bielefeld	1:1 (0:0)
29.03.2008	Bayer Leverkusen	Eintr. Frankfurt	0:2 (0:1)
29.03.2008	Werder Bremen	MSV Duisburg	1:2 (0:2)
30.03.2008	Hannover 96	VfB Stuttgart	0:0 (0:0)
30.03.2008	Energie Cottbus	Hertha BSC Berlin	2:1 (1:1)

27. Spieltag
04.04.2008	MSV Duisburg	Energie Cottbus	0:1 (0:1)
05.04.2008	Hertha BSC Berlin	Werder Bremen	1:2 (1:1)
05.04.2008	Eintr. Frankfurt	1. FC Nürnberg	1:3 (1:1)
05.04.2008	VfB Stuttgart	Hamburger SV	1:0 (1:0)
05.04.2008	VfL Wolfsburg	Hannover 96	3:2 (2:1)
05.04.2008	Arminia Bielefeld	Karlsruher SC	1:0 (0:0)
05.04.2008	FC Schalke 04	Hansa Rostock	1:0 (0:0)
06.04.2008	Bor. Dortmund	Bayer Leverkusen	2:1 (0:0)
06.04.2008	Bayern München	VfL Bochum	3:1 (1:1)

28. Spieltag
12.04.2008	Werder Bremen	FC Schalke 04	5:1 (2:1)
12.04.2008	VfL Bochum	Hertha BSC Berlin	1:1 (1:1)
12.04.2008	Energie Cottbus	Arminia Bielefeld	1:0 (0:0)
12.04.2008	Hannover 96	Eintr. Frankfurt	2:1 (1:0)
12.04.2008	Karlsruher SC	Hansa Rostock	1:2 (0:1)
12.04.2008	Hamburger SV	MSV Duisburg	0:1 (0:0)
13.04.2008	Bayer Leverkusen	VfB Stuttgart	3:0 (2:0)
13.04.2008	Bayern München	Bor. Dortmund	5:0 (4:0)
20.04.2008	1. FC Nürnberg	VfL Wolfsburg	1:0 (0:0)

29. Spieltag
15.04.2008	Hansa Rostock	Werder Bremen	1:2 (0:0)
15.04.2008	Hertha BSC Berlin	Hamburger SV	0:0 (0:0)
15.04.2008	VfL Wolfsburg	VfL Bochum	0:1 (0:0)
15.04.2008	FC Schalke 04	Energie Cottbus	5:0 (3:0)
16.04.2008	Eintr. Frankfurt	Bayern München	1:3 (1:0)
16.04.2008	Arminia Bielefeld	Bayer Leverkusen	1:0 (0:0)
16.04.2008	VfB Stuttgart	1. FC Nürnberg	3:0 (3:0)
16.04.2008	Bor. Dortmund	Hannover 96	1:3 (0:2)
16.04.2008	MSV Duisburg	Karlsruher SC	0:1 (0:0)

30. Spieltag
25.04.2008	Eintr. Frankfurt	Bor. Dortmund	1:1 (0:0)
26.04.2008	Hamburger SV	FC Schalke 04	0:1 (0:1)
26.04.2008	Karlsruher SC	Werder Bremen	3:3 (1:2)
26.04.2008	Hannover 96	Hertha BSC Berlin	2:2 (2:0)
26.04.2008	1. FC Nürnberg	Arminia Bielefeld	2:2 (2:0)
26.04.2008	Energie Cottbus	Hansa Rostock	2:1 (0:1)
26.04.2008	VfL Bochum	MSV Duisburg	1:1 (0:1)
27.04.2008	Bayern München	VfB Stuttgart	4:1 (1:1)
27.04.2008	Bayer Leverkusen	VfL Wolfsburg	2:2 (1:2)

31. Spieltag
02.05.2008	Bor. Dortmund	1. FC Nürnberg	0:0 (0:0)
03.05.2008	Hansa Rostock	Hamburger SV	1:3 (0:2)
03.05.2008	Arminia Bielefeld	VfL Bochum	2:0 (0:0)
03.05.2008	FC Schalke 04	Hannover 96	1:1 (1:1)
03.05.2008	Werder Bremen	Energie Cottbus	2:0 (0:0)
03.05.2008	VfB Stuttgart	Eintr. Frankfurt	4:1 (3:0)
03.05.2008	Hertha BSC Berlin	Karlsruher SC	3:1 (2:0)
04.05.2008	VfL Wolfsburg	Bayern München	0:0 (0:0)
04.05.2008	MSV Duisburg	Bayer Leverkusen	3:2 (2:1)

32. Spieltag
06.05.2008	Bor. Dortmund	VfB Stuttgart	3:2 (1:0)
06.05.2008	VfL Bochum	FC Schalke 04	0:3 (0:1)
06.05.2008	Karlsruher SC	Energie Cottbus	1:1 (0:0)
06.05.2008	Hannover 96	Hansa Rostock	3:0 (1:0)
07.05.2008	Hamburger SV	Werder Bremen	0:1 (0:0)
07.05.2008	Bayer Leverkusen	Hertha BSC Berlin	1:2 (0:1)
07.05.2008	Bayern München	Arminia Bielefeld	2:0 (1:0)
07.05.2008	Eintr. Frankfurt	VfL Wolfsburg	2:3 (1:2)
07.05.2008	1. FC Nürnberg	MSV Duisburg	2:0 (2:0)

33. Spieltag
10.05.2008	VfL Wolfsburg	VfB Stuttgart	4:0 (2:0)
10.05.2008	MSV Duisburg	Bayern München	2:3 (0:3)
10.05.2008	Hansa Rostock	Bayer Leverkusen	1:2 (0:1)
10.05.2008	Hertha BSC Berlin	1. FC Nürnberg	1:0 (0:0)
10.05.2008	Energie Cottbus	Hamburger SV	2:0 (1:0)
10.05.2008	Karlsruher SC	VfL Bochum	1:3 (0:1)
10.05.2008	Arminia Bielefeld	Bor. Dortmund	2:2 (2:1)
10.05.2008	Werder Bremen	Hannover 96	6:1 (2:0)
10.05.2008	FC Schalke 04	Eintr. Frankfurt	1:0 (0:0)

34. Spieltag
17.05.2008	1. FC Nürnberg	FC Schalke 04	0:2 (0:1)
17.05.2008	Bayer Leverkusen	Werder Bremen	0:1 (0:0)
17.05.2008	Bayern München	Hertha BSC Berlin	4:1 (3:0)
17.05.2008	VfB Stuttgart	Arminia Bielefeld	2:2 (0:1)
17.05.2008	Hannover 96	Energie Cottbus	4:0 (2:0)
17.05.2008	Bor. Dortmund	VfL Wolfsburg	2:4 (1:2)
17.05.2008	Hamburger SV	Karlsruher SC	7:0 (3:0)
17.05.2008	VfL Bochum	Hansa Rostock	1:2 (1:1)
17.05.2008	Eintr. Frankfurt	MSV Duisburg	4:2 (3:0)

Hertha Berliner Sport-Club von 1892

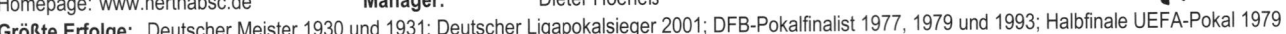

Anschrift:
Hanns-Braun-Straße, Friesenhaus II
14053 Berlin
Telefon: (0 30) 30 09 28-0
eMail: info@herthabsc.de
Homepage: www.herthabsc.de

Vereinsgründung: 25.07.1892 als Berliner FC Hertha; 1945 in SG Gesundbrunnen umbenannt; 01.08.1949 Neugründung

Vereinsfarben: Blau-Weiß
Präsident: Bernd Schiphorst
Manager: Dieter Hoeneß

Stadion: Olympiastadion (74.400)

Größte Erfolge: Deutscher Meister 1930 und 1931; Deutscher Ligapokalsieger 2001; DFB-Pokalfinalist 1977, 1979 und 1993; Halbfinale UEFA-Pokal 1979

Aufgebot:

Name, Vorname	Pos	geb. am	Nat.	seit	2007/08 Sp.	T.	gesamt Sp.	T.	Frühere Vereine
Arguez, Brian	M	13.01.1989	USA	2008	1	0	1	0	Washington DC United, West Kendal Optimists
von Bergen, Steve	A	10.06.1983	SUI	2007	25	0	25	0	FC Zürich, Neuchatel Xamax, FC Hauterive
Bieler, Pascal	A	26.02.1986	D	2007	6	0	6	0	Rot-Weiss Essen, Hertha BSC Berlin, SC Tegel
Boateng, Jerome	A	03.09.1988	D	2002	0	0	37	0	Tennis Borussia Berlin
Boateng, Kevin-Prince	M	06.03.1987	D	1998	0	0	42	4	Reinickendorfer Füchse
Cagara, Dennis	A	19.02.1985	DEN	2006	0	0	8	0	1. FC Dynamo Dresden, Hertha BSC Berlin, Brøndby IF
Chahed, Sofian	M	18.04.1983	D	1999	33	4	76	4	FC Hertha 03 Zehlendorf, FVgg Wannsee
Dárdai, Pál	M	16.03.1976	HUN	1996	23	0	243	16	BVSC Budapest, MSC Pecs
Domovchiyski, Valeri	S	05.01.1986	BUL	2008	4	1	4	1	Levski Sofia, Maritsa Plovdiv, Sekirovo Rakovski
Drobny, Jaroslav	T	18.10.1979	CZE	2007	34	0	51	0	VfL Bochum, Ipswich Town, FC Fulham, ADO Den Haag, FC Fulham, Panionios Athen, SK Ceske Budejovice, FC Vitkovice, SK Chrudim, SK Ceske Budejovice, Slavoj Zirnovnice
Ebert, Patrick	M	17.03.1987	D	1998	27	1	46	3	TSV Russee, TuS Gaarden
Ede, Chinedu	S	05.02.1987	D	1998	4	0	19	1	Reinickendorfer Füchse, Berliner AK 07
Fathi, Malik	A	29.10.1983	D	2001	22	1	123	2	Tennis Borussia Berlin, FC Hertha 03 Zehlendorf
Fiedler, Christian	T	27.03.1975	D	1990	0	0	137	0	Lichtenrader BC
Friedrich, Arne	A	29.05.1979	D	2002	30	0	175	13	DSC Arminia Bielefeld, SC Verl, FC Gütersloh, SC Herford, TuS Lohe, FC Bad Oeynhausen
Gäng, Christopher	T	10.05.1988	D	2007	0	0	0	0	SV Waldhof 07 Mannheim, SSV Vogelstang
Gilberto (Gilberto da Silva Melo)	M	25.04.1976	BRA	2004	15	1	101	14	AD Sao Caetano, Gremio Porto Alegre, Vasco de Gama Rio, Inter Mailand, Cruzeiro Belo Horizonte, Flamengo Rio, América FC Rio
Gimenez, Christian	S	13.11.1974	ARG	2006	0	0	28	12	Olympique Marseille, FC Basel, FC Lugano, CA Nueva Chicago, Boca Juniors Buenos Aires, CA San Miguel Buenos Aires
Grahn, Tobias	M	05.03.1980	SWE	2007	13	0	13	0	Gimnastic Tarragona, Odense BK, Aarhus GF, Malmö FF, Valerenga IF, Lyngby BK, Öster Växjö, SC Beira Mar, Öster Växjö, Rödeby AIF
Kacar, Gojko	M	26.01.1987	SRB	2008	17	1	17	1	Vojvodina Novi Sad
Lakic, Srdjan	S	02.10.1983	CRO	2006	1	0	12	0	Kamen Ingrad Velika, Hrvatski Dragovoljac Zagreb, GOSK Dubrovnik, Hajduk Split
Lima, André	S	03.05.1985	BRA	2007	16	2	16	2	Botafogo Rio de Janeiro, Sampaio Correa FC Sao Luis, SE Gama, Madureira EC, GB Antwerpen, Madureira EC, Vasco da Gama Rio de Janeiro
Lucio (Lucio Carlos Cajueiro Souza)	M	20.06.1979	BRA	2007	8	1	8	1	Gremio Porta Alegre, Sao Paulo FC, Palmeiras Sao Paulo, Ituano FC, AD Sao Caetano, Ituano FC, EC XV Novembro de Piracicaba, EC Sao Bento Sorocaba, SE Gama, EC Sao Bento Sorocaba, Unibol Recife
Lustenberger, Fabian	M	02.05.1988	SUI	2007	24	1	24	1	FC Luzern, SC Nebikon
Mineiro (Carlos Luciano da Silva)	M	02.08.1975	BRA	2007	26	1	36	2	FC Sao Paulo, AD Sao Caetano, AA Ponte Preta, Guarani FC Campinas, Rio Branco EC Americana
Müller, Christian	M	28.02.1984	D	2001	1	0	17	2	SV Tasmania 1973 Berlin
Okoronkwo, Solomon	S	02.03.1987	NGA	2007	22	4	39	4	Rot-Weiss Essen, Hertha BSC Berlin, Gabros International
Pantelic, Marko	S	15.09.1978	SRB	2005	28	13	88	38	Roter Stern Belgrad, FK Smederevo, FK Obilic, Yverdon-Sports, Sturm Graz, Celta Vigo, Lausanne-Sports, Paris Saint-Germain FC, Iraklis Saloniki, Roter Stern Belgrad
Piszczek, Lukasz	S	03.06.1985	POL	2007	24	1	24	1	Zaglebie Lublin, Gwarek Zabrze, LKS Goczalkowice
Raffael (Rafael Caetano de Araujo)	S	28.03.1985	BRA	2008	15	4	15	4	FC Zürich, FC Chiasso, Juventus Sao Paulo, Vitoria Bahia
Schmidt, Andreas	M	14.09.1973	D	1991	6	0	193	9	SC Siemensstadt
Simunic, Josip	A	18.02.1978	CRO	1999	29	0	201	2	Hamburger SV, Melbourne Knights SC, AIS Canberra
Skacel, Rudolf	M	17.07.1979	CZE	2008	16	2	16	2	FC Southampton, Heart of Midlothian, Panathinaikos Athen, Olimpique Marseille, Slavia Prag, SK Hradec Kralove, FK Trutnov
Traore, Ibrahimi	M	21.04.1988	FRA	2007	1	0	1	0	Levallois S.C., Charenton C.A.P.
Wallschläger, Amadeus	A	01.09.1985	D	2001	0	0	1	0	Eisenhüttenstädter FC STAHL, BSG Aufbau Eisenhüttenstadt

Trainer:

Name, Vorname	geb. am	Nat.	Zeitraum	Spiele 2007/08	Frühere Trainerstationen
Favre, Lucien	02.01.1957	SUI	01.07.07 – lfd.	34	FC Zürich, Servette Genf, Yverdon-Sport, Neuchatel Xamax (Technischer Direktor), FC Echallens

Zugänge:
Bieler (Rot-Weiss Essen), Drobny (VfL Bochum), Gäng (SV Waldhof 07 Mannhein), Lucio (Gremio Porto Alegre), Okoronkwo (Rot-Weiss Essen), Piszczek (Zaglebie Lublin).
während der Saison:
Andre Lima (Botafogo Rio de Janeiro), Arguez (Washington DC United), von Bergen (FC Zürich), Domovchiyski (Levski Sofia), Grahn (Gimnastic Tarragona), Kacar (Vojvodina Novi Sad), Lustenberger (FC Luzern), Raffael (FC Zürich), Skacel (FC Southampton).

Abgänge:
Bastürk (VfB Stuttgart), van Burik (Laufbahn beendet), Cairo (Coventry City), Dejagah (VfL Wolfsburg), Ellegaard (Randers FC), R. Müller (FC Carl Zeiss Jena), Neuendorf (FC Ingolstadt 04), Pellatz (SV Werder Bremen), Schorch (Real Madrid B).
während der Saison:
J. Boateng (Hamburger SV), K. Boateng (Tottenham Hotspur), Cagara (FC Nordsjaelland), Fathi (Spartak Moskau), Gilberto (Tottenham Hotspur), Giménez (CD Toluca), Lakic (Heracles Almelo), C. Müller (FC Energie Cottbus).

Fortsetzung Hertha Berliner Sport-Club von 1892

Aufstellungen und Torschützen:

Sp	Datum	Gegner	Ergebnis	Aruez	von Bergen	Bieler	Chahed	Dardai	Domovchiyski	Drobny	Ebert	Ede	Fathi	Friedrich	Gilberto	Grahn	Kacar	Lakic	Lima	Lucio	Lustenberger	Mineiro	Müller	Okoronkwo	Pantelic	Piszczek	Raffael	Schmidt	Simunic	Skacel	Traore
				1	2	3	4	5	6	7	8	9	10	11	12	13	14	15	16	17	18	19	20	21	22	23	24	25	26	27	28
1	11.08.07 A	Eintracht Frankfurt	0:1 (0:1)				X	X		X	A		X	X	A			E		E				X	E	X	A		X		
2	18.08.07 H	VfB Stuttgart	3:1 (0:1)				X1	X		X	A	E	X1	X					X	E	X			A1	A	E		X			
3	25.08.07 A	Arminia Bielefeld	0:2 (0:0)	X			A	X		X	X		X		E	A			X		E		X		E		A	X			
4	01.09.07 H	VfL Wolfsburg	2:1 (1:0)				X	X		X	A		X	X	X	E		A	A	E			E1	X1				X			
5	16.09.07 A	MSV Duisburg	2:1 (0:0)	E			X	X		X	A		X	A	X	E		X	A				X2		E	X					
6	22.09.07 H	Borussia Dortmund	3:2 (1:1)	E			X	X		X	A		X	X	X			A	A1		E		E1	X1				X			
7	25.09.07 H	Hansa Rostock	1:3 (1:1)	E			A	A		X	X		X	X	X	E		A	X				E	X1				X			
8	28.09.07 A	FC Schalke 04	0:1 (0:1)				X	X			X	E	X	X	X	A		E	A		X		E	A		X					
9	06.10.07 H	Energie Cottbus	0:0 (0:0)				X	A	A		X	E	X	X	X	E		A			X		E	X				X			
10	20.10.07 A	SV Werder Bremen	2:3 (0:0)				X	X	A		X	X		X	X	X1	A			E			E1	A	E			X			
11	27.10.07 H	VfL Bochum	2:0 (2:0)				X	X			X	A		X	X	A	X		E	X			E	A1	E			X			
12	03.11.07 A	Hamburger SV	1:2 (0:1)	A			X			X	X1		X	X	X	A			E	A			E	X	E			X			
13	10.11.07 H	Hannover 96	1:0 (0:0)				X	X			X	A		X	X	X		E1		E	X		E	A	A			X			
14	23.11.07 A	Karlsruher SC	1:2 (1:0)				X	A	X		X	X	E	X				E		A			E	X1	A			X			
15	01.12.07 H	Bayer Leverkusen	0:3 (0:1)				X	X			X	A		X	X	E		E		X	A			X				X			
16	09.12.07 A	1. FC Nürnberg	1:2 (0:2)	X				X			X			X	X	A	E		A		X1		E	X			A	X			E
17	15.12.07 H	Bayern München	0:0 (0:0)	X			E	A			X			X	X	X			A	X			X	E				X			
18	02.02.08 H	Eintracht Frankfurt	0:3 (0:1)	E		X	A	X		X	X	A	X			A							E	X	E	X		X			
19	09.02.08 A	VfB Stuttgart	3:1 (2:1)				X	E		X	A		X	X		A			A	E			X2	E	X1			X	X		
20	16.02.08 H	Arminia Bielefeld	1:0 (0:0)				X			X	X		X	X		A			X	E			E	X		X1		X	A		
21	23.02.08 A	VfL Wolfsburg	0:0 (0:0)		E		X			X	A	A	X			A			X	E			E	X		X		X	X		
22	29.02.08 H	MSV Duisburg	2:0 (2:0)	X			X			X	A			X		A			X	E			E	A1	E	X1		X			
23	07.03.08 A	Borussia Dortmund	1:1 (0:1)				X	X		X	A	X			X				A	E			E	A1	E	A		X			
24	15.03.08 A	Hansa Rostock	0:0 (0:0)				X	X		X	A			X				E	A	E			A	E	A			X			
25	23.03.08 H	FC Schalke 04	1:2 (0:2)	X			X1			X	A			X				X	X				E		E	X		X	A		
26	30.03.08 A	Energie Cottbus	1:2 (1:1)	A			X	E	E	X				X				E		A	X1			X	A			X			
27	05.04.08 A	SV Werder Bremen	1:2 (1:1)				X	E		X				X		E	X	X1	A	X			E		X	A		X			
28	12.04.08 A	VfL Bochum	1:1 (1:1)			E	E	X		X	X			X				X	X	A	X			A				X		X1	
29	15.04.08 H	Hamburger SV	0:0 (0:0)				E	X		E	X	A	E	X				X	X	A	X			A				X			
30	26.04.08 A	Hannover 96	2:2 (0:2)	A	E	X1	E			X				X					X				E	X1	X			A			
31	03.05.08 H	Karlsruher SC	3:1 (2:0)	X			X	E		X	A		X			X1			E	X			A1	X	A		X	E1			
32	07.05.08 H	Bayer Leverkusen	2:1 (1:0)	X	E	X1	E	E	X				X						A	X			A1	A	X		X				
33	10.05.08 H	1. FC Nürnberg	1:0 (0:0)	X		E	E	E	X				X			X			A	A			A	X	A1		X	X			
34	17.05.08 A	Bayern München	1:4 (0:3)	X	E	X	E	E1	X				X			X			A				A	X	X			A			
	Spiele:			1	25	6	33	23	4	34	27	4	22	30	15	13	17	1	16	8	24	26	1	22	28	24	15	6	29	16	1
	Tore:			0	0	0	4	0	1	0	1	0	1	0	1	0	2	1	1	1	0	4	13	1	4	0	0	2	0		

Gegnerisches Eigentor im 11. Spiel (durch Maltritz).

Bilanz der letzten 10 Jahre:

Saison	Liga	Platz	Sp.	S	U	N	Tore	Pkt.
1997/98	Bundesliga	11.	34	12	7	15	41–53	43
1998/99	Bundesliga	3.	34	18	8	8	59–32	62
1999/00	Bundesliga	6.	34	13	11	10	39–46	50
2000/01	Bundesliga	5.	34	18	2	14	58–52	56
2001/02	Bundesliga	4.	34	18	7	9	61–38	61
2002/03	Bundesliga	5.	34	16	6	12	52–43	54
2003/04	Bundesliga	12.	34	9	12	13	42–59	39
2004/05	Bundesliga	4.	34	15	13	6	59–31	58
2005/06	Bundesliga	6.	34	12	12	10	52–48	48
2006/07	Bundesliga	10.	34	12	8	14	50–55	44

Zuschauerzahlen:

Saison	gesamt	Spiele	Schnitt
1997/98	902.167	17	53.069
1998/99	871.245	17	51.250
1999/00	783.416	17	46.083
2000/01	630.636	17	37.096
2001/02	623.258	17	36.662
2002/03	716.296	17	42.135
2003/04	633.561	17	37.268
2004/05	824.264	17	48.486
2005/06	798.865	17	46.992
2006/07	827.732	17	48.690

Die meisten Bundesliga-Spiele:

Pl.	Name, Vorname	Spiele
1.	Sziedat, Michael	280
2.	Brück, Holger	261
3.	Beer, Erich	253
4.	van Burik, Dick	245
5.	Dárdai, Pál	243
6.	Horr, Lorenz	240
7.	Weiner, Hans	217
8.	Kiraly, Gabor	198
9.	Preetz, Michael	196
10.	Schmidt, Andreas	193
	Simunic, Josip	193

Die besten Bundesliga-Torschützen:

Pl.	Name, Vorname	Tore
1.	Preetz, Michael	84
2.	Beer, Erich	83
3.	Horr, Lorenz	75
4.	Marcelinho	65
5.	Pantelic, Marko	38
6.	Granitza, Karl-Heinz	34
	Hermandung, Erwin	34
8.	Gayer, Wolfgang	30
9.	Brück, Holger	26
	Steffenhagen, Arno	26

Die Trainer der letzten Jahre:

Name, Vorname	Zeitraum
Sebert, Günter	21.08.1992 – 20.10.1993
Reinders, Uwe	21.10.1993 – 23.03.1994
Heine, Karsten	24.03.1994 – 18.12.1995
Röber, Jürgen	01.01.1996 – 07.02.2002
Götz, Falko	07.02.2002 – 30.06.2002
Stevens, Huub	01.07.2002 – 04.12.2003
Thom, Andreas	04.12.2003 – 17.12.2003
Meyer, Hans	22.12.2003 – 30.06.2004
Götz, Falko	01.07.2004 – 10.04.2007
Götz, Falko	10.04.2007 – 31.05.2007

DSC Arminia 1905 Bielefeld

Anschrift:
Melanchthonstraße 31 a
33615 Bielefeld
Telefon: (05 21) 9 66 11-0
eMail: info@arminia-bielefeld.de
Homepage: www.arminia-bielefeld.de

Vereinsgründung: 03.05.1905 als 1. Bielefelder FC Arminia; seit 1927 DSC Arminia 1905 Bielefeld

Vereinsfarben: Schwarz-Weiß-Blau
Präsident: Hans-Hermann Schwick
Geschäftsführer: Roland Kentsch

Stadion: Schüco Arena (26.601)

Größte Erfolge: Meister der 2. Bundesliga 1978 (Nord, ↑), 1980 (Nord, ↑) und 1999 (↑); Aufstieg in die Bundesliga 1996, 2002 und 2004

Aufgebot:

Name, Vorname	Pos	geb. am	Nat.	seit	2007/08 Sp.	2007/08 T.	gesamt Sp.	gesamt T.	frühere Vereine
Ahanfouf, Abdelaziz	S	14.01.1978	MAR	2006	0	0	60	12	MSV Duisburg, 1. FC Dynamo Dresden, 1. FSV Mainz 05, SpVgg Unterhaching, FC Hansa Rostock, SpVgg Unterhaching, VfB Stuttgart, Offenbacher FC Kickers, VfB Ginsheim, Eintracht Rüsselsheim
Aigner, Stefan	M	20.08.1987	D	2007	0	0	0	0	SV Wacker Burghausen, TSV München 1860
Böhme, Jörg	M	22.01.1974	D	2006	22	1	233	32	Borussia Mönchengladbach, FC Schalke 04, DSC Arminia Bielefeld, TSV München 1860, Eintracht Frankfurt, 1. FC Nürnberg, FC Carl Zeiss Jena, BSG Chemie Zeitz
Bollmann, Markus	A	06.01.1981	D	2006	21	2	39	2	SC Paderborn 07, SpVgg Beckum, Hammer SpVgg
Borges dos Santos, Marcio	A	20.01.1973	BRA	1999	0	0	64	2	SV Waldhof 07 Mannheim, FC Locarno, Botafogo Rio de Janeiro
Eigler, Christian	S	01.01.1984	D	2006	29	6	56	12	SpVgg Greuther Fürth, SV Unterreichenbach, 1. FC Nürnberg, SV Unterreichenbach
Fernandez, Rowen	T	28.02.1978	RSA	2007	15	0	15	0	Kaizer Chiefs Johannesburg, Wits University Kapstadt, Benoni Northern
Fischer, Nils	M	14.02.1987	D	1998	2	0	2	0	VfL Schildesche, TuS Eintracht Bilefeld
Gabriel, Petr	A	17.05.1973	CZE	2003	12	0	78	2	1. FC Kaiserslautern, FK Teplice, 1. FC Kaiserslautern, AC Sparta Prag, Viktoria Zizkov, Union Cheb, Ruda Hvezda Cheb, SKP Susice, AC Sparta Prag, TJ Prag
Hain, Matthias	T	31.12.1972	D	2000	20	0	152	0	SpVgg Gr. Fürth, Eintracht Braunschweig, FG 16 Vienenburg/Wiedelah, SV Schladen
Halfar, Daniel	S	07.01.1988	D	2007	16	0	34	3	1. FC Kaiserslautern, Mannheimer FC Phönix 02
Heinen, Dirk	T	03.12.1970	D	2003	1	0	158	0	VfB Stuttgart, Denizlispor, Eintracht Frankfurt, Bayer Leverkusen, SV Rot-Weiß Zollstock
Kampantais, Leonidas	S	08.03.1982	GRE	2007	8	1	8	1	AEK Athen, Panionios Athen, Anorthosis Famagusta, AEK Athen, Aris Saloniki, Chaidari Athen
Kamper, Jonas	S	03.05.1983	DEN	2006	31	3	60	9	Brøndby IF, Nyköbing FA, Eskilstrup BK
Kauf, Rüdiger	M	01.03.1975	D	2001	29	1	153	4	VfB Stuttgart, VfL Kirchheim/Teck, SC Geislingen, TV Hochdorf
Kirch, Oliver	A	21.08.1982	D	2007	25	3	47	3	Borussia Mönchengladbach, SC Verl, SpVgg Vreden
Kobylik, David	M	27.06.1981	CZE	2005	2	0	42	2	Sigma Olomouc, Racing Club Straßburg, Sigma Olomouc
Kocin, Umut	M	02.06.1988	TUR	2006	0	0	0	0	Hamburger SV, Hamburger Turnerschaft von 1816
Korzynietz, Bernd	A	08.09.1979	D	2005	15	0	169	4	Borussia Mönchengladbach, 1. FC Schweinfurt 05, TSV Güntersleben
Kucera, Radim	A	01.03.1974	CZE	2005	31	1	73	7	Sigma Olomouc, Kaucuk Opava, VP Frydek-Mistek, Dukla Hranice, TJ Vigantice
Langkamp, Matthias	A	24.02.1984	D	2007	13	0	13	0	Grasshopper-Club Zürich, VfL Wolfsburg, DSC Arminia Bielefeld, SC Preußen 06 Münster, Sportfreunde Merfeld
Marx, Thorben	M	01.06.1981	D	2006	24	1	129	7	Hertha BSC Berlin, FC Hertha 03 Zehlendorf, FC Stern Marienfelde
Masmanidis, Ioannis	M	09.03.1983	D	2006	8	1	47	2	Karlsruher SC, Bayer 04 Leverkusen
Mijatovic, Andre	A	03.12.1979	CRO	2007	24	3	24	3	SpVgg Greuther Fürth, NK Dinako Zagreb, NK Rijeka
Nkosi, Siyabonga	M	22.08.1981	RSA	2007	8	0	8	0	Kaizer Chiefs Johannesburg, Bloemfontein Celtic, Orlando Pirates Johannesburg
Rau, Tobias	A	31.12.1981	D	2005	10	0	91	1	FC Bayern München, VfL Wolfsburg, Eintracht Braunschweig, Sportfreunde Ölper, Eintracht Braunschweig
Schuler, Markus	A	01.08.1977	D	2004	29	0	152	0	Hannover 96, 1. FSV Mainz 05, SC Fortuna Köln, FV Donaueschingen, FC Neustadt/Schwarzwald, FC Löffingen, SV Feldberg
Tesche, Robert	M	27.05.1987	D	2001	15	1	22	1	VfL Mennighüffen
Versick, Thilo	S	27.11.1985	D	2006	1	0	1	0	SC Rot-Weiß Maaslingen, VfL Bückeburg, SC Herford, Union Minden, JSG Maaslingen/Petershagen, JSG Haddenhausen/Hille
Wichniarek, Artur	S	28.02.1977	POL	2006	33	10	165	36	Hertha BSC Berlin, DSC Arminia Bielefeld, SPN Widzew Lodz, WKP Lech Poznan, KP Konin, SKS Poznan
Zuma, Sibusiso	S	23.06.1975	RSA	2005	20	1	69	8	FC Kopenhagen, Orlando Pirates Johannesburg, African Wanders Durban

Trainer:

Name, Vorname	geb. am	Nat.	Zeitraum	Spiele 2007/08	frühere Trainerstationen
Middendorp, Ernst	28.10.1958	D	14.03.07 – 10.12.07	16	Kaizer Chiefs Johannesburg, Tracktorsasi Täbris, Accra Hearts of Oak, FC Augsburg, Kumasi Asante Kotoko, VfL Bochum, KFC Uerdingen, DSC Arminia Bielefeld, FC Gütersloh, VfB Rheine, DSC Arminia Bielefeld, Eintracht Nordhorn, VfB Alstätte
Dammeier, Detlev	18.10.1968	D	10.12.07 – 31.12.07	1	DSC Arminia Bielefeld (Junioren)
Frontzeck, Michael	28.03.1964	D	01.01.08 – lfd.	17	TSV Alemannia Aachen, Hannover 96 (Co-Tr.), Borussia Mönchengladbach (Co-Tr.)

Zugänge:
Aigner (SV Wacker Burghausen), Fernandez (Kaizer Chiefs Johannesburg), Fischer (II. Mannschaft), Kampantais (AEK Athen), Kirch (Borussia Mönchengladbach), Langkamp (Grasshopper-Club Zürich), Mijatovic (SpVgg Greuther Fürth).
während der Saison:
Heinen (reaktiviert), Nkosi (Kaizer Chiefs Johannesburg), Halfar (1. FC Kaiserslautern).

Abgänge:
Danneberg (Eintracht Braunschweig), Formann (1. FC Saarbrücken), Ndjeng-Byouha (Borussia Mönchengladbach), Vacek (Sigma Olomouc), Vata (TuS Koblenz), Westermann (FC Schalke 04), Ziegler (Borussia Dortmund).
während der Saison:
Ahanfouf (SV Wehen Wiesbaden), Borges (Laufbahn beendet).

Fortsetzung DSC Arminia 1905 Bielefeld

Aufstellungen und Torschützen:

Sp	Datum	Gegner	Ergebnis	Böhme	Bollmann	Eigler	Fernandez	Fischer	Gabriel	Hain	Halfar	Heinen	Kampantais	Kamper	Kauf	Kirch	Kobylik	Korzynietz	Kucera	Langekamp	Marx	Masmanidis	Mijatovic	Nkosi	Rau	Schuler	Tesche	Versick	Wichniarek	Zuma
				1	2	3	4	5	6	7	8	9	10	11	12	13	14	15	16	17	18	19	20	21	22	23	24	25	26	27
1	11.08.07 A	Wolfsburg	3:1 (1:0)	X	X	A1				X				E		E1			X	X			X	X		X	A		A1	E
2	18.08.07 H	Frankfurt	2:2 (0:0)	X	A	X				X				E					X1	X			E	X	A	X	X		X1	
3	25.08.07 H	Hertha BSC	2:0 (0:0)	A		X				X				E		X		E	X	X		E1	X	A		X	A		X1	
4	01.09.07 A	Duisburg	0:3 (0:0)	X	X	X		E	X							E			X	A		E	X	A		X	A		X	
5	15.09.07 H	Rostock	4:2 (1:0)	A1	E	X2				X				E	E				X	A		X	X			X	A		X1	
6	22.09.07 A	Schalke 04	0:3 (0:1)	A		X				X				E	E	X			X	X		A	X	E	X	X				
7	26.09.07 H	Hannover	0:2 (0:0)	X		X				X		A		E	X		A		X	X		E	X			X			X	
8	29.09.07 A	Bremen	1:8 (1:4)	A	E	X				X				E			X		X	X	X		A		A	E			X1	
9	06.10.07 H	Hamburg	0:1 (0:0)	X	X	E				X				E					X	X	A					X	X		X	A
10	21.10.07 H	Karlsruhe	0:0 (0:0)	A		X		E		X			E		X	X			X	E	X					X	A		X	A
11	27.10.07 A	Cottbus	1:1 (0:0)	X	E	A				X			E	E1	X	X			X	X		A				X	A		X	
12	03.11.07 A	Leverkusen	0:4 (0:3)		X	X				X	E			EA	X	X		E	X				X	X	A					A
13	11.11.07 H	Nürnberg	3:1 (0:1)	A						X	A		A	X1	X	E	E	X	X	X			X						X1	E1
14	24.11.07 A	VfL Bochum	0:3 (0:2)	A	X		X	E						X	X		E	E	X	A	A								X	X
15	02.12.07 H	München	0:1 (0:1)	E			E		X	A				X	X		X	X	X	X			A						X	X
16	07.12.07 A	Dortmund	1:6 (0:2)		X		X		X			E	X	X	X1	X			X	A			X				E	X	A
17	15.12.07 H	Stuttgart	2:0 (0:0)			E	X	A					A1	X	X	E	X		X			E	X			X1	X			
18	02.02.08 H	Wolfsburg	0:1 (0:1)	A	E	E				X				X	X		X		X	X	A	X		X		X				
19	08.02.08 A	Frankfurt	1:2 (0:1)	A		E		X	X		E	E	A	X		X	X		X	A			X						X1	X
20	16.02.08 A	Hertha BSC	0:1 (0:0)					X	X	E			A		E	X	X			X		X	A	E	X				X	A
21	23.02.08 H	Duisburg	0:2 (0:1)	A		E		A	X	E			X	X		X	X		X	X		X			X				X	X
22	01.03.08 A	Rostock	1:1 (0:0)			X1			X	E			E	X		X	X		X	X		X		X		X	X		A	A
23	08.03.08 H	Schalke 04	0:2 (0:1)	E		X				X				E	X				X	A		X		X					X	X
24	15.03.08 A	Hannover	2:2 (2:1)		E	A1	A			X	E			X	X		A		X		X	X1	X						X	E
25	23.03.08 H	Bremen	1:1 (1:0)		X	A	X		E	A			E	X	X1		X		X			X			A				X	E
26	29.03.08 A	Hamburg	1:1 (0:0)	E	X1	X				A			E	X	X		X		X			X				X			A	
27	05.04..08 H	Karlsruhe	1:0 (0:0)		X	X			X				E1	E	X	X			X	A		X				X			A	
28	12.04.08 A	Cottbus	0:1 (0:0)		X	X				A			E	E	X	X			X	A		X				X	EA		X	
29	16.04.08 H	Leverkusen	1:0 (0:0)	E		A	X	X		A				E	X				X	A		X1		X					A	E
30	26.04.08 A	Nürnberg	2:2 (0:2)		E1	A		A		A				E	X				X	X		X		X					X1	E
31	03.05.08 H	Bochum	2:0 (0:0)		X	E				A			E1	X	X				X	A		X1	X			E			X	A
32	07.05.08 A	München	0:2 (0:1)		X	A				E				X	X	A		X		X	E		X	X		A	E			
33	10.05.08 H	Dortmund	2:2 (2:1)	E	X	E		X	A				E	X	A				A1	X			X						X1	X
34	17.05.08 A	Stuttgart	2:2 (1:0)		X	X1	X		X	E				E	X	X			A	X			X	X1					A	
		Spiele:		22	21	29	15	2	12	20	16	1	8	31	29	25	2	15	31	13	24	8	24	8	10	29	15	1	33	20
		Tore:		1	2	6	0	0	0	0	0	0	1	3	1	3	0	0	1	0	1	3	0	0	0	1	0	0	10	1

Bilanz der letzten 10 Jahre:

Saison	Liga	Platz	Sp.	S	U	N	Tore	Pkt.
1997/98	Bundesliga	18.	34	8	8	18	43–56	32
1998/99	2. Bundesliga	1.	34	20	7	7	62–32	67
1999/00	Bundesliga	17.	34	7	9	18	40–61	30
2000/01	2. Bundesliga	13.	34	10	11	13	53–46	41
2001/02	2. Bundesliga	2.	34	19	8	7	68–38	65
2002/03	Bundesliga	16.	34	8	12	14	35–46	36
2003/04	2. Bundesliga	2.	34	16	8	10	50–37	56
2004/05	Bundesliga	13.	34	11	7	16	37–49	40
2005/06	Bundesliga	13.	34	10	7	17	32–47	37
2006/07	Bundesliga	12.	34	11	9	14	47–49	42

Zuschauerzahlen:

Saison	gesamt	Spiele	Schnitt
1997/98:	358.559	17	21.092
1998/99:	198.195	17	11.659
1999/00:	322.316	17	18.960
2000/01:	195.828	17	11.519
2001/02:	226.301	17	13.312
2002/03:	395.542	17	23.267
2003/04:	217.418	17	12.789
2004/05:	379.578	17	22.328
2005/06:	373.175	17	21.951
2006/07:	393.159	17	23.127

Die meisten Bundesliga-Spiele:

Pl.	Name, Vorname	Spiele
1.	Pohl, Wolfgang	167
2.	Hain, Mathias	152
3.	Schröder, Helmut	148
4.	Schnier, Detlef	147
5.	Kauf, Rüdiger	139
6.	Kneib, Wolfgang	133
7.	Geils, Karlheinz	131
8.	Pagelsdorf, Frank	128
9.	Hupe, Dirk	121
10.	Schuler, Markus	113

Die besten Bundesliga-Torschützen:

Pl.	Name, Vorname	Tore
1.	Wichniarek, Artur	32
2.	Pagelsdorf, Frank	28
3.	Kuntz, Stefan	25
4.	Schock, Gerd-Volker	23
5.	Eilenfeldt, Norbert	22
6.	Reich, Siegfried	17
7.	Geils, Karlheinz	16
8.	Buckley, Delron	15
9.	Grillemeier, Gregor	14
10.	Rautiainen, Pasi	13
	Reina, Giuseppe	13

Die Trainer der letzten Jahre:

Name, Vorname	Zeitraum
Sidka, Wolfgang	– 23.08.1994
Middendorp, Ernst	24.08.1994 – 18.08.1998
von Heesen, Thomas	31.08.1998 – 30.06.1999
Gerland, Hermann	01.07.1999 – 16.10.2000
Geideck, Frank	16.10.2000 – 22.10.2000
Möhlmann, Benno	23.10.2000 – 17.02.2004
Rapolder, Uwe	01.03.2004 – 08.05.2005
Geideck, Frank	08.05.2005 – 30.06.2005
von Heesen, Thomas	01.07.2005 – 12.02.2007
Geideck, Frank	12.02.2007 – 14.03.2007

VfL Bochum 1848

Anschrift:
Castroper Straße 145
44728 Bochum
Telefon: (02 34) 95 18 48
eMail: info@vfl-bochum.de
Homepage: www.vfl-bochum.de

Vereinsgründung: 15.04.1938; Fusion von TV 1848, TuS 08 und SV Germania 1906 Bochum zum VfL 1848 Bochum

Vereinsfarben: Blau-Weiß
Präsident: Werner Altegoer
Sportdirektor: N. N.

Stadion: rewirpowerStadion (31.328)

Größte Erfolge: DFB-Pokalfinalist 1968 und 1988; Teilnahme am UEFA-Pokal 1997 und 2004; Meister der Regionalliga West 1970 und 1971 (↑); Meister der 2. Bundesliga 1994 (↑),1996 (↑) und 2006 (↑); Aufstieg in die Bundesliga 2000 und 2002

Aufgebot:

Name, Vorname	Pos	geb. am	Nat.	seit	2007/08 Sp.	T.	Gesamt Sp.	T.	frühere Vereine
Auer, Benjamin	S	11.01.1981	D	2007	17	5	87	21	1. FC Kaiserslautern, VfL Bochum, 1. FSV Mainz 05, Borussia Mönchengladbach, Karlsruher SC, 1. FC Kaiserslautern, FSV Offenbach/Pfalz, ASV Landau
Azaouagh, Mimoun	M	17.11.1982	D	2008	14	3	58	6	FC Schalke 04, 1. FSV Mainz 05, FC Schalke 04, 1. FSV Mainz 05, Eintracht Frankfurt, FSV Frankfurt
Bechmann, Tommy	S	22.12.1981	DEN	2004	20	5	58	9	Esbjerg fB, FC Aarhus, IK Skovbakken Aarhus
Bönig, Philipp	A	20.03.1980	D	2003	25	0	112	0	MSV Duisburg, FC Bayern München, FC Eintracht Freising
Byelik, Oleksiy	S	15.02.1981	UKR	2008	4	0	4	0	Schachtjor Donezk
Concha, Matias	A	31.03.1980	SWE	2007	18	0	18	0	Djurgardens IF, Malmö FF, Kulladals FF
Dabrowski, Christoph	M	01.07.1978	D	2006	28	5	213	15	Hannover 96, DSC Arminia Bielefeld, SV Werder Bremen, Hertha BSC Berlin, Berliner FC Preussen 1894, 1. FC Schöneberg, VfL Schöneberg
Drsek, Pavel	A	22.09.1976	CZE	2005	12	0	51	2	MSV Duisburg, FK Chmel Blsany, SK Radovnik, SK Kladno, FK Tachov, SKP Union Cheb, Poldi Kladno, Lok Kladno
Epalle, Joel	S	20.02.1978	CMR	2007	26	1	43	5	Iraklis Saloniki, Panathinaikos Athen, Aris Saloniki, Panachaiki Patras, Ethnikos Piräus, Union Douala
Fuchs, Danny	M	25.02.1976	D	2007	17	1	17	1	SpVgg Greuther Fürth, Karlsruher SC, TSV München 1860, SV Wehen Taunusstein, Hallescher FC, BSG Motor Köthen, BSG Traktor Quellendorf
Grote, Dennis	S	09.08.1986	D	2002	18	1	39	2	SC Preußen 06 Münster, SC Vorwärts Wettringen, 1. FC Kaiserslautern
Heerwagen, Philipp	T	13.04.1983	D	2007	0	0	0	0	SpVgg Unterhaching, FC Bayern München, SpVgg Unterhaching
Ilicevic, Ivo	M	14.11.1986	CRO	2006	6	0	25	2	SV Darmstadt 98, SV Viktoria Aschaffenburg, 1. FC Südring Aschaffenburg
Imhof, Daniel	M	22.11.1977	CAN	2005	24	2	31	2	FC St. Gallen, FC Wil, University of Victoria, BV Blast
Lastuvka, Jan	T	07.01.1982	CZE	2007	25	0	25	0	FC Fulham, Schachtjor Donezk, Banik Ostrava, FC Karvina, CSA Karvina
Maltritz, Marcel	A	02.10.1978	D	2004	31	2	201	9	Hamburger SV, VfL Wolfsburg, 1. FC Magdeburg, TuS 1860 Magdeburg-Neustadt
Mavraj, Mergim	A	09.06.1986	D	2007	2	1	2	1	SV Darmstadt 98, SG Rosenhöhe Offenbach
Meichelbeck, Martin	A	21.11.1976	D	2000	5	0	89	4	SpVgg Greuther Fürth, SpVgg Jahn Forchheim, 1. FC Bamberg, 1. FC Nürnberg, FC Braunach
Mieciel, Marcin	S	22.12.1975	POL	2007	25	4	43	6	PAOK Saloniki, Iraklis Saloniki, Borussia Mönchengladbach, Legia Warschau, LKS Lodz, Legia Warschau, Hutnik Krakau, Lechia Gdansk, Wisla Tczew
Ono, Shinji	M	27.09.1979	JPN	2008	12	0	12	0	Urawa Red Diamonds, Feyenoord Rotterdam, Urawa Red Diamonds, Shizuoka Shogyo Koko, Imazawa Chu-Gakko, Imazawa Soccer Sports Shonen-dan
Pfertzel, Marc	M	21.05.1981	FRA	2007	28	0	28	0	AS Livorno, FC Sete 34, ES Troyes, FC Sochaux, FC Basel, FC Mulhouse
Renno, René	T	19.02.1979	D	2005	10	0	10	0	Rot-Weiss Essen, SG Wattenscheid 09, Tennis Borussia Berlin, Hertha BSC Berlin, SV Norden-Nordwest 98
Schröder, Oliver	M	11.06.1980	D	2006	15	0	102	3	Hertha BSC Berlin, 1. FC Köln, Hertha BSC Berlin, Spandauer BC, Reinickendorfer Füchse, Hertha BSC Berlin, SC Tegel
Sestak, Stanislav	S	16.12.1982	SVK	2007	33	13	33	13	MSK Zilina, Slovan Bratislava, Tatran Presov
Yahia, Anthar	A	21.03.1082	ALG	2007	33	2	49	3	OGC Nizza, SC Bastia, Inter Mailand, FC Sochaux
Zdebel, Thomas	M	25.05.1973	D	2003	26	1	176	7	Genclerbirligi Ankara, Lierse SK, 1. FC Köln, Rot-Weiss Essen, Fortuna Düsseldorf, GKS Katowice

Trainer:

Name, Vorname	geb. am	Nat.	Zeitraum	Spiele 2007/08	frühere Trainerstationen
Koller, Marcel	11.11.1960	SUI	01.07.2005 – lfd.	34	1. FC Köln, Grasshopper-Club Zürich, FC St. Gallen, FC Wil

Zugänge:
Auer (1. FC Kaiserslautern), Concha (Djurgardens IF), Fuchs (SpVgg Greuther Fürth), Heerwagen (SpVgg Unterhaching), Lastuvka (FC Fulham), Mavraj (SV Darmstadt 98), Mieciel (PAOK Saloniki), Pfertzel (AS Livorno), Sestak (MSK Zilina).
während der Saison:
Azaouagh (FC Schalke 04), Byelik (Schachtjor Donezk), Ono (Urawa Red Diamonds).

Abgänge:
Bade (SC Paderborn 07), Butscher (SC Freiburg), Drobny (Hertha BSC Berlin), Fabio Junior (Hapoel Tel Aviv), Gekas (Bayer 04 Leverkusen), van Hout (KVC Westerlo), Lense (FC Hansa Rostock), Misimovic (1. FC Nürnberg), Pallas (unbekannt), Skov-Jensen (Sandefjord Fotball), Trojan (FC St. Pauli), Wosz (SC Union Bergen).
während der Saison:
Ilicevic (SpVgg Greuther Fürth).

Fortsetzung VfL Bochum 1848

Aufstellungen und Torschützen:

Sp	Datum	Gegner	Ergebnis	Auer	Azaouagh	Bechmann	Bönig	Byelik	Concha	Dabrowski	Drsek	Epalle	Fuchs	Grote	Ilicevic	Imhof	Lastuvka	Maltritz	Mavraj	Meichelbeck	Mieciel	ono	Pfertzel	Renno	Schröder	Sestak	Yahia	Zdebel
				1	2	3	4	5	6	7	8	9	10	11	12	13	14	15	16	17	18	19	20	21	22	23	24	25
1	11.08.07 H	SV Werder Bremen	2:2 (0:2)			A1			X	X		X	E	A			X	X		X	E					X1	X	X
2	19.08.07 A	FC Energie Cottbus	2:1 (2:0)			A2			X	X		A	E	E		E	X	X		X	E						X	X
3	24.08.07 H	Hamburger SV	2:1 (1:0)			A	X		X			X	A	E		E1	X	X			E		X			X1	X	A
4	01.09.07 A	Hannover 96	2:3 (1:2)			A1	X		X	E		X	E	A	E		X	X1					X			X	X	A
5	15.09.07 A	Bayer 04 Leverkusen	0:2 (0:0)			A			X	X	A	X		X	E	E	X	X			E		X			X	X	A
6	21.09.07 H	Eintracht Frankfurt	0:0 (0:0)			A			X	X	X	X	A	E			X	X			E				E	A	X	X
7	26.09.07 A	VfB Stuttgart	0:1 (0:0)			E	X		X	X		A		A			X	X			X		A		E	E	X	
8	29.09.07 H	1. FC Nürnberg	3:3 (1:1)			A	X		X	X	E		E		A	E	X	X			X1					X2	X	X
9	05.10.07 A	Borussia Dortmund	1:2 (1:1)			X	A		X	A			E	E	A	E	X	X			X1					X	X	X
10	20.10.07 H	FC Bayern München	1:2 (1:1)			X			X		E	A		X1	E		X	A			E		X			X	X	A
11	27.10.07 A	Hertha BSC Berlin	0:2 (0:2)	E		E			X	A		X		A	A		X	X			E		X			X	X	X
12	04.11.07 H	VfL Wolfsburg	5:3 (4:0)			E			X	X	E	X1	A1	E		A		X1			X			X	X	X2	A	
13	09.11.07 A	MSV Duisburg	2:0 (1:0)			E1			X	X	E	A	X	E		X1	X				A					X	A	X	
14	24.11.07 H	Arminia Bielefeld	3:0 (2:0)			E			X	X1		A	A	E			E	X			X2					X	X	X	A
15	01.12.07 H	FC Schalke 04	0:1 (0:1)			E	E		X			A	X	X			X	X			X					X	X	X	A
16	08.12.07 H	Karlsruher SC	2:2 (1:1)			E	X		X	X	E	X	X			A		A			A					X	X2		E
17	16.12.07 A	FC Hansa Rostock	0:2 (0:2)			E	A		X	X	E	X	A	E				X			X					X	X	X	A
18	03.02.08 A	SV Werder Bremen	2:1 (0:1)	X1	A		A			X	E						X	X				E	X		E	X	X1	A	
19	09.02.08 H	FC Energie Cottbus	3:3 (2:1)	X1	A		X	E		X			E				X	X			E		X			A1	X	A	
20	17.02.08 A	Hamburger SV	0:3 (0:1)	A	A		X			X							X	X			E	E	A		E	E	X	A	X
21	22.02.08 H	Hannover 96	2:1 (1:0)	X1			A					E	A				X	X		E			X	X		E	A	X	X
22	02.03.08 H	Bayer 04 Leverkusen	2:0 (0:0)	X	E		X			X1		A					X	X			E	A	X		E		X		A1
23	08.03.08 A	Eintracht Frankfurt	1:1 (0:0)	A	E1		X			X	E						X	X			E	A	X				X	X	A
24	15.03.08 H	VfB Stuttgart	1:1 (1:0)	A	E		X			X1		E					X	X			E	A	X				X	X	A
25	22.03.08 A	1. FC Nürnberg	1:1 (1:1)	A	X		X	E		X		E					X	X			E	X				A1	X	A	
26	29.03.08 H	Borussia Dortmund	3:3 (3:2)	X2	X		X		E	A1		E					X	X			E	A				X	X	A	
27	06.04.08 A	FC Bayern München	1:3 (1:1)	X	A1	E	X					E	A				X	X			E		X			A	X	X	
28	12.04.08 H	Hertha BSC Berlin	1:1 (1:1)	A	X	E	X	E				A					X	A	X			X	E	X	X	X1			
29	15.04.08 A	VfL Wolfsburg	1:0 (0:0)	E	A	E		A	X		E						X	X		X	A				X	X1	X		
30	26.04.08 H	MSV Duisburg	1:1 (0:1)	A			X			X		E	E	A			X			X			X	X	E	X1	A		
31	03.05.08 A	Arminia Bielefeld	0:2 (0:0)	X	A		A			X	X	E					X			E	E	X			X	X	A		
32	06.05.08 H	FC Schalke 04	0:3 (0:1)		A		A			A		X	E				X	X			E	X	X			E	X	X	
33	10.05.08 A	Karlsruher SC	3:1 (1:0)	X	A1		X			X1	A	X					X		E		E		X			E	X1	A	
34	17.05.08 H	FC Hansa Rostock	1:2 (1:1)	A			X		E	X		X		E			X		X1	E		X			A	X	A	X	
		Spiele:		17	14	20	25	4	18	28	12	26	17	18	6	24	25	31	2	5	25	12	28	10	15	33	33	26	
		Tore:		5	3	5	0	0	0	5	0	1	1	1	0	2	0	2	1	0	4	0	0	0	0	13	2	1	

Gegnerische Eigentore im 19. Spiel (durch Ipsa) und im 21. Spiel (durch Cherundolo).

Bilanz der letzten 10 Jahre:

Saison	Liga	Platz	Sp.	S	U	N	Tore	Pkt.
1997/98:	Bundesliga	12.	34	11	8	15	41–49	41
1998/99:	Bundesliga	17.	34	7	8	19	40–65	29
1999/00:	2. Bundesliga	2.	34	18	7	9	67–48	61
2000/01:	Bundesliga	18.	34	7	6	21	30–67	27
2001/02:	2. Bundesliga	3.	34	19	8	7	69–49	65
2002/03:	Bundesliga	9.	34	12	9	13	55–56	45
2003/04:	Bundesliga	5.	34	15	11	8	57–39	56
2004/05:	Bundesliga	16.	34	9	8	17	47–68	35
2005/06:	2. Bundesliga	1.	34	19	9	6	55–26	66
2006/07:	Bundesliga	8.	34	13	6	15	49–50	45

Zuschauerzahlen:

Saison	gesamt	Spiele	Schnitt
1997/98:	401.493	17	23.617
1998/99:	358.985	17	21.117
1999/00:	223.261	17	13.133
2000/01:	278.466	17	16.380
2001/02:	213.392	17	12.552
2002/03:	425.258	17	25.015
2003/04:	399.711	17	23.512
2004/05:	448.394	17	26.376
2005/06:	311.462	17	18.321
2006/07:	424.473	17	24.969

Die meisten Bundesliga-Spiele:

Pl.	Name, Vorname	Spiele
1.	Lameck, Michael	518
2.	Woelk, Lothar	385
3.	Oswald, Walter	353
4.	Tenhagen, Franz-Josef	306
5.	Zumdick, Ralf	282
6.	Wosz, Dariusz	239
7.	Kempe, Thomas	234
8.	Reekers, Rob	219
9.	Wegmann, Uwe	214
10.	Scholz, Werner	207

Die besten Bundesliga-Torschützen:

Pl.	Name, Vorname	Tore
1.	Abel, Hans-Joachim	60
2.	Walitza, Hans	53
3.	Wegmann, Uwe	52
4.	Kaczor, Josef	51
5.	Kuntz, Stefan	47
6.	Leifeld, Uwe	46
7.	Balte, Werner	38
	Lameck, Michael	38
9.	Schreier, Christian	35
10.	Schulz, Frank	30

Die Trainer der letzten Jahre:

Name, Vorname	Zeitraum
Schafstall, Rolf	23.04.1991 – 30.06.1991
Osieck, Holger	01.07.1991 – 05.11.1992
Gelsdorf, Jürgen	06.11.1992 – 08.11.1994
Toppmöller, Klaus	09.11.1994 – 30.06.1999
Middendorp, Ernst	01.07.1999 – 25.10.1999
Dietz, Bernhard	26.10.1999 – 26.12.1999
Zumdick, Ralf	27.12.1999 – 12.02.2001
Schafstall, Rolf	13.02.2001 – 30.06.2001
Dietz, Bernard	01.07.2001 – 03.12.2001
Neururer, Peter	04.12.2001 – 30.06.2005

ps
SV Werder Bremen von 1899

Anschrift: Am Weserstadion 1c, 28205 Bremen
Telefon: (01 80 5) 93 73 37
eMail: info@werder-online.de
Homepage: www.werder-online.de

Vereinsgründung: 04.02.1899; bis 19.01.1920 FV Werder Bremen; 1945 aufgelöst; Neugründung 25.03.1946
Vereinsfarben: Grün-Weiß
Vorst.-Vorsitzender: Jürgen L. Born
Manager: Klaus Allofs
Stadion: Weserstadion (42.500)

Größte Erfolge: Deutscher Meister 1965, 1988, 1993 und 2004; Deutscher Pokalsieger 1961, 1991, 1994, 1999 und 2004; Deutscher Supercupsieger 1988, 1993 und 1994; Deutscher Ligapokalsieger 2006; Europapokalsieger der Pokalsieger 1992

Aufgebot:

Name, Vorname	Pos	geb. am	Nat.	seit	2007/08 Sp.	2007/08 T.	gesamt Sp.	gesamt T.	frühere Vereine
Andreasen, Leon	M	23.04.1983	DEN	2007	10	2	47	6	1. FSV Mainz 05, SV Werder Bremen, Aarhus GF, Hammel GF
Artmann, Kevin	M	21.04.1986	D	2001	0	0	0	0	FC Bayern München, SV Werder Bremen, SG Schwarz-Weiß Oldenburg
Baumann, Frank	M	29.10.1975	D	1999	23	1	263	15	1. FC Nürnberg, TSV Grombühl Würzburg
Boenisch, Sebastian	A	01.02.1987	D	2003	9	1	18	1	FC Schalke 04, SC Rot-Weiß Oberhausen, Borussia Velbert, SSVg 09/12 Heiligenhaus
Borowski, Tim	M	02.05.1980	D	1996	21	2	169	23	FC Neubrandenburg
Carlos Alberto (Carlos Alberto Gomes de Jesus)	M	11.12.1984	BRA	2007	2	0	2	0	Fluminense Rio de Janeiro, Corinthias Sao Paulo, FC Porto, Fluminense Rio de Janeiro
Diego (Diego Ribas da Cunha)	M	28.02.1985	BRA	2006	30	13	63	26	FC Porto, Santos FC, Paulistinha Sao Carlos, Comercial FC Ribeirao Preto
Frings, Torsten	M	22.11.1976	D	2005	11	1	310	33	FC Bayern München, Borussia Dortmund, SV Werder Bremen, TSV Alemannia Aachen, SV Rhenania Alsdorf, SC Rot-Weiß Alsdorf
Fritz, Clemens	A	07.12.1980	D	2006	23	1	98	4	Bayer 04 Leverkusen, Karlsruher SC, FC Rot-Weiß Erfurt, VfB Leipzig, FC Rot-Weiß Erfurt
Harnik, Martin	S	10.06.1987	AUT	2006	9	1	9	1	SC Vier- und Marschlande
Hugo Almeida (Hugo Miguel Pereira de Almeida)	S	23.05.1984	POR	2006	23	11	51	16	FC Porto, Boavista Porto, FC Porto, Uniao Leiria, FC Porto, Uniao Leiria, FC Porto, Naval 1 de Maio
Hunt, Aaron	S	04.09.1986	D	2001	14	1	59	11	Goslarer SC 08, VfL Oker
Jensen, Daniel	M	25.06.1979	DEN	2004	27	2	98	7	Real Murcia, SC Heerenveen, BK 1893 Kopenhagen
Klasnic, Ivan	S	29.01.1980	CRO	2001	16	7	151	49	FC St. Pauli, TSV Stellingen 88, SC Union 03 Hamburg
Kruse, Max	M	19.03.1988	D	2006	1	0	1	0	SC Vier- und Marschlande, TSV Reinbek
Mertesacker, Per	A	29.09.1984	D	2006	32	1	131	10	Hannover 96, TSV Pattensen
Mosquera, John Jairo	S	15.01.1988	COL	2007	3	1	3	1	SV Wacker Burghausen, Sönderjysk Elitesport, Atletico Junior Barranquilla, River Plate Buenos Aires, Millionarios Bogota, Atletico Junior Barranquilla
Naldo (Ronaldo Aparecido Rodrigues)	A	09.10.1982	BRA	2005	32	3	96	11	Juventude Caxias do Sul, RS Futebol Clube Alvorada
Niemeyer, Peter	M	22.11.1983	D	2007	3	1	6	1	FC Twente Enschede, Borussia Ernsdetten, Teuto Riesenbeck
Özil, Mesut	M	15.10.1988	D	2008	12	1	42	1	FC Schalke 04, SC Rot-Weiss Essen, DJK Falke Gelsenkirchen, DJK Teutonia Schalke Nord, DJK Westfalia 04 Gelsenkirchen
Owomoyela, Patrick	A	05.11.1979	D	2005	9	0	80	5	DSC Arminia Bielefeld, SC Paderborn 07, VfL Osnabrück, Lüneburger SK, TSV Stellingen 88, Eimsbütteler SV Grün-Weiß
Pasanen, Petri	A	24.09.1980	FIN	2004	28	2	85	3	FC Portsmouth, Ajax Amsterdam, FC Lathi, FC Härneenlinna, Kuusysi Lahti
Pellatz, Nico	T	08.07.1986	D	2007	0	0	0	0	Hertha BSC Berlin, SV Tasmania Gropiusstadt 1973, SV Blau Weiss Berlin
Rosenberg, Markus	S	27.09.1982	SWE	2007	30	14	44	22	Ajax Amsterdam, Malmö FF, Halmstads BK, Malmö FF
Sanogo, Boubacar	S	17.12.1982	CIV	2007	21	9	76	23	Hamburger SV, 1. FC Kaiserslautern, Al-Ain Sport-Club, L´Esperance Tunis, Siroco FC San Pedro
Schindler, Kevin	S	21.05.1988	D	1999	4	0	5	0	Delmenhorster TB
Schulz, Christian	A	01.04.1983	D	1995	3	0	132	8	TSV Bassum
Tosic, Dusko	A	19.01.1985	SRB	2007	12	0	12	0	FC Sochaux-Montbéliard, OFK Belgrad
Vander, Christian	T	24.10.1980	D	2005	3	0	23	0	VfL Bochum, KFC Uerdingen 05, Borussia Mönchengladbach
Vranješ, Jurica	M	30.01.1980	CRO	2005	22	0	162	5	VfB Stuttgart, Bayer 04 Leverkusen, NK Osijek
Wiese, Tim	T	17.12.1981	D	2005	31	0	142	0	1. FC Kaiserslautern, SC Fortuna Köln, Bayer 04 Leverkusen, DJK Dürscheid
Womé, Pierre	A	26.03.1979	CMR	2006	0	0	28	2	Inter Mailand, Brescia Calcio, Espanyol Barcelona, FC Fulham, FC Bologna, AS Rom, AS Lucchese, Vicenza Calcio, Canon Yaounde, Fogape Yaounde

Trainer:

Name, Vorname	geb. am	Nat.	Zeitraum	Spiele 2007/08	frühere Trainerstationen
Schaaf, Thomas	30.04.1961	D	10.05.1999 – lfd.	34	SV Werder Bremen (Amateure und Junioren)

Zugänge:
Andreasen (1. FSV Mainz 05), Artmann, Harnik und Schindler (II. Mannschaft), Carlos Alberto (Corinthias Sao Paulo), Pellatz (Hertha BSC Berlin) Sanogo (Hamburger SV).
während der Saison:
Boenisch und Özil (FC Schalke 04), Tosic (FC Sochaux).

Abgänge:
K. Jensen (FC Carl Zeiss Jena), Klose (FC Bayern München), Polenz (TSV Alemannia Aachen), Reinke (Laufbahn beendet).
während der Saison:
Andreasen (FC Fulham), Carlos Alberto (Sao Paulo FC), Mosquera (TSV Alemannia Aachen), Schulz (Hannover 96).

Fortsetzung SV Werder Bremen von 1899

Aufstellungen und Torschützen:

Sp	Datum	Gegner	Ergebnis	Andreasen	Baumann	Boenisch	Borowski	Carlos Albert	Diego	Frings	Fritz	Harnik	Hugo Almeida	Hunt	Jensen	Klasnic	Kruse	Mertesacker	Mosquera	Naldo	Niemeyer	Owomoyela	Özil	Pasanen	Rosenberg	Sanogo	Schindler	Schulz	Tosic	Vander	Vranjes	Wiese
1	11.08.07 A	Bochum	2:2 (2:0)	X			X		X1	X					X			X		X					A	X1	E	X				X
2	18.08.07 H	München	0:4 (0:1)		X			E	X			A			X			X		X			X		X	E	X				A	X
3	25.08.07 A	Nürnberg	1:0 (0:0)	E	X				X		E1	A	A		X			X		X	A			E	X				X	X
4	01.09.07 H	Frankfurt	2:1 (1:0)	E	X	E			X			E	A	A	X			X		X1	X1			A					X	X
5	14.09.07 A	Dortmund	0:3 (0:3)	E	X	E			A			A		X			X		A	E			X				X	X
6	22.09.07 H	Stuttgart	4:1 (3:1)		X				X1		E	A2	X		X			X		X	E	A1		X				X	X
7	25.09.07 A	Wolfsburg	1:1 (0:0)						A1			A	A	X			X		X	E		X	E	X	E		X	X	X
8	29.09.07 H	Bielefeld	8:1 (4:1)						X1	E		X2	X		E	X1		X	A1		X	E1	A2		X			A	X
9	06.10.07 A	Duisburg	3:1 (1:1)	E1			A		X	A	X		E		X1			X		X		X	A	X1			X	E	
10	20.10.07 H	Hertha BSC	3:2 (0:0)	E1	E		A		X	A	X		X1		X			X		X		X	E1	A				X
11	27.10.07 A	Schalke 04	1:1 (1:1)		E		A		X	X		X	X	A				X	X1			E	A		X		E	X
12	03.11.07 H	Rostock	1:0 (1:0)	A	X		X		X		E		X1			X	E	X		X	A			A		E	X
13	10.11.07 H	Karlsruhe	4:0 (2:0)	A			X	E	A2	X		A1	X			X	E	X1		X	X				E	X
14	24.11.07 A	Cottbus	2:0 (0:0)		X		A		X1	X	E		X	A	X	E1	X			X	A				E	X
15	01.12.07 H	Hamburg	2:1 (1:0)	E	A				X				E	X	E	X		X			X1	A	A1		X	X	X
16	08.12.07 H	Hannover	3:4 (2:3)	X			E		X1			E	E		X		A		X	X2	A		X		A	X
17	15.12.07 H	Leverkusen	5:2 (1:1)	E			A		X1	X1	E		E	X	A2	X		X		X	X1				A	X
18	03.02.08 A	Bochum	1:2 (1:0)		X		X		X			X	X1		X			X		X	X				X	X
19	10.02.08 A	München	1:1 (1:1)		X		X		X1		A	X	X		X			E	E	A	X			X	X
20	16.02.08 H	Nürnberg	2:0 (1:0)	X	E				X	X	A	A	X	E1	X			E		X1		X		A	X
21	23.02.08 A	Frankfurt	0:1 (0:0)	X	X		X		X	E	E		X		X	A		X		X			A	X
22	01.03.08 H	Dortmund	2:0 (1:0)		X				X	E	X	A	X		X		A	X	E	X2	E			A	X
23	08.03.08 A	Stuttgart	3:6 (1:2)	A	X1	X		E		X1	E	X	X		X		A	X	A	X1				X	X
24	16.03.08 H	Wolfsburg	0:1 (0:0)	X	X				E		X	X	A		X		A	A	X	E				E	X
25	23.03.08 A	Bielefeld	1:1 (0:1)	X	X			X1	A	X		A	X		E			X		E	A	E			E	X
26	29.03.08 H	Duisburg	1:2 (0:2)	A	A		X1	X		X	X	X	X	X				E	E					
27	05.04.08 A	Hertha BSC	2:1 (1:1)	A			X1	X	A			E		A	X		X		E	X1				E	X
28	12.04.08 H	Schalke 04	5:1 (2:1)	X1		A		X	X			E	E2		X			E	X	A1	X1				X
29	15.04.08 A	Rostock	2:1 (0:0)		X	A1	X		E			X1	X		X		E		A	X				E	X
30	26.04.08 A	Karlsruhe	3:3 (2:1)	X		X1	X		E	X	A	X	X			A1	X	E	X1				X
31	03.05.08 H	Cottbus	2:0 (0:0)	X		X	A	E1	X	A		X		X		E	X	X	E1	A			X
32	07.05.08 A	Hamburg	1:0 (0:0)	X	X	X	X	A1	X	E	X		X		E	A	A				E	X
33	10.05.08 H	Hannover	6:1 (2:0)		A1	X	X		A1	E1	A	E1	X		X1		E	X1				X
34	17.05.08 A	Leverkusen	1:0 (0:0)	X	A	X	X	A		E	X		X	E	E	A	X1		X	
	Spiele:			10	23	9	21	2	30	11	23	9	23	14	27	16	1	32	3	32	3	9	12	28	30	21	4	3	12	3	22	31
	Tore:			2	1	1	2	0	13	1	1	1	11	1	2	7	0	1	1	3	1	0	1	2	14	9	0	0	0	0	0	0

Bilanz der letzten 10 Jahre:

Saison	Liga	Platz	Sp.	S	U	N	Tore	Pkt.
1997/98:	Bundesliga	7.	34	14	8	12	43–47	50
1998/99:	Bundesliga	13.	34	10	8	16	41–47	38
1999/00:	Bundesliga	9.	34	13	8	13	65–52	47
2000/01:	Bundesliga	7.	34	15	8	11	53–48	53
2001/02:	Bundesliga	6.	34	17	5	12	54–43	56
2002/03:	Bundesliga	6.	34	16	4	14	51–50	52
2003/04:	Bundesliga	1.	34	22	8	4	79–38	74
2004/05:	Bundesliga	3.	34	18	5	11	68–37	59
2005/06:	Bundesliga	2.	34	21	7	6	79–37	70
2006/07:	Bundesliga	3.	34	20	6	8	76–40	66

Zuschauerzahlen:

Saison	gesamt	Spiele	Schnitt
1997/98:	455.848	17	26.815
1998/99:	449.136	17	26.420
1999/00:	471.006	17	27.706
2000/01:	465.132	17	27.361
2001/02:	507.390	17	29.846
2002/03:	557.674	17	32.804
2003/04:	552.772	17	32.516
2004/05:	677.506	17	39.853
2005/06:	672.178	17	39.540
2006/07:	695.205	17	40.894

Die meisten Bundesliga-Spiele:

Pl.	Name, Vorname	Spiele
1.	Burdenski, Dieter	444
2.	Höttges, Horst-Dieter	420
3.	Eilts, Dieter	390
4.	Bode, Marco	379
5.	Görts, Werner	363
6.	Kamp, Karl-Heinz	361
7.	Votava, Miroslav	357
8.	Reck, Oliver	345
9.	Neubarth, Frank	317
10.	Wolter, Thomas	312

Die besten Bundesliga-Torschützen:

Pl.	Name, Vorname	Tore
1.	Bode, Marco	101
2.	Neubarth, Frank	97
	Völler, Rudi	97
4.	Ailton	88
5.	Görts, Werner	73
6.	Schütz, Arnold	70
7.	Reinders, Uwe	67
8.	Meier, Norbert	66
9.	Rufer, Wynton	59
10.	Herzog, Andreas	58

Die Trainer der letzten Jahre:

Name, Vorname	Zeitraum
Tilkowski, Hans	01.07.1976 – 22.12.1977
Schulz, Fred	02.01.1978 – 30.06.1978
Weber, Wolfgang	01.07.1978 – 29.01.1980
Langner, Fritz	20.02.1980 – 30.06.1980
Klötzer, Kuno	01.07.1980 – 01.04.1981
Rehhagel, Otto	02.04.1981 – 30.06.1995
de Mos, Aad	01.07.1995 – 09.01.1996
Dörner, Hans-Jürgen	16.01.1996 – 20.08.1997
Sidka, Wolfgang	20.08.1997 – 21.10.1998
Magath, Wolfgang Felix	22.10.1998 – 09.05.1999

FC Energie Cottbus

Anschrift:
Am Eliaspark 1
03042 Cottbus
Telefon: (03 55) 75 69 50
eMail: info@fcenergie.de
Homepage: www.fcenergie.de

Vereinsgründung: 19.04.1963 als SC Cottbus; Fußballabteilung als BSG Energie Cottbus eigenständig seit 31.01.1966; als FC gegr. 02.07.1990

Vereinsfarben: Rot-Weiß
Präsident: Ulrich Lepsch
Sportdirektor: Steffen Heidrich

Stadion: Stadion der Freundschaft (22.450)

Größte Erfolge: Aufstieg in die Bundesliga 2000 und 2006; DFB-Pokalfinalist 1997; Meister der Regionalliga Nordost 1997 (↑)

Aufgebot:

Name, Vorname	Pos	geb. am	Nat.	seit	2007/08 Sp.	2007/08 T.	gesamt Sp.	gesamt T.	frühere Vereine
Aloneftis, Efstathios	M	29.03.1983	CYP	2007	12	0	12	0	AE Larisa, Omonia Nikosia
Angelov, Stanislav	A	12.04.1978	BUL	2007	31	1	31	1	Levski Sofia, ZSKA Sofia
Bandrowski, Tomasz	M	18.06.1984	POL	2003	0	0	12	0	SKS Gwarek Zabrze, LZS Pawłowiczki
Bassila, Christian	M	05.10.1977	FRA	2007	23	3	23	3	AE Larisa, FC Sunderland, Racing Club Straßburg, West Ham United, Stade Rennes, Olympique Lyon, US Creteil
Baumgart, Steffen	S	05.01.1972	D	2004	8	0	225	29	1. FC Union Berlin, FC Hansa Rostock, VfL Wolfsburg, FC Hansa Rostock, SpVg Aurich, PSV Schwerin, Dynamo Rostock-Mitte
Burcă, Ovidiu Nicuşor	A	16.03.1980	ROU	2007	0	0	0	0	FC Naţional Bucureşti, FC Dinamo Bucureşti, FC Universitatea Craiova, Ventforet Kofu, JEF United Ichihara Chiba, CS Emelec Guayaquil, SC Fotbal "Gică Popescu" Craiova
Cvitanović, Mario	A	06.05.1975	CRO	2007	31	0	48	0	Dinamo Zagreb, Germinal Beerschot Antwerpen, SSC Neapel, FC Genua 1893, AC Venedig, Hellas Verona, Dinamo Zagreb, NK Radnik Velika Gorica
Feick, Arne	A	01.04.1988	D	2002	0	0	2	0	SC Oberhavel Velten, SV Mühlenbeck 47
Ipša, Kristian	A	04.04.1988	CRO	2007	4	0	4	0	Varteks Varazdin, Jadran Porec, NK Funtana
Jelić, Branko	S	05.05.1977	SRB	2008	15	3	15	3	Xiamen Lanshi, Guoan Beijing, Vojvodina Novi Sad, Roter Stern Belgrad, Borac Cacak
Kioyo, Francis Adissa	S	18.09.1979	CMR	2005	11	0	65	4	Rot-Weiss Essen, TSV München 1860, 1. FC Köln, SpVgg Greuther Fürth, SG 01 Hoechst, Union Douala
Kukielka, Mariusz	M	07.11.1976	POL	2006	14	0	46	1	1. FC Dynamo Dresden, Wisla Krakow, 1. FC Nürnberg, PAOK Saloniki, Amica Wronki, Roda JC Kerkrade, GKS Belchatow, Siarka Tarnobrzeg
Küntzel, Marco	S	22.01.1976	D	2006	0	0	66	4	DSC Arminia Bielefeld, Borussia Mönchengladbach, SV Babelsberg 03, 1. FC Union Berlin, FC Hansa Rostock, Grabower SV 08
Männel, Martin	T	16.03.1988	D	2001	0	0	0	0	SC Oberhavel Velten, FSV Velten
Mitreski, Igor	A	19.02.1979	MKD	2006	32	0	59	0	Beitar Jerusalem, Metalurg Saporoschje, Spartak Moskau, Sileks Kratovo, Napredok Kicevo, Karaorman Struga, Makedonija Skopje
Müller, Christian	M	28.02.1984	D	2008	1	0	17	2	Hertha BSC Berlin, SV Tasmania 1973 Berlin
Papadopulos, Michal	S	14.04.1985	CZE	2008	14	2	33	2	Bayer 04 Leverkusen, Banik Ostrava, FC Arsenal London, Banik Ostrava, NH Ostrava
Piplica, Tomislav	T	05.04.1969	BIH	1998	10	0	117	0	HNK Segesta Sisak, NK Samobor, HNK Segesta Sisak, NK Istra Pula, NK Zagreb, Iskra Bugojno
Radeljić, Ivan	A	14.09.1980	BIH	2008	16	0	16	0	Slaven Belupo Koprivnica, Inter Zapresic, Cereo Osaka, Inker Zapresic, Hajduk Split, NK Sibenik, Hajduk Split, NK Imotski, NK Vinjani
Rangelov, Dimitar	S	07.03.1983	BUL	2007	22	6	22	6	FC Erzgebirge Aue, Racing Club Straßburg, Slavia Sofia
Rivić, Stiven	S	09.08.1985	CRO	2006	28	2	35	2	NK Pula, VV St. Truiden, FC Schalke 04, Istra Pula
Rost, Timo	M	29.08.1978	D	2002	33	3	113	7	FK Austria Wien, VfB Stuttgart, 1. FC Nürnberg, 1. FC Amberg, SC Happurg
Shao, Jiayi	M	10.04.1980	CHN	2006	14	0	60	3	TSV München 1860, Guo`an Beijing
da Silva, Vragel	A	29.03.1974	BRA	2001	21	1	100	8	SSV Ulm 1846, Karlsruher SC, Brøndby IF, Campo Grande AC
Skela, Ervin	M	17.11.1976	ALB	2007	34	7	137	19	Ascoli Calcio, 1. FC Kaiserslautern, DSC Arminia Bielefeld, Eintracht Frankfurt, SV Waldhof 07 Mannheim, Chemnitzer FC, FC Erzgebirge Aue, 1. FC Union Berlin, KS Flamurtari Vlorë, SK Tirana, KS Flamurtari Vlorë
Sørensen, Dennis	S	25.05.1981	DEN	2007	33	6	33	6	FC Midtjylland, FC Nordsjaelland, Farum BK, AC Ballerup, Skovlunde IF
Szélesi, Zoltán	A	22.11.1981	HUN	2004	1	0	23	0	Ujpest Budapest
Tremmel, Gerhard	T	16.11.1978	D	2006	24	0	91	0	Hertha BSC Berlin, Hannover 96, SpVgg Unterhaching, TSV München 1860, SC Olching, FC Bayern München, SV Lochhausen
Trytko, Przemyslaw	S	28.08.1987	POL	2006	1	0	1	0	Gwarek Zabrze, Odra Opole, Budowlane Strzelce Opolskie
Vasiljević, Dusan	M	07.05.1982	SRB	2008	12	0	12	0	Kaposvari Rakoczi, Bekescsaba Elöre FC, Radnicki Obrenovac, Mogren Budva, Kolubara Lazarevac
Wachsmuth, Toni	A	15.11.1986	D	2007	0	0	0	0	FC Carl Zeiss Jena, FSV 95 Oberweißbach
Ziebig, Daniel	A	21.01.1983	D	2006	25	1	49	1	Hamburger SV, 1. FC Dynamo Dresden, FV Gröditz 1911

Trainer:

Name, Vorname	geb. am	Nat.	Zeitraum	Spiele 2007/08	frühere Trainerstationen
Sander, Petrik	17.11.1960	D	23.11.04 – 23.09.07	6	FC Energie Cottbus Amateure (Co-Trainer)
Weber, Heiko	20.06.1965	D	23.09.07 – 27.09.07	1	FC Carl Zeiss Jena, FC Thüringen Weida
Prasnikar, Bojan	03.02.1953	SVN	28.09.07 – lfd.	27	NK Primorje, AEL Limasol, Murska Sobota, NK Maribor, NK Olimpija Ljubljana, NK Maribor, NK Ruda Velenje, NK Olimpija Ljubljana, NK Mura, NK Kladivar, NK Elkroj Mozirje, NK Smartno

Zugänge:
Aloneftis und Bassila (AE Larisa), Angelov (Levski Sofia), Burcă (National Bukarest), Ipša (Varteks Varazdin), Lerchl (1. FC Dynamo Dresden), Männel (II. Mannschaft), Rangelov (FC Erzgebirge Aue), Sørensen (FC Midtjylland), Wachsmuth (FC Carl Zeiss Jena).

während der Saison:
Jelić (Xiamen Lanshi), Müller (Hertha BSC Berlin), Papadopulos (Bayer 04 Leverkusen), Radeljić (Slaven Belupo Koprivnica), Vasiljević (Kaposvari Rakoczi).

Abgänge:
Aidoo (FSV Frankfurt), Gunkel (1. FSV Mainz 05), McKenna (1. FC Köln), Jungnickel (SG Dynamo Dresden), Munteanu und Radu (VfL Wolfsburg), Schöckel (SV Wehen Wiesbaden), Sidney (Offenbacher FC Kickers), Thoms (SG Blau-Gelb Laubsdorf).

während der Saison:
Bandrowski (Lech Poznan), Baumgart (1. FC Magdeburg), Kioyo (Maccabi Netanya), Küntzel (FC Augsburg), Szelesi (Racing Club Straßburg).

Fortsetzung FC Energie Cottbus

Aufstellungen und Torschützen:

Sp	Datum	Gegner	Ergebnis	Ailoneftis	Angelov	Bassila	Baumgart	Cvitanović	Ipša	Jelić	Kioyo	Kukielka	Mitreski	Müller	Papadopulos	Piplica	Radeljić	Rangelov	Rivić	Rost	Shao	da Silva	Skela	Sørensen	Szélesi	Tremmel	Trytko	Vasiljević	Ziebig
1	11.08.07 A	Bayer 04 Leverkusen	0:0 (0:0)	A			E	X			X	X	X			X		E	A	X			A	X	X					E
2	19.08.07 H	VfL Bochum	1:2 (0:2)	A	X		E	A			X	X	X			X		E	A	X	E		X1	X						
3	25.08.07 A	Borussia Dortmund	0:3 (0:1)	E	X		E	X			A	X	X			X		A	A	X	E		X	X						
4	01.09.07 H	1. FC Nürnberg	1:1 (1:0)		X	X	X				A	X	X			X		A	E	X	E		X	X1						
5	15.09.07 A	VfB Stuttgart	0:3 (0:0)	E	X	X	X				A	X	X			X		A	E	A	E		X	X						
6	22.09.07 H	VfL Wolfsburg	1:2 (1:1)	A	X		E	A				X	X			X		A		X	E	X	X	X1						E
7	26.09.07 A	FC Bayern München	0:5 (0:0)		X		E	X			E	X	X			X		X		X	A	X	X	A						
8	30.09.07 H	Eintracht Frankfurt	2:2 (2:0)		A	X	E				E	X	X			X		A2	E	X			X	X	A					
9	06.10.07 H	Hertha BSC Berlin	0:0 (0:0)		X	X	X				X	X	X			X		A	E	X			X	X	A					E
10	19.10.07 H	MSV Duisburg	1:2 (0:1)		A	A	A				X	X	X			X		X	E	X1			X	X	X		E			E
11	27.10.07 A	Arminia Bielefeld	1:1 (0:0)	E	A	E	X			E	X	X						A	A	X			X	X	X1	X				
12	02.11.07 H	FC Schalke 04	1:0 (0:0)		A	X1		X	E		X	X						A	E	X			X	A	X			X		E
13	10.11.07 A	FC Hansa Rostock	2:3 (0:1)	E	A		A	X			E	X	X					A		X			X1	X1	A			X		E
14	24.11.07 H	SV Werder Bremen	0:2 (0:0)	E	X			A				X	X					E	A	X			X	X	X			X		
15	01.12.07 H	Karlsruher SC	2:0 (0:0)	E	X1	X					E	X						A1	E	A			X	X	A			X		X
16	08.12.07 A	Hamburger SV	0:0 (0:0)	E		X		E				X						A	A	X			E	X	A			X		X
17	14.12.07 H	Hannover 96	5:1 (3:0)		X	X1	X					X						A2	E	X	E	X	A	X1	X					X1
18	02.02.08 H	Bayer 04 Leverkusen	2:3 (1:0)	E	X	X1	X	X	E		X		A1					E	A				X	X	X		A			
19	09.02.08 A	VfL Bochum	3:3 (1:2)		X		X	X	E1		X		A1	E				E	A				A1	X	X					X
20	16.02.08 H	Borussia Dortmund	0:2 (0:1)	E	X	A			E		X		X	X		X			A	A			X	X			E			X
21	24.02.08 A	1. FC Nürnberg	1:1 (0:0)		X	X	X		E		X		A	X		X			A	X1			X	X			E			X
22	11.03.08 H	VfB Stuttgart	0:1 (0:1)		X	X	X		E		X		A	X		A		X	E				A	E	X					X
23	08.03.08 A	VfL Wolfsburg	0:3 (0:2)		X	A	X		A		X		X	E		X			X	E			X	A	X		E			X
24	15.03.08 H	FC Bayern München	2:0 (2:0)		X	X	X		A2		X	E		X		X			A		E		A	X	X		E			X
25	20.03.08 A	Eintracht Frankfurt	1:2 (0:0)		X	X	X		A				E	X		X		A	X1	E			X	A	X		E			X
26	30.03.08 H	Hertha BSC Berlin	2:1 (1:1)		X	A	X		A		A		E	E		X		X	X		X	X2	E		X					X
27	04.04.08 H	MSV Duisburg	1:0 (1:0)		X	X	X		A		X		E	E		X		E	X		X	A1	A		X					X
28	12.04.08 H	Arminia Bielefeld	1:0 (0:0)		X	E	X		A		X		E	E		A		E	X		X	A1	X		X					X
29	15.04.08 A	FC Schalke 04	0:5 (0:3)		X	A	X		E		A			E		A		X	X			X	X		X		E			X
30	26.04.08 H	FC Hansa Rostock	2:1 (0:1)		X		X		A		X		A	E		E1	X	X1	A			X			X		E			X
31	03.05.08 A	SV Werder Bremen	0:2 (0:0)		X		X		A				E			X	E	A	X				X				E			X
32	06.05.08 A	Karlsruher SC	1:1 (0:0)		X		X				X		A	E		E	A1	X				X	X		X		E			X
33	10.05.08 H	Hamburger SV	2:0 (1:0)						E		X	X		E		X	A	A1	X		E	X		X1	X			X		
34	17.05.08 A	Hannover 96	0:4 (0:2)		X		X				X					A	A	A	X		E	E	X	X			X		E	X
	Spiele:			12	31	23	8	31	4	15	11	14	32	1	14	10	16	22	28	33	14	21	34	33	1	24	1	12	25
	Tore:			0	1	3	0	0	0	3	0	0	0	0	2	0	0	6	2	3	0	1	7	6	0	0	0	0	1

Bilanz der letzten 10 Jahre:

Saison	Liga	Platz	Sp.	S	U	N	Tore	Pkt.
1997/98	2. Bundesliga	8.	34	10	15	9	38–36	45
1998/99	2. Bundesliga	11.	34	10	11	13	48–42	41
1999/00	2. Bundesliga	3.	34	18	4	12	62–42	58
2000/01	Bundesliga	14.	34	12	3	19	38–52	39
2001/02	Bundesliga	13.	34	9	8	17	36–60	35
2002/03	Bundesliga	18.	34	7	9	18	34–64	30
2003/04	2. Bundesliga	4.	34	15	9	10	52–44	54
2004/05	2. Bundesliga	14.	34	10	9	15	35–48	39
2005/06	2. Bundesliga	3.	34	16	10	8	49–33	58
2006/07	Bundesliga	13.	34	11	8	15	38–49	41

Zuschauerzahlen:

Saison	gesamt	Spiele	Schnitt
1997/98	146.741	17	8.632
1998/99	130.400	17	7.671
1999/00	176.666	17	10.392
2000/01	269.287	17	15.840
2001/02	283.992	17	16.647
2002/03	223.669	17	13.157
2003/04	201.243	17	11.838
2004/05	172.715	17	10.160
2005/06	188.765	17	11.104
2006/07	273.196	17	16.070

Die meisten Bundesliga-Spiele:

Pl.	Name, Vorname	Spiele
1.	Piplica, Tomislav	117
2.	da Silva, Vragel	100
3.	Rost, Timo	97
4.	Reghecampf, Laurentiu	86
5.	Kobylanski, Andrzej	76
6.	Akrapovic, Bruno	67
7.	Miriuta, Vasile	63
8.	Hujdurovic, Faruk	60
9.	Mitreski, Igor	59
10.	Helbig, Sebastian	51

Die besten Bundesliga-Torschützen:

Pl.	Name, Vorname	Tore
1.	Miriuta, Vasile	15
2.	Radu, Sergiu Marian	14
3.	Topic, Marko	13
4.	Munteanu, Vlad	11
5.	Helbig, Sebastian	8
	Labak, Antun	8
	da Silva, Vragel	8
8.	Kaluzny, Radoslav	7
	Kobylanski, Andrzej	7
	Skela, Ervin	7

Die Trainer der letzten Jahre:

Name, Vorname	Zeitraum
Kreul, Claus	01.07.1976 – 31.12.1977
Stenzel, Hans-Jürgen	01.01.1978 – 31.08.1980
Schulz, Dieter	01.09.1980 – 13.03.1982
Speer, Rudi	14.03.1982 – 27.03.1982
Guttmann, Günter	28.03.1982 – 14.10.1984
Bohla, Fritz	15.10.1984 – 19.10.1990
Zahnleiter, Timo	20.10.1990 – 30.06.1991
Stenzel, Hans-Jürgen	01.07.1991 – 30.04.1992
Nikolinski, Ulrich	01.05.1992 – 30.06.1994
Geyer, Eduard	01.07.1994 – 23.11.2004

BV Borussia 1909 Dortmund

Anschrift:
Postfach 10 05 09
44005 Dortmund
Telefon: (02 31) 90 20-0
eMail: verein@bvb.de
Homepage: www.bvb.de

Vereinsgründung: 19.12.1909; 1945 aufgelöst; Neugründung am 15..07.1945

Vereinsfarben: Schwarz-Gelb
Präsident: Dr. Reinhard Rauball
Geschäftsführer: Hans-Joachim Watzke

Stadion: Signal Iduna Park (81.264)

Größte Erfolge: Deutscher Meister 1956, 1957, 1963, 1995, 1996 und 2002; Deutscher Pokalsieger 1965 und 1989; Deutscher Supercupsieger 1989, 1995 und 1996; Europapokalsieger 1966 (Pokalsieger) und 1997 (Champions League); Weltpokalsieger 1997

Aufgebot:

Name, Vorname	Pos	geb. am	Nat.	seit	2007/08 Sp.	T.	Gesamt Sp.	T.	frühere Vereine
Akgün, Mehmet	M	06.08.1986	D	2001	1	0	1	0	DSC Arminia Bielefeld, SuK Bielefeld
Amedick, Martin	A	06.09.1982	D	2006	16	0	34	2	Eintracht Braunschweig, DSC Arminia Bielefeld, SC Paderborn 07, SC Delbrück
Bade, Alexander	T	25.08.1970	D	2008	1	0	47	0	SC Paderborn 07, VfL Bochum, 1. FC Köln, Hamburger SV, KFC Uerdingen 05, 1. FC Köln, Tennis Borussia Berlin
Blaszczykowski, Jakub	M	14.12.1985	POL	2007	24	1	24	1	Wisla Krakau, KS Czestochowa, Gornik Zabrze, Rakow Czestochowa
Brzenska, Markus	A	25.05.1984	D	1993	12	0	86	6	BV Lünen 05
Buckley, Delron	S	07.12.1977	RSA	2007	31	1	198	26	FC Basel, Borussia Dortmund, DSC Arminia Bielefeld, VfL Bochum, Butcherfille Rovers Durban
Dédé (Leonardo de Deus Santos)	A	18.04.1978	BRA	1998	30	1	289	12	Atlético Mineiro
Degen, Philipp	A	15.02.1983	SUI	2005	10	0	68	1	FC Basel, FC Oberdorf
Eggert, Christian	M	16.01.1986	D	2005	1	0	1	0	Rot-Weiss Essen, FC Schalke 04, SC Pantringshof
Federico, Giovanni	M	04.10.1980	ITA	2007	30	4	42	4	Karlsruher SC, 1. FC Köln, VfL Bochum, SSV Hagen
Frei, Alexander	S	15.07.1979	SUI	2006	13	6	45	22	Stade Rennes, Servette Genf, FC Luzern, FC Thun, FC Basel, FC Aesch, FC Begnins
Gordon, Daniel	M	16.01.1985	D	2006	3	0	8	0	VfL Bochum, Borussia Dortmund
Haedo Valdez, Nelson A.	S	28.11.1983	PAR	2006	27	2	136	24	SV Werder Bremen, Atletico Tembetary
Hillenbrand, Nico	A	25.05.1987	D	2003	1	0	1	0	Karlsruher SC, SV Sandhausen, VfB Rauenberg
Höttecke, Marcel	T	25.04.1987	D	2007	5	0	5	0	Rot-Weiss Ahlen, SC Paderborn 07, SV Westfalia Erwitte, SC Lippstadt, TSV Rüthen
Hummels, Mats	A	16.12.1988	D	2008	13	0	14	0	FC Bayern München
Kehl, Sebastian	M	13.02.1980	D	2002	14	3	187	14	SC Freiburg, Hannover 96, SC Borussia Fulda, SV Lahrbach
Klimowicz, Diego Fernando	S	06.07.1974	ARG	2007	28	6	177	63	VfL Wolfsburg, Club Atletico Llanús, Real Valladolid, Rayo Vallecano, Instituto AC Córdoba
Kovac, Robert	A	06.04.1974	CRO	2007	22	0	243	1	Juventus Turin, FC Bayern München, Bayer 04 Leverkusen, 1. FC Nürnberg, FC Hertha 03 Zehlendorf, SC Rapide Wedding
Kringe, Florian	M	18.08.1982	D	2004	27	5	150	14	1. FC Köln, Borussia Dortmund, Sportfreunde Siegen, TSV Weißtal
Kruska, Marc-André	M	29.06.1987	D	1999	23	0	96	2	VfR Rauxel, SC Arminia Ickern
Njambe, Franck Patrick	M	24.10.1987	CMR	2004	2	0	2	0	Union Sportive Douala
Nöthe, Christopher	S	03.01.1988	D	2003	3	0	3	0	VfL Bochum, FC Schalke 04, VfR Rauxel
Petric, Mladen	M	01.01.1981	CRO	2007	29	13	29	13	FC Basel, Grasshopper-Club Zürich, FC Baden, FC Neuenhof
Pienaar, Steven	M	17.03.1982	RSA	2006	0	0	25	0	Ajax Amsterdam, Ajax Capetown
Ricken, Lars	M	10.07.1976	D	1990	0	0	301	49	TSC Eintracht Dortmund, TuS Eving-Lindenhorst
Rukavina, Antonio	A	26.01.1984	SRB	2008	14	0	14	0	Partizan Belgrad, Bezanija Belgrad
Senesie, Sahr	S	26.05.1985	D	2007	3	0	24	0	TSG 1899 Hoffenheim, Grasshopper-Club Zürich, Borussia Dortmund, SV Tasmania Gropiusstadt 1973, Tennis Borussia Berlin, VfB Neukölln
Smolarek, Euzebiusz	S	09.01.1981	POL	2005	2	0	81	25	Feyenoord Rotterdam, Spirit Ouderkerk a.d. Ijssel, Germania Groesbeek
Tinga (Paulo Cesar Fonseca do Nascimento)	M	13.01.1978	BRA	2006	33	4	64	8	Internacionale Porto Alegre, Sporting Lissabon, Gremio Porto Alegre, Botafogo Rio de Janeiro, Kawasaki Frontale, Gremio Porto Alegre
Tyrala, Sebastian	M	22.02.1988	D	1999	1	0	7	0	BV Bad Sassendorf
Vrzogic, David	A	10.08.1989	D	1998	0	0	0	0	TuS Grün-Weiß Wuppertal
Weidenfeller, Roman	T	06.08.1980	D	2002	14	0	132	0	1. FC Kaiserslautern, Sportfreunde Eisbachtal
Wörns, Christian	A	10.05.1972	D	1999	20	1	469	28	Paris Saint-Germain FC, Bayer 04 Leverkusen, SV Waldhof 07 Mannheim, FC Phönix 02 Mannheim
Ziegler, Marc	T	13.06.1976	D	2007	15	0	95	0	DSC Arminia Bielefeld, 1. FC Saarbrücken, FK Austria Wien, Hannover 96, FK Austria Wien, FC Tirol Innsbruck, Bursaspor, DSC Arminia Bielefeld, VfB Stuttgart, 1. FC Saarbrücken, FC 08 Homburg, SV Webenheim

Trainer:

Name, Vorname	geb. am	Nat.	Zeitraum	Spiele 2007/08	frühere Trainerstationen
Doll, Thomas	09.04.1966	D	13.03.07 – 19.05.08	34	Hamburger SV (Cheftrainer, Amateure, A-Junioren)

Zugänge:
Blaszczykowski (Wisla Krakau), Buckly (FC Basel), Federico (Karlsruher SC), Gordon (II. Mannschaft), Klimowicz (VfL Wolfsburg), Kovac (Juventus Turin), Petric (FC Basel), Ziegler (DSC Arminia Bielefeld).
während der Saison:
Bade (SC Paderborn 07), Hummels (FC Bayern München), Rukavina (Partizan Belgrad).

Abgänge:
Amoah (NAC Breda), Hünemeier (II. Mannschaft), Metzelder (Real Madrid), Pirson (Rot-Weiss Essen), Sahin (Feyenoord Rotterdam), Saka (Hamburger SV).
während der Saison:
Akgün (Willem II Tilburg), Pienaar (FC Everton), Smolarek (Racing Santander).

Deutschlands Fußball in Zahlen 2008 — Bundesliga

Fortsetzung BV Borussia 1909 Dortmund

Aufstellungen und Torschützen:

Sp	Datum	Gegner	Ergebnis	Akgün	Amedick	Bade	Blaszczykowski	Brzenska	Buckley	Dede	Degen	Eggert	Federico	Frei	Gordon	Haedo Valdez	Hillenbrand	Höttecke	Hummels	Kehl	Klimowicz	Kovac	Kringe	Kruska	Njambe	Nöthe	Petric	Rukavina	Senesie	Smolarek	Tinga	Tyrala	Weidenfeller	Wörns	Ziegler
1	12.08.07 H	Duisburg	1:3 (0:1)				A		E	X	X				E					X	A	X	E1				X			X	A		X	X	
2	18.08.07 A	Schalke 04	1:4 (0:2)				A		A	X			E		E1					A	X	X	X				X			E	X		X	X	
3	25.08.07 H	Cottbus	3:0 (1:0)				A	X	E	X	X	A			X					E2	X1				A					X	E		X	X	
4	01.09.07 A	Rostock	1:0 (0:0)				A	X	E	A	X	X1			A					X		X	E				E			X			X	X	
5	14.09.07 H	Bremen	3:0 (3:0)	E			X	X	E	A	X		A							X1		A	E			X2				X			X	X	
6	22.09.07 H	Hertha BSC	2:3 (1:1)	E			A	X	E	X			A			E				A		X	X			X2				X			X	X	X
7	25.09.07 H	Hamburg	0:3 (0:2)	X			A	X	E	X			A			E				X		X	E			A				X			X	X	
8	29.09.07 A	Karlsruhe	1:3 (1:1)				X		X	X			A			X				X	X		X	E	E					A			X	X1	
9	05.10.07 H	Bochum	2:1 (1:1)	E				X		X			A1							X	E	X	X	A	A			E		X1			X	X	
10	20.10.07 H	Leverkusen	2:2 (1:0)				E	X	E	X	X		A		E					A		X	X	A		X2				X			X		
11	28.10.07 H	München	0:0 (0:0)				A	X	X	X	X		E			A				E	X	X				X				X			X		
12	03.11.07 A	Hannover	1:2 (0:0)				A	X	X	X	X		E			A				E	X1	E				X				A			X		
13	10.11.07 H	Frankfurt	1:1 (0:0)				X	X	X	X	X		E			E				A	X1	A				A				X			X		
14	25.11.07 A	Nürnberg	0:2 (0:1)	X			A	A	X	E			E			E			X	A	X	X				X				X			X		
15	01.12.07 A	Stuttgart	2:1 (1:1)	X			X		X	E	A		A			A				X	X	X				X1				X			X		
16	07.12.07 H	Bielefeld	6:1 (2:0)	X			X		X	E	X	X1			A1					A	E	X1	E			X1			A1	X			X		
17	15.12.07 A	Wolfsburg	0:4 (0:2)	X			X		X	X	X	E	A			A	E			E		A				X					X	X	X		
18	02.02.08 A	Duisburg	3:3 (0:2)	X					E	A			X	E		A				X1	E2	A				X	X				X			X	X	X
19	10.02.08 H	Schalke 04	2:3 (1:2)	X	E				E	X			X1	E						X	A	X				X1	X				X			X		A
20	16.02.08 A	Cottbus	2:0 (1:0)	X			E	X					A	X				X	X	A	A	E				X2					X			E	X	
21	23.02.08 H	Rostock	1:0 (0:0)	X					X				A	A		E		E		E1	X	A	X				X				X				X	
22	01.03.08 A	Bremen	0:2 (0:1)	X			A		X				X				E	X	E	X			EA			X	X				X				X	
23	07.03.08 H	Hertha BSC	1:1 (1:0)	X					X				A			X	X1	E								X					X				X	
24	15.03.08 A	Hamburg	0:1 (0:0)	X					X	X			A			A	X								E	X	X	E			X				X	
25	22.03.08 H	Karlsruhe	1:1 (1:0)						E	A			X			X	X			X	E		A	E		X1	X			A	X				X	
26	29.03.08 A	Bochum	3:3 (2:3)						E	A			X			X	A1	E		X		X				X1	X			X1	X			X	X	
27	06.04.08 H	Leverkusen	2:1 (0:0)						E	X1		A	E1	A		X	X			X	E	X	A			X	X				X			X	X	
28	13.04.08 A	München	0:5 (0:4)				E			X	X		X			A				A	X	E	E				A				X			X	X	
29	16.04.08 H	Hannover	1:3 (0:2)				X			X	A		A	E1	E		X	X	X	A	X	X	E								X			X		
30	25.04.08 A	Frankfurt	1:1 (0:0)				A1		E	X				A		E				E	X	A	X				X				X			X	X	X
31	02.05.08 H	Nürnberg	0:0 (0:0)				X		E	X			X							E	X	X	A			A	X				X			X		
32	06.05.08 A	Stuttgart	3:2 (1:0)	E			A		E	X			A	X2	E	A				X		X				X					X1			X		
33	10.05.08 A	Bielefeld	2:2 (1:2)				X		A1	X			A	X	E					X	E		X				A	E			X			X		
34	17.05.08 H	Wolfsburg	2:4 (1:2)	E			A		E	X			X	X2	X		X	A				E	A				X				X			X		
	Spiele:			1	16	1	24	12	31	30	10	1	30	13	3	27	1	5	13	14	28	22	27	23	2	3	29	14	3	2	33	1	14	20	15	
	Tore:			0	0	0	1	0	1	1	0	0	4	6	0	2	0	0	0	3	6	0	5	0	0	0	13	0	0	0	4	0	0	1	0	

Gegnerische Eigentore im 15. Spiel (durch Delpierre), im 16. Spiel (durch Schuler) und im 33. Spiel (durch Fernandez).

Bilanz der letzten 10 Jahre:

Saison	Liga	Platz	Sp.	S	U	N	Tore	Pkt.
1997/98:	Bundesliga	10.	34	11	10	13	57–55	43
1998/99:	Bundesliga	4.	34	16	9	9	48–34	57
1999/00:	Bundesliga	11.	34	9	13	12	41–38	40
2000/01:	Bundesliga	3.	34	16	10	8	62–42	58
2001/02:	Bundesliga	1.	34	21	7	6	62–33	70
2002/03:	Bundesliga	3.	34	15	13	6	51–27	58
2003/04:	Bundesliga	6.	34	16	7	11	59–48	55
2004/05:	Bundesliga	7.	34	15	10	9	47–44	55
2005/06:	Bundesliga	7.	34	11	13	10	45–42	46
2006/07:	Bundesliga	9.	34	12	8	14	41–43	44

Zuschauerzahlen:

Saison	gesamt	Spiele	Schnitt
1997/98:	882.078	17	51.887
1998/99:	1.034.737	17	60.867
1999/00:	999.439	17	58.791
2000/01:	1.006.105	17	59.183
2001/02:	1.125.500	17	66.206
2002/03:	1.153.600	17	67.859
2003/04:	1.252.177	17	73.657
2004/05:	1.313.000	17	77.235
2005/06:	1.234.664	17	72.627
2006/07:	1.237.587	17	72.799

Die meisten Bundesliga-Spiele:

Pl.	Name, Vorname	Spiele
1.	Zorc, Michael	463
2.	Reuter, Stefan	307
3.	Ricken, Lars	301
4.	Dédé	289
5.	Kutowski, Günter	288
6.	Huber, Lothar	254
	Klos, Stefan	254
8.	Immel, Eike	247
	Kurrat, Dieter	247
10.	Wörns, Christian	240

Die besten Bundesliga-Torschützen:

Pl.	Name, Vorname	Tore
1.	Burgsmüller, Manfred	135
2.	Zorc, Michael	131
3.	Emmerich, Lothar	115
4.	Chapuisat, Stéphane	102
5.	Möller, Andreas	71
6.	Wosab, Reinhold	61
7.	Koller, Jan	59
8.	Ricken, Lars	49
9.	Ewerthon	47
	Mill, Frank	47

Die Trainer der letzten Jahre:

Name, Vorname	Zeitraum
Saftig, Reinhard	21.04.1986 – 26.06.1988
Köppel, Horst	27.06.1988 – 30.06.1991
Hitzfeld, Ottmar	01.07.1991 – 30.06.1997
Scala, Nevio	01.07.1997 – 30.06.1998
Skibbe, Michael	01.07.1998 – 04.02.2000
Krauss, Bernd	05.02.2000 – 12.04.2000
Lattek, Udo	13.04.2000 – 30.06.2000
Sammer, Matthias	01.07.2000 – 30.06.2004
van Marwijk, Bert	01.07.2004 – 18.12.2006
Röber, Jürgen	19.12.2006 – 13.03.2007

# Meidericher SpV 02 Duisburg

Anschrift:
Margaretenstr. 5-7
47055 Duisburg
Telefon: (02 03) 9 31 00
eMail: info@msv-duisburg.de
Homepage: www.msv-duisburg.de

Vereinsgründung: 17.09.1902

Vereinsfarben: Blau-Weiß
Präsident: Walter Hellmich
Geschäftsführer: Björn Bremer

Stadion: MSV-Arena (31.500)

Größte Erfolge: Deutscher Vizemeister 1964; DFB-Pokalfinalist 1966, 1975 und 1998; Deutscher Amateurmeister 1987; Qualifikation zur Bundesliga 1963; Aufstieg in die Bundesliga 1991, 1993, 1996, 2005 und 2007; Aufstiegsrunde zur Bundesliga 1984

Aufgebot:

Name, Vorname	Pos	geb. am	Nat.	seit	2007/08 Sp.	T.	Gesamt Sp.	T.	frühere Vereine
Ailton (Goncalves da Silva)	S	19.07.1973	BRA	2007	8	1	219	106	Grasshopper-Club Zürich, Roter Stern Belgrad, Besiktas Istanbul, Hamburger SV, Besiktas Istanbul, FC Schalke 04, Werder Bremen, Universidad Nuevo Leon, Tigris Monterey, Sinergia Deportivo SA, Guarani FC Campinas, Santa Cruz FC Recife, Mogri Mirim
Avalos, Fernando Horacio	A	31.03.1978	ARG	2008	10	0	10	0	Nacional Funchal, Boavista Porto, Corinthians Sao Paulo, Deportivo Espanol Buenos Aires, Huracan Buenos Aires, CA Nueva Chicago, Boca Juniors Buenos Aires
Aygün, Necat	A	26.02.1980	D	2006	0	0	8	0	SpVgg Unterhaching, TSV München 1860, Besiktas Istanbul ... (vgl. Seite 156)
Beuckert, Sven	T	12.12.1973	D	2003	3	0	6	0	1. FC Union Berlin, FC Erzgebirge Aue, BSG Aktivist Oelsnitz/E., TSG Stollberg
Blank, Stefan	A	10.03.1977	D	2006	0	0	39	5	1. FC Kaiserslautern, TSV Alemannia Aachen, FC St. Pauli, SV Werder Bremen, VfB Stuttgart, Hannover 96, SG Wattenscheid 09, FC Schalke 04
Bodzek, Adam	A	07.09.1985	D	2003	7	0	16	1	SpVgg Erkenschwick, SpVgg Blau-Weiß Post Recklinghausen
Book, Nils-Ole	M	17.02.1986	D	2006	0	0	0	0	LR Ahlen, SpVgg Beckum
Caceres, Pablo	A	22.04.1985	URU	2006	18	0	18	0	FC Twente Enschede, Danubio FC Montevideo
Daun, Markus	S	10.09.1980	D	2006	19	2	88	6	1. FC Nürnberg, SV Werder Bremen, TSV Alemannia Aachen, Bayer 04 Leverkusen, FC Germania 07 Dürwiß
Fernando (Fernando Santos)	A	25.02.1980	BRA	2007	14	0	24	0	Flamingo Rio de Janeiro, Austria Wien, München 1860, El Tanque, Flamingo Rio de Janeiro
Filipescu, Iulian Sebastian	A	29.03.1974	ROU	2006	20	1	20	1	FC Zürich, Real Betis Sevilla, Galatasaray Istanbul, Steaua Bukarest, Faur Bukarest
Georgiev, Blagoy	M	21.12.1981	BUL	2007	31	2	31	2	Roter Stern Belgrad, Deportivo Alaves, Slavia Sofia
Grlic, Ivica	M	06.08.1975	BIH	2004	28	5	43	6	TSV Alemannia Aachen, 1. FC Köln, SC Fortuna Köln, TSV München 1860, FC Bayern München, DSC München
Herzog, Marcel	T	28.06.1980	SUI	2007	0	0	0	0	FC Schaffhausen, Concordia Basel, FC Basel, Concordia Basel, FC Bubendorf
Idrissou, Mohammadou	S	08.03.1980	CMR	2006	12	0	76	13	Hannover 96, SM Caen, Hannover 96, SV Wehen Taunusstein ... (vgl. Seite 62)
Ishiaku, Manasseh	S	09.01.1983	NGA	2007	25	10	25	10	FC Brügge, AA La Louviere, KSV Roeselare, Nigerdock Lagos, Shooting Stars Ibadan
Kurth, Markus	S	30.07.1973	D	2003	0	0	110	17	1. FC Köln, 1. FC Nürnberg, Bayer Leverkusen, BV 04 Düsseldorf, SpVgg Benrath 1910
Lamey, Michael	A	29.11.1979	NED	2007	25	1	25	1	PSV Eindhoven, FC Utrecht, AZ Alkmaar, PSV Eindhoven, RKC Waalwijk, Ajax Amsterdam
Lavric, Klemen	S	12.06.1981	SVN	2005	18	2	40	8	1. FC Dynamo Dresden, Inter Zapresic, Hajduk Split, Rudar Velenje
Maicon (Maicon Thiago Pereira de Souza Nascimento)	M	14.09.1985	BRA	2007	20	1	20	1	Madureira EC, Botafogo Rio de Janeiro, Bangu AC, Madureira EC, Fluminense Rio de Janeiro, Madureira EC
Meyer, Alexander	A	19.10.1983	D	2007	0	0	25	0	Bayer 04 Leverkusen, MSV Duisburg, Bayer 04 Leverkusen, FC Germania Teveren, SC Jülich 1910, SV Rödingen-Höllen
Mokhtari, Youssef	M	05.03.1979	MAR	2006	7	1	20	1	1. FC Köln, FC Energie Cottbus, SV Wacker Burghausen, SSV Jahn 2000 Regensburg, FSV Frankfurt, SV 07 Raunheim
Mölders, Sascha	S	20.03.1985	D	2006	11	0	11	0	Essener TB Schwarz-Weiß, DJK Wacker Bergeborbeck, SG Essen-Schönebeck
N´Doum, Georges	A	31.07.1985	CMR	2006	2	0	2	0	KFC Uerdingen 05, Borussia Mönchengladbach
Neumayr, Markus	M	26.03.1986	D	2006	3	0	3	0	Manchester United, Eintracht Frankfurt, SV Viktoria 01 Aschaffenburg, 1. FC Hösbach
Niculescu, Claudiu	S	23.06.1976	ROU	2008	17	4	17	4	Dinamo Bukarest, FC Genua 1893, Dinamo Bukarest, Universitatea Craiova, Electroputere Craiova, Drobeta Turnu Severin, Jiul Craiova
Roque Júnior (José Vitor Roque Junior)	A	31.08.1976	BRA	2007	4	0	39	0	Bayer 04 Leverkusen, AC Siena, Leeds United, AC Mailand, Palmeiras Sao Paulo, EC Sao Jose
Schlicke, Björn	A	23.06.1981	D	2006	27	1	88	6	1. FC Köln, HSV, SpVgg Gr. Fürth, 1. FC Nürnberg, FSV Erlangen-Bruck, ATSV Erlangen
Schröter, Silvio	M	29.06.1979	D	2008	3	1	116	5	Hannover 96, FC Energie Cottbus, 1. FC Dynamo Dresden, BSG Traktor Radeburg
Starke, Tom	T	18.03.1981	D	2007	31	0	33	0	SC Paderborn 07, Bayer 04 Leverkusen, Hamburger SV, Bayer 04 Leverkusen, 1. FC Dynamo Dresden, BSG Stahl Freital
Tararache, Mihai	M	25.07.1977	ROU	2006	31	3	46	5	FC Zürich, Grasshopper-Club Zürich, Dinamo Bukarest, Gloria Bistrita, Dinamo Bukarest
Tiffert, Christian	M	18.02.1982	D	2007	25	0	161	9	RB Salzburg, VfB Stuttgart, Tennis Borussia Berlin, Hallescher FC
Veigneau, Oliver	A	16.07.1985	FRA	2008	7	0	7	0	AS Monaco, OGC Nice, AS Monaco, Paris St. Germain
Voss, Andreas	M	27.02.1979	D	2001	0	0	22	1	VfL Wolfsburg, MSV Duisburg, Bayer 04 Leverkusen, 1. FC Köln, FC Germania 07 Dürwiß, DJK Frisch-Froh Stolberg
Vrucina, Bojan	S	08.11.1984	CRO	2008	8	0	8	0	Slaven Belupo Koprivnica, Podravina Ludbreg, Varteks Varazdin
Weber, Christian	A	15.09.1983	D	2006	11	0	11	0	SpVgg Greuther Fürth, 1. FC Saarbrücken, SC Großrossen, SV Emmersweiler
Willi, Tobias	M	14.12.1979	D	2005	25	1	155	1	Austria Salzburg, SC Freiburg, VfR Paffenweiler

Trainer:

Name, Vorname	geb. am	Nat.	Zeitraum	Spiele 2007/08	frühere Trainerstationen
Bommer, Rudolf	19.08.1957	D	01.07.2006 – lfd.	34	1. FC Saarbrücken, TSV München 1860, SV Wacker Burghausen, SV Viktoria 01 Aschaffenburg, VfR Mannheim, Eintracht Frankfurt Am., FC Kleinwallstadt

Zugänge:
Ailton (Grasshopper-Club Zürich), Fernando (vereinslos), Georgiev (Roter Stern Belgrad), Herzog (FC Schaffhausen), Ishiaku (FC Brügge), Lamey (PSV Eindhoven), Maicon (Madureira EC), Meyer (Bayer 04 Leverkusen), Mölders (II. Mannschaft), Starke (SC Paderborn 07), Tiffert (RB Salzburg).
während der Saison:
Avalos (Nacional Funchal), Niculescu (Dinamo Bukarest), Roque Junior (Bayer 04 Leverkusen), Schröter (Hannover 96), Veigneau (AS Monaco), Vrucina (Slaven Belupo Koprivnica).

Abgänge:
Bugera (1. FC Kaiserslautern), Caligiuri (SpVgg Greuther Fürth), Koch (Dinamo Zagreb), Koitka (Eintracht Braunschweig), Lanzaat (ZSKA Sofia), Wolters (II. Mannschaft).
während der Saison:
Ailton (Metallurg Donezk), Aygün (FC Ingolstadt 04), Idrissou (SC Freiburg), Kurth (Rot-Weiss Essen), Mokhtari (Al-Rayyan).

Fortsetzung Meidericher SpV 02 Duisburg

Aufstellungen und Torschützen:

Sp	Datum	Gegner	Ergebnis	Ailton	Avalos	Beuckert	Bodzek	Caceres	Daun	Fernando	Filipescu	Georgiev	Grlic	Idrissou	Ishiaku	Lamey	Lavric	Maicon	Mokhtari	Mölders	Ndoum	Neumayr	Niculescu	Roque Junior	Schlicke	Schröter	Starke	Tararache	Tiffert	Veigneau	Vrucina	Weber	Willi
				1	2	3	4	5	6	7	8	9	10	11	12	13	14	15	16	17	18	19	20	21	22	23	24	25	26	27	28	29	30
1	12.08.07 A	Bor. Dortmund	3:1 (1:0)					X			X	A	X	X	A2	X	E	E							X		X	X1	A					E
2	18.08.07 H	VfL Wolfsburg	1:3 (0:1)	E			X	E			X	X	X	A	X	A	E1								X		X	X	A					
3	25.08.07 A	VfB Stuttgart	0:1 (0:1)	E			X	E		A	X	A	A	X	X		E								X		X	X	X					
4	01.09.07 H	Arm. Bielefeld	3:0 (0:0)					X		E	X	X	A	A	X2	X	E	X1		E					X		X	X	A					
5	16.09.07 H	Hertha BSC	1:2 (0:0)					X		E	A	X	A		X	X	E1	X							A		X	X	X					E
6	22.09.07 A	Hansa Rostock	0:2 (0:1)				X	E	X		X	X	E	X	A	X	A				E				X		X	A						E
7	25.09.07 H	FC Schalke 04	0:2 (0:1)				A	E	A		X	X		X		X			E						X		X	X	X					X
8	30.09.07 A	Hannover 96	1:2 (1:1)				A	E			X	X	X	X1		X			E						X		X	X	X				EA	A
9	06.10.07 H	Werder Bremen	1:3 (1:1)	A1				X	E	E	A	X	A	E	X	X									X		X	X	X					
10	19.10.07 A	Energie Cottbus	2:1 (1:0)	A					E			X1	X	A	X		E		E	X					X1		X	X	A		X			
11	28.10.07 H	Hamburger SV	0:1 (0:1)						A	X		X		A		X	E	A	E	E					X		X	X	X					X
12	04.11.07 A	Karlsruher SC	0:1 (0:1)	E			X	E			A	X	X	X	X			E						A	X		X	X	A					
13	09.11.07 H	VfL Bochum	0:2 (0:1)	X			X	E		X	E	A		X	X	E		A							X		X	X	A					
14	24.11.07 A	Leverkusen	1:4 (1:0)						X	X	A	X	X	X	E	E		X1							X		X	A					X	X
15	02.12.07 H	1. FC Nürnberg	1:0 (0:0)	E						E	E	X1		A		X		X					A	X		X	X	A					X	X
16	08.12.07 A	Bayern München	0:0 (0:0)							E	E	X	X	X		E	X		X				A	A			X	X					X	A
17	16.12.07 H	Eintr. Frankfurt	0:1 (0:1)	X			E	E	A	X	X	X		A	E		X								X	X							X	A
18	02.02.08 H	Bor. Dortmund	3:3 (2:0)			X					X1	X	X			X	X			E		A		X			X1	A			E	E		A1
19	09.02.08 A	VfL Wolfsburg	1:2 (1:1)			X					X	A	X		E	A	A			X		X1		X			X			E	E			X
20	16.02.08 H	VfB Stuttgart	2:3 (0:2)			X					A	X	A	E1				X				X1		X	E		X	X	A			E		X
21	23.02.08 A	Arm. Bielefeld	2:0 (1:0)					X			E	X	A1				E					A		X	A1	X	X	X			E	X		X
22	29.02.08 A	Hertha BSC	0:2 (0:2)			E					X	A	X		X		E					X		A	A	X	X				E	X		X
23	08.03.08 H	Hansa Rostock	1:1 (1:1)								X	X	X1	A			E					X			X		X	X	A		E	X		X
24	14.03.08 A	FC Schalke 04	1:2 (1:0)	X		E	A			X	X	A1	A			X			E			X			X		X	X			E			X
25	22.03.08 A	Hannover 96	1:1 (0:1)	X			X	E		X	A	X		E1		X			E			X			X		X	X			A			A
26	29.03.08 A	Werder Bremen	2:1 (2:0)			X	X	E		X		A1	A1	X		X			E			A		X	X		X	X	E					
27	04.04.08 H	Energie Cottbus	0:1 (0:1)			X	X	E		A		X	A	A		X			E			X		X	X		X	X						E
28	12.04.08 A	Hamburger SV	1:0 (0:0)	X						E	E	A	E	X1		X						A			X		X	A						X
29	16.04.08 H	Karlsruher SC	0:1 (0:0)	X		X		E				X	X	X	E	A						X			X		X	A	E					A
30	26.04.08 A	VfL Bochum	1:1 (1:0)	X		X						X		X	E	A						A1			X		X	E						
31	04.05.08 H	Leverkusen	3:2 (2:1)	X						X1		X2	X		X							X			X		X	E	A					
32	07.05.08 A	1. FC Nürnberg	0:2 (0:2)	X				E			X		X	X	E	X						A			X		X	A	E					A
33	10.05.08 H	Bayern München	2:3 (0:3)	X			X	A1		X		X	X	A					E	E		X			X		X1		A	E				
34	17.05.08 A	Eintr. Frankfurt	2:4 (0:3)	X		A	E	X1		X				A					E	A1		X			X		X	E	X					X
	Spiele:			8	10	3	7	18	19	14	20	31	28	12	25	25	18	20	7	11	2	3	17	4	27	3	31	31	25	7	8	11	25	
	Tore:			1	0	0	0	0	2	0	1	2	5	0	10	1	2	1	0	0	0	4	0	1	1	0	3	0	0	0	0	1		

Bilanz der letzten 10 Jahre:

Saison	Liga	Platz	Sp.	S	U	N	Tore	Pkt.
1997/98:	Bundesliga	8.	34	11	11	12	43–44	44
1998/99:	Bundesliga	8.	34	13	10	11	48–45	49
1999/00:	Bundesliga	18.	34	4	10	20	37–71	22
2000/01:	2. Bundesliga	11.	34	12	9	13	46–40	45
2001/02:	2. Bundesliga	11.	34	11	10	13	56–57	43
2002/03:	2. Bundesliga	8.	34	12	10	12	42–47	46
2003/04:	2. Bundesliga	7.	34	13	9	12	52–46	48
2004/05:	2. Bundesliga	2.	34	19	5	10	50–37	62
2005/06:	Bundesliga	18.	34	5	12	17	34–63	27
2006/07:	2. Bundesliga	3.	34	16	12	6	66–40	60

Zuschauerzahlen:

Saison	gesamt	Spiele	Schnitt
1997/98:	274.269	17	16.133
1998/99:	262.029	17	15.413
1999/00:	219.721	17	12.925
2000/01:	134.024	17	7.884
2001/02:	132.961	17	7.821
2002/03:	129.028	17	7.590
2003/04:	126.280	17	7.428
2004/05:	285.726	17	16.807
2005/06:	428.168	17	25.186
2006/07:	304.002	17	17.882

Die meisten Bundesliga-Spiele:

Pl.	Name, Vorname	Spiele
1.	Bella, Michael	405
2.	Dietz, Bernard	394
3.	Pirsig, Detlef	337
4.	Seliger, Rudolf	288
5.	Heidemann, Hartmut	262
6.	Büssers, Herbert	256
7.	Worm, Ronald	231
8.	Heinze, Gerhard	205
9.	Lehmann, Bernd	200
10.	Manglitz, Manfred	192

Die besten Bundesliga-Torschützen:

Pl.	Name, Vorname	Tore
1.	Worm, Ronald	71
2.	Dietz, Bernard	70
3.	Seliger, Rudolf	65
4.	Büssers, Herbert	52
5.	Budde, Rainer	49
6.	Lehmann, Bernd	43
7.	Gecks, Horst	41
8.	Krämer, Werner	37
9.	Bücker, Theo	32
	Wunder, Klaus	32

Die Trainer der letzten Jahre:

Name, Vorname	Zeitraum
Funkel, Friedhelm	13.05.1996 – 24.03.2000
Eichkorn, Josef	24.03.2000 – 30.06.2000
Frank, Wolfgang	01.07.2000 – 16.10.2000
Eichkorn, Josef	16.10.2000 – 30.05.2001
Littbarski, Pierre	25.06.2001 – 03.11.2002
Dietz, Bernard	03.11.2002 – 31.12.2002
Meier, Norbert	01.01.2003 – 08.12.2005
Scholz, Heiko	08.12.2005 – 18.12.2005
Kohler, Jürgen	18.12.2005 – 08.04.2006
Scholz, Heiko	08.04.2006 – 30.06.2006

Eintracht Frankfurt

Anschrift:
Mörfelder Landstr. 362
60528 Frankfurt
Telefon: (0 69) 95 50 30
eMail: info@eintracht-frankfurt.de
Homepage: www.eintracht-frankfurt.de

Vereinsgründung: 08.03.1899; ab 01.07.2000 Fußball-AG

Vereinsfarben: Rot-Schwarz-Weiß
Vorst.-Vorsitzender: Heribert Bruchhagen
Sportdirektor: Rainer Falkenhain

Stadion: Commerzbank-Arena (50.300)

Größte Erfolge: Deutscher Meister 1959; DFB-Pokalsieger 1974, 1975, 1981 und 1988; UEFA-Pokalsieger 1980

Aufgebot:

Name, Vorname	Pos	geb. am	Nat.	seit	2007/08 Sp.	2007/08 T.	Gesamt Sp.	Gesamt T.	frühere Vereine
Amanatidis, Ioannis	S	03.12.1981	GRE	2005	32	11	164	49	1. FC Kaiserslautern, Eintracht Frankfurt, VfB Stuttgart, SpVgg Greuther Fürth, VfB Stuttgart, Stuttgarter SC
Caio (Caio Cesar Alves dos Santos)	M	29.05.1986	BRA	2008	10	1	10	1	Palmeiras Sao Paulo, Internacional Porto Alegre, Grêmio Recreativo Barueri, Guarani FC Campinas, Grêmio Recreativo Barueri
Chaftar, Mounir	A	29.06.1986	D	2002	6	0	9	0	Offenbacher FC Kickers, Eintracht Frankfurt
Chris (Christian Maicon Hening)	A	25.08.1978	BRA	2003	10	1	70	6	FC St. Pauli, Internacional Porto Alegre, Coritiba FC, Botafogo Ribeirao Preto Sao Paulo, Timbó EC, EC Democrata Governador Valadares, Timbó EC
Fenin, Martin	S	16.04.1987	CZE	2008	17	6	17	6	FK Teplice
Fink, Michael	M	01.02.1982	D	2006	32	3	99	7	DSC Arminia Bielefeld, VfB Stuttgart, SV Fellbach, VfR Waiblingen
Galindo Rubio, Aaron	A	08.05.1982	MEX	2007	22	0	22	0	Grasshopper-Club Zürich, Hercules Alicante, CD Cruz Azul, Cruz Azul Hidalgo
Heller, Marcel	S	12.02.1986	D	2007	4	1	15	2	Sportfreunde Siegen, TSV Alemannia Aachen, Bonner SC, 1. FC Quadrath-Ichendorf
Hess, Martin	S	06.02.1987	D	2007	1	0	1	0	VfB Stuttgart, TSG Heilbronn, TG Heilbronn, TSV Biberach
Inamoto, Junichi	M	18.09.1979	JPN	2007	24	0	24	0	Galatasaray Istanbul, West Bromwich Albion, Cardiff City, FC Fulham, FC Arsenal London, Gamba Osaka
Köhler, Benjamin	S	04.08.1980	D	2004	29	3	82	7	Rot-Weiss Essen, Hertha BSC Berlin, MSV Duisburg, Hertha BSC Berlin, 1. FC Lübars, Reinickendorfer Füchse, MSV Normannia 08 Berlin
Kyrgiakos, Sotirios	A	23.07.1979	GRE	2006	24	3	51	8	Glasgow Rangers, Panathinaikos Athen, AO Agios Nikolaos, Panathinaikos Athen, Thyella Megalochoriou
Ljubicic, Kreso	M	26.09.1988	CRO	1997	1	0	1	0	FC Germania 08 Dörnigheim
Mahdavikia, Mehdi	M	24.07.1977	IRN	2007	20	0	243	29	Hamburger SV, VfL Bochum, Pirouzi Teheran
Mantzios, Evangelos	S	22.04.1983	GRE	2008	10	1	10	1	Panathinaikos Athen, Panionios Athen
Meier, Alexander	M	17.01.1983	D	2004	11	4	79	17	Hamburger SV, FC St. Pauli, Hamburger SV, MSV Hamburg, Hamburger SV, TSV Buchholz 08, TuS Nenndorf, JSG Rosengarten
Nikolov, Oka	T	25.05.1974	MKD	1991	12	0	152	0	SV Darmstadt 98, SG Sandbach
Ochs, Patrick	D	14.05.1984	D	2004	29	0	87	1	FC Bayern München, Eintracht Frankfurt, FC Germania Enkheim
Preuß, Christoph	M	04.07.1981	D	2005	7	0	128	8	VfL Bochum, Eintracht Frankfurt, Bayer 04 Leverkusen, Eintracht Frankfurt, TSV Großen Linden
Pröll, Markus	T	25.08.1979	D	2003	23	0	95	0	1. FC Köln, SV Eintracht Lommersum-Derkum, VfR Flamersheim
Russ, Marco	A	04.08.1985	D	1996	29	3	65	4	VfB Großauheim
Spycher, Christoph	A	30.03.1978	SUI	2005	30	0	84	0	Grasshopper-Club Zürich, FC Luzern, FC Münsingen, SC Bürnpliz 78, FC Sternenberg
Streit, Albert	M	28.03.1980	D	2006	11	0	104	11	1. FC Köln, VfL Wolfsburg, Eintracht Frankfurt, VfB Stuttgart, FV Zuffenhausen
Takahara, Naohiro	S	04.06.1979	JPN	2006	8	1	135	25	Hamburger SV, Jubilo Iwata, Boca Juniors Buenos Aires, Jubilo Iwata, Tokai University, Shimizu Higashi Highschool
Thurk, Michael	S	28.05.1976	D	2006	12	1	81	22	1. FSV Mainz 05, FC Energie Cottbus, 1. FSV Mainz 05, SV Jügesheim, SpVgg Oberrad, Sportfreunde 04 Frankfurt
Toski, Faton	M	17.02.1987	D	1994	12	2	14	2	TuS Makkabi Frankfurt
Vasoski, Aleksandar	A	21.11.1979	MKD	2005	5	0	64	3	FK Vardar Skopje, FK Cementarnica Skopje, FC Skopje, Metalurg Skopje
Weissenberger, Markus	M	08.03.1975	AUT	2004	22	1	152	18	TSV München 1860, DSC Arminia Bielefeld, Linzer ASK, SV Spittal, BNZ Dornbirn, FC Hard
Zimmermann, Jan	T	19.04.1985	D	1994	0	0	3	0	FC Kickers Obertshausen

Trainer:

Name, Vorname	geb. am	Nat.	Zeitraum	Spiele 2007/08	frühere Trainerstationen
Funkel, Friedhelm	10.12.1953	D	01.07.2004 – lfd.	34	1. FC Köln, FC Hansa Rostock, MSV Duisburg, FC Bayer 05 Uerdingen, VfR Neuss

Zugänge:
Inamoto (Galatasaray Istanbul), Ljubicic (eigene Junioren), Mahdavikia (Hamburger SV).
während der Saison:
Caio (Palmeiras Sao Paulo), Fenin (FK Teplice), Galindo (Grasshopper-Club Zürich), Mantzios (Panathinaikos Athen).

Abgänge:
Huggel (FC Basel), Jones (FC Schalke 04), Rehmer (Laufbahn beendet), Reinhard (Karlsruher SC).
während der Saison:
Streit (FC Schalke 04), Takahara (Urawa Red Diamonds), Thurk (FC Augsburg).

Deutschlands Fußball in Zahlen 2008 — Bundesliga — DSFS 25

Fortsetzung Eintracht Frankfurt

Aufstellungen und Torschützen:

Sp	Datum	Gegner	Ergebnis	Amanatidis	Caio	Chaftar	Chris	Fenin	Fink	Galindo	Heller	Hess	Inamoto	Köhler	Kyrgiakos	Ljubicic	Mahdavikia	Mantzios	Meier	Nikolov	Ochs	Preuß	Pröll	Russ	Spycher	Streit	Takahara	Thurk	Toski	Vasoski	Weissenberger
1	11.08.07 H	Hertha BSC Berlin	1:0 (1:0)	X1					X				A	E	A		A		X		X	E	X	X	X	X				E	
2	18.08.07 A	Arminia Bielefeld	2:2 (0:0)						A				A	E	X		X		X1		X	E	X	X1	X	X		X			
3	26.08.07 A	FC Hansa Rostock	1:0 (1:0)	A		E			X				X	A			X		X1			X	X	X	A		E		X	E
4	01.09.07 A	SV Werder Bremen	1:2 (0:1)	X					A				X	A			X		X			X	X	X	X	E	E1		X		
5	15.09.07 H	Hamburger SV	2:1 (1:0)						X				X	X			X		X2		E	X	X	X	A	E	A		E	A
6	21.09.07 A	VfL Bochum	0:0 (0:0)	X					X				X	X			X		X	E		A	X	X	X	E					A
7	26.09.07 H	Karlsruher SC	0:1 (0:0)	X		E			X				A	E	X		X			A		X	X		X	A	E				
8	30.09.07 A	FC Energie Cottbus	2:2 (0:2)	X2					X					A	X		E		X		X	E	X	X	A		A				E
9	07.10.07 H	Bayer 04 Leverkusen	2:1 (0:0)	X				X	E						X2	E	X		A		A	X	X	X	X		A				E
10	20.10.07 A	1. FC Nürnberg	1:5 (1:1)	X					X		X			X			X		X		X	X	X	X	X1						
11	26.10.07 H	Hannover 96	0:0 (0:0)	X					X		X	X		X			X		X		X	X		X		E					A
12	03.11.07 A	FC Bayern München	0:0 (0:0)	X			X		X		X		X	E				X	X	X	A		X	X		A	E				A
13	10.11.07 A	Borussia Dortmund	1:1 (0:0)	A1		X			X				E	A	X		E			X	X	X		X		X	X				
14	24.11.07 H	VfB Stuttgart	1:4 (1:1)	X			X	E	X				A	X1	X		X			A		X		X		E	X				
15	01.12.07 H	VfL Wolfsburg	2:2 (1:1)	X	E	X1		X1	X	E			A		E	A			X		X	X	X				A				
16	08.12.07 H	FC Schalke 04	2:2 (0:0)	X1				X	X				X	X	A				X		X	X	X				E	A1			E
17	16.12.07 A	MSV Duisburg	1:0 (1:0)	X1		X		X	X			E	X	X	A				X		X	X		X				A			E
18	02.02.08 A	Hertha BSC Berlin	3:0 (1:0)	X			X	X3	A	X			X	X			E		X	X		E	X								A
19	08.02.08 H	Arminia Bielefeld	2:1 (1:0)	X1			X	X1	X	X			X	A		E	E		X	A		E	X								A
20	16.02.08 A	FC Hansa Rostock	0:1 (0:0)	X	E		X	A	A	X			X	X		E	E		X	X			X								A
21	23.02.08 H	SV Werder Bremen	1:0 (0:0)	A1	E		X	X	A	X			A	X		E			X	X		E	X								
22	02.03.08 A	Hamburger SV	1:4 (0:1)	E			E	A	X	X			X	A	X1		X					X	X				A				E
23	08.03.08 H	VfL Bochum	1:1 (0:0)	X			E	X	X	X			X	A			E		X			X	X				X1				
24	15.03.08 A	Karlsruher SC	1:0 (1:0)	A			E	X	X1	X			X	A		E			X			X	X				E				A
25	20.03.08 H	FC Energie Cottbus	2:1 (1:0)	A	E1			X	X	X			A	X		E			X			X	X1	X			E				A
26	29.03.08 A	Bayer 04 Leverkusen	2:0 (1:0)	A	E			X	X	X			X	A		E1			X			X	X				E				A
27	05.04.08 H	1. FC Nürnberg	1:3 (1:1)	X	A			X	X1				X				E		X			X	X				E	X	A		
28	12.04.08 A	Hannover 96	1:2 (1:1)	X				X	X	X			A	X		E	E		X			X	X1	X			A				
29	16.04.08 H	FC Bayern München	1:3 (1:0)	X	E			X	A	X	E		X	X1					X			X	X	X							A
30	25.04.08 H	Borussia Dortmund	1:1 (0:0)	X	E			A	X	X	E		X	X1					X			X	X	X							A
31	03.05.08 A	VfB Stuttgart	1:4 (0:3)	X1				A	X	X			E	X		E			X			X	X	A	X		X				
32	07.05.08 H	VfL Wolfsburg	2:3 (1:2)	X1	E			E	X				X	X	X		X		X			X	X		A						A1
33	10.05.08 A	FC Schalke 04	0:1 (0:0)	X	E			X	X		E		X	X	X		A		X			X	X								A
34	17.05.08 H	MSV Duisburg	4:2 (3:0)	X1	E		E	A2	X	X	E1		X	X					X			X	A				X				A
	Spiele:			32	10	6	10	17	32	22	4	1	24	29	24	1	20	10	11	12	29	7	23	29	30	11	8	12	12	5	22
	Tore:			11	1	0	1	6	3	0	1	0	0	3	3	0	0	1	4	0	0	0	0	3	0	0	1	1	2	0	1

Gegnerisches Eigentor im 26. Spiel (durch Kießling).

Bilanz der letzten 10 Jahre:

Saison	Liga	Platz	Sp.	S	U	N	Tore	Pkt.
1997/98:	2. Bundesliga	1.	34	17	13	4	50–32	64
1998/99:	Bundesliga	15.	34	9	10	15	44–54	37
1999/00:	Bundesliga (2 Punkte Abzug)	14.	34	12	5	17	42–44	39
2000/01:	Bundesliga	17.	34	10	5	19	41–68	35
2001/02:	2. Bundesliga	7.	34	14	12	8	52–44	54
2002/03:	2. Bundesliga	3.	34	17	11	6	59–33	62
2003/04:	Bundesliga	16.	34	9	5	20	36–53	32
2004/05:	2. Bundesliga	3.	34	19	4	11	65–39	61
2005/06:	Bundesliga	14.	34	9	9	16	42–51	36
2006/07:	Bundesliga	14.	34	9	13	12	46–58	40

Zuschauerzahlen:

Saison	gesamt	Spiele	Schnitt
1997/98:	370.436	17	21.790
1998/99:	531.979	17	31.293
1999/00:	570.267	17	33.545
2000/01:	482.152	17	28.362
2001/02:	240.575	17	14.151
2002/03:	276.600	17	16.271
2003/04:	419.856	17	24.697
2004/05:	405.522	17	23.854
2005/06:	712.162	17	41.892
2006/07:	809.624	17	47.625

Die meisten Bundesliga-Spiele:

Pl.	Name, Vorname	Spiele
1.	Körbel, Karl-Heinz	602
2.	Grabowski, Jürgen	441
3.	Nickel, Bernd	426
4.	Hölzenbein, Bernd	420
5.	Falkenmayer, Ralf	337
6.	Binz, Manfred	336
7.	Neuberger, Willi	267
8.	Bindewald, Uwe	263
9.	Roth, Dietmar	237
10.	Kunter, Dr. Peter	234

Die besten Bundesliga-Torschützen:

Pl.	Name, Vorname	Tore
1.	Hölzenbein, Bernd	160
2.	Nickel, Bernd	141
3.	Grabowski, Jürgen	109
4.	Yeboah, Anthony	68
5.	Huberts, Wilhelm	67
6.	Wenzel, Rüdiger	51
7.	Cha, Bum Kun	46
	Solz, Wolfgang	46
9.	Körbel, Karl-Heinz	45
10.	Bein, Uwe	38

Die Trainer der letzten Jahre:

Name, Vorname	Zeitraum
Ehrmantraut, Horst	19.12.1996 – 07.12.1998
Lippert, Bernhard	08.12.1998 – 21.12.1998
Fanz, Reinhold	22.12.1998 – 17.04.1999
Berger, Jörg	18.04.1999 – 26.12.1999
Magath, Wolfgang Felix	27.12.1999 – 28.01.2001
Dohmen, Rolf	29.01.2001 – 02.04.2001
Rausch, Friedel	03.04.2001 – 17.06.2001
Andermatt, Martin	18.06.2001 – 08.03.2002
Kraaz, Armin	08.03.2002 – 30.05.2002
Reimann, Willi	31.05.2002 – 30.06.2004

Hamburger SV

Anschrift:
Sylvesterallee 7
22525 Hamburg
Telefon: (0 40) 41 55 01
eMail: info@hsv.de
Homepage: www.hsv.de

Vereinsgründung: 29.09.1887 als SC Germania 1887 Hamburg; 01.06.1919 Fusion mit Hamburger FC von 1888 zu Hamburger SV

Vereinsfarben: Blau-Weiß-Schwarz
Vorst.-Vorsitzender: Bernd Hoffmann
Sportlicher Leiter: Dietmar Beiersdorfer

Stadion: HSH Nordbank Arena (57.000)

Größte Erfolge: Deutscher Meister 1923, 1928, 1960, 1979, 1982 und 1983; Deutscher Pokalsieger 1973, 1976 und 1987; Deutscher Ligapokalsieger 1973; Europapokalsieger 1977 (Pokalsieger) und 1983 (Landesmeister)

Aufgebot:

Name, Vorname	Pos	geb. am	Nat.	seit	2007/08 Sp.	2007/08 T.	gesamt Sp.	gesamt T.	frühere Vereine
Addo, Otto	M	09.06.1975	GHA	2007	4	0	98	11	1. FSV Mainz 05, Borussia Dortmund, Hannover 96, VfL Hamburg 93, Bramfelder SV, Hamburger SV, Hummelsbütteler SV
Atouba Essama, Thimothée	A	17.03.1982	CMR	2005	22	0	74	1	Tottenham Hotspur, FC Basel, Xamax Neuchâtel, Union Douala, Mineduc Yaounde
Ben-Hatira, Änis	M	18.07.1988	D	2006	3	0	8	0	Tennis Borussia Berlin, Hertha BSC Berlin, Reinickendorfer Füchse, BSC Reinickendorf
Benjamin, Collin	A	03.08.1978	NAM	2001	17	1	118	12	FTSV Rasensport Elmshorn, TuS Germania Schnelsen, Civics SC Windhoek
Boateng, Jerome	A	03.09.1988	D	2007	27	0	37	0	Hertha BSC Berlin, Tennis Borussia Berlin
Brecko, Miso	M	01.05.1984	SVN	2007	14	0	21	0	FC Erzgebirge Aue, FC Hansa Rostock, Hamburger SV, NK Smartno, NK Factor Ljubljana
Castelen, Romeo	M	03.05.1983	NED	2007	13	0	13	0	Feyenoord Rotterdam, ADO Den Haag, Sparta Rotterdam, De Volewijckers Amsterdam
Choupo-Moting, Eric Maxim	S	23.03.1989	D	2004	13	0	13	0	Altonaer FC 93, TuS Teutonia Alveslohe
Demel, Guy	M	13.06.1981	CIV	2005	26	0	89	1	Borussia Dortmund, FC Arsenal London, Olympique Nimes, Olympique Marseille
Feilhaber, Benny	M	19.01.1985	USA	2005	0	0	9	0	University of California Los Angeles Bruins, Northwood High School
Fillinger, Mario	M	10.10.1984	D	2005	1	0	12	0	Chemnitzer FC, Heidenauer SV, SG Dresden Striesen
Guerrero Gonzales, José Paolo	S	01.01.1984	PER	2006	29	9	76	24	FC Bayern München, Club Alianza Lima
Hesl, Wolfgang	T	13.01.1986	D	2004	1	0	1	0	FC Amberg, 1. FC Schwarzfeld, SC Altfalter
Jarolim, David	M	17.05.1979	CZE	2003	28	2	208	14	1. FC Nürnberg, FC Bayern München, SK Slavia Prag, FC Rouen
de Jong, Nigel	M	30.11.1984	NED	2006	29	1	59	2	Ajax Amsterdam, SC Neerlandia/SLTO Amsterdam
Kompany, Vincent	A	10.04.1986	BEL	2006	22	1	28	1	RSC Anderlecht
Langkamp, Sebastian	A	15.01.1988	D	2007	0	0	0	0	FC Bayern München, SC Preußen 06 Münster, SF Merfeld, DJK-VfL Billerbeck
Mathijsen, Joris	A	05.04.1980	NED	2006	31	1	63	1	AZ Alkmaar, Willem II Tilburg, SV VOAB Goirle
Odjidja-Ofoe, Vadis	A	21.02.1989	BEL	2008	2	0	2	0	RSC Anderlecht, KAA Gent
Olic, Ivica	S	14.09.1979	CRO	2007	32	14	49	19	ZSKA Moskau, Dinamo Zagreb, NK Zagreb, NK Marsonia Slavonski Brod, Hertha BSC Berlin, NK Marsonia Slavonski Brod
Putsilo, Anton	M	10.06.1987	BLR	2008	3	0	3	0	FK Dinamo Minsk
Reinhardt, Bastian	A	19.11.1975	D	2003	32	3	150	10	DSC Arminia Bielefeld, Hannover 96, VfL Hamburg 93, VfL Wolfsburg, Grabower FC 08, 1. FC Magdeburg, Empor Grabow/Mecklenburg
Rost, Frank	T	30.06.1973	D	2007	34	0	328	1	FC Schalke 04, SV Werder Bremen, 1. FC Markkleeberg, 1. FC Lok Leipzig, BSG Chemie Böhlen, BSG Lok Leipzig-West
Saka, Kosi	M	04.02.1986	COD	2007	0	0	11	0	Borussia Dortmund, DSC Arminia Bielefeld, SV Gadderbaum
Sam, Sidney	S	31.01.1988	D	2004	4	0	4	0	Holstein Kiel, FC Kilia Kiel, TuS Hasseldieksdamm/Mettenhof
Sorin, Juan Pablo	M	05.05.1976	ARG	2006	5	0	24	4	FC Villarreal, Cruzeiro Belo Horizonte, FC Paris St. Germain, FC Barcelona, Lazio Rom, Cruzeiro Belo Horizonte, CA River Plate, Juventus Turin, Argentinos Juniors
Trochowski, Piotr	M	22.03.1984	D	2005	32	1	106	9	FC Bayern München, FC St. Pauli, SC Concordia Hamburg, SV Billstedt-Horn
van der Vaart, Rafael	M	11.02.1983	NED	2005	29	12	74	29	Ajax Amsterdam, De Kennemers Beverwijk
Wicky, Raphaël	M	26.04.1977	SUI	2001	0	0	218	5	Atlético Madrid, SV Werder Bremen, FC Sion, FC Steg
Zidan, Mohamed	S	11.12.1981	EGY	2007	21	2	77	27	1. FSV Mainz 05, SV Werder Bremen, 1. FSV Mainz 05, SV Werder Bremen, FC Midtjylland, Akademisk BK Kopenhagen, Al-Masry Port Said

Trainer:

Name, Vorname	geb. am	Nat.	Zeitraum	Spiele 2007/08	frühere Trainerstationen
Stevens, Huub	29.11.1953	NED	02.02.07 – 30.06.08	34	Roda JC Kerkrade, 1. FC Köln, Hertha BSC Berlin, FC Schalke 04, Roda JC Kerkrade, PSV Eindhoven

Zugänge:
Brecko (FC Erzgebirge Aue), Castelen (Feyenoord Rotterdam), Choupo-Moting (II. Mannschaft), Langkamp (FC Bayern München II), Saka (Borussia Dortmund), Zidan (1. FSV Mainz 05).
während der Saison:
Boateng (Hertha BSC Berlin), Odjidja-Ofoe (RSC Anderlecht), Putsilo (Dinamo Minsk).

Abgänge:
Abel (FC Schalke 04), Berisha (FC Burnley), Hampel (Fortuna Düsseldorf), Hennings (VfL Osnabrück), Kirschstein (SpVgg Greuther Fürth), Klingbeil (Viking Stavanger), Laas (VfL Wolfsburg), Ljuboja (VfB Stuttgart), Mahdavikia (Eintracht Frankfurt), Sanogo (SV Werder Bremen), Wächter (FC Hansa Rostock).
während der Saison:
Feilhaber (Derby County FC), Klingbeil (Viking Stavanger), Kucukovic (TSV München 1860), Langkamp (Karlsruher SC), Saka (FC Carl Zeiss Jena), Wicky (FC Sion).

Fortsetzung Hamburger SV

Aufstellungen und Torschützen:

Sp	Datum	Gegner	Ergebnis	Addo	Atouba	Ben-Hatira	Benjamin	Boateng	Brecko	Castelen	Choupo-Moting	Demel	Fillinger	Guerrero	Hesl	Jarolim	de Jong	Kompany	Mathijsen	Odjidja-Ofoe	Olic	Putsilo	Reinhardt	Rost	Sam	Sorin	Trochowski	van der Vaart	Zidan
				1	2	3	4	5	6	7	8	9	10	11	12	13	14	15	16	17	18	19	20	21	22	23	24	25	26
1	11.08.07 A	Hannover 96	1:0 (1:0)	E		X1			E	E	X					X	X	X	X		A			X			A	X	A
2	19.08.07 H	Bayer Leverkusen	1:0 (0:0)	X				X		X		E				X	X	X	X		E		E	X			A	A1	A
3	24.08.07 A	VfL Bochum	1:2 (0:1)	X	E			A		X		E				X	X	X	X		E			X			A	X1	A
4	02.09.07 H	Bayern München	1:1 (0:0)	X			X		X	E		X				X	X		X		A		X	X			A		E1
5	15.09.07 A	Eintracht Frankfurt	1:2 (0:1)	X			X		X	E		E				X	X	A	X		A		E	X				X1	A
6	22.09.07 H	1. FC Nürnberg	1:0 (0:0)	E			X	X	A	E		A				X	X		X		A		X	X			E	X1	
7	25.09.07 A	Bor. Dortmund	3:0 (2:0)	E			X	X	A			A1			X	A		X			X1		X	X			E	X1	E
8	29.09.07 H	VfL Wolfsburg	2:2 (1:0)	E			A	X		E		A			X	X			X			X1		X			A	X1	E
9	06.10.07 A	Arminia Bielefeld	1:0 (0:0)	E			X	X		E	X	A			X	X		X			A		X	X			E	A1	
10	20.10.07 H	VfB Stuttgart	4:1 (3:0)		X		X	E	E	A				A		X	X1	A3			X		X	E			X		X
11	28.10.07 A	MSV Duisburg	1:0 (1:0)		X		E	X	E		E	X		A		X1	X		A		X		X	X			X		A
12	03.11.07 H	Hertha BSC Berlin	2:1 (1:0)		X		X	A	E	E		X		A1			X		X		X1	X					A	X	E
13	10.11.07 A	FC Schalke 04	1:1 (1:1)		X		E	X		E	E	A		A		X	X	X			X1		A	X				X	
14	25.11.07 H	Hansa Rostock	2:0 (1:0)		X		X			X	E			A	E	X	X		A1		X		X				X	A1	E
15	01.12.07 A	Werder Bremen	1:2 (0:1)		X			X		E	A			X	A	E		X			X		X	X			A	X1	E
16	08.12.07 H	Energie Cottbus	0:0 (0:0)	E				A		E	E	X		A		X	X	X			X		X	X			A	X	
17	15.12.07 A	Karlsruher SC	1:1 (0:0)	X			E	A		E				X		A	X		X		X1		X	X			A	X	E
18	02.02.08 H	Hannover 96	1:1 (0:1)				E	A			A	X		E		A	X	X			X1		E	X			X	X	
19	09.02.08 A	Bayer Leverkusen	1:1 (1:0)				X			E	X	E	A		E	X	X		A				X	X			A	X1	
20	17.02.08 H	VfL Bochum	3:0 (1:0)				X				X		X	A2	X	X	X	E	A1	E	X		X				A		E
21	24.02.08 H	Bayern München	1:1 (0:0)					X	E		X		A		X	X	X		A1		X		X				X	E	E
22	02.03.08 H	Eintracht Frankfurt	4:1 (1:0)					X			X			X2	A	X1	E		A	E			X				A	X	E1
23	09.03.08 A	1. FC Nürnberg	0:0 (0:0)				X	A	E	E				X		X	X	E	A				X				A	X	
24	15.03.08 H	Bor. Dortmund	1:0 (0:0)		A			X	E		X			X1	A	X	E	X			E		X	X			A	X	
25	22.03.08 A	VfL Wolfsburg	1:1 (1:0)		A			E	X		X			X	A	X	E		E		X1	X					A	X	
26	29.03.08 H	Arminia Bielefeld	1:1 (0:0)		X			A	X		X			X1	X				A		X		X	E			X	X	E
27	05.04.08 A	VfB Stuttgart	0:1 (0:1)		A			A	X		X			X		X	X				X		X	E	E		A	X	E
28	12.04.08 H	MSV Duisburg	0:1 (0:0)		A						X			X		X	X			E			X	E	E		A	X	A
29	15.04.08 A	Hertha BSC Berlin	0:0 (0:0)				E	X	A	E		X		E			A		X				X		A	X			X
30	26.04.08 H	FC Schalke 04	0:1 (0:1)					A	X	E		X		X		X	A	X			A		X	X			E	X	E
31	03.05.08 A	Hansa Rostock	3:1 (2:0)	E				A	A	E		X		X		A	X		X		X2		X	X			E	X1	
32	07.05.08 H	Werder Bremen	0:1 (0:0)	E				A				A		X		X	X	A	X		X		X	X			E	E	X
33	10.05.08 A	Energie Cottbus	0:2 (0:1)	X					A		E	X		A	X	A	X		X		X		X	X			E	E	X
34	17.05.08 H	Karlsruher SC	7:0 (3:0)				E	A	X	E				A3	E	X	X		X		X2		X	A			X1	X1	
	Spiele:			4	22	3	17	27	14	13	13	26	1	29	1	28	29	22	31	2	32	3	32	34	4	5	32	29	21
	Tore:			0	0	0	1	0	0	0	0	0	0	9	0	2	1	1	1	0	14	0	3	0	0	0	1	12	2

Bilanz der letzten 10 Jahre:

Saison	Liga	Platz	Sp.	S	U	N	Tore	Pkt.
1997/98:	Bundesliga	9.	34	11	11	12	38–46	44
1998/99:	Bundesliga	7.	34	13	11	10	47–46	50
1999/00:	Bundesliga	3.	34	16	11	7	63–39	59
2000/01:	Bundesliga	13.	34	10	11	13	58–58	41
2001/02:	Bundesliga	11.	34	10	10	14	51–57	40
2002/03:	Bundesliga	4.	34	15	11	8	46–36	56
2003/04:	Bundesliga	8.	34	14	7	13	47–60	49
2004/05:	Bundesliga	8.	34	16	3	15	55–50	51
2005/06:	Bundesliga	3.	34	21	5	8	53–30	68
2006/07:	Bundesliga	7.	34	10	15	9	43–37	45

Zuschauerzahlen:

Saison	gesamt	Spiele	Schnitt
1997/98:	531.890	17	31.288
1998/99:	387.584	17	22.799
1999/00:	681.367	17	40.080
2000/01:	704.921	17	41.466
2001/02:	755.537	17	44.443
2002/03:	775.620	17	45.625
2003/04:	790.421	17	46.495
2004/05:	831.258	17	48.897
2005/06:	894.713	17	52.630
2006/07:	949.738	17	55.867

Die meisten Bundesliga-Spiele:

Pl.	Name, Vorname	Spiele
1.	Kaltz, Manfred	581
2.	von Heesen, Thomas	368
3.	Jakobs, Ditmar	323
4.	Spörl, Harald	321
5.	Nogly, Peter	320
6.	Magath, Wolfgang Felix	306
7.	Memering, Caspar	303
8.	Golz, Richard	273
9.	Zaczyk, Klaus	262
10.	Kargus, Rudi	254

Die besten Bundesliga-Torschützen:

Pl.	Name, Vorname	Tore
1.	Seeler, Uwe	137
2.	von Heesen, Thomas	99
3.	Hrubesch, Horst	96
4.	Kaltz, Manfred	76
5.	Barbarez, Sergej	65
6.	Hönig, Franz-Josef	62
	Volkert, Georg	62
8.	Spörl, Harald	60
9.	Dörfel, Gert	58
10.	Hartwig, William	52

Die Trainer der letzten Jahre:

Name, Vorname	Zeitraum
Reimann, Willi	11.11.1987 – 04.01.1990
Schock, Gerd Volker	05.01.1990 – 10.03.1992
Coordes, Egon	12.03.1992 – 21.09.1992
Möhlmann, Benno	23.09.1992 – 05.10.1995
Magath, Wolfgang Felix	06.10.1995 – 18.05.1997
Pagelsdorf, Frank	01.07.1997 – 17.09.2001
Hieronymus, Holger	17.09.2001 – 03.10.2001
Jara, Kurt	04.10.2001 – 22.10.2003
Toppmöller, Klaus	23.10.2001 – 17.10.2004
Doll, Thomas	18.10.2004 – 01.02.2007

Hannoverscher SV von 1896

Anschrift:
Clausewitzstr. 2
30175 Hannover
Telefon: (0 51 39) 8 08 55 50
eMail: info@hannover96.de
Homepage: www.hannover96.de

Vereinsgründung: 12.04.1896 als Hannoverscher FC 1896; 12.07.1913 Fusion mit BV Hannovera 1898 zu Hannoverscher SV von 1896

Vereinsfarben: Schwarz-Weiß-Grün
Präsident: Martin Kind
Sportdirektor: Christian Hochstätter

Stadion: AWD-Arena (49.000)

Größte Erfolge: Deutscher Meister 1938 und 1954; DFB-Pokalsieger 1992; Aufstiegsrunde zur Bundesliga 1964 (↑), Meister der 2. Bundesliga 1975 (Nord, ↑), 1987 (↑) und 2002 (↑); Aufstieg in die Bundesliga 1985

Aufgebot:

Name, Vorname	Pos	geb. am	Nat.	seit	2007/08 Sp.	2007/08 T.	gesamt Sp.	gesamt T.	frühere Vereine
Balitsch, Hanno	M	02.01.1981	D	2005	29	4	195	10	1. FSV Mainz 05, Bayer 04 Leverkusen, 1. FC Köln, SV Waldhof 07 Mannheim, FC Alsbach
Bikmaz, Ferhat	A	07.06.1988	TUR	2002	1	0	1	0	DJK TuS Marathon Hannover
Brdaric, Thomas	S	23.01.1975	D	2005	0	0	204	54	VfL Wolfsburg, Hannover 96, Bayer 04 Leverkusen, SC Fortuna Köln, Fortuna Düsseldorf, VfB Stuttgart, VfL Kirchheim/Teck, SV Stuttgarter Kickers, FV 09 Nürtingen, VfB Neuffen
Bruggink, Arnold Jan	M	24.07.1977	NED	2006	26	6	58	12	SC Heerenveen, RCD Mallorca, PSV Eindhoven, FC Twente Enschede, Stevo Geesteren
Cherundolo, Steven	A	19.02.1979	USA	1999	33	0	182	5	University of Portland Pirates, Mt. Carmel High School
Enke, Robert	T	24.08.1977	D	2004	34	0	166	0	CD Teneriffa, Fenerbahce Istanbul, FC Barcelona, Benfica Lissabon, Borussia Mönchengladbach, FC Carl Zeiss Jena, BSG Jenapharm Jena
Fahrenhorst, Frank	A	24.09.1977	D	2006	23	2	194	18	SV Werder Bremen, VfL Bochum, Hammer SpVgg, SpVgg Bönen, VfL Nordbögge
Golz, Richard	T	05.06.1968	D	2006	0	0	453	0	SC Freiburg, Hamburger SV, SC Tegel, SC Wacker 04 Berlin
Halfar, Sören	A	02.01.1987	D	2001	2	0	17	0	TSV Havelse, DJK TuS Marathon Hannover
Hanke, Mike	S	05.11.1983	D	2007	31	10	142	33	VfL Wolfsburg, FC Schalke 04, VfL Bochum, Hammer SpVgg, TuS 1910 Wiescherhöfen
Hashemian, Vahid	S	21.07.1976	IRN	2005	20	1	167	35	FC Bayern München, VfL Bochum, Hamburger SV, Pas Club Teheran
Huszti, Szabolcs	M	18.04.1983	HUN	2006	33	10	64	14	FC Metz, Ferencvaros Budapest, FC Sopron, Ferencvaros Budapest, Tapolca Bauxit
Ismaël, Valérien	A	28.09.1975	FRA	2008	14	0	109	8	FC Bayern München, SV Werder Bremen, Racing Club Straßburg, Racing Lens, Racing Club Straßburg, Racing Lens, Crystal Palace, Racing Club Straßburg
Juric, Frank	T	28.10.1973	AUS	2004	0	0	12	0	Bayer 04 Leverkusen, Fortuna Düsseldorf, Collingwood Warriors SC, Melbourne Knights SC
Kleine, Thomas	A	28.12.1977	D	2007	9	1	19	1	SpVgg Greuther Fürth, Bayer 04 Leverkusen, SV Wermelskirchen 09
Krebs, Gaetan	M	18.11.1985	FRA	2007	10	0	10	0	Sportfreunde Siegen, Racing Club Straßburg, FC Mulhouse
Lala, Altin	M	18.11.1975	ALB	1998	27	0	149	1	SC Borussia Fulda, Dinamo Tirana
Lauth, Benjamin	S	04.08.1981	D	2007	21	0	140	33	VfB Stuttgart, Hamburger SV, TSV München 1860, Sportfreunde Fischbachau
Pinto, Sergio	M	16.10.1980	D	2007	20	3	72	5	TSV Alemannia Aachen, FC Schalke 04, TuS Haltern, FC Porto
Rausch, Konstantin	M	15.03.1980	D	2005	2	0	2	0	SV Nienhagen, TuS Lachendorf
Rosenthal, Jan	M	07.04.1986	D	2000	23	4	52	10	SV Staffhorst
Schröter, Silvio	M	29.06.1979	D	2003	0	0	116	5	FC Energie Cottbus, 1. FC Dynamo Dresden, BSG Traktor Radeburg
Schulz, Bastian	M	10.07.1985	D	2001	2	0	2	0	TuS Altwarmbüchen
Schulz, Christian	A	01.04.1983	D	2007	29	4	132	8	SV Werder Bremen, TSV Bassum
Stajner, Jiri	S	27.05.1976	CZE	2004	26	6	172	28	AC Sparta Prag, Hannover 96, FC Slovan Liberec, FC MUS Most, FK Lounovice, SK Ceske Budejovice JČE, SK Slavia Prag, TJ Senohraby
Tarnat, Michael	A	27.10.1969	D	2004	16	1	356	24	Manchester City, FC Bayern München, Karlsruher SC, MSV Duisburg, SV Hilden-Nord
Thorvaldsson, Gunnar Heidar	S	01.04.1982	ISL	2006	0	0	7	0	Halmstads BK, IB Vestmannaeyjar
Vinicius (Vinicius Bergantin)	A	31.07.1980	BRA	2003	28	1	133	9	SE do Gama, FC Ituano Sao Paulo, AD Sao Caetano, FC Ituano Sao Paulo
Yankov, Chavdar	M	06.08.1984	BUL	2005	8	0	58	6	Slavia Sofia
Zizzo, Salvatore	M	03.04.1987	USA	2007	2	0	2	0	Orange County Blue Star, University of California Los Angeles, Orange County Blue Star, University of California Los Angeles
Zuraw, Dariusz	A	14.11.1972	POL	2001	5	0	131	5	MKS Zaglebie Lubin, Okocimski Brzesko, WKS Wielun, LZS Rychlocice, LZS Ostrowek

Trainer:

Name, Vorname	geb. am	Nat.	Zeitraum	Spiele 2007/08	frühere Trainerstationen
Hecking, Dieter	12.09.1964	D	11.09.2006 – lfd.	34	TSV Alemannia Aachen, VfL Lübeck, SC Verl

Zugänge:
Hanke (VfL Wolfsburg), Kleine (SpVgg Greuther Fürth), Krebs (Sportfreunde Siegen), Lauth (VfB Stuttgart), Pinto (TSV Alemannia Aachen), Zizzo (Orange County Blue Star).
während der Saison:
Ismaël (FC Bayern München), Ch. Schulz (SV Werder Bremen).

Abgänge:
Andersson (Helsingborgs IF), Dietwald (TSV Mühlenfeld), Jendrisek (1. FC Kaiserslautern).
während der Saison:
Halfar (SC Paderborn 07), Kleine (Borussia Mönchengladbach), Schröter (MSV Duisburg), Thorvaldsson (Valerenga Oslo).

Fortsetzung Hannoverscher SV von 1896

Aufstellungen und Torschützen:

Sp	Datum	Gegner	Ergebnis	Balitsch	Bikmaz	Bruggink	Cherundolo	Enke	Fahrenhorst	Halfar	Hanke	Hashemian	Huszti	Ismael	Kleine	Krebs	Lala	Lauth	Pinto	Rausch	Rosenthal	Schulz B.	Schulz Ch.	Stajner	Tarnat	Vinicius	Yankow	Zizzo	Zuraw
1	11.08.07 H	Hamburger SV	0:1 (0:1)	A		X	X	X			A	E	X		X			E	A		E					X		X	X
2	17.08.07 A	Karlsruher SC	2:1 (0:1)	X1		A	X	X	X	X1	A		X			X	A	E						E			E		
3	25.08.07 A	FC Bayern München	0:3 (0:1)	X		A	X	X	X	X		E	X		X	A			A					E			E		
4	01.09.07 H	VfL Bochum	3:2 (2:1)	X		E	X	X		A1	E1	X	X							A1		E	X	X		A			
5	15.09.07 A	1. FC Nürnberg	2:2 (2:0)	X		E	X	X	X	A2	A		X					X		X	A	X		E					E
6	23.09.07 H	Bayer 04 Leverkusen	0:3 (0:0)	X			X	X	X	X	E	X	X		A	E		A			A			X	E				
7	26.09.07 A	Arminia Bielefeld	2:0 (0:0)	A		A	X	X	X	A		X1			E	E	E1	X		X		X	X						
8	30.09.07 H	MSV Duisburg	2:1 (1:1)	A		A	X	X	X	X		A			A	E	E	X		X2		X	X	E					
9	06.10.07 A	VfB Stuttgart	2:0 (1:0)	A		E	X	X		X		A2			X	E	X	A		X						X	E		
10	21.10.07 H	VfL Wolfsburg	2:2 (2:2)	A			X	X	X		A				E	E	X1	A		X		E	X1	X					
11	26.10.07 A	Eintracht Frankfurt	0:0 (0:0)	X		E	X	X	X		A				E	E	A	X		A		X	X						
12	03.11.07 H	Borussia Dortmund	2:1 (0:0)			E	X	X			A1				X	E	A	A		X1	E	X	X						
13	10.11.07 H	Hertha BSC Berlin	0:1 (0:0)	E			X	X	X		X		A	E	X			A		X	E	X	X						
14	24.11.07 H	FC Schalke 04	2:3 (1:1)	X		E		X	X		X	E	X2			A	E	A		A		X		X					
15	30.11.07 A	FC Hansa Rostock	3:0 (0:0)	X			X	X	X1	X1	E	A			E	X	A	A				X	E1		X				
16	08.12.07 H	SV Werder Bremen	4:3 (3:2)	A			X	X		X3	E	X		X	A			A			E	X	E	X					
17	14.12.07 A	FC Energie Cottbus	1:5 (0:3)				X	X		X	E	X		X1	A	A		X			E	X	E	A					
18	02.02.08 A	Hamburger SV	1:1 (1:0)	A		X	X	X		X		A1			X	E	E	E			X	A	X						
19	09.02.08 H	Karlsruher SC	2:2 (1:0)	X1		A	X	X		X	E	X				A				E1		E	A	X					
20	17.02.08 H	FC Bayern München	0:3 (0:0)	X		E	X	X		X	E	A	A		X	A				X		X				E			
21	22.02.08 A	VfL Bochum	1:2 (0:1)	X		A	X	X	X	X1	E					A		E		A		X	E	X					
22	01.03.08 H	1. FC Nürnberg	2:1 (1:0)	X		A1	X	X		A	E	X1	X			E	E					X	A		X				
23	09.03.08 A	Bayer 04 Leverkusen	0:2 (0:2)	X	E	E	X	X		X		A	X		E		X	A				X		A	X				
24	15.03.08 H	Arminia Bielefeld	2:2 (1:2)	A		X1	X			X		X	X		E	A		A			E	X	E1						X
25	22.03.08 A	MSV Duisburg	1:1 (1:0)	X			X	X		X	E	A	X			X		A			E	X	X1		X				
26	30.03.08 H	VfB Stuttgart	0:0 (0:0)	X		X	X	X	E		E	A	X			X	E	A	A			X		X					
27	05.04.08 H	VfL Wolfsburg	2:3 (1:2)	A		A1	A	X	X		E	X	X			X	E	X				E	X1	X					
28	12.04.08 A	Eintracht Frankfurt	2:1 (1:1)				X	X	A		A	E	A	X	E	X		X1	E			X1	X						
29	16.04.08 A	Borussia Dortmund	3:1 (2:0)	A		X1	X	X	E1	X	E	X1	X			X						X	A	A					E
30	26.04.08 H	Hertha BSC Berlin	2:2 (2:0)	A		X	X	X	E	A1	E	X	A			X					E	X	X1	X					
31	03.05.08 A	FC Schalke 04	1:1 (1:1)	X		X1	X			A	E	X				X	E				E	X	A	X					
32	06.05.08 H	FC Hansa Rostock	3:0 (1:0)	A1		A	X	X		X		X	X			E	E				E2	X	A	X					
33	10.05.08 A	SV Werder Bremen	1:6 (0:2)			A	X	X			E	X1	X			X	A				X	X	X	X				E	
34	17.05.08 H	FC Energie Cottbus	4:0 (2:0)	X1		A1	X	X		A	X	X	A		E						X	X1		X1			E	E	
	Spiele:			29	1	26	33	34	23	2	31	20	33	14	9	10	27	21	20	2	23	2	29	26	16	28	8	2	5
	Tore:			4	0	6	0	0	2	0	10	1	10	0	1	0	0	0	0	3	0	4	0	4	6	1	1	0	0

Gegnerisches Eigentor im 16. Spiel (durch Baumann).

Bilanz der letzten 10 Jahre:

Saison	Liga	Platz	Sp.	S	U	N	Tore	Pkt.
1997/98:	Regionalliga Nord	1.	34	28	5	1	120–29	89
1998/99:	2. Bundesliga	4.	34	16	9	9	52–36	57
1999/00:	2. Bundesliga	10.	34	12	8	14	56–56	44
2000/01:	2. Bundesliga	9.	34	12	10	12	52–45	46
2001/02:	2. Bundesliga	1.	34	22	9	3	93–37	75
2002/03:	Bundesliga	11.	34	12	7	15	47–57	43
2003/04:	Bundesliga	14.	34	9	10	15	49–63	37
2004/05:	Bundesliga	10.	34	13	6	15	34–36	45
2005/06:	Bundesliga	12.	34	7	17	10	43–47	38
2006/07:	Bundesliga	11.	34	12	8	14	41–50	44

Zuschauerzahlen:

Saison	gesamt	Spiele	Schnitt
1997/98:	137.994	17	8.117
1998/99:	340.901	17	20.053
1999/00:	218.016	17	12.824
2000/01:	184.979	17	10.881
2001/02:	349.566	17	20.563
2002/03:	620.436	17	36.496
2003/04:	382.485	17	22.499
2004/05:	611.797	17	35.988
2005/06:	653.117	17	38.419
2006/07:	657.556	17	38.680

Die meisten Bundesliga-Spiele:

Pl.	Name, Vorname	Spiele
1.	Bandura, Jürgen	298
2.	Siemensmeyer, Hans	278
3.	Stiller, Rainer	254
4.	Anders, Peter	236
5.	Hellingrath, Hans-Joseph	199
6.	Podlasly, Horst	187
7.	Cherundolo, Steven	182
8.	Stajner, Jiri	172
9.	Lala, Altin	149
10.	Enke, Robert	134

Die besten Bundesliga-Torschützen:

Pl.	Name, Vorname	Tore
1.	Siemensmeyer, Hans	72
2.	Reimann, Willi	44
3.	Keller, Ferdinand	39
4.	Rodekamp, Walter	38
5.	Bandura, Jürgen	34
6.	Reich, Siggi	33
7.	Skoblar, Josip	30
8.	Stajner, Jiri	28
9.	Brdaric, Thomas	27
10.	Heynckes, Jupp	25

Die Trainer der letzten Jahre:

Name, Vorname	Zeitraum
Coordes, Egon	01.07.1995 – 25.03.1996
Stoffregen, Jürgen	26.03.1996 – 30.06.1996
Fanz, Reinhold	01.07.1996 – 22.12.1998
Gerber, Franz	04.01.1999 – 30.06.1999
Ivankovic, Branko	01.07.1999 – 20.02.2000
Ehrmantraut, Horst	22.02.2000 – 23.04.2001
Levy, Stanislav	23.04.2001 – 30.06.2001
Rangnick, Ralf	01.07.2001 – 07.03.2004
Lienen, Ewald	09.03.2004 – 09.11.2005
Neururer, Peter	09.11.2005 – 30.08.2006

Karlsruher SC 1894 Mühlburg-Phönix

Anschrift:
Adenauerring 17
76131 Karlsruhe
Telefon: (07 21) 9 64 34 50
eMail: info@ksc.de
Homepage: www.ksc.de

Vereinsgründung: 16.10.1952 (Fusion von FC Phönix-Alemannia 1894 Karlsruhe und VfB 1933 Mühlburg)
Vereinsfarben: Blau-Weiß
Präsident: Hubert H. Raase
Manager: Rolf Dohmen
Stadion: Wildparkstadion (32.306)

Größte Erfolge: Deutscher Meister 1909 (Phönix); DFB-Pokalsieger 1955 und 1956; Qualifikation zur Bundesliga 1963; Meister der Regionalliga Süd 1969; Aufstiegsrunde zur Bundesliga 1970, 1971, 1973 und 1980 (↑); Meister der 2. Bundesliga 1975 (↑, Süd), 1984 (↑) und 2007 (↑); Aufstieg in die Bundesliga 1987; Halbfinale UEFA-Pokal 1993

Aufgebot:

Name, Vorname	Pos	geb. am	Nat.	seit	2007/08 Sp.	T.	Gesamt Sp.	T.	frühere Vereine
Aduobe, Godfried	M	29.10.1975	GHA	2005	24	0	69	1	FC Hansa Rostock, SSV Reutlingen 05, SpVgg Greuther Fürth, BSC Young Boys Bern, Old Boys Basel, AC Turin, Powerlines FC Accra
Buck, Stefan	A	03.09.1980	D	2007	13	1	13	1	SpVgg Unterhaching, FC Bayern München, SC Pfullendorf, FV Bad Saulgau, FV Ravensburg, FV Biberach, FV Altshausen
Carnell, Bradley	M	22.01.1977	RSA	2005	17	0	123	3	Borussia Mönchengladbach, VfB Stuttgart, Kaizer Chiefs Johannesburg, WKP Lech Poznan, WITS University
Dick, Florian	A	09.11.1984	D	1993	3	0	3	0	FV Hambrücken
Eggimann, Mario	A	24.01.1981	SUI	2002	33	5	33	5	FC Aarau, FC Küttigen
Eichner, Christian	A	24.11.1982	D	1996	33	2	33	2	FSV Sulzfeld
Franz, Maik	A	05.08.1981	D	2006	29	2	120	4	VfL Wolfsburg, 1. FC Magdeburg, VfB Germania Halberstadt, SV Langenstein
Freis, Sebastian	S	23.04.1985	D	1999	31	8	31	8	SC Wettersbach
Görlitz, Andreas	A	31.01.1982	D	2007	31	0	86	1	FC Bayern München, TSV München 1860, TSV Rott/Lech
Hajnal, Tamas	M	15.03.1981	HUN	2007	32	8	40	8	1. FC Kaiserslautern, St. Truidense VV, FC Schalke 04, FC Vac, Ferencvaros Budapest, Zoltek SE Nyergesujfalu
Kapllani, Edmond	S	31.07.1982	ALB	2004	28	2	28	2	KS Besa Kavajë, Partizan Tirana, NK Rijeka, NK Orijent Rijeka
Kennedy, Joshua Blake	S	20.08.1982	AUS	2006	10	4	34	7	1. FC Nürnberg, 1. FC Dynamo Dresden, 1. FC Köln, SV Stuttgarter Kickers, VfL Wolfsburg, Carlton Soccer Club Victoria, Australian Institute of Sport Canberra
Kornetzky, Jean-François	T	28.07.1982	FRA	2004	6	0	6	0	SR Colmar, Racing Club Straßburg, Lierse SK, Racing Club Straßburg
Langkamp, Sebastian	A	15.01.1988	D	2008	0	0	0	0	Hamburger SV, FC Bayern München, SC Preußen 06 Münster, SV Sportfreunde Merfeld, DJK-VfL Billerbeck
Miller, Markus	T	08.04.1982	D	2003	28	0	28	0	FC Augsburg, VfB Stuttgart, FC Wangen, FC Lindenberg
Mutzel, Michael	M	27.09.1979	D	2004	29	0	67	1	VfB Stuttgart, Eintracht Frankfurt, FC Augsburg, FC Memmingen 07, TSG Thannhausen, SV Greimertshofen
Orahovac, Sanibal	S	12.12.1978	MNE	2006	4	0	4	0	FC Penafiel, Vitoria Guimaraes, Roter Stern Belgrad, Buducnost Podgorica, Mladost Podgorica
Porcello, Massimiliano	M	23.06.1980	ITA	2006	25	2	66	8	DSC Arminia Bielefeld, SC Paderborn 07, FC Gütersloh, VfL Bückeburg, SV Obernkirchen, JSG Lauenhagen
Reinhard, Christopher	A	19.05.1985	D	2007	0	0	9	0	Eintracht Frankfurt, Offenbacher FC Kickers, Eintracht Frankfurt, Rot-Weiß Offenbach
Staffeldt, Timo	M	09.02.1984	D	1996	16	0	16	0	SpVgg 06 Ketsch
Stindl, Lars	S	26.08.1988	D	2006	2	0	2	0	TSV Wiesental
Stoll, Martin	A	09.02.1983	D	2002	8	0	8	0	VfB Stuttgart, Karlsruher SC, SV Sandhausen, SV Aglasterhausen, VfB Breitenbronn
Timm, Christian	S	27.02.1979	D	2007	30	3	113	14	SpVgg Greuther Fürth, 1. FC Kaiserslautern, 1. FC Köln, Borussia Dortmund, SV Westerholt, SG Herten-Langenbochum
Yashvili, Alexander	S	23.10.1977	GEO	2007	28	0	175	29	SC Freiburg, Dynamo Tiflis, VfB Lübeck, Dynamo Tiflis

Trainer:

Name, Vorname	geb. am	Nat.	Zeitraum	Spiele 2007/08	frühere Trainerstationen
Becker, Edmund	18.07.1956	D	04.01.2005 – lfd.	34	Karlsruher SC Am., TSV Reichenbach

Zugänge:
Buck (SpVgg Unterhaching), Görlitz (FC Bayern München), Hajnal (1. FC Kaiserslautern), Reinhard (Eintracht Frankfurt), Timm (SpVgg Greuther Fürth), Yashvili (SC Freiburg).
während der Saison:
Kennedy (1. FC Nürnberg), Langkamp (Hamburger SV).

Abgänge:
Federico (Borussia Dortmund), Kaufman (FC Erzgebirge Aue), Kies (SpVgg Durlach-Aue), Männer (SC Paderborn 07), Traut (TuS Koblenz).
während der Saison:
Orahovac (FC Erzgebirge Aue).

Fortsetzung Karlsruher SC 1894 Mühlburg-Phönix

Aufstellungen und Torschützen:

Sp	Datum	Gegner	Ergebnis	Aduobe	Buck	Carnell	Dick	Eggimann	Eichner	Franz	Freis	Görlitz	Hajnal	Kapllani	Kennedy	Kornetzky	Miller	Mutzel	Orahovac	Porcello	Staffeldt	Stindl	Stoll	Timm	Yashvili
				1	2	3	4	5	6	7	8	9	10	11	12	13	14	15	16	17	18	19	20	21	22
1	12.08.07 A	1. FC Nürnberg	2:0 (1:0)	A	X	X	X	X	E	X	A2	A					X	X			E			X	E
2	17.08.07 H	Hannover 96	1:2 (1:0)	X	A	X	X	X1	E	X	X	X					X	A	E					A	E
3	25.08.07 A	Bayer 04 Leverkusen	0:3 (0:3)	X	A	X	X	X	E	X		A					X	X	E		E			A	X
4	02.09.07 H	VfB Stuttgart	1:0 (0:0)	X	X		X	X	A	A	X	X1	E				X	A			E		E	X	
5	16.09.07 A	VfL Wolfsburg	2:1 (0:1)	A	A		X1	X1		X	X	X					X	A	E	E			X	X	E
6	23.09.07 H	FC Bayern München	1:4 (0:2)		A		X	X	X	A	A	X	E				X	X	X1	E				X	E
7	26.09.07 A	Eintracht Frankfurt	1:0 (0:0)	A	X		X	X	X1	A	X	A					X	X	E	E				X	E
8	29.09.07 H	Borussia Dortmund	3:1 (1:1)		A		X1	X	X	A1	X	E					X	X	X1	A		E		X	E
9	06.10.07 A	FC Schalke 04	2:0 (0:0)	E			X	X	X	A	X	A	E				X	X	X					X2	X
10	21.10.07 H	Arminia Bielefeld	0:0 (0:0)			E	X	X	X	X	X	X	E				X	X	X					A	A
11	27.10.07 A	FC Hansa Rostock	0:0 (0:0)	E	X		X	X	X	A	X	A	E				X	X	X		X				
12	04.11.07 H	MSV Duisburg	1:0 (1:0)	E	E	A	X1	X		X	X	A		X		A	X	E			X				
13	10.11.07 A	SV Werder Bremen	0:4 (0:2)		E	A	X	A	X	E	X	X	A	X		X		X			X			X	E
14	23.11.07 H	Hertha BSC Berlin	2:1 (0:1)	E		A	X	X	X	X1	X	A1	A	X			X	E	X	E					
15	01.12.07 A	FC Energie Cottbus	0:2 (0:0)	E			X	X		X	X	X	A				X	X	E	X			X	A	
16	08.12.07 H	VfL Bochum	2:2 (1:1)		X		X		X	X1	X	X1					X	X	X					X	X
17	15.12.07 H	Hamburger SV	1:1 (0:0)	E			X	X	A	X	X			X			X	X	X	E				X1	A
18	02.02.08 H	1. FC Nürnberg	2:0 (0:0)	X			X	X1	X	E	X	A	E	A1			X	X			E			X	A
19	09.02.08 A	Hannover 96	2:2 (0:1)	A	E		X	X	X		X	X1	E	A1			X	X						X	X
20	16.02.08 H	Bayer 04 Leverkusen	2:2 (0:1)	A			X	X	X	X1	X	X	E	X1			X	X							X
21	23.02.08 A	VfB Stuttgart	1:3 (0:2)	A		E	X	X	X	E	X	X1	E	A			X	X						X	A
22	01.03.08 H	VfL Wolfsburg	3:1 (1:1)	A		E	X1	X	X	X	X		E	A1			X	X		E				A	X
23	08.03.08 A	FC Bayern München	0:2 (0:1)					X	E	X	X	E	X				X	A		A	E			X	A
24	15.03.08 H	Eintracht Frankfurt	0:1 (0:1)			E		X	X	X	E	X	X				X	A		A		E		A	A
25	22.03.08 A	Borussia Dortmund	1:1 (0:1)	X	E	E	X	X	X	A1	X	A	X				X	X							E	A
26	29.03.08 H	FC Schalke 04	0:0 (0:0)	X			X	X	X	X	X	X		X			X		X					E	A
27	05.04.08 A	Arminia Bielefeld	0:1 (0:0)	X		A	X	X		X	X	X		A			X		X			X		E	E
28	12.04.08 H	FC Hansa Rostock	1:2 (0:1)	X			X	X		X1	X	A	E	X			X		A		E	X		E	A
29	16.04.08 A	MSV Duisburg	1:0 (0:0)	X	E		X	X		A	X	A1	E	X			X		X	A		X		E	
30	26.04.08 H	SV Werder Bremen	3:3 (1:2)	X	E		X	X	X	X2	X	X	A1				X		A	E				A	E
31	03.05.08 A	Hertha BSC Berlin	1:3 (0:2)	A	A	E	X	X	X	X	A	X	X1				X	E	E					A	X
32	06.05.08 H	FC Energie Cottbus	1:1 (0:0)		X1		X	X	X	X	X	X		X			X	A	E					A	X
33	10.05.08 H	VfL Bochum	1:3 (0:1)		A		X	X1	X	A	X		A	X			X	X	E	E				E	X
34	17.05.08 A	Hamburger SV	0:7 (0:3)	A	E		E	X	X		X	X					X	A	E	X				A	X
		Spiele:		24	13	17	3	33	33	29	31	31	32	28	10	6	28	29	4	25	16	2	8	30	28
		Tore:		0	1	0	0	5	2	2	8	0	8	2	4	0	0	0	0	0	2	0	0	3	0

Gegnerisches Eigentor im 22. Spiel (durch Riicardo Costa).

Bilanz der letzten 10 Jahre:

Saison	Liga	Platz	Sp.	S	U	N	Tore	Pkt.
1997/98	Bundesliga	16.	34	9	11	14	48–60	38
1998/99	2. Bundesliga	5.	34	17	5	12	54–43	56
1999/00	2. Bundesliga	18.	34	5	12	17	35–56	27
2000/01	Regionalliga Süd	1.	34	17	10	7	48–25	61
2001/02	2. Bundesliga	13.	34	11	8	15	45–51	41
2002/03	2. Bundesliga	13.	34	9	12	13	35–47	39
2003/04	2. Bundesliga	14.	34	11	10	13	38–44	43
2004/05	2. Bundesliga	11.	34	11	10	13	46–47	43
2005/06	2. Bundesliga	6.	34	15	8	11	55–45	53
2006/07	2. Bundesliga	1.	34	21	7	6	69–41	70

Zuschauerzahlen:

Saison	gesamt	Spiele	Schnitt
1997/98:	443.638	17	26.096
1998/99:	259.920	17	15.289
1999/00:	179.344	17	10.550
2000/01:	170.850	17	10.050
2001/02:	200.600	17	11.800
2002/03:	194.600	17	11.447
2003/04:	201.776	17	11.869
2004/05:	230.900	17	13.582
2005/06:	289.631	17	17.037
2006/07:	419.690	17	24.688

Die meisten Bundesliga-Spiele:

Pl.	Name, Vorname	Spiele
1.	Metz, Gunther	278
2.	Reich, Burkhard	200
3.	Schmidt, Lars	197
4.	Harforth, Michael	181
5.	Carl, Eberhard	177
6.	Bogdan, Srecko	170
7.	Schuster, Dirk	167
8.	Schütterle, Rainer	155
9.	Wimmer, Rudolf	151
10.	Kiriakov, Sergej	145
	Wittwer, Michael	145

Die besten Bundesliga-Torschützen:

Pl.	Name, Vorname	Tore
1.	Günther, Emanuel	37
2.	Dundee, Sean	36
3.	Schütterle, Rainer	35
	Wild, Horst	35
5.	Groß, Stephan	30
6.	Bender, Manfred	29
	Kiriakov, Sergej	29
8.	Häßler, Thomas	28
9.	Bold, Gerhard	27
10.	Carl, Eberhard	25
	Hermann, Helmut	25
	Müller, Christian	25

Die Trainer der letzten Jahre:

Name, Vorname	Zeitraum
Schäfer, Winfried	01.07.1986 – 25.03.1998
Berger, Jörg	25.03.1998 – 26.08.1998
Ulrich, Rainer	30.08.1998 – 15.10.1999
Buchwald, Guido	16.10.1999 – 25.10.1999
Löw, Joachim	25.10.1999 – 19.04.2000
Pezzaiuoli, Marco	19.04.2000 – 30.06.2000
Kuntz, Stefan	01.07.2000 – 25.09.2002
Pezzaiuoli, Marco	25.09.2002 – 30.09.2002
Köstner, Lorenz-Günther	01.10.2002 – 20.12.2004
Fanz, Reinhold	28.12.2004 – 04.01.2005

Bayer 04 Leverkusen Fußball

Anschrift:
Bismarckstraße 122 - 124
51373 Leverkusen
Telefon: (02 14) 8 66 00
eMail: info@bayer04.de
Homepage: www.bayer04.de

Vereinsgründung: 15.06.1904; seit 01.04.1999 Leistungsfußballabteilung als Bayer 04 Leverkusen Fußball GmbH eigenständig

Vereinsfarben: Rot-Weiß-Schwarz
Geschäftsführer: Wolfgang Holzhäuser
Sportdirektor: Rudolf Völler
Stadion: BayArena (22.500)

Größte Erfolge: Deutscher Pokalsieger 1993; UEFA-Pokalsieger 1988; Deutscher Vizemeister 1997, 1999, 2000 und 2002; Finale Champion League 2002

Aufgebot:

Name, Vorname	Pos	geb. am	Nat.	Seit	2007/08 Sp.	T.	gesamt Sp.	T.	frühere Vereine
Adler, René	T	15.01.1985	D	2000	33	0	44	0	VfB Leipzig
Barbarez, Sergej	M	17.09.1971	BIH	2006	29	4	330	95	Hamburger SV, Borussia Dortmund, FC Hansa Rostock, 1. FC Union Berlin, Hannover 96, Velez Mostar
Barnetta, Tranquillo	M	22.05.1985	SUI	2005	32	6	100	15	Hannover 96, FC St. Gallen, FC Rotmonten
Bulykin, Dmitriy	S	20.11.1979	RUS	2007	14	2	14	2	Dynamo Moskau, Lokomotive Moskau, ZSKA Moskau
Callsen-Bracker, Jan-Ingwer	A	23.09.1984	D	1998	10	0	36	2	SV Beuel 06, TSV Bollingstedt/Gammellund
Castro Ronda, Gonzalo	M	11.06.1987	D	1999	33	1	93	4	SV Bayer Wuppertal
Domaschke, Erik	T	11.11.1985	D	2006	0	0	0	0	FC Sachsen Leipzig, VfB Leipzig
Dum, Sascha	M	03.07.1986	D	2007	17	0	45	2	TSV Alemannia Aachen, Bayer 04 Leverkusen, HSV Langenfeld
Faty, Ricardo	M	04.08.1986	FRA	2007	2	0	2	0	AS Rom, Racing Club Straßburg, INF Clairefontaine
Fernandez, Benedikt	T	08.01.1985	D	2005	1	0	3	0	SC Renault Brühl, Bayer 04 Leverkusen, TuRa Hennef, TuS Buisdorf
Freier, Slavomir Paul	M	26.07.1979	D	2004	19	2	193	26	VfL Bochum, BSV Menden, SV Holzen, ŁTS Łabędy
Friedrich, Manuel	A	13.09.1979	D	2007	32	4	132	8	1. FSV Mainz 05, SV Werder Bremen, 1. FSV Mainz 05, SV Werder Bremen, 1. FSV Mainz 05, SG 1907 Guldental
Gekas, Theofanis	S	23.05.1980	GRE	2007	29	11	61	31	VfL Bochum, Panathinaikos Athen, GS Kallithea, AE Larisa, AO Toxotis Ossas
Gresko, Vratislav	M	24.07.1977	SVK	2007	21	0	51	1	1. FC Nürnberg, Blackburn Rovers, AC Parma, Inter Mailand, Bayer 04 Leverkusen, Inter Bratislava, Dukla Banska Bystrica
Haggui, Karim	A	20.01.1984	TUN	2006	24	2	48	2	Racing Club Straßburg, ES du Sahel Sousse, AS Kasserine
Hegeler, Jens	M	22.01.1988	D	2006	1	0	1	0	1. FC Köln, VfL Leverkusen
Kießling, Stephan	S	25.01.1984	D	2006	31	9	122	30	1. FC Nürnberg, Eintracht Bamberg
Papadopulos, Michal	S	14.04.1985	CZE	2006	7	0	33	2	Banik Ostrava, FC Arsenal London, Banik Ostrava, FC NOVÁ HUŤ Ostrava
Ramelow, Carsten	M	20.03.1974	D	1995	4	1	333	22	Hertha BSC Berlin, SC Siemensstadt, FC Hertha 03 Zehlendorf, Tennis Borussia Berlin, SV Tasmania Neukölln 1973
Risse, Marcel	M	17.12.1989	D	1997	3	0	3	0	eigene Junioren
Rolfes, Simon	M	21.01.1982	D	2005	34	8	100	18	TSV Alemannia Aachen, SV Werder Bremen, SSV Reutlingen 05, SV Werder Bremen, TuS Recke
Sarpei, Hans	M	28.06.1976	GHA	2007	27	0	166	2	VfL Wolfsburg, MSV Duisburg, SC Fortuna Köln, VfL Rheinbach, Siegburger SV 04, DJK Winfriedia Mülheim, SC Viktoria 04 Köln, CfB Ford Niehl, SV Fühlingen-Chorweiler
Schneider, Bernd	M	17.11.1973	D	1999	15	0	295	39	Eintracht Frankfurt, FC Carl Zeiss Jena, BSG Aufbau Jena
Schwegler, Pirmin	M	09.03.1987	SUI	2006	11	0	32	0	Young Boys Bern, FC Luzern, FC Grosswangen
Sinkiewicz, Lukas	A	09.10.1985	D	2007	19	2	56	2	1. FC Köln, 1. FC Quadrath-Ichendorf, VfL Rheinbach, FC Flerzheim
Touré, Assimiou	A	01.01.1988	TOG	2000	0	0	1	0	SSV 08 Bergneustadt
Vidal Pardo, Arturo	A	22.05.1987	CHI	2007	24	1	24	1	Colo Colo Santiago

Trainer:

Name, Vorname	geb. am	Nat.	Zeitraum	Spiele 2007/08	frühere Trainerstationen
Skibbe, Michael	04.08.1965	D	09.10.05 – 21.05.08	34	DFB-Trainer (A-Nationalmannschaft und Junioren), Borussia Dortmund, FC Schalke 04 (Junioren)

Zugänge:
Domaschke (II. Mannschaft), Dum (TSV Alemannia Aachen), Faty (AS Rom), Friedrich (1. FSV Mainz 05), Gekas (VfL Bochum), Gresko (1. FC Nürnberg), Sarpei (VfL Wolfsburg), Sinkiewicz (1. FC Köln), Vidal (Colo Colo Satiago).

während der Saison:
Bulykin (Dynamo Moskau).

Abgänge:
Athirson (Botafogo Rio de Janeiro), Babic (Real Betis Sevilla), Butt (Benfica Lissabon), Juan (AS Rom), Madouni (Al-Gharafa Doha), Meyer (MSV Duisburg), Roque Junior (MSV Duisburg), Stenman (FC Groningen), Voronin (FC Liverpool), de Wit (VfL Osnabrück).

während der Saison:
Faty (FC Nantes), Papadopulos (FC Energie Cottbus), Touré (VfL Osnabrück).

Fortsetzung Bayer 04 Leverkusen Fußball

Aufstellungen und Torschützen:

Sp	Datum	Gegner	Ergebnis	Adler	Barbarez	Barnetta	Bulykin	Callsen-Bracker	Castro	Dum	Faty	Fernandez	Freier	Friedrich	Gekas	Gresko	Huggui	Hegeler	Kießling	Papadopulos	Ramelow	Risse	Rolfes	Sarpei	Schneider	Schwegler	Sinkiewicz	Vidal
				1	2	3	4	5	6	7	8	9	10	11	12	13	14	15	16	17	18	19	20	21	22	23	24	25
1	11.08.07 H	FC Energie Cottbus	0:0 (0:0)	X		X			X	E				X	A	X	X		X	E			X		X	A		
2	19.08.07 A	Hamburger SV	0:1 (0:0)	X	E	X			X	E				X	X		X		A	E			X		A	X		A
3	25.08.07 H	Karlsruher SC	3:0 (3:0)	X		X			X				E	X1	A1		X		X		A		A	X	X		E	E
4	31.08.07 A	FC Schalke 04	1:1 (0:1)	X		A		E	X				E	X	A1	E	X		X		X		X	A	X			
5	15.09.07 H	VfL Bochum	2:0 (0:0)	X	E	A		E	X					X1	A	A	X1		X				X	E	X			X
6	23.09.07 A	Hannover 96	3:0 (0:0)	X	X	A			X					X	A1	E	X		A1	E			X	X			E	X1
7	26.09.07 A	1. FC Nürnberg	2:1 (1:0)	X	X	X1			X					X	A	A	X		X1				X	E			E	A
8	29.09.07 H	FC Bayern München	0:1 (0:1)	X	X	X	E		X	E				X	A		X			X	E		X	A			E	A
9	07.10.07 H	Eintracht Frankfurt	1:2 (0:0)	X	X	X			X	E						E	X		X	E			X	A			A	A
10	20.10.07 H	Borussia Dortmund	2:2 (0:1)	X	A	X			X	E			E	X	X1				X1	E			X	A			X	A
11	27.10.07 A	VfB Stuttgart	0:1 (0:0)	X	X	X			A				E	X	E	E			A	A			X	X		X	X	A
12	03.11.07 H	Arminia Bielefeld	4:0 (3:0)	X	A2		E		X	E			X	A2	X	X			X				X	E				
13	11.11.07 A	VfL Wolfsburg	2:1 (1:0)	X	A	X1			X			A		X		E	X		X1	E			X	A			E	X
14	24.11.07 H	MSV Duisburg	4:1 (0:1)	X	X1	A			X		E		A1	X	E1	X	X		X				X1	E				A
15	01.12.07 A	Hertha BSC Berlin	3:0 (1:0)	X	X1	A1			X	E			A	X			X		X	A1			X	X	E		E	
16	09.12.07 H	FC Hansa Rostock	3:0 (1:0)	X		A	E		A	E			X1	X	A1	X			X				X1	X			X	
17	15.12.07 A	SV Werder Bremen	2:5 (1:1)	X	A	X1			X	E			A	X	E	X	A		X1				X	X			E	
18	02.02.08 A	FC Energie Cottbus	3:2 (0:1)	X	X	A	E1	X	X					X	A	X			X				X2		A	E		E
19	09.02.08 H	Hamburger SV	1:1 (0:1)	X	A	X	E	X					E	X1		X			X				X		X	A		X
20	16.02.08 A	Karlsruher SC	2:2 (1:0)	X	A	X	A	E	X					X		X	X		X1				X1	X	E			
21	23.02.08 H	FC Schalke 04	1:0 (0:0)		A	X		E	X		X	E	X1	E		X			X				X	X	A			A
22	02.03.08 A	VfL Bochum	0:2 (0:0)	X	A	X			X	E			E	X	E		X		X				X	A	X			A
23	09.03.08 H	Hannover 96	2:0 (2:0)	X		A1			X				E	X	X1	X	X		X				X		A	E	E	A
24	16.03.08 A	1. FC Nürnberg	4:1 (1:1)	X	A	X			X				E	X	A1	X	X1		X1				X	E	A			E
25	22.03.08 A	FC Bayern München	1:2 (0:1)	X	A	X	E1		X				E	X	A		X		A				X	X	X			E
26	29.03.08 H	Eintracht Frankfurt	0:2 (0:1)	X	A	X	A		X				E	X	E	X			X				X	A			X	E
27	06.04.08 A	Borussia Dortmund	1:2 (0:2)	X	X				X				X	A	E	X			X1				X	X			A	X	E
28	13.04.08 H	VfB Stuttgart	3:0 (2:0)	X	E	A		X	X	E			X	X					X1				X2	X	A	E		A
29	16.04.08 A	Arminia Bielefeld	0:1 (0:0)	X	A	A	E	X	X	E			A	X			X		X				X	X		E	X	
30	27.04.08 H	VfL Wolfsburg	2:2 (1:2)	X	A		E		X	E		A	X	X1		A	X		X				X	X			X	E
31	04.05.08 A	MSV Duisburg	2:3 (1:2)	X	X	E1		X	X	A			E	X	E		X		X				X				X1	A
32	07.05.08 H	Hertha BSC Berlin	1:2 (0:1)	X	A	X	E	X	E				X	A	X		X			E	X				A	X1		
33	10.05.08 A	FC Hansa Rostock	2:1 (1:0)	X	X	X	A	X	X1	E				E		E		E					A	X1	X		A	X
34	17.05.08 H	SV Werder Bremen	0:1 (0:0)	X	X	X	A	X	X	E			A	X	E	A							E	X				X
		Spiele:		33	29	32	14	10	33	17	2	1	19	32	29	21	24	1	31	7	4	3	34	27	15	11	19	24
		Tore:		0	4	6	2	0	1	0	0	0	2	4	11	0	2	0	9	0	1	0	8	0	0	0	2	1

Gegnerische Eigentore im 3. Spiel (durch Franz), im 9. Spiel (durch Russ), im 24. Spiel (durch Glauber) und im 30. Spiel (durch Ricardo Costa).

Bilanz der letzten 10 Jahre:

Saison	Liga	Platz	Sp.	S	U	N	Tore	Pkt.
1997/98:	Bundesliga	3.	34	14	13	7	66–39	55
1998/99:	Bundesliga	2.	34	17	12	5	61–30	63
1999/00:	Bundesliga	2.	34	21	10	3	74–36	73
2000/01:	Bundesliga	4.	34	17	6	11	54–40	57
2001/02:	Bundesliga	2.	34	21	6	7	77–38	69
2002/03:	Bundesliga	15.	34	11	7	16	47–56	40
2003/04:	Bundesliga	3.	34	19	8	7	73–39	65
2004/05:	Bundesliga	6.	34	16	9	9	65–44	57
2005/06:	Bundesliga	5.	34	14	10	10	64–49	52
2006/07:	Bundesliga	5.	34	15	6	13	54–49	51

Zuschauerzahlen:

Saison	gesamt	Spiele	Schnitt
1997/98:	335.958	17	19.762
1998/99:	351.851	17	20.697
1999/00:	361.003	17	21.235
2000/01:	351.049	17	20.650
2001/02:	380.500	17	22.383
2002/03:	382.500	17	22.500
2003/04:	336.199	17	19.776
2004/05:	382.500	17	22.500
2005/06:	376.000	17	22.118
2006/07:	381.000	17	22.412

Die meisten Bundesliga-Spiele:

Pl.	Name, Vorname	Spiele
1.	Vollborn, Rüdiger	401
2.	Kirsten, Ulf	350
3.	Ramelow, Carsten	333
4.	Hörster, Thomas	332
5.	Schneider, Bernd	262
6.	Nowotny, Jens	231
7.	Wörns, Christian	211
8.	Waas, Herbert	209
9.	Schreier, Christian	203
10.	Butt, Hans-Jörg	191

Die besten Bundesliga-Torschützen:

Pl.	Name, Vorname	Tore
1.	Kirsten, Ulf	181
2.	Waas, Herbert	72
3.	Berbatov, Dimitar	69
4.	Schreier, Christian	63
5.	Cha, Bum-Kun	52
6.	Sergio, Paulo	47
7.	Økland, Arne-Larsen	43
8.	Neuville, Oliver	42
9.	Thom, Andreas	37
10.	Schneider, Bernd	35

Die Trainer der letzten Jahre:

Name, Vorname	Zeitraum
Stepanovic, Dragoslav	05.05.1993 – 07.04.1995
Ribbeck, Erich	10.04.1995 – 27.04.1996
Hermann, Peter	28.04.1996 – 30.06.1996
Daum, Christoph	01.07.1996 – 20.10.2000
Völler, Rudolf	21.10.2000 – 09.11.2000
Vogts, Hans-Hubert	14.11.2000 – 20.05.2001
Toppmöller, Klaus	01.07.2001 – 16.02.2003
Hörster, Thomas	16.02.2003 – 13.05.2003
Augenthaler, Klaus	13.05.2003 – 16.09.2005
Völler, Rudolf	16.09.2005 – 09.10.2005

FC Bayern 1900 München

Anschrift:
Säbener Strasse 51
81547 München
Telefon: (0 89) 69 93 10
eMail: webmaster@fcbayern.de
Homepage: www.fcbayern.de

Vereinsgründung: 27.02.1900

Vereinsfarben: Rot-Weiß
Präsident: Franz Beckenbauer
Manager: Ulrich Hoeneß

Stadion: Allianz-Arena (69.000)

Größte Erfolge: Deutscher Meister 1932, 1969, 1972, 1973, 1974, 1980, 1981, 1985, 1986, 1987, 1989, 1990, 1994, 1997, 1999, 2000, 2001, 2003, 2005, 2006 und 2008; Deutscher Pokalsieger 1957, 1966, 1967, 1969, 1971, 1982, 1984, 1986, 1998, 2000, 2003, 2005, 2006 und 2008; Deutscher Supercupsieger 1983, 1987 und 1990; Deutscher Ligapokalsieger 1997, 1998, 1999, 2000, 2004 und 2007; Europapokalsieger 1974, 1975, 1976 (Landesmeister), 2001 (Champions League), 1967 (Pokalsieger) und 1996 (UEFA-Pokal); Weltpokalsieger 1976 und 2001

Aufgebot:

Name, Vorname	Pos	geb. am	Nat.	Seit	2007/08 Sp.	2007/08 T.	Gesamt Sp.	Gesamt T.	frühere Vereine
Altintop, Hamit	M	08.12.1982	TUR	2007	23	3	136	11	FC Schalke 04, SG Wattenscheid 09, DJK TuS Rotthausen, DJK Schwarz-Weiß Gelsenkirchen-Süd
van Bommel, Mark	M	22.04.1977	NED	2006	27	2	56	8	FC Barcelona, PSV Eindhoven, Fortuna Sittard, RKVV Maasbracht
Breno (Breno Vinicius Rodrigues Borges)	A	13.10.1989	BRA	2008	1	0	1	0	São Paulo FC
van Buyten, Daniel	A	07.02.1978	BEL	2006	19	1	111	11	Hamurger SV, Manchester City, Olympique Marseille, Standard Lüttich, Charleroi SC, Somzee FC, UBS Auvelais, Olympic Charleroi, JS Froidchapelle
Demichelis, Martin	A	20.12.1980	ARG	2003	28	1	118	7	River Plate Buenos Aires, Clube Renato Cesarini, Complejo Deportivo
Dos Santos Rodriguez, Julio D.	M	07.05.1983	PAR	2007	0	0	5	0	VfL Wolfsburg, FC Bayern München, Club Cerro Porteño Asunción
Dreher, Bernd	T	02.11.1966	D	1996	0	0	153	0	FC Bayer 05 Uerdingen, Bayer 04 Leverkusen, SV Schlebusch
Hummels, Mats	A	16.12.1988	D	1995	0	0	14	0	eigene Junioren
Ismaël, Valérien	A	28.09.1975	FRA	2005	0	0	109	8	SV Werder Bremen, Racing Club Straßburg, Racing Lens, Racing Club Straßburg, Racing Lens, Crystal Palace, Racing Club Straßburg
Jansen, Marcell	A	04.11.1985	D	2007	17	0	90	5	Borussia Mönchengladbach, SV Mönchengladbach 1910
Kahn, Oliver	T	15.06.1969	D	1994	26	0	557	0	Karlsruher SC
Klose, Miroslav	S	09.06.1978	D	2007	27	10	236	107	SV Werder Bremen, 1. FC Kaiserslautern, FC 08 Homburg, SG Blaubach-Diedelkopf
Kroos, Toni	M	04.01.1990	D	2006	12	0	12	0	FC Hansa Rostock, Greifswalder SC
Lahm, Philipp	A	11.11.1983	D	2005	22	0	107	3	VfB Stuttgart, FC Bayern München, FT Gern München
Lell, Christian	A	29.08.1984	D	2006	29	1	71	1	1. FC Köln, FC Bayern München, FC Alemannia München
Lúcio (Lucimar da Silva Ferriera)	A	08.05.1978	BRA	2004	24	1	204	21	Bayer 04 Leverkusen, Internacional Porto Alegre, Clube Regatas Guara, Planaltina EC
Ottl, Andreas	M	01.03.1985	D	1996	19	3	51	5	SV Nord Lerchenau
Podolski, Lukas	S	04.06.1985	D	2006	25	5	98	31	1. FC Köln, Verein für Jugend und Volksspiele 07 Bergheim/Erft
Rensing, Michael	T	14.05.1984	D	2000	10	0	23	0	TuS Lingen
Ribéry, Franck	M	01.04.1983	FRA	2007	28	11	28	11	Olympique Marseille, Galatasaray Istanbul, FC Metz, Stade Brest, Olympique Ales, US Boulogne-sur-Mer, OSC Lille, Conti Boulogne
Sagnol, Willy	A	18.03.1977	FRA	2000	9	0	184	7	AS Monaco, AS St. Etienne, AJ Auxerre, FC Sochaux-Montbéliard
Santa Cruz, Roque Luis	S	16.08.1981	PAR	1999	0	0	155	31	Olimpia Asunción
Schlaudraff, Jan	S	18.07.1983	D	2007	8	0	46	8	TSV Alemannia Aachen, Borussia Mönchengladbach, Binger FVgg Hassia, JSG Wissen
Schweinsteiger, Bastian	M	01.08.1984	D	1998	30	1	153	15	TSV 1860 Rosenheim, FV Oberaudorf
Sosa, José Ernesto	M	19.06.1985	ARG	2007	15	0	15	0	Estudiantes de La Plata
Toni, Luca	S	26.05.1977	ITA	2007	31	24	31	24	ACF Fiorentina Florenz, US Città die Palermo, Brescia Calcio, Vicenza Calcio, FBC Treviso, AS Lodigiani, US Fiorenzuola, FC Empoli, FC Modena
Wagner, Sandro	M	29.11.1987	D	1997	4	0	4	0	FC Hertha München
Zé Roberto (Jose Roberto da Silva Junior)	M	06.07.1974	BRA	2007	30	5	253	27	Santos FC, FC Bayern München, Bayer 04 Leverkusen, Flamengo Rio de Janeiro, Real Madrid, FC Portuguesa São Paulo, Pequeninos do Joquey

Trainer:

Name, Vorname	geb. Am	Nat.	Zeitraum	Spiele 2007/08	frühere Trainerstationen
Hitzfeld, Ottmar	12.01.1949	D	31.01.07 – 30.06.08	34	FC Bayern München, Borussia Dortmund, Grasshopper-Club Zürich, FC Aarau, SC Zug

Zugänge:
Altintop (FC Schalke 04), Dos Santos (VfL Wolfsburg), Jansen (Borussia Mönchengladbach), Klose (SV Werder Bremen), Kroos (eigene Junioren), Ribéry (Olympique Marseille), Schlaudraff (TSV Alemannia Aachen), Sosa (Estudiantes de La Plata), Toni (AC Florenz), Zé Roberto (Santos FC).

während der Saison:
Breno (Sao Paulo FC), Wagner (II. Mannschaft).

Abgänge:
Görlitz (Karlsruher SC), Hargreaves (Manchester United), Karimi (Katar SC), Makaay (Feyenoord Rotterdam), Pizarro (FC Chelsea), Salihamidzic (Juventus Turin), Scholl (Laufbahn beendet).

während der Saison:
Dos Santos (UD Alméria), Hummels (Borussia Dortmund), Ismaël (Hannover 96), Santa Cruz (Blackburn Rovers).

Fortsetzung FC Bayern 1900 München

Aufstellungen und Torschützen:

Sp	Datum	Gegner	Ergebnis	Altintop	Breno	van Bommel	van Buyten	Demichelis	Jansen	Kahn	Klose	Kroos	Lahm	Lell	Lúcio	Ottl	Podolski	Rensing	Ribéry	Sagnol	Schlaudraff	Schweinsteiger	Sosa	Toni	Wagner	Zé Roberto
1	11.08.07 H	FC Hansa Rostock	3:0 (1:0)	E		X		X	X	X	A2		X		X				A				A	E	X1	E	X
2	18.08.07 A	SV Werder Bremen	4:0 (1:0)	E1		A		X		X	A	X	X	X	E1				X1				X		A1	E	X
3	25.08.07 H	Hannover 96	3:0 (1:0)	X1		X1		X		X			X	X	X	E			X				X		A1	E	A
4	02.09.07 A	Hamburger SV	1:1 (0:0)	X		X		X		X	A1		X	X	X		E		A				A	E		E	X
5	15.09.07 H	FC Schalke 04	1:1 (0:1)	E		X		X	X	X	X1		X		X		E		X				A		A		X
6	23.09.07 H	Karlsruher SC	4:1 (2:0)	X1		A		X	X	X	X1			X	X	X	E		A				E		A1		E1
7	26.09.07 H	FC Energie Cottbus	5:0 (0:0)	X		X	X	X1	X	X	X3	E	X				E		A				E		A1		A
8	29.09.07 A	Bayer 04 Leverkusen	1:0 (1:0)	X		X		X	X				X	X	E		X		E				E		X1		A
9	07.10.07 A	1. FC Nürnberg	3:0 (2:0)	A		E		X	X				X	X	X	E	X		A			E	A		X2		X1
10	20.10.07 H	VfL Bochum	2:1 (1:1)	A		X		X		X	A		X	X			E	X	A1			E	E1		X		X
11	28.10.07 A	Borussia Dortmund	0:0 (0:0)	E		A		X	X		X		X	X	E	E	X						X	A	A		X
12	03.11.07 H	Eintracht Frankfurt	0:0 (0:0)	A		X			X	X	X		X	X	X		E		A				E	E	X		A
13	10.11.07 A	VfB Stuttgart	1:3 (0:3)	X			E	X		X	E	A	X	A	X				A				X		E	X1	X
14	24.11.07 H	VfL Wolfsburg	2:1 (1:0)	X		X	X	X			X	X1	E	X	X				A1						X		X
15	02.12.07 A	Arminia Bielefeld	1:0 (1:0)	E		X	X	X		X	A	A	X	X		E			X1						X		X
16	08.12.07 H	MSV Duisburg	0:0 (0:0)			X	X	X		X	X		X	A			E		X	E			E	X	A		A
17	15.12.07 A	Hertha BSC Berlin	0:0 (0:0)			X	X			X	X		X	X			A	X	X			E	X				X
18	01.02.08 H	FC Hansa Rostock	2:1 (2:0)	E		X		X		X	A		X		X	E			A1	X				X	X1		X
19	10.02.08 H	SV Werder Bremen	1:1 (1:1)	X		X		X		X	A	E		X			E			A			A	E	X		X1
20	17.02.08 A	Hannover 96	3:0 (0:0)	X		A	X			X	A		X	E	X	E	E			A			X		X3		X
21	24.02.08 H	Hamburger SV	1:1 (1:0)	X		X	X			X	A		X	X	X	E			E				A		X		X1
22	01.03.08 H	FC Schalke 04	1:0 (1:0)	X			X	X	X	X	A1		X	X	E				A				X	E	X		X
23	08.03.08 A	Karlsruher SC	2:0 (1:0)	X			X	A	X	A	X	E		X	E				A1				X	E	X1		
24	15.03.08 A	FC Energie Cottbus	0:2 (0:2)	X			X		E	X	X		A	A	X		E		X				A	E	X		X
25	22.03.08 H	Bayer 04 Leverkusen	2:1 (1:0)	X		X		X	X	X	A		X			E			A				E		X2		X
26	29.03.08 A	1. FC Nürnberg	1:1 (0:1)			X		X	X	X	A		X	A	A	E1	X						E	E	X		X
27	06.04.08 H	VfL Bochum	3:1 (1:1)			X		X		X	E		X	X1	X1	E	A		X1				A	E	X		A
28	13.04.08 A	Borussia Dortmund	5:0 (4:0)			X	X			A		E	X	X	X1	X1	E		A				A	E	X2		X1
29	16.04.08 A	Eintracht Frankfurt	3:1 (0:1)				X1			A	E		X	X	X	X	E		A		E		X	X	X2		
30	27.04.08 H	VfB Stuttgart	4:1 (1:1)			A1	X	X		A			X		X	E	X	E2	A				X		X1		E
31	04.05.08 H	VfL Wolfsburg	0:0 (0:0)		E	X	A	X	A		E		E	X	X	X			X				A	X	X		
32	07.05.08 H	Arminia Bielefeld	2:0 (1:0)		A	X			X		E	X	X	E	X1		A1		E					A	X		
33	10.05.08 A	MSV Duisburg	3:2 (3:0)		A	X	A	X			E		E	X1	X2				X	A		X	X				E
34	17.05.08 H	Hertha BSC Berlin	4:1 (3:0)		X	X	X	X	A	E	E	X			A	E	A1					X			X3		X
		Spiele:		23	1	27	19	28	17	26	27	12	22	29	24	19	25	10	28	9	8	30	15	31	4	30
		Tore:		3	0	2	1	1	0	0	10	0	0	1	1	3	5	0	11	0	0	1	0	24	0	5

Bilanz der letzten 10 Jahre:

Saison	Liga	Platz	Sp.	S	U	N	Tore	Pkt.
1997/98:	Bundesliga	2.	34	19	9	6	69–37	66
1998/99:	Bundesliga	1.	34	24	6	4	76–28	78
1999/00:	Bundesliga	1.	34	22	7	5	73–28	73
2000/01:	Bundesliga	1.	34	19	6	9	62–37	63
2001/02:	Bundesliga	3.	34	20	8	6	65–25	68
2002/03:	Bundesliga	1.	34	23	6	5	70–25	75
2003/04:	Bundesliga	2.	34	20	8	6	70–39	68
2004/05:	Bundesliga	1.	34	24	5	5	75–33	77
2005/06:	Bundesliga	1.	34	22	9	3	67–32	75
2006/07:	Bundesliga	4.	34	18	6	10	55–40	60

Zuschauerzahlen:

Saison	gesamt	Spiele	Schnitt
1997/98:	922.859	17	54.286
1998/99:	941.394	17	55.376
1999/00:	875.008	17	51.471
2000/01:	837.562	17	49.268
2001/02:	904.000	17	53.176
2002/03:	892.000	17	52.471
2003/04:	956.001	17	56.453
2004/05:	906.000	17	53.294
2005/06:	1.149.000	17	67.588
2006/07:	1.167.000	17	68.647

Die meisten Bundesliga-Spiele:

Pl.	Name, Vorname	Spiele
1.	Maier, Josef	473
2.	Kahn, Oliver	429
3.	Müller, Gerd	427
4.	Schwarzenbeck, Georg	416
5.	Augenthaler, Klaus	404
6.	Beckenbauer, Franz	396
7.	Dürnberger, Bernd	375
8.	Scholl, Mehmet	334
9.	Roth, Franz	322
10.	Rummenigge, Karl-Heinz	310

Die besten Bundesliga-Torschützen:

Pl.	Name, Vorname	Tore
1.	Müller, Gerd	365
2.	Rummenigge, Karl-Heinz	162
3.	Wohlfarth, Roland	119
4.	Hoeneß, Dieter	102
5.	Élber, Giovane	92
6.	Scholl, Mehmet	87
7.	Hoeneß, Ulrich	86
8.	Matthäus, Lothar	85
9.	Breitner, Paul	83
10.	Makaay, Roy	78

Die Trainer der letzten Jahre:

Name, Vorname	Zeitraum
Heynckes, Josef	01.07.1987 – 08.10.1991
Lerby, Søren	09.10.1991 – 10.03.1992
Ribbeck, Erich	11.03.1992 – 27.12.1993
Beckenbauer, Franz	28.12.1993 – 30.06.1994
Trapattoni, Giovanni	01.07.1994 – 30.06.1995
Rehhagel, Otto	01.07.1995 – 28.04.1996
Beckenbauer, Franz	29.04.1996 – 30.06.1996
Trapattoni, Giovanni	01.07.1996 – 30.06.1998
Hitzfeld, Ottmar	01.07.1998 – 30.06.2004
Magath, Wolfgang Felix	01.07.2004 – 31.01.2007

1. FC Nürnberg

Anschrift:
Valznerweiherstraße 200
90480 Nürnberg
Telefon: (09 11) 9 40 79-0
eMail: info@fcn.de
Homepage: www.fcn.de

Vereinsgründung: 04.05.1900; Fußballabteilung seit 1901

Vereinsfarben: Rot-Weiß
Präsident: Michael A. Roth
Sportdirektor: Martin Bader

Stadion: easyCredit-Stadion (46.780)

Größte Erfolge: Deutscher Meister 1920, 1921, 1924, 1925, 1927, 1936, 1948, 1961 und 1968; Deutscher Pokalsieger 1935, 1939, 1962 und 2007

Aufgebot:

Name, Vorname	Pos	geb. am	Nat.	Seit	2007/08 Sp.	2007/08 T.	gesamt Sp.	gesamt T.	frühere Vereine
Abardonado, Jacques	A	27.05.1978	FRA	2008	10	0	10	0	OGC Nizza, FC Lorient, Olympique Marseille, UC Endoume-Catalan, FC Vallon d´Ol
Adler, Nicky	S	23.05.1985	D	2007	13	0	13	0	TSV München 1860, VfB Leipzig, Rotation Leipzig
Beauchamp, Michael	A	08.03.1981	AUS	2006	12	0	30	1	Central Coast Mariners, Sydney Olympic Sharks, Parramatta Power, Marconi Stallions
Benko, Leon	S	11.11.1983	CRO	2006	3	0	10	0	Varteks Varazdin
Blazek, Jaromir	T	29.12.1972	CZE	2007	25	0	25	0	Sparta Prag, Marila Pribam, Sparta Prag, Bohemians Prag, Slavia Prag, Bohemians Prag, Viktoria Zizkov, SK Dynamo Ceske Budejovice, Slavia Prag, Metra Blansko
Charisteas, Angelos	S	09.02.1980	GRE	2007	24	6	90	24	Feyenoord Rotterdam, Ajax Amsterdam, SV Werder Bremen, Aris Saloniki, Athinaikos Athen, Aris Saloniki, Strimonikos Serron
Engelhardt, Marco	M	08.12.1980	D	2006	22	1	95	7	1. FC Kaiserslautern, Karlsruher SC, FC Rot-Weiß Erfurt, FSV Preußen Bad Langensalza
Galasek, Tomas	M	15.01.1973	CZE	2006	31	2	63	4	Ajax Amsterdam, Willem II Tilburg, Banik Ostrava
Glauber, Honorato	A	05.08.1983	BRA	2006	19	0	51	0	Palmeiras Sao Paulo
Jacobsen, Lars	A	20.09.1979	DEN	2007	7	0	29	1	FC Kopenhagen, Hamburger SV, Odense BK
Jelic, Petar	S	18.10.1986	BIH	2007	0	0	0	0	FC Carl Zeiss Jena, Modrica Maksima
Kammermeyer, Michael	A	14.01.1986	D	2007	0	0	0	0	Nova Southeastern University, 1. FC Nürnberg, Post SV Nürnberg
Kennedy, Joshua Blake	S	20.08.1982	AUS	2006	12	1	34	7	1. FC Dynamo Dresden, 1. FC Köln, SV Stuttgarter Kickers, VfL Wolfsburg, Carlton Soccer Club Victoria, Australian Institute of Sport Canberra
Klewer, Daniel	T	04.03.1977	D	2004	10	0	26	0	FC Hansa Rostock
Kluge, Peer	M	22.11.1980	D	2007	22	3	163	12	Borussia Mönchengladbach, Chemnitzer FC, SG Niederlichtenau
Koller, Jan	S	30.03.1973	CZE	2008	14	2	152	61	AS Monaco, Borussia Dortmund, RSC Anderlecht, SC Lokeren, Sparta Prag, ZWZ Milevsko, Smetanova Lhota
Kristiansen, Jan	M	04.08.1981	DEN	2006	19	0	47	0	Esbjerg fB, Ölgod IF
Mintal, Marek	M	02.09.1977	SVK	2003	31	5	82	31	MSK Zilina
Misimovic, Zvjezdan	M	05.06.1982	BIH	2007	28	10	92	20	VfL Bochum, FC Bayern München, SV Gartenstadt Trudering, TSV Forstenried, SV Nord München-Lerchenau
Mnari, Jawhar	M	08.11.1976	TUN	2005	21	0	67	4	L´Esperance Tunis, US Monastir
Nikl, Marek	A	20.02.1976	CZE	1998	0	0	141	9	Bohemians Prag, Sparta Krc
Pagenburg, Chhunly	S	10.11.1986	D	1999	1	0	12	1	SpVgg Greuther Fürth, 1. FC Nürnberg, SB Phönix Nürnberg
Pinola, Horacio Javier	A	24.02.1982	ARG	2005	19	1	76	3	Racing Club Buenos Aires, Atletico Madrid, Chacarita Juniors
Polak, Jan	M	14.03.1981	CZE	2005	0	0	62	4	Slovan Liberec, 1. FC Brünn, Tatran Bohunice
Reinhardt, Dominik	A	19.12.1984	D	1999	25	0	93	1	TSV Höchstadt, FC Bayern München, Bayer 04 Leverkusen
Saenko, Ivan	S	17.10.1983	RUS	2005	26	1	83	18	Karlsruher SC, Fackel Woronesch, Karlsruher SC, Fackel Woronesch
Schmidt, Ralf	A	09.10.1985	D	2007	8	0	8	0	FC Carl Zeiss Jena
Spiranovic, Matthew	A	27.06.1986	AUS	2007	7	0	15	0	Australian Institute of Sport Canberra
Stephan, Alexander	T	15.09.1986	D	1996	0	0	0	0	ASV Niederndorf
Vidosic, Dario	M	08.04.1987	AUS	2007	4	0	4	0	Queensland Roar
Vittek, Robert	S	01.04.1982	SVK	2003	17	1	95	26	Slovan Bratislava
Wolf, Andreas	A	12.06.1982	D	1997	30	2	116	3	SpVgg Ansbach 09, ESV Ansbach-Eyb, SV Pfeil Burk

Trainer:

Name, Vorname	geb. am	Nat.	Zeitraum	Spiele 2007/08	Frühere Trainerstationen
Meyer, Hans	03.11.1942	D	09.11.05 – 11.02.08	19	Hertha BSC Berlin, Borussia Mönchengladbach, FC Twente Enschede, 1. FC Union Berlin, FC Carl Zeiss Jena, Chemnitzer FC, FC Rot-Weiß Erfurt, FC Carl Zeiss Jena
von Heesen, Thomas	01.10.1961	D	12.02.08 – lfd.	15	DSC Arminia Bielefeld, 1. FC Saarbrücken, Hannover 96, DSC Arminia Bielefeld

Zugänge:
Adler (TSV München 1860), Blazek (Sparta Prag), Charisteas (Feyenoord Rotterdam), Jacobsen (FC Kopenhagen), Kammermeyer (II. Mannschaft), Kluge (Borussia Mönchengladbach), Misimovic (VfL Bochum), Schmidt (FC Carl Zeiss Jena), Vidosic (Queensland Roar).
während der Saison:
Abardonado (OGC Nizza), Koller (AS Monaco).

Abgänge:
Banovic (SC Freiburg), Gresko (Bayer 04 Leverkusen), Heffernan (Central Coast Mariners), Paulus (FC Erzgebirge Aue), Schäfer (VfB Stuttgart), Schroth (TSV München 1860), Sibon (SC Heerenveen).
während der Saison:
Jelic (OFK Belgrad), Kennedy (Karlsruher SC), Nikl (Bohemians Prag), Pagenburg (TSV München 1860), Polak (RSC Anderlecht).

Fortsetzung 1. FC Nürnberg

Aufstellungen und Torschützen:

Sp	Datum	Gegner	Ergebnis	Abardonado	Adler	Beauchamp	Benko	Blazek	Charisteas	Engelhardt	Galasek	Glauber	Jacobsen	Kennedy	Klewer	Kluge	Koller	Kristiansen	Mintal	Misimovic	Mnari	Pagenburg	Pinola	Reinhardt	Saenko	Schmidt	Spiranovic	Vidosic	Vittek	Wolf
				1	2	3	4	5	6	7	8	9	10	11	12	13	14	15	16	17	18	19	20	21	22	23	24	25	26	27
1	12.08.07 H	Karlsruher SC	0:2 (0:1)		X		X	A	X	X			E	E		X	E	A						X	A				X	X
2	18.08.07 A	FC Hansa Rostock	2:1 (2:0)				X	A	E	X1	X		E		X1	A	X		E					X	X				A	X
3	25.08.07 H	SV Werder Bremen	0:1 (0:0)		X		X		E	X	A		A		A		X	E	E					X	X				A	X
4	01.09.07 A	FC Energie Cottbus	1:1 (0:1)	E			X			X	A		A		X		X	E	E	A				X	X				X	X
5	15.09.07 H	Hannover 96	2:2 (0:2)				X	X	E	E	A		E		A		X	E	E	A				X	X				X	X1
6	22.09.07 A	Hamburger SV	0:1 (0:0)				X	X	E	E	A		E		A		X	X1	X1	X		A	X							X
7	26.09.07 H	Bayer 04 Leverkusen	1:2 (0:1)		A	E	E	X	X	E	X		X					A	A	X	A			X		X					X
8	29.09.07 A	VfL Bochum	3:3 (1:1)	E				X		X			E		X2	A	A	X1						X	A	X	X	E			X
9	07.10.07 H	FC Bayern München	0:3 (0:2)	E	X		X			X			E		X		X	X	A					X	A	E	X				A
10	20.10.07 H	Eintracht Frankfurt	5:1 (1:1)				X		X	A1	X		E	E1	X		X	X2	X1	X				A		E	A				
11	27.10.07 A	VfL Wolfsburg	1:3 (0:2)	E	X			X	A	X			E		A		A	X	X1	X				X	E						X
12	03.11.07 H	VfB Stuttgart	0:1 (0:1)	E			E	X		E	X	X	X		X			X	A	A				X	A						X
13	11.11.07 A	Arminia Bielefeld	1:3 (1:0)		E		X			X	A		E		X			X	X	A	E			X	A	X					X1
14	25.11.07 H	Borussia Dortmund	2:0 (1:0)	A	X		X	X1	X	X1	E			A				X	X					X	E						X
15	02.12.07 A	MSV Duisburg	0:1 (0:0)	X	X	E	X	A	A	X								A	X					X	E	X		E		X
16	09.12.07 H	Hertha BSC Berlin	2:1 (2:0)	A				X	X1	A	X	X		X				E	A	X1				X	E	E					X
17	15.12.07 A	FC Schalke 04	1:2 (0:2)	A	X			X	X1	A	A	E		X				X	X	E				X	E						X
18	02.02.08 A	Karlsruher SC	0:2 (0:0)	E	E		X	X	X	X	A			A	X		A							X	X			E			X
19	09.02.08 H	FC Hansa Rostock	1:1 (1:1)	E	E	X		X	X		X	A		X	X1	A		A						X	X	E					
20	16.02.08 A	SV Werder Bremen	0:2 (0:1)		A		X		E	X				X	X	A			X		X			X	X	X		E			
21	24.02.08 H	FC Energie Cottbus	1:1 (0:0)				X	X	A1	X	X				X	E		X	X	X				X	X						X
22	01.03.08 A	Hannover 96	1:2 (0:1)				X	A		X				A	X			E	E1	A				X	X	X				E	X
23	09.03.08 H	Hamburger SV	0:0 (0:0)					E	A	X		X	A		X			E	E	X				X	X	X				A	X
24	16.03.08 A	Bayer 04 Leverkusen	1:4 (1:1)					E		X		X	X	X	X				X1	X				X	X					A	X
25	22.03.08 H	VfL Bochum	1:1 (1:1)							X	X		X	E	X	E	E	X1	A		X	EA	X							A	X
26	29.03.08 H	FC Bayern München	1:1 (1:0)	X				X	E	X	X			X	E	A1		X		X										A	X
27	05.04.08 A	Eintracht Frankfurt	3:1 (1:1)	X				X	X1	X	E			X	E	X1		X		A			X		A1						
28	20.04.08 H	VfL Wolfsburg	1:0 (0:0)	X					E	X	X	X		X		X1		A		E			X		A	E				A	X
29	16.04.08 A	VfB Stuttgart	0:3 (0:3)	X				A	A	X	X		E					X	E	A			X		X					X	X
30	26.04.08 H	Arminia Bielefeld	2:2 (2:0)	X				X	X	X	X	X		X				X1		X			X1							X	X
31	02.05.08 A	Borussia Dortmund	0:0 (0:0)	X					A	X	X	X		X				X	E	E			X		A					X	X
32	07.05.08 H	MSV Duisburg	2:0 (2:0)	X				X1	X	X	X	X		X				A	A	E			X1							E	X
33	10.05.08 A	Hertha BSC Berlin	0:1 (0:0)	X				X	A	X	X	X		X				A	E				X		X					E	X
34	17.05.08 H	FC Schalke 04	0:2 (0:1)	X				X	X	X	X		X	X				A	X				X							E	X
	Spiele:			10	13	2	3	25	24	22	31	19	7	12	10	22	14	19	31	28	21	1	19	25	26	8	7	4	17	30	
	Tore:			0	0	0	0	0	6	1	2	0	0	1	0	3	2	0	5	10	0	0	1	0	1	0	0	0	0	1	2

Bilanz der letzten 10 Jahre:

Saison	Liga	Platz	Sp.	S	U	N	Tore	Pkt.
1997/98:	2. Bundesliga	3.	34	17	8	9	52–35	59
1998/99:	Bundesliga	16.	34	7	16	11	40–50	37
1999/00:	2. Bundesliga	4.	34	15	10	9	54–46	55
2000/01:	2. Bundesliga	1.	34	20	5	9	58–35	65
2001/02:	Bundesliga	15.	34	10	4	20	34–57	34
2002/03:	Bundesliga	17.	34	8	6	20	33–60	30
2003/04:	2. Bundesliga	1.	34	18	7	9	68–45	61
2004/05:	Bundesliga	14.	34	10	8	16	55–63	38
2005/06:	Bundesliga	8.	34	12	8	14	49–51	44
2006/07:	Bundesliga	6.	34	11	15	8	43–32	48

Zuschauerzahlen:

Saison	gesamt	Spiele	Schnitt
1997/98:	374.170	17	22.010
1998/99:	594.905	17	34.994
1999/00:	293.743	17	17.279
2000/01:	381.100	17	22.418
2001/02:	521.412	17	30.671
2002/03:	480.207	17	28.247
2003/04:	249.929	17	14.702
2004/05:	514.497	17	30.264
2005/06:	554.300	17	32.606
2006/07:	707.367	17	41.610

Die meisten Bundesliga-Spiele:

Pl.	Name, Vorname	Spiele
1.	Brunner, Thomas	328
2.	Köpke, Andreas	280
3.	Eckstein, Dieter	189
4.	Strehl, Heinz	174
5.	Wenauer, Ludwig	168
6.	Leupold, Horst	167
7.	Oechler, Marc	163
8.	Eder, Norbert	154
	Philipkowski, Joachim	154
10.	Dittwar, Jörg	150

Die besten Bundesliga-Torschützen:

Pl.	Name, Vorname	Tore
1.	Strehl, Heinz	76
2.	Eckstein, Dieter	66
3.	Brungs, Franz	50
4.	Volkert, Georg	37
5.	Heck, Werner	34
6.	Mintal, Marek	31
7.	Andersen, Jörn	28
8.	Vittek, Robert	26
9.	Ciric, Sasa	25
10.	Zarate, Sergio Fabian	22

Die Trainer der letzten Jahre:

Name, Vorname	Zeitraum
Gerland, Hermann	01.07.1995 – 03.05.1996
Entenmann, Willi	04.05.1996 – 01.09.1997
Magath, Felix	08.09.1997 – 17.07.1998
Reimann, Willi	23.07.1998 – 21.11.1998
Brunner, Thomas	03.11.1998 – 21.12.1998
Rausch, Friedel	21.12.1998 – 19.02.2000
Brunner, Thomas	19.02.2000 – 02.03.2000
Augenthaler, Klaus	03.03.2000 – 30.04.2003
Wolf, Wolfgang	30.04.2003 – 01.11.2005
Lieberwirth, Dieter	01.11.2005 – 08.11.2005

FC Hansa Rostock

Anschrift:
Trotzenburger Weg 14
18057 Rostock
Telefon: (03 81) 49 99 90
eMail: fc-hansa-rostock@fc-hansa-rostock.de
Homepage: www.fc-hansa.de

Vereinsgründung: 01.11.1954 als SC Empor Rostock; Fußballabteilung seit 28.12.1965 eigenständig als FC Hansa Rostock
Vereinsfarben: Weiß-Blau
Präsident: Dirk Grabow
Manager: Stefan Studer
Stadion: DKB-Arena (29.000)

Größte Erfolge: NOFV-Meister 1991; NOFV-Pokalsieger 1991; Meister der 2. Bundesliga 1995 (↑); Aufstieg in die Bundesliga 2007

Aufgebot:

Name, Vorname	Pos	geb. am	Nat.	seit	2007/08 Sp.	2007/08 T.	Gesamt Sp.	Gesamt T.	frühere Vereine
Agali, Victor	S	29.12.1978	NGA	2007	23	1	143	32	MKE Ankaragücü, Kayseri Erciyesspor, OGC Nice, FC Schalke 04, FC Hansa Rostock, SC Toulon, Olympique Marseille, FC Nitel Lagos
Bartels, Fin	M	07.02.1987	D	2007	19	4	19	4	Holstein Kiel, SpVg Eidertal-Molfsee, TSV Russee
Beinlich, Stefan	M	13.01.1972	D	2006	9	0	288	56	Hamburger SV, Hertha BSC Berlin, Bayer 04 Leverkusen, FC Hansa Rostock, Aston Villa, BSG Bergmann-Borsig Berlin, Berliner FC Dynamo
Bülow, Kai	M	31.05.1986	D	1995	29	2	29	2	FSV Bentwisch
Cetkovic, Djordjije	M	03.01.1983	MNE	2006	13	1	13	1	FK Vozdovac Belgrad, Cukaricki Belgrad, Buducnost Podgorica, Crvena Stijena Podgorica
Diego Morais Pacheco	A	11.02.1983	BRA	2007	7	0	7	0	Villa Rio EC Rio de Janeiro, Volta Redonda FC, Nacional FC Manaus, Bangu AC, Olaria AC
Dorn, Régis	S	22.12.1979	FRA	2007	15	1	52	7	Offenbacher FC Kickers, SC Freiburg, Shanghai Cojco, SC Amiens, SC Freiburg, Racing Straßburg, FR Haguenau, FC Mülhausen, AS Ingwiller, AS Weiterswiller
Gledson da Silva Menezes	A	04.09.1979	BRA	2008	10	0	10	0	VfB Stuttgart, FC Hansa Rostock, LR Ahlen, VfL Osnabrück, LR Ahlen, SC Fortuna Köln, Tubarão FC, AD Vitoria de Santo Antao, Corinthians Sao Paulo, ABC Natal
Gyaki, Ryan	M	06.12.1985	CAN	2007	0	0	0	0	Sheffield United, Calgary Storm
Hähnge, Sebastian	S	11.03.1978	D	2006	18	4	18	4	FC Carl Zeiss Jena, 1. FC Dynamo Dresden, Chemnitzer FC, 1. FC Magdeburg, BSG Motor Mitte Magdeburg
Hahnel, Jörg	T	11.01.1982	D	2006	6	0	6	0	FC Erzgebirge Aue, SV Eisen Erla-Crandorf
Kern, Enrico	S	12.03.1979	D	2006	32	7	32	7	SSV Jahn 2000 Regensburg, LASK Linz, SV Waldhof 07 Mannheim, SV Werder Bremen, Tennis Borussia Berlin, FC Erzgebirge Aue, BSG Wismut Schneeberg
Klandt, Patric	T	29.09.1983	D	2006	0	0	0	0	SV Wehen Taunusstein, Eintracht Frankfurt, VfR Kesselstadt
Kronholm, Kenneth	T	14.10.1985	D	2008	0	0	0	0	FSV Frankfurt, Fortuna Düsseldorf, VfR Wormatia Worms, FC Carl Zeiss Jena, VfL Wolfsburg, SV Waldhof 07 Mannheim, SG Oftersheim
Langen, Dexter	A	16.12.1980	D	2006	25	0	25	0	1. FC Dynamo Dresden, Offenbacher FC Kickers, VfB 1900 Gießen, Offenbacher FC Kickers, Borussia Mönchengladbach, VfB 1900 Gießen, TSV Langgöns
Lense, Benjamin	A	30.11.1978	D	2007	7	0	64	1	VfL Bochum, 1. FC Nürnberg, DSC Arminia Bielefeld, SV Darmstadt 98, 1. FC Dynamo Dresden, Eintracht Frankfurt, VfR Lich, Germania Horbach
Lukimya-Mulongoti, Assanie	A	25.01.1986	CGO	2007	7	0	7	0	Hertha BSC Berlin, SV Tasmania Gropiusstadt 1973, SV Norden Nordwest 98 Berlin
Menga, Addy Waku	S	28.09.1983	CGO	2007	12	1	12	1	VfL Osnabrück, TSV Venne, Amis Loanga
Orestes (Orestes Junior Alves)	A	24.03.1981	BRA	2007	32	3	32	3	Naval 1 de Maio, CD Santa Clara, FC de Maia, Vitoria Setubal, Belenenses Lissabon, Portuguesa Santista, Santos FC, Portuguesa Santista
Pearce, Heath	A	13.08.1984	USA	2007	19	0	19	0	FC Nordsjaelland, Portland University
Rahn, Christian	M	15.06.1979	D	2006	28	3	117	14	1. FC Köln, Hamburger SV, FC St. Pauli, Altonaer FC 93
Rathgeb, Tobias	M	03.05.1982	D	2006	30	1	30	1	VfB Stuttgart, FC St. Gallen, VfB Stuttgart, VfL Kirchheim/Teck, TV Nellingen
Rydlewicz, René	M	18.07.1973	D	2000	5	0	278	29	DSC Arminia Bielefeld, Bayer 04 Leverkusen, TSV München 1860, Bayer 04 Leverkusen, Berliner FC Dynamo, FC Energie Cottbus, Chemie Döbern
Schied, Marcel	S	28.07.1983	D	2005	2	0	4	0	SpVgg Unterhaching, VfL Osnabrück, FC Hansa Rostock, VfL Halle 96, SG Rot-Weiß Weißenfels, FSV Grün-Weiß Langendorf
Sebastian, Tim	A	17.01.1984	D	1999	31	0	39	1	Greifswalder SC, Motor Wolgast
Shapourzadeh, Amir	S	19.09.1982	IRN	2004	15	0	16	0	Hamburger SV, Eimsbütteler TV, Niendorfer TSV, Eimsbütteler SV Grün-Weiß
Stein, Marc	A	07.07.1985	D	2004	29	1	29	1	Tennis Borussia Berlin, Berliner FC Dynamo, ESV Lok Seddin
Tüting, Simon	M	07.09.1986	D	2007	1	0	1	0	VfL Osnabrück, SC Achmer
Wächter, Stefan	T	20.04.1978	D	2007	28	0	92	0	Hamburger SV, KFC Uerdingen 05, VfL Bochum, SC Westfalia Herne
Wagefeld, Maik	M	25.02.1981	D	2006	0	0	24	2	1. FC Dynamo Dresden, 1. FC Nürnberg, 1. FC Dynamo Dresden, Riesaer SV, ESV Lokomotive Riesa
Yelen, Zafer	S	30.08.1986	TUR	2005	20	0	20	0	Tennis Borussia Berlin, Berliner FC Türkiyemspor, Tennis Borussia Berlin, Reinickendorfer Füchse, MSV Normannia 08 Berlin

Trainer:

Name, Vorname	geb. am	Nat.	Zeitraum	Spiele 2007/08	frühere Trainerstationen
Pagelsdorf, Frank	05.02.1958	D	16.08.2005 – lfd.	34	Al Nasr Club Dubai, VfL Osnabrück, Hamburger SV, FC Hansa Rostock, 1. FC Union Berlin, Hannover 96 Am.

Zugänge:
Bartels (Holstein Kiel), Gyaki (Sheffield United), Lense (VfL Bochum), Menga (VfL Osnabrück), Orestes (Naval 1 de Maio), Pearce (FC Nordsjaelland), Tüting (VfL Osnabrück), Wächter (Hamburger SV).
während der Saison:
Agali (vereinslos), Gledson (VfB Stuttgart), Kronholm (FSV Frankfurt).

Abgänge:
Gledson (VfB Stuttgart), Hansen (FC Erzgebirge Aue), Hartmann (II. Mannschaft), Madsen (Aarhus GF), Müller (Chemnitzer FC), Pohl (FC Rot Weiß Erfurt), Schober (FC Schalke 04).
während der Saison:
Klandt (FSV Frankfurt), Schied (FC Carl Zeiss Jena), Wagefeld (SG Dynamo Dresden).

Fortsetzung FC Hansa Rostock

Aufstellungen und Torschützen:

Sp	Datum	Gegner	Ergebnis	Agali	Bartels	Beinlich	Bülow	Cetkovic	Diego Morais	Dorn	Gledson	Hähnge	Hahnel	Kern	Langen	Lense	Lukimya	Menga	Orestes	Pearce	Rahn	Rathgeb	Rydlewicz	Schied	Sebastian	Shapourzadeh	Stein	Tüting	Wächter	Yelen
				1	2	3	4	5	6	7	8	9	10	11	12	13	14	15	16	17	18	19	20	21	22	23	24	25	26	27
1	11.08.07 A	FC Bayern München	0:3 (0:1)		A	E	X							X	E	X		E	X	X	A				X		X		X	A
2	18.08.07 H	1. FC Nürnberg	1:2 (0:2)			X		A			E			X	X	A		X1	X	X		E	E	X					X	A
3	26.08.07 A	Eintracht Frankfurt	0:1 (0:1)			X			E		E			X	X	X		E	X	A			A	X		X			X	A
4	01.09.07 H	Borussia Dortmund	0:1 (0:0)	X			A	E	X					X	X			X		X	A			X	A	E			X	E
5	15.09.07 A	Arminia Bielefeld	2:4 (0:1)	X			X1				E			X1		X		E	X	X	A	A	E	X	A				X	
6	22.09.07 H	MSV Duisburg	2:0 (1:0)	A			X	E	E		A1			X1	X			E	X		A	X		X		X			X	
7	25.09.07 A	Hertha BSC Berlin	3:1 (1:1)	A			X	E	E1		A1			X	X	E			X		A1	X		X		X			X	
8	29.09.07 H	VfB Stuttgart	2:1 (2:0)	A			X	E	E		A			X	X	E		X1		A	X1			X		X			X	
9	06.10.07 A	VfL Wolfsburg	0:1 (0:0)	A	E		A			E		X		A	X		E	X		X	X			X		X			X	
10	20.10.07 H	FC Schalke 04	1:1 (0:1)	X	E	A			E		A	X	X					X		X	X			X		X1			X	
11	27.10.07 H	Karlsruher SC	0:0 (0:0)	A	E	A			E		A	X	X					X		X	X			X	E	X			X	
12	03.11.07 A	SV Werder Bremen	0:1 (0:1)	A		X			E			X	X					X	E	A	A	A		X		X			X	E
13	10.11.07 A	FC Energie Cottbus	3:2 (1:0)	X		A			X			X3	X		E			X	E	A	X			A		X			X	E
14	25.11.07 A	Hamburger SV	0:2 (0:1)	A	X	A			E			X	X					X	E	A	X			X		X			X	E
15	30.11.07 A	Hannover 96	0:3 (0:0)	X	E	A			A		E	X	X					X	E	A	X			X		X			X	
16	09.12.07 A	Bayer 04 Leverkusen	0:3 (0:1)	A	E	X	E	A			E	X	X	A				X	X	X				X		X				
17	16.12.07 H	VfL Bochum	2:0 (2:0)	A			X1		E		X1	X		X				X	E	A	X			X	E	A				X
18	01.02.08 H	FC Bayern München	1:2 (0:2)	A	X			E		E	X	E		X1	X			X		A	X				X				X	A
19	09.02.08 A	1. FC Nürnberg	1:1 (1:1)		A		X			E		X	A		E				X1	X		X	A	X					X	E
20	16.02.08 H	Eintracht Frankfurt	1:0 (0:0)	A	A		X			E		X	A	E				X		X1	X		X	E	X		X			
21	23.02.08 A	Borussia Dortmund	0:1 (0:0)		E		A		E			X			X		X	X		X	X			X		X			X	A
22	01.03.08 H	Arminia Bielefeld	1:1 (0:0)	A	X1		X					X	A					X	E	A	X			X	E	X			X	E
23	08.03.08 A	MSV Duisburg	1:1 (1:1)	X1	X	A	X			A								X	E	E	A	X		X					X	
24	15.03.08 H	Hertha BSC Berlin	0:0 (0:0)	A	X		X					X	X					A	X			X	E	X	E	X			X	
25	22.03.08 A	VfB Stuttgart	1:4 (0:0)	E	X		X			X		X	X					X1	E	A	A			E	X				X	A
26	28.03.08 H	VfL Wolfsburg	0:1 (0:0)	A	X		A		E	X		X	X					E	X	E					A				X	X
27	05.04.08 A	FC Schalke 04	0:1 (0:0)		A		X	E		X		X	X					E		X	A	X		X	A				X	E
28	12.04.08 A	Karlsruher SC	2:1 (1:0)		X2		X	E		X	A	A				E		X	E	A	X			X		X			X	
29	15.04.08 H	SV Werder Bremen	1:2 (0:0)		X		X	E		X	E1	A						A	X	E	A	X		X		X			X	
30	26.04.08 A	FC Energie Cottbus	1:2 (1:0)				X	X1		X	A	A	E					E	X	E	X			X	A	X			X	
31	03.05.08 H	Hamburger SV	1:3 (0:2)			X	A	A		A	X	X						E	X		X			X	E	X				E
32	06.05.08 A	Hannover 96	0:3 (0:1)	E		A	X				X	X						X		X	X			X	E	X				A
33	10.05.08 H	Bayer 04 Leverkusen	1:2 (0:1)	E		X	A	E			X	X		X	E1	X		X	X	A	X									A
34	17.05.08 A	VfL Bochum	2:1 (1:1)		X1	X	A	X		X	X1				E			X	A		X	E	E	X						A
	Spiele:			23	19	9	29	13	7	15	10	18	6	32	25	7	7	12	32	19	28	30	5	2	31	15	29	1	28	20
	Tore:			1	4	0	2	1	0	1	0	4	0	7	0	0	0	1	3	0	3	1	0	0	0	0	1	0	0	0

Gegnerisches Eigentor im 31. Spiel (durch Mathijsen).

Bilanz der letzten 10 Jahre:

Saison	Liga	Platz	Sp.	S	U	N	Tore	Pkt.
1997/98:	Bundesliga	6.	34	14	9	11	54–46	51
1998/99:	Bundesliga	14.	34	9	11	14	49–58	38
1999/00:	Bundesliga	15.	34	8	14	12	44–60	38
2000/01:	Bundesliga	12.	34	12	7	15	34–47	43
2001/02:	Bundesliga	14.	34	9	7	18	35–54	34
2002/03:	Bundesliga	13.	34	11	8	15	35–41	41
2003/04:	Bundesliga	9.	34	12	8	14	55–54	44
2004/05:	Bundesliga	17.	34	7	9	18	31–65	30
2005/06:	2. Bundesliga	10.	34	13	4	17	44–49	43
2006/07:	2. Bundesliga	2.	34	16	14	4	49–30	62

Zuschauerzahlen:

Saison	gesamt	Spiele	Schnitt
1997/98:	293.718	17	17.278
1998/99:	266.539	17	15.679
1999/00:	267.104	17	15.712
2000/01:	224.593	17	13.211
2001/02:	314.834	17	18.520
2002/03:	337.800	17	19.871
2003/04:	342.566	17	20.151
2004/05:	337.900	17	19.876
2005/06:	254.000	17	14.941
2006/07:	331.400	17	19.494

Die meisten Bundesliga-Spiele:

Pl.	Name, Vorname	Spiele
1.	Lange, Timo	165
2.	Lantz, Marcus	164
3.	Weilandt, Hilmar	160
4.	Arvidsson, Magnus	155
5.	Baumgart, Steffen	152
6.	Rydlewicz, René	148
7.	Wibran, Peter	137
8.	Yasser, Radwan	133
9.	Schober, Mathias	123
10.	Zallmann, Marco	112

Die besten Bundesliga-Torschützen:

Pl.	Name, Vorname	Tore
1.	Arvidsson, Magnus	27
2.	Rydlewicz, René	23
3.	Baumgart, Steffen	22
	Neuville, Oliver	22
5.	Akpoborie, Jonathan	20
	Max, Martin	20
7.	Beinlich, Stefan	19
8.	Agali, Victor	18
9.	di Salvo, Antonio	17
10.	Prica, Rade	16

Die Trainer der letzten Jahre:

Name, Vorname	Zeitraum
Heinsch, Jürgen	01.07.1993 – 30.06.1994
Pagelsdorf, Frank	01.07.1994 – 30.06.1997
Lienen, Ewald	01.07.1997 – 05.03.1999
Zachhuber, Andreas	06.03.1999 – 07.09.2000
Schlünz, Juri	08.09.2000 – 18.09.2000
Funkel, Friedhelm	19.09.2000 – 30.11.2001
Schlünz, Juri	01.12.2001 – 31.12.2001
Veh, Armin	03.01.2002 – 06.10.2003
Schlünz, Juri	09.10.2003 – 14.11.2004
Berger, Jörg	17.11.2004 – 14.08.2005

FC Gelsenkirchen-Schalke 04

Anschrift:
Ernst-Kuzorra-Weg 1
45891 Gelsenkirchen
Telefon: (02 09) 3 61 80
eMail: post@schalke04.de
Homepage: www.schalke04.de

Vereinsgründung: 04.05.1904 als SC Westfalia 04 Schalke; ab 05.01.1924 FC Gelsenkirchen-Schalke 04

Vereinsfarben: Blau-Weiß
Präsident: Gerd Rehberg
Manager: Andreas Müller

Stadion: Veltins-Arena (61.524)

Größte Erfolge: Deutscher Meister 1934, 1935, 1937, 1939, 1940, 1942 und 1958; Deutscher Pokalsieger 1937, 1972, 2001 und 2002; UEFA-Pokalsieger 1997

Aufgebot:

Name, Vorname	Pos	geb. am	Nat.	seit	2007/08 Sp.	2007/08 T.	gesamt Sp.	gesamt T.	frühere Vereine
Abel, Mathias	A	22.06.1981	D	2007	0	0	52	3	Hamburger SV, FC Schalke 04, 1. FSV Mainz 05, Borussia Dortmund, SG Eintracht Bad Kreuznach, 1. FC Kaiserslautern, SV Wiesenthalerhof
Altintop, Halil	S	08.12.1982	TUR	2006	25	6	150	40	1. FC Kaiserslautern, SG Wattenscheid 09, DJK TuS Rotthausen, DJK Schwarz-Weiß Gelsenkirchen-Süd
Asamoah, Gerald	S	03.10.1978	D	1999	31	7	244	41	Hannover 96, BV Werder Hannover
Azaouagh, Mimoun	M	17.11.1982	D	2007	5	0	58	6	1. FSV Mainz 05, FC Schalke 04, 1. FSV Mainz 05, Eintracht Frankfurt, FSV Frankfurt
Bajramovic, Zlatan	M	12.08.1979	BIH	2005	12	0	128	17	SC Freiburg, FC St. Pauli
Boenisch, Sebastian	A	01.02.1987	D	2003	0	0	18	1	SC Rot-Weiß Oberhausen, Borussia Velbert, SSVg 09/12 Heiligenhaus
Bordón, Marcelo José	A	07.01.1976	BRA	2004	31	5	246	23	VfB Stuttgart, FC São Paulo, Botafogo Ribeirao Preto
Ernst, Fabian	M	30.05.1979	D	2005	33	1	291	12	SV Werder Bremen, Hamburger SV, Hannover 96
Fährmann, Ralf	T	27.09.1988	D	2003	0	0	0	0	Chemnitzer FC, VfB Chemnitz
Grossmüller, Carlos Javier	M	04.05.1983	URU	2007	11	1	11	1	Danubio FC Montevideo, Fenix Montevideo, Danubio FC Montevideo, CF Ombu
Höwedes, Benedikt	A	29.02.1988	D	2001	6	0	6	0	SG Herten-Langenbochum, TuS Haltern
Jones, Jermaine	M	03.11.1981	D	2007	30	1	66	3	Eintracht Frankfurt, Bayer 04 Leverkusen, Eintracht Frankfurt, FV Bad Vilbel, SV Bonames
Kobiashvili, Levan	M	10.07.1977	GEO	2003	13	1	256	28	SC Freiburg, Dinamo Tbilisi, SC Freiburg, Alanija Vladikavkaz, Dinamo Tbilisi, Metalurgi Rustavi, Avaza Tbilisi
Krstajic, Mladen	A	04.03.1974	SRB	2004	23	2	219	17	SV Werder Bremen, Partizan Belgrad, OFK Kikinda, NK Celik Zenica
Kuranyi, Kevin	S	02.03.1982	D	2005	32	15	195	80	VfB Stuttgart, Sporting San Miguelito, Serrano FC Petrópolis
Larsen, Sören	S	06.09.1981	DEN	2005	10	0	51	10	Djurgardens IF, BK Frem Kopenhagen, Brøndby IF, Köge BK
Lövenkrands, Peter	S	29.01.1980	DEN	2006	20	0	44	6	Glasgow Rangers, Akademisk BK, Lilleröd IF
Neuer, Manuel	T	27.03.1986	D	1991	34	0	61	0	eigene Junioren
Özil, Mesut	M	15.10.1988	D	2005	11	0	42	1	Rot-Weiss Essen, DJK Falke Gelsenkirchen, DJK Teutonia Schalke Nord, DJK Westfalia 04 Gelsenkirchen
Pander, Christian	A	28.08.1983	D	2001	17	1	57	4	SC Preußen 06 Münster, SC Greven 09, 1. FC Gievenbeck, SC Nienberge
Rafinha (Marcio Rafael Ferreira de Souza)	A	07.09.1985	BRA	2005	32	2	92	4	Coritiba EC, Londrina EC, PSTC Londrina, Grêmio Londrinense
Rakitic, Ivan	M	10.03.1988	CRO	2007	29	3	29	3	FC Basel, FC Möhlin-Riburg
Rodriguez Pena, Dario O.	A	17.09.1974	URU	2002	3	0	102	6	Peñarol Montevideo, Bella Vista Paysandu, CD Toluca, IA Sud América Montevideo
Sanchez, Vicente	S	07.12.1979	URU	2008	14	1	14	1	Deportivo Toluca FC, Nacional Montevideo, Tacuarembo FC, IA Sud America Montevideo
Schober, Mathias	T	08.04.1976	D	2007	0	0	151	0	FC Hansa Rostock, Hamburger SV, FC Schalke 04, SpVgg Marl, TuS 05 Sinsen, DJK Germania Lenkerbeck
Streit, Albert	M	28.03.1980	D	2008	10	0	104	11	Eintracht Frankfurt, 1. FC Köln, VfL Wolfsburg, Eintracht Frankfurt, VfB Stuttgart, FV Zuffenhausen
Tapalovic, Toni	T	10.10.1980	CRO	2006	0	0	0	0	Offenbacher FC Kickers, KFC Uerdingen 05, VfL Bochum, FC Schalke 04, Fortuna Gelsenkirchen
Varela Rodriguez, Gustavo	M	15.05.1978	URU	2002	2	1	82	8	Club Nacional de Football Montevideo, Colon FC Montevideo, Nuevo Juventud, Lanza Mejico 68, El Tigre
Westermann, Heiko	A	14.08.1983	D	2007	32	4	99	9	DSC Arminia Bielefeld, SpVgg Greuther Fürth, FC Bayern Alzenau, 1. FC Hösbach, SG Schimborn
Zé Roberto (Jose Roberto de Oliveira)	M	09.12.1980	BRA	2008	3	1	3	1	Botafogo Rio de Janeiro, Vitoria Bahia, Kashiwa Reysol, Vitoria Bahia, Benfica Lissabon, FC Portuguesa São Paulo, Cruzeiro Belo Horizonte, Juventus Sao Paulo, Mirassol FC, Coritiba FC

Trainer:

Name, Vorname	geb. Am	Nat.	Zeitraum	Spiele 2007/08	frühere Trainerstationen
Slomka, Mirko	12.09.1967	D	04.01.06 – 12.04.07	28	FC Schalke 04 (Co-Trainer), Hannover 96 (Co-Trainer), Tennis Borussia Berlin, Hannover 96 (Junioren)
Büskens, Michael	19.03.1968	D	12.04.07 – 30.06.07	6	FC Schalke 04 II, FC Schalke 04 II (Co-Trainer)

Zugänge:
Abel (Hamburger SV), Azaouagh (1. FSV Mainz 05), Höwedes (eigene Junioren), Jones (Eintracht Frankfurt), Rakitic (FC Basel), Schober (FC Hansa Rostock), Westermann (DSC Arminia Bielefeld).
während der Saison:
Grossmüller (Danubio FC Montevideo), Sanchez (CD Toluca), Streit (Eintracht Frankfurt), Zé Roberto (Botafogo Rio de Janeiro).

Abgänge:
Hamit Altintop (FC Bayern München), Hoogland (1. FSV Mainz 05), Lamczyk (KSV Hessen Kassel), Lincoln (Galatasaray Istanbul).
während der Saison:
Azaouagh (VfL Bochum), Boenisch (SV Werder Bremen), Özil (SV Werder Bremen), Rodriguez (Penarol Montevideo).

Fortsetzung FC Gelsenkirchen-Schalke 04

Aufstellungen und Torschützen:

Sp	Datum	Gegner	Ergebnis	Altintop	Asamoah	Azaouagh	Bajramovic	Bordon	Ernst	Grossmüller	Höwedes	Jonas	Kobiashvili	Krstajic	Kuranyi	Larsen	Lövenkrands	Neuer	Özil	Pander	Rafinha	Rakitic	Rodriguez	Sanchez	Streit	Varela	Westermann	Zé Roberto
				1	2	3	4	5	6	7	8	9	10	11	12	13	14	15	16	17	18	19	20	21	22	23	24	25
1	10.08.07 A	VfB Stuttgart	2:2 (1:0)		A		E	X	X			E	A1	X	X		X	X	A	X	X	E1						
2	18.08.07 H	Borussia Dortmund	4:1 (2:0)		A1		A	X1	X	E			X	X	X1		E	X	E	X1	X	A						
3	26.08.07 A	VfL Wolfsburg	1:1 (0:1)	E1	A		X	X	X			A		X	X			X	E	X	A	X					E	
4	31.08.07 H	Bayer 04 Leverkusen	1:1 (1:0)	E	A			X				X		A	X1		E	X	A	X	X	X	E				X	
5	15.09.07 A	FC Bayern München	1:1 (1:0)	E	A	E	X	X				X			X		A	X	E	X	X	A1					X	
6	22.09.07 H	Arminia Bielefeld	3:0 (1:0)	E	A1		X	X	X			X			A1		E	X		A	X1	X	E				X	
7	25.09.07 A	MSV Duisburg	2:0 (1:0)	A1			X	X	X	E		X	E		X1		E	X		A	X	A					X	
8	28.09.07 H	Hertha BSC Berlin	1:0 (1:0)	A		E	X	X	X			X	E		X		E	X		A	X1	A					X	
9	06.10.07 H	Karlsruher SC	0:2 (0:0)		A	E	A	X	X		X	X			X		E	X	E		X	A					X	
10	20.10.07 A	FC Hansa Rostock	1:1 (1:0)		A1		A	X	X	X		X			X	E		X			X	E	X				X	
11	27.10.07 H	SV Werder Bremen	1:1 (1:1)		X			X	X	X1		X			X		A	X		X	X	E					X	
12	02.11.07 A	FC Energie Cottbus	0:1 (0:0)		X			X	A	X		X		X	A	E	A	X	E		X	E					X	
13	10.11.07 H	Hamburger SV	1:1 (1:1)		X	E	A		E	E	X	A		X1		X	X	X			X	A					X	
14	24.11.07 A	Hannover 96	3:2 (1:1)	E1	A	E	X	X	X			X		A2	E			X	X		X	A					X	
15	01.12.07 H	VfL Bochum	1:0 (1:0)	A	E		X1	X	E			X		X	X		E	X	A		X	A					X	
16	08.12.07 A	Eintracht Frankfurt	2:2 (0:0)	A	E	E	X	X				X		X	X		E	X	A		X	A					X2	
17	15.12.07 H	1. FC Nürnberg	2:1 (2:0)	E	A1	E	X	X				X		X	X		E	X	A		X	A					X	
18	03.02.08 A	VfB Stuttgart	4:1 (1:0)		A		X	X			X	X	X	A2	E		X		X	A		E					X1	E1
19	10.02.08 A	Borussia Dortmund	3:2 (2:1)	A	A1		X	X1			X	X	X		E			X	A		E	E					X	
20	15.02.08 H	VfL Wolfsburg	1:2 (0:0)		X		X	X			A	X	X	A				X	A		E1	E					X	E
21	23.02.08 A	Bayer 04 Leverkusen	0:1 (0:0)	E	A		X	X		X	A	X		E	X			X	A		E	X						
22	01.03.08 H	FC Bayern München	0:1 (0:1)	E	X		X	X	X			X			X			X	A		X	A					X	E
23	08.03.08 A	Arminia Bielefeld	2:0 (1:0)	A1			A			E	X	X	X		X			X				X	E	E	A1	X			
24	14.03.08 H	MSV Duisburg	2:1 (0:1)	A	E		X	E	X	E		X		X1			A	X	X	E			A	X1				
25	23.03.08 A	Hertha BSC Berlin	2:1 (2:0)	A	X1			X	A	X	X1		A	E	E		X	X		E			X					
26	29.03.08 A	Karlsruher SC	0:0 (0:0)	A			A	X	X	E		X	E	X	X		X		A	X		E					X	
27	05.04.08 H	FC Hansa Rostock	1:0 (0:0)	X1	E		X	X			X			X	E	A	E	X		X			A	A			X	
28	12.04.08 A	SV Werder Bremen	1:5 (1:2)	A	E		X	X			X			X1	E	X		X	E		A	X					A	
29	15.04.08 H	FC Energie Cottbus	5:0 (3:0)	X	E		X	X	E		A			A4	E	X		X	X		X	A					X	
30	26.04.08 H	Hamburger SV	1:0 (1:0)	A	E		X	X			X	E	X	X1		X		X	E		A	A					X	
31	03.05.08 H	Hannover 96	1:1 (1:1)	X1	E		X	X			X	X	X		E			X	A		A	X					X	
32	06.05.08 A	VfL Bochum	3:0 (1:0)	X	A1		X1	X			X	X	A	E				X	X1	E							X	
33	10.05.08 H	Eintracht Frankfurt	1:0 (0:0)	A	A		X	X			X	E	X1	X			X		X	A		E	E				X	
34	17.05.08 A	1. FC Nürnberg	2:0 (1:0)	X	A		A2	X		E	X	X		X				X		X	X	E					X	
		Spiele:		25	31	5	12	31	33	11	6	30	13	23	32	10	20	34	11	17	32	29	3	14	10	2	32	3
		Tore:		6	7	0	0	5	1	1	0	1	1	2	15	0	0	0	0	1	2	3	0	1	0	1	4	1

Gegnerische Eigentore im 17. Spiel (durch Engelhardt), im 19. Spiel (durch Amedick) und im 29. Spiel (durch da Silva).

Bilanz der letzten 10 Jahre:

Saison	Liga	Platz	Sp.	S	U	N	Tore	Pkt.
1997/98:	Bundesliga	5.	34	13	13	8	38–32	52
1998/99:	Bundesliga	10.	34	10	11	13	41–54	41
1999/00:	Bundesliga	13.	34	8	15	11	42–44	39
2000/01:	Bundesliga	2.	34	18	8	8	65–35	62
2001/02:	Bundesliga	5.	34	18	7	9	52–36	61
2002/03:	Bundesliga	7.	34	12	13	9	46–40	49
2003/04:	Bundesliga	7.	34	13	11	10	49–42	50
2004/05:	Bundesliga	2.	34	20	3	11	56–46	63
2005/06:	Bundesliga	4.	34	16	13	5	47–31	61
2006/07:	Bundesliga	2.	34	21	5	8	53–32	68

Zuschauerzahlen:

Saison	gesamt	Spiele	Schnitt
1997/98:	810.453	17	47.674
1998/99:	692.296	17	40.723
1999/00:	646.182	17	38.011
2000/01:	746.979	17	43.940
2001/02:	1.027.482	17	60.440
2002/03:	1.029.915	17	60.583
2003/04:	959.693	17	56.453
2004/05:	1.043.515	17	61.383
2005/06:	1.041.131	17	61.243
2006/07:	1.042.921	17	61.348

Die meisten Bundesliga-Spiele:

Pl.	Name, Vorname	Spiele
1.	Fichtel, Klaus	477
2.	Nigbur, Norbert	355
3.	Rüssmann, Rolf	304
4.	Fischer, Klaus	295
	Thon, Olaf	295
6.	Lütkebohmert, Herbert	286
7.	Büskens, Michael	257
8.	Nemec, Jiri	256
9.	Asamoah, Gerald	244
10.	Eigenrauch, Yves	229

Die besten Bundesliga-Torschützen:

Pl.	Name, Vorname	Tore
1.	Fischer, Klaus	182
2.	Sand, Ebbe	73
3.	Thon, Olaf	52
4.	Kremers, Erwin	50
5.	Anderbrügge, Ingo	46
6.	Kremers, Helmut	45
7.	Abramczik, Rüdiger	44
8.	Asamoah, Gerald	41
9.	Kuranyi, Kevin	40
10.	Täuber, Klaus	39

Die Trainer der letzten Jahre:

Name, Vorname	Zeitraum
Schulte, Helmut	18.01.1993 – 10.10.1993
Berger, Jörg	11.10.1993 – 03.10.1996
Neu, Hubert	04.10.1996 – 07.10.1996
Stevens, Huub	08.10.1996 – 30.06.2002
Neubarth, Frank	01.07.2002 – 26.03.2003
Wilmots, Marc	26.03.2003 – 30.06.2003
Heynckes, Josef	01.07.2003 – 15.09.2004
Achterberg, Eddy	15.09.2004 – 28.09.2004
Rangnick, Ralf	28.09.2004 – 12.12.2005
Reck, Oliver	12.12.2005 – 04.01.2006

VfB Stuttgart 1893

Anschrift:
Mercedesstraße 109
70372 Stuttgart
Telefon: (0 18 05) 8 32 54 63
eMail: info@vfb-stuttgart.de
Homepage: www.vfb-stuttgart.de

Vereinsgründung: 09.09.1893 als Stuttgarter FV 1893; 02.04.1912 Fusion mit Kronenklub 1897 Cannstatt zu VfB Stuttgart 1893

Vereinsfarben: Weiß-Rot
Präsident: Erwin Staudt
Sportdirektor: Horst Heldt

Stadion: Gottlieb-Daimler-Stadion (57.000)

Größte Erfolge: Deutscher Meister 1950, 1952, 1984, 1992 und 2007; Deutscher Pokalsieger 1954, 1958 und 1997; Deutscher Supercupsieger 1992; Europapokalfinalist 1989 (UEFA-Cup) und 1998 (Pokalsieger)

Aufgebot:

Name, Vorname	Pos	geb. am	Nat.	Seit	2007/08 Sp.	T.	gesamt Sp.	T.	frühere Vereine
Bastürk, Yildiray	M	24.12.1978	TUR	2007	26	4	244	32	Hertha BSC Berlin, Bayer 04 Leverkusen, VfL Bochum, SG Wattenscheid 09, Sportfreunde Wanne-Eickel
Beck, Andreas	A	13.03.1987	D	2004	18	1	27	1	SVH Königsbronn, DJK SG Wasseralfingen
Boka, Arthur	A	02.04.1983	CIV	2006	17	0	36	1	Racing Club Straßburg, KSK Beveren, ASEC Mimosas Abidjan
Cacau (Jeronimo Maria Barreto Claudemir da Silva)	S	27.03.1981	BRA	2003	27	9	171	50	1. FC Nürnberg, SV Türk Gücü München, Nacional AC São Paulo
Delpierre, Mathieu	A	26.04.1981	FRA	2004	22	0	94	1	OSC Lille
Ewerthon (Henrique da Souza)	S	10.06.1981	BRA	2007	11	1	130	48	Real Saragossa, Borussia Dortmund, Corinthias Sao Paulo, Rio Branco EC Americana, Corinthias Sao Paulo, Roque de Morais
Farnerud, Alexander	M	10.05.1984	SWE	2006	11	0	20	0	Racing Club Straßburg, Landskrona BoIS
Fischer, Manuel	S	19.09.1989	D	2005	2	1	2	1	SSV Ulm 1846, VfB Stuttgart, SV Ebnat
Gledson da Silva Menezes	A	04.09.1979	BRA	2007	0	0	0	0	FC Hansa Rostock, LR Ahlen, VfL Osnabrück, LR Ahlen, SC Fortuna Köln, Tubarão FC, AD Vitoria de Santo Antao, Corinthians Sao Paulo, ABC Natal
Gomez García, Mario	S	10.07.1985	D	2001	25	19	89	39	SSV Ulm 1846, FV Saulgau, SV Unlingen
Hilbert, Roberto	M	16.10.1984	D	2006	32	4	66	11	SpVgg Greuther Fürth, 1. SC Feucht, SpVgg Greuther Fürth, 1. FC Nürnberg, SpVgg Jahn Forchheim, 1. FC Nürnberg, SpVgg Jahn Forchheim
Hitzlsperger, Thomas	M	05.04.1982	D	2005	25	5	81	14	Aston Villa, FC Chesterfield, Aston Villa, FC Bayern München, VfB Forstinning
Khedira, Sami	M	04.04.1987	D	1995	24	1	46	5	TV Oeffingen
Langer, Michael	T	06.01.1985	AUT	2003	0	0	1	0	FC Hard, Viktoria Bregenz
Ljuboja, Danijel	S	04.09.1978	SRB	2007	0	0	50	14	Hamburger SV, VfB Stuttgart, Paris Saint-Germain FC, Racing Club Straßburg, FC Sochaux, Roter Stern Belgrad, NK Osijek, Dinamo Vinkovci
Magnin, Ludovic	A	20.04.1979	SUI	2005	27	0	119	6	SV Werder Bremen, FC Lugano, Yverdon Sports, Lausanne-Sports, FC Echallens
Mandjeck, Georges	M	09.12.1988	CMR	2007	0	0	0	0	Kadji Sport Academy Douala
Marica, Ciprian	S	02.10.1985	ROU	2007	28	2	28	2	Schachtjor Donezk, Dinamo Bukarest
Meira, Fernando José (Fernádo José da Silva Freitas Meira)	A	05.06.1978	POR	2002	28	3	173	11	Sporting Lissabon, Vitória Guimaraes, FC Felgueiras, Vitória Guimaraes
Meißner, Silvio	M	19.01.1973	D	2007	8	0	250	38	1. FC Kaiserslautern, VfB Stuttgart, DSC Arminia Bielefeld, Chemnitzer FC, Hallescher FC, SV Merseburg 99, BSG Post Halle
Osorio Mendoza, Ricardo	A	30.03.1980	MEX	2006	22	0	49	1	Cruz Azul Mexico City, Cruz Azul Hidalgo
Pardo Segura, Pavel	M	26.07.1976	MEX	2006	29	2	62	3	CF América Mexico City, Universidad Autonoma de Guadalajara, Atlas de Guadalajara
Perchtold, Peter	M	02.09.1984	D	2005	2	0	2	0	1. SC Feucht
Pischorn, Marco	A	01.01.1986	D	2005	4	0	4	0	FV Löchgau, VfR Sersheim
Pisot, David	A	06.07.1987	D	2003	1	0	1	0	Karlsruher SC, SV Sandhausen, FC Rot
Radu, Sergiu Marian	S	10.08.1977	ROU	2007	2	0	47	16	VfL Wolfsburg, FC Energie Cottbus, National Bukarest, Le Mans UC 72, National Bukarest, Rapid Bukarest, FC Olimpia Satu Mare, SC Jiul Petroşani, Viitorul Oradea, CSM Râmnicu Vâlcea, Petrolul Drăgăşani
Schäfer, Rafael	T	30.01.1979	D	2007	23	0	120	0	1. FC Nürnberg, VfB Lübeck, Hannover 96, SC Drispenstedt
Schuster, Julian	M	15.04.1985	D	2005	2	0	2	0	FV Löchgau
da Silva, Antonio	M	13.06.1978	BRA	2006	20	3	113	11	1. FSV Mainz 05, SV Wehen Taunusstein, Eintracht Frankfurt, Sportfreunde Eisbachtal, Flamengo Rio de Janeiro, SV Eintracht Trier 05, TSC Pfalzel, Flamengo Rio de Janeiro
Stolz, Alexander	T	13.10.1983	D	2007	0	0	0	0	TSG 1899 Hoffenheim, VfB Stuttgart, FC Nöttingen, SV Sandhausen, VfR Pforzheim, SV Stuttgarter Kickers, SV Hohenwart
Tasci, Serdar	A	24.04.1987	D	1999	21	1	47	3	SV Stuttgarter Kickers, SC Altbach
Träsch, Christian	M	01.09.1987	D	2003	1	0	1	0	TSV München 1860, MTV Ingolstadt
Ulreich, Sven	T	03.08.1988	D	2002	11	0	11	0	TSV Schornbach, TSV Lichtenwald

Trainer:

Name, Vorname	geb. am	Nat.	Zeitraum	Spiele 2007/08	frühere Trainerstationen
Veh, Armin	01.02.1961	D	10.02.2006 – lfd.	34	FC Augsburg, FC Hansa Rostock, SSV Reutlingen 05, SpVgg Gr. Fürth, FC Augsburg

Zugänge:
Bastürk (Hertha BSC Berlin), Ewerthon (Real Saragossa), Fischer (eigene Junioren), Gledson (FC Hansa Rostock), Ljuboja (Hamburger SV), Mandjeck (Kadji Sport Academy Douala), Marica (Schachtjor Donezk), Meißner (1. FC Kaiserslautern), Perchtold und Pischorn (II. Mannschaft), Schäfer (1. FC Nürnberg), Stolz (TSG 1899 Hoffenheim).
während der Saison:
Radu (VfL Wolfsburg).

Abgänge:
Babbel (Laufbahn beendet; Co-Trainer VfB Stuttgart), Bierofka (TSV München 1860, Gentner (VfL Wolfsburg), Gerber (FC Ingolstadt 04), Heinen (DSC Arminia Bielefeld, Hildebrandt (FC Valencia), Lauth (Hannover 96), Streller (FC Basel).
während der Saison:
Ewerthon (Espanyol Barcelona), Gledson (FC Hansa Rostock), Langer (SC Freiburg), Ljuboja (VfL Wolfsburg), Mandjeck (1. FC Kaiserslautern), Pisot (SC Paderborn 07).

Fortsetzung VfB Stuttgart 1893

Aufstellungen und Torschützen:

Sp	Datum	Gegner	Ergebnis	Bastürk	Beck	Boka	Cacau	Delpierre	Ewerthon	Farnerud	Fischer	Gomez	Hilbert	Hitzlsperger	Khedira	Magnin	Marica	Meira	Meißner	Osorio	Pardo	Perchtold	Pischorn	Pisot	Radu	Schäfer	Schuster	da Silva	Tasci	Träsch	Ulreich
				1	2	3	4	5	6	7	8	9	10	11	12	13	14	15	16	17	18	19	20	21	22	23	24	25	26	27	28
1	10.08.07 H	FC Schalke 04	2:2 (0:1)		X	X			E	E			X	X	X1		A	X				X1				X		A	X		
2	18.08.07 A	Hertha BSC Berlin	1:3 (1:0)						X	E			X	X1	X	X	X	X			X					X		A	X		
3	25.08.07 H	MSV Duisburg	1:0 (1:0)						E	A	A1	X	A			X	X	X	E	X	X					X		E	X		
4	02.09.07 A	Karlsruher SC	0:1 (0:0)		E				E	E		X	X	X	X	A	A	X		A	X					X			X		
5	15.09.07 H	FC Energie Cottbus	3:0 (0:0)			A1			E1		E1	A		X	X	A	X	X		E	X					X		X	X		
6	22.09.07 H	SV Werder Bremen	1:4 (1:3)	A			X			E		X1	X		X	X	X	E		A	A					X		E	X		
7	26.09.07 A	VfL Bochum	1:0 (0:0)	A		X	A			E		A	X1	X			X		E	X	E	X	X			X			X		
8	29.09.07 A	FC Hansa Rostock	1:2 (0:2)				X		E	E		X1	X			X	A	E		X	X					X			X		
9	06.10.07 H	Hannover 96	0:2 (0:1)			A	X		E	E		A	X			X	E	A	X		X					X			X		
10	20.10.07 A	Hamburger SV	1:4 (0:3)	A	E				A	X		X	A						E	X	X	E		X		X			X1		
11	27.10.07 H	Bayer 04 Leverkusen	1:0 (0:0)	A	X1	X						A	A	X	X				E	X		E	X			X	E		X		
12	03.11.07 H	1. FC Nürnberg	1:0 (1:0)	A	X		A	X		E		A1	X	X	X	E	X	E								X			X		
13	10.11.07 H	FC Bayern München	3:1 (3:0)	A1	E		A	X				A2	X	X	E	X	E	X			X					X			X		
14	24.11.07 H	Eintracht Frankfurt	4:1 (1:1)		X		X1	X				A	A1	A1	X	X	E1	X	E	E	X					X					
15	01.12.07 H	Borussia Dortmund	1:2 (1:1)	E			X	X	E				A	X	A	X	X	X1		E	X					X		A			
16	08.12.07 H	VfL Wolfsburg	3:1 (1:0)	X		E	A1	X	E				A	X1		X	A1	X	E	X						X					
17	15.12.07 A	Arminia Bielefeld	0:2 (0:0)	X		E		X	X				E	X		A	A	X	X		X					X		E	A		
18	03.02.08 A	FC Schalke 04	1:4 (0:1)	X	X			X				X	A	X	E	X	X									X		E1		A	
19	09.02.08 H	Hertha BSC Berlin	1:3 (1:2)	X	A		A	X		E		X1	A	X	X	E	X										E				X
20	16.02.08 A	MSV Duisburg	3:2 (2:0)	A	X		E					X2	X	X1	E	A	X	X			X							X			X
21	23.02.08 H	Karlsruher SC	3:1 (2:0)	A	X		E1					A1	X1	E	X	A	X	X			X						E				X
22	11.03.08 H	FC Energie Cottbus	1:0 (1:0)	X	E			X					X	X		X	A	X1	X	X		A					E				X
23	08.03.08 H	SV Werder Bremen	6:3 (2:1)	X		A	E2					X3	E	X		E	A		X	X							A	X			X
24	15.03.08 A	VfL Bochum	1:1 (0:1)	X		E	X	X				E	X1	E	A	A	X	X													X
25	22.03.08 A	FC Hansa Rostock	4:1 (0:0)	X1	E	E	X1	X				A1		X	X	A		X		A	X1			E							X
26	30.03.08 H	Hannover 96	0:0 (0:0)	E	A	X	A	X				X	A	X		E	X			X							E				X
27	05.04.08 A	Hamburger SV	1:0 (1:0)	X	E	A	X	X				X1	X			E	X	X	X		E						A				X
28	13.04.08 A	Bayer 04 Leverkusen	0:3 (0:2)	X	X	A	X	X				X	A	A	E	E	X			X							E				X
29	16.04.08 H	1. FC Nürnberg	3:0 (3:0)	X	X	A	X1	X		E		A		X			A1									X	E	X1		E	
30	27.04.08 A	FC Bayern München	1:4 (1:1)	X		E	X	A				A	X			A	E		X	X		E				X		X1	X		
31	03.05.08 H	Eintracht Frankfurt	4:1 (3:0)	X2	E	A	A1	X				A1	X			E	E		X	X						X		X	X		
32	06.05.08 A	Borussia Dortmund	2:3 (0:1)	X	X	X						X2	A	E		E	E		X							X		A	A		
33	10.05.08 A	VfL Wolfsburg	0:4 (0:2)	X		A	X					X	X	A	E		X		X	A	E					X		E			
34	17.05.08 H	Arminia Bielefeld	2:2 (0:1)	A	X	A	X	X		E1		X1	A	E	X	E				X						X			X		
	Spiele:			26	18	17	27	22	11	11	2	25	32	25	24	27	28	28	8	22	29	2	4	1	2	23	2	20	21	1	11
	Tore:			4	1	0	9	0	1	0	1	19	4	5	1	0	2	3	0	0	2	0	0	0	0	0	0	3	1	0	0

Gegnerisches Eigentor im 23. Spiel (durch Mertesacker).

Bilanz der letzten 10 Jahre:

Saison	Liga	Platz	Sp.	S	U	N	Tore	Pkt.
1997/98:	Bundesliga	4.	34	14	10	10	55–49	52
1998/99:	Bundesliga	11.	34	9	12	13	41–48	39
1999/00:	Bundesliga	8.	34	14	6	14	44–47	48
2000/01:	Bundesliga	15.	34	9	11	14	42–49	38
2001/02:	Bundesliga	8.	34	13	11	10	47–43	50
2002/03:	Bundesliga	2.	34	17	8	9	53–39	59
2003/04:	Bundesliga	4.	34	18	10	6	52–24	64
2004/05:	Bundesliga	5.	34	17	7	10	54–40	58
2005/06:	Bundesliga	9.	34	9	16	9	37–39	43
2006/07:	Bundesliga	1.	34	21	7	6	61–37	70

Zuschauerzahlen:

Saison	gesamt	Spiele	Schnitt
1997/98:	629.189	17	37.011
1998/99:	494.007	17	29.059
1999/00:	420.772	17	24.751
2000/01:	359.897	17	21.170
2001/02:	477.800	17	28.106
2002/03:	584.400	17	34.376
2003/04:	679.203	17	39.953
2004/05:	713.965	17	41.998
2005/06:	664.000	17	39.059
2006/07:	780.100	17	45.888

Die meisten Bundesliga-Spiele:

Pl.	Name, Vorname	Spiele
1.	Allgöwer, Karl	338
2.	Schäfer, Günther	331
3.	Buchwald, Guido	325
4.	Ohlicher, Hermann	318
5.	Soldo, Zvonimir	301
6.	Immel, Eike	287
7.	Roleder, Helmut	280
8.	Förster, Karl-Heinz	272
9.	Entenmann, Willi	237
10.	Balakov, Krassimir	236

Die besten Bundesliga-Torschützen:

Pl.	Name, Vorname	Tore
1.	Allgöwer, Karl	129
2.	Walter, Fritz	102
3.	Ohlicher, Hermann	96
4.	Klinsmann, Jürgen	79
5.	Bobic, Fredi	69
6.	Handschuh, Karl-Heinz	64
7.	Balakov, Krassimir	54
	Müller, Hans	54
9.	Kelsch, Walter	51
10.	Köppel, Horst	44

Die Trainer der letzten Jahre:

Name, Vorname	Zeitraum
Sundermann, Jürgen	26.04.1995 – 30.06.1995
Fringer, Rolf	01.07.1995 – 13.08.1996
Löw, Joachim	14.08.1996 – 20.05.1998
Schäfer, Winfried	21.05.1998 – 04.12.1998
Rolff, Wolfgang	05.12.1998 – 31.12.1998
Adrion, Rainer	01.01.1999 – 02.05.1999
Rangnick, Ralf	03.05.1999 – 23.02.2001
Magath, Felix	24.02.2001 – 30.06.2004
Sammer, Matthias	01.07.2004 – 30.06.2005
Trapattoni, Giovanni	01.07.2005 – 09.02.2006

VfL 1945 Wolfsburg

Anschrift:
In den Allerwiesen 1
38446 Wolfsburg
Telefon: (0 53 61) 89 03 0
eMail: fussball@vfl-wolfsburg.de
Homepage: www.vfl-wolfsburg.de

Vereinsgründung: 27.12.1945 aus Volkssport- und Kulturverein Wolfsburg;
ab 23.05.2001 VfL Wolfsburg Fußball GmbH

Vereinsfarben: Grün-Weiß
Vorsitzender: Lothar Sander
Manager: Klaus Fuchs

Stadion: Volkswagen-Arena (30.000)

Größte Erfolge: Teilnahme am UEFA-Pokal 1999; Aufstieg in die Bundesliga 1997; DFB-Pokalfinalist 1995; Aufstiegsrunde zur Bundesliga 1970

Aufgebot:

Name, Vorname	Pos	geb. am	Nat.	seit	2007/08 Sp.	2007/08 T.	gesamt Sp.	gesamt T.	frühere Vereine
Alex (Domingos Alexandre Martins da Costa)	A	06.09.1979	POR	2005	0	0	21	0	Benfica Lissabon, Vitoria Guimaraes, Benfica Lissabon, Moreirense FC, Andebol Club Fafe
Baier, Daniel	M	18.05.1984	D	2007	15	0	27	0	TSV München 1860, Viktoria Aschaffenburg, TSV Mainaschaff, FSV Teutonia Obernau
Benaglio, Diego	T	08.09.1983	SUI	2008	17	0	17	0	Nacional da Meidara Funchal, VfB Stuttgart, Grasshopper-Club Zürich, FC Baden, FC Spreitenbach
Boakye, Isaac	S	26.11.1981	GHA	2006	2	0	61	14	DSC Arminia Bielefeld, Asante Kotoko Kumasi
Dejagah, Ashkan	M	05.07.1986	D	2007	31	8	57	9	Hertha BSC Berlin, Tennis Borussia Berlin, Reinickendorfer Füchse
Dzeko, Edin	S	17.03.1986	BIH	2007	28	8	28	8	FK Teplice, FK Usti nad Laben, Zeljeznicar Sarajevo
Gentner, Christian	M	14.08.1985	D	2007	31	3	70	4	VfB Stuttgart, VfL Kirchheim/Teck, TSV Beuren
Grafite (Edinaldo Batista Libanio)	S	02.04.1979	BRA	2007	24	11	24	11	Le Mans UC 72, FC Sao Paulo, Goias EC Goiania, Anyang LG, Gremio Porto Alegre, Santa Cruz FC Recife, Gremio Porto Alegre, Santa Cruz FC Recife, AE Ferroviaria Araraquara, SE Matonense, SC Campo Limpo
Hasebe, Makato	M	18.01.1984	JPN	2008	16	1	16	1	Urawa Red Diamonds, Fujieda Higashi Koko
van der Heyden, Peter	A	16.07.1976	BEL	2005	1	0	43	0	FC Brügge, Eendracht Aalst, FC Denderleeruw, KSC Lokeren
Hill, Kamani	M	28.12.1985	USA	2007	0	0	9	0	San Fernando Valley Quakes, Orange County Blue Star, University of California Los Angeles Bruins, Berkeley High School, Central Marin Club, Marin United
Jentzsch, Simon	T	04.05.1976	D	2003	15	0	241	0	TSV München 1860, Karlsruher SC, KFC Uerdingen 05, 1. FC Mönchengladbach, SC Waldniel
Josué (Josué Anunciado de Oliveira)	M	19.07.1979	BRA	2007	30	1	30	1	FC Sao Paulo, Goias EC Goiania, CA Porto Caruaru
Karimow, Sergej	A	21.12.1986	D	2000	4	0	4	0	SSV Vorsfelde, SSV Velstove
Krzynowek, Jacek	M	15.05.1976	POL	2006	19	4	149	22	Bayer 04 Leverkusen, 1. FC Nürnberg, GKS Belchatow, RKS Rakow Czestochowa, RKS Radomsko, LZS Chranowice
Lamprecht, Christopher	M	22.04.1985	D	1999	0	0	24	3	FSV Lok Altmark Stendal
Laas, Alexander	M	05.05.1984	D	2007	4	0	31	1	Hamburger SV, Niendorfer TSV
Lenz, André	T	19.11.1973	D	2004	3	0	33	0	TSV München 1860, FC Energie Cottbus, TSV Alemannia Aachen, Wuppertaler SV, KFC Uerdingen 05, TV Asberg
Ljuboja, Danijel	S	04.09.1978	SRB	2008	8	1	50	14	VfB Stuttgart, Hamburger SV, VfB Stuttgart, Paris Saint-Germain FC ... (vgl. S. 42)
Madlung, Alexander	A	11.07.1982	D	2006	27	1	137	16	Hertha BSC Berlin, Eintr. Braunschweig, VfL Wolfsburg, Eintr. Braunschweig, SF Ölper
Makiadi, Cédric	M	23.02.1984	D	2002	0	0	48	4	VfB Lübeck, Eichholzer SV, Post SV Lübeck
Marcelinho (Marcelo dos Santos Paraiba)	M	17.05.1975	BRA	2007	33	7	205	77	Trabzonspor, Hertha BSC, Gremio Porto Alegre, Olympique Marseille, Rio Branco EC Americana, FC Santos, EC Paraguacuense, Campinense Clube Campina Grande
Menseguez, Juan Carlos	S	22.06.1983	ARG	2003	0	0	102	4	Atletico River Plate Buenos Aires
Möhrle, Uwe	A	03.12.1979	D	2006	1	0	114	6	MSV Duisburg, FC Hansa Rostock, SC Pfullendorf, SV Großschönach
Munteanu, Vlad	M	16.01.1981	ROU	2007	10	0	43	11	FC Energie Cottbus, Dinamo Bukarest, National Bukarest, Dinamo Bukarest, Dinamo Poiana Campina, Dinamo Bukarest, FCM Bacau
Niang, Mame Cheikh	S	31.03.1984	SEN	2007	4	0	4	0	Moroka Swallows Johannesburg, ASC Diaraf Dakar
Platins, Patrick	T	19.04.1983	D	2001	0	0	0	0	FV Rot-Weiß Weiler, FSV Marktoberdorf, TSV Marktoberdorf, SV Martinszell
Quiroga, Facundo	A	10.01.1978	ARG	2004	12	0	90	1	Sporting Lissabon, SSC Neapel, Sporting Lissabon, Newell´s Old Boys
Radu, Sergiu Marian	S	10.08.1977	ROU	2007	11	2	47	16	FC Energie Cottbus, National Bukarest, Le Mans UC 72 ... (vgl. Seite 42)
Ricardo Costa (Ricardo Miguel Moreira da Costa)	A	16.05.1981	POR	2007	20	2	20	2	FC Porto, Boavista Porto
Riether, Sascha	M	23.03.1983	D	2007	27	1	85	5	SC Freiburg, Offenburger FV, FV Kuhbach
Santana Ghere, Jonathan	M	19.10.1981	PAR	2006	10	0	28	0	River Plate, Buenos Aires, CA San Lorenzo de Almagro, CA Nueva Chicago, CA San Lorenzo de Almagro, Club Almagro, CA San Telmo Buenos Aires
Schäfer, Marcel	A	07.06.1984	D	2007	29	6	30	6	TSV München 1860, SV Viktoria 01 Aschaffenburg, Eintracht Straßbessenbach
Simunek, Jan	A	20.02.1987	CZE	2007	30	0	30	0	Sparta Prag, SK Kladno, Sparta Prag, Bohemians Prag, Hellas Winterthur, FC Monthey, FC Chatel St. Denis
Thiam, Pablo	M	03.01.1974	GUI	2003	10	0	311	23	FC Bayern München, VfB Stuttgart, 1. FC Köln, Marokkanischer SV Bonn

Trainer:

Name, Vorname	Geb. am	Nat.	Zeitraum	Spiele 2007/08	frühere Trainerstationen
Magath, Wolfgang Felix	26.07.1953	D	01.07.2007 – lfd.	34	FC Bayern München, VfB Stuttgart, Eintracht Frankfurt, SV Werder Bremen, 1. FC Nürnberg, Hamburger SV, FC Bremerhaven, FC Bayer 05 Uerdingen, 1. FC Saarbrücken

Zugänge:
Baier und Schäfer (TSV München 1860), Dejagah (Hertha BSC Berlin), Dzeko (FK Teplice), Gentner (VfB Stuttgart), Laas (Hamburger SV), Munteanu und Radu (FC Energie Cottbus), Niang (Moroka Swallows Johannesburg), Ricardo Costa (FC Porto), Riether (SC Freiburg).
während der Saison:
Benaglio (Nacional Funchal), Grafite (Le Mans UC 72), Hasebe (Urawa Red Diamonds), Josué (FC Sao Paulo), Ljuboja (VfB Stuttgart), Simunek (Sparta Prag).

Abgänge:
Dos Santos (FC Bayern München), Hanke (Hannover 96), Hofland (Feyenoord Rotterdam), Hristov (unbekannt), Karhan (1. FSV Mainz 05), Klimowicz (Borussia Dortmund), van der Leegte (PSV Eindhoven), Sarpei (Bayer 04 Leverkusen), Stegmayer (FC Carl Zeiss Jena).
während der Saison:
Boakye (1. FSV Mainz 05), Lamprecht (1. FC Kaiserslautern), Menseguez (CA San Lorenzo), Möhrle u. Platins (FC Augsburg), Munteanu (AJ Auxerre), Radu (VfB Stuttgart).

Fortsetzung VfL 1945 Wolfsburg

Aufstellungen und Torschützen:

Sp	Datum	Gegner	Ergebnis	Baier	Benaglio	Boakye	Dejagah	Dzeko	Gentner	Grafite	Hasebe	van der Heyden	Jentzsch	Josué	Karimow	Krzynowek	Laas	Lenz	Ljuboja	Madlung	Marcelinho	Möhrle	Munteanu	Niang	Quiroge	Radu	Ricardo Costa	Riether	Santana	Schäfer	Simunek	Thiam
				1	2	3	4	5	6	7	8	9	10	11	12	13	14	15	16	17	18	19	20	21	22	23	24	25	26	27	28	29
1	11.08.07 H	Arminia Bielefeld	1:3 (0:1)	A			E	E	A				X							X	X	X			X1		X	X	X			
2	18.08.07 A	MSV Duisburg	3:1 (1:0)	E			A	E	A				X							X1	X1				X	X1		X	A	X	X	E
3	26.08.07 H	FC Schalke 04	1:1 (1:0)	E			X	E	E				X	X		A1				X	A				X	A		X		X	X	
4	01.09.07 A	Hertha BSC Berlin	1:2 (0:1)	X		E	X1	E					X			A				X	X				A	A		X		X	X	E
5	16.09.07 H	Karlsruher SC	1:2 (1:0)			A	A	A	E	X			X	X		A1				X		E	E	X		X		X		X	X	X
6	22.09.07 A	FC Energie Cottbus	2:1 (1:1)	X			E	A1					X	X		X1					A		E		X	E		X		A	X	X
7	25.09.07 H	SV Werder Bremen	1:1 (0:0)				X	E		X			X	X1	A					X	A		E		X	E		X			X	X
8	29.09.07 A	Hamburger SV	2:2 (0:1)	E			X1	E	X1				X	X	A					X	X				A			X		E	X	A
9	06.10.07 H	FC Hansa Rostock	1:0 (0:0)	E			A	E1	X				X	X	A					X	A	E						X		X	X	X
10	21.10.07 A	Hannover 96	2:2 (2:2)				A1	E	X				X	X	A					X	X1	E	E					X		X	X	A
11	27.10.07 H	1. FC Nürnberg	3:1 (2:0)				X1	E	X	A1			X	X						X	A		A			E		X	E	X	X	
12	04.11.07 H	VfL Bochum	3:5 (0:4)	E			X	E	X	X2			X	X						X	X	A	A			A				X1		E
13	11.11.07 A	Bayer 04 Leverkusen	1:2 (0:1)				A		X	X			X	A	X					X	X					E		X	X	E	A	E
14	24.11.07 A	FC Bayern München	1:2 (0:1)	A			X1	E	X	A	X	X	E	A						X	X				E	X				X		
15	01.12.07 H	Eintracht Frankfurt	2:2 (1:1)	X			A	E1	X1	X			A	X			E			X		A		X	E	X				X		
16	08.12.07 A	VfB Stuttgart	1:3 (0:1)	A			E	X1	X	A			A	X		X				X	X				E	X	E			X		
17	15.12.07 H	Borussia Dortmund	4:0 (2:0)				A	X1	X1				A	X		X				X	A	E			E	X1			X1	X		E
18	02.02.08 A	Arminia Bielefeld	1:0 (1:0)			X	E	X	X	A1	E		A	X					E	X	A					X	X		X	X		
19	09.02.08 H	MSV Duisburg	2:1 (1:1)			X	E	X	X	X1	X			A						X	A			E		E	A		X1			
20	15.02.08 A	FC Schalke 04	2:1 (0:0)			X	X	E	X	X2	E			X						X	A					A	E	A	X	X		
21	23.02.08 H	Hertha BSC Berlin	0:0 (0:0)			X	E	X	X	X				X					E	X	A					A				X	X		
22	01.03.08 A	Karlsruher SC	1:3 (1:1)			X	A	X	X	E	A			E	X				E	X				A		X				X1	X	
23	08.03.08 H	FC Energie Cottbus	3:0 (2:0)	E		X		E	A1	A	X			A	E					X	X	X2						X	X	X		
24	16.03.08 A	SV Werder Bremen	1:0 (0:0)			X	E		X	A1	A			X						A	X							X	X	E	E	
25	22.03.08 H	Hamburger SV	1:1 (0:1)			X		X	A	E				X			E		A1	X	A							X	X	X	E	
26	28.03.08 A	FC Hansa Rostock	1:0 (0:0)			X	A	X	X		A			X	E1	E					A		E					X	X	X	X	
27	05.04.08 H	Hannover 96	3:2 (2:1)			X	X2	X	X		E				E					A	A1							X	A	X	X	E	
28	20.04.08 A	1. FC Nürnberg	0:1 (0:0)	A		X		X	A	A				E	E		X	E		X								X		X	X	
29	15.04.08 H	VfL Bochum	0:1 (0:0)	X		X	X	X	X		X			E							E		A			E		X			A	X	
30	27.04.08 A	Bayer 04 Leverkusen	2:2 (2:1)			X	E	X1	X	X	A1			X						E	A							X		X		
31	04.05.08 A	FC Bayern München	0:0 (0:0)	X	X		E	A	A	X	X			E			E			E	A							X	X			
32	07.05.08 H	Eintracht Frankfurt	3:2 (2:1)		X		E	X1	X	X1	A			X			E			E	A							X	X		X1	A
33	10.05.08 H	VfB Stuttgart	4:0 (2:0)		X		E1	X1	X	A	A			X							A1	E					X1	X		X	X	
34	17.05.08 A	Borussia Dortmund	4:2 (2:1)		X		E	X	A	X1	X			X			E			E	A1							X	X1		X1	A	
	Spiele:			15	17	2	31	28	31	24	16	1	15	30	4	19	4	3	8	27	33	1	10	4	12	11	20	27	10	29	30	10
	Tore:			0	0	0	8	8	3	11	1	0	0	1	0	4	0	0	1	1	7	0	0	0	0	2	2	1	0	6	0	0

Gegnerische Eigentore im 11. Spiel (durch Charisteas) und im 13. Spiel (durch Friedrich).

Bilanz der letzten 10 Jahre:

Saison	Liga	Platz	Sp.	S	U	N	Tore	Pkt.
1997/98:	Bundesliga	14.	34	11	6	17	38–54	39
1998/99:	Bundesliga	6.	34	15	10	9	54–49	55
1999/00:	Bundesliga	7.	34	12	13	9	51–58	49
2000/01:	Bundesliga	9.	34	12	11	11	60–45	47
2001/02:	Bundesliga	10.	34	13	7	14	57–49	46
2002/03:	Bundesliga	8.	34	13	7	14	39–42	46
2003/04:	Bundesliga	10.	34	13	3	18	56–61	42
2004/05:	Bundesliga	9.	34	15	3	16	49–51	48
2005/06:	Bundesliga	15.	34	7	13	14	33–55	34
2006/07:	Bundesliga	15.	34	8	13	13	37–45	37

Zuschauerzahlen:

Saison	gesamt	Spiele	Schnitt
1997/98:	272.241	17	16.014
1998/99:	271.246	17	15.956
1999/00:	254.429	17	14.966
2000/01:	224.290	17	13.194
2001/02:	241.376	17	14.199
2002/03:	330.012	17	19.412
2003/04:	359.710	17	21.159
2004/05:	408.570	17	24.033
2005/06:	375.395	17	22.082
2006/07:	379.556	17	22.327

Die meisten Bundesliga-Spiele:

Pl.	Name, Vorname	Spiele
1.	Karhan, Miroslav	173
2.	Reitmaier, Claus	163
3.	Weiser, Patrick	159
4.	Klimowicz, Diego F.	149
5.	Schnoor, Stefan	146
6.	Jentzsch, Simon	142
7.	Sarpei, Hans	139
8.	Greiner, Frank	127
9.	Kryger, Waldemar	126
10.	Akonnor, Charles	121

Die besten Bundesliga-Torschützen:

Pl.	Name, Vorname	Tore
1.	Klimowicz, Diego F.	57
2.	Juskowiak, Andrzej	39
3.	Maric, Tomislav	31
4.	Petrov, Martin	28
5.	Präger, Roy	24
6.	Akpoborie, Jonathan	20
7.	Hanke, Mike	16
8.	Akonnor, Charles	13
	Ponte, Robson	13
10.	Brdaric, Thomas	12
	Marcelinho	12

Die Trainer der letzten Jahre:

Name, Vorname	Zeitraum
Winter, Dieter	09.02.1993 – 15.02.1993
Krautzun, Eckhard	16.02.1993 – 04.04.1995
Roggensack, Gerd	06.04.1995 – 22.10.1995
Reimann, Willi	23.10.1995 – 17.03.1998
Erkenbrecher, Uwe	19.03.1998 – 22.03.1998
Wolf, Wolfgang	23.03.1998 – 04.03.2003
Röber, Jürgen	04.03.2003 – 04.04.2004
Gerets, Eric	04.04.2004 – 30.06.2005
Fach, Holger	01.07.2005 – 19.12.2005
Augenthaler, Klaus	29.12.2005 – 19.05.2007

Zuschauerzahlen 2007/08

	Hertha BSC Berlin	Arminia Bielefeld	VfL Bochum	Werder Bremen	Energie Cottbus	Borussia Dortmund	MSV Duisburg	Eintracht Frankfurt	Hamburger SV	Hannover 96	Karlsruher SC	Bayer Leverkusen	Bayern München	1. FC Nürnberg	FC Hansa Rostock	FC Schalke 04	VfB Stuttgart	VfL Wolfsburg
Hertha BSC Berlin	×	32.031	34.580	59.728	48.719	52.237	32.382	35.930	40.289	34.213	49.595	40.527	74.220	47.072	48.670	54.179	46.734	42.079
DSC Arminia Bielefeld	20.300	×	23.800	25.800	17.600	27.400	19.200	21.200	22.800	21.800	19.600	19.400	23.800	18.000	20.600	26.100	20.600	18.100
VfL Bochum	20.883	20.478	×	29.037	22.075	31.328	24.339	25.536	30.449	19.902	20.784	23.781	31.328	18.615	18.883	31.328	25.086	20.940
SV Werder Bremen	40.278	40.120	37.149	×	39.687	42.100	39.615	40.983	42.100	42.100	39.669	39.308	42.100	37.073	41.738	42.100	39.282	39.831
FC Energie Cottbus	20.746	16.103	16.382	14.685	×	17.842	14.853	14.290	22.746	14.026	10.914	14.966	22.743	15.089	21.357	17.012	13.150	15.269
Borussia Dortmund	69.400	78.500	72.200	79.030	64.100	×	75.500	75.300	72.300	61.400	74.300	69.400	80.708	70.500	70.700	80.708	64.400	74.023
MSV Duisburg	25.070	21.100	24.259	31.006	24.016	29.120	×	26.557	30.160	20.747	20.255	25.275	31.500	20.313	20.206	31.500	21.562	23.050
Eintracht Frankfurt	45.900	43.300	46.700	51.500	45.100	51.500	49.500	×	51.500	44.700	48.500	47.600	51.500	51.500	44.000	51.500	51.500	45.300
Hamburger SV	56.493	56.398	50.069	57.000	56.132	57.000	54.218	53.787	×	57.000	56.037	52.700	57.000	52.365	57.000	57.000	57.000	54.055
Hannover 96	41.473	35.104	30.794	49.000	46.632	45.087	28.775	38.104	49.000	×	40.112	32.161	49.000	31.282	35.453	49.000	45.176	37.812
Karlsruher SC	29.217	27.361	27.920	29.470	28.000	29.290	27.714	29.348	30.300	27.800	×	28.470	30.702	29.670	27.714	29.477	27.800	27.871
Bayer 04 Leverkusen	22.500	22.500	22.500	22.500	22.500	22.500	22.500	22.500	22.500	22.500	22.000	×	22.500	22.500	22.500	22.500	22.500	22.500
FC Bayern München	69.000	69.000	69.000	69.000	69.000	69.000	69.000	69.000	69.000	69.000	69.000	69.000	×	69.000	69.000	69.000	69.000	69.000
1. FC Nürnberg	41.490	46.300	43.547	45.200	40.900	41.020	44.300	45.050	44.900	39.710	45.419	40.458	47.000	×	36.470	47.000	45.565	45.100
FC Hansa Rostock	22.500	14.000	15.000	22.000	20.000	26.000	13.000	15.500	28.000	17.000	14.000	22.000	29.000	25.000	×	29.000	19.000	15.000
FC Schalke 04	60.511	61.482	61.482	61.482	60.018	61.482	61.482	61.482	61.482	61.482	61.482	61.482	61.482	61.482	61.482	×	61.482	60.387
VfB Stuttgart	50.000	55.500	34.000	55.000	41.000	55.000	45.000	55.500	55.800	49.000	55.000	51.000	55.600	45.000	48.000	57.500	×	53.000
VfL Wolfsburg	23.659	20.921	18.101	25.533	21.460	30.000	18.755	20.656	30.000	29.322	21.673	20.219	30.000	19.798	26.127	29.798	28.001	×

Zuschauertabelle nach Heimspielen:

Pl.	Mannschaft	Gesamt	Spiele	Schnitt	Vgl. Vj.
1.	Borussia Dortmund	1.232.469	17	72.498	–301
2.	FC Bayern München	1.173.000	17	69.000	+353
3.	FC Schalke 04	1.041.664	17	61.274	–74
4.	Hamburger SV	941.254	17	55.368	–499
5.	VfB Stuttgart	860.900	17	50.641	+4.753
6.	Eintracht Frankfurt	821.100	17	48.300	+675
7.	Hertha BSC Berlin	773.185	17	45.481	–3.209
8.	1. FC Nürnberg	739.429	17	43.496	+1.886
9.	SV Werder Bremen	685.233	17	40.308	–586
10.	Hannover 96	683.965	17	40.233	+1.553
11.	Karlsruher SC	488.124	17	28.713	Aufsteiger
12.	MSV Duisburg	425.696	17	25.041	Aufsteiger
13.	VfL Bochum	414.772	17	24.398	–571
14.	VfL Wolfsburg	414.023	17	24.354	+2.027
15.	Bayer 04 Leverkusen	382.000	17	22.471	+59
16.	DSC Arminia Bielefeld	366.100	17	21.535	–1.592
17.	FC Hansa Rostock	346.000	17	20.353	Aufsteiger
18.	FC Energie Cottbus	282.173	17	16.598	+528
		12.071.087	306	39.448	–517

Zuschauertabelle nach Auswärtsspielen:

Pl.	Mannschaft	Gesamt	Spiele	Schnitt	Vgl. Vj.
1.	FC Bayern München	740.183	17	43.540	–427
2.	SV Werder Bremen	726.971	17	42.763	–1.901
3.	FC Schalke 04	724.702	17	42.629	–59
4.	Hamburger SV	703.326	17	41.372	+126
5.	Borussia Dortmund	687.906	17	40.465	–962
6.	FC Hansa Rostock	669.900	17	39.406	Aufsteiger
7.	Karlsruher SC	668.340	17	39.314	Aufsteiger
8.	FC Energie Cottbus	666.939	17	39.232	–1.398
9.	VfL Wolfsburg	663.317	17	39.019	+190
10.	DSC Arminia Bielefeld	660.198	17	38.835	+1.935
11.	Hertha BSC Berlin	659.420	17	38.789	+109
12.	VfB Stuttgart	657.838	17	38.696	+495
13.	Bayer 04 Leverkusen	657.747	17	38.691	–160
14.	Eintracht Frankfurt	650.723	17	38.278	–613
15.	MSV Duisburg	640.133	17	37.655	Aufsteiger
16.	1. FC Nürnberg	634.259	17	37.309	–1.123
17.	VfL Bochum	627.483	17	36.911	–1.577
18.	Hannover 96	631.702	17	37.159	–693
		12.071.087	306	39.448	–517

Die Spiele mit den meisten Zuschauern:

Datum	Begegnung	Zuschauer
28.10.2007	Borussia Dortmund – FC Bayern München	80.708
10.02.2008	Borussia Dortmund – FC Schalke 04	80.708
14.09.2007	Borussia Dortmund – SV Werder Bremen	79.030
07.12.2007	Borussia Dortmund – DSC Arminia Bielefeld	78.500
12.08.2007	Borussia Dortmund – MSV Duisburg	75.700
10.11.2007	Borussia Dortmund – Eintracht Frankfurt	75.300
22.03.2008	Borussia Dortmund – Karlsruher SC	74.300
15.12.2007	Hertha BSC Berlin – FC Bayern München	74.220
17.05.2008	Borussia Dortmund – VfL Wolfsburg	74.023
25.09.2007	Borussia Dortmund – Hamburger SV	72.300
05.10.2007	Borussia Dortmund – VfL Bochum	72.200
23.02.2008	Borussia Dortmund – FC Hansa Rostock	70.700
02.05.2008	Borussia Dortmund – 1. FC Nürnberg	70.500
07.03.2008	Borussia Dortmund – Hertha BSC Berlin	69.400
06.04.2008	Borussia Dortmund – Bayer 04 Leverkusen	69.400

Die Spiele mit den wenigsten Zuschauern:

Datum	Begegnung	Zuschauer
01.12.2007	FC Energie Cottbus – Karlsruher SC	10.914
22.09.2007	FC Hansa Rostock – MSV Duisburg	13.000
11.03.2008	FC Energie Cottbus – VfB Stuttgart	13.150
27.10.2007	FC Hansa Rostock – Karlsruher SC	14.000
01.03.2008	FC Hansa Rostock – DSC Arminia Bielefeld	14.000
14.12.2007	FC Energie Cottbus – Hannover 96	14.026
30.09.2007	FC Energie Cottbus – Eintracht Frankfurt	14.290
24.11.2007	FC Energie Cottbus – SV Werder Bremen	14.685
19.10.2007	FC Energie Cottbus – MSV Duisburg	14.853
02.02.2008	FC Energie Cottbus – Bayer 04 Leverkusen	14.966
16.12.2007	FC Hansa Rostock – VfL Bochum	15.000
28.03.2008	FC Hansa Rostock – VfL Wolfsburg	15.000
01.09.2007	FC Energie Cottbus – 1. FC Nürnberg	15.089
22.09.2007	FC Energie Cottbus – VfL Wolfsburg	15.269
16.02.2008	FC Hansa Rostock–Eintracht Frankfurt	15.500

Torschützenliste:

Pl.	Spieler (Mannschaft)	Tore
1.	Toni, Luca (FC Bayern München)	24
2.	Gomez, Mario (VfB Stuttgart)	19
3.	Kuranyi, Kevin (FC Schalke 04)	15
4.	Olic, Ivica (Hamburger SV)	14
	Rosenberg, Markus (SV Werder Bremen)	14
6.	Diego (SV Werder Bremen)	13
	Pantelic, Marko (Hertha BSC Berlin)	13
	Petric, Mladen (Borussia Dortmund)	13
	Sestak, Stanislav (VfL Bochum)	13
10.	van der Vaart, Rafael (Hamburger SV)	12
11.	Amanatidis, Ioannis (Eintracht Frankfurt)	11
	Gekas, Theofanis (Bayer 04 Leverkusen)	11
	Grafite (VfL Wolfsburg)	11
	Hugo Almeida (SV Werder Bremen)	11
	Ribery, Franck (FC Bayern München)	11
16.	Hanke, Mike (Hannover 96)	10
	Huszti, Szabolcs (Hannover 96)	10
	Ishiaku, Manasseh (MSV Duisburg)	10
	Misimovic, Zvjezdan (1. FC Nürnberg)	10
	Wichniarek, Artur (DSC Arminia Bielefeld)	10
21.	Cacau (VfB Stuttgart)	9
	Guerrero, José Paolo (Hamburger SV)	9
	Kießling, Stefan (Bayer 04 Leverkusen)	9
	Sanogo, Boubacar (SV Werder Bremen)	9
25.	Dejagah, Ashkan (VfL Wolfsburg)	8
	Dzeko, Edin (VfL Wolfsburg)	8
	Freis, Sebastian (Karlsruher SC)	8
	Hajnal, Tamas (Karlsruher SC)	8
	Klose, Miroslav (FC Bayern München)	8
	Rolfes, Simon (Bayer 04 Leverkusen)	8
31.	Asamoah, Gerald (FC Schalke 04)	7
	Kern, Enrico (FC Hansa Rostock)	7
	Klasnic, Ivan (SV Werder Bremen)	7
	Marcelinho (VfL Wolfsburg)	7
	Skela, Ervin (FC Energie Cottbus)	7

Drei Tore in einem Spiel erzielten:

Datum	Spieler (Mannschaft)	Gegner	wo	Erg.
26.09.2007	Klose (FC Bayern München)	FC Energie Cottbus	H	5:0
20.10.2007	Olic (Hamburger SV)	VfB Stuttgart	H	4:1
10.11.2007	Kern (FC Hansa Rostock)	FC Energie Cottbus	H	3:2
08.12.2007	Hanke (Hannover 96)	SV Werder Bremen	H	4:3
02.02.2008	Fenin (Eintracht Frankfurt)	Hertha BSC Berlin	A	0:3
17.02.2008	Toni (FC Bayern München)	Hannover 96	A	0:3
08.03.2008	Gomez (VfB Stuttgart)	SV Werder Bremen	H	6:3
17.05.2008	Toni (FC Bayern München)	Hertha BSC Berlin	H	4:1
17.05.2008	Guerrero (Hamburger SV)	Karlsruher SC	H	7:0

Einen lupenreinen Hattrick erzielten:

Datum	Spieler (Mannschaft)	Gegner	wo	Erg.
20.10.2007	Olic (Hamburger SV)	VfB Stuttgart	H	4:1
17.02.2008	Toni (FC Bayern München)	Hannover 96	A	0:3
15.04.2008	Kuranyi (FC Schalke 04)	FC Energie Cottbus	H	5:0

Vier Tore in einem Spiel erzielten:

Datum	Spieler (Mannschaft)	Gegner	wo	Erg.
15.04.2008	Kuranyi (FC Schalke 04)	FC Energie Cottbus	H	5:0

Elfmetertorschützen: gesamt: 47

Mannschaft	Torschützen (Anzahl)
Hertha BSC Berlin:	Chahed (4)
DSC Arminia Bielefeld:	Marx
VfL Bochum	Maltritz (2)
SV Werder Bremen:	Diego (4)
FC Energie Cottbus	Skela (2), Sörensen
Borussia Dortmund:	Valdez
MSV Duisburg:	Tararache (2)
Eintracht Frankfurt:	Amanatidis (2)
Hamburger SV:	van der Vaart (4)
Hannover 96:	Huszti (5)
Karlsruher SC:	—
Bayer 04 Leverkusen:	Freier (2), Rolfes (2), Castro, Gekas
FC Bayern München:	Ribery (2)
1. FC Nürnberg:	Misimovic (2), Mintal
FC Hansa Rostock:	Kern
FC Schalke 04:	Rafinha (2)
VfB Stuttgart:	Pardo (2), Gomez
VfL Wolfsburg:	Grafite (2)

Eigentorschützen: gesamt: 20

Mannschaft	Torschützen
Hertha BSC Berlin:	—
DSC Arminia Bielefeld:	Fernandez, Schuler
VfL Bochum	Maltritz
SV Werder Bremen:	Baumann, Mertesacker
FC Energie Cottbus	Ipsa, da Silva
Borussia Dortmund:	Arnedick
MSV Duisburg:	—
Eintracht Frankfurt:	Russ
Hamburger SV:	Mathijsen
Hannover 96:	Cherundolo
Karlsruher SC:	Franz
Bayer 04 Leverkusen:	Friedrich, Kießling
FC Bayern München:	—
1. FC Nürnberg:	Charisteas, Engelhardt, Glauber
FC Hansa Rostock:	—
FC Schalke 04:	—
VfB Stuttgart:	Delpierre
VfL Wolfsburg:	Ricardo Costa (2)

Folgende 6 Spieler haben alle 34 Spiele absolviert:

Mannschaft	Spieler
Hertha BSC Berlin:	Drobny
DSC Arminia Bielefeld:	—
VfL Bochum:	—
SV Werder Bremen:	—
FC Energie Cottbus	Skela
Borussia Dortmund:	—
MSV Duisburg:	—
Eintracht Frankfurt:	—
Hamburger SV:	Rost
Hannover 96:	Enke
Karlsruher SC:	—
Bayer 04 Leverkusen:	Rolfes
FC Bayern München:	—
1. FC Nürnberg:	—
FC Hansa Rostock:	—
FC Schalke 04:	Neuer
VfB Stuttgart:	—
VfL Wolfsburg:	—

Vereinsrangliste nach Platzverweisen:

Pl.	Mannschaft	Rot	Gelb-Rot
1.	Hertha BSC Berlin:	0	0
	Eintracht Frankfurt:	0	0
	FC Hansa Rostock:	0	0
4.	DSC Arminia Bielefeld:	0	1
	VfL Bochum:	0	1
	FC Energie Cottbus:	0	1
	Karlsruher SC:	0	1
8.	1. FC Nürnberg:	0	3
9.	Bayer 04 Leverkusen:	1	1
	FC Schalke 04:	1	1
11.	FC Bayern München:	1	2
	VfL Wolfsburg:	1	2
13.	Borussia Dortmund:	1	5
14.	Hamburger SV:	3	1
15.	MSV Duisburg:	3	2
	Hannover 96:	3	2
17.	VfB Stuttgart:	4	2
18.	SV Werder Bremen:	6	1
		24	26

Schiedsrichtereinsätze:

Name, Vorname (Verein, Landesverband)	Spiele	Rot	G-R
Fandel, Herbert (DJK Utscheid, RHL)	24	1	3
Merk, Dr. Markus (1. FC Kaiserslautern, SW)	24	1	1
Brych, Dr. Felix (SV Am Hart München, BY)	19	1	1
Meyer, Florian (RSV Braunschweig, NS)	19	0	1
Gagelmann, Peter (ATSV Sebaldsbrück, HB)	18	1	0
Gräfe, Manuel (FC Hertha 03 Zehlendorf, B)	18	1	4
Kinhöfer, Thorsten (SC Constantin Herne-Mark, WEF)	18	6	6
Weiner, Michael (TSV Ottenstein, NS)	18	2	1
Perl, Günter (MSV München, BY)	17	1	1
Rafati, Babak (SpVgg Niedersachsen Döhren, NS)	16	1	1
Drees, Dr. Jochen (SV Münster-Sarmsheim, SW)	15	1	1
Fleischer, Dr. Helmut (SV Hallstadt, BY)	15	3	0
Kircher, Knut (TSV Hirschau, WBG)	15	0	2
Stark, Wolfgang (DJK Altdorf, BY)	15	2	0
Kempter, Michael (VfR Sauldorf, SBD)	14	0	0
Sippel, Peter (FC Würzburger Kickers, BY)	13	1	0
Schmidt, Markus (SV Sillenbuch, WBG)	10	0	1
Seemann, Marc (DJK Adler Frintrop, NIR)	9	0	1
Wagner, Lutz (SV 07 Kriftel, HES)	9	2	2
	306	24	26

Folgende Spieler spielten 2007/08 für zwei Vereine der BL:

Name, Vorname	Erster Verein	Zweiter Verein
Azaouagh, Mimoun	FC Schalke 04	VfL Bochum
Kennedy, Joshua	1. FC Nürnberg	Karsruher SC
Müller, Christian	Hertha BSC Berlin	FC Energie Cottbus
Özil, Mesut	FC Schalke 04	SV Werder Bremen
Papadopulos, Michal	Bayer Leverkusen	FC Energie Cottbus
Radu, Sergiu Marian	VfL Wolfsburg	VfB Stuttgart
Schulz, Christian	SV Werder Bremen	Hannover 96
Streit, Albert	Eintracht Frankfurt	FC Schalke 04

Rote Karten: gesamt: 24

Mannschaft	Spieler
Hertha BSC Berlin:	—
DSC Arminia Bielefeld:	—
VfL Bochum:	—
SV Werder Bremen:	Andreasen, Diego, Hugo Almeida, Mertesacker, Naldo, Vranjes
FC Energie Cottbus:	—
Borussia Dortmund:	Dede
MSV Duisburg:	Georgiev, Idrissou, Schlicke
Eintracht Frankfurt:	—
Hamburger SV:	Jarolim, Kompany, Mathijsen
Hannover 96:	Hanke, Pinto (2)
Karlsruher SC:	—
Bayer 04 Leverkusen:	Kießling
FC Bayern München:	Lucio
1. FC Nürnberg:	—
FC Hansa Rostock:	—
FC Schalke 04:	Grossmüller
VfB Stuttgart:	Meira (2), Osorio, Pardo
VfL Wolfsburg:	Grafite

Gelb-Rote Karten: gesamt: 26

Mannschaft	Spieler
Hertha BSC Berlin:	—
DSC Arminia Bielefeld:	Böhme
VfL Bochum:	Pfertzel
SV Werder Bremen:	Baumann
FC Energie Cottbus:	Mitreski
Borussia Dortmund:	Brzenska, Kovac, Kringe, Kruska, Wörns
MSV Duisburg:	Caceres, Tararache
Eintracht Frankfurt:	—
Hamburger SV:	Kompany
Hannover 96:	Lala, C. Schulz
Karlsruher SC:	Görlitz
Bayer 04 Leverkusen:	Hegeler
FC Bayern München:	van Bommel (2)
1. FC Nürnberg:	Saenko, Vittek, Wolf
FC Hansa Rostock:	—
FC Schalke 04:	Jones
VfB Stuttgart:	Delpierre, Pardo
VfL Wolfsburg:	Josué, Madlung

Die torreichsten Spiele:

Datum	Begegnung	Ergebnis
29.09.2007	SV Werder Bremen – DSC Arminia Bielefeld	8:1
08.03.2008	VfB Stuttgart – SV Werder Bremen	6:3
04.11.2007	VfL Bochum – VfL Wolfsburg	5:3
07.12.2007	Borussia Dortmund – DSC Arminia Bielefeld	6:1
08.12.2007	Hannover 96 – SV Werder Bremen	4:3
15.12.2007	SV Werder Bremen – Bayer 04 Leverkusen	5:2
10.05.2008	SV Werder Bremen – Hannover 96	6:1
17.05.2008	Hamburger SV – Karlsruher SC	7:0

Die Spieler mit den meisten Einsätzen in der Bundesliga:

Pl.	Name, Vorname (Mannschaft/en)	Spiele
1.	Körbel, Karl-Heinz (Eintracht Frankfurt)	602
2.	Kaltz, Manfred (Hamburger SV)	581
3.	Kahn, Oliver (Karlsruher SC/ FC Bayern München)	557
4.	Fichtel, Klaus (FC Schalke 04/SV Werder Bremen)	552
5.	Votava, Miroslav (Borussia Dortmund/SV Werder Bremen)	546
6.	Fischer, Klaus (München 1860/Schalke 04/1. FC Köln/Bochum)	535
7.	Immel, Eike (Borussia Dortmund/VfB Stuttgart)	534
8.	Neuberger, Willi (Dortmund/Bremen/Wuppertaler SV/Frankfurt)	520
9.	Lameck, Michael (VfL Bochum)	518
10.	Stein, Ulrich (Arminia Bielefeld/Hamburger SV/Eintracht Frankfurt)	512
11.	Reuter, Stefan (1. FC Nürnberg/Bayern München/Bor. Dortmund)	502
12.	Dietz, Bernhard (MSV Duisburg/FC Schalke 04)	495
13.	Jakobs, Ditmar (Oberhausen/Tennis Borussia/Duisburg/Hamburg)	493
14.	Geye, Reiner (Fortuna Düsseldorf/1. FC Kaiserslautern)	485
15.	Burdenski, Dieter (Schalke 04/Arminia Bielefeld/Werder Bremen)	478
16.	Maier, Josef (FC Bayern München)	473
17.	Reck, Oliver (Offenbacher Kickers/Werder Bremen/Schalke 04)	471
18.	Wörns, Christian (Waldhof/Bayer Leverkusen/Borussia Dortmund)	469
19.	Matthäus, Lothar (Borussia Mönchengladbach/Bayern München)	464
	Schumacher, Harald (1. FC Köln/Schalke 04/Bayern/Dortmund)	464
21.	Zorc, Michael (Borussia Dortmund)	463
22.	Tenhagen, Franz-Josef (Oberhausen/VfL Bochum/Bor. Dortmund)	457
23.	Nigbur, Norbert (FC Schalke 04/Hertha BSC Berlin)	456
24	Golz, Richard (Hamburger SV/SC Freiburg)	453
.	Rüssmann, Rolf (FC Schalke 04/Borussia Dortmund)	453
26.	Kuntz, Stefan (VfL Bochum/Uerdingen/Kaiserslautern/Bielefeld)	449
27.	Burgsmüller, Manfred (RW Essen/Dortmund/Nürnberg/Bremen)	447
28.	Thon, Olaf (FC Schalke 04/FC Bayern München)	443
	Grabowski, Jürgen (Eintracht Frankfurt)	441
30.	Riedl, Joh. (Duisburg/Hertha/Kaiserslautern/Bielefeld/Offenbach)	441
31.	Zewe, Gerd (Fortuna Düsseldorf)	440
32.	Frontzeck, Michael (Bor. M'gladbach/Stuttgart/Bochum/Freiburg)	436
33.	Kleff, Wolfgang (Mönchengladbach/Hertha/Düsseldorf/Bochum)	433
34.	Möller, Andreas (Borussia Dortmund/Frankfurt/Schalke 04)	429
35.	Müller, Gerd (FC Bayern München)	427
36.	Nickel, Bernd (Eintracht Frankfurt)	426
37.	Allofs, Klaus (Fortuna Düsseldorf/1. FC Köln/SV Werder Bremen)	424
	Beckenbauer, Franz (FC Bayern München/Hamburger SV)	424
39.	Held, Sigfried (Dortmund/Offenbacher Kickers/Bayer Uerdingen)	422
40.	Hölzenbein, Bernd (Eintracht Frankfurt)	420
	Höttges, Horst-Dieter (SV Werder Bremen)	420
	Woelk, Lothar (VfL Bochum/MSV Duisburg)	420
43.	Merkhoffer, Franz (Eintracht Braunschweig)	419
	Simmet, Heinz (Borussia VfB Neunkirchen/RW Essen/1. FC Köln)	419
	Vogts, Hans-Hubert (Borussia Mönchengladbach)	419
46.	Bommer, Rudolf (Fortuna Düsseldorf/Uerdingen/Eintr. Frankfurt)	417
47.	Fach, Holger (Düsseldorf/Uerdingen/M'gladbach/Leverkusen/1860)	416
	Schwarzenbeck, Georg (FC Bayern München)	416
49.	Bast, Dieter (Rot-Weiss Essen/VfL Bochum/Bayer Leverkusen)	412
50.	Volkert, Georg (1. FC Nürnberg/Hamburger SV/VfB Stuttgart)	410
	Witeczek, Marcel (Uerdingen/Kaiserslautern/Bayern/M'gladbach)	410
52.	Overath, Wolfgang (1. FC Köln)	409
53.	Kargus, Rudi (Hamburger SV/Nürnberg/Karlsruhe/Fort. Düsseldorf)	408
54.	Littbarski, Pierre (1. FC Köln)	406
55.	Bella, Michael (MSV Duisburg)	405
	Geils, Karlheinz (Werder Bremen/Bielefeld/1. FC Köln/Hannover)	405
57.	Augenthaler, Klaus (FC Bayern München)	404
58.	Schäfer, Winfried (Mönchengladbach/Offenbach/Karlsruher SC)	403
59.	Kree, Martin (VfL Bochum/Bayer Leverkusen/Borussia Dortmund)	401
	Vollborn, Rüdiger (Bayer 04 Leverkusen)	401
61.	Häßler, Thomas (1.FC Köln/Karlsruhe/Dortmund/München 1860)	400
	Zaczyk, Klaus (Karlsruher SC/1. FC Nürnberg/Hamburger SV)	400
63.	Heinze, Gerhard (VfB Stuttgart/MSV Duisburg)	398
	Kohler, Jürgen (Waldhof/1. FC Köln/Bayern München/ Dortmund)	398
65.	Max, Martin (Mönchengladbach/Schalke 04/TSV München 1860)	396
66.	Scholl, Mehmet (Karlsruher SC/FC Bayern München)	392
67.	Görts, Werner (Borussia VfB Neunkirchen/SV Werder Bremen)	391
	Kempe, Thomas (MSV Duisburg/VfB Stuttgart/VfL Bochum)	391
69.	Eilts, Dieter (SV Werder Bremen)	390
	Helmer, Thomas (Arm. Bielefeld/Bor. Dortmund/Bayern München)	390
	Kamps, Uwe (Borussia Mönchengladbach)	390

Die Spieler mit den meisten Toren in der Bundesliga:

Pl.	Name, Vorname (Mannschaft/en)	Tore
1.	Müller, Gerd (FC Bayern München)	365
2.	Fischer, Klaus (München 1860/Schalke 04/1. FC Köln/Bochum)	268
3.	Heynckes, Josef (Borussia Mönchengladbach/Hannover 96)	220
4.	Burgsmüller, Manfred (RW Essen/Dortmund/Nürnberg/Bremen)	213
5.	Kirsten Ulf (Bayer 04 Leverkusen)	181
6.	Kuntz, Stefan (Bochum/Uerdingen/Kaiserslautern/Arm. Bielefeld)	179
7.	Allofs, Klaus (Fortuna Düsseldorf/1. FC Köln/Werder Bremen)	177
	Müller, Dieter (1. FC Köln/VfB Stuttgart/1. FC Saarbrücken)	177
9.	Löhr, Johannes (1. FC Köln)	166
10.	Rumenigge, Karl-Heinz (FC Bayern München)	162
11.	Hölzenbein, Bernd (Eintracht Frankfurt)	160
12.	Walter, Fritz (SV Waldhof 07/VfB Stuttgart/Arminia Bielefeld)	157
13.	Allofs, Thomas (Fortuna Düsseldorf/Kaiserslautern/1. FC Köln)	148
14.	Nickel, Bernd (Eintracht Frankfurt)	141
15.	Seeler, Uwe (Hamburger SV)	137
16.	Hrubesch, Horst (RW Essen/Hamburger SV/Borussia Dortmund)	136
17.	Élber, Giovane (VfB Stuttgart/FC Bayern München)	133
18.	Völler, Rudolf (München 1860/Werder Bremen/Bayer Leverkusen)	132
19.	Zorc, Michael (Borussia Dortmund)	131
20.	Allgöwer, Karl (VfB Stuttgart)	129
21.	Hoeneß, Dieter (VfB Stuttgart/FC Bayern München)	127
22.	Max, Martin (Bor. M'gladbach/Schalke 04/München 1860/Rostock)	126
23.	Volkert, Georg (1. FC Nürnberg/Hamburger SV/VfB Stuttgart)	125
24.	Mill, Frank (Essen/Mönchengladbach/Bor. Dortmund/Düsseldorf)	123
25.	Laumen, Herbert (Mönchengladbach/Bremen/1. FC Kaiserslautern)	121
	Matthäus, Lothar (Mönchengladbach/FC Bayern München)	121
27.	Wohlfarth, Roland (MSV Duisburg/FC Bayern München)	120
28.	Rupp, Bernd (Bor. Mönchengladbach/Werder Bremen/1. FC Köln)	119
	Worm, Roland (MSV Duisburg/Eintracht Braunschweig)	119
30.	Littbarski, Pierre (1. FC Köln)	116
31.	Emmerich, Lothar (Borussia Dortmund)	115
32.	Geye, Reiner (Fortuna Düsseldorf/1. FC Kaiserslautern)	113
33.	Klinsmann, Jürgen (VfB Stuttgart/FC Bayern München)	110
	Möller, Andreas (Bor. Dortmund/Eintracht Frankfurt/Schalke 04)	110
35.	Grabowski, Jürgen (Eintracht Frankfurt)	109
36.	Bobic, Fredi (VfB Stuttgart/B. Dortmund/Hannover 96/Hertha BSC)	108
	Toppmöller, Klaus (1. FC Kaiserslautern)	108
38.	Klose, Miroslav (Kaiserslautern/Werder Bremen/Bayern München)	107
.	Rahn, Uwe (Mönchengladbach/Köln/Hertha/Eintracht Frankfurt)	107
40.	Ailton (Werder Bremen/FC Schalke 04/Hamburger SV/Duisburg)	106
	Chapuisat, Stephane (Bayer 05 Uerdingen/Borussia Dortmund)	106
42.	Schreier, Christian (VfL Bochum/Leverkusen/Fortuna Düsseldorf)	106
43.	Labbadia, Bruno (HSV/K'lautern/Bayern/Köln/Bremen/Bielefeld)	103
44.	Bode, Marco (SV Werder Bremen)	101
	von Heesen, Thomas (Hamburger SV/Arminia Bielefeld)	100
46.	Pizarro, Claudio (SV Werder Bremen/FC Bayern München)	100
47.	Cha, Bum Kun (Darmstadt 98/Eintracht Frankfurt/Bay. Leverkusen)	98
	Kostedde, Erwin (Duisburg/Offenbach/Hertha/Dortmund/Bremen)	98
	Scholl, Mehmet (Karlsruher SC/FC Bayern München)	98
50.	Brungs, Franz (Bor. Dortmund/1. FC Nürnberg/Hertha BSC Berlin)	97
	Neubarth, Frank (SV Werder Bremen)	97
52.	Ohlicher, Hermann (VfB Stuttgart)	96
	Yeboah, Anthony (Eintracht Frankfurt/Hamburger SV)	96
54.	Barbarez, Sergej (Rostock/ Dortmund/Hamburger SV/Leverkusen)	95
	Beer, Erich (1. FC Nürnberg/Rot-Weiss Essen/Hertha BSC Berlin)	95
56.	Criens, Hans-Jörg (Borussia Mönchengladbach/1. FC Nürnberg)	94
57.	Breitner, Paul (FC Bayern München/Eintracht Braunschweig)	93
	Reimann, Willi (Hannover 96/Hamburger SV)	93
59.	Lippens, Willi (SC Rot-Weiss Essen/Borussia Dortmund)	92
60.	Bein, Uwe (Offenbach/1. FC Köln/Hamburg/Eintracht Frankfurt)	91
	Preetz, Michael (F. Düsseldorf/MSV Duisburg/Hertha BSC Berlin)	91
	Wenzel, Rüdiger (Eintracht Frankfurt/Fort. Düsseldorf/FC St. Pauli)	91
63.	Neuville, Oliver (Hansa Rostock/Leverkusen/Mönchengladbach)	90
	Polster, Anton (1. FC Köln/Borussia Mönchengladbach)	90
65.	Frank, Wolfgang (VfB Stuttgart/Braunschweig/Dortmund/Nürnberg)	89
66.	Weist, Werner (Borussia Dortmund/SV Werder Bremen)	87
67.	Handschuh, Karlheinz (VfB Stuttgart/Eintracht Braunschweig)	86
	Hoeneß, Ulrich (FC Bayern München)	86
69.	Funkel, Friedhelm (FC Bayer 05 Uerdingen/1. FC Kaiserslautern)	83
	Overath, Wolfgang (1. FC Köln)	83

Ewige Tabelle Bundesliga 1963 – 2008

			Gesamtbilanz						Heimbilanz						Auswärtsbilanz					
Pl.	Mannschaft	J	Sp	S	U	N	Tore	TD	Pkt	Sp	S	U	N	Tore	TD	Pkt	Sp	S	U	N	Tore	TD	Pkt
1.	FC Bayern München	43	1466	825	345	296	3111–1708	+1403	2820	733	535	129	69	1940–680	+1260	1734	733	290	216	227	1171–1028	+143	1086
2.	SV Werder Bremen	44	1492	659	364	469	2553–2085	+468	2341	746	450	172	124	1577–817	+760	1522	746	209	192	345	976–1268	–292	819
3.	Hamburger SV	45	1526	635	414	477	2531–2127	+404	2319	763	435	186	142	1533–811	+722	1491	763	200	228	335	998–1316	–318	828
4.	VfB Stuttgart	43	1458	619	360	479	2486–2081	+405	2217	729	437	154	138	1533–773	+760	1465	729	182	206	341	953–1308	–355	752
5.	Borussia Dortmund	41	1390	571	365	454	2364–2073	+291	2078	695	394	173	128	1453–784	+669	1355	695	177	192	326	911–1289	–378	723
6.	1. FC Kaiserslautern	42	1424	558	354	512	2276–2239	+37	2025	712	414	177	121	1404–769	+635	1419	712	144	177	391	872–1470	–598	609
7.	Bor. M'gladbach	40	1364	551	371	442	2396–1999	+397	2024	682	368	190	124	1471–793	+678	1294	682	183	181	318	925–1206	–281	730
8.	1. FC Köln	39	1322	552	333	437	2305–1941	+364	1989	661	378	142	141	1417–804	+613	1276	661	174	191	296	888–1137	–249	713
9.	FC Schalke 04	40	1356	517	349	490	1983–1995	–12	1900	678	352	191	135	1221–739	+482	1247	678	165	158	355	762–1256	–494	653
10.	Eintracht Frankfurt	40	1356	509	342	505	2210–2104	+106	1867	678	373	164	141	1404–817	+587	1283	678	136	178	364	806–1287	–481	586
11.	Bayer 04 Leverkusen	29	990	402	285	303	1628–1348	+280	1491	495	269	134	92	954–525	+429	941	495	133	151	211	674–823	–149	550
12.	VfL Bochum	32	1092	343	285	464	1530–1768	–238	1314	546	252	149	145	921–675	+246	905	546	91	136	319	609–1093	–484	409
13.	Hertha BSC Berlin	27	910	341	231	338	1346–1398	–52	1254	455	249	116	90	834–512	+322	863	455	92	115	248	512–886	–374	391
14.	MSV Duisburg	28	948	296	259	393	1291–1520	–229	1147	474	203	150	121	767–582	+185	759	474	93	109	272	524–938	–414	388
15.	1. FC Nürnberg	27	914	292	233	389	1209–1457	–248	1109	457	200	137	120	740–577	+163	737	457	92	96	269	469–880	–411	372
16.	Karlsruher SC	23	778	233	225	320	1063–1354	–291	924	389	170	130	89	652–505	+147	640	389	63	95	231	411–849	–438	284
17.	Fortuna Düsseldorf	22	752	238	206	308	1121–1329	–208	920	376	172	112	92	698–520	+178	628	376	66	94	216	423–809	–386	292
18.	TSV München 1860	20	672	238	170	264	1022–1059	–37	884	336	167	76	93	610–422	+188	577	336	71	94	171	412–637	–225	307
19.	Eintr. Braunschweig	20	672	236	170	266	908–1026	–118	878	336	181	89	66	582–340	+242	632	336	55	81	200	326–686	–360	246
20.	Hannover 96	20	676	202	178	296	951–1144	–193	784	338	142	101	95	594–481	+113	527	338	60	77	201	357–663	–306	257
21.	Arminia Bielefeld	15	510	149	123	238	616–827	–211	570	255	113	61	81	380–309	+71	400	255	36	62	157	236–518	–282	170
22.	KFC/Bay. Uerdingen	14	476	138	129	209	644–844	–200	543	238	105	67	66	404–352	+52	382	238	33	62	143	240–492	–252	161
23.	VfL Wolfsburg	11	374	134	95	145	532–555	–23	497	187	92	48	47	318–214	+104	324	187	42	47	98	214–341	–127	173
24.	FC Hansa Rostock	12	412	124	107	181	492–621	–129	479	206	84	57	65	296–249	+47	309	206	40	50	116	196–372	–176	170
25.	SC Freiburg	10	340	104	83	153	437–546	–109	395	170	70	45	55	264–218	+46	255	170	34	38	98	173–328	–155	140
26.	Waldhof Mannheim	7	238	71	72	95	299–378	–79	285	119	51	41	27	197–149	+48	194	119	20	31	68	102–229	–127	91
27.	Offenbacher Kickers	7	238	77	51	110	368–486	–118	282	119	61	26	32	238–184	+54	209	119	16	25	78	130–302	–172	73
28.	Rot-Weiss Essen	7	238	61	79	98	346–483	–137	262	119	46	43	30	213–198	+15	181	119	15	36	68	133–285	–152	81
29.	FC St. Pauli	7	238	50	75	113	261–417	–156	225	119	39	39	41	154–162	–8	156	119	11	36	72	107–255	–148	69
30.	FC Energie Cottbus	5	170	48	37	85	181–281	–100	181	85	36	15	34	117–113	+4	123	85	12	22	51	64–168	–104	58
31.	Alemannia Aachen	4	136	43	28	65	186–270	–84	157	68	31	17	20	124–109	+15	110	68	12	11	45	62–161	–99	47
32.	SG Wattenscheid 09	4	140	34	48	58	186–248	–62	150	70	26	22	22	108–91	+17	100	70	8	26	36	78–157	–79	50
33.	1. FC Saarbrücken	5	166	32	48	86	202–336	–134	144	83	22	32	29	117–134	–17	98	83	10	16	57	85–202	–117	46
34.	Dynamo Dresden	4	140	33	45	62	132–211	–79	140	70	27	24	19	82–68	+14	105	70	6	21	43	50–143	–93	39
35.	RW Oberhausen	4	136	36	31	69	182–281	–99	139	68	31	18	19	119–99	+20	111	68	5	13	50	63–182	–119	28
36.	1. FSV Mainz 05	3	102	29	28	45	130–159	–29	115	51	21	14	16	79–72	+7	77	51	8	14	29	51–87	–36	38
37.	Wuppertaler SV	3	102	25	27	50	136–200	–64	102	51	20	14	17	93–87	+6	74	51	5	13	33	43–113	–70	28
38.	Borussia Neunkirchen	3	98	25	18	55	109–223	–114	93	49	22	11	16	71–85	–14	77	49	3	7	39	38–138	–100	16
39.	FC 08 Homburg	3	102	21	27	54	103–200	–97	90	51	18	17	16	72–74	–2	71	51	3	10	38	31–126	–95	19
40.	SpVgg Unterhaching	2	68	20	19	29	75–101	–26	79	34	17	11	6	43–30	+13	62	34	3	8	23	32–71	–39	17
41.	Stuttgarter Kickers	2	72	20	17	35	94–132	–38	77	36	11	8	17	41–49	–8	41	36	9	9	18	53–83	–30	36
42.	SV Darmstadt 98	2	68	12	18	38	86–157	–71	54	34	10	10	14	52–68	–16	40	34	2	8	24	34–89	–55	14
43.	Tennis Borussia Berlin	2	68	11	16	41	85–174	–89	49	34	10	10	14	54–66	–12	40	34	1	6	27	31–108	–77	9
44.	SSV Ulm 1846	1	34	9	8	17	36–62	–26	35	17	7	4	6	22–23	–1	25	17	2	4	11	14–39	–25	10
45.	SC Fortuna Köln	1	34	8	9	17	46–79	–33	33	17	6	6	5	31–32	–1	24	17	2	3	12	15–47	–32	9
46.	SC Preußen Münster	1	30	7	9	14	34–52	–18	30	15	5	4	6	21–23	–2	19	15	2	5	8	13–29	–16	11
47.	Blau-Weiss 90 Berlin	1	34	3	12	19	36–76	–40	21	17	2	8	7	20–31	–11	14	17	1	4	12	16–45	–29	7
48.	VfB Leipzig	1	34	3	11	20	32–69	–37	20	17	2	9	6	20–28	–8	15	17	1	2	14	12–41	–29	5
49.	Tasmania 1900 Berlin	1	34	2	4	28	15–108	–93	10	17	2	3	12	8–46	–38	9	17	0	1	16	7–62	–55	1

Anmerkungen:
- Die Tabelle ist nach dem Dreipunkte-System (3-1-0) berechnet, auch für die Spielzeiten 1963-95, in der noch die Zweipunkte-Regel (2-1-0) galt.
- In der Saison 1971/72 wurden alle Spiele von Arminia Bielefeld nur für den Gegner gewertet.
- In der Saison 1993/94 wurden Dynamo Dresden vier Punkte abgezogen.
- In der Saison 1999/00 wurden Eintracht Frankfurt zwei Punkte abgezogen.
- In der Saison 2003/04 wurden dem 1. FC Kaiserslautern drei Punkte abgezogen.

Das Zahlen-Mosaik der Bundesliga:

Saison	Spiele	HS	U	AS	Heim	+	Auswärts	=	gesamt	Schnitt	Eigentore	Gelb	Gelb-Rot	Rot	gesamt	Schnitt
1963/64	240	126	61	53	535	+	322	=	857	3,57	17	0	0	8	5.909.776	24.624
1964/65	240	122	62	56	467	+	329	=	796	3,32	18	0	0	10	6.492.539	27.052
1965/66	306	168	68	70	615	+	372	=	987	3,23	13	0	0	11	7.094.666	23.185
1966/67	306	158	84	64	548	+	347	=	895	2,92	11	0	0	14	7.129.485	23.299
1967/68	306	167	73	66	618	+	375	=	993	3,25	14	0	0	13	6.147.508	20.090
1968/69	306	171	79	56	550	+	323	=	873	2,85	18	0	0	14	6.550.497	21.407
1969/70	306	174	77	55	613	+	338	=	951	3,11	20	0	0	7	6.113.726	19.979
1970/71	306	173	77	56	596	+	330	=	926	3,03	11	0	0	5	6.322.114	20.661
1971/72	306	176	73	57	652	+	354	=	1.006	3,29	13	0	0	13	5.487.286	17.932
1972/73	306	187	67	52	678	+	367	=	1.045	3,42	14	0	0	5	5.014.332	16.387
1973/74	306	161	79	66	667	+	418	=	1.085	3,55	16	542	0	9	6.293.167	20.566
1974/75	306	180	63	63	672	+	384	=	1.056	3,45	13	532	0	12	6.738.448	22.021
1975/76	306	173	83	50	649	+	360	=	1.009	3,30	20	510	0	7	6.768.448	22.119
1976/77	306	167	81	58	665	+	419	=	1.084	3,54	22	504	0	10	7.401.686	24.189
1977/78	306	191	60	55	665	+	349	=	1.014	3,31	21	528	0	11	7.936.765	25.937
1978/79	306	166	85	55	607	+	356	=	963	3,15	17	644	0	12	7.351.341	24.024
1979/80	306	184	63	59	668	+	355	=	1.023	3,34	16	547	0	7	7.045.940	23.026
1980/81	306	164	80	62	628	+	411	=	1.039	3,40	13	582	0	8	6.895.851	22.535
1981/82	306	177	68	61	686	+	395	=	1.081	3,53	14	523	0	9	6.280.388	20.524
1982/83	306	172	75	59	669	+	367	=	1.036	3,39	16	605	0	11	6.180.704	20.198
1983/84	306	174	66	66	707	+	390	=	1.097	3,58	14	779	0	21	5.918.003	19.340
1984/85	306	167	79	60	675	+	399	=	1.074	3,51	22	734	0	19	5.765.284	18.841
1985/86	306	168	76	62	631	+	361	=	992	3,24	12	804	0	31	5.405.571	17.665
1986/87	306	166	81	59	617	+	373	=	990	3,24	13	759	0	19	5.937.044	19.402
1987/88	306	158	84	64	600	+	362	=	962	3,14	17	812	0	27	5.705.523	18.646
1988/89	306	150	94	62	518	+	334	=	852	2,78	14	918	0	30	5.394.943	17.631
1989/90	306	155	90	61	513	+	277	=	790	2,58	17	948	0	31	6.048.207	19.765
1990/91	306	123	106	77	501	+	385	=	886	2,90	23	961	0	46	6.275.437	20.508
1991/92	380	174	124	82	604	+	390	=	994	2,62	26	1.270	32	44	8.600.801	22.634
1992/93	306	151	92	63	554	+	339	=	893	2,92	18	1.188	34	38	7.703.596	25.175
1993/94	306	152	83	71	536	+	359	=	895	2,92	18	1.097	43	32	7.986.681	26.100
1994/95	306	147	86	73	540	+	378	=	918	3,00	20	1.205	52	46	8.476.885	27.702
1995/96	306	123	108	75	472	+	359	=	831	2,72	16	1.279	36	33	8.906.792	29.107
1996/97	306	156	70	80	545	+	366	=	911	2,98	25	1.231	44	37	8.776.265	28.681
1997/98	306	145	85	76	510	+	373	=	883	2,89	27	1.279	39	20	9.520.385	31.112
1998/99	306	144	87	75	517	+	349	=	866	2,83	19	1.351	50	30	9.456.428	30.903
1999/00	306	143	87	76	524	+	361	=	885	2,89	27	1.303	43	30	8.849.661	28.920
2000/01	306	160	69	77	542	+	355	=	897	2,93	18	1.359	51	38	8.696.712	28.421
2001/02	306	160	68	78	539	+	354	=	893	2,92	33	1.360	40	31	9.503.367	31.047
2002/03	306	144	77	85	479	+	342	=	821	2,68	20	1.270	38	33	9.764.735	34.215
2003/04	306	160	72	74	553	+	356	=	909	2,97	20	1.312	42	39	10.724.586	35.048
2004/05	306	149	65	92	512	+	378	=	890	2,91	12	1.201	32	29	11.566.207	37.798
2005/06	306	131	96	79	492	+	369	=	861	2,81	19	1.226	33	26	12.473.363	40.763
2006/07	306	134	79	93	448	+	389	=	837	2,74	20	1.131	28	35	12.229.194	39.965
2007/08	306	143	78	85	511	+	349	=	860	2,81	20	1.107	26	24	12.071.087	39.448
Gesamt	13.712	7.134	3.560	3.018	26.088	+	16.318	=	42.406	3,09	807	33.401	663	985	342.911.424	25.008

Die Torschützenkönige der Bundesliga:

Saison	Spieler (Mannschaft)	Tore
1963/64	Seeler, Uwe (Hamburger SV)	30
1964/65	Brunnenmeier, Rudolf (TSV München 1860)	24
1965/66	Emmerich, Lothar (Borussia Dortmund)	31
1966/67	Emmerich, Lothar (Dortmund) und Müller, Gerd (Bayern)	28
1967/68	Löhr, Johannes (1. FC Köln)	27
1968/69	Müller, Gerd (FC Bayern München)	30
1969/70	Müller, Gerd (FC Bayern München)	38
1970/71	Kobluhn, Lothar (SC Rot-Weiß Oberhausen)	24
1971/72	Müller, Gerd (FC Bayern München)	40
1972/73	Müller, Gerd (FC Bayern München)	36
1973/74	Heynckes, Josef (M'gladbach) und Müller, Gerd (Bayern)	30
1974/75	Heynckes, Josef (Borussia Mönchengladbach)	27
1975/76	Fischer, Klaus (FC Schalke 04)	29
1976/77	Müller, Dieter (1. FC Köln)	34
1977/78	Müller, Dieter (1. FC Köln) und Müller, Gerd (Bayern)	24
1978/79	Allofs, Klaus (Fortuna Düsseldorf)	22
1979/80	Rummenigge, Karl-Heinz (FC Bayern München)	26
1980/81	Rummenigge, Karl-Heinz (FC Bayern München)	29
1981/82	Hrubesch, Horst (Hamburger SV)	27
1982/83	Völler, Rudolf (SV Werder Bremen)	23
1983/84	Rummenigge, Karl-Heinz (FC Bayern München)	26
1984/85	Allofs, Klaus (1. FC Köln)	26
1985/86	Kuntz, Stefan (VfL Bochum)	22
1986/87	Rahn, Uwe (Borussia Mönchengladbach)	24
1987/88	Klinsmann, Jürgen (VfB Stuttgart)	19
1988/89	Allofs, Thomas (1. FC Köln) und Wohlfarth, Roland (Bayern)	17
1989/90	Andersen, Jörn (Eintracht Frankfurt)	18
1990/91	Wohlfarth, Roland (FC Bayern München)	21
1991/92	Walter, Fritz (VfB Stuttgart)	22
1992/93	Kirsten, Ulf (Bayer Leverkusen) und Yeboah, Anthony (Frankfurt)	20
1993/94	Kuntz, Stefan (Kaiserslautern) und Yeboah, Anthony (Frankfurt)	18
1994/95	Basler, Mario (Werder Bremen) und Herrlich, Heiko (M'gladbach)	20
1995/96	Bobic, Fredi (VfB Stuttgart)	17
1996/97	Kirsten, Ulf (Bayer 04 Leverkusen)	22
1997/98	Kirsten, Ulf (Bayer 04 Leverkusen)	22
1998/99	Preetz, Michael (Hertha BSC Berlin)	23
1999/00	Max, Martin (TSV München 1860)	19
2000/01	Sand, Ebbe (Schalke 04) und Barbarez, Sergej (Hamburger SV)	22
2001/02	Amoroso, Marcio (Dortmund) und Max, Martin (München 1860)	18
2002/03	Élber, Giovane (Bayern) und Christiansen, Thomas (Bochum)	21
2003/04	Ailton (SV Werder Bremen)	28
2004/05	Mintal, Marek (1.FC Nürnberg)	24
2005/06	Klose, Miroslav (SV Werder Bremen)	25
2006/07	Gekas, Theofanis (VfL Bochum)	20
2007/08	Toni, Luca (FC Bayern München)	24

2. Bundesliga:

2. Bundesliga

Pl.	(Vj.)	Mannschaft		Sp	S	U	N	Tore	TD	Pkt	Sp	S	U	N	Tore	Pkt	Sp	S	U	N	Tore	Pkt
				Gesamtbilanz							**Heimbilanz**						**Auswärtsbilanz**					
1.	(↓)	Borussia Mönchengladbach	↑	34	18	12	4	71-38	+33	66	17	10	5	2	31-15	35	17	8	7	2	40-23	31
2.	(↑)	TSG 1899 Hoffenheim	↑	34	17	9	8	60-40	+20	60	17	11	2	4	34-17	35	17	6	7	4	26-23	25
3.	(9.)	1. FC Köln	↑	34	17	9	8	62-44	+18	60	17	11	4	2	31-16	37	17	6	5	6	31-28	23
4.	(↓)	1. FSV Mainz 05		34	16	10	8	62-36	+26	58	17	11	4	2	43-15	37	17	5	6	6	19-21	21
5.	(4.)	SC Freiburg		34	15	10	9	49-44	+5	55	17	11	3	3	26-16	36	17	4	7	6	23-28	19
6.	(5.)	SpVgg Greuther Fürth		34	14	10	10	53-47	+6	52	17	9	5	3	35-21	32	17	5	5	7	18-26	20
7.	(↓)	TSV Alemannia Aachen		34	14	9	11	49-44	+5	51	17	8	5	4	33-25	29	17	6	4	7	16-19	22
8.	(↑)	SV Wehen Wiesbaden		34	11	11	12	47-53	−6	44	17	6	6	5	27-24	24	17	5	5	7	20-29	20
9.	(↑)	FC St. Pauli		34	11	9	14	47-53	−6	42	17	9	4	4	30-21	31	17	2	5	10	17-32	11
10.	(12.)	TuS Koblenz		34	12	11	11	46-47	−1	41	17	7	8	2	26-20	29	17	5	3	9	20-27	18
11.	(8.)	TSV München 1860		34	9	14	11	42-45	−3	41	17	5	7	5	21-20	22	17	4	7	6	21-25	19
12.	(↑)	VfL Osnabrück		34	10	10	14	43-54	−11	40	17	8	5	4	25-18	29	17	2	5	10	18-36	11
13.	(6.)	1. FC Kaiserslautern		34	9	12	13	37-37	0	39	17	6	5	6	21-16	23	17	3	7	7	16-21	16
14.	(7.)	FC Augsburg		34	10	8	16	39-51	−12	38	17	7	6	4	24-20	27	17	3	2	12	15-31	11
15.	(14.)	Offenbacher FC Kickers	↓	34	9	11	14	38-60	−22	38	17	7	7	3	25-25	28	17	2	4	11	13-35	10
16.	(10.)	FC Erzgebirge Aue	↓	34	7	11	16	49-57	−8	32	17	6	9	2	36-18	27	17	1	2	14	13-39	5
17.	(11.)	SC Paderborn 07	↓	34	6	13	15	33-54	−21	31	17	5	6	6	24-25	21	17	1	7	9	9-29	10
18.	(13.)	FC Carl Zeiss Jena	↓	34	6	11	17	45-68	−23	29	17	4	4	9	22-26	16	17	2	7	8	23-42	13

TuS Koblenz wurden wegen Täuschung im Lizenzierungsverfahren 6 Punkte abgezogen.

Absteiger aus der Bundesliga: MSV Duisburg, FC Hansa Rostock und 1. FC Nürnberg.
Aufsteiger in die Bundesliga: Borussia Mönchengladbach, TSG 1899 Hoffenheim und 1. FC Köln.
Absteiger in die 3. Liga: FC Carl Zeiss Jena, SC Paderborn 07, FC Erzgebirge Aue und Offenbacher FC Kickers.
Aufsteiger aus den Regionalligen: Rot-Weiss Ahlen, SC Rot-Weiß Oberhausen (Nord), FSV Frankfurt und FC Ingolstadt 04 (Süd).

2. Bundesliga 2007/08

	Mönchengladbach	TSG Hoffenheim	1. FC Köln	1. FSV Mainz 05	SC Freiburg	SpVgg Gr. Fürth	Alemannia Aachen	SV Wehen	FC St. Pauli	TuS Koblenz	TSV München 1860	VfL Osnabrück	1. FC Kaiserslautern	FC Augsburg	Offenbacher Kickers	FC Erzgebirge Aue	SC Paderborn 07	Carl Zeiss Jena
Borussia Mönchengladbach	×	0:0	2:2	0:1	2:3	3:0	2:1	3:0	1:0	1:0	2:2	2:1	1:1	4:2	3:0	2:0	1:1	2:1
TSG 1899 Hoffenheim	4:2	×	0:2	1:0	2:0	5:0	1:2	2:3	1:1	3:1	0:3	3:1	1:0	2:0	2:2	1:0	1:0	5:0
1. FC Köln	1:1	3:1	×	2:0	1:3	0:0	0:1	2:1	1:1	1:0	0:0	2:0	2:1	3:0	4:1	3:2	2:1	4:3
1. FSV Mainz 05	4:1	1:1	1:0	×	1:1	1:2	0:1	3:0	5:1	4:1	3:0	4:1	2:1	1:1	1:0	4:1	6:1	2:2
SC Freiburg	1:3	3:2	1:0	1:1	×	3:2	1:0	0:2	2:0	4:2	2:2	1:1	1:0	1:0	0:1	2:0	1:0	2:0
SpVgg Greuther Fürth	1:3	4:1	2:2	3:0	1:1	×	2:0	1:1	2:1	0:1	3:1	6:3	0:1	3:2	2:1	2:0	1:1	2:2
TSV Alemannia Aachen	1:1	2:2	3:2	0:3	2:0	2:5	×	2:3	2:2	1:3	0:0	3:0	2:1	3:0	4:0	1:0	3:1	2:2
SV Wehen Wiesbaden	1:1	0:2	4:3	1:3	2:2	1:1	3:0	×	1:3	0:2	0:0	1:1	2:1	2:1	3:0	1:1	1:1	5:1
FC St. Pauli	0:3	3:1	0:2	1:0	5:0	1:1	0:2	1:1	×	1:0	0:0	2:1	3:4	2:0	3:1	4:2	2:1	2:2
TuS Koblenz	0:5	2:2	1:2	1:1	3:2	3:0	0:0	2:0	1:1	×	3:1	1:0	2:2	2:1	1:1	2:2	0:0	2:0
TSV München 1860	0:0	0:1	1:1	1:0	0:3	0:3	0:0	2:1	2:1	2:2	×	1:1	3:1	0:3	3:0	5:0	0:0	1:2
VfL Osnabrück	2:2	0:3	2:1	1:2	2:1	0:0	2:2	0:2	3:1	2:0	3:0	×	2:0	0:2	3:0	2:1	0:0	1:1
1. FC Kaiserslautern	1:1	0:2	3:0	0:0	0:0	0:1	2:1	0:2	2:0	2:3	1:2	3:0	×	2:0	1:1	2:0	0:0	2:3
FC Augsburg	0:2	2:2	1:3	2:1	0:0	3:0	1:0	5:1	1:0	1:0	2:6	2:0	0:0	×	1:1	1:1	0:1	1:1
Offenbacher FC Kickers	1:7	1:1	1:3	2:0	0:0	1:2	1:1	0:0	4:3	1:1	2:0	3:3	0:0	1:0	×	3:2	2:1	2:1
FC Erzgebirge Aue	2:3	2:2	3:3	3:3	2:2	1:1	2:1	3:0	0:0	0:0	1:1	0:1	0:0	3:0	3:1	×	6:0	5:0
SC Paderborn 07	2:3	0:2	2:2	1:1	3:2	1:0	0:1	1:1	4:1	3:2	3:1	1:3	0:0	1:1	0:2	0:1	×	2:2
FC Carl Zeiss Jena	2:2	0:1	1:3	1:2	1:2	1:0	2:3	2:2	0:1	1:2	0:2	1:1	2:2	1:2	2:0	2:1	3:0	×

Termine und Ergebnisse der 2. Bundesliga Saison 2007/08 Hinrunde

1. Spieltag
10.08.2007	VfL Osnabrück	SC Freiburg	2:1 (1:0)
10.08.2007	FC St. Pauli	1. FC Köln	0:2 (0:0)
10.08.2007	Alem. Aachen	Carl Zeiss Jena	2:2 (2:1)
12.08.2007	1. FSV Mainz 05	TuS Koblenz	4:1 (1:1)
12.08.2007	FC Augsburg	München 1860	2:6 (1:3)
12.08.2007	TSG Hoffenheim	SV Wehen	2:3 (2:1)
12.08.2007	Erzgebirge Aue	Greuther Fürth	1:1 (0:0)
12.08.2007	SC Paderborn 07	Kickers Offenbach	0:2 (0:0)
13.08.2007	Kaiserslautern	Mönchengladbach	1:1 (0:0)

2. Spieltag
17.08.2007	SC Freiburg	SC Paderborn 07	1:0 (0:0)
17.08.2007	TuS Koblenz	FC Augsburg	2:1 (1:0)
17.08.2007	SV Wehen	VfL Osnabrück	1:1 (0:1)
19.08.2007	Mönchengladbach	TSG Hoffenheim	0:0 (0:0)
19.08.2007	Greuther Fürth	1. FSV Mainz 05	3:0 (1:0)
19.08.2007	München 1860	Kaiserslautern	3:1 (0:1)
19.08.2007	Carl Zeiss Jena	FC St. Pauli	0:1 (0:1)
19.08.2007	Kickers Offenbach	Erzgebirge Aue	3:2 (2:1)
20.08.2007	1. FC Köln	Alem. Aachen	0:1 (0:1)

3. Spieltag
24.08.2007	1. FSV Mainz 05	Mönchengladbach	4:1 (2:0)
24.08.2007	1. FC Köln	Carl Zeiss Jena	4:3 (1:2)
24.08.2007	VfL Osnabrück	SC Paderborn 07	0:0 (0:0)
26.08.2007	Alem. Aachen	Kickers Offenbach	4:0 (0:0)
26.08.2007	Kaiserslautern	Greuther Fürth	0:1 (0:1)
26.08.2007	Erzgebirge Aue	SV Wehen	3:0 (0:0)
26.08.2007	TSG Hoffenheim	München 1860	0:3 (0:2)
26.08.2007	FC St. Pauli	TuS Koblenz	1:0 (0:0)
27.08.2007	FC Augsburg	SC Freiburg	1:1 (1:0)

4. Spieltag
31.08.2007	München 1860	1. FC Köln	1:1 (0:0)
31.08.2007	TuS Koblenz	Kaiserslautern	2:2 (1:1)
31.08.2007	Kickers Offenbach	FC Augsburg	1:0 (0:0)
02.09.2007	Mönchengladbach	VfL Osnabrück	2:1 (2:0)
02.09.2007	Greuther Fürth	FC St. Pauli	2:1 (1:1)
02.09.2007	SC Paderborn 07	Erzgebirge Aue	0:1 (0:0)
02.09.2007	Carl Zeiss Jena	1. FSV Mainz 05	1:2 (0:1)
02.09.2007	SV Wehen	Alem. Aachen	3:0 (0:0)
03.09.2007	SC Freiburg	TSG Hoffenheim	3:2 (2:1)

5. Spieltag
14.09.2007	Kaiserslautern	SC Paderborn 07	0:0 (0:0)
14.09.2007	Carl Zeiss Jena	TuS Koblenz	1:2 (1:2)
14.09.2007	FC St. Pauli	Kickers Offenbach	3:1 (2:1)
16.09.2007	1. FSV Mainz 05	SC Freiburg	1:1 (0:0)
16.09.2007	Alem. Aachen	München 1860	0:0 (0:0)
16.09.2007	FC Augsburg	SV Wehen	5:1 (3:0)
16.09.2007	1. FC Köln	Greuther Fürth	0:0 (0:0)
16.09.2007	TSG Hoffenheim	VfL Osnabrück	3:1 (0:1)
17.09.2007	Erzgebirge Aue	Mönchengladbach	2:3 (0:2)

6. Spieltag
21.09.2007	Mönchengladbach	FC Augsburg	4:2 (1:0)
21.09.2007	Greuther Fürth	Alem. Aachen	2:0 (1:0)
21.09.2007	München 1860	FC St. Pauli	2:1 (2:1)
21.09.2007	SC Paderborn 07	TSG Hoffenheim	0:2 (0:2)
21.09.2007	VfL Osnabrück	Erzgebirge Aue	2:1 (1:0)
23.09.2007	SC Freiburg	Kaiserslautern	1:0 (0:0)
23.09.2007	TuS Koblenz	1. FC Köln	1:2 (1:1)
23.09.2007	Kickers Offenbach	1. FSV Mainz 05	2:0 (1:0)
23.09.2007	SV Wehen	Carl Zeiss Jena	5:1 (4:0)

7. Spieltag
25.09.2007	Alem. Aachen	SC Paderborn 07	3:1 (2:1)
25.09.2007	FC Augsburg	VfL Osnabrück	2:0 (1:0)
25.09.2007	Erzgebirge Aue	TSG Hoffenheim	2:2 (1:1)
25.09.2007	FC St. Pauli	Mönchengladbach	0:3 (0:1)
26.09.2007	Kaiserslautern	SV Wehen	0:2 (0:0)
26.09.2007	1. FC Köln	SC Freiburg	1:3 (1:1)
26.09.2007	TuS Koblenz	Greuther Fürth	3:0 (2:0)
26.09.2007	Carl Zeiss Jena	Kickers Offenbach	2:0 (1:0)
27.09.2007	1. FSV Mainz 05	München 1860	3:0 (1:0)

8. Spieltag
28.09.2007	Mönchengladbach	Alem. Aachen	2:1 (2:0)
28.09.2007	SC Paderborn 07	FC Augsburg	1:1 (0:1)
28.09.2007	VfL Osnabrück	FC St. Pauli	3:1 (1:0)
30.09.2007	SC Freiburg	Erzgebirge Aue	2:0 (0:0)
30.09.2007	Greuther Fürth	Carl Zeiss Jena	2:2 (1:1)
30.09.2007	München 1860	TuS Koblenz	2:2 (1:0)
30.09.2007	SV Wehen	1. FC Köln	4:3 (3:2)
30.09.2007	TSG Hoffenheim	1. FSV Mainz 05	1:0 (1:0)
01.10.2007	Kickers Offenbach	Kaiserslautern	0:0 (0:0)

9. Spieltag
05.10.2007	Greuther Fürth	SV Wehen	1:1 (1:1)
05.10.2007	1. FC Köln	Kickers Offenbach	4:1 (2:1)
05.10.2007	Carl Zeiss Jena	München 1860	0:2 (0:0)
07.10.2007	1. FSV Mainz 05	Erzgebirge Aue	4:1 (0:1)
07.10.2007	Kaiserslautern	VfL Osnabrück	3:0 (1:0)
07.10.2007	FC Augsburg	TSG Hoffenheim	2:2 (2:0)
07.10.2007	TuS Koblenz	Mönchengladbach	0:5 (0:2)
07.10.2007	FC St. Pauli	SC Paderborn 07	2:1 (2:0)
08.10.2007	Alem. Aachen	SC Freiburg	2:0 (1:0)

10. Spieltag
19.10.2007	Kickers Offenbach	TuS Koblenz	1:1 (0:1)
19.10.2007	TSG Hoffenheim	Kaiserslautern	1:0 (0:0)
19.10.2007	VfL Osnabrück	Alem. Aachen	2:2 (1:2)
21.10.2007	SC Freiburg	FC St. Pauli	2:0 (1:0)
21.10.2007	München 1860	Greuther Fürth	0:3 (0:1)
21.10.2007	Erzgebirge Aue	FC Augsburg	3:0 (0:0)
21.10.2007	SC Paderborn 07	Carl Zeiss Jena	2:2 (2:2)
21.10.2007	SV Wehen	1. FSV Mainz 05	1:3 (0:1)
22.10.2007	Mönchengladbach	1. FC Köln	2:2 (0:0)

11. Spieltag
26.10.2007	1. FSV Mainz 05	FC Augsburg	1:1 (1:0)
26.10.2007	Alem. Aachen	TSG Hoffenheim	2:2 (1:0)
26.10.2007	Greuther Fürth	Mönchengladbach	1:3 (0:2)
26.10.2007	München 1860	Kickers Offenbach	3:0 (1:0)
26.10.2007	FC St. Pauli	SV Wehen	1:1 (0:1)
28.10.2007	Kaiserslautern	Erzgebirge Aue	2:0 (2:0)
28.10.2007	1. FC Köln	SC Paderborn 07	2:1 (1:0)
28.10.2007	TuS Koblenz	VfL Osnabrück	1:0 (0:0)
28.10.2007	Carl Zeiss Jena	SC Freiburg	1:2 (0:1)

12. Spieltag
01.11.2007	VfL Osnabrück	1. FC Köln	2:1 (2:0)
02.11.2007	Erzgebirge Aue	Alem. Aachen	2:1 (1:1)
02.11.2007	Kickers Offenbach	Greuther Fürth	1:2 (1:0)
02.11.2007	TSG Hoffenheim	FC St. Pauli	1:1 (0:1)
04.11.2007	SC Freiburg	TuS Koblenz	4:2 (0:0)
04.11.2007	FC Augsburg	Kaiserslautern	0:0 (0:0)
04.11.2007	SC Paderborn 07	1. FSV Mainz 05	1:1 (1:1)
04.11.2007	SV Wehen	München 1860	0:0 (0:0)
05.11.2007	Mönchengladbach	Carl Zeiss Jena	2:1 (1:1)

13. Spieltag
09.11.2007	1. FSV Mainz 05	VfL Osnabrück	4:1 (1:1)
09.11.2007	1. FC Köln	Erzgebirge Aue	3:2 (2:2)
09.11.2007	Kickers Offenbach	SV Wehen	0:0 (0:0)
11.11.2007	Alem. Aachen	Kaiserslautern	2:1 (1:0)
11.11.2007	Greuther Fürth	SC Freiburg	1:1 (1:0)
11.11.2007	Carl Zeiss Jena	TSG Hoffenheim	0:1 (0:0)
11.11.2007	FC St. Pauli	FC Augsburg	2:0 (1:0)
12.11.2007	München 1860	Mönchengladbach	0:0 (0:0)
13.11.2007	TuS Koblenz	SC Paderborn 07	0:0 (0:0)

14. Spieltag
23.11.2007	Mönchengladbach	Kickers Offenbach	3:0 (1:0)
23.11.2007	SC Paderborn 07	Greuther Fürth	1:0 (0:0)
23.11.2007	SV Wehen	TuS Koblenz	0:2 (0:0)
23.11.2007	VfL Osnabrück	Carl Zeiss Jena	1:1 (1:0)
25.11.2007	SC Freiburg	München 1860	2:2 (1:0)
25.11.2007	FC Augsburg	Alem. Aachen	1:0 (0:0)
25.11.2007	Erzgebirge Aue	FC St. Pauli	0:0 (0:0)
25.11.2007	TSG Hoffenheim	1. FC Köln	0:2 (0:1)
26.11.2007	Kaiserslautern	1. FSV Mainz 05	0:0 (0:0)

15. Spieltag
30.11.2007	Carl Zeiss Jena	Erzgebirge Aue	2:1 (0:1)
30.11.2007	SV Wehen	Mönchengladbach	1:1 (1:0)
30.11.2007	FC St. Pauli	Kaiserslautern	3:4 (2:3)
02.12.2007	Greuther Fürth	VfL Osnabrück	6:3 (3:1)
02.12.2007	München 1860	SC Paderborn 07	0:0 (0:0)
02.12.2007	1. FC Köln	FC Augsburg	3:0 (1:0)
02.12.2007	TuS Koblenz	TSG Hoffenheim	2:2 (1:1)
02.12.2007	Kickers Offenbach	SC Freiburg	0:0 (0:0)
03.12.2007	Alem. Aachen	1. FSV Mainz 05	0:3 (0:1)

16. Spieltag
07.12.2007	1. FSV Mainz 05	1. FC Köln	1:0 (0:0)
07.12.2007	Alem. Aachen	FC St. Pauli	2:2 (0:1)
07.12.2007	Erzgebirge Aue	TuS Koblenz	0:0 (0:0)
09.12.2007	Kaiserslautern	Carl Zeiss Jena	2:3 (2:0)
09.12.2007	FC Augsburg	Greuther Fürth	3:0 (1:0)
09.12.2007	SC Paderborn 07	SV Wehen	1:1 (1:0)
09.12.2007	TSG Hoffenheim	Kickers Offenbach	2:2 (2:0)
09.12.2007	VfL Osnabrück	München 1860	3:0 (2:0)
10.12.2007	SC Freiburg	Mönchengladbach	1:3 (0:1)

17. Spieltag
14.12.2007	TuS Koblenz	Alem. Aachen	0:0 (0:0)
14.12.2007	Kickers Offenbach	VfL Osnabrück	3:3 (1:1)
14.12.2007	FC St. Pauli	1. FSV Mainz 05	1:0 (1:0)
16.12.2007	Mönchengladbach	SC Paderborn 07	1:1 (0:0)
16.12.2007	Greuther Fürth	TSG Hoffenheim	4:1 (1:1)
16.12.2007	München 1860	Erzgebirge Aue	5:0 (2:0)
16.12.2007	Carl Zeiss Jena	FC Augsburg	1:2 (0:2)
16.12.2007	SV Wehen	SC Freiburg	2:2 (2:1)
17.12.2007	1. FC Köln	Kaiserslautern	2:1 (1:1)

Termine und Ergebnisse der 2. Bundesliga Saison 2007/08 Rückrunde

18. Spieltag
01.02.2008	Mönchengladbach	Kaiserslautern	1:1 (1:0)
01.02.2008	1. FC Köln	FC St. Pauli	1:1 (0:1)
01.02.2008	SV Wehen	TSG Hoffenheim	0:2 (0:2)
03.02.2008	SC Freiburg	VfL Osnabrück	1:1 (1:1)
03.02.2008	TuS Koblenz	1. FSV Mainz 05	1:1 (1:1)
03.02.2008	München 1860	FC Augsburg	0:3 (0:1)
03.02.2008	Greuther Fürth	Erzgebirge Aue	2:0 (2:0)
03.02.2008	Kickers Offenbach	SC Paderborn 07	2:1 (2:1)
04.02.2008	Carl Zeiss Jena	Alem. Aachen	2:3 (1:1)

19. Spieltag
08.02.2008	Kaiserslautern	München 1860	1:2 (1:0)
08.02.2008	FC St. Pauli	Carl Zeiss Jena	2:2 (1:0)
08.02.2008	Erzgebirge Aue	Kickers Offenbach	3:1 (2:0)
10.02.2008	SC Paderborn 07	SC Freiburg	3:2 (1:1)
10.02.2008	FC Augsburg	TuS Koblenz	1:0 (1:0)
10.02.2008	VfL Osnabrück	SV Wehen	0:2 (0:1)
10.02.2008	TSG Hoffenheim	Mönchengladbach	4:2 (0:2)
10.02.2008	1. FSV Mainz 05	Greuther Fürth	1:2 (0:0)
11.02.2008	Alem. Aachen	1. FC Köln	3:2 (1:1)

20. Spieltag
15.02.2008	SV Wehen	Erzgebirge Aue	3:0 (2:0)
15.02.2008	Carl Zeiss Jena	1. FC Köln	1:3 (0:1)
15.02.2008	TuS Koblenz	FC St. Pauli	1:1 (0:0)
17.02.2008	SC Paderborn 07	VfL Osnabrück	1:3 (0:0)
17.02.2008	Kickers Offenbach	Alem. Aachen	1:1 (1:1)
17.02.2008	Greuther Fürth	Kaiserslautern	0:1 (0:0)
17.02.2008	SC Freiburg	FC Augsburg	1:0 (1:0)
17.02.2008	München 1860	TSG Hoffenheim	0:1 (0:1)
18.02.2008	Mönchengladbach	1. FSV Mainz 05	0:1 (0:1)

21. Spieltag
22.02.2008	1. FC Köln	München 1860	0:0 (0:0)
22.02.2008	1. FSV Mainz 05	Carl Zeiss Jena	2:2 (1:0)
22.02.2008	TSG Hoffenheim	SC Freiburg	2:0 (1:0)
24.02.2008	VfL Osnabrück	Mönchengladbach	2:2 (1:2)
24.02.2008	FC St. Pauli	Greuther Fürth	1:1 (0:1)
24.02.2008	Erzgebirge Aue	SC Paderborn 07	6:0 (3:0)
24.02.2008	FC Augsburg	Kickers Offenbach	1:1 (0:0)
24.02.2008	Alem. Aachen	SV Wehen	2:3 (1:2)
25.02.2008	Kaiserslautern	TuS Koblenz	2:3 (1:2)

22. Spieltag
29.02.2008	SV Wehen	FC Augsburg	2:1 (1:0)
29.02.2008	Greuther Fürth	1. FC Köln	2:2 (1:2)
29.02.2008	Mönchengladbach	Erzgebirge Aue	2:0 (1:0)
02.03.2008	SC Paderborn 07	Kaiserslautern	0:0 (0:0)
02.03.2008	TuS Koblenz	Carl Zeiss Jena	2:0 (1:0)
02.03.2008	Kickers Offenbach	FC St. Pauli	4:3 (1:2)
02.03.2008	VfL Osnabrück	TSG Hoffenheim	0:3 (0:2)
02.03.2008	München 1860	Alem. Aachen	0:0 (0:0)
03.03.2008	SC Freiburg	1. FSV Mainz 05	1:1 (1:0)

23. Spieltag
07.03.2008	FC Augsburg	Mönchengladbach	0:2 (0:1)
07.03.2008	Alem. Aachen	Greuther Fürth	2:5 (1:3)
07.03.2008	Kaiserslautern	SC Freiburg	0:0 (0:0)
09.03.2008	TSG Hoffenheim	SC Paderborn 07	1:0 (0:0)
09.03.2008	Erzgebirge Aue	VfL Osnabrück	0:1 (0:0)
09.03.2008	1. FC Köln	TuS Koblenz	1:0 (0:0)
09.03.2008	1. FSV Mainz 05	Kickers Offenbach	1:0 (0:0)
09.03.2008	Carl Zeiss Jena	SV Wehen	2:2 (2:0)
10.03.2008	FC St. Pauli	München 1860	0:0 (0:0)

24. Spieltag
14.03.2008	SC Paderborn 07	Alem. Aachen	0:1 (0:1)
14.03.2008	Kickers Offenbach	Carl Zeiss Jena	2:1 (1:0)
14.03.2008	SV Wehen	Kaiserslautern	0:2 (0:2)
16.03.2008	Mönchengladbach	FC St. Pauli	1:0 (0:0)
16.03.2008	VfL Osnabrück	FC Augsburg	0:2 (0:1)
16.03.2008	TSG Hoffenheim	Erzgebirge Aue	1:0 (0:0)
16.03.2008	Greuther Fürth	TuS Koblenz	0:1 (0:0)
16.03.2008	München 1860	1. FSV Mainz 05	1:1 (0:0)
17.03.2008	SC Freiburg	1. FC Köln	1:0 (0:0)

25. Spieltag
20.03.2008	Kaiserslautern	Kickers Offenbach	1:1 (0:1)
20.03.2008	FC Augsburg	SC Paderborn 07	0:1 (0:0)
20.03.2008	FC St. Pauli	VfL Osnabrück	2:1 (1:0)
23.03.2008	Erzgebirge Aue	SC Freiburg	2:2 (1:0)
23.03.2008	Carl Zeiss Jena	Greuther Fürth	1:0 (1:0)
23.03.2008	TuS Koblenz	München 1860	3:1 (2:1)
23.03.2008	1. FC Köln	SV Wehen	2:1 (2:1)
23.03.2008	1. FSV Mainz 05	TSG Hoffenheim	1:1 (0:0)
24.03.2008	Alem. Aachen	Mönchengladbach	1:1 (1:0)

26. Spieltag
28.03.2008	Erzgebirge Aue	1. FSV Mainz 05	3:3 (2:1)
28.03.2008	TSG Hoffenheim	FC Augsburg	2:0 (0:0)
28.03.2008	SC Freiburg	Alem. Aachen	1:0 (1:0)
30.03.2008	SV Wehen	Greuther Fürth	1:1 (1:0)
30.03.2008	Kickers Offenbach	1. FC Köln	1:3 (1:1)
30.03.2008	München 1860	Carl Zeiss Jena	1:2 (1:0)
30.03.2008	Mönchengladbach	TuS Koblenz	1:0 (0:0)
30.03.2008	SC Paderborn 07	FC St. Pauli	4:1 (1:1)
31.03.2008	VfL Osnabrück	Kaiserslautern	2:0 (0:0)

27. Spieltag
04.04.2008	TuS Koblenz	Kickers Offenbach	1:1 (0:1)
04.04.2008	Kaiserslautern	TSG Hoffenheim	0:2 (0:0)
04.04.2008	Greuther Fürth	München 1860	3:1 (1:1)
06.04.2008	Alem. Aachen	VfL Osnabrück	3:0 (0:0)
06.04.2008	FC St. Pauli	SC Freiburg	5:0 (3:0)
06.04.2008	FC Augsburg	Erzgebirge Aue	1:1 (0:1)
06.04.2008	Carl Zeiss Jena	SC Paderborn 07	3:0 (1:0)
06.04.2008	1. FSV Mainz 05	SV Wehen	3:0 (2:0)
07.04.2008	1. FC Köln	Mönchengladbach	1:1 (0:1)

28. Spieltag
11.04.2008	FC Augsburg	1. FSV Mainz 05	2:1 (1:1)
11.04.2008	SV Wehen	FC St. Pauli	1:3 (0:0)
11.04.2008	Erzgebirge Aue	Kaiserslautern	0:0 (0:0)
11.04.2008	SC Paderborn 07	1. FC Köln	2:2 (1:1)
11.04.2008	VfL Osnabrück	TuS Koblenz	2:0 (1:0)
13.04.2008	TSG Hoffenheim	Alem. Aachen	1:2 (0:0)
13.04.2008	Mönchengladbach	Greuther Fürth	3:0 (1:0)
13.04.2008	Kickers Offenbach	München 1860	2:0 (1:0)
13.04.2008	SC Freiburg	Carl Zeiss Jena	2:0 (1:0)

29. Spieltag
15.04.2008	1. FC Köln	VfL Osnabrück	2:0 (2:0)
15.04.2008	Kaiserslautern	FC Augsburg	2:0 (2:0)
15.04.2008	1. FSV Mainz 05	SC Paderborn 07	6:1 (2:0)
16.04.2008	Alem. Aachen	Erzgebirge Aue	1:0 (0:0)
16.04.2008	Greuther Fürth	Kickers Offenbach	2:1 (1:0)
16.04.2008	FC St. Pauli	TSG Hoffenheim	3:1 (1:1)
16.04.2008	TuS Koblenz	SC Freiburg	3:2 (1:1)
16.04.2008	Carl Zeiss Jena	Mönchengladbach	2:2 (2:0)
17.04.2008	München 1860	SV Wehen	2:1 (1:0)

30. Spieltag
25.04.2008	Erzgebirge Aue	1. FC Köln	3:3 (2:2)
25.04.2008	SC Paderborn 07	TuS Koblenz	3:2 (3:1)
25.04.2008	Kaiserslautern	Alem. Aachen	2:1 (1:1)
27.04.2008	SV Wehen	Kickers Offenbach	2:1 (0:1)
27.04.2008	VfL Osnabrück	1. FSV Mainz 05	1:2 (1:2)
27.04.2008	TSG Hoffenheim	Carl Zeiss Jena	5:0 (4:0)
27.04.2008	FC Augsburg	FC St. Pauli	1:0 (0:0)
27.04.2008	Mönchengladbach	München 1860	2:2 (1:2)
28.04.2008	SC Freiburg	Greuther Fürth	3:2 (1:1)

31. Spieltag
02.05.2008	Carl Zeiss Jena	VfL Osnabrück	1:1 (0:0)
02.05.2008	München 1860	SC Freiburg	0:3 (0:2)
02.05.2008	Greuther Fürth	SC Paderborn 07	1:1 (0:0)
02.05.2008	FC St. Pauli	Erzgebirge Aue	4:2 (2:2)
02.05.2008	1. FSV Mainz 05	Kaiserslautern	2:1 (1:1)
04.05.2008	Kickers Offenbach	Mönchengladbach	1:7 (0:1)
04.05.2008	TuS Koblenz	SV Wehen	2:0 (1:0)
04.05.2008	Alem. Aachen	FC Augsburg	3:0 (1:0)
04.05.2008	1. FC Köln	TSG Hoffenheim	3:1 (1:1)

32. Spieltag
06.05.2008	Erzgebirge Aue	Carl Zeiss Jena	5:0 (2:0)
06.05.2008	Kaiserslautern	FC St. Pauli	2:0 (1:0)
06.05.2008	VfL Osnabrück	Greuther Fürth	0:0 (0:0)
06.05.2008	SC Paderborn 07	München 1860	3:1 (1:0)
07.05.2008	Mönchengladbach	SV Wehen	3:0 (1:0)
07.05.2008	FC Augsburg	1. FC Köln	1:3 (0:2)
07.05.2008	TSG Hoffenheim	TuS Koblenz	3:1 (1:0)
07.05.2008	SC Freiburg	Kickers Offenbach	0:1 (0:0)
07.05.2008	1. FSV Mainz 05	Alem. Aachen	0:1 (0:0)

33. Spieltag
11.05.2008	1. FC Köln	1. FSV Mainz 05	2:0 (1:0)
11.05.2008	FC St. Pauli	Alem. Aachen	0:2 (0:2)
11.05.2008	TuS Koblenz	Erzgebirge Aue	2:2 (0:0)
11.05.2008	Carl Zeiss Jena	Kaiserslautern	2:2 (0:0)
11.05.2008	Greuther Fürth	FC Augsburg	3:2 (1:0)
11.05.2008	SV Wehen	SC Paderborn 07	1:1 (1:0)
11.05.2008	Kickers Offenbach	TSG Hoffenheim	1:1 (0:0)
11.05.2008	München 1860	VfL Osnabrück	1:1 (0:1)
11.05.2008	Mönchengladbach	SC Freiburg	2:3 (0:2)

34. Spieltag
18.05.2008	Alem. Aachen	TuS Koblenz	1:3 (0:0)
18.05.2008	VfL Osnabrück	Kickers Offenbach	3:0 (1:0)
18.05.2008	1. FSV Mainz 05	FC St. Pauli	5:1 (3:0)
18.05.2008	SC Paderborn 07	Mönchengladbach	2:3 (2:1)
18.05.2008	TSG Hoffenheim	Greuther Fürth	5:0 (1:0)
18.05.2008	Erzgebirge Aue	München 1860	1:1 (0:0)
18.05.2008	FC Augsburg	Carl Zeiss Jena	1:1 (0:0)
18.05.2008	SC Freiburg	SV Wehen	0:2 (0:2)
18.05.2008	Kaiserslautern	1. FC Köln	3:0 (0:0)

Aachener TSV Alemannia 1900

Anschrift:
Sonnenweg 11
52070 Aachen
Telefon: (0 18 05) 01 80 11
eMail: info@alemannia-aachen.de
Homepage: www.alemannia-aachen.de

Vereinsgründung: 10.04.1900 als FC Alemannia Aachen; seit 1919 (Fusion mit Aachener TV) TSV Alemannia Aachen
Vereinsfarben: Schwarz-Gelb
Präsident: Prof. Horst Heinrichs
Sportdirektor: Jörg Schmadtke
Stadion: Tivoli (22.500)

Größte Erfolge: Deutscher Vizemeister 1969; Meister der Regionalliga West 1964 und 1967 (↑); Aufstieg in die Bundesliga 2006; Aufstiegsrunde zur Bundesliga 1965; DFB-Pokalfinalist 1953, 1965 und 2004

Aufgebot:

Name, Vorname	Pos	geb. am	Nat.	seit	2007/08 Sp.	T.	gesamt Sp.	T.	frühere Vereine
Brinkmann, Daniel	M	29.01.1986	D	2008	12	3	66	4	SC Paderborn 07, TuS Horn-Bad Meinberg, BV Bad Lippspringe 1910, SV Diestelbruch-Mosebeck
Casper, Mirko	A	01.03.1982	D	2005	16	0	43	0	PSI Yurdumspor Köln, SC Fortuna Köln, Bayer 04 Leverkusen, FSV Salmrohr, SG Bremm
Ebbers, Marius	S	04.01.1978	D	2005	29	5	166	59	1. FC Köln, MSV Duisburg, SG Wattenscheid 09, MSV Duisburg, Essener TB Schwarz-Weiß, SG Wattenscheid 09, SC Preußen Steele
Fiel, Cristian	M	12.03.1980	ESP	2004	27	2	167	16	VfL Bochum, 1. FC Union Berlin, SV Stuttgarter Kickers, VfL Kirchheim/Teck, VfB Stuttgart
Herzig, Nico	A	10.12.1983	D	2006	20	1	79	6	SV Wacker Burghausen, FC Milton Keynes Dons, FC Chelsea, FC Wimbledon, FC Carl Zeiss Jena, FC Bayern Hof, SV Sparneck, VfB Pößneck
Holtby, Lewis	S	18.09.1990	S	2004	2	0	2	0	Borussia Mönchengladbach, Sparta Gerderath
Klitzpera, Alexander	A	19.10.1977	D	2002	22	1	184	18	DSC Arminia Bielefeld, FC Bayern München, TSV Waldtrudering
Kolev, Todor	S	08.02.1980	BUL	2007	20	5	20	5	Slavia Sofia, Marek Dupnica, Levski Sofia, Spartak Pleven, Levski Sofia, Spartak Pleven, Levski Sofia, Etar Veliko Tarnovo
Krontiris, Emmanuel	S	11.02.1983	D	2006	19	3	92	20	TSV München 1860, TSV Alemannia Aachen, Borussia Dortmund, Tennis Borussia Berlin, Hannover 96
Lagerblom, Pekka Sakari	M	19.10.1982	FIN	2007	19	0	46	1	1. FC Köln, SV Werder Bremen, 1. FC Nürnberg, SV Werder Bremen, FC Lahti, Reipas Lahti
Lehmann, Matthias	M	28.05.1983	D	2006	33	5	101	16	TSV München 1860, VfB Stuttgart, SSV Ulm 1846, VfL Ulm
Leiwakabessy, Jeffrey	A	23.02.1981	NED	2006	26	0	26	0	NEC Nijmegen, Elistha Elst
Milchraum, Patrick	M	26.05.1984	D	2007	30	5	96	12	TSV München 1860, SV Stuttgarter Kickers, SV Vaihingen
Mosquera, John Jairo	S	15.01.1988	COL	2008	7	0	24	1	SV Werder Bremen, SV Wacker Burghausen, Sönderjysk Elitesport, Union Magdalena Santa Marta, Atletico Junior Barranquilla, River Plate Buenos Aires, Millionarios Bogota, Atletico Junior Barranquilla
Nemeth, Szilard	S	08.08.1977	SVK	2006	26	9	26	9	Racing Club Straßburg, FC Middlesbrough, Inter Bratislava, 1. FC Kosice, Sparta Prag, Slovan Bratislava, KFC Komarno
Nicht, Kristian	T	03.04.1982	D	2004	5	0	42	0	1. FC Nürnberg, SV Stuttgarter Kickers, FC Carl Zeiss Jena
Özgen, Abdulkadir	S	08.09.1986	TUR	2006	1	0	1	0	SV Breinig
Olajengbesi, Seyi	A	17.11.1980	NGA	2008	13	0	63	1	SC Freiburg, Julius Berger FC Lagos, Shooting Stars FC Ibadan, Plateau United FC Jos
Pecka, Lubos	S	19.02.1978	CZE	2007	19	1	19	1	FK Mlada Boleslav, Tatran Prachatice, SK Dynamo Ceske Budejovice, Tatran Prachatice, SK Dynamo Ceske Budejovice, Tatran Prachatice
Plaßhenrich, Reiner	M	12.12.1976	D	2004	8	1	128	8	VfB Lübeck, SC Paderborn 07 SpVgg Greuther Fürth, SC Verl, FC Stukenbrock, BSV Hövelriege-Liemke
Polenz, Jerome	S	07.11.1986	D	2007	24	0	24	0	SV Werder Bremen, Tennis Borussia Berlin, CFC Hertha 06 Berlin, SC Siemensstadt
Popova, Faton	M	22.12.1984	ALB	2005	1	0	1	0	SC Borussia Freialdenhoven, Roda JC Kerkrade, TSV Alemannia Aachen, TSV Donnerberg
Reghecampf, Laurentiu-Aurelian	M	19.09.1975	ROU	2005	21	5	107	22	FC Energie Cottbus, Steaua Bukarest, FC St. Pölten, Liteks Lovech, Steaua Bukarest, Chindia Targoviste, Otelul Targoviste
Stehle, Thomas	A	26.10.1980	D	2004	22	1	82	7	1. FC Nürnberg, SC Pfullendorf, SC Rot-Weiß Salem
Straub, Stephan	T	25.01.1971	D	2001	14	0	160	0	1. FC Saarbrücken, SV Waldhof 07 Mannheim, SV Eintracht Trier 05, ATSV Saarbrücken, DJK Folsterhöhe
Stuckmann, Torsten	T	17.03.1981	D	2007	16	0	84	0	Eintracht Braunschweig, SC Preußen 06 Münster, SC Paderborn 07, FC Gütersloh, SpVgg Beckum, SV Neubeckum
Vukovic, Hrvoje	A	25.07.1979	CRO	2007	10	1	88	7	SV Wacker Burghausen, NK Hajduk Split
Weigelt, Benjamin	A	04.09.1982	D	2007	10	0	22	0	1. FSV Mainz 05, Rot-Weiss Essen, KFC Uerdingen 05, 1. FC Bocholt, DJK Barlo

Trainer:

Name, Vorname	geb. am	Nat.	Zeitraum	Spiele 2007/08	frühere Trainerstationen
Buchwald, Guido	24.01.1961	D	01.07.07 – 26.11.07	14	Urawa Red Diamonds, Karlsruher SC
Schmadtke, Jörg	16.03.1964	D	26.11.07 – 16.12.07	3	Fortuna Düsseldorf (Co-Trainer), VfR Neuss, Borussia Mönchengladbach (Co-Trainer), SC Freiburg (Junioren)
Seeberger, Jürgen	25.03.1965	D	02.01.08 – lfd.	17	FC Schaffhausen, SC Kriens, Red Star Zürich, FC Schwammendingen

Zugänge:
Kolev (Slavia Sofia), Lagerblom (1. FC Köln), Milchraum (TSV München 1860), Pecka (FK Mlada Boleslav), Polenz (SV Werder Bremen), Stuckmann (Eintracht Braunschweig), Vukovic (SV Wacker Burghausen), Weigelt (1. FSV Mainz 05).
während der Saison:
Brinkmann (SC Paderborn 07), Mosquera (SV Werder Bremen), Olajengbesi (SC Freiburg).

Abgänge:
Dum (Bayer 04 Leverkusen), Heidrich (VfL Osnabrück), Hesse (SG Dynamo Dresden), Ibisevic (TSG Hoffenheim), Pinto (Hannover 96), Rösler (Borussia Mönchengladbach), Schlaudraff (FC Bayern München), Sichone (Offenbacher FC Kickers).
während der Saison:
Nicht (Viking Stavanger), Weigelt (1. FC Kaiserslautern).

Fortsetzung Aachener TSV Alemannia 1900

Aufstellungen und Torschützen:

Sp	Datum	Gegner	Ergebnis	Brinkmann	Casper	Ebbers	Fiel	Herzig	Holtby	Klitzpera	Kolev	Krontiris	Lagerblom	Lehmann	Leiwakabessy	Milchraum	Mosquera	Nemeth	Nicht	Özgen	Olajengbesi	Pecka	Plaßhenrich	Polenz	Popova	Reghecampf	Stehle	Starub	Stuckmann	Vukovic	Weigelt
				1	2	3	4	5	6	7	8	9	10	11	12	13	14	15	16	17	18	19	20	21	22	23	24	25	26	27	28
1	10.08.07 H	FC Carl Zeiss Jena	2:2 (2:1)		E	X				X			X	E	E		X1	X			A		A			X	X			A1	X
2	20.08.07 A	1. FC Köln	1:0 (1:0)	X	X1	E	E		A			X	X	X			X	X			A					A	E			X	
3	26.08.07 H	Offenbacher Kickers	4:0 (0:0)	X	A		X			E2		X	X1	A	E1		X	X			A					X				X	E
4	02.09.07 A	SV Wehen	0:3 (0:0)	X	A		X			E		A	X		A		X	X			E		E			X				X	X
5	16.09.07 H	TSV München 1860	0:0 (0:0)	A	A	X			X	X		X	X	X	E		E				A		E			X	X				
6	21.09.07 A	SpVgg Gr. Fürth	0:2 (0:1)	X	E	X			X			X	X	X			A				X		E			A	E	X		A	
7	25.09.07 A	SC Paderborn 07	3:1 (2:1)	A	E	X			X	X1		X	X	A		A1					X1		E			X	X				E
8	28.09.07 A	Mönchengladbach	1:2 (0:2)	A		X			X	X1	E		X	X	E		A				X					E	X				A
9	08.10.07 H	SC Freiburg	2:0 (1:0)			X			X1	X		E	A	X	A		X				A		E			X1	X	X			E
10	19.10.07 A	VfL Osnabrück	2:2 (2:1)		E	X			X	X		E	X	X	A1		A1						A			X	X	X			E
11	26.10.07 H	TSG Hoffenheim	2:2 (1:0)	E		X			X	X		E	A1	X	A		X				E		X			A	X1	X			
12	02.11.07 A	FC Erzgebirge Aue	1:2 (1:1)		X1	X			X	E	E		X		X		A	E			A					X	X	X			A
13	11.11.07 A	1. FC Kaiserslautern	2:1 (1:0)		X	X				X	X		A	X	A1						A					X1	X	X		E	E
14	25.11.07 H	FC Augsburg	0:1 (0:0)		X	X				X	X	E	X	A		E					A					X	X	X		E	
15	03.12.07 A	1. FSV Mainz 05	0:3 (0:1)		X	A			X			X	X	A		X					E		A			X	X	X		E	E
16	07.12.07 H	FC St. Pauli	2:2 (0:1)	A	X	X	E	E	X	X1			X	X	A								X1			X	X				
17	14.12.07 A	TuS Koblenz	0:0 (0:0)	E	X	X			X	A			X	A			E		X							X	A			X E	
18	04.02.08 A	FC Carl Zeiss Jena	3:2 (1:1)	E		A			X	X	X	A1	X	A1	X			E			E		E			X	X1				
19	11.02.08 H	1. FC Köln	3:2 (1:1)			A	X1		X	X	X	X	A1	E	X						E	E	E			X	A1				
20	17.02.08 A	Offenbacher Kickers	1:1 (1:0)			X	X		X	X		A	X1	X	E	E							X			A				X	
21	24.02.08 H	SV Wehen	2:3 (1:2)			X1	X		X	X	E	A		X1	X	E	A	E					X			A				X	
22	02.03.08 A	TSV München 1860	0:0 (0:0)	X		X	X			X	X	A	X		E		E						A			X					
23	07.03.08 H	SpVgg Gr. Fürth	2:5 (1:3)		E	A	X			X		X	X	A	E	E	X2														
24	14.03.08 A	SC Paderborn 07	1:0 (1:0)	X	A	X			X1		X	A	E	E	E		X				X					A	X				
25	25.03.08 H	Mönchengladbach	1:1 (1:0)	X	X	X1	X		X			A		E		E	E	A			X					A	X				
26	28.03.08 A	SC Freiburg	0:1 (0:1)	X	A	X	X			X	E	E	E		X	A		X								A	X				
27	06.04.08 H	VfL Osnabrück	3:0 (0:0)	X1		X			X			E	E	X	X	A1	E	A1			X						X			X	
28	13.04.08 A	TSG Hoffenheim	2:1 (0:0)	A		X1	E		X			E	X	X	A	X		A1			X	E					X			X	
29	16.04.08 A	FC Erzgebirge Aue	1:0 (0:0)	X		X	E					E	X	A		X		A			X		X1	E		A				A	
30	25.04.08 A	1. FC Kaiserslautern	1:2 (1:1)			X	E	X				A	A	X		A	X1	X			E	X	E			A				A	
31	04.05.08 H	FC Augsburg	3:0 (1:0)	X1	X1	X	X					E		E	A	X1	A				X		A			X	E			X	
32	07.05.08 H	1. FSV Mainz 05	1:0 (0:0)	X1		X	E	X				E	X	A	E	X		A			X		X			A				X	
33	11.05.08 A	FC St. Pauli	2:0 (2:0)	X		X	EA	X				E	A	X1	X		A1	X					X			E	X			X	
34	18.05.08 H	TuS Koblenz	1:3 (0:0)	A		X			X				X	A	X			X					X	X	X	E	X			X	E
	Spiele:			12	16	29	27	20	2	22	20	19	19	33	26	30	7	26	5	1	13	19	8	24	1	21	22	14	16	10	10
	Tore:			3	0	5	2	1	0	1	5	3	0	5	0	5	0	9	0	0	0	1	1	0	0	5	1	0	0	1	0

Gegnerisches Eigentor im 34. Spiel (durch Sukalo).

Bilanz der letzten 10 Jahre:

Saison	Liga	Platz	Sp.	S	U	N	Tore	Pkt.
1997/98:	Regionalliga West/Südwest	7.	34	13	10	11	62–46	49
1998/99:	Regionalliga West/Südwest	1.	32	20	4	8	56–38	64
1999/00:	2. Bundesliga	8.	34	12	10	12	46–54	46
2000/01:	2. Bundesliga	10.	34	13	7	14	42–60	46
2001/02:	2. Bundesliga	14.	34	12	4	18	41–67	40
2002/03:	2. Bundesliga	6.	34	14	9	11	57–48	51
2003/04:	2. Bundesliga	6.	34	15	8	11	51–51	53
2004/05:	2. Bundesliga	6.	34	16	6	12	60–40	54
2005/06:	2. Bundesliga	2.	34	20	5	9	61–36	65
2006/07:	Bundesliga	17.	34	9	7	18	46–70	34

Zuschauerzahlen:

Saison	gesamt	Spiele	Schnitt
1997/98:	57.700	17	3.394
1998/99:	121.100	16	7.569
1999/00:	280.214	17	16.483
2000/01:	216.400	17	12.729
2001/02:	202.375	17	11.904
2002/03:	199.335	17	11.726
2003/04:	238.089	17	14.005
2004/05:	324.433	17	19.084
2005/06:	324.620	17	19.095
2006/07:	352.705	17	20.747

Die meisten Zweitliga-Spiele:

Pl.	Name, Vorname	Spiele
1.	Montanes, Joaquin	479
2.	Buschlinger, Norbert	283
3.	Kau, Johannes	219
4.	Balke, Helmut	195
5.	Kucharski, Rolf	191
6.	Landgraf, Wilfried	188
7.	Jansen, Fred	187
8.	Grabotin, Dietmar	181
9.	Delzepich, Günter	179
10.	Schütt, Helmut	170

Die besten Zweitliga-Torschützen:

Pl.	Name, Vorname	Tore
1.	Kehr, Heinz-Josef	54
2.	Clute-Simon, Hubert	52
3.	Gries, Theo	47
4.	Ruof, Gernot	38
	Stradt, Winfried	38
6.	Kucharski, Rolf	37
7.	Delzepich, Günter	30
8.	Brandts, Andreas	27
	Rombach, Helmut	27
10.	Thomas, Wayne	24

Die Trainer der letzten Jahre:

Name, Vorname	Zeitraum
Hannes, Wilfried	20.03.1991 – 10.08.1994
Graf, Helmut	11.08.1994 – 31.08.1994
vom Bruch, Gerd	05.09.1994 – 25.08.1996
Graf, Helmut	26.08.1996 – 29.08.1996
Fuchs, Werner †	29.08.1996 – 12.05.1999
Winkhold, André	12.05.1999 – 30.06.1999
Hach, Eugen	01.07.1999 – 01.10.2001
Berger, Jörg	08.10.2001 – 30.06.2004
Hecking, Dieter	01.07.2004 – 07.09.2006
Frontzeck, Michael	12.09.2006 – 10.06.2007

FC Erzgebirge Aue

Anschrift:
Lößnitzer Straße 95
08280 Aue
Telefon: (0 37 71) 5 98 20
eMail: klein@fc-erzgebirge.de
Homepage: www.fc-erzgebirge.de

Vereinsgründung: 01.01.1993; zuvor FC/BSG Wismut Aue, BSG Zentra-Wismut Aue, BSG Pneumatik Aue, SG Aue

Vereinsfarben: Lila-Weiß
Präsident: Uwe Leonhardt
Manager: Lothar Schmiedel

Stadion: Erzgebirgsstadion (17.000)

Größte Erfolge: DDR-Meister 1956, 1957 und 1959; FDGB-Pokalsieger 1955; Viertelfinale im Europapokal der Landesmeister 1959; Pokalsieger Sachsen 2000, 2001 und 2002; Meister der Regionalliga Nord 2003 (↑)

Aufgebot:

Name, Vorname	Pos	geb. am	Nat.	seit	2007/08 Sp.	2007/08 T.	gesamt Sp.	gesamt T.	frühere Vereine
Bobel, Tomasz	T	29.12.1975	POL	2004	17	0	161	0	MSV Duisburg, SC Fortuna Köln, Slask Wroclaw
Curri, Skerdilaid	M	06.10.1975	ALB	2003	30	3	140	18	VFC Plauen, FC Starnberg, SpVgg Unterhaching, Partizan Tirana, KS Besa Kavajë
Emmerich, Jörg	A	09.03.1974	D	2002	26	1	142	11	FC Rot-Weiß Erfurt, VfL Halle 96, SV Merseburg 99, Hallescher FC Chemie
Feldhahn, Nicolas	A	14.08.1986	D	2007	19	1	40	5	SpVgg Unterhaching, TSV München 1860, SV Warngau
Flauder, Stephan	T	30.05.1986	D	2005	1	0	1	0	FFC Viktoria Frankfurt/Oder, SV Preußen Frankfurt/Oder
Geißler, Tom	M	12.09.1983	D	2006	24	4	84	8	1. FSV Mainz 05, Wacker Burghausen, FC Sachsen Leipzig, VfB Leipzig, FSV Oschatz
Hampf, Kevin	S	24.03.1984	D	1998	4	0	32	2	VfB Auerbach
Hansen, Kevin	M	13.08.1979	D	2007	0	0	18	2	FC Hansa Rostock, SC Vorwärts-Wacker 04 Billstedt
Heller, Florian	M	10.03.1982	D	2005	26	5	119	13	SpVgg Greuther Fürth, FC Bayern München, TSV 1860 Rosenheim, SV Pang
Kaufman, Jiri	S	28.11.1979	CZE	2007	21	7	111	32	Karlsruher SC, Hannover 96, FC Energie Cottbus, Hannover 96, FC Petra Drnovice, FK Valcovny plechu Frydek-Mistek, Atlantik Lazne Bohdanec, SK Hradec Kralove, VCHZ Pardubice, Tesla Pardubice
Keller, Axel	T	25.03.1977	D	2006	16	0	81	0	FC Hansa Rostock, SV Eintracht Trier 05, 1. FC Schweinfurt 05, TSV München 1860, FC Carl Zeiss Jena, Altchemnitzer BSC 97, SV Germania Chemnitz, Chemnitzer FC
Klinka, Tomas	S	24.04.1977	CZE	2005	17	1	77	14	FC Zlin, FK Petra Drnovice, SK Kladno, Bohemians Prag, SK Ceske Budejovice, Spolana Neratovice, Viktoria Zizkov, Slavia Prag, FK Libus
Kos, Tomasz	A	04.04.1974	POL	2004	30	1	176	5	1. FC Nürnberg, FC Gütersloh, LKS Lodz, Sokol Tychy, Sokol Pniewy, Olimpia Kolo
Kurth, Marco	M	18.08.1978	D	2000	22	0	141	5	VfB Leipzig, Hallescher FC, SG Dynamo Eisleben, BSG Mansfeld-Kombinat Klostermansfeld
Leandro (Leandro Grech)	M	14.10.1980	ARG	2008	10	1	10	1	SC Pfullendorf, CA San Martin Mendoza, Aldovisi Mar del Plata, Club Aurora Cochabamba, Newell's Old Boys Rosario, CA Argentino Rosario, CDS Lux Rosario
Liebers, Hendrik	A	18.12.1975	D	2004	14	0	116	2	SpVgg Unterhaching, MSV Duisburg, Bayer 04 Leverkusen, Chemnitzer FC, TSV IFA Chemnitz, FC Karl-Marx-Stadt
Loose, Norman	A	10.01.1980	D	2005	26	1	110	2	SpVgg Unterhaching, FC Rot-Weiß Erfurt, VfB Leipzig, FC Rot-Weiß Erfurt, FSV Grün-Weiß Steinbach-Hallenberg, Eintracht Altersbach
Müller, Fabian	M	06.11.1986	D	2007	24	1	24	1	FC Bayern München, FC Bischofswiesen, SG Schönau
Müller, Markus	S	22.05.1988	D	2000	2	0	2	0	ESV Zschorlau
Nemec, Adam	S	02.09.1985	SVK	2007	29	10	29	10	MSK Zilina, ZTS Dubnica nad Vahom
Orahovac, Sanibal	S	12.12.1978	MNE	2008	15	5	28	5	Karlsruher SC, FC Penafiel, Vitoria Guimaraes, Roter Stern Belgrad, Buducnost Podgorica, Mladost Podgorica
Paulus, Thomas	A	14.03.1982	D	2007	20	1	34	1	1. FC Nürnberg, TV Parsberg, SV Töging
Pavlovic, Dusan	M	24.09.1977	SUI	2008	7	0	7	0	Grasshopper-Club Zürich, FC St. Gallen, FC Wil, AC Bellinzona, FC Baden, AC Lugano, Grasshopper-Club Zürich, FC Schlieren
Petrous, Adam	A	19.09.1977	CZE	2008	10	2	10	2	Slovan Liberec, BB Ankaraspor, AC Sparta Prag, FK Austria Wien, Rubin Kasan, Slavia Prag, Bohemians Prag, Slavia Prag
Rupf, Daniel	M	21.03.1986	D	1996	1	0	5	0	FC Glückauf Stollberg
Sträßer, Carsten	M	05.07.1980	D	2007	14	0	127	5	SpVgg Unterhaching, SSV Jahn 2000 Regensburg, FC Rot-Weiß Erfurt, Hertha BSC Berlin, FC Carl Zeiss Jena, 1. FC Union Berlin
Strbac, Ljubisa	S	07.08.1981	SVN	2007	6	1	6	1	Interblock Ljubljana, NK Bela Krajina, Olimpija Ljubljana, Viator & Vektor Ljubljana, NK Domzale, Olimpija Ljubljana, Factor Jezica
Süßner, Steffen	T	26.09.1977	D	2008	0	0	20	0	FC Sachsen Leipzig, Chemnitzer FC, BSG Fortschritt Erdmannsdorf
Sykora, Fiete	S	16.09.1982	D	2007	18	4	50	10	FC Carl Zeiss Jena, FC Hansa Rostock, TSG Anker Wismar
Trehkopf, René	A	08.04.1980	D	2003	19	0	116	6	Dresdner SC 98, FC Energie Cottbus, SV Calau

Trainer:

Name, Vorname	geb. am	Nat.	Zeitraum	Spiele 2007/08	frühere Trainerstationen
Schädlich, Gerd	30.12.1952	D	01.07.99 – 31.12.07	17	FSV Hoyerswerda, FC Sachsen Leipzig, FSV Zwickau, BSG Stahl Riesa, BSG dkk Krumhermersdorf/Scharfenstein, BSG Aktivist Schwarze Pumpe, FC Karl-Marx-Stadt (Nachwuchs), BSG Aufbau dkk Krumhermersdorf, BSG Traktor Niederwiesa, BSG Motor Scharfenstein
Seitz, Roland	01.10.1964	D	02.01.08 – 21.04.08	12	SC Paderborn 07, SV Eintracht Trier 05, 1. SC Feucht, SpVgg Weiden, SpVgg Greuther Fürth Am. SSV Jahn Forchheim, SSV Jahn 1889 Regensburg, ASV Neumarkt
Weber, Heiko	26.06.1965	D	22.04.08 – lfd.	5	FC Energie Cottbus II, FC Carl Zeiss Jena, FC Carl Zeiss Jena (A-Junioren), FC Thüringen Weida

Zugänge:
Feldhahn (SpVgg Unterhaching), Flauder (II. Mannschaft), Hansen (FC Hansa Rostock), Kaufman (Karlsruher SC), Müller (FC Bayern München II), Nemec (MSK Zilina), Paulus (1. FC Nürnberg), Sträßer (SpVgg Unterhaching), Strbac (Interblock Ljubljana), Sykora (FC Carl Zeiss Jena).
während der Saison:
Leandro (SC Pfullendorf), Orahovac (Karlsruher SC), Pavlovic (Grasshopper-Club Zürich), Petrous (Slovan Liberec), Süßner (FC Sachsen Leipzig).

Abgänge:
Adamski (LKS Lodz), Brecko (Hamburger SV), Demir (FC Ingolstadt 04), Dostalek (Sportfreunde Siegen), Ehlers (VfL Osnabrück), Juskowiak (Laufbahn beendet), Lenze (Eintracht Braunschweig), Petkov (FSV Oggersheim), Rangelov (FC Energie Cottbus), Schäfer (Rot-Weiss Essen), Siradze (SC Paderborn 07).
während der Saison:
Hampf (FC Rot-Weiß Erfurt), Klinka (SK Kladno).

Fortsetzung FC Erzgebirge Aue

Aufstellungen und Torschützen:

Sp	Datum	Gegner	Ergebnis	Bobel	Curri	Emmerich	Feldhahn	Flauder	Geißler	Hampf	Heller	Kaufman	Keller	Klinka	Kos	Kurth	Leandro	Liebers	Loose	Müller F.	Müller M.	Nemec	Orahovac	Paulus	Pavlovic	Petrous	Rupf	Stäßer	Strbac	Sykora	Trehkopf
				1	2	3	4	5	6	7	8	9	10	11	12	13	14	15	16	17	18	19	20	21	22	23	24	25	26	27	28
1	12.08.07 H	SpVgg Gr. Fürth	1:1 (0:0)	X	E	X1		E		X	X		A	X	A		X	X				E	X						A		
2	19.08.07 A	Offenbacher Kickers	2:3 (1:2)	X	X	A		E		X1			X	X			A	A				X		X					X1	E	E
3	26.08.07 H	SV Wehen	3:0 (0:0)	X	X	E	X1	A	E2		E	X	A		X			X				X						A			X
4	02.09.07 A	SC Paderborn 07	1:0 (0:0)	X	A		X	X1	X	A	E	X			X			A				X						E	E		X
5	17.09.07 A	Mönchengladbach	2:3 (0:2)	X	X		X		A1		E	A1	E	X	X			X				X	A						E		X
6	21.09.07 A	VfL Osnabrück	1:2 (0:1)	X	A	E	A		X		X	X		E	X	A		X				X1							E	X	
7	25.09.07 H	TSG Hoffenheim	2:2 (1:1)	X		X	X			X1	X		X	X	X		E	X	X			X1										A
8	30.09.07 H	SC Freiburg	0:2 (0:0)	X		X	A			A	X		A	X			X	X	X			X	E						E	E		
9	07.10.07 A	1. FSV Mainz 05	1:4 (1:0)		X		A			E	X1	A	X		X	X		X	X			A	X			E			E			
10	21.10.07 H	FC Augsburg	3:0 (0:0)	X1	X			E		A	E	X		X1			A	X	X			A1							X		X	E
11	28.10.07 H	1. FC Kaiserslautern	0:2 (0:2)	A	X			E		X		X	E	X			A	X	X			X							X	A	E	
12	04.11.07 H	Alemannia Aachen	2:1 (1:1)	A	X	X		E		A1	E	X	A	X				X1	X			X						E			X	
13	09.11.07 A	1. FC Köln	2:3 (2:2)	X	A	X			E	X	E	X	A1	X	E							X1									X	
14	25.11.07 H	FC St. Pauli	0:0 (0:0)	X	X	A				E	E		X	X	X			X	A										E		X	
15	30.11.07 A	FC Carl Zeiss Jena	1:2 (1:0)	A	A1	X		E			X	X		X	X														X	X	X	
16	07.12.07 H	TuS Koblenz	0:0 (0:0)	A	X	X		E	E		A	X	X		A	X		X					X						X	E		
17	16.12.07 A	TSV München 1860	0:5 (0:2)		X	X		X	E		A	X	X		X			X					X									X
18	03.02.08 A	SpVgg Gr. Fürth	0:2 (0:2)	E	X		X				X	A		A	E			X				E	X	A								X
19	08.02.08 H	Offenbacher Kickers	3:1 (2:0)	X	A	E					A2	X	E	X	X	X	X	A	E				X1									
20	15.02.08 A	SV Wehen	0:3 (0:2)		A	E					X	X	E	A	X	X	X	A				E	X									
21	24.02.08 H	SC Paderborn 07	6:0 (3:0)	X1	A		E				X		X	X1	A	X		A1	X2			E	X1	E								
22	29.02.08 A	Mönchengladbach	0:2 (0:1)	X	A		E			E	X		X	X	A	X		X	X			X	X									
23	09.03.08 H	VfL Osnabrück	0:1 (0:0)	X	A		E			E	X		E	X	X	X	A	X				A	X	X					X			
24	16.03.08 A	TSG Hoffenheim	0:1 (0:0)	X	E	X				X			X	X	X							E	A	A	A						E	X
25	23.03.08 H	SC Freiburg	2:2 (1:0)	X	X	X		E		X			X				E					A1	A1	X	A	X					E	X
26	28.03.08 H	1. FSV Mainz 05	3:3 (2:1)	X	X	X		E		X			X									X1	X1	A	X1							X
27	06.04.08 A	FC Augsburg	1:1 (1:0)	X	X	X			A				X	A	E		E					X	X1	X		E						A
28	11.04.08 H	1. FC Kaiserslautern	0:0 (0:0)	X	X			E		A			X		X		A	X	E			X	X	X	E	A						
29	16.04.08 A	Alemannia Aachen	0:1 (0:0)	X	X			X					X		A			X	E			A	X	X	X						E	
30	25.04.08 H	1. FC Köln	3:3 (2:2)	X	X	X		X		X			X	E				A				A2	X	X							E1	A
31	02.05.08 A	FC St. Pauli	2:4 (2:2)	X	A1	E		X		X	E		X	A				A	E			X1		X		X						
32	06.05.08 H	FC Carl Zeiss Jena	5:0 (2:0)	X	A		X1			A1	E2		X	E	E			X				A	X			X					X1	
33	11.05.08 A	TuS Koblenz	2:2 (0:0)	X	A	E		X		A	E		X	X			E	X	A			X				X					X2	
34	18.05.08 H	TSV München 1860	1:1 (0:0)	X	E		X	A		X	A		X	X				X				E1	E	X					X		A	
		Spiele:		17	30	26	19	1	24	4	26	21	16	17	30	22	10	14	26	24	2	29	15	20	7	10	1	14	6	18	19	
		Tore:		0	3	1	1	0	4	0	5	7	0	1	1	0	1	0	1	1	0	10	5	1	0	2	0	0	1	4	0	

Bilanz der letzten 10 Jahre:

Saison	Liga	Platz	Sp.	S	U	N	Tore	Pkt.
1997/98:	Regionalliga Nordost	7.	34	14	10	10	43–43	52
1998/99:	Regionalliga Nordost	7.	34	15	8	11	49–39	53
1999/00:	Regionalliga Nordost	3.	34	18	6	10	59–40	60
2000/01:	Regionalliga Nord	7.	36	16	6	14	39–48	54
2001/02:	Regionalliga Nord	9.	34	13	9	12	47–43	48
2002/03:	Regionalliga Nord	1.	34	20	6	8	59–34	66
2003/04:	2. Bundesliga	8.	34	12	12	10	47–45	48
2004/05:	2. Bundesliga	7.	34	15	6	13	49–40	51
2005/06:	2. Bundesliga	7.	34	13	9	12	38–36	48
2006/07:	2. Bundesliga	10.	34	13	6	15	46–48	45

Zuschauerzahlen:

Saison	gesamt	Spiele	Schnitt
1997/98:	43.600	17	2.565
1998/99:	41.120	17	2.419
1999/00:	57.201	17	3.365
2000/01:	61.300	18	3.406
2001/02:	56.350	17	3.315
2002/03:	84.020	17	4.942
2003/04:	166.722	17	9.870
2004/05:	217.905	17	12.818
2005/06:	196.100	17	11.535

Die meisten Zweitliga-Spiele:

Pl.	Name, Vorname	Spiele
1.	Emmerich, Jörg	142
2.	Curri, Skerdilaid	139
3.	Kurth, Marco	133
4.	Trehkopf, René	114
5.	Kos, Tomasz	113
6.	Juskowiak, Andrzej	110
7.	Bobel, Tomasz	86
8.	Klinka, Tomas	77
9.	Heller, Florian	76
10.	Liebers, Hendrik	70

Die besten Zweitliga-Torschützen:

Pl.	Name, Vorname	Tore
1.	Juskowiak, Andrzej	33
2.	Curri, Skerdilaid	18
3.	Klinka, Tomas	14
4.	Heller, Florian	12
5.	Demir, Ersin	11
	Emmerich, Jörg	11
7.	Nemec, Adam	10
8.	Helbig, Sebastian	9
	Shubitidse, Hvicha	9
10.	Heidrich, Matthias	8

Die Trainer der letzten Jahre:

Name, Vorname	Zeitraum
Schaller, Konrad/Escher, Jürgen	01.01.1990 – 24.11.1990
Häcker, Heinz	24.11.1990 – 27.11.1990
Toppmöller, Klaus	28.11.1990 – 30.06.1991
Eisengrein, Heinz	01.07.1991 – 24.03.1992
Langer, Andreas	24.03.1992 – 31.03.1992
Lindemann, Lutz	01.04.1992 – 30.06.1995
Minge, Ralf	01.07.1995 – 29.04.1996
Lindemann, Lutz	29.04.1996 – 30.06.1998
Lieberam, Frank	01.07.1998 – 08.03.1999
Erler, Holger/Lindemann, Lutz	09.03.1999 – 30.06.1999

FC 1907 Augsburg

Anschrift:
Donauwörther Straße 170
86154 Augsburg
Telefon: (08 21) 45 54 77 0
eMail: info@fcaugsburg.de
Homepage: www.fcaugsburg.de

Vereinsgründung: 15.07.1969 durch Fusion aus BC Augsburg und der Fußballabteilung des TSV 1847 Schwaben Augsburg
Vereinsfarben: Rot-Grün-Weiß
1. Vorsitzender: Walther Seinsch
Manager: Andreas Rettig
Stadion: Rosenau-Stadion (32.354)

Größte Erfolge: Meister der Regionalliga Süd 1974 (↑) und 2006 (↑); Meister der 2. Liga Süd 1954 (Schwaben, ↑) und 1961 (BCA, ↑); Aufstieg in die Oberliga Süd 1952 (BCA) und 1961 (Schwaben); Meister der Amateur-Oberliga Bayern 1980 (↑), 1982 (↑), 1994 (↑) und 2002 (↑)

Aufgebot:

Name, Vorname	Pos	geb. am	Nat.	seit	2007/08 Sp.	T.	gesamt Sp.	T.	frühere Vereine
Becker, Sebastian	M	10.04.1985	D	2006	4	0	24	2	SV Eintracht Trier 05, TSC Pfalzel
Benschneider, Roland	A	22.08.1980	D	2006	30	4	128	11	1. FC Köln, DSC Arminia Bielefeld, SV Eintracht Trier 05, Tennis Borussia Berlin, FC Energie Cottbus, FC Neubrandenburg
da Costa Junior, Elton	M	15.12.1979	BRA	2005	18	2	79	10	SpVgg Unterhaching, SV Darmstadt 98, FSV Frankfurt, Internacional Santa Maria
Diabang, Mamadou Lamine	S	21.01.1979	SEN	2006	27	3	88	16	Offenbacher FC Kickers, VfL Bochum, DSC Arminia Bielefeld, FC Oberneuland, Rotenburger SV, Jeanne d´Arc de Dakar
Dressler, Sören	A	26.12.1975	D	2002	16	2	64	2	SSV Reutlingen 05, FC Bayern Hof, FC Carl Zeiss Jena, FSV Schleiz, BSG Fortschritt Gefell
Drobny, Vaclav	A	09.09.1980	CZE	2007	15	1	15	1	AC Sparta Prag, FK Jablonec, Aston Villa FC, Racing Club Straßburg, FK Chmel Blsany, FK Mlada Boleslav, FK Chmel Blsany, AC Sparta Prag, Aero Vodolena Voda
Hain, Stephan	S	27.09.1988	D	2007	1	0	1	0	SpVgg Ruhmannsfelden, SC Zwiesel, TSV Lindberg
Hdiouad, Mourad	M	10.09.1979	MAR	2006	33	4	60	9	ZSKA Sofia, Litex Lovetsch, Al-Ittihad Jeddah, FUS Rabat, Union Sportive Temara
Hertzsch, Ingo	A	22.07.1977	D	2006	21	0	52	0	1. FC Kaiserslautern, Eintracht Frankfurt, Bayer 04 Leverkusen, Hamburger SV, Chemnitzer FC, Callenberger SV
Hlinka, Peter	M	05.12.1978	SVK	2007	14	0	14	0	SK Rapid Wien, Schwarz-Weiß Bregenz, SK Sturm Graz, Tatran Presov
Kern, Benjamin	M	05.11.1983	D	2006	33	1	49	1	SV Darmstadt 98, TSV Schönaich, SSV Reutlingen 05, VfB Stuttgart, 1. FC Uhingen
Küntzel, Marco	S	22.01.1976	D	2008	15	1	69	11	FC Energie Cottbus, DSC Arminia Bielefeld, Borussia Mönchengladbach, SV Babelsberg 03, 1. FC Union Berlin, FC Hansa Rostock, Grabower SV 08
Ledezma, Froylan	M	02.01.1978	CRC	2007	18	3	18	3	SC Rheindorf Altach, PAE Akratios Liosiu, LD Alajuelense, The Strongest La Paz, Deportivo Saprissa, Cerro Porteno Asuncion, Ajax Amsterdam, LD Alajuelense
Luz, Felix	S	18.01.1982	D	2007	13	1	28	3	FC St. Pauli, VfB Stuttgart, TSG Hoffenheim, VfB Stuttgart, TSV Wäldenbronn Esslingen, TSV Deizisau, SG Eintracht Sirnau
Makarenko, Anton	S	22.08.1988	UKR	2006	3	0	3	0	1. FC Nürnberg, SV Kauerhof
de Meester, Sam	M	11.01.1982	BEL	2006	1	0	1	0	KSK Maldegem, Cercle Brügge, Excelsior Rotterdam Feyenoord Rotterdam
Miletic, Zdenko	T	23.04.1968	CRO	2002	0	0	6	0	DSC Arminia Bielefeld, SC Verl, SC Preußen 06 Münster, Maribor Branik, NK Zagreb, Dinamo Zagreb
Möhrle, Uwe	A	03.12.1979	D	2007	28	4	28	4	VfL Wolfsburg, MSV Duisburg, FC Hansa Rostock, SC Pfullendorf, SV Großschönach
Mölzl, Patrick	M	28.12.1980	D	2004	22	1	57	3	FC St. Pauli, SpVgg Greuther Fürth, FC Bayern München, TSV München 1860, SV Gartenstadt Trudering, SC Bogenhausen
Müller, Lars	M	22.03.1976	D	2006	32	1	180	11	1. FC Nürnberg, TSV Alemannia Aachen, KFC Uerdingen 05, Borussia Dortmund, Hammer SpVgg, SV Herbern, Sportfreunde Werne
Neuhaus, Sven	T	04.04.1978	D	2006	34	0	120	0	SpVgg Greuther Fürth, Fortuna Düsseldorf, Essener TB Schwarz-Weiß, Borussia Byfang
Pentke, Philipp	T	01.05.1985	D	2007	0	0	0	0	TSV München 1860, 1. FC Dynamo Dresden, BSC Freiberg/Sachsen
Pircher, Patrick	A	07.04.1982	AUT	2006	1	0	16	0	VfB Admira Wacker Mödling, Schwarz-Weiß Bregenz, SV Pasching, FK Austria Wien, Schwarz-Weiß Bregenz, SV Salzburg, FC Hard
Platins, Patrick	T	19.04.1983	D	2008	0	0	0	0	VfL Wolfsburg, FV Rot-Weiß Weiler, FSV Marktoberdorf, TSV Marktoberdorf, SV Martinszell
Strauss, Robert	M	07.10.1986	D	2001	23	0	49	2	TSV Nördlingen, Hoppinger SV, SV Großorheim
Szabics, Imre	S	22.03.1981	HUN	2007	17	4	17	4	1. FSV Mainz 05, 1. FC Köln, VfB Stuttgart, SK Sturm Graz, Ferencvárosi TC Budapest, SC Szeged
Thurk, Michael	S	28.05.1976	D	2008	16	5	163	50	Eintracht Frankfurt, 1. FSV Mainz 05, FC Energie Cottbus, 1. FSV Mainz 05, SV Jügesheim, SpVgg Oberrad, Sportfreunde 04 Frankfurt
Vorbeck, Marco	S	24.06.1981	D	2007	9	1	38	7	1. FC Dynamo Dresden, FC Hansa Rostock, TSG Neubukow, BSG Traktor Kröpelin
Wenzel, Timo	A	30.11.1977	D	2006	25	1	51	1	1. FC Kaiserslautern, VfB Stuttgart, SSV Ulm 1846, FC Burlafingen

Trainer:

Name, Vorname	geb. am	Nat.	Zeitraum	Spiele 2007/08	frühere Trainerstationen
Hörgl, Rainer	05.03.1957	D	27.09.04 – 28.09.07	8	1. FC Schweinfurt 95, Schwarz-Weiß Bregenz, SV Wacker Burghausen, Grazer AK, Türk Gücü München, FC Bayern München Junioren, 1. FC Traunstein, TSV Neuötting
Loose, Ralf	05.01.1963	D	02.10.07 – 16.04.08	21	Sportfreunde Siegen, FC St. Gallen, Sportfreunde Siegen, Nationaltrainer und U-18-Trainer Liechtenstein, 1. FSV Mainz 05 (Co-Trainer)
Fach, Holger	06.09.1962	D	18.04.08 – lfd.	5	SC Paderborn 07, VfL Wolfsburg, Borussia Mönchengladbach, Rot-Weiss Essen, Borussia Mönchengladbach Am., Bayer Wuppertal, Cronenberger SC, SV Borussia Wuppertal

Zugänge:
Drobny (AC Sparta Prag), Hlinka (SK Rapid Wien), Ledezma (SC Rheindorf Altach), Pentke (TSV München 1860), Szabics (1. FSV Mainz 05), Vorbeck (1. FC Dynamo Dresden).

während der Saison:
Küntzel (FC Energie Cottbus), Möhrle (VfL Wolfsburg), Platins (VfL Wolfsburg), Thurk (Eintracht Frankfurt).

Abgänge:
Galuschka (SV Wacker Burghausen), Haas (SpVgg Greuther Fürth), Hutwelker (SC Rheindorf Altach), Lawarée (Fortuna Düsseldorf), Krieglmeier (TSV Landsberg), Löring (1. FC Union Berlin), Teinert (SV Wacker Burghausen), Traub (VfR Aalen).

während der Saison:
Miletic (Laufbahn beendet).

Fortsetzung FC 1907 Augsburg

Aufstellungen und Torschützen:

Sp	Datum	Gegner	Ergebnis	Becker	Benschneider	da Costa	Diabang	Dressler	Drobny	Hain	Hdiouad	Hertzsch	Hlinka	Kern	Küntzel	Ledezma	Luz	Makarenko	de Meester	Möhrle	Mölzl	Müller	Neuhaus	Pircher	Strauß	Szabics	Thurk	Vorbeck	Wenzel
				1	2	3	4	5	6	7	8	9	10	11	12	13	14	15	16	17	18	19	20	21	22	23	24	25	26
1	12.08.07 H	TSV München 1860	2:6 (1:3)		X	X			X		X2	A	X	E	X								A	X	E	A	X		E	
2	17.08.07 A	TuS Koblenz	1:2 (0:1)	A	X		A	X		X	X	E	X	X		A	E					X	X	X		E1				
3	27.08.07 H	SC Freiburg	1:1 (1:0)			A			X1	X	X		X			A	E					X	X	X	E	X				X
4	31.08.07 A	Offenbacher Kickers	0:1 (0:0)		X		E		X		X	X	E	X		A						A	X	X	A	X		E		
5	16.09.07 H	SV Wehen	5:1 (3:0)				E	X	X		X2	E	A		X1				X			X	X	X	E	A1		A1		
6	21.09.07 A	Mönchengladbach	2:4 (0:1)		E		E1	A1	X		X		X	A	X				X		X	X	X	E		A				
7	25.09.07 H	VfL Osnabrück	2:0 (1:0)	E	X1		E		X		X		X	X	A				X1		X	X		E	A		A			
8	28.09.07 A	SC Paderborn 07	1:1 (1:0)	E	X		A1		X		X	E				E			X		X						A		X	
9	07.10.07 H	TSG Hoffenheim	2:2 (2:0)		X1		A1	X			X		X		X		E		X	E	X	X		A						X
10	21.10.07 A	FC Erzgebirge Aue	0:3 (0:0)	A	X				X	A	X	X	X			E			X		X	X		E						X
11	26.10.07 A	1. FSV Mainz 05	1:1 (0:1)		X		E	X	X		X	E			A		E	X1	X	A	X		A						X
12	04.11.07 H	1. FC Kaiserslautern	0:0 (0:0)		X		X	X	X		X		E	X		A			A		A	X		E			E	X		
13	11.11.07 A	FC St. Pauli	0:2 (0:1)		X		X	A	E		X		E	X		X			X	A		X		A			E	X		
14	25.11.07 H	Alemannia Aachen	1:0 (0:0)		X1	X	A		X		X		E	A		A	E		X		X	X		E				X		
15	02.12.07 H	1. FC Köln	0:3 (0:1)		X	X	E		X		X	E	X	A		A			X		A	X		E				X		
16	09.12.07 H	SpVgg Gr. Fürth	3:0 (1:0)		X	A	A				X	X	E	X1		A1	E		X1		X	X					E	X		
17	16.12.07 A	FC Carl Zeiss Jena	2:1 (2:0)		X	X1	A				X	X	E			A1	E		X		X	X						X		
18	03.02.08 H	TSV München 1860	3:0 (1:0)		X		A	E			X	X		X	E		E		X		A	X	X				A2	X1		
19	10.02.08 H	TuS Koblenz	1:0 (1:0)		X	E	A				X	X		X	E				X		A	X1	X				X	X		
20	17.02.08 A	SC Freiburg	0:1 (0:1)		X	E	A				X	X		X	E		E		X		A	A	X				X	X		
21	24.02.08 H	Offenbacher Kickers	1:1 (0:0)		X	X	X					A	E		E1				X		X	A	X	E			A	X		
22	29.02.08 A	SV Wehen	1:2 (0:1)		X	A	A				X	X		A	E		E		X	E	X	X					X1	X		
23	07.03.08 H	Mönchengladbach	0:2 (0:1)		X	X					X	X		A	E	E	A		X		A	X	X		E		X	X		
24	16.03.08 A	VfL Osnabrück	2:0 (1:0)				A	X			X	X	E	X	A1	E			X			X	X			E	A1	X		
25	20.03.08 H	SC Paderborn 07	0:1 (0:0)		X	A	X				X	X		E	X	E			X		A	X		E	A			X		
26	28.03.08 A	TSG Hoffenheim	0:2 (0:0)		X			X			X		X	A	X	A			X	E		X			E	X		X		
27	06.04.08 H	FC Erzgebirge Aue	1:1 (0:1)		E		E		X		X	X		X		E				X	X	X		A	A	X1		A		
28	11.04.08 H	1. FSV Mainz 05	2:1 (1:1)		X1		E	X			X	A		X	E				E	X	X	X		A	A1	X				
29	15.04.08 A	1. FC Kaiserslautern	0:2 (0:2)		X		E	X			X			X	E				X	A	X	X		A				E		
30	27.04.08 H	FC St. Pauli	1:0 (0:0)		X	E		E	A	E	X			X					X	X1	A	X		A	X	X		X		
31	04.05.08 A	Alemannia Aachen	0:3 (0:1)		X	E	E		A	X		X	E						X		A	X		A				X		
32	07.05.08 H	1. FC Köln	1:3 (0:2)		X	E1	E				X			X	X				X	E	X			A	A	A		X		
33	11.05.08 A	SpVgg Gr. Fürth	2:3 (0:1)		X	E	E	A			X		X	A	E				X1	X	X	X					X1	A		
34	18.05.08 H	FC Carl Zeiss Jena	1:1 (0:0)		X	E	E	X1			X		X	A					X	X	X	X		X	A					
		Spiele:		4	30	18	27	16	15	1	33	21	14	33	15	18	13	3	1	28	22	32	34	1	23	17	16	9	25	
		Tore:		0	4	2	3	2	1	0	4	0	0	1	1	3	1	0	0	4	1	1	0	0	0	4	5	1	1	

Bilanz der letzten 10 Jahre:

Saison	Liga	Platz	Sp.	S	U	N	Tore	Pkt.
1997/98:	Regionalliga Süd	10.	32	10	12	10	51–47	42
1998/99:	Regionalliga Süd	14.	34	10	8	16	42–57	38
1999/00:	Regionalliga Süd (Lizenzentzug)	8.	34	12	10	12	43–43	46
2000/01:	Oberliga Bayern	4.	38	20	5	13	74–51	65
2001/02:	Oberliga Bayern	1.	36	29	2	5	93–34	89
2002/03:	Regionalliga Süd	3.	36	17	8	11	55–39	59
2003/04:	Regionalliga Süd	4.	34	15	7	12	57–41	52
2004/05:	Regionalliga Süd	4.	34	17	10	7	62–36	61
2005/06:	Regionalliga Süd	1.	34	23	7	4	73–26	76
2006/07:	2. Bundesliga	7.	34	14	10	10	43–32	52

Zuschauerzahlen:

Saison	gesamt	Spiele	Schnitt
1997/98:	16.150	16	1.009
1998/99:	11.900	17	700
1999/00:	18.500	17	1.088
2000/01:	10.900	19	574
2001/02:	17.650	18	981
2002/03:	38.610	18	2.145
2003/04:	46.750	17	2.750
2004/05:	73.780	17	4.340
2005/06:	76.194	17	4.482
2006/07:	285.253	17	16.780

Die meisten Zweitliga-Spiele:

Pl.	Name, Vorname	Spiele
1.	Jörg, Hans	182
2.	Haug, Wolfgang	150
3.	Michallik, Heinz	113
4.	Beichle, Georg	109
5.	Brandmair, Claus	98
6.	Vöhringer, Klaus	93
7.	Hoffmann, Wilhelm	92
8.	Schneider, Edgar	91
9.	Förschner, Gerhard	90
10.	Höbusch, Herbert	87

Die besten Zweitliga-Torschützen:

Pl.	Name, Vorname	Tore
1.	Jörg, Hans	52
2.	Beichle, Georg	42
3.	Hoffmann, Wilhelm	32
4.	Vöhringer, Klaus	25
5.	Aumeier, Harald	19
6.	Obermeier, Karl	17
7.	Lawarée, Axel	15
8.	Haller, Helmut	14
9.	Förschner, Gerhard	12
	Schneider, Edgar	12

Die Trainer der letzten Jahre:

Name, Vorname	Zeitraum
Müller, Hubert	01.01.1997 – 18.04.1998
Riedl, Helmut	19.04.1998 – 30.06.1998
Schwickert, Gerd	01.07.1998 – 30.06.1999
Higl, Alfons	01.07.1999 – 30.11.1999
Schuhmann, Heiner	01.12.1999 – 21.12.1999
Boysen, Hans-Jürgen	22.12.1999 – 30.06.2000
Lettieri, Gino	01.07.2000 – 30.06.2002
Middendorp, Ernst	01.07.2002 – 28.09.2003
Kowarz, Kurt	29.09.2003 – 12.10.2003
Veh, Armin	13.10.2003 – 26.09.2004

SC Freiburg 1904

Anschrift:
Schwarzwaldstraße 193
79117 Freiburg
Telefon: (07 61) 38 55 10
eMail: scf@scfreiburg.com
Homepage: www.scfreiburg.com

Vereinsgründung: 30.05.1904 als FC Schwalbe; ab 13.12.1919 Fußballabteilung des Freiburger TS 1844 (Neugr. 15.06.1946); ab 1952 eigenständig als SC Freiburg

Vereinsfarben: Rot-Weiß
Präsident: Achim Stocker
Manager: Dirk Dufner

Stadion: badenova-Stadion (24.000)

Größte Erfolge: Meister der 2. Bundesliga 1993 (↑) und 2003 (↑); Aufstieg in die Bundesliga 1998; Teilnahme am UEFA-Pokal 1995 und 2001

Aufgebot:

Name, Vorname	Pos	geb. am	Nat.	seit	2007/08 Sp.	T.	gesamt Sp.	T.	frühere Vereine
Akrout, Amir	S	14.05.1983	TUN	2008	13	1	13	1	Stade Tunisién
Ampomah, Owusu	S	06.02.1985	GHA	2005	4	1	7	1	King Faisal Babies FC Kumasi
Aogo, Dennis	M	14.01.1987	D	2002	33	4	79	10	SV Waldhof 07 Mannheim, Karlsruher SC, Bulacher SC
Banovic, Ivica	M	02.08.1980	CRO	2007	33	1	33	1	1. FC Nürnberg, SV Werder Bremen, NK Zagreb
Barth, Oliver	A	06.10.1979	D	2007	12	0	12	0	Fortuna Düsseldorf, SV Stuttgarter Kickers, SV Fellbach, VfB Stuttgart, TSV Schmiden
Bencik, Henrich	S	04.10.1978	SVK	2006	23	5	124	33	1. FC Saarbrücken, LR Ahlen, FK Teplice, Denizlispor, Artmedia Petrzalka, FC Nitra, Ozeta Dukla Trencin, FC Nitra
Bührer, Dennis	M	13.03.1983	D	1996	0	0	6	0	SV Ottoschwanden
Butscher, Heiko	A	28.07.1980	D	2007	32	4	56	5	VfL Bochum, VfB Stuttgart, SV Sandhausen, Karlsruher SC, FC Wangen, SV Aichstetten, SV Dietmanns, SV Ellwangen
Cafú, Arlindo G. Semedo	S	17.11.1977	CPV	2006	12	1	36	6	Sportfreunde Siegen, Boavista Porto, Belenenses Lissabon, CF Amora
Glockner, Andreas	M	25.02.1988	D	2005	8	1	8	1	SV Eintracht Freiburg, SpVgg Bollschweil Sölden
Günes, Mehmet Ali	M	23.11.1978	TUR	2007	18	3	31	5	Besiktas Istanbul, Fenerbahce Istanbul, SC Freiburg, FC 08 Villingen, FV Donaueschingen, TuS Bräunlingen
Ibertsberger, Andreas	A	27.02.1982	AUT	2005	10	0	84	1	Austria Salzburg, BNZ Innsbruck, SV Seekirchen
Idrissou, Mohammadou	S	08.03.1980	CMR	2008	13	3	46	11	MSV Duisburg, Hannover 96, SM Caen, Hannover 96, SV Wehen Taunusstein, FSV Frankfurt, Coton Sport de Garoua, Racing Bafoussam
Jaeger, Jonathan	S	25.05.1978	FRA	2007	17	3	28	8	1. FC Saarbrücken, AC Le Havre, FC Metz, CS Louhans-Cuiseaux, FC Metz
Khizaneishvili, Otar	A	26.09.1981	GEO	2005	2	0	24	1	Dynamo Moskau, Dynamo Tiflis, Rostselmash Rostov, Spartak Moskau, Dynamo Tiflis
Konrad, Manuel	M	14.04.1988	D	2003	3	0	4	0	SSV Ulm 1846, TSV Neu-Ulm, TSV Obenhausen
Krmas, Pavel	A	03.03.1980	CZE	2007	31	3	31	3	FK Teplice, AC Sparta Prag, SK Hradec Kralove, AC Sparta Prag, Admira/Slavoj Prag, SK Hradec Kralove, TJ Nachod, Slovan Broumov
Kruppke, Dennis	S	01.04.1980	D	2007	3	0	60	7	VfB Lübeck, SC Freiburg, VfB Lübeck, FC Dornbreite Lübeck, SC Olympia Bad Schwartau, VfL Vorwerk Lübeck
Langer, Michael	T	06.01.1985	AUT	2008	13	0	13	0	VfB Stuttgart, FC Hard, Viktoria Bregenz
Matmour, Karim	S	25.06.1985	ALG	2004	32	5	79	10	Racing Club Straßburg, AS Vauban
Mesic, Mirnes	S	16.03.1978	D	2007	16	2	19	2	TSG 1899 Hoffenheim, SV Stuttgarter Kickers, SpVgg 07 Ludwigsburg, VfB Stuttgart, TSV Haubersbronn
Nulle, Carsten	T	25.07.1975	D	2006	10	0	61	0	SSA Gornik Zabrze, Fortuna Düsseldorf, SC Rot-Weiß Oberhausen, SV Waldhof 07 Mannheim, SV Sandhausen, SV Viktoria 01 Aschaffenburg, SG Egelsbach, FSV Frankfurt, FV Bad Vilbel, Rot-Weiß Walldorf, Eintracht Frankfurt, SKG Sprendlingen
Olajengbesi, Seyi	A	17.11.1980	NGA	2004	1	0	63	1	Julius Berger FC Lagos, Shooting Stars FC Ibadan, Plateau United FC Jos
Ollé Ollé, Alain Junior	S	11.04.1987	CMR	2008	6	0	6	0	Nacional Montevideo, Aguilas Mexicali, Plaza Colonia, Cintra Yaounde, Tonerre Yaounde
Pitroipa, Jonathan	M	12.04.1986	BFA	2004	24	7	71	16	Planet Champions Ouagadougou
Roth, Felix	S	13.11.1987	D	2002	1	0	1	0	Offenburger FV 08, TuS Durbach
Sanou, Wilfried	S	17.03.1984	BFA	2003	6	0	51	4	FC Sion, FC Tirol, WSG Wattens, Planet Champions Ouagadougou
Schlitte, Kevin	S	04.11.1981	D	2007	24	1	55	5	FC Carl Zeiss Jena, VfB Germania Halberstadt, SV Südharz Walkenried/Wieda, Haldenslebener SC, SV Fortuna Magdeburg, Lokomotive Haldensleben, Medizin Haldensleben
Schwaab, Daniel	A	23.08.1988	D	2000	31	1	58	1	SV Waldkirch
Solic, Josip	T	24.02.1988	CRO	2005	0	0	0	0	NK Hajduk Split
Uzoma, Eke	M	19.07.1989	NGA	2005	28	2	28	2	SpVgg Alemannia Müllheim, Eleme United
Walke, Alexander	T	06.06.1983	D	2005	12	0	74	0	SV Werder Bremen, FC Energie Cottbus, SG Eintracht Oranienburg

Trainer:

Name, Vorname	geb. am	Nat.	Zeitraum	Spiele 2007/08	frühere Trainerstationen
Dutt, Robin	24.01.1965	D	01.07.2007 – lfd.	34	SV Stuttgarter Kickers, TSF Ditzingen, TSG Leonberg

Zugänge:
Banovic (1. FC Nürnberg), Barth (Fortuna Düsseldorf), Butscher (VfL Bochum), Günes (Besiktas Istanbul), Jaeger (1. FC Saarbrücken), Kruppke (VfB Lübeck), Schlitte (FC Carl Zeiss Jena).
während der Saison:
Akrout (Stade Tunisién), Idrissou (MSV Duisburg), Krmas (FK Teplice), Langer (VfB Stuttgart), Mesic (TSG 1899 Hoffenheim), Ollé Ollé (Nacional Montevideo), Uzoma (eigene Junioren).

Abgänge:
Antar (1. FC Köln), Coulibaly (Borussia Mönchengladbach), Diarra (1. FC Kaiserslautern), Hansen (FC Carl Zeiss Jena), Mohamad (1. FC Köln), Riether (VfL Wolfsburg), Tanko (Laufbahn beendet), Yashvili (Karlsruher SC).
während der Saison:
Bührer (Sportfreunde Siegen), Cafú (Omonia Nikosia), Ibertsberger (TSG 1899 Hoffenheim), Kruppke (Eintracht Braunschweig), Nulle (SC Paderborn 07), Olajengbesi (TSV Alemannia Aachen).

Fortsetzung SC Freiburg 1904

Aufstellungen und Torschützen:

Sp	Datum	Gegner	Ergebnis	Akrout	Ampomah	Aogo	Banovic	Barth	Bencik	Butscher	Cafú	Glockner	Günes	Ibertsberger	Idrissou	Jaeger	Khizaneishvili	Konrad	Krmas	Kruppke	Langer	Matmour	Mesic	Nulle	Olajengbesi	Ollé Ollé	Pitroipa	Roth	Sanou	Schlitte	Schwaab	Uzoma	Walke
				1	2	3	4	5	6	7	8	9	10	11	12	13	14	15	16	17	18	19	20	21	22	23	24	25	26	27	28	29	30
1	10.08.07 A	VfL Osnabrück	1:2 (0:1)			X	X			X1	E		A	X		X				E		X		X	A				E	A	X		
2	17.08.07 H	SC Paderborn	1:0 (0:0)			A	X1	E	E	X			A	X				X			X		X						X	E	X		
3	27.08.07 A	FC Augsburg	1:1 (0:1)			X	A	A	E	X1	E		X			X			X			X		X				E		A	X		
4	03.09.07 H	TSG Hoffenheim	3:2 (2:1)			X1	X	E		X	A1		X			X	E					A		X				E		X	X1	A	
5	16.09.07 A	1. FSV Mainz 05	1:1 (0:0)			X	X		E1	X	A			A				X			X	E					E		A		X	X	
6	23.09.07 H	Kaiserslautern	1:0 (0:0)			X	X		E	X	A	A		E				X1			X	E	X			A					X	X	
7	26.09.07 A	1. FC Köln	3:1 (1:1)			X	X			X	E		A	E		A1	E		X			X1			A					X	X1		
8	30.09.07 H	Erzgebirge Aue	2:0 (0:0)			X	X		E1	X	E					X			X			A	X1	X		A		EA			X	X	
9	08.10.07 A	Alem. Aachen	0:2 (0:1)			A	X		E	X	X			X				A	E			A	X	X					E		X	X	
10	21.10.07 H	FC St. Pauli	2:0 (1:0)			E	X	X1	X			X	A			X					X1	E	A		A						X	X	E
11	28.10.07 A	Carl Zeiss Jena	2:1 (1:0)			X	X		A	X	E		X					X1			A	E			A1				E		X	X	X
12	04.11.07 H	TuS Koblenz	4:2 (0:0)			A1	X	E	A1	X	E		X					X			X	E1			A1						X	X	X
13	11.11.07 A	SpVgg Gr. Fürth	1:1 (0:0)			X	X	E	X	X	E	E	A			X					X		A								X	X	X
14	25.11.07 H	München 1860	2:2 (1:0)			X	X	X		X						X					X	X			A1					E		X	X1	X
15	02.12.07 H	Offenbach	0:0 (0:0)			X	X		A	X	E		E			X					A	A			X					E		X	X	X
16	10.12.07 H	Bor. M'gladbach	1:3 (0:1)			X	X		X	X		E	A			X					A	E			X					E		X	X	X
17	16.12.07 A	SV Wehen	2:2 (1:2)			X		X1	X			A			X	X1	E				A	E			X					E		X	X	X
18	03.02.08 H	VfL Osnabrück	1:1 (1:1)		E	X	X		A	X				E		X	X				A				X1					E	A	X	X	
19	10.02.08 A	SC Paderborn	2:3 (1:1)	E1	X1	X	X			X			E				X				E					A		A			A	X	X	X
20	17.02.08 H	FC Augsburg	1:0 (1:0)	X	E	X	X		E	X				A		E		X			A1	A										X	X	X
21	22.02.08 A	TSG Hoffenheim	0:2 (0:1)		A	X	X		E	X		E		X				X			X	A								E		X	A	X
22	03.03.08 H	1. FSV Mainz 05	1:1 (0:0)	X		X	X		E	X				A	E			X			X	A			A					X1		X		E
23	07.03.08 A	Kaiserslautern	0:0 (0:0)	X		A	X	E		A				X	E			X			X	X			A					X		X		E
24	17.03.08 A	1. FC Köln	1:0 (0:0)	X		A	X	X	E			E		E	X1			X			X	A								X		X	A	
25	23.03.08 A	Erzgebirge Aue	2:2 (0:1)	X		X2	X			X				E	X			X			X	A			E							X	X	A
26	28.03.08 H	Alem. Aachen	1:0 (1:0)	A		X	X	E		X				A1				X			X	X	E		A							X	X	E
27	06.04.08 A	FC St. Pauli	0:5 (0:3)	A		X	X			X	X			X				X			X	E			E	E					A		X	A	
28	13.04.08 A	Carl Zeiss Jena	2:0 (1:0)			X	E	X	X1	X	A	A1				X					X	E			E	A						X	X	
29	16.04.08 A	TuS Koblenz	2:3 (1:1)	E		X	X		A	X	X1	A		X1		X					X				E	X						X		
30	28.04.08 H	SpVgg Gr. Fürth	3:2 (1:1)	E		A	X		X1	A	A	X				X					X	E								X2		X	X	E
31	02.05.08 A	München 1860	3:0 (2:0)	E		E	X	E		X		A	A1	X1				X	X1												A	X	X	
32	07.05.08 H	Offenbach	0:1 (0:0)			X	X	X	E		E	A	X					X			A	E			A							X		
33	11.05.08 A	Bor. M'gladbach	3:2 (2:0)	E		E	X	X		X		A	A2	X				X			X1			X								X	X	
34	18.05.08 H	SV Wehen	0:2 (0:2)	E		X	A		E	X		A	X					X			X	X							E			X	X	
		Spiele:		13	4	33	33	12	23	32	12	8	18	10	13	17	2	3	31	3	13	32	16	10	1	6	24	1	6	24	31	28	12
		Tore:		1	1	4	1	0	5	4	1	1	3	0	3	3	0	0	3	0	0	5	2	0	0	0	7	0	0	1	1	2	0

Gegnerisches Eigentor im 16. Spiel (durch Paauwe).

Bilanz der letzten 10 Jahre:

Saison	Liga	Platz	Sp.	S	U	N	Tore	Pkt.
1997/98:	2. Bundesliga	2.	34	18	7	9	57–36	61
1998/99:	Bundesliga	12.	34	10	9	15	36–44	39
1999/00:	Bundesliga	12.	34	10	10	14	45–50	40
2000/01:	Bundesliga	6.	34	15	10	9	54–37	55
2001/02:	Bundesliga	16.	34	7	9	18	37–64	30
2002/03:	2. Bundesliga	1.	34	20	7	7	58–32	67
2003/04:	Bundesliga	13.	34	10	8	16	42–67	38
2004/05:	Bundesliga	18.	34	3	9	22	30–75	18
2005/06:	2. Bundesliga	4.	34	16	8	10	41–33	56
2006/07:	2. Bundesliga	4.	34	17	9	8	55–39	60

Zuschauerzahlen:

Saison	gesamt	Spiele	Schnitt
1997/98:	302.056	17	17.768
1998/99:	354.994	17	20.882
1999/00:	383.226	17	22.543
2000/01:	402.958	17	23.703
2001/02:	422.600	17	24.859
2002/03:	360.300	17	21.194
2003/04:	397.923	17	23.407
2004/05:	389.200	17	22.894
2005/06:	235.900	17	13.876
2006/07:	277.000	17	16.294

Die meisten Zweitliga-Spiele:

Pl.	Name, Vorname	Spiele
1.	Schulz, Karl-Heinz	287
2.	Maier, Rolf	285
3.	Löw, Joachim	252
4.	Binder, Reinhard	219
	Zele, Gabor	219
6.	Wienhold, Günter	205
7.	Wöhrlin, Karl-Heinz	197
8.	Weber, Franz	180
9.	Lay, Udo	176
10.	Schulzke, Hans-Peter	164

Die besten Zweitliga-Torschützen:

Pl.	Name, Vorname	Tore
1.	Löw, Joachim	81
2.	Sané, Souleyman	56
3.	Spies, Uwe	32
4.	Schweizer, Thomas	30
5.	Birner, Robert	24
	Dörflinger, Paul	24
7.	Braun, Martin	22
	Yashvili, Alexander	22
9.	Majka, Marek	21

Die Trainer der letzten Jahre:

Name, Vorname	Zeitraum
Becker, Josef	17.12.1985 – 22.03.1986
Rettenberger, Kurt	27.03.1986 – 30.06.1986
Berger, Jörg	01.07.1986 – 17.12.1988
Fuchs, Fritz	21.12.1988 – 11.04.1989
Ehret, Uwe	12.04.1989 – 30.06.1989
Köstner, Lorenz-Günter	01.07.1989 – 31.08.1989
Ehret, Uwe	02.09.1989 – 27.11.1989
Hoss, Bernd	27.11.1989 – 30.06.1990
Krautzun, Eckhard	01.07.1990 – 30.06.1991
Finke, Volker	01.07.1991 – 30.06.2007

SpVgg Greuther Fürth

Anschrift:
Kronacher Str. 140
90765 Fürth
Telefon: (09 11) 97 19 19 0
eMail: info@greuther-fuerth.de
Homepage: www.greuther-fuerth.de

Vereinsgründung: 01.07.1996 Beitritt des TSV Vestenbergsgreuth zur SpVgg Fürth und Umbennung zu SpVgg Greuther Fürth

Vereinsfarben: Weiß-Grün
Präsident: Helmut Hack
Sportmanager: Wolfgang Gräf

Stadion: Playmobil-Stadion (15.500)

Größte Erfolge: Deutscher Meister 1914, 1926 und 1929; Qualifikation zur 2. Bundesliga 1974; Aufstieg in die 2. Bundesliga 1997

Aufgebot:

Name, Vorname	Pos	geb. am	Nat.	seit	2007/08 Sp.	T.	gesamt Sp.	T.	frühere Vereine
Achenbach, Timo	M	03.09.1982	D	2005	31	2	115	6	1. FC Köln, VfB Lübeck, Borussia Dortmund, SG Wattenscheid 09, VfL Witten 07, TuS Heven
Adlung, Daniel	A	01.10.1987	D	2001	28	1	74	4	1. FC Nürnberg, SpVgg Greuther Fürth, SV Hiltpoltstein
Bertram, Tom	A	30.03.1984	D	2007	6	0	6	0	FC Rot-Weiß Erfurt
Bhairi, Zied	A	05.02.1981	TUN	2008	0	0	0	0	L´Esperance Tunis
Biliskov, Marino	A	17.03.1976	CRO	2007	30	3	30	3	Iraklis Saloniki, MSV Duisburg, VfL Wolfsburg, Hajduk Split, Uskok Klis, NK Split, Vadran Kastel Sucurac, NK Trogir, Val Kastel Stari, Hajduk Split
Boller, Sascha	M	16.02.1984	D	2008	2	0	0	0	TSG 1899 Hoffenheim, FC Germania Brötzingen, VfR Pforzheim, Karlsruher SC, VfB Stuttgart, SV Neuhausen, SV Hohenwart
Burkhardt, Thorsten	M	21.05.1981	D	2007	34	2	173	18	SV Wacker Burghausen, SpVgg Greuther Fürth, Bayer 04 Leverkusen, FV Bad Honnef, Siegburger SV 04, TuRa Hennef
Caligiuri, Marco	M	14.04.1984	D	2007	7	0	24	2	MSV Duisburg, VfB Stuttgart, BSV 07 Schwenningen
Cidimar (Rodrigues da Silva)	S	01.07.1984	BRA	2007	21	4	33	9	Internacional Porto Alegre, Paysandu SC Belém, Guarani FC Campinas, SER Caixas do Sul, Internacional Porto Alegre
Felgenhauer, Daniel	M	10.05.1976	D	2005	30	1	229	25	LR Ahlen, Borussia Mönchengladbach, SpVgg Greuther Fürth, FC Bayern Hof, AGSV Döhlau
Grahl, Jens	T	22.09.1988	D	2006	0	0	0	0	SV Stuttgarter Kickers, VfB Stuttgart, SpVgg Feuerbach, TSV Münster
Haas, Leonhard	M	09.01.1982	D	2007	9	0	22	5	FC Augsburg, Hamburger SV, FC Bayern München, TSV München 1860, TSV 1860 Rosenheim, SV Ramerberg
Ilicevic, Ivo	M	14.11.1986	CRO	2008	11	0	11	0	VfL Bochum, SV Darmstadt 98, SV Viktoria Aschaffenburg, 1. FC Südring Aschaffenburg
Judt, Juri	M	24.07.1986	D	1999	20	0	76	0	Bayern Kickers Nürnberg
Karaslavov, Asen	A	08.06.1980	BUL	2007	22	2	22	2	Slavia Sofia, Botev Plovdiv
Karl, Markus	M	14.02.1986	D	2007	0	0	6	0	Hamburger SV, SpVgg Greuther Fürth, TSV Vilsbiburg
Kirschstein, Sascha	T	09.06.1980	D	2007	33	0	33	0	Hamburger SV, Rot-Weiss Essen, Eintracht Braunschweig, Braunschweiger SC, SV Olympia 92 Braunschweig, FSB Braunschweig
Kotuljac, Aleksandar	S	02.11.1981	D	2007	29	6	29	6	1. FC Magdeburg, SV Eintracht Nordhorn, Hannover 96, SV 07 Linden, LSV Alexandria Hannover, TuS Davenstedt, Hannover 96, TuS Davenstedt
Lanig, Martin	M	11.07.1984	D	2006	28	10	54	11	TSG 1899 Hoffenheim, FV 1913 Lauda, 1. FC Nürnberg, TSV Tauberbischofsheim, SV Königshofen
Loboué, Stephan	T	23.08.1981	D	2006	1	0	34	0	SC Paderborn 07, SpVgg Greuther Fürth, VfL Wolfsburg, SV Stuttgarter Kickers, VfR Pforzheim, SV Königsbach
Maierhofer, Stefan	S	16.08.1982	AUT	2007	10	2	24	5	TuS Koblenz, FC Bayern München, SV Langenrohr, First Vienna FC, FC Tulln, SV Gablitz
Mauersberger, Jan	A	17.06.1985	D	2006	22	0	29	0	FC Bayern München, TSV Großhadern
Müller, Nicolai	M	25.09.1987	D	2003	5	0	7	0	Eintracht Frankfurt, TSV Wernefeld
Nehrig, Bernd	S	28.09.1986	D	2007	29	6	32	6	SpVgg Unterhaching, VfB Stuttgart, TV Steinheim
Reisinger, Stefan	S	14.09.1981	D	2006	34	12	165	40	TSV München 1860, SV Wacker Burghausen, SpVgg Greuther Fürth, SpVgg Landshut, SV Essenbach
Schellander, Robert	S	31.01.1983	AUT	2007	0	0	0	0	FC Kärnten, SV Feldkirchen
Schröck, Stephan	S	21.08.1986	D	2001	25	0	79	1	DJK Schweinfurt

Trainer:

Name, Vorname	geb. am	Nat.	Zeitraum	Spiele 2007/08	frühere Trainerstationen
Labbadia, Bruno	08.02.1966	D	01.07.07 – 30.06.08	34	SV Darmstadt 98

Zugänge:
Bertram (FC Rot-Weiß Erfurt), Biliskov (Iraklis Saloniki), Burkhardt (SV Wacker Burghausen), Caligiuri (MSV Duisburg), Haas (FC Augsburg), Karaslavov (Slavia Sofia), Kirschstein (Hamburger SV), Kotuljac (1. FC Magdeburg), Maierhofer (TuS Koblenz), Nehrig (SpVgg Unterhaching).
während der Saison:
Bhairi (L´Esperance Tunis), Boller (TSG 1899 Hoffenheim II), Ilicevic (VfL Bochum), Schellander (FC Kärnten).

Abgänge:
Andreasen (Odense BK), Caillas (SV Wehen Wiesbaden), Fejzic (Eintracht Braunschweig), Fuchs (VfL Bochum), Kelhar (NK Celje), Kleine (Hannover 96), Kokot (SV Wehen Wiesbaden), Krämer (1. FC Nürnberg II), Kucukovic (Hamburger SV II), Mijatovic (DSC Arminia Bielefeld), Stevko (MFK Ruzomberok), Timm (Karlsruher SC).
während der Saison:
Karl (FC Ingolstadt 04), Maierhofer (SK Rapid Wien).

Deutschlands Fußball in Zahlen 2008 — 2. Bundesliga — DSFS 65

Fortsetzung SpVgg Greuther Fürth

Aufstellungen und Torschützen:

Sp	Datum	Gegner	Ergebnis	Achenbach	Adlung	Bertram	Biliskov	Boller	Burkhardt	Caligiuri	Cidimar	Felgenhauer	Haas	Ilicevic	Judt	Karaslavov	Kirschstein	Kotujjac	Lanig	Loboué	Maierhofer	Mauersberger	Müller	Nehrig	Reisinger	Schröck
				1	2	3	4	5	6	7	8	9	10	11	12	13	14	15	16	17	18	19	20	21	22	23
1	12.08.07 A	FC Erzgebirge Aue	1:1 (0:0)	X1			X		X	A	E	X	X		X	X	X				X			A	E	
2	19.08.07 H	1. FSV Mainz 05	3:0 (1:0)	X	A		X		X	A		X			X	X	X	E			X			A1	E2	E
3	26.08.07 A	1. FC Kaiserslautern	1:0 (1:0)	X	A		X		X		E	X			X	X	X		X		A1	E		A	E	
4	02.09.07 H	FC St. Pauli	2:1 (1:1)	X	A		X		X		A	X			X	X	X	E	X1						X1	E
5	16.09.07 A	1. FC Köln	0:0 (0:0)	X	A		X		A			X	E		X	A	X	E	X			E		X	X	
6	21.09.07 H	Alemannia Aachen	2:0 (1:0)	X	X		X		X			X	A				X	E	X1		E			A1	A	E
7	26.09.07 A	TuS Koblenz	0:3 (0:2)	X			X		X	A		X	X		X		X	E			E		X	A	A	E
8	30.09.07 H	FC Carl Zeiss Jena	2:2 (1:1)	X	E				A			X			X	X	X		X1		E	X		A	A	E
9	05.10.07 H	SV Wehen	1:1 (1:1)	X	X		X		X				A			X	E	X1	X	X	E			A	X	
10	21.10.07 A	TSV München 1860	3:0 (1:0)	X	A		X		X		A				X	X2	X		X	X1	E			E	A	E
11	26.10.07 H	Mönchengladbach	1:3 (0:2)	X	X		X		X			X			A		X	E	X		A			A	E1	E
12	02.11.07 A	Offenbacher Kickers	2:1 (0:1)	X	A		X		E1		E	X			X	X	X	A	X					A	X	E
13	11.11.07 H	SC Freiburg	1:1 (0:0)	X			X		X	E		X			X	X	X		X					E	X1	A
14	23.11.07 A	SC Paderborn 07	0:1 (0:0)	X			X		E		E	X			X	X	X		X			E		A	X	A
15	02.12.07 H	VfL Osnabrück	6:3 (3:1)	X			X		X	E	E	X			A	X	X	X2	X1					E	A1	A2
16	09.12.07 A	FC Augsburg	0:3 (0:1)	X			X		X		E	X			X	X	A		X	E		E		A	E	A
17	16.12.07 H	TSG Hoffenheim	4:1 (1:1)		X1	E	X		E1	X2	X				X	A	X	A	A		X			X	E	
18	03.02.08 H	FC Erzgebirge Aue	2:0 (2:0)		X	X	X		X		E	X	E		X	X	X							E	A1	A
19	10.02.08 A	1. FSV Mainz 05	2:1 (1:0)		X	X	X1		X		E	X			X	X	X	A1			E			E	A	A
20	17.02.08 H	1. FC Kaiserslautern	0:1 (0:0)	X	X				X		E	X		A	X	A	X	A	X		E		X	E	A	A
21	24.02.08 A	FC St. Pauli	1:1 (1:0)	X	A		X		X		E	X	E		X	X	E	X1						X	A	A
22	29.02.08 H	1. FC Köln	2:2 (1:2)	X	X				X		A	A	A		X	X	X	X1			X			E	E1	E
23	07.03.08 A	Alemannia Aachen	5:2 (3:1)	X	A		X		X		E1	X1		E	X	A2	X1							X	E	E
24	16.03.08 H	TuS Koblenz	0:1 (0:1)	X	X		X		X			E		E	X	X	X							A	E	A
25	23.03.08 A	FC Carl Zeiss Jena	0:1 (0:1)	X	A		X		X		E	A	X		X	X	X		X					E	A	E
26	30.03.08 A	SV Wehen	1:1 (0:1)	X1	A				X	EA	A	X	E	X	X		X	X	X	X					E	
27	04.04.08 H	TSV München 1860	3:1 (1:1)	X	A		X	E	X		E1	X		A	X	X	A				X			X2		E
28	13.04.08 A	Mönchengladbach	0:3 (0:1)	X	X	E	X		X			A		A	X	X	X				X			X	E	E
29	16.04.08 H	Offenbacher Kickers	2:1 (1:0)	X	A	X	X1		X		E		E		X	A	X				X			E1	A	X
30	28.04.08 A	SC Freiburg	2:3 (1:1)	X	A	X	X		X		E		E		X	A1	X1		X					E	A	A
31	02.05.08 H	SC Paderborn 07	1:1 (0:0)	X	E		X		X		E	X	A		X	A	X1		X					E	X	A
32	06.05.08 A	VfL Osnabrück	0:0 (0:0)	X	X		X		X	X	E	X			X	A	X				X			X	E	A
33	11.05.08 H	FC Augsburg	3:2 (1:0)	X	X		X1		X			X	X		X	A	X				X			X2	E	
34	18.05.08 A	TSG Hoffenheim	0:5 (0:1)	X	X		X	E	X			X	E		X	A	A				X			X	E	A
		Spiele:		31	28	6	30	2	34	7	21	30	9	11	20	22	33	29	28	1	10	22	5	29	34	25
		Tore:		2	1	0	3	0	2	0	4	1	0	0	0	2	0	6	10	0	2	0	0	6	12	0

Gegnerische Eigentore im 12. Spiel (durch Sieger) und im 18. Spiel (durch Kos).

Bilanz der letzten 10 Jahre:

Saison	Liga	Platz	Sp.	S	U	N	Tore	Pkt.
1997/98	2. Bundesliga	9.	34	11	12	11	32–32	45
1998/99	2. Bundesliga	8.	34	13	10	11	40–31	49
1999/00	2. Bundesliga	7.	34	10	16	8	40–39	46
2000/01	2. Bundesliga	5.	34	15	9	10	55–38	54
2001/02	2. Bundesliga	5.	34	16	11	7	62–41	59
2002/03	2. Bundesliga	5.	34	15	12	7	55–35	57
2003/04	2. Bundesliga	9.	34	11	12	11	58–51	45
2004/05	2. Bundesliga	5.	34	17	5	12	51–42	56
2005/06	2. Bundesliga	5.	34	15	9	10	51–42	54
2006/07	2. Bundesliga	5.	34	16	6	12	53–40	54

Zuschauerzahlen:

Saison	gesamt	Spiele	Schnitt
1997/98	123.284	17	7.252
1998/99	106.437	17	6.261
1999/00	107.567	17	6.327
2000/01	140.576	17	8.269
2001/02	120.986	17	7.117
2002/03	115.444	17	6.791
2003/04	113.012	17	6.648
2004/05	151.935	17	8.937
2005/06	120.500	17	7.088
2006/07	134.350	17	7.903

Die meisten Zweitliga-Spiele: *

Pl.	Name, Vorname	Spiele
1.	Bergmann, Bernhard	322
2.	Grabmeier, Hermann	251
3.	Löwer, Peter	231
4.	Klump, Helmut	201
5.	Reichel, Mirco	194
6.	Heinlein, Klaus	190
7.	Felgenhauer, Daniel	180
8.	Lausen, Wolfgang	174
	Surmann, Mathias	174
10.	Azzouzi, Rachid	169
	Ruman, Petr	169

Die besten Zweitliga-Torschützen: *

Pl.	Name, Vorname	Tore
1.	Heinlein, Klaus	54
2.	Kirschner, Eduard	48
3.	Unger, Erich	43
4.	Ruman, Petr	38
5.	Schaub, Fred	36
6.	Metzler, Wolfgang	32
7.	Hofmann, Paul-Werner	29
	Rösler, Sascha	29
9.	Azzouzi, Rachid	28
10.	Eigler, Christian	27

Die Trainer der letzten Jahre:

Name, Vorname	Zeitraum
Veh, Armin	01.07.1996 – 14.10.1997
Möhlmann, Benno	15.10.1997 – 21.10.2000
Hesselbach, Paul	21.10.2000 – 19.11.2000
Erkenbrecher, Uwe	20.11.2000 – 19.08.2001
Hesselbach, Paul	19.08.2001 – 26.10.2001
Dressel, Werner	27.10.2001 – 30.10.2001
Hach, Eugen	30.10.2001 – 05.11.2003
Dressel, Werner	05.11.2003 – 20.12.2003
Kost, Thomas	30.12.2003 – 17.02.2004
Möhlmann, Benno	17.02.2004 – 30.06.2007

* bis 1995/96 SpVgg Fürth

TSG 1899 Hoffenheim

Anschrift:
Silbergasse 45
74889 Sinsheim-Hoffenheim
Telefon: (0 72 61) 40 22-0
eMail: info@tsg-hoffenheim.de
Homepage: www.tsg-hoffenheim.de

Vereinsgründung: 01.07.1899 Gründung des TV 1899 Hoffenheim; 1945 Fusion mit FV Hoffenheim zur TSG Hoffenheim

Vereinsfarben: Blau-Weiß
Präsident: Peter Hofmann
Sportdirektor: Bernhard Peters

Stadion: Dietmar-Hopp-Stadion (5.000)

Größte Erfolge: Aufstieg in die Bundesliga 2008; Aufstieg in die 2. Bundesliga 2007; Meister der Oberliga Baden-Württemberg 2001 (↑); Meister der Verbandsliga Nordbaden 2000 (↑); Pokalsieger Nordbaden 2002, 2003, 2004 und 2005

Aufgebot:

Name, Vorname	Pos	geb. am	Nat.	seit	2007/08 Sp.	T.	gesamt Sp.	T.	frühere Vereine
Ba, Demba	S	25.05.1985	SEN	2007	30	12	30	12	Excelsior Mouscron, FC Rouen, FC Watford, SM Montrouge, SC Frileuse, AS Port Autonome Le Havre
Bindnagel, Denis	M	05.06.1979	D	2001	10	0	10	0	SC Freiburg, SG Heidelberg-Kirchheim, TSV Billigheim
Carlos Eduardo Marques	M	18.07.1987	BRA	2007	22	5	22	5	Gremio Porto Alegre
Compper, Marvin	A	14.06.1985	D	2008	17	0	20	0	Borussia Mönchengladbach, VfB Stuttgart, SV 03 Tübingen, SV Bühl
Copado, Francisco	S	19.07.1974	ESP	2006	32	10	160	52	Eintracht Frankfurt, SpVgg Unterhaching, Tennis Borussia Berlin, RCD Mallorca, Hamburger SV, Holstein Kiel, ETSV Eintracht Kiel
Göttlicher, Mario	A	05.08.1982	D	2004	0	0	5	0	SV Waldhof 07 Mannheim, LSV Ladenburg
Haas, Daniel	T	01.08.1983	D	2005	17	0	17	0	Hannover 96, Eintracht Frankfurt, BSC Eisenfeld
Haas, Steffen	M	18.03.1988	D	2004	9	0	9	0	Karlsruher SC, SpVgg Durlach-Aue
Herdling, Kai	S	27.06.1984	D	2002	3	1	3	1	SG Heidelberg-Kirchheim, SpVgg Neckarsteinach
Hesse, Kai	S	20.06.1985	D	2006	1	0	1	0	VfB Lübeck, FC Schalke 04, BSV Menden, Sportfreunde Oestrich-Iserlohn
Ibertsberger, Andreas	A	27.02.1982	AUT	2008	15	0	84	1	SC Freiburg, Austria Salzburg, BNZ Innsbruck, SV Seekirchen
Ibisevic, Vedad	S	06.08.1984	BIH	2007	31	5	31	5	TSV Alemannia Aachen, Dijon Football, Paris Saint-Germain FC, University of St. Louis
Jaissle, Matthias	A	05.04.1988	D	2007	22	2	22	2	VfB Stuttgart, TSV Neckartailfingen
Janker, Christoph	A	14.02.1985	D	2006	20	0	24	0	TSV München 1860, ASV Cham, DJK Vilzing
Keller, Matthias	M	20.11.1974	D	2005	3	0	113	13	SV Eintracht Trier 05, SV Meppen, 1. FC Kaiserslautern, 1. FC Schweinfurt 05, TSV Röthlein
Kirschbaum, Thorsten	T	20.04.1987	D	2005	1	0	1	0	1. FC Nürnberg, TSV Obernzenn
Löw, Zsolt	M	29.04.1979	HUN	2006	27	0	86	5	Hansa Rostock, Energie Cottbus, Ujpest Budapest, Monor Sama SE, Ujpest Budapest
Luiz Gustavo Dias	A	23.07.1987	BRA	2007	27	0	27	0	CRB Maceio, Corinthians Alagoano Maceio, Universal FC Rio Largo
Maric, Tomislav	S	28.01.1973	CRO	2006	0	0	143	49	Urawa Red Diamonds, VfL Wolfsburg, Borussia Mönchengladbach, VfL Wolfsburg, SV Stuttgarter Kickers, SG Wattenscheid 09, Karlsruher SC, SpVgg 07 Ludwigsburg, VfR Heilbronn, ESV Heilbronn, TSV Talheim
Mayer, Andreas	S	15.12.1980	D	2006	2	0	2	0	SSV Ulm 1846, TSV Crailsheim, VfR Aalen, Sportfreunde Dorfmerkingen, TSV Nördlingen, FC Schlossberg
Mesic, Mirnes	S	16.03.1978	D	2007	3	0	19	2	SV Stuttgarter Kickers, SpVgg 07 Ludwigsburg, VfB Stuttgart, TSV Haubersbronn
Nilsson, Per	A	15.09.1982	SWE	2007	22	0	22	0	Odd Grenland, AIK Solna, GIF Sundsvall, IFK Timra, Stigsjö IK
Obasi, Chinedu Ogbuke	S	01.06.1986	NGA	2007	27	12	27	12	FK Lyn Oslo, FC Watford, Excelsior Mouscron, Shell Academy
Özcan, Ramazan	T	28.06.1984	AUT	2008	17	0	17	0	SV Red Bull Salzburg, Austria Lustenau, BNZ Vorarlberg
Paljic, Dragan	S	08.04.1983	D	2004	19	1	19	1	FV Olympia Laupheim, TSV München 1860, TSV Blaichach, FC Starnberg
Rundio, Michael	A	21.01.1983	D	2006	0	0	5	0	SpVgg Greuther Fürth Sportfreunde Siegen, SpVgg Greuther Fürth, VfB Stuttgart, SC Geislingen, SV Lonsee
Salihovic, Sejad	S	08.10.1984	BIH	2006	27	6	27	6	Hertha BSC Berlin, FC Hertha 03 Zehlendorf, SC Minerva 93 Berlin
Seitz, Jochen	M	11.10.1976	D	2006	14	0	67	7	1. FC Kaiserslautern, FC Schalke 04, VfB Stuttgart, SpVgg Unterhaching, Hamburger SV, SV Viktoria Aschaffenburg, TSV Heimbuchenthal
Spilacek, Radek	M	10.01.1980	CZE	2006	8	0	8	0	SK Sigma Olmütz, SFC Opava
Teber, Selim Ufuk	S	07.03.1981	D	2006	17	3	87	12	Denizlispor SK, 1. FC Kaiserslautern, SV Salzburg, 1. FC Kaiserslautern, SV Waldhof 07 Mannheim, VfR Frankenthal, SV Pfingstweide, ASV Edigheim
Throm, Marcel	A	21.04.1979	D	2000	0	0	0	0	SG Heidelberg-Kirchheim, SV Waldhof 07 Mannheim, FV Mosbach, SV Robern
Vorsah, Isaac	A	21.06.1988	GHA	2007	17	1	17	1	Asante Kotoko Kumasi, Gamba All Blacks, FC Midtjylland Maamobi, Oscar FC Kapando
Weis, Tobias	M	30.07.1985	D	2007	15	1	15	1	VfB Stuttgart, Sportfreunde Schwäbisch Hall, SC Bibersfeld

Trainer:

Name, Vorname	geb. am	Nat.	Zeitraum	Spiele 2007/08	frühere Trainerstationen
Rangnick, Ralf	29.06.1958	D	01.07.2006 – lfd.	34	FC Schalke 04, Hannover 96, VfB Stuttgart, SSV Ulm 1846, SSV Reutlingen 05, VfB Stuttgart (Junioren), SC Korb, TSV Lippoldsweiler, VfB Stuttgart Am., FC Viktoria Backnang

Zugänge:
Ibisevic (TSV Alemannia Aachen), Nilsson (Odd Grenland), Vorsah (Asante Kotoko Kumasi), Weis (VfB Stuttgart II).
während der Saison:
Ba (Excelsior Mouscron), Carlos Eduardo (Gremio Porto Alegre), Compper (Borussia Mönchengladbach), Ibertsberger (SC Freiburg), Luiz Gustavo (CRB Maceio), Obasi (FK Lyn Oslo), Özcan (SV Red Bull Salzburg).

Abgänge:
Boller (II. Mannschaft), Cescutti (VfR Aalen), Hillenbrand (FC Astoria Walldorf), Hoeneß (Hertha BSC Berlin II), Kaufmann (FC Astoria Walldorf), Lapaczinski (II. Mannschaft), Reule (SV Waldhof 07 Mannheim), Stolz (VfB Stuttgart II), Zepek (SVgg 07 Elversberg).
während der Saison:
Göttlicher (SV Sandhausen), Mayer (VfR Aalen), Mesic (SC Freiburg), Throm (Sportfreunde Siegen).

Fortsetzung TSG 1899 Hoffenheim

Aufstellungen und Torschützen:

Sp	Datum		Gegner	Ergebnis	Ba	Bindnagel	C. Eduardo	Compper	Copado	Haas D.	Haas S.	Herdling	Hesse	Ibertsberger	Ibisevic	Jaissle	Janker	Keller	Kirschbaum	Löw	Luiz Gustavo	Mayer	Mesic	Nilsson	Obasi	Özcan	Paljic	Salihovic	Seitz	Spilacek	Teber	Vorsah	Weis
					1	2	3	4	5	6	7	8	9	10	11	12	13	14	15	16	17	18	19	20	21	22	23	24	25	26	27	28	29
1	12.08.07	H	SV Wehen	2:3 (2:1)				X1	X					X	X	X	E		X		E	A	X			A	X		A		X		E	A1
2	19.08.07	A	Mönchengladbach	0:0 (0:0)				X	X		E			X	X	X			X			E	X			A	E			A	X	A
3	26.08.07	H	TSV München 1860	0:3 (0:2)				X	X					X	X	A	A		X		E	E	X			A	X				X	E
4	03.09.07	A	SC Freiburg	2:3 (1:2)	X		A		X	X				A	X	A			X				X	X2		E	E				X	E
5	16.09.07	H	VfL Osnabrück	3:1 (0:1)	X1	X	X1		X1	X				E	X	A			X	E			X			A	E				A	
6	21.09.07	H	SC Paderborn 07	2:0 (2:0)	A	X	A		X1	X				E	X1				X	X			X	X			A				E	E
7	25.09.07	A	FC Erzgebirge Aue	2:2 (1:1)	A	A			X	X				E1	X				A	X			X	X1		E	X				X	E
8	30.09.07	H	1. FSV Mainz 05	1:0 (1:0)	A	E	A		X1	X				E	X	X			X				X	X			A				X	E
9	07.10.07	A	FC Augsburg	2:2 (0:2)	A		X1		X	X				E	X	A			A	E			X	X			X			E1	X	
10	19.10.07	H	1. FC Kaiserslautern	1:0 (0:0)	X	A	A		X	X				E1	X	X			X				X			A	E			E	X	
11	26.10.07	A	Alemannia Aachen	2:2 (0:1)	X	X	E		X1	X				A		A			X				X	X	E1	A				E	X	
12	02.11.07	H	FC St. Pauli	1:1 (0:1)	A	X	A		X	X				E					X	X			X	X		E		E			X	A
13	11.11.07	A	FC Carl Zeiss Jena	1:0 (0:0)	E		A		X	X	E			E					X	X			X	X1		A	A	X			X	
14	25.11.07	H	1. FC Köln	0:2 (0:1)	E		A		X	X				E					A	X			X	X		X	A				E	X
15	02.12.07	A	TuS Koblenz	2:2 (1:1)	X	X	E		A	X				A		X	E		X				X	X1		E	A1				X	
16	09.12.07	H	Offenbacher Kickers	2:2 (2:0)	X1	E			X1	X						X	E		X	A			X	X		A	A	E			X	
17	16.12.07	A	SpVgg Gr. Fürth	1:4 (1:1)	X	E			X	A						X	X	E	X	A			X1			X				E	A	
18	01.02.08	H	SV Wehen	2:0 (2:0)	X1		A	X			E			E	X				X	X			A	X		A1	X			X		E
19	10.02.08	A	Mönchengladbach	4:2 (0:2)	X1		X	E2				A		E	X				X	X			A	A		X				X1		E
20	17.02.08	H	TSV München 1860	1:0 (1:0)	A		A	X	A1	E				E	E	X			X				X	X		X	X	X				
21	22.02.08	A	SC Freiburg	2:0 (1:0)	X1		A	X	A	X				E		X			X	X			A	X	E	E				X1		
22	02.03.08	H	VfL Osnabrück	3:0 (2:0)	A1		A1	X	E	E				X	E	X			X				X1	X		X	A					
23	09.03.08	A	SC Paderborn 07	1:0 (0:0)	X		A1	X						X	E				X	A			X	X	E	X		E	A			
24	16.03.08	A	FC Erzgebirge Aue	1:0 (0:0)	X		A	X	A			E		X	E1				X	X		X		X	E		A					
25	23.03.08	A	1. FSV Mainz 05	1:1 (0:1)	X1		A	X	A		E			X	E				X	X			X			X						A
26	28.03.08	H	FC Augsburg	2:0 (0:0)			A	A	A		E	E		X	X2	X			X				X	A		X	X					E
27	04.04.08	A	1. FC Kaiserslautern	2:0 (0:0)	X		X1	A		E				X	E	E	X		X				X1	X		A	A					E
28	13.04.08	H	Alemannia Aachen	1:2 (0:0)	X		X	A		E1	X	A		X				A	X				X	X	E	E	X					
29	16.04.08	A	FC St. Pauli	1:3 (1:1)	X		X	A		E				X	E	X1	X		A				X	X	E		A					X
30	27.04.08	H	FC Carl Zeiss Jena	5:0 (4:0)	X3		A	X	E					X		X	E		X				A	X1	X		A1	E				X
31	04.05.08	A	1. FC Köln	1:3 (1:1)	X		A	X	E					E	X				X				X	X	X		A1	E				A
32	07.05.08	H	TuS Koblenz	3:1 (1:0)	A1			X	A					X	E				X				X	X1	X		A				E	X1
33	11.05.08	A	Offenbacher Kickers	1:1 (0:0)	A			X	A1					X	E				X	X			X	X			A				E	X
34	18.05.08	H	SpVgg Gr. Fürth	5:0 (1:0)	X1			X	A					X		E			X	X			X	X2	X		A2	E			E	A
	Spiele:				30	10	22	17	32	17	9	3	1	15	31	22	20	3	1	27	27	2	3	22	27	17	19	27	14	8	17	17	15
	Tore:				12	0	5	0	10	0	0	1	0	0	5	2	0	0	0	0	0	0	0	0	12	0	1	6	0	0	3	1	1

Gegnerisches Eigentor im 12. Spiel (durch Morena).

Bilanz der letzten 10 Jahre:

Saison	Liga	Platz	Sp.	S	U	N	Tore	Pkt.
1997/98:	Verbandsliga Nordbaden	3.	32	16	12	4	85–39	60
1998/99:	Verbandsliga Nordbaden	2.	32	18	6	8	89–41	60
1999/00:	Verbandsliga Nordbaden	1.	30	20	5	5	79–25	65
2000/01:	Oberliga Baden-Württemberg	1.	34	21	9	4	80–33	72
2001/02:	Regionalliga Süd	13.	34	11	9	14	53–49	42
2002/03:	Regionalliga Süd	5.	36	15	10	11	60–44	55
2003/04:	Regionalliga Süd	5.	34	15	7	12	54–58	52
2004/05:	Regionalliga Süd	7.	34	14	8	12	57–49	50
2005/06:	Regionalliga Süd	4.	34	17	5	12	47–34	56
2006/07:	Regionalliga Süd	2.	34	20	8	6	62–31	68

Zuschauerzahlen:

Saison	gesamt	Spiele	Schnitt
1997/98:			
1998/99:	5.170	16	323
1999/00:	9.637	15	642
2000/01:	25.089	17	1.476
2001/02:	35.050	17	2.061
2002/03:	29.675	18	1.648
2003/04:	31.895	17	1.876
2004/05:	32.750	17	1.926
2005/06:	37.872	17	2.228
2006/07:	52.173	17	3.069

Die meisten Zweitliga-Spiele:

Pl.	Name, Vorname	Spiele
1.	Copado, Francisco	32
2.	Ibisevic, Vedat	31
3.	Ba, Demba	30
4.	Löw, Zsolt	27
	Luiz Gustavo	27
	Obasi, Chinedu Ogbuke	27
	Salihovic, Sejad	27
8.	Carlos Eduardo	22
	Jaissle, Matthias	22
	Nilsson, Per	22

Die besten Zweitliga-Torschützen:

Pl.	Name, Vorname	Tore
1.	Ba, Demba	12
	Obasi, Chinedu Ogbuke	12
3.	Copado, Francisco	10
4.	Salihovic, Sejad	6
5.	Carlos Eduardo	5
	Ibisevic, Vedat	5
7.	Teber, Selim Ufuk	3
8.	Jaissle, Matthias	2
9.	Herdling, Kai	1
	Paljic, Dragan	1
	Vorsah, Isaac	1
	Weis, Tobias	1

Die Trainer der letzten Jahre:

Name, Vorname	Zeitraum
Schmitt, Roland	??.11.1994 – 30.03.1998
Schön, Alfred / Hillenbrand, Günter	31.03.1998 – 30.06.1998
Lietzau, Raimund	01.07.1998 – 14.03.1999
Hillenbrand, Günter	15.03.1999 – 30.08.1999
Weigand, Riko	31.08.1999 – 12.03.2000
Schön, Alfred	13.03.2000 – 30.06.2000
Flick, Hans-Dieter	01.07.2000 – 19.11.2005
Dickgießer, Roland	19.11.2005 – 10.01.2006
Köstner, Lorenz-Günther	10.01.2006 – 24.05.2006
Schön, Alfred	24.05.2006 – 30.06.2006

FC Carl Zeiss Jena

Anschrift:
Oberaue 3
07745 Jena
Telefon: (0 36 41) 76 51 00
eMail: info@fc-carlzeiss-jena.de
Homepage: www.fc-carlzeiss-jena.de

Vereinsgründung: 20.01.1966; zuvor SC Motor Jena, BSG Motor Jena, BSG Mechanik Jena, BSG Carl Zeiss Jena, SG Stadion Jena, SG Ernst Abbé Jena

Vereinsfarben: Blau-Gelb-Weiß
Präsident: Peter Schreiber
Sportlicher Leiter: Carsten Linke

Stadion: Ernst-Abbé-Sportfeld (12.000)

Größte Erfolge: DDR-Meister 1963, 1968, 1970; EC-Finale der Pokalsieger 1981; FDGB-Pokalsieger 1960, 1972, 1974, 1980; Aufstieg in die 2. BL 1991, 1995, 2006

Aufgebot:

Name, Vorname	Pos	geb. am	Nat.	seit	2007/08 Sp.	T.	gesamt Sp.	T.	frühere Vereine
Allagui, Sami	S	28.05.1986	D	2007	15	3	15	3	KSV Roeselare, RSC Anderlecht, Alemannia Aachen, Fort. Düsseldorf, FC Büderich 02
Amrhein, Patrick	M	20.10.1989	D	2005	8	0	8	0	SV Viktoria 01 Aschaffenburg
Charalambidis, Konstantinos	M	25.07.1981	CYP	2007	12	1	12	1	Panathinaikos Athen, PAOK Saloniki, Panathinaikos Athen, APOEL Nikosia
Fardjad-Azad, Pardis	S	12.04.1988	IRN	2007	1	0	1	0	FC Hertha 03 Zehlendorf
Fröhlich, Christian	M	27.10.1977	D	2006	2	0	112	19	Dyn. Dresden, FC St. Pauli, Chemnitzer FC, München 1860, Dyn. Dresden, FSV Lok Dresden
Günther, Sven	A	22.02.1974	D	2006	12	1	245	11	Erzg. Aue, Etr. Frankfurt, Schweinfurt 05, 1. FC Nürnberg, FSV Zwickau, TSG Kirchberg
Hansen, Niels	M	25.07.1983	D	2007	24	0	62	3	SC Freiburg, Holstein Kiel, Büdelsdorfer TSV, TSV Nordmark Satrup, TSV Husby
Helbig, Sebastian	S	25.04.1977	D	2006	10	0	146	20	FC Erzgebirge Aue, SpVgg Unterhaching, 1. FC Köln, Energie Cottbus ... (vgl. S. 118)
Hoffmann, Marcus	A	12.10.1987	D	2007	0	0	0	0	FC Energie Cottbus, VfL Nauen
Holzner, Felix	M	04.06.1985	D	1991	12	0	26	0	eigene Junioren
Jensen, Kasper	T	07.10.1982	DEN	2007	6	0	6	0	Werder Bremen, Jetsmark HFK Sønderjylland, Aalborg BK, Gug BK, Aalborg Jetsmark
Kandelaki, Ilia	A	26.12.1981	GEO	2007	20	0	20	0	Chernomorets Odessa, Dinamo Tiflis, FC Tiflis
Khomutovski, Vasili	T	30.08.1978	BLR	2008	17	0	19	0	Tom Tomsk, Steaua Bukarest, Metalist Charkov, Volgar Astrachan, Dynamo Moskau, SV Waldhof 07 Mannheim, Torpedo-MAZ Minsk, FC BATR Borisov, Ataka-Aura Minsk
Kikuchi, Naoya	M	24.11.1984	JPN	2008	3	0	3	0	Jubilo Iwata, Albirex Niigata, Shimizu Highschool
Kolitsch, Richard	M	24.10.1989	D	2007	2	0	2	0	FV Dresden Nord
Kraus, Daniel	T	11.05.1984	D	1997	8	0	9	0	BSV Eintracht Sondershausen, Einheit Rottleben
Kühne, Stefan	M	15.08.1980	D	2006	19	0	38	0	Holstein Kiel, 1. FSV Mainz 05, SpVgg Sonnenberg, SV Biebrich 19
Lorenzón, Victor Hugo	A	22.05.1977	ARG	2007	2	0	32	5	Rot-Weiss Essen, Fortuna Düsseldorf, CA San Lorenzo, Defensores de Belgrano, The Strongest La Paz, Deportivo Quito, Provincial Osorno, CA Platense
Maul, Alexander	M	24.09.1976	D	2002	27	1	57	1	SSV Jahn 2000 Regensburg, SC Rot-Weiß Oberhausen, SG Quelle Fürth, TSV Neustadt/Aisch, DJK Schwabach, SpVgg Ansbach, Reichenbacher FC, SV Empor Heinsdorf
Maul, Ronald	M	13.02.1973	D	2006	0	0	112	5	FC Hansa Rostock, Hamburger SV, DSC Arminia Bielefeld ... (vgl. Seite 104)
Müller, Robert	A	12.11.1986	D	2007	27	2	27	2	Hertha BSC Berlin, Hallescher FC, FSV Schwerin, ESV Schwerin
N'Diaye, Babacar	S	12.12.1973	SEN	2007	0	0	174	27	SpVgg Unterhaching, LR Ahlen, Hannover 96, FC St. Pauli ... (vgl. Seite 136)
Omodiagbe, Darlington	A	02.07.1978	NGA	2007	21	4	181	12	SpVgg Unterhaching, Piotrkovia Ptak Piotrkow, MSV Duisburg, SSR Rzgow, Hannover 96, LKS Lodz, FC Gütersloh, LKS Lodz, Polonia Gdansk, Iwuanyanwu National FC Owerri, Port Harcourt Sharks
Oniani, George	A	07.09.1983	GEO	2007	13	0	13	0	Sioni Bolnisi, FC Tiflis, Dinamo Batumi, Lokomotivi Tiflis
Oswald, Kai-Yves	A	29.11.1977	D	2007	0	0	59	1	SpVgg Unterhaching, Karlsruher SC, MSV Duisburg, Hannover 96, FC Hansa Rostock, VfB Stuttgart, SC Geislingen, TG Böhmenkirch
Person, Christian	T	26.12.1980	D	2005	3	0	22	0	1. FC Magdeburg, Hertha BSC Berlin, Greifswalder SC
Petersen, Nils	S	06.12.1988	D	2005	20	4	23	4	VfB Germania Halberstadt, FC Einheit Wernigerode
Riemer, Marko	A	24.02.1988	D	2001	3	0	3	0	VfB Apolda
Saka, Kosi	S	04.02.1986	COD	2008	7	0	7	0	Hamburger SV, Borussia Dortmund, DSC Arminia Bielefeld, SV Gadderbaum
Schied, Marcel	S	28.07.1983	D	2008	17	5	139	33	FC Hansa Rostock, SpVgg Unterhaching, VfL Osnabrück ... (vgl. Seite 38)
Schmidt, André	A	01.02.1989	D	2002	2	0	2	0	FSV Schleiz
Seturidze, George	M	01.04.1985	GEO	2007	1	0	1	0	Sioni Bolnisi, FC Tiflis, Dinamo Batumi, Lokomotivi Tiflis
Simak, Jan	M	13.10.1978	CZE	2007	27	7	85	34	AC Sparta Prag, Hannover 96, Bayer 04 Leverkusen, Hannover 96, FK Chmel Blsany, FK Tabor, SK Ceske Budejovice, VS Tabor, Sokol Mezno
Stegmayer, Michael	A	12.01.1985	D	2007	30	0	30	0	VfL Wolfsburg, FC Bayern München, SSV Ulm 1846, SV Altenberg
Tapalovic, Filip	M	22.10.1976	CRO	2007	7	0	23	2	FC Wacker Tirol, VfL Bochum, TSV München 1860, FC Schalke 04, VfL Bochum, FC Schalke 04, SV Fortuna Gelsenkirchen, 1. FSV Mainz 05, SpVgg Ingelheim
Torghelle, Sandor	S	05.05.1982	HUN	2007	27	8	27	8	PAOK Saloniki, Panathinaikos Athen, Crystal Palace FC, MTK Budapest, Honved Budapest, Industrie FC Marcali
Werner, Tobias	M	19.07.1985	D	1998	31	8	58	11	1. SV Gera
Ziegner, Torsten	A	09.11.1977	D	2004	24	1	87	1	1. FSV Mainz 05, FC Rot-Weiß Erfurt, SV Stuttgarter Kickers, FSV Zwickau, FC Carl Zeiss Jena, BSG Mikroelektronik Neuhaus/Rennweg
Zimmermann, Mark	S	01.03.1974	D	2004	2	0	187	35	FC Sachsen Leipzig, TSV Alemannia Aachen, SV Stuttgarter Kickers, SpVgg Unterhaching, FC Carl Zeiss Jena, BSG Stahl Bad Salzungen

Trainer:

Name, Vorname	geb. am	Nat.	Zeitraum	Spiele 2007/08	frühere Trainerstationen
Neubarth, Frank	29.07.1962	D	12.04.07 – 17.09.07	5	Holstein Kiel, FC Schalke 04, SV Werder Bremen (Am. I, Am. II und B-Junioren)
Ivanauskas, Valdas	31.07.1966	LTU	21.09.07 – 22.12.07	12	Heart of Midlothian, FBK Kaunas, Vetra Vilnius, Nationalmannschaft Litauen (Co-Trainer), BV Cloppenburg
Bürger, Henning	16.12.1969	D	22.12.07 – lfd.	17	eigene Junioren

Zugänge:

Allagui (KSV Roeselare), Hansen (SC Freiburg), Hoffmann (FC Energie Cottbus II), Jensen (SV Werder Bremen), Kandelaki (Chernomorets Odessa), Lorenzón (Rot-Weiss Essen), Müller (Hertha BSC Berlin), Omodiagbe (SpVgg Unterhaching), Oniani (Sioni Bolnisi), Seturidze (Sioni Bolnisi), Simak (AC Sparta Prag), Stegmayer (VfL Wolfsburg).

während der Saison:
Charalambidis (Panathinaikos Athen), Khomutovski (Tom Tomsk), Kikuchi (Jubilo Iwata), N'Diaye (SpVgg Unterhaching), Saka (Hamburger SV), Schied (FC Hansa Rostock), Torghelle (PAOK Saloniki).

Abgänge:

Ashvetia (Anzhi Makhachkala), El Berkani (Sportfreunde Siegen), Güvenisik (Rot-Weiss Essen), Keil (Laufbahn beendet), Kowalik (VfB Pößneck), Kuqi (TuS Koblenz), Lomaia (Karpaty Lwiw), Schlitte (SC Freiburg), R. Schmidt (1. FC Nürnberg), van Steensel (Excelsior Rotterdam), Sykora (FC Erzgebirge Aue), Thielemann (FC Energie Cottbus II), Voigt (Borussia Mönchengladbach), Vulin (Zalaegerszegi TE), Wachsmuth (FC Energie Cottbus).

während der Saison:
Charalambidis (APOEL Nikosia), Helbig (SG Dynamo Dresden), R. Maul (Rot-Weiss Ahlen), N'Diaye (SC Verl), Person (SG Dynamo Dresden).

Fortsetzung FC Carl Zeiss Jena

Aufstellungen und Torschützen:

Sp	Datum		Gegner	Ergebnis	Allagui	Amrhein	Charalambidis	Fardjad-Azad	Fröhlich	Günther	Hansen	Helbig	Holzner	Jensen	Kandelaki	Khomutovski	Kikuchi	Kolitsch	Kraus	Kühne	Lorenzón	Maul A.	Müller	Omodiagbe	Oniani	Person	Petersen	Riemer	Saka	Schied	Schmidt A.	Seturidze	Simak	Stegmayer	Tapalovic	Torghelle	Werner	Ziegner	Zimmermann
					1	2	3	4	5	6	7	8	9	10	11	12	13	14	15	16	17	18	19	20	21	22	23	24	25	26	27	28	29	30	31	32	33	34	35
1	10.08.07	A	Aachen	2:2 (1:2)					E		X	X	X	X					X		X1	A	X				E1						A	E			X	A	
2	19.08.07	H	St. Pauli	0:1 (0:1)							X	E	X	X	X				A		X	X	X				E						E			A	X	A	
3	24.08.07	A	1. FC Köln	3:4 (2:1)							A	X	X	X				E	A		X1	X1					E						X	E		A1	X	X	
4	02.09.07	H	Mainz 05	1:2 (0:1)			E				X	E	X	X	X						X	A	X1				E						X			A	X	A	
5	14.09.07	H	Koblenz	1:2 (1:2)			E				A		X	X				A			X	X	X1				E						X	X		A	X	E	
6	23.09.07	A	SV Wehen	1:5 (0:4)	X							X	X	X			X		A	X	E												X1	X		X	E	A	
7	26.09.07	H	Offenbach	2:0 (1:0)	A			A	A	E							X	X		X	E	X											X1	X	E	X	X1		
8	30.09.07	A	Gr. Fürth	2:2 (1:1)	A1		X	A		E							X	X		A	E	X											X	X	E	X1	X		
9	05.10.07	H	München	0:2 (0:0)	A		X	A	E								X	X		X		X											X	X		X	X	E	
10	21.10.07	A	Paderborn	2:2 (2:2)	X		A	E	X							X	X	X		X													A	X	E	A1	X1	E	
11	28.10.07	H	Freiburg	1:2 (0:1)			A	A	X							X	X	X		X													X	X	E	E	X1	E	A
12	05.11.07	A	M'gladbach	1:2 (1:1)	X		A	E								X				X	X	X	A										X	X	E	X1	X		
13	11.11.07	H	Hoffenheim	0:1 (0:0)	A		A	E								X				X	X	X	X										X	X		X	X		E
14	23.11.07	A	Osnabrück	1:1 (0:1)	E		X	E	A	A					X	X				X	X												X	E	A	X1	X		
15	30.11.07	H	Aue	2:1 (0:1)	X			A		X					X	X		E		X	X		E1										X1	X	A	E		A	
16	09.12.07	A	K'lautern	3:2 (0:2)	X			A							X	A		X	E	X1	X		E1										E	X		X1	X	A	
17	16.12.07	A	Augsburg	1:2 (0:2)	X		E		A						X	E		X	A	X	X		E1										X	X		A	X		
18	04.02.08	H	Aachen	2:3 (1:1)		A		X				X					X	X	X		A		E	X1		X	X									E	X1		
19	08.02.08	A	St. Pauli	2:2 (0:1)		X					E	X				X		X	X		E		A			A1	X						X	X	X1				
20	15.02.08	H	1. FC Köln	1:3 (0:1)	E	A						X				X		X	X1	X	E		E	X		X	A						A	X					
21	22.02.08	A	Mainz 05	2:2 (0:1)	E1	E			X			X				X		X	X		A		E	A		X1	X							X		A			
22	02.03.08	A	Koblenz	0:2 (0:1)	E	E					A	X				X		X	X		A		E	X		X	X							A		X			
23	09.03.08	H	SV Wehen	2:2 (2:0)	X	X					A			X		X		E	X	X			E			A1	X	X							X1	X				
24	14.03.08	A	Offenbach	1:2 (0:1)	X	A					X			X				X	X				E	A		X									E1	X	X		
25	23.03.08	H	Gr. Fürth	1:0 (1:0)	A						X			X	X			X	X				E	E		E							X1		A	X	A		
26	30.03.08	H	München	2:1 (0:0)	A						X			X	X			E	X	X		E	A	X		E1							X	X			A1		
27	06.04.08	A	Paderborn	3:0 (1:0)	A1						X			X	X			X	X			E		X	A								X1	A		E	X1	E	
28	13.04.08	A	Freiburg	0:2 (0:1)	X						X			X	X	X		X	X			E		A	A									E	X	X			
29	16.04.08	H	M'gladbach	2:2 (2:0)	X						X			X	X	X		X	X					A2		X									E	X			
30	27.04.08	H	Hoffenheim	0:5 (0:4)	X				E	X				X	X	A		X	X			E	A				A						A			E	X		
31	02.05.08	H	Osnabrück	1:1 (0:0)	X1				A	A				X	X			X	X			E	E		A								X			E	X	X	
32	06.05.08	A	Aue	0:5 (0:2)	A				X	X				X	X			X	X	A		E	E	X									X			X			
33	11.05.08	H	K'lautern	2:2 (1:0)	E	A			X1	X	X	X			E			X				E			A	X							X			A1			
34	18.05.08	A	Augsburg	1:1 (0:0)	E				X	X	X	X	X					X				A	X										X1			X1			
	Spiele:				15	8	12	1	2	12	24	10	12	6	20	17	3	2	8	19	2	27	27	21	13	3	20	3	7	17	2	1	27	30	7	27	31	24	2
	Tore:				3	0	1	0	0	1	0	0	0	0	0	0	0	0	0	0	0	1	2	4	0	0	4	0	0	5	0	0	7	0	0	8	8	1	0

Bilanz der letzten 10 Jahre:

Saison	Liga	Platz	Sp.	S	U	N	Tore	Pkt.
1997/98:	2. Bundesliga	16.	34	8	9	17	39–61	33
1998/99:	Regionalliga Nordost	9.	34	13	9	12	36–38	48
1999/00:	Regionalliga Nordost	4.	34	16	10	8	53–35	58
2000/01:	Regionalliga Süd	18.	34	7	8	19	39–57	29
2001/02:	Oberliga Nordost-Süd	3.	32	22	5	5	79–24	71
2002/03:	Oberliga Nordost-Süd	2.	34	26	4	4	87–22	82
2003/04:	Oberliga Nordost-Süd	2.	30	20	8	2	67–18	68
2004/05:	Oberliga Nordost-Süd	1.	34	28	3	3	108–23	87
2005/06:	Regionalliga Nord	2.	36	22	6	8	58–32	72
2006/07:	2. Bundesliga	13.	34	9	11	14	40–56	38

Zuschauerzahlen:

Saison	gesamt	Spiele	Schnitt
1997/98:	78.183	17	4.599
1998/99:	45.018	17	2.648
1999/00:	69.971	17	4.116
2000/01:	56.026	17	3.296
2001/02:	55.506	16	3.265
2002/03:	48.461	17	2.851
2003/04:	46.834	15	3.755
2004/05:	42.934	17	2.526
2005/06:	103.442	18	5.747
2006/07:	145.144	17	8.538

Die meisten Zweitliga-Spiele:

Pl.	Name, Vorname	Spiele
1.	Holetschek, Olaf	195
2.	Weber, Heiko	149
3.	Gerlach, Jens	125
4.	Schneider, Bernd	124
5.	Bräutigam, Perry	115
	Röser, Mario	115
7.	Zimmermann, Mark	114
8.	Wentzel, Matthias	109
9.	Schreiber, Olaf	103
10.	Wittke, Axel	101

Die besten Zweitliga-Torschützen:

Pl.	Name, Vorname	Tore
1.	Weber, Heiko	35
2.	Holetschek, Olaf	29
3.	Zimmermann, Mark	28
4.	Akpoborie, Jonathan	26
5.	Schreiber, Olaf	17
6.	Schneider, Bernd	13
7.	Molata, Michael	12
8.	Werner, Tobias	11
9.	Wittke, Axel	10
10.	Hutwelker, Karsten	8
	Klee, Carsten	8
	Löhnert, Timo	8
	Torghelle, Sandor	8

Die Trainer der letzten Jahre:

Name, Vorname	Zeitraum
Gerster, Thomas	01.07.1998 – 08.11.1999
Vogel, Thomas	08.11.1999 – 28.11.1999
Petrovic, Slavko	29.11.1999 – 19.05.2001
Vogel, Thomas	20.05.2001 – 30.06.2001
Sandhowe, Wolfgang	01.07.2001 – 06.03.2002
Eulberg, Frank	06.03.2002 – 10.09.2002
Vogel, Thomas	10.09.2002 – 19.10.2002
Steffens, Joachim	19.10.2002 – 05.03.2004
Vogel, Thomas	06.03.2004 – 31.05.2004
Weber, Heiko	01.06.2004 – 11.04.2007

1. FC 1900 Kaiserslautern

Anschrift:
Fritz-Walter-Straße 1
67663 Kaiserslautern
Telefon: (0 18 05) 31 88 00
eMail: info@fck.de
Homepage: www.fck.de

Vereinsgründung: 01.06.1900 als FC 1900 Kaiserslautern; nach mehreren Fusionen 1932 Umbenenung in 1. FC 1900 Kaiserslautern

Vereinsfarben: Rot-Weiß
Vorstandsvors.: Stefan Kuntz
Teammanager: Frank Aehlig

Stadion: Fritz-Walter-Stadion (48.500)

Größte Erfolge: Deutscher Meister 1951, 1953, 1991, 1998; Deutscher Pokalsieger 1990, 1996; Deutscher Supercupsieger 1991; UEFA-Pokal-Halbfinalist 1982

Aufgebot:

Name, Vorname	Pos	geb. am	Nat.	seit	2007/08 Sp.	2007/08 T.	gesamt Sp.	gesamt T.	frühere Vereine
Akcam, Alper	S	01.09.1987	TUR	2001	1	0	1	0	FC Bavaria Ebernburg
Banouas, Nassim	A	08.09.1986	D	2007	2	0	2	0	Sportfreunde Siegen, 1. FSV Mainz 05, 1. FC Kaiserslautern, SV Horchheim, TuS Neuhausen
Béda, Mathieu	A	28.07.1981	FRA	2006	22	0	51	0	Standard Lüttich, Sint-Truidense VV, Girondins Bordeaux, AS Nancy, Girondins Bordeaux, AS Cannes, AS Vence
Bellinghausen, Axel	M	17.05.1983	D	2005	28	4	54	6	Fortuna Düsseldorf, Bayer 04 Leverkusen, TuS 05 Oberpleis
Bernier, Patrice	M	23.09.1979	CAN	2007	15	1	15	1	Tromsö IL, Moss FK, Montreal Impact, Syracuse University
Bohl, Steffen	S	28.12.1983	D	2005	20	3	46	9	SV Weingarten, VfL Neustadt/Weinstraße, TuS Wachenheim
Broniszewski, Bartosz	A	23.01.1988	POL	2007	3	1	3	1	TSG 1899 Hoffenheim, SpVgg Unterhaching, FC Bayern München
Bugera, Alexander	A	08.08.1978	D	2007	11	0	136	16	MSV Duisburg, FC Bayern München, SpVgg Unterhaching, MSV Duisburg, FC Bayern München, 1. FC Amberg, Inter Bergsteig Amberg
Daham, Nourrédine	S	15.11.1977	ALG	2006	0	0	47	11	Mouloudia Chaabia d´Alger, JS Kabylie, ASM Oran
Demai, Aimen	A	10.12.1982	FRA	2006	29	1	105	7	1. FC Saarbrücken, FC Metz, FC Woippy, Uckange US
Diarra, Boubacar	A	15.07.1979	MLI	2007	3	0	78	1	SC Freiburg, Djoliba AC Bamako, AS Real Bamako
Esswein, Alexander	S	25.03.1990	D	2002	1	0	1	0	VfR Frankenthal, SV Waldhof 07 Mannheim, TSV Neuleiningen
Fromlowitz, Florian	T	02.07.1986	D	1992	10	0	10	0	eigene Junioren
Halfar, Daniel	S	07.01.1988	D	1997	0	0	11	0	Mannheimer FC Phönix 02
Hansen, Esben	M	10.08.1981	DEN	2007	8	0	8	0	Odense BK, Nyköping IF, B 1921 Odense
Henel, Christian	S	28.01.1983	D	2003	2	0	2	0	SC 1911 Bad Dürkheim
Iacob, Victoras	S	14.10.1980	ROU	2008	2	0	2	0	Steaua Bukarest, Otelul Galati, Rapid Bukarest, Otelul Galati, National Bukarest, Universitatea Craiova, Rocar Bukarest, Flacara Ramnicu Valcea
Jendrisek, Erik	S	26.10.1986	SVK	2007	26	5	26	5	Hannover 96, MFK Ruzomberok, TJ Druszetevnik Diha nad Oravu
Kotysch, Sascha	A	02.10.1988	D	2000	21	0	29	0	SpVgg Gauersheim
Lamprecht, Christopher	M	22.04.1985	D	2008	8	0	8	0	VfL Wolfsburg, FSV Lok Altmark Stendal
Lexa, Stefan	M	01.11.1976	AUT	2006	15	0	108	13	Eintracht Frankfurt, CD Teneriffa, SpVgg Unterhaching, SSV Reutlingen 05, SV Wehen Taunusstein, SV Wacker Burghausen, SV Heimstetten, SpVgg Landshut, TSV München 1860, SV Heimstetten
Macho, Jürgen	T	24.08.1977	AUT	2005	0	0	34	0	SK Rapid Wien, FC Chelsea, FC Sunderland, First Vienna FC, Wiener SC, SK Rapid Wien, Red Star Wien
Mandjeck, Georges	M	09.12.1988	CMR	2008	10	0	10	0	VfB Stuttgart, Kadji Sport Academy Douala
Müller, Sven	M	04.04.1980	D	2006	31	1	78	4	1. FC Nürnberg, VfL Wolfsburg, FC Augsburg, TSV München 1860, TSG Thannhausen, TSV Burgau
Neubauer, Sergej	M	14.04.1985	D	2006	6	0	6	0	KSV Baunatal, KSV Hessen Kassel, JSG Schauenburg
Opara, Emeka	S	02.12.1984	NGA	2007	18	1	33	4	Étoile du Sahel Sousse, Enugu Rangers, Enyimba Aba
Ouattara, Moussa	A	31.12.1981	BFA	2006	19	0	37	1	Legia Warschau, Raith Rovers, US Créteil, FC Tours, KRC Genk, ASFA/Yennega Ouagadougou, RC Bobo-Dioulasso
Reinert, Sebastian	M	20.04.1987	D	1996	27	2	50	4	FC Gronig
Robles, Luis	T	11.05.1984	USA	2007	0	0	0	0	University of Portland Pirates, Sierra Vista Buena High School
Runström, Björn	S	01.03.1984	SWE	2007	28	4	28	4	FC Fulham, Luton Town, FC Fulham, Hammarby IF, AC Florenz, AC Chievo Verona, FC Bologna, Hammarby IF, Enskede IK
Schönheim, Fabian	A	14.02.1987	D	2001	19	1	26	1	FSV Rehborn, SG Deßloch-Jeckenbach, FSV Rehborn
Simpson, Joshua Christ.	M	15.05.1983	CAN	2006	20	6	41	9	FC Millwall, University of Portand Pirates, Belmont Secondary High School Victoria, LISA Vancouver
Sippel, Tobias	T	22.03.1988	D	1998	25	0	0	0	SC 1911 Bad Dürkheim
Stachnnik, Sebastian	S	14.06.1986	D	2007	8	0	8	0	Hannover 96, Hertha BSC Berlin, FC Hertha 03 Zehlendorf, BSC Rehberge
Weigelt, Benjamin	A	04.09.1982	D	2008	12	0	22	0	TSV Alemannia Aachen, 1. FSV Mainz 05, Rot-Weiss Essen, KFC Uerdingen 05, 1. FC Bocholt, DJK SV Lowick, DJK Barlo
Ziemer, Marcel	S	03.08.1985	D	2004	22	5	38	8	TuS Neuhausen, SG Kickers Worms

Trainer:

Name, Vorname	geb. am	Nat.	Zeitraum	Spiele 2007/08	frühere Trainerstationen
Rekdal, Kjetil-André	06.11.1968	NOR	01.07.07 – 09.02.08	19	Lierse SK, Valerenga IF
Sasic, Milan	18.10.1958	CRO	12.02.08 – lfd.	15	TuS Koblenz, VfL Hamm/Sieg, SV DJK Gebhardshain, NK Karlovac

Zugänge:
Banouas (Sportfreunde Siegen), Bernier (Tromsö IL), Bugera (MSV Duisburg), Diarra (SC Freiburg), Henel (eigene Junioren), Jendrisek (Hannover 96), Runström (FC Fulham), Stachnik (Hannover 96 II).
während der Saison:
Hansen (Odense BK), Iacob (Steaua Bukarest), Lamprecht (VfL Wolfsburg), Mandjeck (VfB Stuttgart), Robles (II. Mannschaft), Weigelt (TSV Alemannia Aachen).

Abgänge:
Auer (VfL Bochum), Borbély (FC Artmedia Bratislava), Bouzid (Galatasaray Istanbul), Gaebler (SV Wilhelmshaven), Hajnal (Karlsruher SC), Henn (Eintracht Braunschweig), Karadas (FK Brann Bergen), Lehmann (FC Wil), Meißner (VfB Stuttgart), Riihilahti (Djurgardens IF), Vignal (RC Lens), Villar (SpVgg Unterhaching).
während der Saison:
Daham (TuS Koblenz), Diarra (FC Luzern), Halfar (DSC Arminia Bielefeld), Hansen (Odense BK), Macho (AEK Athen).

Fortsetzung 1. FC 1900 Kaiserslautern

Aufstellungen und Torschützen:

Sp	Datum	Gegner	Ergebnis	Akcam	Banouas	Béda	Bellinghausen	Bernier	Bohl	Broniszewski	Bugera	Demai	Diarra	Esswein	Fromlowitz	Hansen	Henel	Iacob	Jendrisek	Kotysch	Lamprecht	Lexa	Mandjeck	Müller	Neubauer	Opara	Ouattara	Reinert	Runström	Schönheim	Simpson	Sippel	Stachnik	Weigelt	Ziemer
1	13.08.07 H	Mönchengladbach	1:1 (0:0)			X	A	X	X1		X				X				X					X	E		X	A	A				E		E
2	19.08.07 A	München 1860	1:3 (1:0)			X		X	X						X				X					X	A	E	X	E	A1	X			A		E
3	26.08.07 H	SpVgg Gr. Fürth	0:1 (0:1)	E	A	E		X			A				X				A					X	X	E	X		X	X			X		
4	31.08.07 A	TuS Koblenz	2:2 (1:1)			X	X1	X			X	X			X				E1	X				A	A					X			X		E
5	14.09.07 H	SC Paderborn 07	0:0 (0:0)			X	X		A		X	X		X	X				A					X		E		E		A			X		E
6	23.09.07 A	SC Freiburg	0:1 (0:0)					X	E		X	X	A		X	X	E		X	X				A				X					E		A
7	26.09.07 H	SV Wehen	0:2 (0:0)					X	A		X	X	X		X	X	E		A	X							A	X					E		E
8	01.10.07 A	Offenbach	0:0 (0:0)			X		X			X	X			X	X			X	X				X				A		A			E		E
9	07.10.07 H	VfL Osnabrück	3:0 (1:0)			X	E	X			X	X			X	X			A	X				X	E1		E	A1		A					
10	19.10.07 A	TSG Hoffenheim	0:1 (0:0)			X		X			X	X	X	A	X				X					A	E	E		A		X	E				
11	28.10.07 H	Erzgebirge Aue	2:0 (2:0)			X	X	E1	A		X	E			X				X1					X		A		A	E	X		X			
12	04.11.07 A	FC Augsburg	0:0 (0:0)			X	X	X			X	X							A	X				A		E		E	A	X	E	X			
13	11.11.07 A	Alem. Aachen	1:2 (0:1)			X	X	A			X	X							E1	X				A		A		E	E	X	X				
14	26.11.07 H	1. FSV Mainz 05	0:0 (0:0)			X	X	A				X		E					E	A				X		A		E	X	X	X				
15	30.11.07 A	FC St. Pauli	4:3 (3:2)			X	X1			X1	X								A1	E				X	E	E		A	A	X	X1				
16	09.12.07 H	Carl Zeiss Jena	2:3 (2:0)			X	X		X		X								X1					X	E	E		A	A	X1	X				E
17	17.12.07 A	1. FC Köln	1:2 (1:1)			X	X	A	A	X		X		E					X					X				X	X1	X					E
18	01.02.08 A	Mönchengladbach	1:1 (0:1)			X	X	X				X				A	E					A	X			E		E1	A	X	X		X			
19	08.02.08 H	München 1860	1:2 (1:0)				X	A				X				A	A					X	X		E	X	E	E	X1		X		X			
20	17.02.08 A	SpVgg Gr. Fürth	1:0 (0:0)				X1		E			X				A	X		A	X		A	X		E	A	E				X		X			
21	25.02.08 H	TuS Koblenz	2:3 (1:2)				X					X				A	X		A	X	E		A	X	X1	E					X		X	E1	
22	02.03.08 A	SC Paderborn 07	0:0 (0:0)			X	X	E								E			A	X	X		A	X	X	E					X		X		A
23	07.03.08 A	SC Freiburg	0:0 (0:0)			X	X		E							X			X				X	X		X	E	A	X		X		A
24	14.03.08 A	SV Wehen	2:0 (2:0)			X	X					E				X			X				X	E	X	A	E				X		A1		
25	20.03.08 H	Offenbach	1:1 (0:1)	A			X		E		X1					E				X			A	X	X	E		A	X		X		X	X	
26	31.03.08 A	VfL Osnabrück	0:2 (0:0)			X	X		E		X					X			A				E	A	X	E				X			A	X	
27	04.04.08 H	TSG Hoffenheim	0:2 (0:0)	E			X		E									X	X	X				EA		A	X	A	X		X		X	X	
28	11.04.08 A	Erzgebirge Aue	0:0 (0:0)			E	X				E					A	X	X	A	X	E		A	X						X		X	X	
29	15.04.08 H	FC Augsburg	2:0 (2:0)			X	X		A1		E					X	A	X		X					E		X	A1	X		E		X	
30	25.04.08 A	Alem. Aachen	2:1 (1:1)				X1		A		E					X	A	X					X	E	E		X			X				A1
31	02.05.08 A	1. FSV Mainz 05	1:2 (1:1)				X		A		E					X	X	X	E				X	A1	E	A	X			X				
32	06.05.08 H	FC St. Pauli	2:0 (1:0)						X1		A					E	X	X					X1	X	E	E	A			X				A
33	11.05.08 A	Carl Zeiss Jena	2:2 (0:1)				X		X		X					E	A	E	A				X		X		E1	X	X1	X				A
34	18.05.08 H	1. FC Köln	3:0 (0:0)				X	E			X					E	X	X	X					X	A	E		A1	X					A2
	Spiele:			1	2	22	28	15	20	3	11	29	3	1	10	8	2	2	26	21	8	15	10	31	6	18	19	27	28	19	20	25	8	12	22
	Tore			0	0	0	4	1	3	1	0	1	0	0	0	0	0	0	5	0	0	0	0	1	0	1	0	2	4	1	6	0	0	0	5

Gegnerische Eigentore im 9. Spiel (durch Enochs) und im 24. Spiel (durch König).

Bilanz der letzten 10 Jahre:

Saison	Liga	Platz	Sp.	S	U	N	Tore	Pkt.
1997/98:	Bundesliga	1.	34	19	11	4	63–39	68
1998/99:	Bundesliga	5.	34	17	6	11	51–47	57
1999/00:	Bundesliga	5.	34	15	5	14	54–59	50
2000/01:	Bundesliga	8.	34	15	5	14	49–54	50
2001/02:	Bundesliga	7.	34	17	5	12	62–53	56
2002/03:	Bundesliga	14.	34	10	10	14	40–42	40
2003/04:	Bundesliga (3 Punkte Abzug)	15.	34	11	6	17	39–62	36
2004/05:	Bundesliga	12.	34	12	6	16	43–52	42
2005/06:	Bundesliga	16.	34	8	9	17	47–71	33
2006/07:	2. Bundesliga	6.	34	13	14	7	48–34	53

Zuschauerzahlen:

Saison	gesamt	Spiele	Schnitt
1997/98:	624.005	17	36.706
1998/99:	679.262	17	39.957
1999/00:	659.402	17	38.788
2000/01:	641.822	17	37.754
2001/02:	654.576	17	38.504
2002/03:	615.917	17	36.230
2003/04:	626.800	17	36.871
2004/05:	605.710	17	35.630
2005/06:	561.750	17	33.044
2006/07:	537.958	17	31.645

Die meisten Zweitliga-Spiele:

Pl.	Name, Vorname	Spiele
1.	Müller, Sven	62
2.	Bellinghausen, Axel	54
3.	Béda, Mathieu	51
4.	Reinert, Sebastian	50
5.	Bohl, Steffen	46
6.	Demai, Aimen	42
7.	Simpson, Joshua Chr.	41
8.	Lexa, Stefan	39
9.	Ziemer, Marcel	38
10.	Ouattara, Moussa	37

Die besten Zweitliga-Torschützen:

Pl.	Name, Vorname	Tore
1.	Kuka, Pavel	14
2.	Rische, Jürgen	12
3.	Marschall, Olaf	10
4.	Bohl, Steffen	9
	Simpson, Joshua Chr.	9
6.	Ziemer, Marcel	8
7.	Daham, Nourrédine	7
	Hajnal, Tamas	7
	Wagner, Martin	7
	Wegmann, Uwe	7

Die Trainer der letzten Jahre:

Name, Vorname	Zeitraum
Rausch, Friedel	01.07.1993 – 23.03.1996
Krautzun, Eckhard	27.03.1996 – 30.06.1996
Rehhagel, Otto	01.07.1996 – 01.10.2000
Brehme, Andreas	06.10.2000 – 25.08.2002
Gerets, Erik	04.09.2002 – 02.02.2004
Jara, Kurt	03.02.2004 – 05.04.2005
Moser, Hans-Werner	06.04.2005 – 30.06.2005
Henke, Michael	01.07.2005 – 19.11.2005
Wolf, Wolfgang	21.11.2005 – 11.04.2007
Funkel, Wolfgang	12.04.2007 – 30.06.2007

TuS 1911 Koblenz

Anschrift:
Altlöhrtor 13-15
56068 Koblenz
Telefon: (02 61) 2 01 77 00
eMail: post@tuskoblenz.de
Homepage: www.tuskoblenz.de

Vereinsgründung: 01.08.1911 als FC Deutschland Neuendorf; ab 1934 TuS 1911 Neuendorf; ab 15.03.1982 TuS 1911 Koblenz
Vereinsfarben: Blau-Schwarz
1. Vorsitzender: Rüdiger Sterzenbach
Manager: Wolfgang Loos
Stadion: Oberwerth (20.000)

Größte Erfolge: Gaumeister Moselland 1943 und 1944; Teilnehmer an der Deutschen Meisterschaft 1948, 1950 und 1956; Teilnehmer an der Aufstiegsrunde zur Bundesliga 1968 und 1969; Südwestpokalsieger 1951; Rheinlandpokalsieger 1978, 1979 und 2005; Aufstieg in die 2. Bundesliga 2006

Aufgebot:

Name, Vorname	Pos	geb. am	Nat.	seit	2007/08 Sp.	2007/08 T.	gesamt Sp.	gesamt T.	frühere Vereine
Auer, Peter	T	15.07.1971	D	1995	0	0	0	0	1. FC Saarbrücken, SV Edenkoben, FV Kindelbach
Bajic, Branimir	A	19.10.1979	BIH	2007	25	2	25	2	Partizan Belgrad, Al-Wahda Sports Club Mekka, Radnik Bijeljina
Bogavac, Dragan	S	07.04.1980	MNE	2007	12	3	84	23	SV Wacker Burghausen, Roter Stern Belgrad, Rudar Pljevlja, FK Brskovo
Cha, Du-Ri	M	25.07.1980	KOR	2007	28	1	57	9	1. FSV Mainz 05, Eintracht Frankfurt, DSC Arminia Bielefeld, Korea University, Bayer 04 Leverkusen
Daham, Nourrédine	S	15.11.1977	ALG	2007	21	4	47	11	1. FC Kaiserslautern, Mouloudia Chaabia d´Alger, JS Kabylie, ASM Oran
Djokaj, Ardijan	M	23.05.1979	MNE	2007	26	11	26	11	BB Ankaraspor, Trabzonspor, Roter Stern Belgrad, OFK Belgrad, FK Obilic, UE Lleida, RCD Mallorca, Buducnost Podgorica, Mladost Podgorica
Dzaka, Anel	M	19.09.1980	D	2004	30	4	90	17	VfL Osnabrück, Bayer 04 Leverkusen, FC Germania 07 Dürwiß, TSV Alemannia Aachen
Eilhoff, Dennis	T	31.07.1982	D	2006	33	0	53	0	DSC Arminia Bielefeld, TuS Paderborn-Neuhaus, Delbrücker SC
Evers, Brenny	A	08.11.1978	NED	2005	5	0	33	0	KFC Uerdingen 05, MVV Maastricht, Fortuna Sittard, PSV Eindhoven, RKSV Leonidas Maastricht
Fernandez, Gabriel Hector	S	22.09.1977	ARG	2008	15	1	15	1	CS Emelec Guayaquil, Atletico Junior Barranquilla, Real Cartagena, Millionarios Bogota, CD Olmedo Riobamba, Deportivo Saquisili, Flandria Jauregui, Estudiantes Caseros, CD Magallanes Santiago, CD Colegiales Munro, CD Santiago Morning, SC Bastia
Forkel, Martin	M	22.07.1979	D	2006	21	0	133	1	SV Wacker Burghausen, SC Borussia Fulda, SpVgg Greuther Fürth, TSV Vestenbergsgreuth, VfB 07 Coburg, DJK Viktoria Coburg
Göderz, Johannes	M	27.11.1988	D	2006	1	0	1	0	TuS Mayen, SV Untermosel Kobern-Gondorf
Grenier, Joshua	A	16.06.1979	USA	2003	10	0	39	0	Clayton State University Atlanta, New Hampshire College
Gurski, Michael	T	21.03.1979	D	2004	1	0	20	0	SC Borussia Fulda, SpVgg Unterhaching, SSV Reutlingen 05. SV Stuttgarter Kickers, Sportfreunde Dußlingen
Hartmann, Manuel	A	26.03.1984	D	2007	32	3	32	3	SV Stuttgarter Kickers, SGV Freiberg/Neckar, VfL Kirchheim/Teck, SG Eintracht Sirnau, SG Sirnau
Kuqi, Njazi	S	25.03.1983	FIN	2008	9	4	10	4	FC Carl Zeiss Jena, FC Groningen, Peterborough United, FC Blackpool, Birmingham City, FC Lahti, Jokerit Helsinki
Langen, Philipp	M	02.07.1986	D	2000	8	0	37	1	SG Rheindörfer
Lomic, Marko	A	13.09.1983	SRB	2007	30	0	30	0	Partizan Belgrad, FK Zeleznik Belgrad, Litex Lovech, Borac Cacak
Mavric, Matej	A	29.01.1979	SVN	2007	26	1	37	2	Molde FK, ND Gorica, Primorje Ajdoviscina
Nessos, Evangelos	M	27.06.1978	GRE	2004	0	0	29	2	1. FC Köln, TuSpo Richrath, FC Britannia Solingen, Bayer Leverkusen, Union Solingen
Ouedraogo, Alassane	M	07.09.1980	BFA	2005	3	0	61	7	SC Rot-Weiß Oberhausen, 1. FC Köln, Charleroi SC, Santos FC Boussouma
Pantic, Djordje	T	27.01.1980	SRB	2007	0	0	0	0	Partizan Belgrad, FK Obilic, Partizan Belgrad, Teleoptik Belgrad, Partizan Belgrad, Radnicki Belgrad
Pektürk, Tayfun	S	13.05.1988	D	2007	20	2	20	2	FC Schalke 04, Wuppertaler SV Borussia, Bayer 04 Leverkusen, SV Wermelskirchen 09
Polozani, Artim	S	25.06.1982	MKD	2007	2	0	2	0	Makedonija Skopje, Shkendija Tetovo, Dinamo Tirana, Apolonia Fier, Karaorman Struga
Richter, Andreas	A	15.09.1977	D	2005	21	1	67	4	FC Rot-Weiß Erfurt, VFC Plauen, FSV Hoyerswerda, FC Energie Cottbus, BSG Turbine Cottbus
Sahin, Kenan	S	27.10.1984	D	2006	7	1	67	6	FC Energie Cottbus, Bayer 04 Leverkusen, SC Fortuna Köln, Bayer 04 Leverkusen, Grün-Weiß Nippes
Sukalo, Goran	M	24.08.1981	SVN	2006	20	4	142	21	TSV Alemannia Aachen, SpVgg Unterhaching, NK sportline Koper
Traut, Sascha	M	21.05.1985	D	2007	12	0	13	0	Karlsruher SC, SG Siemens Karlsruhe
Vata, Fatmir	M	20.09.1971	ALB	2007	30	2	117	27	DSC Arminia Bielefeld, SV Waldhof 07 Mannheim, NK Vukovar 91, NK Slaven Belupo Koprivnica, NK Samobor, Orijent Riejka, FK Tirana, FK Burrel
Wiblishauser, Frank	A	18.10.1977	D	2006	13	0	72	0	FC St. Gallen, 1. FC Nürnberg, FC Bayern München, FC Memmingen
Ziehl, Rüdiger	A	26.10.1977	D	2004	12	0	44	4	SV Wehen Taunusstein, 1. FC Kaiserslautern, FK 03 Pirmasens, SG Rieschweiler, SC Stambach

Trainer:

Name, Vorname	geb. am	Nat.	Zeitraum	Spiele 2007/08	frühere Trainerstationen
Rapolder, Uwe	29.05.1958	D	25.04.2007 – lfd.	34	1. FC Köln, DSC Arminia Bielefeld, LR Ahlen, SV Waldhof 07 Mannheim, FC St. Gallen, FC Monthey, FC Martigny-Sports

Zugänge:
Bajic (Partizan Belgrad), Bogavac (SV Wacker Burghausen), Cha (1. FSV Mainz 05), Djokaj (BB Ankaraspor), Hartmann (SV Stuttgarter Kickers), Lomic (Partizan Belgrad), Pektürk (FC Schalke 04 Junioren), Polozani (Makedonija Skopje), Traut (Karlsruher SC), Vata (DSC Arminia Bielefeld).
während der Saison:
Daham (1. FC Kaiserslautern), Fernandez (CS Emelec Guayaquil), Kuqi (FC Carl Zeiss Jena).

Abgänge:
Adzic (FSV Oggersheim), Babatz (SV Waldhof 07 Mannheim), Diakité (SV Wehen Wiesbaden), Holzer (VfR Aalen), Keita (PAE Pierikos Katerini), Klingmann (TSV Buchbach), Maierhofer (SpVgg Greuther Fürth), Noll (SC Paderborn 07), Tiéku (unbekannt).
während der Saison:
Bogavac (SC Paderborn 07), Pantic (Vertrag aufgelöst), Polozani (Dinamo Tirana), Sahin (Fortuna Düsseldorf).

Fortsetzung TuS 1911 Koblenz

Aufstellungen und Torschützen:

Sp	Datum		Gegner	Ergebnis	Bajic	Bogavac	Cha	Daham	Djokaj	Dzaka	Eilhoff	Evers	Fernandez	Forkel	Göderz	Grenier	Gurski	Hartmann	Kuqi	Langen	Lomic	Mavric	Ouedraogo	Pektürk	Polozani	Richter	Sahin	Sukalo	Traut	Vata	Wiblishauser	Ziehl
					1	2	3	4	5	6	7	8	9	10	11	12	13	14	15	16	17	18	19	20	21	22	23	24	25	26	27	28
1	12.08.07	A	1. FSV Mainz 05	1:4 (1:1)	X	A	A			X1	X			X				E		E	X	X						X	E	X	A	
2	17.08.07	H	FC Augsburg	2:1 (1:0)	X1	A			X	X				X				A		A	X	X					E	X1	E	X		E
3	26.08.07	A	FC St. Pauli	0:1 (0:0)	E	E	X			X	X			A						X	E	X					X		X	X		A	A
4	31.08.07	H	1. FC Kaiserslautern	2:2 (1:1)	X	X1	E	E		X	X			A						X	X					A	E	X1	A	X		
5	14.09.07	A	FC Carl Zeiss Jena	2:1 (2:1)	X	E	A	A2	A	X	X			X				X		E	X	X					E		X				
6	23.09.07	H	1. FC Köln	1:2 (1:1)	X	E		A		X1	X			A				X			X	A		X			E	X	E	X			
7	26.09.07	A	SpVgg Gr. Fürth	3:0 (2:0)	X	X1	E	E		X1	X				X			A			X	X		X	E			A			A1		
8	30.09.07	H	TSV München 1860	2:2 (1:1)	X	A		E	E1	X	X				X			X			X	X		A		E		X1		X			
9	07.10.07	H	Mönchengladbach	0:5 (0:2)	X	E	E	A	E	X	X				X			X				A		A						X	X	X	
10	19.10.07	A	Kickers Offenbach	1:1 (1:0)		A	E	A1		X				X				X			X	X		E			X		X	X			
11	28.10.07	H	VfL Osnabrück	1:0 (0:0)		A1		E	X	X			X					E			A	X		A			X	E	X	X			
12	04.11.07	A	SC Freiburg	2:4 (0:0)		E	X	E	X2	A	X			A				A			X	X		E			X		X	X		X	
13	13.11.07	H	SC Paderborn 07	0:0 (0:0)	X	E	A	E	X	X			A					X			X	X		E			X		X	A			
14	23.11.07	A	SV Wehen	2:0 (0:0)	X		E1		X	X			X				E	A			X	X		A			E1	X	X				
15	02.12.07	H	TSG Hoffenheim	2:2 (1:1)	X		E	E		X1	X	A			X			X			X	X		A				X	X1	X			
16	07.12.07	A	FC Erzgebirge Aue	0:0 (0:0)	X	X		E	A			A			X			X			X	X		E				A	X		X	E	
17	14.12.07	H	Alemannia Aachen	0:0 (0:0)	X	X	E	X	X					X				X			X	X	A	EA	E			A	X				
18	03.02.08	H	1. FSV Mainz 05	1:1 (1:1)	X		X	A	X	X		E			X1	E		X	X									A	X			E
19	10.02.08	A	FC Augsburg	0:1 (0:1)			X	E	X	A	X		X		X		X	X			X	E		X				X	A			
20	15.02.08	H	FC St. Pauli	1:1 (0:0)	X		X	E	A	X	X	E	E	X	X	X1		X					X					A	A			
21	25.02.08	A	1. FC Kaiserslautern	3:2 (2:1)			X		A2	A	X			E	E		X	X1	X	X				X				E	A			X
22	02.03.08	H	FC Carl Zeiss Jena	2:0 (1:0)			X	X1	X	X		A		X	A		X	X	E1		X		E			E	A					
23	09.03.08	A	1. FC Köln	0:1 (0:0)	A		X		X	A	X	E		X	X			X			X		E				E	A	X			
24	16.03.08	H	SpVgg Gr. Fürth	1:0 (0:0)			X		X	A		E	E	X	A			X	X		X		E		X1			A	X			
25	23.03.08	A	TSV München 1860	3:1 (2:1)			X		X		X	E	A	E	X1	A	X	X			X			X				E	A	X		
26	30.03.08	A	Mönchengladbach	0:1 (0:0)			X	A		A	X	E	E	X	X			X			X		E		X			A	X			
27	04.04.08	H	Kickers Offenbach	1:1 (0:1)	X		A	E	X	X		E	A		X						X		X					X1	X			E
28	11.04.08	A	VfL Osnabrück	0:2 (0:1)	X		X	E	X	X					A			X			E	X		X			X	A	A			E
29	16.04.08	H	SC Freiburg	3:2 (1:1)	X		X	X2		E	A		X	X	A1		X		A		X						E		X			
30	25.04.08	A	SC Paderborn 07	2:3 (1:3)	X		X		X	X	E	E		X1	X1	E	X										A	A	A			
31	04.05.08	H	SV Wehen	2:0 (1:0)		A	A1		X		A1	X	E		X			E	X		X						E					
32	07.05.08	A	TSG Hoffenheim	1:3 (0:1)	A		A		E	X		A	X		X			X	X	X1		X						E	E			
33	11.05.08	H	FC Erzgebirge Aue	2:2 (0:0)		X	E1	X	E	X		A	A		X			X			X	X	E1	X				A				X
34	18.05.08	A	Alemannia Aachen	3:1 (0:0)	X1			X2	E	X		A	X		E			E			X	X	X			A				A	X	
	Spiele:				25	12	28	21	26	30	33	5	15	21	1	10	1	32	9	8	30	26	3	20	2	21	7	20	12	30	13	12
	Tore:				2	3	1	4	11	4	0	0	1	0	0	0	0	3	4	0	0	1	0	2	0	1	1	4	0	2	0	0

Gegnerische Eigentore im 25. Spiel (durch Thorandt und durch Berhalter).

Bilanz der letzten 10 Jahre:

Saison	Liga	Platz	Sp.	S	U	N	Tore	Pkt.
1997/98:	Oberliga Südwest	10.	34	11	10	13	42-45	43
1998/99:	Oberliga Südwest	14.	34	7	17	10	38-43	38
1999/00:	Oberliga Südwest	9.	36	14	9	13	50-56	51
2000/01:	Oberliga Südwest	9.	38	15	13	10	60-40	58
2001/02:	Oberliga Südwest	11.	34	11	11	12	41-37	44
2002/03:	Oberliga Südwest	11.	36	12	12	12	50-42	48
2003/04:	Oberliga Südwest	1.	34	22	7	5	69-19	73
2004/05:	Regionalliga Süd	11.	34	10	13	11	43-38	43
2005/06:	Regionalliga Süd	2.	34	18	12	4	55–31	66
2006/07:	2. Bundesliga	12.	34	11	8	15	36–45	41

Zuschauerzahlen:

Saison	gesamt	Spiele	Schnitt
1997/98:	10.980	17	645
1998/99:	9.131	17	537
1999/00:	11.067	18	615
2000/01:	12.832	19	642
2001/02:	7.334	17	458
2002/03:	9.116	18	506
2003/04:	23.626	17	1.390
2004/05:	56.866	17	3.345
2005/06:	79.164	17	4.657
2006/07:	178.157	17	10.480

Die meisten Zweitliga-Spiele:

Pl.	Name, Vorname	Spiele
1.	Dzaka, Anel	63
2.	Sukalo, Goran	52
3.	Eilhoff, Dennis	50
4.	Ziehl, Rüdiger	44
5.	Grenier, Joshua	39
	Richter, Andreas	39
7.	Forkel, Martin	38
8.	Langen, Philipp	37
	Mavric, Matej	37
10.	Sahin, Kenan	36

Die besten Zweitliga-Torschützen:

Pl.	Name, Vorname	Tore
1.	Dzaka, Anel	13
2.	Djokaj, Ardijan	11
	Sukalo, Goran	11
4.	Daham, Nourrédine	4
	Kuqi, Njazi	4
	Sahin, Kenan	4
	Ziehl, Rüdiger	4
8.	Bogavac, Dragan	3
	Hartmann, Manuel	3
	Maierhofer, Stefan	3

Die Trainer der letzten Jahre:

Name, Vorname	Zeitraum
Entenmann, Werner	
Scherhag, Ludwig	
Breuling, Günther	
Schonewille, Gerrie	
Funke, Günther	
Bell, Colin	
Kannegießer, Rainer	
Neis, Thomas	
Roth-Lebenstedt, Jürgen	01.07.2001 – 30.06.2002
Sasic, Milan	01.07.2002 – 23.04.2007

1. FC Köln 01/07

Anschrift:
Aachener Straße 999
50933 Köln
Telefon: (02 21) 71 61 63 00
eMail: info@fc-koeln.de
Homepage: www.fc-koeln.de

Vereinsgründung: 13.02.1948 durch Fusion von Kölner BC 01 und SpVgg Sülz 07; seit März 2002 1. FC Köln GmbH & Co. KGaA

Vereinsfarben: Rot-Weiß
Präsident: Wolfgang Overath
Manager: Michael Meier

Stadion: RheinEnergieStadion (50.374)

Größte Erfolge: Deutscher Meister 1962, 1964 und 1978; Deutscher Pokalsieger 1968, 1977, 1978 und 1983; Halbfinale im Europapokal der Landesmeister 1979; UEFA-Pokalfinalist 1986

Aufgebot:

Name, Vorname	Pos	geb. am	Nat.	seit	2007/08 Sp.	T.	gesamt Sp.	T.	frühere Vereine
André (André Ceara Oliveira de Lima)	M	20.04.1985	BRA	2007	10	0	20	0	FC Santos, Iraty SC, Ceará SC Fortaleza, Sao Goncalo FC
Antar, Roda	M	12.09.1980	LIB	2007	31	7	85	23	SC Freiburg, Hamburger SV, Tadamon Sur FC
Broich, Thomas	M	29.01.1981	D	2006	28	1	106	10	Borussia Mönchengladbach, SV Wacker Burghausen, SpVgg Unterhaching, TSV 1860 Rosenheim, ASV Rott/Inn
Chihi, Adil	S	21.02.1988	D	2004	21	4	54	8	Fortuna Düsseldorf, Düsseldorfer SV 04, FC Tannenhof
Ehret, Fabrice	A	28.09.1979	FRA	2006	24	0	54	0	FC Aarau, RSC Anderlecht, Racing Club Straßburg, FC Mülhausen, FC Petit-Landau
Gambino, Salvatore	S	27.11.1983	ITA	2006	8	0	21	2	Borussia Dortmund, VfB Westhofen
Helmes, Patrick	S	01.03.1984	D	2005	33	17	52	31	Sportfreunde Siegen, 1. FC Köln, Sportfreunde Siegen, SpVgg Bürbach, TuS Alchen
Kessler, Thomas	T	20.01.1986	D	2000	4	0	6	0	SV Grün-Weiß Brauweiler
Kulaksizoglu, Baykal	M	12.05.1983	SUI	2006	0	0	11	0	FC Basel, FC Thun, Grasshopper-Club Zürich, SC Bümpliz 78, FC Bethlehem
Matip, Marvin	A	25.09.1985	D	2005	24	0	42	0	VfL Bochum, SC Weitmar 45
McKenna, Kevin	A	21.01.1980	CAN	2007	30	2	67	12	FC Energie Cottbus, Hearts of Midlothian, FC Energie Cottbus, Calgary Dinos, Calgary Foothills
Mitreski, Aleksandar	A	05.08.1980	MKD	2006	28	0	55	0	Grasshopper-Club Zürich, Young Boys Bern, SC Ittigen
Mohamad, Youssef	A	01.07.1980	LIB	2007	31	5	89	14	SC Freiburg, Olympic Beirut, Al-Safa Beirut
Mondragon, Faryd	T	21.06.1971	COL	2007	31	0	31	0	Galatasaray Istanbul, FC Metz, Independiente Buenos Aires, Real Saragossa, Independiente Buenos Aires, Argentinos Juniors, Cerro Porteno Asuncion, Real Cartagena, Sporting Barranquilla, Deportivo Cali
Nickenig, Tobias	M	01.08.1984	D	2000	10	0	10	0	Sportfreunde Siegen, 1. FC Köln, SG Andernach, BSV Weißenthurm
Niedrig, Michael	M	12.01.1980	D	2007	0	0	2	0	Holstein Kiel, 1. FC Köln, FC Remscheid
Novakovic, Milivoje	S	18.05.1979	SVN	2006	33	20	58	30	Litex Lovech, Linzer ASK, SV Mattersburg, ASK Voitsberg, SAK Klagenfurt, Olimpija Ljubljana
Özalan, Alpay	A	29.05.1973	TUR	2005	0	0	27	0	Urawa Red Diamonds, Incheon United, Aston Villa, Fenerbahce Istanbul, Besiktas Istanbul, Altay Izmir, Soma Linyitspor
Özat, Ümit	A	30.10.1976	TUR	2007	32	0	32	0	Fenerbahce Istanbul, Bursaspor, Genclerbirligi Ankara, Keciörengücü
Pezzoni, Kevin	M	22.03.1989	D	2008	8	1	8	1	Blackburn Rovers, Eintracht Frankfurt, SV Darmstadt 98, SV Rot-Weiß Walldorf
Scherz, Matthias	S	14.12.1971	D	1999	30	2	209	56	FC St. Pauli, SV Rot-Weiß Scheeßel
Schöneberg, Kevin	A	24.08.1985	D	1994	13	0	20	0	BC Bliesheim
Suazo, Maynor	M	10.08.1979	HON	2007	16	0	16	0	Antalyaspor, FK Brann Bergen, Red Bull Salzburg, Marathon San Pedro Sula, SV Austria Salzburg, Marathon San Pedro Sula
Vucicevic, Nemanja	S	11.08.1979	SRB	2007	24	1	72	13	TSV München 1860, OFK Belgrad, Lokomotive Moskau, OFK Belgrad, Graficar Belgrad, FK Rad Belgrad
Wessels, Stefan	T	28.02.1979	D	2003	0	0	39	0	FC Bayern München, TuS Lingen, SV Eintracht Schepsdorf

Trainer:

Name, Vorname	geb. am	Nat.	Zeitraum	Spiele 2007/08	frühere Trainerstationen
Daum, Christoph	25.10.1953	D	27.11.2006 – lfd.	34	Fenerbahce Istanbul, FK Austria Wien, Besiktas Istanbul, Bayer 04 Leverkusen, Besiktas Istanbul, VfB Stuttgart, 1. FC Köln (Chef-, Co- und Juniorentrainer)

Zugänge:
Antar (SC Freiburg), McKenna (FC Energie Cottbus), Mohamad (SC Freiburg), Mondragon (Galatasaray Istanbul), Nickenig (Sportfreunde Siegen), Niedrig (Holstein Kiel), Özat (Fenerbahce Istanbul), Suazo (Antalyaspor), Vucicevic (TSV München 1860).
während der Saison:
Pezzoni (Blackburn Rovers).

Abgänge:
Akin (RSC Anderlecht), Cabanas (Grasshopper-Club Zürich), Cullmann (II. Mannschaft), Finke (SC Verl), Haas (FC St. Gallen), Johnsen (IK Start Kristiansand), Lagerblom (TSV Alemannia Aachen), Madsen (Brøndby IF), Sinkiewicz (Bayer 04 Leverkusen), Tiago (Juventude Caixas do Sul), Tripodi (Boca Juniors Buenos Aires), Weiser (Laufbahn beendet).
während der Saison:
Kulaksizoglu (Young Boys Bern), Wessels (FC Everton).

Fortsetzung 1. FC Köln 01/07

Aufstellungen und Torschützen:

Sp	Datum	Gegner	Ergebnis	André	Antar	Broich	Chihi	Ehret	Gambino	Helmes	Kessler	Matip	McKenna	Mitreski	Mohamad	Mondragon	Nickenig	Novakovic	Özat	Pezzoni	Scherz	Schöneberg	Suazo	Vucicevic
				1	2	3	4	5	6	7	8	9	10	11	12	13	14	15	16	17	18	19	20	21
1	10.08.07 A	FC St. Pauli	2:0 (0:0)		X	E	A			X1		X	X	X		X		A1	X		E	X	E	A
2	20.08.07 H	Alemannia Aachen	0:1 (0:1)		X	X	X	E	E	X			X	A		X	X	A			E	A		X
3	24.08.07 H	FC Carl Zeiss Jena	4:3 (1:2)		X	A	X2	X	E	X			X			X	A	A1			E	E		X
4	31.08.07 A	TSV München 1860	1:1 (0:0)		X		X			X			X	X	X	X	E	E1	E		A	A	A	X
5	16.09.07 H	SpVgg Gr. Fürth	0:0 (0:0)		X	X	E	A		X		A			X	X	E	X	X		E	X	A	
6	23.09.07 A	TuS Koblenz	2:1 (1:1)			E	E			A	E	X		X	X	X	A	X2			A	X	X	
7	26.09.07 H	SC Freiburg	1:3 (1:1)	E	X	E	E	X			X	A		X		X	X	X	X1			A		
8	30.09.07 A	SV Wehen	3:4 (2:3)	X	X		X		E	E		X		X1		A	X2				A	E	A	
9	05.10.07 H	Offenbacher Kickers	4:1 (2:1)	E	X		A1	E		X1	X	X1	E	X1	X	A	A	X			X			
10	22.10.07 A	Mönchengladbach	2:2 (0:0)		A	E	A	E		X1		E	X	X	X1	X		X	X		A		X	
11	28.10.07 H	SC Paderborn 07	2:1 (1:0)	X		A	E	A		E	X		X	X	X	X2		X			A		E	
12	01.11.07 A	VfL Osnabrück	1:2 (0:2)	A	E	E	A			X1	X		X	X	X	X		X			A	X		E
13	09.11.07 H	FC Erzgebirge Aue	3:2 (2:2)	E	A	E	X			X1		X	X	X	X	X2	X		E		A	A		
14	25.11.07 A	TSG Hoffenheim	2:0 (1:0)	X	E	E	A			X1	E	X	X	X	X	A1		X				A		
15	02.12.07 H	FC Augsburg	3:0 (1:0)	X	E1	E	A			X		E	X	A	X	X2		A						X
16	07.12.07 A	1. FSV Mainz 05	0:1 (0:0)	E	X	A	E	X		X		X	X	X	X	X		X						A
17	17.12.07 H	1. FC Kaiserslautern	2:1 (1:1)	E	X	A	E			X	E	X1	X	A1	X	X	X							A
18	01.02.08 H	FC St. Pauli	1:1 (0:1)		A	E	E1	X		X	E	X	X	X	X	X		A						A
19	11.02.08 A	Alemannia Aachen	2:3 (1:1)	E	A	A	E	X		X2		X	X	X	X	X		X			E			A
20	15.02.08 A	FC Carl Zeiss Jena	3:1 (1:0)		X	A	E	E	A1		X	X	X	X	X	X2	X				E			A
21	22.02.08 H	TSV München 1860	0:0 (0:0)		X		A	X		X		E	X	A	X	X	X				E		E	A
22	29.02.08 A	SpVgg Gr. Fürth	2:2 (2:1)	A	X	X				X1	X		X	X	X	X		X			E		X	
23	09.03.08 H	TuS Koblenz	1:0 (0:0)	A	X		A			X	X	E	X	X		X	X1	X					X	E
24	17.03.08 A	SC Freiburg	0:1 (0:0)		X	X				X	X	X	X	X	X	X	X	X			E			A
25	23.03.08 H	SV Wehen	2:1 (2:1)		X1	X			E	A		A	X	X	X	X		E	X	X	E			A1
26	30.03.08 A	Offenbacher Kickers	3:1 (1:1)		X1	X				A1	X	X	X	X	X	A1	X	A			E	E		E
27	07.04.08 H	Mönchengladbach	1:1 (0:1)	E	X	A			E	X1	X	X	X	X	X	X	A				E			A
28	11.04.08 A	SC Paderborn 07	2:2 (1:1)		X1	X		E		X1	X	A	X	X	X	A		A		A	E			E
29	15.04.08 H	VfL Osnabrück	2:0 (2:0)		X1	A		E	E	X1	X	X	X	X	X	A	X				E	A		
30	25.04.08 A	FC Erzgebirge Aue	3:3 (2:2)		X			E		X1	X	X	A	X			X	X			E1	X1	A	E
31	04.05.08 H	TSG Hoffenheim	3:1 (1:1)		X1	A		E		X		X	X	X1	X		A1	A	X			E	X	E
32	07.05.08 A	FC Augsburg	3:1 (2:0)	E	X	A		E		X2	A	X	X	X	X		A1	X	E	X		E		
33	11.05.08 H	1. FSV Mainz 05	2:0 (1:0)		X2	A				X	A	X	E	X	X		A	X			E	E	X	
34	18.05.08 A	1. FC Kaiserslautern	0:3 (0:0)		X	A		E		X	X	X	X	X			X	X	A		E			X
		Spiele:		10	31	28	21	24	8	33	4	24	30	28	31	31	10	33	32	8	30	13	16	24
		Tore:		0	7	1	4	0	0	17	0	0	2	0	5	0	0	20	0	1	2	0	0	1

Gegnerische Eigentore im 3. Spiel (durch Jensen) und im 22. Spiel (durch Mauersberger).

Bilanz der letzten 10 Jahre:

Saison	Liga	Platz	Sp.	S	U	N	Tore	Pkt.
1997/98:	Bundesliga	17.	34	10	6	18	49–64	36
1998/99:	2. Bundesliga	10.	34	12	9	13	46–53	45
1999/00:	2. Bundesliga	1.	34	19	8	7	68–39	65
2000/01:	Bundesliga	10.	34	12	10	12	59–52	46
2001/02:	Bundesliga	17.	34	7	8	19	26–61	29
2002/03:	2. Bundesliga	2.	34	18	11	5	63–45	65
2003/04:	Bundesliga	18.	34	6	5	23	32–57	23
2004/05:	2. Bundesliga	1.	34	20	7	7	62–33	67
2005/06:	Bundesliga	17.	34	7	9	18	49–71	30
2006/07:	2. Bundesliga	9.	34	12	10	12	49–50	46

Zuschauerzahlen:

Saison	gesamt	Spiele	Schnitt
1997/98:	457.505	17	26.912
1998/99:	225.792	17	13.282
1999/00:	447.333	17	26.314
2000/01:	555.731	17	32.690
2001/02:	529.336	17	31.137
2002/03:	445.800	17	26.224
2003/04:	627.494	17	36.911
2004/05:	653.574	17	38.446
2005/06:	830.500	17	48.853
2006/07:	712.300	17	41.900

Die meisten Zweitliga-Spiele:

Pl.	Name, Vorname	Spiele
1.	Scherz, Matthias	148
2.	Voigt, Alexander	121
3.	Cullmann, Carsten	111
4.	Springer, Christian	98
5.	Cichon, Thomas	80
6.	Lottner, Dirk	78
7.	Kurth, Markus	64
8.	Bade, Alexander	59
9.	Novakovic, Milivoje	58
	Pröll, Markus	58

Die besten Zweitliga-Torschützen:

Pl.	Name, Vorname	Tore
1.	Scherz, Matthias	45
2.	Helmes, Patrick	31
3.	Lottner, Dirk	30
	Novakovic, Milivoje	30
5.	Podolski, Lukas	24
6.	Springer, Christian	16
7.	Kurth, Markus	12
8.	Voigt, Alexander	11
9.	Donkov, Georgi	9
	Ebbers, Marius	9

Die Trainer der letzten Jahre:

Name, Vorname	Zeitraum
Schuster, Bernd	01.07.1998 – 30.06.1999
Lienen, Ewald	01.07.1999 – 28.01.2002
John, Christoph	28.01.2002 – 14.02.2002
Funkel, Friedhelm	14.02.2002 – 30.10.2003
Luhukay, Jos	31.10.2003 – 02.11.2003
Koller, Marcel	02.11.2003 – 30.06.2004
Stevens, Huub	01.07.2004 – 30.06.2005
Rapolder, Uwe	01.07.2005 – 18.12.2005
Latour, Hanspeter	03.01.2006 – 09.11.2006
Gehrke, Holger	10.11.2006 – 26.11.2006

1. FSV Mainz 05

Anschrift:
Dr.-Martin-Luther-King-Weg
55122 Mainz
Telefon: (0 61 31) 37 55 00
eMail: info@mainz05.de
Homepage: www.mainz05.de

Vereinsgründung: 16.03.1905 als 1. Mainzer FC Hassia; seit 1918 1. FSV Mainz 05

Vereinsfarben: Rot-Weiß
Präsident: Harald Strutz
Manager: Christian Heidel

Stadion:
Stadion am Bruchweg (20.300)

Größte Erfolge: Meister der Amateur-Oberliga Südwest 1981, 1988 (↑) und 1990 (↑); Deutscher Amateurmeister 1982; Qualifikation zur 2. Bundesliga 1974; Aufstiegsrunde zur 2.Bundesliga 1978; Aufstieg in die Bundesliga 2004

Aufgebot:

Name, Vorname	Pos	geb. am	Nat.	seit	2007/08 Sp.	T.	gesamt Sp.	T.	frühere Vereine
Amri, Chadli	S	14.12.1984	ALG	2006	26	3	51	9	1. FC Saarbrücken, ASC Lascabas, FC Metz
Baljak, Srdjan	S	25.11.1978	SRB	2007	23	6	23	6	Banat Zrenjanin, Buducnost Banatski Dvor, Consadole Sapporo, Buducnost Banatski Dvor, Teleoptik Zemun, Partizan Belgrad, Radnicki Kragujevac, Teleoptik Zemun, Partizan Belgrad
Boakye, Isaac	S	26.11.1981	GHA	2008	13	1	39	15	VfL Wolfsburg, DSC Arminia Bielefeld, Asante Kotoko FC Kumasi
Borja, Felix	S	02.04.1983	ECU	2007	32	16	32	16	Olympiakos Piräus, El Nacional Quito
Daghfous, Nejmeddin	S	01.10.1986	D	2006	15	0	15	0	KSV Baunatal, TSV Wolfsanger
Demirtas, Christian	A	25.05.1984	D	2002	23	0	23	0	Eintracht Frankfurt, JSG Rodgau, SG Nieder-Roden
Feulner, Markus	M	12.02.1982	D	2006	27	6	40	7	1. FC Köln, FC Bayern München, 1. FC Bamberg, SV Pettstadt
Gunkel, Daniel	M	07.06.1980	D	2007	28	10	81	15	FC Energie Cottbus, SV Wehen Taunusstein, SC Preußen 06 Münster, Dresdner SCF 98, Eintracht Frankfurt, SG 01 Hoechst, SpVgg Bad Homburg, SG Rot-Weiss Frankfurt, SV Bonames
Hoogland, Tim	A	11.06.1985	D	2007	30	5	30	5	FC Schalke 04, TSV Marl-Hüls, VfB Hüls
Ischdonat, Daniel	T	09.06.1976	D	2006	16	0	58	0	SV Eintracht Trier 05, Bayer 04 Leverkusen
Jovanovic, Ranisav	S	05.11.1980	SRB	2006	13	0	30	3	LR Ahlen, 1. FSV Mainz 05, 1. FC Dynamo Dresden, Tennis Borussia Berlin, SV Tasmania Neukölln 1973, Spandauer SV
Karhan, Miroslav	M	21.06.1976	SVK	2007	32	5	32	5	VfL Wolfsburg, Besiktas Istanbul, Real Betis Sevilla, Olimpija Ljubljana, Spartak Trnava
Laurent, Francis	S	06.01.1986	FRA	2007	6	0	6	0	SV Eintracht Trier 05, FC Sochaux, AS Beauvais, US Pont-Sainte-Maxence
Liesenfeld, Fabian	M	07.02.1986	D	2005	1	0	1	0	Binger FVgg Hassia, SG Eintracht Bad Kreuznach, SG 1907 Guldental
Markolf, Stefan	A	03.01.1984	D	2004	8	0	8	0	KSV Baunatal, KSV Hessen Kassel, VfB Witzenhausen
Noveski, Nikolce	A	28.04.1979	MKD	2004	29	0	62	3	FC Erzgebirge Aue, FC Hansa Rostock, Pelister Bitola
Pekovic, Milorad	M	05.08.1977	MNE	2005	32	1	116	12	SV Eintracht Trier 05, OFK Belgrad, Partizan Belgrad, OFK Belgrad, FK Obilic
Rose, Marco	A	11.09.1976	D	2002	19	0	117	3	Hannover 96, VfB Leipzig, BSG Rotation 1950 Leipzig
Ruman, Petr	S	02.11.1976	CZE	2005	6	1	175	39	SpVgg Greuther Fürth, Banik Ostrava, VP Frydek-Mistek, Banik Ostrava, PS Prerov
Soto, Elkin	M	04.08.1980	COL	2007	7	1	7	1	Barcelona SC Guayaquil, Once Caldas Manizales, Atlético Nacional Medellin
Subotic, Neven	A	10.12.1988	USA	2006	33	4	33	4	University South Carolina, TSV Schwarzenberg
Svensson, Bo	A	04.08.1979	DEN	2007	9	0	9	0	Borussia Mönchengladbach, FC Kopenhagen, KB Kopenhagen
Vrancic, Damir	S	04.10.1985	BIH	2002	17	2	17	2	Eintracht Frankfurt, VfR Kesselstadt
Vrancic, Mario	M	23.05.1989	BIH	2004	5	0	5	0	VfR Kesselstadt
Wache, Dimo	T	01.11.1973	D	1995	9	0	266	0	Borussia Mönchengladbach, Bayer 04 Leverkusen, VfB Oldenburg, VfL Brake, SC Ovelgönne
Wellington	S	17.08.1985	BRA	2007	6	0	6	0	Corinthians Sao Paulo, Gremio Porto Alegre, Uniao Sao Joao de Araras, Ituano FC, America FC de Sao José de Rio Preto, Uniao Sao Joao de Araras
Wetklo, Christian	T	11.01.1980	D	2000	9	0	9	0	Rot-Weiss Essen, FC Schalke 04, SC Hassel 1919

Trainer:

Name, Vorname	geb. am	Nat.	Zeitraum	Spiele 2007/08	frühere Trainerstationen
Klopp, Jürgen	16.06.1967	D	27.02.01 – 30.06.08	34	—

Zugänge:
Baljak (Banat Zrenjanin), Borja (Olympiakos Piräus), Gunkel (FC Energie Cottbus), Hoogland (FC Schalke 04), Karhan (VfL Wolfsburg), Laurent (SV Eintracht Trier 05), Markolf (II. Mannschaft), Svensson (Borussia Mönchengladbach).
während der Saison:
Boakye (VfL Wolfsburg), Wellington (Corinthians Sao Paulo).

Abgänge:
Addo (Hamburger SV II), Andreasen (SV Werder Bremen), Azaouagh (FC Schalke 04), Cha (TuS Koblenz), Friedrich (Bayer 04 Leverkusen), Gerber (OFI Heraklion), Gunesch (FC St. Pauli), Niculae (Inverness Caledonian Thistle), Sela (MVV Maastricht), Szabics (FC Augsburg), Weigelt (TSV Alemannia Aachen), Zidan (Hamburger SV).

Deutschlands Fußball in Zahlen 2008 2. Bundesliga DSFS 77

Fortsetzung 1. FSV Mainz 05

Aufstellungen und Torschützen:

Sp	Datum		Gegner	Ergebnis	Amri	Baljak	Boakye	Borja	Daghfous	Demirtas	Feulner	Gunkel	Hoogland	Ischdonat	Jovanovic	Karhan	Laurent	Liesenfeld	Markolf	Noveski	Pekovic	Rose	Ruman	Soto	Subotic	Svensson	Vrancic D.	Vrancic M	Wache	Wellington	Wetklo
					1	2	3	4	5	6	7	8	9	10	11	12	13	14	15	16	17	18	19	20	21	22	23	24	25	26	27
1	12.08.07	H	TuS Koblenz	4:1 (1:1)	X		E	X	X2	A	X			A	E					X	X		A1	X		E1		X			
2	19.08.07	A	SpVgg Gr. Fürth	0:3 (0:1)		A	E		A	X	A		X							X	X		X	X			E	E	X		
3	24.08.07	H	Mönchengladbach	4:1 (2:0)	E			X1	A	A1	X2	X			X				E	X	X		A	X			E				X
4	02.09.07	A	FC Carl Zeiss Jena	2:1 (1:0)	A			A		X	X1	X1	X		E	A	E			X	X			X			E				X
5	16.09.07	H	SC Freiburg	1:1 (0:0)	A			X		X	A	X1	X			X	E			X	X			X					E	X	
6	23.09.07	A	Offenbacher Kickers	0:2 (0:1)	X	E				X	X	X	X		A	A	E			X	A			X			E				X
7	27.09.07	H	TSV München 1860	3:0 (1:0)		E		X1		X	A	A1	X			X1		E			X		A	X	X	E					X
8	30.09.07	A	TSG Hoffenheim	0:1 (0:1)	X			A		A	A	X	X		E	E				X		E		X	X	X					X
9	07.10.07	H	FC Erzgebirge Aue	4:1 (0:1)	E1	E		A2	X		X1	X			X					X	X		A	X			E	A			X
10	21.10.07	A	SV Wehen	3:1 (1:0)	A	A		A1	E		X		E		X					X	X	X			X1	X1			E		X
11	26.10.07	H	FC Augsburg	1:1 (1:0)	X	A		X	E		X				X					X	A1	X		X	E	A	E				X
12	04.11.07	A	SC Paderborn 07	1:1 (1:1)	A	A		X	E	X		X	X1	X		A	E			X	X			X		E					
13	09.11.07	H	VfL Osnabrück	4:1 (1:1)	X1			A1	E		X1	X1	X		A	A				X	X			X		E			E		
14	26.11.07	A	1. FC Kaiserslautern	0:0 (0:0)	X			X	E		X		X		A					X	X	X		X	A			E				
15	03.12.07	A	Alemannia Aachen	3:0 (1:0)	A			A3	E	X	X		X			X			E	X	X			X		E					
16	07.12.07	H	1. FC Köln	1:0 (0:0)	X			X	E	X	A	X1	A		X				E	X	X	E		X							
17	14.12.07	A	FC St. Pauli	0:1 (0:1)	X	E		X		A	X	A	X			X			E	X	X			X			E				
18	03.02.08	A	TuS Koblenz	1:1 (1:1)		A	X		A	X	A		X	E			E	X		X			X1	X	E						
19	10.02.08	H	SpVgg Gr. Fürth	1:2 (0:0)	A	E	A1	X	E	X	X		X		X		A			X			X	X			E				
20	18.02.08	A	Mönchengladbach	1:0 (1:0)		A	X1	A	E			X	X	E	A					X	X	X		X	E	X					
21	22.02.08	H	FC Carl Zeiss Jena	2:2 (1:0)	E		X	A		E	X1	X	X	E	X1					X	X	A		X		A					
22	03.03.08	A	SC Freiburg	1:1 (0:0)	E	E	A	X	E	A	A	X			X					X	X			X1				X			
23	09.03.08	H	Offenbacher Kickers	1:0 (0:0)	E	A		A	E		X	X1	E		X					X	X			X				X			
24	16.03.08	A	TSV München 1860	1:1 (0:0)	E	X1		X	E	A	A	X	A							X	X	X		X			E		X		
25	23.03.08	H	TSG Hoffenheim	1:1 (0:0)		A	E	X		X	A	X	E		A					X	X	X		X			E		X		
26	28.03.08	A	FC Erzgebirge Aue	3:3 (1:2)		A	E	X	E		A	X1	X		X2					X	A	X		E	X				X		
27	06.04.08	A	SV Wehen	3:0 (2:0)		A	E	A			A	X1	X1	E	X1					X	X			E	X				X		
28	11.04.08	A	FC Augsburg	1:2 (1:1)	E	X1	A	E		X	A	X			A					X	X	X		E	X				X		
29	15.04.08	H	SC Paderborn 07	6:1 (2:0)	E1	X1		X3			A1	A	X	X	X					X	X	X		E	X	E					
30	27.04.08	A	VfL Osnabrück	2:1 (2:1)	E	X	E	A1		A	A	X	X		X					X	X			X1	E						
31	02.05.08	H	1. FC Kaiserslautern	2:1 (1:1)	X	A	E	X1		X	A		X	E	A					X	X		E1	X							
32	07.05.08	H	Alemannia Aachen	0:1 (0:0)	A	A	E	X			E	X	X	E	X					X		X		A	X						
33	11.05.08	A	1. FC Köln	0:2 (0:1)	X			E	X	X	EA	X	X	X	E						X	A	A	X							
34	18.05.08	H	FC St. Pauli	5:1 (3:0)	E	X3		X1		A	A	A1	X	X		X			E	X	X			E	X						
			Spiele:		26	23	13	32	15	23	27	28	30	16	13	32	6	1	8	29	32	19	6	7	33	9	17	5	9	6	9
			Tore:		3	6	1	16	0	0	6	10	5	0	0	5	0	0	0	0	1	0	1	1	4	0	2	0	0	0	0

Gegnerisches Eigentor im 25. Spiel (durch Spilacek).

Bilanz der letzten 10 Jahre:

Saison	Liga	Platz	Sp.	S	U	N	Tore	Pkt.
1997/98	2. Bundesliga	10.	34	10	14	10	55–48	44
1998/99	2. Bundesliga	7.	34	14	8	12	48–44	50
1999/00	2. Bundesliga	9.	34	11	12	11	41–42	45
2000/01	2. Bundesliga	14.	34	10	10	14	37–45	40
2001/02	2. Bundesliga	4.	34	18	10	6	66–38	64
2002/03	2. Bundesliga	4.	34	19	5	10	64–39	62
2003/04	2. Bundesliga	3.	34	13	15	6	49–34	54
2004/05	Bundesliga	11.	34	12	7	15	50–55	43
2005/06	Bundesliga	11.	34	9	11	14	46–47	38
2006/07	Bundesliga	16.	34	8	10	16	34–57	34

Zuschauerzahlen:

Saison	gesamt	Spiele	Schnitt
1997/98:	116.467	17	6.851
1998/99:	105.791	17	6.223
1999/00:	108.592	17	6.388
2000/01:	102.720	17	6.041
2001/02:	167.743	17	9.867
2002/03:	220.612	17	12.977
2003/04:	228.011	17	13.412
2004/05:	342.700	17	20.159
2005/06:	342.800	17	20.165
2006/07:	343.600	17	20.212

Die meisten Zweitliga-Spiele:

Pl.	Name, Vorname	Spiele
1.	Klopp, Jürgen	325
2.	Wache, Dimo	266
3.	Neustädter, Peter	239
4.	Hock, Christian	234
5.	Kuhnert, Stephan	211
6.	Müller, Michael	206
7.	Herzberger, Steffen	202
8.	Kramny, Jürgen	197
9.	Demandt, Sven	179
10.	Schäfer, Guido	177

Die besten Zweitliga-Torschützen:

Pl.	Name, Vorname	Tore
1.	Demandt, Sven	55
2.	Klopp, Jürgen	52
3.	Thurk, Michael	42
4.	Ouakili, Abderrahim	32
5.	Voronin, Andrej	29
6.	Hayer, Fabrizio	27
	Klier, Gerd	27
	Kramny, Jürgen	27
	Ziemer, Thomas	27
10.	Hohenwarter, Erwin	25

Die Trainer der letzten Jahre:

Name, Vorname	Zeitraum
Franz, Horst	18.04.1995 – 12.09.1995
Lorenz, Manfred	12.09.1995 – 25.09.1995
Frank, Wolfgang	25.09.1995 – 02.03.1997
Saftig, Reinhard	11.03.1997 – 23-08.1997
Constantini, Dietmar	16.09.1997 – 08.04.1998
Frank, Wolfgang	09.04.1998 – 17.04.2000
Karkuth, Dirk	18.04.2000 – 30.06.2000
Vandereycken, René	01.07.2000 – 13.11.2000
Lorenz, Manfred	13.11.2000 – 21.11.2000
Krautzun, Eckhard	21.11.2000 – 20.02.2001

Borussia VfL 1900 Mönchengladbach

Anschrift:
Hennes-Weisweiler-Allee 1
41179 Mönchengladbach
Telefon: (0 21 61) 92 93-0
eMail: info@borussia.de
Homepage: www.borussia.de

Vereinsgründung: 01.08.1900

Vereinsfarben: Grün-Weiß-Schwarz
1. Vorsitzender: Rolf Königs
Sportdirektor: Christian Ziege

Stadion:
Stadion im Borussia-Park (54.019)

Größte Erfolge: Deutscher Meister 1970, 1971, 1975, 1976 und 1977; Deutscher Pokalsieger 1960, 1973 und 1995; Deutscher Supercupsieger 1977; UEFA-Pokalsieger 1975 und 1979; Finalist im Europapokal der Landesmeister 1977

Aufgebot:

Name, Vorname	Pos	geb. am	Nat.	seit	2007/08 Sp.	2007/08 T.	gesamt Sp.	gesamt T.	frühere Vereine
Baumjohann, Alexander	M	23.01.1987	D	2007	1	0	1	0	FC Schalke 04, DJK Teutonia Waltrop
van den Bergh, Johannes	M	21.11.1986	D	2001	8	0	8	0	Bayer 04 Leverkusen
Bögelund, Kasper	A	08.10.1980	DEN	2005	7	0	7	0	PSV Eindhoven, Odense BK, Brändekilde Bellinge
Brouwers, Roel	A	28.11.1981	NED	2007	28	2	87	9	SC Paderborn 07, Roda JC Kerkrade, Weltania Heerlen
Colautti, Roberto Damian	S	24.05.1982	ISR	2007	10	3	10	3	Maccabi Haifa, Boca Juniors Buenos Aires, CA Banfield, FC Lugano, Boca Juniors Buenos Aires
Compper, Marvin	A	14.06.1985	D	2003	3	0	20	0	VfB Stuttgart, SV 03 Tübingen, SV Bühl
Coulibaly, Soumaila Ismail	M	15.04.1978	MLI	2007	26	3	123	22	SC Freiburg, Zamalek Kairo, AS Real Bamako, Djoliba AC Bamako
Daems, Filip	A	31.10.1978	BEL	2005	27	1	27	1	Genclerbirligi Ankara, Lierse SK, Verbroedering Geel, FCV Alberta Geel
Fleßers, Robert	M	11.02.1987	D	1995	0	0	0	0	1. FC Viersen
Friend, Rob	S	23.01.1981	CAN	2007	33	18	33	18	SC Heracles Almelo, SC Heerenveen, Molde FK, Moss FK, University of California Santa Barbara, Western Michigan University
Gohouri, Steve	A	08.02.1981	CIV	2007	17	0	17	0	Young Boys Bern, FC Vaduz, FC Bologna, Yverdon-Sport FC, Bnei Yehuda Tel Aviv, Paris Saint-Germain, CS Bretigny
Gospodarek, Uwe	T	06.08.1973	D	2007	1	0	156	0	SV Wacker Burghausen, SSV Jahn 2000 Regensburg, 1. FC Kaiserslautern, VfL Bochum, FC Bayern München, SSV Jahn 1889 Regensburg, SV Ascha
Heimeroth, Christofer	T	01.08.1981	D	2006	33	0	33	0	FC Schalke 04, Spfr. Oestrich-Iserlohn, Borussia Dortmund, BSV Menden, SG Massen
Kahê (Carlos Eduardo de Souza Floresta)	S	28.08.1982	BRA	2005	0	0	0	0	AA Ponte Preta, Palmeiras Sao Paulo, Nacionale AC Sao Paulo, Portuguesa Sao Paulo
Kleine, Thomas	A	28.12.1977	D	2008	8	2	139	15	Hannover 96, SpVgg Greuther Fürth, Bayer 04 Leverkusen, SV Wermelskirchen 09
Lamidi, Moses	S	05.01.1988	D	2003	1	0	1	0	TSV Alemannia Aachen
Levels, Tobias	A	22.11.1986	D	1999	27	0	27	0	KFC Uerdingen 05, Sportfreunde St. Tönis
Löhe, Frederik	T	12.08.1988	D	2004	0	0	0	0	1. FC Köln, FV Wiehl, TuS Elsenroth
Marin, Marko	S	13.03.1989	D	2005	31	4	31	4	Eintracht Frankfurt, SG 01 Hoechst
Ndjeng-Byouha, Marcel	M	06.05.1982	D	2007	30	4	64	13	DSC Arminia Bielefeld, SC Paderborn 07, Fortuna Düsseldorf, 1. FC Köln, Bonner SC, SC Fortuna Bonn
Neuville, Oliver	S	01.05.1973	D	2004	34	15	34	15	Bayer 04 Leverkusen, FC Hansa Rostock, CD Teneriffa, Servette Genf, FC Locarno, FC Gambarogno
Paauwe, Patrick	M	27.12.1975	NED	2007	33	3	33	3	AFC Valenciennes, Feyenoord Rotterdam, Fortuna Sittard, De Graafschap Doetinchem, PSV Eindhoven, SV `t Harde, VV Lyra, DVC Delft, ASV Dronten
Polanski, Eugen	M	17.03.1986	D	1994	9	0	9	0	SV Blau-Weiß Concordia Viersen
Rafael, Nando	S	10.01.1984	D	2002	12	3	12	3	Hertha BSC Berlin, Ajax Amsterdam
Rösler, Sascha	S	28.10.1977	D	2007	30	9	213	62	TSV Alemannia Aachen, SpVgg Greuther Fürth, SC Rot-Weiß Oberhausen, TSV München 1860, SSV Ulm 1846, VfB Friedrichshafen, TSV Meckenbeuren
Schachten, Sebastian	M	06.11.1984	D	2007	2	0	2	0	SV Werder Bremen, SC Paderborn 07, SC Weende, VfB Lödingsen, SVG Göttingen 07, SVG Einbeck, FC Weser Bodenfelde
Svård, Sebastian	M	15.01.1983	DEN	2006	11	0	11	0	Vitoria Guimaraes, Brøndby IF, FC Arsenal London, Stoke City, FC Kopenhagen, FC Arsenal London, FC Kopenhagen, B 1908 Amager
Touma, Sharbel	M	25.03.1979	SWE	2007	16	3	16	3	FC Twente Enschede, Halmstads BK, AIK Solna, Djurgardens IF, Syrianska Föreningen, Motala AIF FK
Voigt, Alexander	M	13.04.1978	D	2007	33	0	170	14	FC Carl Zeiss Jena, Roda JC Kerkrade, 1. FC Köln, SSV Eintracht Köln
Zé Antonio	A	14.03.1977	POR	2005	0	0	0	0	Academica de Coimbra, SC Varzim, FC Alterca, Desp. Aves, FC Alterca, FC Leca

Trainer:

Name, Vorname	geb. am	Nat.	Zeitraum	Spiele 2007/08	frühere Trainerstationen
Luhukay, Jos	13.03.1963	NED	31.01.2007 – lfd.	34	SC Paderborn 07, 1. FC Köln (Co-Trainer), KFC Uerdingen, SV Straelen

Zugänge:
Brouwers (SC Paderborn 07), Coulibaly (SC Freiburg), Friend (SC Heracles Almelo), Gospodarek (SV Wacker Burghausen), Löhe (II. Mannschaft), Ndjeng-Byouha (DSC Arminia Bielefeld), Paauwe (AFC Valenciennes), Rösler (TSV Alemannia Aachen), Schachten (SV Werder Bremen II), Touma (FC Twente Enschede), Voigt (FC Carl Zeiss Jena).
während der Saison:
Colautti (Maccabi Haifa), Kleine (Hannover 96).

Abgänge:
Degen (FC Basel), Delura (Panionios Athen), El Fakiri (FK Brann Bergen), Insua (CF America Mexico City), Jansen (FC Bayern München), Keller (FC Fulham), Kirch (DSC Arminia Bielefeld), Kluge (1. FC Nürnberg), Melka (Fortuna Düsseldorf), Schnitzler (FC St. Pauli), Sonck (FC Brügge), Svensson (1. FSV Mainz 05), Thygesen (FC Midtjylland), Thijs (AA Gent).
während der Saison:
Compper (TSG 1899 Hoffenheim), Kahê (Genclerbirligi Ankara), Zé Antonio (Vestel Manisaspor).

Fortsetzung Borussia VfL 1900 Mönchengladbach

Aufstellungen und Torschützen:

Sp	Datum	Gegner	Ergebnis	Baumjohann	van den Bergh	Bögelund	Brouwers	Colautti	Compper	Coulibaly	Daems	Friend	Gohouri	Gospodarek	Heimeroth	Kleine	Lamidi	Levels	Marin	Ndjeng-Byouha	Neuville	Paauwe	Polanski	Rafael	Rösler	Scahchten	Svärd	Touma	Voigt
				1	2	3	4	5	6	7	8	9	10	11	12	13	14	15	16	17	18	19	20	21	22	23	24	25	26
1	13.08.07 A	1. FC Kaiserslautern	1:1 (0:0)		X	X				A		E			X				X	A	E	X	A		X1		X	E	X
2	19.08.07 H	TSG Hoffenheim	0:0 (0:0)		X	X		E	A			E	X		X				X	A	E	X			X		A		X
3	24.08.07 A	1. FSV Mainz 05	1:4 (0:2)		X	X	E	E	X		A	X		X					X		E	X1		A				A	X
4	02.09.07 H	VfL Osnabrück	2:1 (2:0)			X				A		X	X		X			X	A	E	A2	X		E	X		E		X
5	17.09.07 A	FC Erzgebirge Aue	3:2 (2:0)	A		X1		E			X1	E		X				X		X	A	X			X1		X		X
6	21.09.07 H	FC Augsburg	4:2 (1:0)			X					X1	X		X				X	E	A	A2	X	E	E1	X		A		X
7	25.09.07 A	FC St. Pauli	3:0 (1:0)	X		X				E	A1	X		X				X	E	A	X			E1	A1				X
8	28.09.07 H	Alemannia Aachen	2:1 (2:0)	E						E	X1	X		X				X	A	X1	X	X	E		A		A		X
9	07.10.07 A	TuS Koblenz	5:0 (2:0)			X					X2	X		X				X	A	A	A	X1	E	E1	X1		E		X
10	22.10.07 H	1. FC Köln	2:2 (0:0)			X				X1	X			X				X	X	X	X1	X			X				X
11	26.10.07 A	SpVgg Gr. Fürth	3:1 (2:0)	X		X				E	X	A3		X				X	A		X	A			A		E	E	X
12	05.11.07 H	FC Carl Zeiss Jena	2:1 (1:1)	E		X				E	X	X		X				X	X	X	A2	X			A		E		A
13	12.11.07 A	TSV München 1860	0:0 (0:0)			X					X	X	E		X			A	E	X	X	E			X			A	X
14	23.11.07 H	Offenbacher Kickers	3:0 (1:0)			E	X1		X	X	A			X				X	A1	X	X1		E					E	X
15	30.11.07 A	SV Wehen	1:1 (0:1)				X	E1			X	A		X				X	A	X	X				X		E	E	X
16	10.12.07 A	SC Freiburg	3:1 (1:0)	E			X	E		X	X	X1		X				X		A	X	A	E	A2					X
17	16.12.07 H	SC Paderborn 07	1:1 (0:0)	E			X	E		E1	X	X		X				X	A	A	A				X				X
18	01.02.08 H	1. FC Kaiserslautern	1:1 (1:0)							A	X			X	X			X	E	A	X			A	X1	E	E		X
19	10.02.08 A	TSG Hoffenheim	2:4 (2:0)							X	X	X		X	X1	E	A	A		X1	X	A	E		E				X
20	18.02.08 H	1. FSV Mainz 05	0:1 (0:1)							X	X	X	X	X				A	E	X	A	E	E	X					A
21	24.02.08 A	VfL Osnabrück	2:2 (2:1)				X			A	X	A2	X		X	E		X	E	A	X	X		E					X
22	29.02.08 H	FC Erzgebirge Aue	2:0 (1:0)		X	X				E	X	X1	X		X				A	X	X1	A		A				E	E
23	07.03.08 A	FC Augsburg	2:0 (1:0)		X	X				E	X	X1	X		X				X	A	A	X		A1				E	E
24	16.03.08 H	FC St. Pauli	1:0 (0:0)		X	X				E	X	X1	X		X				A	A	A	X			X			E	E
25	25.03.08 A	Alemannia Aachen	1:1 (0:1)		X	X				E	X	E	X		X				A	A	X1			X				E	X
26	30.03.08 H	TuS Koblenz	1:0 (0:0)				X	E		E	X	E	X		X			X	A	A	X			X				A	X
27	07.04.08 A	1. FC Köln	1:1 (1:0)				X	E		E	X	X	E		X			X	A	X	X				A1				X
28	13.04.08 H	SpVgg Gr. Fürth	3:0 (1:0)					E		E	X	A	X	E	X			X	X2		A1			X				A	X
29	16.04.08 A	FC Carl Zeiss Jena	2:2 (0:2)				X	E2		E	X	X	X	E	X			A	X	A	X			X					A
30	27.04.08 H	TSV München 1860	2:2 (1:2)				X	A		E	X	E		E	X			X	A	X	A	X2	X		A				X
31	04.05.08 A	Offenbacher Kickers	7:1 (1:0)				X	E		E1	X	A			X			X	A1	E2	X2	X			A			X1	X
32	07.05.08 H	SV Wehen	3:0 (1:0)				X			E	X	X1			X			X	A	E	A	X		E	X			A2	X
33	11.05.08 H	SC Freiburg	2:3 (0:2)				X			E	X	X1		X	X1			A	X	E	X	A	E		A			X	
34	18.05.08 A	SC Paderborn 07	3:2 (1:2)	E				X1		X	X1	X			X			A	A1	X	A	X		E			E		X
	Spiele:			1	8	7	28	10	3	26	27	33	17	1	33	8	1	27	31	30	34	33	9	12	30	2	11	16	33
	Tore:			0	0	0	2	3	0	3	1	18	0	0	0	2	0	0	4	4	15	3	0	3	9	0	0	3	0

Gegnerisches Eigentor im 26. Spiel (durch Bajic).

Bilanz der letzten 10 Jahre:

Saison	Liga	Platz	Sp.	S	U	N	Tore	Pkt.
1997/98:	Bundesliga	15.	34	9	11	14	54–59	38
1998/99:	Bundesliga	18.	34	4	9	21	41–79	21
1999/00:	2. Bundesliga	5.	34	14	12	8	60–43	54
2000/01:	2. Bundesliga	2.	34	17	11	6	62–31	62
2001/02:	Bundesliga	12.	34	9	12	13	41–53	39
2002/03:	Bundesliga	12.	34	11	9	14	43–45	42
2003/04:	Bundesliga	11.	34	10	9	15	40–49	39
2004/05:	Bundesliga	15.	34	8	12	14	35–51	36
2005/06:	Bundesliga	10.	34	10	12	12	42–50	42
2006/07:	Bundesliga	18.	34	6	8	20	23–44	26

Zuschauerzahlen:

Saison	gesamt	Spiele	Schnitt
1997/98:	466.400	17	27.435
1998/99:	440.700	17	25.924
1999/00:	388.750	17	22.868
2000/01:	398.737	17	23.455
2001/02:	513.886	17	30.229
2002/03:	498.000	17	29.294
2003/04:	526.385	17	30.964
2004/05:	794.775	17	46.751
2005/06:	811.445	17	47.732
2006/07:	806.675	17	47.451

Die meisten Zweitliga-Spiele:

Pl.	Name, Vorname	Spiele
1.	van Lent, Arie	68
2.	Kamps, Uwe	67
3.	Witeczek, Marcel	64
4.	Nielsen, Peter	63
5.	Eberl, Max	61
6.	Demo, Igor	56
	Korzynietz, Bernd	56
8.	Pletsch, Marcello José	54
9.	Asanin, Sladjan	53
10.	Hausweiler, Markus	49

Die besten Zweitliga-Torschützen:

Pl.	Name, Vorname	Tore
1.	van Lent, Arie	33
2.	Friend, Rob	18
3.	Neuville, Oliver	15
4.	Demo, Igor	13
5.	van Houdt, Peter	12
6.	Ketelaer, Marcel	10
7.	Rösler, Sascha	9
	Witeczek, Marcel	9
9.	Asanin, Sladjan	8

Die Trainer der letzten Jahre:

Name, Vorname	Zeitraum
Meier, Norbert	02.12.1997 – 31.03.1998
Rausch, Friedel	01.04.1998 – 10.11.1998
Bonhof, Rainer	10.11.1998 – 31.08.1999
Meyer, Hans	07.09.1999 – 01.03.2003
Lienen, Ewald	02.03.2003 – 21.09.2003
Fach, Holger	22.09.2003 – 27.10.2004
Köppel, Horst	27.10.2004 – 03.11.2004
Advocaat, Dick	03.11.2004 – 18.04.2005
Köppel, Horst	18.04.2005 – 14.05.2006
Heynckes, Josef	01.07.2006 – 31.01.2007

TSV München von 1860

Anschrift:
Grünwalder Straße 114
81547 München
Telefon: (0 18 05) 60 18 60
eMail: info@tsv1860muenchen.de
Homepage: www.tsv1860.de

Vereinsgründung: 17.05.1860 als Verein zur körperlichen Ausbildung; ab 1919 TSV 1860; Fußballabteilung am 25.04.1899 gegründet

Vereinsfarben: Grün-Gold
Präsident: Rainer Beeck
Manager: Stefan Reuter

Stadion: Allianz-Arena (69.901)

Größte Erfolge: Deutscher Meister 1966; Deutscher Pokalsieger 1942 und 1964; Europapokalfinalist 1965; Meister der Oberliga Süd 1963 (↑); Meister der 2. Bundesliga Süd 1979 (↑); Aufstieg in die Bundesliga 1994; Aufstiegsrunde zur Bundesliga 1977 (↑)

Aufgebot:

Name, Vorname	Pos	geb. am	Nat.	seit	2007/08 Sp.	T.	gesamt Sp.	T.	frühere Vereine
Baumgartlinger, Julian	A	02.01.1988	AUT	2001	5	0	5	0	USC Mattsee
Bender, Lars	M	27.04.1989	D	2002	28	1	41	1	SpVgg Unterhaching, TSV Brannenburg
Bender, Sven	M	27.04.1989	D	2002	27	1	40	1	SpVgg Unterhaching, TSV Brannenburg
Berhalter, Gregg	A	01.08.1973	USA	2006	26	5	143	17	FC Energie Cottbus, Crystal Palace FC, Cambuur Leeuwarden, Sparta Rotterdam, FC Zwolle, University of North Carolina
Bierofka, Daniel	M	07.02.1979	D	2007	32	7	32	7	VfB Stuttgart, Bayer 04 Leverkusen, TSV München 1860, FC Bayern München, SpVgg Unterhaching, SpVgg Feldmoching
Burkhard, Christoph	A	09.11.1984	D	2000	0	0	14	0	FC Augsburg, BC Aichach, TSV Hollenbach
Duhnke, Manuel	S	10.08.1987	D	2002	1	0	1	0	1. FC Schweinfurt 05, FV Karlstadt
Eberlein, Alexander	A	14.01.1988	D	2003	1	0	9	0	SpVgg Greuther Fürth, Sportfreunde Großgründlach
Gebhart, Timo	M	12.04.1989	D	2004	21	0	21	0	FC Memmingen 07, BSC Memmingen
Ghvinianidze, Mate	A	10.12.1986	GEO	2006	13	0	34	1	Lokomotive Moskau, Dinamo Tiflis
Göktan, Berkant	S	12.12.1980	TUR	2006	24	10	37	20	1. FC Kaiserslautern, Besiktas Istanbul, Galatasaray Istanbul, FC Bayern München, DSC Arminia Bielefeld, Borussia Mönchengladbach, FC Bayern München, Helios München
Hoffmann, Torben	A	27.10.1974	D	2005	29	0	208	14	Eintracht Frankfurt, TSV München 1860, Bayer 04 Leverkusen, SC Freiburg, VfB Lübeck, Holstein Kiel, TuS Schwarz-Weiß Elmschenhagen
Hofmann, Michael	T	03.11.1972	D	1996	18	0	70	0	SpVgg Bayreuth, SV Mistelgau
Holebas, José	S	27.06.1984	D	2006	19	2	19	2	FC Viktoria Kahl, SV 1910 Damm, FSV Teutonia Obernau, FC Kleinwallstadt, FC Südring Aschaffenburg
Johnson, Fabian	A	11.12.1987	D	2002	28	2	57	2	Sportfreunde München
Kucukovic, Mustafa	S	05.11.1986	D	2007	23	3	44	5	Hamburger SV, SpVgg Greuther Fürth, Hamburger SV, VfL Bochum, FC Schalke 04, SSV Buer 07/28
Ledgerwood, Nicolas	M	16.01.1985	CAN	2007	6	0	24	1	SV Wacker Burghausen, TSV München 1860, Calgary Storm FC
Pagenburg, Chhunly	S	10.11.1986	D	2008	5	0	5	0	1. FC Nürnberg, SpVgg Greuther Fürth, 1. FC Nürnberg, SB Phönix Nürnberg
di Salvo, Antonio	S	05.06.1979	ITA	2006	28	8	71	14	FC Hansa Rostock, FC Bayern München, SC Paderborn 07, BV Bad Lippspringe
Schäffler, Manuel	S	06.02.1989	D	2001	1	0	1	0	TSV Moorenweis
Schroth, Markus	S	25.01.1975	D	2007	0	0	0	0	1. FC Nürnberg, TSV München 1860, Karlsruher SC, TSV Reichenbach
Schwarz, Benjamin	M	10.07.1986	D	2002	11	0	11	0	SpVgg Unterhaching, SV 1880 München, FC Ludwigsvorstadt
Schwarz, Danny	M	11.05.1975	D	2006	31	2	175	20	Karlsruher SC, TSV München 1860, SpVgg Unterhaching, Karlsruher SC, VfB Stuttgart, FC Eislingen
Szukala, Lukas	M	26.05.1984	D	2004	9	0	44	0	FC Metz, SV Eintracht Trier 05, SV Trassem, TuS Fortuna Saarburg
Thorandt, Markus	M	01.04.1981	D	2006	28	1	48	3	FC Augsburg, TSV Königsbrunn
Tschauner, Philipp	T	03.11.1985	D	2006	16	0	21	0	1. FC Nürnberg, TSV Wendelstein
Wolff, Josh	S	25.02.1977	USA	2007	24	0	34	2	Kansas City Wizards, Chicago Fire, University of South Carolina
Ziegenbein, Björn	M	30.04.1986	D	2001	3	0	29	2	FC Bayern Alzenau

Trainer:

Name, Vorname	geb. am	Nat.	Zeitraum	Spiele 2007/08	frühere Trainerstationen
Kurz, Marco	16.05.1969	D	18.03.2007 – lfd.	34	TSV München 1860 II, SC Pfullendorf

Zugänge:
Bierofka (VfB Stuttgart), Gebhart (eigene Junioren), Holebas (II. Mannschaft), Ledgerwood (SV Wacker Burghausen), Schroth (1. FC Nürnberg), B. Schwarz (II. Mannschaft).
während der Saison:
Kucukovic (Hamburger SV II), Pagenburg (1. FC Nürnberg).

Abgänge:
Adler (1. FC Nürnberg), Baier (VfL Wolfsburg), Cerny (Laufbahn beendet), Milchraum (TSV Alemannia Aachen), Pentke (FC Augsburg), Schäfer (VfL Wolfsburg), Tyce (SpVgg Unterhaching), Vucicevic (1. FC Köln).

Fortsetzung TSV München von 1860

Aufstellungen und Torschützen:

Sp	Datum	Gegner	Ergebnis	Baumgartlinger	Bender L.	Bender S.	Berhalter	Bierofka	Duhnke	Eberlein	Gebhart	Ghvinianidze	Göktan	Hoffmann	Hofmann	Holebas	Johnson	Kucukovic	Ledgerwood	Pagenburg	di Salvo	Schäffler	Schwarz B.	Schwarz D.	Szukala	Thorandt	Tschauner	Wolff	Ziegenbein
				1	2	3	4	5	6	7	8	9	10	11	12	13	14	15	16	17	18	19	20	21	22	23	24	25	26
1	12.08.07 A	FC Augsburg	6:2 (3:1)		X1	E	X	A1			X		A1	X			E		E		X3			X		A	X	X	
2	19.08.07 H	1. FC Kaiserslautern	3:1 (0:1)		X	E	X2	X				X	A1	X							X			X		X	X	X	
3	26.08.07 A	TSG Hoffenheim	3:0 (2:0)		A	E	X				E	X	X	X			X1	E			A1			X1		X	X	A	
4	31.08.07 H	1. FC Köln	1:1 (0:0)		A		X1	X			E	X	X	X			E				X			X		X	X	A	
5	16.09.07 A	Alemannia Aachen	0:0 (0:0)		A		X	A				X	X	X	X		E				X			X		X	X	X	
6	21.09.07 H	FC St. Pauli	2:1 (2:1)		X	E	X	A		E	X	A1	X	X	E						X1		A			X	X	X	
7	27.09.07 A	1. FSV Mainz 05	0:3 (0:1)		X		X	X	A		X	X	A	X	E	A	E				X		E	X			X		
8	30.09.07 H	TuS Koblenz	2:2 (1:1)		A	X	X	A			X	X	X	X	E	X	E				X2			X			X		
9	05.10.07 A	FC Carl Zeiss Jena	2:0 (0:0)		A	E	X	X1		E	A	X1	X	X		A					X			X	E	X			
10	21.10.07 H	SpVgg Gr. Fürth	0:3 (0:1)		A	E	X			E	X	X	X	X			E				X			A		X		A	
11	26.10.07 H	Offenbacher Kickers	3:0 (1:0)		X	A1	X	A			E		X2	X	X		E	E			X			X		X		A	
12	04.11.07 A	SV Wehen	0:0 (0:0)		X	X	X				A		X	X	X		X				X			X		X	X	E	
13	12.11.07 H	Mönchengladbach	0:0 (0:0)	E	X	X		X			X	X	A	X			E				X			X		A		X	
14	25.11.07 A	SC Freiburg	2:2 (0:1)	E	A	X	X	X			A		X	X	X		X	E1			X			A1				E	
15	02.12.07 H	SC Paderborn 07	0:0 (0:0)		X	X	X	X			A		X	X	X		X	E			X			X				X	
16	09.12.07 A	VfL Osnabrück	0:3 (0:2)	X	A	X	X			X			X	X	E	X	X				A			X				E	
17	16.12.07 H	FC Erzgebirge Aue	5:0 (2:0)		X	X1	A2	E		X			X	X	A1	X	X1				X			X		X		E	
18	03.02.08 H	FC Augsburg	0:3 (0:1)	E	A	X	X			A			X	A	X	X	E				X		X	X				E	
19	08.02.08 A	1. FC Kaiserslautern	2:1 (0:1)		A	X	X			A			X	E1	X	X1	E				X		X	X			A	E	
20	17.02.08 H	TSG Hoffenheim	0:1 (0:1)		X		X	X		E			X	X	E	X	X		A		X			X		A			
21	22.02.08 A	1. FC Köln	0:0 (0:0)	X	X	X		X		A			X	X	X		A			E	A		X	E				E	
22	02.03.08 H	Alemannia Aachen	0:0 (0:0)		A	X	X	A		E			X	X	X	X	E				X			X		X	X		
23	10.03.08 A	FC St. Pauli	0:0 (0:0)		X	A		X				X	A	X	X		E	E			X		X	X		X	E		
24	16.03.08 H	1. FSV Mainz 05	1:1 (0:0)		A	X	X1	A			E		X		X	E	X				X			X		X	X	X	
25	23.03.08 A	TuS Koblenz	1:3 (1:2)		X	A	X	X					X1	E	X	E	E				A			X		X	X	X	
26	30.03.08 H	FC Carl Zeiss Jena	1:2 (0:0)		A	E	X	X		E			X1	X	X		E				X		A	A		X	X		
27	04.04.08 A	SpVgg Gr. Fürth	1:3 (1:1)	A			X	X1		E		X	A	E			X				X			X	E	X	X		
28	13.04.08 A	Offenbacher Kickers	0:2 (0:1)		X	A	X			E		X	A	E	E		A				A			X	X	X	X		
29	17.04.08 H	SV Wehen	2:1 (1:0)		A	E		X1		E		X		E	X		E				A			X	X	X1	X	A	
30	27.04.08 A	Mönchengladbach	2:2 (2:1)				X			E		X1	E	X	E		X		X		A1		A	X	X	X	X		
31	02.05.08 H	SC Freiburg	0:3 (0:2)		A	E	X				A			X	E		X	E			X		A	X		X			X
32	06.05.08 A	SC Paderborn 07	1:3 (0:1)		E		X1			X	X		E	A			X				X			X	X	X	X	X	A
33	11.05.08 H	VfL Osnabrück	1:1 (0:1)		X	E	X				X1	X			E	E	X				A			A	X	X	X	A	
34	18.05.08 A	FC Erzgebirge Aue	1:1 (0:0)				X	X			A		X	X	X1	X	X				E		X	X					
		Spiele:		5	28	27	26	32	1	1	21	13	24	29	18	19	28	23	6	5	28	1	11	31	9	28	16	24	3
		Tore:		0	1	1	5	7	0	0	0	0	10	0	0	2	2	3	0	0	8	0	0	2	0	1	0	0	0

Bilanz der letzten 10 Jahre:

Saison	Liga	Platz	Sp.	S	U	N	Tore	Pkt.
1997/98	Bundesliga	13.	34	11	8	15	43–54	41
1998/99	Bundesliga	9.	34	11	8	15	49–56	41
1999/00	Bundesliga	4.	34	14	11	9	55–48	53
2000/01	Bundesliga	11.	34	12	8	14	43–55	44
2001/02	Bundesliga	9.	34	15	5	14	59–59	50
2002/03	Bundesliga	10.	34	12	9	13	44–52	45
2003/04	Bundesliga	17.	34	8	8	18	32–55	32
2004/05	2. Bundesliga	4.	34	15	12	7	52–39	57
2005/06	2. Bundesliga	13.	34	11	9	14	41–44	42
2006/07	2. Bundesliga	8.	34	14	6	14	47–49	48

Zuschauerzahlen:

Saison	gesamt	Spiele	Schnitt
1997/98	498.924	17	29.348
1998/99	483.094	17	28.417
1999/00	463.793	17	27.282
2000/01	389.007	17	22.883
2001/02	442.400	17	26.024
2002/03	450.800	17	26.518
2003/04	481.629	17	28.331
2004/05	342.376	17	20.140
2005/06	709.240	17	41.720
2006/07	606.700	17	35.688

Die meisten Zweitliga-Spiele:

Pl.	Name, Vorname	Spiele
1.	Kohlhäufl, Alfred	139
2.	Hartmann, Bernhard	137
3.	Metzger, Georg	128
4.	Herberth, Alfred	99
	Nielsen, Jan-Hoiland	99
6.	Baier, Daniel	95
	Haunstein, Hans	95
8.	Hoffmann, Torben	92
9.	Schäfer, Marcel	90
10.	Hartwig, William	87

Die besten Zweitliga-Torschützen:

Pl.	Name, Vorname	Tore
1.	Keller, Ferdinand	46
2.	Metzger, Georg	39
3.	Völler, Rudi	37
4.	Haunstein, Hans	21
	Kolomaznik, Michal	21
6.	Hartwig, William	20
	Göktan, Berkant	20
8.	Gerber, Franz	19
	Herberth, Alfred	19
10.	Falter, Peter	18
	Pacult, Peter	18

Die Trainer der letzten Jahre:

Name, Vorname	Zeitraum
Bierofka, Willi	01.07.1988 – 20.02.1990
Wettberg, Karsten	21.02.1990 – 31.05.1992
Stöhr, Edmund	01.06.1992 – 30.06.1992
Lorant, Werner	01.07.1992 – 18.10.2001
Pacult, Peter	18.10.2001 – 12.03.2003
Götz, Falko	12.03.2003 – 18.04.2004
Vanenburg, Gerald	18.04.2004 – 30.06.2004
Bommer, Rudolf	01.07.2004 – 04.12.2004
Maurer, Reiner	04.12.2004 – 22.01.2006
Schachner, Walter	24.01.2006 – 18.03.2007

Offenbacher FC Kickers 1901

Anschrift:
Bieberer Straße 282
63071 Offenbach
Telefon: (0 69) 9 81 90 10
eMial: info@ofc.de
Homepage: www.ofc.de

Vereinsgründung: 27.05.1901

Vereinsfarben: Rot-Weiß
Präsident: Dieter Müller
Sportmanager: Michael Dämgen

Stadion:
Bieberer Berg (31.500)

Größte Erfolge: Deutscher Pokalsieger 1970; Deutscher Vizemeister 1950 und 1959; Meister der Regionalliga Süd 1967, 1970 (↑) und 1972 (↑); Teilnahme an der Aufstiegsrunde zur Bundesliga 1966, 1968 (↑), 1981 und 1982; Aufstieg in die Bundesliga 1983; Teilnahme an der Aufstiegsrunde zur 2. Bundesliga 1998 und 1999 (↑); Meister der Regionalliga Süd 2005 (↑)

Aufgebot:

Name, Vorname	Pos	geb. am	Nat.	seit	2007/08 Sp.	T.	gesamt Sp.	T.	frühere Vereine
Agritis, Anastasios	S	16.04.1981	GRE	2007	25	2	32	5	Aigaleo Athen, Aigeas Plomariou, Doxa Piagias
Baier, Benjamin	M	23.07.1988	D	2005	12	0	12	0	SV Viktoria 01 Aschaffenburg
Bancé, Aristide	S	19.09.1984	BFA	2008	10	4	10	4	GB Antwerpen, Metalurg Donezk, SC Lokeren, Santos FC Ouadagougou, Athletic Club d´Adjamé, RFC Daoukro, Stade d´Abidjan
Bungert, Nico	A	24.10.1986	D	2006	32	0	52	1	FC Schalke 04, SG Wattenscheid 09, VfB Günnigfeld
Cimen, Daniyel	A	19.01.1985	D	2007	13	0	39	1	Eintracht Braunschweig, Eintracht Frankfurt, SG Nieder-Roden
Dundee, Sean	S	07.12.1972	D	2007	1	0	74	14	SV Stuttgarter Kickers, Offenbacher FC Kickers, Karlsruher SC, FK Austria Wien, VfB Stuttgart, FC Liverpool, Karlsruher SC, TSF Ditzingen, SV Stuttgarter Kickers, D`Alberton Callies FC Durban, Bayview Durban
Endres, Daniel	T	16.05.1985	D	1995	12	0	15	0	Eintracht Frankfurt, SV Rot-Weiß Offenbach
Epstein, Denis	S	02.07.1986	D	2007	21	0	38	1	Rot-Weiss Essen, 1. FC Köln, Pulheimer SC, Bayer 04 Leverkusen, SC Fortuna Köln
Hornig, Manuel	M	18.12.1982	D	2007	6	1	7	1	1. FC Saarbrücken, SC Hauenstein, Karlsruher SC, SV Olympia Rheinzabern
Hysky, Martin	A	25.09.1975	CZE	2007	34	0	111	1	Rot-Weiss Essen, FC Energie Cottbus, Dynamo Moskau, Slavia Prag, Bohemians Prag, Boby Brno, Slavia Prag, AIK Stockholm, Slavia Prag, Slovan Liberec, Slavia Prag, TJ Haje
Judt, Thorsten	M	30.06.1971	D	2003	32	3	251	16	SC Rot-Weiß Oberhausen, Fortuna Düsseldorf, Bayer 04 Leverkusen, SpVgg Betzdorf, TuS Friedewald, Sportfreunde Daaden
Mokhtari, Oualid	M	29.04.1982	D	2005	28	1	75	6	SV Wehen Taunusstein, VfR Mannheim, SSV Jahn 2000 Regensburg, Eintracht Frankfurt, Offenbacher FC Kickers, SV 07 Raunheim, SSV Raunheim
Müller, Christian	M	13.08.1983	D	1996	23	1	65	2	SKG Rumpenheim
Ogungbure, Adebowale	M	13.07.1981	NGA	2007	15	0	93	3	FC Sachsen Leipzig, FC Energie Cottbus, SSV Reutlingen 05, 1. FC Nürnberg, FC Asaco Cotonou, NEPA Lagos, Nigerdock Lagos
Pinske, Bastian	A	19.09.1978	D	2004	25	0	53	0	SG Wattenscheid 09, Borussia Dortmund, SG Wattenscheid 09
Reich, Marco	M	30.12.1977	D	2007	9	0	32	1	Crystal Palace FC, Derby County, SV Werder Bremen, 1. FC Köln, 1. FC Kaiserslautern, FC Viktoria Merxheim, SG Meisenheim/Odenbach
Sichone, Moses	A	31.05.1977	ZAM	2007	19	3	126	5	TSV Alemannia Aachen, 1. FC Köln, Nchanga Rangers, Chambishi FC
Sidney Santos di Brito	A	16.10.1979	BRA	2007	11	0	77	0	Rot-Weiss Essen, VfL Osnabrück, Santa Cruz FC Recife, Sport Clube Recife, Cesará SC Fortaleza, Santa Cruz FC Recife, Sport Clube Recife
Sieger, Stephan	M	03.12.1979	D	2004	23	2	89	12	TSG 1899 Hoffenheim, SV Sandhausen, SV Sinsheim, VfR Heilbronn, SG Östringen-Odenheim, FV Elsenz, SV Eichelberg
Sousa, Ricardo	M	11.01.1979	POR	2008	16	1	16	1	Omonia Nikosia, Boavista Porto, Hannover 96, De Graafschap Doetinchem, Hannover 96, Boavista Porto, SC Beira Mar, CF Belenenses, FC Porto, SC Beira Mar, CD Santa Clara, FC Porto, SC Beira Mar, FC Porto, AD Sanjoanense
Thier, Cesar-Luis	T	15.10.1967	BRA	2000	23	0	67	0	SC Borussia Fulda, Holstein Kiel, SC Borussia Fulda, Santa Cruz FC Recife
Toppmöller, Dino	M	23.11.1980	D	2006	20	5	123	20	SSV Jahn 2000 Regensburg, FC Erzgebirge Aue, Eintracht Frankfurt, VfL Bochum, Manchester City, 1. FC Saarbrücken, FSV Salmrohr, SV Rivenich
Türker, Suat	S	10.03.1976	TUR	2003	28	12	89	37	Borussia VfB Neunkirchen, Young Boys Bern, TSG 1899 Hoffenheim, FC Bayern München, Young Boys Bern, TSF Ditzingen, Istanbulspor, VfB Stuttgart, SSV Reutlingen 05
Watzka, Maximilian	M	25.05.1986	D	2007	13	0	13	0	FC Sachsen Leipzig, VfB Leipzig
Wörle, Thomas	M	11.02.1982	D	2005	22	1	85	4	TSV München 1860, TSV Krumbach, FC Augsburg, VfB Stuttgart, TSG Thannhausen

Trainer:

Name, Vorname	geb. am	Nat.	Zeitraum	Spiele 2007/08	frühere Trainerstationen
Frank, Wolfgang	21.02.1951	D	26.01.06 – 31.10.07	11	FC Sachsen Leipzig, SpVgg Unterhaching, MSV Duisburg, FSV Mainz 05, Austria Wien, FSV Mainz 05, Rot-Weiss Essen, FC Winterthur, FC Wettingen, FC Aarau, FC Glarus
Berndroth, Ramon	24.03.1952	D	31.10.07 – 05.11.07	1	1. FC Eschborn, VfR Neumünster, Offenbacher FC Kickers, VfB Lübeck, Eintracht Frankfurt II
Andersen, Jörn	03.02.1963	NOR	06.11.07 – 30.06.08	22	AO Xanthi, Borussia Mönchengladbach (Co-Trainer), SC Rot-Weiß Oberhausen, FC Luzern (Junioren), FC Locarno

Zugänge:
Cimen (Eintracht Braunschweig), Dundee (SV Stuttgarter Kickers), Hornig (1. FC Saarbrücken), Hysky (Rot-Weiss Essen), Ogungbure (FC Sachsen Leipzig), Sichone (TSV Alemannia Aachen), Sidney (FC Energie Cottbus), Watzka (FC Sachsen Leipzig).
während der Saison:
Bancé (GB Antwerpen), Epstein (Rot-Weiss Essen), Sousa (Omonia Nikosia).

Abgänge:
Backhaus (FC Valletta), Basic (FK Sarajevo), Happe (Bayer 04 Leverkusen II), Kresic (FC Bayern Alzenau), Kreuz, Weißenfeldt und Schumann (FSV Frankfurt), Miljatovic (Zalaegerszegi TE), Mintzel (SV Sandhausen), Oehrl und Yildirim (Eintracht Braunschweig), Pospischill (Sportfreunde Siegen), Rehm (FSV Oggersheim).
während der Saison:
Sidney (Vertrag aufgelöst).

Fortsetzung Offenbacher FC Kickers 1901

Aufstellungen und Torschützen:

Sp	Datum		Gegner	Ergebnis	Agritis	Baier	Bancé	Bungert	Cimen	Dundee	Endres	Epstein	Hornig	Hysky	Judt	Mokhtari	Müller	Ogunbure	Pinske	Reich	Sichone	Sidney	Sieger	Sousa	Thier	Toppmöller	Türker	Watzka	Wörle
					1	2	3	4	5	6	7	8	9	10	11	12	13	14	15	16	17	18	19	20	21	22	23	24	25
1	12.08.07	A	SC Paderborn 07	2:0 (0:0)	A			X	X					E	X	A	X1	E	E		X1	A	X		X	X			
2	19.08.07	H	FC Erzgebirge Aue	3:2 (2:1)	A			X	A		X			E	X	X	X				A	X	X		X2	E1			E
3	26.08.07	A	Alemannia Aachen	0:4 (0:0)				X	A		X	E		X	X	A	X	E			A	X			X	X			E
4	31.08.07	H	FC Augsburg	1:0 (0:0)	A			X	X		X	E		X	X		X	E			X	X1			A				X
5	14.09.07	A	FC St. Pauli	1:3 (1:2)			X	E	E	X	A			X	X	A	X				X	X1			X	E			A
6	23.09.07	H	1. FSV Mainz 05	2:0 (1:0)			X				X	E	E	X	A1	X	A	X			E	X			X	A1			X
7	26.09.07	A	FC Carl Zeiss Jena	0:2 (0:1)			X	A			E			X	A	X	X	E	A		E	X		X	X	X			
8	01.10.07	H	1. FC Kaiserslautern	0:0 (0:0)			X	E		X	E	E	X	A	X	A					X	X			X	X			A
9	05.10.07	A	1. FC Köln	1:4 (1:2)	E			A	E		X	E		X	A1		X				X	X			X	A			X
10	19.10.07	H	TuS Koblenz	1:1 (0:1)	A			X			X	E		X	X	X		X	A		X	E	X		X	EA1			
11	26.10.07	A	TSV München 1860	0:3 (0:1)	X			X	E		X	E		X	A	A	X	X			X		X		A				E
12	02.11.07	H	SpVgg Gr. Fürth	1:2 (1:0)	X	E		X	E			A	A	X	X			X	E			X			X	A1			X
13	09.11.07	H	SV Wehen	0:0 (0:0)	X			X	X					X	A		E		X		E	X			X	A			X
14	23.11.07	A	Mönchengladbach	0:3 (0:1)	E	E		X	A		E			X	X	E		X	A			X			X	A	X		
15	02.12.07	H	SC Freiburg	0:0 (0:0)	E	A		X	A		E			X	X		X	X	A			X			X	A			
16	09.12.07	A	TSG Hoffenheim	2:2 (0:2)	E	A		X						X	X	E	X		A	A		X			X	X1	X1		E
17	14.12.07	H	VfL Osnabrück	3:3 (1:1)	E	X						X1		X	X	E	X		A	A		A			X	X1	X1		E
18	03.02.08	H	SC Paderborn 07	2:1 (2:1)		E	X1		X			X		X	A		X	E		E	X		A	X			X1	A	
19	08.02.08	A	FC Erzgebirge Aue	1:3 (0:2)	X	E		X			X	E		A			E	X			A	X		A	X		X1	X	
20	17.02.08	H	Alemannia Aachen	1:1 (0:1)			X			E	E			X	A	X					X		A	X	A		X1	E	X
21	24.02.08	A	FC Augsburg	1:1 (0:0)		E	X	X						A	A	A	E	E			X				X	X	X1		X
22	02.03.08	H	FC St. Pauli	4:3 (1:2)	E			X						X	A	X	A		E		A1		X1	X			X1	E	X1
23	09.03.08	A	1. FSV Mainz 05	0:1 (0:0)	E	E	X				A			A	X		X	A	X			X				X	E	E	
24	14.03.08	H	FC Carl Zeiss Jena	2:1 (1:0)			X2	X			E			X	A	A	E	X			X		A			X	E	E	
25	20.03.08	A	1. FC Kaiserslautern	1:1 (1:0)	X	A		X			E			X	A	X	E	X	E	X1		A			X				X
26	30.03.08	H	1. FC Köln	1:3 (1:1)	X			X			E	E	X	X1	A		E	X			X				X	X		X	A
27	04.04.08	A	TuS Koblenz	1:1 (1:0)	X1			X			X	X		X	A		E	X			X				X	X	X	E	
28	13.04.08	H	TSV München 1860	2:0 (1:0)	A	E	A	X			X	X		X	X		E	X			X	X			X		X1	E	
29	16.04.08	A	SpVgg Gr. Fürth	1:2 (0:1)	X1		X	X			E			X	A	X		A	X	E		X			X		A	E	
30	27.04.08	A	SV Wehen	1:2 (1:0)	A		X1	X						X	X	X	E	X			X		A		X		A	E	E
31	04.05.08	H	Mönchengladbach	1:7 (0:1)	E		X							X	X	A	X		X		X		E	A	X		A	E	
32	07.05.08	H	SC Freiburg	1:0 (0:0)	X			X				E		X	X	A1	X				E	A	X	E	A				
33	11.05.08	H	TSG Hoffenheim	1:1 (0:0)	A	E		X				E		X	A	X	X				A	X	E		X1		X		
34	18.05.08	A	VfL Osnabrück	0:3 (0:1)	X			X			E			X	A	X	X		A		E	X	A		X	E	X		
	Spiele:				25	12	10	32	13	1	12	21	6	34	32	28	23	15	25	9	19	11	23	16	23	20	28	13	22
	Tore:				2	0	4	0	0	0	0	0	1	0	3	1	1	0	0	0	3	0	2	1	0	5	12	0	1

Gegnerische Eigentore im 28. Spiel (durch Johnson) und im 31. Spiel (durch Brouwers).

Bilanz der letzten 10 Jahre:

Saison	Liga	Platz	Sp.	S	U	N	Tore	Pkt.
1997/98:	Regionalliga Süd	2.	32	17	8	7	56–37	59
1998/99:	Regionalliga Süd	2.	34	19	11	4	71–38	68
1999/00:	2. Bundesliga	17.	34	8	11	15	35–58	35
2000/01:	Regionalliga Süd	10.	34	11	11	12	39–43	44
2001/02:	Regionalliga Süd	8.	34	14	8	12	42–37	50
2002/03:	Regionalliga Süd	8.	36	11	17	8	42–38	50
2003/04:	Regionalliga Süd	13.	34	11	10	13	47–53	43
2004/05:	Regionalliga Süd	1.	34	21	4	9	62–36	67
2005/06:	2. Bundesliga	11.	34	12	7	15	42–53	43
2006/07:	2. Bundesliga	14.	34	9	9	16	42–59	36

Zuschauerzahlen:

Saison	gesamt	Spiele	Schnitt
1997/98:	206.500	16	12.906
1998/99:	195.500	17	11.500
1999/00:	196.683	17	11.570
2000/01:	120.600	17	7.094
2001/02:	117.500	17	6.911
2002/03:	86.618	18	4.812
2003/04:	77.659	17	4.568
2004/05:	113.378	17	6.669
2005/06:	174.655	17	10.274
2006/07:	189.935	17	11.173

Die meisten Zweitliga-Spiele:

Pl.	Name, Vorname	Spiele
1.	Paulus, Gerd	304
2.	Krause, Walter	237
3.	Geinzer, Kurt	187
4.	Grünewald, Michael	178
5.	Walz, Bernd	148
6.	Martin, Thomas	127
7.	Fuhr, Bernd	125
8.	Franusch, Günter	122
9.	Kutzop, Michael	120
10.	Bein, Uwe	119

Die besten Zweitliga-Torschützen:

Pl.	Name, Vorname	Tore
1.	Krause, Walter	97
2.	Bein, Uwe	58
3.	Bitz, Hermann	40
4.	Höfer, Uwe	39
5.	Türker, Suat	37
6.	Kutzop, Michael	30
7.	Müller, Dieter	26
8.	Knecht, Hans-Peter	24
9.	Grünewald, Michael	23
10.	Michelberger, Franz	20
	Seiler, Alfred	20

Die Trainer der letzten Jahre:

Name, Vorname	Zeitraum
Neururer, Peter	26.10.1999 – 06.08.2000
Stepanovic, Dragoslav	06.08.2000 – 28.09.2000
Hahn, Knut	29.09.2000 – 17.10.2000
Gerster, Klaus/Kohls, Wilfried	18.10.2000 – 01.11.2000
Hahn, Knut	01.11.2000 – 14.11.2000
Müller, Dieter/Roth, Oliver	14.11.2000 – 16.12.2000
Berndroth, Ramon	17.12.2000 – 24.08.2003
Schmidt, Lars	25.08.2003 – 13.03.2004
Binz, Manfred	14.03.2004 – 20.03.2004
Boysen, Hans-Jürgen	21.03.2004 – 23.01.2006

VfL Osnabrück von 1899

Anschrift:
Scharnhorststraße 50
49084 Osnabrück
Telefon: (05 41) 77 08 70
eMail: info@vfl.de
Homepage: www.vfl.de

Vereinsgründung: 17.04.1899 als FC 1899 Osnabrück; 1924 Fusion mit SuS, FC Olympia und FC Teutonia zu VfL Osnabrück

Vereinsfarben: Lila-Weiß
Präsident: Dr. Dirk Rasch
Manager: Lothar Gans

Stadion: osnatel-Arena (18.419)

Größte Erfolge: Endrunde um die Deutsche Meisterschaft 1950 und 1952; Meister der Regionalliga Nord 1969, 1970, 1971, 1999, 2000 (↑); Deutscher Amateurmeister 1995; Meister der Amateur-Oberliga Nord 1985 (↑); Aufstieg in die 2. Bundesliga 2003, 2007; Aufstiegsrunde zur Bundesliga 1972, 1973

Aufgebot:

Name, Vorname	Pos	geb. am	Nat.	seit	2007/08 Sp.	2007/08 T.	gesamt Sp.	gesamt T.	frühere Vereine
Aziz, Bilal	M	01.07.1985	TUR	2006	22	0	22	0	FC Schalke 04, TSV Verden
Beer, Oliver	A	14.09.1979	D	2006	2	0	15	0	SC Preußen 06 Münster, FC Ingolstadt 04, 1. FC Schweinfurt 05, FC Bayern München, TSV München 1860, SC Regensburg, SSV Jahn 1889 Regensburg
Berbig, Tino	T	07.10.1980	D	2007	15	0	15	0	1. FC Dynamo Dresden, VfL Osnabrück, FC Carl Zeiss Jena
Chitsulo, Daniel	S	07.03.1983	MWI	2006	2	0	2	0	1. FC Köln, CIVO United Lilongwe
Cichon, Thomas	A	09.07.1976	D	2005	31	7	141	14	Panionios Athen, SC Rot-Weiß Oberhausen, 1. FC Köln, Essener TB Schwarz-Weiß, Preußen Essen, BV Altenessen
Ehlers, Uwe	A	08.03.1975	D	2007	4	0	81	4	FC Erzgebirge Aue, FC Augsburg, TSV München 1860, FC Hansa Rostock
Enochs, Joseph	M	01.09.1971	USA	1996	16	0	78	2	FC St. Pauli, San Francisco All Blacks, North Bay Breakers, Sacramento State University, Casa Grande High School Petaluma
Essien, Kweku	M	12.12.1984	GHA	2007	1	0	1	0	FC Midtjylland Maamobi, King Faisals Babies FC Kumasi, FC Midtjylland Maamobi
Feldhoff, Markus	S	29.08.1974	D	2004	0	0	34	6	KFC Uerdingen 05, FC Energie Cottbus, VfL Wolfsburg, Borussia Mönchengladbach, Bayer 04 Leverkusen, FC Bayer 05 Uerdingen, Sportfreunde Königshardt
Flottmann, Daniel	A	06.08.1984	D	1998	0	0	0	0	TuS Eintracht Rulle, TSV Wallenhorst
Frommer, Nico	S	08.04.1978	D	2007	29	2	149	41	SpVgg Unterhaching, Eintracht Frankfurt, SC Rot-Weiß Oberhausen, Eintracht Frankfurt, SSV Reutlingen 05, Borussia Mönchengladbach, VfB Stuttgart, SSV Ulm 1846, TSV Neu-Ulm
Gößling, Frederik	T	22.09.1977	D	2006	19	0	19	0	SC Preußen 06 Münster, SC Verl, SC Herford, DSC Arminia Bielefeld, TuS Jöllenbeck
Grieneisen, Henning	M	09.09.1984	D	2007	21	0	21	0	Holstein Kiel, DSC Arminia Bielefeld, SC Paderborn 07
Großöhmichen, Hendrik	M	06.06.1985	D	2006	3	0	3	0	Hannover 96, VfL Wolfsburg, Heeßeler SV
Heidrich, Matthias	M	10.12.1977	D	2007	32	1	106	9	TSV Alemannia Aachen, FC Erzgebirge Aue, FSV Hoyerswerda
Hennings, Rouwen	S	28.08.1987	D	2007	29	2	29	2	Hamburger SV, VfL Oldesloe
Manno, Gaetano	S	26.07.1982	ITA	2007	23	2	23	2	Wuppertaler SV Borussia, VfL Bochum, TSG Sprockhövel, SSV Hagen
Ndjeng-Byouha, Dominique	A	04.11.1980	D	2006	13	0	38	0	LR Ahlen, 1. FC Köln, Bonner SC, SC Fortuna Bonn
Nouri, Alexander	M	20.08.1979	D	2004	17	1	17	1	KFC Uerdingen 05, SV Werder Bremen, Seattle Sounders ILL, SV Werder Bremen, SC Vorwärts-Wacker 04 Billstedt, BSV Buxtehude, TSV Buxtehude-Altkloster
Reichenberger, Thomas	S	14.10.1974	D	2004	34	16	39	16	KFC Uerdingen 05, FC Energie Cottbus, Eintracht Frankfurt, Bayer 04 Leverkusen, SV Wehen Taunusstein, SG Eintracht Bad Kreuznach, Binger FVgg Hassia
Schäfer, Andreas	M	05.02.1983	D	2004	34	0	34	0	1. FC Kaiserslautern, SV Steiningen, SV Strohn
Schanda, Jan	A	17.08.1977	D	2004	24	1	74	3	VfB Lübeck, Eintracht Braunschweig, SC Fortuna Köln, VfL Wolfsburg, VfR Eintracht Nord Wolfsburg
Schuon, Marcel	A	28.04.1985	D	2007	30	3	30	3	VfB Stuttgart, TSV Haiterbach
Surmann, Mathias	M	19.12.1974	D	1998	15	1	207	11	SpVgg Greuther Fürth, SV Meppen, SV Olympia Laxten, SG Freren
Thomik, Paul	M	25.01.1985	D	2007	33	4	73	7	SpVgg Unterhaching, FC Bayern München, FC Gütersloh, Westfalia Wiedenbrück, FC Sürenheide
Touré, Assimiou	A	01.01.1988	TOG	2007	5	0	5	0	Bayer 04 Leverkusen, SSV 08 Bergneustadt
Tredup, Marko	A	15.05.1974	D	2006	5	0	142	3	LR Ahlen, VfL Osnabrück, 1. FC Union Berlin, Tennis Borussia Berlin, FC Hansa Rostock, SC Union 06 Berlin, 1. FC Union Berlin, BSG Lokomotive Schöneweide, BSG EAW Treptow
de Wit, Pierre	M	26.09.1987	D	2007	14	2	14	2	Bayer 04 Leverkusen, SC Weiler-Volkhoven

Trainer:

Name, Vorname	geb. am	Nat.	Zeitraum	Spiele 2007/08	frühere Trainerstationen
Wollitz, Claus-Dieter	19.07.1965	D	01.07.2004 – lfd.	34	KFC Uerdingen 05

Zugänge:
Berbig (1. FC Dynamo Dresden), Ehlers (FC Erzgebirge Aue), Grieneisen (Holstein Kiel), Heidrich (TSV Alemannia Aachen), Hennings (Hamburger SV II), Manno (Wuppertaler SV Borussia), Schuon (VfB Stuttgart II), Thomik (SpVgg Unterhaching), de Wit (Bayer 04 Leverkusen).
während der Saison:
Essien (FC Midtjylland Maamobi), Touré (Bayer 04 Leverkusen).

Abgänge:
Cartus (VfB Lübeck), de Jong (FC Babberich), Menga (FC Hansa Rostock), Tüting (FC Hansa Rostock II), Unger (1. FC Magdeburg).
während der Saison:
Chitsulo (Rot-Weiss Ahlen), Essien (FC Midtjylland Maamobi), Feldhoff (Laufbahn beendet).

Fortsetzung VfL Osnabrück von 1899

Aufstellungen und Torschützen:

Sp	Datum	Gegner	Ergebnis	Aziz	Beer	Berbig	Chitsulo	Cichon	Ehlers	Enochs	Essien	Frommer	Gößling	Grieneisen	Großöhmichen	Heidrich	Hennings	Manno	Ndjeng-Byouha	Nouri	Reichenberger	Schäfer	Schanda	Schuon	Surmann	Thomik	Touré	Tredup	de Wit
				1	2	3	4	5	6	7	8	9	10	11	12	13	14	15	16	17	18	19	20	21	22	23	24	25	26
1	10.08.07 H	SC Freiburg	2:1 (1:0)					X1				A	X			X	E	A		E	X1	X	E	X		A		X	X
2	17.08.07 A	SV Wehen	1:1 (1:0)					X		E		A	X			X		A		X	X1	X	E		E			X	A
3	24.08.07 H	SC Paderborn 07	0:0 (0:0)					X				A	X			X	E	X		X	X	X	E	X		A		X	
4	02.09.07 A	Mönchengladbach	1:2 (0:2)	X				X				E	X			X	A	A		X1	X	X		X		E	E	A	
5	16.09.07 A	TSG Hoffenheim	1:3 (1:0)	A			E	X				E	X			X	X			X	X	X	E	X		A1	A		
6	21.09.07 H	FC Erzgebirge Aue	2:1 (1:0)	A		X		X		E		E				X1	A	E		A	X1	X		X		X	X		
7	25.09.07 A	FC Augsburg	0:2 (0:1)	E		X		X			E	A				X	X	E		X	X	X		X		A	A		
8	28.09.07 H	FC St. Pauli	3:1 (1:0)		E	X		X1		E		A				X	A1	E1		X	X	X		X		X	A		
9	07.10.07 A	1. FC Kaiserslautern	0:3 (0:1)		X	X	E	X		A			A			X	X			E	X	X		A		X			
10	19.10.07 H	Alemannia Aachen	2:2 (1:2)	A		X		X		A		E			X	X	E	X		E	A	X		X		X1			
11	28.10.07 H	TuS Koblenz	0:1 (0:0)	E		X				A		E			A	X	X	X		X	X	X	E	X		A			
12	01.11.07 H	1. FC Köln	2:1 (2:0)					X		E		E	X			X	A	A	X		X1	X		X1	E	X			
13	09.11.07 A	1. FSV Mainz 05	1:4 (1:1)	X					A			E	X			X	A			X	E	X1	E	X	A	X	A		
14	23.11.07 H	FC Carl Zeiss Jena	1:1 (1:0)	A				X1	E			X	A			X	A	E		X	A	E		X		X	X		
15	02.12.07 A	SpVgg Gr. Fürth	3:6 (1:3)	E				X				E	E			X	X1	X		X2	X			A	A	A	X		
16	09.10.07 H	TSV München 1860	3:0 (2:0)					X1	E			E	X			X	A	A			A2	X	X		X	X	A		
17	14.12.07 A	Offenbacher Kickers	3:3 (1:1)						E			E	X			X	X	E			A3	X	A	X	A	X	A		
18	03.02.08 A	SC Freiburg	1:1 (1:1)					X	E			E	X			X		A		A	A1	E	X		X				
19	10.02.08 H	SV Wehen	0:2 (0:1)	E				X	X			X	A			X		X		X	X	X	E	X			A		
20	17.02.08 A	SC Paderborn 07	3:1 (0:0)	X				X1		E		X				E	A			A1	X	X	X	A1					
21	24.02.08 H	Mönchengladbach	2:2 (1:2)	A				X1				E	A	E		E	X			X	X	X	A1	X					
22	02.03.08 H	TSG Hoffenheim	0:3 (0:2)	A				X				E	A	X	A	E	A			X	X	X		X		X			E
23	09.03.08 A	FC Erzgebirge Aue	1:0 (0:0)					X				E				E	X		E	E	A	X	A	X		A	X1		
24	16.03.08 H	FC Augsburg	0:2 (0:1)	A				X				E	E			X	X			E	X	A	X	X					A
25	20.03.08 A	FC St. Pauli	1:2 (0:1)					X		E		X	X	E	E	X	A				X	A	X1	X					A
26	31.03.08 H	1. FC Kaiserslautern	2:0 (0:0)			X		X		E		A1				X	X	E		A	X	X		X		X			A1
27	06.04.08 A	Alemannia Aachen	0:3 (0:0)	E		X		A				X		E		X	E			A	X	X	A	X		X			X
28	11.04.08 H	TuS Koblenz	2:0 (1:0)	E		X				E		X1				X		A	X	A	X	X		X					X1
29	15.04.08 A	1. FC Köln	0:2 (0:2)	A		X		X				X				X	E			E	X	X	X	E		A			X
30	27.04.08 H	1. FSV Mainz 05	1:2 (1:2)	E		X		X1	E			X		A		X	E			A	A	X		X		A			X
31	02.05.08 A	FC Carl Zeiss Jena	1:1 (0:0)	A		X		X				X		A		A	X			E1	E	X	X	X					E
32	06.05.08 H	SpVgg Gr. Fürth	0:0 (0:0)	E		X		X				E		X		X				X	E	A	A	X					X
33	11.05.08 A	TSV München 1860	1:1 (1:0)	E		X		X		A						E	X1			A	X	X	X	E		X			A
34	18.05.08 H	Offenbacher Kickers	3:0 (1:0)			X		X		E		E		X		X	X			A1	X	X1	E	A1		X			A
	Spiele:			22	2	15	2	31	4	16	1	29	19	21	3	32	29	23	13	17	34	34	24	30	15	33	5	5	14
	Tore:			0	0	0	0	7	0	0	0	2	0	0	1	2	2	0	1	16	0	1	3	1	4	0	0	2

Gegnerisches Eigentor im 10. Spiel (durch Nemeth).

Bilanz der letzten 10 Jahre:

Saison	Liga	Platz	Sp.	S	U	N	Tore	Pkt.
1997/98:	Regionalliga Nord	3.	34	18	12	4	70–28	66
1998/99:	Regionalliga Nord	1.	34	23	6	5	67–26	75
1999/00:	Regionalliga Nord	1.	34	22	8	4	69–34	74
2000/01:	2. Bundesliga	15.	34	9	10	15	40–52	37
2001/02:	Regionalliga Nord	7.	34	13	11	10	46–35	50
2002/03:	Regionalliga Nord	2.	34	19	8	7	56–29	65
2003/04:	2. Bundesliga	18.	34	7	7	20	35–55	28
2004/05:	Regionalliga Nord	4.	36	18	13	5	67–44	67
2005/06:	Regionalliga Nord	10.	36	14	7	15	56–58	49
2006/07:	Regionalliga Nord	2.	36	17	10	9	59–43	61

Zuschauerzahlen:

Saison	gesamt	Spiele	Schnitt
1997/98:	67.865	17	3.992
1998/99:	122.460	17	7.204
1999/00:	158.900	17	9.347
2000/01:	193.739	17	11.396
2001/02:	105.880	17	6.228
2002/03:	154.550	17	9.091
2003/04:	171.792	17	10.105
2004/05:	167.200	18	9.289
2005/06:	125.400	18	6.967
2006/07:	176.515	18	9.806

Die meisten Zweitliga-Spiele:

Pl.	Name, Vorname	Spiele
1.	Gans, Lothar	293
2.	Gellrich, Dirk	273
3.	Heskamp, Ralf	236
4.	Schock, Gerd Volker	205
5.	Seiler, Uwe	203
6.	Wessel, Karl-Friedrich	196
7.	Baumanns, Klaus-Willi	193
8.	Meyer, Rolf	184
9.	Nordmann, Reinhold	175
10.	Metschies, Ulf	174

Die besten Zweitliga-Torschützen:

Pl.	Name, Vorname	Tore
1.	Schock, Gerd Volker	95
2.	Gloede, Heikko	55
3.	Lehmann, Ralf	54
4.	Linz, Paul	52
5.	Mühlenberg, Herbert	49
6.	Feilzer, Horst	45
7.	Wollitz, Claus-Dieter	43
8.	Greif, Heinz-Dieter	32
9.	Jursch, Uwe	31
10.	Olaidotter, Detlef	26

Die Trainer der letzten Jahre:

Name, Vorname	Zeitraum
Schock, Gerd Volker	17.10.1997 – 21.10.1997
Moors, Hans-Werner	22.10.1997 – 30.06.1998
Schock, Gerd Volker	01.07.1998 – 07.06.1999
Sidka, Wolfgang	09.06.1999 – 13.02.2000
Gans, Lothar	13.02.2000 – 30.06.2000
Lorkowski, Michael	01.07.2000 – 27.09.2000
Gans, Lothar	28.09.2000 – 28.11.2000
Gelsdorf, Jürgen	28.11.2000 – 30.06.2003
Pagelsdorf, Frank	01.07.2003 – 07.04.2004
Haas, Thorsten	07.04.2004 – 30.06.2004

SC Paderborn 07

Anschrift:
Hermann-Löns-Str. 127
33104 Paderborn
Telefon: (0 52 54) 45 00
eMail: info@scpaderborn07.de
Homepage: www.scpaderborn07.de

Vereinsgründung: 20.05.1985 durch Fusion aus 1. FC Paderborn und TuS Schloß-Neuhaus; am 30.06.1997 Umbenennung

Vereinsfarben: Blau-Schwarz
Präsident: Wilfried Finke
Sportdirektor: Christian Schreier

Stadion:
Hermann-Löns-Stadion
Schloß Neuhaus (10.165)

Größte Erfolge: Meister der Oberliga Westfalen 1981, 1982 (↑), 1994 und 2001 (↑); Aufstieg in die 2. Bundesliga 2005; Qualifikation für den DFB-Pokal 1977, 1979, 1981, 1982, 1984, 1985, 1987, 1994, 1996, 2000, 2001 und 2002

Aufgebot:

Name, Vorname	Pos	geb. am	Nat.	seit	2007/08 Sp.	T.	gesamt Sp.	T.	frühere Vereine
Assauer, Jerome	S	06.06.1988	D	2007	6	0	6	0	1. FC Köln, Borussia Mönchengladbach, BC Efferen 1920
Bade, Alexander	T	25.08.1970	D	2007	13	0	129	0	VfL Bochum, 1. FC Köln, Hamburger SV, KFC Uerdingen 05, 1. FC Köln, TeBe Berlin
Bayrak, Serdar	M	27.08.1985	TUR	2006	0	0	2	0	TSG Wattenbach, VfB Süsterfeld, KSV Baunatal, TSV Wolfsanger
Becker, Thorsten	A	13.05.1980	D	1992	0	0	10	0	FC Fortuna Schlangen
Bogavac, Dragan	S	07.04.1980	MNE	2008	10	2	84	23	TuS Koblenz, SV Wacker Burghausen, Roter Stern Belgrad, Rudar Pljevlja, FK Brskovo
Boskovic, Danko	S	27.01.1982	D	2007	3	0	24	8	Rot-Weiss Essen, SV Wehen Taunusstein, 1. FC Kaiserslautern, 1. FC Haßloch 08, Palatia Böhl
Brinkmann, Daniel	M	29.01.1986	D	2002	3	0	66	4	TuS Horn-Bad Meinberg, BV Bad Lippspringe 1910, SV Diestelbruch-Mosebeck
Damjanovic, Jovan	S	04.10.1982	SRB	2007	12	1	12	1	SV Ried, Borak Cacak, FK Zeleznik Belgrad, FK Rad Belgrad, FK Radnicki Obrenovac, Roter Stern Belgrad, Sutjeska Niksic, Roter Stern Belgrad
Djurisic, Dusko	A	20.12.1977	SRB	2005	31	1	68	3	Hapoel Petah Tikva, SC Lokeren, CS Sédan-Ardennes, FC Sion, OFK Belgrad
Döring, Nils	M	23.04.1980	D	2006	19	1	68	3	Sportfreunde Siegen, 1. FC Kaiserslautern, 1. FSV Mainz 05, SpVgg Sonnenberg
Fall, David	A	27.02.1978	D	2005	27	0	120	0	FC Rot-Weiß Erfurt, SV Waldhof 07 Mannheim, VfR Mannheim, SC Pfullendorf, FV Donaueschingen, FC St. Gallen, FC Wollmatingen, SV Litzelstetten
Fischer, Karsten	M	27.05.1984	D	2007	15	1	25	1	VfL Wolfsburg, SpVg Aurich, SuS Berumerfehn
Gonther, Sören	A	15.12.1986	D	2007	14	1	14	1	KSV Baunatal, KSV Hessen Kassel, TV Jahn Treysa, VfB Schrecksbach
Gouiffe à Goufan, Marc	A	12.04.1984	CMR	2005	27	1	79	2	VfL Wolfsburg, Sahel FC Maroua
de Graef, Garry	A	21.10.1974	BEL	2005	26	0	85	2	De Graafschap Doetinchem, RKC Waalwijk, TOP Oss, Helmond Sport, RFC Antwerpen
Halfar, Sören	A	02.01.1987	D	2007	18	0	18	0	Hannover 96, TSV Havelse, TuS Marathon Hannover
Hoilett, David	S	05.06.1990	CAN	2007	13	1	13	1	Blackburn Rovers
Kläsener, Thomas	A	14.08.1976	D	2007	13	1	46	2	Rot-Weiss Essen, FC Schalke 04, SG Wattenscheid 09, FC Schalke 04, SV Erle 08, VfL Resse 08
Koen, Erwin	M	07.09.1978	NED	2006	24	7	89	15	TSV Alemannia Aachen, Rot-Weiss Essen, 1. SC Göttingen 05, FC Gütersloh, FC Groningen, WGW Den Helder
Krösche, Markus	A	17.09.1980	D	2001	25	1	66	3	SV Werder Bremen, Sportfreunde Ricklingen
Krupnikovic, Nebojsa	M	15.08.1973	SRB	2007	17	0	104	20	JEF United Chiba, DSC Arminia Bielefeld, Hannover 96, Chemnitzer FC, OFK Belgrad, Gamba Osaka, SC Bastia, Lierse SK, Partizan Belgrad, Standard Lüttich, Roter Stern Belgrad, Panionios Athen, FK Radnicki Belgrad
Kruse, Lukas	T	09.07.1983	D	1996	20	0	38	0	SV Rot-Weiß 1927 Alfen, TSV Tudorf
Lintjens, Sven	M	05.10.1976	D	2008	5	0	69	8	Wuppertaler SV Borussia, MVV Maastricht, 1. FC Saarbrücken, Sportfreunde Siegen, Rot-Weiss Essen, SG Wattenscheid 09, SC Fortuna Köln, Borussia Mönchengladbach, KFC Uerdingen 05, Borussia Mönchengladbach, Fortuna Mönchengladbach
Löbe, Alexander	S	13.11.1972	D	2007	26	7	145	29	Rot-Weiss Essen, SC Paderborn 07, SG Wattenscheid 09, Malatyaspor, Trabzonspor SK, Erzurum SK, SK Vorwärts Steyr, Notts County, FC Gütersloh, VfB Lübeck, MSV Duisburg, SG Wattenscheid 09, SpVgg Unterhaching, Hallescher FC, FC Carl Zeiss Jena
Maaß, Stephan	M	20.08.1976	D	2003	1	0	23	2	KFC Uerdingen 05, SC Paderborn 07, SV Höxter, TSV Elbrinxen
Männer, Jan	M	27.08.1982	D	2007	7	0	133	6	Karlsruher SC, SC Freiburg, Bahlinger SC, FC Emmendingen 03
Müller, René	S	19.05.1974	D	2004	16	2	110	26	FC Rot-Weiß Erfurt, FC Augsburg, SC Rot-Weiß Oberhausen, VfL Bochum, SC Preußen 06 Münster, FC Bad Oeynhausen, DSC Arminia Bielefeld
Noll, Emil	M	21.11.1978	D	2007	14	0	71	5	TuS Koblenz, Alemannia Aachen, VfR Aalen, FV Illertissen, TSV Neu-Ulm, TSV Albeck
Nulle, Carsten	T	25.07.1975	D	2008	3	0	61	0	SC Freiburg, SSA Gornik Zabrze, Fortuna Düsseldorf, SC Rot-Weiß Oberhausen, SV Waldhof 07 Mannheim, SV Sandhausen, SV Viktoria 01 Aschaffenburg, SG Egelsbach, FSV Frankfurt, FV Bad Vilbel, Rot-Weiß Walldorf, Eintracht Frankfurt, SKG Sprendlingen
Pisot, David	A	06.07.1987	D	2008	5	0	5	0	VfB Stuttgart, Karlsruher SC, SV Sandhausen, FC Rot
Röttger, Timo	S	12.07.1985	D	2006	12	0	41	8	Bayer 04 Leverkusen, SV Wiedenest, TuS Wiehl
Schüßler, Benjamin	M	04.05.1981	D	2004	29	3	115	10	VfL Osnabrück, Borussia Mönchengladbach, 1. FC Magdeburg
Schulp, Dennis	S	18.01.1978	NED	2005	0	0	43	3	FC Den Bosch, Helmond Sport, De Graafschap Doetinchem, NEC Nijmegen, Willem II Tilburg, FC Volendam, Ajax Amsterdam, De Volewijkers Amsterdam
Sinkala, Andrew Mutambo	M	18.06.1979	ZAM	2006	11	1	82	2	1. FC Köln, FC Bayern München, Nchanga Rangers
Siradze, David	S	21.10.1981	GEO	2007			63	8	FC Erzgebirge Aue, Lokomotiwi Tiflis, Eintracht Trier, 1. FC Union Berlin, Lokomotiwi Tiflis

Trainer:

Name, Vorname	geb. am	Nat.	Zeitraum	Spiele 2007/08	frühere Trainerstationen
Fach, Holger	06.09.1962	D	03.01.07 – 09.02.08	18	VfL Wolfsburg, Borussia Mönchengladbach, Rot-Weiss Essen, Borussia Mönchengladbach Am., Bayer Wuppertal, Cronenberger SC, Borussia Wuppertal
Dotchev, Pavel	28.09.1965	BUL	09.02.08 – lfd.	16	FC Rot-Weiß Erfurt, SC Paderborn 07

Zugänge:
Assauer (1. FC Köln Junioren), Bade (VfL Bochum), Boskovic, Kläsener und Löbe (Rot-Weiss Essen), Gonther (KSV Baunatal), Männer (Karlsruher SC), Noll (TuS Koblenz), Siradze (FC Erzgebirge Aue).

während der Saison:
Bogavac (TuS Koblenz), Damjanovic (SV Ried), Halfar (Hannover 96), Hoilett (Blackburn Rovers Reserves), Lintjens (Wuppertaler SV Borussia), Nulle (SC Freiburg), Pisot (VfB Stuttgart).

Abgänge:
Bröker (SG Dynamo Dresden), Brouwers (Borussia Mönchengladbach), Colinet (KV Mechelen), Dogan (Wuppertaler SV Borussia), Dragusha (SVgg 07 Elversberg), Esajas (Quick Boys Katwijk aan Zee), Starke (MSV Duisburg).

während der Saison:
Bade (Borussia Dortmund), Bayrak (KSV Hessen Kassel), Brinkmann (TSV Alemannia Aachen), Männer (Vertrag aufgelöst), Schulp (Wuppertaler SV Borussia), Siradze (Spartak Nalchik).

Fortsetzung SC Paderborn 07

Aufstellungen und Torschützen:

Sp	Datum		Gegner	Ergebnis	Assauer	Bade	Bogavac	Boskovic	Brinkmann	Damjanovic	Djurisic	Döring	Fall	Fischer	Gonther	Gouiffe à G.	de Graef	Halfar	Hoilett	Kläsener	Koen	Krösche	Krupnikovic	Kruse	Lintjens	Löbe	Maaß	Männer	Müller	Noll	Nulle	Pisot	Röttger	Schüßler	Sinkala	Siradze
					1	2	3	4	5	6	7	8	9	10	11	12	13	14	15	16	17	18	19	20	21	22	23	24	25	26	27	28	29	30	31	32
1	12.08.07	H	Offenbach	0:2 (0:0)		X					X	E	X		X				X	E	A	X			E		X		A			X			A	
2	17.08.07	A	Freiburg	0:1 (0:0)	E	X			E		X		X		X				X		A	X				A	X			X			X	E		A
3	24.08.07	A	Osnabrück	0:0 (0:0)	E	X			E		X				X				X	E	X					A	X			A			A	X	X
4	02.09.07	H	Aue	0:1 (0:0)	E	X			E		X		X	A	X		X		X	E					X		A			X			A			
5	14.09.07	A	Kaiserslautern	0:0 (0:0)		X			X	X	X				X	X	A		X		X	A				E				A			E	E		
6	21.09.07	H	Hoffenheim	0:2 (0:2)		X			A	X	X				X	X	A		X	E	X		E		X					A	E					
7	25.09.07	A	Aachen	1:3 (1:2)		X					X	E	X		X	X	A	X1		A	X		X									E	A			E
8	28.09.07	H	Augsburg	1:1 (0:1)		X					X	E	A		X	X	A		A	E	X	X		X								E	X1			
9	07.10.07	H	St. Pauli	1:2 (0:2)		X					X	E	A	A	X	A	X	X	E1	X			X									E	X			
10	21.10.07	H	Jena	2:2 (2:2)		X						X	X		X	X	E	X	A1		X			X	E								A	A1	E
11	28.10.07	A	1. FC Köln	1:2 (0:1)		X			X	E1	X				X	X				A	A	A		E									E	X	X	X
12	04.11.07	A	Mainz 05	1:1 (1:1)		X					X	X			X	X		A1	X	A	E					E							E	A	X	X
13	13.11.07	H	Koblenz	0:0 (0:0)							X	X	X		X	X				A	X	E		X					X				E	X	X	A
14	23.11.07	H	Gr. Fürth	1:0 (0:0)							X	X			X	X			A	E	A	X		A			E		E					X1	X	
15	02.12.07	A	München	0:0 (0:0)		A					X	A	X		X	X			X	X	E	E	A		E									X	X	
16	09.12.07	H	SV Wehen	1:1 (1:0)							X	X	X		X	X	E		X1	E	A	X		E		A								A	X	
17	16.12.07	H	M'gladbach	1:1 (0:0)			E				X1	X	X		X	X				A	E	E	X			A	X								X	A	
18	03.02.08	A	Offenbach	1:2 (1:2)		X	E		X		A		X	X			E			X	X		X	A	A			X	E								
19	10.02.08	H	Freiburg	3:2 (1:1)		X			E	X	E	X	X			A				X	E	X	A	A3				X	X								
20	17.02.08	H	Osnabrück	1:3 (0:0)		X			E	X		A	X							X	X	A	X				E1	X	X				E				
21	24.02.08	A	Aue	0:6 (0:3)	E	X				A	X	X		E	X				X		X	X	E		X	A				A							
22	02.03.08	H	Kaiserslautern	0:0 (0:0)				E		A	X	X			X		E		A	X	X	X			X	E				A							
23	09.03.08	A	Hoffenheim	0:1 (0:0)	E	X				X	X	A	X	X	X		A		X	A			X			E				E							
24	14.03.08	A	Aachen	0:1 (0:1)		A					X		X	X	X		E				X		X			E	E			A							
25	20.03.08	A	Augsburg	1:0 (0:0)						E	E	X	X	X		X	E		X	A			X			A		A1									
26	30.03.08	H	St. Pauli	4:1 (1:1)							X	E	X		X	E	A		X	A2	X		X	X2		A								E			
27	06.04.08	A	Jena	0:3 (0:1)						E		X	X	A	A	E	E		X		X			X		X					X		X				
28	11.04.08	H	1. FC Köln	2:2 (1:1)					A1		E	E	X	A	X	X	A		X				X		X1						X	X	E				
29	15.04.08	A	Mainz 05	1:6 (0:2)		A			E1	X	A	X	X	E	X	X				A	X									X	E	X					
30	25.04.08	H	Koblenz	3:2 (3:1)		X1					X	X	X1	A	X	X	A	E	A		E	A		X1					A								
31	02.05.08	A	Gr. Fürth	1:1 (0:0)						A	X			X	X				X1	X	X			E									A				
32	06.05.08	H	München	3:1 (1:0)						A	X	X	X1	E		X1	A		X	A	X									E			X				
33	11.05.08	A	SV Wehen	1:1 (0:1)				E			X	A	X	X1	A	E	A	X	X		X			X					E				X				
34	18.05.08	H	M'gladbach	2:3 (2:1)	E						X	A	X			X	X1	X		X	X	E	A												A1	E	
	Spiele:				6	13	10	3	3	12	31	19	27	15	14	27	26	18	13	13	24	25	17	20	5	26	1	7	16	14	3	5	12	29	11	9
	Tore:				0	0	2	0	0	1	1	1	0	1	1	1	0	0	1	1	7	1	0	0	0	7	0	0	2	0	0	0	0	3	1	0

Gegnerische Eigentore im 18. Spiel (durch C. Müller) und im 32. Spiel (durch Thorandt).

Bilanz der letzten 10 Jahre:

Saison	Liga	Platz	Sp.	S	U	N	Tore	Pkt.
1997/98:	Regionalliga West/Südwest	9.	34	12	12	10	61–37	48
1998/99:	Regionalliga West/Südwest	7.	32	15	8	9	51–39	53
1999/00:	Regionalliga West/Südwest	13.	36	13	9	14	47–47	48
2000/01:	Oberliga Westfalen	1.	36	27	5	4	85–29	86
2001/02:	Regionalliga Nord	14.	34	11	7	16	51–60	40
2002/03:	Regionalliga Nord	8.	34	13	8	13	58–49	47
2003/04:	Regionalliga Nord	3.	34	17	11	6	56–40	62
2004/05:	Regionalliga Nord	2.	36	20	10	6	63–40	70
2005/06:	2. Bundesliga	9.	34	13	7	14	46–40	46
2006/07:	2. Bundesliga	11.	34	11	9	14	32–41	42

Zuschauerzahlen:

Saison	gesamt	Spiele	Schnitt
1997/98:	19.700	17	1.159
1998/99:	25.700	16	1.606
1999/00:	25.500	18	1.342
2000/01:	17.766	18	987
2001/02:	37.830	17	2.225
2002/03:	28.400	17	1.671
2003/04:	45.350	17	2.668
2004/05:	61.567	18	3.420
2005/06:	111.417	17	6.554
2006/07:	104.346	17	6.138

Die meisten Zweitliga-Spiele:

Pl.	Name, Vorname	Spiele
1.	Schüßler, Benjamin	88
2.	de Graef, Garry	85
3.	Fall, David	81
4.	Gouiffe à Goufan, Marc	79
5.	Müller, René	73
6.	Djurisic, Dusko	68
7.	Krösche, Markus	66
8.	Brouwers, Roel	59
9.	Brinkmann, Daniel	54
10.	Koen, Erwin	48

Die besten Zweitliga-Torschützen: *

Pl.	Name, Vorname	Tore
1.	Müller, René	20
2.	Dannenberg, Dieter	16
3.	Koen, Erwin	10
4.	Ndjeng-Byouha, Marcel	9
5.	Röttger, Timo	8
	Schüßler, Benjamin	8
7.	Brouwers, Roel	7
	Löbe, Alexander	7
	Schuck, Werner	7
10.	Dogan, Hüzeyfe	6
	Kriar, Johann	6

Die Trainer der letzten Jahre:

Name, Vorname	Zeitraum
Rybarczyk, Günther	01.07.1993 – 30.06.1999
Grösche, Fritz	01.07.1999 – 13.10.1999
Kostmann, Marco	13.10.1999 – 23.12.1999
Rybarczyk, Günther	27.12.1999 – 30.06.2001
Gellhaus, Markus	01.07.2001 – 03.12.2001
Erkenbrecher, Uwe	03.12.2001 – 10.02.2003
Dotchev, Pavel	10.02.2003 – 30.06.2005
Luhukay, Jos	01.07.2005 – 11.08.2006
Gellhaus, Markus	11.08.2006 – 04.09.2006
Seitz, Roland	05.09.2006 – 30.12.2006

* Tore der Saison 1982/83 als TuS Schloß Neuhaus eingeschlossen.

FC St. Pauli von 1910

Anschrift:
Auf dem Heiligengeistfeld
20359 Hamburg
Telefon: (0 40) 31 78 74-0
eMail: info@fcstpauli.com
Homepage: www.fcstpauli.com

Vereinsgründung: 15.05.1910 als Fussballabteilung des St. Pauli TV; Umbenennung am 05.05.1924 in FC St. Pauli

Vereinsfarben: Braun-Weiß
Präsident: Corny Littmann
Sportlicher Leiter: Helmut Schulte

Stadion: Millerntor-Stadion (22.000)

Größte Erfolge: Meister der 2. Bundesliga Nord 1977 (↑); Aufstieg in die Bundesliga 1988, 1995 und 2001; Endrunde um die Deutsche Meisterschaft 1948, 1949, 1950 und 1951; Meister der Regionalliga Nord 1964, 1966, 1972, 1973 und 2007 (↑); Aufstiegsrunde zur Bundesliga 1965, 1971, 1974 und 1987

Aufgebot:

Name, Vorname	Pos	geb. am	Nat.	seit	2007/08 Sp.	T.	gesamt Sp.	T.	frühere Vereine
Beaulieu-Bourgault, Jonathan	M	27.09.1988	CAN	2005	4	0	4	0	Lac St. Louis Lakers
Biermann, Andreas	A	13.09.1980	D	2008	8	0	8	0	Tennis Borussia Berlin, 1. FC Union Berlin, MSV 1919 Neuruppin, Chemnitzer FC, 1. SC Göttingen 05, Hertha BSC Berlin, SC Schwarz-Weiß Spandau
Boll, Fabian	M	16.06.1979	D	2002	30	2	30	2	1. SC Norderstedt, TSV Lägerdorf, Itzehoer SV, Bramstedter Turnerschaft
Borger, Patrik	T	19.01.1979	D	2005	26	0	26	0	VfR Neumünster, TSV Altenholz, Suchsdorfer SV, TSV Kronhagen, Fortuna Stampe
Braun, Marvin	M	11.01.1982	D	2006	30	4	30	4	SV Stuttgarter Kickers, FC Augsburg, SV Stuttgarter Kickers, VfB Stuttgart, SGV Freiberg/Neckar, TSV Asperg, FV Markgröningen
Brunnemann, Björn	M	06.08.1980	D	2007	17	1	48	1	FC Rot-Weiß Erfurt, FC Energie Cottbus, FC Hansa Rostock, MSV 1919 Neuruppin, FC Blau-Weiß Wusterhausen
Bruns, Florian	S	21.08.1979	D	2006	28	2	99	10	TSV Alemannia Aachen, 1. FC Union Berlin, SC Freiburg, VfB Oldenburg, VfL Edewecht, TuS Bloherfelde, FC Rastede, VfL Bad Zwischenahn
Eger, Marcel	A	23.03.1983	D	2004	28	4	28	4	1. SC Feucht, 1. FC Nürnberg, SpVgg Ansbach 09
Gunesch, Ralph	A	02.09.1983	D	2007	25	1	27	1	1. FSV Mainz 05, FC St. Pauli, TSV Alemannia Aachen, FC Germania Teveren, SV Setterich, SV 09 Baesweiler
Joy, Ian Paul	A	14.07.1981	USA	2005	9	1	9	1	Hamburger SV, Columbus Crew Ohio, Chester City, Columbus Crew Ohio, Kidderminster Harriers, FC Montrose, Sterling Albion, Tranmere Rovers, Manchester United, San Diego Soccers, Wrexham FC
Kalla, Jan-Philipp	A	06.08.1986	D	2003	1	0	1	0	Hamburger SV, SC Concordia Hamburg
Kuru, Ahmet	S	23.04.1982	TUR	2007	20	3	64	10	Eintracht Braunschweig, SV Werder Bremen, Rotenburger SV
Lechner, Florian	A	03.03.1981	D	2004	0	0	0	0	VfB Stuttgart, SV Pfahlheim, SVH Königsbronn
Ludwig, Alexander	M	31.01.1984	D	2007	25	2	42	3	1. FC Dynamo Dresden, Hertha BSC Berlin, SV Werder Bremen, FC Rot-Weiß Erfurt, SV Wacker Gotha, FSV Eintracht Wechmar
Meggle, Thomas	M	22.02.1975	D	2005	19	3	87	18	FC Hansa Rostock, FC St. Pauli, TSV München 1860, FC St. Pauli, FC Starnberg, FC Ungererbad München, Sportfreunde Harteck, TSV München 1860, FC Augsburg, TSV München 1860, Schwaben Augsburg
Morena, Fabio	A	19.03.1980	D	2003	31	1	31	1	Hercules Alicante CF, VfB Stuttgart, SV Stuttgarter Kickers, TSV Musberg
Opoku-Karikari, Jeremy	M	13.07.1987	D	2005	1	0	1	0	Hamburger SV, Eimsbütteler TV, SC Concordia Hamburg
Petersen, Tim	A	03.03.1986	D	2007	4	0	4	0	Altonaer FC 93, Hamburger SV, Niendorfer TSV, FC St. Pauli, SV Lurup Hamburg
Pliquett, Benedikt	T	20.12.1984	D	2004	8	0	8	0	VfB Lübeck, Hamburger SV, VfL Oldesloe, SSC Hagen-Ahrensburg
Prokoph, Roman	S	06.08.1985	D	2006	0	0	0	0	Ludwigsfelder FC, 1. FC Union Berlin, SV Berlin-Chemie Adlershof
Reus, Timo	T	02.05.1974	D	2006	0	0	44	0	LR Ahlen, SC Freiburg, SV Linx, Offenburger FV, FV Kuhbach
Rothenbach, Carsten	A	03.09.1980	D	2006	30	3	131	8	Karlsruher SC, FC Dossenheim, SV Schriesheim
Sako, Morike	S	17.11.1981	FRA	2007	22	1	22	1	Rochdale AFC, AFC Bournemouth, Torquay United, SR Delémont, US Ivry
Sall, Abdou	A	01.11.1980	FRA	2006	2	0	2	0	Forest Green Rovers, Kidderminster Harriers, Nuneaton Borrow, Oxford United, Kidderminster Harriers, FC Toulouse, Montauban FC
Schnitzler, René	S	14.04.1985	D	2007	21	6	21	6	Borussia Mönchengladbach, Bayer 04 Leverkusen, Borussia Mönchengladbach, Rheydter SpV, DJK/VfL Giesenkirchen
Schultz, Timo	M	26.08.1977	D	2005	28	2	28	2	Holstein Kiel, Harburger Turnerbund, VfB Lübeck, SV Werder Bremen, TuS Esens
Sismanoglu, Ömer	S	01.08.1989	D	2007	1	0	1	0	Hamburger SV, FC St. Pauli, Altonaer FC 93, Harburger Türksport, Wilhelmsburger Türkgücü, FC St. Pauli, Wilhelmsburger SV 93, Vatan Gücü Hamburg
Takyi, Charles	S	12.11.1984	GHA	2006	29	5	29	5	Hamburger SV, FC Schalke 04, Tennis Borussia Berlin
Trojan, Filip	M	21.02.1983	CZE	2007	26	5	48	6	VfL Bochum, FC Schalke 04, SK Slavia Prag, SK Slavia Trebic
Yantchuk, Pavlo	A	22.07.1986	UKR	2008	1	0	1	0	FC Arges Pitesti, Dynamo Kiew

Trainer:

Name, Vorname	geb. am	Nat.	Zeitraum	Spiele 2007/08	frühere Trainerstationen
Trulsen, André	28.05.1965	D	09.07.2007 – lfd.	34	FC St. Pauli (Co-Trainer), Holstein Kiel (Co-Trainer)

Zugänge:
Brunnemann (FC Rot-Weiß Erfurt), Gunesch (1. FSV Mainz 05), Ludwig (1. FC Dynamo Dresden), Schnitzler (Borussia Mönchengladbach II), Trojan (VfL Bochum).
während der Saison:
Biermann (Tennis Borussia Berlin), Yantchuk (FC Arges Pitesti).

Abgänge:
Arifi (FC Energie Cottbus II), Brückner (Holstein Kiel), Lange (FC Hansa Rostock II), Mazingu-Dinzey (Holstein Kiel), Prediger (SV Stuttgarter Kickers), Scharping (Laufbahn beendet), Stendel (Hannover 96 II).
während der Saison:
Joy (Real Salt Lake City), Opoku-Karikari (VfB Stuttgart II).

Fortsetzung FC St. Pauli von 1910

Aufstellungen und Torschützen:

Sp	Datum	Gegner	Ergebnis	Beaulieu-B.	Biermann	Boll	Borger	Braun	Brunnemann	Bruns	Eger	Gunesch	Joy	Kalla	Kuru	Ludwig	Meggle	Morena	Opoku-Karikari	Petersen	Pliquett	Rothenbach	Sako	Sall	Schnitzler	Schultz	Sismanoglu	Takyi	Trojan	Yantchuk
				1	2	3	4	5	6	7	8	9	10	11	12	13	14	15	16	17	18	19	20	21	22	23	24	25	26	27
1	10.08.07 H	1. FC Köln	0:2 (0:0)			X	X	E	A		X	X		A		X	X					X			E	A		X	E	
2	19.08.07 A	FC Carl Zeiss Jena	1:0 (1:0)			X	X	E	A	E	X	X			E	X	X					X			A1			X	A	
3	26.08.07 H	TuS Koblenz	1:0 (0:0)			X	X	E	X	E	X	X			E	X	X					X			A	A			A1	
4	02.09.07 A	SpVgg Gr. Fürth	1:2 (1:1)			X	X	A1	E	E	X		X		A	X	X					X			E			X	A	
5	14.09.07 H	Offenbacher Kickers	3:1 (2:1)	E		X	X	A1	E		X1	X			E	X1	X	X				X			A	A				
6	21.09.07 A	TSV München 1860	1:2 (1:2)			X	X	A1	A	E	X	X			E	X	X	A				X			E	X				
7	25.09.07 H	Mönchengladbach	0:3 (0:1)	A		X	X	A	E		X	X	X		A	X							E		X	X		E		
8	28.09.07 A	VfL Osnabrück	1:3 (0:1)	X			X	X	A	E	X	X	A	E		X							E1	A	X			X		
9	07.10.07 H	SC Paderborn 07	2:1 (2:0)			X	X	X1		A	X	X	X	A	E							X	E		X			A1	E	
10	21.10.07 H	SC Freiburg	0:2 (0:1)			X	X	X			A	A	X	E		E	X	X				X	E			A	X			
11	26.10.07 H	SV Wehen	1:1 (0:1)			X1	X		E	A	X				A	X	A	X				X	X	E		X	E			
12	02.11.07 A	TSG Hoffenheim	1:1 (1:0)			X	X	X		E	A	X	E			X	X					X	E		A			X1	A	
13	11.11.07 H	FC Augsburg	2:0 (1:0)			X	X	X	E1	E		X	X1			X	X	E				A			A			X	A	
14	25.11.07 A	FC Erzgebirge Aue	0:0 (0:0)			X	X		A	E	X	X	X		E	X	X								X			X	A	
15	30.11.07 H	1. FC Kaiserslautern	3:4 (2:3)			X	X	X	E		X	X	X		E	X1	X					E				A		A1	A1	
16	07.12.07 A	Alemannia Aachen	2:2 (1:0)			X	X	E	E	X	X	X		A1	A	X1	X					X	E					X		
17	14.12.07 H	1. FSV Mainz 05	1:0 (1:0)			X	X			X	X1			A	A	X	X					X	E		E	E			A	
18	01.02.08 A	1. FC Köln	1:1 (1:0)			X	X	E			X			E	X	X1	X		X			X	E		A	A		A		
19	08.02.08 A	FC Carl Zeiss Jena	2:2 (1:0)			X	X	E		E1	A	X			X	X	X					X	E		A	A		X1		
20	15.02.08 H	TuS Koblenz	1:1 (0:0)				X	X	A	E	X				E		A	X		X		X	E			X		X	A1	
21	24.02.08 A	SpVgg Gr. Fürth	1:1 (0:1)			X	X			E				E	A	X	A			X		X	E		A1			X	X	
22	02.03.08 A	Offenbacher Kickers	3:4 (2:1)			X	X	E	E	E						X		X1	X						X1	A		X	A1	A
23	10.03.08 H	TSV München 1860	0:0 (0:0)		X		X	X	E		X				E				X	X		X			A	A		X		
24	16.03.08 A	Mönchengladbach	0:1 (0:0)		A	X	X	A	E	X					E				X	X		X			E	A		X	X	
25	20.03.08 H	VfL Osnabrück	2:1 (1:0)			X	X	X	E	X	X			X			X					X1	E	E		A		A	A	
26	30.03.08 A	SC Paderborn 07	1:4 (1:1)	X		X	X	X		E	X			A1	A		X					X	E		E			X	A	
27	06.04.08 H	SC Freiburg	5:0 (3:0)			X		E		E	X1	X		E1		A	X			X	X				A2	X		X	A1	
28	11.04.08 A	SV Wehen	3:1 (0:0)			X1		E	E	E	X	X			A		X			X	X1		A	X1		A		X	A	
29	16.04.08 H	TSG Hoffenheim	3:1 (1:1)				X	E		E	X1	X1			X1		X			X	X		E		A	A		A	A	
30	27.04.08 A	FC Augsburg	0:1 (0:0)			A	X	X		X				E			X			X	X	E	E	A	X			A		
31	02.05.08 H	FC Erzgebirge Aue	4:2 (2:2)			X	X	E	E	X				E	A		X			X	X1				A1	X1		A1	X	
32	06.05.08 A	1. FC Kaiserslautern	0:2 (0:1)			X	A	E		X			X	A	A		X			X	X		E		X			E	X	
33	11.05.08 H	Alemannia Aachen	0:2 (0:2)		E			E		A	E	A	X				X			X	X		E		A	X		X	X	
34	18.05.08 A	1. FSV Mainz 05	1:5 (0:3)	E	X		A		A	X1	X				A	X		X		X	X		E			E		X		
Spiele:				4	8	30	26	30	17	28	28	25	9	1	20	25	19	31	1	4	8	30	22	2	21	28	1	29	26	1
Tore:				0	0	2	0	4	1	2	4	1	1	0	3	2	3	1	0	0	0	3	1	0	6	2	0	5	5	0

Gegnerisches Eigentor im 25. Spiel (durch Cichon).

Bilanz der letzten 10 Jahre:

Saison	Liga	Platz	Sp.	S	U	N	Tore	Pkt.
1997/98	2. Bundesliga	4.	34	14	14	6	43–31	56
1998/99	2. Bundesliga	9.	34	12	9	13	49–46	45
1999/00	2. Bundesliga	14.	34	8	15	11	37–45	39
2000/01	2. Bundesliga	3.	34	17	9	8	70–52	60
2001/02	Bundesliga	18.	34	4	10	20	37–70	22
2002/03	2. Bundesliga	17.	34	7	10	17	48–67	31
2003/04	Regionalliga Nord	8.	34	12	8	14	44–40	44
2004/05	Regionalliga Nord	7.	36	13	13	10	43–39	52
2005/06	Regionalliga Nord	6.	36	17	10	9	53–38	61
2006/07	Regionalliga Nord	1.	36	17	12	7	52–32	63

Zuschauerzahlen:

Saison	gesamt	Spiele	Schnitt
1997/98:	250.954	17	14.762
1998/99:	218.178	17	12.834
1999/00:	222.290	17	13.076
2000/01:	298.089	17	17.535
2001/02:	376.454	17	22.144
2002/03:	322.234	17	18.955
2003/04:	294.697	17	17.335
2004/05:	290.585	18	16.144
2005/06:	311.330	18	17.296
2006/07:	301.948	18	16.775

Die meisten Zweitliga-Spiele:

Pl.	Name, Vorname	Spiele
1.	Thomforde, Klaus	217
2.	Trulsen, André	206
3.	Gronau, Jürgen	202
4.	Demuth, Dietmar	192
5.	Dammann, Dirk	179
6.	Stanislawski, Holger	178
7.	Wenzel, Rüdiger	137
8.	Neumann, Horst	132
9.	Hollerbach, Bernd	128
10.	Hanke, Stephan	119

Die besten Zweitliga-Torschützen:

Pl.	Name, Vorname	Tore
1.	Wenzel, Rüdiger	59
2.	Gerber, Franz	42
3.	Marin, Marcus	40
4.	Neumann, Horst	33
5.	Zander, Dirk	31
6.	Driller, Martin	29
7.	Höfert, Rolf	28
8.	Klasnic, Ivan	26
9.	Sawitschew, Juri	20
	Scharping, Jens	20

Die Trainer der letzten Jahre:

Name, Vorname	Zeitraum
Nemet, Klaus-Peter	21.04.1997 – 30.06.1997
Krautzun, Eckhard	01.07.1997 – 27.11.1997
Kleppinger, Gerhard	28.11.1997 – 30.12.1998
Demuth, Dietmar	04.01.1999 – 31.01.1999
Reimann, Willi	01.02.1999 – 14.03.2000
Demuth, Dietmar	15.03.2000 – 19.08.2002
Philipkowski, Joachim	19.08.2002 – 16.12.2002
Gerber, Franz	28.12.2002 – 28.03.2004
Bergmann, Andreas	29.03.2004 – 20.11.2006
Stanislawski, Holger	21.11.2006 – 08.07.2007

SV Wehen Wiesbaden

Anschrift:
Mainzer Straße 98 - 102
65189 Wiesbaden
Telefon: (06 11) 5 04 01-0
eMail: info@sv-wehen.de
Homepage: www.sww-w.de

Vereinsgründung: 01.01.1926 als SV Wehen; 1933 aufgelöst; 20.03.1946 Neugründung; ab 03.02.1995 SV Wehen Taunusstein; ab 2007/08 als ... Wiesbaden

Vereinsfarben: Rot-Schwarz-Gold
Präsident: Heinz Hankammer
Sportdirektor: Uwe Stöver

Stadion: BRITA-Arena (12.566)

Größte Erfolge: Meister der Regionalliga Süd 2007 (↑); Meister der Oberliga Hessen 1997 (↑); Qualifikation zur Regionalliga Süd 1994; Pokalsieger Hessen 1988, 1996 und 2000; Qualifikation für den DFB-Pokal 1992; Meister der Landesliga Hessen Mitte 1989 (↑)

Aufgebot:

Name, Vorname	Pos	geb. am	Nat.	seit	2007/08 Sp.	T.	gesamt Sp.	T.	frühere Vereine
Ahanfouf, Abdelaziz	S	14.01.1978	D	2008	0	0	118	42	DSC Arminia Bielefeld, MSV Duisburg, 1. FC Dynamo Dresden, 1. FSV Mainz 05, Spvgg Unterhaching, FC Hansa Rostock, Spvgg Unterhaching, VfB Stuttgart, Offenbacher FC Kickers, VfB Ginsheim, Eintracht Rüsselsheim
Alushi, Enis	M	22.12.1985	D	2007	5	0	6	0	1. FC Köln, Sportfreunde Siegen, Borussia Dortmund, TV Oberhundem
Amstätter, Sascha	M	08.11.1977	D	2002	12	0	15	0	SV Darmstadt 98, SV Wehen Taunusstein, KFC Uerdingen 05, Eintracht Frankfurt, FSV Frankfurt, Offenbacher FC Kickers, SV Viktoria-Preußen 07 Frankfurt, FC Germania Ginnheim, TSG 51 Frankfurt
Atem, Valentine	S	26.08.1979	CMR	2007	21	3	34	6	Eintracht Braunschweig, Ashanti Goldfield, Mount Cameroon FC, Kumbo Strikers, Victoria Shooting Stars, Olympic Muyuka, Les Brasseries
Bick, Patrick	M	12.03.1977	D	2007	27	2	66	10	Eintracht Braunschweig, FC Augsburg, SV 07 Elversberg, FC 08 Homburg, 1. FC Saarbrücken, SV Rot-Weiss Hasborn, VfB Hüttigweiler
Billick, Lukas	A	09.02.1988	D	2007	0	0	0	0	Eintracht Wald-Michelbach, SV Beerfelden
Caillas, Olivier	M	02.12.1977	D	2007	9	0	167	17	Spvgg Greuther Fürth, Grenoble Foot, Spvgg Greuther Fürth, TSV Alemannia Aachen, 1. FC Saarbrücken, FC 08 Homburg, SV Blickweiler
Catic, Hajrudin	M	23.03.1975	BIH	2005	22	2	169	14	1. FC Union Berlin, SC Rot-Weiß Oberhausen, SV Waldhof 07 Mannheim, SC Fortuna Köln, 1. FC Köln
Diakité, Bakary	S	09.11.1980	D	2007	28	7	58	10	TuS Koblenz, 1. FSV Mainz 05, SV Wehen Taunusstein, OGC Nizza, Eintracht Frankfurt, De Graafschap Doetinchem, VfL Bochum, Eintracht Frankfurt, SV Bonames
Glibo, Kristjan	A	01.04.1982	D	2006	27	2	27	2	SSV Jahn 2000 Regensburg, 1. FC Kaiserslautern, Karlsruher SC, 1. FC Forst, 1. FC Bruchsal
Hollmann, Torge	A	28.01.1982	D	2005	18	0	18	0	SC Freiburg, SV Meppen, VfL Löningen
Hübner, Benjamin	A	04.07.1989	D	1993	1	0	1	0	eigene Jugend
Jeknic, Vlado	A	14.08.1983	MNE	2007	10	1	50	2	SV Wacker Burghausen, NK Sutjeska Niksic, Crvena Stijena Podgorica
König, Ronny	S	02.06.1983	D	2006	30	10	30	10	1. FC Kaiserslautern, Chemnitzer FC, SSV St. Egidien
Kokot, Ales	A	23.10.1979	SVN	2007	31	1	70	2	Spvgg Greuther Fürth, ND HIT Gorica
Kopilas, Marko	A	22.07.1983	D	2004	30	1	30	1	SSV Reutlingen 05, SV Stuttgarter Kickers, VfB Stuttgart, SV Magstadt
Lombé, Carl	M	18.05.1986	CMR	2007	1	0	1	0	Pyunik Erewan
Masic, Adnan	T	19.05.1975	D	2006	8	0	42	0	Sportfreunde Siegen, VfB Stuttgart, VfR Mannheim, ASV Durlach, VfB Gaggenau, Lokomotive Zagreb
Nakas, Nikolaos	A	13.04.1982	D	2003	8	1	8	1	SV Darmstadt 98, TSV Crailsheim, VfB Stuttgart, FV Kornwestheim
Nicu, Maximilian	M	25.11.1982	D	2007	32	6	63	10	SV Wacker Burghausen, SV Wehen Taunusstein, FC Rot-Weiß Erfurt, Spvgg Unterhaching, 1860 Rosenheim, TuS Prien
Öztürk, Aykut	S	07.11.1987	TUR	2007	1	0	1	0	VfB Aßlar, VfB Gießen, VfB Aßlar
Paul, Robert	A	17.10.1984	D	2007	6	0	22	0	FC Carl Zeiss Jena, SV Wacker Burghausen, SV Werder Bremen, FC Carl Zeiss Jena, FSV Sömmerda
Reuter, Torsten	M	15.09.1982	D	2006	0	0	22	3	1. FC Saarbrücken, 1. FC Kaiserslautern, 1. FC Saarbrücken, 1. FC Kaiserslautern, VfR Kaiserslautern
Richter, Thomas	T	19.08.1980	D	2007	26	0	26	0	Sportfreunde Siegen, SV Darmstadt 98, SV 07 Elversberg, Borussia Mönchengladbach, FC Augsburg, Schwaben Augsburg, MBB Augsburg
Schmidt, Dennis	S	18.04.1988	D	2008	15	1	15	1	Bayer 04 Leverkusen, SSV Dhünn
Schöckel, Benjamin	A	16.08.1980	D	2007	0	0	45	0	FC Energie Cottbus, VfR Aalen, FC Bayern München, 1. FC Schweinfurt, SF Bad Neustadt, DJK Leutershausen
Schwarz, Sandro	M	17.10.1978	D	2005	30	2	147	4	Rot-Weiss Essen, 1. FSV Mainz 05, VfB Ginsheim, SpVgg 07 Bischofsheim
Siegert, Benjamin	M	07.07.1981	D	2007	31	4	94	6	Eintr. Braunschweig, VfL Wolfsburg, TeBe Berlin, Hertha Zehlendorf, Mariendorfer SV
Simac, Dajan	A	04.01.1982	D	2004	26	3	27	3	SpVgg Greuther Fürth, 1. FC Kaiserslautern, Binger FVgg Hassia, Blau-Weiß Münster-Sarmsheim
Stahl, Florian	T	20.10.1986	D	2005	0	0	0	0	Eintracht Frankfurt, SG Schöneck/Oberdorfelden
Teixeira Pereira, Rodrigo	S	16.08.1978	BRA	2007	0	0	0	0	CF Cucata, Caracas FC, Barcelona SC Guayaquil
Willmann, Martin	S	01.11.1979	D	2005	11	0	35	3	TuS Koblenz, SSV Jahn 2000 Regensburg, TSV München 1860, Sportfreunde Siegen, JSG Eiserfeld-Eiserntal
Xie Hui	S	14.02.1975	CHN	2008	5	0	63	20	Shanghai Shenhua, Chongqing Oiche, Chongqing Lifan, Spvgg Greuther Fürth, Shanghai Shenhua, TSV Alemannia Aachen, Shanghai Shenhua

Trainer:

Name, Vorname	geb. am	Nat.	Zeitraum	Spiele 2007/08	frühere Trainerstationen
Vasic, Djuradj	19.09.1956	D	01.07.07 – 20.08.07	2	Eintr. Braunschweig, SV Wehen Taunusstein, 1. FC Schweinfurt 05, VfR Bürstadt
Hock, Christian	11.04.1970	D	20.08.07 – lfd.	32	SV Wehen Taunusstein (Co-Trainer)

Zugänge:
Atem, Bick und Siegert (alle Eintracht Braunschweig), Caillas, Kokot (beide SpVgg Greuther Fürth), Diakité (1. FSV Mainz 05), Jeknic, Nicu (beide SV Wacker Burghausen), Richter (Sportfreunde Siegen), Schöckel (FC Energie Cottbus), Teixeira Pereira (CF Cucata).

während der Saison:
Ahanfouf (DSC Arminia Bielefeld), Lombé (Pyunik Erewan), Schmidt (Bayer 04 Leverkusen II), Xie Hui (Shanghai Shenhua FC).

Abgänge:
Calamita (SC Pfullendorf), Caruso (VfB Lübeck), Cenci (FSV Frankfurt), Damm, Fiorentino, Stroh-Engel (alle II. Mannschaft), Fuchs (Eintracht Braunschweig), Krause (1. FSV Mainz 05 II), Popovic (Sportfreunde Siegen), Rahmanovic (FC Villingen 08), Rivera Cerezo (Wuppertaler SV Borussia II), Yilmaz (Ziel unbekannt).

während der Saison:
Caillas (Fortuna Düsseldorf), Lombé (Aris Limassol), Reuter (1. FC Kaiserslautern II), Teixeira Pereira (FC Abu Moslem), Willmann (SVgg 07 Elversberg).

Fortsetzung SV Wehen Wiesbaden

Aufstellungen und Torschützen:

Sp	Datum	Gegner	Ergebnis	Alushi	Amstätter	Atem	Bick	Caillas	Catic	Diakité	Glibo	Hollmann	Hübner	Jeknic	König	Kokot	Kopilas	Lombé	Masic	Nakas	Nicu	Öztürk	Paul	Richter	Schmidt	Schwarz	Siegert	Simac	Willmann	Xie Hui
				1	2	3	4	5	6	7	8	9	10	11	12	13	14	15	16	17	18	19	20	21	22	23	24	25	26	27
1	12.08.07 A	TSG Hoffenheim	3:2 (1:2)		E		X1	E	X		E			X1		X	X1		X		X					A	A	A	X	
2	17.08.07 H	VfL Osnabrück	1:1 (0:1)		E	E1	X		A					X	E	X	X		X		X					A	X	X	A	
3	26.08.07 A	Erzgebirge Aue	0:3 (0:0)		E	A	X		A		E			X		X	X		X		X					X	X	A	E	
4	02.09.07 H	Alem. Aachen	3:0 (0:0)		E		X1	A	A	E				X	E	X	X		X		X1					X	A	X1		
5	16.09.07 A	FC Augsburg	1:5 (0:4)			X	E	A		E				X	A	X	A		X	X	X1					X	X		E	
6	23.09.07 H	Carl Zeiss Jena	5:1 (3:0)		E			E	A	A2				X	X	X	X	E	X		A2			X		X	X1			
7	26.09.07 A	1. FC K'lautern	2:0 (0:0)				E	X	A	E				X	A1	X	X		X	X1	X			X		X	A		E	
8	30.09.07 H	1. FC Köln	4:3 (3:2)				E	X	X1					X	A3	X	X		A		X			X		X	A	E	E	
9	05.10.07 A	Greuther Fürth	1:1 (1:1)		E		E	X	A	X				X	A	X	X				X			X			A1	X	E	
10	21.10.07 H	FSV Mainz 05	1:3 (0:1)		E1	E	A	A	A					X	X	X	X				X			X			X	E	X	
11	26.10.07 A	FC St. Pauli	1:1 (1:0)		E	E		X	A1	X				A	X	X	X				X			X			X	A	X	E	
12	04.11.07 H	1860 München	0:0 (0:0)		E	E		X	A	X				X	X	X	X				X			X			X	A	X		
13	09.11.07 A	Kick. Offenbach	0:0 (0:0)		E	E		X	X	X	E			A	X	X	X				X			X			X	A	A		
14	23.11.07 H	TuS Koblenz	0:2 (0:0)		E	X		E	X	X	E			X	A	X	X		A					X			X	A	X		
15	30.11.07 H	Bor. M'gladbach	1:1 (1:0)		E	A		X		X	A			X	X	X	X				E			X			X	E	X1	A	
16	09.12.07 H	SC Paderborn	1:1 (0:1)		E	A	E	X	A	X	X			A1	X						X			X			X	X	E		
17	16.12.07 A	SC Freiburg	2:2 (2:1)			X		A	E	X	X			X	X1	X			A		E	X					X	X1			
18	01.02.08 H	TSG Hoffenheim	0:2 (0:2)			X		A	X	X	X			X	A	X			A			X				E	X	E			E
19	10.02.08 A	VfL Osnabrück	2:0 (1:0)			X		A	X	X	X			A1		X					A	E				E	E	X	X1		E
20	15.02.08 H	Erzgebirge Aue	3:0 (2:0)			X		A	X	X	X			A1	E	X			X			X				E	X1	X1	A		E
21	20.02.08 A	Alem. Aachen	3:2 (2:1)	E		X			A1	X1	X			X1	X	X			A			X				E	E		A	X	
22	29.02.08 H	FC Augsburg	2:1 (1:0)			X			A	X	E			X2	X	A			X			X				E	E	X	A	X	
23	09.03.08 A	Carl Zeiss Jena	2:2 (0:2)			E		A	X	X	E			X	A	X			A			X				X	E1	X	A		
24	14.03.08 H	1. FC K'lautern	0:2 (0:2)			E		X		A	X	E		X	A	X			A			X				E	X	X	X		
25	23.03.08 A	1. FC Köln	1:2 (1:2)	X		E		X		X1	X	X		X	A	X			X			X				E		A			
26	30.03.08 H	Greuther Fürth	1:1 (1:0)	A				X		X	X	X		X	X				E	A1		E				X	E	A		X	
27	06.04.08 A	FSV Mainz 05	0:3 (0:2)	E		E		A		X	X			X					X		E	X				A	X	A	X		
28	11.04.08 H	FC St. Pauli	1:3 (0:0)	E		A	E	A		X1		X		X	A	X			X			X				E	X	X			
29	17.04.08 A	1860 München	1:2 (0:1)			A	E	X		X	X	X		A	A				X			X				E	X1	X			E
30	27.04.08 H	Kick. Offenbach	2:1 (0:1)			A	E1		X1	X	X	X		X		X			X			X				E	X	A	X		
31	04.05.08 A	TuS Koblenz	0:2 (0:1)			E	A	E		A	X	X		X	A	X	X									X	X	X			E
32	07.05.08 H	Bor. M'gladbach	0:3 (0:1)			E	E		X	A				A	X	X			X	A		X				E	E	X	A		
33	11.05.08 H	SC Paderborn	1:1 (1:0)			X	E		A1	A	X			X					X	X	E					X	X				
34	18.05.08 A	SC Freiburg	2:0 (2:0)			X	E	X		A	X1		E		X	X			X	X1	X	E				A	A				
		Spiele:		5	12	21	27	9	22	28	27	18	1	10	30	31	30	1	8	8	32	1	6	26	15	30	31	26	11	5
		Tore:		0	0	3	2	0	2	7	2	0	0	1	10	1	1	0	0	1	6	0	0	0	1	2	4	3	0	0

Gegnerisches Eigentor im 23. Spiel (durch Werner).
Die ersten vier Heimspiele (gegen Osnabrück, Aachen, Jena und Köln) wurden in der Commerzbank-Arena in Frankfurt ausgetragen.

Bilanz der letzten 10 Jahre:

Saison	Liga	Platz	Sp.	S	U	N	Tore	Pkt.
1997/98:	Regionalliga Süd	13.	32	9	8	15	50–56	35
1998/99:	Regionalliga Süd	6.	34	15	6	13	48–57	51
1999/00:	Regionalliga Süd	13.	34	11	10	13	46–52	43
2000/01:	Regionalliga Süd	11.	34	12	8	14	41–49	44
2001/02:	Regionalliga Süd	6.	34	14	12	8	50–45	54
2002/03:	Regionalliga Süd	7.	36	13	11	12	52–47	50
2003/04:	Regionalliga Süd	7.	34	12	13	9	47–47	49
2004/05:	Regionalliga Süd	3.	34	19	6	9	55–38	63
2005/06:	Regionalliga Süd	3.	34	17	6	11	63–46	57
2006/07:	Regionalliga Süd	1.	34	21	9	4	58–25	72

Zuschauerzahlen:

Saison	gesamt	Spiele	Schnitt
1997/98:	20.100	16	1.182
1998/99:	13.690	17	805
1999/00:	10.850	17	638
2000/01:	18.380	17	1.081
2001/02:	16.110	17	947
2002/03:	15.550	18	863
2003/04:	20.170	17	1.186
2004/05:	25.530	17	1.501
2005/06:	11.301	17	665
2006/07:	18.060	17	1.062

Die meisten Zweitliga-Spiele:

Pl.	Name, Vorname	Spiele
1.	Nicu, Maximilian	32
2.	Kokot, Ales	31
	Siegert, Benjamin	31
4.	König, Ronny	30
	Kopilas, Marko	30
	Schwarz, Sandro	30
7.	Diakité, Bakary	28
8.	Bick, Patrick	27
	Glibo, Kristjan	27
10.	Richter, Thomas	26

Die besten Zweitliga-Torschützen:

Pl.	Name, Vorname	Tore
1.	König, Ronny	10
2.	Diakité, Bakary	7
3.	Nicu, Maximilian	6
4.	Siegert, Benjamin	4
5.	Atem, Valentine	3
	Simac, Dajan	3
7.	Bick, Patrick	2
	Catic, Hajrudin	2
	Glibo, Kristjan	2
	Schwarz, Sandro	2

Die Trainer der letzten Jahre:

Name, Vorname	Zeitraum
Jung, Robert	18.02.1993 – 10.10.1994
Reichenberger, Max	10.10.1994 – 02.06.1995
Hübner, Bruno	02.06.1995 – 30.06.1997
Petz, Manfred	01.07.1997 – 12.05.1998
Hübner, Bruno	12.05.1998 – 30.06.1998
Hohmann, Martin	01.07.1998 – 30.10.1999
Orf, Werner	01.11.1999 – 06.05.2000
Schwickert, Gerd	07.05.2000 – 03.11.2002
Vasic, Djuradj	04.11.2002 – 16.10.2006
Hock, Christian	16.10.2006 – 30.06.2007

Zuschauerzahlen 2007/08

	Alemannia Aachen	FC Erzgebirge Aue	FC Augsburg	SC Freiburg	SpVgg Gr. Fürth	TSG Hoffenheim	FC Carl Zeiss Jena	1. FC Kaiserslautern	TuS Koblenz	1. FC Köln	1. FSV Mainz 05	B. Mönchengladbach	TSV München 1860	Offenbacher Kickers	VfL Osnabrück	SC Paderborn 07	FC St. Pauli	SV Wehen
TSV Alemannia Aachen	×	18.366	18.440	18.828	17.823	18.710	19.986	20.773	21.019	20.200	18.739	20.200	20.671	19.772	18.683	18.437	21.200	19.103
FC Erzgebirge Aue	9.450	×	9.500	10.500	11.350	8.000	10.500	12.700	7.500	11.400	11.500	13.500	12.100	9.800	10.500	10.050	12.500	9.300
FC Augsburg	11.153	15.123	×	15.280	17.821	15.026	23.478	17.218	16.278	17.124	14.694	20.024	28.000	14.107	10.850	15.119	20.122	21.100
SC Freiburg	16.200	13.400	13.400	×	12.400	14.400	14.050	17.700	13.600	22.500	15.350	24.000	21.650	13.850	12.000	13.900	22.400	20.400
SpVgg Greuther Fürth	8.500	9.300	6.800	6.300	×	8.000	8.900	9.700	9.500	10.200	10.000	13.000	10.600	7.000	5.500	7.300	12.600	7.500
TSG 1899 Hoffenheim	5.830	5.780	5.680	5.500	6.350	×	5.700	6.350	6.050	6.350	6350	6.350	6.350	6.173	5.100	6.350	6.350	5.500
FC Carl Zeiss Jena	6.513	9.587	8.453	7.026	5.446	6.895	×	11.162	9.000	9.904	11.798	13.486	11.314	5.867	9.291	10.112	12.129	6.721
1. FC Kaiserslautern	30.482	21.040	20.067	21.533	22.500	26.720	24.517	×	25.378	48.500	39.115	46.615	28.380	31.473	21.715	20.100	33.615	17.102
TuS Koblenz	9.000	13.613	9.746	8.904	8.194	8.503	10.676	14.461	×	15.000	14.053	15.000	10.821	9.640	9.142	7.348	11.352	13.279
1. FC Köln	50.000	34.000	39.200	45.000	45.000	50.000	37.700	46.000	48.500	×	50.000	50.000	50.000	35.000	40.000	41.000	50.000	40.000
1. FSV Mainz 05	20.000	19.500	19.500	19.700	20.000	20.300	19.500	20.300	20.300	20.300	×	20.300	20.000	20.300	19.000	19.000	20.300	20.300
Bor. Mönchengladbach	50.178	33.451	26.100	54.067	37.032	39.414	28.759	37.202	38.830	54.067	33.151	×	50.183	36.502	34.795	41.000	48.418	41.508
TSV München 1860	21.800	22.300	57.400	30.400	60.000	27.600	38.100	40.000	27.800	50.400	39.000	31.000	×	22.300	32.000	28.100	46.500	21.500
Offenbacher Kickers	10.122	10.000	10.011	9.314	8.059	14.256	9.258	12.583	9.847	16.446	18.154	19.051	12.058	×	8.219	9.052	13.238	8.763
VfL Osnabrück	16.000	11.000	14.000	16.000	12.300	13.000	13.000	18.000	12.000	17.100	12.300	17.100	17.000	12.300	×	16.300	17.000	14.400
SC Paderborn 07	5.022	4.732	4.607	6.792	4.545	6.699	6.079	5.000	4.310	8.954	6.790	12.000	4.744	5.588	9.447	×	9.022	5.287
FC St. Pauli	22.717	21.421	16.800	21.017	20.117	20.017	20.217	17.800	15.117	15.300	17.800	15.300	21.300	15.300	22.648	15.300	×	15.200
SV Wehen Wiesbaden	6.934	6.423	7.749	10.354	7.860	6.043	5.626	11.162	8.379	12.158	12.566	12.066	11.375	11.276	4.500	7.512	10.606	×

Zuschauertabelle nach Heimspielen:

Pl.	Mannschaft	gesamt	Spiele	Schnitt	Vgl. Vj.
1.	1. FC Köln	751.400	17	44.200	+2.300
2.	Bor. Mönchengladbach	684.657	17	40.274	Absteiger
3.	TSV München 1860	596.200	17	35.071	–617
4.	1. FC Kaiserslautern	478.852	17	28.168	–3.477
5.	1. FSV Mainz 05	338.600	17	19.918	Absteiger
6.	TSV Alemannia Aachen	330.950	17	19.468	Absteiger
7.	FC St. Pauli	313.902	17	18.465	Aufsteiger
8.	FC Augsburg	292.517	17	17.207	+427
9.	SC Freiburg	281.200	17	16.541	+247
10.	VfL Osnabrück	248.800	17	14.635	Aufsteiger
11.	Offenbacher FC Kickers	198.431	17	11.672	+499
12.	TuS Koblenz	188.732	17	11.102	+622
13.	FC Erzgebirge Aue	180.150	17	10.597	–971
14.	FC Carl Zeiss Jena	154.704	17	9.100	+562
15.	SV Wehen Wiesbaden	152.589	17	8.976	Aufsteiger
16.	SpVgg Greuther Fürth	150.700	17	8.865	+962
17.	SC Paderborn 07	109.618	17	6.448	+310
18.	TSG 1899 Hoffenheim	102.113	17	6.007	Aufsteiger
		5.554.115	306	18.151	+1.468

Zuschauertabelle nach Auswärtsspielen:

Pl.	Mannschaft	gesamt	Spiele	Schnitt	Vgl. Vj.
1.	FC St. Pauli	367.352	17	21.609	Aufsteiger
2.	1. FC Köln	355.903	17	20.935	+1.664
3.	Bor. Mönchengladbach	348.992	17	20.529	Absteiger
4.	TSV München 1860	337.077	17	19.828	+1.283
5.	1. FSV Mainz 05	331.360	17	19.492	Absteiger
6.	1. FC Kaiserslautern	318.111	17	18.712	–794
7.	SpVgg Greuther Fürth	316.797	17	18.635	+3.913
8.	SC Freiburg	306.515	17	18.030	+1.878
9.	TSG 1899 Hoffenheim	303.583	17	17.858	Aufsteiger
10.	TSV Alemannia Aachen	299.901	17	17.641	Absteiger
11.	FC Carl Zeiss Jena	296.046	17	17.414	–156
12.	TuS Koblenz	293.408	17	17.259	+792
13.	FC Augsburg	287.453	17	16.909	+175
14.	SV Wehen Wiesbaden	286.963	17	16.880	Aufsteiger
15.	SC Paderborn 07	285.980	17	16.822	+1.991
16.	Offenbacher FC Kickers	276.248	17	16.250	+618
17.	VfL Osnabrück	273.390	17	16.082	Aufsteiger
18.	FC Erzgebirge Aue	269.036	17	15.826	+562
		5.554.115	306	18.151	+1.468

Die Spiele mit den meisten Zuschauern:

Datum	Begegnung	Zuschauer
21.10.2007	TSV München 1860 – SpVgg Greuther Fürth	60.000
03.02.2008	TSV München 1860 – FC Augsburg	57.400
22.10.2007	Borussia Mönchengladbach – 1. FC Köln	54.067
11.05.2008	Borussia Mönchengladbach – SC Freiburg	54.067
31.08.2007	TSV München 1860 – 1. FC Köln	50.400
27.04.2008	Borussia Mönchengladbach – TSV München 1860	50.186
28.09.2007	Bor. Mönchengladbach – TSV Alemannia Aachen	50.178
20.08.2007	1. FC Köln – TSV Alemannia Aachen	50.000
01.02.2008	1. FC Köln – FC St. Pauli	50.000
22.02.2008	1. FC Köln – TSV München 1860	50.000
07.04.2008	1. FC Köln – Borussia Mönchengladbach	50.000
04.05.2008	1. FC Köln – TSG 1899 Hoffenheim	50.000
11.05.2008	1. FC Köln – 1. FSV Mainz 05	50.000
09.03.2008	1. FC Köln – TuS Koblenz	48.500
18.05.2008	1. FC Kaiserslautern – 1. FC Köln	48.500

Die Spiele mit den wenigsten Zuschauern:

Datum	Begegnung	Zuschauer
25.04.2008	SC Paderborn 07 – TuS Koblenz	4.310
17.08.2007	SV Wehen Wiesbaden – VfL Osnabrück	4.500
23.11.2007	SC Paderborn 07 – SpVgg Greuther Fürth	4.545
28.09.2007	SC Paderborn 07 – FC Augsburg	4.607
02.09.2007	SC Paderborn 07 – FC Erzgebirge Aue	4.732
06.05.2008	SC Paderborn 07 – TSV München 1860	4.744
02.03.2008	SC Paderborn 07 – 1. FC Kaiserslautern	5.000
14.03.2008	SC Paderborn 07 – TSV Alemannia Aachen	5.022
16.09.2007	TSG 1899 Hoffenheim – VfL Osnabrück	5.100
09.12.2007	SC Paderborn 07 – SV Wehen Wiesbaden	5.287
23.03.2008	FC Carl Zeiss Jena – SpVgg Greuther Fürth	5.446
12.08.2007	TSG 1899 Hoffenheim – SV Wehen Wiesbaden	5.500
22.02.2008	TSG 1899 Hoffenheim – SC Freiburg	5.500
12.08.2007	SC Paderborn 07 – Offenbacher FC Kickers	5.588
23.09.2007	SV Wehen Wiesbaden – FC Carl Zeiss Jena	5.626

Torschützenliste:

Pl.	Spieler (Mannschaft)	Tore
1.	Novakovic, Milivoje (1. FC Köln)	20
2.	Friend, Rob (Borussia Mönchengladbach)	18
3.	Helmes, Patrick (1.FC Köln)	17
4.	Borja, Felix (1. FSV Mainz 05)	16
	Reichenberger, Thomas (VfL Osnabrück)	16
6.	Neuville, Oliver (Borussia Mönchengladbach)	15
7.	Ba, Demba (TSG 1899 Hoffenheim)	12
	Obasi, Chinedu Ogbuke (TSG 1899 Hoffenheim)	12
	Reisinger, Stefan (SpVgg Greuther Fürth)	12
	Türker, Suat (Offenbacher FC Kickers)	12
11.	Djokaj, Ardian (TuS Koblenz)	11
12.	Copado, Francisco (TSG 1899 Hoffenheim)	10
	Göktan, Berkant (TSV München 1860)	10
	Gunkel, Daniel (1. FSV Mainz 05)	10
	König, Ronny (SV Wehen Wiesbaden)	10
	Lanig, Martin (SpVgg Greuther Fürth)	10
	Nemec, Adam (FC Erzgebirge Aue)	10
18.	Nemeth, Szilard (TSV Alemannia Aachen)	9
	Rösler, Sascha (Borussia Mönchengladbach)	9
20.	di Salvo, Antonio (TSV München 1860)	8
	Torghelle, Sandor (FC Carl Zeiss Jena)	8
	Werner, Tobias (FC Carl Zeiss Jena)	8
23.	Antar, Roda (1. FC Köln)	7
	Bierofka, Daniel (TSV München 1860)	7
	Cichon, Thomas (VfL Osnabrück)	7
	Diakité, Bakary (SV Wehen Wiesbaden)	7
	Kaufman, Jiri (FC Erzgebirge Aue)	7
	Koen, Erwin (SC Paderborn 07)	7
	Löbe, Alexander (SC Paderborn 07)	7
	Pitroipa, Jonathan (SC Freiburg)	7
	Simak, Jan (FC Carl Zeiss Jena)	7

Einen lupenreinen Hattrick erzielten:

Datum	Spieler (Mannschaft)	Gegner	wo	Erg.
30.09.2007	König, Ronny (SV Wehen)	1. FC Köln	H	4:3
27.04.2008	Ba, Demba (TSG Hoffenheim)	FC Carl Zeiss Jena	H	5:0

Drei Tore in einem Spiel erzielten:

Datum	Spieler (Mannschaft)	Gegner	wo	Erg.
12.08.2007	di Salvo, Antonio (München 1860)	FC Augsburg	A	6:2
30.09.2007	König, Ronny (SV Wehen)	1. FC Köln	H	4:3
26.10.2007	Friend, Rob (Mönchengladbach)	SpVgg Gr. Fürth	A	3:1
03.12.2007	Borja, Felix (1. FSV Mainz 05)	Alemannia Aachen	A	3:0
14.12.2007	Reichenberger, Thomas (Osnabrück)	Offenb. Kickers	A	3:3
10.02.2008	Löbe, Alexander (Paderborn 07)	SC Freiburg	H	3:2
15.04.2008	Borja, Felix (1. FSV Mainz 05)	SC Paderborn 07	H	6:1
27.04.2008	Ba, Demba (TSG Hoffenheim)	FC Carl Zeiss Jena	H	5:0
18.05.2008	Baljak, Srdjan (1. FSV Mainz 05)	FC St. Pauli	H	5:1

Elfmetertorschützen: gesamt: 60

Mannschaft	Torschützen (Anzahl)
TSV Alemannia Aachen:	Reghecampf (4)
FC Erzgebirge Aue:	Heller (2), Emmerich, Kaufman
FC Augsburg:	Hdiouad (2)
SC Freiburg:	Aogo, Banovic
SpVgg Greuther Fürth:	Nehrig (2), Maierhofer
TSG 1899 Hoffenheim:	Copado (2), Salihovic (2), Obasi
FC Carl Zeiss Jena:	Simak (5), Günther
1. FC Kaiserslautern:	Demai, Runström, Schönheim
TuS Koblenz:	—
1. FC Köln:	Helmes (3)
1. FSV Mainz 05:	Karhan (3), Gunkel
Borussia Mönchengladbach:	Neuville (4)
TSV München 1860:	Berhalter (4)
Offenbacher FC Kickers:	Sieger, Türker
VfL Osnabrück:	Cichon (6)
SC Paderborn 07:	Koen
FC St. Pauli:	Takyi (4)
SV Wehen Wiesbaden:	Bick, Kokot, Schwarz

Eigentorschützen: gesamt: 20

Mannschaft	Torschützen
TSV Alemannia Aachen:	Nemeth
FC Erzgebirge Aue:	Kos
FC Augsburg:	—
SC Freiburg:	—
SpVgg Greuther Fürth:	Mauersberger
TSG 1899 Hoffenheim:	Spilacek
FC Carl Zeiss Jena:	Jensen, Werner
1. FC Kaiserslautern:	—
TuS Koblenz:	Bajic, Sukalo
1. FC Köln:	—
1. FSV Mainz 05:	—
Borussia Mönchengladbach:	Brouwers, Paauwe
TSV München 1860:	Thorandt (2), Berhalter, Johnson
Offenbacher FC Kickers:	Müller, Sieger
VfL Osnabrück:	Cichon, Enochs
SC Paderborn 07:	
FC St. Pauli:	Morena
SV Wehen Wiesbaden:	König

Folgende 7 Spieler haben alle 34 Spiele absolviert:

Mannschaft	Spieler
TSV Alemannia Aachen:	—
FC Erzgebirge Aue:	—
FC Augsburg:	Neuhaus
SC Freiburg:	—
SpVgg Greuther Fürth:	Burkhardt, Reisinger
TSG 1899 Hoffenheim:	
FC Carl Zeiss Jena:	—
1. FC Kaiserslautern:	
TuS Koblenz:	
1. FC Köln:	
1. FSV Mainz 05:	—
Borussia Mönchengladbach:	Neuville
TSV München 1860:	—
Offenbacher FC Kickers:	Hysky
VfL Osnabrück:	Reichenberger, Schäfer
SC Paderborn 07:	—
FC St. Pauli:	—
SV Wehen Wiesbaden:	—

Vereinsrangliste nach Platzverweisen:

Pl.	Mannschaft	Rot-	Gelb-Rot
1.	SC Freiburg	0	2
2.	1. FC Köln	0	3
	FC Erzgebirge Aue	0	3
4.	VfL Osnabrück	1	0
5.	Borussia Mönchengladbach	1	2
6.	TSV München 1860	1	3
7.	TSG 1899 Hoffenheim	1	4
8.	1. FSV Mainz 05	2	0
9.	TSV Alemannia Aachen	2	1
	FC Augsburg	2	1
11.	TuS Koblenz	2	2
12.	Offenbacher FC Kickers	2	5
13.	SV Wehen Wiesbaden	3	1
14.	FC St. Pauli	3	2
	SC Paderborn 07	3	2
16.	FC Carl Zeiss Jena	3	3
17.	SpVgg Greuther Fürth	3	4
18.	1. FC Kaiserslautern	4	3
		33	41

Schiedsrichtereinsätze:

Name, Vorname (Verein, Landesverband)	Spiele	Rot	G-R
Schmidt, Markus (SV Sillenbuch, WBG)	12	2	1
Brych, Dr. Felix (SV Am Hart München, BY)	10	1	2
Gagelmann, Peter (ATSV Sebaldsbrück, HB)	10	1	1
Kircher, Knut (TSV Hirschau, WBG)	10	1	1
Kempter, Michael (VfR Sauldorf, SBD)	9	0	1
Kinhöfer, Thorsten (SC Constantin Herne-Mark, WEF)	9	2	3
Seemann, Marc (DJK Adler Frintrop, NIR)	9	1	0
Sippel, Peter (FC Würzburger Kickers, BY)	9	2	1
Aytekin, Deniz (SC Germania Nürnberg, BY)	8	4	0
Dingert, Christian (TSG Burg Lichtenberg, SW)	8	0	1
Fischer, Christian (SG Hemer, WEF)	8	0	1
Frank, Thomas (SV Eintracht Hannover, NS)	8	1	1
Grudzinski, Norbert (TSV Wandsetal, HH)	8	1	3
Hartmann, Robert (SV Krugzell, BY)	8	0	0
Perl, Günter (MSV München, BY)	8	1	1
Rafati, Babak (SpVgg Niedersachsen Döhren, NS)	8	1	2
Schalk, Georg (SV Ottmarshausen, BY)	8	0	3
Schößling, Christian (SSV Markranstädt, SAX)	8	0	1
Schriever, Thorsten (TSV Otterndorf, NS)	8	0	1
Welz, Tobias (SpVgg Nassau Wiesbaden, HES)	8	0	1
Wingenbach, Markus (VfL Altendiez, RHL)	8	1	0
Winkmann, Guido (SV Nütterden, NIR)	8	1	1
Zwayer, Felix (Hertha BSC Berlin, B)	8	0	2
Anklam, Matthias (USC Paloma Hamburg, HH)	7	2	3
Bandurski, Christian (SV Teutonia Überruhr, NIR)	7	0	1
Christ, Tobias (TB Jahn Zeiskam, SW)	7	0	1
Fleischer, Dr. Helmut (SV Hallstadt, BY)	7	1	1
Gräfe, Manuel (FC Hertha 03 Zehlendorf, B)	7	1	0
Henschel, Holger (SV Broitzem, NS)	7	1	0
Lupp, Stefan (MSV Zossen 07, BRB)	7	1	0
Meyer, Florian (RSV Braunschweig, NS)	7	1	0
Steinhaus, Bibiana (SV Bad Lauterberg, NS)	7	0	0
Walz, Wolfgang (TSV Pfedelbach, WBG)	7	1	1
Weiner, Michael (TSV Ottenstein, NS)	7	0	3
Willenborg, Frank (SV Gehlenberg-Neuvrees, NS)	7	1	1
Stachowiak, André (MTV Union Hamborn, NIR)	6	0	1
Drees, Dr. Jochen (SV Münster-Sarmsheim, SW)	5	1	0
Stark, Wolfgang (DJK Altdorf, BY)	5	0	0
Wagner, Lutz (SV 07 Kriftel, HES)	5	2	1
Fandel, Herbert (DJK Utscheid, RHL)	2	0	0
Merk, Dr. Markus (1. FC Kaiserslautern, SW)	1	1	0
	306	33	41

Rote Karten: gesamt: 33

Mannschaft	Spieler
TSV Alemannia Aachen:	Krontiris, Stuckmann
FC Erzgebirge Aue:	—
FC Augsburg:	Benschneider, Hertzsch
SC Freiburg:	—
SpVgg Greuther Fürth:	Achenbach, Felgenhauer, Nehrig
TSG 1899 Hoffenheim:	Obasi
FC Carl Zeiss Jena:	A. Maul, Torghelle, Ziegner
1. FC Kaiserslautern:	Béda, Bernier, Bugera, Simpson
TuS Koblenz:	Bajic, Mavric
1. FC Köln:	—
1. FSV Mainz 05:	Amri, Noveski
Borussia Mönchengladbach:	Brouwers
TSV München 1860:	Ghvinianidze
Offenbacher FC Kickers:	Bancé, Sichone
VfL Osnabrück:	Aziz
SC Paderborn 07:	Bade, Fall, Röttger
FC St. Pauli:	Brunnemann, Ludwig, Meggle
SV Wehen Wiesbaden:	Bick, Kopilas, Simac

Gelb-Rote Karten: gesamt: 41

Mannschaft	Spieler
TSV Alemannia Aachen:	Lagerblom
FC Erzgebirge Aue:	Liebers, Sträßer, Trehkopf
FC Augsburg:	Kern
SC Freiburg:	Akrout, Krmas
SpVgg Greuther Fürth:	Biliskov (2), Cidimar, Schröck
TSG 1899 Hoffenheim:	Löw, Seitz, Spilacek, Teber
FC Carl Zeiss Jena:	Günther, Kandelaki, A. Maul
1. FC Kaiserslautern:	Kotysch (2), Mandjeck
TuS Koblenz:	Bajic, Kuqi
1. FC Köln:	McKenna, Mitreski, Scherz
1. FSV Mainz 05:	—
Borussia Mönchengladbach:	Friend, Ndjeng-Byouha
TSV München 1860:	Berhalter, B. Schwarz, Thorandt
Offenbacher FC Kickers:	Ogungbure (2), Bungert, Sousa, Türker
VfL Osnabrück:	—
SC Paderborn 07:	Krösche (2)
FC St. Pauli:	Boll, Takyi
SV Wehen Wiesbaden:	König

Die torreichsten Spiele:

Datum	Begegnung	Ergebnis
02.12.2007	SpVgg Greuther Fürth – VfL Osnabrück	6:3
12.08.2007	FC Augsburg – TSV München 1860	2:6
04.05.2008	Offenbacher FC Kickers – Borussia Mönchengladbach	1:7
24.08.2007	1. FC Köln – FC Carl Zeiss Jena	4:3
30.09.2007	SV Wehen Wiesbaden – 1. FC Köln	4:3
30.11.2007	FC St. Pauli – 1. FC Kaiserslautern	3:4
02.03.2008	Offenbacher FC Kickers – FC St. Pauli	4:3
17.03.2008	TSV Alemannia Aachen – SpVgg Greuther Fürth	2:5
15.04.2008	1. FSV Mainz 05 – SC Paderborn 07	6:1

Folgende Spieler spielten 2007/08 für zwei Vereine der 2. BL:

Name, Vorname	erster Verein	zweiter Verein
Bogavac, Dragan	TuS Koblenz	SC Paderborn 07
Brinkmann, Daniel	SC Paderborn 07	TSV Alemannia Aachen
Compper, Marvin	Bor. Mönchengladbach	TSG 1899 Hoffenheim
Ibertsberger, Andreas	SC Freiburg	TSG 1899 Hoffenheim
Mesic, Mirnes	TSG 1899 Hoffenheim	SC Freiburg
Nulle, Carsten	SC Freiburg	SC Paderborn 07
Olajengbesi, Seyi	SC Freiburg	TSV Alemannia Aachen
Weigelt, Benjamin	TSV Alemannia Aachen	1. FC Kaiserslautern

Die Spieler mit den meisten Einsätzen in der 2. Bundesliga:

Pl.	Name/Vorname (Mannschaft/en)	Spiele
1.	Landgraf, Willi (RW Essen/Homburg/Gütersloh/Alem. Aachen)	508
2.	Montanes, Joaquin (Alemannia Aachen)	479
3.	Schulz, Karl-Heinz (Freiburger FC/SC Freiburg)	463
4.	Wulf, Hans (SW Essen/W. Worms/Hessen Kassel/Hannover 96)	440
5.	Krüger, Wolfgang (Union Solingen)	426
6.	Gede, Hans-Jürgen (Preußen Münster/Fortuna Köln)	416
7.	Helmer, Andreas (VfL Osnabrück/SV Meppen)	411
8.	Paulus, Gerd (Röchling Völklingen/Kickers Offenbach)	408
9.	Posniak, Oliver (FSV Frankfurt/SV Darmstadt 98)	403
10.	Hupe, Dirk (Union Solingen/Fortuna Köln)	399
11.	Jurgeleit, Daniel (Union Solingen/FC Homburg/VfB Lübeck)	393
12.	Baier, Jürgen (Fürth/F.Köln/Aschaffenb./Offenbach/Darmstadt)	392
13.	Marell, Carsten (Schalke/SV Meppen/Kickers Stuttgart/E. Trier)	380
14.	Luginger, Jürgen (Düsseldorf/Schalke/H96/Waldhof/RWO)	370
15.	Sievers, Ralf (Hannover 96)	367
16.	Thoben, Robert (SV Meppen)	361
17.	Hayer, Fabrizio (RW Essen/Mainz/Waldhof/RW Oberhausen)	358
18.	Niggemann, Jürgen (Fortuna Köln)	357
19.	Lay, Udo (Freiburger FC/MSV Duisburg/SC Freiburg)	355
20.	Steiner, Burkhard (Wattenscheid/H 96/Saarbr./RW Esen/Jena)	348
21.	Diekmann, Günter (OSC Bremerhaven/Union Solingen)	344
22.	Römer, Dirk (Union Solingen/Preußen Münster/Fortuna Köln)	340
23.	Steininger, Franz-Josef (Duisburg/Solingen/Saarbrücken)	339
24.	Böttche, Thomas (SV Meppen)	332
	Müller, Eckhard (Kickers Stuttgart)	332
26.	Lottner, Dirk (Fortuna Köln/1. FC Köln/MSV Duisburg)	331
27.	Glöde, Heikko (TeBe/Hertha/Osnabrück/Saarbrücken/Remscheid)	325
	Klopp, Jürgen (FSV Mainz 05)	325
	Sebert, Günter (SV Waldhof)	325
30.	Bauer, Oskar (SV Waldhof/VfL Osnabrück)	324
	Gorski, Bernd (Hannover 96/Eintracht Braunschweig)	324
32.	Bergmann, Bernhard (SpVgg Fürth)	322
	Gerstner, Thomas (Bielef./Homb./Oldenb./Wolfsb./Saarbr./Jena)	322
34.	Pusch, Dirk (Rot-Weiß Essen/Wuppertaler SV)	321
35.	Brandts, Andreas (Alemannia Aachen/Fortuna Köln)	320
36.	Außem, Ralf (Viktoria Köln/Hannover 96/Fortuna Köln)	319
37.	Demandt, Sven (Fortuna Düsseldorf/Hertha BSC/FSV Mainz 05)	317
	Elm, Jürgen (Schwarz-Weiß Essen/Union Solingen)	317
39.	Brinkmann, Ansgar (Osnabrück/Münster/Mainz/Gütersloh, Frankfurt/TeBe Berlin/Bielefeld/Ahlen/Dresden)	315
	Wollitz, CD (Osnabrück/Hertha/Wolfsburg/Uerdingen/FC Köln)	315
41.	Drews, Gerhard (SG Wattenscheid 09)	314
	Linke, Carsten (VfB Oldenburg/FC Homburg/Hannover 96)	314
43.	Müller, Walter (FC Homburg/Fortuna Köln/1. FC Saarbrücken)	312
44.	Linßen, Johannes (Fortuna Köln)	311
45.	Kunkel, Peter (SG Wattenscheid 09)	310
46.	Kügler, Harald (Schalke/Aachen/Wattenscheid/Münster/RWE)	305
47.	Balke, Helmut (Bielefeld/Bonner SC/Aachen/MSV Duisburg)	304
48.	Lenz, Manfred (FC Homburg)	303
	Lust, Matthias (Waldhof/Saarbrücken/Bochum/Unterhaching)	303
	Zeyer, Michael (Ulm/SC Freiburg/SV Waldhof/MSV Duisburg)	303
51.	Ehrmantraut, Horst (FC Homburg/Hertha BSC Berlin)	302
52.	Böhni, Wolfgang (SV Waldhof)	298
	Quasten, Gregor (FC Homburg/Hertha BSC Berlin)	298
	Scholz, Rainer (Kickers Würzburg/Hannover 96/Darmstadt 98)	298
55.	Vorholt, Eckhard (SV Meppen)	296
56.	Behrendt, Manfred (Göttingen 05/SG Wattenscheid 09)	295
57.	Surmann, Karsten (Hannover 96/FC St. Pauli)	294
58.	Gans, Lothar (VfL Osnabrück)	293
	Gries, Theo (Alemannia Aachen/Hertha BSC/Hannover 96)	293
60.	Bebensee, Norbert (Arm. Hannover/Hannover 96/BW 90 Berlin)	292
	Emig, Karlheinz (Waldhof/Hertha/Darmstadt/Unterh./Wolfsburg)	292
62.	Eickels, Konrad (Saarbrücken/Münster/Fürth/Oberhausen)	287
63.	Horn, Herbert (SpVgg Bayreuth)	285
	Maier, Rolf (SC Freiburg)	285
	Schneider, Hans-Jörg (Fortuna Köln)	285
	Zimmer, Hans-Jürgen (Schwarz-Weiß Essen/Wattenscheid 09)	285
67.	Buschlinger, Norbert (Alemannia Aachen)	283

Die Spieler mit den meistenToren in der 2. Bundesliga:

Pl.	Name/Vorname (Mannschaft/en)	Tore
1.	Schatzschneider, Dieter (Hannover 96/Fortuna Köln)	153
2.	Mödrath, Karl-Heinz (Fortuna Köln/Alemannia Aachen)	150
3.	Gries, Theo (Alemannia Aachen/Hertha BSC/Hannover 96)	123
4.	Demandt, Sven (Fortuna Düsseldorf/Hertha BSC/FSV Mainz 05)	121
5.	Krause, Walter (Oberhausen/Wattenscheid/Offenbach)	119
6.	Jurgeleit, Daniel (Union Solingen/FC Homburg/VfB Lübeck)	117
7.	Schock, Gerd-Volker (VfL Osnabrück/Arminia Bielefeld)	116
8.	Gerber, Franz (Wuppertal/St. Pauli/1860/ESV Ingolstadt/H96)	115
	Linz, Paul (Bremerhaven/Freiburger FC/Waldhof/Osnabrück)	115
10.	Cestonaro, Peter (SV Darmstadt 98/Hessen Kassel)	111
11.	Ludwig, Ottmar (Homburg/Fortuna Köln/FFC/Kassel/SCF)	107
12.	Sommerer, Uwe (SpVgg Bayreuth)	106
13.	Labbadia, Bruno (SV Darmstadt 98/Arm. Bielefeld/Karlsruher SC)	100
	Wolf, Klaus (Gött. 05/Münster/Herne/Lüdensch./RWO/Solingen)	100
15.	Günther, Emanuel (Wormatia Worms/Karlsruher SC)	98
16.	Lenz, Werner (Union Solingen)	95
17.	Clute-Simon, Hubert (Lüdenscheid/Aachen/Schalke/Hertha)	94
	Reich, Siegfried (Hannover 96/VfL Wolfsburg)	94
19.	Schüler, Wolfgang (KSC/SCF/Darmst./BW 90/Kick. Stutt./FCS)	93
20.	Kügler, Harald (Schalke/Aachen/Wattenscheid/Münster/RWE)	91
	Lenz, Manfred (FC Homburg)	91
22.	Glöde, Heikko (TeBe/Hertha/Osnabrück/Saarbr./Remscheid)	90
	Feinbier, Marcus (Hertha/Wuppertal/Wattenscheid/Ahlen/Fürth)	90
	Traser, Heinz (1.FC Saarbrücken/KSV Hessen Kassel)	90
25.	Täuber, Klaus (1. FC Nürnberg/Kickers Stuttgart/FC Schalke 04)	89
26.	Mattern, Bodo (Wormatia Worms/Darmstadt/Blau-Weiß 90 Berlin)	88
	Mill, Frank (Rot-Weiß Essen/Fortuna Düsseldorf)	88
28.	Fritsche, Hans (SW Essen/Fortuna Köln/Westf. Herne/Homburg)	87
	Hofmann, Paul-Werner (SpVgg Fürth/FSV Frankfurt)	87
	Kunkel, Peter (SG Wattenscheid 09)	87
	Pallaks, Uwe (SC Herford/KSV Hessen Kassel)	87
	Preetz, Michael (Düsseld./Saarbr./Duisburg/Wat./Hertha BSC)	87
33.	Hammes, Ewald (SG Wattenscheid 09)	86
34.	Killmaier, Werner (Augsburg/FSV Frankf./ESV Ingolstadt/Hertha)	85
35.	Heidrich, Steffen (Chemnitz/Leipzig/Cottbus/Dresden)	84
36.	Löw, Joachim (SC Freiburg)	81
37.	Kehr, Heinz-Josef (Aachen/TeBe Berlin/RW Essen)	78
	Nickel, Werner (Mainz/Waldhof/Kickers Stuttgart/Ulm)	78
	Wollitz, CD (Osnabrück/Hertha/Wolfsburg/Uerdingen/FC Köln)	78
40.	Graul, Volker (Arminia Bielefeld/Preußen Münster/Fortuna Köln)	77
41.	Größler, Manfred (SpVgg Bayreuth)	76
	Künkel, Rainer (Darmstadt 98/1. FC Saarbrücken/Viktoria Köln)	76
	Seubert, Werner (Schweinfurt 05/Worms/Freiburger FC/Fürth)	76
	Stolzenburg, Norbert (Tennis Borussia Berlin)	76
45.	Marin, Marcus (Kickers Stuttgart/FC St. Pauli/MSV Duisburg)	75
	Neumann, Horst (FC St. Pauli/Darmstadt 98/Hannover 96)	75
47.	Lottner, Dirk (Fortuna Köln/1. FC Köln/MSV Duisburg)	74
48.	Remark, Thomas (Hertha BSC/Kick. Stuttgart/SC Freiburg)	72
	Tschiskale, Uwe (SG Wattenscheid 09)	72
50.	Emmerich, Lothar (Schweinfurt/FV 04 Würzburg/Kick. Würzburg)	71
	Walitza, Hans (1. FC Nürnberg)	71
52.	Schonert, Frank (Göttingen./Lev./Offenbach./Homburg/V. Köln)	70
53.	Kuhl, Uwe (SV Darmstadt 98)	69
	Leiendecker, Lothar (Eintracht Trier/SpVgg Fürth)	69
	Sebert, Günter (SV Waldhof)	69
56.	Grabosch, Bernd (Fortuna Köln/Kickers Stuttgart)	67
	Mrosko, Karl-Heinz (Arminia Hannover/Hannover 96)	67
	Schaub, Fred (SpVgg Fürth/Hannover 96/SC Freiburg)	67
59.	Aumeier, Harald (Schweinfurt/Augsb./Völklingen/Trier/Bayreuth)	66
	Dreher, Uwe (Kickers Stuttgart)	66
	Funkel, Friedhelm (Bayer Uerdingen)	66
62.	Feilzer, Horst (FC St. Pauli/VfL Osnabrück/Bayer Uerdingen)	65
	Krieg, Rainer (Fort. Köln/Karlsruher SC/1. FC Saarbrücken)	65
	van Lent, Arie (Oldenburg/Fürth/Gladbach/E. Frankfurt/RWE)	65
	Rische, Jürgen (VfB Leipzig/Kaiserslautern/E. Braunschweig)	65
	Sané, Souleyman (SC Freiburg/SG Wattenscheid 09)	65
	Schlumberger, Thorsten (Hertha/TeBe/BW 90/Charlottenburg)	65

Ewige Tabelle 2. Bundesliga 1974 – 2008

				Gesamtbilanz						Heimbilanz						Auswärtsbilanz					
Pl.	Mannschaft	J	Sp	S	U	N	Tore	TD	Pkt	Sp	S	U	N	Tore	TD	Pkt	Sp	S	U	N	Tore	TD	Pkt
1.	SC Fortuna Köln	26	970	371	263	336	1589–1432	+157	1376	485	261	120	104	961-578	+383	903	485	110	143	232	628–854	–226	473
2.	Alemannia Aachen	24	884	360	223	301	1308-1221	+87	1303	442	255	101	86	832-433	+399	866	442	105	122	215	476-788	–312	437
3.	Stuttgarter Kickers	23	864	350	214	300	1400-1199	+201	1264	432	265	91	76	924-456	+468	886	432	85	123	224	476-743	–267	378
4.	Hannover 96	22	818	341	232	245	1398-1105	+293	1255	409	221	117	71	832-449	+383	780	409	120	115	174	566-656	–90	475
5.	SC Freiburg	20	744	303	211	230	1131-991	+140	1120	372	209	101	62	684-390	+294	728	372	94	110	168	447-601	–154	392
6.	Waldhof Mannheim	20	736	287	203	246	1102-985	+117	1064	368	214	82	72	723-386	+337	724	368	73	121	174	379-599	–220	340
7.	SpVgg (Gr.) Fürth	20	718	289	191	238	1074-916	+158	1058	359	199	97	63	652-336	+316	694	359	90	94	175	422-580	–158	364
8.	VfL Osnabrück	21	792	280	200	312	1189-1274	–85	1040	396	205	104	87	744-488	+256	719	396	75	96	225	445-786	–341	321
9.	SG Wattenscheid 09	20	748	272	205	271	1168-1156	+12	1021	374	187	102	85	716-465	+251	663	374	85	103	186	452-691	–239	358
10.	1. FC Saarbrücken	19	698	270	190	238	1033-997	+36	1000	349	190	91	68	640-371	+269	661	349	80	99	170	393-626	–233	339
11.	SV Darmstadt 98	17	650	272	158	220	1057-929	+128	974	325	198	70	57	691-346	+345	664	325	74	88	163	366-583	–217	310
12.	FC St. Pauli	17	620	245	193	182	934-813	+121	928	310	167	91	52	551-311	+240	592	310	78	102	130	383-502	–119	336
13.	1. FSV Mainz 05	18	642	234	197	211	931-883	+48	899	321	153	109	59	543-352	+191	568	321	81	88	152	388-531	–143	331
14.	Karlsruher SC	15	540	253	119	168	947-724	+223	878	270	168	50	52	571-286	+285	554	270	85	69	116	376-438	–62	324
15.	FC 08 Homburg	15	570	230	151	189	895-765	+130	841	285	168	72	45	575-283	+292	576	285	62	79	144	320-482	–162	265
16.	Arminia Bielefeld	13	474	221	127	126	818-570	+248	790	237	136	66	35	494-224	+270	474	237	85	61	91	324-346	–22	316
17.	Offenbacher Kickers	14	518	208	135	175	879-774	+105	757	259	151	60	48	554-296	+258	513	259	57	75	127	325-478	–153	246
18.	MSV Duisburg	14	512	204	141	167	766-683	+83	753	256	137	68	51	463-281	+182	479	256	67	73	116	303-402	–99	274
19.	1. FC Nürnberg	12	434	217	105	112	762-522	+240	750	217	137	51	29	447-208	+239	462	217	80	54	83	315-314	+1	294
20.	Rot-Weiss Essen	15	562	200	148	214	901-876	+25	748	281	152	69	60	593-349	+244	525	281	48	79	154	308-527	–219	223
21.	Hertha BSC Berlin	13	488	196	144	148	792-606	+186	729	244	127	74	43	466-242	+224	455	244	69	70	105	326-364	–38	277
22.	Union Solingen	14	536	175	145	216	762-910	–148	670	268	138	64	66	486-345	+141	478	268	37	81	150	276-565	–289	192
23.	RW Oberhausen	15	546	170	147	229	732-856	–124	657	273	122	77	74	432-323	+109	443	273	48	70	155	300-533	–233	214
24.	TSV München 1860	11	396	179	104	113	650-470	+180	641	198	121	46	31	391-167	+224	409	198	58	58	82	259-303	–44	232
25.	SpVgg Bayreuth	12	458	174	100	184	727-741	–14	622	229	127	52	50	454-278	+176	433	229	47	48	134	273-463	–190	189
26.	KFC/Bay. Uerdingen	11	400	170	107	123	626-499	+127	617	200	116	40	44	376-203	+173	388	200	54	67	79	250-296	–46	229
27.	Eintr. Braunschweig	11	412	144	106	162	579-569	+10	538	206	100	58	48	359-210	+149	358	206	44	48	114	220-359	–139	180
28.	SV Meppen	11	404	124	139	141	495-547	–52	511	202	93	74	35	308-202	+106	353	202	31	65	106	187-345	–158	158
29.	SC Preußen Münster	9	346	139	93	114	516-484	+32	510	173	90	52	31	305-171	+134	322	173	49	41	83	211-313	–102	188
30.	SpVgg Unterhaching	11	390	132	108	150	472-495	–23	504	195	92	58	45	276-168	+108	334	195	40	50	105	196-327	–131	170
31.	Hessen Kassel	8	304	129	74	101	457-408	+49	461	152	90	35	27	291-163	+128	305	152	39	39	74	166-245	–79	156
32.	Tennis Borussia Berlin	9	338	113	91	134	485-519	–34	430	169	74	49	46	284-211	+73	271	169	39	42	88	201-308	–107	159
33.	FC Augsburg	9	334	106	81	147	471-560	–89	399	167	79	45	43	288-193	+95	282	167	27	36	104	183-367	–184	117
34.	Blau-Weiß 90 Berlin	7	260	98	85	77	405-350	+55	379	130	67	41	22	236-142	+94	242	130	31	44	55	169-208	–39	137
35.	SV Eintracht Trier 05	8	294	102	69	123	416-448	–32	375	147	76	35	36	255-165	+90	263	147	26	34	87	161-283	–122	112
36.	SSV Ulm 1846	8	298	96	77	125	427-492	–65	365	149	67	45	37	268-201	+67	246	149	29	32	88	159-291	–132	119
37.	1. FC Köln	6	204	98	54	52	350-264	+86	348	102	61	24	17	209-115	+94	207	102	37	30	35	141-149	–8	141
38.	FC Carl Zeiss Jena	8	286	85	92	109	360-424	–64	347	143	57	47	39	216-187	+29	218	143	28	45	70	144-237	–93	129
39.	Wuppertaler SV	7	274	88	74	112	393-410	–17	338	137	66	31	40	249-174	+75	229	137	22	43	72	144-236	–92	109
40.	FSV Frankfurt	8	302	93	59	150	430-611	–181	338	151	73	33	45	266-217	+49	252	151	20	26	105	164-394	–230	86
41.	FC Schalke 04	5	190	94	54	42	356-211	+145	336	95	64	23	8	231-94	+137	215	95	30	31	34	125-117	+8	121
42.	VfL Wolfsburg	7	262	85	78	99	363-437	–74	333	131	61	40	30	227-170	+57	223	131	24	38	69	136-267	–131	110
43.	VfL Bochum	5	174	96	40	38	315-187	+128	328	87	58	17	12	196-84	+112	191	87	38	23	26	119-103	+16	137
44.	Chemnitzer FC	7	252	81	73	98	289-358	–69	316	126	56	37	33	173-128	+45	205	126	25	36	65	116-230	–114	111
45.	Fortuna Düsseldorf	6	224	83	62	79	331-303	+28	311	112	48	36	28	186-128	+58	180	112	35	26	51	145-175	–30	131
46.	Wormatia Worms	6	230	84	50	96	326-372	–46	302	115	64	27	24	217-127	+90	219	115	20	23	72	109-245	–136	83
47.	FC Energie Cottbus	6	204	79	58	67	284-245	+39	295	102	57	24	21	181-103	+78	195	102	22	34	46	103-142	–39	100
48.	VfB Leipzig	6	214	78	58	78	271-285	–14	292	107	52	33	22	156-89	+67	189	107	26	25	56	115-196	–81	103
49.	Eintracht Frankfurt	5	170	80	49	41	269-194	+75	289	85	49	22	14	155-84	+71	169	85	31	27	27	114-110	+4	120
50.	FC Hansa Rostock	5	186	80	47	59	264-217	+47	287	93	57	17	19	168-77	+91	188	93	23	30	40	96-140	–44	99
51.	LR Ahlen	6	204	71	47	86	284-327	–43	260	102	44	25	33	159-140	+19	157	102	27	22	53	125-187	–62	103
52.	Freiburger FC	5	192	64	45	83	322-392	–70	237	96	49	22	25	202-153	+49	169	96	15	23	58	120-239	–119	68
53.	Bayer 04 Leverkusen	4	152	66	38	48	250-204	+46	236	76	40	22	14	141-72	+69	142	76	26	16	34	109-132	–23	94
54.	FC Erzgebirge Aue	5	170	60	44	66	229-226	+3	224	85	42	28	15	137-78	+59	154	85	18	16	51	92-148	–56	70
55.	FC Bayern Hof	4	152	61	35	56	231-217	+14	218	76	43	17	16	145-78	+67	146	76	18	18	40	86-139	–53	72
56.	FC / DJK Gütersloh	5	178	58	46	74	234-268	–34	217	89	44	27	18	142-95	+47	159	89	14	19	56	92-173	–81	61
57.	SC Westfalia Herne	4	152	59	39	54	255-236	+19	216	76	41	17	18	149-95	+54	140	76	18	22	36	106-141	–35	76
58.	Wacker Burghausen	5	170	54	54	62	223-247	–24	216	85	27	32	26	114-104	+10	113	85	27	22	36	109-143	–34	103
59.	VfB Oldenburg	5	192	52	59	81	268-338	–70	215	96	44	32	20	181-122	+59	164	96	8	27	61	87-216	–129	51
60.	Schwarz-Weiß Essen	4	152	52	36	64	226-268	–42	192	76	38	25	13	142-87	+55	139	76	14	11	51	84-181	–97	53
61.	FC Remscheid/BVL	5	192	47	51	94	232-358	–126	192	96	38	29	29	141-128	+13	143	96	9	22	65	91-230	–139	49
62.	1. SC Göttingen 05	4	156	50	39	67	247-285	–38	189	78	37	18	23	163-115	+48	129	78	13	21	44	84-170	–86	60
63.	Röchling Völklingen	4	154	52	29	73	224-291	–67	185	77	36	16	25	135-112	+23	124	77	16	13	48	89-179	–90	61

Pl.	Mannschaft	J	Sp	S	U	N	Tore	TD	Pkt	Sp	S	U	N	Tore	TD	Pkt	Sp	S	U	N	Tore	TD	Pkt
							Gesamtbilanz							**Heimbilanz**							**Auswärtsbilanz**		
64.	Bor. M'gladbach	3	102	49	35	18	193-112	+81	182	51	30	14	7	103-43	+60	104	51	19	21	11	90-69	+21	78
65.	VfR/OLI Bürstadt	4	154	50	30	74	207-258	−51	180	77	33	15	29	118-100	+18	114	77	17	15	45	89-158	−69	66
66.	SC Herford	4	156	46	40	70	209-255	−46	178	78	31	24	23	123-102	+21	117	78	15	16	47	86-153	−67	61
67.	FV 04 Würzburg	4	154	46	37	71	183-278	−95	175	77	31	26	20	120-92	+28	119	77	15	11	51	63-186	−123	56
68.	SV Arminia Hannover	4	152	48	29	75	223-297	−74	173	76	35	17	24	138-106	+32	122	76	13	12	51	85-191	−106	51
69.	VfB Lübeck	4	136	43	34	59	170-205	−35	163	68	29	19	20	102-82	+20	106	68	14	15	39	68-123	−55	57
70.	1. FC Kaiserslautern	3	102	41	37	24	159-99	+60	160	51	29	14	8	112-45	+67	101	51	12	23	16	47-54	−7	59
71.	SC Viktoria Köln	3	118	40	39	39	197-191	+6	159	59	31	17	11	120-74	+46	110	59	9	22	28	77-117	−40	49
72.	RW Lüdenscheid	4	156	39	38	79	207-337	−130	155	78	32	25	21	131-126	+5	121	78	7	13	58	76-211	−135	34
73.	FSV Zwickau	4	136	39	37	60	137-201	−64	154	68	31	20	17	82-59	+23	113	68	8	17	43	55-142	−87	41
74.	SC Wacker 04 Berlin	4	152	41	30	81	181-316	−135	153	76	35	15	26	112-120	−8	120	76	6	15	55	69-196	−127	33
75.	SSV Reutlingen 05	4	140	44	22	74	195-261	−66	148	70	30	9	31	118-113	+5	99	70	14	13	43	77-148	−71	55
76.	Paderb./Schl. Neuh.	4	140	37	37	66	154-227	−73	148	70	26	18	26	96-89	+7	96	70	11	19	40	58-138	−80	52
77.	FK 03 Pirmasens	4	152	38	30	84	209-345	−136	144	76	29	17	30	129-138	−9	104	76	9	13	54	80-207	−127	40
78.	1. FC Schweinfurt 05	4	148	36	33	79	171-296	−125	141	74	27	24	23	111-111	0	105	74	9	9	56	60-185	−125	36
79.	Borussia Dortmund	2	76	39	20	17	158-81	+77	137	38	27	10	1	109-31	+78	91	38	12	10	16	49-50	−1	46
80.	Holstein Kiel	3	118	38	23	57	149-210	−61	137	59	28	18	13	103-70	+33	102	59	10	5	44	46-140	−94	35
81.	1. FC Union Berlin	3	102	34	32	36	140-142	−2	134	51	20	17	14	81-61	+20	77	51	14	15	22	59-81	−22	57
82.	VfB Stuttgart	2	76	40	13	23	167-96	+71	133	38	25	6	7	100-39	+61	81	38	15	7	16	67-57	+10	52
83.	KSV Baunatal	3	114	36	21	57	168-229	−61	129	57	28	14	15	107-88	+19	98	57	8	7	42	61-141	−80	31
84.	Vikt. Aschaffenburg	3	114	32	29	53	151-191	−40	125	57	26	15	16	96-69	+27	93	57	6	14	37	55-122	−67	32
85.	SpVgg Erkenschwick	3	118	26	28	64	140-230	−90	106	59	20	17	22	96-96	0	77	59	6	11	42	44-134	−90	29
86.	Jahn Regensburg	3	110	24	31	55	127-212	−85	103	55	18	16	21	73-85	−12	70	55	6	15	34	54-127	−73	33
87.	Borussia Neunkirchen	3	114	26	23	65	140-242	−102	101	57	22	17	18	82-77	+5	83	57	4	6	47	58-165	−107	18
88.	SV Werder Bremen	1	42	30	8	4	97-33	+64	98	21	18	2	1	59-12	+47	56	21	12	6	3	38-21	+17	42
89.	DSC Wanne-Eickel	2	76	26	19	31	129-137	−8	97	38	20	10	8	79-53	+26	70	38	6	9	23	50-84	−34	27
90.	1. FC Bocholt	2	80	27	16	37	131-140	−9	97	40	23	8	9	79-44	+35	77	40	4	8	28	52-96	−44	20
91.	ESV Ingolstadt	2	78	27	11	40	119-181	−62	92	39	20	7	12	81-68	+13	67	39	7	4	28	38-113	−75	25
92.	MTV Ingolstadt	2	78	27	10	41	120-163	−43	91	39	20	5	14	79-60	+19	65	39	7	5	27	41-103	−62	26
93.	Dynamo Dresden	2	68	26	12	30	87-98	−11	90	34	20	5	9	56-40	+16	65	34	6	7	21	31-58	−27	25
94.	1. FC Mülheim	2	76	22	22	32	101-140	−39	88	38	18	14	6	66-45	+21	68	38	4	8	26	35-95	−60	20
95.	TuS Koblenz	2	68	23	19	26	82-92	−10	82	34	13	15	6	43-35	+8	54	34	10	4	20	39-57	−18	34
96.	OSC Bremerhaven	2	76	21	17	38	113-167	−54	80	38	14	11	13	63-60	+3	53	38	7	6	25	50-107	−57	27
97.	OSV Hannover	2	80	20	15	45	96-187	−91	75	40	13	10	17	48-72	−24	49	40	7	5	28	48-115	−67	26
98.	TSG Hoffenheim	1	34	17	9	8	60-40	+20	60	17	11	2	4	34-17	+17	35	17	6	7	4	26-23	+3	25
99.	FC Rot-Weiß Erfurt	2	66	12	16	38	70-135	−65	52	33	8	12	13	44-57	−13	36	33	4	4	25	26-78	−52	16
100.	Bonner SC	1	38	14	5	19	53-72	−19	47	19	12	2	5	36-21	+15	38	19	2	3	14	17-51	−34	9
101.	SV Wehen	1	34	11	11	12	47-53	−6	44	17	6	6	5	27-24	+3	24	17	5	5	7	20-29	−9	20
102.	FC Hanau 93	1	38	11	7	20	72-98	−26	40	19	9	4	6	48-40	+8	31	19	2	3	14	24-58	−34	9
103.	VfR Heilbronn	1	38	10	10	18	51-78	−27	40	19	6	9	4	31-26	+5	27	19	4	1	14	20-52	−32	13
104.	SC Charlottenburg	1	38	10	9	19	49-68	−19	39	19	9	5	5	33-23	+10	32	19	1	4	14	16-45	−29	7
105.	Oly. Wilhelmshaven	1	38	10	7	21	54-81	−27	37	19	8	3	8	36-31	+5	27	19	2	4	13	18-50	−32	10
106.	Hallescher FC	1	32	7	13	12	35-47	−12	34	16	5	9	2	24-16	+8	24	16	2	4	10	11-31	−20	10
107.	VfR Mannheim	1	38	10	20	18	43-85	−42	34	19	7	4	8	33-41	−8	25	19	1	6	12	10-44	−34	9
108.	Stahl Brandenburg	1	32	8	7	17	37-53	−16	31	16	6	3	7	19-22	−3	21	16	2	4	10	18-31	−13	10
109.	Sportfreunde Siegen	1	34	8	7	19	35-54	−19	31	17	5	5	7	24-27	−3	20	17	3	2	12	11-27	−16	11
110.	Eintr. Bad Kreuznach	1	38	8	7	23	49-83	−34	31	19	6	4	9	33-29	+4	22	19	2	3	14	16-54	−38	9
111.	VfB Eppingen	1	38	7	8	23	44-86	−42	29	19	7	5	7	30-36	−6	26	19	0	3	16	14-50	−36	3
112.	Barmbek-Uhlenhorst	1	38	6	8	24	34-86	−52	26	19	6	5	8	18-29	−11	23	19	0	3	16	16-57	−41	3
113.	TSV Havelse	1	38	6	7	25	44-82	−38	25	19	6	4	9	27-35	−8	22	19	0	3	16	17-47	−30	3
114.	FSV Salmrohr	1	38	4	13	21	48-94	−46	25	19	3	10	6	32-39	−7	19	19	1	3	15	16-55	−39	6
115.	Würzburger Kickers	1	38	4	9	25	38-93	−55	21	19	4	5	10	27-36	−9	17	19	0	4	15	11-57	−46	4
116.	BSV Schwenningen	1	38	4	7	27	31-102	−71	19	19	4	4	11	21-35	−14	16	19	0	3	16	10-67	−57	3
117.	SV Babelsberg 03	1	34	4	6	24	39-82	−43	18	17	3	0	14	19-41	−22	9	17	1	6	10	20-41	−21	9
118.	Spandauer SV	1	38	2	4	32	33-115	−82	10	19	2	2	15	19-54	−35	8	19	0	2	17	14-61	−47	2

Anmerkungen:
- Die Tabelle ist nach dem Dreipunkte-System (3-1-0) berechnet, auch für die Spielzeiten 1974-95, in der noch die Zweipunkte-Regel (2-1-0) galt.
- Von 1974 bis 1981 und in der Saison 1991/92 spielte die Liga in zwei Gruppen (Nord und Süd).
- In der Saison 1979/80 wurde dem SC Westfalia Herne nach dem 1. Spieltag die Lizenz entzogen. Herne wurde in die AOL Westfalen versetzt, aus der Rot-Weiß Lüdenscheid nachrückte. Das Spiel SC Herford – SC Westfalia Herne (0:1) vom 28.07.1979 wurde annulliert.
- In der Saison 1984/85 wurden Offenbacher Kickers zwei Punkte abgezogen.
- In der Saison 1993/94 wurden alle Spiele von Rot-Weiß Essen nur für den Gegner gewertet.
- In der Saison 1995/96 wurden dem 1. FC Nürnberg sechs Punkte abgezogen.
- In der Saison 1995/96 wurden Hertha BSC Berlin drei Punkte abgezogen.
- In der Saison 1996/97 wurden dem FC Gütersloh drei Punkte abgezogen.
- In der Saison 2002/03 wurden dem SSV Reutlingen 05 sechs Punkte abgezogen.
- In der Saison 2007/08 wurden TuS Koblenz sechs Punkte abgezogen

Das Zahlen-Mosaik der 2. Bundesliga:

Saison	Spiele	HS	U	AS	Heim	+	Auswärts	=	gesamt	Schnitt	Eigentore	Gelb	Gelb-Rot	Rot	gesamt	Schnitt
1974/75 N	380	212	90	78	784	+	446	=	1.230	3,24	22	727	0	27	2.318.943	6.102
1974/75 S	380	222	90	68	760	+	422	=	1.182	3,11	16	689	0	13	2.718.393	7.154
1975/76 N	380	212	83	85	741	+	461	=	1.202	3,16	13	703	0	13	2.173.591	5.720
1975/76 S	380	205	78	97	768	+	492	=	1.260	3,32	23	788	0	17	2.443.811	6.431
1976/77 N	380	197	98	85	798	+	503	=	1.301	3,42	17	774	0	23	1.993.740	5.247
1976/77 S	380	209	83	88	781	+	476	=	1.257	3,31	17	870	0	16	2.545.787	6.699
1977/78 N	380	199	101	80	767	+	488	=	1.255	3,30	12	789	0	20	1.915.440	5.041
1977/78 S	380	222	85	73	812	+	426	=	1.238	3,26	28	814	0	20	1.744.543	4.591
1978/79 N	380	201	108	71	731	+	428	=	1.159	3,05	12	789	0	22	1.481.507	3.899
1978/79 S	380	220	75	85	791	+	465	=	1.256	3,31	22	962	0	26	1.583.314	4.167
1979/80 N	380	202	82	96	790	+	480	=	1.270	3,34	17	762	0	22	1.608.929	4.234
1979/80 S	420	229	82	109	886	+	526	=	1.412	3,36	24	986	0	25	1.810.003	4.310
1980/81 N	462	253	104	105	951	+	579	=	1.530	3,31	28	980	0	21	2.522.479	5.460
1980/81 S	380	215	89	76	773	+	445	=	1.218	3,21	19	908	0	24	1.467.649	3.862
1981/82	380	209	101	70	734	+	433	=	1.167	3,07	15	940	0	25	2.940.820	7.739
1982/83	380	216	93	71	795	+	424	=	1.219	3,21	21	1.068	0	30	1.809.560	4.762
1983/84	380	204	105	71	741	+	447	=	1.188	3,13	30	1.082	0	31	2.225.280	5.856
1984/85	380	206	95	79	719	+	444	=	1.163	3,06	19	1.150	0	26	1.974.100	5.195
1985/86	380	202	98	80	729	+	428	=	1.157	3,04	21	1.177	0	39	1.579.913	4.158
1986/87	380	197	106	77	743	+	458	=	1.201	3,16	18	1.168	0	43	2.051.668	5.399
1987/88	380	210	98	72	702	+	422	=	1.124	2,97	20	1.192	0	46	1.558.935	4.102
1988/89	380	205	98	77	685	+	423	=	1.108	2,92	13	1.301	0	43	2.116.600	5.570
1989/90	380	188	115	77	649	+	412	=	1.061	2,79	14	1.216	0	15	2.604.976	6.855
1990/91	380	185	123	72	610	+	387	=	997	2,62	14	1.240	0	54	2.488.875	6.550
1991/92 N	192	84	62	46	289	+	225	=	514	2,68	2	743	24	28	1.053.090	5.485
1991/92 S	192	91	68	33	303	+	184	=	487	2,54	5	771	36	32	1.043.759	5.436
1992/93	552	277	161	114	907	+	527	=	1.434	2,60	19	2.339	104	39	2.802.415	5.077
1993/94	380	185	115	80	582	+	367	=	949	2,50	17	1.563	74	54	2.344.177	6.169
1994/95	306	137	102	67	524	+	338	=	862	2,80	20	1.285	51	41	2.013.315	6.579
1995/96	306	158	80	68	486	+	305	=	791	2,58	12	1.352	61	29	2.104.693	6.878
1996/97	306	150	93	63	517	+	305	=	822	2,69	21	1.388	63	33	2.476.382	8.093
1997/98	306	129	99	78	434	+	340	=	774	2,53	11	1.322	48	29	2.468.993	8.069
1998/99	306	148	85	73	483	+	339	=	822	2,69	24	1.396	64	36	2.360.228	7.713
1999/00	306	147	95	64	521	+	344	=	865	2,83	24	1.507	57	40	3.306.086	10.804
2000/01	306	154	77	75	531	+	356	=	887	2,90	22	1.353	48	43	2.925.227	9.560
2001/02	306	149	72	85	564	+	398	=	962	3,14	7	1.344	39	38	2.454.299	8.021
2002/03	306	137	82	87	492	+	371	=	863	2,82	20	1.334	46	32	3.089.625	10.097
2003/04	306	142	87	77	487	+	355	=	842	2,75	18	1.415	45	32	2.630.019	8.595
2004/05	306	157	71	78	495	+	346	=	841	2,75	24	1.342	55	27	4.142.860	13.539
2005/06	306	148	67	91	465	+	329	=	794	2,59	19	1.256	40	21	4.018.145	13.131
2006/07	306	135	86	85	466	+	338	=	804	2,63	16	1.244	43	27	5.105.067	16.683
2007/08	306	141	95	70	514	+	358	=	872	2,85	20	1.213	41	33	5.554.115	18.151
Gesamt	14.842	7.689	3.877	3.276	27.300	+	17.040	=	44.340	2,99	756	47.242	939	1.255	101.571.351	6.844

Die Torschützenkönige der 2. Bundesliga:

Saison	Spieler (Mannschaft)	Tore
1974/75 N	Graul, Volker (DSC Arminia Bielefeld)	30
1974/75 S	Hoffmann, Bernd (Karlsruher SC)	25
1975/76 N	Stolzenburg, Norbert (Tennis Borussia Berlin)	27
1975/76 S	Granitza, Karl-Heinz (SV Röchling Völklingen)	29
1976/77 N	Gerber, Franz (FC St. Pauli)	27
1976/77 S	Emmerich, Lothar (1. Würzburger FV 04)	24
1977/78 N	Hrubesch, Horst (SC Rot-Weiss Essen)	41
1977/78 S	Günther, Emanuel (Karlsruher SC)	27
1978/79 N	Mödrath, Karl-Heinz (SC Fortuna Köln)	28
1978/79 S	Kirschner, Eduard (SpVgg Fürth)	33
1979/80 N	Sackewitz, Christian (DSC Arminia Bielefeld)	35
1979/80 S	Günther, Emanuel (Karlsruher SC)	28
1980/81 N	Mill, Frank (SC Rot-Weiss Essen)	40
1980/81 S	Neumann, Horst (SV Darmstadt 98)	27
1981/82	Völler, Rudi (TSV München 1860)	37
1982/83	Schatzschneider, Dieter (Hannover 96)	31
1983/84	Wohlfarth, Roland (MSV Duisburg)	30
	Günther, Emanuel (Karlsruher SC)	30
1984/85	Burgsmüller, Manfred (SC Rot-Weiß Oberhausen)	29
1985/86	Bunk, Leo (Blau-Weiß 90 Berlin)	26
1986/87	Reich, Siegfried (Hannover 96)	26
1987/88	Sané, Souleyman (SC Freiburg)	21
1988/89	Demandt, Sven (Fortuna Düsseldorf)	35
1989/90	Banach, Maurice (SG Wattenscheid 09)	22
1990/91	Tönnies, Michael (MSV Duisburg)	29
1991/92 N	Drulak, Radek (VfB Oldenburg)	21
1991/92 S	Preetz, Michael (1. FC Saarbrücken)	17
1992/93	Reich, Siegfried (VfL Wolfsburg)	27
1993/94	Wegmann, Uwe (VfL Bochum)	22
1994/95	Rische, Jürgen (VfB Leipzig)	17
1995/96	Walter, Fritz (DSC Arminia Bielefeld)	21
1996/97	Vier, Angelo (SC Rot-Weiss Essen)	18
1997/98	Vier, Angelo (FC Gütersloh)	18
1998/99	Labbadia, Bruno (DSC Arminia Bielefeld)	28
1999/00	Maric, Tomislav (SV Stuttgarter Kickers)	21
2000/01	Djappa, Olivier (Reutlingen) und Wichniarek, Artur (Bielefeld)	18
2001/02	Wichniarek, Artur (DSC Arminia Bielefeld)	20
2002/03	Voronin, Andrej (1. FSV Mainz 05)	20
2003/04	Mintal, Marek (1. FC Nürnberg)	18
	Copado, Francisco (SpVgg Unterhaching)	18
2004/05	Podolski, Lukas (1. FC Köln)	24
2005/06	Eigler, Christian (SpVgg Greuther Fürth)	18
2006/07	Federico, Giovanni (Karlsruher SC)	19
2007/08	Novakovic, Milivoje (1. FC Köln)	20

D•S•F•S

Die Fußball-Statistiker !

Sie wollten schon immer wissen, in welcher Liga "Ihr" Fußball-Verein im Jahr 1953 gespielt hat? Sie sind neugierig, welche Mannschaft in Deutschland in der vergangenen Saison den höchsten Sieg in einem Punktspiel erzielt hat? Welcher Schiedsrichter die meisten Europacup-Spiele überhaupt geleitet hat? Und wie und warum die Vereine eigentlich damals in die Bundesliga gekommen sind? Fragen Sie uns. Oder wissen Sie das alles schon? Auch dann ist der Deutsche Sportclub für Fußball-Statistiken e.V., kurz DSFS, die richtige Adresse.

Seit über 30 Jahren sammeln unsere Mitglieder alle nur denkbaren Zahlen, Daten, Namen und Fakten, die mit der schönsten Nebensache der Welt zu tun haben: dem Fußball. Mit mehr als 400 Mitgliedern sind wir mit Abstand die größte Vereinigung von Fußball-Statistikern in Deutschland. Sie kommen aus allen Altersklassen, aus allen Ecken Deutschlands und dem benachbarten Ausland, sie sind Sportjournalisten, Eisenbahnschaffner, Computer-Experten, Studenten oder Klempner. Was sie eint, ist die Begeisterung für den Fußball und die Lust daran, aus diesem Hobby mehr zu machen als jeden Samstag vor dem Fernseher oder im Stadion zu sitzen. Der Fantasie sind dabei keine Grenzen gesetzt. Ob es die Mannschaftsaufstellungen des letzten "Africa-Cups", die Torschützenliste der Kreisklasse Inn/Salzach oder die Tabellen der Gauliga Ostpreußen von 1934 sind – kaum eine Nische bleibt unbeackert beim DSFS. Und oft findet sich unter den Mitgliedern einer, der auch das letzte fehlende Ergebnis von vor 70 Jahren findet oder den richtigen Namen des Torschützen aus Gambia kennt.

Wir halten enge Kontakte mit Fußball-Statistikern in aller Welt (allein in England sind fast 2000 von ihnen in einer Statistiker-Vereinigung organisiert), unsere besondere Aufmerksamkeit gehört aber dem Amateurfußball. Das in dieser Form einmalige Jahrbuch "Deutschlands Fußball in Zahlen", das regelmäßig im Herbst mit einer Auflage von annähernd 2000 Stück erscheint, richtet sein Haupt-Augenmerk auf die Regionalligen, Oberligen und die darunter liegenden Klassen. Mit seinen über 20.000 Ergebnissen, Tabellen und Statistiken ist es eine Fundgrube für alle Fußball-Interessierten. Regional erstellen wir darüber hinaus Almanache, die den Amateurfußball bis tief in die Kreisligen abdecken. Welt-, Europa und Südamerika-Meisterschaften oder historischer Fußball mit Jahrbüchern von 1920 bis zum Zweiten Weltkrieg sind nur einige der Themen unserer weiteren Veröffentlichungen.

Unsere Mitglieder sind echte Experten, die auch von der Fachpresse, von Verbänden und sogar von Bundesliga-Vereinen immer wieder zu Rate gezogen werden. Aber wir sind keine Profis. Die Fußball-Statistik bleibt unser Hobby, wir werten sie im Verein nicht kommerziell aus. Aus Prinzip.

Denn der DSFS soll Spaß machen. Uns deshalb darf auch die Geselligkeit nicht zu kurz kommen. Zweimal im Jahr kommen wir deutschlandweit zusammen, dazwischen auf zahlreichen regionalen Treffen. Dort kann man sich Abende lang über den Fußball die Köpfe heiß reden oder über die Detektiv-Arbeit auf der Suche nach den neuesten (oder ältesten) Tabellen schmunzeln – aber man muss nicht. Wir spielen sogar selbst Fußball. Daneben informiert das sechs Mal im Jahr erscheinende "DSFS-Magazin" mit weiteren Statistiken, unterhält aber auch mit Fußball-Tippspielen.

Wie unsere Mitglieder ihr Hobby betreiben, bleibt ihre Sache. Mit Bleistift und Rechenschieber oder mit Hilfe von Computer-Programmen und dem Internet, in dem wir (www.dsfs.de) natürlich auch vertreten sind. Mit intensiven Recherchen in Bibliotheken und Archiven oder nur mit der in ein Notizheft eingeklebten Bundesliga-Tabelle aus der Tageszeitung. Am Ende landet vieles davon im riesigen DSFS-Archiv, aus dem sich andere Mitglieder bedienen können.

Je mehr unserer Mitglieder aktiv mitarbeiten, desto mehr können wir gemeinsam erreichen. Interessiert? Als Ansprechpartner stehen neben dem Vorstand die Regionalleiter und die Leiter der Arbeitsgruppen bereit. Arbeitsgruppen finden sich zu verschiedensten Themen.

VORSITZENDER:
Dirk Henning
Germaniastraße 20
34119 Kassel
Tel.: (05 61) 78 04 05

STELLV. VORSITZENDER:
Ralf Hohmann
Planetenstraße 94
31275 Lehrte
Tel.: (0 51 32) 86 56 19

GESCHÄFTSFÜHRER:
Herbert Gerlach
Noesenberg 5
40822 Mettmann
Tel.: (0 21 04) 7 35 27

SCHRIFTFÜHRER:
Alfred Nitschke
Findorffstraße 26
27721 Ritterhude
Tel.: (0 42 92) 99 25 42

BEISITZER PRODUKTVERTRIEB:
Dieter Hildebrandt
Nossener Straße 17
12627 Berlin
Tel.: (0 30) 5 62 75 13

BEISITZER MITGLIEDER:
Helmut Schramm
Am Hüpplingsgraben 6a
42799 Leichlingen
Tel.: (0 21 75) 31 48

BEISITZER PR:
Gerhard Jung
Gutenbergstraße 9
58507 Lüdenscheid
Tel.: (0 23 51) 5 21 23

BANKVERBINDUNG:
DSFS e.V. Mettmann
Kreissparkasse Düsseldorf
Konto-Nr. 2 005 684
BLZ 301 502 00

Eine Auswahl weiterer Bücher des DSFS

Ältere Ausgaben dieses Buches:
Die Regionalligen 1997/98	110104	14,80 €
Die Regionalligen 1998/99	110105	18,40 €
Die Regionalligen 1999/00	110106	18,40 €
Deutschlands Fußball in Zahlen 2001	110107	19,90 €
Deutschlands Fußball in Zahlen 2002	110108	19,90 €
Deutschlands Fußball in Zahlen 2003	110109	19,90 €
Deutschlands Fußball in Zahlen 2004	110110	19,90 €

Historische Bücher:
Regionalliga Nord 1994 – 2000	220253	19,80 €
Amateur-Oberliga Nord 1989 – 1994	220252	19,80 €
Amateur-Oberliga Nord 1984 – 1989	220251	19,80 €
Amateur-Oberliga Nord 1979 – 1984	220250	19,80 €
Norddeutschland 1945 – 1974	220101	19,80 €
Norddeutschland 1974 – 2004	220102	19,80 €
Fußball in Hamburg 1945 – 1963	220300	29,90 €
Fußball in Niedersachsen 1964 – 1979	220350	24,80 €
Fußball in Baden-Württemberg 1978 – 1986	280102	19,80 €
Bezirksoberligen Bayern 1988 – 2003	290104	24,80 €

Deutschlands Fußball in Zahlen 2005	110111	19,90 €
Deutschlands Fußball in Zahlen 2006	110112	19,90 €
Deutschlands Fußball in Zahlen 2007	110113	19,90 €

Die Ergänzung zu diesem Buch:
Die Oberligen 2002	110201	19,80 €
Die Oberligen 2003	110202	19,80 €
Die Oberligen 2004	110203	19,80 €

Bestellungen:
An den DSFS
Dieter HIldebrandt
Nossener Straße 17
12627 Berlin
Fax: (0 30) 56 49 87 97
shop@dsfs.de

Dort oder unter **www.dsfs.de** erhalten Sie auch das Gesamtverzeichnis aller Publikationen des DSFS.
Zu einigen Büchern gibt es auf unserer Homepage auch detaillierte Beschreibungen mit Beispielseiten.

Regionalligen:

kursiv: Regionalliga Süd

- VfB Lübeck
- Hamburger SV II
- BSV Kickers Emden
- SV Werder Bremen II
- 1. FC Union Berlin
- SV Babelsberg 03
- VfL Wolfsburg II
- Eintracht Braunschweig
- 1. FC Magdeburg
- FC Energie Cottbus II
- SC Rot-Weiß Oberhausen
- Rot-Weiss Ahlen
- SC Verl
- Borussia Dortmund II
- SC Rot-Weiss Essen
- Wuppertaler SV Borussia
- KSV Hessen Kassel
- 1. FC Dynamo Dresden
- Fortuna Düsseldorf
- Sportfreunde Siegen
- FC Rot-Weiß Erfurt
- *FSV Frankfurt*
- *FSV Oggersheim*
- *SV 07 Elversberg*
- *SV Sandhausen*
- *SSV Jahn Regensburg*
- *Karlsruher SC II*
- *VfR Aalen*
- *VfB Stuttgart II*
- *FC Ingolstadt 04*
- *SV Stuttgarter Kickers*
- *SSV Reutlingen*
- *SV Wacker Burghausen*
- *FC Bayern München II*
- *TSV 1860 München II*
- *SpVgg Unterhaching*
- *SC Pfullendorf*

copyright by DSFS

Regionalliga Nord

Pl.	(Vj.)	Mannschaft		Sp	S	U	N	Tore	TD	Pkt	Sp	S	U	N	Tore	Pkt	Sp	S	U	N	Tore	Pkt
				Gesamtbilanz							**Heimbilanz**						**Auswärtsbilanz**					
1.	(13.)	Rot-Weiss Ahlen	↑	36	19	10	7	73-41	+32	67	18	11	2	5	40-21	35	18	8	8	2	33-20	32
2.	(↑)	SC Rot-Weiß Oberhausen	↑	36	19	9	8	64-32	+32	66	18	11	4	3	37-15	37	18	8	5	5	27-17	29
3.	(10.)	Fortuna Düsseldorf		36	19	7	10	49-29	+20	64	18	10	3	5	28-10	33	18	9	4	5	21-19	31
4.	(12.)	1. FC Union Berlin		36	17	9	10	67-49	+18	60	18	7	7	4	31-25	28	18	10	2	6	36-24	32
5.	(8.)	SV Werder Bremen II		36	18	5	13	52-44	+8	59	18	11	3	4	30-19	36	18	7	2	9	22-25	23
6.	(5.)	Wuppertaler SV Borussia		36	17	7	12	60-50	+10	58	18	8	5	5	33-25	29	18	9	2	7	27-25	29
7.	(11.)	FC Rot-Weiß Erfurt		36	15	11	10	70-46	+24	56	18	10	5	3	45-20	35	18	5	6	7	25-26	21
8.	(7.)	SG Dynamo Dresden		36	15	10	11	45-39	+6	55	18	9	5	4	24-15	32	18	6	5	7	21-24	23
9.	(4.)	BSV Kickers Emden		36	16	6	14	43-39	+4	54	18	12	1	5	26-15	37	18	4	5	9	17-24	17
10.	(↓)	Eintracht Braunschweig		36	13	14	9	55-50	+5	53	18	9	4	5	35-30	31	18	4	10	4	20-20	22
11.	(3.)	1. FC Magdeburg	↓	36	14	11	11	39-37	+2	53	18	7	8	3	24-16	29	18	7	3	8	15-21	24
12.	(↓)	Rot-Weiss Essen	↓	36	14	9	13	42-36	+6	51	18	7	4	7	19-18	25	18	7	5	6	23-18	26
13.	(14.)	Borussia Dortmund II	↓	36	12	12	12	35-37	−2	48	18	8	5	5	19-16	29	18	4	7	7	16-21	19
14.	(↑)	FC Energie Cottbus II	↓	36	12	8	16	31-44	−13	44	18	6	5	7	18-20	23	18	6	3	9	13-24	21
15.	(↑)	SV Babelsberg 03	↓	36	8	10	18	33-53	−20	34	18	4	4	10	16-27	16	18	4	6	8	17-26	18
16.	(9.)	VfB Lübeck	↓	36	9	7	20	32-58	−26	34	18	6	2	10	17-29	20	18	3	5	10	15-29	14
17.	(6.)	Hamburger SV II	↓	36	8	9	19	36-58	−22	33	18	5	8	5	17-18	23	18	3	1	14	19-40	10
18.	(↑)	SC Verl	↓	36	9	5	22	32-55	−23	32	18	4	3	11	16-27	15	18	5	2	11	16-28	17
19.	(↑)	VfL Wolfsburg II	↓	36	5	7	24	20-81	−61	22	18	2	5	11	8-29	11	18	3	2	13	12-52	11

Die Mannschaften auf den Plätzen 3 bis 10 spielen zusammen mit den Absteigern aus der 2. Bundesliga in der nächsten Saison in der neu gegründeten 3. Liga mit 20 Mannschaften, während die Absteiger zukünftig in der neuen Regionalliga in drei Gruppen zu je 18 Mannschaften spielen.

Absteiger aus der 2. Bundesliga: FC Carl Zeiss Jena, SC Paderborn 07, FC Erzgebirge Aue und Offenbacher FC Kickers.
Aufsteiger in die 2. Bundesliga: Rot-Weiss Ahlen und SC Rot-Weiß Oberhausen.
Einreihung in die 3. Liga: Fortuna Düsseldorf, 1. FC Union Berlin, SV Werder Bremen II, Wuppertaler SV Borussia, FC Rot-Weiß Erfurt, SG Dynamo Dresden, BSV Kickers Emden und Eintracht Braunschweig.
Absteiger in die Regionalligen (neu): VfL Wolfsburg II, Hamburger SV II, VfB Lübeck, SV Babelsberg 03, FC Energie Cottbus II, 1. FC Magdeburg (Nord), SC Verl, Borussia Dortmund II und Rot-Weiss Essen (West).

Regionalliga Nord 2007/08

	Rot-Weiss Ahlen	RW Oberhausen	Fortuna Düsseldorf	1. FC Union Berlin	Werder Bremen II	Wuppertaler SVB	Rot-Weiß Erfurt	Dynamo Dresden	Kickers Emden	Eintr. Braunschweig	1. FC Magdeburg	Rot-Weiss Essen	Bor. Dortmund II	Energie Cottbus II	SV Babelsberg 03	VfB Lübeck	Hamburger SV II	SC Verl	VfL Wolfsburg II
Rot-Weiss Ahlen	×	1:3	5:1	3:1	4:2	2:5	1:2	1:2	2:0	0:1	3:1	2:0	1:1	1:0	3:0	3:0	3:0	4:1	1:1
SC Rot-Weiß Oberhausen	0:0	×	2:2	3:0	1:2	0:1	0:0	0:1	3:2	2:0	2:1	1:0	3:1	0:0	3:2	3:0	5:1	4:2	5:0
Fortuna Düsseldorf	1:1	3:0	×	0:1	2:0	2:0	2:0	1:2	0:2	1:1	0:2	0:0	4:0	3:0	2:0	0:1	1:0	3:0	3:0
1. FC Union Berlin	4:4	0:3	0:1	×	2:0	1:1	1:1	4:2	1:0	2:2	1:2	2:2	2:1	0:1	1:1	4:3	2:1	0:0	4:0
SV Werder Bremen II	0:0	3:2	2:0	1:0	×	2:1	1:2	1:2	2:1	1:1	3:0	0:4	3:1	3:1	0:0	3:2	2:0	0:2	3:0
Wuppertaler SV Borussia	0:4	2:0	0:1	4:3	0:2	×	3:0	1:1	0:0	1:1	1:2	2:2	1:1	4:3	4:0	2:1	0:2	1:0	7:2
FC Rot-Weiß Erfurt	6:3	1:2	0:4	2:0	3:1	5:1	×	2:2	3:0	2:2	4:1	4:0	0:0	0:1	1:1	1:1	3:1	3:0	5:0
SG Dynamo Dresden	1:3	0:2	0:0	0:1	0:2	3:0	2:2	×	2:1	1:1	1:0	1:0	0:0	1:0	3:2	0:0	4:1	2:0	3:0
BSV Kickers Emden	1:0	2:0	1:2	1:0	2:1	1:2	1:0	2:1	×	0:1	1:0	0:0	4:1	1:0	3:1	0:2	3:2	2:0	1:2
Eintracht Braunschweig	0:2	2:1	1:1	3:5	0:0	1:4	3:2	3:2	0:1	×	1:1	2:1	2:0	5:0	1:3	3:3	2:1	3:2	3:1
1. FC Magdeburg	2:2	0:0	1:0	1:1	1:1	2:0	3:3	1:0	1:3	1:1	×	0:1	0:2	1:1	1:1	3:0	2:0	2:0	2:0
Rot-Weiss Essen	0:2	1:4	0:0	0:3	3:0	1:0	3:2	1:1	0:1	0:0	2:0	×	0:1	1:2	0:1	2:1	2:0	2:0	3:0
Borussia Dortmund II	0:2	0:0	0:1	1:1	1:4	1:1	1:1	2:0	3:2	1:0	0:1	0:0	×	2:0	1:0	1:0	3:1	1:0	1:2
FC Energie Cottbus II	1:1	0:0	0:1	0:2	1:0	0:1	2:1	1:1	4:2	3:2	2:1	1:2	0:3	×	0:1	1:1	2:0	0:1	0:0
SV Babelsberg 03	1:3	1:4	3:0	0:3	1:2	1:0	1:1	0:1	1:1	1:2	0:0	1:3	0:0	0:1	×	1:0	1:3	0:1	3:2
VfB Lübeck	0:2	0:0	3:1	3:7	3:0	0:2	0:3	1:0	0:2	0:1	1:2	0:4	1:1	1:0	1:0	×	3:1	0:3	0:1
Hamburger SV II	1:1	0:0	0:3	0:2	0:2	2:3	2:1	2:0	0:0	1:1	0:0	0:3	0:0	2:1	0:0	3:0	×	1:1	3:0
SC Verl	2:2	1:2	1:2	2:3	0:3	0:3	0:1	1:1	0:0	0:2	0:1	1:0	1:0	0:1	1:3	1:0	0:2	×	5:1
VfL Wolfsburg II	0:1	0:4	0:1	0:3	1:0	1:2	0:3	0:2	0:0	3:2	0:1	0:3	0:1	1:1	0:0	0:0	2:2	0:3	×

Termine und Ergebnisse der Regionalliga Nord Saison 2007/08 Hinrunde

1. Spieltag
27.07.2007	Hamburger SV II	Dynamo Dresden	2:0 (1:0)
28.07.2007	Wuppertaler SVB	VfB Lübeck	2:1 (1:0)
28.07.2007	Rot-Weiss Essen	RW Oberhausen	1:4 (0:1)
28.07.2007	1. FC Union Berlin	Fort. Düsseldorf	0:1 (0:0)
28.07.2007	Rot-Weiß Erfurt	Rot-Weiss Ahlen	6:3 (3:2)
28.07.2007	SV Babelsberg 03	Bor. Dortmund II	0:0 (0:0)
28.07.2007	E. Braunschweig	Kickers Emden	0:1 (0:1)
29.07.2007	Energie Cottbus II	SC Verl	0:1 (0:0)
22.08.2007	Werder Bremen II	1. FC Magdeburg	3:0 (1:0)

2. Spieltag
31.07.2007	VfL Wolfsburg II	E. Braunschweig	3:2 (1:1)
04.08.2007	Bor. Dortmund II	Rot-Weiß Erfurt	1:1 (0:1)
07.08.2007	Fort. Düsseldorf	Rot-Weiss Essen	0:0 (0:0)
08.08.2007	SC Verl	Hamburger SV II	0:2 (0:2)
08.08.2007	Kickers Emden	SV Babelsberg 03	3:1 (2:0)
08.08.2007	Rot-Weiss Ahlen	1. FC Union Berlin	3:1 (1:1)
08.08.2007	RW Oberhausen	Wuppertaler SVB	0:1 (0:0)
08.08.2007	VfB Lübeck	Werder Bremen II	3:0 (2:0)
08.08.2007	1. FC Magdeburg	Energie Cottbus II	1:1 (0:0)

3. Spieltag
11.08.2007	Energie Cottbus II	VfB Lübeck	1:1 (0:0)
11.08.2007	Werder Bremen II	RW Oberhausen	3:2 (2:0)
11.08.2007	Wuppertaler SVB	Fort. Düsseldorf	0:1 (0:1)
11.08.2007	Rot-Weiss Essen	Rot-Weiss Ahlen	0:2 (0:1)
11.08.2007	1. FC Union Berlin	Bor. Dortmund II	2:1 (1:0)
11.08.2007	Rot-Weiß Erfurt	Kickers Emden	3:0 (1:0)
11.08.2007	SV Babelsberg 03	VfL Wolfsburg II	3:2 (1:0)
11.08.2007	Dynamo Dresden	SC Verl	2:0 (2:0)
14.08.2007	Hamburger SV II	1. FC Magdeburg	0:0 (0:0)

4. Spieltag
17.08.2007	E. Braunschweig	SV Babelsberg 03	1:3 (1:0)
18.08.2007	Kickers Emden	1. FC Union Berlin	1.0 (1:0)
18.08.2007	Rot-Weiss Ahlen	Wuppertaler SVB	2:5 (1:3)
18.08.2007	Fort. Düsseldorf	Werder Bremen II	2:0 (0:0)
18.08.2007	RW Oberhausen	Energie Cottbus II	0:0 (0:0)
18.08.2007	VfB Lübeck	Hamburger SV II	3:1 (1:0)
19.08.2007	Bor. Dortmund II	Rot-Weiss Essen	0:0 (0:0)
19.08.2007	1. FC Magdeburg	Dynamo Dresden	1:0 (1:0)
19.08.2007	VfL Wolfsburg II	Rot-Weiß Erfurt	0:3 (0:1)

5. Spieltag
24.08.2007	Rot-Weiß Erfurt	E. Braunschweig	2:2 (0:1)
24.08.2007	Rot-Weiss Essen	Kickers Emden	0:1 (0:1)
25.08.2007	Energie Cottbus II	Fort. Düsseldorf	0:1 (0:1)
25.08.2007	Werder Bremen II	Rot-Weiss Ahlen	0:0 (0:0)
25.08.2007	Wuppertaler SVB	Bor. Dortmund II	1:1 (1:1)
25.08.2007	1. FC Union Berlin	VfL Wolfsburg II	4:0 (3:0)
25.08.2007	Dynamo Dresden	VfB Lübeck	0:0 (0:0)
25.08.2007	Hamburger SV II	RW Oberhausen	0:0 (0:0)
26.08.2007	SC Verl	1. FC Magdeburg	0:1 (0:1)

6. Spieltag
21.08.2007	E. Braunschweig	1. FC Union Berlin	3:5 (2:0)
01.09.2007	Kickers Emden	Wuppertaler SVB	1:2 (0:1)
01.09.2007	Bor. Dortmund II	Werder Bremen II	1:4 (0:3)
01.09.2007	Rot-Weiss Ahlen	Energie Cottbus II	0:0 (0:0)
01.09.2007	Fort. Düsseldorf	Hamburger SV II	1:0 (0:0)
01.09.2007	VfB Lübeck	SC Verl	0:3 (0:1)
01.09.2007	VfL Wolfsburg II	Rot-Weiss Essen	0:3 (0:3)
02.09.2007	RW Oberhausen	Dynamo Dresden	0:1 (0:1)
02.09.2007	SV Babelsberg 03	Rot-Weiß Erfurt	1:1 (0:0)

7. Spieltag
05.09.2007	SC Verl	RW Oberhausen	1:2 (0:1)
05.09.2007	Hamburger SV II	Rot-Weiss Ahlen	1:1 (0:0)
05.09.2007	Energie Cottbus II	Bor. Dortmund II	0:3 (0:0)
05.09.2007	Wuppertaler SVB	VfL Wolfsburg II	7:2 (3:0)
05.09.2007	Rot-Weiss Essen	E. Braunschweig	0:0 (0:0)
05.09.2007	1. FC Union Berlin	SV Babelsberg 03	1:1 (1:0)
05.09.2007	1. FC Magdeburg	VfB Lübeck	3:0 (1:0)
05.09.2007	Dynamo Dresden	Fort. Düsseldorf	0:0 (0:0)
10.10.2007	Werder Bremen II	Kickers Emden	2:1 (2:0)

8. Spieltag
08.09.2007	Kickers Emden	Energie Cottbus II	1:0 (1:0)
08.09.2007	Bor. Dortmund II	Hamburger SV II	3:1 (1:0)
08.09.2007	Rot-Weiss Ahlen	Dynamo Dresden	1:2 (1:0)
08.09.2007	Fort. Düsseldorf	SC Verl	3:0 (1:0)
08.09.2007	E. Braunschweig	Wuppertaler SVB	1:4 (0:2)
08.09.2007	RW Oberhausen	1. FC Magdeburg	2:1 (1:0)
09.09.2007	Rot-Weiß Erfurt	1. FC Union Berlin	2:0 (0:0)
09.09.2007	SV Babelsberg 03	Rot-Weiss Essen	1:3 (1:0)
09.09.2007	VfL Wolfsburg II	Werder Bremen II	1:0 (1:0)

9. Spieltag
14.09.2007	Werder Bremen II	E. Braunschweig	1:1 (0:0)
15.09.2007	Energie Cottbus II	VfL Wolfsburg II	0:0 (0:0)
15.09.2007	Rot-Weiss Essen	Rot-Weiß Erfurt	3:2 (3:0)
15.09.2007	VfB Lübeck	RW Oberhausen	0:0 (0:0)
15.09.2007	1. FC Magdeburg	Fort. Düsseldorf	1:0 (0:0)
15.09.2007	SC Verl	Rot-Weiss Ahlen	2:2 (2:0)
15.09.2007	Dynamo Dresden	Bor. Dortmund II	0:0 (0:0)
15.09.2007	Hamburger SV II	Kickers Emden	0:0 (0:0)
16.09.2007	Wuppertaler SVB	SV Babelsberg 03	4:0 (2:0)

10. Spieltag
21.09.2007	1. FC Union Berlin	Rot-Weiss Essen	2:2 (1:1)
21.09.2007	E. Braunschweig	Energie Cottbus II	5:0 (1:0)
22.09.2007	Kickers Emden	Dynamo Dresden	2:1 (0:1)
22.09.2007	Bor. Dortmund II	SC Verl	1:0 (0:0)
22.09.2007	Rot-Weiss Ahlen	1. FC Magdeburg	3:1 (1:0)
22.09.2007	Fort. Düsseldorf	VfB Lübeck	0:1 (0:1)
22.09.2007	Rot-Weiß Erfurt	Wuppertaler SVB	5:1 (3:0)
22.09.2007	SV Babelsberg 03	Werder Bremen II	1:2 (0:2)
22.09.2007	VfL Wolfsburg II	Hamburger SV II	2:2 (0:0)

11. Spieltag
26.09.2007	Werder Bremen II	Rot-Weiß Erfurt	1:2 (1:1)
26.09.2007	SC Verl	Kickers Emden	0:0 (0:0)
26.09.2007	Energie Cottbus II	SV Babelsberg 03	0:1 (0:0)
26.09.2007	Wuppertaler SVB	1. FC Union Berlin	4:3 (2:2)
26.09.2007	VfB Lübeck	Rot-Weiss Ahlen	0:2 (0:1)
26.09.2007	1. FC Magdeburg	Bor. Dortmund II	0:2 (0:0)
26.09.2007	Dynamo Dresden	VfL Wolfsburg II	3:0 (2:0)
26.09.2007	Hamburger SV II	E. Braunschweig	1:1 (1:0)
26.09.2007	RW Oberhausen	Fort. Düsseldorf	2:2 (1:2)

12. Spieltag
29.09.2007	Kickers Emden	1. FC Magdeburg	1:0 (1:0)
29.09.2007	Rot-Weiss Ahlen	RW Oberhausen	1:3 (1:1)
29.09.2007	Rot-Weiss Essen	Wuppertaler SVB	1:0 (0:0)
29.09.2007	1. FC Union Berlin	Werder Bremen II	2:0 (1:0)
29.09.2007	Rot-Weiß Erfurt	Energie Cottbus II	0:1 (0:0)
29.09.2007	SV Babelsberg 03	Hamburger SV II	1:3 (0:2)
29.09.2007	VfL Wolfsburg II	SC Verl	0:3 (0:1)
30.09.2007	E. Braunschweig	Dynamo Dresden	3:2 (2:1)
10.10.2007	Bor. Dortmund II	VfB Lübeck	1:0 (1:0)

13. Spieltag
06.10.2007	Fort. Düsseldorf	Rot-Weiss Ahlen	1:1 (0:0)
06.10.2007	RW Oberhausen	Bor. Dortmund II	3:1 (1:1)
06.10.2007	VfB Lübeck	Kickers Emden	2:1 (1:0)
06.10.2007	1. FC Magdeburg	VfL Wolfsburg II	2:0 (0:0)
06.10.2007	SC Verl	E. Braunschweig	0:2 (0:1)
06.10.2007	Dynamo Dresden	SV Babelsberg 03	3:2 (0:1)
06.10.2007	Hamburger SV II	Rot-Weiß Erfurt	2:1 (0:1)
07.10.2007	Energie Cottbus II	1. FC Union Berlin	0:2 (0:2)
07.10.2007	Werder Bremen II	Rot-Weiss Essen	0:4 (0:2)

14. Spieltag
19.10.2007	Wuppertaler SVB	Werder Bremen II	0:2 (0:1)
20.10.2007	Kickers Emden	RW Oberhausen	2:0 (2:0)
20.10.2007	Bor. Dortmund II	Fort. Düsseldorf	0:1 (0:1)
20.10.2007	Rot-Weiss Essen	Energie Cottbus II	0:1 (0:0)
20.10.2007	1. FC Union Berlin	Hamburger SV II	2:1 (1:1)
20.10.2007	Rot-Weiß Erfurt	Dynamo Dresden	2:2 (0:1)
20.10.2007	SV Babelsberg 03	SC Verl	0:1 (0:1)
20.10.2007	E. Braunschweig	1. FC Magdeburg	1:1 (1:0)
20.10.2007	VfL Wolfsburg II	VfB Lübeck	0:0 (0:0)

15. Spieltag
24.10.2007	VfB Lübeck	E. Braunschweig	0:0 (0:0)
26.10.2007	Rot-Weiss Ahlen	Bor. Dortmund II	1:1 (0:0)
27.10.2007	Energie Cottbus II	Wuppertaler SVB	0:1 (0:0)
27.10.2007	Fort. Düsseldorf	Kickers Emden	0:2 (0:0)
27.10.2007	RW Oberhausen	VfL Wolfsburg II	5:0 (4:0)
27.10.2007	1. FC Magdeburg	SV Babelsberg 03	1:1 (1:0)
27.10.2007	SC Verl	Rot-Weiß Erfurt	0:1 (0:0)
27.10.2007	Dynamo Dresden	1. FC Union Berlin	0:1 (0:0)
27.10.2007	Hamburger SV II	Rot-Weiss Essen	0:3 (0:1)

16. Spieltag
03.11.2007	Kickers Emden	Rot-Weiss Ahlen	1:0 (1:0)
03.11.2007	Wuppertaler SVB	Hamburger SV II	0:2 (0:0)
03.11.2007	Rot-Weiss Essen	Dynamo Dresden	1:1 (1:1)
03.11.2007	1. FC Union Berlin	SC Verl	0:0 (0:0)
03.11.2007	SV Babelsberg 03	VfB Lübeck	1:0 (1:0)
03.11.2007	E. Braunschweig	RW Oberhausen	2:1 (0:0)
04.11.2007	Werder Bremen II	Energie Cottbus II	3:1 (0:1)
04.11.2007	Rot-Weiß Erfurt	1. FC Magdeburg	4:1 (1:1)
04.11.2007	VfL Wolfsburg II	Fort. Düsseldorf	0:1 (0:1)

17. Spieltag
10.11.2007	Rot-Weiss Ahlen	VfL Wolfsburg II	1:1 (0:0)
10.11.2007	RW Oberhausen	SV Babelsberg 03	3:2 (1:0)
10.11.2007	VfB Lübeck	Rot-Weiß Erfurt	0:3 (0:3)
10.11.2007	1. FC Magdeburg	1. FC Union Berlin	1:1 (1:0)
10.11.2007	SC Verl	Rot-Weiss Essen	1:0 (1:0)
10.11.2007	Dynamo Dresden	Wuppertaler SVB	3:0 (1:0)
10.11.2007	Hamburger SV II	Werder Bremen II	0:2 (0:0)
11.11.2007	Fort. Düsseldorf	E. Braunschweig	1:1 (0:1)
13.11.2007	Bor. Dortmund II	Kickers Emden	3:2 (1:1)

18. Spieltag
17.11.2007	Werder Bremen II	Dynamo Dresden	1:2 (0:1)
17.11.2007	Wuppertaler SVB	SC Verl	1:0 (0:0)
17.11.2007	Rot-Weiss Essen	1. FC Magdeburg	2:0 (0:0)
17.11.2007	1. FC Union Berlin	VfB Lübeck	4:3 (3:2)
17.11.2007	Rot-Weiß Erfurt	RW Oberhausen	1:2 (1:1)
17.11.2007	E. Braunschweig	Rot-Weiss Ahlen	0:2 (0:1)
17.11.2007	VfL Wolfsburg II	Bor. Dortmund II	0:1 (0:1)
17.11.2007	Energie Cottbus II	Hamburger SV II	2:0 (2:0)
18.11.2007	SV Babelsberg 03	Fort. Düsseldorf	3:0 (0:0)

19. Spieltag
23.11.2007	RW Oberhausen	1. FC Union Berlin	3:0 (1:0)
24.11.2007	Dynamo Dresden	Energie Cottbus II	1:0 (1:0)
24.11.2007	Kickers Emden	VfL Wolfsburg II	1:2 (1:1)
24.11.2007	Bor. Dortmund II	E. Braunschweig	1:0 (0:0)
24.11.2007	Rot-Weiss Ahlen	SV Babelsberg 03	3:0 (0:0)
24.11.2007	Fort. Düsseldorf	Rot-Weiß Erfurt	2:0 (1:0)
24.11.2007	VfB Lübeck	Rot-Weiss Essen	1:2 (0:0)
24.11.2007	1. FC Magdeburg	Wuppertaler SVB	2:0 (1:0)
24.11.2007	SC Verl	Werder Bremen II	0:3 (0:2)

Termine und Ergebnisse der Regionalliga Nord Saison 2007/08 Rückrunde

20. Spieltag

30.11.2007	Kickers Emden	E. Braunschweig	0:1 (0:0)
01.12.2007	Dynamo Dresden	Hamburger SV II	4:1 (1:1)
01.12.2007	SC Verl	Energie Cottbus II	0:1 (0:0)
01.12.2007	1. FC Magdeburg	Werder Bremen II	1:1 (0:0)
01.12.2007	VfB Lübeck	Wuppertaler SVB	0:2 (0:0)
01.12.2007	Fort. Düsseldorf	1. FC Union Berlin	0:1 (0:0)
01.12.2007	Rot-Weiss Ahlen	Rot-Weiß Erfurt	1:2 (0:1)
02.12.2007	RW Oberhausen	Rot-Weiss Essen	1:0 (0:0)
11.12.2007	Bor. Dortmund II	SV Babelsberg 03	1:0 (0:0)

21. Spieltag

08.12.2007	1. FC Union Berlin	Rot-Weiss Ahlen	4:4 (3:1)
08.12.2007	Rot-Weiß Erfurt	Bor. Dortmund II	0:0 (0:0)
08.12.2007	SV Babelsberg 03	Kickers Emden	1:1 (0:1)
08.12.2007	Rot-Weiss Essen	Fort. Düsseldorf	0:0 (0:0)
08.12.2007	Werder Bremen II	VfB Lübeck	3:2 (1:1)
08.12.2007	Energie Cottbus II	1. FC Magdeburg	2:1 (1:0)
08.12.2007	E. Braunschweig	VfL Wolfsburg II	3:1 (2:1)
09.12.2007	Wuppertaler SVB	RW Oberhausen	2:0 (1:0)
15.12.2007	Hamburger SV II	SC Verl	1:1 (0:0)

22. Spieltag

15.02.2008	VfL Wolfsburg II	SV Babelsberg 03	0:0 (0:0)
16.02.2008	VfB Lübeck	Energie Cottbus II	0:1 (0:0)
16.02.2008	RW Oberhausen	Werder Bremen II	1:2 (0:0)
16.02.2008	Fort. Düsseldorf	Wuppertaler SVB	2:0 (1:0)
16.02.2008	Rot-Weiss Ahlen	Rot-Weiss Essen	2:0 (1:0)
16.02.2008	Bor. Dortmund II	1. FC Union Berlin	1:1 (1:0)
16.02.2008	Kickers Emden	Rot-Weiß Erfurt	1:0 (1:0)
16.02.2008	SC Verl	Dynamo Dresden	1:1 (0:0)
16.02.2008	1. FC Magdeburg	Hamburger SV II	2:0 (1:0)

23. Spieltag

23.02.2008	1. FC Union Berlin	Kickers Emden	1:0 (1:0)
23.02.2008	Rot-Weiss Essen	Bor. Dortmund II	0:0 (0:0)
23.02.2008	Wuppertaler SVB	Rot-Weiss Ahlen	0:4 (0:1)
23.02.2008	Werder Bremen II	Fort. Düsseldorf	2:0 (1:0)
23.02.2008	Energie Cottbus II	RW Oberhausen	0:0 (0:0)
23.02.2008	Hamburger SV II	VfB Lübeck	3:0 (1:0)
23.02.2008	Rot-Weiß Erfurt	VfL Wolfsburg II	5:0 (1:0)
23.02.2008	Dynamo Dresden	1. FC Magdeburg	1:0 (0:0)
24.02.2008	SV Babelsberg 03	E. Braunschweig	1:2 (0:1)

24. Spieltag

29.02.2008	Rot-Weiss Ahlen	Werder Bremen II	4:2 (3:2)
29.02.2008	VfL Wolfsburg II	1. FC Union Berlin	0:3 (0:3)
01.03.2008	E. Braunschweig	Rot-Weiß Erfurt	3:2 (2:1)
01.03.2008	Fort. Düsseldorf	Energie Cottbus II	3:0 (1:0)
01.03.2008	Bor. Dortmund II	Wuppertaler SVB	1:1 (1:1)
01.03.2008	VfB Lübeck	Dynamo Dresden	1:0 (0:0)
02.03.2008	1. FC Magdeburg	SC Verl	2:0 (1:0)
02.03.2008	RW Oberhausen	Hamburger SV II	5:1 (2:0)
19.03.2008	Kickers Emden	Rot-Weiss Essen	0:0 (0:0)

25. Spieltag

08.03.2008	1. FC Union Berlin	E. Braunschweig	2:2 (0:2)
08.03.2008	Wuppertaler SVB	Kickers Emden	0:0 (0:0)
08.03.2008	Werder Bremen II	Bor. Dortmund II	3:1 (1:0)
08.03.2008	Energie Cottbus II	Rot-Weiss Ahlen	1:1 (0:1)
08.03.2008	Dynamo Dresden	RW Oberhausen	0:2 (0:1)
08.03.2008	Rot-Weiß Erfurt	SV Babelsberg 03	1:1 (0:0)
08.03.2008	Rot-Weiss Essen	VfL Wolfsburg II	3:0 (1:0)
09.03.2008	Hamburger SV II	Fort. Düsseldorf	0:3 (0:1)
09.03.2008	SC Verl	VfB Lübeck	1:0 (1:0)

26. Spieltag

14.03.2008	Kickers Emden	Werder Bremen II	2:1 (0:0)
15.03.2008	RW Oberhausen	SC Verl	4:2 (3:1)
15.03.2008	Bor. Dortmund II	Energie Cottbus II	2:0 (2:0)
15.03.2008	E. Braunschweig	Rot-Weiss Essen	2:1 (0:1)
15.03.2008	VfB Lübeck	1. FC Magdeburg	0:1 (0:1)
15.03.2008	Rot-Weiss Ahlen	Hamburger SV II	3:0 (1:0)
16.03.2008	SV Babelsberg 03	1. FC Union Berlin	0:3 (0:2)
16.03.2008	VfL Wolfsburg II	Wuppertaler SVB	1:2 (1:2)
19.03.2008	Fort. Düsseldorf	Werder Bremen II	1:2 (1:1)

27. Spieltag

20.03.2008	Werder Bremen II	VfL Wolfsburg II	3:0 (1:0)
22.03.2008	Energie Cottbus II	Kickers Emden	4:2 (1:0)
22.03.2008	Dynamo Dresden	Rot-Weiss Ahlen	1:3 (1:0)
22.03.2008	SC Verl	Fort. Düsseldorf	1:2 (0:2)
22.03.2008	1. FC Union Berlin	Rot-Weiß Erfurt	1:1 (1:1)
22.03.2008	Rot-Weiss Essen	SV Babelsberg 03	1:2 (1:0)
22.03.2008	1. FC Magdeburg	RW Oberhausen	0:0 (0:0)
23.03.2008	Hamburger SV II	Bor. Dortmund II	0:0 (0:0)
09.04.2008	Wuppertaler SVB	E. Braunschweig	1:1 (0:0)

28. Spieltag

28.03.2008	E. Braunschweig	Werder Bremen II	0:0 (0:0)
29.03.2008	VfL Wolfsburg II	Energie Cottbus II	1:1 (0:1)
29.03.2008	SV Babelsberg 03	Wuppertaler SVB	1:0 (0:0)
29.03.2008	Rot-Weiß Erfurt	Rot-Weiss Essen	4:0 (2:0)
29.03.2008	RW Oberhausen	VfB Lübeck	3:0 (0:0)
29.03.2008	Fort. Düsseldorf	1. FC Magdeburg	0:2 (0:1)
29.03.2008	Rot-Weiss Ahlen	SC Verl	4:1 (2:1)
29.03.2008	Kickers Emden	Hamburger SV II	3:2 (1:1)
30.03.2008	Bor. Dortmund II	Dynamo Dresden	2:0 (0:0)

29. Spieltag

04.04.2008	Wuppertaler SVB	Rot-Weiß Erfurt	3:0 (1:0)
04.04.2008	Energie Cottbus II	E. Braunschweig	3:2 (1:1)
05.04.2008	Dynamo Dresden	Kickers Emden	2:1 (0:0)
05.04.2008	1. FC Magdeburg	Rot-Weiss Ahlen	2:2 (1:2)
05.04.2008	Werder Bremen II	SV Babelsberg 03	0:0 (0:0)
06.04.2008	SC Verl	Bor. Dortmund II	1:0 (0:0)
06.04.2008	Rot-Weiss Essen	1. FC Union Berlin	0:3 (0:0)
06.04.2008	Hamburger SV II	VfL Wolfsburg II	3:0 (2:0)
22.04.2008	VfB Lübeck	Fort. Düsseldorf	3:1 (1:1)

30. Spieltag

11.04.2008	VfL Wolfsburg II	Dynamo Dresden	0:2 (0:1)
12.04.2008	Rot-Weiß Erfurt	Werder Bremen II	3:1 (3:0)
12.04.2008	Kickers Emden	SC Verl	2:0 (0:0)
12.04.2008	SV Babelsberg 03	Energie Cottbus II	0:1 (0:0)
12.04.2008	1. FC Union Berlin	Wuppertaler SVB	1:1 (1:0)
12.04.2008	Rot-Weiss Ahlen	VfB Lübeck	3:0 (2:0)
12.04.2008	E. Braunschweig	Hamburger SV II	2:1 (1:1)
13.04.2008	Fort. Düsseldorf	RW Oberhausen	3:0 (1:0)
13.04.2008	Bor. Dortmund II	1. FC Magdeburg	0:1 (0:1)

31. Spieltag

18.04.2008	VfB Lübeck	Bor. Dortmund II	0:4 (0:4)
18.04.2008	1. FC Magdeburg	Kickers Emden	1:3 (1:1)
19.04.2008	RW Oberhausen	Rot-Weiss Ahlen	0:0 (0:0)
19.04.2008	Wuppertaler SVB	Rot-Weiss Essen	2:2 (0:1)
19.04.2008	Werder Bremen II	1. FC Union Berlin	1:0 (0:0)
19.04.2008	Energie Cottbus II	Rot-Weiß Erfurt	2:1 (0:1)
19.04.2008	Hamburger SV II	SV Babelsberg 03	0:0 (0:0)
19.04.2008	Dynamo Dresden	E. Braunschweig	1:1 (0:0)
19.04.2008	SC Verl	VfL Wolfsburg II	5:1 (3:0)

32. Spieltag

26.04.2008	Rot-Weiss Essen	Werder Bremen II	3:0 (2:0)
26.04.2008	1. FC Union Berlin	Energie Cottbus II	0:1 (0:1)
26.04.2008	Rot-Weiss Ahlen	Fort. Düsseldorf	5:1 (3:0)
26.04.2008	Kickers Emden	VfB Lübeck	0:2 (0:1)
26.04.2008	E. Braunschweig	SC Verl	3:2 (3:1)
26.04.2008	Rot-Weiß Erfurt	Hamburger SV II	3:1 (1:0)
27.04.2008	Bor. Dortmund II	RW Oberhausen	0:0 (0:0)
27.04.2008	VfL Wolfsburg II	1. FC Magdeburg	0:1 (0:1)
27.04.2008	SV Babelsberg 03	Dynamo Dresden	0:1 (0:0)

33. Spieltag

02.05.2008	Fort. Düsseldorf	Bor. Dortmund II	4:0 (3:0)
03.05.2008	RW Oberhausen	Kickers Emden	3:2 (1:1)
03.05.2008	Energie Cottbus II	Rot-Weiss Essen	1:2 (1:2)
03.05.2008	Dynamo Dresden	Rot-Weiß Erfurt	2:2 (1:1)
03.05.2008	SC Verl	SV Babelsberg 03	1:3 (1:2)
03.05.2008	1. FC Magdeburg	E. Braunschweig	1.1 (0:0)
03.05.2008	VfB Lübeck	VfL Wolfsburg II	0:1 (0:1)
04.05.2008	Werder Bremen II	Wuppertaler SVB	2.1 (2:1)
04.05.2008	Hamburger SV II	1. FC Union Berlin	0:2 (0:2)

34. Spieltag

06.05.2008	E. Braunschweig	VfB Lübeck	3:3 (0:1)
06.05.2008	VfL Wolfsburg II	RW Oberhausen	0:4 (0:2)
07.05.2008	Wuppertaler SVB	Energie Cottbus II	4:3 (2:3)
07.05.2008	Bor. Dortmund II	Rot-Weiss Ahlen	0:2 (0:0)
07.05.2008	Kickers Emden	Fort. Düsseldorf	1:2 (1:0)
07.05.2008	SV Babelsberg 03	1. FC Magdeburg	0:0 (0:0)
07.05.2008	Rot-Weiß Erfurt	SC Verl	3:0 (1:0)
07.05.2008	Rot-Weiss Essen	Hamburger SV II	2:1 (0:1)
08.05.2008	1. FC Union Berlin	Dynamo Dresden	4:2 (2:1)

35. Spieltag

09.05.2008	RW Oberhausen	E. Braunschweig	2:0 (1:0)
10.05.2008	Rot-Weiss Ahlen	Kickers Emden	2:0 (2:0)
10.05.2008	Hamburger SV II	Wuppertaler SVB	2:3 (2:0)
10.05.2008	1. FC Magdeburg	Rot-Weiß Erfurt	3:3 (1:2)
10.05.2008	VfB Lübeck	SV Babelsberg 03	1:0 (1:0)
10.05.2008	Fort. Düsseldorf	VfL Wolfsburg II	3:0 (3:0)
11.05.2008	Dynamo Dresden	Rot-Weiss Essen	1:0 (0:0)
11.05.2008	SC Verl	1. FC Union Berlin	2:3 (2:1)
14.05.2008	Energie Cottbus II	Werder Bremen II	1:0 (0:0)

36. Spieltag

16.05.2008	Wuppertaler SVB	Dynamo Dresden	1:1 (0:1)
17.05.2008	Kickers Emden	Bor. Dortmund II	4:1 (1:0)
17.05.2008	VfL Wolfsburg II	Rot-Weiss Ahlen	0:1 (0:1)
17.05.2008	E. Braunschweig	Fort. Düsseldorf	1:1 (1:1)
17.05.2008	1. FC Union Berlin	1. FC Magdeburg	1:2 (0:1)
17.05.2008	Rot-Weiss Essen	SC Verl	2:0 (0:0)
18.05.2008	SV Babelsberg 03	RW Oberhausen	1:4 (0:3)
18.05.2008	Rot-Weiß Erfurt	VfB Lübeck	1:1 (1:1)
18.05.2008	Werder Bremen II	Hamburger SV II	2:0 (2:0)

37. Spieltag

24.05.2008	Dynamo Dresden	Werder Bremen II	0:2 (0:2)
24.05.2008	SC Verl	Wuppertaler SVB	0:3 (0:2)
24.05.2008	1. FC Magdeburg	Rot-Weiss Essen	0:1 (0:1)
24.05.2008	VfB Lübeck	1. FC Union Berlin	3:7 (0:4)
24.05.2008	RW Oberhausen	Rot-Weiß Erfurt	0:0 (0:0)
24.05.2008	Fort. Düsseldorf	SV Babelsberg 03	2:0 (1:0)
24.05.2008	Rot-Weiss Ahlen	E. Braunschweig	0:1 (0:0)
24.05.2008	Bor. Dortmund II	VfL Wolfsburg II	1:2 (0:0)
24.05.2008	Hamburger SV II	Energie Cottbus II	2:1 (0:1)

38. Spieltag

31.05.2008	VfL Wolfsburg II	Kickers Emden	0:0 (0:0)
31.05.2008	E. Braunschweig	Bor. Dortmund II	2:0 (0:0)
31.05.2008	SV Babelsberg 03	Rot-Weiss Ahlen	1:3 (0:1)
31.05.2008	Rot-Weiß Erfurt	Fort. Düsseldorf	0:4 (0:0)
31.05.2008	1. FC Union Berlin	RW Oberhausen	0:3 (0:2)
31.05.2008	Rot-Weiss Essen	VfB Lübeck	0:1 (0:0)
31.05.2008	Wuppertaler SVB	1. FC Magdeburg	1:2 (0:1)
31.05.2008	Werder Bremen II	SC Verl	0:2 (0:1)
31.05.2008	Energie Cottbus II	Dynamo Dresden	1:1 (0:0)

Rot-Weiss Ahlen

Anschrift: August-Kirchner-Str. 14, 59229 Ahlen
Telefon: (0 23 82) 96 88 90 11
eMail: info@RWAhlen.de
Homepage: www.rwahlen.de/1/

Vereinsgründung: 01.06.1996 als LR Ahlen (Fusion von TuS Ahlen und Blau-Weiß Ahlen); 01.06.2006 (Umbenennung in Rot-Weiss Ahlen)
Vereinsfarben: Rot-Weiß
Vorstand: Heinz Jürgen Gosda
Sportlicher Leiter: Stefan Grädler
Stadion: Wersestadion (10.500)

Größte Erfolge: Meister der Regionalliga Nord 2008 (↑); Aufstieg in die 2. Bundesliga 2000; Meister der Oberliga Westfalen 1996 (TuS; ↑); Pokalsieger Westfalen 1998

Aufgebot:

Name, Vorname	Pos	geb. am	Nat.	seit	2007/08 Sp.	2007/08 T.	gesamt Sp.	gesamt T.	frühere Vereine
Bäumer, Jens	M	09.08.1978	D	2006	35	3	180	14	SC Preußen 06 Münster, Borussia Mönchengladbach, Karlsruher SC, VfR Heilbronn, TSV Schwaigern, TuS Hiltrup
Beckmann, Konstantin	M	02.07.1987	D	2007	6	0	6	0	FC Bad Oeynhausen, SV Enger-Westerenger, DSC Arminia Bielefeld, VfL Menninghüffen, TuRa Löhne
Brinker, Sascha	A	23.08.1982	D	1988	7	0	12	0	Ahlener SV, Ahlener SG
Busch, Marcel	M	02.02.1982	D	2007	35	5	191	15	SC 1919 Pfullendorf, VfR Aalen, VfR Heilbronn, TSV Untereisesheim
Chitsulo, Daniel	S	07.03.1983	MWI	2008	15	5	159	34	VfL Osnabrück, 1. FC Köln, CIVO United Lilongwe
Danilo (Danilo Fernando Evangelista de Souza)	M	29.11.1983	BRA	2007	4	0	4	0	SV Westfalia Rhynern, Preußen TV Werl
Di Gregorio, Baldo	A	22.01.1984	D	2006	31	3	82	6	1. FC Eschborn, Slavia Sofia, 1. FC Schweinfurt 05, Eintracht Frankfurt
Gibson, Grover	M	18.11.1978	USA	2007	27	5	193	15	SC Preußen 06 Münster, BSV Kickers Emden, SC Preußen 06 Münster, SSV Jahn 2000 Regensburg, SVgg 07 Elversberg, 1. FSV Mainz 05, SVgg 07 Elversberg, FC Augsburg, VfB Stuttgart, Richmond Strikers, Braddock Road Youth Club Eagles Washington DC
Glöden, Oliver	M	14.05.1978	D	2006	5	1	186	23	BSV Kickers Emden, FC Rot-Weiß Erfurt, Karlsruher SC, SC Paderborn 07, 1. SC Göttingen 05, VfB Lübeck, Hertha BSC Berlin, Spandauer SV, Spandauer BC 06, SC Staaken, SG Falkensee-Finkenkrug
Großkreutz, Kevin	S	19.07.1988	D	2003	35	12	62	17	Borussia Dortmund, FC Merkur 07 Dortmund
Heithölter, Philipp	M	28.08.1982	D	2007	27	3	73	5	Holstein Kiel, DSC Arminia Bielefeld, VfB Fichte Bielefeld, SC Herford, SV Sundern 08
Kaminski, Marco	M	15.02.1984	D	2001	0	0	27	1	Borussia Dortmund
Kittner, Ole	A	15.10.1987	D	2005	26	0	44	0	SC Münster 08
Langerbein, Dirk	T	09.09.1971	D	2007	4	0	51	0	Rot-Weiss Essen, 1. FC Nürnberg, MSV Duisburg, LR Ahlen, FC Gütersloh, SV Teutonia 08 Lippstadt, Amicitia Viernheim, SV Borussia Lippstadt, 1. SC Lippetal
Lenz, Manuel	T	23.10.1984	D	2007	33	0	42	0	Wuppertaler SV Borussia, FC Schalke 04, VfL Bochum, SV Sodingen 1912
Maul, Ronald	M	13.02.1973	D	2008	14	0	37	1	FC Carl Zeiss Jena, FC Hansa Rostock, Hamburger SV, DSC Arminia Bielefeld, VfL Osnabrück, FC Carl Zeiss Jena, SV 1990 Gleistal
Miletic, Marinko	A	08.10.1980	CRO	2007	20	0	73	5	FC Gütersloh 2000, FC St. Pauli, Borussia Mönchengladbach, Fortuna Düsseldorf, BV 04 Düsseldorf, Düsseldorfer SC 99
Reus, Marco	M	31.05.1989	D	2006	16	1	16	1	Borussia Dortmund, Post-SV Dortmund
Sahin, Deniz	A	08.08.1977	D	2006	1	0	173	9	FC Gütersloh 2000, Borussia Dortmund, Ahlener SV, Blau-Weiß Ahlen
Schaffrath, Sven	A	13.07.1984	D	2007	34	0	70	1	Wuppertaler SV Borussia, Bayer 04 Leverkusen, SG Germania Binsfeld
Schmidt, Julian	A	11.03.1986	D	2003	0	0	1	0	SC Preußen 06 Münster, VfL Wolbeck, SC Gremmendorf
Schoof, Sebastian	S	22.03.1980	D	2007	16	2	86	25	BSV Kickers Emden, SC Paderborn 07, Sportfreunde Siegen, Rot-Weiss Essen, Bayer 04 Leverkusen, SCB Preussen Köln, Bonner SC, FV Bad Honnef, Hertha Rheidt
Stahlberg, Martin	M	29.01.1985	D	2006	32	7	85	12	BSV Kickers Emden, Hamburger SV, MTV Gießen, TSV Seestermüher Marsch, FTSV Rasensport Elmshorn
Thioune, Daniel	S	21.07.1974	D	2004	19	2	191	60	VfB Lübeck, VfL Osnabrück, Sportfreunde Oesede Georgsmarienhütte, Post SV Osnabrück, Osnabrücker SC, SV Rasensport DJK Osnabrück
Toborg, Lars	S	19.08.1975	D	2006	33	23	146	57	SG Wattenscheid 09, Sportfreunde Siegen, SV Wilhelmshaven, SC Rot-Weiß Oberhausen, FC Bremerhaven, SC Vahr Bremen, SV Werder Bremen
Venker, Bernhard	M	20.09.1986	D	1999	0	0	5	0	Ahlener SG
Wiemann, Michael	M	09.02.1987	D	2000	27	0	41	0	SpVg Beckum, SV Neubeckum

Trainer:

Name, Vorname	geb. am	Nat.	Zeitraum	Spiele 2007/08	frühere Trainerstationen
Wück, Christian	09.06.1973	D	01.07.2007– lfd.	36	Rot-Weiss Ahlen (Co-Trainer), SV Enger-Westerenger

Zugänge:
Beckmann (FC Bad Oeynhausen), Busch (SC 1919 Pfullendorf), Danilo (SV Westfalia Rhynern), Heithölter (Holstein Kiel), Lenz (Wuppertaler SV Borussia), Miletic (FC Gütersloh 2000), Schaffrath (Wuppertaler SV Borussia), Schoof (BSV Kickers Emden).
während der Saison:
Chitsulo (VfL Osnabrück), Gibson (SC Preußen 06 Münster), Maul (FC Carl Zeiss Jena).

Abgänge:
Bamba (SC Verl), Erfen (Rot-Weiss Essen), Fengler (SV Holzwickede), Gorschlütter (Rot-Weiss Essen), Laumann (VfB Lübeck), Völzow (Bonner SC).
während der Saison:
Schoof (FC Germania Dattenfeld).

Fortsetzung Rot-Weiss Ahlen

Aufstellungen und Torschützen:

Sp	Datum	Gegner	Ergebnis	Bäumer	Beckmann	Brinker	Busch	Chitsulo	Danilo	Di Gregorio	Gibson	Glöden	Großkreutz	Heithölter	Kittner	Langerbein	Lenz	Maul	Miletic	Reus	Sahin	Schaffrath	Schoof	Stahlberg	Thioune	Toborg	Wiemann
				1	2	3	4	5	6	7	8	9	10	11	12	13	14	15	16	17	18	19	20	21	22	23	24
1	28.07.07 A	FC Rot-Weiß Erfurt	3:6 (2:3)	X			X	E	X		A		E	X	X						A	X	E	A		X3	X
2	08.08.07 H	1. FC Union Berlin	3:1 (1:1)	X	A	A2			X		E	A	E	X	X		E					X		X		X1	X
3	11.08.07 A	Rot-Weiß Essen	2:0 (1:0)	X	E	X			X			A	E	X	X		X					X	E	X1		A1	A
4	18.08.07 H	Wuppertaler SVB	2:5 (1:3)	X	E	X			X			A		X	A	E	A					X	E	X1		X1	X
5	25.08.07 A	SV Werder Bremen II	0:0 (0:0)	X		E	X		X		E	A		X	X		A					X	E	A		X	X
6	01.09.07 H	Energie Cottbus II	1:0 (0:0)	A	E		X1		X			A	E	X	X		A					X	E		X	X	X
7	05.09.07 A	Hamburger SV II	1:1 (0:0)	X	E		X			X	A	A1		X			X					X	E	E	A	X	X
8	08.09.07 H	SG Dynamo Dresden	1:2 (1:0)	X			X1		X	X		X	E	X			X					A	E	E	A	X	A
9	15.09.07 A	SC Verl	2:2 (0:2)	X2			X	E	X	X		A		X			X					X	E	A		X	X
10	22.09.07 H	1. FC Magdeburg	3:1 (1:0)	X1	E		X		X	X		A	E	X			X					X	A	E1		A1	X
11	26.09.07 A	VfB Lübeck	2:0 (1:0)	X	E	A	X	E	X	X		A	E	X			X					X	X1	A			
12	29.09.07 H	RW Oberhausen	1:3 (1:1)	X			X	E	A	A		X	E	X			X		E			X	A	X1			X
13	06.10.07 A	Fortuna Düsseldorf	1:1 (0:0)	X	E		X			A		A	A	X			X		E			X	E	X1		X	X
14	26.10.07 H	Bor. Dortmund II	1:1 (0:0)	X			A		X	A		X1	E	X			X		E	E				A	X	X	X
15	03.11.07 H	BSV Kickers Emden	0:1 (0:1)	X			A		X	E		X		X			X		E	A		E	A	X	A	X	X
16	10.11.07 H	VfL Wolfsburg II	1:1 (0:0)	X					X	E		X	E	X				A		A	E	A	X		X1	X	
17	17.11.07 A	Eintr. Braunschweig	2:0 (1:0)	X			X		X	A	A1	A	X			X			E	X			E	X	X1	E		
18	24.11.07 H	SV Babesberg 03	3:0 (0:0)	X		E	X		A	A		X	A1	X			X					X	E	E1		X1	X
19	01.12.07 A	FC Rot-Weiß Erfurt	1:2 (0:1)	X		E	X		X	A		X	A	X			X					X		E		X1	X
20	08.12.07 H	1. FC Union Berlin	4:4 (1:3)	X			A		X		X1	X2	E	A	X			E		A	E1	X				X	X
21	16.02.08 H	Rot-Weiß Essen	2:0 (1:0)	X			X	E		X	E	X	A	X	X	A	X					E				A2	X
22	23.02.08 A	Wuppertaler SVB	4:0 (1:0)	X	E		X	E1		A1		X	A1	X	X	X	E					X		A		X1	
23	29.02.08 H	SV Werder Bremen II	4:2 (3:2)	X			X	E	E	X		X1	X1	X	X	A						X		A1		A1	E
24	08.03.08 H	Energie Cottbus II	1:1 (1:0)	A			X	E	X	A	X	X		X	X		X		E			X		A	E	X1	
25	15.03.08 H	Hamburger SV II	3:0 (1:0)	X			X	E1	A			X1	E	X	X	E	X		E			A		A	X	X1	
26	22.03.08 H	SG Dynamo Dresden	3:1 (0:3)	X			X	X	X1	A		A1		X	X	A	X		E			E			X	X1	E
27	29.03.08 H	SC Verl	4:1 (2:1)	X			X	A1	X	X		A	E	X	X	A	X					E		E	X1	X2	
28	05.04.08 H	1. FC Magdeburg	2:2 (2:1)	X			X	A		X1		A	X	X	X	X		E					E	A	X1	E	
29	12.04.08 H	VfB Lübeck	3:0 (2:0)	A			X1	X1	X	A		X1		X	X	X	E					E		A	X		
30	19.04.08 A	RW Oberhausen	0:0 (0:0)	X			X	E	X	A		X	E	X	X	X	E							A	A	X	
31	26.04.08 H	Fortuna Düsseldorf	5:1 (3:0)				X	X1	X	X		A2	X	E	X	A	A					E		E	X1	X1	
32	07.05.08 A	Bor. Dortmund II	2:0 (0:0)	X			X	A	X1	X		X			X	A	X					E		E	A	X1	E
33	10.05.08 H	BSV Kickers Emden	2:0 (2:0)	X			X	A		X	X2	X	A	E	X		A					X		E		X	E
34	17.05.08 A	VfL Wolfsburg II	1:0 (1:0)	X			X	A		X1		A	A	E	X	X						X		E	X	X	E
35	24.05.08 H	Eintr. Braunschweig	0:1 (0:0)	A			X	A	E	X		X		X	X	X	E					X		E	A	X	
36	31.05.08 A	SV Babesberg 03	3:1 (1:0)	A			X			X1		A1	E	E	X	A	X	X1				X			X	X	E
		Spiele:		35	6	7	35	15	4	31	27	5	35	27	26	4	33	14	20	16	1	34	16	32	19	33	27
		Tore:		3	0	0	5	5	0	3	5	1	12	3	0	0	0	0	0	1	0	0	2	7	2	23	0

Gegnerisches Eigentor im 11. Spiel (durch Kadah).

Bilanz der letzten 10 Jahre:

Saison	Liga	Platz	Sp.	S	U	N	Tore	Pkt.
1997/98	Regionalliga West/Südwest	6.	34	13	12	9	62–52	51
1998/99:	Regionalliga West/Südwest	6.	32	15	8	9	55–41	53
1999/00:	Regionalliga West/Südwest	2.	36	21	8	7	82–32	71
2000/01:	2. Bundesliga	6.	34	15	9	10	61–53	54
2001/02:	2. Bundesliga	8.	34	14	6	14	60–70	48
2002/03:	2. Bundesliga	12.	34	11	7	16	48–66	40
2003/04:	2. Bundesliga	12.	34	12	8	14	36–45	44
2004/05:	2. Bundesliga	13.	34	10	9	15	43–49	39
2005/06:	2. Bundesliga	17.	34	9	8	17	36–50	35
2006/07:	Regionalliga Nord	13.	36	13	9	14	48–52	48

Zuschauerzahlen:

Saison	gesamt	Spiele	Schnitt
1997/98	30.902	17	1.818
1998/99:	31.079	16	1.942
1999/00:	58.160	18	3.231
2000/01:	124.058	17	7.298
2001/02:	101.440	17	5.967
2002/03:	100.968	17	5.939
2003/04:	70.639	17	4.155
2004/05:	88.800	17	5.224
2005/06:	76.841	17	4.520
2006/07:	47.627	18	2.646

Die meisten Regionalliga-Spiele:

Pl.	Name, Vorname	Spiele
1.	Bamba, Musemestre	141
2.	Karp, Holger	127
3.	Peters, Sascha	122
4.	Daschner, Reinhold	103
5.	Zimmermann, Andreas	90
6.	Schlösser, Ingo	88
7.	Bonan, Heiko	87
8.	Gredig, Jürgen	82
9.	Fengler, Stefan	68
10.	Di Gregorio, Baldo	67

Die besten Regionalliga-Torschützen:

Pl.	Name, Vorname	Tore
1.	Karp, Holger	35
	Toborg, Lars	35
3.	Bamba, Musemestre	30
4.	Deffke, René	25
5.	Krohm, Mario	21
6.	Turgut, Mustafa	20
7.	Großkreutz, Kevin	17
8.	Gerov, Vesselin Petkov	14
9.	Bonan, Heiko	12
10.	Castilla-Horstmann, Carlos	10

Die Trainer der letzten Jahre:

Name, Vorname	Zeitraum
Fuchs, Uwe	25.11.2002 – 18.12.2002
Lorant, Werner	19.12.2002 – 30.06.2003
Kuntz, Stefan	01.07.2003 – 14.11.2003
Daschner / Hecker	14.11.2003 – 23.11.2003
Peter, Ingo	24.11.2003 – 01.03.2005
Hecker, René	01.03.2005 – 07.03.2005
Straka, Frantisek	07.03.2005 – 25.10.2005
Linz, Paul	27.10.2005 – 30.06.2006
Dietz, Bernard	01.07.2006 – 29.10.2006
Bonan, Heiko	30.10.2006 – 30.06.2007

SV Babelsberg 03

Anschrift:
Karl-Liebknecht-Straße 90
14482 Potsdam
Telefon: (03 31) 70 49 80
eMail: office@babelsberg03.de
Homepage: www.babelsberg03.de

Vereinsgründung: 10.12.1991 (Neugründung), zuvor BSG Motor Babelsberg, SC Potsdam, Rotation Babelsberg
Vereinsfarben: Blau-Weiß
Vorstand: Rainer Speer
Geschäftsführer: Ralf Hechel
Stadion: Karl-Liebknecht-Stadion (10.499)

Größte Erfolge: Aufstieg in die 2. Bundesliga 2001; Meister der Amateur-Oberliga Nordost-Nord 1997 (↑) und 2007 (↑); Landesmeister Brandenburg 1996 (↑); Pokalsieger Brandenburg 1999, 2000, 2006, 2007 und 2008

Aufgebot:

Name, Vorname	Pos	geb. am	Nat.	seit	2007/08 Sp.	T.	gesamt Sp.	T.	frühere Vereine
Ahmetcik, Gökhan	M	06.07.1984	TUR	2007	22	0	22	0	Berlin Ankaraspor Kulübü 07, SV Yesilyurt Berlin, Türkiyemspor 1978 Berlin
Benchenaa, Nadir	M	02.02.1984	SWE	2008	5	0	5	0	Gröndal IK, Assyriska Föreningen Södertälje, Hammarby IF, Örgryte IS, Hammarby IF, FC Stade Rennes, Hammarby IF, Spårvägens FF
Ben-Hatria, Aymen	S	12.11.1980	D	2006	29	2	29	2	Berlin Ankaraspor Kulübü 07, KSV Baunatal, MSV Neuruppin, Berliner AK 07, Tennis Borussia Berlin, Reinickendorfer Füchse, BSC Reinickendorf
Biran, Shergo	S	04.01.1979	D	2007	16	9	46	22	SV Eintracht Trier 05, VfL Osnabrück, VfL Wolfsburg, FC Hansa Rostock, Tennis Borussia Berlin, FSV Lok Altmark Stendal, Reinickendorfer Füchse, BFC Dynamo, 1. FC Lübars, BFC Südring, BFC Preussen 1894, 1. FC Lübars, Wittenauer SC Concordia
Busch, Carsten	T	07.08.1980	D	2006	29	0	29	0	FC Hansa Rostock, Lichterfelder FC 92 Berlin, Hertha 03 Zehlendorf, Dynamo Rostock
Civa, Alemedin	A	27.04.1972	BIH	2008	16	1	222	9	SV Yesilyurt Berlin, Hallescher FC, FC Sachsen Leipzig, VfB Leipzig, SV Babelsberg 03, KFC Uerdingen 05, 1. FC Union Berlin, Reinickendorfer Füchse, Tennis Borussia Berlin
Deupert, Patrick	A	31.08.1987	D	2006	0	0	0	0	SV Tasmania Gropiusstadt 1973, Hertha 03 Zehlendorf, Hertha BSC, BFC Dynamo
Dreier, Christian	S	14.02.1984	SWE	2008	1	0	1	0	Väsby United AB, Värtans IK, Tyresö FF, IF Brommapojkarna, Hammarby IF, Coventry City FC, AIK Solna
Feller, Daniel	M	20.05.1987	D	2005	0	0	0	0	Grün-Weiß Wolfen, TSV Treutenbrietzen
Felsenberg, Tim	M	07.04.1982	D	2007	4	1	19	2	Lichterfelder FC 92 Berlin, Tennis Borussia Berlin
Fofie, Pascal	M	14.01.1982	CMR	2008	3	0	3	0	SV Germania 90 Schöneiche, TSG Neustrelitz, SV Germania 90 Schöneiche, KC Sport Academy
Frahn, Daniel	S	03.08.1987	D	2007	28	5	59	9	Hertha BSC Berlin, FC Energie Cottbus, FSV Brieske-Senftenberg
Francisco, Tobias	S	31.03.1988	ANG	2007	1	0	1	0	Ludwigsfelder FC
Goede, Markus	M	06.09.1988	D	1994	0	0	0	0	eigene Junioren
Hartwig, Sven	M	08.07.1984	D	2005	31	4	31	4	FC Carl Zeiss Jena, FC Rot-Weiß Erfurt, VfB Leipzig, VfB Stuttgart, Hallescher FC, Aufbau Eisleben, MSV Eisleben, FSV Grün-Weiß Wimmelburg
Jonelat, Dirk	A	17.02.1982	D	2007	32	0	32	0	FC Hansa Rostock, VfB Lichterfelde 92 Berlin, FC Hertha 03 Zehlendorf, Berliner FC Dynamo
Laars, Björn	A	05.12.1974	D	2004	31	1	147	10	FC Rot-Weiß Erfurt, SV Babelsberg 03, FC Hansa Rostock, Lokomotive Bergen
Lukac, Slavomir	A	08.12.1980	SVK	2005	33	0	33	0	AS Trencin, FK Chmel Blsany, Sydney United, Dukla Trencin, FC Nitra, Iskra Partizanske, TJ Skycov
Mauersberger, Tom	A	19.01.1985	D	2007	25	1	25	1	FC Hansa Rostock, Holstein Kiel, FC Hansa Rostock
Moritz, Patrick	M	22.10.1977	D	2002	36	5	54	7	Brandenburger SC Süd 05, FC Stahl Brandenburg, BSV Brandenburg
Mutschler, Jan	M	11.09.1982	D	2006	10	0	25	1	SC Rot-Weiß Oberhausen, MSV Neuruppin, VfL Wolfsburg, SV Lichtenberg 47, Tennis Borussia Berlin, Berliner FC Dynamo, Frankfurter FC Viktoria 91
Neubert, Martin	A	30.10.1980	D	2006	18	1	22	1	MSV Neuruppin, SV Babelsberg 03, 1. FC Kaiserslautern, FC Hansa Rostock, FC Energie Cottbus
Neumann, Maik	A	15.06.1982	D	2006	12	0	12	0	MSV Neuruppin, Brandenburger SC Süd, Stahl Brandenburg
Prochnow, Julian	M	01.07.1986	D	2006	15	0	15	0	Tennis Borussia Berlin, FC Hertha 03 Zehlendorf, 1. FC Wacker Lankwitz
Roggentin, Sven	T	08.08.1982	D	2006	8	0	8	0	1. FC Spandau 06, Spandauer BC, Reinickendorfer Füchse, Hertha BSC Berlin
Rudolph, Matthias	A	06.09.1982	D	2006	35	0	46	0	KSV Baunatal, KSV Hessen Kassel, SV Babelsberg 03, Stahl Brandenburg, FSV Grün-Weiß Niemegk
Stiefel, Manuel	M	17.01.1985	D	2007	30	1	30	1	VFC Plauen, FC Carl Zeiss Jena, FC Energie Cottbus, Fortuna Babelsberg
Türkkan, Ibrahim	S	11.05.1983	TUR	2007	9	1	9	1	Berlin Ankaraspor Kulübü 07, SV Yesilyurt Berlin, Tennis Borussia Berlin, SV Yesilyurt Berlin, Hertha BSC Berlin, Tennis Borussia Berlin, BFC Südring
Vukadin, Ivica	M	04.12.1985	CRO	2001	4	0	4	0	Berliner SV 92 Wilmersdorf
Zenk, Bastian	A	05.07.1980	D	2005	16	0	16	0	Ludwigsfelder FC, VfB Lichterfelde 92 Berlin

Trainer:

Name, Vorname	geb. am	Nat.	Zeitraum	Spiele 2007/08	frühere Trainerstationen
Hodul, Rastislav	09.01.1969	SVK	01.07.05 – 03.10.07	11	Grün-Weiß Wolfen (Nachwuchs)
Leek, Thomas	15.10.1970	D	03.10.07 – 06.10.07	1	SV Babelsberg II
Demuth, Dietmar	14.01.1955	D	07.10.07 – lfd.	24	Eintr. Braunschweig, Chemnitzer FC, Ashanti Goldfields SC, FC St. Pauli, VfL Wolfsburg (Co-Trainer), SV Lurup Hamburg, 1. FC Kaiserslautern (Co-Trainer), FC St. Pauli

Zugänge:
Ahmetcik (Berlin Ankaraspor Kulübü 07), Felsenberg (Lichterfelder FC 92 Berlin), Frahn (Hertha BSC Berlin II), Goede (eigene Junioren), Jonelat (FC Hansa Rostock II), Mauersberger (FC Hansa Rostock II), Stiefel (VFC Plauen), Türkkan (Berlin Ankaraspor Kulübü 07).
während der Saison:
Benchenaa (Gröndal IK), Civa (SV Yesilyurt Berlin), Dreier (Väsby United), Fofie (SV Germania 90 Schöneiche).

Abgänge:
Alexander Arsovic (SV Altlüdersdorf), Daniel Arsovic (SV Altlüdersdorf), Donkor-Oppong (unbekannt), Grubert (BFC Viktoria 89), Littmann (Berliner FC Dynamo), Lücke (II. Mannschaft), Rauch (II. Mannschaft), Tretschok (Laufbahn beendet), Wedemann (FSV Optik Rathenow), Zielke (FSV Optik Rathenow).
während der Saison:
Biran (1. FC Union Berlin), Deupert (Lichterfelder FC 92 Berlin), Dreier (Vertrag aufgelöst), Felsenberg (Lichterfelder FC 92 Berlin), Goede (II. Mannschaft), Türkkan (Götztepe Izmir).

Fortsetzung SV Babelsberg 03

Aufstellungen und Torschützen:

Sp	Datum	Gegner	Ergebnis	Ahmetcik	Benchenaa	Ben-Hatira	Biran	Busch	Civa	Dreier	Felsenberg	Fofie	Frahn	Francisco	Hartwig	Jonelat	Laars	Lukac	Mauersberger	Moritz	Mutschler	Neubert	Neumann	Prochnow	Roggentin	Rudolph	Stiefel	Türkkan	Vukadin	Zenk
				1	2	3	4	5	6	7	8	9	10	11	12	13	14	15	16	17	18	19	20	21	22	23	24	25	26	27
1	28.07.07 H	Borussia Dortmund II	0:0 (0:0)	A	X	X							A		X	X	X		A	E	X	X				X	E	E		
2	08.08.07 A	BSV Kickers Emden	1:3 (0:2)	A		E	X						E		A	X	X		X1		X	X				X	A	X		E
3	11.08.07 H	VfL Wolfsburg II	3:2 (1:0)			X1	X2	X					E		X		X	X	X	X	A		E	X	A				EA
4	17.08.07 A	Eintr. Braunschweig	3:1 (0:1)	E		X	A2						E		E	X			X	A	X	A				X	X	X1		
5	02.09.07 A	FC Rot-Weiß Erfurt	1:1 (0:0)	A		A	X			X1			E		X	X	X			X	E					X	X	A	E	
6	05.09.07 A	1. FC Union Berlin	1:1 (0:1)	X		A	X		A		E		E		X	X	X		X							X	X	A	E1	
7	09.09.07 H	Rot-Weiss Essen	1:3 (1:0)	X		E	X1	X				X	A		A	X	X		X			E				X	E	A		
8	16.09.07 A	Wuppertaler SVB	0:4 (0:2)	A		A	A	X				E			X	X	X	X		X	E	X				X				
9	22.09.07 H	SV Werder Bremen II	1:2 (0:2)			E	A	X				E			X	X		X	E1	X	A	X				X	A	X		
10	26.09.07 A	Energie Cottbus II	1:0 (0:0)	X		E	A	X				A			X		A	X	X1	X	E					X	E			X
11	29.09.07 H	Hamburger SV II	1:3 (0:2)	X		E	X	X		E		A			A	X	X	X	X1		EA					X				X
12	06.10.07 A	SG Dynamo Dresden	2:3 (1:0)	X		E	A	X				X			E1	X	X	X	A	X1						X	E			A
13	20.10.07 H	SC Verl	0:1 (0:1)	A		X		X		E		X			X	X	A	E	X	E		X				X				A
14	27.10.07 A	1. FC Magdeburg	1:1 (0:0)			E	A1	X				A			E	X	X	X	X		A					X	E			X
15	03.11.07 H	VfB Lübeck	1:0 (1:0)			A	A	X				A1			E	X	X	X	X		E					X		E		X
16	10.11.07 A	RW Oberhausen	2:3 (0:1)			E	X2	X				X			E	X	X	X	A		A					X	E			A
17	18.11.07 H	Fortuna Düsseldorf	3:0 (0:0)	E		X	A1	X				A1			E	X	X	X	X1	A						X				E
18	24.11.07 A	Rot-Weiss Ahlen	0:3 (0:0)	E		X	X	X				A				X	X		A		A					X	E	E		X
19	08.12.07 H	BSV Kickers Emden	1:1 (0:1)	E		A		X				X		X	X	X	X	X		A	E	E1				A	X			
20	11.12.07 A	Borussia Dortmund II	0:1 (0:0)			E	A	X				X		A	X	X	X	A	E		E					X	X			X
21	15.02.08 A	VfL Wolfsburg II	0:0 (0:0)	X		A		X	E	E				A	X	X	X		X				E	X	X	A				
22	24.02.08 H	Eintr. Braunschweig	1:2 (0:1)		E	E		X1				X		A	X	X	X	A	X				E	X	A					
23	08.03.08 A	FC Rot-Weiß Erfurt	1:1 (0:0)		X	E1		A				X		A	X	X	X		E	E				A	X	X	X			
24	16.03.08 H	1. FC Union Berlin	0:3 (0:2)	E	A	E		X				X		X	X	X			X					A	X	X	X			
25	22.03.08 A	Rot-Weiss Essen	2:1 (0:1)	A	E		X	X				X1	A1	X		E	E	X						X		X				X
26	29.03.08 H	Wuppertaler SVB	1:0 (0:0)	A			X	X				A	X1	X		E	E	X			E			X		X				X
27	05.04.08 A	SV Werder Bremen II	0:0 (0:0)				X	X				A	X	X		E	E	X	A		E			X		X				X
28	12.04.08 H	Energie Cottbus II	0:1 (0:1)			E		X	X			X	X	X	E	E	X							X		X	A	A		A
29	19.04.08 A	Hamburger SV II	0:0 (0:0)	A		E		X	X			X	X			X	A	X	X		X			X				E		
30	27.04.08 H	SG Dynamo Dresden	0:1 (0:0)	A		X		X	X			X			E	X	E	A	X		X			X		E	A			
31	03.05.08 A	SC Verl	3:1 (2:1)					X	A			X2			X	X	X1	X	E	X				X		X	A			E
32	07.05.08 A	1. FC Magdeburg	0:0 (0:0)					X	X			X			X	X	X	X	E	X				X		X	A			
33	10.05.08 A	VfB Lübeck	0:1 (0:1)	E		E		X	A			X			X	X	X	A	E		A			X		X	X			
34	18.05.08 H	RW Oberhausen	1:4 (0:3)	A				X	X		E	X			X1	X	X	E	A		E			X		X	A			
35	24.05.08 A	Fortuna Düsseldorf	0:2 (0:1)	E				X	X			X			X		X	A	X	X	A			X		A	A	E		E
36	31.05.08 H	Rot-Weiss Ahlen	1:3 (0:1)	A				X	X		E		E	X		X		X	A	X				X		E	A		X	
			Spiele:	22	5	29	16	29	16	1	4	3	28	1	31	32	31	33	25	36	10	18	12	15	8	35	30	9	4	16
			Tore:	0	0	2	9	0	1	0	1	0	5	0	4	0	1	0	1	5	0	1	0	0	0	0	1	1	0	0

Gegnerisches Eigentor im 36. Spiel (durch Heithölter).

Bilanz der letzten 10 Jahre:

Saison	Liga	Platz	Sp.	S	U	N	Tore	Pkt.
1997/98:	Regionalliga Nordost	14.	34	10	8	16	33–50	38
1998/99:	Regionalliga Nordost	15.	34	7	13	14	36–50	34
1999/00:	Regionalliga Nordost	5.	34	16	9	9	57–40	57
2000/01:	Regionalliga Nord	2.	36	19	11	6	57–41	68
2001/02:	2. Bundesliga	18.	34	4	6	24	39–82	18
2002/03:	Regionalliga Nord	16.	34	9	7	18	54–73	34
2003/04:	Oberliga Nordost, Gruppe Nord	2.	36	27	3	6	91–33	84
2004/05:	Oberliga Nordost, Gruppe Nord	3.	32	18	11	3	59–25	65
2005/06:	Oberliga Nordost, Gruppe Nord	3.	30	16	3	11	56–42	51
2006/07:	Oberliga Nordost, Gruppe Nord	1.	30	21	5	4	46–15	68

Zuschauerzahlen:

Saison	gesamt	Spiele	Schnitt
1997/98:	35.701	17	2.100
1998/99:	27.809	17	1.636
1999/00:	42.322	17	2.490
2000/01:	62.779	18	3.488
2001/02:	77.176	17	4.540
2002/03:	38.491	17	2.264
2003/04:	30.539	18	1.697
2004/05:	26.290	16	1.643
2005/06:	29.003	15	1.934
2006/07:	24.705	15	1.647

Die meisten Regionalliga-Spiele:

Pl.	Name, Vorname	Spiele
1.	Lau, Hendryk	127
2.	Civa, Almedin	111
3.	Petsch, Marcus	103
4.	Chalaskiewicz, Slawomir	93
5.	Lorenz, Michael	90
6.	Bengs, Heiko	85
7.	Schmidt, Stephan	83
8.	Steiner, Michael	74
9.	Küntzel, Marco	68
10.	Laars, Björn	67

Die besten Regionalliga-Torschützen:

Pl.	Name, Vorname	Tore
1.	Lau, Hendryk	48
2.	Küntzel, Marco	28
3.	Chalaskiewicz, Slawomir	18
4.	Lorenz, Michael	12
5.	Röver, Enrico	11
6.	Biran, Shergo	9
7.	Lazic, Igor	8
8.	Steiner, Michael	6

Die Trainer der letzten Jahre:

Name, Vorname	Zeitraum
Heine, Karsten	28.10.1997 – 08.10.1999
Andrejew, German	09.10.1999 – 31.01.2002
Kosche, Oskar und Schacht, Dietmar	31.01.2002 – 03.02.2002
Franz, Horst	04.02.2002 – 30.06.2002
Salov, Nenad	01.07.2002 – 29.09.2002
Sandhowe, Wolfgang	29.09.2002 – 23.03.2003
Andrejew, German	23.03.2003 – 30.05.2003
Heinrichs, Dirk	30.05.2003 – 30.06.2003
Ränke, Peter	01.07.2003 – 30.06.2005

1. FC Union Berlin

Anschrift:
An der Wuhlheide 263
12555 Berlin
Telefon: (030) 65 66 88-0
eMail: verein@fc-union-berlin.de
Homepage: www.fc-union-berlin.de

Vereinsgründung: 20.01.1966 (Vorgänger TSC Berlin, TSC Oberschöneweide, SC Motor Berlin, BSG Motor Oberschöneweide)
Vereinsfarben: Rot-Weiß
Präsident Dirk Zingler
Sportdirektor: Christian Beeck
Stadion: Alte Försterei (18.100)

Größte Erfolge: FDGB-Pokalsieger 1968; DFB-Pokalfinalist 2001; Aufstieg in die DDR-Oberliga 1966, 1970, 1976, 1982 und 1985; Meister der Regionalliga 2000 (Nordost) und 2001 (Nord, ↑); Meister der Amateur-Oberliga Nordost-Mitte 1992, 1993 und 1994 und 2006 (Nord, ↑)

Aufgebot:

Name, Vorname	Pos	geb. am	Nat.	seit	2007/08 Sp.	2007/08 T.	gesamt Sp.	gesamt T.	frühere Vereine
Antunovic, Adrian	M	24.04.1989	CRO	1996	0	0	0	0	eigene Junioren
Bemben, Michael	A	28.01.1976	D	2007	33	1	74	7	Rot-Weiss Essen, VfL Bochum, Hammer SpVgg, SpVgg Bönen 09, SSA Gornik Zabrze
Benyamina, Karim	S	18.12.1981	D	2005	35	7	70	18	SV Babelsberg 03, Reinickendorfer Füchse, Berliner AK 07, 1. FC Lübars, MSV Normannia 08
Biran, Shergo	S	04.01.1979	D	2008	12	9	46	22	SV Babelsberg 03, SV Eintracht Trier 05, VfL Osnabrück, VfL Wolfsburg, FC Hansa Rostock, Tennis Borussia Berlin, FSV Lok Altmark Stendal, Reinickendorfer Füchse, Berliner FC Dynamo, 1. FC Lübars, BFC Südring, BFC Preussen 1894, 1. FC Lübars, Wittenauer SC Concordia
Bönig, Sebastian	M	26.08.1981	D	2005	26	0	106	7	LR Ahlen, FC Bayern München, FC Eintracht Freising
Gebhardt, Marco	M	07.10.1972	D	2007	35	6	141	19	1. FC Saarbrücken, TSV München 1860, FC Energie Cottbus, Eintracht Frankfurt, SC Verl, FSV Lok Altmark Stendal, FC Anhalt Dessau, Hallescher FC, BSG Stahl Thale, BSG Motor Quedlinburg, BSG Einheit Ballenstedt
Glinker, Jan	T	18.01.1984	D	2001	35	0	83	0	Hertha BSC Berlin, Berliner FC Dynamo
Göhlert, Daniel	A	25.09.1980	D	2006	27	0	213	5	Chemnitzer FC
Heun, Dustin	S	11.04.1984	D	2008	6	3	114	30	VfB Lübeck, Eintracht Braunschweig, KFC Uerdingen 05, MSV Duisburg
Hinz, Michael	T	07.05.1987	D	2002	1	0	6	0	Köpenicker SC, 1. FC Union Berlin
Löring, Marco	M	21.02.1982	D	2008	11	1	135	22	FC Augsburg, Borussia Dortmund, SC Hassel
Martins, Tom	S	10.06.1988	D	2001	6	2	6	2	Köpenicker SC
Mattuschka, Torsten	M	04.10.1980	D	2005	34	7	51	7	FC Energie Cottbus, SV Rot-Weiß Merzdorf, SV Dissenchen 04
Menz, Christoph	M	22.12.1988	D	2004	15	0	15	0	1. FC Magdeburg
Niendorf, Eric	T	25.07.1988	D	2000	0	0	0	0	FV Rot-Weiß 90 Hellersdorf
Patschinski, Nico	S	08.11.1976	D	2006	35	13	168	53	LR Ahlen, SV Eintracht Trier 05, FC St. Pauli, SpVgg Greuther Fürth, 1. FC Dynamo Dresden, SV Babelsberg 03, 1. FC Union Berlin, Berliner FC Dynamo
Ruprecht, Steven	A	24.06.1987	D	1997	26	3	39	3	eigene Junioren
Ruttke, Tim	A	17.07.1988	D	2003	0	0	1	0	Hertha BSC Berlin, Tennis Borussia Berlin, Reinickendorfer Füchse, SC Tegel
Scharlau, Tobias	M	15.12.1987	D	2003	4	0	4	0	SV Empor Berlin, SV Berliner Brauereien
Schulz, Daniel	A	21.02.1986	D	2001	27	4	63	9	Berliner FC Dynamo, FSV Berolina Stralau 1901, VfB Berlin-Friedrichshain 1911
Spasskov, Alexej	A	29.01.1980	RUS	2007	8	0	222	4	Holstein Kiel, SV Werder Bremen, Zenit St. Petersburg
Spork, Guido	M	03.01.1975	D	2006	32	4	205	42	SC Paderborn 07, VfL Osnabrück, Hannover 96, VfL Osnabrück, SV Meppen, SG Wacker-Alemannia 90 Berlin, 1. FC Lübars, Reinickendorfer Füchse
Streit, Christian	M	30.06.1984	D	2006	13	0	121	5	VfB Lübeck, Hamburger SV, VfL Halle 96, ESG Lok Post Halle
Stuff, Christian	A	11.08.1982	D	2006	28	2	102	6	SV Eintracht Trier 05, 1. FC Saarbrücken, SV Lichtenberg 47, SC Borussia 1920 Friedrichsfelde, SV Empor Berlin, SC Borussia 1920 Friedrichsfelde
Vuckovic, Nenad	S	20.12.1976	CRO	2007	1	0	9	1	Tennis Borussia Berlin, Hajduk Split, Varteks Varazdin, Hajduk Split, NK Drava
Wunderlich, Ingo	M	18.06.1986	D	2003	1	0	25	2	SFC Stern 1900 Berlin, 1. FC Schöneberg
Younga-Mouhani, Macchambes	M	01.08.1974	CGO	2007	27	3	102	23	Rot-Weiss Essen, SV Wacker Burghausen, SC Fortuna Köln, Fortuna Düsseldorf, Borussia Mönchengladbach, Schwarz-Weiß Düren, Diables Noirs de Brazzaville
Zschiesche, Markus	M	12.02.1982	D	2006	13	0	57	1	MSV 1919 Neuruppin, VfR Neumünster, SC Paderborn 07, Reinickendorfer Füchse, Hertha BSC Berlin

Trainer:

Name, Vorname	geb. am	Nat.	Zeitraum	Spiele 2007/08	frühere Trainerstationen
Neuhaus, Uwe	26.11.1959	D	01.07.2007 – lfd.	36	Rot-Weiss Essen, Borussia Dortmund Am., SG Wattenscheid 09, VfB Hüls

Zugänge:
Antunovic (eigene Junioren), Bemben (Rot-Weiss Essen), Gebhardt (1. FC Saarbrücken), Menz (eigene Junioren), Niendorf (eigene Junioren), Scharlau (II. Mannschaft), Spasskov (Holstein Kiel), Younga-Mouhani (Rot-Weiss Essen).
während der Saison:
Biran (SV Babelsberg 03), Heun (VfB Lübeck), Löring (FC Augsburg).

Abgänge:
Bauer (unbekannt), Bergner (Hallescher FC), Biermann (Tennis Borussia Berlin), Ehrcke (TSG Neustrelitz), Kaiser (FC Dresden 06), Koch (SV Böblingen), Mätschke (TSG Neustrelitz), Teixeira (Laufbahn beendet).
während der Saison:
Zschiesche (BFC Türkkiyemspor 1978), Vuckovic (Junak Sinj), Wunderlich (TSG Neustrelitz).

Fortsetzung 1. FC Union Berlin

Aufstellungen und Torschützen:

Sp	Datum	Gegner	Ergebnis	Bemben	Benyamina	Biran	Bönig	Gebhardt	Glinker	Göhlert	Heun	Hinz	Löring	Martins	Mattuschka	Menz	Patschinski	Ruprecht	Scharlau	Schulz	Spasskov	Spork	Streit	Stuff	Vuckovic	Wunderlich	Younga-M.	Zschiesche
				1	2	3	4	5	6	7	8	9	10	11	12	13	14	15	16	17	18	19	20	21	22	23	24	25
1	28.07.07 H	Fortuna Düsseldorf	0:1 (0:0)	X				A	X					A	X		X		E	X	X	X		X	E			A	E
2	08.08.07 A	Rot-Weiss Ahlen	1:3 (1:1)	X	X		X	X	X					A			X1		X		A		X			E		X	E
3	11.08.07 H	Borussia Dortmund II	2:1 (1:0)	X	X		X	A	X						X		A	X	E	X1	X			E				A	E
4	18.08.07 A	BSV Kickers Emden	0:1 (0:1)	X	X			X	X						X		X	X		X	A	A	E	E				E	A
5	21.08.07 A	Eintr. Braunschweig	5:3 (0:2)	X	X1			X	X	E					X2		A1	X		X	A	X		E				A	E
6	25.08.07 H	VfL Wolfsburg II	4:0 (3:0)	X	A1			X	X	E				E2	X		A	X		X		X	E					A1	X
7	05.09.07 H	SV Babelsberg 03	1:1 (1:0)	X	X			X	X	E				E	X		A1	X		X		X	X					A	X
8	09.09.07 A	FC Rot-Weiß Erfurt	0:2 (0:0)	X	X		E	A	X					E	X		X	X		X		X	E					A	A
9	21.09.07 H	Rot-Weiss Essen	2:2 (1:1)	X	E		X	X	X						A		X1	X	A	X		X1		X				E	
10	26.09.07 A	Wuppertaler SVB	3:4 (2:2)	X	X		A	X1	X	E					A		X1	X		X		X1		X				E	
11	29.09.07 H	SV Werder Bremen II	2:0 (1:0)	X	A1		X	A	X	X				E	A	E	X		X1		X		X						E
12	07.10.07 A	Energie Cottbus II	2:0 (2:0)	A	A1		X	X	X	X				E	X1	E			X		X	A	X						E
13	20.10.07 H	Hamburger SV II	2:1 (1:1)	X	A		X	X	X						X	E	A		X		X	X1	E	X					
14	27.10.07 A	SG Dynamo Dresden	1:0 (0:0)	X	A		X	A	X						X		X		X1	E	X	E							E
15	03.11.07 H	SC Verl	0:0 (0:0)	X	A		X	X	X						X		X	X		X		X	E						E
16	10.11.07 A	1. FC Magdeburg	1:1 (0:1)	X	X		A	X	X					A		X	X1		X	E		A	X					E	E
17	17.11.07 H	VfB Lübeck	4:3 (3:2)	X1	A		X		X	X	X			X			A2		X	E	E	E	X					A1	
18	23.11.07 A	RW Oberhausen	0:3 (0:1)	X	A		X	X	A						X		X	X		X		E	E	X					
19	01.12.07 H	Fortuna Düsseldorf	1:0 (0:0)	X	A	E	X	X	A					A	E		X1	E		X		X		X				X	
20	08.12.07 A	Rot-Weiss Ahlen	4:4 (3:1)		X	E	A	X						X1	A	A2	X		X	E	X1	E	X					X	
21	16.02.08 H	Borussia Dortmund II	1:1 (0:1)		E	E		X1	X	A		A		X		E	X	X		X		X						A	
22	23.02.08 H	BSV Kickers Emden	1:0 (1:0)	X	E	E	X	X	X	A		A		X		E	X1	E	A	X		X							
23	29.02.08 A	VfL Wolfsburg II	3:0 (3:0)		E		A	X1	X	A	A			X1	X1		X	X		X		X		E				E	
24	08.03.08 H	Eintr. Braunschweig	2:2 (0:2)	X	E		X	X1	X	X	X1				X		X					X		A					
25	16.03.08 A	SV Babelsberg 03	3:0 (2:0)	X	A	E	X	X	X	X	X2				X	E	X			A			X1					E	
26	22.03.08 H	FC Rot-Weiß Erfurt	1:1 (1:1)	X	X		X	X1	X	A		A				E	X	E		X		X							
27	06.04.08 A	Rot-Weiss Essen	3:0 (0:0)	X	E1	A1	X	X	X			A		A1			X			X		X		E				E	
28	12.04.08 H	Wuppertaler SVB	1:1 (1:0)	X	E	A	X	X	A			A			X	E		X1		X		E							
29	19.04.08 A	SV Werder Bremen II	0:1 (0:0)	A	E	A		X				A			X	X	E	X		X		X	E	X				X	
30	26.04.08 H	Energie Cottbus II	0:1 (0:1)	X	A	E	A	X	X					X		X	X	X		X		X		E					
31	04.05.08 A	Hamburger SV II	2:0 (2:0)	X	A2	X	A	X	X			E			A	E	E			X		X		A					
32	08.05.08 A	SG Dynamo Dresden	4:2 (2:1)	X	X	A3	X	X	A					X	E	E	E			X		X1		X					
33	11.05.08 A	SC Verl	3:2 (1:2)	X	X	A1	X	A	X			E		A			E	E1		X		X		X1					
34	17.05.08 H	1. FC Magdeburg	1:2 (0:1)	X	X		X	X	X					A			X1	E		X		X		X					
35	24.05.08 A	VfB Lübeck	7:3 (4:0)	X	E	X4	A	A	A					X	E	X2	X1			E		X		X					
36	31.05.08 H	RW Oberhausen	0:3 (0:2)	A	X		X	A	X	X				E	X	E	A	E				X		X					
		Spiele:		33	35	12	26	35	35	27	6	1	11	6	34	15	35	26	4	27	8	32	13	28	1	1	27	13
		Tore:		1	7	9	0	6	0	0	3	0	1	2	7	0	13	3	0	4	0	4	0	2	0	0	3	0

Gegnerische Eigentore im 3. Spiel (durch Hünemeier) und im 5. Spiel (durch Horacek).

Bilanz der letzten 10 Jahre:

Saison	Liga	Platz	Sp.	S	U	N	Tore	Pkt.
1997/98:	Regionalliga Nordost	6.	34	15	9	10	46–36	54
1998/99:	Regionalliga Nordost	6.	34	17	6	11	57–27	57
1999/00:	Regionalliga Nordost	1.	34	23	8	3	53–23	77
2000/01:	Regionalliga Nord	1.	36	21	10	5	62–23	73
2001/02:	2. Bundesliga	6.	34	16	8	10	61–41	56
2002/03:	2. Bundesliga	9.	34	10	15	9	36–48	45
2003/04:	2. Bundesliga	17.	34	8	9	17	43–53	33
2004/05:	Regionalliga Nord	19.	36	6	9	21	32–50	27
2005/06:	Oberliga Nordost, Gruppe Nord	1.	30	21	6	3	73–22	69
2006/07:	Regionalliga Nord	12.	36	13	9	14	45–39	48

Zuschauerzahlen:

Saison	gesamt	Spiele	Schnitt
1997/98:	25.387	17	1.493
1998/99:	43.802	17	2.577
1999/00:	67.096	17	3.947
2000/01:	101.798	18	5.655
2001/02:	159.127	17	9.360
2002/03:	142.750	17	8.397
2003/04:	126.996	17	7.470
2004/05:	83.348	18	4.630
2005/06:	88.544	15	5.903
2006/07:	122.703	18	6.817

Die meisten Regionalliga-Spiele:

Pl.	Name, Vorname	Spiele
1.	Persich, Tom	210
2.	Kosche, Oskar	164
3.	Bergner, David	149
4.	Härtel, Jens	130
	Nikol, Ronny	130
6.	Patschinski, Nico	122
7.	Boer, Torsten	97
8.	Küntzel, Marco	94
9.	Petrowsky, Daniel	92
10.	Menze, Steffen	90
	Schwanke, Jörg	90

Die besten Regionalliga-Torschützen:

Pl.	Name, Vorname	Tore
1.	Patschinski, Nico	38
2.	Barbarez, Sergej	31
3.	Menze, Steffen	29
4.	Boer, Torsten	28
5.	Teixeira, Daniel Loureiro	23
6.	Härtel, Jens	20
	Markov, Goran	20
8.	Benyamina, Karim	18
9.	Frackiewicz, Jacek	16
	Struck, Norman	16

Die Trainer der letzten Jahre:

Name, Vorname	Zeitraum
Wassiliev, Georgi	01.07.1999 – 11.10.2002
Tischanski, Ivan	12.10.2002 – 06.11.2002
Votava, Miroslav	06.11.2002 – 24.03.2004
Ristic, Aleksandar	24.03.2004 – 30.06.2004
Wormuth, Frank	01.07.2004 – 27.09.2004
Voigt, Werner	27.09.2004 – 08.12.2004
Hamann, Lothar	09.12.2004 – 19.12.2004
Lieberam, Frank	20.12.2004 – 09.12.2005
Wassiliev, Georgi	01.01.2006 – 05.04.2006
Schreier, Christian	06.04.2006 – 30.06.2007

Braunschweiger TSV Eintracht 1895

Anschrift:
Hamburger Straße 210
38112 Braunschweig
Telefon: (05 31) 23 23 00
eMail: eintracht@eintracht.com
Homepage: www.eintracht.com

Vereinsgründung: 15.12.1895 als FuCC Eintracht; seit 01.04.1949 Braunschweiger TSV Eintracht
Vereinsfarben: Blau-Gelb
Präsident: Sebastian Ebel
Geschäftsführer: Marc Arnold

Stadion: Städtisches Stadion an der Hamburger Straße (23.500)

Größte Erfolge: Deutscher Meister 1967; Qualifikation zur Bundesliga 1963; Viertelfinale im Europapokal der Landesmeister 1968; Meister der Regionalliga Nord 1974 (↑) und 2005 (↑); Aufstiegsrunde zur Bundesliga 1981 (↑); Meister der Amateur-Oberliga Nord 1988 (↑); Aufsteiger in die 2. Bundesliga 2002

Aufgebot:

Name, Vorname	Pos	geb. am	Nat.	seit	2007/08 Sp.	T.	gesamt Sp.	T.	frühere Vereine
Brinkmann, Dennis	M	22.11.1978	D	2005	23	1	124	9	TSV Alemannia Aachen, Rot-Weiss Essen, Borussia Dortmund, SG Wattenscheid 09, TuS 84/10 Essen
Bröcker, Fabian	A	15.04.1983	D	2008	4	0	88	3	SVgg 07 Elversberg, FC Erzgebirge Aue, Hamburger SV, FC St. Pauli, Holstein Kiel, ETSV Gut Heil Neumünster
Danneberg, Tim	M	23.04.1986	D	2007	30	4	37	4	DSC Arminia Bielefeld, Union Minden
Dogan, Deniz	A	20.10.1979	TUR	2007	26	1	161	12	VfB Lübeck, VfL Osnabrück, Hamburger SV, Eichholzer SV, Phönix Lübeck, TSV Siems
Fejzic, Jasmin	T	15.05.1986	BIH	2007	9	0	12	0	SpVgg Greuther Fürth, SV Stuttgarter Kickers, TSV Eltingen
Fuchs, Benjamin	M	20.10.1983	AUT	2007	14	2	34	2	SV Wehen Taunusstein, SpVgg Greuther Fürth, 1. FC Nürnberg
Fuchs, Lars	S	21.06.1982	D	1999	23	10	74	16	FG 16 Vienenburg/Wiedelah
Gundelach, Sebastian	A	17.09.1982	D	2007	16	0	85	2	BSV Kickers Emden, SV Meppen, SV Wilhelmshaven, 1. SC Göttingen 05, SVG Einbeck, TSV Schönhagen
Hauk, Stefan	S	27.01.1980	D	2003	10	0	10	0	VfL Wolfsburg, Braunschweiger SC
Henn, Matthias	A	28.04.1985	D	2007	21	2	57	2	1. FC Kaiserslautern, SG Blaubach-Diedelkopf, JSG Unnertal Berschweiler
Horacek, Martin	A	21.06.1980	CZE	2007	17	1	17	1	Sigma Olomouc, Chmel Blsany, Dolni Kounice, FC Ivancice, Zeman Rosice, Zeman Brno
Horn, Adrian	T	07.10.1983	D	2007	25	0	50	0	Holstein Kiel, Hamburger SV, SC Victoria Hamburg, Niendorfer TSV, Eimsbütteler TV
Koitka, Kai	M	30.09.1981	D	2007	13	1	52	7	MSV Duisburg, SG Wattenscheid 09, DJK TuS Hordel
Kruppke, Dennis	S	01.04.1980	D	2008	11	1	91	20	SC Freiburg, VfB Lübeck, FC Dornbreite Lübeck, SC Oly. Bad Schwartau, VfL Vorwerk
Kumbela, Dominick	M	20.04.1984	CGO	2008	14	2	93	19	FC Rot-Weiß Erfurt, 1. FC Kaiserslautern, FK 03 Pirmasens, TuS DJK Pirmasens, FC Rodalben
Lauenstein, Nico	T	12.01.1986	D	2004	0	0	0	0	Hertha BSC Berlin, VfR Osterode, SV Scharzfeld
Lenze, Christian	M	26.04.1977	D	2007	24	1	126	24	FC Erzgebirge Aue, Eintracht Frankfurt, VfL Osnabrück, SV Werder Bremen, BSV Kickers Emden, 1. FC Magdeburg
Nastase, Valentin Vasile	A	04.10.1974	ROU	2008	12	5	12	5	Dinamo Bukarest, Ascoli Calcio, FC Bologna, US Palermo, FC Genua 1893, Dinamo Bukarest, FC Arges Pitesti, Gloria Bistrita, Aripi Pitesti
Oehrl, Torsten	S	07.01.1986	D	2007	31	8	31	8	SpVgg Greuther Fürth, 1. FC Eintracht Bamberg, SV Hallstadt, SV Memmelsdorf
Peters, Philipp	M	16.03.1988	D	2005	5	0	5	0	VfL Wolfsburg, SSV Vorsfelde
Pfitzner, Marc	M	28.08.1984	D	2005	17	0	17	0	Freie Turnerschaft Braunschweig, SV Broitzem, TSV Frisch Auf Timmerlah, Eintracht Braunschweig, Türkischer SV Braunschweig, SC Victoria Braunschweig
Reichel, Ken	A	19.12.1986	D	2007	7	0	42	2	Hamburger SV, SV Tasmania Gropiusstadt 1973, TSV Rudow
Ristic, Sreto	S	07.02.1976	SRB	2007	16	1	83	14	Grasshopper-Club Zürich, VfB Stuttgart, Guangzhou FC, 1. FC Union Berlin, SSV Ulm 1846, SC Campomaiorense, VfB Stuttgart, SSV Reutlingen 05, Dinamo Zagreb, Progoneskij
Rodrigues, Kosta	M	12.08.1979	D	2004	24	2	206	10	1. FC Saarbrücken, Hannover 96, Eintracht Braunschweig, SC Weismain, VfB Stuttgart, Eintracht Frankfurt, DJK SG Eintracht Rüsselsheim
Schembri, André	S	27.05.1986	MLT	2007	29	8	29	8	Marsaxlokk FC, Hibernians FC Malta
Washausen, Jan	M	12.10.1988	D	2006	14	1	14	1	SCW Göttingen, 1. SC Göttingen 05, Nikolausberger SC
Wehlage, Holger	M	03.07.1976	D	2007	15	2	77	12	Rot-Weiss Essen, MSV Duisburg, SV Werder Bremen, 1. FC Union Berlin, SV Werder Bremen, FC St. Pauli, VfB Lübeck, SV Meppen
Yildirim, Ramazan	M	07.09.1975	TUR	2007	24	0	292	25	Offenbacher FC Kickers, Rot-Weiss Essen, SSV Jahn 2000 Regensburg, VfB Lübeck, Sportfreunde Ricklingen, TuS Celle, VfL Wolfsburg, Eintracht Braunschweig, TSV Arminia Vöhrum, MTV Vater Jahn Peine

Trainer:

Name, Vorname	geb. am	Nat.	Zeitraum	Spiele 2007/08	frühere Trainerstationen
Möhlmann, Benno	01.08.1954	D	01.07.07 – 12.05.08	33	SpVgg Greuther Fürth, DSC Arminia Bielefeld, SpVgg Greuther Fürth, Eintracht Braunschweig, Hamburger SV
Lieberknecht, Torsten	01.08.1973	D	12.05.08 – lfd.	3	Eintracht Braunschweig A-Junioren u. Jugendkoordinator

Zugänge:
Danneberg (DSC Arminia Bielefeld), Dogan (VfB Lübeck), Fejzic (SpVgg Greuther Fürth), B. Fuchs (SV Wehen Wiesbaden), Gundelach (BSV Kickers Emden), Hauk (II. Mannschaft), Henn (1. FC Kaiserslautern), Horn (Holstein Kiel), Koitka (MSV Duisburg), Oehrl (SpVgg Greuther Fürth), Peters (eigene Junioren), Reichel (Hamburger SV II), Ristic (Grasshopper-Club Zürich), Schembri (Marsaxlokk FC), Washausen (eigene Junioren), Wehlage (Rot-Weiss Essen).
während der Saison:
Bröcker (SVgg 07 Elversberg), Kruppke (SC Freiburg), Kumbela (FC Rot-Weiß Erfurt), Lenze (FC Erzgebirge Aue), Pfitzner (II. Mannschaft), Yildirim (Offenbacher FC Kickers).

Abgänge:
Atem, Bick und Siegert (SV Wehen Wiesbaden), Banecki (SV Werder Bremen), Barukcic (NK Slavonac CO), Cimen (Eintracht Frankfurt), Golban (Ceahlaul Piatra Neamt), Grimm (1. FC Kaiserslautern II), Holsing (DSC Arminia Bielefeld), Huber (Hamburger SV II), Husterer (FSV Frankfurt), Jülich (1. FC Saarbrücken), Kastrati (Fortuna Düsseldorf), Kunze und Rische (Laufbahn beendet), Leozinho (PAE Olympiakos Piräus), Lieberknecht (Laufbahn beendet; Trainer A-Junioren), Nurednoski (Lokomotive Plovdiv), Otacilio (Desportiva Sao Caetano), Ratkovic (NK Samobor), Schweinsteiger (VfB Lübeck), Stuckmann (TSV Alemannia Aachen), Wegner (VfB Oldenburg), Weiland (SV Waldhof 07 Mannheim), Zikovic (NK Pula).
während der Saison:
Horacek und Koitka (II. Mannschaft).

Fortsetzung Braunschweiger TSV Eintracht 1895

Aufstellungen und Torschützen:

Sp	Datum		Gegner	Ergebnis	Brinkmann	Bröcker	Danneberg	Dogan	Fejzic	Fuchs B.	Fuchs L.	Gundelach	Hauck	Henn	Horacek	Horn	Koitka	Kruppke	Kumbela	Lenze	Nastase	Oehrl	Peters	Pfitzner	Reichel	Ristic	Rodrigues	Schembri	Washausen	Wehlage	Yildirim
					1	2	3	4	5	6	7	8	9	10	11	12	13	14	15	16	17	18	19	20	21	22	23	24	25	26	27
1	28.07.07	H	BSV Kickers Emden	0:1 (0:1)		A	X	X	E	X	X	E		X			E					X			A	X	X			A	
2	31.07.07	A	VfL Wolfsburg II	2:3 (1:1)		X1	X	X	E	A	X			X1		E						A			X	X	X	E		A	
3	17.08.07	H	SV Babelsberg 03	1:3 (1:0)	X		X	X		A	A	E	X	X					A			E			X		X	E	X		
4	21.08.07	H	1. FC Union Berlin	3:5 (2:0)	A		X	X		X1	A	E	X1	X					A			E			X1			E	X		
5	24.08.07	A	FC Rot-Weiß Erfurt	2:2 (1:0)	X		A1	A	X		A1	X		X	X		E					E			X	E			X		
6	05.09.07	A	Rot-Weiss Essen	0:0 (0:0)	X		A	X	X		A	X		X	X		E			A		E			X		E		X		
7	08.09.07	H	Wuppertaler SVB	1:4 (0:2)	X		A	A	X		X	X		X	X		E			X		E			A	E			X1		
8	14.09.07	A	SV Werder Bremen II	1:1 (0:0)			A	X	X	E	X			X	X		E			X		E					A	A	X1		X
9	21.09.07	H	Energie Cottbus II	5:0 (1:0)	X		A1	X			X		X1		X	E1			X			E			A	E	X2		A		X
10	26.09.07	A	Hamburger SV II	1:1 (0:1)	X		X	A1	X			X	E	X	A				X			X			E	E	A				X
11	30.09.07	H	SG Dynamo Dresden	3:2 (2:1)	X		X	X		A		E		X	X	E		X1	X2		E					A			X	A	
12	06.10.07	H	SC Verl	2:0 (1:0)	X		X	X			X	E		X	X	E		X	A2	E						A			X	A	
13	20.10.07	H	1. FC Magdeburg	1:1 (1:0)			X	X	X			X	E					A	X1		E	X			E	A			X	A	
14	24.10.07	A	VfB Lübeck	0:0 (0:0)							X			X	X	E		X	A		E	X	E			A			X	A	
15	03.11.07	H	RW Oberhausen	2:1 (0:0)	X						X	E		X	X	E		A	X		X				E1	A1			X	A	
16	11.11.07	H	Fortuna Düsseldorf	1:1 (1:0)	X		A	X					X	X	X			X			X	E	E	A	A1				X	E	
17	17.11.07	A	Rot-Weiss Ahlen	0:2 (0:1)	X				X	A	E	A	X	X	A				X	E	X	X			E						
18	24.11.07	A	Bor. Dortmund II	0:1 (0:0)	X				E	E		E	X	X					X			X			X	X	A	A			
19	30.11.07	H	BSV Kickers Emden	1:0 (0:0)	X		X	X		E	E		X		X				X	A	A					A	E	X			A
20	08.12.07	H	VfL Wolfsburg II	3:1 (2:1)	A			A			A2		X	E	X					X	E	X			E	X	X1	X			X
21	24.02.08	A	SV Babelsberg 03	2:1 (1:0)	X		E			A			X				X	E	A	X1		X				E	A	X1			X
22	01.03.08	H	FC Rot-Weiß Erfurt	3:2 (2:1)	X		E			X1	X1		X				X	E	X	X1		A									X
23	08.03.08	A	1. FC Union Berlin	2:2 (2:0)	X		X			X2			X				A	E	X	E	X					A					X
24	15.03.08	A	Rot-Weiss Essen	2:1 (0:1)			X		A	X			X				X1	E	A	E						E1	X	A			X
25	28.03.08	H	SV Werder Bremen II	0:0 (0:0)	X	E	X	X		A			X				X	E	A	E	X					E	X				
26	04.04.08	A	Energie Cottbus II	2:3 (1:1)	A	X	E	X		X1			X				X	E	X	X1	A				E	A					
27	09.04.08	A	Wuppertaler SVB	1:1 (0:0)		X	X	X	E				X				A	X		X		E				X	A1				X
28	12.04.08	A	Hamburger SV II	2:1 (1:1)		X	A	X	X	X	E		X					X1		X1	E	X				X	A				X
29	19.04.08	A	SG Dynamo Dresden	1:1 (0:0)		X	X		X	A1			X				A	E	X	X	E				E	E					X
30	26.04.08	A	SC Verl	3:2 (3:1)		A	X		X1				X				X	E	X	A1	E				E	X	A1	X			X
31	03.05.08	H	1. FC Magdeburg	1:1 (0:0)	A1		E	X		A			X				E	X	E	X	X				X	A					X
32	06.05.08	H	VfB Lübeck	3:3 (0:1)	X				E1			X	X				X	A	E	X1	A				E	X	A1	X			X
33	09.05.08	A	RW Oberhausen	0:2 (0:1)	A				X	E	E		X				A		X	X	E	X			X	A					X
34	17.05.08	A	Fortuna Düsseldorf	1:1 (1:1)		X1		A		X	E		X				E		X	A	X				X	A	E				X
35	24.05.08	A	Rot-Weiss Ahlen	1:0 (0:0)	X		A		A	E	X		X				E	X	A	X1		X			E	X					X
36	31.05.08	H	Bor. Dortmund II	2:0 (0:0)	X		X		A	E	A		X				X	X1	A	X1	E				X		E				X
	Spiele:				23	4	30	26	9	14	23	16	10	21	17	25	13	11	14	24	12	31	5	17	7	16	24	29	14	15	24
	Tore:				1	0	4	1	0	2	10	0	0	2	1	0	1	1	2	5	8	0	0	0	1	2	8	1	2	0

Gegnerische Eigentore im 3. Spiel (durch Neumann) und im 19. Spiel (durch Spahic).

Bilanz der letzten 10 Jahre:

Saison	Liga	Platz	Sp.	S	U	N	Tore	Pkt.
1997/98:	Regionalliga Nord	2.	34	26	4	4	70–24	82
1998/99:	Regionalliga Nord	3.	34	18	10	6	71–42	64
1999/00:	Regionalliga Nord	3.	34	20	9	5	69–28	69
2000/01:	Regionalliga Nord	8.	36	13	10	13	55–43	49
2001/02:	Regionalliga Nord	2.	34	19	7	8	60–29	64
2002/03:	2. Bundesliga	15.	34	8	10	16	33–53	34
2003/04:	Regionalliga Nord	6.	34	15	7	12	49–42	52
2004/05:	Regionalliga Nord	1.	36	20	10	6	59–35	70
2005/06:	2. Bundesliga	12.	34	13	4	17	37–48	43
2006/07:	2. Bundesliga	18.	34	4	11	19	20–48	23

Zuschauerzahlen:

Saison	gesamt	Spiele	Schnitt
1997/98:	156.070	17	9.181
1998/99:	126.759	17	7.456
1999/00:	136.823	17	8.048
2000/01:	179.876	18	9.993
2001/02:	202.674	17	11.922
2002/03:	248.087	17	14.593
2003/04:	180.800	17	10.635
2004/05:	245.100	18	13.617
2005/06:	308.800	17	18.165
2006/07:	266.400	17	15.671

Die meisten Regionalliga-Spiele:

Pl.	Name, Vorname	Spiele
1.	Kohn, Thorsten	166
2.	Hain, Matthias	164
	Pfannkuch, Thomas	164
4.	Rodrigues, Kosta	148
5.	Kolakovic, Milos	136
6.	Fokin, Sergej	129
7.	Vandreike, Ingo	118
8.	Küpper, Markus	104
9.	Zimmermann, Uwe	102
10.	Weisheit, Roland	100

Die besten Regionalliga-Torschützen:

Pl.	Name, Vorname	Tore
1.	Kolakovic, Milos	50
2.	Weetendorf, Dirk	37
3.	Koctürk, Özkan	24
	Kuru, Ahmet	24
5.	Maric, Leo	21
6.	Teixeira, Daniel L.	19
7.	Thomas, Jacob	18
8.	Boy, Sven	16
	Fuchs, Lars	16
	Graf, Daniel	16
	Kienert, Uwe	16

Die Trainer der letzten Jahre:

Name, Vorname	Zeitraum
Hain, Uwe	18.05.2001 – 30.06.2001
Vollmann, Peter	01.07.2001 – 20.10.2002
Zanter, Peter	21.10.2002 – 24.10.2002
Reinders, Uwe	24.10.2002 – 02.03.2004
Loos, Wolfgang	02.03.2004 – 14.03.2004
Krüger, Michael	15.03.2004 – 04.10.2006
Kronhardt, Willi	05.10.2006 – 16.10.2006
Vasic, Djuradj	17.10.2006 – 14.11.2006
Reimann, Willi	15.11.2006 – 20.03.2007
Demuth, Dietmar	21.03.2007 – 30.06.2007

SV Werder Bremen von 1899 II

Anschrift:
Franz-Böhmert-Straße 1c
28205 Bremen
Telefon: (01 80) 5 93 73 37
eMail: info@werder.de
Homepage: www.werder.de

Vereinsgründung: 04.02.1899; bis 19.01.1920 FV Werder Bremen; 1945 aufgelöst; Neugründung 25.03.1946

Vereinsfarben: Grün-Weiß
Geschäftsführung: Klaus-Dieter Fischer
Team-Manager: Rainer Jördens

Stadion: Weserstadion, Platz 11 (5.500) und Weserstadion (42.358)

Größte Erfolge: Deutscher Amateurmeister 1966, 1985, 1991; Meister der Amateur-Oberliga Nord 1982, 1984; Bremer Meister 1957, 1962, 1967, 1968, 1976 (↑)

Aufgebot:

Name, Vorname	Pos	geb. am	Nat.	seit	2007/08 Sp.	2007/08 T.	gesamt Sp.	gesamt T.	frühere Vereine
Artmann, Kevin	M	21.04.1986	D	2001	32	7	91	24	FC Bayern München, SV Werder Bremen, SG Schwarz-Weiß Oldenburg
Bärje, Patrick	S	04.03.1986	D	1995	4	0	7	0	TS Woltmershausen
Banecki, Francis	A	17.07.1985	D	2007	0	0	52	4	Eintracht Braunschweig, SV Werder Bremen, Tennis Borussia Berlin, Hertha BSC Berlin, Reinickendorfer Füchse, SC Tegel
Bargfrede, Philip	M	03.03.1989	D	2004	4	0	4	0	TuS Heeslingen
Bischoff, Amaury	M	31.03.1987	FRA	2005	1	0	62	6	Racing Club Straßburg, SR Colmar
Diekmeier, Dennis	M	20.10.1989	D	2003	4	0	4	0	TSV Verden, TSV Bierden
Erdem, Alparslan	A	11.12.1988	D	2003	34	0	37	0	TuS Blau-Weiß Lohne, SC Sportfreunde Niedersachsen Vechta, TuS Lutten, 1. FC Varenesch
Fickentscher, Kevin	T	06.07.1988	SUI	2004	2	0	2	0	FC Lausanne-Sports, FC Rolle
Gänge, Toni	A	27.01.1988	D	2007	11	0	11	0	FC Energie Cottbus, SV Schwarz-Rot Neustadt/Dosse
Granskov-Hansen, Andreas	S	05.03.1989	DEN	2006	5	1	5	1	Akademik Boldklub Kopenhagen, Törveparken Sportsklub
Grundt, Julian	M	21.06.1988	D	2004	18	2	18	2	Heider SV
Harnik, Martin	S	10.06.1987	AUT	2006	12	3	46	12	SC Vier- und Marschlande
Heider, Marc	S	18.05.1986	D	2006	34	9	83	17	VfL Osnabrück, TuS Recke
Hessel, Alexander	A	26.05.1988	D	2005	20	2	29	2	FC Tollense Neubrandenburg, PSV Röbel/Müritz
Holsing, Finn	A	09.08.1983	D	2007	28	0	49	2	Eintracht Braunschweig, DSC Arminia Bielefeld, SVE Börninghausen, BSC Blasheim
Johrden, Thomas	M	28.03.1987	D	2001	0	0	3	0	SV Rot-Weiß Scheeßel
Jürgen, Michael	T	12.09.1973	D	2002	0	0	115	0	SC Preußen 06 Münster, SV Werder Bremen, SV Arminia Hannover, Hannoverscher SC
Klasnic, Ivan	S	29.01.1980	CRO	2001	1	0	7	3	FC St. Pauli, TSV Stellingen 88, SC Union 03 Hamburg
Kruse, Max	M	19.03.1988	D	2006	33	2	45	2	SC Vier- und Marschlande, TSV Reinbek
te Loeke, Robbert	T	01.12.1988	NED	2008	0	0	0	0	FC Utrecht
Löning, Frank	S	28.08.1981	D	2006	28	12	54	17	SV Wilhelmshaven, BSV Kickers Emden, TuS Esens, SV Wallinghausen, SpVg Aurich, SV Wallinghausen
Lohmeier, Robert	A	28.07.1988	D	2004	0	0	0	0	SV Tasmania Gropiusstadt 1973, FC Hertha 03 Zehlendorf, VfB Lichterfelde, Berliner SV 92, BSC Reinickendorf
Mandic, Marin	A	11.08.1988	BIH	2007	1	0	1	0	SC Concordia Hamburg, VfL Lohbrügge, SC Croatia Hamburg
Mielitz, Sebastian	T	17.08.1989	D	2005	15	0	15	0	FC Energie Cottbus, MSV 1919 Neuruppin, Oranienburger FC Eintracht
Mohr, Florian	A	25.08.1984	D	2004	29	0	122	0	SC Concordia Hamburg, SC Eilbek
Neumann, Alexander	S	13.08.1989	D	2003	7	1	7	1	TSV Verden, TSV Uesen
Niemeyer, Peter	A	22.11.1983	D	2007	6	0	9	0	FC Twente Enschede, SV Borussia Emsdetten, SV Teuto Riesenbeck
Peitz, Dominic	M	11.09.1984	D	2005	28	4	107	12	SC Paderborn 07, DJK Blau-Weiß Geseke, Schwarz-Weiß Overhagen
Pellatz, Nico	T	08.07.1986	D	2007	18	0	54	0	Hertha BSC Berlin, SV Tasmania Gropiusstadt 1973, SV Blau Weiss Berlin
Ronneburg, Stefan	S	07.02.1989	D	2007	8	0	8	0	FC Sachsen Leipzig, VfB Leipzig, LSG Löbnitz
Schindler, Kevin	M	21.05.1988	D	1999	25	7	38	10	Delmenhorster TB
Schmidt, Dominik	A	01.07.1987	D	2006	24	2	39	3	SV Tasmania Gropiusstadt 1973, Nordberliner SC, Reinickendorfer Füchse, 1. FC Lübars
Schmidt, Kenny	S	26.05.1987	D	2006	6	0	51	4	Chemnitzer FC, FV Krokusblüte Drehbach
Stallbaum, Sandro	A	14.09.1981	D	2003	31	0	153	2	TSG Neustrelitz, FC Tollense Neubrandenburg, FC Neubrandenburg, 1. FC Lübars, ASV Neubrandenburg
Theuerkauf, Norman	A	24.01.1987	D	2003	7	0	52	2	FC Carl Zeiss Jena, SV Germania Heringen
Vander, Christian	T	24.10.1980	D	2005	1	0	48	0	VfL Bochum, KFC Uerdingen 05, Borussia Mönchengladbach

Trainer:

Name, Vorname	geb. am	Nat.	Zeitraum	Spiele 2007/08	frühere Trainerstationen
Wolter, Thomas	04.10.1963	D	01.07.2002 – lfd.	36	SV Werder Bremen (Junioren)

Zugänge:
Banecki (Eintracht Braunschweig), Fickentscher (eigene Junioren), Gänge (FC Energie Cottbus Junioren), Grundt (eigene Junioren), Holsing (Eintracht Braunschweig), Lohmeier (eigene Junioren), Mandic (SC Concordia Hamburg), Mohr (Bundesliga-Kader).

während der Saison:
te Loeke (FC Utrecht).

Abgänge:
Artmann, Harnik und Schindler (Bundesliga-Kader), Halke (III. Mannschaft), Möllering (KFC Uerdingen 05), Pflug (BV Cloppenburg), Rockenbach da Silva (FC Rot-Weiß Erfurt), Schachten (Borussia Mönchengladbach), Schierenbeck (Laufbahn beendet), Wild (TSV Lesum-Burgdamm), Ziehmer (Holstein Kiel).

während der Saison:
Jankowski (FC St. Pauli II), te Loeke (Vertrag aufgelöst), K. Schmidt (FC Energie Cottbus II), Theuerkauf (Eintracht Frankfurt II).

Fortsetzung SV Werder Bremen von 1899 II

Aufstellungen und Torschützen:

Sp	Datum	Gegner	Ergebnis	Artmann	Bärje	Bargfrede	Bischoff	Diekmeier	Erdem	Fickentscher	Gänge	Granskov-H.	Grundt	Harnik	Heider	Hessel	Holsing	Klasnic	Kruse	Löning	Mandic	Mielitz	Mohr	Neumann	Niemeyer	Peitz	Pellatz	Ronneburg	Schindler	Schmidt D.	Schmidt K.	Stallbaum	Theuerkauf	Vander
1	08.08.07 A	VfB Lübeck	0:3 (0:2)	X					A				A	X		X		E		X					X		A	X			X	E	X	E	
2	11.08.07 H	RW Oberhausen	3:2 (2:0)	A					X					X2	X		X	X		X					X		X1	X			X	E	X		
3	18.08.07 A	Fort. Düsseldorf	0:2 (0:0)						X		E			X	X		X	X		X					X	X					X	A	X		
4	22.08.07 H	1. FC Magdeburg	3:0 (1:0)	A1					A					X1	X		X	X		X					X	X			A1	E	E	X	E	
5	25.08.07 H	Rot-Weiss Ahlen	0:0 (0:0)	X					A					X	X	X		X	X		X	E			X	X					A		E		
6	01.09.07 A	Bor. Dortmund II	4:1 (3:0)	A		E		X		E	E			X1	X		X	A2		X	X1				A	X									
7	09.09.07 A	VfL Wolfsburg II	0:1 (0:1)	X					X					X	X	X		X	X				E	X	X	X	A								
8	14.09.07 H	Etr. Braunschweig	1:1 (0:0)	X					E					X	X	X		X	X1			A				X				X	E	X	A	
9	22.09.07 A	SV Babelsberg 03	2:1 (2:0)	X	E				A			A1		A1	X	X		X				E			X	X			X			X	E		
10	26.09.07 H	FC Rot-Weiß Erfurt	1:2 (1:1)	X1					X				A	E	E	X		X	A		X				X	E	X			X	A	X			
11	29.09.07 A	1. FC Union Berlin	0:2 (0:1)	X	E				X	E	E			X	X	A		X				A	X			X					X				
12	07.10.07 H	Rot-Weiss Essen	0:4 (0:2)						A				E	X	X		X	A		X					X		X	X			X	E			
13	10.10.07 H	Kickers Emden	2:1 (2:0)	A					A					X1	X		X	X1		X					X	X			X	E		X	E		
14	19.10.07 A	Wuppertaler SVB	2:0 (1:0)	A					H		E	X1	A1	X		X	E			X					X	X			A	E		X			
15	04.11.07 H	Energie Cottbus II	3:1 (0:1)	A					X			X1	E1	A	X	A	X	E1							X	X			X	E		X			
16	10.11.07 A	Hamburger SV II	2:0 (0:0)	A	E				X				E	X	A		X	X1	X						X				X1	X		X			
17	17.11.07 H	Dynamo Dresden	1:2 (0:1)	X1					X				E	X	E		X	X				A			X	X			X			A			
18	24.11.07 A	SV Verl	3:0 (2:0)	X1					X		E	E		X	E		X	A	X2		X	A			X					A		X			
19	01.12.07 A	1. FC Magdeburg	1:1 (0:0)	X					X			E		A	X		X1	X	X						X			X				X			
20	08.12.07 H	VfB Lübeck	3:2 (1:1)	A					X				A	E	X		X	X1			X			X1	X			X1	X		X1	E			
21	16.02.08 A	RW Oberhausen	2:1 (0:0)	A			E	X				X1		X	E		X	X1			X				X	E	X		A			A			
22	23.02.08 H	Fortuna Düsseldorf	2:0 (1:0)	A					A				X	E	E		A	X1	X						X				X	X1	E		X		
23	29.02.08 A	Rot-Weiss Ahlen	2:4 (2:3)	A			E		E		E		E	X	X	A	A	X1	X		X								X	X	X1				
24	08.03.08 H	Bor. Dortmund II	3:1 (1:0)	A1					X				E	X1			X	X	X		X					X			X	X1	X				
25	14.03.08 A	Kickers Emden	1:2 (0:0)	A				X	X					X	E			X								X			E	X1	X	A			
26	20.03.08 H	VfL Wolfsburg II	3:0 (1:0)	A					X		E		X1	E			X	A			A			X	X1		X	X1	E						X
27	28.03.08 A	Etr. Braunschweig	0:0 (0:0)	A					X					X			X	X			X				X	X	E		X			X			
28	05.04.08 H	SV Babelsberg 03	0:0 (0:0)						X			A		X	X		X	X			X	E	X	X					X			X			
29	12.04.08 A	FC Rot-Weiß Erfurt	1:3 (0:3)	A		E			X		E			X	X	E1	X				X				X	X				X	A	A			
30	19.04.08 H	1. FC Union Berlin	1:0 (0:0)	A1					X					X		E	X		X	E			A	X		X			X			X			
31	25.04.08 A	Rot-Weiss Essen	0:3 (0:2)	X		E		X	X				E	X		E			A	A	X				X				X			A			
32	04.05.08 H	Wuppertaler SVB	2:1 (2:1)	A				X	X			E	X1	E		X	X1		A		X				X			X				X			
33	14.05.08 A	Energie Cottbus II	0:1 (0:0)	X					X			E		X	X		X	X			X				X				A			X			
34	18.05.08 H	Hamburger SV II	2:0 (2:0)	A1		E			X		X	E	E	X	A		A				X			X				X1			X			
35	24.05.08 A	Dynamo Dresden	2:0 (2:0)		E	E						X	X	X			X		X1		X	A			X				A	X1	X				
36	31.05.08 H	SC Verl	0:2 (0:1)	X				X	X	A		E		X	X		X			E		A			A				X	E	X				
Spiele:				32	4	4	1	4	34	2	11	5	18	12	34	20	28	1	33	28	1	15	29	7	6	28	18	8	25	24	6	31	7	1
Tore:				7	0	0	0	0	0	0	0	1	2	3	9	2	0	0	2	12	0	0	0	0	1	0	4	0	0	7	2	0	0	0	0

Die Heimspiele gegen 1. FC Magdeburg und Eintracht Braunschweig fanden im Weserstadion statt.

Bilanz der letzten 10 Jahre:

Saison	Liga	Platz	Sp.	S	U	N	Tore	Pkt.
1997/98	Regionalliga Nord	4.	34	20	5	9	91–52	65
1998/99	Regionalliga Nord	4.	34	17	5	12	81–54	56
1999/00	Regionalliga Nord	5.	34	18	9	7	68–38	63
2000/01	Regionalliga Nord	15.	36	12	9	15	49–53	45
2001/02	Regionalliga Nord	10.	34	12	10	12	50–51	46
2002/03	Regionalliga Nord	6.	34	13	11	10	59–53	50
2003/04	Regionalliga Nord	5.	34	16	7	11	55–44	55
2004/05	Regionalliga Nord	14.	36	11	9	16	48–57	42
2005/06	Regionalliga Nord	12.	36	11	10	15	46–47	43
2006/07	Regionalliga Nord	8.	36	15	7	14	53–47	52

Zuschauerzahlen:

Saison	gesamt	Spiele	Schnitt
1997/98	11.245	17	662
1998/99	7.200	17	424
1999/00	8.627	17	507
2000/01	11.900	18	661
2001/02	14.550	17	856
2002/03	12.200	17	718
2003/04	19.386	17	1.140
2004/05	13.896	18	772
2005/06	14.807	18	823
2006/07	20.100	18	1.117

Die meisten Regionalliga-Spiele:

Pl.	Name, Vorname	Spiele
1.	Fütterer, Danny	311
2.	Schierenbeck, Björn	291
3.	Barten, Mike	158
4.	Stallbaum, Sandro	122
5.	Harttgen, Uwe	144
6.	Spasskow, Alexej	128
7.	Lellek, Jens	122
	Mohr, Florian	122
9.	Borel, Pascal	120
10.	Achilles, Kai	111

Die besten Regionalliga-Torschützen:

Pl.	Name, Vorname	Tore
1.	Harttgen, Uwe	57
2.	van Lent, Arie	43
3.	Schierenbeck, Björn	40
4.	Seidel, Sören	37
5.	Mamoum, Blaise	28
6.	Artmann, Kevin	24
	Haedo Valdez, Nelson	24
8.	Kuru, Ahmet	22
	Wojcik, Sebastian	22
	Zimin, Sergey	22

Die Trainer der letzten Jahre:

Name, Vorname	Zeitraum
Fischer, Karl	01.07.1974 – 30.06.1978
Wollny, Willi	01.07.1978 – 19.03.1979
Jagielski, Helmut	20.03.1979 – 30.06.1980
Kamp, Karl-Heinz	01.07.1980 – 30.06.1983
Dräger, Reinhard	01.07.1983 – 30.06.1984
Kamp, Karl-Heinz	01.07.1984 – 23.07.1995
Schaaf, Thomas	24.07.1995 – 09.05.1999
Wolter, Thomas	10.05.1999 – 30.06.1999
Neubarth, Frank	01.07.1999 – 07.01.2002
Werner, Wolf	09.01.2002 – 30.06.2002

FC Energie Cottbus II

Anschrift:
Am Eliaspark 1
03042 Cottbus
Telefon: (03 55) 75 69 50
eMail: info@fcenergie.de
Homepage: www.fcenergie.de

Vereinsgründung: 19.04.1963 als SC Cottbus; Fußballabteilung als BSG Energie Cottbus eigenständig seit 31.01.1966; als FC gegr. 02.07.1990

Vereinsfarben: Rot-Weiß
Präsident: Ulrich Lepsch
Leiter Amateurabt.: Detlef Ullrich

Stadion: Stadion der Freundschaft (22.450) und Stadion an der Lipezker Straße (7.000)

Größte Erfolge: Meister der Amateur-Oberliga Nordost-Süd 2007 (↑); Landesmeister Brandenburg 1998; Landespokalsieger Brandenburg 1998 und 2001; Bezirksmeister Cottbus 1975, 1977 und 1979

Aufgebot:

Name, Vorname	Pos	geb. am	Nat.	seit	2007/08 Sp.	T.	gesamt Sp.	T.	frühere Vereine
Aloneftis, Efstathios	M	29.03.1983	CYP	2007	2	0	2	0	AE Larisa, Omonia Nikosia
Arifi, Jeton	S	02.06.1985	D	2007	10	0	65	6	FC St. Pauli, FC Teutonia 05 Ottensen
Bandrowski, Tomasz	M	18.06.1984	POL	2003	14	1	14	1	SKS Gwarek Zabrze, LZS Pawłowiczki
Bankert, Silvio	A	13.06.1985	D	2003	35	0	35	0	FSV 63 Luckenwalde
Baumgart, Steffen	S	05.01.1972	D	2004	1	0	14	3	1. FC Union Berlin, FC Hansa Rostock, VfL Wolfsburg, FC Hansa Rostock, SpVg Aurich, PSV Schwerin, Dynamo Rostock-Mitte
Birk, Thomas	M	05.07.1988	D	2003	16	0	16	0	TSV Treuenbritzen
Bittroff, Alexander	A	19.09.1988	D	2002	21	0	21	0	FSV Glückauf Brieske/Senftenberg, VfB Senftenberg
Edinho (Edison Edwin Cândido de Oliveira)	M	06.09.1985	BRA	2007	0	0	0	0	FC Vihren Sandanski, Holbæk BK, Centro de Futebol Zico DO RIO Sociedade Esportiva Ltd. Rio de Janeiro
Feick, Arne	A	01.04.1988	D	2002	26	1	26	1	SC Oberhavel Velten, SV Mühlenbeck 47
Franke, Thomas	A	21.01.1988	D	2003	20	0	20	0	SSV Einheit Perleberg, FK Hansa Wittstock
Gilberto Junior, Kozar	A	20.06.1985	ITA	2007	6	0	21	0	SV Wilhelmshaven, TSG Neustrelitz, SE Vasco da Gama, Vasco da Gama Rio de Janeiro, Sao Paulo FC
Hackenberg, Peter	A	06.02.1989	D	2005	10	1	10	1	TSV Plön, Preetzer TSV
Häntschke, Patrick	A	07.02.1988	D	2002	13	0	13	0	FK Hansa Wittstock
Hensel, Marc	M	17.04.1986	D	2007	30	7	41	8	1. FC Dynamo Dresden, SpVgg Dresden-Löbtau 1893
Hochscheidt, Jan	M	04.10.1987	D	2004	25	3	25	3	SG Südstern Senzig, 1. FC Union Berlin, FC Hertha 03 Zehlendorf
Ipsa, Kristian	A	04.04.1988	CRO	2007	2	0	2	0	NK Varteks Varazdin, NK Jadran Porec, NK Funtana
Kanik, Lukasz	A	26.02.1988	POL	2006	6	0	6	0	KS Górnik Zabrze, LKS Goczalkowice
Käthner, Christian	M	09.06.1987	D	2000	5	0	5	0	SV Wacker 09 Cottbus Ströbitz
Krieger, Dawid	M	26.05.1989	POL	2007	16	0	16	0	SKS Gwarek Zabrze
Kukielka, Mariusz	M	07.11.1976	POL	2006	2	0	2	0	1. FC Dynamo Dresden, Wisla Krakow, 1. FC Nürnberg, PAOK Saloniki, Amica Wronki, Roda JC Kerkrade, GKS Belchatow, Siarka Tarnobrzeg
Küntzel, Marco	S	22.01.1976	D	2006	11	1	177	41	DSC Arminia Bielefeld, Borussia Mönchengladbach, SV Babelsberg 03, 1. FC Union Berlin, FC Hansa Rostock, Grabower SC 08
Leccese, Vito	M	08.12.1988	ITA	2006	0	0	0	0	Valencia CF, 1. FC Köln, Spvg Wesseling-Urfeld 19/46, TSV 06 Rodenkirchen
Lerchl, Michael	M	09.08.1986	D	2007	16	1	38	1	1. FC Dynamo Dresden, FC Bayern München, 1. FC Dynamo Dresden, TSV Garsebach
Männel, Martin	T	16.03.1988	D	2001	34	0	34	0	SC Oberhavel Velten, FSV Velten
Marack, Ralf	S	27.02.1986	D	2000	20	1	20	1	SG Frischauf Briesen, Schmogrower SV 1946, SV Werben 1892, SG Burg/Spreewald
Mickel, Tom	T	19.04.1989	D	2003	2	0	2	0	FC Lausitz Hoyerswerda
Müller, Christian	M	28.02.1984	D	2008	8	2	46	10	Hertha BSC Berlin, SV Tasmania Gropiusstadt 1973
Ramaj, Alban	S	08.11.1985	ALB	2007	18	4	58	8	TSV München 1860 II, Würzburger FV
Rangelov, Dimitar	S	07.03.1983	BUL	2007	1	0	1	0	FC Erzgebirge Aue, Racing Club Straßburg, Slavia Sofia
Reissig, Tobias	A	23.01.1989	D	2004	0	0	0	0	Hallescher FC, VfB 07 Trettin
Riedeberger, Marcel	M	05.03.1987	D	2004	9	0	9	0	Eintr. Oranienburg, SG Blau-Weiß Leegebruch, Reinickendorfer Füchse, Berliner AK 07
Rost, Timo	M	29.08.1978	D	2002	1	0	14	1	FK Austria Wien, VfB Stuttgart, 1. FC Nürnberg, 1. FC Amberg, SC Happurg 1946
Schmidt, Kenny	S	26.05.1987	D	2008	0	0	51	4	SV Werder Bremen, Chemnitzer FC, FV Krokusblüte Drehbach
Schuppan, Sebastian	M	18.07.1986	D	2001	31	7	31	7	FSV Glückauf Brieske/Senftenberg
Schwarz, Heiko	M	23.08.1989	D		1	0	1	0	eigene Junioren
da Silva, Vragel	A	29.03.1974	BRA	2001	1	0	1	0	SSV Ulm 1846, Karlsruher SC, Brøndby IF, Campo Grande AC
Thielemann, Ronny	M	15.11.1973	D	2007	20	0	216	18	FC Carl Zeiss Jena, FC Sachsen Leipzig, FC Energie Cottbus, FC Hansa Rostock, FC Erzgebirge Aue, FC Karl-Marx-Stadt, BSG Wismut Aue
Trytko, Przemyslaw	S	28.08.1987	POL	2006	15	0	15	0	SKS Gwarek Zabrze, OKS Odra Opole, MKS Budowlani Strzelce Opolskie
Wachsmuth, Toni	A	15.11.1986	D	2007	32	1	37	1	FC Carl Zeiss Jena, FSV 95 Oberweißbach
Walter, Alexander	T	18.08.1988	D	2002	1	0	1	0	TSG Lübbenau 63
Wochnik, Danny	A	05.02.1988	D	2002	1	0	1	0	1. FC Dynamo Dresden, FSV Hoyerswerda, SG Oßling/Skaska
Zemlin, Manuel	M	23.01.1985	D	2000	13	1	13	1	MSV Neuruppin, FV 90 Fehrbellin
Ziebig, Daniel	A	21.01.1983	D	2006	3	0	77	1	Hamburger SV, 1. FC Dynamo Dresden, FV Gröditz 1911
Zimmermann, Marc-Philipp	S	22.03.1990	D	2003	1	0	1	0	SV Grün-Weiß Weiswasser

Trainer:

Name, Vorname	geb. am	Nat.	Zeitraum	Spiele 2007/08	frühere Trainerstationen
Weber, Heiko	20.06.1965	D	01.07.07 – 21.04.07	29	FC Carl Zeiss Jena, FC Thüringen Weida
Ullrich, Detlef	28.11.1955	D	24.09.07 – 28.09.07 21.04.07 – lfd.	7	Leiter Nachwuchszentrum/Amateurabteilung FC Energie Cottbus, FC Energie Cottbus Amateure, Kreisauswahl Cottbus, SG Groß Gaglow

Zugänge:
Arifi (FC St. Pauli), Birk, Bittroff, Franke, Hackenberg, Häntschke, Kanik, Leccese, Reissig, Walter und Wochnik (eigene Junioren), Edinho (FC Vihren Sandanski), Gilberto Junior (SV Wilhelmshaven), Hensel (1. FC Dynamo Dresden), Ipsa (NK Varteks Varazdin), Krieger (SKS Gwarek Zabrze), Thielemann (FC Carl Zeiss Jena), Wachsmuth (FC Carl Zeiss Jena).
während der Saison:
Ramaj (TSV München 1860 II), Schmidt (SV Werder Bremen II).

Abgänge:
Görisch (Brandenburger SC Süd), Hoffmann (FC Carl Zeiss Jena), Hoßmang (VFC Plauen), Koark (FC Eilenburg), Neumann (FC Rot-Weiß Erfurt II), Schönwälder (Berliner FC Preussen 1894), Schuster (RSV Würges), Teichmann (SC Borea Dresden), Tröger (1. FC Gera 03), Unversucht (Hamburger SV II).
während der Saison:
Arifi (SV Meppen), Franke (Bundesliga-Kader), Riedeberger (FC Dombim), Wochnik (FSV Budissa Bautzen), Zemlin (VFC Plauen).

Fortsetzung FC Energie Cottbus II

Aufstellungen und Torschützen:

Sp	Datum	Gegner	Erg.	Aloneftis	Arifi	Bandrowski	Bankert	Baumgart	Birk	Bittroff	Feick	Franke	Gilberto Junior	Hackenberg	Häntschke	Hensel	Hochscheidt	Ipsa	Kanik	Käthner	Krieger	Kukielka	Küntzel	Lerchl	Männel	Marack	Mickel	Müller	Ramaj	Rangelov	Riedeberger	Rost	Schuppan	Schwarz	da Silva	Thielemann	Trytko	Wachsmuth	Walter	Wochnik	Zemlin	Ziebig	Zimmermann
				1	2	3	4	5	6	7	8	9	10	11	12	13	14	15	16	17	18	19	20	21	22	23	24	25	26	27	28	29	30	31	32	33	34	35	36	37	38	39	40
1	29.07.07 H	Verl	0:1 (0:0)	X	X					A	X	EA				X	E			E			A		X						X	X			X	X							
2	08.08.07 A	Magdeburg	1:1 (0:0)	E	X					X				X1		X		A		A	X	E			A			X			X	X				E							
3	11.08.07 H	Lübeck	1:1 (0:0)	A	X					X				X	X		A			X	X	E1			E		A				X	X				E							
4	18.08.07 A	Oberhausen	0:0 (0:0)	E	X	X				X				E	X	A	X				X	A						X	A			X	X	A				E					
5	25.08.07 H	Düsseldorf	0:1 (0:1)	A	A	X						X		E	X			E			X	A	X					X			X	X			E								
6	01.09.07 A	Ahlen	0:1 (0:0)	A		X			A	X		E	X	E			A	X							X			X	E	X									X				
7	05.09.07 H	Dortmund	0:3 (0:0)	A	X	X				X		A	X			E	X			E	X					X		X			X												
8	08.09.07 A	Emden	0:1 (0:1)		X	X				X		A		X	X	E	E	A		X						X		X	X														
9	15.09.07 H	Wolfsburg	0:0 (0:0)	A	X					X	E	X		X		E		A		X	E					X		A	X		X												
10	21.09.07 A	Braunschwg.	0:5 (0:1)	E	A	X				X				X		X				A						X		X	E	X	E	A											
11	26.09.07 H	Babelsberg	0:1 (0:0)		X	X				X				X	E	E	A			E	X	A			A			X	X		X												
12	29.09.07 H	Erfurt	1:0 (0:0)	A	X					X				X	E	A	A			X	E				E	X		X	X		X					X1							
13	07.10.07 H	Berlin	0:2 (0:2)		X	X	X			X	E			X	A	E				X	E							X	A	X							A						
14	20.10.07 A	Essen	1:0 (0:0)		X	X			E		X			X1			A	A	X	E					X			X	X		X												
15	27.10.07 H	Wuppertal	0:1 (0:0)	E	X	X					X	A				X	A			X	A				E	X		X	E	X	A												
16	04.11.07 A	Bremen	1:3 (1:0)		X	X		E		A	X			X1						X	X	E			A	A		E	X			X											
17	17.11.07 H	Hamburg	2:0 (2:0)		X1	X		E		X				X	X			A1	A	X						X		X	X		E												
18	24.11.07 A	Dresden	0:1 (0:1)		X			E	X	X	A		X			E			A	X		X	E		X	X		A															
19	01.12.07 H	Verl	1:0 (0:0)		X	X		X	X				A1			X		X	E	A	E	A			X	X	E																
20	08.12.07 H	Magdeburg	2:1 (1:0)		X	X		X	X	X		X		X			X	E	A				A2	X				E															
21	16.02.08 A	Lübeck	1:0 (0:0)		X			X	E	X			A1	A	X			A	X		E			X			X	E	X														
22	23.02.08 H	Oberhausen	0:0 (0:0)		X			X	X				E	X	A			A	X			A	E		X			X	E	X													
23	01.03.08 A	Düsseldorf	0:3 (0:1)		X			X	X	X			E	X	A			E	X		A			X			X	A	E	X													
24	08.03.08 A	Ahlen	1:1 (0:1)		X			X	E	X	A		X1	X	E			X	A		A	E		X			X			X													
25	15.03.08 H	Dortmund	0:2 (0:2)			A		X	X	X			X	A	E			A	X	E	X			E	X																		
26	22.03.08 H	Emden	4:2 (1:0)	X		A		E	X	X		X	E	X				E	X	A1	A1			X2	X																		
27	29.03.08 A	Wolfsburg	1:1 (1:0)		X			X	E	A	X		E	E				A1	X		A	X		X			E																
28	04.04.08 H	Braunschwg.	3:2 (1:1)		X			X	X	X1	A		E	X	A1	E		X			X1			A			E	X															
29	12.04.08 A	Babelsberg	1:0 (0:0)		X			X	E	X	X		X1	A		E	X	X	E	A				A			A																
30	19.04.08 H	Erfurt	2:1 (0:1)	E	X			A	E	X	X		X			A		X			X1	X	A	E1			X																
31	26.04.08 A	Berlin	1:0 (1:0)		X			X	X	X			X1	A	E			X	E	A				X			E	X															
32	03.05.08 H	Essen	1:2 (1:2)		X			E	X	X			X	X1		E		X	E	A	A			A			X																
33	07.05.08 A	Wuppertal	3:4 (3:2)		X			X	A	X	A		E	X	A1			E	X		X			X1			X1																
34	14.05.08 H	Bremen	1:0 (0:0)		X			X	X	X			E	X		E		X	E	A	A1			A			X																
35	24.05.08 A	Hamburg	1:2 (1:0)		X			X	X	X			E	A	X			X			X1			A			A															E
36	31.05.08 H	Dresden	1:1 (0:0)		X			X	X	X	X		E		X			A	X	E	X			A1	E		A																
		Spiele		2	10	14	35	1	16	21	26	20	6	10	13	30	25	2	6	5	16	2	11	16	34	20	2	8	18	1	9	1	31	1	1	20	15	32	1	1	13	3	1
		Tore		0	0	1	0	0	0	0	1	0	0	1	0	7	3	0	0	0	0	0	1	1	0	1	0	2	4	0	0	0	7	0	0	0	0	1	0	0	1	0	0

Das Heimspiel gegen Rot-Weiss Ahlen fand im Stadion an der Lipezker Straße statt.

Bilanz der letzten 10 Jahre:

Saison	Liga	Platz	Sp.	S	U	N	Tore	Pkt.
1997/98:	Verbandsliga Brandenburg	1.	30	20	7	3	71–18	67
1998/99:	Oberliga Nordost, Gruppe Süd	4.	30	14	9	7	54–37	51
1999/00:	Oberliga Nordost, Gruppe Süd	8.	30	11	10	9	43–37	43
2000/01:	Oberliga Nordost, Gruppe Süd	9.	34	12	9	13	46–49	45
2001/02:	Oberliga Nordost, Gruppe Süd	9.	32	11	8	13	44–40	41
2002/03:	Oberliga Nordost, Gruppe Süd	8.	34	14	4	16	56–58	46
2003/04:	Oberliga Nordost, Gruppe Süd	6.	30	15	3	12	53–41	48
2004/05:	Oberliga Nordost, Gruppe Nord	7.	32	16	5	11	60–45	53
2005/06:	Oberliga Nordost, Gruppe Süd	9.	30	10	10	10	44–43	40
2006/07:	Oberliga Nordost, Gruppe Süd	1.	30	17	10	3	53–26	61

Zuschauerzahlen:

Saison	gesamt	Spiele	Schnitt
1997/98:	1.395	15	93
1998/99:	2.111	15	141
1999/00:	1.710	15	114
2000/01:	4.459	17	262
2001/02:	3.615	16	226
2002/03:	5.304	17	312
2003/04:	3.770	15	251
2004/05:	3.406	16	213
2005/06:	2.961	15	197
2006/07:	5.832	15	388

Die meisten Regionalliga-Spiele:

Pl.	Name, Vorname	Spiele
1.	Bankert, Silvio	35
2.	Männel, Martin	34
3.	Wachsmuth, Toni	32
4.	Schuppan, Sebastian	31
5.	Hensel, Marc	30
6.	Feick, Arne	26
7.	Hochscheidt, Jan	25
8.	Bittroff, Alexander	21
9.	Franke, Thomas	20
	Marack, Ralf	20
	Thielemann, Ronny	20

Die besten Regionalliga-Torschützen:

Pl.	Name, Vorname	Tore
1.	Hensel, Marc	7
	Schuppan, Sebastian	7
3.	Ramaj, Alban	4
4.	Hochscheidt, Jan	3
5.	Müller, Christian	2

Die Trainer der letzten Jahre:

Name, Vorname	Zeitraum
Meseck, Jürgen	01.07.1997 – 30.06.2002
Ullrich, Detlef	01.07.2002 – 06.02.2005
Köhler, Thomas	06.02.2005 – 30.06.2007

BV Borussia 1909 Dortmund II

Anschrift:
Rheinlanddamm 207-209
44137 Dortmund
Telefon: (02 31) 90 20-0
eMail: info@bvb.de
Homepage: www.bvb.de

Vereinsgründung: 19.12.1909; 1945 aufgelöst; Neugründung am 15..07.1945

Vereinsfarben: Schwarz-Gelb
Präsident: Dr. Reinhard Rauball
Manager: Heinz Keppmann

Stadion: Rote Erde (28.000) und Signal Iduna Park (81.264)

Größte Erfolge: Meister der Oberliga Westfalen 1998 (↑), 2002 (↑), 2006 (↑); Meister der Verbandsliga Westfalen 2 1987 (↑); Qualifikation zum DFB-Pokal 1991

Aufgebot:

Name, Vorname	Pos	geb. am	Nat.	seit	2007/08 Sp.	T.	gesamt Sp.	T.	frühere Vereine
Akgün, Mehmet	M	06.08.1986	D	2001	15	0	81	3	DSC Arminia Bielefeld, SuK Bielefeld
Amedick, Martin	A	06.09.1982	D	2006	10	1	49	2	Eintracht Braunschweig, DSC Arminia Bielefeld, SC Paderborn 07, SC Delbrück
Beer, Christian	T	03.05.1988	D	2004	7	0	9	0	FC Rot-Weiß Erfurt, TB VfL Neustadt-Wildenheid, 1. FC Sonneberg
Boztepe, Mehmet	M	16.01.1988	TUR	2007	16	0	16	0	Borussia Mönchengladbach, TV Asberg
Brzenska, Markus	A	25.05.1984	D	1993	11	1	53	4	BV Lünen 05
Buttgereit, Fabian	M	25.07.1988	D	2007	9	0	9	0	1. FC Kleve, MSV Duisburg, FC Schalke 04, VfB Kleve
Eggert, Christian	M	16.01.1986	D	2005	29	2	49	2	Rot-Weiss Essen, FC Schalke 04, SC Pantringshof
Federico, Giovanni	M	04.10.1980	ITA	2007	1	0	100	45	Karlsruher SC, 1. FC Köln, VfL Bochum, SSV Hagen
Gordon, Daniel	M	16.01.1985	D	2006	12	0	39	7	VfL Bochum, Borussia Dortmund, DJK TuS Dortmund-Körne
Großkreutz, Marcel	M	05.09.1985	D	2005	29	2	46	2	SG Phönix Eving, TSC Eintracht Dortmund, VfR Sölde
Hille, Sebastian	S	19.10.1980	D	2007	24	4	24	4	VfL Bochum, FC Gütersloh 2000, Hövelhofer SV, FC Gütersloh 2000, DSC Arminia Bielefeld
Hillenbrand, Nico	A	25.05.1987	D	2003	31	0	63	0	Karlsruher SC, SV Sandhausen, VfB Rauenberg
Höttecke, Marcel	T	25.04.1987	D	2007	30	0	33	0	Rot-Weiss Ahlen, SC Paderborn 07, SV Westfalia Erwitte, SC Lippstadt, TSV Rüthen
Hünemeier, Uwe	A	09.01.1986	D	2000	36	3	74	4	FC Gütersloh, DJK Bokel
Kehl, Sebastian	M	13.02.1980	D	2002	2	0	4	1	SC Freiburg, Hannover 96, SC Borussia Fulda, SV Lahrbach
Kruska, Marc-André	M	29.06.1987	D	1999	3	0	8	1	VfR Rauxel, SC Arminia Ickern
Lorenz, Raphael	S	06.01.1989	D	1998	0	0	1	0	BV Westfalia Wickede
Njambe, Franck Patrick	M	24.10.1987	CMR	2004	28	3	47	4	Union Sportive Douala
Neumeister, Jörn	A	07.05.1987	D	1999	2	0	7	0	VfL Schwerte 1919/21
Nöthe, Christopher	S	03.01.1988	D	2001	27	6	33	9	VfL Bochum, FC Schalke 04, VfR Rauxel 08
Öztekin, Yasin	S	19.03.1987	TUR	1996	29	1	50	2	SG Alemannia Scharnhorst
Omerbegovic, Denis	S	11.03.1986	BIH	2007	25	2	47	9	Rot-Weiss Ahlen, BSC Schwarz-Weiß 1919 Frankfurt, SV Elz, TSG Wörsdorf
Oscislawski, Michael	S	16.01.1987	D	1998	11	0	18	0	Rot-Weiß Barop, TuS Kruckel
Piossek, Marcus	S	21.07.1989	D	2004	1	0	5	0	SV Lippstadt 08, SC Lippstadt DJK
Ricken, Lars	M	10.07.1976	D	1990	19	1	36	8	TSC Eintracht Dortmund, TuS Eving-Lindenhorst
Rummenigge, Marco	M	21.04.1988	D	2001	11	0	12	0	Hombrucher SV, Kirchhörder SC
Schmelzer, Marcel	A	22.01.1988	D	2005	26	0	26	0	1. FC Magdeburg, SV Fortuna Magdeburg
Senesie, Sahr	S	26.05.1985	D	2006	28	8	108	31	TSG Hoffenheim, Grasshopper-Club Zürich, Borussia Dortmund, SV Tasmania Gropiusstadt 1973, VfB Neukölln
Tyrala, Sebastian	M	22.02.1988	D	1999	19	1	32	1	BV Bad Sassendorf
Vrzogic, David	A	10.08.1989	D	1998	9	0	23	1	TuS Grün-Weiß Wuppertal

Trainer:

Name, Vorname	geb. am	Nat.	Zeitraum	Spiele 2007/08	frühere Trainerstationen
Schneider, Theo	23.08.1960	D	23.04.2005 – lfd.	36	Borussia Dortmund (Amateure und Junioren), Hammer SpVgg, DSC Arminia Bielefeld

Zugänge:
Boztepe (Borussia Mönchengladbach Junioren), Buttgereit (1. FC Kleve), Hille (VfL Bochum), Hillenbrand (Bundesliga-Kader), Hünemeier (Bundesliga-Kader), Ricken (Bundesliga-Kader), Schmelzer (eigene Junioren).

Abgänge:
Gordon (Bundesliga-Kader), André Heitmeier (TuS Eving-Lindenhorst), Marc Heitmeier (SV Wilhelmshaven), Kohlmann (FC Rot-Weiß Erfurt), Parensen (1. FC Köln II), Rammel (FC St. Pauli II), Samulewicz (Wuppertaler SV Borussia), Solga (SV Wacker Burghausen), Zejnullahu (SC Westfalia Herne).

Fortsetzung BV Borussia 1909 Dortmund II

Aufstellungen und Torschützen:

Sp	Datum	Gegner	Ergebnis	Akgün	Amedick	Beer	Boztepe	Brzenska	Buttgereit	Eggert	Federico	Gordon	Großkreutz	Hille	Hillenbrand	Höttecke	Hünemeier	Kehl	Kruska	Njambe	Neumeister	Nöthe	Öztekin	Omerbegovic	Oscislawski	Piossek	Ricken	Rummenigge	Schmelzer	Senesie	Tyrala	Vrzogic
				1	2	3	4	5	6	7	8	9	10	11	12	13	14	15	16	17	18	19	20	21	22	23	24	25	26	27	28	29
1	28.07.07 A	SV Babelsberg 03	0:0 (0:0)	X			E			X			X	A	X	X	X						E	A			X		E	A		X
2	04.08.07 H	FC Rot-Weiß Erfurt	1:1 (0:1)	X		X	E			A			X1	X	X		X			X		E	E	A					A	X		
3	11.08.07 A	1. FC Union Berlin	1:2 (0:1)	X	X					E			A	X	A	X	X			A			X	X			E			X1	E	
4	19.08.07 H	Rot-Weiss Essen	0:0 (0:0)	X	X			X					E	A	X	X	X						E	X	A				X	E	A	
5	25.08.07 A	Wuppertaler SVB	1:1 (1:1)	A		X	E						X	A	X		X			X1		E	X	A					E	X		X
6	01.09.07 H	Werder Bremen II	1:4 (0:3)	X		X	E			E			A	X	A		X			X			E	X		A				X1		X
7	05.09.07 A	Energie Cottbus II	3:0 (0:0)	X	X				E				E	X1		X	X1			X		E1	A	A							A	X
8	08.09.07 H	Hamburger SV II	3:1 (1:0)	X	X		E		E	X			E	X1	X	X	X1			A		A1	X			A						
9	15.09.07 A	Dynamo Dresden	0:0 (0:0)	X			E			X			X	X	X	X				X		A	A					E		A		E
10	22.09.07 H	SC Verl	1:0 (0:0)	X		EA		X					X		A	X	X			X		X	X		E			A	E	X1		
11	26.09.07 A	1. FC Magdeburg	2:0 (0:0)					E	X				A1	X	X	X	X			X		X1		A		E		X	E	X	A	
12	06.10.07 H	RW Oberhausen	1:3 (1:1)	X	X			E			A	X	A	X	X	X						E					X			X1	E	A
13	10.10.07 H	VfB Lübeck	1:0 (1:0)	A	X					E			X	E	X	X	X			X		A	A				X			X1		E
14	20.10.07 H	Fortuna Düsseldorf	0:1 (0:1)	A				A	A				X	X	X	X	X						X	X	E		X		E		E	
15	26.10.07 A	Rot-Weiss Ahlen	1:1 (0:0)		X1								X	A	X		X			X		X	X	E			A		E	E		A
16	13.11.07 H	BSV Kickers Emden	3:2 (1:1)	X	X				X				E	E1	A	X	X	A		A1		X1					X		E	X		
17	17.11.07 A	VfL Wolfsburg II	1:0 (1:0)	X	X					X1			E	E	X	X	X	A		A		A	E				X			X		
18	24.11.07 H	Eintr. Braunschweig	1:0 (0:0)				E			X			X	X	X	X					E	A	A				A		X	X1	E	
19	08.12.07 A	FC Rot-Weiß Erfurt	0:0 (0:0)							X			A	X	X	X	X			X	E	A	E				X	X	X	A	E	
20	11.12.07 H	SV Babelsberg 03	1:0 (0:0)					X		X			E	A	X	X	X	X	E	A		E					X		X	A1		
21	16.02.08 H	1. FC Union Berlin	1:1 (1:0)							X		X	X	A	X	X	X			X			X1	A	E			E	X	A	E	
22	23.02.08 A	Rot-Weiss Essen	0:0 (0:0)									X	X	A	X	A	X			A		X	E	E			X	E	X			
23	01.03.08 H	Wuppertaler SVB	1:1 (1:1)						E	X1			X	X	X	X	X			A		A	A	E					X		E	
24	08.03.08 A	Werder Bremen II	1:3 (0:1)					X		X		A	E	A	X	X	X1			A		E	E				X			X		
25	15.03.08 H	Energie Cottbus II	2:0 (2:0)					E		X		X	A1	X	X	X				A			X	A1	X	E	X		X		E	
26	23.03.08 A	Hamburger SV II	0:0 (0:0)					X	E	X				X	X	X		X				A	A						X	X	E	
27	30.03.08 H	Dynamo Dresden	2:0 (0:0)				X1		X			E		A	X	X		X	E			A	A	E1	X				X	X		
28	06.04.08 H	SC Verl	0:1 (0:0)				A	X		X	E		X	X	X							E	A	A					X	X	E	
29	13.04.08 H	1. FC Magdeburg	0:1 (0:1)					E	X				A		A	X	X			X		X	E	X	E				X	X		
30	18.04.08 A	VfB Lübeck	4:0 (4:0)			X	E	X	E	A		X				X				X1	A2		X				E		X	X	A1	
31	27.04.08 H	RW Oberhausen	0:0 (0:0)					X		E	X	A	X	X	X					X		E	E						X	X	A	
32	02.05.08 A	Fortuna Düsseldorf	0:4 (0:3)			X	E			X		X	A	X	X					X		A	X			E	X		X	A		
33	07.05.08 H	Rot-Weiss Ahlen	0:2 (0:0)		X		E	X		X		A	E		X	X				X		A	A						X	E		
34	17.05.08 A	BSV Kickers Emden	1:4 (0:1)		X			X		X		X		A		X				X		E	E				X		X	X1		
35	24.05.08 H	VfL Wolfsburg II	1:2 (0:2)				E	X		A			X	A	X	X				X	A	E				X1	X			E		
36	31.05.08 A	Eintr. Braunschweig	0:2 (0:0)		E					X			X	A	X	A	X			X		E			A		X		X	E	X	
	Spiele:			15	10	7	16	11	9	29	1	12	29	24	31	30	36	2	3	28	2	27	29	25	11	1	19	11	26	28	19	9
	Tore:			0	1	0	0	1	0	2	0	0	2	4	0	0	3	0	0	3	0	6	1	2	0	0	1	0	0	8	1	0

Die Heimspiele gegen Fortuna Düsseldorf, SG Dynamo Dresden und SC Rot-Weiß Oberhausen fanden im Signal Iduna Park statt.

Bilanz der letzten 10 Jahre:

Saison	Liga	Platz	Sp.	S	U	N	Tore	Pkt.
1997/98	Oberliga Westfalen	1.	28	20	5	3	86–34	65
1998/99	Regionalliga West/Südwest	14.	32	8	9	15	46–57	33
1999/00	Regionalliga West/Südwest	10.	36	12	13	11	42–40	49
2000/01	Regionalliga Nord	18.	36	6	12	18	36–55	30
2001/02	Oberliga Westfalen	1.	34	24	6	4	91–34	78
2002/03	Regionalliga Nord	5.	34	13	12	9	57–51	51
2003/04	Regionalliga Nord	10.	34	12	7	15	43–47	43
2004/05	Regionalliga Nord	16.	36	10	10	16	57–64	40
2005/06	Oberliga Westfalen	1.	34	24	7	3	79–25	79
2006/07	Regionalliga Nord	14.	36	14	6	16	42–47	48

Zuschauerzahlen:

Saison	gesamt	Spiele	Schnitt
1997/98	4.392	14	314
1998/99	15.676	16	980
1999/00	12.110	18	637
2000/01	14.392	18	800
2001/02	7.855	17	462
2002/03	19.667	17	1.157
2003/04	25.721	17	1.513
2004/05	17.716	18	984
2005/06	11.766	17	692
2006/07	29.584	18	1.644

Die meisten Regionalliga-Spiele:

Pl.	Name, Vorname	Spiele
1.	Sahin, Deniz	151
2.	Kleinsteiber, Matthias	139
3.	Bugri, Francis	137
4.	Knoche, Benjamin	116
5.	Pinske, Bastian	113
6.	Gambo, Bashiru	88
7.	Mehnert, Björn	87
	Sauerland, Jörg	87
	Seggewiß, Uwe	87
10.	Senesie, Sahr	82
	Solga, David	82

Die besten Regionalliga-Torschützen:

Pl.	Name, Vorname	Tore
1.	Senesie, Sahr	25
2.	Bugri, Francis	21
3.	Gambo, Bashiru	20
4.	Timm, Christian	17
5.	Gambino, Salvatore	16
6.	Krontiris, Emmanuel	13
7.	Saglik, Mahir	12
8.	Pinske, Bastian	10
	Sirin, Mehmet-Ali	10
	Steegmann, Marcus	10

Die Trainer der letzten Jahre:

Name, Vorname	Zeitraum
Boekamp, Edwin	01.07.1994 – 30.06.1997
Skibbe, Michael	01.07.1997 – 30.06.1998
Schneider, Theo	01.07.1998 – 30.06.1999
Boekamp, Edwin	01.07.1999 – 30.06.2001
Köppel, Horst	01.07.2001 – 30.06.2004
Neuhaus, Uwe	01.07.2004 – 23.04.2005

SG Dynamo Dresden

Anschrift:
Lennéstraße 12
01069 Dresden
Telefon: (03 51) 4 39 43 10
eMail: verein@dynamo-dresden.de
Homepage: www.dynamo-dresden.de

Vereinsgründung: 12.04.1953; vom 14.04.1990 – 30.06.2007 als 1. FC Dynamo Dresden

Vereinsfarben: Gelb-Schwarz
Präsident: Hauke Haensel
Geschäftsführer: Ralf Minge

Stadion: Rudolf-Harbig-Stadion (23.940, während des Umbaus 9.000)

Größte Erfolge: DDR-Meister 1953, 1971, 1973, 1976, 1977, 1978, 1989 und 1990; FDGB-Pokalsieger 1952, 1971, 1977, 1982, 1984, 1985 und 1990; Qualifikation für die Bundesliga 1991; Pokalsieger Sachsen 2003; Halbfinale im DFB-Pokal 1994; Halbfinale UEFA-Pokal 1989

Aufgebot:

Name, Vorname	Pos	geb. am	Nat.	seit	2007/08 Sp.	T.	gesamt Sp.	T.	frühere Vereine
Bendowski, Igor	M	06.10.1981	UKR	2007	26	1	105	6	Bayer Leverkusen, Fortuna Köln, Borussia Fulda, Borussia Dortmund, Dynamo Kiew
Beuchel, René	M	31.07.1973	D	2002	3	0	163	15	Dresdner SCF 98, FSV Zwickau, Eintracht Frankfurt, 1. FC Dynamo Dresden, BSG Empor Tabak Dresden
Boltze, Benjamin	M	24.06.1986	D	2007	13	1	13	1	FC Sachsen Leipzig, VfB Leipzig, SV Machern 90
Bröker, Thomas	S	22.01.1985	D	2007	30	9	55	14	SC Paderborn 07, 1. FC Köln, 1. FC Dynamo Dresden, 1. FC Köln, SV Meppen, SV Union Meppen, SV Hemsen
Cozza, Cataldo	A	13.04.1985	D	2007	19	0	70	1	SC Paderborn 07, Bayer 04 Leverkusen, FC Remscheid
David, Pavel	S	17.10.1978	CZE	2006	17	0	102	22	FC Rot-Weiß Erfurt, 1. FC Nürnberg, SC Pfullendorf, 1. FC Ceska Lipa, Slavia Prag
Dobry, Pavel	S	01.02.1976	CZE	2007	28	9	225	71	Holstein Kiel, SC Paderborn 07, 1. FC Magdeburg, FSV Hoyerswerda, FC Viktoria Plzen, TJ Prestice
Ernemann, Daniel	A	18.02.1976	D	2006	19	1	194	6	Austria Lustenau, 1. FC Union Berlin, FC Augsburg, FC Bayern München, SG Quelle 60 Fürth, FC Amberg, Holstein Kiel
Hauser, Christian	M	13.01.1976	D	2004	10	1	179	11	FC Bayern München, FC Carl Zeiss Jena, Wismut Gera, Metall Gera
Helbig, Sebastian	S	25.04.1977	D	2008	3	0	43	12	FC Carl Zeiss Jena, FC Erzgebirge Aue, SpVgg Unterhaching, 1. FC Köln, FC Energie Cottbus, FC Rot-Weiß Erfurt, Bayer 04 Leverkusen, FC Rot-Weiß Erfurt, BSG Motor Gotha, SG Drei Gleichen Mühlberg
Hesse, Marcus	T	22.03.1984	D	2007	16	0	16	0	TSV Alemannia Aachen, FV Dresden Nord, Dresdner SC, SG Dresden Striesen
Herber, Oliver	T	09.09.1981	D	2003	16	0	55	0	SV Babelsberg 03, Hertha BSC Berlin, Reinickendorfer Füchse, FC Hertha 03 Zehlendorf, SV Babelsberg 03
Hübener, Thomas	A	25.06.1982	D	2007	31	0	97	3	Bayer 04 Leverkusen, SC Fortuna Köln, Bayer 04 Leverkusen, 1. FC Union Solingen, TuSpo Richrath
Jungnickel, Lars	S	31.08.1981	D	2007	17	1	40	4	FC Energie Cottbus, 1. FC Dynamo Dresden, VfB Zittau, TSG Rot-Weiß Olbersdorf
Kegel, Maik	M	08.12.1989	D	1995	6	1	6	1	eigene Junioren
Knackmuß, Markus	M	07.06.1974	D	2006	3	0	246	17	FC Augsburg, SSV Jahn 2000 Regensburg, SC Pfullendorf, FV Donaueschingen, FC Böhringen, SV Allensbach, FC Radolfzell
Kügler, Michael	A	03.09.1981	D	2006	0	0	93	4	VfL Osnabrück, 1. FC Nürnberg, Bor. Dortmund, SpVgg Olpe, SV Dahl-Friedrichsthal
Nikol, Ronny	M	11.07.1974	D	2007	23	1	203	14	Rot-Weiss Essen, FC Energie Cottbus, 1. FC Union Berlin, 1. FC Nürnberg, Berliner FC Dynamo, BSG EAW Treptow
Oppitz, Volker	A	16.02.1978	D	1999	0	0	85	3	Heidenauer SV, 1. FC Dynamo Dresden
Pelzer, Sebastian	A	24.09.1980	D	2006	28	0	78	2	1. FC Saarbrücken, SV Eintracht Trier 05, Blackburn Rovers, 1. FC Kaiserslautern, FSV Salmrohr, SV Föhren, SV Bekond
Penska, Marek	M	04.08.1973	SVK	2007	34	5	34	5	Wisla Krakau, Ferencvaros Budapest, Dunaferr SE Dunaujvaros, Stuttgarter Kickers, Donawitzer SV Leoben, SK Rapid Wien, Grazer AK, Eintracht Frankfurt, 1. FC Dynamo Dresden, Eintracht Frankfurt, Dukla Banska Bystrica, Banik Velky Krtis
Person, Christian	T	26.12.1980	D	2008	4	0	35	0	FC Carl Zeiss Jena, 1. FC Magdeburg, Hertha BSC Berlin, Greifswalder SC
Pfeffer, Sascha	M	19.10.1986	D	2007	9	0	9	0	SC Boreas Dresden, Hallescher FC
Stocklasa, Martin	A	29.05.1979	LIE	2006	29	1	60	2	FC Vaduz, FC Zürich, SC Kriens, FC Zürich, FC Vaduz, USV Eschen/Mauren
Truckenbrod, Jens	M	18.02.1980	D	2007	29	0	101	4	FC Schaffhausen, Sportfreunde Siegen, Borussia Mönchengladbach, FC Konstanz, FC Rielasingen
Ulich, Ivo	M	05.09.1974	CZE	2006	25	5	58	9	Vissel Kobe, Bor. M'gladbach, SK Slavia Prag, SK Hradec Kralove, VTJ Karlovy Vary
Votava, Tomas	A	21.02.1974	CZE	2006	0	0	8	1	SpVgg Greuther Fürth, APOEL Nikosia, TSV München 1860, Sparta Prag, Dukla Prag, Spolana Neratovice
Wagefeld, Maik	M	25.02.1981	D	2007	33	5	107	19	FC Hansa Rostock, 1. FC Dynamo Dresden, 1. FC Nürnberg, 1. FC Dynamo Dresden, Riesaer SV, ESV Lokomotive Riesa
Wolf, Ronald	A	23.04.1987	D	1999	6	0	7	0	eigene Junioren
Würll, Patrick	S	16.08.1978	D	2006	20	2	223	67	Holstein Kiel, VfB Lübeck, SSV Reutlingen 05, Offenbacher FC Kickers, FC Bayern München, 1. FC Schweinfurt 05, TV Sondheim/Grabfeld
Zacher, Daniel	T	04.11.1988	D	2001	0	0	0	0	eigene Junioren

Trainer:

Name, Vorname	geb. am	Nat.	Zeitraum	Spiele 2007/08	frühere Trainerstationen
Meier, Norbert	20.09.1958	D	10.09.06 – 24.09.07	9	MSV Duisburg, Bayer 04 Leverkusen (Junioren), Borussia Mönchengladbach
Geyer, Eduard	07.10.1944	D	25.09.07 – 02.06.08	27	FC Sachsen Leipzig, Al Nasr Club Dubai, FC Energie Cottbus, FC Sachsen Leipzig, Banyasz Siofok, FC Schalke 04 Junioren, DDR-Nationalmannschaft, Dynamo Dresden

Zugänge:
Bendowski und Hübener (Bayer 04 Leverkusen II), Boltze (FC Sachsen Leipzig), Bröker (SC Paderborn 07), Dobry (Holstein Kiel), Hesse (TSV Alemannia Aachen), Jungnickel (FC Energie Cottbus II), Nikol (Rot-Weiss Essen), Penska (Wisla Krakau), Truckenbrod (FC Schaffhausen), Wolf (II. Mannschaft), Zacher (eigene Junioren).
während der Saison:
Helbig (FC Carl Zeiss Jena), Person (FC Carl Zeiss Jena), Pfeffer (SC Boreas Dresden), Wagefeld (FC Hansa Rostock).

Abgänge:
Berbig (VfL Osnabrück), Csik (SC Boreas Dresden), Dworrak (FV 1907 Engers), Hensel (FC Energie Cottbus II), Koch (unbekannt), Koejoe (FSV Frankfurt), Koziak (Zalgiris Vilnius), Lerchl (FC Energie Cottbus), Ludwig (FC St. Pauli), Orman (SC Rheindorf Altach), Vorbeck (FC Augsburg), Weiß (Laufbahn beendet).
während der Saison:
Beuchel (Laufbahn beendet), Boltze (Chemnitzer FC), Knackmuß (SC Pfullendorf).

Deutschlands Fußball in Zahlen 2008 — Regionalliga Nord — DSFS 119

Fortsetzung SG Dynamo Dresden

Aufstellungen und Torschützen:

Sp	Datum	Gegner	Ergebnis	Bendowski	Beuchel	Boltze	Bröker	Cozza	David	Dobry	Ernemann	Hauser	Helbig	Hesse	Herber	Hübener	Jungnickel	Kegel	Knackmuß	Nikol	Pelzer	Penska	Person	Pfeffer	Stocklasa	Truckenbrod	Ulich	Wagefeld	Wolf	Würll
1	27.07.07	A Hamburger SV II	0:2 (0:1)				A	X	X	X		E		X		X	X			X		X			X	A				E
2	11.08.07	H SC Verl	2:0 (2:0)	A		E		X	X	X2	E			X		A	X			X		X			X	E	A			
3	19.08.07	A 1. FC Magdeburg	0:1 (0:1)	A		E		X	X	X				X		X	A			X		E			X	A	X			E
4	25.08.07	H VfB Lübeck	0:0 (0:0)	A		E		X	X	X		E		X	X	A				X	E				X	A	X			
5	02.09.07	A RW Oberhausen	1:0 (0:0)	A		E		X		X1	E	E		X	X	A				X	A				X	X	X			
6	05.09.07	H Fortuna Düsseldorf	0:0 (0:0)	A		E		X		X	X			X	X	X				X	A				X		X			E
7	08.09.07	A Rot-Weiss Ahlen	2:1 (0:1)			A		X		A2	X			X	X	X		E	X	X	E				A		X			E
8	15.09.07	H Bor. Dortmund II	0:0 (0:0)	E		A	E	X	X		X			X	X	X				X	E				X	A	A			
9	22.09.07	A BSV Kickers Emden	1:2 (1:0)	A		X	E	X		X1	X			X	X	A				X					X		A	E		E
10	26.09.07	H VfL Wolfsburg II	3:0 (2:0)	E	E	A1	E	X		X	X		X		X1					X	A				X	X	A			
11	30.09.07	A Eintr. Braunschweig	2:3 (1:2)	E		A	E	X		X	X		X		A					X	X1				X		X1	X		
12	06.10.07	H SV Babelsberg 03	3:2 (0:1)	A		A	E			X2	X		X	X						X	X				E	A	X1			E
13	20.10.07	A FC Rot-Weiß Erfurt	2:2 (0:1)		A	X	A				E1		X	X		E	A			X					X	X1				E
14	27.10.07	H 1. FC Union Berlin	0:1 (0:0)	E	E	X				A			X	X		X				A		A	X	X	X	X				E
15	03.11.07	A Rot-Weiss Essen	1:1 (1:1)	E		X			X				X	X		E	X			A1		A	X	A	X					E
16	10.11.07	H Wuppertaler SVB	3:0 (1:0)	E	E	X1							X	X		X	E	X1		A	X				A	X1				A
17	17.11.07	A SV Werder Bremen II	2:1 (1:0)		X	X2	E	X	E				X	X		E	X			A					X	A				A
18	24.11.07	H Energie Cottbus II	1:0 (1:0)			X		E	E				X	X		X	X			X					X	A	X			A1
19	01.12.07	H Hamburger SV II	4:1 (1:1)			X2	A		E				X	X	E1	X	A			X		E	X		X		X1			X
20	16.02.08	A SC Verl	1:1 (0:0)	E		X	A	E			X		X			X	A			E	X				X	X		X	X	A
21	23.02.08	H 1. FC Magdeburg	1:0 (0:0)	X		A		E	E			X	E			X	A			X					A	X	X	X		X1
22	01.03.08	A VfB Lübeck	0:1 (0:0)	A		A			E			X	E			X	A			X	X				E	X				X
23	08.03.08	H RW Oberhausen	0:2 (0:1)	X		A			E		E	X	X		E	X				X					X	A	X			A
24	19.03.08	A Fortuna Düsseldorf	2:1 (1:1)			X		X	X	E				A		X	X			E					X1	A1	X	X		
25	22.03.08	H Rot-Weiss Ahlen	1:3 (1:0)	E		A		X1			X		X	E		A	X			X					A	X	E			E
26	30.03.08	A Bor. Dortmund II	0:2 (0:0)			X		X			X		X	E		X	A			X			EA	X	A	X				E
27	05.04.08	H BSV Kickers Emden	2:1 (0:0)			X	X	A	X		X		X			A	X	E1					X	E1	A					A
28	11.04.08	A VfL Wolfsburg II	2:0 (1:0)			A1	A	A	X	E	X			E		X1	X	E		X					X	X	X			
29	19.04.08	H Eintr. Braunschweig	1:1 (0:0)	E		X1	A	A	X	E	X					X	X	E		X					X	X	X			
30	27.04.08	A SV Babelsberg 03	1:0 (0:0)	E			X	E	A	X	E		X			A				X					X	A1	X			
31	03.05.08	H FC Rot-Weiß Erfurt	2:2 (1:1)	E1		X		A	X				X			A	E			X		E			E	X	X1			
32	08.05.08	A 1. FC Union Berlin	2:4 (1:2)	A		X1	E			X			X			A	X			A		E			X	X1				
33	11.05.08	H Rot-Weiss Essen	1:0 (0:0)	A		X1	A	X	A	X			X	E			X	E	X	E		X								
34	16.05.08	H Wuppertaler SVB	1:1 (1:0)	A		X	X		X1				X			X	E	X		E					X	X				
35	24.05.08	H SV Werder Bremen II	0:2 (0:2)	A		X	X	E	A		E		X			X	E	X		E					X	X				
36	31.05.08	A Energie Cottbus II	1:1 (0:0)	A		X	X	E		E			X			X	E			X1	X	A			X	A	X	X		
		Spiele:		26	3	13	30	19	17	28	19	10	3	16	16	31	17	6	3	23	28	34	4	9	29	29	25	33	6	20
		Tore:		1	0	1	9	0	0	9	1	1	0	0	0	0	1	1	0	1	0	5	0	0	1	0	5	5	0	2

Gegnerische Eigentore im 10. Spiel (durch Riemer) und im 20. Spiel (durch Kalintas).

Bilanz der letzten 10 Jahre:

Saison	Liga	Platz	Sp.	S	U	N	Tore	Pkt.
1997/98	Regionalliga Nordost	2.	34	17	9	8	60–39	60
1998/99	Regionalliga Nordost	11.	34	10	8	16	43–44	38
1999/00	Regionalliga Nordost	8.	34	13	13	8	44–34	52
2000/01	Oberliga Nordost Süd (3 Pkt. Abzug)	5.	34	16	8	10	58–35	53
2001/02	Oberliga Nordost Süd	1.	32	24	6	2	61–16	78
2002/03	Regionalliga Nord	7.	34	13	11	10	34–34	50
2003/04	Regionalliga Nord	2.	34	18	11	5	51–26	65
2004/05	2. Bundesliga	8.	34	15	4	15	48–53	49
2005/06	2. Bundesliga	15.	34	11	8	15	39–45	41
2006/07	Regionalliga Nord	7.	36	16	7	13	54–45	55

Zuschauerzahlen:

Saison	gesamt	Spiele	Schnitt
1997/98	71.938	17	4.232
1998/99	56.315	17	3.313
1999/00	104.855	17	6.168
2000/01	65.230	17	3.837
2001/02	91.279	17	5.369
2002/03	113.465	17	6.674
2003/04	148.655	17	8.744
2004/05	277.372	17	16.316
2005/06	262.439	17	15.438
2006/07	239.245	18	13.291

Die meisten Regionalliga-Spiele:

Pl.	Name, Vorname	Spiele
1.	Jelen, Antoni	133
2.	Oberritter, Dirk	118
3.	Hanke, Rico	110
4.	Wagefeld, Maik	107
5.	Köhler, Thomas	101
6.	Kresic, Ignac	100
7.	Oppitz, Volker	85
8.	Gütschow, Torsten	82
9.	Kaiser, Frank	80
10.	Terjek, Falk	72

Die besten Regionalliga-Torschützen:

Pl.	Name, Vorname	Tore
1.	Gütschow, Torsten	33
2.	Milde, Rocco	27
3.	Hanke, Rico	20
4.	Wagefeld, Maik	19
5.	Lazic, Igor	17
6.	Neubert, Thomas	15
7.	Jovanovic, Ranisav	14
8.	Pasieka, Dariusz	12
	Patschinski, Nico	12
10.	Ludwig, Alexander	11

Die Trainer der letzten Jahre:

Name, Vorname	Zeitraum
Voigt, Werner	01.04.1998 – 07.12.1998
Halata, Damian	07.12.1998 – 02.02.1999
Schafstall, Rolf	02.02.1999 – 30.03.1999
Halata, Damian	30.03.1999 – 03.04.1999
Bell, Collin	03.04.1999 – 07.03.2000
Pot, Cor	07.03.2000 – 13.03.2001
Hemp, Meinhard	13.03.2001 – 30.06.2001
Franke, Christoph	01.07.2001 – 15.12.2005
Köhler, Sven	16.12.2005 – 27.12.2005
Pacult, Peter	28.12.2005 – 04.09.2006

Düsseldorfer TSV Fortuna 1895

Anschrift:
Flinger Broich 87
40235 Düsseldorf
Telefon: (02 11) 23 80 10
eMail: service@fortuna-duesseldorf.de
Homepage: www.fortuna-duesseldorf.de

Vereinsgründung: 05.05.1895 als Flinger TV; am 15.11.1919 Zusammenschluss mit Düsseldorfer FK Fortuna

Vereinsfarben: Rot-Weiß
Vorstand: Peter Frymuth
Geschäftsführer: Wolf Werner

Stadion: LTU arena (51.500)

Größte Erfolge: Deutscher Meister 1933; Deutscher Pokalsieger 1979 und 1980; Finale im Europapokal der Pokalsieger 1979

Aufgebot:

Name, Vorname	Pos	geb. am	Nat.	seit	2007/08 Sp.	T.	gesamt Sp.	T.	frühere Vereine
Anfang, Markus	M	12.06.1974	D	2006	22	0	46	3	MSV Duisburg, Energie Cottbus, 1. FC Kaiserslautern, FC Tirol Innsbruck, FC Schalke 04, Fortuna Düsseldorf, Bayer 04 Leverkusen, TSV Bayer Dormagen, KSV Heimersdorf
Asaeda, Ken	M	27.07.1983	JPN	2007	1	0	1	0	SV Waldhof 07 Mannheim, ASV Feudenheim
Caillas, Olivier	M	02.12.1977	D	2008	15	1	93	3	SV Wehen Wiesbaden, SpVgg Greuther Fürth, Grenoble Foot, SpVgg Greuther Fürth, TSV Alemannia Aachen, 1. FC Saarbrücken, FC 08 Homburg, SV Blickweiler
Cakir, Hamza	A	30.09.1985	TUR	2002	28	0	102	2	SSV Eintracht Köln, CFB Ford-Niehl, SCB Viktoria Köln
Cebe, Ahmed	S	02.05.1983	TUR	2005	31	3	149	22	FC Schalke 04, KFC Uerdingen 05, Anadolu Türkspor Krefeld
Christ, Marco	M	06.11.1980	D	2007	28	5	103	22	VfR 1921 Aalen, 1. FC Dynamo Dresden, 1. SC Feucht, SSV Jahn 2000 Regensburg, 1. FC Nürnberg, FC Bayern München, SV 1873 Nürnberg-Süd
De Cock, Olivier	A	09.11.1975	BEL	2007	18	0	18	0	FC Brügge
Costa, Claus	M	25.06.1984	D	2006	20	0	34	0	VfL Bochum, Borussia Dortmund, TuS Wengern
Eraslan, Erdal	A	17.09.1977	TUR	2005	0	0	197	3	KFC Uerdingen 05, Borussia Dortmund, Trabzonspor, Borussia Dortmund
Erwig, Christian	S	06.12.1983	D	2007	29	2	29	2	FC Schalke 04, SV Schermbeck, SuS Stadtlohn, SC Preußen 06 Münster
Hampel, Oliver	A	02.03.1985	D	2007	27	2	78	6	Hamburger SV, Hertha BSC Berlin, Hallescher FC, LSG Löbnitz, SpVgg Mühlbeck/Friedersdorf, TSV Mühlbeck
Heeren, Henri	M	25.10.1974	NED	2005	15	0	159	17	1. FC Saarbrücken, TSV Alemannia Aachen, Roda JC Kerkrade
Heidinger, Sebastian	M	11.01.1986	D	2007	23	0	80	9	SC 1919 Pfullendorf, FC Bayern München, SV Viktoria Aschaffenburg
Hergesell, Fabian	A	25.12.1985	D	2007	26	1	95	2	Bayer 04 Leverkusen, BV Bergisch Neukirchen
Kastrati, Bekim	S	25.09.1979	ALB	2007	23	4	23	4	Eintracht Braunschweig, Borussia Mönchengladbach, SC Borussia Freialdenhoven, SC Wegberg, Aris Saloniki, FC Wegberg-Beeck, SC Wegberg, 1. FC Mönchengladbach, Germania Geistenbeck
Klimczok, Marek	M	25.05.1979	POL	2007	6	0	6	0	BV Cloppenburg, SV Eintracht Nordhorn, GKS Katowice SSA
Krecidlo, David	A	19.01.1984	D	2006	7	0	81	0	Hertha BSC Berlin, FC Hertha 03 Zehlendorf, VfB Lichterfelde
Lambertz, Andreas	M	15.10.1984	D	2002	30	8	120	21	VfR Neuss, Borussia Mönchengladbach, TSV Norf, TSV Bayer Dormagen, SG Orken-Noithausen
Langeneke, Jens	M	29.03.1977	D	2006	35	1	62	5	LR Ahlen, VfL Osnabrück, SC Rot-Weiß Oberhausen, SV Lippstadt 08
Lawarée, Axel	S	09.10.1973	BEL	2007	36	15	36	15	SK Rapid Wien, Schwarz-Weiß Casino Bregenz, Excelsior Mouscron, FC Sevilla, Standard Lüttich, RFC Seraing, Ampsin Sport
Melka, Michael	T	09.07.1978	D	2007	30	0	77	0	Borussia Mönchengladbach, SC Preußen 06 Münster, FC Remscheid, Hammer SpVgg, Hasper SV, Borussia Dortmund
Palikuca, Robert	A	24.05.1978	CRO	2006	26	2	111	11	FC St. Pauli, FSV Salmrohr, VfL Trier, Loyola Marymount University, Hannover 96, VfL Bückeburg, NK Oriolik
Pusic, Ivan	M	03.03.1985	CRO	1996	0	0	44	4	TuRU 1880 Düsseldorf
Ratajczak, Michael	T	16.04.1982	D	2007	6	0	53	0	LR Ahlen, Borussia Dortmund, FC Schalke 04, SG Herten-Langenbochum
Sahin, Kenan	S	27.10.1984	D	2008	12	3	22	5	TuS 1911 Koblenz, FC Energie Cottbus, Bayer 04 Leverkusen, SC Fortuna Köln, Bayer 04 Leverkusen, DJK Grün-Weiß Nippes
Schwertfeger, Kai	A	08.09.1988	D	1997	1	0	1	0	Mettmanner SC
Spier, Adrian	A	11.01.1988	D	2007	3	0	3	0	Eintracht Frankfurt, SV Wehen Taunusstein
Zivic, Tomislav	M	07.08.1979	CRO	2007	0	0	36	1	BFC Türkiyemspor 1978, Berlin Ankaraspor Külübü 07, SV Yesilyurt, Chemnitzer FC, Hertha BSC Berlin, SV Stuttgarter Kickers, SV Bonlanden

Trainer:

Name, Vorname	geb. am	Nat.	Zeitraum	Spiele 2007/08	frühere Trainerstationen
Weidemann, Uwe	14.06.1963	D	27.11.04 – 12.11.07	16	Fortuna Düsseldorf
Werner, Wolf	08.04.1942	D	12.11.07 – 31.12.07	4	SV Wilhelmshaven, FC Bayern München Amateure, Borussia Mönchengladbach
Meier, Norbert	20.09.1958	D	01.01.08 – lfd.	16	SG Dynamo Dresden, MSV Duisburg, Bayer 04 Leverkusen (Junioren), Borussia Mönchengladbach

Zugänge:
Asaeda (SV Waldhof 07 Mannheim), Christ (VfR 1921 Aalen), Erwig (FC Schalke 04 II), Hampel (Hamburger SV), Heidinger (SC 1919 Pfullendorf), Hergesell (Bayer 04 Leverkusen II), Kastrati (Eintracht Braunschweig), Klimczok (BV Cloppenburg), Lawarée (FC Augsburg), Melka (Borussia Mönchengladbach), Ratajczak (FC Rot-Weiß Erfurt), Spier (Eintracht Frankfurt Junioren), Zivic (BFC Türkiyemspor 1978).
während der Saison:
Caillas (SV Wehen Wiesbaden), De Cock (FC Brügge), Sahin (TuS 1911 Koblenz).

Abgänge:
Adewunmi (FC Artmedia Bratislava), Albertz (Laufbahn beendet), Barth (SC Freiburg), Canale (VfB Lübeck), Deuß (SSVg Velbert 02), Feinbier (SVgg 07 Elversberg), Kneißl (AFC Wimbledon), Kronholm (FSV Frankfurt), Kruse (SC Rot-Weiß Oberhausen), Podszus (1. FC Kleve), Wolf (FC Rot-Weiß Erfurt).
während der Saison:
Eraslan (1. FC Kleve), Zivic (BFC Türkiyemspor 1978).

Fortsetzung Düsseldorfer TSV Fortuna 1895

Aufstellungen und Torschützen:

Sp	Datum	Gegner	Ergebnis	Anfang	Asaeda	Caillas	Cakir	Cebe	Christ	De Cock	Costa	Erwig	Hampel	Heeren	Heidinger	Hergesell	Kastrati	Klimczok	Krecidlo	Lambertz	Langeneke	Lawarée	Melka	Palikuca	Ratajczak	Sahin	Schwertfeger	Spier
				1	2	3	4	5	6	7	8	9	10	11	12	13	14	15	16	17	18	19	20	21	22	23	24	25
1	28.07.07 A	1. FC Union Berlin	0:1 (0:0)	E			X	A	A			X	X	X	E					A	X	E	X	X	X				
2	07.08.07 H	Rot-Weiss Essen	0:0 (0:0)	X			X	X	X			X	X		E	E				A	A	X	X	X					
3	11.08.07 A	Wuppertaler SVB	1:0 (1:0)	X			X	X	A		X1	E		E	X					A	X	X	A	X	E				
4	18.08.07 H	SV Werder Bremen II	2:0 (0:0)	X			X		X		E	X	A	E	X		E			A	X	X1	X	A					
5	25.08.07 A	Energie Cottbus II	1:0 (1:0)	X			X	A	A			A	E		E	X	E			X1	X	X	X	X					
6	01.09.07 H	Hamburger SV II	1:0 (0:0)	X			X	X	A	X	E	A	E			X	E			A1	X	X	X	X					
7	05.09.07 A	SG Dynamo Dresden	0:0 (0:0)	X			X	A	X			E	A	E	X	E				A	X	X	X	X					
8	08.09.07 H	SC Verl	3:0 (1:0)	X			X	A	X1			E	X	X	E		E			A	X	A2	X	X					
9	15.09.07 A	1. FC Magdeburg	0:1 (0:0)	X			X	A	X			E	X	E	A	E				A	X	X	X	X					
10	22.09.07 H	VfB Lübeck	0:1 (0:1)	X			X	X	A			E		A	E	E	X			X	X	X	X	A					
11	26.09.07 A	RW Oberhausen	2:2 (2:1)				X	E	X	A		E	A		X	X	X2				A	X	X						E
12	06.10.07 H	Rot-Weiss Ahlen	1:1 (0:0)				X	X	X1	X		E	A	A	E	E	X				X	A	X	X					
13	20.10.07 A	Bor. Dortmund II	1:0 (1:0)				X	E	X	X		A	X1	X		E	X				X	A	X	X					
14	27.10.07 H	BSV Kickers Emden	0:2 (0:0)				A	E	X	X		X	A	X	E	E	A				X	X	X	X					
15	04.11.07 A	VfL Wolfsburg II	1:0 (1:0)	A			X	E	A	X		E			X	X				A	X	X1	X	E					X
16	11.11.07 H	Eintr. Braunschweig	1:1 (0:1)	X				E	A	X	X	E1			A	A				X	X	X	X	E					X
17	18.11.07 A	SV Babelsberg 03	0:3 (0:0)				X		A	X	E	E		E	X	A	A			X	X	X	X	X					
18	24.11.07 H	FC Rot-Weiß Erfurt	2:0 (1:0)		E		X		X1	X	X		E	E	X1	A		A	A	A	X	X							
19	01.12.07 H	1. FC Union Berlin	0:1 (0:0)				X		A	X	E	E		E	X	A		X	X	A	X	X							
20	08.12.07 A	Rot-Weiss Essen	0:0 (0:0)	A			X	A		X	X			E	X		E	X		X	X	X							
21	16.02.08 H	Wuppertaler SVB	2:0 (1:0)	A		X	X			X	E	E	A1	X	E					X	X	X1	X		A				
22	23.02.08 A	SV Werder Bremen II	0:2 (0:1)	A		X	A	E		X	X	E	A	X						X	X	X	E		X				
23	01.03.08 H	Energie Cottbus II	3:0 (1:0)	X		X	X	X		X	E	E	A		E					A	X	A3	X		X				
24	09.03.08 A	Hamburger SV II	3:0 (1:0)	A		X	X	A		X	E	E	E	X						X1	X	A1	X		X1				
25	19.03.08 H	SG Dynamo Dresden	1:2 (1:1)	A		X	X	A		X		A	E	E						X	X1	X	E		X				
26	22.03.08 A	SC Verl	2:1 (2:0)	A		X	X	A	E	X		E			A	E				X	X	X	X		X2				
27	29.03.08 H	1. FC Magdeburg	0:2 (0:1)	X		X	X	X				E		A		E				A	X	A	X	E	X				
28	13.04.08 H	RW Oberhausen	3:0 (1:0)			A	X	X1	X1		E		X		E	X	E			X1	X	A	X		A				
29	22.04.08 A	VfB Lübeck	1:3 (1:1)	A		A	A	X				E	X		E	X				X1	X	X	E		X				
30	26.04.08 A	Rot-Weiss Ahlen	1:5 (0:3)			A		A	X		E	A	X		E	X	E			X1	X	X	X						
31	02.05.08 A	Bor. Dortmund II	4:0 (3:0)	E		X		E	A	X		X		E		X1				A2	A		X1	X					
32	07.05.08 H	BSV Kickers Emden	2:1 (0:1)			A	X1	A		X	E			X		X	A	E		X	X	E	X1	X					
33	10.05.08 H	VfL Wolfsburg II	3:0 (3:0)			A	X	X1	X	E			E			A				X	X	X2	A	X			E		
34	17.05.08 A	Eintr. Braunschweig	1:1 (1:1)			X	X	X			E			X	A					X	X	A1	X	X	E				
35	24.05.08 H	SV Babelsberg 03	2:0 (1:0)			A	X	E	X	E			X		E					X	X	A2	X	X	A				
36	31.05.08 A	FC Rot-Weiß Erfurt	4:0 (0:0)		X1	X1	A	X	X		E		E	X	E1					X	X1	A		X	A				
	Spiele:			22	1	15	28	31	28	18	20	29	27	15	23	26	23	6	7	30	35	36	30	26	6	12	1	3	
	Tore:			0	0	1	0	3	5	0	0	2	2	0	0	1	4	0	0	8	1	15	0	2	0	3	0	0	

Gegnerisches Eigentor im 4. Spiel (durch Erdem).

Bilanz der letzten 10 Jahre:

Saison	Liga	Platz	Sp.	S	U	N	Tore	Pkt.
1997/98:	2. Bundesliga	7.	34	13	7	14	52–54	46
1998/99:	2. Bundesliga	18.	34	5	13	16	35–59	28
1999/00:	Regionalliga West/Südwest	6.	36	13	14	9	53–35	53
2000/01:	Regionalliga Nord	16.	36	13	3	20	46–52	42
2001/02:	Regionalliga Nord	17	34	8	8	18	36–57	32
2002/03:	Oberliga Nordrhein	8.	32	12	10	10	47–49	46
2003/04:	Oberliga Nordrhein	2.	34	21	8	5	60–30	71
2004/05:	Regionalliga Nord	8.	36	12	13	11	46–42	49
2005/06:	Regionalliga Nord	5.	36	18	9	9	62–47	63
2006/07:	Regionalliga Nord	10.	36	13	12	11	50–47	51

Zuschauerzahlen:

Saison	gesamt	Spiele	Schnitt
1997/98:	99.412	17	5.848
1998/99:	100.885	17	5.934
1999/00:	77.015	18	4.279
2000/01:	92.250	18	5.125
2001/02:	97.415	17	5.730
2002/03:	60.750	16	3.574
2003/04:	89.805	17	5.283
2004/05:	154.989	18	8.611
2005/06:	132.958	18	7.387
2006/07:	190.862	18	10.603

Die meisten Regionalliga-Spiele:

Pl.	Name, Vorname	Spiele
1.	Lambertz, Andreas	120
2.	Cakir, Hamza	102
	Zedi, Rudolph	102
4.	Cebe, Ahmed	92
	Michels, Dirk	92
6.	Podszus, Marcel	87
7.	Bitzer, Mirko	83
8	Jörres, Guido	75
	Kruse, Tim	75
10.	Deuß, Patrick	68
	Poutilo, Oleg	68

Die besten Regionalliga-Torschützen:

Pl.	Name, Vorname	Tore
1.	Podszus, Marcel	25
2.	Feinbier, Marcus	24
3.	Poutilo, Oleg	23
4.	Lambertz, Andreas	21
5.	Shittu, Ganiyu Aremu	19
6.	Mayer, Frank	16
7.	Lawarée, Axel	15
8.	Cebe, Ahmed	14
9.	Jörres, Guido	9
	Zedi, Rudolph	9

Die Trainer der letzten Jahre:

Name, Vorname	Zeitraum
Neururer, Peter	19.04.1999 – 30.06.1999
Gelsdorf, Jürgen	01.07.1999 – 17.05.2000
Kamp, Tim	18.05.2000 – 30.06.2000
Ristic, Aleksandar	01.07.2000 – 31.12.2000
Fuchs, Uwe	01.01.2001 – 09.04.2001
Kamp, Tim	09.04.2001 – 01.04.2002
Emmerling, Stefan	02.04.2002 – 30.06.2002
Petrovic, Slavko	01.07.2002 – 06.05.2003
Weidemann, Uwe	07.05.2003 – 30.06.2003
Morales, Massimo	01.07.2003 – 27.11.2004

BSV Kickers Emden von 1946

Anschrift:
Sielweg 10
26721 Emden
Telefon: (0 49 21) 4 25 58
eMail: info@bsv-kickers-emden.de
Homepage: www.bsv-kickers-emden.de

Vereinsgründung: 24.03.1946

Vereinsfarben: Blau-Weiß
Präsident: Engelbert Schmidt
Sportlicher Leiter: Reiner Bruns

Stadion:
Embdena-Stadion (12.000)

Größte Erfolge: Teilnahme an der Aufstiegsrunde zur Oberliga Nord 1951; Meister der Verbandsliga Niedersachsen 1989 und 1991 (↑); Meister der Amateur-Oberliga Nord 1994; Meister der Oberliga Niedersachsen/Bremen 2000 und 2003; Meister der Oberliga Nord 2005 (↑)

Aufgebot:

Name, Vorname	Pos	geb. am	Nat.	seit	2007/08 Sp.	2007/08 T.	gesamt Sp.	gesamt T.	frühere Vereine
Bork, Stephan	M	29.01.1985	D	2007	16	0	29	2	Wuppertaler SV Borussia, FC Schalke 04, Fortuna Düsseldorf, SV Essen Burgaltendorf
Cannata, Giovanni	A	17.09.1985	ITA	2007	23	0	75	0	Bayer 04 Leverkusen, FC Remscheid
Cartus, Daniel	M	02.09.1978	D	2007	8	0	113	20	VfB Lübeck, VfL Osnabrück, SV Wehen Taunusstein, 1. FC Eschborn, SC Paderborn 07, SC Rot-Weiß Oberhausen, 1. FC Saarbrücken, Fortuna Düsseldorf, Bayer 04 Leverkusen, Tuspo Richrath, TBV Landwehr
Celikovic, Nermin	M	27.11.1980	BIH	2007	33	2	139	35	SV Wehen Taunusstein, Eintracht Braunschweig, 1. FC Köln, SC Fortuna Köln
Ewert, Dennis	M	14.01.1981	D	2005	0	0	45	0	VfL Wolfsburg, FC Bremerhaven, OSC Bremerhaven, SV Werder Bremen, OSC Bremerhaven
Gerdes, Andreas	M	22.05.1980	D	2007	6	0	15	0	TuS Pewsum, BSV Kickers Emden, SuS Emden, VfB Stern Emden, BSV Kickers Emden, FT 03 Emden, BSV Kickers Emden
Grotlüschen, Bernd	S	13.02.1985	D	2002	2	0	9	0	SpVg Aurich, VfB Germania Wiesmoor
Klasen, Thomas	S	16.09.1983	D	2007	23	2	66	6	1. FC Kaiserslautern, SV Eintracht Trier 05, TuS Mayen, 1. FC Kaiserslautern
Krük, Alexander	A	21.01.1987	D	2007	22	0	27	0	Borussia Mönchengladbach, Fortuna Düsseldorf
Litjens, Thomas	A	22.08.1984	D	2007	4	0	20	0	Wuppertaler SV Borussia, Roda JC Kerkrade
Moosmayer, Tom	M	01.10.1979	BEL	2007	35	2	35	2	TSV Alemannia Aachen, FC Roetgen
Nachtigall, Stephan	M	20.04.1985	D	2006	20	0	54	0	SC Rot-Weiss Essen, Wuppertaler SV Borussia, SC Rot Weiss Essen, FC Schalke 04
Nägelein, Andreas	M	05.10.1981	D	2007	31	0	119	1	SV Wacker Burghausen, BSV Kickers Emden, 1. SC Feucht, 1. FC Schweinfurt 05, SC 04 Schwabach, 1. SC Feucht, SG Quelle/TV 1860 Fürth, ASV Neumarkt, 1. FC Nürnberg
Nehrbauer, Thorsten	M	12.01.1978	D	2007	27	0	80	2	1. FC Saarbrücken, Hannover 96, 1. FSV Mainz 05, DSC Arminia Bielefeld, Fortuna Düsseldorf, Bayer 04 Leverkusen, Bonner SC
Neitzel, Enrico	S	11.04.1977	D	2007	32	7	143	32	VfB Lübeck, FC Rot-Weiß Erfurt, FC Schönberg 95, FSV Lok Altmark Stendal, 1. FSV Schwerin, Schweriner SC, 1. FC Magdeburg, ISG Schwerin-Süd
Neumann, Timo	A	09.05.1982	D	2007	2	0	55	5	VfB Lübeck, ATSV Stockelsdorf
Rauw, Bernd Gerd	A	08.01.1980	BEL	2007	34	1	40	1	MVV Maastricht, TSV Alemannia Aachen, DSC Arminia Bielefeld, TSV Alemannia Aachen, Standard Lüttich, FC Büllingen
Reichwein, Marcel	S	21.02.1986	D	2007	31	10	73	15	Wuppertaler SV Borussia, Bayer 04 Leverkusen, Sportfreunde Eisbachtal
Rickert, Marcus	T	18.02.1984	D	2006	36	0	36	0	FC Hansa Rostock, VfB Lichterfelde
Semghoun, Nourreddine	T	29.10.1981	D	2006	0	0	22	0	Hertha BSC Berlin, Tennis Borussia Berlin, Spandauer SV, SV Tasmania Gropiusstadt 1973, SV Blau Weiss Berlin
Sokolowski, Uwe	M	13.10.1981	D	2007	0	0	2	0	FC Schönberg 95, Hallescher FC, BSV Kickers Emden, Altonaer FC 93, SV Lurup Hamburg, SV Blankenese
Spahic, Jasmin	A	22.09.1980	BIH	2001	32	1	101	3	Hamburger SV, Zeljecnicar Sarajevo, Turbina Jablanica
Toboll, Jonas	T	10.06.1987	D	2008	0	0	0	0	Rotenburger SV, SV Werder Bremen, SV Rot-Weiß Scheeßel, SV Wistedt
Tornieporth, Dennis	M	06.09.1982	D	2008	9	0	127	12	1. FC Magdeburg, BSV Kickers Emden, FC St. Pauli, Holstein Kiel, SC Concordia Hamburg, Hamburger SV, Niendorfer TSV, VfL Lohbrügge, Düneberger SV
Vujanovic, Radovan	S	18.02.1982	AUT	2006	35	11	89	28	SV Wehen Taunusstein, SC Paderborn 07, FK Austria Wien, Fortuna Sievering, Favoritner AC
Zedi, Rudolf	A	31.08.1974	D	2006	36	7	259	22	VfR Aalen, FC Rot-Weiß Erfurt, Chemnitzer FC, Fortuna Düsseldorf, Essener TB Schwarz-Weiß, SC Rot-Weiss Essen, VfB Essen-Nord

Trainer:

Name, Vorname	geb. am	Nat.	Zeitraum	Spiele 2007/08	frühere Trainerstationen
Emmerling, Stefan	10.02.1966	D	01.07.2007 – lfd.	36	TSV Alemannia Aachen II

Zugänge:
Cannata (Bayer 04 Leverkusen II), Klasen (1. FC Kaiserslautern II), Krük (Borussia Mönchengladbach II), Litjens (Wuppertaler SV Borussia), Moosmayer (TSV Alemannia Aachen II), Nehrbauer (1. FC Saarbrücken), Neitzel (VfB Lübeck), Neumann (VfB Lübeck), Rauw (MVV Maastricht), Sokolowski (FC Schönberg 95).
während der Saison:
Cartus (VfB Lübeck), Reichwein (Wuppertaler SV Borussia), Toboll (Rotenburger SV), Tornieporth (1. FC Magdeburg).

Abgänge:
Altin (SV Sandhausen), Ansorge (Altonaer FC 93), Cerci (Kocaelispor), Grgic (SV Sandhausen), Gundelach (Eintracht Braunschweig), Hoffmeister (SSV Reutlingen 05), Neunaber (FC Ingolstadt 04), Pollok (Bonner SC), Schindler (SC Borea Dresden), Schoof (Rot-Weiss Ahlen), Tammen (VfL Oldenburg), Tornieporth (1. FC Magdeburg), Venekamp (VfL Wolfsburg II).
während der Saison:
Gerdes (SV Meppen), Sokolowski (SpVgg Vreden).

Fortsetzung BSV Kickers Emden von 1946

Aufstellungen und Torschützen:

Sp	Datum	Gegner	Ergebnis	Bork	Cannata	Cartus	Celikovic	Gerdes	Grotlüschen	Klasen	Krük	Litjens	Moosmayer	Nachtigall	Nägelein	Nehrbauer	Neitzel	Neumann	Rauw	Reichwein	Rickert	Spahic	Tornieporth	Vujanovic	Zedi
				1	2	3	4	5	6	7	8	9	10	11	12	13	14	15	16	17	18	19	20	21	22
1	28.07.07 A	Eintr. Braunschweig	1:0 (1:0)	E			A			E	X		X1	E	X	X	A	A		X	X			X	X
2	08.08.07 H	SV Babelsberg 03	3:1 (2:0)			X	E	E		E	X		X		X	X	A1		X		X	X		A2	X
3	11.08.07 A	FC Rot-Weiß Erfurt	0:3 (0:1)		E		X	E		E	X		A		X	X	A		X		X	X		X	A
4	18.08.07 H	1. FC Union Berlin	1:0 (1:0)	E	E		A				X	E	A		X	X	A		X		X	X		X1	X
5	24.08.07 A	Rot-Weiss Essen	1:0 (1:0)				A			X	E	X	E	X	X	A1		X	E	X	X		A	X	
6	01.09.07 H	Wuppertaler SVB	1:2 (0:1)	E			X	E		A	X	A	X		A		X	E	X			X		X	X1
7	08.09.07 H	Energie Cottbus II	1:0 (1:0)		E		A	E	E	X			X	X	A	X			X	A	X			X	X1
8	15.09.07 A	Hamburger SV II	0:0 (0:0)	E			X			A	X	E	X	X	A			X	E	X	X		A	X	
9	22.09.07 H	SG Dynamo Dresden	2:1 (0:1)		X		X	E		E1	A		X	A		A		X	E	X	X		X	X1	
10	26.09.07 A	SC Verl	0:0 (0:0)	E	X		A			E		X	E	X	A	X		X	A	A	X			X	X
11	29.09.07 H	1. FC Magdeburg	1:0 (1:0)	E	X		A			E	X	A			X	A		X	E	X				X1	X
12	06.10.07 A	VfB Lübeck	1:2 (0:1)	E	A		X			E	A	X			X	X1		X	E	X	A			X	X
13	10.10.07 A	SV Werder Bremen II	1:2 (0:2)	E	E		X			A	A			X	X	A		X	E1	X	X			X	X
14	20.10.07 H	RW Oberhausen	2:0 (2:0)	E	X		A				X	E	X	X	A1		X	E	X	X			A	X1	
15	27.10.07 A	Fortuna Düsseldorf	2:0 (0:0)		X		X					E	X	X		A1		X	E1	X	X			A	X
16	03.11.07 H	Rot-Weiss Ahlen	1:0 (1:0)	E	X		A				E	A	X			A1		X	E	X	X			X	X
17	13.11.07 A	Bor. Dortmund II	2:3 (1:1)		A		X			E		X	A		X		X	X	E1	X	X			X1	X
18	24.11.07 H	VfL Wolfsburg II	1:2 (1:1)		A		X	E		E	X	A	A		X		X	X	E	X	A			X1	X
19	30.11.07 H	Eintr. Braunschweig	0:1 (0:0)	E	X		A			E		A	X	X	X		X	X	E	X	A			X	X
20	08.12.07 A	SV Babelsberg 03	1:1 (1:0)	E			E			X	X		A	E	X		A		X	A	X	X		X1	X
21	16.02.08 H	FC Rot-Weiß Erfurt	1:0 (1:0)		E		X				X	E	X	X	E		X	A	X	X	A		A1	X
22	23.02.08 A	1. FC Union Berlin	0:1 (0:1)				A			E	E	X	A	X	X	E		X	X	X		A	X	X
23	08.03.08 A	Wuppertaler SVB	0:0 (0:0)			E				E	X		X	X	A		X		X	X	X			X	X
24	14.03.08 H	SV Werder Bremen II	2:1 (0:0)		E		E				X	X		A	E		X	X	E	X1	X			A1	X
25	19.03.08 H	Rot-Weiss Essen	0:0 (0:0)			E				X	X	X	X	X	E		X	A		X	X			X	X
26	22.03.08 A	Energie Cottbus II	2:4 (0:1)	A	E		E			E	X	X			X		X		X	X1	X			X1	X
27	29.03.08 H	Hamburger SV II	3:2 (1:1)				E			E	A	X	X	X	E		X		X	X1	X		A	A	X2
28	05.04.08 A	SG Dynamo Dresden	1:2 (0:0)		A					E	A	X	E	X	X				X	X1	X			X	X
29	12.04.08 H	SC Verl	2:0 (0:0)		E		X1			E	X		A	A	X		E			X	X	X1		X	X
30	18.04.08 A	1. FC Magdeburg	3:1 (1:1)	E	A		X			A1	X		E		X	X		X	A2	X			E	X	
31	26.04.08 H	VfB Lübeck	0:2 (0:1)		X		E			A		A	X	X	E		X	X		X	X	E		X	X
32	03.05.08 A	RW Oberhausen	2:3 (1:1)	X	E		X			E		X	A	A	E1		X	A	X	X				X1	X
33	07.05.08 H	Fortuna Düsseldorf	1:2 (1:0)	E	A		A			E		X	X	X	A		X	E		X	X			X	X1
34	10.05.08 A	Rot-Weiss Ahlen	0:2 (0:2)	E	A		A			X			X	E	X		X	E		X	A	X			X
35	17.05.08 H	Bor. Dortmund II	4:1 (1:0)	X	X		A1	E			X1	E	X			A		X1	E1	X	X			A	X
36	31.05.08 A	VfL Wolfsburg II	0:0 (0:0)	X	X		A				A	E	X		A	E	X	E	X	X			X	X
		Spiele:		16	23	8	33	6	2	23	22	4	35	20	31	27	32	2	34	31	36	32	9	35	36
		Tore:		0	0	0	2	0	0	2	0	0	2	0	0	0	7	0	1	10	0	1	0	11	7

Bilanz der letzten 10 Jahre:

Saison	Liga	Platz	Sp.	S	U	N	Tore	Pkt.
1997/98	Regionalliga Nord	8.	34	12	8	14	54–65	44
1998/99	Regionalliga Nord	16.	34	7	13	14	49–65	34
1999/00	Oberliga Niedersachsen/Bremen	1.	30	21	7	2	73–17	70
2000/01	Oberliga Niedersachsen/Bremen	2.	34	19	10	5	52–27	67
2001/02	Oberliga Niedersachsen/Bremen	8.	34	16	6	12	67–48	54
2002/03	Oberliga Niedersachsen/Bremen	1.	34	22	5	7	83–43	71
2003/04	Oberliga Niedersachsen/Bremen	6.	34	17	8	9	53–43	59
2004/05	Oberliga Nord	1.	34	25	6	3	64–18	81
2005/06	Regionalliga Nord	9.	36	14	7	15	50–45	49
2006/07	Regionalliga Nord	4.	36	16	11	9	50–41	59

Zuschauerzahlen:

Saison	gesamt	Spiele	Schnitt
1997/98:	29.800	17	1.753
1998/99:	23.648	17	1.391
1999/00:		15	
2000/01:	29.325	17	1.725
2001/02:	21.700	17	1.276
2002/03:	27.444	17	1.614
2003/04:	20.680	17	1.216
2004/05:	30.322	17	1.784
2005/06:	51.319	18	2.851
2006/07:	57.358	18	3.187

Die meisten Regionalliga-Spiele:

Pl.	Name, Vorname	Spiele
1.	Pankow, Kai	144
2.	Prause, Stephan	136
3.	Hermanns, Ingo	130
4.	Andersson, Nils	121
5.	Schneider, André	115
6.	Wagener, Frank	108
7.	Jaschob, Jens	100
8.	Spahic, Jasmin	96
9.	Müller, Jörg	92
10.	Winckler, Jan	84

Die besten Regionalliga-Torschützen:

Pl.	Name, Vorname	Tore
1.	Prause, Stephan	51
2.	Pankow, Kai	31
3.	Vujanovic, Radovan	23
4.	Andersson, Nils	19
5.	Wagener, Frank	18
6.	Cannizzaro, Massimo	13
	Deering, Chad	13
	Ukrow, Alexander	13
9.	Cengiz, Hakan	12
10.	Cerci, Ferhat	11
	Grgic, Velimir	11

Die Trainer der letzten Jahre:

Name, Vorname	Zeitraum
Bogs, Jürgen	01.07.1995 – 04.12.1996
Groothuis, Uwe	05.12.1996 – 30.06.1997
Weusthof, Alfons	01.07.1997 – 12.11.1998
Groothuis, Uwe	12.11.1998 – 24.02.1999
Krüger, Michael	25.02.1999 – 30.06.2001
Roggensack, Gerd	01.07.2001 – 02.10.2001
Groothuis, U. / Woloschin, A.	03.10.2001 – 30.06.2002
Drüke, Jörg	01.07.2002 – 30.06.2004
Fascher, Marc	01.07.2004 – 01.06.2007
van Buskirk, John	01.06.2007 – 30.06.2007

FC Rot-Weiß Erfurt

Anschrift:
Arnstädter Straße 55
99096 Erfurt
Telefon: (03 61) 3 47 66-0
eMail: sekretariat@rot-weiss-erfurt.de
Homepage: www.rot-weiss-erfurt.de

Vereinsgründung: 26.01.1966

Vereinsfarben: Rot-Weiß
Vorstand: Rolf Rombach
Manager: Stephan Beutel

Stadion: Steigerwaldstadion (19.439)

Größte Erfolge: DDR-Meister 1954 und 1955; FDGB-Pokalfinalist 1950 und 1980; Pokalsieger Thüringen 1994, 1998, 2000, 2001, 2003, 2004 und 2008; Qualifikation zur 2. Bundesliga 1992, Aufstieg in die 2. Bundesliga 2004

Aufgebot:

Name, Vorname	Pos	geb. am	Nat.	seit	2007/08 Sp.	T.	gesamt Sp.	T.	frühere Vereine
Beck, Christian	S	10.03.1988	D	2000	12	1	24	1	SSV Erfurt-Nord, Borntaler SV Erfurt
Brückner, Daniel	M	14.02.1981	D	2006	35	11	113	17	SV Werder Bremen, Hamburg-Eimsbütteler BC, SC Vorwärts-Wacker 04 Billstedt, SV West-Eimsbüttel
Bunjaku, Albert	S	29.11.1983	SUI	2006	28	16	56	25	SC Paderborn 07, FC Schaffhausen, Young Fellows/Juventus Zürich, Grasshopper-Club Zürich, FC Schlieren
Cinaz, Samil	M	08.03.1986	D	2007	31	3	31	3	1. FC Nürnberg, SpVgg Greuther Fürth, Post SV Nürnberg
Cornelius, Danny	M	13.04.1985	D	2006	2	0	36	1	SG Wattenscheid 09, Rot-Weiss Essen
Fondja, Willy	A	22.09.1983	FRA	2008	10	0	10	0	NK Maribor, AS Poissy
Hampf, Kevin	S	24.03.1984	D	2008	12	2	12	2	FC Erzgebirge Aue, VfB Auerbach
Hauswald, Martin	M	03.03.1982	D	2007	27	5	134	25	Holstein Kiel, Eintracht Braunschweig, 1. FC Union Berlin, SC Preußen 06 Münster, Rot-Weiss Essen, FV Dresden-Nord, Tennis Borussia Berlin, FV Dresden-Nord
Heller, Lars	A	02.04.1977	D	2006	23	0	179	2	SC Rot-Weiß Oberhausen, 1. SC Feucht, 1. FC Dynamo Dresden, 1. SC Göttingen 05, 1. FC Union Berlin
Holst, Matthias	A	19.06.1980	D	2005	30	0	117	3	FC Hansa Rostock, Hamburger SV, Heider SV, Bredstedter TSV, Rödemisser SV
Ivanov, Ivaylo	S	12.06.1984	BUL	2007	2	0	12	0	Etar Veliko Tarnovo, FC Hansa Rostock, Etar Veliko Tarnovo
Jabiri, Adam	S	03.06.1984	D	2007	24	2	24	2	1. FC Schweinfurt 05, FVgg Bayern Kitzingen, 1. FC Iphofen, SSV Kitzingen
Kohlmann, Patrick	A	25.02.1983	D	2007	25	1	101	2	Borussia Dortmund, BV Westfalia Wickede, TSC Eintracht Dortmund
Kumbela, Dominick	M	20.04.1984	CGO	2006	14	6	93	19	1. FC Kaiserslautern, FK 03 Pirmasens, TuS DJK Pirmasens, FC Rodalben
Laumann, Joseph	S	31.08.1983	D	2008	3	0	43	8	VfB Lübeck, Rot-Weiss Ahlen, FC Schalke 04, SpVgg Erkenschwick, TuS Iserlohn, Sportfreunde Oestrich-Iserlohn, SSV Hagen, SV Boele-Kabel, Post SV Hagen
Maczkowiak, André	T	01.04.1983	D	2007	22	0	76	0	Rot-Weiss Essen, 1. FC Köln, Bayer 04 Leverkusen, KFC Uerdingen 05, 1. FC Monheim
Neumann, Christof	S	02.08.1987	D	2007	3	0	3	0	FC Energie Cottbus, Eintracht Schwerin, Wacker Meyenburg
Nowak, Jörn	A	25.04.1986	D	1996	19	0	60	1	FSV Hoyerswerda
Orlishausen, Dirk	T	15.08.1982	D	2005	15	0	58	0	FSV Sömmerda
Peßolat, Mathias	A	26.03.1985	D	2006	29	1	49	1	FC Energie Cottbus, FV Dresden 06 Laubegast, FC Energie Cottbus, FSV Glückauf Brieske/Senftenberg
Pohl, Martin	A	13.04.1981	D	2007	15	1	15	1	FC Hansa Rostock
Rockenbach da Silva, Thiago	S	01.02.1985	BRA	2007	31	9	112	24	SV Werder Bremen, CN Maricilio Dias, Guarani SP Campinas, Gremio Porto Alegre, Benfica Lissabon
Rrustemi, Blerim	A	04.02.1983	CAN	2008	7	1	35	1	AC Horsens, Borussia Mönchengladbach, Defensor Sporting Club Montevideo, Portuguesa, Supra Toronto, Azurri Toronto
Schnetzler, Alexander	M	17.04.1979	D	2004	24	1	162	13	SC Pfullendorf, SV Rohrdorf, SV Kreenheinstetten
Schubert, Philip	A	10.01.1988	D	2002	3	0	5	0	SV Steinbach 08
Stenzel, Fabian	M	07.10.1986	D	2007	25	0	25	0	Lüneburger SK, VfL Lüneburg
Ströhl, Thomas	M	10.10.1988	D	1998	1	0	1	0	FSV Herbsleben
Ullmann, Martin	A	11.12.1986	D	1991	0	0	2	0	eigene Junioren
Wolf, Denis	M	15.01.1983	D	2007	28	9	83	16	Fortuna Düsseldorf, Hannover 96, SV Germania Grasdorf

Trainer:

Name, Vorname	geb. am	Nat.	Zeitraum	Spiele 2007/08	frühere Trainerstationen
Dotchev, Pavel	28.09.1965	BUL	01.07.05 – 08.02.08	20	SC Paderborn 07
Nowak, Heiko	27.09.1968	D	08.02.08 – 19.02.08	1	FC Rot-Weiß Erfurt (Co-Trainer und A-Junioren)
Baumann, Karsten	14.10.1969	D	20.02.08 – lfd.	15	

Zugänge:
Cinaz (1. FC Nürnberg II), Jabiri (1. FC Schweinfurt 05), Kohlmann (Borussia Dortmund II), Maczkowiak (Rot-Weiss Essen), Pohl (FC Hansa Rostock), Rockenbach da Silva (SV Werder Bremen II), Stenzel (Lüneburger SK), Wolf (Fortuna Düsseldorf).

während der Saison:
Fondja (NK Maribor), Hampf (FC Erzgebirge Aue), Hauswald (Holstein Kiel), Laumann (VfB Lübeck), Rrustemi (AC Horsens).

Abgänge:
Afriyie (SV Lippstadt 08), Bertram (SpVgg Greuther Fürth), Brunnemann (FC St. Pauli), Görke (Hallescher FC), Hebestreit (ZFC Meuselwitz), Kühne (SC Borea Dresden), Müller (TuS Heeslingen), Pätz (VfC Plauen), Pekrul (SV Wilhelmshaven), Ratajczak (Fortuna Düsseldorf), Schnupphase (FSV Wacker 03 Gotha), Sosnowski (SV Henstedt-Rhen), Stark (DSC Arminia Bielefeld II), Stoppelkamp (Rot-Weiss Essen).

während der Saison:
Cornelius (SV Meppen), Kumbela (Eintracht Braunschweig), Neumann (1. FC Gera 03).

Fortsetzung FC Rot-Weiß Erfurt

Aufstellungen und Torschützen:

Sp	Datum	Gegner	Ergebnis	Beck	Brückner	Bunjaku	Cinaz	Cornelius	Fondja	Hampf	Hauswald	Heller	Holst	Ivanov	Jabiri	Kohlmann	Kumbela	Laumann	Maczkowiak	Neumann	Nowak	Orlishausen	Peßolat	Pohl	Rockenbach	Rrustemi	Schnetzler	Schubert	Stenzel	Ströhl	Wolf
				1	2	3	4	5	6	7	8	9	10	11	12	13	14	15	16	17	18	19	20	21	22	23	24	25	26	27	28
1	28.07.07 H	Rot-Weiss Ahlen	6:3 (3:2)	E	X1	E	E						X		A1	X	X2	X				X	X		X1		A			A1
2	04.08.07 A	Bor. Dortmund II	1:1 (1:0)		X	E	E					X	X	X	X	X		X		E		X	A	A	X					A
3	11.08.07 H	BSV Kickers Emden	3:0 (1:0)	E1	X	A1	E					X	X	X		X	E	X		X		A		X					A1
4	19.08.07 A	VfL Wolfsburg II	3:0 (1:0)	E	X	A1	X				E	X	X1			X		X		X		A		X		E				A1
5	24.08.07 H	Eintr. Braunschweig	2:2 (0:1)	X		X1	A				E	X	E	X		X		X		X		A	A1	X		E			X
6	02.09.07 A	SV Babelsberg 03	1:1 (0:0)	E	X	X1				E	E	X		X		X		X		X		X		A		X		A		A
7	09.09.07 H	1. FC Union Berlin	2:0 (0:0)		X	X1	E				E	E	X		A	X1		X		X		A		X		X				A
8	15.09.07 A	Rot-Weiss Essen	2:3 (0:3)	E	A	X		E			E		X		A	X2		X		X		X		X		X				A
9	22.09.07 H	Wuppertaler SVB	5:1 (3:0)	A1	X1	X				X1	X	X				X		X	E	X			A2		A	E	E			
10	26.09.07 A	SV Werder Bremen II	2:1 (1:1)	A1	A1	X					X	X	X		E	E	X	X		X			A		X	E				
11	29.09.07 H	Energie Cottbus II	0:1 (0:0)	E	X	X	X			A	A	X	A			X	E	X				X		X						E
12	06.10.07 A	Hamburger SV II	1:2 (1:0)		X	X	X			X1	A	X			E		A	X		X		A	E	X						E
13	20.10.07 H	SG Dynamo Dresden	2:2 (0:1)	X1	A	X				A	X	X	E		X1	X		X		E		A		X						E
14	27.10.07 H	SC Verl	1:0 (0:0)		A	A1	X			A	X	X	E	E	X	X		X				X					X			E
15	04.11.07 H	1. FC Magdeburg	4:1 (1:1)	X	X1	X1				X		X	E	A	X	X		X		E					E	A				A2
16	10.11.07 A	VfB Lübeck	3:0 (3:0)	X1	X	X				E	E	X			A	X		X		X		A		X				E		A1
17	17.11.07 H	RW Oberhausen	1:2 (1:1)	X	X	X1				E	E	X		E	A	X		X				E		X		A				A
18	24.11.07 A	Fortuna Düsseldorf	0:2 (0:1)	X	X	X	E			E		X		E	A	X		X			X	A		X						A
19	01.12.07 A	Rot-Weiss Ahlen	2:1 (1:0)	E	A	A1	X				X	X		E	E	X		X			X	X1		X						A
20	08.12.07 H	Bor. Dortmund II	0:0 (0:0)	X	X					X	X	X	E	A	A				X	X		A		X				E		E
21	16.02.08 A	BSV Kickers Emden	0:1 (0:1)		X	X	X	E	A		A		E			E			X	X	X	X		A						
22	23.02.08 H	VfL Wolfsburg II	5:0 (1:0)	X1	X2	X		E1	E		X	A						X	E			A1	X				X			A
23	01.03.08 A	Eintr. Braunschweig	2:3 (1:2)	A	X2	X		E	X		X			X	X			X	X	X	E			A						
24	08.03.08 H	SV Babelsberg 03	1:1 (0:0)	E	X	X		A	X1		E	X		A				X	E	X	A	X						X		
25	22.03.08 A	1. FC Union Berlin	1:1 (1:1)		X	A	X	X	E	X	E	X	E	A				X	X			A1						X		
26	29.03.08 H	Rot-Weiss Essen	4:0 (2:0)	X	X1	X		X	E1	X		X			X			X				X1	A1			E	A			
27	04.04.08 A	Wuppertaler SVB	0:3 (0:1)	X	X	X		E	X	E	X			A				X				X	X	A		X				
28	12.04.08 H	SV Werder Bremen II	3:1 (3:0)	X	X	X		E	E	A2	X	X							X	A	X	A1				X		E		
29	19.04.08 A	Energie Cottbus II	1:2 (1:0)	X1	A	X		E	E	X	X	X							X	X	A	X				A		E		
30	26.04.08 H	Hamburger SV II	3:1 (1:0)	E	X2	X			X		X		A					E	X	X	X		A		E	X		A1		
31	03.05.08 A	SG Dynamo Dresden	2:2 (1:1)	E	X1			X				X	X		A			E	X	X	A	X1	E	X		A				
32	07.05.08 A	SC Verl	3:0 (1:0)		X		X			E	E	X	A1					E	X	X	X1	A		A1						
33	10.05.08 H	1. FC Magdeburg	3:3 (2:1)	X1	X1	X	E	E	X	X	A							X	X	A		E	A						A1
34	18.05.08 H	VfB Lübeck	1:1 (1:1)	X	X	X	A	E			E	X						X	X	X1	A					E	A			
35	24.05.08 A	RW Oberhausen	0:0 (0:0)	E	X			X	A		E	X						X	X	X	A	E				A				X
36	31.05.08 H	Fortuna Düsseldorf	0:4 (0:0)	X			E	X	X	X	E							X	X	X	A	A				X				X
	Spiele:			12	35	28	31	2	10	12	27	23	30	2	24	25	14	3	22	3	19	15	29	15	31	7	24	3	25	1	28
	Tore:			1	11	16	3	0	0	2	5	0	0	0	2	1	6	0	0	0	0	0	1	1	9	1	1	0	0	0	9

Gegnerisches Eigentor im 2. Spiel (durch Hünemeier).

Bilanz der letzten 10 Jahre:

Saison	Liga	Platz	Sp.	S	U	N	Tore	Pkt.
1997/98:	Regionalliga Nordost	5.	34	16	8	10	59–49	56
1998/99:	Regionalliga Nordost	10.	34	12	9	13	41–46	45
1999/00:	Regionalliga Nordost	7.	34	17	6	11	39–41	57
2000/01:	Regionalliga Süd	15.	34	10	9	15	40–47	39
2001/02:	Regionalliga Süd	5.	34	15	9	10	47–31	54
2002/03:	Regionalliga Süd	9.	36	12	14	10	44–44	50
2003/04:	Regionalliga Süd	2.	34	15	10	9	52–39	55
2004/05:	2. Bundesliga	18.	34	7	9	18	34–60	30
2005/06:	Regionalliga Nord	14.	36	11	9	16	40–48	42
2006/07:	Regionalliga Nord	11.	36	13	11	12	41–44	50

Zuschauerzahlen:

Saison	gesamt	Spiele	Schnitt
1997/98:	29.500	17	1.735
1998/99:	31.372	17	1.845
1999/00:	45.009	17	2.648
2000/01:	67.373	17	3.963
2001/02:	74.147	17	4.361
2002/03:	62.865	18	3.492
2003/04:	80.070	17	4.710
2004/05:	201.314	17	11.842
2005/06:	85.711	18	4.762
2006/07:	95.647	18	5.314

Die meisten Regionalliga-Spiele:

Pl.	Name, Vorname	Spiele
1.	Hebestreit, Ronny	269
2.	Kraus, Steffen	223
3.	Große, Jens	189
4.	Tews, André	170
5.	Schönberg, Piet	164
6.	Nowak, Heiko	144
7.	Pätz, Silvio	141
8.	Scheller, Nico	135
9.	Wehrmann, Jan	130
10.	Bach, Danny	124

Die besten Regionalliga-Torschützen:

Pl.	Name, Vorname	Tore
1.	Hebestreit, Ronny	93
2.	Bunjaku, Albert	25
	Wehrmann, Jan	25
4.	Weißhaupt, Marco	22
5.	Bärwolf, Daniel	18
6.	Koslow, Denis	17
	Müller, René	17
8.	Kumbela, Dominick	16
	Schönberg, Piet	16

Die Trainer der letzten Jahre:

Name, Vorname	Zeitraum
Schröder, Hans-Günter	15.05.1997 – 29.05.1997
Gores, Rudi	30.05.1997 – 15.07.1997
Raab, Jürgen	16.07.1997 – 26.04.2000
Engel, Frank	26.04.2000 – 25.11.2000
Thomale, Hans-Ulrich	25.11.2000 – 12.08.2001
Große, Jens	13.08.2001 – 08.10.2002
Feichtenbeiner, Michael	09.10.2002 – 10.04.2003
Schwartz, Alois	11.04.2003 – 30.06.2003
Müller, Rene	01.07.2003 – 20.02.2005
Kocian, Jan	22.02.2005 – 31.05.2005

Rot-Weiss Essen

Anschrift:
Hafenstraße 97a
45356 Essen
Telefon: (02 01) 86 14 40
eMail: info@rot-weiss-essen.de
Homepage: www.rot-weiss-essen.de

Vereinsgründung: 01.02.1907 als SV Vogelheim; 1923 Fusion mit TB 1892 Bergeborbeck zu Rot-Weiss Essen

Vereinsfarben: Rot-Weiß
Präsident: Rolf Hempelmann
Sportlicher Leiter: Thomas Strunz

Stadion: Georg-Melches-Stadion (22.500)

Größte Erfolge: Deutscher Meister 1955; Deutscher Pokalsieger 1953; Meister der Oberliga West 1952 und 1955; Meister der Regionalliga West 1973 (↑); Aufstiegsrunde zur Bundesliga 1966 (↑), 1968, 1969 (↑), 1972 und 1978; Deutscher Amateurmeister 1992

Aufgebot:

Name, Vorname	Pos	geb. am	Nat.	seit	2007/08 Sp.	T.	gesamt Sp.	T.	frühere Vereine
Andersen, Niklas	A	04.08.1988	D	2005	26	0	26	0	FC Schalke 04, FC Luzern, FC Locarno, FC Lugano, FC Oberstdorf, Hamburger SV, Eintracht Frankfurt
Baltes, Benjamin	A	30.03.1984	D	2008	4	0	118	10	VfB Lübeck, SC Freiburg, KFC Uerdingen 05, MSV Duisburg
Brandy, Sören	S	06.05.1985	D	2007	33	3	45	4	Holstein Kiel, FC Gütersloh 2000, VfB Schloß Holte
Cakiroglu, Tayfun	M	31.08.1987	D	2007	1	0	1	0	Hannover 96, Eyüpspor, VfL Bochum, SpVgg Marl, SpVgg Argus Herten
Czyszczon, David	A	04.09.1981	D	2007	28	0	28	0	VfL Bochum, VfB Hüls, DSC Wanne-Eickel, SG Wattenscheid, DSC Wanne-Eickel, DJK Falkenhorst Herne
Erfen, Tim	M	22.10.1982	D	2007	23	1	65	3	Rot-Weiss Ahlen, FC Carl Zeiss Jena, MSV Duisburg, VfL Bochum, Rheydter SpV, Borussia Mönchengladbach, 1. FC Mönchengladbach
Gorschlüter, Tim	M	24.08.1983	D	2007	33	1	80	1	Rot-Weiss Ahlen, Rot-Weiss Essen, LR Ahlen, Hammer SpVgg
Güvenisik, Sercan	S	01.03.1980	TUR	2007	24	6	74	24	FC Carl Zeiss Jena, SC Preußen 06 Münster, Vestel Manisaspor, 1. SC Feucht, Denizlispor, MSV Duisburg, FC Augsburg, FC Bayern München, VSC Donauwörth
Guié-Mien, Rolf-Christel	M	28.10.1977	CGO	2007	31	9	54	15	FC Sachsen Leipzig, 1. FC Köln, SC Freiburg, Eintracht Frankfurt, Karlsruher SC, AS Inter Brazzaville
Haeldermans, Stijn	M	22.04.1975	BEL	2005	11	0	46	2	SC Rot-Weiß Oberhausen, KRC Heusden-Zolder, Lierse SK, Lommelse SK, Fortuna Sittard, Lommelse SK, Standard Lüttich, KRC Genk, MVV Maastricht, Patro Eisden, Zonhoven VV
Harrer, Michael	M	10.05.1987	D	2005	3	0	3	0	Fortuna Düsseldorf, Rot-Weiß Lintorf, MSV Duisburg, TV Angermund
Jans, Paul	S	05.08.1981	NED	2008	9	0	9	0	VVV Venlo, NEC Nijmegen, VVV Venlo, R.k.s.v Sparta'25 Beek en Donk
Joseph-Augustin, Jonathan	A	13.05.1983	FRA	2008	15	0	15	0	KSV Roeselare, KSK Beveren, Chamois Niortais FC, Grenoble Foot, EA Guingamp, INF Clairefontaine
Kazior, Rafael	S	07.02.1983	D	2007	30	2	49	5	Holstein Kiel, SV Wacker Burghausen, MSV Duisburg, FC St. Pauli, 1. SC Norderstedt, Hamburger SV
Kiskanc, Ferhat	M	01.08.1982	TUR	2005	9	0	117	4	1. FC Köln, Bayer 04 Leverkusen, Germania Agrippina Köln, FC Eintracht Köln
Klinger, Mario	M	27.12.1986	D	2007	23	0	51	2	KSV Hessen Kassel, FC Schalke 04, PSV Essen
Kotula, Jozef	M	20.09.1976	SVK	2007	20	1	189	13	SV Wilhelmshaven, Spartak Trnava, FC Artmedia Bratislava, SF Siegen, FC Nitra
Kurth, Markus	S	30.07.1973	D	2007	28	5	62	21	MSV Duisburg, 1. FC Köln, 1. FC Nürnberg, Bayer 04 Leverkusen, BV 04 Düsseldorf, SpVgg Benrath 1910
Lindbæk, André Schei	S	01.11.1977	NOR	2007	12	3	12	3	Köge BK, FH Hafnarfjördur, Landskrona BoIS, UD Las Palmas, Viking Stavanger, CD Numancia, Molde FK, Skeid Oslo, Kongsvinger IL, Abildsø IL, Drøbak/Frogn IL, Grane Nordstrand
Lorenz, Michael	M	11.01.1979	D	2005	32	4	202	21	SC Paderborn 07, SV Babelsberg 03, KFC Uerdingen 05, Berliner FC Dynamo
Lorenz, Stefan	A	19.09.1981	D	2005	4	0	70	3	VfL Wolfsburg, Berliner FC Dynamo
Masuch, Daniel	T	24.04.1977	D	2006	35	0	68	0	Rot-Weiß Oberhausen, SV Adler Osterfeld, Spfr. Hamborn 07, TuS Viktoria 06 Buchholz
Pirson, Sören	T	27.08.1985	D	2007	1	0	27	0	Borussia Dortmund, Fortuna Düsseldorf, SC Rot-Weiß Oberhausen, Essener TB Schwarz-Weiß, SV Burgaltendorf
Said, Chamdin	S	29.10.1987	D	2004	1	0	1	0	Essener TB Schwarz-Weiß, SC Steele 03/20
Schäfer, Mitja	M	27.02.1980	D	2007	14	1	77	3	FC Erzgebirge Aue, LR Ahlen, 1. FC Köln, TuS Höhenhaus
Sereinig, Daniel	A	10.05.1982	SUI	2007	32	3	32	3	FC Schaffhausen, FC Will 1900, FC St. Gallen, FC Rorschach
Stankiwiecz, Jaroslaw	A	21.07.1975	D	2006	0	0	0	0	1. FC Union Solingen, Fortuna Düsseldorf, Düsseldorfer SV Lierenfeld, TSV Bayer Dormagen, TSV Norf, VfR Neuss, Tura Büderich
Stoppelkamp, Moritz	M	11.12.1986	D	2007	9	1	45	1	FC Rot-Weiß Erfurt, Rot-Weiss Essen, Fortuna Düsseldorf, MSV Duisburg, TuS Viktoria 06 Buchholz
Uzun, Emrah	S	26.08.1987	D	2000	7	1	7	1	FC Schalke 04, Antalyaspor
Wagner, Vincent	S	05.04.1986	D	2007	4	0	4	0	FC Eintracht Schwerin, SpVgg Breesegard-Moraas, BSV Greifswald
Zbiorczyk, Arkadiusz	T	10.03.1985	D	2007	0	0	0	0	Essener TB Schwarz-Weiß, Borussia Dortmund, SG Wattenscheid 09

Trainer:

Name, Vorname	geb. am	Nat.	Zeitraum	Spiele 2007/08	frühere Trainerstationen
Bonan, Heiko	10.02.1966	D	01.07.07 – 23.03.08	26	Rot-Weiss Ahlen, FC Gütersloh 2000 (Frauen-Mannschaft)
Kulm, Michael	28.11.1965	D	23.03.08 – lfd.	10	Rot-Weiss Essen (II und B-Junioren), VfL Bochum (B-Junioren)

Zugänge:
Andersen (eigene Junioren), Brandy und Kazior (Holstein Kiel), Czyszczon (VfL Bochum II), Erfen und Gorschlüter (Rot-Weiss Ahlen), Güvenisik (FC Carl Zeiss Jena), Guié-Mien (FC Sachsen Leipzig), Klinger (KSV Hessen Kassel), Kotula (SV Wilhelmshaven), Lindbæk (Köge BK), Pirson (Borussia Dortmund II), Said, Stankiwiecz und Uzun (II. Mannschaft), Schäfer (FC Erzgebirge Aue), Sereinig (FC Schaffhausen), Stoppelkamp (FC Rot-Weiß Erfurt), Wagner (FC Eintracht Schwerin), Zbiorczyk (Essener TB Schwarz-Weiß).

während der Saison:
Baltes (VfB Lübeck), Joseph-Augustin (KSV Roeselare), Jans (VVV Venlo), Kurth (MSV Duisburg).

Abgänge:
Barut (Kasimpasaspor), Bemben (1. FC Union Berlin), Bieler (Hertha BSC Berlin), Boskovic (SC Paderborn 07), Calik (Galatasaray Istanbul), Epstein (1. FC Köln), Grammozis (PAE Ergotelis), Hysky (Offenbacher FC Kickers), Kläsener (SC Paderborn 07), Löbe (SC Paderborn 07), Lorénzon (FC Carl Zeiss Jena), Maczkowiak (FC Rot-Weiß Erfurt), Nikol (SG Dynamo Dresden), Özbek (Galatasaray Istanbul), Okoronkwo (Hertha BSC Berlin), Paulo Sérgio (Club Desportivo Trofense), Ristau (Bonner SC), Thorwart (SSVg Verlbert 02), Younga-Mouhani (1. FC Union Berlin), Wehlage (Eintracht Braunschweig), Zaza (Aalborg BK).

Fortsetzung Rot-Weiss Essen

Aufstellungen und Torschützen:

Sp	Datum	Gegner	Ergebnis	Andersen	Baltes	Brandy	Cakiroglu	Czysczon	Erfen	Gorschlüter	Güvenisik	Guié-Mien	Haeldermans	Harrer	Jans	Joseph-A.	Kazior	Kiskanc	Klinger	Kotula	Kurth	Lindbæk	Lorenz M.	Lorenz S.	Masuch	Pirson	Said	Schäfer	Sereinig	Stoppelkamp	Uzun	Wagner
1	28.07.07 H	RW Oberhausen	1:4 (0:1)		X		X	X	X	A	X						E		A	E				X1		X			X	E		A
2	07.08.07 A	Fortuna Düsseldorf	0:0 (0:0)	A	X		X	E	X	A							X	X	E	X			X		X				A			E
3	11.08.07 H	Rot-Weiss Ahlen	0:2 (0:1)		X		X	E	X		X						A		E	X		X	A		X			X	A		E	
4	19.08.07 A	Bor. Dortmund II	0:0 (0:0)	A			X	E	X	X	E						A	X	A	X					X		X					E
5	24.08.07 H	BSV Kickers Emden	0:1 (0:1)	X			A			X	X	E					E	A	E	X			X		X			X				A
6	01.09.07 A	VfL Wolfsburg II	3:0 (3:0)	A	E		X	X	X	X1							E	A	E	X1		A			X			X	X1			
7	05.09.07 H	Eintr. Braunschweig	0:0 (0:0)	X	E		X	A	X	E	E						A	A		X	X				X			X	X			
8	09.09.07 A	SV Babelsberg 03	3:1 (0:1)	A	X		X		X	X1	A2	E						A	X			X	E	X				X	E			
9	15.09.07 H	FC Rot-Weiß Erfurt	3:2 (3:0)	A	X		X	A	X	X	X3	E			E			A		X			X					X	E			
10	21.09.07 A	1. FC Union Berlin	2:2 (1:1)	X	A			X	X	X	A						E1	E	E	A			X	X	X			X				
11	29.09.07 H	Wuppertaler SVB	1:0 (0:0)	X	X1	E		X	A	X							E		E	X	A		A	X	X			X				
12	07.10.07 A	SV Werder Bremen II	4:0 (2:0)	X	X		X	X		X1							E		E	X	A1	E1	A	A	X			X1				
13	20.10.07 H	Energie Cottbus II	0:1 (0:0)	X	A		A	X		X							E	E	A	X	X	E	X		X			X				
14	27.10.07 A	Hamburger SV II	3:0 (1:0)	X	A		A	X	X1	X							E		E	X	A1		X1	X				X	E			
15	03.11.07 H	SG Dynamo Dresden	1:1 (1:1)	X	A		X	X	X	A							E		X	A	E	X			X			X1		E		
16	10.11.07 A	SC Verl	0:1 (0:0)	X	A			X	X	X							E	E	A	X		X			X			A		E		
17	17.11.07 H	1. FC Magdeburg	2:0 (0:0)	X	A		X	A	X	X		E					A		X		A	E1		X			X		E1		
18	24.11.07 A	VfB Lübeck	2:1 (0:0)	X	X	E	X	A		X1							A		X		E1	X		X			X		E			
19	02.12.07 H	RW Oberhausen	0:1 (0:0)	X	X		A	E	X	X							X	A	A	E	X		X					A		E		
20	08.12.07 A	Fortuna Düsseldorf	0:0 (0:0)	X			X	A	X			E					X	X		A			X					X	A	E		
21	16.02.08 A	Rot-Weiss Ahlen	0:2 (0:1)	X	E	X		A	A	X	E			X	X		E		A	X			X		X							
22	23.02.08 A	Bor. Dortmund II	0:0 (0:0)	A		X		X	E	E	X		A	X	E		X		X		A		X									
23	08.03.08 H	VfL Wolfsburg II	3:0 (1:0)		E	X		A1	X	X1	E		A	X	A				X1						X							
24	15.03.08 A	Eintr. Braunschweig	1:2 (1:0)	X	A		E	X	X	E				X				E	X	A		X1	X				A					
25	19.03.08 A	BSV Kickers Emden	0:0 (0:0)	E	E		X		X		A			A	E		X	X	A	X		X				X						
26	22.03.08 H	SV Babelsberg 03	1:2 (1:0)		X1		A	A	X		A		X	X	E		X	E	E			X				X		X				
27	29.03.08 A	FC Rot-Weiß Erfurt	0:4 (0:2)	E	A	A		X	E	X	X		E	X					X			X				A		X				
28	06.04.08 H	1. FC Union Berlin	0:3 (0:0)		X		X		X	E	X		E	A				A		X			A	X			E	X	X			
29	19.04.08 A	Wuppertaler SVB	2:2 (1:0)		E		E	X	X1	A				X	A1		E		X		A		X					X	X			
30	25.04.08 H	SV Werder Bremen II	3:0 (2:0)	E	A				X	X1	X		E	A	X			A		X			X				X1	X1	E			
31	03.05.08 A	Energie Cottbus II	2:1 (2:1)	E	X			X	X1	E	A		A	X				X			X1		X				A	X	E			
32	07.05.08 H	Hamburger SV II	2:1 (0:1)		X1		E	X	A1	A	X		E	A					X	E		X					X	X				
33	11.05.08 A	SG Dynamo Dresden	0:1 (0:0)		A			X	X	A	X		E	A	E				X	E		X				X	X					
34	17.05.08 H	SC Verl	2:0 (0:0)	E	X			X	X	E1	X		X	E				A1	A	X			A	X								
35	24.05.08 A	1. FC Magdeburg	1:0 (1:0)		X			E	X	X	A			A	E		E		X1	X		X				X	X					
36	31.05.08 H	VfB Lübeck	0:1 (0:0)		A		E	A	X	X	A			A			E		X	E	X					X	X					
	Spiele:			26	4	33	1	28	23	33	24	31	11	3	9	15	30	9	23	20	28	12	32	4	35	1	1	14	32	9	7	4
	Tore:			0	0	3	0	0	1	1	6	9	0	0	0	0	2	0	0	1	5	3	4	0	0	0	0	1	3	1	1	0

Gegnerisches Eigentor im 10. Spiel (durch Schulz).

Bilanz der letzten 10 Jahre:

Saison	Liga	Platz	Sp.	S	U	N	Tore	Pkt.
1997/98:	Regionalliga West/Südwest	17.	34	7	9	18	41–80	30
1998/99:	Oberliga Nordrhein	1.	30	20	7	3	59–28	67
1999/00:	Regionalliga West/Südwest	7.	36	14	10	12	55–46	52
2000/01:	Regionalliga Nord	13.	36	13	8	15	45–54	47
2001/02:	Regionalliga Nord (1 Punkt Abzug)	3.	34	18	10	6	58–33	63
2002/03:	Regionalliga Nord	3.	34	16	12	6	56–33	60
2003/04:	Regionalliga Nord	1.	34	23	5	6	77–26	74
2004/05:	2. Bundesliga	17.	34	6	15	13	35–51	33
2005/06:	Regionalliga Nord	1.	36	23	7	6	67–34	76
2006/07:	2. Bundesliga	15.	34	8	11	15	34–40	35

Zuschauerzahlen:

Saison	gesamt	Spiele	Schnitt
1997/98:	74.343	17	4.373
1998/99:	89.095	15	5.940
1999/00:	125.745	18	6.618
2000/01:	104.556	18	5.809
2001/02:	148.336	17	8.726
2002/03:	161.196	17	9.482
2003/04:	177.156	17	10.421
2004/05:	240.991	17	14.176
2005/06:	221.222	18	12.290
2006/07:	231.610	17	13.624

Die meisten Regionalliga-Spiele:

Pl.	Name, Vorname	Spiele
1.	Wolf, Sascha	124
2.	Koen, Erwin	120
3.	Helmig, Dirk	98
4.	Bilgin, Ali	96
5.	Brinkmann, Dennis	94
6.	Bonan, Heiko	91
7.	Weigelt, Benjamin	89
8.	Klein, Wolfram	80
9.	Tutas, Torben	75
10.	Margref, Jürgen	74

Die besten Regionalliga-Torschützen:

Pl.	Name, Vorname	Tore
1.	Wolf, Sascha	45
2.	Klein, Wolfram	38
3.	Koen, Erwin	32
4.	Helmig, Dirk	25
5.	Weber, Achim	22
6.	Bilgin, Ali	19
7.	Raschke, Ulf	16
8.	Schreier, Christian	14
9.	Boskovic, Danko	13
	Karp, Holger	13
	Köhler, Benjamin	13

Die Trainer der letzten Jahre:

Name, Vorname	Zeitraum
Kurth, Frank	23.03.2001 – 23.04.2001
Scheike, Michael	23.04.2001 – 30.04.2001
Kurth, Frank	30.04.2001 – 30.06.2001
Pleß, Harry	01.07.2001 – 24.08.2003
Kontny, Frank	25.08.2003 – 31.08.2003
Fach, Holger	01.09.2003 – 21.09.2003
Gelsdorf, Jürgen	23.09.2003 – 23.04.2005
Neuhaus, Uwe	23.04.2005 – 08.11.2006
Janssen, Olaf	09.11.2006 – 16.11.2006
Köstner, Lorenz-Günther	17.11.2006 – 30.06.2007

Hamburger SV II

Anschrift:
Ulzburger Straße 94
22850 Norderstedt
Telefon: (0 40) 41 55 41 00
eMail: info@hsv.de
Homepage: www.young-talents.com

Vereinsgründung: 29.09.1887 als SC Germania 1887 Hamburg; 01.06.1919 Fusion mit Hamburger FC von 1888 zu Hamburger SV

Vereinsfarben: Blau-Weiß-Schwarz
Vorst.-Vorsitzender: Bernd Hoffmann
Sportlicher Leiter: Jens Todt

Stadion: Wolfgang-Meyer-Sportplatz (2.018) und HSH Nordbank Arena (57.000)

Größte Erfolge: Hamburger Meister 1986, 1987 und 1989 (↑); Meister der Oberliga Hamburg/Schleswig-Holstein 2002 (↑); Qualifikation für den DFB-Pokal 1974, 1981, 1991, 1996 und 1997

Aufgebot:

Name, Vorname	Pos	geb. am	Nat.	seit	2007/08 Sp.	2007/08 T.	gesamt Sp.	gesamt T.	frühere Vereine
Addo, Otto	M	09.06.1975	GHA	2007	11	0	129	15	1. FSV Mainz 05, Borussia Dortmund, Hannover 96, VfL Hamburg 93, Bramfelder SV, Hamburger SV, Hummelsbütteler SV
Altundag, Fatih	A	11.02.1988	D	2006	29	0	48	0	Tennis Borussia Berlin, Berliner FC Türkiyemspor, Reinickendorfer Füchse, Hertha BSC Berlin, 1. FC Neukölln
Asma, Tolgay	M	18.12.1986	D	2004	17	1	67	3	SV Tasmania Gropiusstadt 1973, Berliner FC Türkiyemspor, Tennis Borussia Berlin, SV Tasmania Gropiusstadt 1973, Tennis Borussia Berlin
Ben-Hatira, Änis	M	18.07.1988	D	2006	13	2	38	9	Tennis Borussia Berlin, Hertha BSC Berlin, Reinickendorfer Füchse
Benjamin, Collin	M	03.08.1978	NAM	2001	1	1	12	2	FTSV Rasensport Elmshorn, TuS Germania Schnelsen, FTSV Rasensport Elmshorn, Civics SC Windhoek
Brecko, Miso	M	01.05.1984	SVN	2007	1	0	6	0	FC Erzgebirge Aue, FC Hansa Rostock, Hamburger SV, NK Smartno, NK Factor Ljubljana
Cannizzaro, Massimo	S	03.04.1981	ITA	2006	21	7	99	43	BSV Kickers Emden, KFC Uerdingen 05, Equipe Romagna, MSV Duisburg, 1. FC Köln, SC Fortuna Köln, TSV Rodenkirchen
Choupo-Moting, Eric Maxim	S	23.03.1989	D	2004	8	0	20	1	Altonaer FC 93, TuS Teutonia Alveslohe
Chrisantus, Macauley	S	20.08.1990	NIG	2007	12	4	12	4	Abuja FC
Fillinger, Mario	M	10.10.1984	D	2005	4	0	78	22	Chemnitzer FC, Heidenauer SV, SG Dresden Striesen
Franz, Matthias	A	20.03.1985	D	2006	21	1	47	1	SG Sonnenhof Großaspach, VfB Stuttgart, SpVgg Weil im Schönbuch
Gorka, Benjamin	A	15.04.1984	D	2008	8	1	8	1	SG Sonnenhof Großaspach, SV Eintracht Trier 05, SV Sandhausen, VfB Leimen, TSG Hoffenheim, SV Waldhof 07 Mannheim, SC Ludwigshafen
Gouhari, Sasan	A	30.09.1985	D	2005	29	0	71	1	Reinickendorfer Füchse, SV Yesilyurt Berlin, Hertha BSC Berlin, Tennis Borussia Berlin
Grove, Tillmann	A	09.03.1988	D	1998	6	0	15	0	SC Alstertal-Langenhorn
Hamann, Nick	T	04.09.1987	D	2008	3	0	3	0	Chelsea FC, KSV Hessen Kassel, SG Altenhasungen
Hennings, Rouwen	S	28.08.1987	D	2000	0	0	51	11	VfL Oldesloe
Hesl, Wolfgang	T	13.01.1986	D	2004	4	0	74	0	FC/TV Amberg, 1. FC Schwarzenfeld, SC Altfalter
Höcker, Johannes	T	10.01.1985	D	2005	27	0	31	0	FC Bayern München, SpVgg Ruhmannsfelden
Huber, Alexander	A	25.02.1985	D	2007	25	0	36	0	Eintracht Braunschweig, Eintracht Frankfurt, TSG Hoffenheim, Eintracht Frankfurt, VfL Neustadt/Weinstraße
Keita, Mamadi	M	14.11.1989	D	2008	9	0	9	0	Blackburn Rovers FC, 1. FC Köln
Kucukovic, Mustafa	S	05.11.1986	D	2007	1	0	49	23	SpVgg Greuther Fürth, Hamburger SV, VfL Bochum, FC Schalke 04, SSV Buer 07/28
Kunert, Timo	M	12.03.1987	D	2007	15	1	15	1	FC Schalke 04, VfB Kirchhellen
Laban, Kristoffer	S	12.03.1989	D	2006	1	0	1	0	eigene Junioren
Langkamp, Sebastian	A	15.01.1988	D	2007	8	1	27	3	FC Bayern München, SC Preußen 06 Münster, SF Merfeld, DJK-VfL Billerbeck
Lucassen, Fabian	T	06.04.1987	D	2002	0	0	1	0	SSC Hagen-Ahrensburg, TSV Trittau
Müller, Sebastian	M	23.02.1984	D	2005	0	0	53	1	1. SC Feucht, 1. FC Nürnberg, SpVgg Greuther Fürth, TV Erlangen, FC Großdechsendorf
Odjidja-Ofoe, Vadis	A	21.02.1989	BEL	2008	8	0	8	0	RSC Anderlecht, KAA Gent
Olumide, Joseph	M	10.10.1987	NIG	2008	5	1	5	1	TSG Thannhausen, TuS 1911 Koblenz, SV Waldhof 07 Mannheim, FC Gartenstadt
Posipal, Patrick	M	03.03.1988	D	2003	1	0	2	0	TSV Winsen/Luhe, MTV Borstel-Sangenstedt, SV Herbern
Saka, Kosi	M	04.02.1986	COD	2007	14	0	70	5	Borussia Dortmund, DSC Arminia Bielefeld, SV Gadderbaum
Sam, Sidney	S	31.01.1988	D	2004	21	3	46	8	Holstein Kiel, FC Kilia Kiel
Schahin, Dani	S	09.07.1989	D	2006	7	0	7	0	FC Energie Cottbus, FSV Luckenwalde
Schmidt, Volker	A	22.09.1978	D	1991	27	0	224	5	TV Jahn Wilhelmsburg, Hausbruch-Neugrabener Turnerschaft
Stepanek, Miroslav	A	15.01.1990	CZE	2006	2	0	2	0	Sigma Olomouc
Torun, Tunay	S	21.04.1990	D	1996	20	2	20	2	FC St. Pauli
Unversucht, Philip	A	17.07.1986	D	2007	16	0	16	0	FC Energie Cottbus, SV Döbern
Wimmer, Christian	M	30.12.1984	D	2007	24	2	53	2	SpVgg Weiden, SSV Jahn 2000 Regensburg, SpVgg Greuther Fürth, FC Bayern München, TSV 1860 Rosenheim
Wolf, Raphael	T	06.06.1988	D	2004	2	0	2	0	SpVgg Unterhaching, FSV Pfaffenhofen, MTV Pfaffenhofen, FC Tegernbach
Zimmerman, Preston	S	21.11.1988	USA	2007	29	6	43	9	Cross Fire Seattle, IMG Soccer Academy Bradenton, Three Rivers Pasco
Zott, Tobias	A	12.08.1977	D	2004	30	2	187	12	Sportfreunde Siegen, SpVgg Greuther Fürth, 1. FC Nürnberg, SV Lohhof, TSV Ottobrunn, SpVgg Unterhaching

Trainer:

Name, Vorname	geb. am	Nat.	Zeitraum	Spiele 2007/08	frühere Trainerstationen
Bäron, Karsten	24.04.1973	D	01.01.2006 – lfd.	36	Hamburger SV (A-Junioren)

Zugänge:
Addo (1. FSV Mainz 05), Torun (eigene Junioren), Unversucht (FC Energie Cottbus II), Wimmer (SpVgg Weiden), Wolf (eigene Junioren).
während der Saison:
Gorka (SG Sonnenhof Großaspach), Hamann (Chelsea FC II), Huber (Eintracht Frankfurt), Keita (Blackburn Rovers FC Junioren), Olumide (TSG Thannhausen).

Abgänge:
Dressler (US Lucchese), Lauser (AC Horsens), Leschinski (SpVgg Unterhaching), Reichel (Eintracht Braunschweig), Scholze (KSV Hessen Kassel), Sievers (Lüneburger SK).
während der Saison:
Lucassen (FC St. Pauli II).

Fortsetzung Hamburger SV II

Aufstellungen und Torschützen:

Sp	Datum		Gegner	Ergebnis	Addo	Altundag	Asma	Ben-Hatira	Benjamin	Brecko	Cannizzaro	Choupo-M.	Chrisantus	Fillinger	Franz	Gorka	Gouhari	Grove	Hamann	Hesl	Höcker	Huber	Keita	Kucukovic	Kunert	Laban	Langkamp	Odjidja-Ofoe	Olumide	Posipal	Saka	Sam	Schahin	Schmidt	Stepanek	Torun	Unversucht	Wimmer	Wolf	Zimmerman	Zott
					1	2	3	4	5	6	7	8	9	10	11	12	13	14	15	16	17	18	19	20	21	22	23	24	25	26	27	28	29	30	31	32	33	34	35	36	37
1	27.07.07	H	Dresden	2:0 (1:0)	A	X1			X1	A			X		X	E		X			E			E			X			A			X			X				
2	08.08.07	A	Verl	2:0 (2:0)	X	X			X			A		X	E		X				E				A	X2						X	E		A	X			
3	14.08.07	H	Magdeburg	0:0 (0:0)	X		A		X	A				X			X			X	X				A	X	E				X			E		E	X			
4	18.08.07	A	Lübeck	1:3 (0:1)	E				X				X	E		X			X	X				X	X	X			A							A1	X			
5	25.08.07	H	Oberhausen	0:0 (0:0)	X	X			E		X			X			X			X	X				E	X					X					A	A			
6	01.09.07	A	Düsseldorf	0:1 (0:0)	X	X			X			X		X			X			E	X				A	A					X						E	X		
7	05.09.07	H	Ahlen	1:1 (0:0)	X	A	X		X1			X		X		X								E	X			E	X							A	X			
8	08.09.07	A	Dortmund	1:3 (0:1)	A	E	X	X				X			X						X1				X		E				X			A	A		E	X		
9	15.09.07	H	Emden	0:0 (0:0)	X	A			X			X			X	E					X				X	A	X		E		X						X	X		
10	22.09.07	A	Wolfsburg	2:2 (0:0)	X	E			X1			X			X		X	X	A						X	X	X	E1			X						A	X		
11	26.09.07	H	Braunschweig	1:1 (1:0)	X	E			A			X			X	A		A							X	X	X	E	E								X1	X		
12	29.09.07	A	Babelsberg	3:1 (2:0)	X						E		X	E	X	A		X			X				X	E	X	A			A						X2	X		
13	06.10.07	H	Erfurt	2:1 (0:1)	X	X							E		X	A		X			X				X	A	E	X	A1								X1	X		
14	20.10.07	A	Berlin	1:2 (1:1)	X	X		A1							X		X	X			E				X	E	X	A									X	X		
15	27.10.07	H	Essen	0:3 (0:1)	X	E	A								X		X	X			X				X	A	A	E		E							X	X		
16	03.11.07	A	Wuppertal	2:0 (0:0)	X	A	E	E				X		X	X		X	X			E					X1	X				A1						A	X		
17	10.11.07	H	Bremen	0:2 (0:0)	X	A	E	X				A			X		X	X								X	E	A									E	X		
18	17.11.07	A	Cottbus	0:2 (0:2)	X		E	E		X		E	X		X			X		X					X			A				A					A	X		
19	01.12.07	A	Dresden	1:4 (1:1)	A	E	X	E				X			X		X	X							X		X	E									A1	X		
20	15.12.07	H	Verl	1:1 (0:0)	X	E	X	X1		X			A		X		X	X							X		X	X		X										
21	16.02.08	A	Magdeburg	0:2 (0:1)							X	X		X	X	X	X		X		X	X		X			X		E		A									
22	23.02.08	H	Lübeck	3:0 (1:0)							A2	X	X1	X	X	X	X		X		X	A					X		X		E		E							
23	02.03.08	A	Oberhausen	1:5 (0:2)		A					X		A1	X	A	X	X				X		X				X	E	X	E		E			E						
24	09.03.08	H	Düsseldorf	0:3 (0:1)							X			X	X	A	X				X	X					X	X		E	E	X		A							
25	15.03.08	A	Ahlen	0:3 (0:1)	X		E					A	A	X	X		X		X	E			X				A		X		E				X						
26	23.03.08	H	Dortmund	0:0 (0:0)	X		A		X		E	X		X	X		X	X					X				X	X										X		
27	29.03.08	A	Emden	2:3 (1:1)	X	X	X		X1			X			X		X	A	X		E										X	X1						X		
28	06.04.08	H	Wolfsburg	3:0 (2:0)	X		X1		X1	A1		X		X	X		X		A					A	X				E	E							E	X		
29	12.04.08	A	Braunschweig	1:2 (1:1)		E			X	A	X		X		X		X		X		X				X	A			X			X						E	X1		
30	19.04.08	H	Babelsberg	0:0 (0:0)	E	A			E	A	X			X		A			X		X			X		X				E	X	X							X		
31	26.04.08	A	Erfurt	1:3 (0:1)	X				X	X		E	X		X	X					E	X			A				X		X	X	A					A	E1		
32	04.05.08	H	Berlin	0:2 (0:2)	A				X	X			E	A			X		X	E					A			X	X			A	X	X	X	E	X			
33	07.05.08	A	Essen	1:2 (1:0)					X1			X		X	A						X				X				E			X	X	X				X		
34	10.05.08	H	Wuppertal	2:3 (2:0)	X				A	X1	X1		X		A			X	A	E			E					X	X		E	X								
35	18.05.08	A	Bremen	0:2 (0:2)	A				X			X		E	X		X		X		X				X			X	X											
36	24.05.08	H	Cottbus	2:1 (0:1)	A						X	X			X				X1		X1				E		X	X	X	X	X										
			Spiele:		11	29	17	13	1	1	21	8	12	4	21	8	29	6	3	4	27	25	9	1	15	1	8	8	5	1	14	21	7	27	2	20	16	24	2	29	30
			Tore:		0	0	1	2	1	0	7	0	4	0	1	1	0	0	0	0	0	0	0	0	1	0	1	0	1	0	0	3	0	0	0	2	0	2	0	6	2

Gegnerisches Eigentor im 12. Spiel (durch Neumann).
Die Heimspiele gegen SG Dynamo Dresden, Eintracht Braunschweig, Rot-Weiss Essen, Fortuna Düsseldorf und Union Berlin fanden in der HSH Nordbank Arena statt.

Bilanz der letzten 10 Jahre:

Saison	Liga	Platz	Sp.	S	U	N	Tore	Pkt.
1997/98:	Regionalliga Nord	14.	34	10	6	18	51–59	36
1998/99:	Regionalliga Nord	15.	34	11	5	18	38–60	38
1999/00:	Regionalliga Nord	16.	34	9	4	21	45–68	31
2000/01:	OL Hamburg/Schleswig-Holstein	3.	32	21	7	4	84–42	70
2001/02:	OL Hamburg/Schleswig-Holstein	1.	34	26	6	2	105–22	84
2002/03:	Regionalliga Nord	14.	34	10	11	13	44–52	41
2003/04:	Regionalliga Nord	9.	34	11	11	12	33–46	44
2004/05:	Regionalliga Nord	6.	36	16	5	15	49–48	53
2005/06:	Regionalliga Nord	13.	36	12	7	17	45–48	43
2006/07:	Regionalliga Nord	6.	36	15	11	10	56–46	56

Zuschauerzahlen:

Saison	gesamt	Spiele	Schnitt
1997/98:	6.153	17	362
1998/99:	6.285	17	370
1999/00:	6.405	17	377
2000/01:	5.151	16	303
2001/02:	12.583	17	740
2002/03:	17.027	17	1.002
2003/04:	22.068	17	1.298
2004/05:	19.898	18	1.105
2005/06:	22.688	18	1.260
2006/07:	39.125	18	2.174

Die meisten Regionalliga-Spiele:

Pl.	Name, Vorname	Spiele
1.	Schmidt, Volker	224
2.	Wittfot, Sven	150
3.	Krausz, Marco	134
4.	Trejgis, Marek	111
5.	Riegel, Marko	109
6.	Zott, Tobias	105
7.	Nadj, Tibor	100
8.	Kostmann, Marco	99
9.	Yilmaz, Mahmut	94
10.	Kück, Marco	93

Die besten Regionalliga-Torschützen:

Pl.	Name, Vorname	Tore
1.	Stendel, Daniel	35
2.	Nadj, Tibor	30
3.	Cannizzaro, Massimo	24
4.	Matiebel, Robert	22
	Yilmaz, Mahmut	22
6.	Kucukovic, Mustafa	21
	Trejgis, Marek	21
8.	Krausz, Marco	20
	Reincke, Matthias	20
10.	Baich, Riccardo	13
	Ntsika-Compaige, Joakim	13

Die Trainer der letzten Jahre:

Name, Vorname	Zeitraum
Schock, Gerd-Volker	01.07.1995 – 06.02.1996
Lorenz, Manfred	07.02.1996 – 12.02.1996
Schehr, Ralf	13.02.1996 – 07.11.1999
Böger, Stefan	10.11.1999 – 14.10.2001
Drüke, Jörg	15.10.2001 – 24.03.2002
Böger, Stefan	25.03.2002 – 13.12.2002
Doll, Thomas	01.01.2003 – 16.10.2004
Dammann, Ingo	17.10.2004 – 30.10.2004
Philipkowski, Joachim	01.11.2004 – 29.11.2005
Dammann, Ingo	30.11.2005 – 31.12.2005

VfB Lübeck von 1919

Anschrift:
Bei der Lohmühle 13
23554 Lübeck
Telefon: (04 51) 48 47 20
eMail: info@vfb-luebeck.de
Homepage: www.vfb-luebeck.de

Vereinsgründung: 01.04.1919 als BV Vorwärts 1919 Lübeck; 1945 Fusion mit SV Polizei 1921 zum VfB Lübeck

Vereinsfarben: Grün-Weiß
Präsident: Wolfgang Piest
Team-Manager: Klaus Borchert

Stadion: Lohmühle (17.869)

Größte Erfolge: Aufstiegsrunde zur Bundesliga 1969; Meister der Regionalliga Nord 1995 (↑) und 2002 (↑); DFB-Pokalhalbfinalist 2004

Aufgebot:

Name, Vorname	Pos	geb. am	Nat.	seit	2007/08 Sp.	T.	gesamt Sp.	T.	frühere Vereine
Altin, Salih	M	17.07.1987	D	2008	15	0	16	0	Wuppertaler SV Borussia, FC Schalke 04, SG Wattenscheid 09, RW Oberhausen
Aziri, Florent	S	03.09.1988	D	2008	2	0	2	0	FC Oberneuland, SV Werder Bremen, VfL Wolfsburg, SV Werder Bremen, SV Tungendorf, Polizei-SV Union Neumünster, Holstein Kiel
Baltes, Benjamin	A	30.03.1984	D	2006	17	0	118	10	SC Freiburg, KFC Uerdingen 05, MSV Duisburg, Borussia Mönchengladbach, KFC Uerdingen 05, SV Oppum, TuS Bösinghoven
Braun, Tobias	T	10.03.1989	D	2005	0	0	0	0	Hamburger SV, FC Eintracht Schwerin, TSV Empor Zarrentin
Bruhn, Jan-Moritz	A	06.03.1985	D	2004	7	0	9	0	Hamburger SV, Breitenfelder SV
Canale, Giuseppe	M	17.03.1977	BEL	2007	17	0	183	14	Fortuna Düsseldorf, 1. FC Bocholt, FC Sachsen Leipzig, SC Paderborn 07, LR Ahlen, FC Gütersloh, FC Den Bosch, Roda JC Kerkrade, FC Emmen, KRC Genk
Cartus, Daniel	M	02.09.1978	D	2007	12	1	113	20	VfL Osnabrück, SV Wehen, 1. FC Eschborn, SC Paderborn 07, RW Oberhausen, 1. FC Saarbrücken, Fort. Düsseldorf, Bayer Leverkusen, Tuspo Richrath, TBV Landwehr
Caruso, Alessandro	M	04.07.1980	D	2007	23	0	140	5	SV Wehen Taunusstein, Eintracht Braunschweig, 1. FC Saarbrücken, VfB Stuttgart, Karlsruher SC, SG Siemens Karlsruhe
Dogan, Hüseyin	A	20.10.1979	TUR	2007	13	0	52	1	Holstein Kiel, Eichholzer SV, Hamburger SV, Eichholzer SV, Phönix Lübeck, TSV Siems
Ehlers, Timo	A	31.07.1988	D	2007	6	0	6	0	Holstein Kiel, VfB Lübeck, Hamburger Turnerschaft von 186
Frech, Michael	T	26.03.1976	D	2004	17	0	144	0	Hamburger SV, Heider SV, Husumer SVgg, Sportzentrum Arlewatt
di Frisco, Francesco	M	26.05.1987	ITA	2007	0	0	1	0	SSV Reutlingen 05, TSG Hoffenheim, SpVgg Unterhaching, SV Stuttgarter Kickers, VfB Stuttgart, SV Stuttgarter Kickers, ASV Botnang, SKG Botnang
Heun, Dustin	S	11.04.1984	D	2006	15	2	114	30	Eintr. Braunschweig, KFC Uerdingen 05, MSV Duisburg, KFC Uerdingen 05, TS Rahm
Hirsch, Dietmar	M	08.12.1971	D	2005	32	3	98	6	MSV Duisburg, FC Hansa Rostock, SpVgg Unterhaching, MSV Duisburg, Borussia Mönchengladbach, 1. FC Viersen, ASV Süchteln
Hoffmann, Jan	M	01.09.1979	D	2006	31	6	172	35	Jahn Regensburg, SpVgg Gr. Fürth, SSV Reutlingen 05, VfB Stuttgart, TSV Holzelfingen
Hollerieth, Achim	T	24.09.1973	D	2008	12	0	102	0	SV 1919 Straelen, FC St. Pauli, SSV Reutlingen 05, SV Waldhof 07 Mannheim, VfB Stuttgart, KFC Uerdingen 05, SC Pfullendorf, TuS Celle FC, FC Ostrach
Imaya, Naoki	M	18.06.1980	AUS	2007	12	0	12	0	Marconi Stallions, New Zealand Knights FC, Blacktown City Demons (3x), FC La Chaux-de-Fonds, Neuchâtel Xamax, Cosmos Canberra
Joof, Pa-Malick	M	16.08.1985	D	2007	14	0	14	0	VfL Wolfsburg, VfR Eintracht Nord Wolfsburg
Kadah, Deniz	S	02.03.1986	TUR	2007	28	4	28	4	TuS Heeslingen, Rotenburger SV, TSV Verden, FC Langwedel
Karadas, Riza	S	16.01.1985	D	2000	6	0	42	4	TSV Kücknitz
Labiadh, Mohamed	S	07.08.1989	D	2006	0	0	0	0	Vorwärts-Wacker 04, VfL Hamburg 93, SV Tonndorf-Lohe, USC Paloma, SC Urania
Lange, Nils	M	19.06.1986	D	2007	1	0	1	0	FC Hansa Rostock, Rostocker FC
Laumann, Joseph	S	31.08.1983	D	2007	10	0	43	8	Rot-Weiss Ahlen, FC Schalke 04, SpVgg Erkenschwick, TuS Iserlohn, SF Oestrich-Iserlohn, SSV Hagen, SV Boele-Kabel, Post SV Hagen
Markow, Ivan	S	01.07.1985	D	2007	1	0	1	0	VfB Pößneck, FC Erzgebirge Aue, VfB Leipzig, FC Sachsen Leipzig, SG Burghausen
Martens, Abdul Karim	M	29.11.1988	D	2006	11	0	15	0	VfL Hamburg 93, Bramfelder SV, SC Urania Hamburg
Müller, Steve	A	16.05.1985	D	2007	30	3	30	3	VfL Wolfsburg, 1. FC Magdeburg, VfL Gräfenhainichen
Noutsos, Athanasios Saky	M	06.03.1985	D	2007	10	1	58	8	Hessen Kassel, Preußen Münster, KFC Uerdingen 05, Alemannia Aachen, 1. FC Köln
Niemayer, Hannes	A	28.04.1987	D	2003	11	0	11	0	TSG Wismar, SV Dassow, Mallentiner SV
Oppermann, Lucas	M	28.08.1986	D	2008	9	3	15	3	Wuppertaler SV Borussia, VfL Bochum, SV Darmstadt 98 ... (vgl. Seite 140)
Rott, Tobias	T	29.01.1981	D	2007	7	0	11	0	Hammer SpVgg, 1. FC Saarbrücken, SV Darmstadt 98, MSV Duisburg, Eintracht Braunschweig, 1. FC Köln, FV Rheinbrohl
Rump, Carsten	A	21.03.1981	D	2005	28	1	109	10	DSC Arminia Bielefeld, SC Herford, Vorwärts Dessau
Schefer, Artur	M	14.04.1986	D	2003	4	0	11	0	Heider SV, MTV Heide
Schweinsteiger, Tobias	M	12.03.1982	D	2007	12	2	71	25	Eintracht Braunschweig, VfB Lübeck, FC Ismaning ... (vgl. Seite 182)
Sievers, Jan-André	M	02.08.1987	D	2008	16	0	25	0	Lüneburger SK, Hamburger SV, Lüneburger SK, MTV Treubund Lüneburg
Thomas, Finn-Lasse	M	14.07.1987	D	2001	11	1	11	1	Kaltenkirchener TS, Hamburger SV, MTV Henstedt-Ulzburg
Türkmen, Ibrahim	A	17.05.1973	D	1999	16	0	183	14	Eskisehirspor, VfB Lübeck, VfL Bad Schwartau
Weber, Claudius	S	15.04.1978	D	2006	22	5	90	16	1. FSV Mainz 05, SV Wehen, 1. FSV Mainz 05 ... (siehe letztjährige Ausgabe)
Wehrendt, Dennis	A	25.02.1987	D	2003	20	0	31	0	Oldenburger SV
Zimmermann, Artur	M	13.06.1984	D	2004	5	0	90	2	KFC Uerdingen 05, VfL Osnabrück, SV Falke Steinfeld

Trainer:

Name, Vorname	geb. am	Nat.	Zeitraum	Spiele 2007/08	frühere Trainerstationen
Erkenbrecher, Uwe	14.11.1954	D	05.03.07 – 15.10.07	12	VfL Wolfsburg II, SSV Reutlingen 05, Esteghlal Teheran, SC Paderborn 07 ...
Gorceski, Robert	22.08.1971	MKD	15.10.07 – 24.10.07	2	VfB Lübeck, VfL Wolfsburg II, SSV Reutlingen 05, SC Paderborn 07 (jeweils Co-Trainer)
Fuchs, Uwe	23.07.1966	D	25.10.07 – 30.06.08	22	Wuppertaler SV Borussia, LR Ahlen, SC Fortuna Köln, Fortuna Düsseldorf

Zugänge:
Braun (eigene Junioren), Canale (Fortuna Düsseldorf), Cartus (VfL Osnabrück), Caruso (SV Wehen), H. Dogan (Holstein Kiel), di Frisco (SSV Reutlingen 05), Imaya (Marconi Stallions), Joof und Müller (VfL Wolfsburg II), Kadah (TuS Heeslingen), Laumann (Rot-Weiss Ahlen), Markow (VfB 09 Pößneck), Noutsos (Hessen Kassel), Rott (Hammer SpVgg), Schweinsteiger (Eintracht Braunschweig).

während der Saison:
Altin (Wuppertaler SV Borussia II), Aziri (FC Oberneuland), Ehlers, Lange, Niemeyer und Thomas (II. Mannschaft), Hollerieth (SV 1919 Straelen), Labiadh (eigene Junioren), Oppermann (Wuppertaler SV Borussia), Sievers (Lüneburger SK).

Abgänge:
Bärwolf (FSV Wacker 03 Gotha), D. Dogan (Eintracht Braunschweig), Gommert (SV Wacker Burghausen), Kruppke (SC Freiburg), Kullig (VfL Wolfsburg II), Neitzel und Neumann (BSV Kickers Emden), Ollhoff (SV Waldhof 07 Mannheim), Rolleder (unbekannt), Schröder und Wölk (VfL Bochum II), Wehlmann (FC St. Pauli II).

während der Saison:
Baltes (Rot-Weiss Essen), Cartus (BSV Kickers Emden), Frech (Sportfreunde Siegen), di Frisco (FC Gossau), Heun (1. FC Union Berlin), Imaya (Vertrag aufgelöst), Joof (VfB Fallersleben), Laumann (FC Rot-Weiß Erfurt), Noutsos (Kallithea GS), Schweinsteiger (SpVgg Unterhaching).

Fortsetzung VfB Lübeck von 1919

Aufstellungen und Torschützen:

Sp	Datum	Gegner	Erg.	Altin	Aziri	Baltes	Bruhn	Canale	Cartus	Caruso	Dogan	Ehlers	Frech	Heun	Hirsch	Hoffmann	Hollerieth	Imaya	Joof	Kadah	Karadas	Lange	Laumann	Markow	Martens	Müller, Steve	Noutsos	Niemayer	Oppermann	Rott	Rump	Schefer	Schweinsteiger	Sievers	Thomas	Türkmen	Weber	Wehrendt	Zimmermann
				1	2	3	4	5	6	7	8	9	10	11	12	13	14	15	16	17	18	19	20	21	22	23	24	25	26	27	28	29	30	31	32	33	34	35	36
1	28.07.07 A	Wuppertal	1:2 (0:1)			X		A	X	E			X	X1	X	X			X				A			X	E						E			A			
2	08.08.07 H	Bremen	3:0 (2:0)			X		A	E	X			X	E	X	X1		X	X	A1						X							A1			E			
3	11.08.07 A	Cottbus	1:1 (0:0)			X		E	X	X			X	E	X1	A		A	X	X	E					X							A						
4	18.08.07 H	Hamburg	3:1 (1:0)			X		E	X1	A			X	A	X	A2		E	X	X						X							E			X			
5	25.08.07 A	Dresden	0:0 (0:0)			X			X	E	E			E	A	X		X	X	A						X			X				A			X			
6	01.09.07 H	Verl	0:3 (0:1)			X				X			X		X			A	X		E	E				X	E		X				A			X			A
7	05.09.07 A	Magdeburg	0:3 (0:1)						A				X	X	X		A	X		A	E	E		X	E		X	X								X			
8	15.09.07 H	Oberhausen	0:0 (0:0)		A				X			X	A	X	X		E	X		E	X			X	A			X											E
9	22.09.07 A	Düsseldorf	1:0 (1:0)			X		E	A	X			X		X1	X			X	E			X			X	A			A				E						
10	26.09.07 H	Ahlen	0:2 (0:1)			X		E	X		E		X	X	X	X			X	E	A		A			A				A						X			
11	06.10.07 H	Emden	2:1 (1:0)					A	X	E		X		X1	X			X	A	E			X	X1			X							E				E	A
12	10.10.07 A	Dortmund	0:1 (0:1)					X	X	X		X		A	X			E	X	A			X				X			E						E			
13	20.10.07 A	Wolfsburg	0:0 (0:0)			X			E	X	X		X	A	X	X			A			E				X	A			X				E						
14	24.10.07 H	Braunschweig	0:0 (0:0)			X				X	X		X	E	X	E			A	X						X	E						A	A						
15	03.11.07 A	Babelsberg	0:1 (0:1)			A				X	X		X	A	X	X			A				X			X	E			X				E						
16	10.11.07 H	Erfurt	0:3 (0:3)			X				X	E		X	E	X				X							X	A			A			X	E			A	X		
17	17.11.07 A	Berlin	3:4 (2:3)			X				X	X		X	E	X		A		A	E										A	X1			X	X2	E				
18	24.11.07 H	Essen	1:2 (0:0)			X			E	A	E		X		X		E	A1						X			X	X	A						X	X				
19	01.12.07 H	Wuppertal	0:2 (0:2)			X			E			X	E		X		A		E				X	X			X	X	A					X	A	X				
20	08.12.07 A	Bremen	2:3 (1:1)		X					E		A	X	X1	X	E			A				X	X			X										E1	X	A	
21	16.02.08 H	Cottbus	0:1 (0:0)	X	E		A						X	X	X			X					A	X			X					A			E	E	X			
22	23.02.08 A	Hamburg	0:3 (0:1)		E			E					X		X				X				A	X		A		X				A			X	E	X			
23	01.03.08 H	Dresden	1:0 (0:0)	X			A	E			X		X	X	X			X					E	A				X				A				E1	X			
24	09.03.08 A	Verl	0:1 (0:1)	X			A			E			X	X	X			A						X		E		X				E				E	X			
25	15.03.08 H	Magdeburg	0:1 (0:1)	X				E	X	EA			X	X	X			A						A		E		X				A					X	X		
26	29.03.08 A	Oberhausen	0:3 (0:1)	X			E			A	X			X	X			A						A		E	X	X				X	E			X	E			
27	12.04.08 A	Ahlen	0:3 (0:2)	X			E			A		A	X	X	X			A								E	X	X				X	E			X	E			
28	18.04.08 H	Dortmund	0:4 (0:4)	X					E	A			X	X	X			A							E	A	X					X	E			X	E			
29	22.04.08 H	Düsseldorf	3:1 (1:1)	X				A					X	X				E							E		X	A2	X	X			E			X	E1			
30	26.04.08 A	Emden	2:0 (1:0)	A					X				X	X	X			E1							X	E	A	X					A			X	A1	X		
31	03.05.08 H	Wolfsburg	0:1 (0:1)	A				E	X				X	X	X										E	A	X						A			X	E			
32	06.05.08 A	Braunschweig	3:3 (1:0)	X				A					X	X1	X			A1						X	A	E1		X					E			X	E			
33	10.05.08 H	Babelsberg	1:0 (1:0)	X				A					X	X	X			A						X1			A	X					E			X	E			
34	18.05.08 A	Erfurt	1:1 (1:1)	X				A	X				X1	X				A						E	A			X					E			X	E	X		
35	24.05.08 H	Berlin	3:7 (0:4)	A				E	A				X	X1	X			X			E			X1			A	X1					E			X	E	X		
36	31.05.08 A	Essen	1:0 (0:0)	X				A	E				X	A	X			X						E	X1			X					A	E			X			
		Spiele:		15	2	17	7	17	12	23	13	6	17	15	32	31	12	12	14	28	6	1	10	1	11	30	10	11	9	7	28	4	12	16	11	16	22	20	5	
		Tore:		0	0	0	0	0	1	0	0	0	0	2	3	6	0	0	0	4	0	0	0	0	0	3	1	0	3	0	1	0	2	0	1	0	5	0	0	

Bilanz der letzten 10 Jahre:

Saison	Liga	Platz	Sp.	S	U	N	Tore	Pkt.
1997/98	Regionalliga Nord	7.	34	15	9	10	60–45	54
1998/99	Regionalliga Nord	2.	34	23	4	7	73–33	73
1999/00	Regionalliga Nord	2.	34	21	7	6	74–34	70
2000/01	Regionalliga Nord	3.	36	18	8	10	69–43	62
2001/02	Regionalliga Nord	1.	34	20	5	9	70–46	65
2002/03	2. Bundesliga	11.	34	13	5	16	51–50	44
2003/04	2. Bundesliga	15.	34	9	12	13	47–57	39
2004/05	Regionalliga Nord	3.	36	20	9	7	62–40	69
2005/06	Regionalliga Nord	3.	36	20	9	7	60–36	69
2006/07	Regionalliga Nord	9.	36	15	6	15	53–43	51

Zuschauerzahlen:

Saison	gesamt	Spiele	Schnitt
1997/98:	54.500	17	3.206
1998/99:	80.702	17	4.747
1999/00:	70.081	17	4.122
2000/01:	85.100	18	4.728
2001/02:	91.300	17	5.371
2002/03:	139.969	17	8.233
2003/04:	107.596	17	6.329
2004/05:	89.000	18	4.944
2005/06:	108.800	18	6.044
2006/07:	96.200	18	5.344

Die meisten Regionalliga-Spiele:

Pl.	Name, Vorname	Spiele
1.	Kullig, Markus	208
2.	Bärwolf, Daniel	190
3.	Türkmen, Ibrahim	183
4.	Frech, Michael	118
5.	Mazeikis, Romas	115
6.	Gundel, Jan-Uwe	106
7.	Dogan, Deniz	102
8.	Hirsch, Dietmar	98
9.	Harf, Wilken	95
10.	Achilles, Kai	94

Die besten Regionalliga-Torschützen:

Pl.	Name, Vorname	Tore
1.	Bärwolf, Daniel	86
2.	Kullig, Markus	41
3.	Koch, Michael	24
4.	Hirschlein, Oliver	20
	Schweinsteiger, Tobias	20
6.	Kruppke, Dennis	19
7.	Schwerinski, Lutz	16
8.	Homola, Jiri	15
	Jurgeleit, Daniel	15
	Mbwando, George Stanley	15

Die Trainer der letzten Jahre:

Name, Vorname	Zeitraum
Körbel, Karl-Heinz	30.10.1996 – 13.10.1997
Golke, André	15.10.1997 – 18.03.1998
Berndroth, Ramon	19.03.1998 – 30.06.1998
Erkenbrecher, Uwe	01.07.1998 – 17.11.2000
Bremser, Dirk	18.11.2000 – 26.03.2001
Hecking, Dieter	27.03.2001 – 30.06.2004
Böger, Stefan	01.07.2004 – 24.05.2006
Grote, Marco	25.05.2006 – 30.06.2006
Hollerbach, Bernd	01.07.2006 – 28.02.2007
Flocken, Torsten	28.02.2007 – 04.03.2007

1. FC Magdeburg

Anschrift:
Rötgerstraße 9
39104 Magdeburg
Telefon: (03 91) 99 02 90
eMail: info@fc-magdeburg.de
Homepage: www.fc-magdeburg.de

Vereinsgründung: 22.12.1965

Vereinsfarben: Blau-Weiß
Präsident Volker Rehboldt
Manager: Bernd Hofmann

Stadion:
Stadion Magdeburg (27.250)

Größte Erfolge: Europapokalsieger der Pokalsieger 1974; DDR-Meister 1972, 1974 und 1975; FDGB-Pokalsieger 1964, 1965, 1969, 1973, 1978, 1979 und 1983

Aufgebot:

Name, Vorname	Pos	geb. am	Nat.	seit	2007/08 Sp.	T.	gesamt Sp.	T.	frühere Vereine
Agyemang, Eric	S	11.01.1980	GHA	2007	18	0	64	12	SC Pfullendorf, BSV Kickers Emden, SC Vorwärts-Wacker 04 Billstedt, Eichholzer SV, FC St. Pauli, Goldfields FC Obuasi
Baumgart, Steffen	S	05.01.1972	D	2008	13	3	14	3	FC Energie Cottbus, 1. FC Union Berlin, FC Hansa Rostock, VfL Wolfsburg, FC Hansa Rostock, SpVg Aurich, PSV Schwerin, Dynamo Rostock-Mitte
Braham, Najeh	S	20.05.1977	TUN	2008	15	8	47	22	Sportfreunde Siegen, SV Eintracht Trier 05, FC Rot-Weiß Erfurt, SV Eintracht Trier 05, 1. SC Göttingen 05, Union Sportive Monastir
Beer, Christian	T	30.11.1980	D	2003	32	0	80	0	Dresdner SCF 98, 1. FC Magdeburg
Deumelandt, Matthias	M	16.01.1986	D	1992	1	0	7	1	eigene Junioren
Friebertshäuser, Tobias	A	16.09.1987	D	2000	0	0	7	0	Oschersleber SC
Gerster, Frank	M	15.04.1976	D	2006	34	3	190	24	BSV Kickers Emden, FC Sachsen Leipzig, SC Borussia Fulda, SSV Reutlingen 05, Eintracht Frankfurt, FC Bayern München, FC Augsburg, FC Kempten
Grundmann, Pit	A	16.11.1978	D	2003	14	3	84	4	Hertha BSC Berlin, SV Babelsberg 03, Hertha BSC Berlin, SV Babelsberg 03
Habryka, Michael	M	06.04.1982	D	2006	26	0	69	2	SV Werder Bremen, TSV Havelse, VfL Wolfsburg, Hannover 96, TSV Havelse, TSV Berenbostel
Jarakovic, Ivica	S	11.06.1978	SRB	2007	19	4	19	4	KV Kortrijk, SV Zulte-Waregem, KAA Gent, KV Kortrijk, RWD Molenbeek, RSC Anderlecht, Sloboda Uzice
Kallnik, Mario	M	30.10.1974	D	2001	28	2	268	10	Berliner FC Dynamo, VfB Stuttgart, Berliner FC Dynamo, Aktivist Schwarze Pumpe
Kukulies, Danny	S	19.02.1980	D	2006	3	0	66	6	MSV 1919 Neuruppin, Berliner FC Dynamo, SC Pfullendorf, Dresdner SCF 98, SpVgg Greuther Fürth, Reinickendorfer Füchse, FC Berlin, Tennis Borussia Berlin, BSC Rehberge 45 Berlin, Berliner FC Dynamo
Kullmann, Christopher	S	19.09.1986	D	1999	26	1	55	6	FSV Sargstedt
Lindemann, Björn	M	23.01.1984	D	2006	30	7	121	20	VfB Lübeck, Holstein Kiel, Hannover 96, TSV Loccum, VfL Münchehagen
Manai, Kais	M	07.11.1972	TUN	2006	18	0	165	33	FC Carl Zeiss Jena, SC Preußen 06 Münster, TuS Celle FC, Eintracht Braunschweig, TuS Celle FC, SV Babelsberg 03, Reinickendorfer Füchse, NSC Marathon 02, 1. FC Wilmersdorf, Tunesien
Müller, Andy	M	19.05.1978	D	2004	12	0	40	2	SV 1919 Grimma, Hausdorfer SV, BC Hartha, VfB Leipzig
Müller, Florian	M	30.12.1986	D	2007	36	2	80	2	FC Bayern München, 1. FC Union Berlin, Eisenhüttenstädter FC Stahl
Neumann, Stephan	M	05.04.1981	D	2003	34	1	71	3	Borussia Mönchengladbach, 1. FC Magdeburg
Otte, Peter	A	16.09.1984	D	1999	7	0	23	0	SV Eintracht Salzwedel, SG Eintracht Mechau
Prest, Christian	A	25.09.1980	D	2003	28	2	86	9	FC Augsburg, 1. FC Magdeburg, SV Fortuna Magdeburg, TuS 1860 Magdeburg
Probst, Marcel	A	06.01.1983	D	1997	16	1	52	2	1. FC Aschersleben
Reimann, Christian	S	28.11.1979	D	2008	15	1	15	1	FC Sachsen Leipzig, VFC Plauen, VfB Pößneck, SV Schott JENAer Glaswerk, FSV Grün-Weiß Stadtroda
Tischer, Matthias	T	09.11.1985	D	1996	0	0	0	0	Magdeburger SV 90 Preussen
Tornieporth, Dennis	M	06.09.1982	D	2007	13	1	127	12	BSV Kickers Emden, FC St. Pauli, Holstein Kiel, SC Concordia Hamburg, Hamburger SV, Niendorfer TSV, VfL Lohbrügge, Düneberger SV
Unger, Marian	T	17.11.1983	D	2007	4	0	4	0	VfL Osnabrück, MSV 1919 Neuruppin, FC Carl Zeiss Jena, Berliner FC Dynamo, Empor Berlin
Wejsfelt, Mats Anders	A	05.12.1980	SWE	2006	29	0	57	1	FC Sachsen Leipzig, Trelleborgs FF, SV Babelsberg 03, IFK Malmö, Helsingborgs IF, IF Lödde
von der Weth, Matthias	S	31.03.1987	D	1998	11	0	29	2	TSG Grün-Weiß Möser
Zander, Martin	M	12.01.1987	D	2003	7	0	7	0	Hertha BSC Berlin, Reinickendorfer Füchse, Berliner FC Dynamo

Trainer:

Name, Vorname	geb. am	Nat.	Zeitraum	Spiele 2007/08	frühere Trainerstationen
Heyne, Dirk	10.10.1957	D	23.04.03 – 09.12.07	20	Borussia Mönchengladbach (Torwart- und Juniorentrainer)
Linz, Paul	04.01.1956	D	11.12.07 – lfd.	16	LR Ahlen, SV Eintracht Trier 05, SV Stuttgarter Kickers, SV Meppen, FSV Salmrohr, SV Eintracht Trier 05

Zugänge:
Agyemang (SC Pfullendorf), Florian Müller (FC Bayern München II), Tornieporth (BSV Kickers Emden), Unger (VfL Osnabrück), Zander (II. Mannschaft).
während der Saison:
Baumgart (FC Energie Cottbus), Braham (Sportfreunde Siegen), Jarakovic (KV Kortrijk), Reimann (FC Sachsen Leipzig).

Abgänge:
Kotuljac (SpVgg Greuther Fürth), Kubis (VFC Plauen), Pientak (Haldensleber SC), Rothe (BV Cloppenburg).
während der Saison:
Kukulies (Tennis Borussia Berlin), Andy Müller (VfB Oldenburg), Tornieporth (BSV Kickers Emden).

Fortsetzung 1. FC Magdeburg

Aufstellungen und Torschützen:

Sp	Datum	Gegner	Ergebnis	Agyemang	Baumgart	Braham	Beer	Deumelandt	Gerster	Grundmann	Habryka	Jarakovic	Kallnik	Kukulies	Kullmann	Lindemann	Manai	Müller A.	Müller F.	Neumann	Otte	Prest	Probst	Reimann	Tornieporth	Unger	Wejsfelt	von der Weth	Zander
				1	2	3	4	5	6	7	8	9	10	11	12	13	14	15	16	17	18	19	20	21	22	23	24	25	26
1	08.08.07 H	Energie Cottbus II	1:1 (0:0)	A		X		X		X		X	E		A1	A		E	X	E			X		X	A	X		
2	14.08.07 A	Hamburger SV II	0:0 (0:0)	X			X		A	X		X	E		A	E	E	X	X				X		A		X		
3	19.08.07 H	SG Dynamo Dresden	1:0 (1:0)	A			X		E	X		X	E	X1	A	A		X	E				X		X		X		
4	22.08.07 A	SV Werder Bremen II	0:3 (0:1)	A			X		X	X		X	E	X				X	A				X		X		X	E	
5	26.08.07 A	SC Verl	1:0 (1:0)	A		X	E		X	X		X	E	A				X	X1		X		A		X		X	E	
6	05.09.07 H	VfB Lübeck	3:0 (1:0)	E			X		X	X	E	X	A	A2				X	X		X1		E		X	A			
7	08.09.07 A	RW Oberhausen	1:2 (0:1)	E			X		X1	A	A	A	X	X				X	X		X		E		X	E			
8	15.09.07 H	Fortuna Düsseldorf	1:0 (0:0)	E			X		X	X		X	A	A				X	X		X		E		X	E			
9	22.09.07 A	Rot-Weiss Ahlen	1:3 (0:1)				X		X	X		X	X			E		X	E				X1	X					
10	26.09.07 A	Bor. Dortmund II	0:2 (0:0)	E			X		X		A	X	X1	A		E		X	E		X			A		X	E	E	
11	29.09.07 A	BSV Kickers Emden	0:1 (0:1)	E			X		X			A	X	A	X	E		X	E		A						X	E	
12	06.10.07 H	VfL Wolfsburg II	2:0 (0:0)				X		X	X1	E	X1	A		A			X	E	A	X		X			E	X		
13	20.10.07 A	Eintr. Braunschweig	1:1 (0:1)				X		X	X	A	X			A1	E		X	A	X	X		E				E		
14	27.10.07 H	SV Babelsberg 03	1:1 (1:0)	A			X		X		X	X1		E	X			X	X	X	X					A	E		
15	04.11.07 A	FC Rot-Weiß Erfurt	1:4 (1:1)				X		X	X	X1	A		X				X	A	X	X						E	E	
16	10.11.07 H	1. FC Union Berlin	1:1 (1:0)				X		X	X	X	A		A	E	A	X1	X	X			E		E		E			
17	17.11.07 A	Rot-Weiss Essen	0:2 (0:0)	X					X	X		A	E		X		A	X	X			X	X			X		E	E	
18	24.11.07 H	Wuppertaler SVB	2:0 (1:0)	A					X1	X		A1	X	E	E	X		X	X			X	X			X				
19	01.12.07 H	SV Werder Bremen II	1:1 (0:0)	A					X1	X		A	X	E	E	X		X	X		E	X				X				
20	08.12.07 A	Energie Cottbus II	1:2 (0:1)	X					X1	A		X	E	X	X	X		E				X				X	X			
21	16.02.08 H	Hamburger SV II	2:0 (1:0)		X1	X1	X		A		E	X		E	A			X					X		A			E		X
22	23.02.08 A	SG Dynamo Dresden	0:1 (0:0)	E	X	X	X		X	A		A						A		X	E	X					X			E
23	02.03.08 H	SC Verl	2:0 (1:0)	E	A	A1	X		A			X	X1		X				X	X	E		X				X			E
24	15.03.08 A	VfB Lübeck	1:0 (1:0)		A		X		X			X		E	X			A	A	X	X		E				E			
25	22.03.08 A	RW Oberhausen	0:0 (0:0)	E	X	X	X				A	E	X					X	X	A			E				X			X
26	29.03.08 H	Fortuna Düsseldorf	2:0 (1:0)				X		X			X	E1	X		A		X	X		X	X1	A				E		
27	05.04.08 H	Rot-Weiss Ahlen	2:2 (1:2)		E	X1	X		X			A	E	X1		A		E	X		X	X	X						
28	13.04.08 A	Bor. Dortmund II	1:0 (1:0)	A	X	X			X				X		E			E	A	X		X		A1		X			E
29	18.04.08 H	BSV Kickers Emden	1:3 (1:1)		A1	X	X		X			X			E			X		E		A	X	X			X			
30	27.04.08 A	VfL Wolfsburg II	1:0 (1:0)			A	X			E	E	X	A		A			X	X	X	X1	X				E			
31	03.05.08 H	Eintr. Braunschweig	1:1 (0:0)			X1	X				E	X	A		E	A		X				X	A	X		X			
32	07.05.08 A	SV Babelsberg 03	0:0 (0:0)	E		X	X					X	A		E			X	X			X					A			
33	10.05.08 H	FC Rot-Weiß Erfurt	3:3 (1:2)	A1	X2	X		X	X			A			X	E		X	X		X					E			
34	17.05.08 A	1. FC Union Berlin	2:1 (1:0)	A	A	X		X	X	X	E		E	X1		X1		E	X			X	A			X			
35	24.05.08 H	Rot-Weiss Essen	0:1 (0:1)		X	X	X		X	X	A	E			X			X	X			X				X			
36	31.05.08 A	Wuppertaler SVB	2:1 (1:0)		X	X1			X	X	A	E			E	X1		X	A		X		A			E			
	Spiele:			18	13	15	32	1	34	14	26	19	28	3	26	30	18	12	36	34	7	28	16	15	13	4	29	11	7
	Tore:			0	3	8	0	0	3	3	0	4	2	0	1	7	0	0	2	1	0	2	1	1	1	0	0	0	0

Bilanz der letzten 10 Jahre:

Saison	Liga	Platz	Sp.	S	U	N	Tore	Pkt.
1997/98	Regionalliga Nordost	12.	34	10	9	15	60–65	39
1998/99	Regionalliga Nordost	3.	34	18	10	6	55–35	64
1999/00	Regionalliga Nordost	10.	34	13	8	13	64–44	47
2000/01	Oberliga Nordost, Gruppe Süd	1.	34	26	4	4	120–30	82
2001/02	Regionalliga Nord (Lizenzentzug)	12.	34	11	10	13	54–54	43
2002/03	Oberliga Nordost, Gruppe Süd	10.	34	12	6	16	36–47	42
2003/04	Oberliga Nordost, Gruppe Süd	3.	30	18	8	4	51–16	62
2004/05	Oberliga Nordost, Gruppe Süd	5.	34	18	4	12	59–33	58
2005/06	Oberliga Nordost, Gruppe Süd	1.	30	20	7	3	62–17	67
2006/07	Regionalliga Nord	3.	36	16	12	8	52–41	60

Zuschauerzahlen:

Saison	gesamt	Spiele	Schnitt
1997/98	40.341	17	2.373
1998/99	37.700	17	2.218
1999/00	41.012	17	2.412
2000/01	48.760	17	2.868
2001/02	94.645	17	5.567
2002/03	40.286	17	2.370
2003/04	48.449	15	2.850
2004/05	28.538	17	1.679
2005/06	48.394	15	3.226
2006/07	145.150	18	8.064

Die meisten Regionalliga-Spiele:

Pl.	Name, Vorname	Spiele
1.	Kallnik, Mario	88
2.	Prest, Christian	86
3.	Dreszer, Miroslav	85
4.	Kretzschmar, Jörg	84
5.	Wojcik, Andrzej	83
6.	Sandmann, Jan	77
7.	Neumann, Stephan	71
8.	Gerster, Frank	68
	Hähnge, Sebastian	68
10.	Beer, Christian	65

Die besten Regionalliga-Torschützen:

Pl.	Name, Vorname	Tore
1.	Mydlo, David	17
2.	Lau, Mario	14
	Papic, Vlado	14
	Dobry, Pavel	14
5.	Hähnge, Sebastian	12
6.	Kretzschmar, Jörg	11
	Maltritz, Marcel	11
	Ofodile, Adulphus	11

Die Trainer der letzten Jahre:

Name, Vorname	Zeitraum
Pommerenke, Jürgen	01.11.1992 – 22.11.1993
Hoffmann, Martin	22.11.1993 – 03.12.1993
Engel, Frank	03.12.1993 – 30.06.1994
Hoffmann, Martin	01.07.1994 – 04.03.1996
Herdle, Karl	05.03.1996 – 17.09.1996
Schmidt, Hans-Dieter	17.09.1996 – 15.11.1999
Görlitz, Jürgen	15.11.1999 – 30.06.2000
Vogel, Eberhard	01.07.2000 – 30.10.2001
Steffens, Joachim	30.10.2001 – 30.06.2002
Hoffmann, Martin	01.07.2002 – 19.04.2003

SC Rot-Weiß Oberhausen

Anschrift:
Rechenacker 62
46049 Oberhausen
Telefon: (02 08) 97 09 7-0
eMail: info@rwo-online.de
Homepage: www.rwo-online.de

Vereinsgründung: 18.12.1904 als Oberhausener SV 1904; seit 1934 SC Rot-Weiß Oberhausen

Vereinsfarben: Rot-Weiß
Präsident: Hajo Sommers
Sportlicher Leiter: Jürgen Luginger

Stadion: Niederrheinstadion (21.318)

Größte Erfolge: Meister der Regionalliga West 1969 (↑); Aufstiegsrunde zur Bundesliga 1969 und 1974; Meister der Regionalliga West/Südwest 1998 (↑); Meister der Amateur-Oberliga Nordrhein 1979 (↑), 1983 (↑), 1995 (↑) und 2007 (↑); Westdeutscher Pokalsieger 1950

Aufgebot:

Name, Vorname	Pos	geb. am	Nat.	seit	2007/08 Sp.	T.	gesamt Sp.	T.	frühere Vereine
Aksoy, Tuncay	S	01.06.1979	D	2006	29	1	50	2	1. FC Bocholt, SV Adler Osterfeld, 1. FC Kleve, Rot-Weiss Essen, Diyarbakir Spor, Erzurum SK, Rot-Weiss Essen, SpVgg Sterkrade 06/07
Celik, Musa	S	11.04.1983	D	2006	10	1	10	1	SSVg Velbert 02, SC Rot-Weiß Oberhausen
Delic, Ahmet	M	17.02.1986	AUT	2007	2	0	2	0	VfB Admira Wacker Mödling, SV Horn
Embers, Daniel	A	14.04.1981	D	2006	34	0	45	1	Wuppertaler SV Borussia, TuS Koblenz, Borussia Mönchengladbach, MSV Duisburg, FV Duisburg 08, DSV 1900 Duisburg
Fronczyk, Lukas	T	18.03.1985	D	2006	0	0	0	0	SG Wattenscheid 09, SpVgg Erkenschwick
Ibrahim, Monir	A	22.08.1986	D	2002	3	0	3	0	KFC Uerdingen 05, VfB Homberg
Kaya, Markus	M	20.10.1979	D	2007	35	11	82	12	SSVg Velbert 02, Rot-Weiss Essen, FC Schalke 04, Tennis Borussia Berlin, FC Hertha 03 Zehlendorf, BSC Kickers 1900 Schöneberg
Kruse, Tim	M	10.01.1983	D	2007	34	1	130	9	Fortuna Düsseldorf, Bayer 04 Leverkusen, TV Hoffnungsthal, SV Union Rösrath
Landers, Marcel	A	24.08.1984	D	1987	35	0	53	0	eigene Junioren
Lüttmann, Julian	S	19.04.1982	D	2007	34	10	63	11	VfL Sportfreunde Lotte, FC Eintracht Rheine, Holstein Kiel, SC Preußen 06 Münster, SC Hörstel
Müller, David	M	22.12.1984	D	2007	35	9	35	9	TuRa Union 1880 Düsseldorf, FC Schalke 04, Bayer 04 Leverkusen, 1. FC Köln
Narewsky, Marc-André	M	14.07.1978	D	2006	12	0	111	13	Wuppertaler SV Borussia, SC Westfalia Herne, FC Gütersloh 2000, Borussia Dortmund, SG Wattenscheid 09
Pappas, Dimitrios	A	25.02.1980	GRE	2006	35	2	36	2	Rot-Weiss Essen, SSV Hagen, Sportfreunde Oestrich-Iserlohn, SC Rot-Weiß Lüdenscheid, SC Plettenberg
Reichert, Benjamin	A	17.05.1983	D	1988	28	0	53	1	eigene Junioren
Reichert, Tim	M	09.10.1979	D	2006	12	0	12	0	SSVg Velbert 02, SV Adler Osterfeld, SC Rot-Weiß Oberhausen
Robben, Jens	M	27.04.1983	D	2006	30	6	50	6	SV Eintracht Trier 05, SV Meppen, SV Erika-Altenberge
Schäper, Tobias	M	24.10.1979	D	2008	6	0	149	19	Holstein Kiel, SC Rot-Weiß Oberhausen, SC Preußen 06 Münster, BV Cloppenburg, DSC Arminia Bielefeld, Borussia Dortmund, Hammer SpVgg
Schlieter, Thomas	A	28.01.1981	D	2007	32	5	32	5	SSVg Velbert 02, SV Adler Osterfeld, Sportfreunde Hamborn 07, MSV Duisburg, FV Duisburg 08, Sportfreunde Hamborn 07
Semmler, Christoph	T	03.03.1980	D	2005	36	0	39	0	Bor. Mönchengladbach, Germania Ratingen 04/19, Rheydter SpV, Essener TB Schwarz-Weiß, Bor. Mönchengladbach, Holstein Kiel, Suchsdorfer SV, Wiker SV
Stiepermann, Marcel	M	20.04.1986	D	2005	0	0	4	1	Borussia Dortmund, VfL Bochum, SG Wattenscheid 09
Tennagels, Thomas	M	04.09.1984	D	2007	12	0	13	0	TSV Alemannia Aachen, VfB Homberg, SV 1919 Straelen, KFC Uerdingen 05
Terranova, Mike Sergio	S	17.11.1976	ITA	2006	36	17	121	25	SG Wattenscheid 09, Wuppertaler SV Borussia, SV Eintracht Nordhorn, FC Gütersloh 2000, SG Wattenscheid 09, SV Union Günnigfeld
Uster, Timo-Jan	A	22.10.1974	D	2005	6	0	187	7	SV Darmstadt 98, SV Wehen Taunusstein, FC Carl Zeiss Jena, SV Meppen, SV Tasmania Gropiusstadt 1973, FSV Velten, SC Charlottenburg, Frohnauer SC, Reinickendorfer Füchse, SpVg Blau-Weiß 90 Berlin

Trainer:

Name, Vorname	geb. am	Nat.	Zeitraum	Spiele 2007/08	frühere Trainerstationen
Bruns, Hans-Günter	15.11.1954	D	01.07.06 – 30.06.08	36	SSVg Velbert 02, SV Adler Osterfeld, FC Sardegna Oberhausen

Zugänge:
Kruse (Fortuna Düsseldorf), Lüttmann (VfL Sportfreunde Lotte), Müller (TuRa Union 1880 Düsseldorf), Tennagels (TSV Alemannia Aachen II).
während der Saison:
Delic (VfB Admira Wacker Mödling), Schäper (Holstein Kiel).

Abgänge:
Jansen (DSC Arminia Bielefeld II), Rietz (Essener TB Schwarz-Weiß), Schneider (VfB Homberg), Steinberg (TuS Garbek).
während der Saison:
Narewsky (Wuppertaler SV Borussia).

Fortsetzung SC Rot-Weiß Oberhausen

Aufstellungen und Torschützen:

Sp	Datum	Gegner	Ergebnis	Aksoy	Celik	Delic	Embers	Ibrahim	Kaya	Kruse	Landers	Lüttmann	Müller	Narewsky	Pappas	Reichert B.	Reichert T.	Robben	Schäper	Schlieter	Semmler	Tennagels	Terranova	Uster
				1	2	3	4	5	6	7	8	9	10	11	12	13	14	15	16	17	18	19	20	21
1	28.07.07 A	Rot-Weiss Essen	4:1 (1:0)				X		X2	X	E	X1	X1	E	X	X	A	E			X	A	A	
2	08.08.07 H	Wuppertaler SVB	0:1 (0:0)	E			A		X	A	A	X	X		X	X		E			X	X	X	E
3	11.08.07 A	SV Werder Bremen II	2:3 (0:2)	E1			X		A	X	X	X	X		X	X		A		E	X		X1	
4	18.08.07 H	Energie Cottbus II	0:0 (0:0)	E			X		A	X	A	X	X		X	X		E			X		X	
5	25.08.07 A	Hamburger SV II	0:0 (0:0)	E			X		X	X	X	A	X	X	X	X					X		X	
6	02.09.07 H	SG Dynamo Dresden	0:1 (0:0)	A		E	E		X	A	X	E	A	X	X	X				X	X		X	
7	05.09.07 A	SC Verl	2:1 (1:0)	A		E			X1	X	X	E1	X	A	X	X		E			X	X	A	
8	08.09.07 H	1. FC Magdeburg	2:1 (1:0)	A			E	E	X	X	X	E	X1		X	X		A		A	A	X	X	
9	15.09.07 A	VfB Lübeck	0:0 (0:0)	A			X		X	X	X	E	X		X	X		A		E	X		X	
10	26.09.07 H	Fortuna Düsseldorf	2:2 (1:2)	A			X		X	X1	A	E	X	E	X	X		A		E	X		X1	
11	29.09.07 A	Rot-Weiss Ahlen	3:1 (1:1)	A			A		X1	X	X	E	X1	E	X	X		A		E	X		X1	
12	06.10.07 H	Bor. Dortmund II	3:1 (1:1)	A			A		X	X	X	E	X2	E	X	X		A1		E	X		X	
13	20.10.07 A	BSV Kickers Emden	0:2 (0:2)	A	E		X		X	X	X	A	E	X	X	X		A		E	X		X	
14	27.10.07 H	VfL Wolfsburg II	5:0 (4:0)	E			X		X1	X	A	X1	A		X	X		A1		E	X	E	X2	
15	03.11.07 A	Eintr. Braunschweig	1:2 (0:0)		E		X		X	A	X	A	X	E	X	X		A		E1	X		X	
16	10.11.07 H	SV Babelsberg 03	3:2 (1:0)				X		X1	X	A	X1	A1	E	X	X		A		E	X	E	X	
17	17.11.07 A	FC Rot-Weiß Erfurt	2:1 (1:1)	A	E		X	E	X	X		X1	X	E	X	X				A	X		A1	
18	23.11.07 H	1. FC Union Berlin	3:0 (1:0)	E			A		X	X	X	X1	E		X	X		X			X1	E	A1	
19	02.12.07 H	Rot-Weiss Essen	1:0 (0:0)	X			E	E	X	A	X	A	X1	A	X	X				X	X	E	X	
20	09.12.07 A	Wuppertaler SVB	0:2 (0:1)	E			X		X	X	A	X	E		A	X		A		X	X	E	X	
21	16.02.08 H	SV Werder Bremen II	1:2 (0:0)	E	E		X			X	X	A	A	X1		A	E	X	X	X	X			
22	23.02.08 A	Energie Cottbus II	0:0 (0:0)				X		X	X	X	A		X		X	E	X	X		X			
23	02.03.08 H	Hamburger SV II	5:1 (2:0)				X		X	A	A1	X1	X1	E	A	E				X	X	E	X2	
24	08.03.08 A	SG Dynamo Dresden	2:0 (1:0)	E			X		X1	X	A	A	A1	X	X			E	E		X	X	X	
25	15.03.08 H	SC Verl	4:2 (3:1)	E			X		X2	A	X1	X		X		E	A	X1		E	X	E	X	
26	22.03.08 A	1. FC Magdeburg	0:0 (0:0)	E			X		A	X	A	X	X	X		E		E	E	X	X		X	
27	29.03.08 H	VfB Lübeck	3:0 (0:0)	E			A		X	A	X	X	X	X		E		A	X	X	X	E	A3	
28	13.04.08 A	Fortuna Düsseldorf	0:3 (0:1)	E			A		X	A	X	X	X	X		E	E			X	X		X	
29	19.04.08 A	Rot-Weiss Ahlen	0:0 (0:0)		E				X	X	X	X	X	X		X	E	A		X	X		A	E
30	27.04.08 A	Bor. Dortmund II	0:0 (0:0)	E			X		X	X	X	X	X	X		X	E	A		X	X		A	E
31	03.05.08 H	BSV Kickers Emden	3:2 (1:1)	A			X		X1	A	E	X		X		A1		E		E	X	E	X1	
32	06.05.08 A	VfL Wolfsburg II	4:0 (2:0)	X	E1		A		X	A	X		X	X		X		E		X1	X1		A1	E
33	09.05.08 H	Eintr. Braunschweig	2:0 (1:0)	E	E		X		X	A		A1	X		X			E		A	X		X1	X
34	18.05.08 A	SV Babelsberg 03	4:1 (3:0)	A	E		X		X1	A	X	E	X		X			E		A2	X1		X	
35	24.05.08 H	FC Rot-Weiß Erfurt	0:0 (0:0)	E	E		X		X	X	E	A		X		A				X	X		X	A
36	31.05.08 A	1. FC Union Berlin	3:0 (2:0)		E		X		X	X	A	X1	A		X		E	A		X	X		X2	E
		Spiele:		29	10	2	34	3	35	34	35	34	35	12	35	28	12	30	6	32	36	12	36	6
		Tore:		1	1	0	0	0	11	1	0	10	9	0	2	0	0	6	0	5	0	0	17	0

Gegnerisches Eigentor im 8. Spiel (durch Beer).

Bilanz der letzten 10 Jahre:

Saison	Liga	Platz	Sp.	S	U	N	Tore	Pkt.
1997/98:	Regionalliga West/Südwest	1.	34	21	8	5	66–31	71
1998/99:	2. Bundesliga	12.	34	9	14	11	40–47	41
1999/00:	2. Bundesliga	6.	34	12	13	9	43–34	49
2000/01:	2. Bundesliga	12.	34	13	6	15	45–50	45
2001/02:	2. Bundesliga	12.	34	11	9	14	55–49	42
2002/03:	2. Bundesliga	14.	34	10	7	17	38–48	37
2003/04:	2. Bundesliga	5.	34	15	8	11	52–48	53
2004/05:	2. Bundesliga	16.	34	8	10	16	40–62	34
2005/06:	Regionalliga Nord	17.	36	10	9	17	30–53	39
2006/07:	Oberliga Nordrhein	1.	34	20	9	5	50–25	69

Zuschauerzahlen:

Saison	gesamt	Spiele	Schnitt
1997/98:	48.226	17	2.837
1998/99:	66.161	17	3.892
1999/00:	83.237	17	4.896
2000/01:	88.072	17	5.181
2001/02:	80.929	17	4.761
2002/03:	98.751	17	5.809
2003/04:	88.627	17	5.213
2004/05:	95.092	17	5.594
2005/06:	51.332	18	2.852
2006/07:	45.221	17	2.660

Die meisten Regionalliga-Spiele:

Pl.	Name, Vorname	Spiele
1.	Ciuca, Daniel Romeo	96
2.	Arens, Björn	95
3.	Adler, Oliver	93
4.	Tilner, Martin	70
5.	Nikolic, Robert	68
6.	Bieber, Siegmar	67
7.	Marquardt, Carsten	62
8.	Weber, Achim	60
9.	Konjevic, Ivan	57
10.	Landers, Marcel	53
	Reichert, Benjamin	53

Die besten Regionalliga-Torschützen:

Pl.	Name, Vorname	Tore
1.	Weber, Achim	35
2.	Terranova, Mike Sergio	17
3.	Kaya, Markus	11
	Pröpper, Thomas	11
5.	Lüttmann, Julian	10
	Policella, Gustav	10
7.	Milde, Tino	9
	Müller, David	9
	da Silva, Adriano José	9
10.	Granic, Branko	8

Die Trainer der letzten Jahre:

Name, Vorname	Zeitraum
Kleppinger, Gerhard	01.07.2000 – 06.08.2001
Reekers, Rob	06.08.2001 – 23.08.2001
Stepanovic, Dragoslav	23.08.2001 – 17.12.2001
Ristic, Aleksandar	17.12.2001 – 20.04.2003
Hilpert, Klaus	21.04.2003 – 30.06.2003
Andersen, Jörn	01.07.2003 – 28.10.2004
Luginger, Jürgen	28.10.2004 – 02.11.2004
Hach, Eugen	03.11.2004 – 30.06.2005
Pleß, Harry	01.07.2005 – 04.05.2006
Abel, Günther	04.05.2006 – 30.06.2006

SC Verl von 1924

Anschrift:
Hauptstraße 7
33425 Verl
Telefon: (0 52 46) 92 50 80
eMail: info@scverl.de
Homepage: www.scverl.de

Vereinsgründung: 06.09.1924

Vereinsfarben: Schwarz-Weiß
Vorstand: Peter Mankartz
Manager: N. N.

Stadion: An der Poststraße (5.000)

Größte Erfolge: Meister der Amateur-Oberliga Westfalen 1991 und 2007 (↑); Meister der Verbandsliga Westfalen 1 1986; Pokalsieger Westfalen 1992 und 1999; Qualifikation für den DFB-Pokal 1979, 1992 und 1999; Qualifikation für die Regionalliga West/Südwest 1994

Aufgebot:

Name, Vorname	Pos	geb. am	Nat.	seit	2007/08 Sp.	T.	gesamt Sp.	T.	frühere Vereine
Abou-Saleh, Ali	A	23.12.1987	D	2008	0	0	0	0	DJK Germania Gladbeck, SV Vorwärts Kornharpen, TSC Eintracht Dortmund, VfL Bochum, Werner SV
Amaral, Michel	M	28.11.1984	D	2006	10	1	10	1	SSV Hagen, FC Schalke 04, MSV Duisburg, Hasper SV
Bamba, Musemestre	S	10.11.1971	COD	2008	9	0	150	30	SV Lippstadt 08, Rot-Weiss Ahlen, VfB Hüls, SpVgg Marl, Denizlispor, AS Vita Club Kinshasa, US Kintambo
Beck, Christopher	A	11.11.1984	D	2005	14	0	14	0	LR Ahlen
Bergenthal, Yorck	T	30.01.1974	D	2007	2	0	2	0	VfB Fichte Bielefeld, SC Herford
Cinar, Josef	A	22.01.1984	TUR	2004	33	0	33	0	VfB Fichte Bielefeld, FC Gütersloh 2000
Danismaz, Turgay	M	11.02.1981	TUR	2006	0	0	0	0	Rot-Weiss Ahlen, SC Verl, LR Ahlen
Dayangan, Soner	S	17.01.1979	D	2005	29	2	29	2	VfB Fichte Bielefeld, KSV Hessen Kassel, FC Gütersloh 2000, BSV Kickers Emden, LR Ahlen, VfB Fichte Bielefeld, SC Paderborn 07, DSC Arminia Bielefeld
Djebi-Zadi, Lionel	M	20.05.1982	FRA	2008	8	0	21	0	SV Wilhelmshaven, SC Paderborn 07, Ross County FC, Vesoul HSF, FC Luzern, AS Vénissieux Minguettes, En Avant Guingamp
Ende, Alexander	A	19.09.1979	D	2007	15	2	108	5	SC Preußen 06 Münster, SC Pfullendorf, Bonner SC, 1. FC Köln, SCB Viktoria Köln
Finke, Benjamin	T	09.09.1982	D	2007	17	0	39	0	1. FC Köln, SV Lippstadt 08, FC Gütersloh 2000, DSC Arminia Bielefeld, Union Minden, SV Weser Leteln
Großeschallau, Fabian	M	05.01.1988	D	2007	3	0	3	0	Borussia Mönchengladbach, SC Verl
Hagedorn, Tim	M	26.10.1985	D	2005	31	0	31	0	LR Ahlen, Borussia Dortmund, Hammer SpVg
Hop, Temel	M	15.08.1987	TUR	2005	26	1	26	1	VfB Fichte Bielefeld, DSC Arminia Bielefeld, SpVg Steinhagen, TSV Amshausen
Kalintas, Fatih	T	08.05.1985	D	2005	19	0	22	0	DSC Arminia Bielefeld, LR Ahlen
Knappmann, Christian	S	19.03.1981	D	2008	10	1	78	10	KFC Uerdingen 05, FC Gütersloh 2000, KFC Uerdingen 05, TuS Koblenz, VfR Neumünster, Offenbacher FC Kickers, Germania Ratingen 04/19, TuRa Union 1880 Düsseldorf, Fortuna Düsseldorf, Wuppertaler SV, Borussia Mönchengladbach, Germania Ratingen 04/19
Koberstein, Daniel	A	06.08.1986	D	2007	13	0	13	0	DSC Arminia Bielefeld, VfL Mennighüffen
Krause, Lukas	M	01.05.1985	POL	2004	26	1	26	1	SC Paderborn 07, Borussia Dortmund
Leeneman, Marcel	A	16.02.1985	D	2007	4	0	4	0	FC Gütersloh 2000, DSC Arminia Bielefeld, VfB Fichte Bielefeld, DSC Arminia Bielefeld
Maaßen, Enrico	S	10.03.1984	D	2007	11	0	11	0	Greifswalder SV 04, FC Hansa Rostock, FC Anker Wismar, TSG Wismar, Grevesmühlener FC, SKV Bobitz
Mainka, Robert	S	03.08.1982	D	2007	34	11	34	11	SV Lippstadt 08, VfB Fichte Bielefeld, SV Enger-Westerenger, MSV Duisburg, VfB Fichte Bielefeld, DSC Arminia Bielefeld
Meram, Emino	M	23.02.1982	D	2007	0	0	0	0	Fortuna Düsseldorf, FC Twente Enschede, VfL Osnabrück
N'Diaye, Babacar	S	12.12.1973	SEN	2008	14	5	56	19	FC Carl Zeiss Jena, SpVgg Unterhaching, LR Ahlen, Hannover 96, FC St. Pauli, Hannover 96, Wuppertaler SV, Union Solingen, FC Wehr 1912, Union Solingen, U.S. Rail Aues Dhies
Pagano, Silvio	S	12.09.1985	ITA	2007	20	5	63	14	SSVg Velbert 02, FC Carl Zeiss Jena, 1. FC Köln, SC Sonnborn
Remmert, Lars	A	22.10.1979	D	2004	32	1	32	1	SV Höxter, SpVgg Brakel
Rogowski, Mariusz	A	08.11.1979	POL	2000	32	6	104	12	KS Blekitni Stargard Szcecinski
Saur, Andreas	A	01.08.1981	D	2007	34	0	112	1	SV Eintracht Trier 05, SC Rot-Weiß Oberhausen, 1. SC Feucht, SSV Ulm 1846, FC Gundelfingen, TSG Thannhausen
Scherning, Daniel	S	29.10.1983	D	2007	13	1	58	2	DSC Arminia Bielefeld, SC Pfullendorf, SC Paderborn 07, SV Heide Paderborn
Uilacan, Horatiu Cosmin	M	05.11.1980	ROU	2006	31	1	54	2	Bonner SC, FC St. Pauli, TSV Aindling, TSV Schwaben Augsburg, TSG Thannhausen

Trainer:

Name, Vorname	geb. am	Nat.	Zeitraum	Spiele 2007/08	frühere Trainerstationen
Ermisch, Mario	02.10.1958	D	01.01.2005 – lfd.	36	VfL Theesen, VfB Fichte Bielefeld

Zugänge:
Ende (SC Preußen 06 Münster), Finke (1. FC Köln), Großeschallau (Borussia Mönchengladbach Junioren), Koberstein und Scherning (DSC Arminia Bielefeld II), Leeneman (FC Gütersloh 2000), Maaßen (Greifswalder SV 04), Mainka (SV Lippstadt 08), Pagano (1. FC Köln II), Saur (SV Eintracht Trier 05).
während der Saison:
Abou-Saleh (DJK Germania Gladbeck), Bamba (SV Lippstadt 08), Djebi-Zadi (SC Paderborn 07), Knappmann (KFC Uerdingen 05), N'Diaye (FC Carl Zeiss Jena).

Abgänge:
Belombo (FC Eintracht Rheine), Bode (Laufbahn beendet), Castilla (SC Wiedenbrück 2000), Erdem (FC Altenhagen), Erdogmus (Delbrücker SC), Kambach (VfL Theesen), Kirchhoff (Delbrücker SC), Florian Kraus (Hammer SpVgg), Labo (FC Eintracht Rheine), Özkara (SC Preußen 06 Münster), Schmidtgal (VfL Bochum II).
während der Saison:
Scherning (DSC Arminia Bielefeld II).

Fortsetzung SC Verl von 1924

Aufstellungen und Torschützen:

Sp	Datum	Gegner	Ergebnis	Amaral	Bamba	Beck	Bergenthal	Cinar	Dayangan	Djebi-Zadi	Ende	Finke	Großeschallau	Hagedorn	Hop	Kalintas	Knappmann	Koberstein	Krause	Leeneman	Maaßen	Mainka	N'Diaye	Pagano	Remmert	Rogowski	Saur	Scherning	Uilacan
				1	2	3	4	5	6	7	8	9	10	11	12	13	14	15	16	17	18	19	20	21	22	23	24	25	26
1	29.07.07 A	Energie Cottbus II	1:0 (0:0)					X	X		A			X		X		E	E		A	A			X	X	X	E1	X
2	08.08.07 H	Hamburger SV II	0:2 (0:2)					X	X		X			X	A	X			E			X			X	X	X	E	A
3	11.08.07 A	Dynamo Dresden	0:2 (0:2)	E				X	X		X			A	E	X			E			A			X	X	X	X	A
4	26.08.07 H	1. FC Magdeburg	0:1 (0:1)					X	X		X	X		X	E				E			A		A	A	X	X	X	E
5	01.09.07 A	VfB Lübeck	3:0 (1:0)	X				X	X		X	X		X	E			E	A			A1		A2	E	X	X		
6	05.09.07 H	RW Oberhausen	1:2 (0:1)	A				X	X		X1	X		X	E				A			X		A	E	X	X	E	
7	08.09.07 A	Fortuna Düsseldorf	0:3 (0:1)	X				X	X		A	X		A	E				A			X			E	X	X	E	X
8	15.09.07 H	Rot-Weiss Ahlen	2:2 (2:0)					X	X		X1				E	X			A1			X			X	X	X	X	X
9	22.09.07 A	Bor. Dortmund II	0:1 (0:0)	A				X	X		X			E	E	X			A			A			X	X	X	X	X
10	26.09.07 H	Kickers Emden	0:0 (0:0)	X	A			X	X			X		X	E			E				A			X	X	X		X
11	29.09.07 A	VfL Wolfsburg II	3:0 (1:0)	A1	X		X	A1			X	E	E	E				E				A			X	X	X		X1
12	06.10.07 H	Eintr. Braunschweig	0:2 (0:1)	A	X		X	X	X		X			X	EA				E			A			X	X	X	E	X
13	20.10.07 A	SV Babelsberg 03	1:0 (1:0)	E	X		X	X	X		X			A				E	A	E	X1				X	X	X	A	X
14	27.10.07 H	FC Rot-Weiß Erfurt	0:1 (0:0)		X		X	X	X		X			X	E							A		X	A	X	X	E	X
15	03.11.07 A	1. FC Union Berlin	0:0 (0:0)		X		X	X	X		X			X			A	X	E	E		A	A	X				E	X
16	10.11.07 H	Rot-Weiss Essen	1:0 (0:0)		X		X	X	X		X			X	E				E			A		A1	X	X	X	E	X
17	17.11.07 H	Wuppertaler SVB	0:1 (0:0)		X	A	X	X	X		X			A	E				E			X		X	X	X	X	X	X
18	24.11.07 A	Werder Bremen II	0:3 (0:2)		X			X	X		X	E		X	E			E	A			A			X	X	X		X
19	01.12.07 A	Energie Cottbus II	0:1 (0:0)		X			X	X		X			A	E			X	E			A			X	A	X		X
20	15.12.07 H	Hamburger SV II	1:1 (0:0)		X		X		X	A				X		X			E			E	X	X1	A	X			X
21	16.02.08 H	Dynamo Dresden	1:1 (0:0)		A			X	X	X				X	X						E	E		A1	E	X	X		
22	02.03.08 A	1. FC Magdeburg	0:2 (0:1)		A			X	X	A	X			E		X	A					X	E	E	X		X		X
23	09.03.08 H	VfB Lübeck	1:0 (1:0)		A			X1	X	X	E			E	X	A			X					X		A	X	X	E
24	15.03.08 A	RW Oberhausen	2:4 (1:3)			E	A	X	X	X				E		A			A			X2	X				X		E
25	22.03.08 H	Fortuna Düsseldorf	1:2 (0:2)	E		X		A	X	X				E	E	A			X			X	X1			X	X		
26	29.03.08 A	Rot-Weiss Ahlen	1:4 (1:2)		X			X	A					X	E			E	X			X1	X			X	X		A
27	06.04.08 H	Bor. Dortmund II	1:0 (0:0)					X	X					X	A	X	X	X	X		E	X1	A				X		
28	12.04.08 A	Kickers Emden	0:2 (0:0)					X	X					A	A	X	E	X	X			X	A	E			X		E
29	19.04.08 H	VfL Wolfsburg II	5:1 (3:0)					X						A	E	X	E	X	X			X2	A2	A	X1	X	X		
30	26.04.08 A	Eintr. Braunschweig	2:3 (1:3)				E	X		E				X		X	A		E			X	X2	A	A	X			X
31	03.05.08 H	SV Babelsberg 03	1:3 (1:2)				E	X	A					X			A	X				X1	X	A	E	X			E
32	07.05.08 A	FC Rot-Weiß Erfurt	0:3 (0:1)			X	X	X						X	E							X	X	A	X	X			
33	11.05.08 H	1. FC Union Berlin	2:3 (2:1)			A	X	X						A	X1	X			E		E	X1	X	A	X	X	X		
34	17.05.08 A	Rot-Weiss Essen	0:2 (0:0)			A		X		A				X	X	E			A			X	X	X	X	X	E		
35	24.05.08 H	Wuppertaler SVB	0:3 (0:2)			X		X					E	X	A	X			A			X	X	E	X	X			X
36	31.05.08 A	Werder Bremen II	2:0 (1:0)			E	X	X			X			A		A1	X	E			A	X1		E	X	X	X		
		Spiele:		10	9	14	2	33	29	8	15	17	3	31	26	19	10	13	26	4	11	34	14	20	32	32	34	13	31
		Tore:		1	0	0	0	0	2	0	2	0	0	0	1	0	1	0	1	0	0	11	5	5	1	0	0	1	1

Bilanz der letzten 10 Jahre:

Saison	Liga	Platz	Sp.	S	U	N	Tore	Pkt.
1997/98:	Regionalliga West/Südwest	10.	34	13	8	13	52–56	47
1998/99:	Regionalliga West/Südwest	10.	32	13	8	11	55–56	47
1999/00:	Regionalliga West/Südwest	9.	36	12	13	11	49–44	49
2000/01:	Regionalliga Nord	6.	36	15	10	11	53–46	55
2001/02:	Regionalliga Nord	11.	34	12	9	13	57–61	45
2002/03:	Regionalliga Nord	15.	34	12	4	18	47–65	40
2003/04:	Oberliga Westfalen	2.	34	17	9	8	68–41	60
2004/05:	Oberliga Westfalen	5.	34	17	8	9	55–41	59
2005/06:	Oberliga Westfalen	2.	34	21	7	6	75–43	70
2006/07:	Oberliga Westfalen	1.	34	22	9	3	63–28	75

Zuschauerzahlen:

Saison	gesamt	Spiele	Schnitt
1997/98:	19.242	17	1.132
1998/99:	20.120	16	1.258
1999/00:	26.303	18	1.384
2000/01:	27.381	28	1.521
2001/02:	24.324	17	1.431
2002/03:	21.305	17	1.253
2003/04:	13.150	17	773
2004/05:	13.450	17	791
2005/06:	16.900	17	994
2006/07:	20.450	17	1.202

Die meisten Regionalliga-Spiele:

Pl.	Name, Vorname	Spiele
1.	Schmidt, Roger	208
2.	Ostermann, Thomas	168
3.	Raschke, Ulf	163
4.	Warbende, Frank	141
5.	Milde, Tino	133
6.	Siedschlag, Stefan	132
7.	Mrugalla, Markus	119
8.	Plaßhenrich, Reiner	117
9.	Baziuk, Dariusz	115
10.	Schriewersmann, Kai	106

Die besten Regionalliga-Torschützen:

Pl.	Name, Vorname	Tore
1.	Schmidt, Roger	54
2.	Milde, Tino	50
3.	Raschke, Ulf	46
4.	Bettenstaedt, Till	21
5.	Vier, Angelo	20
6.	Meinke, Gerrit	18
	Schriewersmann, Kai	18
8.	Baziuk, Dariusz	16
9.	Gockel, Carsten	15
10.	Plaßhenrich, Reiner	14
	Walz, Richard	14

Die Trainer der letzten Jahre:

Name, Vorname	Zeitraum
Sude, Ulrich	01.07.1999 – 20.03.2000
Brei, Dieter	21.03.2000 – 30.06.2000
Hecking, Dieter	01.07.2000 – 29.01.2001
Weber, Dr. Jörg	29.01.2001 – 15.10.2002
Brei, Dieter	16.10.2002 – 24.04.2003
Niehaus, Manfred und Ortkemper, Andreas	25.04.2003 – 30.06.2003
Fischer, Andreas	01.07.2003 – 30.06.2004
Schröter, Reinhard	01.07.2004 – 22.11.2004
Niehaus, Manfred	22.11.2004 – 31.12.2004

VfL 1945 Wolfsburg II

Anschrift:
In den Allerwiesen 1
38446 Wolfsburg
Telefon: (0 53 61) 89 03 0
eMail: fussball@vfl-wolfsburg.de
Homepage: www.vfl-wolfsburg.de

Vereinsgründung: 27.12.1945 aus Volkssport- und Kulturverein Wolfsburg; ab 23.05.2001 VfL Wolfsburg Fußball GmbH

Vereinsfarben: Grün-Weiß
Vorsitzender: Lothar Sander
Teammanager: Volker Heling

Stadion: Volkswagen-Arena (30.000) und VfL-Stadion (17.600)

Größte Erfolge: Meister der Oberliga Niedersachsen/Bremen 2004 (↑); Meister der Oberliga Nord 2007 (↑); Meister der Niedersachsenliga Ost 1999 (↑); Pokalsieger Niedersachsen 2002

Aufgebot:

Name, Vorname	Pos	geb. am	Nat.	seit	2007/08 Sp.	T.	gesamt Sp.	T.	frühere Vereine
Alex (Domingos Alexandre Martins da Costa)	A	06.09.1979	POR	2005	1	0	1	0	Benfica Lissabon, Vitoria Guimaraes, Benfica Lissabon, Moreirense FC, Andebol Club Fafe
Brechler, Thomas	S	08.02.1986	D	2006	31	5	31	5	Reinckendorfer Füchse, BSC Rehberge
Deumeland, Jonas	T	09.02.1988	D	2000	15	0	15	0	Hellas Verona, STV Holzland
Evljuskin, Sergej	M	04.01.1988	D	2003	19	0	19	0	Braunschweiger SC
Hansen, Rune	A	06.04.1985	DEN	2005	13	0	19	0	Aarhus GF, FC Aarhus, Aarhus GF, HOG Hinnerup
van der Heyden, Peter	A	16.07.1976	BEL	2005	8	0	8	0	FC Brügge, Eendracht Aalst, FC Denderleeruw, SC Lokeren
Hill, Kamani	M	28.12.1985	USA	2007	6	1	6	1	San Fernando Valley Quakes, Orange County Blue Star, University of California Los Angeles Bruins, Berkeley High School, Central Marin Club, Marin United
Karimow, Sergej	A	21.12.1986	D	2000	27	0	27	0	SSV Vorsfelde, SSV Velstove
Karow, Marvin	A	22.08.1989	D	2008	13	0	13	0	ASV Bergedorf 85, Hamburger SV, SC Concordia Hamburg
Kempe, Dennis	A	24.06.1986	D	2007	12	0	19	0	Borussia Mönchengladbach, SuS Dinslaken 09, TV Voerde
Klamt, Julian	A	22.08.1989	D	2001	3	0	3	0	eigene Junioren
Kreuels, Philipp	M	11.01.1985	D	2005	22	2	22	2	Rot-Weiss Essen, Fortuna Düsseldorf, Polizei SV Düsseldorf
Kullig, Markus	M	05.11.1974	D	2007	24	3	232	44	VfB Lübeck, 1. FC Kaiserslautern, VfB Lübeck, VfL Wolfsburg, SV Grün-Weiß Calberlah
Lamprecht, Christopher	M	22.04.1985	D	1999	13	0	43	0	FSV Lok Altmark Stendal
Laas, Alexander	M	05.05.1984	D	2007	2	0	74	10	Hamburger SV, Niendorfer TSV
Lenz, André	T	19.11.1973	D	2004	1	0	78	0	TSV München 1860, FC Energie Cottbus, TSV Alemannia Aachen, Wuppertaler SV, KFC Uerdingen 05, TV Asberg
Lucas, Fabian	T	29.07.1980	D	1995	0	0	4	0	MTV Isenbüttel
Maaß, Jerome	M	14.04.1987	D	2004	6	0	6	0	Tennis Borussia Berlin, FC Bayern München
Maek, Kevin	M	04.11.1988	D	2005	10	0	10	0	Tennis Borussia Berlin, FC Nordost Berlin, Berliner FC Dynamo, Marzahner SV
Makiadi, Cédric	M	23.02.1984	D	2002	8	1	36	8	VfB Lübeck, Eichholzer SV, Post SV Lübeck
Meier, Jan-Christian	A	04.09.1989	D	2003	5	0	5	0	eigene Junioren
Melzer, René	T	15.03.1989	D		2	0	2	0	eigene Junioren
Meyer, Christian	T	01.03.1987	D	2002	9	0	9	0	FSV Westerstede
Müller, Nils-Frederik	A	09.08.1979	D	1994	1	0	24	1	MTV Hattorf
Neumann, Juri	M	17.06.1988	D	2000	20	1	20	1	Flensburger SVgg 08, JSG Gamsen, SSV Kästorf, VfR Wilsche/Neubokel
Öztürk, Emre	S	01.04.1986	D	2003	20	1	21	1	SV Waldhof 07 Mannheim, SV 98 Schwetzingen, SV Sandhausen, FV Nußloch, SG Dietheim
Platins, Patrick	T	19.04.1983	D	2001	9	0	40	0	FV Rot-Weiß Weiler, FSV Marktoberdorf, TSV Marktoberdorf, SV Martinszell
Proschwitz, Nick	S	28.11.1986	D	2007	21	4	43	4	Hamburger SV, TSG Hoffenheim, SpVgg Greuther Fürth, SV Hallstadt
Rama, Valdet	S	20.11.1987	ALB	2005	33	0	33	0	Rot-Weiss Essen, Sportfreunde Oestrich-Iserlohn, SSV Hagen
Reiche, Daniel	A	14.03.1988	D	2003	32	0	32	0	TSV Grasleben, FC Wenden, Helmstedter SV
Riemer, Dennis	S	23.02.1988	D	2003	23	0	23	0	SV Reislingen-Neuhaus
Schlimpert, Rico	A	23.02.1988	D	2004	11	0	11	0	Chemnitzer FC, VfB Chemnitz
Schulze, Michael	A	13.01.1989	D	2001	8	0	8	0	eigene Junioren
Thiam, Pablo	M	03.01.1974	GUI	2003	1	0	1	0	FC Bayern München, VfB Stuttgart, 1. FC Köln, Marokkanischer SV Bonn
Thomsen, Marcel	M	07.01.1988	D	2003	2	0	2	0	Eintracht Braunschweig, Borussia Dortmund
Tunc, Caglayan	S	05.01.1987	D	2002	8	1	8	1	VfL Bückeburg, JSG Lauenhagen, FC Stadthagen
Venekamp, Benjamin	A	18.12.1985	D	2007	7	0	24	0	BSV Kickers Emden, SV Werder Bremen, SC Rot-Weiss Essen, FC Schalke 04, Fortuna Düsseldorf, SG Union Solingen, Wuppertaler SV, 1. FC Köln, VfB Solingen
Wemmer, Jens	M	31.10.1985	D	2005	27	0	27	0	SV Werder Bremen, SpVg Aurich, TuS Sandhorst
Wemmer, Jörn-Andreas	M	13.05.1984	D	2005	15	1	15	1	SV Holthausen-Biene, SV Meppen, SpVg Aurich, TuS Sandhorst
Yilmaz, Sefa	M	14.02.1990	D		2	0	2	0	eigene Junioren

Trainer:

Name, Vorname	Geb. am	Nat.	Zeitraum	Spiele 2007/08	frühere Trainerstationen
Kronhardt, Willi	17.02.1969	D	05.03.07 – 06.11.07	15	Eintracht Braunschweig (Co-Trainer und A-Junioren)
Hollerbach, Bernd	08.12.1969	D	06.11.07 – 03.01.08	4	VfL Wolfsburg (Co-Trainer), VfB Lübeck
Houbtchev, Petar	26.02.1964	BUL	04.01.08 – 25.06.08	17	Eintr. Frankfurt II, Slavia Sofia, FV Bad Vilbel, Nationalmannschaft Bulgarien (Co-Trainer)

Zugänge:
Karimov, Maek, Neumann, Riemer, Schlimpert und Thomsen (eigene Junioren), Kempe (Borussia Mönchengladbach II), Kullig (VfB Lübeck), Venekamp (BSV Kickers Emden).
während der Saison:
Karow (ASV Bergedorf 85).

Abgänge:
Hussain (Berliner FC Dynamo), Joof (VfB Lübeck), Lekiqi (Kalmar FF), Luft (1. FC Saarbrücken), S. Müller (VfB Lübeck), Thiede (Lichterfelder FC Berlin).
während der Saison:
Karimow (Bundesliga-Kader), Kreuels (Bundesliga-Kader).

Fortsetzung VfL 1945 Wolfsburg II

Aufstellungen und Torschützen:

Sp	Datum	Gegner	Erg.	Alex	Brechler	Deumeland	Evljuskin	Hansen	v. d. Heyden	Hill	Karimow	Karow	Kempe	Klamt	Kreuels	Kullig	Lamprecht	Laas	Lenz	Maaß	Maek	Makiadi	Meier	Melzer	Meyer	Müller	Neumann	Öztürk	Platins	Proschwitz	Rama	Reiche	Riemer	Schlimpert	Schulze	Thiam	Thomsen	Tunc	Venekamp	Wemmer J.	Wemmer J.-A.	Yilmaz
				1	2	3	4	5	6	7	8	9	10	11	12	13	14	15	16	17	18	19	20	21	22	23	24	25	26	27	28	29	§=	3!	32	33	34	35	36	37	38	39
1	31.07.07 H	Braunschwg.	3:2 (1:1)	A1	X					X					X	X					E								A	X	X2	X	X						E	E	A		
2	11.08.07 A	Babelsberg	2:3 (0:1)	X	X					X					X				A	E									A	X	X1	X		E					E1	X	A		
3	19.08.07 H	Erfurt	0:3 (0:1)	A		X	A			X					X	X		E						X					E		X	X	X						E			A	
4	25.08.07 A	Berlin	0:4 (0:3)	X			A			X		X			X			E	X				X							A	X	X	E				E					A	
5	01.09.07 H	Essen	0:3 (0:3)	X		X	X			A					X								X						X		A	A	X	X					E	E		E	
6	05.09.07 A	Wuppertal	2:7 (0:3)	A	X						X				X	X							X						X1		E	E	X	X						A		X1	
7	09.09.07 H	Bremen	1:0 (1:0)	X			X				X					E	A	X			E	A1							A			E	X	X			X				X		
8	15.09.07 A	Cottbus	0:0 (0:0)	A	X						X		A	X	X			E					X								X	E	X	X						A	E		
9	22.09.07 H	Hamburg	2:2 (0:0)	X1	A								E	X1				E	A				X		X	E					X	X	X	X						A			
10	26.09.07 A	Dresden	0:3 (0:2)	X	X	X				X			A	X				E					X		A	A					E	X		X							E		
11	29.09.07 H	Verl	0:3 (0:1)	X	X			X					A					E	X		X		E	X		A			X	X									E		A		
12	06.10.07 A	Magdeburg	0:2 (0:0)	A	X					X					X	X		E								E			X	E	X	X	A								X	A	
13	20.10.07 H	Lübeck	0:0 (0:0)	X			X			X				A	X	X													X	X		X	X	X	A				E		E		
14	27.10.07 A	Oberhausen	0:5 (0:4)			X	X						X		A	X	X												X	X	X								E		X		
15	04.11.07 H	Düsseldorf	0:1 (0:1)				A			X		X		A	X			X											X	X	E	X	X						E		X		
16	10.11.07 A	Ahlen	1:1 (0:0)					X	X		X		X	E	X			A											E	X	A1	X	X								X		
17	17.11.07 H	Dortmund	0:1 (0:1)	A				X	A	X			X		X														X	E	A	E	X						E		X		
18	24.11.07 A	Emden	2:1 (1:1)	A			A			X			X2	X	X						X								E	X	E	A	X	E							X		
19	08.12.07 A	Braunschwg.	1:3 (1:2)	A			A	X					X	X1	X					X				E						E	A	X	X								X	E	
20	15.02.08 H	Babelsberg	0:0 (0:0)	X	X		A			X		X		X	X		A		E											E	X	E		X							A		
21	23.02.08 A	Erfurt	0:5 (0:1)	X	X		X				A	A	X					X											E		X	X	E		X						X		
22	29.02.08 H	Berlin	0:3 (0:3)	A	X		A				X	X		X	X															E	X	X	E		X						X		
23	08.03.08 A	Essen	0:3 (0:1)	A	X	E	X				X	X	X						X										E		A	X	E		X						A		
24	16.03.08 H	Wuppertal	1:2 (1:2)	A	X	X		X			X			X				A	E										X1		E	X		X							A	E	
25	20.03.08 A	Bremen	0:3 (0:1)		X	X				X	A	X									E								A		E	X	E		X						X	X	
26	29.03.08 H	Cottbus	1:1 (0:1)	X1			X			X	X	X	X										X						A	E		E		E	A						X	A	
27	06.04.08 A	Hamburg	0:3 (0:2)	X	X	X		X	E	X	X																		X			X		X							X	A	
28	11.04.08 H	Dresden	0:2 (0:1)	X	X	E		X	X	X			X	X															A			A		E	A							E	
29	19.04.08 A	Verl	1:5 (0:3)	A	X			A			X			X	X1											E	A	X		E	X	X	E	X									
30	27.04.08 H	Magdeburg	0:1 (0:1)	A	X				E	X	X			X	X														X			X	X	X							X		
31	03.05.08 A	Lübeck	1:0 (1:0)	A	X			A1	X	X			E	X															A	E		X	X	E							X		
32	06.05.08 H	Oberhausen	0:4 (0:2)	X	X	A		A	X				X							E									X			A	X	E							X	E	
33	10.05.08 H	Düsseldorf	0:3 (0:3)	X	X			X	A	X	A									E									X			X	X								X	E	E
34	17.05.08 A	Ahlen	0:1 (0:1)	X	E			X	X	X									X										A	E		X	X	A	X						X		
35	24.05.08 A	Dortmund	2:1 (0:0)	X2	X			X	X	X					X						E		X						A			X	X	X	E						A		
36	31.05.08 H	Emden	0:0 (0:0)	A	X			X	X	X			E																A		E	A	X					X	X	E			
	Spiele:			1	31	15	19	13	8	6	27	13	12	3	22	24	13	2	1	6	10	8	5	2	9	1	20	20	9	21	33	32	23	11	8	1	2	8	7	27	15	2
	Tore:			0	5	0	0	0	0	1	0	0	0	2	3	0	0	0	0	0	1	0	0	0	0	0	1	1	0	4	0	0	0	0	0	0	0	1	0	0	1	0

Die Heimspiele gegen SG Dynamo Dresden und 1. FC Magdeburg fanden in der Volkswagen-Arena statt.

Bilanz der letzten 10 Jahre:

Saison	Liga	Platz	Sp.	S	U	N	Tore	Pkt.
1997/98:	Verbandsliga Niedersachsen-Ost	2.	30	21	6	3	64–21	69
1998/99:	Verbandsliga Niedersachsen-Ost	1.	28	21	4	3	61–16	67
1999/00:	Oberliga Niedersachsen/Bremen	3.	30	16	11	3	62–27	59
2000/01:	Oberliga Niedersachsen/Bremen	9.	34	13	10	11	50–46	49
2001/02:	Oberliga Niedersachsen/Bremen	6.	34	17	7	10	61–51	58
2002/03:	Oberliga Niedersachsen/Bremen	2.	34	19	11	4	69–31	68
2003/04:	Oberliga Niedersachsen/Bremen	1.	34	26	4	4	93–29	82
2004/05:	Regionalliga Nord (1 Punkt Abzug)	17.	36	7	13	16	37–58	33
2005/06:	Oberliga Nord	3.	34	20	10	4	73–32	70
2006/07:	Oberliga Nord	1.	34	25	6	3	84–27	81

Zuschauerzahlen:

Saison	gesamt	Spiele	Schnitt
1997/98:			
1998/99:			
1999/00:			
2000/01:	1.967	17	116
2001/02:	2.180	17	128
2002/03:	2.532	17	149
2003/04:	2.785	17	164
2004/05:	28.020	18	1.557
2005/06:	2.525	17	149
2006/07:	2.629	17	154

Die meisten Regionalliga-Spiele:

Pl.	Name, Vorname	Spiele
1.	Lamprecht, Christopher	43
2.	Platins, Patrick	40
3.	Makiadi, Cedric	36
4.	Rama, Valdet	33
5.	Reiche, Daniel	32
6.	Brechler, Thomas	31
	Homola, Jiri	31
8.	Ewert, Dennis	30
	Lorenz, Stefan	30
10.	Gouiffe à Goufan, Marc	29

Die besten Regionalliga-Torschützen:

Pl.	Name, Vorname	Tore
1.	Makiadi, Cedric	8
2.	Brechler, Thomas	5
3.	Bingana, Jules Bertrand	4
	Biran, Shergo	4
	Kolm, Christopher	4
	Proschwitz, Nick	4
7.	Homola, Jiri	3
	Kullig, Markus	3
	Präger, Roy	3

Die Trainer der letzten Jahre:

Name, Vorname	Zeitraum
Schrock, Karl-Heinz	01.07.1995 – ?
Kuntze, Peter	? – 30.06.1996
Erkenbrecher, Uwe	01.07.1996 – 30.06.1998
Ansorge, Olaf	01.07.1998 – 30.06.2001
Krüger, Michael	01.07.2001 – 14.03.2004
Erkenbrecher, Uwe	16.03.2004 – 05.03.2007

Wuppertaler SV Borussia

Anschrift: Hubertusallee 4, 42117 Wuppertal
Telefon: (02 02) 97 46 20
eMail: info@wuppertalersv.com
Homepage: www.wuppertalersv.com

Vereinsgründung: 08.07.1954 Fusion aus SSV 04 Elberfeld und TSG Vohwinkel 1880, 01.07.2004 Fusion mit SV Borussia Wuppertal 07/12
Vereinsfarben: Rot-Blau
Präsident: Friedhelm Runge
Sportlicher Leiter: Carsten Pröpper
Stadion: Am Zoo (28.300)

Größte Erfolge: Aufstieg in die Bundesliga 1972; Teilnahme am UEFA-Pokal 1973; DFB-Pokal-Halbfinalist 1963; Westdeutscher Pokalsieger 1967; Meister der Oberliga Nordrhein 1990, 1992 (↑), 2000 und 2003 (↑)

Aufgebot:

Name, Vorname	Pos	geb. am	Nat.	seit	2007/08 Sp.	T.	gesamt Sp.	T.	frühere Vereine
Aksoy, Bulut	S	25.10.1987	D	2007	0	0	12	0	KSV Hessen Kassel, Borussia Mönchengladbach, MSV Duisburg, SuS Dinslaken 09, Sportfreunde Hamborn 07, MTV Union Hamborn
Bölstler, Manuel	M	26.04.1983	D	2006	34	2	85	7	SV Darmstadt 98, BVO Cambuur Leeuwarden, VfB Stuttgart, SSV Reutlingen 05, SV Unterjesingen
Damm, Tobias	S	30.10.1983	D	2007	30	11	47	20	1. FSV Mainz 05, Wuppertaler SV Borussia, 1. FSV Mainz 05, 1. FC Schwalmstadt, TSV Wabern, FC Homberg 1924
Dogan, Hüzeyfe	M	01.01.1981	D	2007	27	4	86	10	SC Paderborn 07, MKE Ankaragücü, Bayer Leverkusen, Bonner SC, FC Bad Godesberg
Habl, Andreas	A	04.08.1984	D	2005	2	0	18	0	Gürzenicher FC Düren, SSG 09 Bergisch Gladbach, KFC Uerdingen 05, 1. FC Köln
Hähner, Dustin	M	12.01.1986	M	2005	2	0	3	0	Borussia Mönchengladbach, 1. FC Union Berlin
Hammes, Jan	M	02.02.1985	D	2007	20	1	52	5	Bor. Mönchengladbach, 1. FC Köln, SSG 09 Bergisch Gladbach, SpVg Porz, TuS Langel
Heinzmann, Dirk	S	20.10.1977	D	2004	24	4	130	25	SV Borussia Wuppertal, Hannover 96, FC Remscheid, Wuppertaler SV
Jerat, Tim	M	05.03.1982	D	2006	33	1	163	12	KFC Uerdingen 05, 1. FSV Mainz 05, SG Wattenscheid 09, Bayer 04 Leverkusen, 1. FC Köln, SC Brück, Borussia Kalk
Kohlhaas, Andreas	A	01.03.1987	D	2000	0	0	10	1	TSV 05 Ronsdorf, SSV Germania 1900 Wuppertal
Lejan, Michael	M	02.05.1983	BEL	2005	32	0	163	9	1. FC Köln, Sportfreunde Siegen
Lintjens, Sven	M	05.10.1976	D	2007	18	5	108	31	MVV Maastricht, 1. FC Saarbrücken, Sportfreunde Siegen, Rot-Weiss Essen, SG Wattenscheid 09, SC Fortuna Köln, Borussia Mönchengladbach, KFC Uerdingen 05, Borussia Mönchengladbach, Fortuna Mönchengladbach
Lorenzón, Victor Hugo	A	22.05.1977	ARG	2008	14	0	55	3	SC Paderborn 07, Rot-Weiss Essen, Fortuna Düsseldorf, CA San Lorenzo, Defensores de Belgrano, The Strongest La Paz, Deportivo Quito, Provincial Osorno, CA Platense
Malura, Dennis	A	20.06.1984	D	2005	25	0	85	1	Union Solingen, Fort. Düsseldorf, 1. FC Monheim, KFC Uerdingen 05, PSV Solingen
Maly, Christian	T	20.01.1975	D	2002	35	0	199	0	SV Borussia Wuppertal, SC Paderborn 07, SG Wattenscheid 09, SV Waldesrand Linden, VfB Linden
Michalsky, Sebastian	A	25.11.1983	D	2005	1	0	2	0	MSV Duisburg, KFC Uerdingen 05, DJK Gnadental, BV 04 Düsseldorf
Mombongo-Dues, Freddy	S	30.08.1985	D	2007	4	0	7	0	Germania Dattenfeld, Bonner SC, 1. FC Köln, TSV Alemannia Aachen, SC Fortuna Köln
Narewsky, Marc-André	M	14.07.1978	D	2008	1	0	111	13	SC Rot-Weiß Oberhausen, Wuppertaler SV Borussia, SC Westfalia Herne, FC Gütersloh 2000, Borussia Dortmund, SG Wattenscheid 09
Neppe, Marco	M	14.06.1986	D	2007	25	0	25	0	Eintracht Frankfurt, SC Germania Klein-Krotzenburg
Oppermann, Lucas	M	28.08.1986	D	2007	6	0	15	3	VfL Bochum, SV Darmstadt 98, Offenbacher FC Kickers, SpVgg Groß-Umstadt, SV Viktoria Kleestadt, TSV 09 Klein-Umstadt, FC Raibach 58
Reichwein, Marcel	S	21.02.1986	D	2007	2	0	73	15	Wuppertaler SV Borussia, Bayer 04 Leverkusen, Sportfreunde Eisbachtal
Rietpietsch, Mike	M	26.03.1974	D	2006	27	2	66	13	Holstein Kiel, MSV Duisburg, SC Rot-Weiß Oberhausen, VfL Bochum, SC Freiburg, Fortuna Düsseldorf, Bayer 04 Leverkusen, 1. FC Union Berlin, FC Viktoria 91 Frankfurt/Oder, Stahl Finow
Saglik, Mahir	S	18.01.1983	D	2007	34	27	143	75	1. FC Saarbrücken, VfB Admira-Wacker Mödling, Borussia Dortmund, SC Paderborn 07, LR Ahlen, SC Paderborn 07, SC Grün-Weiß Paderborn
Samulewicz, Sascha	T	21.03.1986	D	2007	0	0	9	0	Borussia Dortmund, TSC Eintracht Dortmund, DJK Blau-Weiß Huckarde
Schulp, Dennis	S	18.01.1978	NED	2008	9	0	9	0	SC Paderborn 07, FC Den Bosch, Helmond Sport, De Graafschap Doetinchem, NEC Nijmegen, Willem II Tilburg, FC Volendam, Ajax Amsterdam, De Volewijkers Amsterdam
Stuckmann, Michael	A	01.09.1979	D	2004	34	1	266	12	SG Wattenscheid 09, VfL Bochum, SG Wattenscheid 09, Rot-Weiß Markania Bochum
Tavarez, Jean-Louis	M	04.04.1972	SEN	2001	12	1	101	10	Rheydter SpV, USC du Rail Thies
Uelker, Ferhat	M	22.06.1988	D	2006	4	0	4	0	VfL Leverkusen, Wuppertaler SV, FC Schalke 04, SV Heckinghausen
Völzow, Sebastian	T	02.02.1983	D	2008	1	0	36	0	Bonner SC, Rot-Weiss Ahlen, DSC Arminia Bielefeld, SC Herford, SC Falkendiek
Voigt, Daniel	A	04.11.1977	NED	2007	21	0	21	0	Fortuna Sittard, Helmond Sport, PSV Eindhoven, FC Den Bosch, PSV Eindhoven, de Graafschap Doetinchem, PSV Eindhoven
Wiwerink, André	A	15.10.1980	D	2005	24	0	94	4	Rot-Weiss Essen, 1. FC Kleve, SV Adler Osterfeld, FC Schalke 04
Zaskoku, Fatlum	M	30.09.1987	D	2006	1	0	4	0	Blau-Weiß Grümerbaum

Trainer:

Name, Vorname	geb. am	Nat.	Zeitraum	Spiele 2007/08	frühere Trainerstationen
Jerat, Wolfgang	09.02.1955	D	23.04.07 – 06.02.08	20	FC Junkersdorf 1946, Wuppertaler SV, 1. FC Köln, Wuppertaler SV
Frank, Wolfgang	21.02.1951	D	06.02.08 – 30.06.08	16	Offenbacher FC Kickers, FC Sachsen Leipzig, SpVgg Unterhaching, MSV Duisburg, 1. FSV Mainz 05, Austria Wien, 1. FSV Mainz 05, Rot-Weiss Essen, FC Winterthur, FC Wettingen, FC Aarau, FC Glarus

Zugänge: Aksoy (KSV Hessen Kassel), Dogan (SC Paderborn 07), Hammes (Borussia Mönchengladbach II), Lintjens (MVV Maastricht), Mombongo-Dues (Germania Dattenfeld), Neppe (Eintracht Frankfurt), Oppermann (VfL Bochum II), Saglik (1. FC Saarbrücken), Samulewicz (Borussia Dortmund II), Voigt (Fortuna Sittard).
während der Saison: Damm (1. FSV Mainz 05), Lorenzón (FC Carl Zeiss Jena), Narewsky (SC Rot-Weiß Oberhausen), Schulp (SC Paderborn 07), Völzow (Bonner SC).

Abgänge: Damm (1. FSV Mainz 05), Gensler (TuRa Union 1880 Düsseldorf), Lenz (Rot-Weiss Ahlen), Litjens (BSV Kickers Emden), Maamar (unbekannt), Manno (VfL Osnabrück), Ortlieb (SV Stuttgarter Kickers), Oslislo (SV Wacker Burghausen), Policella (KFC Uerdingen 05), Schaffrath (Rot-Weiss Ahlen).
während der Saison: Lintjens (SC Paderborn 07), Oppermann (VfB Lübeck), Reichwein (BSV Kickers Emden).

Fortsetzung Wuppertaler SV Borussia

Aufstellungen und Torschützen:

Sp	Datum		Gegner	Ergebnis	Bölstler	Damm	Dogan	Habl	Hähner	Hammes	Heinzmann	Jerat	Lejan	Lintjens	Lorenzón	Malura	Maly	Michalsky	Mombongo	Narewsky	Neppe	Oppermann	Reichwein	Rietpietsch	Saglik	Schulp	Stuckmann	Tavarez	Uelker	Völzow	Voigt	Wiwerink	Zaskoku
					1	2	3	4	5	6	7	8	9	10	11	12	13	14	15	16	17	18	19	20	21	22	23	24	25	26	27	28	29
1	28.07.07	H	VfB Lübeck	2:1 (1:0)	X1				E		A1	X			A	X					X	E	E	X	A		X					X	X	
2	08.08.07	A	RW Oberhausen	1:0 (0:0)	A				E		E	X	X1		A	X					X	E		X	A		X					X	X	
3	11.08.07	H	Fortuna Düsseldorf	0:1 (0:1)	X					X	X	A	X			X					A	E	E	X	A		E					X	X	
4	18.08.07	A	Rot-Weiss Ahlen	5:2 (3:1)	X	A2	E				X	X	X			X					X	E		A2	A1		E					X	X	
5	25.08.07	H	Bor. Dortmund II	1:1 (1:1)	A	X1	A			E	E	A	X	X		E	X				X				X							X	X	
6	01.09.07	A	BSV Kickers Emden	2:1 (1:0)	A	X	E				A	X	X1		E	X					X			X	A		X					X	E	
7	05.09.07	H	VfL Wolfsburg II	7:2 (3:0)	X	X1	E2				E	X1	X	X1	E	X					A			A	A2		X					X		
8	08.09.07	A	Eintr. Braunschweig	4:1 (2:0)	A	X1	E		E		X	X	X		E	X					A			A	X3		X					X		
9	16.09.07	H	SV Babelsberg 03	4:0 (2:0)	X	X1	A1				E	E	X		E	X					A				A1		X1					X	E	
10	22.09.07	A	FC Rot-Weiß Erfurt	1:5 (0:3)	X	X	X				X	X	X1			X					A	E		A		X						X	E	
11	26.09.07	H	1. FC Union Berlin	4:3 (2:2)	X	X2	A				E	E	X		E	X					A			X2	A		X					X	E	
12	29.09.07	A	Rot-Weiss Essen	0:1 (0:0)	A	X	E				E	E	X		E	X					A	A			X		X					X		
13	19.10.07	H	SV Werder Bremen II	0:2 (0:1)	X	X	E				E	X	A	X	A	X					A			X			X					X	E	
14	27.10.07	A	Energie Cottbus II	1:0 (0:0)	X	A	E				E	X	A	X		X					X			A	A1		X		E			X		
15	03.11.07	H	Hamburger SV II	0:2 (0:0)	A	X	E			A	E	X				X					A			X		X	E		X					
16	10.11.07	A	SG Dynamo Dresden	0:3 (0:1)	X	X				E	X	A	A	X		E	X	E			A			X		X						X		
17	17.11.07	H	SC Verl	1:0 (0:0)	X	X	A			E	E	X	A		A	X					X	A1		X	E		X							
18	24.11.07	A	1. FC Magdeburg	0:2 (0:1)	X	X				X	E	X	A	X		A					X			X	E		X							
19	01.12.07	H	VfB Lübeck	2:0 (0:0)	A	A	E			X		X	X1		A	X					E				X1		X		E			X		
20	09.12.07	A	RW Oberhausen	2:0 (1:0)	X	X	E1			A	E	X	X	A		A	X				E				X1		X					X		
21	16.02.08	A	Fortuna Düsseldorf	0:2 (0:1)		X	A			E		X	A	X	X	X		E						X	A		X					X	E	
22	23.02.08	A	Rot-Weiss Ahlen	0:4 (0:1)	X	A	E			E		X		A	X	X		E						X	A		X					X	X	
23	01.03.08	A	Bor. Dortmund II	1:1 (1:1)	X	A				X			X	X	X	X		E			A			A	X1	E	X		E			X		
24	08.03.08	A	BSV Kickers Emden	0:0 (0:0)	X	A	E				X	E	X	X	X						A			A	X	E	X					X		
25	16.03.08	A	VfL Wolfsburg II	2:1 (2:1)	X	X1	E				X	E	X		X			X						A	A1	E	X					A		
26	29.03.08	A	SV Babelsberg 03	0:1 (0:0)	X	X	E			E	X	A				A								A	X	E	X							
27	04.04.08	H	FC Rot-Weiß Erfurt	3:0 (1:0)	X	X	A		A1		X	X			X	A			E	E					X2		X	E						
28	09.04.08	H	Eintr. Braunschweig	1:1 (0:0)	X1	A	A			A	E	X	X		A									E	X		X	E						
29	12.04.08	A	1. FC Union Berlin	1:1 (0:1)	X		X			X	E	X	A			A	X							A	X1		X	E						E
30	19.04.08	H	Rot-Weiss Essen	2:2 (0:1)	X	X1	X			A	E	A	X			X					A			E	X1			E				X		
31	04.05.08	A	SV Werder Bremen II	1:2 (1:2)	X	X				X	E	X			X						E			A	X1	E	X	A					A	
32	07.05.08	H	Energie Cottbus II	4:3 (2:3)	X	X1				X		A	X		E						A			E	A2	E	X	X1				X		
33	10.05.08	A	Hamburger SV II	3:2 (0:2)	X				A	A2	X		X	A	X			E						X	X1	E	X	E				X		
34	16.05.08	A	SG Dynamo Dresden	1:1 (0:1)	X	A	E			X	E	E	X		X						A			A	X1		X	A				X		
35	24.05.08	A	SC Verl	3:0 (2:0)	X		E	E		X1	A	X									E			A	X2		X	A		X		X		
36	31.05.08	H	1. FC Magdeburg	1:2 (0:1)		E	X	X		A	A	X	X			X								A	X1	E	X		E			X		
			Spiele:		34	30	27	2	2	20	24	33	32	18	14	25	35	1	4	1	25	6	2	27	34	9	34	12	4	1	21	24	1
			Tore:		2	11	4	0	0	1	4	1	0	5	0	0	0	0	0	0	0	0	0	2	27	0	1	1	0	0	0	0	0

Gegnerisches Eigentor im 6. Spiel (durch Nachtigall).

Bilanz der letzten 10 Jahre: *

Saison	Liga	Platz	Sp.	S	U	N	Tore	Pkt.
1997/98:	Regionalliga West/Südwest	12.	34	11	10	13	49–58	43
1998/99:	RL West/Südwest (Lizenzentzug)	8.	32	16	5	11	62–54	53
1999/00:	Oberliga Nordrhein	1.	30	17	10	3	60–28	61
2000/01:	Oberliga Nordrhein	2.	34	21	8	5	60–31	71
2001/02:	Oberliga Nordrhein	2.	34	21	7	6	73–39	70
2002/03:	Oberliga Nordrhein	1.	32	23	6	3	77–22	75
2003/04:	Regionalliga Nord	4.	34	18	8	8	49–37	62
2004/05:	Regionalliga Nord	5.	36	15	9	12	46–48	54
2005/06:	Regionalliga Nord	8.	36	13	12	11	42–42	51
2006/07:	Regionalliga Nord	5.	36	16	9	11	59–49	57

Zuschauerzahlen: *

Saison	gesamt	Spiele	Schnitt
1997/98:	32.224	17	1.896
1998/99:	30.239	16	1.890
1999/00:	22.750	15	1.517
2000/01:	29.525	17	1.737
2001/02:	23.303	17	1.371
2002/03:	31.559	16	1.972
2003/04:	113.464	17	6.674
2004/05:	66.489	18	3.694
2005/06:	60.981	18	3.388
2006/07:	81.428	18	4.524

Die meisten Regionalliga-Spiele: **

Pl.	Name, Vorname	Spiele
1.	Maly, Christian	166
2.	Menzel, Ingo	150
3.	Stuckmann, Michael	134
4.	Broos, Christian	130
5.	Heinzmann, Dirk	118
6.	Steup, Sven	107
7.	Mademann, Richard	104
8.	Bayertz, Markus	101
	Tavarez, Jean-Louis	101
10.	Wiwerink, André	94

Die besten Regionalliga-Torschützen: **

Pl.	Name, Vorname	Tore
1.	Saglik, Mahir	27
	Weber, Achim	27
3.	Meinke, Gerrit	26
	Sturm, Ralf	26
5.	Heinzmann, Dirk	25
6.	Damm, Tobias	20
7.	Goulet, Brent	19
8.	Klauß, Michael	18
9.	Kohout, Ales	16
10.	Ebersbach, Oliver	15
	Manno, Gaetano	15

Die Trainer der letzten Jahre: *

Name, Vorname	Zeitraum
Fuchs, Werner	17.05.1994 – 30.06.1996
Jerat, Wolfgang	01.07.1996 – 30.06.1997
Höfer, Karl-Heinz	01.07.1997 – 18.11.1997
Gores, Rudi	19.11.1997 – 12.01.1999
Geschlecht, Roman	13.01.1999 – 30.06.1999
Straka, Frantisek	01.07.1999 – 09.11.2001
Hey, Jonny	09.11.2001 – 30.06.2002
Kreß, Georg	01.07.2002 – 08.07.2004
Kasper, Werner	08.07.2004 – 19.12.2004
Fuchs, Uwe	06.01.2005 – 22.04.2007

* bis 2004 als Wuppertaler SV   ** einschließlich der Spiele und Tore als Wuppertaler SV

Zuschauerzahlen 2007/08

	Rot-Weiss Ahlen	SV Babelsberg 03	1. FC Union Berlin	Eintr. Braunschweig	Werder Bremen II	FC Energie Cottbus II	Bor. Dortmund II	Dynamo Dresden	Fortuna Düsseldorf	Kickers Emden	FC Rot-Weiß Erfurt	Rot-Weiss Essen	Hamburger SV II	VfB Lübeck	1. FC Magdeburg	RW Oberhausen	SC Verl	VfL Wolfsburg II	Wuppertaler SVB
Rot-Weiss Ahlen	×	1.729	2.264	7.058	2.342	2.048	2.479	2.479	5.818	3.295	2.138	3.967	3.074	2.336	2.033	2.350	2.865	1.521	2.571
SV Babelsberg 03	1.263	×	6.822	4.771	1.614	1.574	2.175	4.893	3.003	1.271	3.469	2.231	1.163	1.623	4.253	1.747	1.625	1.772	1.563
1. FC Union Berlin	5.065	8.967	×	9.600	3.423	5.950	3.792	11.409	6.334	6.490	8.250	6.133	4.519	4.113	11.824	14.800	5.236	4.595	7.533
Eintr. Braunschweig	11.600	14.100	13.500	×	15.700	11.700	21.850	15.250	16.850	14.700	16.000	16.200	12.700	14.750	21.300	12.300	12.900	14.300	12.300
SV Werder Bremen II	300	300	950	1.276	×	300	500	1.100	1.000	600	300	1.400	600	400	800	400	300	300	750
FC Energie Cottbus II	231	452	3.255	422	300	×	893	4.430	730	272	844	335	279	574	904	586	1.608	197	355
Borussia Dortmund II	2.148	920	1.142	1.511	305	431	×	2.509	3.507	803	1.625	4.978	835	939	1.242	3.163	457	2.133	1.680
SG Dynamo Dresden	8.773	10.560	16.201	8.388	8.515	7.449	8.961	×	13.331	7.602	8.519	8.091	7.397	10.153	8.567	8.628	9.234	9.089	8.832
Fortuna Düsseldorf	10.731	12.000	10.520	11.208	9.280	8.319	8.777	17.783	×	15.129	9.659	27.300	11.263	12.560	12.049	17.094	10.415	9.647	14.550
BSV Kickers Emden	3.879	4.237	3.628	4.620	3.820	2.646	3.118	3.492	4.350	×	3.596	4.818	2.701	4.474	3.322	3.165	2.516	3.229	3.875
FC Rot-Weiß Erfurt	4.601	6.225	10.243	9.755	5.850	4.712	6.211	12.770	13.046	4.774	×	7.192	6.820	7.611	8.108	5.325	6.915	5.812	7.012
Rot-Weiss Essen	9.210	7.080	8.848	10.220	7.514	9.225	8.306	11.017	13.056	9.045	8.217	×	8.519	18.027	8.674	15.500	8.319	7.547	12.057
Hamburger SV II	408	450	1.397	1.300	250	287	517	2.400	1.345	265	450	808	×	700	1.400	470	130	153	353
VfB Lübeck	3.600	2.231	4.400	4.800	6.100	3.300	2.465	3.900	2.645	3.300	2.900	4.200	4.900	×	3.700	3.200	3.900	2.432	2.600
1. FC Magdeburg	10.080	7.621	12.874	24.100	7.041	9.200	8.345	16.524	12.982	15.133	12.556	21.500	9.436	9.878	×	12.562	8.466	7.244	7.288
Rot-Weiß Oberhausen	5.355	2.242	3.211	8.157	3.310	2.631	3.464	4.442	8.357	5.198	15.192	11.326	3.077	3.446	3.059	×	3.532	2.271	6.580
SC Verl	845	300	1.500	2.000	600	420	500	3.000	2.400	700	1.100	1.600	1.000	700	1.490	1.350	×	250	700
VfL Wolfsburg II	393	250	1.598	18.205	490	102	650	1.500	747	1.178	1.450	561	132	365	4.950	330	100	×	500
Wuppertaler SVB	5.316	5.978	4.438	5.678	4.248	3.192	4.042	6.621	10.321	5.033	4.494	9.190	3.842	3.957	5.548	6.413	3.248	3.585	×

Zuschauertabelle nach Heimspielen:

Pl.	Mannschaft	gesamt	Spiele	Schnitt	Vgl. Vj.
1.	Eintracht Braunschweig	268.000	18	14.889	Absteiger
2.	Fortuna Düsseldorf	228.284	18	12.682	+2.079
3.	1. FC Magdeburg	212.830	18	11.824	+3.760
4.	Rot-Weiss Essen	180.381	18	10.021	Absteiger
5.	SG Dynamo Dresden	168.290	18	9.349	–3.942
6.	FC Rot-Weiß Erfurt	132.982	18	7.388	+2.074
7.	1. FC Union Berlin	128.033	18	7.113	+296
8.	Wuppertaler SV Borussia	95.144	18	5.286	+762
9.	Rot-Weiß Oberhausen	94.950	18	5.269	Aufsteiger
10.	BSV Kickers Emden	65.486	18	3.638	+451
11.	VfB Lübeck	64.573	18	3.587	–1.757
12.	Rot-Weiss Ahlen	52.367	18	2.909	+263
13.	SV Babelsberg 03	46.832	18	2.602	Aufsteiger
14.	VfL Wolfsburg II	33.501	18	1.861	Aufsteiger
15.	Borussia Dortmund II	30.328	18	1.685	+41
16.	SC Verl	20.455	18	1.136	Aufsteiger
17.	FC Energie Cottbus II	16.667	18	926	Aufsteiger
18.	Hamburger SV II	13.083	18	727	–1.447
19.	SV Werder Bremen II	11.576	18	643	–474
		1.863.662	342	5.449	+116

Zuschauertabelle nach Auswärtsspielen:

Pl.	Mannschaft	gesamt	Spiele	Schnitt	Vgl. Vj.
1.	Eintracht Braunschweig	133.069	18	7.393	Absteiger
2.	Rot-Weiss Essen	131.830	18	7.324	Absteiger
3.	SG Dynamo Dresden	125.519	18	6.973	–358
4.	Fortuna Düsseldorf	119.822	18	6.657	+620
5.	Rot-Weiß Oberhausen	109.383	18	6.077	Aufsteiger
6.	1. FC Union Berlin	106.791	18	5.933	–935
7.	1. FC Magdeburg	103.223	18	5.735	–48
8.	FC Rot-Weiß Erfurt	100.759	18	5.598	+974
9.	VfB Lübeck	96.606	18	5.367	+855
10.	BSV Kickers Emden	94.788	18	5.266	+916
11.	Wuppertaler SV Borussia	91.099	18	5.061	+203
12.	Borussia Dortmund II	87.045	18	4.836	+594
13.	SV Babelsberg 03	85.642	18	4.758	Aufsteiger
14.	Rot-Weiss Ahlen	83.798	18	4.655	–391
15.	Hamburger SV II	82.257	18	4.570	+536
16.	SC Verl	81.766	18	4.543	Aufsteiger
17.	SV Werder Bremen II	80.702	18	4.483	–272
18.	VfL Wolfsburg II	76.077	18	4.227	Aufsteiger
19.	FC Energie Cottbus II	73.486	18	4.083	Aufsteiger
		1.863.662	342	5.449	+116

Die Spiele mit den meisten Zuschauern:

Datum	Begegnung	Zuschauer
07.08.2007	Fortuna Düsseldorf – Rot-Weiss Essen	27.300
03.05.2008	1. FC Magdeburg – Eintracht Braunschweig	24.100
31.05.2008	Eintracht Braunschweig – Borussia Dortmund II	21.850
24.05.2008	1. FC Magdeburg – Rot-Weiss Essen	21.500
20.10.2007	Eintracht Braunschweig – 1. FC Magdeburg	21.300
31.07.2007	VfL Wolfsburg II – Eintracht Braunschweig	18.205
31.05.2008	Rot-Weiss Essen – VfB Lübeck	18.027
19.03.2008	Fortuna Düsseldorf – SG Dynamo Dresden	17.783
13.04.2008	Fortuna Düsseldorf – SC Rot-Weiß Oberhausen	17.094
17.05.2008	Eintracht Braunschweig – Fortuna Düsseldorf	16.850
19.08.2007	1. FC Magdeburg – SG Dynamo Dresden	16.524
27.10.2007	SG Dynamo Dresden – 1. FC Union Berlin	16.201
15.03.2008	Eintracht Braunschweig – Rot-Weiss Essen	16.200
01.03.2008	Eintracht Braunschweig – FC Rot-Weiß Erfurt	16.000
28.03.2008	Eintracht Braunschweig – SV Werder Bremen II	15.700

Die Spiele mit den wenigsten Zuschauern:

Datum	Begegnung	Zuschauer
29.09.2007	VfL Wolfsburg – SC Verl	100
29.03.2008	VfL Wolfsburg II – FC Energie Cottbus II	102
15.12.2007	Hamburger SV II – SC Verl	130
22.09.2007	VfL Wolfsburg II – Hamburger SV II	132
06.04.2008	Hamburger SV II – VfL Wolfsburg II	153
15.09.2007	FC Energie Cottbus II – VfL Wolfsburg II	197
08.03.2008	FC Energie Cottbus II – Rot-Weiss Ahlen	231
10.11.2007	Hamburger SV II – SV Werder Bremen II	250
15.02.2008	VfL Wolfsburg II – SV Babelsberg 03	250
19.04.2008	SC Verl – VfL Wolfsburg II	250
15.09.2007	Hamburger SV II – BSV Kickers Emden	265
22.03.2008	FC Energie Cottbus II – BSV Kickers Emden	272
17.11.2007	FC Energie Cottbus II – Hamburger SV II	279
24.04.2008	Hamburger SV II – FC Energie Cottbus II	287

Torschützenliste:

Pl.	Spieler (Mannschaft)	Tore
1.	Saglik, Mahir (Wuppertaler SV Borussia)	27
2.	Toborg, Lars (Rot-Weiss Ahlen)	23
3.	Biran, Shergo (SV Babelsberg 03, 1. FC Union Berlin)	18
4.	Terranova, Mike Sergio (Rot-Weiß Oberhausen)	17
5.	Bunjaku, Albert (FC Rot-Weiß Erfurt)	16
6.	Lawarée, Axel (Fortuna Düsseldorf)	15
7.	Patschinski, Nico (1. FC Union Berlin)	13
8.	Großkreutz, Kevin (Rot-Weiss Ahlen)	12
	Löning, Frank (SV Werder Bremen II)	12
10.	Brückner, Daniel (FC Rot-Weiß Erfurt)	11
	Damm, Tobias (Wuppertaler SV Borussia)	11
	Kaya, Markus (Rot-Weiß Oberhausen)	11
	Mainka, Robert (SV Verl)	11
	Vujanovic, Radovan (BSV Kickers Emden)	11
15.	Fuchs, Lars (Eintracht Braunschweig)	10
	Lüttmann, Julian (Rot-Weiß Oberhausen)	10
	Reichwein, Marcel (BSV Kickers Emden)	10
18.	Bröker, Thomas (SG Dynamo Dresden)	9
	Dobry, Pavel (SG Dynamo Dresden)	9
	Guié-Mien, Rolf-Christel (Rot-Weiss Essen)	9
	Heider, Marc (SV Werder Bremen II)	9
	Müller, David (Rot-Weiß Oberhausen)	9
	Rockenbach da Silva, Thiago (FC Rot-Weiß Erfurt)	9
	Wolf, Denis (FC Rot-Weiß Erfurt)	9
25.	Braham, Najeh (1. FC Magdeburg)	8
	Kumbela, Dominick (FC Rot-Weiß Erfurt, Eintracht Braunschweig)	8
	Lambertz, Andreas (Fortuna Düsseldorf)	8
	Oehrl, Torsten (Eintracht Braunschweig)	8
	Schembri, André (Eintracht Braunschweig)	8
	Senesie, Sahr (Borussia Dortmund II)	8
31.	Artmann, Kevin (SV Werder Bremen II)	7
	Benyamina, Karim (1. FC Union Berlin)	7
	Cannizzaro, Massimo (Hamburger SV II)	7
	Hensel, Marc (FC Energie Cottbus II)	7
	Lindemann, Björn (1. FC Magdeburg)	7
	Mattuschka, Torsten (1. FC Union Berlin)	7
	Neitzel, Enrico (BSV Kickers Emden)	7
	Schindler, Kevin (SV Werder Bremen II)	7
	Schuppan, Sebastian (FC Energie Cottbus II)	7
	Stahlberg, Martin (Rot-Weiss Ahlen)	7
	Zedi, Rudolf (BSV Kickers Emden)	7

Drei Tore in einem Spiel erzielten:

Datum	Spieler (Mannschaft)	Gegner	wo	Erg.
28.07.2007	Toborg, Lars (Rot-Weiss Ahlen)	FC Rot-Weiß Erfurt	A	3:6
08.09.2007	Saglik, Mahir (Wuppertaler SVB)	Eintr. Braunschweig	A	4:1
15.09.2007	Guié-Mien, Rolf-C. (RW Essen)	FC Rot-Weiß Erfurt	H	3:2
01.03.2008	Lawarée, Axel (Fort. Düsseldorf)	Energie Cottbus II	H	3:0
29.03.2008	Terranova, Mike (Oberhausen)	VfB Lübeck	H	3:0
08.05.2008	Biran, Shergo (Union Berlin)	Dynamo Dresden	H	4:2

Vier Tore in einem Spiel erzielten:

Datum	Spieler (Mannschaft)	Gegner	wo	Erg.
24.05.2008	Biran, Shergo (Union Berlin)	VfB Lübeck	A	7:3

Einen lupenreinen Hattrick erzielten:

Datum	Spieler (Mannschaft)	Gegner	wo	Erg.
15.09.07	Guié-Mien, Rolf-C. (RW Essen)	FC Rot-Weiß Erfurt	H	3:2
29.03.08	Terranova, Mike (Oberhausen)	VfB Lübeck	H	3:0

Folgende Spieler spielten 2007/08 für zwei Vereine der RLN:

Name, Vorname	Erster Verein	Zweiter Verein
Baltes, Benjamin	VfB Lübeck	Rot-Weiss Essen
Biran, Shergo	SV Babelsberg 03	1. FC Union Berlin
Cartus, Daniel	VfB Lübeck	BSV Kickers Emden
Heun, Dustin	VfB Lübeck	1. FC Union Berlin
Kumbela, Dominick	FC Rot-Weiß Erfurt	Eintracht Braunschweig
Laumann, Joseph	VfB Lübeck	FC Rot-Weiß Erfurt
Narewsky, Marc-André	Wuppertaler SVB	Rot-Weiß Oberhausen
Oppermann, Lucas	Wuppertaler SVB	VfB Lübeck
Reichwein, Marcel	Wuppertaler SVB	BSV Kickers Emden
Tornieporth, Dennis	1. FC Magdeburg	BSV Kickers Emden

Elfmetertorschützen: gesamt: 59

Mannschaft	Torschützen (Anzahl)
Rot-Weiss Ahlen:	—
SV Babelsberg 03:	Moritz (3)
1. FC Union Berlin:	Gebhardt (6), Patschinski (3)
Eintracht Braunschweig:	Nastase (3), Lenze, Oehrl
SV Werder Bremen II:	—
FC Energie Cottbus II:	Schuppan
Borussia Dortmund II:	Ricken
SG Dynamo Dresden:	Ulich (4), Wagefeld (2), Jungnickel
Fortuna Düsseldorf:	Lawarée (3), Langeneke
BSV Kickers Emden:	Neitzel, Rauw, Vujanovic
FC Rot-Weiß Erfurt:	Bunjaku (3)
Rot-Weiss Essen:	Guié-Mien (2)
Hamburger SV II:	Cannizzaro
VfB Lübeck:	Hirsch, Hoffmann
1. FC Magdeburg:	Jarakovic, Kallnik
SC Rot-Weiß Oberhausen:	Kaya (5)
SC Verl:	Ende (2), N'Diaye, Uilacan
VfL Wolfsburg II:	Kullig (2), Proschwitz
Wuppertaler SV Borussia:	Saglik (4)

Eigentorschützen: gesamt: 14

Mannschaft	Torschützen
Rot-Weiss Ahlen:	Heithölter
SV Babelsberg 03:	Neumann (2)
1. FC Union Berlin:	Schultz
Eintracht Braunschweig:	Horacek
SV Werder Bremen II:	Erdem
FC Energie Cottbus II:	—
Borussia Dortmund II:	Hünemeier (2)
SG Dynamo Dresden:	—
Fortuna Düsseldorf:	—
BSV Kickers Emden:	Nachtigall, Spahic
FC Rot-Weiß Erfurt:	—
Rot-Weiss Essen:	—
Hamburger SV II:	—
VfB Lübeck:	Kadah
1. FC Magdeburg:	Beer
SC Rot-Weiß Oberhausen:	—
SC Verl:	Kalintas
VfL Wolfsburg II:	Riemer
Wuppertaler SV Borussia:	—

Folgende 8 Spieler haben alle 36 Spiele absolviert:

Mannschaft	Spieler
Rot-Weiss Ahlen:	—
SV Babelsberg 03:	Moritz
1. FC Union Berlin:	—
Eintracht Braunschweig:	—
SV Werder Bremen II:	—
FC Energie Cottbus II:	—
Borussia Dortmund II:	Hünemeier
SG Dynamo Dresden:	—
Fortuna Düsseldorf:	Lawarée
BSV Kickers Emden:	Rickert, Zedi
FC Rot-Weiß Erfurt:	—
Rot-Weiss Essen:	—
Hamburger SV II:	—
VfB Lübeck:	—
1. FC Magdeburg:	F. Müller
SC Rot-Weiß Oberhausen:	Semmler, Terranova
SC Verl:	—
VfL Wolfsburg II:	—
Wuppertaler SV Borussia:	—

Vereinsrangliste nach Platzverweisen:

Pl.	Mannschaft	Rot-	Gelb-Rot
1.	Rot-Weiss Ahlen	0	0
2.	1. FC Magdeburg	0	2
3.	SV Werder Bremen	0	3
	SG Dynamo Dresden	0	3
	SC Rot-Weiß Oberhausen	0	3
6.	Eintracht Braunschweig	1	2
7.	VfB Lübeck	1	5
8.	Wuppertaler SV Borussia	2	0
9.	Rot-Weiss Essen	2	1
10.	Borussia Dortmund II	2	2
11.	FC Energie Cottbus II	2	4
12.	1. FC Union Berlin	3	1
13.	SV Babelsberg 03	3	2
	SC Verl	3	2
15.	Fortuna Düsseldorf	3	3
16.	FC Rot-Weiß Erfurt	3	6
17.	BSV Kickers Emden	4	3
18.	Hamburger SV II	5	4
19.	VfL Wolfsburg II	5	5
		39	51

Rote Karten: gesamt: 39

Mannschaft	Spieler
Rot-Weiss Ahlen:	—
SV Babelsberg 03:	Neubert (2), Busch
1. FC Union Berlin:	Bemben, Mattuschka, Ruprecht
Eintracht Braunschweig:	Rodrigues
SV Werder Bremen II:	—
FC Energie Cottbus II:	Hensel, Küntzel
Borussia Dortmund II:	Brzenska, Hille
SG Dynamo Dresden:	—
Fortuna Düsseldorf:	Cebe, Sahin, Spier
BSV Kickers Emden:	Nehrbauer (2), Klasen, Spahic
FC Rot-Weiß Erfurt:	Fondja, Holst, Kumbela
Rot-Weiss Essen:	Andersen, M. Lorenz
Hamburger SV II:	Asma, Fillinger, Keita, Odjidja-Ofoe, Schahin
VfB Lübeck:	Hirsch
1. FC Magdeburg:	—
SC Rot-Weiß Oberhausen:	—
SC Verl:	Finke, Kalintas, Saur
VfL Wolfsburg II:	van der Heyden, Kempe, Lamprecht, Maaß, Neumann
Wuppertaler SV Borussia:	Rietpietsch, Voigt

Gelb-Rote Karten: gesamt: 51

Mannschaft	Spieler
Rot-Weiss Ahlen:	—
SV Babelsberg 03:	Ben-Hatira, Frahn
1. FC Union Berlin:	Patschinski
Eintracht Braunschweig:	Dogan, Lenze
SV Werder Bremen II:	Peitz (2), Mohr
FC Energie Cottbus II:	Feick, Kanik, Schuppan, Zemlin
Borussia Dortmund II:	Hille, Tyrala
SG Dynamo Dresden:	Bendowski, Ernemann, Stocklasa
Fortuna Düsseldorf:	Cebe, Langeneke, Palikuca
BSV Kickers Emden:	Nehrbauer (2), Spahic
FC Rot-Weiß Erfurt:	Brückner, Heller, Holst, Kumbela, Rrustemi, Stenzel
Rot-Weiss Essen:	Erfen
Hamburger SV II:	Gouhari, Sam, Torun, Unversucht
VfB Lübeck:	Canale, Caruso, Hirsch, Imaya, Türkmen
1. FC Magdeburg:	Gerster, Wejsfelt
SC Rot-Weiß Oberhausen:	Celik, Müller, Robben
SC Verl:	Cinar, Hop
VfL Wolfsburg II:	Karow (2), Hansen, Kempe, Kreuels
Wuppertaler SV Borussia:	—

Die torreichsten Spiele:

Datum	Begegnung	Ergebnis
24.05.2008	VfB Lübeck – 1. FC Union Berlin	3:7
28.07.2007	FC Rot-Weiß Erfurt – Rot-Weiss Ahlen	6:3
05.09.2007	Wuppertaler SV Borussia – VfL Wolfsburg II	7:2
21.08.2007	Eintracht Braunschweig – 1. FC Union Berlin	3:5
08.12.2007	1. FC Union Berlin – Rot-Weiss Ahlen	4:4

Schiedsrichtereinsätze:

Name, Vorname (Verein, Landesverband)	Spiele	Rot	G-R
Dittrich, Malte (FC Oberneuland, HB)	10	4	3
Preuß, Marek (TuS Liepe, NS)	10	1	1
Schumacher, Karl-Markus (DJK Arminia Klosterhardt, NIR)	10	1	3
Trautmann, Stefan (SC Münchhausen Bodenwerder, NS)	10	1	0
Bornhöft, David (TuS Garbek, SH)	9	2	3
Gorniak, Thomas (ATSV Sebaldsbrück, HB)	9	0	0
Hammer, René (VfB 09 Pößneck, TH)	9	1	1
Ittrich, Patrick (MSV Hamburg, HH)	9	3	4
Kuhl, Markus (SC Widdig, MIR)	9	1	0
Metzen, Thomas (SG Lorbach-Weyer, MIR)	9	0	2
Wenkel, Tino (FC Union Mühlhausen, TH)	9	0	0
Gerber, Thomas (TSV Sachsen Hermsdorf-Bernsdorf, SAX)	8	1	2
Helwig, Tobias (SV Eintracht Lüneburg, NS)	8	2	1
Schempershauwe, Stefan (BV Germania Wolfenbüttel, NS)	8	1	2
Siebert, Daniel (FC Nordost Berlin, B)	8	0	1
Steinhaus, Bibiana (SV Bad Lauterberg, NS)	8	0	1
Steuer, Florian (BSV Lendringsen, WEF)	8	0	1
Thielert, Sascha (TSV Buchholz 08, HH)	8	0	0
Fischer, Kuno (SV Frisia Loga, NS)	7	1	1
Joerend, Thorsten (VfB Fabbenstedt, WEF)	7	0	5
Bandurski, Christian (SV Teutonia Überruhr, NIR)	6	1	2
Borsch, Mark (BV Grün-Weiß Mönchengladbach, NIR)	6	1	0
Grudzinski, Norbert (TSV Wandsetal, HH)	6	3	0
Kempter, Michael (VfR Sauldorf, SBD)	6	0	0
Rafati, Babak (SpVgg Niedersachsen Döhren, NS)	6	1	0
Schumacher, Nicole (SC Glück-Auf Sterkrade, NIR)	6	0	2
Willenborg, Frank (SV Gehlenberg-Neuvrees, NS)	6	0	0
Zwayer, Felix (Hertha BSC Berlin, B)	6	2	2
Anklam, Matthias (USC Paloma Hamburg, HH)	5	1	2
Kinhöfer, Thorsten (SC Constantin Herne-Mark, WEF)	5	1	2
Schriever, Thorsten (TSV Otterndorf, NS)	5	0	2
Aytekin, Deniz (SC Germania Nürnberg, BY)	4	1	0
Fischer, Christian (SG Hemer, WEF)	4	1	0
Frank, Thomas (SV Eintracht Hannover, NS)	4	0	0
Gagelmann, Peter (ATSV Sebaldsbrück, HB)	4	1	1
Lupp, Stefan (MSV Zossen 07, BRB)	4	1	1
Perl, Günter (MSV München, BY)	4	1	0
Schößling, Christian (SSV Markranstädt, SAX)	4	0	0
Seemann, Marc (DJK Adler Frintrop, NIR)	4	1	0
Weiner, Michael (TSV Ottenstein, NS)	4	0	0
Achmüller, Marco (SV Würding, BY)	3	1	0
Christ, Tobias (TB Jahn Zeiskam, SW)	3	0	0
Dingert, Christian (TSG Burg Lichtenberg, SW)	3	0	0
Gräfe, Manuel (FC Hertha 03 Zehlendorf, B)	3	0	0
Meyer, Florian (RSV Braunschweig, NS)	3	0	0
Schalk, Georg (SV Ottmarshausen, BY)	3	1	1
Schmidt, Markus (SV Sillenbuch, WBG)	3	0	2
Sippel, Peter (FC Würzburger Kickers, BY)	3	0	0
Stieler, Tobias (SG Rosenhöhe Offenbach, HES)	3	0	0
Wagner, Lutz (SV 07 Kriftel, HES)	3	0	0
Winkmann, Guido (SV Nütterden, NIR)	3	0	0
Drees, Dr. Jochen (SV Münster-Sarmsheim, SW)	2	0	0
Fritz, Marco (SV Breuningsweiler, WBG)	2	0	0
Hartmann, Robert (SV Krugzell, BY)	2	0	0
Henschel, Holger (SV Broitzem, NS)	2	0	0
Kampka, Robert (TSV Schornbach, WBG)	2	0	0
Kircher, Knut (TSV Hirschau, WBG)	2	0	0
Leicher, Christian (SV Neuhausen, BY)	2	0	0
Pflaum, Markus (SV Dörfleins, BY)	2	0	0
Stark, Wolfgang (DJK Altdorf, BY)	2	1	0
Viktora, Ralf (SSV Dillenburg, HES)	2	0	0
Walz, Wolfgang (TSV Pfedelbach, WBG)	2	0	1
Welz, Tobias (SpVgg Nassau Wiesbaden, HES)	2	0	0
Ahn, Yong Hee (Südkorea)	1	0	0
Bauer, Torsten (ASV Seesbach, SW)	1	0	0
Benedum, Florian (SpVgg Neukirchen-Mehlingen-B., SW)	1	0	0
Brych, Dr. Felix (SV Am Hart München, BY)	1	0	0
Greth, Roland (SV Menning, BY)	1	0	0
Karle, Michael (FSV Waiblingen, WBG)	1	0	0
Kempter, Robert (VfR Sauldorf, SBD)	1	0	1
Kim, Dong Jin (Südkorea)	1	0	0
Kunzmann, Dr. Manuel (SV Niederjossa, HES)	1	0	0
Stachowiak, André (MTV Union Hamborn, NIR)	1	1	0
Steinberg, Florian (TSV Münchingen, WBG)	1	0	0
Valentin, Karl (BSG Taufkirchen, BY)	1	0	0
Wingenbach, Markus (VfL Altendiez, RHL)	1	0	0
	342	39	51

Regionalliga Süd

Pl.	(Vj.)	Mannschaft		Sp	S	U	N	Tore	TD	Pkt	Sp	S	U	N	Tore	Pkt	Sp	S	U	N	Tore	Pkt
				Gesamtbilanz							**Heimbilanz**						**Auswärtsbilanz**					
1.	(↑)	FSV Frankfurt	↑	34	17	11	6	57-31	+26	62	17	6	8	3	23-18	26	17	11	3	3	34-13	36
2.	(5.)	FC Ingolstadt 04	↑	34	18	8	8	50-36	+14	62	17	9	5	3	26-18	32	17	9	3	5	24-18	30
3.	(3.)	VfB Stuttgart II		34	17	8	9	52-30	+22	59	17	8	3	6	25-17	27	17	9	5	3	27-13	32
4.	(6.)	VfR Aalen		34	16	9	9	64-45	+19	57	17	10	4	3	36-18	34	17	6	5	6	28-27	23
5.	(↑)	SV Sandhausen		34	17	6	11	48-38	+10	57	17	11	2	4	26-16	35	17	6	4	7	22-22	22
6.	(↓)	SpVgg Unterhaching		34	15	9	10	55-44	+11	54	17	10	6	1	37-18	36	17	5	3	9	18-26	18
7.	(↓)	SV Wacker Burghausen		34	12	13	9	36-37	−1	49	17	9	3	5	20-15	30	17	3	10	4	16-22	19
8.	(8.)	FC Bayern München II		34	12	11	11	53-42	+11	47	17	9	4	4	34-18	31	17	3	7	7	19-24	16
9.	(↑)	SSV Jahn 2000 Regensburg		34	14	5	15	40-48	−8	47	17	5	4	8	16-27	19	17	9	1	7	24-21	28
10.	(4.)	SV Stuttgarter Kickers		34	11	12	11	38-35	+3	45	17	5	6	6	20-17	21	17	6	6	5	18-18	24
11.	(12.)	Sportfreunde Siegen	2↓	34	10	15	9	35-37	−2	45	17	6	6	5	19-18	24	17	4	9	4	16-19	21
12.	(11.)	SSV Reutlingen 05	↓	34	10	14	10	45-46	−1	44	17	7	6	4	26-21	27	17	3	8	6	19-25	17
13.	(13.)	TSV München 1860 II	↓	34	12	6	16	40-44	−4	42	17	7	3	7	23-20	24	17	5	3	9	17-24	18
14.	(10.)	KSV Hessen Kassel	↓	34	8	14	12	51-57	−6	38	17	5	9	3	32-21	24	17	3	5	9	19-36	14
15.	(9.)	SVgg 07 Elversberg	↓	34	10	8	16	35-52	−17	38	17	7	2	8	18-22	23	17	3	6	8	17-30	15
16.	(14.)	Karlsruher SC II	↓	34	8	13	13	33-45	−12	37	17	5	7	5	19-19	22	17	3	6	8	14-26	15
17.	(7.)	SC Pfullendorf	↓	34	8	10	16	33-41	−8	34	17	6	7	4	20-16	25	17	2	3	12	13-25	9
18.	(↑)	FSV Oggersheim	↓	34	2	6	26	17-74	−57	12	17	1	4	12	9-34	7	17	1	2	14	8-40	5

Die Mannschaften auf den Plätzen 3 bis 10 spielen zusammen mit den Absteigern aus der 2. Bundesliga in der nächsten Saison in der neu gegründeten 3. Liga mit 20 Mannschaften, während die Absteiger zukünftig in der neuen Regionalliga in drei Gruppen zu je 18 Mannschaften spielen.

Absteiger aus der 2. Bundesliga: FC Carl Zeiss Jena, SC Paderborn 07, FC Erzgebirge Aue und Offenbacher FC Kickers.
Aufsteiger in die 2. Bundesliga: FSV Frankfurt und FC Ingolstadt 04.
Einreihung in die 3. Liga: VfB Stuttgart II, VfR Aalen, SV Sandhausen, SpVgg Unterhaching, SV Wacker Burghausen, FC Bayern München II, SSV Jahn 2000 Regensburg und SV Stuttgarter Kickers.
Absteiger in die Regionalligen (neu): FSV Oggersheim, SVgg 07 Elversberg (West), SC Pfullendorf, Karlsruher SC II, KSV Hessen Kassel, TSV München 1860 II und SSV Reutlingen 05 (Süd).
Absteiger in die Oberliga NRW: Sportfreunde Siegen (Insolvenz-Verfahren).

Regionalliga Süd 2007/08	FSV Frankfurt	FC Ingolstadt 04	VfB Stuttgart II	VfR Aalen	SV Sandhausen	SpVgg Unterhaching	Wacker Burghausen	Bayern München II	Jahn Regensburg	Stuttgarter Kickers	SF Siegen	SSV Reutlingen 05	München 1860 II	Hessen Kassel	SVgg 07 Elversberg	Karlsruher SC II	SC Pfullendorf	FSV Oggersheim
FSV Frankfurt	×	3:1	1:1	2:0	0:2	1:0	1:1	2:2	1:3	0:0	1:1	2:2	1:2	0:0	2:0	1:1	3:2	2:0
FC Ingolstadt 04	0:5	×	3:1	2:1	0:0	2:0	1:1	1:0	0:1	2:3	2:2	2:0	2:1	3:0	1:1	1:1	2:0	2:1
VfB Stuttgart II	1:1	0:1	×	2:3	4:0	2:3	1:1	1:0	1:2	1:0	2:2	0:1	1:2	1:0	2:0	2:1	2:0	2:0
VfR Aalen	1:0	4:0	1:2	×	3:1	0:0	2:2	1:1	2:5	1:0	2:1	5:1	2:0	1:2	2:1	2:0	2:2	5:0
SV Sandhausen	0:3	0:3	1:0	3:0	×	1:0	3:0	3:3	1:0	2:2	1:0	0:1	1:0	3:2	1:2	1:0	2:0	3:0
SpVgg Unterhaching	1:4	3:0	1:1	2:2	3:2	×	1:1	0:0	1:0	2:0	1:1	2:0	2:2	5:3	4:1	4:0	2:1	3:0
SV Wacker Burghausen	0:1	1:0	1:1	1:4	1:0	2:0	×	3:1	1:0	1:2	1:2	1:0	0:0	3:1	2:3	0:0	1:0	1:0
FC Bayern München II	2:1	1:1	1:3	0:1	3:1	2:4	1:1	×	3:1	0:1	3:1	0:0	1:0	4:0	1:1	3:1	2:1	7:0
SSV Jahn Regensburg	0:2	1:3	0:3	1:1	2:1	2:1	1:2	2:0	×	1:1	0:1	0:3	2:1	0:2	2:2	1:4	1:0	0:0
SV Stuttgarter Kickers	1:1	0:1	1:1	5:1	1:2	2:0	1:1	0:1	1:3	×	1:1	1:1	1:2	0:2	0:0	2:0	2:0	1:0
Sportfreunde Siegen	0:1	0:1	0:2	1:1	1:2	3:1	1:0	1:1	1:3	1:1	×	2:1	1:0	1:1	0:0	1:1	1:0	4:2
SSV Reutlingen 05	0:1	2:0	0:2	1:1	3:1	2:2	1:1	2:1	2:0	3:1	1:1	×	1:4	0:0	4:0	1:1	0:4	3:1
TSV München 1860 II	1:5	0:2	0:1	3:0	0:2	0:1	5:0	3:2	0:1	1:0	3:0	2:2	×	2:2	0:0	2:1	1:0	0:1
KSV Hessen Kassel	1:1	1:1	1:1	1:1	0:3	2:2	1:1	2:3	4:0	1:1	0:0	3:3	4:0	×	3:0	4:0	3:1	1:1
SVgg 07 Elversberg	1:2	1:5	2:0	1:3	0:4	2:0	1:0	3:0	0:2	0:2	0:0	1:0	2:0	1:1	×	1:2	0:1	2:0
Karlsruher SC II	1:3	1:1	0:5	1:1	1:1	0:1	0:1	0:0	1:0	0:0	1:2	0:0	2:1	6:1	3:1	×	1:1	1:0
SC Pfullendorf	2:0	0:3	0:1	1:0	0:0	2:1	1:1	0:1	1:1	1:2	0:0	1:1	0:1	5:2	3:1	0:0	×	3:2
FSV Oggersheim	1:3	0:1	0:2	0:6	0:0	1:2	0:2	0:4	1:2	1:2	0:1	3:3	1:1	1:0	0:4	0:1	0:0	×

Termine und Ergebnisse der Regionalliga Süd Saison 2007/08 Hinrunde

1. Spieltag
27.07.2007	Karlsruher SC II	Wack.Burghausen	0:1 (0:0)
27.07.2007	SF Siegen	München 1860 II	1:0 (1:0)
27.07.2007	FC Ingolstadt 04	Stuttgarter Kickers	2:3 (0:2)
28.07.2007	VfB Stuttgart II	SV 07 Elversberg	2:0 (1:0)
28.07.2007	Hessen Kassel	VfR Aalen	1:3 (1:0)
28.07.2007	Bay. München II	SSV Reutlingen	0:0 (0:0)
28.07.2007	SC Pfullendorf	FSV Frankfurt	2:0 (1:0)
28.07.2007	Jahn Regensburg	SpVgg U'haching	2:1 (2:1)
28.07.2007	SV Sandhausen	FSV Oggersheim	3:0 (1:0)

2. Spieltag
03.08.2007	München 1860 II	Bay. München II	3:2 (1:1)
03.08.2007	FSV Oggersheim	VfB Stuttgart II	0:2 (0:2)
04.08.2007	Stuttgarter Kickers	Jahn Regensburg	1:3 (1:1)
04.08.2007	FSV Frankfurt	SF Siegen	1:1 (0:0)
04.08.2007	SSV Reutlingen	Hessen Kassel	0:0 (0:0)
04.08.2007	VfR Aalen	Karlsruher SC II	2:0 (1:0)
05.08.2007	SV 07 Elversberg	FC Ingolstadt 04	1:5 (0:4)
08.08.2007	SpVgg U'haching	SC Pfullendorf	2:1 (1:0)
14.08.2007	Wack.Burghausen	SV Sandhausen	1:0 (1:0)

3. Spieltag
10.08.2007	SV Sandhausen	VfR Aalen	3:0 (2:0)
11.08.2007	VfB Stuttgart II	FC Ingolstadt 04	0:1 (0:1)
11.08.2007	Hessen Kassel	München 1860 II	4:0 (0:0)
11.08.2007	SC Pfullendorf	Stuttgarter Kickers	1:2 (1:0)
11.08.2007	Jahn Regensburg	SV 07 Elversberg	2:2 (1:1)
11.08.2007	FSV Oggersheim	Wack.Burghausen	0:2 (0:0)
12.08.2007	Bay. München II	FSV Frankfurt	2:1 (1:0)
12.08.2007	SF Siegen	SpVgg U'haching	3:1 (1:0)
12.08.2007	Karlsruher SC II	SSV Reutlingen	0:0 (0:0)

4. Spieltag
17.08.2007	Stuttgarter Kickers	SF Siegen	1:1 (0:1)
17.08.2007	München 1860 II	Karlsruher SC II	2:1 (1:0)
18.08.2007	SpVgg U'haching	Bay. München II	0:0 (0:0)
18.08.2007	FSV Frankfurt	Hessen Kassel	0:0 (0:0)
18.08.2007	SSV Reutlingen	SV Sandhausen	3:1 (2:1)
18.08.2007	VfR Aalen	FSV Oggersheim	5:0 (2:0)
18.08.2007	Wack.Burghausen	VfB Stuttgart II	1:1 (1:0)
18.08.2007	FC Ingolstadt 04	Jahn Regensburg	0:1 (0:0)
18.08.2007	SV 07 Elversberg	SC Pfullendorf	0:1 (0:1)

5. Spieltag
24.08.2007	SF Siegen	SV 07 Elversberg	0:0 (0:0)
24.08.2007	SV Sandhausen	München 1860 II	1:0 (0:0)
25.08.2007	Karlsruher SC II	FSV Frankfurt	1:3 (0:1)
25.08.2007	Hessen Kassel	SpVgg U'haching	2:2 (1:1)
25.08.2007	SC Pfullendorf	FC Ingolstadt 04	0:3 (0:1)
25.08.2007	Wack.Burghausen	VfR Aalen	1:4 (0:2)
25.08.2007	FSV Oggersheim	SSV Reutlingen	3:3 (1:2)
26.08.2007	VfB Stuttgart II	Jahn Regensburg	1:2 (1:0)
26.08.2007	Bay. München II	Stuttgarter Kickers	0:1 (0:0)

6. Spieltag
31.08.2007	SSV Reutlingen	Wack.Burghausen	1:1 (1:1)
31.08.2007	VfR Aalen	VfB Stuttgart II	1:2 (0:1)
31.08.2007	FC Ingolstadt 04	SF Siegen	2:2 (1:1)
01.09.2007	Stuttgarter Kickers	Hessen Kassel	0:2 (0:1)
01.09.2007	FSV Frankfurt	SV Sandhausen	0:2 (0:0)
01.09.2007	München 1860 II	FSV Oggersheim	0:1 (0:0)
01.09.2007	Jahn Regensburg	SC Pfullendorf	1:0 (1:0)
01.09.2007	SV 07 Elversberg	Bay. München II	3:0 (1:0)
02.09.2007	SpVgg U'haching	Karlsruher SC II	4:0 (1:0)

7. Spieltag
07.09.2007	SF Siegen	Jahn Regensburg	1:3 (1:2)
08.09.2007	VfB Stuttgart II	SC Pfullendorf	2:0 (2:0)
08.09.2007	Karlsruher SC II	Stuttgarter Kickers	0:0 (0:0)
08.09.2007	Hessen Kassel	SV 07 Elversberg	3:0 (1:0)
08.09.2007	Bay. München II	FC Ingolstadt 04	1:1 (0:0)
08.09.2007	VfR Aalen	SSV Reutlingen	5:1 (3:1)
08.09.2007	Wack.Burghausen	München 1860 II	0:0 (0:0)
08.09.2007	FSV Oggersheim	FSV Frankfurt	1:3 (1:2)
08.09.2007	SV Sandhausen	SpVgg U'haching	1:0 (0:0)

8. Spieltag
14.09.2007	FC Ingolstadt 04	Hessen Kassel	3:0 (1:0)
14.09.2007	Stuttgarter Kickers	SV Sandhausen	1:2 (0:2)
14.09.2007	SC Pfullendorf	SF Siegen	0:0 (0:0)
15.09.2007	FSV Frankfurt	Wack.Burghausen	1:1 (1:0)
15.09.2007	München 1860 II	VfR Aalen	3:0 (2:0)
15.09.2007	SSV Reutlingen	VfB Stuttgart II	0:2 (0:1)
15.09.2007	Jahn Regensburg	Bay. München II	2:0 (0:0)
15.09.2007	SV 07 Elversberg	Karlsruher SC II	1:2 (0:0)
16.09.2007	SpVgg U'haching	FSV Oggersheim	3:0 (2:0)

9. Spieltag
21.09.2007	VfB Stuttgart II	SF Siegen	2:2 (1:1)
21.09.2007	Bay. München II	SC Pfullendorf	2:1 (1:1)
21.09.2007	SSV Reutlingen	München 1860 II	1:4 (0:3)
22.09.2007	Karlsruher SC II	FC Ingolstadt 04	1:1 (1:0)
22.09.2007	Hessen Kassel	Jahn Regensburg	4:0 (3:0)
22.09.2007	VfR Aalen	FSV Frankfurt	1:0 (1:0)
22.09.2007	Wack.Burghausen	SpVgg U'haching	2:0 (1:0)
22.09.2007	FSV Oggersheim	Stuttgarter Kickers	1:2 (0:1)
22.09.2007	SV Sandhausen	SV 07 Elversberg	1:2 (1:1)

10. Spieltag
28.09.2007	Jahn Regensburg	Karlsruher SC II	1:4 (0:2)
28.09.2007	SF Siegen	Bay. München II	1:1 (1:1)
28.09.2007	FC Ingolstadt 04	SV Sandhausen	0:0 (0:0)
29.09.2007	Stuttgarter Kickers	Wack.Burghausen	1:1 (1:0)
29.09.2007	SpVgg U'haching	VfR Aalen	2:2 (0:2)
29.09.2007	FSV Frankfurt	SSV Reutlingen	2:2 (0:2)
29.09.2007	SC Pfullendorf	Hessen Kassel	5:2 (2:0)
29.09.2007	SV 07 Elversberg	FSV Oggersheim	2:0 (1:0)
01.10.2007	München 1860 II	VfB Stuttgart II	0:1 (0:1)

11. Spieltag
05.10.2007	SSV Reutlingen	SpVgg U'haching	2:2 (1:2)
05.10.2007	FSV Oggersheim	FC Ingolstadt 04	0:1 (0:1)
06.10.2007	Hessen Kassel	SF Siegen	0:0 (0:0)
06.10.2007	München 1860 II	FSV Frankfurt	1:5 (0:2)
06.10.2007	VfR Aalen	Stuttgarter Kickers	1:0 (0:0)
06.10.2007	Wack.Burghausen	SV 07 Elversberg	2:3 (1:2)
06.10.2007	SV Sandhausen	Jahn Regensburg	1:0 (0:0)
07.10.2007	VfB Stuttgart II	Bay. München II	1:0 (1:0)
07.10.2007	Karlsruher SC II	SC Pfullendorf	1:1 (1:0)

12. Spieltag
19.10.2007	Jahn Regensburg	FSV Oggersheim	0:0 (0:0)
19.10.2007	SF Siegen	Karlsruher SC II	1:1 (1:0)
20.10.2007	Stuttgarter Kickers	SSV Reutlingen	1:1 (0:0)
20.10.2007	FSV Frankfurt	VfB Stuttgart II	1:1 (0:1)
20.10.2007	Bay. München II	Hessen Kassel	4:0 (2:0)
20.10.2007	SC Pfullendorf	SV Sandhausen	0:0 (0:0)
20.10.2007	FC Ingolstadt 04	Wack.Burghausen	1:1 (0:0)
20.10.2007	SV 07 Elversberg	VfR Aalen	1:3 (0:0)
21.10.2007	SpVgg U'haching	München 1860 II	2:2 (2:0)

13. Spieltag
26.10.2007	SSV Reutlingen	SV 07 Elversberg	4:0 (1:0)
26.10.2007	SV Sandhausen	SF Siegen	1:0 (0:0)
27.10.2007	FSV Frankfurt	SpVgg U'haching	1:0 (1:0)
27.10.2007	München 1860 II	Stuttgarter Kickers	1:0 (1:0)
27.10.2007	VfR Aalen	FC Ingolstadt 04	4:0 (3:0)
27.10.2007	Wack.Burghausen	Jahn Regensburg	1:0 (0:0)
27.10.2007	FSV Oggersheim	SC Pfullendorf	0:0 (0:0)
28.10.2007	VfB Stuttgart II	Hessen Kassel	1:0 (1:0)
28.10.2007	Karlsruher SC II	Bay. München II	0:0 (0:0)

14. Spieltag
02.11.2007	SF Siegen	FSV Oggersheim	4:2 (2:1)
02.11.2007	FC Ingolstadt 04	SSV Reutlingen	2:0 (1:0)
02.11.2007	SV 07 Elversberg	München 1860 II	2:0 (1:0)
03.11.2007	Stuttgarter Kickers	FSV Frankfurt	1:1 (0:1)
03.11.2007	Hessen Kassel	Karlsruher SC II	4:0 (2:0)
03.11.2007	SC Pfullendorf	Wack.Burghausen	1:1 (0:1)
03.11.2007	Jahn Regensburg	VfR Aalen	1:1 (0:1)
04.11.2007	SpVgg U'haching	VfB Stuttgart II	1:1 (1:0)
04.11.2007	Bay. München II	SV Sandhausen	3:1 (2:1)

15. Spieltag
09.11.2007	SSV Reutlingen	Jahn Regensburg	2:0 (2:0)
09.11.2007	VfR Aalen	SC Pfullendorf	2:2 (2:0)
09.11.2007	Wack.Burghausen	SF Siegen	1:2 (1:2)
09.11.2007	FSV Oggersheim	Bay. München II	0:4 (0:2)
10.11.2007	VfB Stuttgart II	Karlsruher SC II	2:1 (0:1)
10.11.2007	FSV Frankfurt	SV 07 Elversberg	2:0 (1:0)
10.11.2007	München 1860 II	FC Ingolstadt 04	0:2 (0:0)
10.11.2007	SV Sandhausen	Hessen Kassel	3:2 (0:2)
11.11.2007	SpVgg U'haching	Stuttgarter Kickers	2:0 (0:0)

16. Spieltag
16.11.2007	Bay. München II	Wack.Burghausen	1:1 (0:1)
16.11.2007	SF Siegen	VfR Aalen	1:1 (0:1)
17.11.2007	VfB Stuttgart II	Stuttgarter Kickers	1:0 (1:0)
17.11.2007	Karlsruher SC II	SV Sandhausen	1:1 (1:1)
17.11.2007	Hessen Kassel	FSV Oggersheim	1:1 (1:0)
17.11.2007	Jahn Regensburg	München 1860 II	2:1 (1:0)
17.11.2007	FC Ingolstadt 04	FSV Frankfurt	0:5 (0:3)
17.11.2007	SV 07 Elversberg	SpVgg U'haching	2:0 (0:0)
27.11.2007	SC Pfullendorf	SSV Reutlingen	1:1 (1:0)

17. Spieltag
23.11.2007	München 1860 II	SC Pfullendorf	1:0 (0:0)
23.11.2007	FSV Oggersheim	Karlsruher SC II	0:1 (0:0)
24.11.2007	Stuttgarter Kickers	SV 07 Elversberg	0:0 (0:0)
24.11.2007	FSV Frankfurt	Jahn Regensburg	1:3 (1:1)
24.11.2007	SSV Reutlingen	SF Siegen	1:1 (1:0)
24.11.2007	VfR Aalen	Bay. München II	1:1 (1:0)
24.11.2007	Wack.Burghausen	Hessen Kassel	3:1 (1:0)
24.11.2007	SV Sandhausen	VfB Stuttgart II	1:0 (0:0)
25.11.2007	SpVgg U'haching	FC Ingolstadt 04	3:0 (1:0)

Termine und Ergebnisse der Regionalliga Süd Saison 2007/08 Rückrunde

18. Spieltag
30.11.2007	Wack.Burghausen	Karlsruher SC II	0:0	(0:0)
30.11.2007	München 1860 II	SF Siegen	3:0	(1:0)
30.11.2007	SV 07 Elversberg	VfB Stuttgart II	2:0	(1:0)
01.12.2007	VfR Aalen	Hessen Kassel	1:2	(0:1)
01.12.2007	SSV Reutlingen	Bay. München II	2:1	(1:0)
01.12.2007	FSV Frankfurt	SC Pfullendorf	3:2	(2:1)
01.12.2007	SpVgg U'haching	Jahn Regensburg	1:0	(1:0)
01.12.2007	FSV Oggersheim	SV Sandhausen	0:0	(0:0)
02.12.2007	Stuttgarter Kickers	FC Ingolstadt 04	0:1	(0:0)

19. Spieltag
08.12.2007	Jahn Regensburg	Stuttgarter Kickers	1:1	(1:0)
08.12.2007	SF Siegen	FSV Frankfurt	0:1	(0:0)
08.12.2007	Karlsruher SC II	VfR Aalen	1:1	(1:1)
08.12.2007	FC Ingolstadt 04	SV 07 Elversberg	1:1	(0:0)
08.12.2007	SC Pfullendorf	SpVgg U'haching	2:1	(0:0)
08.12.2007	SV Sandhausen	Wack.Burghausen	3:0	(1:0)
09.12.2007	VfB Stuttgart II	FSV Oggersheim	2:0	(0:0)
09.12.2007	Bay. München II	München 1860 II	1:0	(0:0)
15.12.2007	Hessen Kassel	SSV Reutlingen	3:3	(0:0)

20. Spieltag
29.02.2008	SV 07 Elversberg	Jahn Regensburg	0:2	(0:1)
29.02.2008	Wack.Burghausen	FSV Oggersheim	1:0	(1:0)
29.02.2008	FC Ingolstadt 04	VfB Stuttgart II	3:1	(1:1)
01.03.2008	SSV Reutlingen	Karlsruher SC II	1:1	(1:0)
01.03.2008	München 1860 II	Hessen Kassel	2:2	(0:1)
01.03.2008	FSV Frankfurt	Bay. München II	2:2	(2:1)
11.03.2008	SpVgg U'haching	SF Siegen	1:1	(0:1)
18.03.2008	Stuttgarter Kickers	SC Pfullendorf	2:0	(0:0)
15.04.2008	VfR Aalen	SV Sandhausen	3:1	(3:1)

21. Spieltag
07.03.2008	Bay. München II	SpVgg U'haching	2:4	(1:0)
07.03.2008	SF Siegen	Stuttgarter Kickers	1:1	(1:0)
08.03.2008	Hessen Kassel	FSV Frankfurt	1:1	(0:1)
08.03.2008	SV Sandhausen	SSV Reutlingen	0:1	(0:1)
08.03.2008	FSV Oggersheim	VfR Aalen	0:6	(0:1)
08.03.2008	Jahn Regensburg	FC Ingolstadt 04	1:3	(1:3)
09.03.2008	Karlsruher SC II	München 1860 II	2:1	(1:0)
09.03.2008	VfB Stuttgart II	Wack.Burghausen	1:1	(0:1)
09.03.2008	SC Pfullendorf	SV 07 Elversberg	3:1	(1:1)

22. Spieltag
14.03.2008	München 1860 II	SV Sandhausen	0:2	(0:2)
14.03.2008	FC Ingolstadt 04	SC Pfullendorf	2:0	(1:0)
15.03.2008	Jahn Regensburg	VfB Stuttgart II	0:3	(0:1)
15.03.2008	FSV Frankfurt	Karlsruher SC II	1:1	(0:0)
15.03.2008	SpVgg U'haching	Hessen Kassel	5:3	(2:2)
15.03.2008	Stuttgarter Kickers	Bay. München II	0:1	(0:0)
15.03.2008	SV 07 Elversberg	SF Siegen	0:0	(0:0)
15.03.2008	VfR Aalen	Wack.Burghausen	2:2	(1:2)
16.03.2008	SSV Reutlingen	FSV Oggersheim	3:1	(2:0)

23. Spieltag
20.03.2008	VfB Stuttgart II	VfR Aalen	2:3	(0:2)
20.03.2008	FSV Oggersheim	München 1860 II	1:1	(0:0)
20.03.2008	Bay. München II	SV 07 Elversberg	1:1	(0:1)
20.03.2008	SF Siegen	FC Ingolstadt 04	0:1	(0:0)
22.03.2008	Hessen Kassel	Stuttgarter Kickers	1:1	(0:1)
22.03.2008	Karlsruher SC II	SpVgg U'haching	0:1	(0:1)
22.03.2008	SV Sandhausen	FSV Frankfurt	0:3	(0:2)
02.04.2008	Wack.Burghausen	SSV Reutlingen	1:0	(0:0)
16.04.2004	SC Pfullendorf	Jahn Regensburg	1:1	(0:1)

24. Spieltag
28.03.2008	München 1860 II	Wack.Burghausen	5:0	(1:0)
29.03.2008	SC Pfullendorf	VfB Stuttgart II	0:1	(0:0)
29.03.2008	Stuttgarter Kickers	Karlsruher SC II	2:0	(1:0)
29.03.2008	SV 07 Elversberg	Hessen Kassel	1:1	(0:1)
29.03.2008	FC Ingolstadt 04	Bay. München II	1:0	(1:0)
29.03.2008	Jahn Regensburg	SF Siegen	0:1	(0:0)
29.03.2008	SSV Reutlingen	VfR Aalen	1:1	(1:1)
29.03.2008	FSV Frankfurt	FSV Oggersheim	2:0	(1:0)
30.03.2008	SpVgg U'haching	SV Sandhausen	3:2	(1:1)

25. Spieltag
04.04.2008	FSV Oggersheim	SpVgg. U'haching	1:2	(0:2)
04.04.2008	SF Siegen	SC Pfullendorf	1:0	(0:0)
05.04.2008	SV Sandhausen	Stuttgarter Kickers	2:2	(0:2)
05.04.2008	Wack.Burghausen	FSV Frankfurt	0:1	(0:0)
05.04.2008	VfR Aalen	München 1860 II	2:0	(2:0)
05.04.2008	Bay. München II	Jahn Regensburg	3:1	(1:1)
05.04.2008	Hessen Kassel	FC Ingolstadt 04	1:1	(1:0)
06.04.2008	VfB Stuttgart II	SSV Reutlingen	0:1	(0:1)
06.04.2008	Karlsruher SC II	SV 07 Elversberg	3:1	(3:0)

26. Spieltag
11.04.2008	Stuttgarter Kickers	FSV Oggersheim	1:0	(0:0)
11.04.2008	SV 07 Elversberg	SV Sandhausen	0:4	(0:1)
11.04.2008	SF Siegen	VfB Stuttgart II	0:2	(0:1)
11.04.2008	FC Ingolstadt 04	Karlsruher SC II	1:1	(1:0)
12.04.2008	Jahn Regensburg	Hessen Kassel	0:2	(0:0)
12.04.2008	SC Pfullendorf	Bay. München II	0:0	(0:0)
12.04.2008	München 1860 II	SSV Reutlingen	2:2	(2:1)
12.04.2008	FSV Frankfurt	VfR Aalen	2:0	(1:0)
12.04.2008	SpVgg. U'haching	Wack.Burghausen	1:1	(0:0)

27. Spieltag
18.04.2008	VfB Stuttgart II	München 1860 II	1:2	(1:0)
18.04.2008	Bay. München II	SF Siegen	3:1	(2:0)
18.04.2008	FSV Oggersheim	SV 07 Elversberg	0:4	(0:2)
19.04.2008	Wack.Burghausen	Stuttgarter Kickers	1:2	(0:0)
19.04.2008	VfR Aalen	SpVgg. U'haching	0:0	(0:0)
19.04.2008	SSV Reutlingen	FSV Frankfurt	0:1	(0:1)
19.04.2008	Hessen Kassel	SC Pfullendorf	3:1	(2:0)
19.04.2008	Karlsruher SC II	Jahn Regensburg	1:0	(1:0)
19.04.2008	SV Sandhausen	FC Ingolstadt 04	0:3	(0:1)

28. Spieltag
25.04.2008	Bay. München II	VfB Stuttgart II	1:3	(0:1)
25.04.2008	FC Ingolstadt 04	FSV Oggersheim	2:1	(1:0)
26.04.2008	SC Pfullendorf	Karlsruher SC II	0:0	(0:0)
26.04.2008	SF Siegen	Hessen Kassel	1:1	(0:1)
26.04.2008	FSV Frankfurt	München 1860 II	1:2	(0:1)
26.04.2008	SpVgg. U'haching	SSV Reutlingen	2:0	(1:0)
26.04.2008	Stuttgarter Kickers	VfR Aalen	5:1	(4:1)
26.04.2008	SV 07 Elversberg	Wack.Burghausen	1:0	(0:0)
26.04.2008	Jahn Regensburg	SV Sandhausen	2:1	(0:1)

29. Spieltag
01.05.2008	VfR Aalen	SV 07 Elversberg	2:1	(1:1)
02.05.2008	VfB Stuttgart II	FSV Frankfurt	1:1	(1:0)
02.05.2008	Karlsruher SC II	SF Siegen	1:2	(0:1)
02.05.2008	FSV Oggersheim	Jahn Regensburg	1:2	(0:0)
02.05.2008	Hessen Kassel	Bay. München II	2:3	(1:1)
03.05.2008	SSV Reutlingen	Stuttgarter Kickers	3:1	(1:0)
03.05.2008	München 1860 II	SpVgg U'haching	0:1	(0:0)
03.05.2008	SV Sandhausen	SC Pfullendorf	2:0	(1:0)
03.05.2008	Wack.Burghausen	FC Ingolstadt 04	1:0	(0:0)

30. Spieltag
06.05.2008	Bay. München II	Karlsruher SC II	3:1	(2:0)
06.05.2008	SpVgg U'haching	FSV Frankfurt	1:4	(1:3)
06.05.2008	Stuttgarter Kickers	München 1860 II	1:2	(1:1)
06.05.2008	SV 07 Elversberg	SSV Reutlingen	1:0	(0:0)
06.05.2008	Jahn Regensburg	Wack.Burghausen	1:2	(0:1)
06.05.2008	SC Pfullendorf	FSV Oggersheim	3:2	(3:1)
06.05.2008	Hessen Kassel	VfB Stuttgart II	1:1	(0:0)
07.05.2008	FC Ingolstadt 04	VfR Aalen	2:1	(2:0)
07.05.2008	SF Siegen	SV Sandhausen	1:2	(1:1)

31. Spieltag
09.05.2008	Karlsruher SC II	Hessen Kassel	6:1	(3:1)
10.05.2008	FSV Frankfurt	Stuttgarter Kickers	0:0	(0:0)
10.05.2008	VfB Stuttgart II	SpVgg U'haching	2:3	(1:1)
10.05.2008	SV Sandhausen	Bay. München II	3:3	(0:2)
10.05.2008	FSV Oggersheim	SF Siegen	0:1	(0:1)
10.05.2008	Wack.Burghausen	SC Pfullendorf	1:0	(0:0)
10.05.2008	VfR Aalen	Jahn Regensburg	2:5	(2:1)
10.05.2008	München 1860 II	SV 07 Elversberg	0:0	(0:0)
11.05.2008	SSV Reutlingen	FC Ingolstadt 04	2:0	(1:0)

32. Spieltag
16.05.2008	Stuttgarter Kickers	SpVgg U'haching	2:0	(2:0)
16.05.2008	SF Siegen	Wack.Burghausen	1:0	(1:0)
17.05.2008	Karlsruher SC II	VfB Stuttgart II	0:5	(0:2)
17.05.2008	SV 07 Elversberg	FSV Frankfurt	1:2	(1:0)
17.05.2008	FC Ingolstadt 04	München 1860 II	2:1	(0:1)
17.05.2008	Jahn Regensburg	SSV Reutlingen	0:3	(0:3)
17.05.2008	SC Pfullendorf	VfR Aalen	1:0	(0:0)
17.05.2008	Hessen Kassel	SV Sandhausen	0:3	(0:0)
18.05.2008	Bay. München II	FSV Oggersheim	7:0	(1:0)

33. Spieltag
24.05.2008	Stuttgarter Kickers	VfB Stuttgart II	1:1	(0:0)
24.05.2008	SV Sandhausen	Karlsruher SC II	1:0	(1:0)
24.05.2008	FSV Oggersheim	Hessen Kassel	1:0	(0:0)
24.05.2008	Wack.Burghausen	Bay. München II	3:1	(2:1)
24.05.2008	VfR Aalen	SF Siegen	2:1	(0:0)
24.05.2008	SSV Reutlingen	SC Pfullendorf	0:4	(0:1)
24.05.2008	München 1860 II	Jahn Regensburg	0:1	(0:1)
24.05.2008	FSV Frankfurt	FC Ingolstadt 04	3:1	(3:0)
24.05.2008	SpVgg. U'haching	SV 07 Elversberg	4:1	(1:1)

34. Spieltag
31.05.2008	SV 07 Elversberg	Stuttgarter Kickers	0:2	(0:1)
31.05.2008	FC Ingolstadt 04	SpVgg. U'haching	2:0	(1:0)
31.05.2008	Jahn Regensburg	FSV Frankfurt	0:2	(0:0)
31.05.2008	SC Pfullendorf	München 1860 II	0:1	(0:0)
31.05.2008	SF Siegen	SSV Reutlingen	2:1	(1:0)
31.05.2008	Bay. München II	VfR Aalen	0:1	(0:1)
31.05.2008	Hessen Kassel	Wack.Burghausen	1:1	(0:1)
31.05.2008	Karlsruher SC II	FSV Oggersheim	1:0	(0:0)
31.05.2008	VfB Stuttgart II	SV Sandhausen	4:0	(2:0)

VfR 1921 Aalen

Anschrift:
Gmünder Straße 16
73430 Aalen
Telefon: (0 73 61) 55 53 51
eMail: info@vfr-aalen.de
Homepage: www.vfr-aalen.de

Vereinsgründung: 08.03.1921 als VfR Aalen (aus der Fußballabteilung des MTV Aalen)

Vereinsfarben: Schwarz-Weiß
Präsident: Berndt-Ulrich Scholz
Sportlicher Leiter: Helmut Dietterle

Stadion: Städtisches Waldstadion (11.183)

Größte Erfolge: Aufstieg in die Gauliga Württemberg 1939; Meister der Oberliga Baden-Württemberg 1999 (↑); Meister der Verbandsliga Württemberg 1980 (↑) und 1983 (↑); Meister der 1. Amateurliga Württemberg 1951 (↑); Meister der 1. Amateurliga Nordwürttemberg 1974 und 1975; Pokalsieger Württemberg 1972, 1979, 1986, 2001, 2002 und 2004

Aufgebot:

Name, Vorname	Pos	geb. am	Nat.	seit	2007/08 Sp.	2007/08 T.	gesamt Sp.	gesamt T.	frühere Vereine
Alder, Christian	A	03.09.1978	D	2006	32	9	207	12	SSV Jahn 2000 Regensburg, FC Augsburg, VfL Osnabrück, TuS Celle FC, DSC Arminia Bielefeld, TuS Paderborn-Neuhaus, VfB Salzkotten
Cescutti, Sandro	M	06.04.1982	D	2007	15	3	107	20	TSG 1899 Hoffenheim, SpVgg Unterhaching, TSV München 1860, SpVgg 09 Ansbach, FSV Erlangen Bruck, 1. FC Nürnberg
Donato, Angelo	M	06.02.1977	D	2006	3	0	207	36	SV Eintracht Trier 05, SVgg 07 Elversberg, LR Ahlen, 1. FC Saarbrücken, SpVgg Quierschied
Ewertz, Fabian	M	03.07.1981	D	2007	2	0	51	1	FK 03 Pirmasens, VfL Osnabrück, TSV Alemannia Aachen, Bayer 04 Leverkusen, SG Dahlem-Schmidtheim
Fall, Adam	A	04.01.1984	D	2006	18	0	35	0	SC Freiburg, FC Wollmatingen
Fischer, Florian	S	28.06.1985	D	2007	0	0	4	0	1. FC Nürnberg, Karlsruher SC, FT Starnberg 09, FC Starnberg, TSV Erling-Andechs
Haller, Marco	M	30.06.1984	D	2004	32	1	109	6	FC Augsburg, TSV Wemding, TSV Nördlingen, 1. FC Nürnberg
Hauk, Angelo	S	28.07.1984	D	2008	2	0	2	0	FC Kufstein, FC Unterföhring, FC Eintracht München, TSV 1954 München, FC Eintracht München, TSV München 1860
Hofmann, Andreas	M	13.04.1986	D	2007	25	0	25	0	1. FC Normannia Gmünd, SG Bettringen
Holzer, Christian	M	20.01.1979	D	2007	31	3	165	17	TuS Koblenz, SpVgg Unterhaching, TSV München 1860, SpVgg Unterhaching, TSV Waldtrudering
Joppe, Björn	M	13.12.1978	D	2006	0	0	89	22	VfL Osnabrück, 1. FC Union Berlin, VfL Bochum, Wuppertaler SV, FC Bayer 05 Uerdingen, Fortuna Wuppertal
Köpf, Simon	A	25.03.1987	D	2006	18	1	23	1	SSV Ulm 1846, 1. FC Normannia Gmünd, VfL Iggingen
Kurt, Serdar	T	18.10.1986	D	2006	0	0	0	0	SV Stuttgarter Kickers, SSV Reutlingen 05, SV Stuttgarter Kickers, VfL Post Esslingen
Leschinski, Patrick	M	16.02.1986	D	2007	10	1	24	1	VfB Stuttgart, SV Worblingen
Linse, Tobias	T	30.08.1979	D	2002	34	0	93	0	Schwarz-Weiß Bregenz, FC Augsburg, Türk Gücü München, TSV Nördlingen, TSV Trochtelfingen
Maric, Marijo	S	12.01.1977	CRO	2006	23	5	144	54	SpVgg Unterhaching, SV Eintracht Trier 05, DSC Arminia Bielefeld, FC Kärnten, VfL Bochum, SSV Reutlingen 05, VfR Heilbronn, SV Waldhof 07 Mannheim, VfB Stuttgart, TSF Ditzingen, VfR Heilbronn, ESV Heilbronn
Mayer, Andreas	M	15.12.1980	D	2008	14	3	109	8	TSG 1899 Hoffenheim, SSV Ulm 1846, TSV Crailsheim, VfR Aalen, Sportfreunde Dorfmerkingen, TSV Nördlingen, TV Bopfingen, TSV Nördlingen, FC Schlossberg
Okic, Branko	M	16.02.1969	BIH	2005	33	6	262	36	Heidenheimer SB, FC Rot-Weiß Erfurt, VfR Aalen, VfL Sindelfingen, RAA La Louvière, FK Sarajevo
Okle, René	A	01.01.1983	D	2004	16	1	70	3	SSV Ulm 1846, TSV Seißen
Rittenauer, Jürgen	T	18.05.1986	D	2007	0	0	0	0	SV Fellbach, SV Sonnenhof Großaspach, TSG 1899 Hoffenheim, SSV Reutlingen 05, VfR Heilbronn, TSF Ditzingen, Heilbronner SpVgg, VfR Heilbronn, TSV Bad Friedrichshall
Sailer, Marco	S	16.11.1985	D	2004	28	11	98	24	FC Heilbronn, VfR Heilbronn, TSV Bitzfeld
Scheifler, Tobias	S	18.09.1988	D	2007	1	0	1	0	SSV Ulm 1846, FC Wangen, VfB Friedrichshafen
Schiele, Michael	A	03.03.1978	D	2003	3	0	157	4	SV Sandhausen, 1. FC Schweinfurt 05, VfR Aalen, TSV Nördlingen, FC Dunstelkingen-Frickingen, SV Eglingen-Demmingen
Schmitt, Caner	S	06.06.1988	D	2007	2	0	2	0	MSV Duisburg, FC Augsburg, TSV München 1860, SpVgg Kaufbeuren
da Silva, Milton Cassio	A	22.11.1978	BRA	2001	2	0	135	5	FC Butia, B.F. Gravaita, AA Inter de Limera, SC Internacional Porto Alegre,
Stahl, Michael	M	15.09.1987	D	2007	15	0	21	0	TSG Wörstadt, TuS Koblenz, Sportfreunde Eisbachtal, VfL Freiendiez
Steegmann, Marcus	S	04.02.1981	D	2006	33	6	156	46	Borussia Dortmund, Hamburger SV, 1. FC Köln, Blau-Weiß Königsdorf
Stickel, Michael	A	14.04.1981	D	2002	27	3	160	5	Sportfreunde Dorfmerkingen, VfB Stuttgart, SV Waldhausen
Traub, Torsten	A	08.09.1975	D	2007	29	7	244	14	FC Augsburg, FC Rot-Weiß Erfurt, FC St. Pauli, SSV Reutlingen 05, SV Würtingen
Welm, Mischa	M	09.01.1984	D	2007	22	3	41	4	TSV München 1860, SV Wacker Burghausen, FC Energie Cottbus, 1. FC Union Berlin, TSV Lichtenberg
Wingerter, Benjamin	M	25.03.1983	D	2005	5	0	83	2	1. FC Union Berlin, FC Schalke 04

Trainer:

Name, Vorname	geb. am	Nat.	Zeitraum	Spiele 2007/08	frühere Trainerstationen
Schmitt, Edgar	29.04.1963	D	14.01.07 – lfd.	34	—

Zugänge:
Cescutti (TSG 1899 Hoffenheim), Fischer (1. FC Nürnberg II), Hofmann (1. FC Normannia Gmünd), Holzer (TuS Koblenz), Leschinski (VfB Stuttgart II), Rittenauer (SV Fellbach), Scheifler (SSV Ulm 1846 II), Schmitt (MSV Duisburg II), Stahl (TSG Wörstadt), Traub (FC Augsburg), Welm (TSV München 1860 II).
während der Saison:
Hauk (FC Kufstein), Mayer (TSG 1899 Hoffenheim).

Abgänge:
Ammon, Eisenmann und Riedel (II. Mannschaft), Christ (Fortuna Düsseldorf), Hillebrand (FSV Frankfurt), Jank (FV Dresden 06 Laubegast), Khalil (SSV Reutlingen 05), Maier (1. FC Heidenheim), Metzelder (FC Ingolstadt 04), Schmiedel (unbekannt), Straub (Laufbahn beendet), Wulnikowski (Sportfreunde Siegen).
während der Saison:
da Silva (1. FC Heidenheim).

Fortsetzung VfR 1921 Aalen

Aufstellungen und Torschützen:

Sp	Datum		Gegner	Ergebnis	Alder	Cescutti	Donato	Ewertz	Fall	Haller	Hauk	Hofmann	Holzer	Köpf	Leschinski	Linse	Maric	Mayer	Okic	Okle	Sailer	Scheiffler	Schiele	Schmitt	da Silva	Stahl	Steegmann	Stickel	Traub	Welm	Wingerter
					1	2	3	4	5	6	7	8	9	10	11	12	13	14	15	16	17	18	19	20	21	22	23	24	25	26	27
1	28.07.07	A	Hessen Kassel	3:1 (0:1)	X	E			X	A		X			X	X			E	E1							A	X	X1	X1	A
2	04.08.07	H	Karlsruher SC II	2:0 (1:0)	X1	X			A	X		A			E	X			E1		X						E	A	X	X	X
3	10.08.07	A	SV Sandhausen	0:3 (0:2)	X	X			A	A		X			E	X			X		E						E	X	A	X	X
4	18.08.07	H	FSV Oggersheim	5:0 (2:0)	X				A	A		X2		A1	X				E	E	X1						X1	X	X	X	E
5	25.08.07	A	Wacker Burghausen	4:1 (2:0)	X				X	X		X		A	X				E1	E	X1					A	X1	X1		A	E
6	31.08.07	H	VfB Stuttgart II	1:2 (0:1)	X				A	X		X	X	X	X				E	E1	A	E				A	X	X			
7	08.09.07	H	SSV Reutlingen 05	5:1 (3:1)	X1	A1			E	X1		E	X	X1	X				E	A							A	X	X		X1
8	15.09.07	A	TSV München 1860 II	0:3 (0:2)	X	X			E	X		X	A		X	E			E	A							A	X	X	X	
9	22.09.07	H	FSV Frankfurt	1:0 (1:0)	X	A			A	X		X	X	X	E	X			A1	E							E	X		X	
10	29.09.07	A	SpVgg Unterhaching	2:2 (2:0)	X	A			A	A		X	X	X		X			E	A	E						X2		E	X	
11	06.10.07	H	Stuttgarter Kickers	1:0 (0:0)	X	A			A	X		A	X	X		X	E1		E	E	X						A		X	X	
12	20.10.07	A	SV 07 Elversberg	3:1 (0:0)	X1	A			A	X		A	X		E	X	E		E1		A							X	X	X	X1
13	27.10.07	A	FC Ingolstadt 04	4:0 (3:0)	X1	A1				X		X	A	A	X	E			E	E	X1						X1		X	X	
14	03.11.07	A	Jahn Regensburg	1:1 (1:0)	X	A				A		X	A		E	X			E	X	X						X	E	X1	X	
15	09.11.07	H	SC Pfullendorf	2:2 (2:0)	X1	X1						X	X	E	X	E			E	A		X					X				
16	16.11.07	H	SF Siegen	1:1 (1:0)	X					X		X		A	X				E	X	X1		E				A	E	X	A	
17	24.11.07	A	Bayern München II	1:1 (0:0)	X	A			X			X	X	X		X	E1		E		X						A	E	X	A	
18	01.12.07	H	Hessen Kassel	1:2 (0:1)	X	A		E	X	X		A	X		X	X			E	X	A						E		X1		
19	08.12.07	A	Karlsruher SC II	1:1 (1:1)	X1	E			X	X		X	X		A	X	A		E	X	E						A	X	X		
20	08.03.08	H	FSV Oggersheim	6:0 (1:0)	X1				A			X	X		X	E1	X				A1						E	X1	A	X1	E
21	15.03.08	H	Wacker Burghausen	2:2 (1:2)	X				A	E	X		A		X	E	X	E1		X1							X	X	X	A	
22	20.03.08	A	VfB Stuttgart II	3:2 (2:0)	X				A			X		X	E	X	E1	X1	E		A1						X	A	X	X	
23	29.03.08	A	SSV Reutlingen 05	1:1 (1:1)					E			A	X		X	E			E	X							X	A	X1	X	
24	05.04.08	H	TSV München 1860 II	2:0 (2:0)	X		A		A	X		X	X	E		X			E	EA	X1							X	X1			
25	12.04.08	A	FSV Frankfurt	0:2 (0:1)	X			E	A	A	E	X	X		X	X			E		X						A	X	X		
26	15.04.08	A	SV Sandhausen	3:1 (3:1)	X			E	X	X		X	A		X				E	X1	A		A2				A	X	X		
27	19.04.08	H	SpVgg Unterhaching	0:0 (0:0)	X			E		X	A	X	A		X				E	E	X						A	X	X		
28	26.04.08	A	Stuttgarter Kickers	1:5 (1:4)	X1			E	A	A		X	X		X				E	E	X						A		X	X	
29	01.05.08	H	SV 07 Elversberg	2:1 (1:1)					A	X		X	E	A	X	E1	X1	A		X						X	E		X	X	
30	07.05.08	A	FC Ingolstadt 04	1:2 (0:2)	X				X			X	X		X	E	X	E1	A		A					A	E		A		
31	10.05.08	H	Jahn Regensburg	2:5 (2:1)	X1				A			X	X		X	X	X		E	A	A		A				E	E	X1		
32	17.05.08	A	SC Pfullendorf	0:1 (0:0)	X				A			X	X		E	E	E		A								X	X	A	X	
33	24.05.08	H	SF Siegen	2:1 (0:0)	X					E	A	X			E	X	X										X	A	X1	X1	A	E
34	31.05.08	A	Bayern München II	1:0 (1:0)	X				E			X	A1	X		X			X	A			E				A	X	X	X	E
	Spiele:				32	15	3	2	18	32	2	25	31	18	10	34	23	14	33	16	28	1	3	2	2	15	33	27	29	22	5
	Tore:				9	3	0	0	0	1	0	0	3	1	1	0	5	3	6	1	11	0	0	0	0	0	0	6	3	7	3	0

Gegnerisches Eigentor im 20. Spiel (durch Rodighero).

Bilanz der letzten 10 Jahre:

Saison	Liga	Platz	Sp.	S	U	N	Tore	Pkt.
1997/98	Oberliga Baden-Württemberg	6.	30	11	12	7	42–31	45
1998/99	Oberliga Baden-Württemberg	1.	30	17	9	4	51–26	60
1999/00	Regionalliga Süd	10.	34	12	10	12	51–54	46
2000/01	Regionalliga Süd	7.	34	12	13	9	45–37	49
2001/02	Regionalliga Süd	4.	34	17	5	12	67–60	56
2002/03	Regionalliga Süd (1 Punkt abgezogen)	10.	36	14	6	16	48–55	47
2003/04	Regionalliga Süd	6.	34	14	9	11	61–63	51
2004/05	Regionalliga Süd	12.	34	12	7	15	41–59	43
2005/06	Regionalliga Süd	6.	34	15	9	10	43–33	54
2006/07	Regionalliga Süd	6.	34	12	13	9	51–46	49

Zuschauerzahlen:

Saison	gesamt	Spiele	Schnitt
1997/98:	5.800	15	387
1998/99:	12.705	15	847
1999/00:	37.000	17	2.176
2000/01:	46.200	17	2.718
2001/02:	28.870	17	1.698
2002/03:	36.455	18	2.025
2003/04:	30.000	17	1.764
2004/05:	34.163	17	2.009
2005/06:	29.787	17	1.752
2006/07:	37.743	17	2.220

Die meisten Regionalliga-Spiele:

Pl.	Name, Vorname	Spiele
1.	Okic, Branko	193
2.	Rogosic, Neno	191
3.	Stickel, Michael	160
4.	Schiele, Michael	157
5.	Coulibaly, Miguel Baba	149
6.	da Silva, Milton Cassio	135
7.	Hillebrand, Dennis	122
8.	Maier, Bernd	120
9.	Bochtler, Michael	99
	Theres, Sascha	99

Die besten Regionalliga-Torschützen:

Pl.	Name, Vorname	Tore
1.	Rogosic, Neno	75
2.	Coulibaly, Miguel Baba	50
3.	Okic, Branko	27
4.	Sailer, Marco	24
5.	Demirkiran, Ünal	18
	Seeber, Christian	18
	Steegmann, Marcus	18
8.	Theres, Sascha	17
9.	Hillebrand, Dennis	16
10.	Agu, Festus	14
	Christ, Marco	14

Die Trainer der letzten Jahre:

Name, Vorname	Zeitraum
Stippel, Norbert	01.07.1994 – 30.06.1996
Zeller, Joachim	01.07.1996 – 26.10.1997
Modick, Walter	27.10.1997 – 15.04.2000
Dietterle, Helmut	17.04.2000 – 30.06.2000
Entenmann, Willi	01.07.2000 – 13.08.2001
Dietterle, Helmut	14.08.2001 – 07.12.2002
Zeidler, Peter	27.12.2002 – 30.08.2004
Pajic, Slobodan	31.08.2004 – 30.06.2005
Wormuth, Frank	01.07.2005 – 08.12.2006
Kraft, Rainer	09.12.2006 – 13.01.2007

SV Wacker Burghausen

Anschrift:
Elisabethstraße 1
84489 Burghausen
Telefon: (0 86 77) 83 71 00
eMail: nfo@sv-wacker.de
Homepage: www.sv-wacker.de

Vereinsgründung: 13.11.1930; zur Gründung Beitritt des 1. FC Burghausen als Fußballabteilung

Vereinsfarben: Weiß-Schwarz
1. Vorsitzender: Dr. Willi Kleine
Geschäftsführer: Dr. Wolfgang Grellner

Stadion: Wacker-Arena (8.400)

Größte Erfolge: Meister der Regionalliga Süd 2002 (↑); Meister der Oberliga Bayern 1995 (↑); Meister der Landesliga Bayern Süd 1993 (↑)

Aufgebot:

Name, Vorname	Pos	geb. am	Nat.	seit	2007/08 Sp.	T.	gesamt Sp.	T.	frühere Vereine
Belleri, Alessandro	S	10.02.1985	ITA	2008	15	5	15	5	US Avellino
Bonimeier, Roland	M	22.05.1982	D	2006	27	0	80	6	TSG 1899 Hoffenheim, SV Wacker Burghausen, SV Haiming
Dausel, Christian	M	04.09.1984	D	2007	9	0	9	0	TSG Thannhausen, SV Waldhof 07 Mannheim, 1. FC Nürnberg II, TSV Johannis 83 Nürnberg
Doll, Christian	S	19.05.1987	D	2007	4	0	4	0	FC Bayern München, SpVgg Unterhaching
Galuschka, Florian	S	18.05.1982	D	2007	22	7	112	23	FC Augsburg, TSV München 1860, TSG 1899 Hoffenheim, 1. FC Schweinfurt 05, SC Marktbreit, Würzburger Kickers
Gommert, Benjamin Yves	T	01.05.1985	D	2007	2	0	2	0	VfB Lübeck, TV Trappenkamp
Hertl, Björn	A	10.08.1976	D	2001	29	2	63	8	SpVgg Unterhaching, FC Holzkirchen, TSV Rosenberg
Jovanovic, Igor	A	03.05.1989	D	2007	6	0	6	0	SpVgg Unterhaching, TSV München 1860
Kern, Jens	T	23.10.1982	D	2004	0	0	41	0	1. FC Kaiserslautern, TuS Neuhausen, TuS Niederwiesen
Kudic, Adnan	M	19.11.1988	D	2003	14	0	14	0	SV Braunau, FC Braunau
Kurz, Thomas	S	03.04.1988	D	2005	23	3	23	3	SV Unterneukirchen, FC Bayern München
Lastovka, Josef	A	20.02.1982	CZE	2007	32	0	32	0	SpVgg Greuther Fürth, FK Jablonec, Svarc Benesov, FK Benesov, FK Sobehrdy
Lechner, Lukas	A	30.10.1988	D	2004	0	0	0	0	SC Kirchberg am Inn, TSV Triftern
Manske, Marco	A	29.06.1983	D	2008	7	0	71	0	Karlsruher SC, MSV Duisburg, Rot-Weiss Essen, Essener TB Schwarz-Weiß
Matiasovits, Julian	A	15.11.1983	D	2007	17	0	41	0	FC Ismaning, SpVgg Bayreuth, SpVgg Unterhaching, FC Bayern München, SV Germering
Mayer, Thomas	A	06.12.1984	D	2007	7	0	7	0	TSV Aindling, FC Augsburg, FC Memmingen, SVO Germaringen, FC Bad Wörishofen
Mitterhuber, Sebastian	M	11.03.1988	D	2006	18	0	18	0	FC Bayern München, TSV Hohenwart
Neubert, Thomas	S	14.11.1980	D	2007	8	1	80	16	Holstein Kiel, 1. FC Dynamo Dresden, FC Energie Cottbus, Polizei SV Cottbus, BSG Tiefbau Cottbus
Niederquell, Andreas	M	18.11.1988	D	2004	1	0	1	0	SV Gendorf-Burgkirchen
Oslislo, Martin	M	17.09.1978	D	2007	17	1	155	12	Wuppertaler SV Borussia, SV Wacker Burghausen, FC Vilshofen, SpVgg Plattling
Palionis, Markus	A	12.05.1987	LTU	2005	24	0	24	0	FC Bayern München, TSV Bad Reichenhall, TSV Freilassing
Pupalovic, Fatmir	M	10.04.1985	MKD	2007	14	1	38	3	1. FSV Mainz 05, FSV Saulheim
Rainer, Markus	S	18.09.1987	AUT	2008	0	0	0	0	SV Seekirchen, VfB Admira Wacker Mödling, SV Pasching, SC Schwanenstadt, Red Bull Salzburg, BNZ Salzburg
Riemann, Manuel	T	09.09.1988	D	2003	32	0	32	0	TSV 1860 Rosenheim, TSV Ampfing
Rodrigo Martins, Cesar	M	05.10.1978	BRA	2007	3	1	8	1	SC Pfullendorf, SV Lippstadt 08, Bonner SC, Chunnam Dragons, GE Sãocarlense São Carlos, FC Vila Nova, Nacional AC São Paulo, AA Ponte Preta
Rosin, Daniel	A	18.05.1980	D	2003	18	1	39	3	TSV Alemannia Aachen, FC Bayern München, 1. FC Dynamo Dresden, BSG Stahl Freital, BSG Aufbau Rabenau
Satilmis, Dilaver	A	24.02.1979	TUR	2006	23	1	37	2	SV Darmstadt 98, Antalyaspor, Diyarbakirspor, FC 1900 Wil, SR Délémont, FC Luzern, Trabzonspor, FC Basel
Schmidt, Ronald	M	28.04.1977	D	2002	20	2	143	13	Dresdner SCF 98, VFC Plauen, Dresdner SC, SV Blau-Weiß Stahl Freital
Schultz, Levente	M	22.03.1977	HUN	2007	21	1	21	1	SV St. Margarethen, Honved Budapest, Vasas Budapest, FC Siofok, Ferencvaros Budapest, Békéscsaba Elore FC, Ferencvaros Budapest
Solga, David	M	16.10.1982	D	2007	30	4	112	12	Borussia Dortmund, Lüner SV, TuS Eving-Lindenhorst
Teinert, Christoph	S	30.01.1980	D	2007	23	6	87	27	1. FSV Mainz 05, FC Augsburg, 1. FSV Mainz 05, SpVgg Unterhaching, 1. FSV Mainz 05, TSG 1899 Hoffenheim, VfB Leimen, VfR Mannheim, SV 98 Schwetzingen, TSV Rheinhausen
Volkov, Sergej	A	17.07.1988	KAZ	2004	0	0	0	0	SV Gendorf-Burgkirchen
Wolf, Sebastian	A	19.01.1985	D	2007	5	0	5	0	SpVgg Greuther Fürth, 1. FC Nürnberg, FC Bayern Hof, SV Hallstadt

Trainer:

Name, Vorname	geb. am	Nat.	Zeitraum	Spiele 2007/08	frühere Trainerstationen
Anderbrügge, Ingo	02.01.1964	D	01.07.07 – 31.03.08	24	VfB Hüls, SpVgg Erkenschwick (Manager und Co-Trainer)
Assion, Peter	24.08.1959	D	01.04.08 – 30.06.08	10	SV Wacker Burghausen (Sportlicher Leiter), Red Bulls Salzburg, SSV Reutlingen 05, SSV Ulm 1846, SC Bregenz, SC Austria Lustenau

Zugänge:
Doll, Jovanovic, Kudic, Kurz, Matiasovits, Mitterhuber, Niederquell und Volkov (II. Mannschaft bzw. eigene Junioren), Galuschka (FC Augsburg), Gommert (VfB Lübeck), Mayer (TSV Aindling), Neubert (Holstein Kiel), Oslislo (Wuppertaler SV Borussia), Pupalovic und Teinert (1. FSV Mainz 05 II), Rodrigo Martins (SC Pfullendorf), Schultz (SV St. Margarethen), Solga (Borussia Dortmund II), Wolf (SpVgg Greuther Fürth).
während der Saison:
Belleri (US Avellino), Dausel (TSG Thannhausen), Manske (vereinslos, vorher Karlsruher SC), Rainer (SV Seekirchen).

Abgänge:
Aigner (DSC Arminia Bielefeld), Bogavac und Forkel (TuS Koblenz), Burkhardt (SpVgg Greuther Fürth), Drescher (SVgg 07 Elversberg), O. Fink und Nagy (SpVgg Unterhaching), T. Fink (1. SC Feucht), Gospodarek (Borussia Mönchengladbach), Jeknic und Nicu (SV Wehen Wiesbaden), Kart (SSV Jahn 2000 Regensburg), Krejci (tödlich verunglückt), Ledgerwood (TSV München 1860), Mosquera (SV Werder Bremen), Toleski (unbekannt), Wiesinger (SpVgg Weiden), Vukovic (TSV Alemannia Aachen), Wehner (Laufbahn beendet; Torwarttrainer SV Wacker Burghausen).
während der Saison:
Neubert (Hallescher FC).

Fortsetzung SV Wacker Burghausen

Aufstellungen und Torschützen:

Sp	Datum	Gegner	Ergebnis	Belleri	Bonimeier	Dausel	Doll	Galuschka	Gommert	Hertl	Jovanovic	Kudic	Kurz	Lastovka	Manske	Matiasovits	Mayer	Mitterhuber	Neubert	Niederquell	Oslislo	Palionis	Pupalovic	Riemann	Rodrigo Martins	Rosin	Satilmis	Schmidt	Schultz	Solga	Teinert	Wolf
				1	2	3	4	5	6	7	8	9	10	11	12	13	14	15	16	17	18	19	20	21	22	23	24	25	26	27	28	29
1	27.07.07 A	Karlsruher SC II	1:0 (0:0)	E				X		E		X		X			A		E	X	A	X					X	A1		X	X
2	11.08.07 A	FSV Oggersheim	2:0 (0:0)	E				X		E	E1	X		X			A		A	X	X					X1	X	A			X
3	14.08.07 H	SV Sandhausen	1:0 (1:0)	E				A		E		X		X			A		E	X	A1	X				X	X	X			X
4	18.08.07 H	VfB Stuttgart II	1:1 (1:0)	E				X		E		X		X					E	X	A	X				X	X	X	A1		A
5	25.08.07 H	VfR Aalen	1:4 (0:2)	A				X		E		X		X			A		X	X	E	X	E				X		X1	A		
6	31.08.07 A	SSV Reutlingen 05	1:1 (1:1)	E				X		E	A	X	X	X					A1	X	A	X				X		X	E			
7	08.09.07 H	TSV München 1860 II	0:0 (0:0)	E		E		X			A	X	X	A					X	X	A	X					E	X	X			
8	15.09.07 A	FSV Frankfurt	1:1 (0:1)	E			A1	X		E		X	X				E	X	A	X					A	X	X					
9	22.09.07 H	SpVgg Unterhaching	2:0 (1:0)	X		E	A1	X	E			X	X				X1		X	E	X			A		A	X					
10	29.09.07 A	Stuttgarter Kickers	1:1 (1:0)	X		E		X	E			X	X				A		E	X				A		X	A1	X				
11	06.10.07 A	SV 07 Elversberg	2:3 (1:2)			X		X	E			X	A				E		X	A	X	E1		A		X	X	X1				
12	20.10.07 A	FC Ingolstadt 04	1:1 (0:0)	A		E	X	X1			X	X	A	E					X	E	X			X	A	X						
13	27.10.07 H	Jahn Regensburg	1:0 (0:0)			X		X		E	X1	X		X		E			X	A	X			X	A	A			E			
14	03.11.07 A	SC Pfullendorf	1:1 (1:0)					X	X1	X		A		X					X		X		E	X	A	X			E			
15	09.11.07 H	SF Siegen	1:2 (1:2)			E	A	A				X		X			A	E	X	E	X				A	X				X1		
16	16.11.07 A	Bayern München II	1:1 (1:0)					A				E	X	X					X		X				X	X	X	X1	X			
17	24.11.07 H	Hessen Kassel	3:1 (1:0)		E			A1				E	X	X					X	E	X				A	X1	A	X				
18	30.11.07 H	Karlsruher SC II	0:0 (0:0)					A		X		E	X	X					X	E	X	E			A	X						
19	08.12.07 A	SV Sandhausen	0:3 (0:1)					X		X	E	E	E	A	X							A			X	X	A	X				
20	29.02.08 H	FSV Oggersheim	1:0 (1:0)	X	X	A					X		X	A			E		X	E	X				X	E			A1	X		
21	09.03.08 A	VfB Stuttgart II	1:1 (1:0)	X	X			X				A	X	A			E			X					X	A	E	E	X	X1		
22	15.03.08 A	VfR Aalen	2:2 (2:1)	X1	X			X				A	X	X			E			X					X	X	E	E	A	A1		
23	28.03.08 A	TSV München 1860 II	0:5 (0:1)	X	X			X		E		A		E						X					X		X		A	X		X
24	02.04.08 H	SSV Reutlingen 05	1:0 (0:0)	X1	A			X		E	E	X	X			X			E		X					X			A	A		
25	05.04.08 H	FSV Frankfurt	0:1 (0:0)	A	X	E		E		X		E	A	A			X			X					X				X	X		
26	12.04.08 H	SpVgg Unterhaching	1:1 (0:0)	A	X			E1	X			X					E			E					X	X	A	X	X			
27	19.04.08 H	Stuttgarter Kickers	1:2 (0:0)	X	X			E1				E	X	E			X			X					X		A	A	A			
28	26.04.08 A	SV 07 Elversberg	0:1 (0:0)	A	X	A		X				E	X				E			E					X	X	A		X	X		
29	03.05.08 H	FC Ingolstadt 04	1:0 (0:0)	X	A	E		E				E	X	X			X			A					X1	X			A			
30	06.05.08 A	Jahn Regensburg	2:1 (1:0)	X1	X	X		E				E	A1		E		A			A					X	X	X		X			
31	10.05.08 H	SC Pfullendorf	1:0 (0:0)	X	X	E		E		A			A	X		X				A	E	X				X1			X			
32	16.05.08 A	SF Siegen	0:1 (0:1)	A	X	E		E				X	X							X					X	X	X		X			
33	24.05.08 H	Bayern München II	3:1 (2:1)	X2	X	X		X1	X	X		E		X	E	E	A			X					A				A			
34	31.05.08 A	Hessen Kassel	1:1 (1:0)	X	X	E		A1	X	X		E	E	X			A			A					X	X			X			
		Spiele:		15	27	9	4	22	2	29	6	14	23	32	7	17	7	18	8	1	17	24	14	32	3	18	23	20	21	30	23	5
		Tore:		5	0	0	0	7	0	2	0	0	3	0	0	0	0	0	1	0	1	0	1	0	1	1	2	1	4	6	0	

Bilanz der letzten 10 Jahre:

Saison	Liga	Platz	Sp.	S	U	N	Tore	Pkt.
1997/98	Regionalliga Süd	5.	32	15	9	8	56–34	54
1998/99	Regionalliga Süd	7.	34	13	11	10	50–42	50
1999/00	Regionalliga Süd	4.	34	15	10	9	57–42	55
2000/01	Regionalliga Süd	13.	34	10	13	11	46–52	43
2001/02	Regionalliga Süd	1.	34	19	10	5	49–22	67
2002/03	2. Bundesliga	10.	34	10	14	10	48–41	44
2003/04	2. Bundesliga	10.	34	12	9	13	40–39	45
2004/05	2. Bundesliga	9.	34	13	9	12	48–55	48
2005/06	2. Bundesliga	8.	34	12	11	11	45–49	47
2006/07	2. Bundesliga	17.	34	7	11	16	42–63	32

Zuschauerzahlen:

Saison	gesamt	Spiele	Schnitt
1997/98:	28.550	16	1.784
1998/99:	19.500	17	1.147
1999/00:	21.500	17	1.265
2000/01:	27.900	17	1.641
2001/02:	38.650	17	2.273
2002/03:	79.450	17	4.674
2003/04:	67.137	17	3.949
2004/05:	93.894	17	5.523
2005/06:	80.994	17	4.764
2006/07:	96.472	17	5.675

Die meisten Regionalliga-Spiele:

Pl.	Name, Vorname	Spiele
1.	Stutz, Manfred	180
2.	Harlander, Sven	165
3.	Berger, Franz	161
4.	Richter, Peter	158
5.	Lemberger, Helmut	136
6.	Oslislo, Martin	126
	Theres, Sascha	126
8.	Lützler, Markus	125
9.	Stein, Roland	103
10.	Gfreiter, Harald	101
	Kronenberg, Andreas	101

Die besten Regionalliga-Torschützen:

Pl.	Name, Vorname	Tore
1.	Asbeck, Hans-Peter	38
2.	Barlecaj, Marko	35
3.	Lützler, Markus	34
4.	Stutz, Manfred	25
5.	Lemberger, Helmut	23
6.	Maier, Sascha	17
7.	Richter, Peter	16
8.	Greilinger, Manfred	13
9.	Frühbeis, Stefan	12
10.	Oslislo, Martin	10
	Younga-Mouhani, Maccambes	10

Die Trainer der letzten Jahre:

Name, Vorname	Zeitraum
Binder, Ludwig	09.04.1985 – 30.06.1987
Millenet, Jens	01.07.1987 – 30.06.1989
Hannakampf, Rudi	01.07.1989 – 30.06.1991
Berger, Franz	01.07.1991 – 07.03.1992
Hannakampf, Rudi	08.03.1992 – 30.06.1992
Niedermayer, Kurt	01.07.1992 – 30.06.2000
Hörgl, Rainer	01.07.2000 – 22.10.2000
Bommer, Rudolf	26.10.2000 – 30.06.2004
Schupp, Markus	01.07.2004 – 14.12.2006
Arbinger, Alfred	15.12.2006 – 30.06.2007

SVgg 1907 Elversberg

Anschrift: (Fanshop)
Neunkircher Str. 52-54
66583 Spiesen-Elversberg
Telefon: (0 68 21) 74 27 59
eMail: info@sv07elversberg.de
Homepage: www.sv07elversberg.de

Vereinsgründung: 1907; 1914 aufgelöst; 1918 Gründung SV VfB Elversberg 07; 1945 SG Elversberg; 1952 Abspaltung als SVgg Elversberg VfB 07
Vereinsfarben: Schwarz-Weiß
Vorsitzender: Frank Holzer
Geschäftsführer: Wolfgang Marx
Stadion: Waldstadion an der Kaiserlinde (7.500)

Größte Erfolge: Meister der Oberliga Südwest 1996 (↑) und 1998 (↑); Qualifikation für den DFB-Pokal 1979 und 1981

Aufgebot:

Name, Vorname	Pos	geb. am	Nat.	seit	2007/08 Sp.	T.	gesamt Sp.	T.	frühere Vereine
Adam, Christian	T	26.01.1983	D	2007	0	0	0	0	SV Wehen Taunusstein, SVgg 07 Elversberg, 1. FC Pforzheim, SV Sandhausen, Karlsruher SC, TSV Gau-Odernheim
Bediako, Edwin	A	02.11.1980	GHA	2007	21	0	50	0	RW Ahlen, Eintracht Trier, Gürzenicher FC Düren, Alem. Aachen, Bor. Möchengladbach
Bertz, Kenneth	A	07.12.1983	USA	2008	1	1	1	1	Rochester Rhinos, University of Maryland
Birk, Carsten	A	01.10.1977	D	2005	8	2	96	10	SpVgg Gr. Fürth, Karlsruher SC, 1. FC Saarbrücken, SSV Überherrn, SF Hostenbach
Böttjer, Timo	M	31.05.1979	D	2006	21	0	140	3	1899 Hoffenheim, SV Sandhausen, SC Freiburg, SV Kuppenheim, SV Mörsch, SC Illingen
Diane, Taifour	S	01.11.1972	GUI	2007	16	1	98	31	1. FC Saarbrücken, Alemannia Aachen, 1. FC Saarbrücken, FC Homburg, Bor. M'gladbach, Bayer Leverkusen, Colorado Foxes, RC Horoya Conakry, Kaloum Stars Conakry
Dragusha, Mehmet	M	09.10.1977	ALB	2007	28	1	89	8	SC Paderborn 07, Eintracht Frankfurt, Eintracht Trier, FC Sachsen Leipzig, NK Branik Teatanic Maribor, Zeljenicar Sarajevo, Beselidhja Pristina, FK Pristina, Beselidhja Pristina
Drescher, Thomas	M	24.11.1978	D	2008	14	0	89	2	SV Wacker Burghausen, 1. FC Kaiserslautern, KSV Klein-Karben, SG Rot-Weiß 01 Frankfurt, FV Okarben
Feinbier, Marcus	S	30.11.1969	D	2007	33	9	163	86	Fortuna Düsseldorf, SpVgg Greuther Fürth, LR Ahlen, 1. FC Nürnberg, SG Wattenscheid 09, TSV Alemannia Aachen, Wuppertaler SV, Hertha BSC Berlin, Bayer 04 Leverkusen, FC Hertha 03 Zehlendorf, Berliner SV 92
Hartz, Jens	S	23.02.1983	D	2007	0	0	2	0	FC Palatia Limbach, FV Eppelborn, FC Kutzhof, SV Elversberg 07, SV St. Ingbert
Herzig, Denny	A	13.11.1984	D	2006	23	0	49	0	SV Wacker Burghausen, FC Blackpool, FC Wimbledon, FC Carl Zeiss Jena, FC Bayern Hof, SV Sparneck, VfB Pößneck
Iyodo, Abdul	S	10.10.1979	NGA	2006	29	1	193	62	SG Wattenscheid 09, Karlsruher SC, FC Schalke 04, SG Wattenscheid 09, FC Martigues, Kano Pillars FC
Jansen, David	S	04.12.1987	D	2007	22	2	22	2	FSV Oggersheim, SC Freiburg, 1. FC Kaiserslautern, PSV Mönchengladbach
Knödler, Kevin	T	22.03.1976	D	2005	34	0	217	0	TSG 1899 Hoffenheim, FV Lauda, SV Waldhof 07 Mannheim, Eintracht Frankfurt, FC Dossenheim, VfB Leimen
Lefebre, Volker	T	04.07.1979	D	2006	0	0	0	0	SV Rohrbach, FC Neuweiler, SV Rohrbach, 1. FC Saarbrücken, SV Rohrbach
Lemke, Holger	S	22.07.1987	D	2006	19	0	46	1	SV Eintracht Trier 05, FC Waldweiler
Mozain, Sammer	S	10.08.1984	D	2007	14	1	14	1	Sportfreunde Köllerbach, 1. FC Saarbrücken, VfB Dillingen, DJK Dillingen, TuS Waldgassen, SV Höstenbach
Ohnesorge, Michael	M	29.09.1983	D	2007	13	0	40	2	FC Schalke 04, SG Wattenscheid 09, SV Adler Osterfeld, SpVg Sterkrade-Nord, FV Duisburg 08, Sportfreunde Hamborn 07
Olivier, Pascal	M	15.07.1985	D	2007	4	0	13	3	1. FC Saarbrücken, Bayer 04 Leverkusen, 1. FC Saarbrücken, Sportfreunde Saarbrücken
Örtülü, Yilmaz	A	30.03.1980	D	2007	4	0	76	8	SC Paderborn 07, 1. FC Saarbrücken, Eintracht Frankfurt, Berliner FC Dynamo, FSV Frankfurt, SV Darmstadt 98, Eintracht Frankfurt
Schwartz, Tim	A	11.07.1987	D	2008	8	0	13	0	1. FC Saarbrücken, SV Werder Bremen, FC Energie Cottbus, SV Geislautern
Sebastião (José Coelho da Veiga)	M	24.08.1983	POR	2007	15	1	87	8	SV Darmstadt 98, SpVgg Bayreuth, 1. FC Kaiserslautern, Germinal Beerschot Antwerpen, SV Darmstadt 98, GD Estoril-Praia, Benfica Lissabon, Amora FC
Spizak, Miroslaw	S	13.01.1979	POL	2008	14	1	31	2	SpVgg Unterhaching, Sportfreunde Siegen, MSV Duisburg ... (vgl. Seite 182)
Sprecakovic, Kristian	M	12.06.1978	D	2005	0	0	211	24	SV Wehen Taunusstein, SSV Reutlingen 05, SV Darmstadt 98, 1. FC Schweinfurt 05, SV Darmstadt 98, Karlsruher SC, FC Dossenheim, TB Rohrbach/Boxberg
Velkoborsky, Jan	A	14.07.1975	CZE	2006	21	1	48	2	LR Ahlen, Viktoria Zizkov, FC Banik Ostrava, LR Ahlen, FK Chmel Blsany, Viktoria Plzen, 1. FC Plzen, TK Tachov, Viktoria Plzen, VTJ Karlovy Vary, VTJ Stribro, TJ Sveradice, Viktoria Plzen
Walter, Christophe	M	26.01.1983	FRA	2007	22	0	22	0	FC Metz, FC Stade de Reims, FC Metz
Weber, Florian	A	17.09.1985	D	2007	7	0	19	0	1. FC Saarbrücken, SV Blau-Weiß Rodenhof
Wiener, Thomas	T	28.03.1986	D	2007	0	0	1	0	1. FSV Mainz 05, TSV Zornheim, TuS Dexheim
Willmann, Martin	S	01.11.1979	D	2008	15	5	182	41	SV Wehen Taunusstein, TuS Koblenz, SSV Jahn 2000 Regensburg, TSV München 1860, Sportfreunde Siegen, JSG Eiserfeld-Eiserntal
Zepek, Michael	A	19.01.1981	D	2007	25	2	152	8	TSG 1899 Hoffenheim, Karlsruher SC, LR Ahlen, Bayer 04 Leverkusen, Karlsruher SC, SC Siegelsbach, SV Sinsheim, VfB Bad Rappenau
Zimmermann, Nico	M	02.09.1985	D	2007	9	2	20	2	1. FC Saarbrücken, 1. FC Kaiserslautern, SV Lambsborn
Zinnow, Stefan	M	28.05.1980	D	2006	32	5	126	20	SV Wehen Taunusstein, VfB Lübeck, SV Waldhof 07 Mannheim, Eintracht Frankfurt, SV Waldhof 07 Mannheim, FV 09 Weinheim, TSG Lützelsachsen

Trainer:

Name, Vorname	geb. am	Nat.	Zeitraum	Spiele 2007/08	frühere Trainerstationen
Goulet, Brent	19.06.1964	USA	13.04.04 – 10.03.08	21	—
Vasic, Djuradj	19.09.1956	SRB	11.03.08 – lfd.	13	SV Wehen Wiesbaden (Teamchef), Eintracht Braunschweig, SV Wehen Taunusstein, 1. FC Schweinfurt 05, VfR Bürstadt

Zugänge: Adam (SV Wehen Taunusstein II), Diane (1. FC Saarbrücken), Dragusha (SC Paderborn 07), Feinbier (Fortuna Düsseldorf), Hartz (FC Palatia Limbach), Jansen (FSV Oggersheim), Mozain (Sportfreunde Köllerbach), Ohnesorge (FC Schalke 04), Sebastião (SV Darmstadt 98), Walter (FC Metz).
während der Saison:
Bertz (Rochester Rhinos), Drescher (SV Wacker Burghausen), Schwartz (1. FC Saarbrücken), Spizak (SpVgg Unterhaching), Willmann (SV Wehen Wiesbaden).

Abgänge: Bröcker (Eintracht Braunschweig), Cissé, Delic, Kocabicak und Maier (unbekannt), Holzer und B. Schommer (II. Mannschaft), Kolinger (VfB Stuttgart II), Maas, D. Schommer (SV Waldhof 07 Mannheim), Molz (SC Idar-Oberstein), Nagorny (FC Bayern München II).
während der Saison:
Adam (RSV Würges), Sebastião (pausiert, vereinslos), Sprecakovic (Cherno More Varna).

Fortsetzung FSV Frankfurt 1899

Aufstellungen und Torschützen:

Sp	Datum		Gegner	Ergebnis	Aidoo	Barletta	Bouhaddouz	Cenci	El Haj Ali	Gaubatz	Göbig	Hagner	Hickl	Hillebrand	Höfler	Husterer	Klandt	Koejoe	Kreuz	Kronholm	Laurito	Levy	Mehic	Mikolajczak	Schumann	Schürenberg	Sobotzik	Ulm	Volk	Weißenfeldt	Winter
					1	2	3	4	5	6	7	8	9	10	11	12	13	14	15	16	17	18	19	20	21	22	23	24	25	26	27
1	28.07.07	A	SC Pfullendorf	0:2 (0:1)	X	E	X			X		X	E						A	X	X	E	A	X							A
2	04.08.07	H	SF Siegen	1:1 (0:0)	X	E		X		X		X	A1	X					X	X	X		E	A							
3	12.08.07	A	Bayern München II	1:2 (0:1)	X	E	X	A		X		X	X1	X					A	X	X	E	E	A							
4	18.08.07	H	Hessen Kassel	0:0 (0:0)	X		X		E	X		X	X	X					A	X	X	E	A	E					A		
5	25.08.07	A	Karlsruher SC II	3:1 (1:0)	X	E	A1			X	E	X	A	X1					X	X	X		E1	A					X		
6	01.09.07	H	SV Sandhausen	0:2 (0:0)	X		X		E	A		X	X	A					X	X	X		X	E					A	E	
7	08.09.07	A	FSV Oggersheim	3:1 (2:1)	X	E	A1		E	A		X	A2	X					X		X		X	E	X				X		
8	15.09.07	H	Wacker Burghausen	1:1 (1:0)	X	E	X1			A		X	X	A					X		X		A	E	X				X	E	
9	22.09.07	A	VfR Aalen	0:1 (0:1)	X	E	X	E		X		X	A	X		E			X		X		A		X				A		
10	29.09.07	A	SSV Reutlingen 05	2:2 (0:1)	X	A	A1			A	X	X1	E	X		E			X		X	E	X		X						
11	06.10.07	H	TSV München 1860 II	5:1 (2:0)	X		A2			X	X	X	E1	X					X		E		A2	A	X	X					E
12	20.10.07	H	VfB Stuttgart II	1:1 (0:1)	X		X			A	A	X	A	X1	E	X							X	X	X					E	E
13	27.10.07	A	SpVgg Unterhaching	1:0 (1:0)			A1	E	E	A		X		X		E	X			A		X	X	X					X	X	
14	03.11.07	A	Stuttgarter Kickers	1:1 (1:0)	X		A	A	E		E	X	X1	X		E	X					X	X	X							A
15	10.11.07	H	SV 07 Elversberg	2:0 (1:0)	X		X	A1	X		E	X	X	E			X			E		A1	X	X							A
16	17.11.07	H	FC Ingolstadt 04	5:0 (3:0)	X1		X1	A			A	X	E	X			X			E1		A1	X1	X					E		X
17	24.11.07	A	Jahn Regensburg	1:3 (1:1)	X		X	A			A	X	E	X1			X			E	E	X	X	X							A
18	01.12.07	H	SC Pfullendorf	3:2 (2:1)	X		A1		X	E	X	X	E	X	E		X			A1	A1		X	X							X
19	08.12.07	A	SF Siegen	1:0 (0:0)	X	E	A	X			X	EA	X			X1			E	X	X	X									A
20	01.03.08	H	Bayern München II	2:2 (2:1)	A	X	A1				X	X	E	X	X							X	X		X1	X					E
21	08.03.08	A	Hessen Kassel	1:1 (1:0)	E	X	E	A		E		X	X	X	X						A	X		X	X1	A					
22	15.03.08	H	Karlsruher SC II	1:1 (0:0)	X1		X		X	E	A	X		X		X					A	X		X	X	X	E				
23	22.03.08	A	SV Sandhausen	3:0 (2:0)	E	A		E1		A1		X		X	X						A	X		X	X1		X	E			
24	29.03.08	H	FSV Oggersheim	2:0 (1:0)	E	X		E1		A		X		X	X						E	A	X	X	X	A1					
25	05.04.08	A	Wacker Burghausen	1:0 (0:0)	E	X1		E		A		X		X	X			A			E	X	X		A	X					
26	12.04.04	H	VfR Aalen	2:0 (1:0)	E	X		A1		E		X		X	X		X				E	A		X	X	A1					
27	19.04.04	A	SSV Reutlingen 05	1:0 (1:0)	E			A		E	A	X		X1	X		X				X	X		X	A	X				X	E
28	26.04.08	H	TSV München 1860 II	1:2 (0:1)	E	X		X	X	E		A		X	X		X				E1	X		X	A	A				X	
29	02.05.08	A	VfB Stuttgart II	1:1 (0:1)	E1	X		A			E	X		X	X		X				E	A		A	X	A				X	
30	06.05.08	A	SpVgg Unterhaching	4:1 (3:1)	E	X		A2		E		X		X	X		A				X1	A		X	E	X1				X	
31	10.05.08	H	Stuttgarter Kickers	0:0 (0:0)	E	X		X		E		X		X	X		A				X	X	X	E	A	X				A	
32	17.05.08	A	SV 07 Elversberg	2:1 (0:1)	E	X		A1		E		X		X	X		X1				X	A	X	A	X	X					
33	24.05.08	H	FC Ingolstadt 04	3:1 (3:0)	E	X		A1		E		X		X	X		X				X2	A		X	E	A				X	
34	31.05.08	A	Jahn Regensburg	2.0 (0:0)	E	X		X		E		X1		X	X		A				X	A		X	E	A				X1	
			Spiele:		14	32	10	34	6	13	3	27	12	34	18	32	15	6	32	6	11	8	25	32	22	13	15	15	1	22	15
			Tore:		1	3	0	17	1	0	0	1	0	3	5	4	0	0	2	0	0	1	8	3	1	0	1	5	0	1	0

Bilanz der letzten 10 Jahre:

Saison	Liga	Platz	Sp.	S	U	N	Tore	Pkt.
1997/98	Oberliga Hessen	1.	30	19	6	5	77–37	63
1998/99	Regionalliga Süd	15.	34	11	5	18	45–62	38
1999/00	Regionalliga Süd	14.	34	10	11	13	48–57	41
2000/01	Oberliga Hessen	5.	34	16	7	11	70–44	55
2001/02	Oberliga Hessen	2.	34	21	10	3	79–35	73
2002/03	Oberliga Hessen	3.	34	22	7	5	90–36	73
2003/04	Oberliga Hessen	6.	34	16	5	13	58–40	53
2004/05	Oberliga Hessen	2.	34	24	7	3	77–36	79
2005/06	Oberliga Hessen	2.	34	23	6	5	73–26	75
2006/07	Oberliga Hessen	1.	34	26	7	1	80–19	85

Zuschauerzahlen:

Saison	gesamt	Spiele	Schnitt
1997/98:	12.020	15	801
1998/99:	21.100	17	1.241
1999/00:	18.850	17	1.109
2000/01:	11.100	17	653
2001/02:	10.950	17	644
2002/03:	11.550	17	679
2003/04:	6.700	17	394
2004/05:	14.050	17	826
2005/06:	14.950	17	879
2006/07:	12.163	17	715

Die meisten Regionalliga-Spiele:

Pl.	Name, Vorname	Spiele
1.	Rüppel, Andreas	98
2.	Kabaca, Mikayil	82
3.	Glasenhardt, René	66
4.	Mokhtari, Youssef	64
5.	Levy, Renato	60
6.	Timmermann, Thomas	55
7.	Hennig, Carsten	52
8.	Klein, Michael	48
9.	da Costa Junior, Elton	45
10.	da Silva Pereira, Michael	44

Die besten Regionalliga-Torschützen:

Pl.	Name, Vorname	Tore
1.	Rüppel, Andreas	30
2.	Cenci, Matias Esteban	17
3.	Mokhtari, Youssef	11
4.	Ouedraogo, Kassoum	10
5.	Mehic, Sead	8
6.	Westerthaler, Christoph	7
7.	Boehnke, Jens	6
	Levy, Renato	6
8.	da Costa Junior, Elton	5
	da Silva Pereira, Michael	5
	Höfler, Jochen	5
	Ulm, David	5

Die Trainer der letzten Jahre:

Name, Vorname	Zeitraum
Semlitsch, Nikolaus	27.11.1995 – 30.06.1997
Dörenberg, Herbert	01.07.1997 – 01.03.1998
Borchers, Ronald	01.03.1998 – 29.09.1998
Blättel, Michael	29.09.1998 – 30.06.2000
Hohmann, Martin	01.07.2000 – 30.06.2002
Hassler, Stefan	01.07.2002 – 01.03.2003
Semlitsch, Nikolaus	02.03.2003 – 30.04.2005
Plattek, Claus	01.05.2005 – 30.06.2005
Kleppinger, Gerhard	01.07.2005 – 31.12.2005
Blättel, Michael	01.01.2006 – 30.06.2006

FC Ingolstadt 04

Anschrift:
Gaimersheimer Str. 36
85057 Ingolsatdt
Telefon: (08 41) 93 74 00 0
eMail: info@fcingolstadt.de
Homepage: www.fcingolstadt.de

Vereinsgründung: 01.07.2004 Ausgliederung und Fusion der Fußball-Abteilungen von ESV 1919 Ingolstadt-Ringsee und MTV 1881 Ingolstadt

Vereinsfarben: Schwarz-Rot-Weiß
Präsident: Werner Roß
Sportdirektor: Harald Gärtner

Stadion: Bezirkssportanlage Mitte (ehemaliges MTV-Stadion; 8.000)

Größte Erfolge: Aufstieg in die 2. Bundesliga 2008; Meister der Oberliga Bayern 2006 (↑);Qualifikation für den DFB-Pokal 2005

Aufgebot:

Name, Vorname	Pos	geb. am	Nat.	seit	2007/08 Sp.	2007/08 T.	gesamt Sp.	gesamt T.	frühere Vereine
Aygün, Necat	A	26.02.1980	D	2008	14	1	86	11	MSV Duisburg, SpVgg Unterhaching, TSV München 1860, Besiktas Istanbul, TSV München 1860, Wacker München
Buch, Alexander	M	12.05.1988	D	2007	9	1	9	1	FC Bayern München, SpVgg Unterhaching, TSV Trudering
Buchner, Andreas	M	15.05.1985	D	2005	32	3	53	7	MTV Ingolstadt, TSV Pförring, TSV Dietfurt
Demir, Ersin	S	08.12.1977	TUR	2007	32	10	143	65	FC Erzgebirge Aue, FC Augsburg, Chemnitzer FC, Samsunspor, TSV Alemannia Aachen, Bayer 04 Leverkusen, TuS Höhenhaus, SV Adler Dellbrück
Fink, Tobias	A	11.12.1983	D	2006	13	0	68	3	SSV Jahn 2000 Regensburg, SV Wacker Burghausen, SSV Jahn 2000 Regensburg, SG Post/Süd Regensburg, 1. FC Schwandorf, 1. FC Schlicht
Gerba, Ali	S	30.06.2008	CAN	2008	15	4	15	4	IFK Göteborg, AC Horsens, Odd Greenland, IFK Göteborg, AIK Stockholm, GIF Sundsvall, Montreal Impact, Toronto Lynx, Pittsburgh Riverhounds, Miami Fusion, Montreal Impact
Gerber, Heiko	A	11.07.1972	D	2007	30	1	33	1	VfB Stuttgart, 1. FC Nürnberg, DSC Arminia Bielefeld, Chemnitzer FC, Stahl Lugau, SV Neu-Oelsnitz
Hagmann, Marcel	A	07.01.1983	D	2007	24	0	49	2	SV Wilhelmshaven, SV Arminia Hannover, Eintracht Frankfurt, 1. FC Saarbrücken
Hintersberger, Johannes	M	16.03.1985	D	2005	0	0	8	1	FC Bayern München, FC Augsburg
Huber, Benjamin	T	27.08.1985	D	2007	0	0	0	0	Heidenheimer SB, SSV Ulm 1846, VfB Stuttgart, TSV Haiterbach
Jungwirth, Daniel	M	15.01.1982	D	2005	19	5	71	9	FC Erzgebirge Aue, FC Bayern München, Borussia Mönchengladbach, FC Bayern München, FC Ismaning
Karl, Markus	M	14.02.1986	D	2008	15	1	47	2	SpVgg Fürth, Hamburger SV, SpVgg Greuther Fürth, TSV Vilsbiburg
Keidel, Ralf	M	06.03.1977	D	2006	28	0	57	2	LR Ahlen, SC Rot-Weiß Oberhausen, MSV Duisburg, Newcastle United, 1. FC Schweinfurt 05, Würzburger Kickers, ASV Rimpar
Kroll, Manfred	M	08.01.1980	D	2004	8	0	92	2	MTV Ingolstadt, 1. FC Schweinfurt 05, SpVgg Greuther Fürth, TSV München 1860, DJK/MTV Ingolstadt
Leitl, Stefan	M	29.08.1977	D	2007	31	6	179	26	SV Darmstadt 98, SpVgg Unterhaching, 1. FC Nürnberg, SV Lohhof, FC Bayern München, SpVgg Unterhaching, FC Bayern München, SV Lohhof
Lutz, Michael	T	25.01.1982	D	2004	34	0	66	0	MTV Ingolstadt, FC Augsburg, FSV Reimlingen
Mbwando, George Stanley	M	29.10.1975	ZIM	2006	0	0	162	24	SSV Jahn 2000 Regensburg, TSV Alemannia Aachen, VfB Lübeck, VfB Oldenburg, Bonner SC, Lech Poznan, FC Blackpool, Jumbo Giants
Metzelder, Malte	A	19.05.1982	D	2007	27	1	147	2	VfR Aalen, Borussia Dortmund, SC Preußen 06 Münster, SpVgg Erkenschwick, TuS Haltern
Miethaner, Daniel	A	12.01.1986	D	2006	0	0	6	0	1. FC Bad Kötzting, SpVgg Ruhmannsfelden, 1. FC Miltach
Neuendorf, Andreas ("Zecke")	M	09.02.1975	D	2007	8	0	11	0	Hertha BSC Berlin, Bayer 04 Leverkusen, Hertha BSC Berlin, Bayer 04 Leverkusen, Reinickendorfer Füchse, Berliner FC Preussen 1894, SpVgg Blau-Weiß 90 Berlin, Steglitzer FC Stern 1900
Neunaber, Mario	A	17.03.1982	D	2007	23	3	194	9	BSV Kickers Emden, SC Preußen 06 Münster, FC Sachsen Leipzig, SV Werder Bremen, VfL 07 Bremen
Obele, Herbert	M	11.11.1980	D	2006	10	0	72	7	SSV Jahn 2000 Regensburg, 1. FC Nürnberg, FC Augsburg, BC Aichach, TSV Pöttmes
Rosenwirth, Markus	A	07.12.1976	D	2004	7	0	111	10	1. SC Feucht, FC Augsburg, SSV Jahn Regensburg, FC Augsburg, SV Lohhof, TSV München 1860, SC Blindheim/Gremheim
Schlauderer, Tobias	S	12.02.1984	D	2005	9	1	47	5	1. FC Nürnberg, SG Post/Süd Regensburg, TV Oberndorf, SV Saal/Donau
Schmidberger, Michael	M	12.08.1980	D	2005	9	0	36	1	TSV Aindling, TSV Schwaben Augsburg, TSV Bobingen, FC Augsburg, MTV Ingolstadt
Schneider, Steffen	S	09.06.1988	D	2007	21	0	21	0	FC Bayern München, JSG Sinn, TSG Wieseck
Sejna, Marco	T	20.03.1972	D	2006	0	0	172	0	SV Yesilyurt Berlin, 1. FC Union Berlin, LR Ahlen, Rot-Weiss Essen, LR Ahlen, FC Sachsen Leipzig, Tennis Borussia Berlin, Hertha BSC Berlin, 1. FC Lübars
Strobl, Tobias	M	12.10.1987	D	2005	2	0	3	0	DJK Ingolstadt, FC Hepberg
Tölcséres, Andras	S	28.11.1974	HUN	2005	1	0	184	49	FC Augsburg, SSV Jahn 2000 Regensburg, 1. FC Saarbrücken, SG Quelle/TV 1860 Fürth, 1. FC Nürnberg, FC Starnberg, TSV München 1860, Szegedi SC
Wenczel, Michael	A	30.11.1977	D	2005	22	1	193	25	FC Augsburg, Eintracht Frankfurt, VfR Mannheim, FV Lauda, VfR Heilbronn
Wohlfarth, Steffen	S	14.09.1983	D	2006	33	11	65	19	SC Freiburg, VfB Friedrichshafen, SC Schnetzenhausen

Trainer:

Name, Vorname	geb. am	Nat.	Zeitraum	Spiele 2007/08	frühere Trainerstationen
Press, Jürgen	31.10.1965	D	01.07.04 – 01.01.08	19	ESV Ingolstadt-Ringsee
Fink, Thorsten	29.10.1967	D	04.01.08 – lfd.	15	Red Bull Salzburg (Co-Trainer), Red Bull Juniors Salzburg

Zugänge:
Buch und Schneider (FC Bayern München Junioren), Demir (FC Erzgebirge Aue), Gerber (VfB Stuttgart), Hagmann (SV Wilhelmshaven), Huber (Heidenheimer SB), Leitl (SV Darmstadt 98), Metzelder (VfR Aalen), Neuendorf (Hertha BSC Berlin), Neunaber (BSV Kickers Emden).
während der Saison:
Aygün (MSV Duisburg), Gerba (IFK Göteborg), Karl (SpVgg Greuther Fürth).

Abgänge:
Anane (SV Sandhausen), Eckl und Waldhier (II. Mannschaft), Hiemer und Zani (SSV Jahn 2000 Regensburg), Horz und Römer (unbekannt), Klarer (1. FC Heidenheim), Sbordone und Schmidt (Laufbahn beendet), Weingartner (FC Ismaning)
während der Saison:
Schlauderer (SSV Jahn 2000 Regensburg).

Fortsetzung FC Ingolstadt 04

Aufstellungen und Torschützen:

Sp	Datum	Gegner	Ergebnis	Aygün	Buch	Buchner	Demir	Fink	Gerba	Gerber	Hagmann	Jungwirth	Karl	Keidel	Kroll	Leitl	Lutz	Metzelder	Neuendorf	Neunaber	Obele	Rosenwirth	Schlauderer	Schmidberger	Schneider	Strobl	Tölcséres	Wenczel	Wohlfarth
				1	2	3	4	5	6	7	8	9	10	11	12	13	14	15	16	17	18	19	20	21	22	23	24	25	26
1	27.07.07 H	Stuttgarter Kickers	2:3 (0:2)			E	X2		X	E	A		X		X	X	X	A		X			A					X	E
2	05.08.07 A	SV 07 Elversberg	5:1 (4:0)			A1	A1		X	X	X2		X	E	A	X	X			E				E				X	X1
3	11.08.07 A	VfB Stuttgart II	1:0 (1:0)			A	A		X	A	X		X	E	X	X	X			E				E				X	X1
4	18.08.07 H	Jahn Regensburg	0:1 (0:0)			E	A		X		A		X	A	X	X	X	E		X		E						X	X
5	25.08.07 A	SC Pfullendorf	3:0 (0:0)			E	A1		X	X	X			A1	X	X	A	X					E	E				X	X1
6	31.08.07 H	SF Siegen	2:2 (1:1)			E	A		X	X	X1	E		A1	X	X	A	X				E						X	X
7	08.09.07 A	Bayern München II	1:1 (0:0)			X	E		X	A	X	E		A	X	X	A	X1		E								X	X
8	14.09.07 H	Hessen Kassel	3:0 (1:0)			A	A1		X		X		X	E	X	X	X					E	A		E			X	X2
9	22.09.07 A	Karlsruher SC II	1:1 (0:1)			X	A		X		X		X	E	A	X	X1		E	E		A						X	X
10	28.09.07 H	SV Sandhausen	0:0 (0:0)			A	A		X		X		X	E	X	X	X			E	E	X						X	A
11	05.10.07 A	FSV Oggersheim	1:0 (1:0)			A	A	E	X	X	X		E	X1	X	X		X	A			E							X
12	20.10.07 H	Wacker Burghausen	1:1 (0:0)			E	A1	E		X	A		X		X	X	X		A	X							E	X	A
13	27.10.07 A	VfR Aalen	0:4 (0:3)			E	A		X	X	A		X	X	X		E		X	X		E						X	A
14	02.11.07 H	SSV Reutlingen 05	2:0 (1:0)		E	A		A	X	X			A	X	X		X			X1	E	E						X1	X
15	10.11.07 A	TSV München 1860 II	2:0 (0:0)				X1	E	X	X		A		A	X	X		X			E	A	E					X	A1
16	17.11.07 H	FSV Frankfurt	0:5 (0:3)		E	A	X		X	X				A	X	X		X			A	E	E					X	X
17	25.11.07 A	SpVgg Unterhaching	0:3 (0:1)		E	X	X		X	A	X		A	X	X	X					E		E					X	A
18	02.12.07 A	Stuttgarter Kickers	1:0 (0:0)			A	A		X	X	X1	A			X	X		X			E		E	E				X	X
19	08.12.07 H	SV 07 Elversberg	1:1 (1:0)		E	X	A1		X	X	A	X			X	X		X			E		E					X	A
20	29.02.08 H	VfB Stuttgart II	3:1 (1:1)	X	A	X	E	X1	X	E		X1	X	A1	X		X					E							A
21	08.03.08 A	Jahn Regensburg	3:1 (3:1)	X1	X	X	A1		E	X	E		X	X	A	X		X				E							A1
22	14.03.08 H	SC Pfullendorf	2:0 (1:0)	X	A	A	A1	E	X	X	E		X	X	X	X		X1											E
23	20.03.08 A	SF Siegen	1:0 (0:0)	X	X	X	A	E	E	X1	E		X	A	X		X					E							A
24	29.03.08 H	Bayern München II	1:0 (1:0)	X	A1	X	X	E	A	A			X	X	X		X					E							E
25	05.04.08 A	Hessen Kassel	1:1 (0:1)			A	A	E	A	X			X	X	X	X	X		X	E		E							X1
26	11.04.04 A	Karlsruher SC II	1:1 (1:0)	X		X	A		A	X	E		X	X		A	X			X1	E	E							X
27	19.04.04 A	SV Sandhausen	3:0 (1:0)	A		X	X	X1	X	E		A	X		X	X	E	X				E							A2
28	25.04.08 H	FSV Oggersheim	2:1 (1:0)	X		A	X	X	X1	X	E	E	X		A	X		X				E							A
29	03.05.08 A	Wacker Burghausen	0:1 (0:0)	A		X	X		A		X	X			X	E	E	A				E						E	X
30	07.05.08 H	VfR Aalen	2:1 (2:0)	X		X	A	X	X			X	A	X2	X	X	X					E						E	A
31	11.05.08 A	SSV Reutlingen 05	0:2 (0:1)	A			X	A	A	X			X	X	X	X	X					E		E				E	
32	17.05.08 H	TSV München 1860 II	2:1 (0:1)	X		X1		A	X1	X	E	A	X		X	E	X					E						E	A1
33	24.05.08 A	FSV Frankfurt	1:3 (0:3)	A		X	A	E	X			X1	X	X	X	E	X					E							A
34	31.05.08 H	SpVgg Unterhaching	2:0 (1:0)	X		X1	X		X	X	E	X	X		A	X	E	A										E	A1
		Spiele:		14	9	32	32	13	15	30	24	19	15	28	8	31	34	27	8	23	10	7	9	9	21	2	1	22	33
		Tore:		1	1	3	10	0	4	1	0	5	1	0	0	6	0	1	0	3	0	0	1	0	0	0	0	1	11

Gegnerisches Eigentor im 28. Spiel (durch Berrafato).

Bilanz der letzten 3 Jahre:

Saison	Liga	Platz	Sp.	S	U	N	Tore	Pkt.
2004/05:	Oberliga Bayern	2.	34	20	5	9	55–38	65
2005/06:	Oberliga Bayern	1.	34	23	6	5	78–39	75
2006/07:	Regionalliga Süd	5.	34	13	12	9	45–39	51

Die meisten Regionalliga-Spiele:

Pl.	Name, Vorname	Spiele
1.	Lutz, Michael	66
2.	Wohlfahrt, Steffen	65
3.	Keidel, Ralf	57
4.	Wenczel, Michael	54
5.	Buchner, Andreas	53
6.	Fink, Tobias	38
7.	Schlauderer, Tobias	37
8.	Schmidberger, Michael	36
9.	Rosenwirth, Markus	34
10.	Kroll, Manfred	33

Die besten Regionalliga-Torschützen:

Pl.	Name, Vorname	Tore
1.	Wohlfahrt, Steffen	19
2.	Demir, Erstin	10
3.	Tölcséres, Andras	9
4.	Buchner, Andreas	7
5.	Jungwirth, Daniel	6
	Leitl, Stefan	6
7.	Schlauderer, Tobias	5
	Wenczel, Michael	5
9.	Gerba, Ali	4
10.	Neunaber, Mario	3
	Rosenwirth, Markus	3

Zuschauerzahlen:

Saison	gesamt	Spiele	Schnitt
2004/05:	11.756	17	692
2005/06:	13.856	17	815
2006/07:	24.238	17	1.426

Die Trainer der letzten Jahre:

Name, Vorname	Zeitraum
—	

Karlsruher SC 1894 Mühlburg-Phönix II

Anschrift:
Adenauerring 17
76131 Karlsruhe
Telefon: (07 21) 9 64 34 50
eMail: online@ksc.de
Homepage: www.ksc.de

Vereinsgründung: 16.10.1952 (Fusion von FC Phönix-Alemannia 1894 Karlsruhe und VfB 1933 Mühlburg)
Vereinsfarben: Blau-Weiß
1. Vorsitzender: Hubert H. Raase
Manager: Rolf Dohmen

Stadion: Wildparkstadion, Platz 2 (5.000)

Größte Erfolge: Meister der Verbandsliga Nordbaden 1965, 1983 (↑), 1989 (↑) und 1994; Meister der (Amateur-)Oberliga Baden-Württemberg 1990, 1996 (↑) und 2005 (↑); Pokalsieger Nordbaden 1991, 1994, 1996 und 2000

Aufgebot:

Name, Vorname	Pos	geb. am	Nat.	seit	2007/08 Sp.	T.	gesamt Sp.	T.	frühere Vereine
Abele, Marcel	A	28.09.1987	D	2004	17	0	23	0	SV Waldhof 07 Mannheim, 1. FC Kaiserslautern, MFC Phönix Mannheim
Akgün, Aykut	S	18.09.1987	TUR	2007	16	1	16	1	Zeytinburnuspor Istanbul, Trabzonspor Kulübü, SSV Reutlingen 05, FC Germania Forst, Trabzonspor Kulübü
Barg, Benjamin	A	15.09.1984	D	2005	10	0	82	5	Bahlinger SC, SV Sandhausen, Karlsruher SC, VfL Herrenberg, SV Oberreichenbach
Barg, Thorsten	A	25.08.1986	D	2006	24	1	51	2	VfL Bochum, Karlsruher SC, VfL Herrenberg, SV Oberreichenbach
Bergheim, Stanislaus	S	18.08.1984	D	2006	20	2	49	8	Bonner SC, 1. FC Normannia Gmünd, FC Röhlingen, TSV Ellwangen
Bieber, Christopher	S	03.07.1989	D	2006	12	2	12	2	SV Königshofen, FV Lauda, SV Königshofen
Brosinski, Daniel	M	17.07.1988	D	2003	28	3	31	3	SG Siemens Karlsruhe
Buck, Stefan	A	03.09.1980	D	2007	1	0	100	6	SpVgg Unterhaching, FC Bayern München, SC Pfullendorf, FV Bad Saulgau, FV Ravensburg, FV Biberach, FV Altshausen
Dick, Florian	A	09.11.1984	D	1993	14	0	28	2	FV Hambrücken
Fetsch, Mathias	S	30.09.1988	D	1997	27	7	28	7	eigene Junioren
Fischer, Sebastian	M	07.05.1987	D	2004	30	2	65	2	VfR Pforzheim
Heckenberger, Matthias	M	09.11.1982	D	2007	24	3	45	7	SpVgg Bayreuth, FC Ismaning, TSV München 1860, TSV Gräfelfing
Knorn, Max	M	13.03.1989	D	1998	3	0	3	0	SV Bad Bergzabern, SV Pleiswewiler-Oberhofen
Kornetzky, Jean-François	T	28.07.1982	FRA	2004	1	0	35	0	SR Colmar, Racing Club Straßburg, Lierse SK, Racing Club Straßburg
Krebs, Florian	A	15.11.1988	D	2003	23	1	40	1	SC Hauenstein, FC Leimersheim
Langkamp, Sebastian	A	15.01.1988	D	2008	13	2	27	3	Hamburger SV, FC Bayern München, SC Preußen 06 Münster, SF Merfeld
Moritz, Mathias	T	21.02.1988	D	2000	6	0	6	0	SG Siemens Karlsruhe
Müller, Stefan	A	09.11.1988	D	1998	12	0	12	0	SVK Beiertheim, SpVgg Durlach-Aue
Neziraj, Leutrim	S	15.07.1987	ALB	2005	26	0	44	1	SG Siemens Karlsruhe
Porcello, Massimiliano	M	23.06.1980	ITA	2006	1	0	41	10	DSC Arminia Bielefeld, SC Paderborn 07, FC Gütersloh, VfL Bückeburg, SV Obernkirchen, JSG Lauenhagen
Reinhard, Christopher	A	19.05.1985	D	2007	14	0	14	0	Eintracht Frankfurt, Offenbacher FC Kickers, Rot-Weiß Offenbach
Rutz, Sebastian	M	20.04.1989	D	2002	1	0	1	0	SV Daxlanden
Schnatterer, Marc	M	18.11.1985	D	2006	22	2	37	2	SGV Freiberg, TSV Bönnigheim, VfB Stuttgart, TSV Bönnigheim
Schröder, Ole	M	02.01.1985	D	2000	27	2	84	9	Karlsruher FV
Staffeldt, Timo	M	09.02.1984	D	1996	4	1	16	2	SpVgg 06 Ketsch
Stindl, Lars	M	26.08.1988	D	2001	26	4	38	4	TSV Wiesental
Stoll, Martin	A	09.02.1983	D	2002	2	0	7	0	VfB Stuttgart, Karlsruher SC, SV Sandhausen, VfB Breitenbronn
Tewelde, Fnan	A	21.06.1987	D	2007	23	0	23	0	Eintracht Frankfurt, SG Rot-Weiß Frankfurt, FV 09 Eschersheim
Türkeri, Haluk	S	07.11.1986	D	2006	4	0	24	3	VfL Bochum, MSV Duisburg, SV Walsum 09
Unger, Thomas	T	15.01.1985	D	2000	27	0	59	0	SVK Beiertheim, ASV Ettlingen
Wilhelmsen, Fabian	S	26.05.1986	D	2007	9	0	9	0	FC Konstanz, FC Wollmatingen

Trainer:

Name, Vorname	geb. am	Nat.	Zeitraum	Spiele 2007/08	frühere Trainerstationen
Krieg, Rainer	02.02.1968	D	01.07.05 – lfd.	34	—

Zugänge:
Akgün (Zeytinburnuspor Istanbul), Heckenberger (SpVgg Bayreuth), Moritz und S. Müller (eigene Junioren), Reinhard und Tewelde (Eintracht Frankfurt II), Wilhelmsen (FC Konstanz).
während der Saison:
Bieber, Knorn und Rutz (eigene Junioren), Langkamp (Hamburger SV II).

Abgänge:
Cakan (FC Nöttingen), Eller, Kaya, Mounkala-Bassoumba, Rittmaier und Stadler (unbekannt), M. Fischer (Laufbahn beendet), Gallego, Hock und G. Müller (Sportfreunde Siegen), Manske (SV Wacker Burghausen), K. Müller (SSV Reutlingen 05), Sieverling (VfR Mannheim), Strobel (KSV Hessen Kassel), Traut (TuS Koblenz).
während der Saison:
B. Barg (SV Sandhausen).

Fortsetzung Karlsruher SC 1894 Mühlburg-Phönix II

Aufstellungen und Torschützen:

Sp	Datum	Gegner	Ergebnis	Abele	Akgün	Barg B.	Barg T.	Bergheim	Bieber	Brosinski	Buck	Dick	Fetsch	Fischer	Heckenberger	Knorr	Kornetzky	Krebs	Langkamp	Moritz	Müller	Neziraj	Porcello	Reinhard	Rutz	Schnatterer	Schröder	Staffeldt	Stindl	Stoll	Tewelde	Türkerei	Unger	Wilhelmsen
1	27.07.07	H	Burghausen	0:1 (0:0)	A	E	X	X	X		X			X	X											A		A			X	E	X	E
2	04.08.07	A	VfR Aalen	0:2 (0:1)	A	X	X	X					E	X						E	E			A	X					X	A	X	
3	12.08.07	H	Reutlingen	0:0 (0:0)	E		X	X		X				X	X			X			E	A				X		A			X		
4	17.08.07	A	1860 II	1:2 (0:1)	E		X	X	A		X			X	X					X		A				X		X1			X	E	
5	25.08.07	H	FSV Frankfurt	1:3 (0:1)	X	E		X	X1	X			E	A	X		X				E				A		A				X		
6	02.09.07	A	Unterhaching	0:4 (0:1)	E	X	X	A		X			E	X	X						X			E	X			A		A	X		
7	08.09.07	H	Stuttg. Kickers	0:0 (0:0)			X	X	E	X		A	X								E	X	X			X			X		A	X	
8	15.09.07	A	Elversberg	2:1 (0:0)	X			X	E	X		A1	X	X		X					E				A		X1				X	E	
9	22.09.07	H	Ingolstadt 04	1:1 (1:0)	X		X		A			X1	X	X		X					E			X			X		A		X	E	
10	28.09.07	A	Regensburg	4:1 (2:0)	E		X1		X1		A	X	X	A1		X								E	X		X1		A		X	E	
11	07.10.07	H	Pfullendorf	1:1 (1:0)	E		X	X	E	X		A	X1	A		X					E		A				X		X				
12	19.10.07	A	SF Siegen	1:1 (0:1)	A		X	X	E	X		X	X		A						E				X1		X			A	E	X	
13	28.10.07	H	FC Bayern II	0:0 (0:0)			X	X	E	X		X	A	X							E		A		X		X		X			X		
14	03.11.07	A	Kassel	0:4 (0:2)	E	X	X	X	E		X		A	X	X				X		E		A		X	A						X		
15	10.11.07	A	VfB Stuttgart II	1:2 (1:0)	E		A	X	X		X		X		A	X1			X	E		A				X		X			E			
16	17.11.07	H	Sandhausen	1:1 (1:1)		E		X	A1		X	X	X	E	X						X						X	A	X			X		
17	23.11.07	A	Oggersheim	1:0 (0:0)	X			X	A	E1		X	E	X	A		X		X		A						X		X		E			
18	30.11.07	A	Burghausen	0:0 (0:0)	X			X	A	E	X			X	X		X		X		A			E	A		X		E					
19	08.12.07	H	VfR Aalen	1:1 (1:1)	X			X	E	E			A	X1	A		X		X		X			E	A		X		X					
20	01.03.08	A	Reutlingen	1:1 (0:1)				E	E	X		X	A1				X	X			X	X			A	X		X			X			
21	09.03.08	H	1860 II	2:1 (1:0)			E		A		X	X1	X				X	A			E	A			X	X1	X		E					
22	15.03.08	A	FSV Frankfurt	1:1 (0:0)	A		E		X		A	X	X	E			X1	F			E		X		A	X								
23	22.03.08	H	Unterhaching	0:1 (0:1)			X	E		X	X	A				X			X	E	A		A	X				E			X			
24	29.03.08	A	Stuttg. Kickers	0:2 (0:1)	A	E		X	E	A		E	X	A		X	X				X						X							
25	06.04.08	H	SV Elversberg	3:1 (3:0)	E		X				X	X1	X			X	X					A	E	E	X1	A1	A		X					
26	11.04.04	A	Ingolstadt 04	1:1 (0:1)	X	E	X	X				X	A			X	X				E		X		X1				X				X	A
27	19.04.04	H	Regensburg	1:0 (1:0)		E					X	X	A1			X	X				E	E	A		X	A		X						
28	26.04.08	A	Pfullendorf	0:0 (0:0)	X			E	X		X	X	A			X	X				A	E			X						X	E	
29	02.05.08	A	SF Siegen	1:2 (0:1)				E	X		X	A	E			X	X1	X	E		A	A			X				X					
30	06.05.08	A	FC Bayern II	1:3 (0:2)	E			E1	A		A	X	X			X	X				X	A			X				X				E	
31	09.05.08	H	Kassel	6:1 (3:1)	E1			A1		X1		X1				X	X1	X	E		E1	X			A		X		X				X	A
32	17.05.08	H	VfB Stuttgart II	0:5 (0:2)	E			X	X			X	A	E		X	X		X	A		E	X	A									X	
33	24.05.08	A	Sandhausen	0:1 (0:1)	E			E	X			X		A	X		X				X		X				X					X	A	
34	31.05.08	H	Oggersheim	1:0 (0:0)	E				X1		X	X	X	X			X	A			E				A	E						X		
	Spiele:			17	16	10	24	20	12	28	1	14	27	30	24	3	1	23	13	6	12	26	1	14	1	22	27	4	26	2	23	4	27	9
	Tore:			0	1	0	1	2	2	3	0	0	7	2	3	0	0	1	2	0	0	0	0	0	0	2	2	1	4	0	0	0	0	0

Bilanz der letzten 10 Jahre:

Saison	Liga	Platz	Sp.	S	U	N	Tore	Pkt.
1997/98:	Regionalliga Süd	8.	32	14	5	13	41–52	47
1998/99:	Regionalliga Süd	11.	34	10	9	15	51–52	39
1999/00:	Regionalliga Süd	12.	34	11	11	12	56–51	44
2000/01:	Regionalliga Süd (erste Mannschaft)	1.	34	17	10	7	48–25	61
2000/01:	Oberliga Baden-Württemberg	8.	34	13	8	13	55–52	47
2001/02:	Oberliga Baden-Württemberg	11.	34	11	11	12	43–51	44
2002/03:	Oberliga Baden-Württemberg	15.	34	10	8	16	49–56	38
2003/04:	Oberliga Baden-Württemberg	3.	34	20	5	9	69–40	65
2004/05:	Oberliga Baden-Württemberg	1.	34	22	8	4	69–23	74
2005/06:	Regionalliga Süd	11.	34	12	6	16	41–51	42
2006/07:	Regionalliga Süd	14.	34	10	13	11	44–44	43

Zuschauerzahlen:

Saison	gesamt	Spiele	Schnitt
1997/98:	13.000	16	765
1998/99:	10.460	17	615
1999/00:	9.140	17	538
2000/01:	170.850	17	10.050
2000/01:	5.020	17	295
2001/02:	4.110	17	242
2002/03:	5.045	17	297
2003/04:	9.815	17	546
2004/05:	7.525	17	443
2005/06:	9.728	17	572
2006/07:	12.052	17	709

Die meisten Regionalliga-Spiele: *

Pl.	Name, Vorname	Spiele
1.	Eller, Dominique	137
2.	Ollhoff, Thomas	109
3.	Jung, Martin	84
	Schröder, Ole	84
5.	Haas, Timo	83
6.	Hurle, Christian	81
7.	Barg, Benjamin	71
8.	Hörner, Jochen	70
9.	Fischer, Sebastian	65
	Sprecakovic, Kristian	65

Die besten Regionalliga-Torschützen: *

Pl.	Name, Vorname	Tore
1.	Ollhoff, Thomas	24
2.	Römer, Mark	20
3.	Scharinger, Rainer	18
4.	Strobel, Erich	14
5.	Cetin, Aydin	13
	Traut, Sascha	13
7.	Kolinger, Dubravko	11
8.	Schröder, Ole	9
	Weis, Tobias	9
10.	Bergheim, Stanislaus	8
	Hock, Christopher	8

Die Trainer der letzten Jahre:

Name, Vorname	Zeitraum
Ulrich, Rainer	01.07.1990 – 30.06.1994
Dietrich, Gunter	01.07.1994 – 30.06.1995
Becker, Edmund	01.07.1995 – 12.01.2005
Reich, Burkhard	13.01.2005 – 30.06.2005

* einschließlich der Spiele der ersten Mannschaft aus der Saison 2000/01

KSV Hessen Kassel

Anschrift:
Kölnische Strasse 94 - 104
34119 Kassel
Telefon: (05 61) 2 54 74
eMail: geschaeftsstelle@ksv-hessen.de
Homepage: www.ksv-hessen.de

Vereinsgründung: 1993 und 1997 Konkurs der Vorgängervereine;
03.02.1998 Neugründung als KSV Hessen Kassel

Vereinsfarben: Rot-Weiß-Schwarz
1. Vorsitzender: Jens Rose
Marketing-Leiter: Jörg-Friedrich Schmidt

Stadion:
Auestadion (26.000)

Größte Erfolge nach der Neugründung: Meister der Oberliga Hessen 2006 (↑); Meister der Landesliga Hessen Nord 2002 (↑)

Aufgebot:

Name, Vorname	Pos	geb. am	Nat.	seit	2007/08 Sp.	T.	gesamt Sp.	T.	frühere Vereine
Adler, Oliver	T	14.10.1967	D	2005	34	0	188	0	SC Rot-Weiß Oberhausen, SCB Preußen Köln, SC Viktoria 04 Köln, FV Duisburg 08, Essener TB Schwarz-Weiß
Bauer, Thorsten	S	28:09:1977	D	2002	34	19	80	35	SSV Jahn 2000 Regensburg, KSV Baunatal, SpVgg Olympia Kassel, FC Hessen Kassel
Bayrak, Serdar	M	27.08.1985	TUR	2007	22	2	22	2	SC Paderborn 07, TSG Wattenbach, VfB Süsterfeld, KSV Baunatal, TSV Wolfsanger
Berger, Denis	M	14.04.1983	AUT	2006	27	2	136	16	Sportfreunde Siegen, VfB Stuttgart, FK Austria Wien
Beyer, Daniel	M	22.08.1982	D	2004	26	4	59	9	KSV Baunatal, GSV Eintracht Baunatal, FSC Lohfelden
Busch, Sebastian	M	26.08.1982	D	2006	25	1	51	1	OSC Vellmar, KSV Hessen Kassel, FSV Wacker Gotha, FC Rot-Weiß Erfurt
Dickhaut, Mirko	M	11.01.1971	D	2005	0	0	13	1	Schwarz-Weiß Bregenz, VfL Bochum, Eintracht Frankfurt, KSV Hessen Kassel, KSV Baunatal
Fießer, Jan	M	02.01.1987	D	2006	32	2	61	3	Eintracht Frankfurt, SV Waldhof 07 Mannheim
Gölbasi, Turgay	A	06.01.1983	TUR	2008	14	0	47	0	Caykur Rizespor, KSV Hessen Kassel, KSV Baunatal, FSC Lohfelden
Haas, Andreas	S	20.04.1982	D	2008	14	4	23	9	FK 03 Pirmasens, TSG 1899 Hoffenheim, FC 08 Homburg, 1. FC Saarbrücken, SG Erbach, SV Reiskirchen
Keim, Christoph	A	13.06.1981	D	2003	14	0	31	3	VfL Bochum, FC Hessen Kassel, KSV Hessen Kassel, TSV Allendorf/Landsburg
Kümmerle, Michael	A	21.04.1979	D	2006	33	0	72	0	BSV Kickers Emden, TSG 1899 Hoffenheim, SpVgg Greuther Fürth, SV Stuttgarter Kickers, TSV Eltingen, TSV Weissach
Lamczyk, Dennis	T	15.02.1987	D	2007	1	0	1	0	FC Schalke 04, SC Preußen 06 Münster, 1. FC Gievenbeck, BSV Roxel
Möller, Daniel	M	06.07.1982	D	2007	26	2	30	3	SSV Reutlingen 05, 1. FC Nürnberg, 1. FC Schweinfurt 05, SV Wildflecken
Oliev, Tobias	S	13.08.1985	D	2007	2	0	12	1	1. FC Schwalmstadt, KSV Hessen Kassel, SSV Sand (Emstal)
Petrukhin, Vyacheslav	M	09.12.1984	RUS	2007	1	0	1	0	VfB Auerbach, VfL Pirna-Copitz, BSV Sebnitz, FC Energie Cottbus, SV Werder Bremen, Spartak Moskau, Dynamo Moskau
Schmidt, Arne	M	30.01.1984	D	2006	26	2	30	2	Braunschweiger SC, VfR Weddel
Scholze, Martin	M	28.08.1987	D	2007	20	2	25	2	Hamburger SV, 1. FC Dynamo Dresden, Dresdner SC, Gelb-Weiß Görlitz
Schönewolf, Thorsten	A	10.03.1973	D	2002	22	2	186	11	KSV Baunatal, 1. SC Göttingen 05, SC Paderborn 07, SC Neukirchen, FC Hessen Kassel, SC Neukirchen, KSV Baunatal, SG Kaufungen
Strobel, Erich	S	18.02.1986	D	2007	22	4	79	18	Karlsruher SC, FC Germania Forst
Suslik, Dominik	A	30.12.1984	D	2004	10	0	28	0	1. SC Göttingen 05, TSG Hannoversch Münden
Tanjic, Mirko	S	02.08.1987	CRO	2007	5	0	5	0	KSV Baunatal, CSC 03 Kassel, VfL Kassel, Olympia Kassel
Willers, Tobias	A	21.04.1987	D	2007	29	2	29	2	Hannover 96, VfV Hildesheim, TSV Havelse
Wojcik, Sebastian	S	07.11.1978	D	2007	4	0	255	68	SV Wilhelmshaven, FC St. Pauli, Holstein Kiel, Rot-Weiss Essen, SV Wilhelmshaven, SV Werder Bremen, VfB Oldenburg
Wolf, Tobias	T	06.08.1988	D	2007	0	0	0	0	SC Borussia Fulda, Eintracht Frankfurt, JSG Landrücken
Zinke, Sebastian	A	20.02.1985	D	2007	27	0	75	0	1. FC Köln, KSV Baunatal, TSV Wolfsanger, Tuspo Waldau

Trainer:

Name, Vorname	geb. am	Nat.	Zeitraum	Spiele 2007/08	frühere Trainerstationen
Hamann, Matthias	10.02.1968	D	01.07.05 – 11.05.08	31	TuS Hohenecken, Linzer ASK (Co-Trainer)
Dickhaut, Mirko	11.01.1971	D	12.05.08 – 30.06.08	3	KSV Hessen Kassel II

Zugänge:
Bayrak (SC Paderborn 07), Lamczyk (FC Schalke 04), Möller (SSV Reutlingen 05), Petrukhin (VfB Auerbach), Oliev (1. FC Schwalmstadt), Scholze (Hamburger SV II), Strobel (Karlsruher SC II), Tanjic (KSV Baunatal), Willers (Hannover 96 II), Wolf (SC Borussia Fulda), Zinke (1. FC Köln II).

während der Saison:
Gölbasi (Caykur Rizespor), Haas (FK 03 Pirmasens).

Abgänge:
Aksoy (Wuppertaler SV Borussia), Arnold (Laufbahn beendet), Gölbasi (Caykur Rizespor), Julio César und Wagner (SV Viktoria Aschaffenburg), Klinger (Rot-Weiss Essen), Mason (TSG Wattenbach), Noutsos (VfB Lübeck), Schwager und Turhan (FC Energie Cottbus II), Seeger (TuSpo Grebenstein).

während der Saison:
Dickhaut (Laufbahn beendet, Trainer II. Mannschaft), Oliev (FSC Lohfelden).

Fortsetzung KSV Hessen Kassel

Aufstellungen und Torschützen:

Sp	Datum		Gegner	Ergebnis	Adler	Bauer	Bayrak	Berger	Beyer	Busch	Fießer	Gölbasi	Haas	Keim	Kümmerle	Lamczyk	Möller	Oliev	Petrukhin	Schmidt	Scholze	Schönewolf	Strobel	Suslik	Tanjic	Willers	Wojcik	Zinke
					1	2	3	4	5	6	7	8	9	10	11	12	13	14	15	16	17	18	19	20	21	22	23	24
1	28.07.07	H	VfR Aalen	1:3 (1:0)	X	X1		X	A		A			X			X	E			E	X	A		E	X		X
2	04.08.07	A	SSV Reutlingen 05	0:0 (0:0)	X	X		A	X	E	A		E	X			X			E		X	X			X		A
3	11.08.07	H	München 1860 II	4:0 (0:0)	X	X3		A	X	A	X			X			X	E		E		X	X1			X		
4	18.08.07	A	FSV Frankfurt	0:0 (0:0)	X	X		A	X	X	X		E	X			X				E	A	A	E		X		
5	25.08.07	H	SpVgg Unterhaching	2:2 (1:1)	X	X1		X	A	X1		X	X							E		A	A	E	X	E		
6	01.09.07	A	Stuttgarter Kickers	2:0 (1:0)	X	A		X	A	X	X1		X	X			E			E		A1	X		X			E
7	08.09.07	H	SV 07 Elversberg	3:0 (1:0)	X	A1	E1	A	A	X1	X		E	X			X			E		X			X			X
8	14.09.07	A	FC Ingolstadt 04	0:3 (0:1)	X	A	E	A	A	X	X		E	X			X			E		X			X			X
9	22.09.07	H	Jahn Regensburg	4:0 (3:0)	X	X1	A	X1	E1		X			E		X		A1	E			A			X			X
10	29.09.07	A	SC Pfullendorf	2:5 (0:2)	X	X1	X	A	E	E	X			X		X		A	E1			A			X			X
11	06.10.07	H	SF Siegen	0:0 (0:0)	X	X	X	X		E	X			X		X		A				A			X	E		X
12	20.10.07	A	Bayern München II	0:4 (0:2)	X	X	X	X	E		X			X		X	E	A				A			X			X
13	28.10.07	A	VfB Stuttgart II	0:1 (0:1)	X	X	X	X		A	X			X		X				X	E				X			
14	03.11.07	H	Karlsruher SC II	4:0 (2:0)	X	X2	A	A	E	E	A			X		X		X	E			X2	X		X			
15	10.11.07	A	SV Sandhausen	2:3 (2:0)	X	X2	A	X	EA		X			X		X		A	E			X				E	X	
16	17.11.07	H	FSV Oggersheim	1:1 (1:0)	X	X	A		A	E	X			X				X	E	X	A	X				E	X	
17	24.11.07	A	Wacker Burghausen	1:3 (1:1)	X	X	X1		E	A	X		E	X			E			A	A	X			X	E	X	
18	01.12.07	A	VfR Aalen	2:1 (1:0)	X	X1	A			E	A		E	X			E			X1	A	X	E		X			X
19	15.12.07	H	SSV Reutlingen 05	3:3 (0:0)	X	A2	A	E1		E	A		X	X				X	A			E	X		X			X
20	01.03.08	A	München 1860 II	2:2 (1:0)	X	X	A	X	E1	E	A	X	X1	X			A			X	E				X			
21	08.03.08	H	FSV Frankfurt	1:1 (0:1)	X	X	A	X			X	A	X			X	X1		A	E	E			E	X			
22	15.03.08	A	SpVgg Unterhaching	3:5 (2:2)	X	X	E	X			X	A	X2	X			E		A	X1	A				E			X
23	22.03.08	H	Stuttgarter Kickers	1:1 (0:1)	X	X	E		A	X	X	X	X	X			E			A	X1				X			X
24	29.03.08	A	SV 07 Elversberg	1:1 (1:0)	X	A		X		E	E	X		X			A			A		X			E	X		X
25	05.04.08	H	FC Ingolstadt 04	1:1 (1:0)	X	X1	E	A	A	X		X	X	X						E	E	X			X			A
26	12.04.08	A	Jahn Regensburg	2:0 (0:0)	X	X1	E	A	X1	X		A	A	X			E			E	X				X			X
27	19.04.08	H	SC Pfullendorf	3:1 (2:0)	X	X		A	X1	A	E	X	A1	X			E			E	X				X1			X
28	26.04.08	H	SF Siegen	1:1 (1:0)	X	X		X	A	X	E	A	A	X						E	X	E			X			X
29	02.05.08	H	Bayern München II	2:3 (1:1)	X	X1	E		X	A	X	A	X				E			X1	E				X			A
30	06.05.08	H	VfB Stuttgart II	1:1 (0:0)	X	X1	E	E	A	X	E		X	X			A			X					X			A
31	09.05.08	A	Karlsruher SC II	1:6 (1:3)	X	X		A		X	E	A	X	X1						E	X	E			A			X
32	17.05.08	A	SV Sandhausen	0:3 (0:0)	X	X	E		A	A	X	X	X	X			X			A	E	E						
33	24.05.08	A	FSV Oggersheim	0:1 (0:0)	X	X		A		X	X		X	X			X			E	A	X	E		E			A
34	31.05.08	H	Wacker Burghausen	1:1 (0:1)	A	X		X		X	X	E	A	X	E		E			X					X1			A
	Spiele:				34	34	22	27	26	25	32	14	14	14	33	1	26	2	1	26	20	22	22	10	5	29	4	27
	Tore:				0	19	2	2	4	1	2	0	4	0	0	0	2	0	0	2	2	2	4	0	0	2	0	0

Gegnerische Eigentore im 16. Spiel (durch Strohmann), 24. Spiel (durch Zepek) und 28. Spiel (durch Bogusz).

Bilanz der letzten 9 Jahre:

Saison	Liga	Platz	Sp.	S	U	N	Tore	Pkt.
1998/99:	Kreisliga Kassel A, Gruppe 2	1.	28	27	1	0	148–14	82
1999/00:	Bezirksliga Kassel, Gruppe 1	1.	30	27	3	0	129–21	84
2000/01:	Bezirksoberliga Kassel, Gruppe 2	1.	30	21	6	3	97–32	69
2001/02:	Landesliga Hessen Nord	1.	30	22	5	3	87–28	71
2002/03:	Oberliga Hessen	2.	34	23	5	6	76–32	74
2003/04:	Oberliga Hessen	2.	34	26	6	2	93–35	84
2004/05:	Oberliga Hessen	13.	34	10	9	15	52–48	39
2005/06:	Oberliga Hessen	1.	34	23	6	5	75–25	75
2006/07:	Regionalliga Süd	10.	34	13	7	14	45–56	46

Zuschauerzahlen:

Saison	gesamt	Spiele	Schnitt
1998/99:	9.520	14	680
1999/00:	11.100	15	740
2000/01:	18.150	15	1.210
2001/02:	29.700	15	1.980
2002/03:	48.935	17	2.879
2003/04:	35.095	17	2.064
2004/05:	20.808	17	1.224
2005/06:	39.902	17	2.347
2006/07:	82.254	17	4.838

Die meisten Regionalliga-Spiele:

Pl.	Name, Vorname	Spiele
1.	Adler, Oliver	68
	Bauer, Thorsten	68
3.	Fießer, Jan	61
4.	Beyer, Daniel	59
5.	Schönewolf, Thorsten	54
6.	Busch, Sebastian	51
7.	Gölbasi, Turgay	47
8.	Kümmerle, Michael	46
9.	Berger, Denis	40
10.	Keim, Christoph	31

Die besten Regionalliga-Torschützen:

Pl.	Name, Vorname	Tore
1.	Bauer, Thorsten	35
2.	Beyer, Daniel	9
3.	Berger, Denis	4
	Haas, Andreas	4
	Schönewolf, Thorsten	4
	Strobel, Erich	4
7.	Arnold, Marc	3
	Fießer, Jan	3
	Julio César	3
	Keim, Christoph	3
	Noutsos, Athanasios Saky	3

Die Trainer der letzten Jahre:

Name, Vorname	Zeitraum
Müller, Jörg	01.07.1998 – 30.03.2001
Brück, Holger	31.03.2001 – 30.06.2001
Scott, Terry	01.07.2001 – 27.08.2001
Brück, Holger	28.08.2001 – 31.12.2001
Roggensack, Oliver	01.01.2002 – 31.03.2003
Freudenstein, Thomas	01.04.2003 – 13.02.2004
Thomale, Hans-Ulrich	20.02.2004 – 03.10.2004
Sturm, Bernd	05.10.2004 – 30.06.2005

TSV München 1860 II

Anschrift:
Grünwalder Straße 114
81547 München
Telefon: (0 89) 6 42 78 51 00
eMail: info@tsv1860muenchen.de
Homepage: www.tsv1860.de

Vereinsgründung: 17.05.1860 als Verein zur körperlichen Ausbildung; ab 1919 TSV 1860; Fußballabteilung am 25.04.1899 gegründet

Vereinsfarben: Grün-Gold
Präsident: Alfred H. Lehner
Geschäftsführung: Dr. Stefan Ziffzer

Stadion: Stadion an der Grünwalder Straße (21.270)

Größte Erfolge: Meister der I. Amateurliga Südbayern 1961; Meister der Oberliga Bayern 1997 (↑) und 2004 (↑)

Aufgebot:

Name, Vorname	Pos	geb. am	Nat.	seit	2007/08 Sp.	T.	gesamt Sp.	T.	frühere Vereine
Baufeldt, Andreas	M	15.03.1984	D	2007	24	2	24	2	KSV Klein-Karben, SV Bad Nauheim, Eintracht Frankfurt
Baumgartlinger, Julian	M	02.01.1988	AUT	2005	17	0	27	1	USC Mattsee
Bender, Sven	M	27.04.1989	D	2002	1	0	16	1	SpVgg Unterhaching, TSV Brannenburg
Bückle, Claus	A	25.04.1987	D	2007	14	0	14	0	TSG 1899 Hoffenheim, Karlsruher SC, SV Sandhausen, SG Oftersheim, VfL Hockenheim, FV 08 Hockenheim
Bukowski, Tobias	S	03.02.1987	D	2005	10	0	14	0	SpVgg 09 Ansbach, TSV Marktbergel
Burkhard, Christoph	A	09.11.1984	D	2000	27	0	100	4	FC Augsburg, BC Aichach, TSV Hollenbach
Duhnke, Manuel	M	10.08.1987	D	2002	24	7	56	13	1. FC Schweinfurt 05, FV Karlstadt
Eberlein, Alexander	A	14.01.1988	D	2003	17	0	43	0	SpVgg Greuther Fürth, Sportfreunde Großgründlach
Fink, Anton	M	31.07.1987	D	1996	29	6	61	9	SC Maisach
Gebhart, Timo	M	12.04.1989	D	2004	1	0	5	1	FC Memmingen, BSC Memmingen
Göktan, Berkant	S	12.12.1980	TUR	2006	1	0	57	25	1. FC Kaiserslautern, Besiktas Istanbul, Galatasaray Istanbul, FC Bayern München, DSC Arminia Bielefeld, Borussia Mönchengladbach, FC Bayern München, Helios München
Hofmann, Michael	T	03.11.1972	D	1996	2	0	41	0	SpVgg Bayreuth, SV Mistelgau
Holebas, José	S	27.06.1984	D	2006	11	0	43	12	FC Viktoria Kahl, SV 1910 Damm, FSV Teutonia Obernau, FC Kleinwallstadt, FC Süding
Johnson, Fabian	a	11.12.1987	D	1996	1	0	43	0	Sportfreunde München
Jungwirth, Florian	A	27.01.1989	D	2000	20	0	20	0	Eintracht Karlsfeld
Kaiser, Sandro	M	21.09.1989	D	2006	2	0	2	0	MTV Diessen
Kohlbacher, Joachim	T	25.02.1985	AUT	2006	0	0	0	0	SC Schwanenstadt, DSV Leoben, FC Gratkorn
Kucukovic, Mustafa	S	05.11.1986	D	2007	8	2	49	23	Hamburger SV, SpVgg Greuther Fürth, Hamburger SV, VfL Bochum, FC Schalke 04, SSV Buer 07/28
Ledgerwood, Nicolas	m	16.01.1985	CAN	2007	5	0	50	1	SV Wacker Burghausen, TSV München 1860, Calgary Storm FC
Leicht, Manuel	M	02.09.1980	D	2006	2	1	2	1	SV Heimstetten, TSV München 1860, TSV Großbardorf
Lercher, Niklas	M	10.02.1987	AUT	2005	1	0	6	0	BNZ Tirol Innsbruck, IAC Tiroler Loden Innsbruck
Pagenburg, Chhunly	S	10.11.1986	D	2007	8	2	8	2	1. FC Nürnberg, SpVgg Greuther Fürth, 1. FC Nürnberg, SB Phönix Nürnberg
Purdy, Steve	A	05.02.1985	USA	2007	25	0	26	0	University of California Berkeley Golden Bears, Archbishop Mitty High School, Southern San José Fusion
Ratei, Julian	A	12.07.1988	D	2003	2	0	8	0	SpVgg Bayreuth, Sportring Bayreuth St. Georgen
Rodriguez Jara, Rodolfo	T	08.03.1987	PAR	2007	12	0	12	0	AS Lucchese-Libertas, CA Juventud de Las Piedras Montevideo
Rössl, Andreas	T	20.02.1988	D	1996	21	0	24	0	FC Finsing
Schäffler, Manuel	S	06.02.1989	D	2001	24	7	28	7	TSV Moorenweis
Schick, Michael	A	29.02.1988	D	2004	23	1	23	1	SV Stuttgarter Kickers, VfB Stuttgart, TSV Stuttgart-Mühlhausen
Schittenhelm, David	A	13.03.1987	D	2007	19	3	19	3	TSV Nördlingen, TSV Oettingen, SpVgg Besigheim
Schmitt, Ralf	S	21.01.1977	D	2006	18	1	75	18	Sportfreunde Siegen, FC Nöttingen, Karlsruher SC, VfR Wormatia 08 Worms, Eintracht Frankfurt, FV Speyer, VfR Speyer
Schwarz, Benjamin	A	10.07.1986	D	2002	12	0	46	1	SpVgg Unterhaching, SV 1880 München, FC Ludwigsvorstadt
Stahl, Dominik	M	20.08.1988	D	2004	16	0	23	0	TSG 1899 Hoffenheim, TSV Tauberbischofsheim, SV Osterburken
Szukala, Lukas	A	26.05.1984	POL	2004	7	1	51	4	FC Metz, SV Eintracht Trier 05, SV Trassem, TuS Fortuna Saarburg
Tausendpfund, Florian	A	05.01.1987	D	2006	20	1	31	1	SSV Jahn 2000 Regensburg, TSV Bernhardswald
Wittek, Mathias	A	30.03.1989	D	2004	5	1	5	1	TSV Aindling, MBB SG Augsburg
Ziegenbein, Björn	A	30.04.1986	D	2001	23	4	62	9	FC Bayern Alzenau

Trainer:

Name, Vorname	geb. am	Nat.	Zeitraum	Spiele 2007/08	frühere Trainerstationen
Wolf, Uwe	10.08.1967	D	01.07.2007 – lfd.	34	TSG 1899 Hoffenheim Junioren

Zugänge:
Baufeldt (KSV Klein-Karben), Bückle (TSG 1899 Hoffenheim), Jungwirth, Schick und Wittek (eigene Junioren), Ledgerwood (SV Wacker Burghausen), Rodriguez Jara (AS Lucchese-Libertas), Schittenhelm (TSV Nördlingen).
während der Saison:
Kaiser (eigene Junioren).

Abgänge:
Maschke und Nagelsmann (FC Augsburg II), O'Connor (FSV Oggersheim), Polak (SpVgg Unterhaching), Poschauko (FC Bayern Hof), Ramaj (FC Energie Cottbus II) Träsch (VfB Stuttgart II), Welm (VfR Aalen).

Fortsetzung TSV München 1860 II

Aufstellungen und Torschützen:

Sp	Datum	Gegner	Ergebn.	Baufeldt	Baumgartlinger	Bender	Bückle	Bukowski	Burkhard	Duhnke	Eberlein	Fink	Gebhart	Göktan	Hofmann	Holebas	Johnson	Jungwirth	Kaiser	Kucukovic	Ledgerwood	Leicht	Lercher	Pagenburg	Purdy	Ratei	Rodriguez Jara	Rössl	Schäffler	Schick	Schittenhelm	Schmitt	Schwarz	Stahl	Szukala	Tausendpfund	Wittek	Ziegenbein
				1	2	3	4	5	6	7	8	9	10	11	12	13	14	15	16	17	18	19	20	21	22	23	24	25	26	27	28	29	30	31	32	33	34	35
1	27.07.07 A	Siegen	0:1 (0:1)	A					X	X		E			X									X		X	E			X	X	X	X				A
2	03.08.07 H	Bayern II	3:2 (1:1)	X					X	A1	X				X									X		X	E1		E	X	X	A				X1
3	11.08.07 A	Kassel	0:4 (0:0)	A	A				X	X		E			X									X		X	E			X	X	X		X			
4	17.08.07 H	KSC II	2:1 (1:0)	E	X				X	X1	A													X		X	E			A	X	X	X1				X
5	24.08.07 A	Sandhausen	0:1 (0:0)	E	X				X	A	X	A												X		X	E			X	X	X					X
6	01.09.07 H	Oggersheim	0:1 (0:0)		E	X			X		X	E			X				X	A				X	A				E	X		X					A
7	08.09.07 A	Burghausen	0:0 (0:0)						X	A	X				X				X					X		X	E		E	X	X	X					A
8	15.09.07 H	Aalen	3:0 (2:0)	X1		X			X	X	X						X							X	X			X		X1	A		E				X1
9	21.09.07 A	Reutlingen	4:1 (3:0)	A1			X		X	X	X	E						E					X	X	X3	A					X	E				A
10	01.10.07 H	VfB Stg. II	0:1 (0:1)	X					X	X	E		A			A								X		X	E			E	X	X					A
11	06.10.07 H	Frankfurt	1:5 (0:2)	X	E			X	A	X1		A		X									X	X	X				E	X						
12	21.10.07 A	Unterhaching	2:2 (0:2)	A	X		A	E	X	X2	E				X									X	X	X	E		X								A
13	27.10.07 H	Stutt. Kickers	1:0 (1:0)		X			A	X	A	E		X		E		A1							X	X	E			X	X							X
14	02.11.07 A	Elversberg	0:2 (0:1)	A			X	E	X	X	E				X									X	X	X	A						X				X
15	10.11.07 H	Ingolstadt	0:2 (0:0)	X			A	E	A	A					X									X	E	X	X										X
16	17.11.07 A	Regensburg	1:2 (0:1)	E				X	X				A	X	X	X1								X	X	X	E			X							A
17	23.11.07 H	Pfullendorf	1:0 (0:0)	E				X	X	A					X									X		X	X	A	X1	E			X				E
18	30.11.07 H	Siegen	3:0 (1:0)	E	X		A		X	X		A1			X									X		X	A2	E	X	E			X				X
19	09.12.07 A	Bayern II	0:1 (0:0)	E			A	E	X	A	X				A									X		X	E	X	X				X				X
20	01.03.08 H	Kassel	2:2 (1:1)				X		A	X	X							X						X		X	A1	X	E	E		X	X					
21	09.03.08 A	KSC II	1:2 (0:1)	A			X	X	X	X					X								X	E	X			X			X	X1					
22	14.03.08 H	Sandhausen	0:2 (0:2)	X				E	X		A	X				A							X	X		X		X	X			E	X					
23	20.03.08 A	Oggersheim	1:1 (0:0)	E				X	X	X	A	A			E							X1		X		X	X		X	X							
24	28.03.08 H	Burghausen	5:0 (1:0)	X	X		X		X	A2					X			X	E					X		A1	X1	E					X1					
25	05.04.08 A	Aalen	0:2 (0:2)	E			A	E	X	A	X		X		X			X					X		A	X			E	X							
26	12.04.08 H	Reutlingen	2:2 (2:1)	E				X	X	X					X			A1	X					X	A	X			E	X	X1						
27	18.04.08 A	VfB Stg. II	2:1 (0:1)	X				X	E1	X	E1				X	X	X		A					X		A			E		X						A
28	26.04.08 H	Frankfurt	2:1 (1:0)	E	X		A		X	A1					X			A	X					X	E	E	X			X			X1				
29	03.05.08 H	Unterhaching	0:1 (0:0)	E				E		X	X	X			X		A	A	X					X	E	A	X		X								
30	06.05.08 A	Stutt. Kickers	2:1 (1:1)				X		X	A2	A				X		X							X	E	X	X		E								
31	10.05.08 H	Elversberg	0:0 (0:0)	X					X	X					X								A	A	X	E	X						X	E	X		
32	17.05.08 A	Ingolstadt	1:2 (1:0)	E	X			X	X	X					X								X		X	A	X1			X						X	X
33	24.05.08 H	Regensburg	0:1 (0:1)	E	X			E	A	X	X	A		X										X	E	X		A				X				X
34	31.05.08 A	Pfullendorf	1:0 (0:0)	E				A	A	X				X				X1					X	X	E	E	A		X		X	X					
	Spiele:			24	17	1	14	10	27	24	17	29	1	1	2	11	1	20	2	8	5	2	1	8	25	2	12	21	24	23	19	18	12	16	7	20	5	23
	Tore:			2	0	0	0	0	0	7	0	6	0	0	0	0	0	0	0	0	0	2	0	1	0	2	0	0	0	0	7	1	3	1	0	0	1	1	4

Gegnerisches Eigentor im 20. Spiel (durch Schönewolf).

Bilanz der letzten 10 Jahre:

Saison	Liga	Platz	Sp.	S	U	N	Tore	Pkt.
1997/98:	Regionalliga Süd	9.	32	11	10	11	51–43	43
1998/99:	Regionalliga Süd	9.	34	12	9	13	49–51	45
1999/00:	Regionalliga Süd	7.	34	12	12	10	48–38	48
2000/01:	Regionalliga Süd	16.	34	8	13	13	49–63	37
2001/02:	Oberliga Bayern	2.	36	23	8	5	79–34	77
2002/03:	Oberliga Bayern	2.	34	22	5	7	83–35	71
2003/04:	Oberliga Bayern	1.	34	21	5	8	71–40	68
2004/05:	Regionalliga Süd	15.	34	11	7	16	39–44	40
2005/06:	Regionalliga Süd	15.	34	9	10	15	39–51	37
2006/07:	Regionalliga Süd	13.	34	9	16	9	54–47	43

Zuschauerzahlen:

Saison	gesamt	Spiele	Schnitt
1997/98:	11.700	16	688
1998/99:	7.300	17	429
1999/00:	10.100	17	594
2000/01:	11.500	17	676
2001/02:	6.450	18	358
2002/03:	5.300	17	312
2003/04:	10.000	17	588
2004/05:	9.680	17	569
2005/06:	9.077	17	534
2006/07:	21.850	17	1.285

Die meisten Regionalliga-Spiele:

Pl.	Name, Vorname	Spiele
1.	Holzer, Christian	134
2.	Schlüter, Thomas	122
3.	Fuchs, Danny	121
4.	Kresin, Sven	112
5.	Fröhlich, Christian	106
6.	Burkhard, Christoph	100
7.	Hasanovic, Admir	80
8.	Esche, Markus	74
9.	Öller, Michael	67
10.	Adler, Nicky	66

Die besten Regionalliga-Torschützen:

Pl.	Name, Vorname	Tore
1.	Fuchs, Danny	27
2.	Adler, Nicky	26
3.	Fröhlich, Christian	22
4.	Holzer, Christian	14
5.	Barlecaj, Marko	13
	Duhnke, Manuel	13
	Schlüter, Thomas	13
8.	Hasanovic, Admir	12
	Holebas, José	12
10.	Stohn, Tom	11

Die Trainer der letzten Jahre:

Name, Vorname	Zeitraum
Pacult, Peter	01.07.1996 – 30.06.1998
Koschlick, Klaus-Dieter	01.07.1998 – 30.06.1999
Schade, Hartmut	01.07.1999 – 31.03.2001
Pacult, Peter	01.04.2001 – 30.06.2001
Hinterberger, Florian	01.07.2001 – 30.06.2003
Maurer, Reiner	01.07.2003 – ??.04.2004
Koschlick, Klaus-Dieter	??.04.2004 – 30.06.2004
Higl, Alfons	01.07.2004 – 30.06.2006
Kurz, Marco	01.07.2006 – 18.03.2007
Koschlick, Klaus-Dieter	19.03.2007 – 30.06.2007

FC Bayern 1900 München II

Anschrift:
Säbener Straße 51
81547 München
Telefon: (0 89) 6 99 31 78 57
eMail: info@fcbayern.de
Homepage: www.fcbayern.de

Vereinsgründung: 27.02.1900

Vereinsfarben: Rot-Weiß
Präsident: Franz Beckenbauer
Abteilungsleiter: Werner Kern

Stadion:
Stadion an der Grünwalder Straße (21.270)

Größte Erfolge: Deutscher Amateur-Vizemeister 1983 und 1987; DFB-Pokal-Viertelfinale 1995; Meister der Regionalliga Süd 2004; Qualifikation für den DFB-Pokal 1974, 1976, 1982, 1984, 1993, 1994, 1995, 2002 und 2004

Aufgebot:

Name, Vorname	Pos	geb. am	Nat.	seit	2007/08 Sp.	T.	gesamt Sp.	T.	frühere Vereine
Badstuber, Holger	A	13.03.1989	D	2002	23	4	23	4	VfB Stuttgart, TSV Rot a.d. Rot
Benede, Alexander	S	20.09.1988	D	2005	1	0	1	0	TSV München München 1860 II
Celozzi, Stefano	A	02.11.1988	D	2005	31	2	81	3	SSV Ulm 1846, SC Bubesheim, TSV Wasserburg/Günz
Ekici, Mehmet	M	25.03.1990	D	1997	9	0	9	0	SpVgg Unterhaching
Fürstner, Stephan	M	11.09.1987	D	1998	24	1	70	4	MTV Diessen
Görlitz, Michael	M	08.03.1987	D	2002	16	2	36	4	1. FC Nürnberg, FC Holzheim-Neumarkt, Phönix Nürnberg
Grün, Max	T	05.04.1987	D	2002	1	0	2	0	FV Karlstadt
Haas, Maximilian	M	07.10.1985	D	2007	0	0	0	0	SE Freising
Heinze, Timo	A	23.02.1986	D	1998	18	0	47	0	TSV 1860 Rosenheim, SV Westerndorf
Höferth, Marco	A	25.03.1988	D	2003	3	0	7	0	FV 1913 Lauda, Viktoria Wertheim, VfB Reicholzheim, FC Dörlesberg
Hummels, Mats	A	16.12.1988	D	1995	10	3	42	5	eigene Junioren
Ismaël, Valérien	A	28.09.1975	FRA	2005	3	0	7	2	SV Werder Bremen, Racing Club Straßburg, Racing Lens, Racing Club Straßburg, Racing Lens, Crystal Palace, Racing Club Straßburg
Kokocinski, Michael	a	07.02.1985	D	2006	29	2	96	6	TSV München 1860, TSV 1860 Rosenheim
Kopplin, Björn	A	07.01.1989	D	2006	1	0	1	0	1. FC Union Berlin
Kraft, Thomas	T	22.07.1988	D	2004	33	0	46	0	SG Betzdorf 06
Kroos, Toni	M	04.01.1990	D	2006	12	3	12	3	FC Hansa Rostock, Greifswalder SC
Linke, Thomas	A	26.12.1969	D	2007	33	1	33	1	Red Bull Salzburg, FC Bayern München, FC Schalke 04, FC Rot-Weiß Erfurt, BSG Robotron Sömmerda
Müller, Thomas	M	13.09.1989	D	2000	3	1	3	1	TSV Pfähl
Nagorny, Vitus	S	26.06.1978	D	2007	29	6	191	62	SVgg 07 Elversberg, SV Eintracht Trier 05, FC Erzgebirge Aue, SVgg 07 Elversberg, SV Wehen Taunusstein, FC Augsburg, 1. FC Schweinfurt 05, Karlsruher SC, VfL Wolfsburg, SpVgg Landshut, SG Post/Süd Regensburg, FC Dingolfing
Niedermaier, Georg	A	26.02.1986	D	1995	20	0	68	0	SC Bogenhausen
Podolski, Lukas	S	04.06.1985	D	2006	2	0	4	0	1. FC Köln, Verein für Jugend und Volksspiele 07 Bergheim/Erft
Rieß, Stefan	M	09.12.1988	D	2003	5	0	5	0	FC Augsburg, TSV Nördlingen
Rohracker, Dominik	S	09.01.1989	D	2001	2	0	2	0	SV Gendorf Burgkirchen
Saba, Christian	A	29.12.1978	GHA	2000	31	2	273	12	DSC Arminia Bielefeld, Hertha BSC Berlin, FC Bayern München, King Harrison Accra, Accra Hearts of Oak FC
Sagnol, Willy	A	18.03.1977	FRA	2000	2	0	3	0	AS Monaco, AS St. Etienne, AJ Auxerre, FC Sochaux
Schlaudraff, Jan	S	18.07.1983	D	2007	5	1	5	1	TSV Alemannia Aachen, Borussia Mönchengladbach, Binger FVgg Hassia, JSG Wissen
Schütz, Tom	A	20.01.1988	D	2003	24	0	47	0	1. FC Hassfurt, TSV Burgpreppach
Schwarz, Matthias	M	28.12.1987	D	2002	33	5	64	7	TSV Amorbach
Sikorski, Daniel	S	02.11.1987	AUT	2005	28	12	67	16	BNZ Niederösterreich-St. Pölten, SV Waidhofen
Stier, Marco	S	26.03.1984	D	2006	0	0	50	6	SV Werder Bremen, FC St. Pauli, SC Concordia Hamburg, SV St. Georg
Wagner, Sandro	M	29.11.1987	D	1997	13	0	44	2	Hertha München
Yilmaz, Deniz	S	26.02.1988	D	2005	22	7	27	7	SSV Ulm 1846, TV Wiblingen

Trainer:

Name, Vorname	geb. am	Nat.	Zeitraum	Spiele 2007/08	frühere Trainerstationen
Gerland, Hermann	04.06.1954	D	01.07.2001 – lfd.	34	DSC Arminia Bielefeld, Tennis Borussia Berlin, 1. FC Nürnberg, FC Bayern München (Amateure, Co-Trainer, Junioren), 1. FC Nürnberg, VfL Bochum

Zugänge:
Badstuber, Benede, Kopplin, Kroos, Rieß und Rohracker (eigene Junioren), Haas (SE Freising), Linke (Red Bull Salzburg), Nagorny (SVgg 07 Elversberg).

während der Saison:
Ekici und Müller (eigene Junioren).

Abgänge:
Krause (SC Borussia Fulda), Langkamp (Hamburger SV), N'Gwat-Mahop (Red Bull Salzburg), Fabian Müller (FC Erzgebirge Aue), Florian Müller (1. FC Magdeburg).

während der Saison:
Hummels (Borussia Dortmund).

Fortsetzung FC Bayern München II

Aufstellungen und Torschützen:

Sp	Datum	Gegner	Ergebnis	Badstuber	Benede	Celozzi	Ekici	Fürstner	Görlitz	Grün	Heinze	Höferth	Hummels	Ismaël	Kokocinski	Kopplin	Kraft	Kroos	Linke	Müller	Nagorny	Niedermaier	Podolski	Rieß	Rohracker	Saba	Sagnol	Schlaudraff	Schütz	Shwarz	Sikorski	Wagner	Yilmaz
1	28.07.07 H	SSV Reutlingen	0:0 (0:0)	X				X	E		A	X		A		X		X				E				A	X		E	X	X		
2	03.08.07 A	München 1860 II	2:3 (1:1)		E	X		X			X				X1	X	X		X			E		X					A	A	X1		
3	12.08.07 H	FSV Frankfurt	2:1 (1:0)	X1		X			E					X		X	X		A	A				X					E	X	X1	X	
4	18.08.07 A	Unterhaching	0:0 (0:0)	X		X		E	X				X	X		X		X		E		A		A					E	A	X		
5	26.08.07 H	Stuttg. Kickers	0:1 (0:0)	X		X			X	A				X		X		X		E		A	E	X							X	X	
6	01.09.07 A	SV 07 Elversberg	0:3 (0:1)	X		X		X	E					X		X		X		X	E			A	X					A	A		E
7	08.09.07 H	FC Ingolstadt 04	1:1 (0:0)	X	A			X	E					X		X		X		X	X			X					E	A1		X	
8	15.09.07 A	Regensburg	0:2 (0:0)	X		X			E					X		X	X	X		X	X		E	A					A	A			E
9	21.09.07 H	SC Pfullendorf	2:1 (1:1)	A		X								X		X	X	X		E1	X			X		A	E	X	A1				E
10	28.09.07 A	SF Siegen	1:1 (1:1)	E		X								X		X		A		X				X					E	A	A1	X	E
11	07.10.07 A	VfB Stuttgart II	0:1 (0:1)			X		X			A		A	X		X	X	E		X	E		X						X	X	A	E	
12	20.10.07 H	Hessen Kassel	4:0 (2:0)			X		X	E			X1		X		X	X	X		A1				X					E	A1	A		E1
13	28.10.07 A	Karlsruher SC II	0:0 (0:0)			X		X	A		E		X	X		X	X	X				E							E	A			A
14	04.11.07 H	SV Sandhausen	3:1 (2:1)			X		X1	E			X	X	X	X1	X								X1					A	A			E
15	09.11.07 A	FSV Oggersheim	4:0 (2:0)			E		X	A1	E		X		X		X		X		X	X			E1	A					A			X2
16	16.11.07 H	Burghausen	1:1 (0:1)	A		A			E		X1	X		X	X	X		X					X	X					E				X
17	24.11.07 A	VfR Aalen	1:1 (1:0)	X				A	E		X		X	X		X1	X			X				X					E	A	E		A
18	01.12.07 H	SSV Reutlingen	1:2 (0:1)			X			X		E	X1	X	X		X		X	X					A					E	A	E		A
19	09.12.07 H	München 1860 II	1:0 (0:0)	X		X				E		X	X	X	X	X		A						X	E		A				E	A1
20	01.03.08 A	FSV Frankfurt	2:2 (1:2)	X2		X	X		E			A		X		X		X		E		X			A	X	X						
21	07.03.08 H	Unterhaching	2:4 (1:0)	X		X	A		X			X		X	E1	X				X							X	A	X1	E			
22	15.03.08 A	Stuttg. Kickers	1:0 (0:0)	X		X	E		X		E			X		A	E			X							X	A	X1	A			
23	20.03.08 H	SV 07 Elversberg	1:1 (0:1)	X		X	A		X				X1	X	A			X						X	E				E				
24	29.03.08 A	FC Ingolstadt 04	0:1 (0:1)	X		X	A		X				X	X	X	E								X					E	A	X	A	E
25	05.04.08 H	Regensburg	3:1 (1:1)	X		X1	A		X			E	X	A	X1					X				X					X	E	A	E	X1
26	12.04.08 H	SC Pfullendorf	0:0 (0:0)	X		X	A	X	X			E	X			E								X					E	A		A	X
27	18.04.08 H	SF Siegen	3:1 (2:0)	X		A	E	E					X		X	A1	X	X1	X					X					E	A	X1		
28	25.04.08 H	VfB Stuttgart II	1:3 (0:1)	X1		X	E	E					X		X	X	A			X				X					A	E			X
29	02.05.08 A	Hessen Kassel	3:2 (1:1)			X	A	X			X		E	X		X		E	X					X					E	A2	X1		A
30	06.05.08 A	Karlsruher SC II	3:1 (2:0)			X	E	A			X		X	X		A	E			X									X	X1	E	A2	
31	10.05.08 A	SV Sandhausen	3:3 (2:0)			X		X		A			E	E	X	A	X			X									A1	X1	E		
32	18.05.08 H	FSV Oggersheim	7:0 (1:0)	X		X1		A	E1			E	X			X2	X							X1					E	A	A2		
33	24.05.08 A	Burghausen	1:3 (1:2)		E	X	E		X			X1	X			X		A		X									A	X	E	A	
34	31.05.08 H	VfR Aalen	0:1 (0:1)	X				X	E	X	A		X			A	X			X									E	X	X		X
	Spiele:			23	1	31	9	24	16	1	18	3	10	3	29	1	33	12	33	3	29	20	2	5	2	31	2	5	24	33	28	13	22
	Tore:			4	0	2	0	1	2	0	0	0	3	0	2	0	0	3	1	1	6	0	0	0	0	2	0	1	0	5	12	0	7

Gegnerisches Eigentor im 31. Spiel (durch Petkovic).

Bilanz der letzten 10 Jahre:

Saison	Liga	Platz	Sp.	S	U	N	Tore	Pkt.
1997/98:	Regionalliga Süd	6.	32	15	3	14	45–44	48
1998/99:	Regionalliga Süd	8.	34	13	10	11	53–41	49
1999/00:	Regionalliga Süd	5.	34	15	6	13	64–58	51
2000/01:	Regionalliga Süd	9.	34	12	8	14	52–55	44
2001/02:	Regionalliga Süd	10.	34	13	9	12	58–51	48
2002/03:	Regionalliga Süd	4.	36	16	9	11	51–35	57
2003/04:	Regionalliga Süd	1.	34	17	13	4	71–33	64
2004/05:	Regionalliga Süd	6.	34	14	10	10	51–38	52
2005/06:	Regionalliga Süd	12.	34	11	9	14	34–44	42
2006/07:	Regionalliga Süd	8.	34	11	13	10	41–37	46

Zuschauerzahlen:

Saison	gesamt	Spiele	Schnitt
1997/98:	6.850	16	403
1998/99:	6.850	17	403
1999/00:	7.900	17	465
2000/01:	11.600	17	682
2001/02:	9.400	17	552
2002/03:	11.550	18	641
2003/04:	22.300	17	1.311
2004/05:	9.100	17	535
2005/06:	7.466	17	439
2006/07:	10.900	17	641

Die meisten Regionalliga-Spiele:

Pl.	Name, Vorname	Spiele
1.	Saba, Christian	273
2.	Weinzierl, Markus	113
3.	Rensing, Michael	111
4.	Gerster, Frank	109
5.	Wiblishauser, Frank	104
6.	Misimovic, Zvjezdan	102
7.	Mölzl, Patrick	99
8.	Pflügler, Hans	98
	Seitz, Holger	98
10.	Grill, Roman	93

Die besten Regionalliga-Torschützen:

Pl.	Name, Vorname	Tore
1.	Guerrero Gonzales, José	45
2.	Misimovic, Zvjezdan	44
3.	di Salvo, Antonio	29
4.	Hofmann, Steffen	26
5.	Würll, Patrick	25
6.	Bugera, Alexander	23
7.	Lakies, Carsten	22
8.	Maierhofer, Stefan	21
9.	Göktan, Berkant	20
10.	Gerster, Frank	17

Die Trainer der letzten Jahre:

Name, Vorname	Zeitraum
Bischoff, Fritz	01.07.1986 – 30.06.1987
Schmidt, Hans-Dieter	01.07.1987 – 30.06.1989
Bischoff, Fritz	01.07.1989 – 30.06.1991
Werner, Wolf	01.07.1991 – 30.06.1992
Gerland, Hermann	01.07.1992 – 30.06.1995
Ulrich, Rainer	01.07.1995 – 30.06.1998
Bassemir, Udo	01.07.1998 – 28.03.2001
Niedermayer, Kurt	29.03.2001 – 30.06.2001

FSV 1913 Ludwigshafen-Oggersheim

Anschrift:
Mundenheimer Str. 153
67061 Ludwigshafen
Telefon: (06 21) 5 86 64 22
eMail: info@fsv-lu-oggersheim.de
Homepage: www.fsv-lu-oggersheim.de

Vereinsgründung: 1913 als VfR 1913 Oggersheim; nach mehreren Fusionen 1945 zuerst verboten, dann als ASV 1945 neu gegr.; 1949 Austritt der FA als FSV 1913

Vereinsfarben: Schwarz-Weiß
1. Vorsitzender: Horst Loch
Geschäftsführer: Heiko Kitzinger

Stadion: Südweststadion Ludwigshafen (41.383)

Größte Erfolge: Meister der Landesliga Ost 1992 (↑); Meister der Verbandsliga Südwest 2005 (↑); Meister der Oberliga Südwest 2007 (↑)

Aufgebot:

Name, Vorname	Pos	geb. am	Nat.	seit	2007/08 Sp.	T.	gesamt Sp.	T.	frühere Vereine
Adzic, Silvio	M	23.09.1980	D	2007	22	1	137	40	TuS Koblenz, SpVgg Unterhaching, VfB Lübeck, 1. FC Kaiserslautern, Viktoria Lambsheim, VfR Grünstadt, TuS Alteiningen
Alexov, Assen	T	24.06.1987	D	2006	23	0	23	0	SV Phönix Schifferstadt, SV Blau-Weiß Speyer, VfR Speyer, FV Dudenhofen, ASV Landau, VfR Grünstadt
Anyanwu, Nduka	A	15.04.1980	NGA	2006	11	0	19	1	SV Darmstadt 98, SV Weingarten, SV Lustadt, SV Weingarten, 1. FC Dynamo Dresden, Chemnitzer FC
Arifi, Shpejtim	S	03.05.1979	ALB	2006	16	1	16	1	SSV Reutlingen 05, SV Sandhausen, VfR Mannheim, SV Weingarten
Arslan, Ercan	S	28.04.1989	D	2006	9	0	9	0	FG Mutterstadt, Ludwigshafener SC
Ay, Aydin	M	10.12.1982	D	2007	19	0	19	0	1. FC Saarbrücken, SG Eintracht Bad Kreuznach, SpVgg Ingelheim, Fortuna Finthen, 1. FSV Mainz 05, SpVgg Amöneburg
Backmann, Andreas	M	30.06.1976	D	2005	1	0	65	2	SV Weingarten, Borussia VfB Neunkirchen, Karlsruher SC, 1. FC Saarbrücken, FK 03 Pirmasens, FC 08 Homburg/Saar, SV Reiskirchen
Berrafato, Pietro	A	19.11.1986	D	2005	25	0	25	0	Ludwigshafener SC, VfR Friesenheim
Böcher, Christoph	M	17.07.1983	D	2002	20	1	20	1	Phönix Schifferstadt, FSV Oggersheim, MSV Ludwigshafen
Camara, Mohammed	S	10.10.1981	GAM	2007	19	0	29	0	FV Engers, DSC Arminia Bielefeld, SuK Bielefeld
Christ, Alexander	S	06.05.1985	D	2007	8	0	8	0	Offenburger FV, FC Emmendingen, Freiburger FC, SC Freiburg, SV Hecklingen
Donkov, Georgi	S	02.06.1970	BUL	2007	11	0	61	11	SV Waldhof 07 Mannheim, SC Paderborn 07, EN Paralimni, Neuchâtel Xamax FC, 1. FC Köln, VfL Bochum, ZSKA Sofia, Botev Plovdiv, Levski Sofia
Euler, Steffen	S	12.07.1988	D	2007	0	0	0	0	1. FSV Mainz 05, LSC 1925 Ludwigshafen, FG 08 Mutterstadt, Eintracht Lambsheim
Haber, Marco	M	21.09.1971	D	2007	17	0	17	0	Nea Salamina Famagusta, SC Anorthosis Famagusta, Omonia Nikosia, FC Hansa Rostock, SpVgg Unterhaching, UD Las Palmas, VfB Stuttgart, 1. FC Kaiserslautern, VfR Frankenthal, TV Kindenheim
Hanzel, Michael	T	05.06.1982	D	1997	0	0	0	0	SV Südwest Ludwigshafen
Hildebrandt, Patrick	A	06.07.1983	D	2007	24	0	49	2	FK 03 Pirmasens, TuS DJK Pirmasens
Homola, Jiri	M	07.03.1974	CZE	2007	11	1	218	35	SV Westfalia Rhynern, Chemnitzer FC, VfL Wolfsburg, SG Wattenscheid 09, VfB Lübeck, SV Wacker Burghausen, SpVgg Greuther Fürth, FC Slovacka Slavia Uherske Hradiste, SK Sigma Olomouc, FK Kaucuk Opava, FC Dukla Prag, TJ Sumperk, Bludov
Kesselring, Ronald	M	11.03.1989	D	2006	2	0	2	0	SV Waldhof 07 Mannheim, Ludwigshafener SC, Post SV Ludwigshafen, SV Südwest Ludwigshafen
Lapidakis, Marco	M	06.03.1983	D	2002	18	1	18	1	Phönix Schifferstadt, Ludwigshafener SC, SV Ruchheim
Malz, Stefan	A	15.06.1972	D	2006	14	0	112	21	Arm. Ludwigshafen, 1. FC K'lautern, Arsenal London, TSV München 1860, VfR Mannheim, Darmstadt 98, Südwest Ludwigshafen, Blau-Weiß Oppau, SV Pfingstweide
Marinovic, Marijo	M	16.09.1983	CRO	2007	21	0	21	0	SSV Reutlingen 05, SV Stuttgarter Kickers, SSV Reutlingen 05, SGV Freiberg/Neckar, VfB Stuttgart, SV Fellbach, SV Magstadt
Merritt, Tim	M	25.06.1982	USA	2006	19	0	19	0	Washington D.C. United, University of North Carolina
O´Connor, Kent	A	05.03.1987	CAN	2008	0	0	6	0	München 1860, Surrey United FC, Burnaby Central High School, Collingwood High School
Parrotta, Francesco	M	16.06.1987	D	1998	1	0	1	0	Ludwigshafener SC, RSV Oggersheim
Petkov, Russi	T	21.06.1976	BUL	2007	12	0	54	0	FC Erzgebirge Aue, FSV Lok Altmark Stendal, FK Slavia Mozyr, PFC Slavia Sofia, FK Schumen, FK CSKA Sofia
Rados, Grgur	S	31.01.1988	CRO	2008	12	1	12	1	Varteks Varazdin, US Triestina, SpVgg Unterhaching
Rados, Mislav	M	31.01.1988	CRO	2008	0	0	0	0	Varteks Varazdin, US Triestina, SpVgg Unterhaching
Rehm, Rüdiger	A	22.11.1978	D	2005	17	0	57	2	Offenbacher FC Kickers, FC Erzgebirge Aue, SSV Reutlingen 05, 1. FC Saarbrücken, SV Waldhof 07 Mannheim, VfR Heilbronn, TV Flein, Sportfreunde Lauffen
Reiß, Thorsten	M	11.08.1984	D	2005	32	6	32	6	SG Sonnenhof Großaspach, VfL Neckarau, TSV Mannheim
Rodighero, Fabio Ricardo	A	27.08.1981	BRA	2007	6	0	6	0	VfR Neumünster, Internacional Santa Maria, SSV Jahn 2000 Regensburg, EC Vitória de Bahia, Cerro Porteno Asuncion, São Gabriel FC
Schlabach, Timo	M	05.12.1980	D	2007	30	2	147	11	SV Eintracht Trier 05, SV Stuttgarter Kickers, 1. FSV Mainz 05, Sportfreunde Siegen, TuS Erndtebrück
Stiller, Philip	A	20.05.1990	D	2008	9	0	9	0	1. FC Kaiserslautern, SC Bobenheim-Roxheim
Strohmann, Gregory	S	07.11.1979	D	2006	26	2	26	2	SG Eintracht Bad Kreuznach, Seton Hall University South Orange, 1. FSV Mainz 05, Eintracht Frankfurt, TSV Pfaffenwiesbach
Unfricht, Maik	A	13.11.1977	D	2006	12	1	73	4	Arminia Ludwigshafen, SC Pfullendorf, 1. FC Kaiserslautern, SV Waldhof 07 Mannheim, SV Südwest Ludwigshafen, Ludwigshafener SC, Arminia Ludwigshafen

Trainer:

Name, Vorname	geb. am	Nat.	Zeitraum	Spiele 2007/08	frühere Trainerstationen
Koch, Sascha	15.03.1978	D	01.08.2000 – lfd.	34	FSV Oggersheim (A-Junioren)

Zugänge:
Adzic (TuS 1911 Koblenz), Camara (FV Engers), Christ (Offenburger FV), Euler (1. FSV Mainz 05), Haber (Nea Salamis Famagusta), Hildebrandt (FK 03 Pirmasens), Petkov (FC Erzgebirge Aue), Rehm (Offenbacher FC Kickers), Schlabach (SV Eintracht Trier 05).
während der Saison:
Homola (SV Westfalia Rhynern), Kesselring, Parrotta und Stiller (eigene Junioren), O'Connor (vereinslos, davor TSV München 1860), G. Rados und M. Rados (Varteks Varazdin).

Abgänge:
Butz, und Trupia (II. Mannschaft), Hofmann (unbekannt), Jansen (SVgg 07 Elversberg), Kaczmarek (TuS Mechtersheim), Rehhäußer (Ludwigshafener SC), Weindel (Arminia Ludwigshafen), Zoll (ASV Fußgönheim).
während der Saison:
Euler (SG Sonnenhof Großaspach), Rehm (TSV Crailsheim).

Fortsetzung FSV 1913 Ludwigshafen-Oggersheim

Aufstellungen und Torschützen:

Sp	Datum	Gegner	Ergebnis	Adzic	Alexov	Anyanwu	Arifi	Arslan	Ay	Backmann	Berrafato	Böcher	Camara	Christ	Donkov	Haber	Hildebrandt	Homola	Kesselring	Lapidakis	Malz	Marinovic	Merritt	Parrotta	Petkov	Rados G.	Rehm	Reiß	Rodighero	Schlabach	Stiller	Strohmann	Unfricht
				1	2	3	4	5	6	7	8	9	10	11	12	13	14	15	16	17	18	19	20	21	22	23	24	25	26	27	28	29	30
1	28.07.07 A	SV Sandhausen	0:3 (0:1)	A		X	E			A	E	X			X	X					X	X		X					A		E	X
2	03.08.07 H	VfB Stuttgart II	0:2 (0:2)	X			X		E			X			E		A				X		X		X	E		A			A	X
3	11.08.07 H	Burghausen	0:2 (0:0)	A		X	X				X	X	E	A		X					X	X		X			E		E			A
4	18.08.07 A	VfR Aalen	0:5 (0:2)	X		X	A	E			A	X			A	X	X				X			X		X	E			E		
5	25.08.07 H	SSV Reutlingen	3:3 (1:2)	A		X	X1			A	X				A	X						E		X		X	X1		E		E	X1
6	01.09.07 A	München 1860 II	1:0 (0:0)	A			X				E	A			X	X						X	E	X		X	A		E1		X	X
7	08.09.07 H	FSV Frankfurt	1:3 (1:2)				A		E	X		E			X	X					E	X		X		X	A		X1		X	X
8	16.09.07 A	Unterhaching	0:3 (0:2)	X			E								A	X					X	X	A	X		A	E	E	X		X	X
9	22.09.07 H	Stuttg. Kickers	1:2 (0:1)					E			A	A	E	X	X	X					A			X		E	X1		X			X
10	29.09.07 A	SV 07 Elversberg	0:2 (0:0)	X	X		E				E	X	A		E	A	X				X			X	A		X					X
11	05.10.07 H	FC Ingolstadt 04	0:1 (0:1)	A	X	A	X	E			X	E				X					A			X	X		X		E			
12	19.10.07 A	Regensburg	0:0 (0:0)	A	X	X	E	A										X		X				X	X	X	X		E			X
13	27.10.07 H	SC Pfullendorf	0:0 (0:0)	X	X	X	X	A	E						X		X				E			X	X		A		E			A
14	02.11.07 A	SF Siegen	2:4 (1:2)	X	X	X	E	A					X		X		X				E			X		X1	A				X1	
15	09.11.07 H	Bay. München II	0:4 (0:2)	X	X	X		A					A			X		A	E	E				X		X					X	
16	17.11.07 A	Hessen Kassel	1:1 (0:1)		X			E			E	A			X		A	X	A	E				X		X			X			X1
17	23.11.07 H	Karlsruher SC II	0:1 (0:0)	X	X	X	E	X			X			A			X	A	E					X	X		A		X			
18	01.12.07 H	SV Sandhausen	0:0 (0:0)	X	X		A	X			X		A			X			X			X		X		X	E		E			
19	09.12.07 H	VfB Stuttgart II	0:2 (0:0)				X	A	X			X			X			X	X	X				X	A				E			E
20	29.02.08 A	Burghausen	0:1 (0:1)	A	X			X			X	E	A	A	X		X		X			X		X					E			E
21	08.03.08 H	VfR Aalen	0:6 (0:1)	X	X						X			X	X	X	X				X	E			A		X	X	A			E
22	16.03.08 A	SSV Reutlingen	1:3 (0:2)		X			E		X		X		X	E1	X		X	X			E			X	A	A		A			
23	20.03.08 H	München 1860 II	1:1 (0:0)			E	X	X	X	A		X		X	X				X	X1				X								
24	29.03.08 A	FSV Frankfurt	0:2 (0:1)	A			A			X	X	E	X	X	X		A	X	X							X	E	E				
25	04.04.08 H	Unterhaching	1:2 (0:2)	E	E		E	X		X	X	A		X	X					X		A	X	X1	A							
26	11.04.08 A	Stuttg. Kickers	0:1 (0:0)		X			X		X	X	A	E	X		X						A		X	X	E						
27	18.04.08 A	SV 07 Elversberg	0:4 (0:2)		X			A		X	X	A	E		A	E	E	X				X		X		X	X					
28	25.04.08 A	FC Ingolstadt 04	1:2 (0:1)		X			X	X	E		A		X	X		E	X			E	X		E	X1	A	X	A				
29	02.05.08 H	Regensburg	1:2 (0:0)		X		A		X	A1	E	X		X	X		X			X		E		X		E			X	X			
30	06.05.08 A	SC Pfullendorf	2:3 (1:3)	E1	X		A		X	E		X	A	X					A	X		E	X1			A	X					
31	10.05.08 H	SF Siegen	0:1 (0:1)	E	X			X	E		X	X			A	X			A			E			A	X	A					
32	18.05.08 A	Bay. München II	0:7 (0:1)	X	X		E	X	A			X		A	E		X	E			X		X									
33	24.05.08 H	Hessen Kassel	1:0 (0:0)		X		A	X	X	E	X			X1	X	X					E	X			E	A	A					
34	31.05.08 A	Karlsruher SC II	0:1 (0:0)		X	A	A	X		X		X		X	X						E			A	E	E	X					
		Spiele:		22	23	11	16	9	19	1	25	20	19	8	11	17	24	11	2	18	14	21	19	1	12	12	17	32	6	30	9	26	12
		Tore:		1	0	0	1	0	0	0	0	1	0	0	0	0	0	1	0	1	0	0	0	0	0	0	1	0	6	0	2	0	2	1

Bilanz der letzten 10 Jahre:

Saison	Liga	Platz	Sp.	S	U	N	Tore	Pkt.
1997/98:	Landesliga Ost	10.	30	10	7	13	44–58	37
1998/99:	Landesliga Ost	9.	30	11	6	13	53–53	39
1999/00:	Landesliga Ost	12.	30	9	10	11	50–52	37
2000/01:	Landesliga Ost	13.	30	9	7	14	40–51	34
2001/02:	Landesliga Ost	10.	30	13	3	14	48–45	42
2002/03:	Landesliga Ost	3.	30	15	10	5	54–37	55
2003/04:	Landesliga Ost	2.	30	18	8	4	50–16	62
2004/05:	Verbandsliga Südwest	1.	30	20	5	5	56–25	65
2005/06:	Oberliga Südwest	6.	32	15	7	10	55–40	52
2006/07:	Oberliga Südwest	1.	32	24	3	5	69–24	75

Zuschauerzahlen:

Saison	gesamt	Spiele	Schnitt
1997/98:			
1998/99:			
1999/00:			
2000/01:			
2001/02:			
2002/03:			
2003/04:			
2004/05:			
2005/06:	18.430	16	1.152
2006/07:	11.990	16	749

Die meisten Regionalliga-Spiele:

Pl.	Name, Vorname	Spiele
1.	Reiß, Thorsten	32
2.	Schlabach, Timo	30
3.	Strohmann, Gregory	26
4.	Berrafato, Pietro	25
5.	Hildebrandt, Patrick	24
6.	Alexov, Assen	23
7.	Adzic, Silvio	22
8.	Marinovic, Marijo	21
9.	Böcher, Christoph	20
10.	Ay, Aydin	19
	Camara, Mohammed	19
	Merrit, Tim	19

Die besten Regionalliga-Torschützen:

Pl.	Name, Vorname	Tore
1.	Reiß, Thorsten	6
2.	Schlabach, Timo	2
	Strohmann, Gregory	2
4.	Adzic, Silvio	1
	Arifi, Shpejtim	1
	Böchler, Christoph	1
	Homola, Jiri	1
	Lapidakis, Marco	1
	Rados, Grgur	1
	Unfricht, Maiko	1

Die Trainer der letzten Jahre:

Name, Vorname	Zeitraum

SC 1919 Pfullendorf

Anschrift:
Am Einfang 33
88630 Pfullendorf
Telefon: (0 75 52) 18 33
eMail: info@sc-pfullendorf.de
Homepage: www.sc-pfullendorf.de

Vereinsgründung: 02.08.1919 als Rasensport im TV Pfullingen; ab 1921 selbständig als SC Pfullendorf; 1945-1946 SV; 1946-1950 FC; seit 1950 wieder SC

Vereinsfarben: Rot-Weiß
1. Vorsitzender: Manfred Walk
Manager: Hans-Hermann Krane

Stadion: ALNO-Arena (10.000)

Größte Erfolge: Teilnahme an der Aufstiegsrunde zur 2. Bundesliga 2000; Meister der Oberliga Baden-Württemberg 2002 (↑); Aufstiegsrunde zur Regionalliga Süd 1998 (↑); Qualifikation für den DFB-Pokal 1978, 1980, 1983, 1990, 2000, 2006 und 2008

Aufgebot:

Name, Vorname	Pos	geb. am	Nat.	seit	2007/08 Sp.	T.	gesamt Sp.	T.	frühere Vereine
Battaglia, Silvio	S	29.10.1988	ITA	2004	0	0	0	0	FSG Zizenhausen
Beskid, Ewald	S	12.09.1980	D	2007	14	2	46	5	SSV Reutlingen 05, Freiburger FC, FC Teningen, Bahlinger SC, TSG 1899 Hoffenheim, SC Freiburg
Calamita, Marco	M	22.03.1983	D	2007	32	12	107	19	SV Wehen Taunusstein, 1. FC Kaiserslautern, SVgg 07 Elversberg, SC Verl, SV Stuttgarter Kickers, VfB Stuttgart
Deufel, Christian	A	10.10.1975	D	2001	17	0	166	0	TSG Balingen, SV Schwenningen/Alb
Falkenmayer, Michael	M	26.11.1982	D	2006	7	1	57	1	FK 03 Pirmasens, SV Eintracht Trier 05, 1. FSV Mainz 05, TuS Koblenz
Flum, Johannes	A	14.12.1987	D	2006	33	2	49	2	SC Freiburg, SV 08 Laufenburg, TuS Königschaffhausen, TuS Weilheim
Gerster, Fabian	A	29.12.1986	D	2000	27	0	61	0	SV Ennetach, FC Mengen
Ghigani, Patrick Sofian	M	16.03.1978	D	2008	11	0	11	0	SpVgg Unterhaching, Stade Tunisien FC, BSV Kickers Emden, SpVgg Feldmoching, LR Ahlen, Club Africain Tunis, TSV München 1860, FC Aschheim, DJK München-Nord, SpVgg Feldmoching, TSV Milbertshofen, SV Heimstetten
Gül, Faruk	S	15.08.1988	D	2007	21	0	21	0	VfL Bochum, Rot-Weiss Ahlen, SC Preußen 06 Münster, SV Borussia Emsdetten, SC Preußen Borghorst
Hagg, Patrick	M	12.02.1979	D	1995	1	0	208	16	FV 07 Ebingen, TSV Benzingen
Hermanutz, Ralf	T	07.07.1970	D	2001	31	0	257	0	SSV Reutlingen 05, SC Pfullendorf, FV Biberach, Sportfreunde Hundersingen, TSV Riedlingen, SV Binzwangen
Isailovic, Daniel	M	12.07.1984	D	2007	14	0	39	2	SV Wilhelmshaven, FC Schalke 04, MSV Duisburg
Kiefer, Matthias	A	01.02.1983	D	2004	34	1	88	2	SV Rust, SC Freiburg, FC Zell
Knackmuß, Markus	M	07.06.1974	D	2008	14	1	246	17	1. FC Dynamo Dresden, FC Augsburg, SSV Jahn 2000 Regensburg, SC Pfullendorf, FV Donaueschingen, FC Böhringen, SV Allensbach, FC Radolfzell
Kolvidsson, Helgi	A	13.09.1971	ISL	2004	0	0	56	0	FC Kärnten, SSV Ulm 1846, 1. FSV Mainz 05, Austria Lustenau, SC Pfullendorf, IK Kópavogur, HK Kópavogur
Konrad, Marco	A	18.10.1974	D	2001	26	1	193	8	SSV Reutlingen, SSV Ulm 1846, FC Gundelfingen, TSV Nördlingen, TSV Bissingen
Leandro (Leandro Grech)	M	14.10.1980	ARG	2006	19	2	50	6	CA San Martin Mendoza, Club Aurora La Paz, Newell's Old Boys Rosario
Lerandy, Mark	A	25.11.1981	D	2007	27	2	33	3	SV Linx, FK 03 Pirmasens, SV Sandhausen
Lucic, Ivica	S	19.01.1982	AUT	2006	13	1	55	10	Linzer ASK
Muzliukaj, Spejtim	S	15.12.1988	ALB	2007	18	1	18	1	SGV Freiberg, TV Möglingen
Narr, Wolfgang	A	07.08.1988	D	2002	1	0	1	0	SV Tieringen
Pfuderer, Achim	A	29.11.1975	D	2006	10	0	93	7	SV Darmstadt 98, SVgg 07 Elversberg, 1. FC Union Berlin, TSV München 1860, SV Stuttgarter Kickers, VfB Stuttgart, SV Poppenweiler
Rogosic, Neno	S	02.09.1973	CRO	2005	28	3	280	94	VfR Aalen, SSV Ulm 1846, NK Uskok Klis, NK Zadarkomerc Zadar
Stadelmann, Pascal	S	10.08.1987	D	2008	3	0	3	0	FC Emmendingen, Bahlinger SC, FC Teningen
Toprak, Harun	S	24.08.1987	TUR	2007	25	2	25	2	FV Ravensburg, SSV Ulm 1846, FV Ravensburg, TSB Ravensburg
Trefzger, Timo	A	19.02.1988	D	2008	9	0	9	0	SSV Ulm 1846, VfB Stuttgart, TSV Neu-Ulm
Willibald, Sebastian	T	16.02.1988	D	2000	0	0	0	0	FC Uhldingen
Wolff, Manuel	T	18.09.1982	D	2007	3	0	6	0	SG Betzdorf, SV Sandhausen, Sportfreunde Siegen, RS 19 Waldbröl
Zimmermann, Ralf	A	07.01.1981	D	2004	25	1	179	5	TSV Crailsheim, SV Stuttgarter Kickers, SSV Ulm 1846

Trainer:

Name, Vorname	geb. am	Nat.	Zeitraum	Spiele 2007/08	frühere Trainerstationen
Feichtenbeiner, Michael	09.06.1960	D	01.07.06 – 08.05.08	30	MPPJ Selangor, Sportfreunde Siegen, FC Rot-Weiß Erfurt, SV Darmstadt 98, SV Stuttgarter Kickers, SC Pfullendorf, KFC 05 Uerdingen, TSF Ditzingen, SV Stuttgarter Kickers, BSC Old Boys Basel
Kolvidsson, Helgi	13.09.1971	ISL	09.05.08 – 30.06.08	4	SC Pfullendorf (Co-Trainer)

Zugänge:
Battaglia (FSG Zizenhausen), Calamita (SV Wehen Taunusstein), Falkenmayer (FK 03 Pirmasens), Gül (VfL Bochum II), Isailovic (SV Wilhelmshaven), Muzliukaj (SGV Freiberg), Narr (II. Mannschaft), Pfuderer (SV Darmstadt 98), Toprak (FV Ravensburg), Willibald (FC Uhldingen), Wolff (SG Betzdorf).
während der Saison:
Beskid (SSV Reutlingen 05), Ghigani (SpVgg Unterhaching), Knackmuß (1. FC Dynamo Dresden), Stadelmann (FC Emmendingen), Trefzger (SSV Ulm 1846).

Abgänge:
Agyemang (1. FC Magdeburg), Busch (Rot-Weiss Ahlen), Fiore-Tapia (II. Mannschaft), Heidinger (Fortuna Düsseldorf), Rapp (SV Stuttgarter Kickers), Rodrigo-Martins (SV Wacker Burghausen), Schumacher (TSV Crailsheim), Schürenberg (FSV Frankfurt), Zeh (1. FC Kleve).
während der Saison:
Kolvidsson (Trainer bis Saisonende), Leandro (FC Erzgebirge Aue), Lucic (SV Kapfenberg).

Fortsetzung SC 1919 Pfullendorf

Aufstellungen und Torschützen:

Sp	Datum	Gegner	Ergebnis	Beskid	Calamita	Deufel	Falkenmayer	Flum	Gerster	Ghigani	Gül	Hagg	Hermanutz	Isailovic	Kiefer	Knackmuß	Konrad	Leandro	Lerandy	Lucic	Muzliukaj	Narr	Pfüderer	Rogosic	Stadelmann	Toprak	Trefzger	Wolff	Zimmermann
				1	2	3	4	5	6	7	8	9	10	11	12	13	14	15	16	17	18	19	20	21	22	23	24	25	26
1	28.07.07 H	FSV Frankfurt	2:0 (1:0)	A1		X	X	E			X		X		X	X	X1	A	E			A		E			X
2	08.08.07 A	SpVgg Unterhaching	1:2 (0:1)	A			X1	X		E	X		X		X	X	X	A	E				X				X
3	11.08.07 H	Stuttgarter Kickers	1:2 (1:0)	X1	X			X	A		X	A	X			X	X	E	E	E		A					X
4	18.08.07 A	SV 07 Elversberg	1:0 (1:0)	A1		X	X	E			X		X			X	A	X	E	A			X	E			X
5	25.08.07 H	FC Ingolstadt 04	0:3 (0:0)	X	A		X	E	E		X		X		X	X	X	E	A			A		X	E		X
6	01.09.07 A	Jahn Regensburg	0:1 (0:1)	E	X			A	X		X	X	X		X	A	X	E	E			A					X
7	08.09.07 A	VfB Stuttgart II	0:2 (0:2)	X	X	E		A	A		X	X	X		A	X			E			X	E				X
8	14.09.07 H	SF Siegen	0:0 (0:0)	X	X			E	E		X	A	X		X	X	A					X	A		E		X
9	21.09.07 H	Bayern München II	1:2 (1:1)	X1	A			X	X		X	E	X		X	X						X	E	X			X
10	29.09.07 H	Hessen Kassel	5:2 (2:0)	A	A2		X1	X			X	E	X		A	X1		E			X	X1	E				X
11	07.10.07 A	Karlsruher SC II	1:1 (0:1)	E	A		X1	X	E		X	E	X		X	A	X					A		X			X
12	20.10.07 A	SV Sandhausen	0:0 (0:0)		X		X	X			X		X		X	X	X	E					A				X
13	27.10.07 H	FSV Oggersheim	0:0 (0:0)		X		X	X			X		X		X		X			X	E		A				X
14	03.11.07 H	Wacker Burghausen	1:1 (0:1)	X1	A		X	X	E		X		X		X	X		A			X	E					X
15	09.11.07 H	VfR Aalen	2:2 (0:2)	X			X	X	EA		X	E	X			X	X	E			X	A2	A				X
16	23.11.07 A	München 1860 II	0:1 (0:0)	E	X	X	X	X			X		X		X	E	A				X	A					X
17	27.11.07 H	SSV Reutlingen 05	1:1 (1:0)	A	X	X	X	X		E	X		X		X	X1	X	E		A							
18	01.12.07 A	FSV Frankfurt	2:3 (1:2)	A	X	X			E		X				A	A	X	E1					E				X
19	08.12.07 H	SpVgg Unterhaching	2:1 (0:0)	E	X1		X	X		A	X				X	X	E			X	A						X1
20	09.03.08 H	SV 07 Elversberg	3:1 (1:1)	E1	A		X	X	A	X	X		X	X1	E	X					A		E1	X			
21	14.03.08 A	FC Ingolstadt 04	0:2 (0:1)	X				X	X		X	A	X		X		X	E				E	A				E
22	18.03.08 A	Stuttgarter Kickers	0:2 (0:0)	X			X	X	A		X	A	X		X							E	E	X			
23	29.03.08 H	VfB Stuttgart II	0:1 (0:0)		E	A	X	X	A		X	X	X		X		E		X		E						X
24	04.04.08 H	SF Siegen	0:1 (0:0)	X	X		X	X	A		X	X	X		X		E				A		E	E			A
25	12.04.08 H	Bayern München II	0:0 (0:0)	X			X	X	E	A		X	A	X		X					E	E	A			X	X
26	16.04.08 H	Jahn Regensburg	1:1 (0:1)	X1			X	X	X			X	X	X		A						E			A	E	X
27	19.04.08 A	Hessen Kassel	1:3 (0:2)	X	E		X	A		E		X	A	X1		X								A	X	X	X
28	26.04.08 H	Karlsruher SC II	0:0 (0:0)	X	X		X		X	A		X		X		X					E		A	E	E		A
29	03.05.08 A	SV Sandhausen	0:2 (0:1)	X	X			A	E	A		X		X	X	X				X	E			A	E		
30	06.05.08 H	FSV Oggersheim	3:2 (3:1)	X2	X	E	A		X		X	A	X1	X		X							A	E	E		
31	10.05.08 A	Wacker Burghausen	0:1 (0:0)	X	X		X		A	E	X	X	X	X		X							A		E		
32	17.05.08 H	VfR Aalen	1:0 (0:0)	X1	X	E		A	E		X	X	X		X	X		E					A		A		
33	24.05.08 A	SSV Reutlingen 05	4:0 (1:0)	E	A1	X	X		E		X		X	X		X		E1			A			A1			
34	31.05.08 H	München 1860 II	0:1 (0:0)	A	X	X	X		A	E	E	X		X	X			X1		E			X	A			
		Spiele:		14	32	17	7	33	27	11	21	1	31	14	34	14	26	19	27	13	18	1	10	28	3	25	9	3	25
		Tore:		2	12	0	1	2	0	0	0	0	0	1	1	1	2	2	1	1	0	0	3	0	2	0	0	1

Gegnerisches Eigentor im 18. Spiel (durch Hickl).

Bilanz der letzten 10 Jahre:

Saison	Liga	Platz	Sp.	S	U	N	Tore	Pkt.
1997/98	Oberliga Baden-Württemberg	2.	30	16	9	5	50–32	57
1998/99	Regionalliga Süd	16.	34	10	7	17	38–37	37
1999/00	Regionalliga Süd	2.	34	18	7	9	57–36	61
2000/01	Regionalliga Süd	17.	34	9	9	16	42–49	36
2001/02	Oberliga Baden-Württemberg	1.	34	25	5	4	82–35	80
2002/03	Regionalliga Süd	11.	36	13	8	15	51–61	47
2003/04	Regionalliga Süd	10.	34	13	7	14	45–48	46
2004/05	Regionalliga Süd	16.	34	11	3	20	36–64	36
2005/06	Regionalliga Süd	14.	34	10	10	14	30–34	40
2006/07	Regionalliga Süd	7.	34	13	8	13	45–46	47

Zuschauerzahlen:

Saison	gesamt	Spiele	Schnitt
1997/98:	7.980	15	532
1998/99:	19.280	17	1.134
1999/00:	27.350	17	1.609
2000/01:	19.470	17	1.145
2001/02:	9.380	17	552
2002/03:	20.975	18	1.165
2003/04:	16.630	17	978
2004/05:	16.613	17	977
2005/06:	16.663	17	980
2006/07:	18.380	17	1.081

Die meisten Regionalliga-Spiele:

Pl.	Name, Vorname	Spiele
1.	Hermanutz, Ralf	257
2.	Hagg, Patrick	208
3.	Deufel, Christian	166
4.	Konrad, Marco	164
5.	Rapp, Marcel	160
6.	Barlecaj, Marko	135
7.	Krause, Holger	131
8.	Zimmermann, Ralf	124
9.	Knackmuß, Markus	103
10.	Schwartz, Alois	100

Die besten Regionalliga-Torschützen:

Pl.	Name, Vorname	Tore
1.	Barlecaj, Marko	53
2.	Magdic, Ivica	35
3.	Römer, Mark	22
4.	Blessin, Alexander	21
5.	Rogosic, Neno	19
6.	Hagg, Patrick	16
	Maier, Sascha	16
8.	Agyemang, Eric	12
	Calamita, Marco	12
10.	Dautovic, Sinan	10
	Lucic, Ivica	10
	Rapp, Marcel	10

Die Trainer der letzten Jahre:

Name, Vorname	Zeitraum
Scheu, Reiner	01.07.1994 – 30.06.1997
Krause, Michael	01.07.1997 – 27.09.1997
Ritter, Wilfried	27.09.1997 – 30.06.1998
Rinke, Dieter	01.07.1998 – 21.08.1998
Ritter, Wilfried	21.08.1998 – 25.08.1998
Feichtenbeiner, Michael	25.08.1998 – 30.06.1999
Wormuth, Frank	01.07.1999 – 25.03.2001
Ritter, Wilfried	25.03.2001 – 30.06.2001
Rommel, Günter	01.07.2001 – 18.04.2005
Kurz, Marco	19.04.2005 – 30.06.2006

SSV Jahn 2000 Regensburg

Anschrift:
Prüfeninger Straße 57a
93049 Regensburg
Telefon: (09 41) 6983-100
eMail: info@ssv-jahn.de
Homepage: www.ssv-jahn.de

Vereinsgründung: 16.06.2000; Übertritt der Herrenmannschaft des SSV Jahn 1889 Regensburg am 01.07.2000

Vereinsfarben: Rot-Weiß
Präsident: Franz Nerb
Sportliche Leitung: Horst Eberl

Stadion: Städtisches Jahn-Stadion (10.725)

Größte Erfoge: Meister der Amateurliga Bayern 1949 (↑), 1967 (↑) und 1975 (↑); Aufstieg in die Oberliga Süd 1960; Meister der 2. Liga Süd 1953 (↑); Meister der Oberliga Bayern 2000 (↑) und 2007 (↑); Aufstieg in die 2. Bundesliga 2003 (↑)

Aufgebot:

Name, Vorname	Pos	geb. am	Nat.	Seit	2007/08 Sp.	2007/08 T.	gesamt Sp.	gesamt T.	frühere Vereine
Anuk, Kazim Emre	A	22.05.1988	TUR	2008	2	0	2	0	Istanbulspor, Kasimpasaspor, SSV Jahn 2000 Regensburg
Bambara, Moise	A	10.11.1984	D	2006	24	0	24	0	1. FC Bad Kötzting, ASV Cham, SpVgg Mitterdorf
Beigang, Nico	S	24.08.1982	D	2008	14	3	142	34	SV Stuttgarter Kickers, SV Darmstadt 98, Eintracht Frankfurt, FC Alsbach, SV Groß-Bieberau, TuS Griesheim
Binder, Stefan	M	12.10.1978	D	2007	28	0	145	6	Sportfreunde Siegen, SSV Jahn 2000 Regensburg, SG Post/Süd Regensburg, SV Wacker Burghausen, SV Hutthurm, TSV München 1860, TSV Waldkirchen, SV Hintereben
Brunner, Christian	M	10.03.1985	D	2006	0	0	0	0	TV Schierling, SV Wallkofen
Brysch, Andreas	M	26.02.1986	D	2007	23	2	37	3	TSV München 1860, SC Regensburg, Freier TuS Regensburg
Escherich, Sebastian	A	31.01.1986	D	2006	21	0	21	0	SV Wacker Burghausen, TSV München 1860, 1. FC Büchlberg
Fleischer, Harald	M	22.01.1985	D	2007	16	0	16	0	SpVgg Greuther Fürth, 1. FC Nürnberg, TV 1860 Schweinau
Grassow, Dennis	A	10.10.1971	D	2006	23	1	131	9	SV Darmstadt 98, SpVgg Unterhaching, 1. FC Köln, FC Bayern München, SpVgg. Unterhaching, FC Starnberg, TSV München 1860, SpVgg. Starnberg
Güntner, Andreas	M	21.07.1988	D	2007	1	0	1	0	TSV Kareth-Lappersdorf
Güral, Emre	S	05.04.1989	TUR	2006	6	0	6	0	Eintracht Frankfurt, SpVgg Greuther Fürth
Hiemer, Manuel	M	03.02.1985	D	2007	26	1	27	1	FC Ingolstadt 04, TSV Aindling, SpVgg Greuther Fürth, 1. FC Nürnberg
Jarosch, Stefan	A	17.02.1984	D	2004	23	0	65	1	SV Wacker Burghausen, VfB Stuttgart, SpVgg Holzgerlingen
Kart, Özgür	S	18.04.1982	TUR	2007	28	3	34	3	SV Wacker Burghausen, Hamburger SV, SV Wacker Burghausen, TSV 1863 Trostberg
Kary, Edgar	T	13.09.1988	D	2007	0	0	0	0	VfB Oldenburg, SV Werder Bremen, VfL Stenum
Kreis, Sebastian	M	11.09.1986	D	2003	15	1	29	1	TSV München 1860, MTV Ingolstadt, TV Münchsmünster
Lengsfeld, Andreas	T	16.05.1986	D	2005	33	0	33	0	SpVgg Greuther Fürth, SG Post/Süd Regensburg, TSV Kareth Lappersdorf, SC Regensburg, TSV Beratzhausen
Mies, Maximilian	S	16.02.1984	D	2007	1	0	18	1	Bayer 04 Leverkusen, FC Ingolstadt 04, SpVgg Landshut, SSV Jahn 2000 Regensburg, FC Mainburg
Romminger, David	A	28.03.1983	D	2004	26	3	36	3	SG Post/Süd Regensburg, Freier TuS Regensburg, SG Post/Süd Regensburg, Freier TuS Regensburg
Rudan, Sinisa	M	10.07.1986	BIH	2008	1	0	1	0	DJK Vilzing, SSV Jahn 2000 Regensburg
Sattelmaier, Rouven	T	08.08.1987	D	2006	1	0	1	0	SV Stuttgarter Kickers, SGV Freiberg, VfB Stuttgart, TSV Affalterbach
Schäffer, Andreas	M	02.10.1984	D	2000	25	1	40	1	SG Post/Süd Regensburg, MTV Ingolstadt, TV Riedenburg
Schlauderer, Tobias	S	12.02.1984	D	2008	10	0	47	5	FC Ingolstadt 04, 1. FC Nürnberg, SG Post/Süd Regensburg, TV Oberndorf, SV Saal/Donau
Schmid, Jürgen	S	11.02.1982	D	2005	19	6	106	26	1. SC Feucht, FC Bayern München, SG Post/Süd Regensburg, TV Parsberg, SV Breitenbrunn
Selimbegovic, Mersad	A	29.04.1982	BIH	2006	27	0	27	0	FK Zepce, FK Zeljeznicar Sarajewo
Stoilov, Petr	S	30.08.1975	CZE	2006	33	13	33	13	1. FC Bad Kötzting, FC Viktoria Plzen
Zani, Armando	M	15.10.1975	ALB	2007	13	1	147	32	FC Ingolstadt 04, SSV Jahn 2000 Regensburg, 1. FC Magdeburg, Rot-Weiss Essen, Eintracht Braunschweig, KSV Baunatal, Partizan Tirana, Shkendija Tirana
Zellner, Tobias	M	11.09.1977	D	2007	30	4	141	15	FK 03 Pirmasens, FV Engers, 1. SC Feucht, SSV Jahn 2000 Regensburg, Carlisle United FC, 1. FC Nürnberg, 1. FC Miltach

Trainer:

Name, Vorname	geb. am	Nat.	Zeitraum	Spiele 2007/08	frühere Trainerstationen
Güttler, Günther	31.05.1961	D	09.04.2006 – lfd.	34	FC Schalke 04 (Junioren)

Zugänge:
Binder (Sportfreunde Siegen), Fleischer (SpVgg Greuther Fürth II), Güntner (eigene Junioren), Hiemer und Zani (FC Ingolstadt 04), Kart (SV Wacker Burghausen), Kary (VfB Oldenburg), Mies (Bayer 04 Leverkusen II), Sattelmaier (eigene Junioren), Zellner (FK 03 Pirmasens)

während der Saison:
Anuk (Istanbulspor), Beigang (SV Stuttgarter Kickers), Rudan (eigene Junioren), Schlauderer (FC Ingolstadt 04).

Abgänge:
Adolf (1. FSV Mainz II), Atmani (SV Darmstadt 98), Bauer (TSV Crailsheim), A. Dvorak (SpVgg Weiden), P. Dvorak (DJK Vilzing), Ferstl (Freier TuS Regensburg), Gfreiter (II. Mannschaft), Montero (SG Sonnenhof Großaspach), Pollinger (SV Seligenporten), Schiller (unbekannt).

während der Saison:
Brunner (TV Schierling), Kary (VfB Oldenburg), Schmid (SV Sandhausen).

Fortsetzung SSV Jahn 2000 Regensburg

Aufstellungen und Torschützen:

Sp	Datum	Gegner	Ergebnis	Anuk	Bambara	Beigang	Binder	Brysch	Escherich	Fleischer	Grassow	Günter	Güral	Hiemer	Jarosch	Kart	Kreis	Lengsfeld	Mies	Romminger	Rudan	Sattelmaier	Schäffer	Schlauderer	Schmid	Selimbegovic	Stoilov	Zani	Zellner
				1	2	3	4	5	6	7	8	9	10	11	12	13	14	15	16	17	18	19	20	21	22	23	24	25	26
1	28.07.07 H	SpVgg Unterhaching	2:1 (2:1)	X		X	E	E		X					X	X	E	X					X			X	A	A2	
2	04.08.07 A	Stuttgarter Kickers	3:1 (1:1)	A		X	X	E		X				A	X	E	X									A	X	X3	E	X
3	11.08.07 H	SV 07 Elversberg	2:2 (1:1)	X		X	A1	E		X				A	X	E	X									A	X	X	E	X1
4	18.08.07 A	FC Ingolstadt 04	1:0 (0:0)	A		X	X		X					E	X	E	X		X					A1	X	X		X
5	26.08.07 A	VfB Stuttgart II	2:1 (0:1)	A		X	X	X		A				E	X		E	X	A1						X	X	X	E1	
6	01.09.07 H	SC Pfullendorf	1:0 (1:0)	X		X	A		X					X	E	E	X		A			X		A	X	X1	E		
7	07.09.07 A	SF Siegen	3:1 (2:1)	A		X	X	E		X1				E	X	E	X		X			X		A1	A	X			
8	15.09.07 H	Bayern München II	2:0 (0:0)	A		X	X1	E	E	X				A			X		A			X		X1	X	X		E	
9	22.09.07 A	Hessen Kassel	0:4 (0:3)	E		X	A		X					A	X	E	X		X			X		A	X	X			E
10	28.09.07 H	Karlsruher SC II	1:4 (0:2)	A		A	X		E	X				X	E1		X		X			X		X		X			X
11	06.10.07 A	SV Sandhausen	0:1 (0:0)	X		X			E					A	A	E	X		X					A	X	X	E		X
12	19.10.07 H	FSV Oggersheim	0:0 (0:0)	X		X			E	X				A		E	X		X					A	X	X	X		
13	27.10.07 A	Wacker Burghausen	0:1 (0:0)	X		X				X				X		E	X		X					X	X	X	A		X
14	03.11.07 H	VfR Aalen	1:1 (0:1)	X		X	A	A	X					E	X	A	X			E				E	X	X1			
15	09.11.07 A	SSV Reutlingen 05	0:2 (0:2)	A			A	A		X		E		E	X	A	X		X			X		X	E	X			
16	17.11.07 H	München 1860 II	2:1 (1:0)	A		X		E	X					EA	X	E	X		X			X		A2	X	X			E
17	24.11.07 A	FSV Frankfurt	3:1 (1:1)	A		X			X			E		X	E	E1	X		X			A		A1	X		X	X1	
18	01.12.07 A	SpVgg Unterhaching	0:1 (0:1)	X		X		E	X	E				E	A	X	A							X	X	X	X		
19	08.12.07 H	Stuttgarter Kickers	1:1 (1:0)	X			X	A	E	E	E			X		X			X			X		A		X	A	X1	
20	29.02.07 A	SV 07 Elversberg	2:0 (1:0)	X	A1	X	E	X		X				E		E	A	X	X				A			X1		X	
21	08.03.08 H	FC Ingolstadt 04	1:3 (1:3)	X	X1	X		X	X					E	E	A	X		A			X			X		X		
22	15.03.08 H	VfB Stuttgart II	0:3 (0:1)	A	X	X	X							X	E	A	X		E					X		X			
23	29.03.08 H	SF Siegen	0:1 (0:0)		A	X			X					X	A	E	X	E	A			X	X			X	E		
24	05.04.08 A	Bayern München II	1:3 (1:1)	A	X			E	E					A	X	E	X		X			X			A	X1			
25	12.04.08 H	Hessen Kassel	0:2 (0:0)	A	X		E	X		A				E	A	E	X		X			X			X	X			
26	16.04.08 A	SC Pfullendorf	1:1 (1:0)		A1		X	X	E					E	E	A	X		X			X			X	X	A		
27	19.04.08 A	Karlsruher SC II	0:1 (0:1)	E	X	X	A	E						A	E	A	X					X			X	X	X		
28	26.04.08 H	SV Sandhausen	2:1 (0:1)		A	X	X	A	E					A	E1	X	X		X				E		X	X1	X		
29	02.05.08 A	FSV Oggersheim	2:1 (0:0)	A		X	X	X	E					A	E1	A	X		X		E	X				X1	X		
30	06.05.08 H	Wacker Burghausen	1:2 (0:1)		X	X	A	E						E	E	X			A			X	A		X	X			X1
31	10.05.08 A	VfR Aalen	5:2 (1:2)		A	X	X	E						A1	X	E	X		X1	E		X1			X	X2		A	
32	17.05.08 H	SSV Reutlingen 05	0:3 (0:3)		X	X	X	A	E					X	A	X			A			X			X	E	X	X	
33	24.05.08 A	München 1860 II	1:0 (1:0)		A	X	X							A	X	E	E		X1			X	E		X	X			A
34	31.05.08 H	FSV Frankfurt	0:2 (0:0)			E	X	X	A					A	A	X			X		X	X	E			X	E	X	
		Spiele:		2	24	14	28	23	21	16	23	1	6	26	23	28	15	33	1	26	1	1	25	10	19	27	33	13	30
		Tore:		0	0	3	0	2	0	0	1	0	0	1	0	3	1	0	0	3	0	0	1	0	6	0	13	1	4

Gegnerisches Eigentor im 7. Spiel (durch Assoumani).

Bilanz der letzten 10 Jahre:

Saison	Liga	Platz	Sp.	S	U	N	Tore	Pkt.
1997/98:	Landesliga Bayern Mitte	3.	34	18	9	7	82–52	63
1998/99:	Landesliga Bayern Mitte	1.	32	20	6	6	84–27	66
1999/00:	Oberliga Bayern	1.	34	23	5	6	85–38	74
2000/01:	Regionalliga Süd	12.	34	12	7	15	57–62	43
2001/02:	Regionalliga Süd	3.	34	17	7	10	57–40	58
2002/03:	Regionalliga Süd	2.	36	22	7	7	66–25	73
2003/04:	2. Bundesliga	16.	34	9	12	13	37–51	39
2004/05:	Regionalliga Süd	8.	34	13	9	12	47–46	48
2005/06:	Regionalliga Süd	17.	34	7	11	16	37–48	32
2006/07:	Oberliga Bayern	1.	36	23	8	5	84–38	77

Zuschauerzahlen:

Saison	gesamt	Spiele	Schnitt
1997/98:	15.300	17	900
1998/99:	14.600	16	913
1999/00:	28.030	17	1.649
2000/01:	63.460	17	3.732
2001/02:	62.747	17	3.691
2002/03:	91.900	18	5.105
2003/04:	100.540	17	5.914
2004/05:	38.600	17	2.270
2005/06:	33.793	17	1.994
2006/07:	32.600	18	1.811

Die meisten Regionalliga-Spiele:

Pl.	Name, Vorname	Spiele
1.	Binder, Stefan	110
2.	Gfreiter, Harald	107
3.	Tölcséres, Andras	100
4.	Zellner, Tobias	96
5.	Keuler, Carsten	69
6.	Petry, Michael	66
7.	Jarosch, Stefan	65
8.	Alder, Christian	64
9.	Stieglmair, Mario	63
10.	Knackmuß, Markus	62

Die besten Regionalliga-Torschützen:

Pl.	Name, Vorname	Tore
1.	Tölcséres, Andras	36
2.	Kern, Enrico	19
3.	Fersch, Michael	17
4.	Papic, Vlado	13
	Stoilov, Petr	13
6.	Zani, Armando	12
7.	Hoffmann, Jan	11
	Zellner, Tobias	11
9.	Mokhtari, Youssef	10
	Petry, Michael	10
	Schmied, Jürgen	10
	Stieglmair, Mario	10

Die Trainer der letzten Jahre:

Name, Vorname	Zeitraum
Schuderer, Josef	01.07.1996 – 30.06.1998
Seitz, Roland	01.07.1998 – 31.12.1998
Wettberg, Karsten	01.01.1999 – 06.06.2001
Sebert, Günter	06.06.2001 – 30.06.2003
Peter, Ingo	01.07.2003 – 17.11.2003
Brandl, Günter	17.11.2003 – 30.06.2004
Basler, Mario	01.07.2004 – 20.09.2005
Pasieka, Dariusz	21.09.2005 – 09.04.2006

SSV Reutlingen 1905

Anschrift:
An der Kreuzeiche 6
72762 Reutlingen
Telefon: (0 71 21) 23 01 12
eMail: gesamtverein@ssv-reutlingen.de
Homepage: www.ssv-reutlingen.de

Vereinsgründung: 09.05.1905 als FC Arminia 1905 gegründet; 1910 in SV Reutlingen 1905 umbenannt; 1938 nach Fusion mit 1. SV 1911 in SSV Reutlingen 1905

Vereinsfarben: Schwarz-Rot-Weiß
Präsident: Wolfgang Moeck
Geschäftsführer: Horst Schmid

Stadion: Stadion an der Kreuzeiche (15.000)

Größte Erfolge: Teilnahme an der Endrunde um die Deutsche Meisterschaft 1950 und 1955; Teilnahme an der Aufstiegsrunde zur Bundesliga 1965; Teilnahme an den Aufstiegsrunden zur 2. Bundesliga 1975 (↑), 1977, 1978, 1989, 1990 und 1992; Deutscher Amateurmeister 1974 und 1997; Meister der Regionalliga Süd 2000 (↑); Pokalsieger Württemberg 1988, 1990 und 1999.

Aufgebot:

Name, Vorname	Pos	geb. am	Nat.	seit	2007/08 Sp.	T.	gesamt Sp.	T.	frühere Vereine
Aybar, Ilker	A	26.01.1976	TUR	2005	33	0	162	5	TSV Crailsheim, SV Darmstadt 98, VfB Stuttgart, TSV Wäldenbronn Esslingen, TV Nellingen, TSF Esslingen
Beskid, Ewald	S	12.09.1980	D	2005	2	0	46	5	Freiburger FC, FC Teningen, Bahlinger SC, TSG 1899 Hoffenheim, SC Freiburg
Bischoff, Bastian	S	04.12.1984	D	2007	30	3	52	4	SV Stuttgarter Kickers, TSV Wittlingen, FV Bad Urach, TSV Urach
Golinski, Marc	M	03.09.1989	D	2007	2	0	2	0	SV Böblingen, VfB Stuttgart, TSV Grafenberg
Grimminger, Volker	A	01.10.1979	D	2005	15	0	110	2	SV Sandhausen, TSV Crailsheim, 1. FC Schweinfurt 05, VfB Stuttgart, SVH Königsbronn, TSG Schnaitheim
Haas, Christian	S	18.11.1978	D	2004	25	9	120	36	FV 1913 Lauda, TSG 1899 Hoffenheim, VfB Stuttgart, FV 1913 Lauda, SV Waldhof 07 Mannheim
Hoffmeister, Sven	T	13.10.1970	D	2007	15	0	292	0	BSV Kickers Emden, 1. FSV Mainz 05, SV Wehen Taunusstein, SC Neukirchen, Hessen Kassel, KSV Baunatal, SpVgg Olympia Kassel
Janic, Sasa	M	07.05.1975	D	2006	30	0	233	7	FC Augsburg, SpVgg Unterhaching, DSC Arminia Bielefeld, SSV Reutlingen 05, SV Stuttgarter Kickers, SpVgg 07 Ludwigsburg, VfB Stuttgart, SSV Ulm 1846
Khalil, Samer	S	24.04.1980	JOR	2007	3	0	39	9	VfR Aalen, FC Emmendingen 03
Kirsch, Patrick	A	01.01.1981	D	2006	32	1	116	2	SG Eintracht Bad Kreuznach, TuS Koblenz, SV Wehen Taunusstein, SC Idar-Oberstein, FC Viktoria Merxheim
Kocholl, Steffen	A	10.05.1983	D	2006	16	0	89	1	SC Preußen 06 Münster, VfB Stuttgart, TSG Öhringen, TSV Pfedelbach
Kraus, Kevin	T	27.02.1990	D	2006	3	0	3	0	TSG Balingen
Krauss, Markus	T	16.09.1987	D	2005	17	0	17	0	SV Böblingen, TSV Eltingen
Liotte, Josué	A	25.02.1984	FRA	2007	2	0	2	0	1. FC Saarbrücken, FC Metz
Maroh, Dominic	M	04.03.1987	D	2000	11	1	13	1	TSV Neckartailfingen
Mayer, Patrick	S	28.03.1988	D	2008	13	4	28	6	VfB Stuttgart, FC Wangen 05, FC Beuren
Meha, Alban	M	26.04.1986	ALB	2007	28	1	28	1	VfL Kirchheim/Teck, SV Stuttgarter Kickers, TV Kemnat
Meha, Feriz		06.07.1984	ALB	2008	1	0	1	0	VfL Kirchheim/Teck, TSV Stuttgart-Rohr, SC Weinstadt, TSVgg Plattenhardt, TV Nellingen, TV Kemnat, TB Ruit, TV Kemnat, TSV Heumaden, TV Kemnat
Müller, Kristof	M	31.07.1985	D	2007	3	0	51	5	Karlsruher SC, FV Otterdorf
Otto, Oliver	M	21.11.1972	D	2005	25	1	159	4	SC Borussia Fulda, SV Waldhof 07 Mannheim, Akratitos Ano Liosia Attiki, SSV Ulm 1846, VfB Stuttgart, TSV Wernau
Raach, Fabio	M	06.03.1988	D	2006	0	0	0	0	SSV Ulm 1846, SSV Reutlingen 05, TSV Kohlberg
Rill, Andreas	M	06.01.1979	D	2001	28	5	77	10	SpVgg Greuther Fürth, SSV Ulm 1846, SSV Reutlingen 05
Sajaia, Mikheil	S	08.12.1976	GEO	2007	5	0	172	26	SV Darmstadt 98, SpVgg Bayreuth, SpVgg Unterhaching, FC Augsburg, SSV Reutlingen 05, FC Augsburg, Mretebi Tiflis, Dinamo Sokhumi
Sauter, Christian	A	11.02.1988	D	2008	13	2	20	3	VfB Stuttgart, FC Ostrach
Scheuring, Thomas	A	13.12.1981	D	2004	33	1	65	1	VfL Kirchheim/Teck, AC Catania Kirchheim/Teck, VfL Kirchheim/Teck, TSGV Albershausen, VfB Stuttgart, TSGV Albershausen
Schipplock, Sven	S	08.11.1988	D	2006	19	8	31	11	VfL Pfullingen, TSV Sondelfingen, SSV Reutlingen 05, FC Engstingen, TV Großengstingen
Schmiedel, Jörn	M	13.09.1978	D	2008	7	1	127	16	VfR Aalen, SSV Reutlingen 05, VfB Stuttgart, SC Geislingen
Unger, Markus	M	18.11.1981	D	2006	14	1	93	11	BSV Kickers Emden, SV Buchonia Flieden, 1. FC Schweinfurt 05, SC Borussia Fulda, SV Steinhaus
Vujevic, Robert	M	26..11.1980	CRO	2007	29	1	160	8	Sportfreunde Siegen, VfB Stuttgart, TSG Esslingen
Waidmann, Manuel	M	10.05.1984	D	1999	18	5	50	7	TSV Oberstetten
Weigl, Jochen	M	21.04.1971	D	2001	4	0	126	8	1. FC Nürnberg, SpVgg Greuther Fürth, TSV Vestenbergsgreuth, SpVgg Plattling, SC Zwiesel

Trainer:

Name, Vorname	geb. am	Nat.	Zeitraum	Spiele 2007/08	frühere Trainerstationen
Starzmann, Peter	27.07.1962	D	01.07.04 – 13.06.08	34	VfB Stuttgart (A-Jun. und Am.), SV Bonlanden, SSV Reutlingen 05 (Co-Trainer)

Zugänge:
Bischoff (SV Stuttgarter Kickers), Hoffmeister (BSV Kickers Emden), Khalil (VfR Aalen), Liotte (1. FC Saarbrücken), Meha (VfL Kirchheim/Teck), Müller (Karlsruher SC II), Raach (TSV Kohlberg), Schipplock (eigene Junioren), Vujevic (Sportfreunde Siegen).

während der Saison:
Golinski und Kraus (eigene Junioren), Mayer und Sauter (VfB Stuttgart II), Schmiedel (VfR Aalen).

Abgänge:
Buchwald (SV Bonlanden), Demirkiran, Sabanov und Urban (1. FC Heidenheim), di Frisco (VfB Lübeck), Iseli (SpVgg 07 Ludwigsburg), Langner (Laufbahn beendet; Torwart-Trainer SC Freiburg), Link (SG Empfingen), Möller (KSV Hessen Kassel), Öztürk (SV Tübingen), Pflumm (TSG Balingen), Schneider (TSV Schwieberdingen).

während der Saison:
Beskid (SC Pfullendorf), Hoffmeister (SV Sandhausen), Liotte (Borussia VfB Neunkirchen), Müller und Sajaia (SpVgg Weiden), Schipplock (VfB Stuttgart), Unger (Sportfreunde Siegen).

Fortsetzung SSV Reutlingen 1905

Aufstellungen und Torschützen:

Sp	Datum		Gegner	Ergebnis	Aybar	Beskid	Bischoff	Golinski	Grimminger	Haas	Hoffmeister	Janic	Khalil	Kirsch	Kocholl	Kraus	Krauss	Liotte	Maroh	Meyer	Meha A.	Meha F.	Müller	Otto	Rill	Sajaia	Sauter	Scheuring	Schipplock	Schmiedel	Unger	Vujevic	Waidmann	Weigl
					1	2	3	4	5	6	7	8	9	10	11	12	13	14	15	16	17	18	19	20	21	22	23	24	25	26	27	28	29	30
1	28.07.07	A	Bay. München II	0:0 (0:0)	X		X			X	X	A	X								E			X	A			X	E		X	E	A	
2	04.08.07	H	Hessen Kassel	0:0 (0:0)	X		A			X		A	X	X							E				X	E		X	E		A	X	X	
3	12.08.07	A	Karlsruher SC II	0:0 (0:0)	X		E			X	X	A	X								E				A	X		X	X		X	A	E	
4	18.08.07	H	SV Sandhausen	3:1 (2:1)	X	E	A			X	A		X	X							E	E	A1			X	X2		X			X			
5	25.08.07	A	FSV Oggersheim	3:3 (2:1)	X	A			E	X	X		X	X							E		E	A1		X	X1		A				X1		
6	31.08.07	H	Burghausen	1:1 (1:1)	X		E			A	X	X	X	X							E		E	A1		X	X		A				X		
7	08.09.07	A	VfR Aalen	1:5 (1:3)	X		E			A	X	X	A	X							E		E	A		X	X		X				X1		
8	15.09.07	H	VfB Stuttgart II	0:2 (0:1)	X		A				X	X				E			A				A	E		X	X		X	X		X			E
9	21.09.07	H	München 1860 II	1:4 (0:3)	X		X			X	X		X	A							E	X	E			X	X1		A	E		A			
10	29.09.07	A	FSV Frankfurt	2:2 (1:0)	X		E	E	E1	X	X		X								A			X	A			X	A			X1	X		
11	05.10.07	H	Unterhaching	2:2 (1:2)	X					A	X	X	X								A			A1	E	E		X	X			X	X	E1	
12	20.10.07	A	Stuttg. Kickers	1:1 (0:0)			E			A	X	X	X			X					X			A	X	E		X	X1			A	E		
13	26.10.07	H	SV 07 Elversberg	4:0 (1:0)	X		E			X1	X	X		X	E						X			A	A			X	A2			X	E1		
14	02.11.07	A	FC Ingolstadt 04	0:2 (0:1)	X		E			X	X	X		X	A			E			A				X	X						X	A		E
15	09.11.07	H	Regensburg	2:0 (2:0)	X		E			A			X	X				E		X1			A			X	X				EA	X	X		
16	24.11.07	H	SF Siegen	1:1 (0:0)	X		E			X1	X		X	X							A	E		A				X	X				X	A	E
17	27.11.07	A	SC Pfullendorf	1:1 (0:1)	X					X1	X		X	X							A	E	E	A				X	X				X	E	
18	01.12.07	H	Bay. München II	2:1 (1:0)	X		E1			X	X	X	X	X							E			E				X	A			A	A	X1	
19	15.12.07	A	Hessen Kassel	3:3 (0:0)	X		E			X2	X	A	X	X							E				A	E		X	X1			A	X		
20	01.03.08	H	Karlsruher SC II	1:1 (1:0)	X		X	X			E	X	A	X			X				E			X	X1		A	E				A			
21	08.03.08	A	SV Sandhausen	1:0 (1:0)	X		A1	A			X	X		X			X				X			X	X		E	E				E	A		
22	16.03.08	H	FSV Oggersheim	3:1 (2:0)	X		A	E	X		X	X1		X			E			A	E			X				X1	X1			A			
23	29.03.08	H	VfR Aalen	1:1 (1:1)	X		X		A	E	X		X	E						E	A			X				X1				A			
24	02.04.08	A	Burghausen	0:1 (0:0)	X		A	E	A	E	X		X								E			X				A	X			X			
25	06.04.08	A	VfB Stuttgart II	1:0 (1:0)	X		A		X	E	X		X				E	X1	E					X	A	X						A			
26	12.04.08	A	München 1860 II	2:2 (1:2)	X		X		X	E	X		X				A2	A			X	A			E	X						E			
27	19.04.08	H	FSV Frankfurt	0:1 (0:1)	X			X	A	X	X		X				E	A			X				E			E			E	A			
28	26.04.08	A	Unterhaching	0:2 (0:1)	X		X	A	E	X	X		E	X			E	X			X	A			X							A			
29	03.05.08	H	Stuttg. Kickers	3:1 (1:1)	X		A		E	X1			X	X			X	E1			X	X			A	X			E			A1			
30	06.05.08	A	SV 07 Elversberg	0:1 (0:0)	X		E		A	X			X				X	X			A	A		E	X			X	E						
31	11.05.08	H	FC Ingolstadt 04	2:0 (1:0)	X		A		X	X1	A		X				E		E					A1	X			X	X			X			
32	17.05.08	A	Regensburg	3:0 (3:0)	X		X1	X	A1	X			X				A1	E	E		A			E	X			X	X						
33	24.05.08	H	SC Pfullendorf	0:4 (0:1)	A		X	X	X	X	X		X					E	E		A			E	X			A	X			A			
34	31.05.08	A	SF Siegen	1:2 (0:1)	X		A		X	X			X					E	E		X	A			A	X		E1	X						
	Spiele:				33	2	30	2	15	25	15	30	3	32	16	3	17	2	11	13	28	1	3	25	28	5	13	33	19	7	14	29	18	4
	Tore:				0	0	3	0	0	9	0	0	0	1	0	0	0	0	1	4	1	0	0	1	5	0	2	1	8	1	1	1	5	0

Gegnerisches Eigentor im 15. Spiel (durch Romminger).

Bilanz der letzten 10 Jahre:

Saison	Liga	Platz	Sp.	S	U	N	Tore	Pkt.
1997/98:	Regionalliga Süd	4.	32	15	10	7	50–30	55
1998/99:	Regionalliga Süd	3.	34	14	14	6	54–30	56
1999/00:	Regionalliga Süd	1.	34	28	3	3	102–25	87
2000/01:	2. Bundesliga	7.	34	15	8	11	64–52	53
2001/02:	2. Bundesliga	10.	34	13	5	16	53–57	44
2002/03:	2. Bundesliga *	16.	34	11	6	17	43–53	33
2003/04:	Oberliga Baden-Württemberg	9.	34	11	11	12	40–42	44
2004/05:	Oberliga Baden-Württemberg	3.	34	18	10	6	69–44	64
2005/06:	Oberliga Baden-Württemberg	1.	34	25	7	2	68–16	82
2006/07:	Regionalliga Süd	11.	34	10	15	9	31–37	45

* wegen Verstoß gegen die Lizenzauflagen 6 Punkte Abzug; für die Saison 2003/04 wurde keine RL-Lizenz erteilt.

Zuschauerzahlen:

Saison	gesamt	Spiele	Schnitt
1997/98:	19.900	16	1.244
1998/99:	23.644	17	1.391
1999/00:	54.100	17	3.182
2000/01:	136.112	17	8.007
2001/02:	93.787	17	5.517
2002/03:	112.700	17	6.629
2003/04:	26.051	18	1.447
2004/05:	30.802	17	1.812
2005/06:	39.996	17	2.353
2006/07:	66.350	17	3.929

Die meisten Regionalliga-Spiele:

Pl.	Name, Vorname	Spiele
1.	Janic, Sasa	179
2.	Mayer, Michael	167
3.	Traub, Torsten	149
4.	Cast, Joachim	148
5.	Schwend, Thomas	124
6.	Joos, Volker	123
7.	Langner, Marco	122
8.	Winter, Thomas	120
9.	Beck, Artur	118
10.	Rill, Andreas	77

Die besten Regionalliga-Torschützen:

Pl.	Name, Vorname	Tore
1.	Mayer, Michael	56
2.	Djappa, Olivier	36
3.	Maric, Marijo	30
4.	Winter, Thomas	28
5.	Becker, Ralf	15
	Haas, Christian	15
7.	Hoffmann, Jan	14
	Maier, Sascha	14
9.	Beck, Artur	12
	Hofacker, Robert	12
	Ristic, Sreto	12

Die Trainer der letzten Jahre:

Name, Vorname	Zeitraum
Schaich, Jürgen	30.11.1994 – 06.12.1994
Gröbner, Wilfried	07.12.1994 – 30.06.1995
Rangnick, Ralf	01.07.1995 – 31.12.1996
Hägele, Martin	01.01.1997 – 12.11.1997
Toth, Durko	12.11.1997 – 30.06.1998
Veh, Armin	01.07.1998 – 12.12.2001
Geyer, Reiner	12.12.2001 – 30.06.2002
Wormuth, Frank	01.07.2002 – 04.05.2003
Erkenbrecher, Uwe	06.05.2003 – 18.02.2004
Langner, Marco	19.02.2004 – 30.06.2004

SV 1916 Sandhausen

Anschrift:
Jahnstraße 1
69207 Sandhausen
Telefon: (0 62 23) 86 81 78
eMail: info@svsandhausen.de
Homepage: www.svsandhausen.de

Vereinsgründung: 01.08.1916 als SV 1916 Sandhausen; 1945 aufgelöst, 1945 - 1951 integriert im SG 1945; seit 1951 SV 1916 Sandhausen

Vereinsfarben: Schwarz-Weiß
Präsident: Jürgen Machmeier
Manager: Tobias Gebert

Stadion: Hardtwaldstadion (10.000)

Größte Erfolge: Deutscher Amateur-Vizemeister 1977; Deutscher Amateuer-Meister 1978 und 1993; Meister der 1. Amateurliga Nordbaden 1977; Meister der Oberliga Baden-Württemberg 1981, 1985, 1987, 1995 (↑), 2000 und 2007 (↑); Pokalsieger Baden 1977, 1978, 1981,1982, 1983, 1985, 1986, 1995, 2006 und 2007; Qualifikation für den DFB-Pokal 1978, 1979, 1982, 1983, 1984, 1986, 1987, 1994, 1996, 2006 und 2007.

Aufgebot:

Name, Vorname	Pos	geb. am	Nat.	seit	2007/08 Sp.	2007/08 T.	gesamt Sp.	gesamt T.	frühere Vereine
Akwuegbu, Emmanuel	S	20.12.1978	NGA	2006	25	7	51	14	SV Stuttgarter Kickers, FC Waidhofen/Ybbs, Schwarz-Weiß Bregenz, RC Lens
Altin, Volkan	M	10.08.1986	TUR	2007	17	2	53	3	BSV Kickers Emden, Hertha BSC Berlin, Tennis Borussia Berlin, FC Brandenburg 03 Berlin, BFC Trakya Spor Berlin
Anane, William	S	17.11.1979	GHA	2007	12	2	44	4	FC Ingolstadt 04, FK Senec, Eintracht Frankfurt, 1. FC Eschborn, FV Bad Vilbel, TSG Ober-Wollstädt, FC Union Nieder-Florstadt
Barg, Benjamin	A	15.09.1984	D	2008	11	0	82	5	Karlsruher SC, Bahlinger SC, SV Sandhausen, Karlsruher SC, VfL Herrenberg, SV Oberreichenbach
Bauer, Tim	A	16.01.1985	D	2007	24	0	40	1	TSG 1899 Hoffenheim, SV Werder Bremen, SV Waldhof 07 Mannheim, FC Phönix Mannheim, SC Pfingstberg-Hochstädt
Beisel, Christian	A	08.12.1982	D	2006	28	3	72	5	SV Darmstadt 98, 1. FC Eschborn, SV Waldhof 07 Mannheim, Eintracht Frankfurt, SG Arheilgen
Brechtel, Patrick	M	28.02.1983	D	2006	10	0	31	1	Karlsruher SC, SV Rülzheim
Castellino, Antonio	M	03.03.1980	ITA	2005	2	0	82	0	SV Wehen Taunusstein, 1. FC Eschborn, SG Croatia Frankfurt, FSV Frankfurt, Eintracht Frankfurt, 1. FC Dynamo Dresden
Englert, Max	M	05.08.1988	D	2007	1	0	1	0	TSG 1899 Hoffenheim, TSV Handschuhsheim
Essig, Christian	S	24.01.1986	D	2007	17	1	47	3	Karlsruher SC, FC Rastatt 04
Fickert, Christian	A	10.02.1981	D	2004	24	0	24	0	Rot-Weiss Essen, SV Waldhof 07 Mannheim
Göttlicher, Mario	A	05.08.1982	D	2007	30	0	69	2	TSG 1899 Hoffenheim, SV Waldhof 07 Mannheim, LSV Ladenburg
Grgic, Velimir	S	11.05.1978	CRO	2007	24	10	124	23	BSV Kickers Emden, TuS Koblenz, Cibalia Vinkovci
Hickel, Florian	T	18.09.1985	D	2006	0	0	0	0	TSG 1899 Hoffenheim, SV Sandhausen, SG Viktoria Mauer
Hoffmeister, Sven	T	13.10.1970	D	2008	3	0	292	0	SSV Reutlingen 05, BSV Kickers Emden, 1. FSV Mainz 05, SV Wehen Taunusstein, SC Neukirchen, Hessen Kassel, KSV Baunatal, SpVgg Olympia Kassel
Kolb, Boris	M	12.11.1979	D	2005	33	3	198	15	Eintracht Frankfurt, 1. FC Eschborn, SV Darmstadt 98, TSV Trebur
Leis, Tobias	M	07.08.1985	D	2006	12	1	28	2	Karlsruher SC, SV Viktoria Aschaffenburg, FC Viktoria Kehl
Löbich, Marcel	A	08.04.1982	D	2006	4	0	4	0	Karlsruher SC, SV 98 Schwetzingen, SpVgg. 06 Ketsch
Mendez Rodriguez, Alberto	M	24.10.1974	ESP	2007	21	4	88	20	SV Darmstadt 98, SpVgg Bayreuth, 1. SC Feucht, Terrassa FC, FC Racing Ferrol, Arsenal FC London, SpVgg Unterhaching, AEK Athen, Arsenal FC London, 1. SC Feucht, SpVgg 09 Ansbach, TSV Vestenbergsgreuth, 1. FC Nürnberg, DARC Franken Nürnberg
Mintzel, Alf	M	21.12.1981	D	2007	23	6	55	8	Offenbacher FC Kickers, 1. SC Feucht, SpVgg Greuther Fürth, Würzburger FV, ASV Rimpar
Petkovic, Marjan	T	22.05.1979	D	2004	32	0	32	0	TSG 1899 Hoffenheim, FC Heilbronn, TSV Güglingen
Petry, Michael	S	31.08.1976	D	2006	22	3	197	48	SSV Jahn 2000 Regensburg, Offenbacher FC Kickers, SSV Jahn 2000 Regensburg, VfR Mannheim, Südwest Ludwigshafen, FSV Oggersheim, VfR Friesenheim, DJK Blau-Weiß Oppau
Pinto, Roberto	M	22.08.1978	POR	2008	15	2	40	4	Grasshopper-Club Zürich, DSC Arminia Bielefeld, Hertha BSC Berlin, VfB Stuttgart, VfL Stuttgart-Wangen
Ruf, Daniel	M	18.07.1978	D	2005	5	0	5	0	Bahlinger SC, FC Denzlingen, FC Prechtal, FSV Oberprechtal
Schmid, Jürgen	S	11.02.1982	D	2008	12	2	106	26	SSV Jahn 2000 Regensburg, 1. SC Feucht, FC Bayern München, SG Post/Süd Regensburg, TV Parsberg, SV Breitenbrunn
Stark, Marco	A	09.07.1981	D	2007	25	1	106	2	Sportfreunde Siegen, SV Wacker Burghausen, 1. FC Saarbrücken, 1. FC Kaiserslautern, TSG Pfeddersheim, VfR Wormatia Worms
Svjetlanovic, Dejan	M	20.06.1980	D	2006	5	0	36	5	FC Nöttingen, SV Spielberg, Karlsruher SC, VfB Gaggenau
Waldecker, Benjamin	A	02.02.1982	D	2002	28	1	28	1	SV Waldhof 07 Mannheim, DJK Sandhofen

Trainer:

Name, Vorname	geb. am	Nat.	Zeitraum	Spiele 2007/08	frühere Trainerstationen
Dais, Gerd	11.08.1963	D	01.10.2005 – lfd.	34	FC Nöttingen, FV 1913 Lauda, FC Nöttingen, SG Dielheim, SV Sandhausen (Co-Trainer)

Zugänge:
Altin und Grgic (BSV Kickers Emden), Anane (FC Ingolstadt 04), Bauer und Englert (TSG 1899 Hoffenheim II, Göttlicher (TSG 1899 Hoffenheim), Mendez-Rodriguez (SV Darmstadt 98), Mintzel (Offenbacher FC Kickers), Stark (Sportfreunde Siegen).
während der Saison:
B. Barg (Karlsruher SC), Hoffmeister (SSV Reutlingen 05), Pinto (Grasshopper-Club Zürich), Schmid (SSV Jahn 2000 Regensburg).

Abgänge:
Abdel-Haq (FK 03 Pirmasens), Glutsch, Sieverling und Szabo (VfR Mannheim), Ketterer und Saggiomo (FC 08 Villingen), Müller und Oppong (unbekannt), Throm (FC Astoria Walldorf).
während der Saison:
Castellino (FSV Fernwald), Leis (Sportfreunde Seligenstadt), Svjetlanovic (FC 08 Villingen).

Fortsetzung SV 1916 Sandhausen

Aufstellungen und Torschützen:

Sp	Datum	Gegner	Ergebnis	Akwuegbu	Altin	Anane	Barg	Bauer	Beisel	Brechtel	Castellino	Englert	Essig	Fickert	Göttlicher	Grgic	Hoffmeister	Kolb	Leis	Löbich	Mendez Rodr.	Mintzel	Petkovic	Petry	Pinto	Ruf	Schmid	Stark	Svjetlanovic	Waldecker
				1	2	3	4	5	6	7	8	9	10	11	12	13	14	15	16	17	18	19	20	21	22	23	24	25	26	27
1	28.07.07 H	FSV Oggersheim	3:0 (1:0)		A1			X	X			X		X		X1		E	A	A1	X	E						X	E	X
2	10.08.07 H	VfR Aalen	3:0 (2:0)	E		A		E	X1	X			X	X	A1	X					A	X	E1					X		X
3	14.08.07 A	Wacker Burghausen	0:1 (0:1)	E					X	A			X	X	X	A	E	X	X	X	E							A		X
4	18.08.07 A	SSV Reutlingen 05	1:3 (1:2)				E	X	A			X	X	X1		X		E	E	X	X	X						A		A
5	24.08.07 H	München 1860 II	1:0 (0:0)					X	X	E	X		E		X		X	A		X1	X	X						A	X	
6	01.09.07 H	FSV Frankfurt	2:0 (0:0)		A			X	X	E		E		A	X	X1	A	X1			X	X						E		X
7	08.09.07 H	SpVgg Unterhaching	1:0 (0:0)	E		A		X	X	E			X	X		X	A	X1		X	A							E		X
8	14.09.07 A	Stuttgarter Kickers	2:1 (2:0)	X	E	A			X	E			X	X	A1	X			X	A1	X							E		X
9	22.09.07 H	SV 07 Elversberg	1:2 (1:1)	X	A			X		E			A	X	X1	X	E			X	E							X	A	X
10	28.09.07 A	FC Ingolstadt 04	0:0 (0:0)		X			X			E	X	X	X		X	A			X	X	X						X			
11	06.10.07 A	Jahn Regensburg	1:0 (0:0)		A			X			A	X	X			X	E1			X	X	X						X	E	X
12	20.10.07 A	SC Pfullendorf	0:0 (0:0)	E	A	A		X			E	X	X			X				X	X	X						X		X
13	26.10.07 H	SF Siegen	1:0 (0:0)	X		E	E	X			E1	X	X			X			A	A	X	A						X		X
14	04.11.07 A	Bayern München II	1:3 (1:2)			X1	A	X			E	X	X			A	E			X	X	X						X		X
15	10.11.07 H	Hessen Kassel	3:2 (0:2)	E2	A		A	X			E	X	X			X		E	X		X	X1						A		X
16	17.11.07 A	Karlsruher SC II	1:1 (1:1)	A		A		X			E	X	X			X	E	X	A1		X			E				X		X
17	24.11.07 H	VfB Stuttgart II	1:0 (0:0)	X	X			X			A	A	X			X	E	A		X	E		E					X1		X
18	01.12.07 H	FSV Oggersheim	0:0 (0:0)	X	X			A			A	X	X	A		X	E			X			E					X	E	X
19	08.12.07 H	Wacker Burghausen	3:0 (1:0)	X1	A1			X		E		X	X	X1		X	X			X								X		X
20	08.03.08 H	SSV Reutlingen 05	0:1 (0:1)	E	A		E				E	X	X	X		X			X	X		A		A				X		X
21	14.03.08 A	München 1860 II	2:0 (2:0)	X	X1	X		E			E	X	A			X			A	X		A	E	X1						X
22	22.03.08 H	FSV Frankfurt	0:3 (0:2)	A	X		X	X				X	E			X		E	X	X		X		X						A
23	30.03.08 A	SpVgg Unterhaching	2:3 (1:1)		A	X	X	X				E	X	X1		X		E	A1	X		A		E						X
24	05.04.08 H	Stuttgarter Kickers	2:2 (0:2)	X1	X			E	X			A	X	X		X		X	X	X		X		A				E		E1
25	11.04.08 H	SV 07 Elversberg	4:0 (1:0)	A1			E	X	X			E	X	X1		X		A	A1		X		E1					X		X
26	15.04.08 A	VfR Aalen	1:3 (1:3)	A			X	X	X			E	X	X1	E			X	X	A		X	E					A		
27	19.04.08 H	FC Ingolstadt 04	0:3 (0:1)	E		E		X	X	X		A	X	X	X			A				X		X						
28	26.04.08 A	Jahn Regensburg	1:2 (1:0)		X		X	X	X			E	X			X1	X		E	A		E	A			A				
29	03.05.08 H	SC Pfullendorf	2:0 (1:0)	X			X	X	X			E		X		X			E	A1	X	A1	X					E	A	
30	07.05.08 A	SF Siegen	2:1 (1:1)	A1	E		X	X	X			E	X				X1		X	X	A	X						E	A	
31	10.05.08 H	Bayern München II	3:3 (0:2)	A	E		A	X	X1				X	X1		X			E	X		E	X1						A	
32	17.05.08 A	Hessen Kassel	3:0 (0:0)	E1	A			X	X1				X	A		X			X1	X	A	X						E	X	E
33	24.05.08 H	Karlsruher SC II	1:0 (1:0)	E		E	A	X	A				X	X		X			X	X	A	X1						X		E
34	31.05.08 A	VfB Stuttgart II	0:4 (0:2)	A				X	X			X	A	X		X			X	X	E	X		E				X		X
	Spiele:			25	17	12	11	24	28	10	2	1	17	24	30	24	3	33	12	4	21	23	32	22	15	5	12	25	5	28
	Tore:			7	2	2	0	0	3	0	0	0	1	0	0	10	0	3	1	0	4	6	0	3	2	0	2	1	0	1

Bilanz der letzten 10 Jahre:

Saison	Liga	Platz	Sp.	S	U	N	Tore	Pkt.
1997/98:	Oberliga Baden-Württemberg	7.	30	11	11	8	52–45	44
1998/99:	Oberliga Baden-Württemberg	2.	30	17	8	5	44–23	59
1999/00:	Oberliga Baden-Württemberg	1.	30	22	4	4	68–24	70
2000/01:	Oberliga Baden-Württemberg	4.	34	17	6	11	69–44	57
2001/02:	Oberliga Baden-Württemberg	2.	34	20	8	6	63–32	68
2002/03:	Oberliga Baden-Württemberg	4.	34	16	8	10	59–46	56
2003/04:	Oberliga Baden-Württemberg	7.	34	14	9	11	49–39	51
2004/05:	Oberliga Baden-Württemberg	7.	34	12	14	8	64–39	50
2005/06:	Oberliga Baden-Württemberg	5.	34	18	6	10	65–34	60
2006/07:	Oberliga Baden-Württemberg	1.	34	23	8	3	91–36	77

Zuschauerzahlen:

Saison	gesamt	Spiele	Schnitt
1997/98:	7.885	15	526
1998/99:	9.350	15	623
1999/00:	12.170	15	811
2000/01:	11.900	17	700
2001/02:	11.460	17	674
2002/03:	7.562	17	445
2003/04:	12.802	17	711
2004/05:	7.983	17	470
2005/06:	10.735	17	631
2006/07:	19.080	17	1.122

Die meisten Regionalliga-Spiele:

Pl.	Name, Vorname	Spiele
1.	Hahn, Knut	34
	Merkel, André	34
	Staletovic, Slavisa	34
4.	Feucht, Dietmar	33
	Kolb, Boris	33
6.	Bernhardt, Matthias	32
	Lässig, Andreas	32
	Petkovic, Marjan	32
9.	Göttlicher, Mario	30
10.	Berecko, Igor	29
	Friedmann, Karl-Heinz	29

Die besten Regionalliga-Torschützen:

Pl.	Name, Vorname	Tore
1.	Feucht, Dietmar	13
2.	Grgic, Velimir	10
3.	Akwuegbu, Emmanuel	7
4.	Mintzel, Alf	6
	Staletovic, Slavisia	6
6.	Mendez-Rodriguez, Alberto	4
7.	Beisel, Christian	3
	Berecko, Igor	3
	Ehmann, Thorsten	3
	Hahn, Knut	3
	Kolb, Boris	3
	Petry, Michael	3

Die Trainer der letzten Jahre:

Name, Vorname	Zeitraum
Boysen, Hans-Jürgen	01.07.1994 – 30.06.1996
Menges, Rüdiger	30.06.1996 – ??.??.1998
Birkle, Günther	??.??.1998 – 30.06.1999
Entenmann, Willi	01.07.1999 – 30.06.2000
Habiger, Werner	01.07.2000 – 30.03.2001
Boysen, Hans-Jürgen	01.04.2001 – 30.06.2002
Entenmann, Willi	01.07.2002 – 17.10.2002
Scharinger, Rainer	18.10.2002 – 16.09.2003
Sebert, Günter	17.09.2003 – 05.09.2005

Sportfreunde Siegen von 1899

Anschrift:
Leimbachstraße 230
57074 Siegen
Telefon: (02 71) 2 50 10-0
eMail: info@sportfreunde-siegen.de
Homepage: www.sportfreunde-siegen.de

Vereinsgründung: 1879 Gründung des TV Jahn Siegen; 27.07.1899 Fußballabteilung; 08.08.1923 Fusion mit SV 1907 Siegen zu Sportfreunde Siegen

Vereinsfarben: Rot-Weiß
1. Vorsitzender: Christoph Hansen
Sportlicher Leiter: Heinz Knüwe

Stadion: Leimbach-Stadion (18.500)

Größte Erfolge: Deutscher Amateurmeister 1955; Deutscher Amateur-Vizemeister 1998; Aufstieg in die 2. Bundesliga 2005; Teilnahme an der Aufstiegsrunde zur 2. Bundesliga 1998; Qualifikation für den DFB-Pokal 1992, 2002 und 2003

Aufgebot:

Name, Vorname	Pos	geb. am	Nat.	seit	2007/08 Sp.	T.	gesamt Sp.	T.	frühere Vereine
Assoumani, Mansour	A	30.01.1983	FRA	2007	27	2	59	3	1. FC Saarbrücken, Montpellier HSC
Birkenbach, Marc	T	12.02.1987	D	2007	5	0	12	0	1. FC Saarbrücken, Borussia VfB Neunkirchen, Hellas Bildstock
Blessin, Alexander	S	28.05.1973	D	2006	32	6	219	61	TSG 1899 Hoffenheim, SC Pfullendorf, VfB Leipzig, SV Wacker Burghausen, Antalya SK, SV Stuttgarter Kickers, VfB Stuttgart, TSF Ditzingen, SV Bonlanden, TSV Georgii Allianz Stuttgart
Bogusz, Daniel	A	21.09.1974	POL	2005	28	2	62	6	DSC Arminia Bielefeld, SPN Widzew Lodz, Jagiellonia Bialystok
Braham, Najeh	S	20.05.1977	TUN	2006	0	0	47	22	SV Eintracht Trier 05, FC Rot-Weiß Erfurt, SV Eintracht Trier 05, 1. SC Göttingen 05, Union Sportive Monastir
Bührer, Dennis	M	13.03.1983	D	2007	15	1	15	1	SC Freiburg, SV Ottoschwanden
Dama, Patrick	M	05.04.1976	D	2004	0	0	172	10	SV Wehen Taunusstein, LR Ahlen, Offenbacher FC Kickers, Eintracht Frankfurt, Offenbacher FC Kickers, Kickers/Viktoria Mühlheim
Dostalek, Richard	M	26.04.1974	CZE	2007	0	0	0	0	FC Erzgebirge Aue, 1. FC Slovácko Staré Misto/Uherské Hradišti, Rubin Kazan, Slavia Prag, Boby Brno, VTJ Kromeriz, FC Slovacka Slavia Uherske Hradisti, Slavoj Jarosov
El Berkani, Mohamed	M	13.12.1982	NED	2007	12	0	12	0	FC Carl Zeiss Jena, Lierse SK, Roda JC Kerkrade, Fortuna Sittard, Roda JC Kerkrade, VV Bekkerveld Heerlen, VV Eikenderfeld Heerlen
Elliott, Alex	S	24.04.1987	CAN	2008	4	0	4	0	University of Portland
Escudero, Leandro Javier	A	28.11.1983	ARG	2007	11	0	11	0	KS Dinamo Tirana, CA Tiro Federal Rosario, CA Lanús Buenos Aires
Frech, Michael	T	26.03.1976	D	2007	1	0	144	0	VfB Lübeck, Hamburger SV, Heider SV, Husumer SVgg, Sportzentrum Arlewatt
Gaede, Enrico	M	31.01.1982	D	2007	32	2	46	2	FC Hansa Rostock, Borussia Mönchengladbach, Rot-Weiss Essen, Borussia Mönchengladbach, FC Pommern Stralsund
Gallego, Marc	A	13.08.1985	D	2007	34	4	96	8	Karlsruher SC, FC Bavaria Wörth
Genet, Alexis	A	09.06.1982	FRA	2007	11	2	38	3	1. FC Saarbrücken, Olympique Lyon, Avilon Bayonne, Olympique Lyon, AC Le Havre, Olympique Lyon
Hock, Christopher	S	09.11.1984	D	2007	7	1	58	9	Karlsruher SC, TuS Mechtersheim, VfR Speyer, DJK Phönix Schifferstadt
Islamoglu, Cem	A	14.09.1980	TUR	1992	22	0	172	6	JSG Obergrund, VfB Burbach
Jung, Manuel	S	08.05.1985	D	2000	0	0	1	0	VfL Klafeld-Geisweid, SV Netphen
Melunovic, Elvir	M	17.07.1979	SRB	2007	4	0	4	0	Neuchâtel Xamax, FC Schaffhausen, FC Wil, FC Schaffhausen, SS Sambenedettese Calcio, Young Boys Bern, FC Arau, Grasshopper-Club Zürich, Servette FC Genf, FC Aarau
Müller, Gerrit	S	26.04.1984	D	2007	32	3	90	11	Karlsruher SC, VfB Stuttgart, SV Spaichingen, Heilbronner SpVgg
Nauroth, Andreas	M	26.02.1976	D	1997	0	0	194	31	SG Malberg/Rosenheim
Nemeth, Peter	M	14.09.1972	SVK	2003	15	0	88	1	FK Laugaricio Trencin, Eintracht Frankfurt, Banik Ostrava, Inter Bratislava, MSK Zilina, Banik Prievidza, Dukla Banská Bystrica
Okpala, Christian	S	20.11.1976	NGA	2007	26	5	121	50	SV Stuttgarter Kickers, FC Augsburg, SpVgg Unterhaching, FC Aarau, FC Thun, Hapoel Beer Sheva, Enugu Rangers
Pfingsten, Nils	M	23.05.1982	D	2006	31	2	128	16	Wuppertaler SV Bor., Hannover 06, SF Ricklingen, TSV Havelse, TSV Barsinghausen
Piombo, Juan Ignacio	M	12.04.1982	ARG	2007	2	0	2	0	Metallist Charkov, UD Almansa, FC Cartagena, CA Unión Santa Fé, CA San Lorenzo Buenos Aires
Popovic, Veselin	S	01.07.1975	SRB	2007	27	4	180	68	SV Wehen Taunusstein, SV Wacker Burghausen, 1. FC Schweinfurt 05, OFK Belgrad, FC Erzgebirge Aue, 1. FC Dynamo Dresden, FSV Zwickau, FK Obilic Belgrad
Pospischil, Christian	M	14.05.1985	D	2007	20	0	27	0	Offenbacher Kickers, Bor. Mönchengladbach, Eintr. Frankfurt, Kickers Obertshausen
Sofiane, Youssef	S	08.07.1984	FRA	2006	0	0	6	0	RAA La Louvière, Coventry City FC, West Ham United, Roda JC Kerkrade, West Ham United, Notts County FC Nottingham, West Ham United, OSC Lille, West Ham United, AJ Auxerre
Tahiri, Hüsni	S	02.06.1983	ALB	2005	0	0	0	0	SC Plettenberg, Sportfreunde Oestrich-Iserlohn, RSV Meinerzhagen
Throm, Marcel	A	21.04.1979	D	2007	15	0	177	9	TSG 1899 Hoffenheim, SG HD-Kirchheim, SV Waldhof 07, FV Mosbach, SV Robern
Ulm, David	M	30.06.1984	FRA	2006	0	0	16	5	FC Mulhouse
Unger, Markus	M	18.11.1981	D	2007	2	1	93	11	SSV Reutlingen 05, BSV Kickers Emden, SV Buchonia Flieden, 1. FC Schweinfurt 05, SC Borussia Fulda, SV Steinhaus
Weikl, Björn	M	09.02.1977	D	2002	21	0	158	5	Fortuna Düsseldorf, TuRu Düsseldorf, FC Zons, Fortuna Düsseldorf
Wulnikowski, Robert	T	11.07.1977	D	2007	29	0	89	0	VfR Aalen, Rot-Weiss Essen, 1. FC Union Berlin, FC Schalke 04, Zawisza Bydgoszcz

Trainer:

Name, Vorname	geb. am	Nat.	Zeitraum	Spiele 2007/08	frühere Trainerstationen
Loose, Ralf	05.01.1963	D	01.07.06 – 30.09.07	9	FC St. Gallen, Sportfreunde Siegen, Nationaltrainer und U-18-Trainer Liechtenstein
Fascher, Marc	04.08.1968	D	02.10.07 – 08.05.08	21	BSV Kickers Emden, SC Concordia Hamburg
Nemeth, Peter	14.09.1972	SVK	09.05.08 – 30.06.08	4	—

Zugänge:
Assoumani, Birkenbach und Genet (1. FC Saarbrücken), Dostalek (FC Erzgebirge Aue), El Berkani (FC Carl Zeiss Jena), Escudero (KS Dinamo Tirana), Gallego, Hock und Müller (Karlsruher SC), Melunovic (Neuchâtel Xamax), Piombo (Metallist Charkov), Popovic (SV Wehen Taunusstein), Pospischil (Offenbacher FC Kickers), Wulnikowski (VfR Aalen).

während der Saison:
Bührer (SC Freiburg), Elliott (University of Portland) Frech (VfB Lübeck), Throm (TSG 1899 Hoffenheim), Unger (SSV Reutlingen 05).

Abgänge:
Banouas (1. FC Kaiserslautern II), Berchthold (SpVgg Bayreuth), Bettenstaedt (BV Cloppenburg), Binder (SSV Jahn 2000 Regensburg), Krebs (Hannover 96), Kroca (FC Tescoma Zlin), Laaser (Laufbahn beendet), Nickenig (1. FC Köln), Richter (SV Wehen Wiesbaden), Schneider (Racing Club Straßburg), Sönmez (Sportfreunde Oestrich-Iserlohn), Stark (SV Sandhausen), Vujevic (SSV Reutlingen 05).

während der Saison:
Braham (1. FC Magdeburg), Dama, Piombo und Sofiane (vereinslos), Melunovic (AC Lugano), Nemeth (Trainer Sportfreunde Siegen), Ulm (FSV Frankfurt).

Fortsetzung Sportfreunde Siegen von 1899

Aufstellungen und Torschützen:

Sp	Datum	Gegner	Ergebnis	Assoumani	Birkenbach	Blessin	Bogusz	Bührer	El BErkani	Elliott	Escudero	Frech	Gaede	Gallego	Genet	Hock	Islamoglu	Melunovic	Müller	Nemeth	Okpala	Pfingsten	Piombo	Popovic	Pospischil	Throm	Unger	Weikl	Wulnikowski
				1	2	3	4	5	6	7	8	9	10	11	12	13	14	15	16	17	18	19	20	21	22	23	24	25	26
1	27.07.07 H	München 1860 II	1:0 (1:0)	X		X	X						X	X			X		E	X	X1	A		A				E	X
2	04.08.07 A	FSV Frankfurt	1:1 (0:0)	X		X	X			X		X	X						A1	A	X	A		E	E			E	X
3	12.08.07 H	SpVgg Unterhaching	3:1 (1:0)	A	X1	X				X		X1	X			E	E	X	X	A1	A			E					X
4	17.08.07 A	Stuttgarter Kickers	1:1 (1:0)	X		X	X1			X		X	X						A	X	X	A		E				E	X
5	24.08.07 H	SV 07 Elversberg	0:0 (0:0)	X		A	X			X		X	X						A	X	X	X		E	E				X
6	31.08.07 A	FC Ingolstadt 04	2:2 (1:1)	X	X1	X				A		X	X	E					A	X		X		X1	E				X
7	07.09.07 H	Jahn Regensburg	1:3 (1:2)	X	X1	X				A		X	X	E			E	X	A		X		A	E					X
8	14.09.07 A	SC Pfullendorf	0:0 (0:0)	X		X	X					X	X	X			E	A	A		X		X					E	X
9	21.09.07 A	VfB Stuttgart II	2:2 (1:1)			X	X			E		X	X1			X	E	A1			A		X	A				E	X
10	28.09.07 H	Bayern München II	1:1 (1:1)	X		X	X					X	X			X			A		E	X1	A	A	E			E	X
11	06.10.07 A	Hessen Kassel	0:0 (0:0)	X		X	X					X	X			X			A		E	A		E				X	X
12	19.10.07 H	Karlsruher SC II	1:1 (1:0)	X		X	X					X	X	E		X			A		E	A		X1				X	X
13	26.10.07 A	SV Sandhausen	0:1 (0:0)	X			X					X	A	X					E	X	A	X	E	X				A	X
14	02.11.07 H	FSV Oggersheim	4:2 (2:1)	X1		X	A			E			X	X1					E1	X	A	A		X1	X			E	X
15	09.11.07 A	Wacker Burghausen	2:1 (2:1)	X1		X			E	A		X	X	X						X	A	A		X1	E			E	X
16	16.11.07 H	VfR Aalen	1:1 (0:1)	X	X	X				A		X	X	X1		E		E	X	A	X	A						E	
17	24.11.07 A	SSV Reutlingen 05	1:1 (0:0)		X	X	X					X	X1	X					X	E	A	A		A	E			E	
18	30.11.07 A	München 1860 II	0:3 (0:1)		X	X			E	E		A	X	X					X	E	X	A		X				A	
19	08.12.07 H	FSV Frankfurt	0:1 (0:0)	X	E	X		X				X	X				X		X	A	X	A		E	X				
20	07.03.08 H	Stuttgarter Kickers	1:1 (1:0)			E	X	X				X	X	X	A1			A			X			E	X	X			X
21	11.03.08 A	SpVgg Unterhaching	1:1 (1:0)	X		E	X	X	A			X1	X			A	E					A		A	X	X		E	X
22	15.03.08 A	SV 07 Elversberg	0:0 (0:0)			X	X	E	A			X	X			A	X	E			E			A	X	X			X
23	20.03.08 H	FC Ingolstadt 04	0:1 (0:0)			X	X	A				X	X		E	X	E				A			E	X	A			X
24	29.03.08 A	Jahn Regensburg	1:0 (0:0)	X		X	X	A	E		X	X	X			A	E	X		A1				E	X				
25	04.04.08 H	SC Pfullendorf	1:0 (0:0)	X			X1	X	E			X	X			A	E			A		E		A	X				X
26	11.04.08 H	VfB Stuttgart II	0:2 (0:0)	X		X	X	A	E			X	X		E				X		X	E		A	X				X
27	18.04.08 A	Bayern München II	1:3 (0:2)	X		X	X	A	X			X	X				E		A	X1	E								
28	26.04.08 H	Hessen Kassel	1:1 (0:1)	X		X	X	X	E				X1		E		X		X	A	E	A		E			A	X
29	02.05.08 A	Karlsruher SC II	2:1 (1:0)	X		X	X	A1				X	A		E		X		A1	E		E		X			X	X	X
30	07.05.08 H	SV Sandhausen	1:2 (1:1)	X	X1		X	E				X	X			X			A		X	A		EA		X	E			
31	10.05.08 A	FSV Oggersheim	1:0 (1:0)	X	E	X1	X		E			X	X			X			A		A	E			X			X	A	
32	16.05.08 H	Wacker Burghausen	1:0 (1:0)	E		X1	X	A			E	X	X			X			A		A			E			X	X	X	
33	24.05.08 A	VfR Aalen	1:2 (0:0)			X	X	X		E		A	X1			X			X	E					X			X	X	
34	31.05.08 H	SSV Reutlingen 05	2:1 (1:0)	X		X		X	A			X	X			X			E	A1	E				X	E1	A		X
	Spiele:			27	5	32	28	15	12	4	11	1	32	34	11	7	22	4	32	15	26	31	2	27	20	15	2	21	29
	Tore:			2	0	6	2	1	0	0	0	0	2	4	2	1	0	0	3	0	5	2	0	4	0	0	1	0	0

Bilanz der letzten 10 Jahre:

Saison	Liga	Platz	Sp.	S	U	N	Tore	Pkt.
1997/98:	Regionalliga West/Südwest	2.	34	20	5	9	69–37	65
1998/99:	Regionalliga West/Südwest	3.	32	15	9	8	48–24	54
1999/00:	Regionalliga West/Südwest	3.	36	20	7	9	61–42	67
2000/01:	Regionalliga Süd	6.	34	14	8	12	45–45	50
2001/02:	Regionalliga Süd	7.	34	14	10	10	49–37	52
2002/03:	Regionalliga Süd	16.	36	11	10	15	47–55	43
2003/04:	Regionalliga Süd	16.	34	10	7	17	53–63	37
2004/05:	Regionalliga Süd	2.	34	18	10	6	52–29	64
2005/06:	2. Bundesliga	18.	34	8	7	19	35–54	31
2006/07:	Regionalliga Süd	12.	34	12	8	14	53–49	44

Zuschauerzahlen:

Saison	gesamt	Spiele	Schnitt
1997/98:	93.370	17	5.492
1998/99:	87.472	16	5.467
1999/00:	108.374	18	6.021
2000/01:	62.758	17	3.692
2001/02:	55.289	17	3.252
2002/03:	50.282	18	2.793
2003/04:	49.524	17	2.913
2004/05:	104.670	17	6.157
2005/06:	155.481	17	9.146
2006/07:	82.049	17	4.826

Die meisten Regionalliga-Spiele:

Pl.	Name, Vorname	Spiele
1.	Nauroth, Andreas	194
2.	Bettenstaedt, Til	188
3.	Islamoglu, Cem	172
4.	van Buskirk, John	148
5.	Kotula, Jozef	146
6.	Koch, Andreas	137
7.	Cirba, Romas	133
8.	Weikl, Björn	129
9.	Germann, Frank	126
10.	Jonjic, Zorislav	109

Die besten Regionalliga-Torschützen:

Pl.	Name, Vorname	Tore
1.	Bettenstaedt, Til	59
2.	van Buskirk, John	49
3.	Jonjic, Zorislav	40
4.	Nauroth, Andreas	31
5.	Tonello, Raffael	25
6.	Helmes, Patrick	22
7.	Cirba, Romas	20
8.	Klein, Uwe	17
9.	Willmann, Martin	16
10.	Blessin, Alexander	14
	Saric, Asif	14

Die Trainer der letzten Jahre:

Name, Vorname	Zeitraum
Schumacher, Werner	??.03.1993 – ??.03.1994
Kasprzik, H. / Helmes, U.	??.03.1994 – 30.06.1994
Peter, Ingo	01.07.1994 – 30.06.2003
Feichtenbeiner, Michael	01.07.2003 – 09.04.2004
Noll, Gerhard / Bleck, Rolf	10.04.2004 – 30.06.2004
Loose, Ralf	01.07.2004 – 30.06.2005
Kocian, Jan	01.07.2005 – 04.02.2006
Helmes, Uwe	04.02.2006 – 16.02.2006
Bongartz, Hannes	17.02.2006 – 30.06.2006

SV Stuttgarter Kickers 1899

Anschrift:
Königsträßle 56
70597 Stuttgart
Telefon: (07 11) 7 67 10-0
eMail: info@stuttgarter-kickers.de
Homepage: www.stuttgarter-kickers.de

Vereinsgründung: 21.09.1899 als FC Kickers 1899 Stuttgart; 1933 Umbenennung in SV Stuttgarter Kickers 1899
Vereinsfarben: Blau-Weiß
Präsident: Dirk Eichelbaum
Manager: Joachim Cast

Stadion: Gazi Stadion auf der Waldau (11.544)

Größte Erfolge: Deutscher Vizemeister 1908; Süddeutscher Meister 1908, 1913 und 1917; Meister der Gauliga Württemberg 1936, 1939 bis 1943; Meister der 2. Liga Süd 1951 (↑) und 1959 (↑); DFB-Pokalfinalist 1987; Meister der 2. Bundesliga 1988 (↑); Aufstiegsrunde zur Bundesliga 1991 (↑); Württembergischer Pokalsieger 1946, 2005 und 2006

Aufgebot:

Name, Vorname	Pos	geb. am	Nat.	seit	2007/08 Sp.	T.	gesamt Sp.	T.	frühere Vereine
Accardi, Fabio	A	15.03.1987	ITA	1997	0	0	2	0	Sportfreunde Stuttgart
Akcay, Mustafa	M	20.09.1983	TUR	1993	20	0	121	3	TSV Bernhausen
Baradel, Mike	A	14.02.1985	D	2000	4	0	4	0	SV Böblingen, SV Vaihingen/Filder, VfB Stuttgart, SV Vaihingen/Filder, TSV Stuttgart-Rohr, TSV Musberg
Beigang, Nico	S	24.08.1982	D	2007	11	0	142	34	SV Darmstadt 98, Eintracht Frankfurt, FC Alsbach, SV Groß-Bieberau, TuS Griesheim, St. Stephan Griesheim, TuS Griesheim
Benda, Sascha	M	21.02.1980	D	2006	22	0	243	41	FC Augsburg, SV Stuttgarter Kickers, VfR Mannheim, Karlsruher SC
Cerci, Ferhat	S	02.09.1981	TUR	2008	15	1	79	17	Koacelispor, BSV Kickers Emden, DSC Arminia Bielefeld, SV Lippstadt 08, LR Ahlen, Hammer SpVgg, PSV Hamm
Deigendesch, Benedikt	M	15.09.1985	D	2007	17	0	17	0	1. FC Nürnberg, FC Memmingen, TSV Mindelheim
Gambo, Bashiru	S	24.09.1978	GHA	2005	28	4	178	38	WAC Casablanca, Karlsruher SC, SSV Reutlingen 05, Borussia Dortmund, King Faisals Babies FC Kumasi
Genisyürek, Saban	S	03.01.1986		2007	2	0	2	0	FV Illertissen, SSV Ulm 1846, TSV Neu-Ulm, TSV Dietenheim
Härter, Jens	A	19.12.1979	D	2004	11	0	109	2	SGV Freiberg/Neckar, FV Zuffenhausen, VfB Stuttgart, SpVgg Feuerbach, TSV Asperg
Kacani, Sokol	S	16.02.1984	ALB	2005	30	6	53	7	FC Rot-Weiß Erfurt, FC Blau-Weiß Linz, Linzer ASK, FC Augsburg, Dinamo Tirana, Fier Apollonia
Leist, Julian	A	11.03.1988	D	2001	0	0	0	0	TSV Steinhaldenfeld
Mann, Markus	M	14.03.1984	D	2007	31	2	84	6	SV Darmstadt 98, Karlsruher SC, SKV Rutesheim
Ortlieb, Markus	A	11.12.1980	D	2007	10	0	150	3	Wuppertaler SV Borussia, TSV München 1860, SC Pfullendorf, Bahlinger SC, FC Denzlingen, SC Freiburg, SpVgg Untermünstertal
Parmak, Mustafa	M	19.05.1982	TUR	2004	24	6	101	19	SpVgg 07 Ludwigsburg, SV Stuttgarter Kickers, TSVgg Münster
Petruso, Franco	M	18.08.1988	ITA	2002	6	0	6	0	TSVW Esslingen, SG Eintracht Sirnau, SG Sirnau
Prediger, Dirk	M	23.01.1987	D	2008	4	0	8	0	FC St. Pauli, VfB Stuttgart, VfR Heilbronn, FV Union 08 Böckingen, Heilbronner SpVgg, VfR Heilbronn, FV Union 08 Böckingen
Rapp, Marcel	A	16.04.1979	D	2007	29	0	247	11	SC Pfullendorf, Karlsruher SC, FC Carl Zeiss Jena, SC Rot-Weiß Oberhausen, Karlsruher SC, VfR Pforzheim, 1. FC Ersingen
Rodrigues Goncalves, Dominique	M	26.03.1983	POR	2006	15	0	18	0	FC Nürtingen 73, SSV Reutlingen 05, VfB Stuttgart, FV 09 Nürtingen, SPV 05 Nürtingen
Rosen, Alexander	M	10.04.1979	D	2008	14	0	98	3	Follo FK, SVgg 07 Elversberg, 1. FC Saarbrücken, Eintracht Frankfurt, VfL Osnabrück, Eintracht Frankfurt, FC Augsburg, Eintracht Frankfurt, FC Augsburg, SC Fürstenfeldbruck, 1. FC Igersheim
Rudel, Dennis	T	20.01.1977	D	2007	0	0	3	0	Heidenheimer SB, FV Olympia Laupheim, FC Memmingen, VfR Aalen, SC Bregenz, Schwarz-Weiß Bregenz, SC Geislingen, FV Zuffenhausen, VfB Stuttgart, Stuttgarter Kickers
Russo, Gino	S	20.11.1985	ITA	2008	0	0	0	0	SG Sonnenhof Großaspach, SGV Freiberg, VfB Stuttgart, SV Germania Bietigheim, TSV Bönnigheim, VfB Stuttgart, TSV Bönnigheim
Salz, Manuel	T	06.08.1985	D	2003	0	0	0	0	VfR Pforzheim, SV Hohenwart
Sökler, Sven	S	09.11.1984	D	2005	5	0	31	0	TuS Ergenzingen, VfB Stuttgart, TSV Haiterbach, SV Poltringen
Steinle, Moritz	A	14.02.1983	D	1990	19	0	117	1	eigene Junioren
Stierle, Oliver	M	13.06.1983	D	2000	26	0	148	8	SpVgg Feuerbach, ASV Botnang
Tucci, Marco	S	02.05.1985	D	2000	26	8	38	10	VfL Herrenberg, TSV Ehningen
Vaccaro, Angelo	S	01.10.1981	ITA	2007	31	11	136	42	FC Augsburg, SpVgg Unterhaching, VfB Stuttgart, Spvgg Mössingen
Wildersinn, Marco	A	29.09.1980	D	2005	19	0	61	0	Karlsruher SC, 1. FC Pforzheim, Karlsruher SC, FC Rastatt 04, SC Wintersdorf
Yelldell, David	T	01.10.1981	USA	2005	34	0	100	0	Brighton & Hove Albion, Blackburn Rovers, SV Stuttgarter Kickers, TSG Backnang, SV Stuttgarter Kickers, SpVgg Rommelshausen, VfL Waiblingen
Yildiz, Recep	A	10.03.1986	TUR	1995	19	0	64	5	SKV Freiberg/Mönchfeld

Trainer:

Name, Vorname	geb. am	Nat.	Zeitraum	Spiele 2007/08	frühere Trainerstationen
Zeidler, Peter	08.08.1962	D	01.07.07 – 04.11.07	14	1. FC Nürnberg II, VfR Aalen, VfB Stuttgart II (Co-Trainer)
Minkwitz, Stefan	01.06.1968	D	04.11.07 – lfd.	20	SV Stuttgarter Kickers (A-Junioren, Co Trainer I. und II. Mannschaft)

Zugänge:
Baradel, Leist und Petruso (eigene Junioren), Beigang und Mann (SV Darmstadt 98), Deigendesch (1. FC Nürnberg II), Genisyürek (FV Illertissen), Ortlieb (Wuppertaler SV Borussia), Rapp (SC Pfullendorf), Rudel (Heidenheimer SB).
während der Saison:
Cerci (Koacelispor), Prediger (FC St. Pauli), Rosen (Follo FK), Russo (SG Sonnenhof Großaspach).

Abgänge:
Bischoff (SSV Reutlingen 05), Dundee (Offenbacher FC Kickers), Hartmann (TuS Koblenz), Kanitz (Hallescher FC), Kanyuk (TSV Crailsheim), Lukic (SKV Freiberg), Weller (FC St.Gallen).
während der Saison:
Beigang (SSV Jahn 2000 Regensburg), Rodrigues Goncalves (1. FC Frickenhausen).

Fortsetzung SV Stuttgarter Kickers 1899

Aufstellungen und Torschützen:

Sp	Datum	Gegner	Ergebnis	Akcay	Baradel	Beigang	Benda	Cerci	Deigenbach	Gambo	Genisyürek	Härter	Kacani	Mann	Ortlieb	Parmak	Petruso	Prediger	Rapp	Rodrigues G.	Rosen	Sökler	Steinle	Stierle	Tucci	Vaccaro	Wildersinn	Yelldell	Yildiz
				1	2	3	4	5	6	7	8	9	10	11	12	13	14	15	16	17	18	19	20	21	22	23	24	25	26
1	27.07.07	A FC Ingolstadt 04	3:2 (2:0)	E		E	X		E	A2		X		X	X						X		A		X	A1	X	X	
2	04.08.07	H Jahn Regensburg	1:3 (1:1)			E	X			X		A		X	X	E			E	A		A		X		X1	X	X	
3	11.08.07	A SC Pfullendorf	2:1 (0:1)			A	X		A		X	E2	X	X						X		E	A	X	E		X	X	
4	17.08.07	H SF Siegen	1:1 (0:1)			E	X			E	E	X	A1	X	X					A			A	X		X	X	X	
5	26.08.07	A Bayern München II	1:0 (0:0)	X			A		E	X		X	E	A	X				X	E				X	A	X1		X	
6	01.09.07	H Hessen Kassel	0:2 (0:1)				A		X	A		X	X	E	E				X	A				X	E	X		X	
7	08.09.07	H Karlsruher SC II	0:0 (0:0)	X			X					X	X	X	X	A			X	E				X		X		X	
8	14.09.07	A SV Sandhausen	1:2 (0:2)	X		A	A			E		X	X	X	X				A	E				X	E1	X		X	
9	22.09.07	A FSV Oggersheim	2:1 (1:0)	X			E			X1		X	A	X	X	E			X	A		E		X		A1		X	
10	29.09.07	H Wacker Burghausen	1:1 (0:1)	X						X		X	A	A		X			A	E			X	X	E	X1		X	E
11	06.10.07	A VfR Aalen	0:1 (0:0)	X		E	A			X			A	A	E	X			X	A				X		X	X	X	E
12	20.10.07	H SSV Reutlingen 05	1:1 (0:0)	X	X					X			E	E		X1			A				X		E	A	X	X	X
13	27.10.07	A München 1860 II	0:1 (0:1)	X					A				E	X	X	E			A	E			X	X	A	X	X	X	
14	03.11.07	H FSV Frankfurt	1:1 (0:1)	X						X			E1	X		E			X	A			X	X	A	X	X	X	
15	11.11.07	A SpVgg Unterhaching	0:2 (0:0)	X			E			A			X	A		X			X				X	X	E	A	X	X	E
16	17.11.07	A VfB Stuttgart II	0:1 (0:1)	X		E	X			A			X			X			X				X	A	E	A	X	X	E
17	24.11.07	H SV 07 Elversberg	0:0 (0:0)	X		A	A			X			E	X					X	E			X	X	E	A	X	X	
18	02.12.07	A FC Ingolstadt 04	0:1 (0:0)	A		X	X		A			E	E		A				X				X	X		X	X	X	E
19	08.12.07	A Jahn Regensburg	1:1 (0:1)		A	E	A			X			X	E		X			X	E			X			X1	X	X	A
20	07.03.08	A SF Siegen	1:1 (0:1)			X		X	E	A			E	E		X			X		X				A	X1	X	X	A
21	15.03.08	H Bayern München II	0:1 (0:0)			X		X	A		X	E	A	X		X			X		X			E			A	X	E
22	18.03.08	H SC Pfullendorf	2:0 (0:0)	X			X	E				X	X		X2	X				A			X	A	E	A	X	E	
23	22.03.08	A Hessen Kassel	1:1 (1:0)	A			X	E				A1	X	X		X			X				X	A	E	X	X	X	E
24	29.03.08	H Karlsruher SC II	2:0 (1:0)					E	X	A		A		X2		X			X				X	A	X	E	X	X	E
25	05.04.08	A SV Sandhausen	2:2 (2:0)				E	A	X	A		X1	X	X1		X			X				X		E	A	X	X	E
26	11.04.08	H FSV Oggersheim	1:0 (0:0)	A				X	X	X			X	X		X	E		A				E		E1	A	X	X	
27	19.04.08	A Wacker Burghausen	2:1 (0:0)					X	X	A1		A		X		A			X				X	E	X	E1	X	X	E
28	26.04.08	H VfR Aalen	5:1 (4:1)	E					A1	X	A		E	X1		X			X				X	E	X	A2	X1	X	
29	03.05.08	A SSV Reutlingen 05	1:3 (1:1)			E	X	A	X			E	X	A		X			X				X		A	X1	X	X	E
30	06.05.08	H München 1860 II	1:2 (1:1)	A				A	X	X		A			E	E			X				X		X1	X	X	X	E
31	10.05.08	A FSV Frankfurt	0:0 (0:0)	E			X	X	A			E	X		X	E	X		X				X	A	A	X		X	
32	16.05.08	A SpVgg Unterhaching	2:0 (2:0)				X	X	A			E	X1		A	X			X			E	X	A	X1		X	X	E
33	24.05.08	H VfB Stuttgart II	1:1 (0:0)				E	A	X	X		A	X			A	E	X	X				X		X1		X	X	E
34	31.05.08	A SV 07 Elversberg	2:0 (1:0)				X	X	X	A		E	X			E		X	X				X		A1	A1		X	E
		Spiele:		20	4	11	22	15	17	28	2	11	30	31	10	24	6	4	29	15	14	5	19	26	26	31	19	34	19
		Tore:		0	0	0	0	1	0	4	0	0	6	2	0	6	0	0	0	0	0	0	0	0	0	8	11	0	0

Bilanz der letzten 10 Jahre:

Saison	Liga	Platz	Sp.	S	U	N	Tore	Pkt.
1997/98:	2. Bundesliga	12.	34	12	8	14	44–47	44
1998/99:	2. Bundesliga	13.	34	11	8	15	38–53	41
1999/00:	2. Bundesliga	15.	34	10	9	15	49–58	39
2000/01:	2. Bundesliga	17.	34	8	10	16	31–51	34
2001/02:	Regionalliga Süd	12.	34	10	14	10	42–45	44
2002/03:	Regionalliga Süd	15.	36	11	12	13	40–54	45
2003/04:	Regionalliga Süd	9.	34	13	8	13	47–43	47
2004/05:	Regionalliga Süd	9.	34	12	11	11	48–43	47
2005/06:	Regionalliga Süd	8.	34	12	12	10	46–39	48
2006/07:	Regionalliga Süd	4.	34	14	9	11	51–41	51

Zuschauerzahlen:

Saison	gesamt	Spiele	Schnitt
1997/98:	69.207	17	4.071
1998/99:	57.205	17	3.365
1999/00:	67.223	17	3.954
2000/01:	91.682	17	5.411
2001/02:	45.432	17	2.672
2002/03:	53.743	18	2.985
2003/04:	49.976	17	2.939
2004/05:	46.930	17	2.760
2005/06:	42.380	17	2.493
2006/07:	55.133	17	3.243

Die meisten Regionalliga-Spiele:

Pl.	Name, Vorname	Spiele
1.	Stierle, Oliver	148
2.	Malchow, Alexander	138
3.	Akcay, Mustafa	121
4.	Benda, Sascha	119
5.	Mesic, Mirnes	118
6.	Steinle, Moritz	117
7.	Härter, Jens	109
8.	Barth, Oliver	105
9.	Parmak, Mustafa	101
10.	Yelldell, David	100

Die besten Regionalliga-Torschützen:

Pl.	Name, Vorname	Tore
1.	Mesic, Mirnes	44
2.	Akpoborie, Jonathan	37
3.	Sailer, Markus	30
4.	Malchow, Alexander	28
5.	Beierle, Markus	23
6.	Kevric, Adnan	21
7.	Benda, Sascha	19
	Parmak, Mustafa	19
	Rahmanovic, Suad	19
10.	Gambo, Bashiru	18

Die Trainer der letzten Jahre:

Name, Vorname	Zeitraum
Wolf, Wolfgang	26.10.1994 – 18.02.1998
Linz, Paul	25.02.1998 – 16.05.1999
Vollmer, Ralf	17.05.1999 – 30.06.1999
Feichtenbeiner, Michael	01.07.1999 – 25.03.2000
Stepanovic, Dragoslav	29.03.2000 – 30.06.2000
Boysen, Hans-Jürgen	01.07.2000 – 26.09.2000
Zobel, Rainer	27.09.2000 – 27.08.2001
Sorg, Marcus	28.08.2001 – 09.03.2003
Adrion, Rainer	10.03.2003 – 27.10.2003
Dutt, Robin	28.10.2003 – 30.06.2007

VfB Stuttgart 1893 II

Anschrift:
Mercedesstraße 109
70372 Stuttgart
Telefon: (07 11) 5 50 07- 0
eMail: info@vfb-stuttgart.de
Homepage: www.vfb-stuttgart.de

Vereinsgründung: 09.09.1893 als Stuttgarter FV 1893; 02.04.1912 Fusion mit Kronenklub 1897 Cannstatt zu VfB Stuttgart 1893

Vereinsfarben: Weiß-Rot
Präsident: Erwin Staudt
Sportmanager: Horst Heldt

Stadion: Robert-Schlienz-Stadion (5.000)

Größte Erfolge: Deutscher Amateurmeister 1963 und 1980; Deutscher Amateurvizemeister 1971; Meister der Oberliga Baden-Württemberg 1980, 1998 (↑) und 2003 (↑); Qualifikation für den DFB-Pokal 1980, 1981, 1982, 2000 und 2001

Aufgebot:

Name, Vorname	Pos	geb. am	Nat.	seit	2007/08 Sp.	T.	gesamt Sp.	T.	frühere Vereine
Dangelmayr, Steffen	A	09.09.1978	D	1989	4	0	85	2	1. FC Stern Mögglingen
Dausch, Martin	M	04.03.1986	D	2006	17	2	36	4	FC Memmingen, TSV München 1860, SSV Ulm 1846, FC Memmingen, SSV Markt Rettenbach, SC Ronsberg
Delpierre, Mathieu	A	26.04.1981	FRA	2004	1	0	4	0	OSC Lille
Farnerud, Alexander	M	10.05.1984	SWE	2006	2	1	4	1	Racing Club Straßburg, Landskrona BoIS
Feisthammel, Tobias-Achim	A	22.02.1988	D	2002	24	0	38	0	SSV Reutlingen 05, TuS Metzingen
Fischer, Manuel	S	19.09.1989	D	2005	11	4	19	5	SSV Ulm 1846, VfB Stuttgart, SSV Ulm 1846, SV Ebnat
Funk, Patrick	M	11.02.1990	D	2002	4	0	4	0	SSV Ulm 1846, SV Ebnat, FV 08 Unterkochen
Hammel, Timo	T	27.08.1987	D	2003	14	0	38	0	SV Sinsheim, SV Aglasterhausen
Hindelang, Andreas	M	06.05.1987	D	2008	3	0	3	0	FC Kempten, Rot-Weiß Weiler, TSV Blaichach
Hofmann, Sebastian	S	12.09.1983	D	2006	23	9	51	15	TSG 1899 Hoffenheim, SV Sandhausen, Karlsruher SC, SV Rohrbach-Sinsheim
Ikeng, José-Alex	M	30.01.1988	D	2003	4	0	13	0	SpVgg 07 Ludwigsburg, SV Germania Bietigheim, VfR Sersheim
Klauß, Michael	M	20.04.1987	D	2006	19	5	40	5	GSV Maichingen, VfB Stuttgart, GSV Maichingen
Klotz, Nico	S	20.09.1986	D	2007	20	2	20	2	VfL Brackenheim
Kolinger, Dubravko	M	29.11.1975	D	2007	24	2	232	46	SVgg 07 Elversberg, TuS Koblenz, SSV Jahn 2000 Regensburg, 1. FC Schweinfurt 05, FC St. Pauli, Offenbacher FC Kickers, Karlsruher SC, FV Bühlertal, VfB Gaggenau
Kovacevic, Marijan	A	31.08.1973	CRO	2005	28	2	104	5	Enosis Paralimni, VfB Admira Wacker Mödling, SSV Jahn 2000 Regensburg, Uniao de Madeira, FC Siroki Brijeg, MSV Duisburg, VfL Wolfsburg, Hamburger SV, SC Concordia Hamburg, Horner TV
Lehmann, Frank	T	29.04.1989	D	2002	1	0	1	0	FC 07 Albstadt, TG Schömberg, SV Zimmern o.R., TG Schömberg
Mayer, Patrick	S	28.03.1988	D	2003	11	0	28	6	FC Wangen, SV Beuren/Isny
Morys, Matthias	S	19.03.1987	D	2006	24	4	56	7	1. FC Normannia Gmünd, TSG Backnang, TSV Schmiden, SpVgg Rommelshausen
Opoku-Karikari, Jeremy	M	13.07.1987	D	2008	13	0	14	0	FC St. Pauli, Hamburger SV, Eimsbütteler TV, SC Concordia Hamburg
Pelipetz, Anton	A	12.06.1988	D	2001	0	0	0	0	TSG Backnang, FC Viktoria Backnang
Perchtold, Peter André	M	02.09.1984	D	2005	30	7	122	29	1. SC Feucht
Pischorn, Marco	A	01.01.1986	D	2005	9	2	60	4	FV Löchgau, VfR Sersheim
Pisot, David	A	06.07.1987	D	2003	18	0	33	0	Karlsruher SC, SV Sandhausen, FC Rot
Rahn, Johannes	S	16.01.1986	D	2007	29	4	64	5	TuS Koblenz, VfL Hamm/Sieg, SG Nistertal/Alpenrod
Rudy, Sebastian	M	28.02.1990	D	2003	15	4	15	4	SV Zimmern o. R., FC Dietingen, TV Dietingen
Sauter, Christian	A	11.02.1988	D	2002	3	0	20	3	FC Ostrach
Schieber, Julian Patrick	S	13.02.1989	D	2006	0	0	0	0	TSG Backnang, SV Unterweissach
Schipplock, Sven	S	08.11.1988	D	2008	12	3	31	11	SSV Reutlingen 05, VfL Pfullingen, TSV Sondelfingen, SSV Reutlingen 05, FC Engstingen, TSV Großengstingen
Schuster, Julian	M	15.04.1985	D	2005	17	0	54	3	FV Löchgau
Schuster, Robin	A	24.04.1987	D	2007	11	0	11	0	FV Löchgau, VfB Stuttgart, FV Löchgau
Schwabe, Joachim	A	24.08.1983	D	2004	30	1	66	1	FC Carl Zeiss Jena
Stolz, Alexander	T	13.10.1983	D	2007	0	0	31	0	TSG 1899 Hoffenheim, VfB Stuttgart, FC Nöttingen, SV Sandhausen, VfR Pforzheim, SV Hohenwart, SV Stuttgarter Kickers, VfB Stuttgart, SV Hohenwart
Träsch, Christian	M	01.09.1987	D	2003	32	0	71	2	TSV München 1860, MTV Ingolstadt, TV 1861 Ingolstadt
Ulreich, Sven	T	03.08.1988	D	1998	19	0	29	0	TSV Schornbach, TSV Lichtenwald

Trainer:

Name, Vorname	geb. am	Nat.	Zeitraum	Spiele 2007/08	frühere Trainerstationen
Adrion, Rainer	10.12.1953	D	01.07.2004 – lfd.	34	SV Stuttgarter Kickers, SpVgg Unterhaching, VfB Stuttgart Am. und Junioren, VfR Pforzheim, SSV Reutlingen 05, SpVgg Unterhaching, SpVgg 07 Ludwigsburg, FV Zuffenhausen

Zugänge:
Klotz (VfL Brackenheim), Kolinger (SVgg 07 Elversberg), Lehmann (eigene Junioren), Mayer, Pelipetz und Schieber (eigene Junioren), Rahn (TuS Koblenz), Schuster (FV Löchgau), Stolz (TSG 1899 Hoffenheim), Träsch (TSV München 1860 II).
während der Saison:
Funk und Rudy (eigene Junioren), Hindelang (FC Kempten), Opoku-Karikari (FC St. Pauli II), Schipplock (SSV Reutlingen 05).

Abgänge:
Aust (UNC Pembroke), Baum (1. FC Heidenheim 1846), Galm und Hess (Eintracht Frankfurt), Leschinski (VfR Aalen), Schuon (VfL Osnabrück), Six (FC Rot-Weiß Erfurt II), Szalai (CF Real Madrid B).
während der Saison:
Mayer und Sauter (SSV Reutlingen 05), Pisot (SC Paderborn 07).

Fortsetzung VfB Stuttgart 1893 II

Aufstellungen und Torschützen:

Sp	Datum	Gegner	Ergeb.	Dangelmayr	Dausch	Delpierre	Farnerud	Feisthammel	Fischer	Funk	Hammel	Hindelang	Hofmann	Ikeng	Klauß	Klotz	Kolinger	Kovacevic	Lehmann	Mayer	Morys	Opoku-Karikari	Perchtold	Pischom	Pisot	Rahn	Rudy	Sauter	Schipplock	Schuster J.	Schuster R.	Schwabe	Träsch	Ulreich
1	28.07.07 H	Elversberg	2:0 (1:0)					A	E				A1			E	X	X		A			X		X	X1			X			E	X	X
2	03.08.07 A	Oggersheim	2:0 (2:0)	E	E			X					A2			E	X	X	A				A		X	X			X				X	X
3	11.08.07 H	Ingolstadt	0:1 (0:1)					X	A				A	E	E	A	X		E				X		X	X			X				X	X
4	18.08.07 A	Burghausen	1:1 (0:1)	X	E				E					A	E		X1		A				X		X	X			X			X	A	X
5	26.08.07 H	Regensburg	1:2 (1:0)						E				A	E	E		X		A				X1	X	X	X			X			X	A	X
6	31.08.07 A	VfR Aalen	2:1 (1:0)		A			X					E		E	X			A				X1	X	X	X			E		X1	A	R	
7	08.09.07 A	Pfullendorf	2:0 (2:0)					X					E			X			E	A			X1	X1	X	A			X			X	X	X
8	15.09.07 A	Reutlingen	2:0 (1:0)					X					E1		E	X			E	A1			X	X	X	A			X			A	X	X
9	21.09.07 A	SF Siegen	2:2 (1:1)		A								E1		E	A	X		E	X1			X	X	X	A			X			X	X	X
10	01.10.07 H	1860 II	1:0 (1:0)	E				X					A1		A				E	A			X	X	X	E			X			X	X	X
11	07.10.07 H	FC Bayern II	1:0 (1:0)					X					A			A	E		E	A			X	X1	X	E			X			X	X	X
12	20.10.07 A	Frankfurt	1:1 (1:0)	X				X					A1	E		E	X		E	A				A		X			X	X	X	X	X	X
13	28.10.07 H	Kassel	1:0 (1:0)		A			X	A1				A			E	E		E	X			X	X					X		X	X	X	X
14	04.11.07 A	Unterhaching	1:1 (0:1)					X	A1				A	E		E	X		X				X	X					X		X	X	X	X
15	10.11.07 H	KSC II	2:1 (0:1)					X	X1				A		E1	E	X		E	A			X	A	X				X			X	X	X
16	17.11.07 A	Stuttg. Kick.	1:0 (1:0)	E	E			X	X1				A				E			X	A	X			A	X		A	X			X	X	X
17	24.11.07 A	Sandhausen	0:1 (0:0)		E			X	A				A		E		X		A				X		X	E			X			X	X	X
18	30.11.07 A	Elversberg	0:2 (0:1)	A					X				X						A				X	X	X	E	E		X			X	X	X
19	09.12.07 H	Oggersheim	2:0 (0:0)					X	X				X1	E	E		X1			A	E	X			A				X			X	A	X
20	29.02.08 A	Ingolstadt	1:3 (1:1)					X		X	X		A		A	E	E			X1	X	A			E	X			X					
21	09.03.08 H	Burghausen	1:1 (0:1)					E			X			X1	E	X	X		A	A	A			X	A		E		X	X				
22	15.03.08 A	Regensburg	3:0 (1:0)		E				E	X				X	E	X1	X			A1	X	X			X1		A			X		A		
23	20.03.08 H	VfR Aalen	2:3 (0:2)	E1			A			X	E		A	E	X	X			X					X1	X		A			X		X		
24	29.03.08 A	Pfullendorf	1:0 (0:0)	E						X				E		X	X			A				A	A1	X			E	X	X			
25	06.04.08 H	Reutlingen	0:1 (0:1)							X				E	E	X	X			A				A	X		A		E	X	X			
26	11.04.08 H	SF Siegen	2:0 (1:0)	A1		A1	X		E	X				E	E					X				X	X		A		X	X				
27	18.04.08 H	1860 II	1:2 (1:0)	A				X		E	X		A			X			E	X	X1			X	A		E		X	X				
28	25.04.08 H	FC Bayern II	3:1 (1:0)			A	X			X			E			E	X			E	X			X1	A1		A1		X	X	X			
29	02.05.08 H	Frankfurt	1:1 (1:0)	A						X				X1		E	X		E	X	X			X			A		X	X	X			
30	06.05.08 A	Kassel	1:1 (0:0)	E					X	E	A	A		X	X		X			E	X			A	X1				D	X	X			
31	10.05.08 A	Unterhaching	2:3 (1:1)	A				X		X	X	A		A	X1	X			E	X	X1		X	E			X			X		E		
32	17.05.08 H	KSC II	5:0 (2:0)					E					E	E	X3		X			X	X			A	A	X2			X	A	X			
33	24.05.08 A	Stuttg. Kick.	1:1 (0:0)	E						X	E	A1	A	X	E		X			X	X				A				X	X	X			
34	31.05.08 H	Sandhausen	4:0 (2:0)	E								A	A	A	E1		X	X		X	X2			X1			E		X	X	X			
	Spiele			4	17	1	2	24	11	4	14	3	23	4	19	20	24	28	1	11	24	13	30	9	18	29	15	3	12	17	11	30	32	19
	Tore			0	2	0	1	0	4	0	0	0	9	0	5	2	2	2	0	0	4	0	7	2	0	4	4	0	3	0	0	1	0	0

Bilanz der letzten 10 Jahre:

Saison	Liga	Platz	Sp.	S	U	N	Tore	Pkt.
1997/98:	Oberliga Baden-Württemberg	1.	30	22	5	3	63–23	71
1998/99:	Regionalliga Süd	4.	34	15	8	11	54–48	53
1999/00:	Regionalliga Süd	6.	34	12	14	8	51–34	50
2000/01:	Regionalliga Süd	2.	34	16	10	8	57–38	58
2001/02:	Regionalliga Süd	16.	34	8	7	19	43–58	31
2002/03:	Oberliga Baden-Württemberg	1.	34	24	6	4	72–24	78
2003/04:	Regionalliga Süd	11.	34	13	5	16	44–40	44
2004/05:	Regionalliga Süd	13.	34	11	9	14	55–57	42
2005/06:	Regionalliga Süd	7.	34	14	11	9	50–43	53
2006/07:	Regionalliga Süd	3.	34	15	8	11	47–42	53

Zuschauerzahlen:

Saison	gesamt	Spiele	Schnitt
1997/98:	5.450	15	363
1998/99:	10.250	17	603
1999/00:	9.900	17	582
2000/01:	13.650	17	802
2001/02:	11.750	17	691
2002/03:	7.850	17	462
2003/04:	15.200	17	894
2004/05:	11.350	17	667
2005/06:	13.370	17	786
2006/07:	21.700	17	1.276

Die meisten Regionalliga-Spiele:

Pl.	Name, Vorname	Spiele
1.	Posch, Frank	124
2.	Perchtold, Peter	90
3.	Berger, Denis	86
	Schuon, Marcel	86
5.	Dangelmayr, Steffen	85
	Vujevic, Robert	85
7.	Kovacevic, Marijan	84
8.	Morena, Fabio	82
9.	Aybar, Ilker	79
10.	Kauf, Rüdiger	77

Die besten Regionalliga-Torschützen:

Pl.	Name, Vorname	Tore
1.	Perchtold, Peter	22
2.	Gomez, Mario	21
	Haas, Christian	21
4.	Nehrig, Bernd	18
5.	Vaccaro, Angelo	16
6.	Amanatidis, Ioannis	15
7.	Hosny, Ahmed Salah	12
8.	Berger, Denis	11
	Hofmann, Sebastian	11
	Schmiedel, Jörn	11

Die Trainer der letzten Jahre:

Name, Vorname	Zeitraum
Rücker, Jochen	01.07.1987 – 30.06.1994
Entenmann, Willi	01.07.1994 – 03.05.1996
Briem, Herbert	04.05.1996 – 30.06.1996
Adrion, Rainer	01.07.1996 – 30.06.1997
Starzmann, Peter	01.07.1997 – 30.06.1999
Adrion, Rainer	01.07.1999 – 13.09.2001
Widmayer, Rainer	14.09.2001 – 07.10.2001
Fanz, Reinhold	08.10.2001 – 08.12.2001
Starzmann, Peter	09.12.2001 – 26.06.2003
Fanz, Reinhold	27.06.2003 – 30.06.2004

SpVgg Unterhaching 1925

Anschrift:
Am Sportpark 1
82008 Unterhaching
Telefon: (0 89) 6 15 59 16-0
e-Mail: info@spvggunterhaching.de
Homepage: www.spvggunterhaching.de

Vereinsgründung: 01.01.1925

Vereinsfarben: Rot-Blau
Präsident: Engelbert Kupka
Manager: Norbert Hartmann

Stadion:
Stadion am Sportpark (15.053)

Größte Erfolge: Aufstieg in die Bundesliga 1999; Meister der Regionalliga Süd 1995 (↑) und 2003 (↑); Meister der Amateur-Oberliga Bayern 1983, 1988, 1989 (↑) und 1992 (↑)

Aufgebot:

Name, Vorname	Pos	geb. am	Nat.	seit	2007/08 Sp.	T.	Gesamt Sp.	T.	frühere Vereine
Aydemir, Ibrahim	M	19.05.1983	TUR	2007	2	1	4	1	Sekerspor, Samsunspor, Sivasspor, SpVgg Unterhaching, FC Bayern München, TSV Gersthofen
Balkan, Orkan	M	12.03.1987	TUR	2003	6	0	6	0	TSV München 1860, TSV Forstenried
Bucher, Ralf	A	06.04.1972	D	1991	21	0	81	2	TSV Neubiberg
Custos, Bruno	M	29.04.1977	FRA	2001	11	0	75	2	Sportfreunde Siegen, US Saint-Dizier, US Angoulême, FC Metz
Fink, Oliver	A	06.06.1982	D	2005	33	4	48	4	SV Wacker Burghausen, SSV Jahn 2000 Regensburg, SG Post/Süd Regensburg, 1. FC Schwandorf, 1. FC Schlicht
Formella, Nico	T	30.05.1987	D	2007	0	0	0	0	FC Hansa Rostock, FC Schönberg 95, FC Hansa Rostock
Frühbeis, Stefan	A	01.03.1979	D	2005	13	0	85	13	TSV München 1860, SV Wacker Burghausen, SpVgg Unterhaching, FC Bayern München, FC Deisenhofen
Grujicic, Christian	M	17.04.1988	BIH	2005	1	0	1	0	FC Bayern München, SV Lohhof
Gülselam, Ceyhun	M	25.12.1987	TUR	2003	29	5	29	5	FC Bayern München, TSV Gartenstadt Trudering
Hain, Christian	A	11.02.1987	D	2006	12	0	12	0	TSV Milbertshofen, SV Sulzemoos
Hörnig, Florian	A	06.08.1986	D	2001	19	1	19	1	TSV Milbertshofen, SV Am Hart
Kampa, Dariusz	T	16.01.1977	D	2007	34	0	93	0	SK Sturm Graz, Zalaegerszegi TE, Borussia Mönchengladbach, 1. FC Nürnberg, FC Augsburg, OsiR Raciborz
Kolomaznik, Michal	S	20.07.1976	CZE	2006	22	5	22	5	TSV München 1860, SSV Jahn 2000 Regensburg, FK Teplice, Boby Brno, Slavia Uherske Hradiste, Boby Brno, Zbrojovka Brno
Konrad, Mario	S	22.01.1983	AUT	2007	26	5	26	5	Linzer ASK, SV Kapfenberg, SC Bregenz, VfB Stuttgart, SK Rapid Wien
Lechleiter, Robert	S	01.07.1980	D	2003	28	10	28	10	FC Ismaning, SC Baldham, TSV Aßling
Leschinski, Boris	A	07.11.1983	D	2007	9	0	98	3	Hamburger SV, FC Schalke 04, Sportfreunde Königshardt
Löppert, Quirin	A	01.05.1987	D	2002	5	0	5	0	FC Bayern München, SpVgg Unterhaching
Nagy, Timo	M	20.04.1983	D	2007	19	0	20	0	SV Wacker Burghausen, Hannover 96, SV Wacker Burghausen, FC Bayern München, SV Gendorf Burgkirchen
Pasiciel, Marco	M	26.07.1989	D	2006	1	0	1	0	FC Bayern München, TSV Ottobrunn
Polak, Dennis	A	24.01.1981	D	2007	11	1	127	2	TSV München 1860, 1. FC Köln, FC Ismaning, SV Dornach, SpVgg Unterkirnach, Kirchheimer SC
Rathgeber, Thomas	S	30.04.1985	D	2007	25	7	25	7	VfL Bochum, FC Kempten, SSV Ulm 1846, SV Heiligkreuz
Riederer, Stefan	T	26.12.1985	D	2006	0	0	0	0	1. FC Bad Kötzing, FC Chamerau
Schaschko, Raphael	A	07.06.1985	D	2007	34	2	90	3	VfB Stuttgart, Phönix Pfalzgrafenweiler
Schuff, Sebastian	M	02.12.1985	D	1999	0	0	0	0	FC Bayern München, TSV 1860 München, VfB Garching
Schulz, Thorsten	A	05.12.1984	D	2007	21	0	21	0	SC Fürstenfeldbruck, FC Energie Cottbus, SV Untermenzing
Schweinsteiger, Tobias	S	12.03.1982	D	2008	13	5	71	25	VfB Lübeck, Eintracht Braunschweig, VfB Lübeck, FC Ismaning, SSV Jahn 2000 Regensburg, FC Falke Markt Schwaben, SV Nussdorf, SpVgg Unterhaching, FC Kufstein, TSV 1860 Rosenheim, FV Oberaudorf
Spizak, Miroslaw	S	13.01.1979	POL	2006	6	0	31	2	Sportfreunde Siegen, MSV Duisburg, TSV Alemannia Aachen, SpVgg Unterhaching, Bayer 04 Leverkusen, KFC Uerdingen 05, Wisla Krakow
Tyce, Roman	M	07.05.1977	CZE	2007	24	1	26	2	TSV München 1860, Slovan Liberec, AC Sparta Prag, TJ Lovosice, TJ Chotesov, TJ Cerniv
Villar, Ricardo	M	11.08.1979	ITA	2007	27	7	30	7	1. FC Kaiserslautern, Chunnam Dragons, Austria Salzburg, Pittsburgh Riverhounds, Hampton Road Mariners, Penn State University
Zillner, Robert	S	04.08.1985	D	2005	15	1	15	1	TSV Waldkirchen, TSV Wegscheid

Trainer:

Name, Vorname	geb. am	Nat.	Zeitraum	Spiele 2007/08	frühere Trainerstationen
Hasenhüttl, Ralph	09.08.1967	AUT	01.07.2007 – lfd.	34	SpVgg Unterhaching (Co-Trainer I. und II. Mannschaft)

Zugänge:
Fink (SV Wacker Burghausen), Formella (FC Hansa Rostock II), Grujicic (eigene Junioren), Kampa (SK Sturm Graz), Konrad (Linzer ASK), Leschinski (Hamburger SV II), Nagy (Hannover 96), Polak und Tyce (TSV München 1860), Villar (1. FC Kaiserslautern).
während der Saison:
Aydemir (Sekerspor), Pasiciel und Zillner (eigene Junioren), Schweinsteiger (VfB Lübeck).

Abgänge:
Buck (Karlsruher SC), Feldhahn und Sträßer (FC Erzgebirge Aue), Ghigani (SC Pfullendorf), Heerwagen (VfL Bochum), Majstorovic (Panionios Athen), Miksits (FC Kärnten), N'Diaye (FC Carl Zeiss Jena), Nehrig (SpVgg Greuther Fürth), Omodiagbe (FC Carl Zeiss Jena), Page (FC Aarau), Sobotzik (Sandefjord FK), Stolzenberg (SV Lichtenberg 47), Tavcar (unbekannt), Thomik (VfL Osnabrück).
während der Saison:
Spizak (SVgg 07 Elversberg).

Fortsetzung SpVgg Unterhaching 1925

Aufstellungen und Torschützen:

Sp	Datum	Gegner	Ergebnis	Aydemir	Bakan	Bucher	Custos	Fink	Frühbeis	Grujicic	Gülselam	Hain	Hörnig	Kampa	Kolomaznik	Konrad	Lechleiter	Leschinski	Löppert	Nagy	Pasiciel	Polak	Rathgeber	Schaschko	Schulz	Schweinsteiger	Spizak	Tyce	Villar	Zillner
1	28.07.07 A	Jahn Regensburg	1:2 (1:2)	E		A	A	X		X		E	X			X	A					X	X1	X				X	E	
2	08.08.07 H	SC Pfullendorf	2:1 (1:0)		X		X	X		X1			X	E		A	E					X	X1	X	E		A	A		
3	12.08.07 A	SF Siegen	1:3 (0:1)				X	X		X		E	X	E		X1	A					X	X	X			A	X		
4	18.08.07 H	Bayern München II	0:0 (0:0)			X	X	X		X		X	X	A	E	X	E					X	A	E				A		
5	25.08.07 A	Hessen Kassel	2:2 (1:1)			X	E	X		X		X	X	A1	A	X1			E			X	E	A				X		
6	02.09.07 H	Karlsruher SC II	4:0 (1:0)			X		A		X	E	X1	X	A2	X	X	E					A		X1			E	X		
7	08.09.07 A	SV Sandhausen	0:1 (0:0)		E	A	X	X				A	X	X	A	X						X	E	X			E	X		
8	16.09.07 H	FSV Oggersheim	3:0 (2:0)			X	X1	X		X			X	A1	A	A1						X	E	X			E	X	E	
9	22.09.07 A	Wacker Burghausen	0:2 (0:1)	E		A	X	X		A			X	A	E	X						X	X	X				X	E	
10	29.09.07 H	VfR Aalen	2:2 (0:2)			X	X			A	X		X	A	A	X1		E		X1	E	X						X	E	
11	05.10.07 A	SSV Reutlingen 05	2:2 (2:1)		X	X	X			A		X	X			X1	E	X				X1	X					X		
12	21.10.07 H	München 1860 II	2:2 (2:0)		X	X	X1			X		X	X		E	A	E		X			A	X			E		A1		
13	27.10.07 A	FSV Frankfurt	0:1 (0:1)		A	X	X			X		A	X	E	E	X			A			X	X				E	X		
14	04.11.07 H	VfB Stuttgart II	1:1 (1:0)		X	X				X		X	X	E	E	X1			X			A	X	X				A		
15	11.11.07 A	Stuttgarter Kickers	2:0 (0:0)		X	X				X		X	X	E1		X		E	X			A	X	X				A1		
16	17.11.07 A	SV 07 Elversberg	0:2 (0:0)		X	X			E	X		X	E	E		X	A					A	X	X				A		
17	25.11.07 H	FC Ingolstadt 04	3:0 (1:0)		X	X		X		X		X	X	E	E	X1			A			A2	X	X				E	A	
18	01.12.07 H	Jahn Regensburg	1:0 (1:0)		X	X				X1		X	X		E	A	E		A			X	X					E	A	
19	08.12.07 A	SC Pfullendorf	1:2 (0:0)			X				X		X	X		E	X	EA	X		E		A	X1	X				A	X	
20	07.03.08 A	Bayern München II	4:2 (0:1)				X	E		X1	E	A	X			X1						A	X	X	E1		X	A1		X
21	11.03.08 H	SF Siegen	1:1 (0:1)				X	A		X1	E		X	E		X						A	X	X	E		X	A	X	
22	15.03.08 H	Hessen Kassel	5:3 (2:2)		E		X1	A		X			X			X1		E				A1	X	X	E1		X	X1	A	
23	22.03.08 A	Karlsruher SC II	1:0 (1:0)		X		X			X			X			A	E	E				X1	X	E			A	X	A	
24	30.03.08 H	SV Sandhausen	3:2 (1:1)		X		X	A		X			X		E1	A1	E		X				X	A			E1	X		
25	04.04.08 A	FSV Oggersheim	2:1 (2:0)		X		X			X			X	E	A1				X			E	X	A			X	X1		
26	12.04.08 H	Wacker Burghausen	1:1 (0:0)		X		X		X			X	X	E	A	A		X	E			A	X		E1		X	X		
27	19.04.08 A	VfR Aalen	0:0 (0:0)		X		X			X			X	E	E	X			EA		X	A		X	X		A	X	A	
28	26.04.08 H	SSV Reutlingen 05	2:0 (1:0)		X		X			X			X	E	E	A						X	X1	X			A1	X		
29	03.05.08 H	München 1860 II	1:0 (0:0)		X		X			X	E		X	E1	X	A						X	X	X			A	X		
30	06.05.08 H	FSV Frankfurt	1:4 (1:3)				A	X		X			X	E	X	E						X	X	X			X1	X	X	
31	10.05.08 A	VfB Stuttgart II	3:2 (1:1)	E1	E		X1			X		X	X	E	X	A	A					X	X				X	A1	X	
32	16.05.08 A	Stuttgarter Kickers	0:2 (0:2)		E		X			X	A	X	X	A	A		E					X	X	E			X	X		
33	24.05.08 H	SV 07 Elversberg	4:1 (1:1)		A	X	X		E	X1		X	A	X2		E						X	X	E1			A	X		
34	31.05.08 A	FC Ingolstadt 04	0:2 (0:1)	E	A	A	X		x	E		X	X			E						X	X	A			X	X		
		Spiele:		2	6	21	11	33	13	1	29	12	19	34	22	26	28	9	5	19	1	11	25	34	21	13	6	24	27	15
		Tore:		1	0	0	0	4	0	0	5	0	1	0	5	5	10	0	0	0	0	1	7	2	0	5	0	1	7	1

Bilanz der letzten 10 Jahre:

Saison	Liga	Platz	Sp.	S	U	N	Tore	Pkt.
1997/98:	2. Bundesliga	11.	34	10	14	10	41–35	44
1998/99:	2. Bundesliga	2.	34	19	6	9	47–30	63
1999/00:	Bundesliga	10.	34	12	8	14	40–42	44
2000/01:	Bundesliga	16.	34	8	11	15	35–59	35
2001/02:	2. Bundesliga	15.	34	10	8	16	40–49	38
2002/03:	Regionalliga Süd	1.	36	22	7	7	75–34	73
2003/04:	2. Bundesliga	13.	34	11	10	13	41–46	43
2004/05:	2. Bundesliga	10.	34	14	3	17	40–43	45
2005/06:	2. Bundesliga	14.	34	12	6	16	42–48	42
2006/07:	2. Bundesliga	16.	34	9	8	17	33–49	35

Zuschauerzahlen:

Saison	gesamt	Spiele	Schnitt
1997/98:	32.582	17	1.917
1998/99:	39.685	17	2.334
1999/00:	125.756	17	7.397
2000/01:	126.125	17	7.419
2001/02:	84.100	17	4.947
2002/03:	54.000	18	3.000
2003/04:	52.369	17	3.081
2004/05:	79.753	17	4.691
2005/06:	79.400	17	4.671
2006/07:	87.700	17	5.159

Die meisten Regionalliga-Spiele:

Pl.	Name, Vorname	Spiele
1.	Bucher, Ralf	81
2.	Grassow, Dennis	61
3.	Copado, Francisco Alv.	36
	Seifert, Jan	36
5.	Garcia, Alfonso	34
	Kampa, Dariusz	34
	Oberleitner, Markus	34
	Schaschko, Raphael	34
9.	Fink, Oliver	33
	Leitl, Stefan	33

Die besten Regionalliga-Torschützen:

Pl.	Name, Vorname	Tore
1.	Copado, Francisco Alv.	24
2.	Garcia, Alfonso	20
3.	Zimmermann, Matthias	12
4.	Lechleiter, Robert	10
5.	Bartsch, Norbert	9
	Oberleitner, Markus	9
7.	Vaccaro, Angelo	8
8.	Begen, Jörg	7
	Gröber, Albert	7
	Rathgeber, Thomas	7
	Villar, Ricardo	7

Die Trainer der letzten Jahre:

Name, Vorname	Zeitraum
Grosser, Peter	??.05.1993 – 30.06.1993
Roggensack, Gerd	01.07.1993 – 30.06.1994
Köstner, Lorenz-Günter	01.07.1994 – 01.10.1997
Entenmann, Willi	02.10.1997 – 30.06.1998
Köstner, Lorenz-Günter	01.07.1998 – 13.09.2001
Adrion, Rainer	14.09.2001 – 02.04.2002
Schrobenhauser, Anton	02.04.2002 – 30.06.2002
Frank, Wolfgang	01.07.2002 – 02.04.2004
Deutinger, Heribert	02.04.2004 – 30.06.2004
Brehme, Andreas	01.07.2004 – 11.04.2005

Zuschauerzahlen 2007/08

	VfR Aalen	Wacker Burghausen	SVgg 07 Elversberg	FSV Frankfurt	FC Ingolstadt 04	Karlsruher SC II	Hessen Kassel	Bayern München II	München 1860 II	FSV Oggersheim	SC Pfullendorf	Jahn Regensburg	SSV Reutlingen 05	SV Sandhausen	SF Siegen	Stuttgarter Kickers	VfB Stuttgart II	SpVgg Unterhaching
VfR Aalen	×	3.355	3.049	2.700	4.018	2.625	2.430	3.068	2.438	1.975	2.100	3.130	3.124	6.674	3.044	8.116	3.621	4.267
Wacker Burghausen	3.500	×	3.180	3.200	3.050	2.950	2.900	4.550	3.200	3.100	2.900	4.100	2.650	4.500	2.800	2.859	4.000	3.760
SV 07 Elversberg	700	500	×	700	500	500	600	1.100	641	700	500	700	700	550	935	700	500	600
FSV Frankfurt	3.600	1.177	1.000	×	4.997	2.000	3.000	2.200	3.000	1.600	993	1.207	1.162	1.500	4.100	3.400	1.200	1.221
FC Ingolstadt 04	5.556	2.561	1.638	1.648	×	2.966	1.700	5.020	5.713	2.251	1.360	4.850	1.704	1.150	2.320	3.560	2.341	6.680
Karlsruher SC II	340	1.003	470	422	505	×	446	1.076	616	365	663	544	790	993	791	1.150	367	300
KSV Hessen Kassel	4.487	2.500	3.000	11.200	4.500	3.700	×	17.200	2.975	3.000	3.700	5.500	3.200	3.500	5.800	4.500	4.800	5.000
Bayern München II	655	875	271	626	700	360	319	×	4.800	650	201	730	774	590	525	654	500	1.275
TSV München 1860 II	1.120	1.500	650	1.000	1.100	1.100	500	6.660	×	1.100	750	12.600	800	1.000	1.000	1.100	1.050	4.000
FSV Oggersheim	375	2.830	336	1.950	734	315	238	2.470	292	×	518	302	1.970	837	580	1.850	2.800	334
SC Pfullendorf	560	960	820	1.270	1.310	496	750	1.080	530	370	×	580	850	700	730	1.684	780	680
Jahn Regensburg	2.750	3.200	3.075	3.000	4.000	1.800	2.098	5.108	2.000	1.975	3.300	×	2.875	1.763	2.144	3.870	2.350	4.750
SSV Reutlingen 05	4.100	4.050	2.800	3.300	4.200	2.700	3.600	3.300	3.200	3.200	5.700	2.500	×	3.100	2.900	5.500	3.000	3.100
SV Sandhausen	1.500	1.900	1.850	2.000	1.800	3.500	1.150	4.150	1.580	3.180	1.570	2.800	2.200	×	1.850	1.380	2.400	1.700
Sportfreunde Siegen	6.042	5.767	7.847	4.904	4.032	6.440	5.499	7.168	7.071	5.171	4.877	9.044	6.990	4.660	×	4.593	4.659	8.855
Stuttgarter Kickers	4.240	2.710	2.500	2.720	2.310	3.030	3.190	3.100	3.000	2.865	2.860	3.710	3.470	2.950	3.300	×	7.190	4.300
VfB Stuttgart II	1.300	850	800	900	1.000	600	1.100	1.100	700	600	800	1.000	2.100	2.100	600	5.900	×	450
SpVgg Unterhaching	1.200	4.500	2.000	2.800	200	1.700	2.700	2.800	2.750	1.500	2.300	2.600	2.500	3.000	1.500	2.150	2.700	×

Zuschauertabelle nach Heimspielen:

Pl.	Mannschaft	gesamt	Spiele	Schnitt	Vgl. Vj.
1.	Sportfreunde Siegen	103.619	17	6.095	+1.269
2.	KSV Hessen Kassel	89.087	17	5.240	+402
3.	SSV Reutlingen 05	60.250	17	3.544	−385
4.	VfR Aalen	59.205	17	3.483	+1.263
5.	SV Wacker Burghausen	57.739	17	3.396	Absteiger
6.	SV Stuttgarter Kickers	57.445	17	3.379	+136
7.	FC Ingolstadt 04	53.238	17	3.132	+1.706
8.	SSV Jahn Regensburg	50.008	17	2.942	Aufsteiger
9.	SpVgg Unterhaching	40.700	17	2.394	Absteiger
10.	TSV München 1860 II	39.259	17	2.309	+1.024
11.	FSV Frankfurt	37.357	17	2.178	Aufsteiger
12.	SV Sandhausen	36.510	17	2.148	Aufsteiger
13.	VfB Stuttgart II	21.900	17	1.288	+12
14.	FSV Oggersheim	18.729	17	1.102	Aufsteiger
15.	FC Bayern München II	15.262	17	898	+257
16.	SC Pfullendorf	13.570	17	798	−283
17.	SVgg 07 Elversberg	10.926	17	643	−207
18.	Karlsruher SC II	10.847	17	638	−71
		775.651	306	2.535	+296

Zuschauertabelle nach Auswärtsspielen:

Pl.	Mannschaft	gesamt	Spiele	Schnitt	Vgl. Vj.
1.	SSV Jahn Regensburg	71.149	17	4.185	Aufsteiger
2.	FC Bayern München II	55.787	17	3.282	−144
3.	SV Stuttgarter Kickers	52.966	17	3.116	+670
4.	SpVgg Unterhaching	51.422	17	3.025	Absteiger
5.	TSV München 1860 II	45.568	17	2.680	+483
6.	VfB Stuttgart II	44.258	17	2.603	+456
7.	FSV Frankfurt	43.800	17	2.576	Aufsteiger
8.	VfR Aalen	42.055	17	2.474	+651
9.	FC Ingolstadt 04	40.770	17	2.398	+436
10.	SV Wacker Burghausen	40.238	17	2.367	Absteiger
11.	SV Sandhausen	39.497	17	2.323	Aufsteiger
12.	SSV Reutlingen 05	38.059	17	2.239	−79
13.	Karlsruher SC II	36.782	17	2.164	+278
14.	SVgg 07 Elversberg	35.936	17	2.114	+536
15.	SC Pfullendorf	35.505	17	2.089	+457
16.	Sportfreunde Siegen	35.017	17	2.060	+40
17.	FSV Oggersheim	33.602	17	1.977	Aufsteiger
18.	KSV Hessen Kassel	33.240	17	1.955	+260
		775.651	306	2.535	+296

Die Spiele mit den meisten Zuschauern:

Datum	Begegnung	Zuschauer
02.05.2008	KSV Hessen Kassel – FC Bayern München II	17.200
24.05.2008	TSV München 1860 II – SSV Jahn Regensburg	12.600
08.03.2008	KSV Hessen Kassel – FSV Frankfurt	11.200
07.09.2007	Sportfreunde Siegen – SSV Jahn Regensburg	9.044
12.08.2007	Sportfreunde Siegen – SpVgg Unterhaching	8.855
06.10.2007	VfR Aalen – SV Stuttgarter Kickers	8.116
24.08.2007	Sportfreunde Siegen – SVgg 07 Elversberg	7.847
24.05.2008	SV Stuttgarter Kickers – VfB Stuttgart II	7.190
28.09.2007	Sportfreunde Siegen – FC Bayern München II	7.168
27.07.2007	Sportfreunde Siegen – TSV München 1860 II	7.071
31.05.2008	Sportfreunde Siegen – SSV Reutlingen 05	6.990
31.05.2008	FC Ingolstadt 04 – SpVgg Unterhaching	6.680
15.04.2008	VfR Aalen – SV Sandhausen	6.674
03.08.2007	TSV München 1860 II – FC Bayern München II	6.660
19.10.2007	Sportfreunde Siegen – Karlsruher SC II	6.440

Die Spiele mit den wenigsten Zuschauern:

Datum	Begegnung	Zuschauer
24.05.2008	FSV Oggersheim – KSV Hessen Kassel	238
20.03.2008	FSV Oggersheim – TSV München 1860 II	292
22.03.2008	Karlsruher SC II – SpVgg Unterhaching	300
02.05.2008	FSV Oggersheim – SSV Jahn Regensburg	302
23.11.2007	FSV Oggersheim – Karlsruher SC II	315
04.04.2008	FSV Oggersheim – SpVgg Unterhaching	334
18.04.2008	FSV Oggersheim – SVgg 07 Elversberg	336
08.12.2007	Karlsruher SC II – VfR Aalen	340
31.05.2008	Karlsruher SC II – FSV Oggersheim	365
06.05.2008	SC Pfullendorf – FSV Oggersheim	370
17.05.2008	Karlsruher SC II – VfB Stuttgart II	376
25.08.2007	Karlsruher SC II – FSV Frankfurt	422
09.05.2008	Karlsruher SC II – KSV Hessen Kassel	446
10.05.2008	VfB Stuttgart II – SpVgg Unterhaching	450
06.04.2008	Karlsruher SC II – SV 07 Elversberg	470

Torschützenliste:

Pl.	Spieler (Mannschaft)	Tore
1.	Bauer, Thorsten (KSV Hessen Kassel)	19
2.	Cenci, Matias Esteban (FSV Frankfurt)	17
3.	Stoilov, Petr (SSV Jahn 2000 Regensburg)	13
4.	Calamita, Marko (SC Pfullendorf)	12
	Sikorski, Daniel (FC Bayern München II)	12
6.	Sailer, Marco (VfR Aalen)	11
	Schipplock, Sven (SSV Reutlingen 05, VfB Stuttgart II)	11
	Vaccaro, Angelo (SV Stuttgarter Kickers)	11
	Wohlfarth, Steffen (FC Ingolstadt 04)	11
10.	Demir, Ersin (FC Ingolstadt 04)	10
	Grgic, Velimir (SV Sandhausen)	10
	Lechleiter, Robert (SpVgg Unterhaching)	10
13.	Alder, Christian (VfR Aalen)	9
	Feinbier, Markus (SVgg 07 Elversberg)	9
	Haas, Christian (SSV Reutlingen 05)	9
	Hofmann, Sebastian (VfB Stuttgart II)	9
17.	Mehic, Sead (FSV Frankfurt)	8
	Schmid, Jürgen (SSV Jahn Regensburg, SV Sandhausen)	8
	Tucci, Marco (SV Stuttgarter Kickers)	8
20.	Akwuegbu, Emmanuel (SV Sandhausen)	7
	Duhnke, Manuel (TSV München 1860 II)	7
	Fetsch, Mathias (Karlsruher SC II)	7
	Galuschka, Florian (SV Wacker Burghausen)	7
	Perchtold, Peter (VfB Stuttgart II)	7
	Rathgeber, Thomas (SpVgg Unterhaching)	7
	Schäffler, Manuel (TSV München 1860 II)	7
	Traub, Torsten (VfR Aalen)	7
	Villar, Ricardo (SpVgg Unterhaching)	7
	Yilmaz, Deniz (FC Bayern München II)	7
30.	Blessin, Alexander (Sportfreunde Siegen)	6
	Fink, Anton (TSV München 1860 II)	6
	Kacani, Sokol (SV Stuttgarter Kickers)	6
	Leitl, Stefan (FC Ingolstadt 04)	6
	Mintzel, Alf (SV Sandhausen)	6
	Nagorny, Vitus (FC Bayern München II)	6
	Okic, Branko (VfR Aalen)	6
	Parmak, Mustafa (SV Stuttgarter Kickers)	6
	Reiß, Thorsten (FSV Oggersheim)	6
	Steegmann, Marcus (VfR Aalen)	6
	Teinert, Christoph (SV Wacker Burghausen)	6

Drei Tore in einem Spiel erzielten:

Datum	Spieler (Mannschaft)	Gegner	wo	Erg.
04.08.07	Stoilov (Jahn Regensburg)	Stuttgarter Kickers	A	3:1
11.08.07	Bauer (Hessen Kassel)	München 1860 II	H	4:0
21.09.07	Schäffler (München 1860 II)	SSV Reutlingen 05	A	4:1
17.05.07	Klauß (VfB Stuttgart II)	Karlsruher SC II	A	5:0

Einen lupenreinen Hattrick erzielten:

Datum	Spieler (Mannschaft)	Gegner	wo	Erg.
11.08.07	Bauer, Thorsten (Hessen Kassel)	München 1860 II	H	4:0

Folgende Spieler spielten 2007/08 für zwei Vereine der RL Süd:

Name, Vorname	Erster Verein	Zweiter Verein
Barg, Benjamin	Karlsruher SC II	SV Sandhausen
Beigang, Nico	SV Stuttgarter Kickers	SSV Jahn Regensburg
Beskid, Ewald	SSV Reutlingen 05	SC Pfullendorf
Hoffmeister, Sven	SSV Reutlingen 05	SV Sandhausen
Mayer, Patrick	VfB Stuttgart II	SSV Reutlingen 05
Sauter, Christian	VfB Stuttgart II	SSV Reutlingen 05
Schipplock, Sven	SSV Reutlingen 05	VfB Stuttgart II
Schlauderer, Tobias	FC Ingolstadt 04	SSV Jahn Regensburg
Schmid, Jürgen	SSV Jahn Regensburg	SV Sandhausen
Spizak, Miroslaw	SpVgg Unterhaching	SVgg 07 Elversberg
Ulm, David	Sportfreunde Siegen	FSV Frankfurt
Unger, Markus	SSV Reutlingen 05	Sportfreunde Siegen

Elfmetertorschützen: gesamt: 54

Mannschaft	Torschützen (Anzahl)
VfR Aalen:	Alder (4), Okic
SV Wacker Burghausen:	Belleri
SVgg 07 Elversberg:	Birk (2), Dragusha
FSV Frankfurt:	Cenci (3)
FC Ingolstadt 04:	Jungwirth (2), Leitl (2), Wohlfahrt
Karlsruher SC:	Bergheim, Schröder
KSV Hessen Kassel:	Bauer (4)
TSV München 1860 II:	Fink (3)
FC Bayern München II:	Kroos, Saba, Sikorski
FSV Oggersheim:	Homola
SC Pfullendorf:	Calamita
SSV Jahn Regensburg:	Romminger (3), Zellner (3), Grassow
SSV Reutlingen 05:	Haas (2), Rill (2), Waidmann
SV Sandhausen:	Grgic (2), Mintzel
Sportfreunde Siegen:	Blessin (2)
SV Stuttgarter Kickers:	Vaccaro (2)
VfB Stuttgart:	Perchthold (2)
SpVgg Unterhaching:	Gülselam, Villar

Eigentorschützen: gesamt: 9

Mannschaft	Torschützen
VfR Aalen:	—
SV Wacker Burghausen:	—
SVgg 07 Elversberg:	Zepek
FSV Frankfurt:	Hickl
FC Ingolstadt 04:	—
Karlsruher SC:	—
KSV Hessen Kassel:	Schönewolf
TSV München 1860 II:	—
FC Bayern München II:	—
FSV Oggersheim:	Berrafato, Rodighero, Strohmann
SC Pfullendorf:	—
SSV Jahn Regensburg:	Romminger
SSV Reutlingen 05:	—
SV Sandhausen:	—
Sportfreunde Siegen:	Assoumani, Bogusz
SV Stuttgarter Kickers:	—
VfB Stuttgart:	—
SpVgg Unterhaching:	—

Folgende 12 Spieler haben alle 34 Spiele absolviert:

Mannschaft	Spieler
VfR Aalen:	Linse
SV Wacker Burghausen:	—
SVgg 07 Elversberg:	Knödler
FSV Frankfurt:	Cenci, Hillebrand
FC Ingolstadt 04:	Lutz
Karlsruher SC:	—
KSV Hessen Kassel:	Adler, Bauer
TSV München 1860 II:	—
FC Bayern München II:	—
FSV Oggersheim:	—
SC Pfullendorf:	Kiefer
SSV Jahn Regensburg:	—
SSV Reutlingen 05:	—
SV Sandhausen:	—
Sportfreunde Siegen:	Gallego
SV Stuttgarter Kickers:	Yelldell
VfB Stuttgart:	—
SpVgg Unterhaching:	Kampa, Schaschko

Folgende Spieler wechselten 2007/08 die Staffel:

Name, Vorname	Erster Verein	Zweiter Verein
Braham, Najeh	Sportfreunde Siegen	1. FC Magdeburg
Frech, Michael	VfB Lübeck	Sportfreunde Siegen
Knackmuß, Markus	SG Dynamo Dresden	SC Pfullendorf
Kucukovic, Mustafa	Hamburger SV II	TSV München 1860 II
Langkamp, Sebastian	Hamburger SV II	Karlsruher SC II
Schweinsteiger, Tobias	VfB Lübeck	SpVgg Unterhaching

Vereinsrangliste nach Platzverweisen:

Pl.	Mannschaft	Rot-	Gelb-Rot
1.	SpVgg Unterhaching	0	1
2.	FSV Frankfurt	0	2
	FSV Oggersheim	0	2
	SSV Jahn 2000 Regensburg	0	2
5.	FC Bayern München II	0	3
	KSV Hessen Kassel	0	3
	SVgg 07 Elversberg	0	3
8.	SSV Reutlingen 05	1	0
	VfB Stuttgart II	1	0
10.	Karlsruher SC II	1	3
11.	SV Stuttgarter Kickers	1	4
12.	Sportfreunde Siegen	1	5
13.	SC Pfullendorf	2	1
14.	TSV München 1860 II	2	3
15.	SV Wacker Burghausen	2	4
16.	FC Ingolstadt 04	3	1
17.	VfR Aalen	4	1
18.	SV Sandhausen	6	2
		24	40

Rote Karten: gesamt: 24

Mannschaft	Spieler
VfR Aalen:	Cescutti, Okle, Stahl, Stickel
SV Wacker Burghausen:	Schultz, Teinert
SVgg 07 Elversberg:	—
FSV Frankfurt:	—
FC Ingolstadt 04:	Gerber, Jungwirth, Neuendorf
Karlsruher SC:	Brosinski
KSV Hessen Kassel:	—
TSV München 1860 II:	Rössl, Tausendpfund
FC Bayern München II:	—
FSV Oggersheim:	—
SC Pfullendorf:	Beskid, Knackmuß
SSV Jahn Regensburg:	—
SSV Reutlingen 05:	Krauss
SV Sandhausen:	Bauer, Fickert, Grgic, Mendez Rodriguez, Mintzel, Waldecker
Sportfreunde Siegen:	Assoumani
SV Stuttgarter Kickers:	Petruso
VfB Stuttgart:	Kolinger
SpVgg Unterhaching:	—

Gelb-Rote Karten: gesamt: 40

Mannschaft	Spieler
VfR Aalen:	Mayer
SV Wacker Burghausen:	Hertl, Niederquell, Rosin, Schmidt
SVgg 07 Elversberg:	Iyodo, Sebastião, Velkoborsky
FSV Frankfurt:	Schumann, Winter
FC Ingolstadt 04:	Keidel
Karlsruher SC:	Akgün, Langkamp, Stoll
KSV Hessen Kassel:	Suslik (2), Busch
TSV München 1860 II:	Baumgartlinger, Holebas, B. Schwarz
FC Bayern München II:	Nagorny, Niedermaier, Yilmaz
FSV Oggersheim:	Camara, Rehm
SC Pfullendorf:	Zimmermann
SSV Jahn Regensburg:	Binder, Grassow
SSV Reutlingen 05:	—
SV Sandhausen:	Altin, Fickert
Sportfreunde Siegen:	Gaede (2), Assoumani, Bogusz, Müller
SV Stuttgarter Kickers:	Gambo, Kacani, Mann, Yildiz
VfB Stuttgart:	—
SpVgg Unterhaching:	Tyce

Die torreichsten Spiele:

Datum	Begegnung	Ergebnis
15.03.2008	SpVgg Unterhaching – KSV Hessen Kassel	5:3
18.05.2008	FC Bayern München II – FSV Oggersheim	7:0
09.05.2008	Karlsruher SC II – KSV Hessen Kassel	6:1
29.09.2007	SC Pfullendorf – KSV Hessen Kassel	5:2
10.05.2008	VfR Aalen – SSV Jahn 2000 Regensburg	2:5

Schiedsrichtereinsätze:

Name, Vorname (Verein, Landesverband)	Spiele	Rot	G-R
Kempter, Robert (VfR Sauldorf, SBD)	11	1	3
Kempter, Michael (VfR Sauldorf, SBD)	10	1	1
Seiwert, Raphael (SV Merchingen, SAR)	10	2	0
Christ, Tobias (TB Jahn Zeiskam, SW)	9	0	2
Fritz, Marco (SV Breuningsweiler, WBG)	8	0	2
Kampka, Robert (TSV Schornbach, WBG)	8	2	3
Karle, Michael (FSV Waiblingen, WBG)	8	0	0
Kunzmann, Dr. Manuel (SV Niederjossa, HES)	8	0	0
Schlutius, Alexander (FV Viktoria Herxheim, SW)	8	0	2
Stieler, Tobias (SG Rosenhöhe Offenbach, HES)	8	2	2
Valentin, Karl (BSG Taufkirchen, BY)	8	1	2
Bauer, Torsten (ASV Seesbach, SW)	7	0	1
Benedum, Florian (SpVgg Neukirchen-Mehlingen-B., SW)	7	0	0
Blos, Arno (SC Altbach, WBG)	7	0	1
Greth, Roland (SV Menning, BY)	7	1	0
Leicher, Christian (SV Neuhausen, BY)	7	0	3
Pflaum, Markus (SV Dörfleins, BY)	7	0	0
Steinberg, Florian (TSV Münchingen, WBG)	7	0	1
Viktora, Ralf (SSV Dillenburg, HES)	7	0	0
Achmüller, Marco (SV Würding, BY)	6	0	0
Aytekin, Deniz (SC Germania Nürnberg, BY)	6	1	0
Hartmann, Robert (SV Krugzell, BY)	6	1	2
Hofmann, Walter (SC Aufkirchen, BY)	6	1	2
Walz, Wolfgang (TSV Pfedelbach, WBG)	6	0	1
Welz, Tobias (SpVgg Nassau Wiesbaden, HES)	6	2	0
Wingenbach, Markus (VfL Altendiez, RHL)	6	2	0
Dingert, Christian (TSG Burg Lichtenberg, SW)	5	1	2
Drees, Dr. Jochen (SV Münster-Sarmsheim, SW)	5	0	1
Maier, Josef (FC Aschheim, BY)	5	1	0
Schalk, Georg (SV Ottmarshausen, BY)	5	0	0
Schmidt, Markus (SV Sillenbuch, WBG)	5	0	0
Stark, Wolfgang (DJK Altdorf, BY)	5	0	0
Bandurski, Christian (SV Teutonia Überruhr, NIR)	4	0	0
Fischer, Christian (SG Hemer, WEF)	4	0	0
Schößling, Christian (SSV Markranstädt, SAX)	4	0	0
Sippel, Peter (FC Würzburger Kickers, BY)	4	0	1
Anklam, Matthias (USC Paloma Hamburg, HH)	3	0	0
Brych, Dr. Felix (SV Am Hart München, BY)	3	0	1
Lupp, Stefan (MSV Zossen 07, BRB)	3	0	0
Metzen, Thomas (SG Lorbach-Weyer, MIR)	3	0	0
Perl, Günter (MSV München, BY)	3	1	0
Schriever, Thorsten (TSV Otterndorf, NS)	3	1	0
Seemann, Marc (DJK Adler Frintrop, NIR)	3	0	1
Trautmann, Stefan (SC Münchhausen Bodenwerder, NS)	3	0	1
Zwayer, Felix (Hertha BSC Berlin, B)	3	0	1
Gagelmann, Peter (ATSV Sebaldsbrück, HB)	2	0	1
Grudzinski, Norbert (TSV Wandsetal, HH)	2	0	0
Henschel, Holger (SV Broitzem, NS)	2	0	0
Joerend, Thorsten (VfB Fabbenstedt, WEF)	2	0	1
Kircher, Knut (TSV Hirschau, WBG)	2	0	0
Rafati, Babak (SpVgg Niedersachsen Döhren, NS)	2	0	0
Schumacher, Nicole (SC Glück-Auf Sterkrade, NIR)	2	0	0
Siebert, Daniel (FC Nordost Berlin, B)	2	1	2
Thielert, Sascha (TSV Buchholz 08, HH)	2	0	0
Wagner, Lutz (SV 07 Kriftel, HES)	2	0	0
Winkmann, Guido (SV Nütterden, NIR)	2	1	0
Fischer, Kuno (SV Frisia Loga, NS)	1	0	0
Fleischer, Dr. Helmut (SV Hallstadt, BY)	1	0	0
Frank, Thomas (SV Eintracht Hannover, NS)	1	0	0
Gerber, Thomas (TSV Sachsen Hermsdorf-Bernsdorf, SAX)	1	0	0
Gorniak, Thomas (ATSV Sebaldsbrück, HB)	1	0	0
Hammer, René (VfB 09 Pößneck, TH)	1	0	0
Helwig, Tobias (SV Eintracht Lüneburg, NS)	1	0	0
Ittrich, Patrick (MSV Hamburg, HH)	1	1	0
Kinhöfer, Thorsten (SC Constantin Herne-Mark, WEF)	1	0	0
Kuhl, Markus (SC Widdig, MIR)	1	0	0
Meyer, Florian (RSV Braunschweig, NS)	1	0	0
Schempershauwe, Stefan (BV Germania Wolfenbüttel)	1	0	0
Stachowiak, André (MTV Union Hamborn, NIR)	1	0	0
Steinhaus, Bibiana (SV Bad Lauterberg, NS)	1	0	0
Steuer, Florian (BSV Lendringsen, WEF)	1	0	0
Weiner, Michael (TSV Ottenstein, NS)	1	0	0
Willenborg, Frank (SV Gehlenberg-Neuvrees, NS)	1	0	0
	306	24	40

Die Spieler mit den meisten Einsätzen in der Regionalliga:

Pl.	Spieler (Mannschaft/en)	Spiele
1.	**Joswig, Michael** (SC Paderborn, SC Verl, SG Wattenscheid 09)	329
2.	**Enochs, Joseph** (FC St. Pauli II, VfL Osnabrück)	325
3.	**Theres, Sascha** (FC 08 Homburg, SV Wacker Burghausen, VfR Aalen, TSG Hoffenheim, SV Darmstadt 98)	315
4.	**Fütterer, Danny** (SV Werder Bremen II)	311
5.	**Milde, Tino** (Wattenscheid 09 II, Oberhausen, SC Verl, Münster)	309
6.	**Hebestreit, Ronny** (FC Bayern München II, FC Rot-Weiß Erfurt)	304
7.	**Gockel, Carsten** (Sportfreunde Siegen, SC Verl, Preußen Münster)	298
8.	**Schütte, Wolfgang** (VfL Herzlake, VfL Osnabrück)	297
9.	**Hoffmeister, Sven** (Hessen Kassel, SC Neukirchen, SV Wehen, FSV Mainz 05 II, Kickers Emden, Reutlingen 05, SV Sandhausen)	292
	Yildirim, Ramazan (TuS Celle FC, SF Ricklingen, VfB Lübeck, SSV Jahn Regensburg, RW Essen, Eintracht Braunschweig)	292
11.	**Schierenbeck, Björn** (SV Werder Bremen II)	291
12.	**Mrugalla, Markus** (SC Paderborn 07, SC Verl)	288
13.	**Nadj, Tibor** (Hamburger SV II, 1. SC Norderstedt, SC Paderborn, SC Fortuna Köln, Eintracht Braunschweig, Holstein Kiel)	284
14.	**Schiersand, Lars** (VfL Osnabrück, Holstein Kiel)	284
15.	**Lau, Hendryk** (Herzlake, SV Babelsberg 03, Dresdner SCF 98)	281
16.	**Rogosic, Neno** (VfR Aalen, SC Pfullendorf)	280
17.	**Thier, Cesar-Luis** (Holstein Kiel, Bor. Fulda, Offenbacher Kickers)	279
18.	**Maier, Sascha** (SSV Reutlingen 05, VfR Mannheim, SV Wacker Burghausen, SV Darmstadt 98, TSG Hoffenheim, SC Pfullendorf, SVgg Elversberg)	277
19.	**Teichmann, Sven** (TuS Celle FC, SV Eintracht Trier 05, SSV Jahn Regensburg, Chemnitzer FC)	276
20.	**Tomoski, Borislav** (Erzgeb. Aue, RW Essen, Paderborn, Chemnitz)	275
21.	**Küsters, Stefan** (FC Remscheid, SC Preußen 06 Münster)	274
22.	**Ollhoff, Thomas** (Karlsruher SC II, TSV München 1860 II, VfR Aalen, TSG Hoffenheim, SV Darmstadt 98, VfB Lübeck)	273
	Saba, Christian (FC Bayern München II)	273
24.	**Kallnik, Mario** (Berliner FC Dynamo, 1. FC Magdeburg)	268
25.	**Stuckmann, Michael** (SG Wattenscheid 09, Wuppertaler SVB)	266
26.	**Siedschlag, Stefan** (HSV II, Lübeck, Norderstedt, SC Verl, Emden)	264
27.	**Rose, Matthias** (TuS Hoisdorf, Hamburger SV II, VfL Osnabrück, Holstein Kiel, Preußen Münster)	263
28.	**Okic, Branko** (FC Rot-Weiß Erfurt, VfR Aalen)	262
29.	**Schultz, Timo** (Werder II, VfB Lübeck, Holstein Kiel, FC St. Pauli)	259
	Zedi, Rudolf (Düsseldorf, Chemnitz, Erfurt, VfR Aalen, Emden)	259
31.	**Brunn, Uwe** (VfL Osnabrück)	258
32.	**Hermanutz, Ralf** (SC Pfullendorf)	257
33.	**Wojcik, Sebastian** (Werder Bremen II, SV Wilhelmshaven, Rot-Weiß Essen, Holstein Kiel, FC St. Pauli, Hessen Kassel)	255
34.	**Böcker, Dirk** (LR Ahlen, Carl Zeiss Jena, Pr. Münster, Düsseldorf)	254
	Maaß, Stephan (SC Paderborn 07, KFC Uerdingen 05)	254
36.	**Barlecaj, Marco** (Ditzingen, Burghausen, 1860 II, SC Pfullendorf)	252
37.	**Gfreiter, Harald** (Burghausen, VfR Mannheim, Jahn Regensburg)	251
38.	**Schmidt, Roger** (TuS Paderborn-Neuhaus, SC Verl)	248
	Thömmes, Rudolf (FSV Salmrohr, SV Eintracht Trier 05)	248
40.	**Rapp, Marcel** (Karlsruher SC II, FC Carl Zeiss Jena, SC Pfullendorf, Stuttgarter Kickers)	247
41.	**Knackmuß, Markus** (SC Pfullendorf, SSV Jahn Regensburg, FC Augsburg, Dynamo Dresden)	246
42.	**Cast, Joachim** (Ditzingen, SSV Reutlingen, Stuttgarter Kickers)	245
43.	**Bonan, Heiko** (Gütersloh, LR Ahlen, Wilhelmshaven, RW Essen)	244
	Gatti, Martino (TeBe Berlin, Homburg, BFC Dynamo, Babelsberg)	244
	Karp, Holger (Osnabrück, LR Ahlen, RW Essen, Braunschweig)	244
	Traub, Torsten (Reutlingen, RW Erfurt, FC Augsburg, VfR Aalen)	244
47.	**Benda, Sascha** (KSC, VfR Mannheim, Augsburg, Stuttg. Kickers)	243
48.	**Bettenstaedt, Til** (SpVgg Erkenschwick, SC Verl, SF Siegen)	242
49.	**Tutas, Torben** (Lüneburger SK, Rot-Weiss Essen, Holstein Kiel)	240
50.	**Achilles, Kai** (Werder Bremen II, Kickers Emden, VfB Lübeck)	239
	Jank, Ronny (Union Berlin, Zwickau, Aue, Osnabrück, VfR Aalen)	239

Die Spieler mit den meisten Toren in der Regionalliga:

Pl.	Spieler (Mannschaft/en)	Tore
1.	**Bärwolf, Daniel** (FC Rot-Weiß Erfurt, VfB Lübeck)	104
2.	**Barlecaj, Marco** (Ditzingen, Burghausen, 1860 II, SC Pfullendorf)	103
3.	**Gerov, Vesselin** (LR Ahlen, SC Paderborn 07)	97
	Hebestreit, Ronny (FC Bayern München II, FC Rot-Weiß Erfurt)	97
5.	**Milde, Tino** (Wattenscheid 09 II, Oberhausen, SC Verl, Münster)	96
6.	**Teixeira, Daniel** (Uerdingen, Union Berlin, Braunschweig, Kiel)	95
7.	**Rogosic, Neno** (VfR Aalen, SC Pfullendorf)	94
8.	**Lau, Hendryk** (VfL Herzlake, SV Babelsberg, Dresdner SCF 98)	91
9.	**Czakon, Marek** (Union Berlin, Eintracht Trier, SVgg Elversberg)	90
	Maier, Sascha (SSV Reutlingen 05, VfR Mannheim, SV Wacker Burghausen, SV Darmstadt 98, TSG Hoffenheim, SC Pfullendorf, SVgg Elversberg)	90
11.	**Bettenstaedt, Til** (SpVgg Erkenschwick, SC Verl, SF Siegen)	88
12.	**Feinbier, Marcus** (Aachen, Wattenscheid, Düsseldorf, Elversberg)	86
13.	**Weber, Achim** (Wuppertaler SV, RW Oberhausen, RW Essen)	84
14.	**Wiedemann, Rainer** (FSV Lok Altmark Stendal)	82
15.	**Bester, Marinus** (SC Concordia, VfL HH 93, Lüneburg, HSV II)	81
	Djappa, Olivier (Borussia Fulda, SSV Reutlingen, Unterhaching)	81
17.	**Cengiz, Hakan** (SV Atlas Delmenhorst, VfL Herzlake, SV Waldhof 07 Mannheim, BSV Kickers Emden, SV Wilhelmshaven)	78
	Claaßen, Christian (SV Wilhelmshaven, VfL Osnabrück)	78
19.	**Römer, Mark** (TSF Ditzingen, Karlsruher SC II, Karlsruher SC, SC Pfullendorf, FC Augsburg, FC Ingolstadt 04)	76
	Trkulja, Dragan (SSV Ulm 1846)	76
21.	**Saglik, Mahir** (Paderborn, Dortmund II, Saarbrücken, Wuppertal)	75
22.	**Coulibaly, Miguel Baba** (SSV Ulm 1846, FC Augsburg, VfR Aalen)	74
23.	**Lakies, Carsten** (Darmstadt, Bayern, Waldhof 07, VfR Mannheim)	72
	Milovanovic, Vladan (TuS Celle, Hannover 96, Braunschweig)	72
	Ollhoff, Thomas (KSC II, 1860 II, Aalen, Hoffenheim, Darmstadt)	72
26.	**Dobry, Pavel** (Magdeburg, Paderborn, Holstein Kiel, Dyn. Dresen)	71
	Guscinas, Dmitrijus (SC Paderborn 07, SF Ricklingen, Holstein Kiel, VfB Stuttgart II, TuS Koblenz)	71
28.	**Antwerpen, Marco** (Preußen Münster, RW Essen, Fortuna Köln)	70
29.	**Isa, Harun** (Hertha BSC II, TeBe, Aue, Union Berlin, Osnabrück)	69
	Wojcik, Sebastian (Werder Bremen II, SV Wilhelmshaven, Rot-Weiss Essen, Holstein Kiel, FC St. Pauli, Hessen Kassel)	69
31.	**Kovacec, Kreso** (SC Concordia Hamburg, Hannover 96, Tennis Borussia Berlin, FC Augsburg, SVgg 07 Elversberg)	68
	Popovic, Veselin (FSV Zwickau, Dynamo Dresden, FC Erzgebirge Aue, 1. FC Schweinfurt 05, SV Wehen, SF Siegen)	68
33.	**Würll, Patrick** (FC Bayern München II, Offenbacher Kickers, Holstein Kiel, Dynamo Dresden)	67
34.	**Raschke, Ulf** (SC Verl, LR Ahlen, SC Rot-Weiss Essen)	66
	Zibert, Branko (1. FC Saarbrücken, SVgg 07 Elversberg)	66
36.	**Demir, Ersin** (Leverkusen II, Chemnitz, Augsburg, Ingolstadt)	65
	Erdmann, Markus (SV Arminia Hannover)	65
38.	**Gockel, Carsten** (SF Siegen, SC Verl, Preußen Münster)	64
39.	**Choji, Sambo** (1. FC Saarbrücken)	63
	Karp, Holger (VfL Osnabrück, LR Ahlen, SC Rot-Weiss Essen)	63
41.	**Iyodo, Abdul** (Wattenscheid 09, Schalke II, SVgg 07 Elversberg)	62
	Nagorny, Vitus (Karlsruher SC, 1. FC Schweinfurt 05, FC Augsburg, SV Wehen, Eintracht Trier, Elversberg, Bayern München II)	62
	Papic, Vlado (FC Gütersloh, Eintracht Trier, 1. FC Magdeburg, SSV Jahn Regensburg, FC Augsburg)	62
	Reichenberger, Thomas (KFC Uerdingen 05, VfL Osnabrück)	62
45.	**Blessin, Alexander** (TSF Ditzingen, VfB Stuttgart II, SV Wacker Burghausen, SC Pfullendorf, TSG Hoffenheim, SF Siegen)	61
	Copado, Francisco (Hamburger SV II, Tennis Borussia Berlin, SpVgg Unterhaching, TSG Hoffenheim)	61
	Golowan, Oleg (Sachsen Leipzig, SF Siegen, SV Wilhelmshaven)	61
48.	**Milde, Rocco** (Dynamo Dresden, FSV Zwickau, Dresdner SCF 98)	60
	Podszus, Marcel (Remscheid, Leverkusen II, Chemnitz, Düsseldorf)	60
	Przondziono, Martin (Quelle Fürth, Osnabrück, Münster, Lübeck)	60
	Thioune, Daniel (VfL Osnabrück, Rot-Weiss Ahlen)	60
	Türr, Frank (SpVgg Greuther Fürth)	60
53.	**Löbe, Alexander** (Wattenscheid 09, SC Paderborn 07, RW Essen)	59

Ewige Tabelle Regionalliga 1994 – 2008

			Gesamtbilanz								Heimbilanz							Auswärtsbilanz						
			J	Sp	S	U	N	Tore	TD	Pkt	Sp	S	U	N	Tore	TD	Pkt	Sp	S	U	N	Tore	TD	Pkt
1.	N	SV Werder Bremen II	14	486	205	114	167	804-657	+147	729	243	112	65	66	407-296	+111	401	243	93	49	101	397-361	+36	328
2.	N	VfL Osnabrück	11	380	193	109	78	660-395	+265	688	190	117	48	25	371-168	+203	399	190	76	61	53	289-227	+62	289
3.	N	Eintracht Braunschweig	11	380	197	96	87	677-397	+280	687	190	121	41	28	410-184	+226	404	190	76	55	59	267-213	+54	283
4.	NO	FC Rot-Weiß Erfurt	13	450	186	124	140	650-534	+116	682	225	122	58	45	376-209	+167	424	225	64	66	95	274-325	-51	258
5.	S	FC Bayern München II	14	476	182	134	160	699-622	+77	680	238	109	67	62	392-281	+111	394	238	73	67	98	307-341	-34	286
6.	N	VfB Lübeck	10	350	181	72	97	629-417	+212	615	175	120	20	35	365-168	+197	380	175	61	52	62	264-249	+15	235
7.	NO	1. FC Union Berlin	10	348	170	85	93	560-343	+217	595	174	97	41	36	316-165	+151	332	174	73	44	57	244-178	+66	263
8.	W	Rot-Weiss Essen	10	350	166	87	97	563-413	+150	584	175	100	40	35	313-179	+134	340	175	66	47	62	250-234	+16	245
9.	W	SC Preußen 06 Münster	12	416	154	115	147	614-588	+26	577	208	94	52	62	345-284	+61	334	208	60	63	85	269-304	-35	243
10.	W	Wuppertaler SV (Borussia)	10	348	155	85	108	533-463	+70	550	174	93	46	35	311-192	+119	325	174	62	39	73	222-271	-49	225
11.	S	SV Wehen Taunusstein	11	374	149	95	130	547-540	+7	542	187	95	46	46	336-244	+92	331	187	54	49	84	211-296	-85	211
12.	N	Hamburger SV II	12	416	145	97	174	555-629	-74	532	208	80	57	71	279-262	+17	297	208	65	40	103	276-367	-91	235
13.	WS	Sportfreunde Siegen	10	342	144	89	109	512-418	+94	521	171	89	42	40	291-174	+117	309	171	55	47	69	221-244	-23	212
14.	W	SC Paderborn/TuS PB-Neuhaus	10	344	141	97	106	556-458	+98	520	172	89	46	37	330-192	+138	313	172	52	51	69	226-266	-40	207
15.	NO	FC Erzgebirge Aue	9	308	143	75	90	461-361	+100	504	154	91	36	27	285-149	+136	309	154	52	39	63	176-212	-36	195
16.	S	FC Augsburg	10	340	138	87	115	519-438	+81	501	170	81	44	45	287-194	+93	287	170	57	43	70	232-244	-12	214
17.	NO	SG (1. FC) Dynamo Dresden	9	310	138	85	87	434-322	+112	499	155	90	35	30	252-133	+119	305	155	48	50	57	182-189	-7	194
18.	S	SV Darmstadt 98	11	374	126	100	148	524-562	-38	478	187	75	57	55	285-230	+55	282	187	51	43	93	239-332	-93	196
19.	S	SV Stuttgarter Kickers	9	308	127	93	88	490-366	+124	474	154	79	44	31	285-162	+123	281	154	48	49	57	205-204	+1	193
20.	W	SC Verl	10	346	128	88	130	526-525	+1	472	173	77	40	56	295-241	+54	271	173	51	48	74	231-284	-53	201
21.	SW	SVgg 07 Elversberg	11	376	120	103	153	449-562	-113	463	188	74	57	57	259-230	+29	279	188	46	46	96	190-332	-142	184
22.	N	Holstein Kiel	10	346	123	91	132	486-516	-30	460	173	79	49	45	297-219	+78	286	173	44	42	87	189-297	-108	174
23.	SW	SV Eintracht Trier 05	9	308	123	89	96	441-397	+44	458	154	77	40	37	250-171	+79	271	154	46	49	59	191-226	-35	187
24.	SW	1. FC Saarbrücken	8	276	127	76	73	468-321	+147	453	138	83	34	21	287-138	+149	283	138	44	42	52	181-183	-2	174
25.	S	VfR Aalen	9	308	124	81	103	471-452	+19	452	154	73	43	38	270-199	+71	262	154	51	38	65	201-253	-52	191
26.	S	SSV Reutlingen 05	8	270	122	78	70	447-306	+141	444	135	78	31	26	253-120	+133	265	135	44	47	44	194-186	+8	179
27.	S	VfB Stuttgart II	9	306	121	80	105	453-390	+63	443	153	76	34	43	245-169	+76	262	153	45	46	62	208-221	-13	181
28.	S	SV Wacker Burghausen	8	270	111	89	70	395-301	+94	422	135	71	40	24	228-116	+112	253	135	40	49	46	167-185	-18	169
29.	S	Offenbacher FC Kickers	8	272	113	76	83	400-336	+64	415	136	60	40	36	218-150	+68	220	136	53	36	47	182-186	-4	195
30.	N	BSV Kickers Emden	8	278	107	74	97	398-395	+3	395	139	75	34	30	235-151	+84	259	139	32	40	67	163-244	-81	136
31.	NO	Chemnitzer FC	8	276	111	58	107	372-335	+37	391	138	74	27	37	224-133	+91	249	138	37	31	70	148-202	-54	142
32.	S	VfR Mannheim	8	270	102	84	84	420-385	+35	390	135	71	41	23	243-150	+93	254	135	31	43	61	177-235	-58	136
33.	NO	FC Sachsen Leipzig	8	274	102	78	94	397-352	+45	384	137	69	35	33	237-140	+97	242	137	33	43	61	160-212	-52	142
34.	S	SC Pfullendorf	9	308	105	69	134	377-416	-39	384	154	67	39	48	211-172	+39	240	154	38	30	86	166-244	-78	144
35.	W	SG Wattenscheid 09	7	244	107	60	77	446-368	+78	381	122	56	30	36	221-180	+41	198	122	51	30	41	225-188	+37	183
36.	N	SV Wilhelmshaven	8	276	98	69	109	395-419	-24	363	138	62	39	37	229-185	+44	225	138	36	30	72	166-234	-68	138
37.	W	Fortuna Düsseldorf	7	250	96	66	88	342-309	+33	354	125	60	30	35	201-138	+63	210	125	36	36	53	141-171	-30	144
38.	W	LR/Rot-Weiss Ahlen	6	208	96	59	53	381-256	+125	347	104	55	28	21	209-117	+92	193	104	41	31	32	172-139	+33	154
39.	W	Borussia Dortmund II	8	280	87	81	112	358-398	-40	342	140	49	41	50	173-167	+6	188	140	38	40	62	185-231	-46	154
40.	SW	1. FC Kaiserslautern II	9	310	84	85	141	391-512	-121	337	155	48	48	59	203-221	-18	192	155	36	37	82	188-291	-103	145
41.	S	TSV München 1860 II	8	270	84	83	103	369-381	-12	335	135	54	42	39	199-157	+42	204	135	30	41	64	170-224	-54	131
42.	S	TSG 1899 Hoffenheim	6	206	92	47	67	333-265	+68	323	103	55	27	21	197-117	+80	192	103	37	20	46	136-148	-12	131
43.	NO	Tennis Borussia Berlin	5	172	95	36	41	320-172	+148	321	86	53	17	16	183-79	+104	176	86	42	19	25	137-93	+44	145
44.	NO	1. FC Magdeburg	6	208	82	60	66	324-276	+48	306	104	46	34	24	185-122	+63	172	104	36	26	42	139-154	-15	134
45.	S	SSV Jahn 2000 Regensburg	6	206	85	46	75	304-269	+35	301	103	52	21	30	181-124	+57	177	103	33	25	45	123-145	-22	124
46.	W	SC Rot-Weiß Oberhausen	5	176	83	46	47	264-171	+93	295	88	46	22	20	138-81	+57	160	88	37	24	27	126-90	+36	135
47.	W	KFC Uerdingen 05	6	210	80	49	81	283-304	-21	289	105	47	24	34	153-134	+19	165	105	33	25	47	130-170	-40	124
48.	S	Karlsruher SC II	7	236	74	66	96	304-352	-48	288	118	50	40	28	172-131	+41	190	118	24	26	68	132-221	-89	98
49.	NO	FC Carl Zeiss Jena	5	172	81	41	50	260-179	+81	284	86	45	23	18	144-71	+73	158	86	36	18	32	116-108	+8	126
50.	N	TuS Celle FC / FC Celle	6	204	77	50	77	307-334	-27	281	102	44	24	34	172-154	+18	156	102	33	26	43	135-180	-45	125
51.	W	TSV Alemannia Aachen	5	170	77	40	53	289-235	+54	271	85	49	20	16	174-100	+74	167	85	28	20	37	115-135	-20	104
52.	NO	SV Babelsberg 03	6	208	69	58	81	270-307	-37	265	104	39	29	36	147-141	+6	146	104	30	29	45	123-166	-43	119
53.	S	TSF Ditzingen	6	202	69	51	82	308-338	-30	258	101	45	25	31	179-139	+40	160	101	24	26	51	129-199	-70	98
54.	N	Lüneburger SK	6	206	68	53	85	294-313	-19	257	103	47	23	33	167-125	+42	164	103	21	30	52	127-188	-61	93
55.	NO	Eisenhüttenstädter FC STAHL	6	204	65	57	82	290-351	-61	252	102	44	27	31	172-144	+28	159	102	21	30	51	118-207	-89	93
56.	W	Bayer 04 Leverkusen II	6	208	65	52	91	298-339	-41	247	104	38	29	37	165-151	+14	143	104	27	23	54	133-188	-55	104
57.	N	VfB Oldenburg	5	170	68	42	60	261-264	-3	244	85	35	28	22	143-109	+34	133	85	33	14	38	118-155	-37	113
58.	NO	FSV Lok Altmark Stendal	6	204	66	46	92	226-311	-85	244	102	46	25	31	138-115	+23	163	102	20	21	61	88-196	-108	81
59.	S	SSV Ulm 1846	4	134	70	29	35	259-171	+88	239	67	43	15	9	166-71	+95	144	67	27	14	26	93-100	-7	95
60.	S	1. FC Schweinfurt 05	5	172	66	41	65	265-253	+12	239	86	40	23	23	151-102	+49	143	86	26	18	42	114-151	-37	96
61.	NO	Hertha BSC Berlin II	6	210	64	45	101	270-342	-72	237	105	38	25	42	146-143	+3	139	105	26	20	59	124-199	-75	98
62.	NO	Berliner FC Dynamo/FC Berlin	6	204	59	54	91	268-329	-61	231	102	39	24	39	148-145	+3	141	102	20	30	52	120-184	-64	90
63.	SW	FSV Salmrohr	6	206	61	41	104	229-351	-122	224	103	34	22	47	131-163	-32	124	103	27	19	57	98-188	-90	100
64.	N	FC St. Pauli	4	142	59	43	40	192-149	+43	220	71	39	26	6	115-57	+58	143	71	20	17	34	77-92	-15	77
65.	N	VfL (Hasetal) Herzlake	5	170	54	46	70	230-295	-65	208	85	35	24	26	135-137	-2	129	85	19	22	44	95-158	-63	79
66.	SW	FC 08 Homburg	4	136	57	36	43	215-171	+44	207	68	32	22	14	114-64	+50	118	68	25	14	29	101-107	-6	89
67.	NO	Dresdner SC Fußball 98	5	172	55	41	76	207-240	-33	206	86	35	21	30	126-104	+22	126	86	20	20	46	81-136	-55	80
68.	S	SpVgg Unterhaching	3	104	61	22	21	211-110	+101	205	52	38	13	1	139-46	+93	127	52	23	9	20	72-64	+8	78
69.	NO	FC Energie Cottbus	3	102	58	29	15	201-80	+121	203	51	30	11	10	103-30	+73	101	51	28	18	5	98-50	+48	102
70.	N	1. SC Norderstedt	5	170	54	41	75	226-266	-40	203	85	37	17	31	125-112	+13	128	85	17	24	44	101-154	-53	75
71.	S	FC/KSV Hessen Kassel	5	170	52	47	71	233-299	-66	203	85	29	27	29	135-135	0	114	85	23	20	42	98-164	-66	89
72.	S	SC Borussia 04 Fulda	5	168	52	44	72	218-276	-58	200	84	35	17	32	119-115	+4	122	84	17	27	40	99-161	-62	78
73.	S	SpVgg (Greuther) Fürth	3	102	57	22	23	203-125	+78	193	51	32	9	10	109-56	+53	105	51	25	13	13	94-69	+25	88
74.	NO	Vogtländischer FC Plauen	4	136	48	42	46	194-194	0	186	68	32	20	16	111-78	+33	116	68	16	22	30	83-116	-33	70
75.	W	SpVgg Erkenschwick	5	170	43	53	74	205-288	-83	182	85	27	24	34	120-140	-20	105	85	16	29	40	85-148	-63	77
76.	N	Hannover 96	2	68	54	10	4	225-54	+171	172	34	29	4	1	139-26	+113	91	34	25	6	3	86-28	+58	81
77.	NO	Spandauer SV	5	170	44	37	89	191-319	-128	169	85	30	20	35	111-124	-13	110	85	14	17	54	80-195	-115	59
78.	NO	Reinickendorfer Füchse	4	136	42	35	59	148-180	-32	161	68	17	22	29	71-89	-18	73	68	25	13	30	77-91	-14	88
79.	W	1. FC Köln II	4	140	40	38	62	202-247	-45	158	70	22	24	24	106-101	+5	90	70	18	14	38	96-146	-50	68

Ewige Tabelle Regionalliga 1994 – 2008

		Gesamtbilanz								Heimbilanz							Auswärtsbilanz						
		J	Sp	S	U	N	Tore	TD	Pkt	Sp	S	U	N	Tore	TD	Pkt	Sp	S	U	N	Tore	TD	Pkt
80. S	FSV Frankfurt	4	136	41	34	61	179-215	-36	157	68	23	20	25	93-90	+3	89	68	18	14	36	86-125	-39	68
81. S	SC Neukirchen	4	134	39	34	61	176-230	-54	151	67	28	17	22	107-105	+2	101	67	11	17	39	69-125	-56	50
82. N	SV Arminia Hannover	3	102	38	26	38	155-138	+17	140	51	18	16	17	82-66	+16	70	51	20	10	21	73-72	+1	70
83. NO	FC Hertha 03 Zehlendorf	4	136	31	46	59	138-216	-78	139	68	15	28	25	70-98	-28	73	68	16	18	34	68-118	-50	66
84. N	BV Cloppenburg	3	102	37	25	40	170-172	-2	136	51	22	12	17	100-83	+17	78	51	15	13	23	70-89	-19	58
85. N	1. SC Göttingen 05	4	136	32	38	66	160-259	-99	134	68	20	16	32	88-108	-20	76	68	12	22	34	72-151	-79	58
86. S	SpVgg 07 Ludwigsburg	3	102	36	24	42	145-172	-27	132	51	17	16	18	74-79	-5	67	51	19	8	24	71-93	-22	65
87. N	SV Eintracht Nordhorn	3	102	36	20	46	159-192	-33	128	51	24	9	18	93-83	+10	81	51	12	11	28	66-109	-43	47
88. NO	VfB Leipzig	2	68	35	14	19	102-64	+38	119	34	21	8	5	57-22	+35	71	34	14	6	14	45-42	+3	48
89. S	SV Waldhof 07 Mannheim	2	66	33	19	14	103-65	+38	118	33	19	8	6	62-33	+29	65	33	14	11	8	41-32	+9	53
90. S	SC Weismain	3	100	28	32	40	137-165	-28	116	50	21	14	15	83-75	+8	77	50	7	18	25	54-90	-36	39
91. N	VfL Hamburg 93	3	102	29	29	44	120-168	-48	116	51	19	14	18	70-80	-10	71	51	10	15	26	50-88	-38	45
92. S	TSV Vestenbergsgreuth	2	68	32	19	17	101-68	+33	115	34	17	11	6	56-28	+28	62	34	15	8	11	45-40	+5	53
93. S	FC Ingolstadt 04	2	68	31	20	17	95-75	+20	113	34	14	11	9	49-40	+9	53	34	17	9	8	46-35	+11	60
94. N	SC Concordia Hamburg	3	102	28	29	45	120-149	-29	113	51	18	18	15	65-54	+11	72	51	10	11	30	55-95	-40	41
95. N	FC St. Pauli II	3	102	28	28	46	123-186	-63	112	51	17	16	18	66-75	-9	67	51	11	12	28	57-111	-54	45
96. S	SG Egelsbach	3	102	29	23	50	129-187	-58	110	51	18	10	23	71-87	-16	64	51	11	13	27	58-100	-42	46
97. SW	TuS Koblenz	2	68	28	25	15	98-69	+29	109	34	15	13	6	50-31	+19	58	34	13	12	9	48-38	+10	51
98. N	SV Lurup Hamburg	3	102	27	28	47	130-171	-41	109	51	16	12	23	69-86	-17	60	51	11	16	24	61-85	-24	49
99. SW	SC Hauenstein	3	104	22	41	41	123-163	-40	107	52	16	21	15	74-70	+4	69	52	6	20	26	49-93	-44	38
100.W	1. FC Bocholt	3	104	27	26	51	117-181	-64	107	52	19	13	20	69-84	-15	70	52	8	13	31	48-97	-49	37
101.NO	FSV Wacker 90 Nordhausen	3	102	24	33	45	108-157	-49	105	51	18	15	18	68-66	+2	69	51	6	18	27	40-91	-51	36
102.W	Bonner SC	3	104	25	27	52	112-197	-85	102	52	18	15	19	68-86	-18	69	52	7	12	33	44-111	-67	33
103.N	Sportfreunde Ricklingen	3	102	26	20	56	109-189	-80	98	51	17	8	26	69-85	-16	59	51	9	12	30	40-104	-64	39
104.N	SV Atlas Delmenhorst	3	102	23	26	53	127-194	-67	95	51	16	15	20	77-91	-14	63	51	7	11	33	50-103	-53	32
105.S	SV Sandhausen	2	68	25	16	27	90-97	-7	91	34	17	7	10	54-45	+9	58	34	8	9	17	36-52	-16	33
106.SW	Borussia VfB Neunkirchen	3	106	21	28	57	90-187	-97	91	53	14	15	24	55-77	-22	57	53	7	13	33	35-110	-75	34
107.S	1. SC Feucht	2	68	24	18	26	104-100	+4	90	34	14	5	15	54-52	+2	47	34	10	13	11	50-48	+2	43
108.NO	FSV Zwickau	2	68	25	14	29	87-102	-15	89	34	18	7	9	62-44	+18	61	34	7	7	20	25-58	-33	28
109.W	SC Fortuna Köln	2	70	24	16	30	91-110	-19	88	35	11	8	16	46-52	-6	41	35	13	8	14	45-58	-13	47
110.N	SV Meppen	2	68	23	17	28	99-103	-4	86	34	17	8	9	63-41	+22	59	34	6	9	19	36-62	-26	27
111.W	FC Remscheid	3	100	20	25	55	93-180	-87	85	50	13	13	24	50-77	-27	52	50	7	12	31	43-103	-60	33
112.S	1. FC Nürnberg	1	34	25	5	4	75-26	+49	80	17	15	2	0	45-8	+37	47	17	10	3	4	30-18	+12	33
113.W	FC Gütersloh	1	36	23	8	5	80-36	+44	77	18	14	3	1	42-13	+29	45	18	9	5	4	38-23	+15	32
114.SW	1. FSV Mainz 05 II	2	68	19	18	31	69-94	-25	75	34	14	7	13	41-45	-4	49	34	5	11	18	28-49	-21	26
115.W	DSC Arminia Bielefeld	1	34	20	10	4	65-28	+37	70	17	10	5	2	35-15	+20	35	17	10	5	2	30-13	+17	35
116.W	SG Wattenscheid 09 II	2	70	16	21	33	88-127	-39	69	35	10	10	15	55-64	-9	40	35	6	11	18	33-63	-30	29
117.NO	Bischofswerdaer FV 09	2	68	14	26	28	60-89	-29	68	34	6	14	14	32-44	-12	32	34	8	12	14	28-45	-17	36
118.S	SG Quelle Fürth 1860	2	68	16	20	32	78-138	-60	68	34	13	10	11	49-59	-10	49	34	3	10	21	29-79	-50	19
119.W	FC Germania Teveren	2	68	15	20	33	66-117	-51	65	34	10	9	15	36-52	-16	39	34	5	11	18	30-65	-35	26
120.SW	FK 03 Pirmasens	2	70	17	13	40	69-136	-67	64	35	12	6	17	39-53	-14	42	35	5	7	23	30-83	-53	22
121.S	Eintracht Frankfurt II	2	70	13	23	34	69-125	-56	62	35	8	12	15	34-50	-16	36	35	5	11	19	35-75	-40	26
122.S	Karlsruher SC	1	34	17	10	7	48-25	+23	61	17	11	3	3	29-11	+18	36	17	6	7	4	19-14	+5	25
123.N	FC Bremerhaven	2	68	16	13	39	78-149	-71	61	34	8	7	19	41-70	-29	31	34	8	6	20	37-79	-42	30
124.N	VfL Wolfsburg II	2	72	12	20	40	57-139	-82	55	36	7	12	17	30-55	-25	33	36	5	8	23	27-84	-57	23
125.NO	FSV Optik Rathenow	2	68	11	20	37	56-104	-48	53	34	9	11	14	34-39	-5	38	34	2	9	23	22-65	-43	15
126.NO	FSV Velten 90	2	68	13	11	44	71-182	-111	50	34	9	6	19	47-80	-33	33	34	4	5	25	24-102	-78	17
127.S	SpVgg Bayreuth	1	34	11	13	10	51-54	-3	46	17	7	7	3	29-19	+10	28	17	4	6	7	22-35	-13	18
128.NO	FC Energie Cottbus II	1	36	12	8	16	31-44	-13	44	18	6	5	7	18-20	-2	23	18	6	3	9	13-24	-11	21
129.S	1. FC Eschborn	2	68	9	16	43	62-158	-96	43	34	5	6	23	31-86	-55	21	34	4	10	20	31-72	-41	22
130.W	VfL Bochum II	1	36	11	7	18	57-69	-12	40	18	6	1	11	26-37	-11	19	18	5	6	7	31-32	-1	21
131.S	SV Lohhof	2	68	9	13	46	63-166	-103	40	34	4	8	22	33-78	-45	20	34	5	5	24	30-88	-58	20
132.W	FC Schalke 04 II	1	34	10	8	16	54-70	-16	38	17	4	6	7	23-32	-9	18	17	6	2	9	31-38	-7	20
133.W	Borussia Mönchengladbach II	1	36	9	8	19	45-62	-17	35	18	3	7	8	24-33	-9	16	18	6	1	11	21-29	-8	19
134.NO	VfL Halle 96	1	34	9	8	17	35-65	-30	35	17	5	4	8	22-36	-14	19	17	4	4	9	13-29	-16	16
135.NO	Tennis Borussia Berlin II	1	34	10	4	20	53-70	-17	34	17	5	2	10	27-36	-9	17	17	5	2	10	26-34	-8	17
136.SW	SC 07 Idar-Oberstein	1	36	8	7	21	25-78	-53	31	18	3	6	9	15-34	-19	15	18	5	1	12	10-44	-34	16
137.N	Altonaer FC 93	1	34	7	9	18	33-68	-35	30	17	5	4	8	23-35	-12	19	17	2	5	10	10-33	-23	11
138.W	DSC Arminia Bielefeld II	1	36	7	8	21	50-83	-33	29	18	5	4	9	34-38	-4	19	18	2	4	12	16-45	-29	10
139.W	SC Brück Preussen Köln	1	34	7	8	19	45-78	-33	29	17	4	5	8	24-33	-9	17	17	3	3	11	21-45	-24	12
140.S	SpVgg Ansbach 09	1	34	7	7	20	27-66	-39	28	17	4	3	10	12-25	-13	15	17	3	4	10	15-41	-26	13
141.NO	BSV Brandenburg	1	34	8	1	25	34-82	-48	25	17	7	1	9	24-31	-7	22	17	1	0	16	10-51	-41	3
142.N	VfR Neumünster	1	34	4	11	19	32-65	-33	23	17	2	5	10	16-30	-14	11	17	2	6	9	16-35	-19	12
143.W	SV Edenkoben	1	34	4	10	20	32-67	-35	22	17	2	5	10	15-31	-16	11	17	2	5	10	17-36	-19	11
144.NO	SD Croatia Berlin	1	34	6	3	25	20-61	-41	21	17	5	2	10	9-21	-12	17	17	1	1	15	11-40	-29	4
145.NO	Berlin Türkiyemspor 1978	1	34	5	6	23	26-83	-57	21	17	2	4	11	14-36	-22	10	17	3	2	12	12-47	-35	11
146.NO	FC Hansa Rostock II	1	34	5	5	24	34-77	-43	20	17	3	4	10	17-31	-14	13	17	2	1	14	17-46	-29	7
147.SW	VfB Wissen	1	34	4	7	23	31-73	-42	19	17	4	5	8	18-25	-7	17	17	0	2	15	13-48	-35	2
148.S	VfL Kirchheim/Teck	1	32	3	9	20	31-69	-38	18	16	3	5	8	21-28	-7	14	16	0	4	12	10-41	-31	4
149.NO	SC Charlottenburg Berlin	1	34	3	8	23	29-74	-45	17	17	3	5	9	15-29	-14	14	17	0	3	14	14-45	-31	3
150.S	FC Nöttingen	1	34	3	7	24	29-83	-54	16	17	2	4	11	18-42	-24	10	17	1	3	13	11-41	-30	6
151.S	SG Rot-Weiss Frankfurt	1	34	4	4	26	39-102	-63	16	17	4	3	10	23-38	-15	15	17	0	1	16	16-64	-48	1
152.N	TuS Hoisdorf	1	34	4	3	27	26-83	-57	15	17	4	1	12	18-40	-22	13	17	0	2	15	8-43	-35	2
153.SW	FSV Ludwigshafen-Oggersheim	1	34	2	6	26	17-74	-57	12	17	1	4	12	9-34	-25	7	17	1	2	14	8-40	-32	5

- Folgenden Mannschaften wurden Punkte abgezogen: 2002/03 dem 1. FC Saarbrücken (RL Süd) vier Punkte und dem VfR Aalen (RL Süd) ein Punkt; 2001/02 Rot-Weiss Essen (RL Nord) ein Punkt; 1999/00 dem VfB Oldenburg (RL Nord) zwei Punkte; 2004/05 dem VfL Wolfsburg Am. (RL Nord) ein Punkt.
- In der Saison 1997/98 zog FC Hessen Kassel (RL Süd) und in der Saison 1999/00 FC Gütersloh (RL West/Südwest) die Mannschaft während der Saison zurück.
- 1996 benannte sich die SpVgg Fürth nach dem Beitritt der Mannschaft des TSV Vestenbergsgreuth um in SpVgg Greuther Fürth; in der Saison 1995/96 spielte der TuS Celle FC unter dem Namen FC Celle; 1997 benannte sich der TuS Paderborn-Neuhaus um in SC Paderborn 07; 1999 benannte sich der FC Berlin um in Berliner FC Dynamo.

Das Zahlen-Mosaik der Regionalliga:

Saison	Spiele	HS	U	AS	Heim	+	Auswärts	=	gesamt	Schnitt	Eigentore	Gelb-Rot	Rot	gesamt	Schnitt
N 1994/95	306	133	88	85	484	+	379	=	863	2,82	10	80	50	492.629	1.610
NO 1994/95	306	124	86	96	517	+	393	=	910	2,97	11	83	38	399.545	1.306
W 1994/95	306	135	94	77	516	+	386	=	902	2,95	20	99	55	810.054	2.647
S 1994/95	306	143	67	96	551	+	409	=	960	3,14	21	121	46	427.576	1.397
N 1995/96	306	141	88	77	476	+	362	=	838	2,74	10	63	54	438.798	1.434
NO 1995/96	306	129	80	97	449	+	334	=	783	2,56	9	60	29	418.277	1.367
W 1995/96	342	157	94	91	567	+	416	=	983	2,87	14	99	67	764.243	2.235
S 1995/96	306	129	89	88	505	+	405	=	910	2,97	12	124	37	353.617	1.156
N 1996/97	306	142	77	87	523	+	363	=	886	2,90	13	94	50	587.484	1.920
NO 1996/97	306	130	84	92	487	+	375	=	862	2,82	15	66	26	537.450	1.756
W 1996/97	306	129	90	87	456	+	389	=	845	2,76	7	89	72	520.103	1.700
S 1996/97	306	156	70	80	571	+	389	=	960	3,14	10	110	48	779.612	2.548
N 1997/98	306	134	67	105	573	+	470	=	1.043	3,41	64	71	54	680.620	2.224
NO 1997/98	306	159	68	79	540	+	363	=	903	2,95	13	97	47	495.911	1.621
W 1997/98	306	144	77	85	552	+	388	=	940	3,07	11	76	49	647.364	2.116
S 1997/98	292	137	80	75	489	+	349	=	838	2,87	11	91	42	693.500	2.375
N 1998/99	306	154	66	86	550	+	400	=	950	3,10	11	89	60	642.357	2.099
NO 1998/99	306	150	76	80	467	+	315	=	782	2,56	9	90	51	648.133	2.118
W 1998/99	272	120	70	82	458	+	365	=	823	3,03	22	58	53	569.593	2.094
S 1998/99	306	140	83	83	497	+	373	=	870	2,84	15	81	42	568.494	1.858
N 1999/00	306	136	66	104	551	+	450	=	1.001	3,27	17	105	52	710.524	2.322
NO 1999/00	306	149	70	87	489	+	353	=	842	2,75	20	77	33	750.788	2.454
W 1999/00	365	163	92	110	582	+	440	=	1.022	2,80	12	85	56	922.194	2.527
S 1999/00	306	138	86	82	535	+	400	=	935	3,06	16	70	35	365.281	1.194
N 2000/01	342	157	84	101	545	+	425	=	970	2,84	23	57	54	1.108.917	3.242
S 2000/01	306	135	86	85	482	+	359	=	841	2,75	9	70	26	932.249	3.047
N 2001/02	306	148	73	85	520	+	387	=	907	2,96	11	57	38	1.152.064	3.765
S 2001/02	306	132	84	90	473	+	357	=	830	2,71	10	59	28	717.193	2.344
N 2002/03	306	127	77	102	480	+	429	=	909	2,97	14	54	35	936.297	3.060
S 2002/03	342	166	92	84	547	+	365	=	912	2,67	17	56	38	803.856	2.350
N 2003/04	306	133	78	95	463	+	387	=	850	2,78	15	44	38	1.472.089	4.811
S 2003/04	306	145	85	76	519	+	398	=	917	3,00	13	39	28	670.371	2.191
N 2004/05	342	154	94	94	543	+	417	=	960	2,81	14	57	40	1.547.950	4.526
S 2004/05	306	131	73	102	461	+	382	=	843	2,75	11	34	26	711.904	2.326
N 2005/06	342	167	76	99	528	+	416	=	944	2,76	18	51	40	1.577.563	4.613
S 2005/06	306	139	80	87	442	+	359	=	801	2,62	11	33	23	563.263	1.841
N 2006/07	342	161	88	93	520	+	392	=	912	2,67	16	44	41	1.823.720	5.333
S 2006/07	306	127	92	87	453	+	374	=	827	2,70	9	42	25	685.182	2.239
N 2007/08	342	147	84	112	483	+	395	=	878	2,56	14	51	39	1.863.662	5.449
S 2007/08	306	126	89	91	429	+	353	=	782	2,55	9	40	24	775.651	2.535
Gesamt	12.503	5.667	3.243	3.594	20.273	+	15.461	=	35.734	2,85	587	2.866	1.689	31.566.078	2.525

Die Torschützenkönige der Regionalliga:

Saison	Spieler (Mannschaft)	Tore
N 1994/95	Claaßen, Christian (SV Wilhelmshaven)	26
NO 1994/95	Markov, Goran (Union) und Adler, Thomas (TeBe)	20
W 1994/95	Beyel, Jörg (SCB Preußen Köln)	21
S 1994/95	Akpoborie, Jonathan (SV Stuttgarter Kickers)	37
N 1995/96	Cengiz, Hakan (SV Atlas Delmenhost)	21
NO 1995/96	Irrgang, Detlef (FC Energie Cottbus)	24
W 1995/96	van der Ven, Dirk (FC Gütersloh)	21
S 1995/96	Trkulja, Dragan (SSV Ulm 1846)	25
N 1996/97	Cengiz, Hakan (VfL Herzlake)	28
NO 1996/97	Weißhaupt, Marco (FC Rot-Weiß Erfurt)	22
W 1996/97	Deffke, René (Ahlen) und Feinbier, Marcus (AC/WAT)	24
S 1996/97	Türr, Frank (SpVgg Greuther Fürth)	25
N 1997/98	Erdmann, Markus (SV Arminia Hannover)	34
NO 1997/98	Wiedemann, Rainer (FSV Lok Altmark Stendal)	25
W 1997/98	Zibert, Branko (1. FC Saarbrücken)	20
S 1997/98	Eckstein, Dieter (FC Augsburg)	21
N 1998/99	Bärwolf, Daniel (VfB Lübeck)	26
NO 1998/99	Wiedemann, Rainer (FSV Lok Altmark Stendal)	19
W 1998/99	Graf, Daniel (1. FC Kaiserslautern Am.)	19
S 1998/99	Maric, Marijo (SSV Reutlingen 05)	23
N 1999/00	Bärwolf, Daniel (VfB Lübeck) und Bester, Marinus (Lüneburg)	25
NO 1999/00	Lau, Hendryk (SV Babelsberg 03)	16
W 1999/00	Ebbers, Marius (SG Wattenscheid 09)	23
S 1999/00	Djappa, Olivier (SSV Reulingen 05)	36
N 2000/01	Teixeira, Daniel (KFC Uerdingen 05/1. FC Union Berlin)	32
S 2000/01	Barlecaj, Marco (SC Pfullendorf)	18
N 2001/02	Gerov, Vesselin (Paderborn) und Teixeira, Daniel (Braunschweig)	19
S 2001/02	Ben Neticha, Saber (SV Wehen Taunusstein)	18
N 2002/03	Guscinas, Dmitrijus (Holstein Kiel)	23
S 2002/03	Copado, Francisco (SpVgg Unterhaching)	24
N 2003/04	Feldhoff, Markus (KFC Uerdingen 05)	22
S 2003/04	Guerrero, José und Misimovic, Zvjezdan (beide Bayern Am.)	21
N 2004/05	Kuru, Ahmet (Eintracht Braunschweig)	24
S 2004/05	Helmes, Patrick (Sportfreunde Siegen)	21
N 2005/06	Reichenberger, Thomas (VfL Osnabrück)	17
S 2005/06	Nicu, Maximilian (Wehen) und Okpala, Christian (Augsburg)	16
N 2006/07	Cannizzaro, M. (HSV II) u. Reichenberger, Th. (Osnabrück)	17
S 2006/07	Jaeger, J. (Saarbr.) u. Mesic, M. (Stuttg. Kickers/Hoffenheim)	17
N 2007/08	Saglik, Mahir (Wuppertaler SV Borussia)	27
S 2007/08	Bauer, Thorsten (KSV Hessen Kassel)	19

Die bestbesuchten Spiele:

Datum	Begegnung	Zuschauer
19.04.1997	1. FC Nürnberg – SpVgg Greuther Fürth	45.048
10.09.2004	Fortuna Düsseldorf – 1. FC Union Berlin	38.123
05.10.1996	SpVgg Greuther Fürth – 1. FC Nürnberg	36.000
07.03.2004	FC Sachsen Leipzig – Borussia Dortmund Am.	28.075
30.05.2004	1. FC Dynamo Dresden – VfR Neumünster	28.000
09.11.1997	Hannover 96 – Eintracht Braunschweig	27.364
07.08.2007	Fortuna Düsseldorf – Rot-Weiss Essen	27.300
12.02.1997	Hannover 96 – Eintracht Braunschweig	27.184
04.06.2005	FC Augsburg – SSV Jahn 2000 Regensburg	27.000
07.06.1997	1. FC Nürnberg – SG Quelle Fürth	26.200
02.06.2007	1. FC Magdeburg – FC St. Pauli	25.300
11.11.2006	Fortuna Düsseldorf – FC St. Pauli	24.563
03.05.2008	1. FC Magdeburg – Eintracht Braunschweig	24.100
10.02.2007	Fortuna Düsseldorf – VfL Osnabrück	24.090
04.04.2007	Hamburger SV II – FC St. Pauli	24.000
07.05.1998	Eintracht Braunschweig – Hannover 96	23.728
18.05.2002	Eintracht Braunschweig – SG Wattenscheid 09	23.500
16.05.2003	Rot-Weiss Essen – VfL Osnabrück	23.500
04.06.2005	Eintracht Braunschweig – DSC Arminia Bielefeld Am.	23.500
27.09.1996	Sportfreunde Ricklingen – Hannover 96	23.446
30.08.1996	Eintracht Braunschweig – Hannover 96	22.939
02.09.2001	1. FC Magdeburg – SG Wattenscheid 09	22.550
21.05.1998	Offenbacher FC Kickers – SC Borussia Fulda	22.000
05.06.2004	1. FC Saarbrücken – 1. FC Schweinfurt 05	22.000
31.05.2008	Eintracht Braunschweig – Borussia Dortmund II	21.850
24.05.2008	1. FC Magdeburg – Rot-Weiss Essen	21.500
20.10.2007	Eintracht Braunschweig – 1. FC Magdeburg	21.300
09.05.2004	FC Sachsen Leipzig – 1. FC Dynamo Dresden	21.248
03.03.2002	Fortuna Düsseldorf – Rot-Weiss Essen	21.000
01.08.2004	Hertha BSC Berlin Am. – 1. FC Union Berlin	21.000
08.04.2005	Fortuna Düsseldorf – FC St. Pauli	20.865
27.05.2006	FC St. Pauli – Hamburger SV II	20.629
07.05.1999	TSV Alemannia Aachen – SC Preußen 06 Münster	20.400

Die Zuschauermagneten:

Pl.	Mannschaft	gesamt	Spiele	Schnitt
1.	FC St. Pauli	1.198.560	70	17.122
2.	1. FC Nürnberg	260.572	17	15.328
3.	DSC Arminia Bielefeld	172.700	17	10.159
4.	Karlsruher SC	170.850	17	10.050
5.	Hannover 96	313.211	34	9.212
6.	Eintracht Braunschweig	1.748.400	190	9.202
7.	Rot-Weiss Essen	1.483.633	176	8.430
8.	Offenbacher FC Kickers	954.755	136	7.020
9.	Fortuna Düsseldorf	973.476	125	7.788
10.	1. FC Dynamo Dresden	1.079.378	155	6.964
11.	VfL Osnabrück	1.248.244	190	6.570
12.	SV Waldhof 07 Mannheim	196.900	33	5.967
13.	SpVgg Greuther Fürth	94.543	17	5.561

Der "Wandervogel" schlechthin:

Spieler (Anzahl Vereine)   Mannschaften
Oelkuch, Michael (8):   SpVgg Greuther Fürth, FC Bayern München Am., 1. FC Union Berlin, Rot-Weiss Essen, VfR Aalen, SC Fortuna Köln, 1. FC Saarbrücken, Werder Bremen Am.

5 Tore in einem Spiel erzielten:

Datum	Spieler (Mannschaft)	Gegner
06.05.1995	Kunze, Danilo (FC Erzgebirge Aue)	BFC Türkiyemspor
29.03.1997	Türr, Frank (SpVgg Greuther Fürth)	TSF Ditzingen
25.04.1998	Antwerpen, Marco (Preußen Münster)	SpVgg Erkenschwick
18.10.1998	Seidel, Sören (SV Werder Am.)	BV Cloppenburg
24.04.2000	Poutilo, Oleg (Fortuna Düsseldorf)	FSV Salmrohr
12.08.2000	Teixeira, Daniel (KFC Uerdingen 05)	Tennis Borussia Berlin

Die torreichsten Spiele:

Datum	Begegnung	Ergebnis
06.05.1995	FC Erzgebirge Aue – BFC Türkiyemspor	10:0
26.05.1996	SV Sandhausen – TSF Ditzingen	4:7
25.08.1996	SpVgg Erkenschwick – FSV Salmrohr	4:6
22.03.1997	Hannover 96 – SC Concordia Hamburg	9:1
06.08.1997	VfL Hasetal Herzlake – SV Werder Bremen Am.	1:9
20.09.1997	Hannover 96 – 1. SC Göttingen 05	10:0
01.03.1998	VfB Oldenburg – 1. SC Göttingen 05	7:3
05.05.1998	1. FC Magdeburg – FC Berlin	5:5
10.05.1998	SV Atlas Delmenhorst – SV Werder Bremen Am.	3:7
28.08.1999	SVgg 07 Elversberg – FK 03 Pirmasens	8:2
06.11.1999	SV Babelsberg 03 – VfL Halle 96	9:1
02.04.2000	FSV Zwickau – Hertha BSC Berlin Am.	4:6
20.05.2000	Tennis Borussia Berlin Am. – Berliner FC Dynamo	7:3
08.09.2002	SC Preußen 06 Münster – Holstein Kiel	6:4
04.06.2005	SC Preußen 06 Münster – Borussia Dortmund Am.	5:5
02.06.2007	KSV Hessen Kassel – TSV München 1860 II	3:8
24.05.2008	VfB Lübeck – 1. FC Union Berlin	3:7

Torschützenliste 2007/08 beider Regionalligen:

Pl.	Spieler (Mannschaft)	Tore
1.	Saglik, Mahir (Wuppertaler SV Borussia)	27
2.	Toborg, Lars (Rot-Weiss Ahlen)	23
3.	Bauer, Thorsten (KSV Hessen Kassel)	19
4.	Biran, Shergo (SV Babelsberg 03, 1. FC Union Berlin)	18
5.	Cenci, Matias Esteban (FSV Frankfurt)	17
	Terranova, Mike Sergio (Rot-Weiß Oberhausen)	17
7.	Bunjaku, Albert (FC Rot-Weiß Erfurt)	16
8.	Lawarée, Axel (Fortuna Düsseldorf)	15
9.	Patschinski, Nico (1. FC Union Berlin)	13
	Stoilov, Petr (SSV Jahn 2000 Regensburg)	13
11.	Calamita, Marko (SC Pfullendorf)	12
	Großkreutz, Kevin (Rot-Weiss Ahlen)	12
	Löning, Frank (SV Werder Bremen II)	12
	Sikorski, Daniel (FC Bayern München II)	12
15.	Brückner, Daniel (FC Rot-Weiß Erfurt)	11
	Damm, Tobias (Wuppertaler SV Borussia)	11
	Kaya, Markus (Rot-Weiß Oberhausen)	11
	Mainka, Robert (SV Verl)	11
	Sailer, Marco (VfR Aalen)	11
	Schipplock, Sven (SSV Reutlingen 05, VfB Stuttgart II)	11
	Vaccaro, Angelo (SV Stuttgarter Kickers)	11
	Vujanovic, Radovan (BSV Kickers Emden)	11
	Wohlfarth, Steffen (FC Ingolstadt 04)	11
24.	Demir, Ersin (FC Ingolstadt 04)	10
	Fuchs, Lars (Eintracht Braunschweig)	10
	Grgic, Velimir (SV Sandhausen)	10
	Lechleiter, Robert (SpVgg Unterhaching)	10
	Lüttmann, Julian (Rot-Weiß Oberhausen)	10
	Reichwein, Marcel (BSV Kickers Emden)	10
30.	Alder, Christian (VfR Aalen)	9
	Bröker, Thomas (SG Dynamo Dresden)	9
	Dobry, Pavel (SG Dynamo Dresden)	9
	Feinbier, Markus (SVgg 07 Elversberg)	9
	Guié-Mien, Rolf-Christel (Rot-Weiss Essen)	9
	Haas, Christian (SSV Reutlingen 05)	9
	Heider, Marc (SV Werder Bremen II)	9
	Hofmann, Sebastian (VfB Stuttgart II)	9
	Müller, David (Rot-Weiß Oberhausen)	9
	Rockenbach da Silva, Thiago (FC Rot-Weiß Erfurt)	9
	Wolf, Denis (FC Rot-Weiß Erfurt)	9
41.	Braham, Najeh (1. FC Magdeburg)	8
	Kumbela, Dominick (FC Rot-Weiß Erfurt, Eintr. Braunschweig)	8
	Lambertz, Andreas (Fortuna Düsseldorf)	8
	Mehic, Sead (FSV Frankfurt)	8
	Oehrl, Torsten (Eintracht Braunschweig)	8
	Schembri, André (Eintracht Braunschweig)	8
	Schmid, Jürgen (SSV Jahn Regensburg, SV Sandhausen)	8
	Senesie, Sahr (Borussia Dortmund II)	8
	Tucci, Marco (SV Stuttgarter Kickers)	8

Die Regionalligen Nord und Süd 2000 – 2008

Die besten Elfmetertorschützen:

Pl.	Spieler (Mannschaft/en)	Tore
1.	Feldhoff, Markus (KFC Uerdingen 05, VfL Osnabrück)	22
	Kullig, Markus (VfB Lübeck, VfL Wolfsburg II)	22
3.	Gerov, Vesselin Petkov (SC Paderborn 07, Offenbacher Kickers)	14
4.	Spork, Guido (VfL Osnabrück, SC Paderborn 07)	12
5.	Barlecaj, Marco (SC Pfullendorf)	11
	Rogosic, Neno (VfR 1921 Aalen, SC Pfullendorf)	11
	Teixeira, Daniel Loureiro (KFC Uerdingen 05, 1. FC Union Berlin, Eintracht Braunschweig, Holstein Kiel, 1. FC Union Berlin)	11
	van Buskirk, John (Sportfreunde Siegen)	11
9.	Ollhoff, Thomas (VfR 1921 Aalen, TSG 1899 Hoffenheim)	9
10.	Barletta, Angelo (Offenbacher FC Kickers)	8
	Benda, Sascha (VfR Mannheim, Stuttgarter Kickers, FC Augsburg)	8
	Görke, Thorsten (Chemnitzer FC)	8
	Küsters, Stefan (SC Preußen 06 Münster)	8
	Saglik, Mahir (Borussia Dortmund II, Wuppertaler SV Borussia)	8
	Wagefeld, Maik (SG Dynamo Dresden)	8
	Winkler, Danny (SV Eintracht 05 Trier, TSG 1899 Hoffenheim)	8
	Zani, Armando (1. FC Magdeburg, Jahn Regensburg, FC Augsburg)	8
18.	Guscinas, Dmitrijus (VfB Stuttgart II, Holstein Kiel)	7
	Kucukovic, Mustafa (Hamburger SV II)	7
	Mehic, Sead (SV Wehen Taunusstein, SC Rot-Weiß Oberhausen)	7
	Milde, Tino (SC Verl, SC Preußen 06 Münster)	7
	Popovic, Veselin (1. FC Schweinfurt 05)	7
	Schindler, Falk (Hamburger SV II, Chemnitzer FC, Kickers Emden)	7
	Schriewersmann, Kai (SC Verl)	7
	Türker, Suat (Borussia Neunkirchen, Offenbacher FC Kickers)	7

Die meisten Roten Karten erhielten:

Pl.	Spieler (Mannschaft/en)	Karten
1.	Nehrbauer, Thorsten (1. FC Saarbrücken , BSV Kickers Emden)	5
2.	Ahanfouf, Abdelaziz (1. FC Dynamo Dresden)	3
	Dejagah, Ashkan (Hertha BSC Berlin II)	3
	Dzaka, Anel (Bayer 04 Leverkusen II, TuS 1911 Koblenz)	3
	Feldhoff, Markus (KFC Uerdingen 05, VfL Osnabrück)	3
	Hanke, Stephan (SSV Jahn 2000 Regensburg, Hamburger SV II)	3
	Kolinger, Dubravko (Schweinfurt 05, Regensburg, VfB Stuttgart II)	3
	Lorenz, Michael (SC Paderborn 07, Rot-Weiss Essen)	3
	Mason, Michael (FC Carl Zeiss Jena, SVgg 07 Elversberg)	3
	Saur, Andreas (1. SC Feucht, Rot-Weiß Oberhausen, SC Verl)	3
	Schneider, Uwe (VfR 1921 Aalen)	3
	Thomas, Jacob (Eintracht Braunschweig, VfB Lübeck)	3
13.	Achlles, Kai (VfB Lübeck)	2
	Akcay, Mustafa (SV Stuttgarter Kickers)	2
	Alvares da Silva, Alessandro (Etr.Braunschweig, SC Paderborn 07)	2
	Bancic, Ivica (FC Rot-Weiß Erfurt)	2
	Banecki, Francis (SV Werder Bremen II)	2
	Barth, Oliver (SV Stuttgarter Kickers, Fortuna Düsseldorf)	2
	Bendowski, Igor (Bayer 04 Leverkusen II)	2
	Bick, Patrick (SVgg 07 Elversberg, FC Augsburg)	2
	Weitere 47 Spieler erhielten ebenfalls zwei Rote Karten.	

Die meisten Eigentore erzielten:

Pl.	Spieler (Mannschaft)	Tore
1.	Zott, Tobias (Sportfreunde Siegen, Hamburger SV II)	4
2.	Ahlf, Markus (Chemnitzer FC)	2
	Arens, Björn (VfB Lübeck)	2
	Baumann, Mike (Chemnitzer FC)	2
	Dogan, Deniz (VfB Lübeck)	2
	Evers, Brenny (KFC Uerdingen 05)	2
	Hünemeier, Uwe (Borussia Dortmund II)	2
	Jörres, Guido (Fortuna Düsseldorf, Chemnitzer FC)	2
	Kolinger, Dubravko (Offenbacher Kickers, SVgg 07 Elversberg)	2
	Lindemann, Björn (Holstein Kiel)	2
	Neumann, Maik (SV Babelsberg 03)	2
	Stallbaum, Sandro (SV Werder Bremen II)	2
	Stuckmann, Michael (Wattenscheid 09, Wuppertaler SV Borussia)	2
14.	Weitere 187 Spieler erzielten jeweils ein Eigentor	

Die meisten Gelb-Roten-Karten erhielten:

Pl.	Spieler (Mannschaft/en)	Tore
1.	Gibson, Grover (SVgg 07 Elversberg, SSV Jahn Regensburg)	7
2.	Antwerpen, Marco (SC Fortuna Köln, SC Preußen 06 Münster)	4
	Beer, Oliver (FC Bayern München II, 1. FC Schweinfurt 05)	4
	Braun, Marvin (VfB Stuttgart II, Stuttgarter Kickers, FC Augsburg)	4
	Juskic, Zivojin (SV Darmstadt 98)	4
	Krösche, Markus (SV Werder Bremen, SC Paderborn 07)	4
	Kumbela, Dominick (1. FC Kaiserslautern II, Rot-Weiß Erfurt)	4
	Lenze, Christian (Werder Bremen II, Eintracht Braunschweig)	4
	Nickenig, Tobias (1. FC Köln II)	4
	Peitz, Dominic (SV Werder Bremen II)	4
	Polat, Erhan (SV Stuttgarter Kickers)	4
	Schmidt, Stephan (Pr. Münster, SV Babelsberg, Hertha BSC II)	4
	Wiesner, Christian (SpVgg Ansbach, SpVgg Bayreuth, Darmstadt 98)	4
14.	Becker, Tobias (Chemnitzer FC)	3
	Benschneider, Roland (SV Eintracht Trier 05, 1. FC Köln II)	3
	Binder, Stefan (Sportfreunde Siegen, SSV Jahn Regensburg)	3
	Enochs, Joseph (VfL Osnabrück)	3
	Filipovic, Almir (FC Sachsen Leipzig)	3
	Gerlach, Jens (SVgg 07 Elversberg)	3
	Grassow, Dennis (Unterhaching, Darmstadt 98, Regensburg)	3
	Weitere 16 Spieler erhielten ebenfalls drei Gelb-Rote Karten.	

Rangliste nach Platzverweisen:

Pl.	Mannschaft	Rot	Gelb-Rot
1.	Chemnitzer FC	19	20
2.	Hamburger SV II	16	18
	SC Preußen 06 Münster	16	18
4.	Fortuna Düsseldorf	15	20
5.	VfR 1921 Aalen	15	19
6.	FC Rot-Weiß Erfurt	14	27
7.	VfB Lübeck	13	19
8.	SV Stuttgarter Kickers	13	18
9.	Borussia Dortmund II	13	16
10.	SV 07 Elversberg	12	32
11.	KFC Uerdingen 05	12	16
12.	SV Wehen 1926 Taunusstein	11	17
13.	Dresdner SCF 98	11	13
14.	SV Babelsberg 03	11	10
15.	Hertha BSC Berlin II	11	5
	1. FC Saarbrücken	11	5
17.	SC Paderborn 07	10	14
18.	SC Pfullendorf	10	13
19.	1. FC Union Berlin	10	10
20.	SV Werder Bremen II	9	20

Schiedsrichtereinsätze:

Pl.	Name, Vorname (Ort)	Spiele	Rot	G-R
1.	Kempter, Michael (Sauldorf)	90	9	24
2.	Schriever, Thorsten (Otterndorf)	76	11	20
3.	Hofmann, Walter (Ansbach)	68	6	7
4.	Schößling, Christian (Leipzig)	68	6	13
5.	Otte, Mike (Damme)	68	9	6
6.	Viktora, Ralf (Siegbach)	68	10	7
7.	Trautmann, Stefan (Bodenwerder)	67	7	7
8.	Seemann, Marc (Essen)	66	9	6
9.	Maier, Josef (München)	66	10	10
10.	Grudzinski, Norbert (Hamburg)	65	14	12
11.	Perl, Günter (München)	64	5	5
12.	Kristek, Matthias (Büdingen)	64	12	13
13.	Palilla, Giuseppe (Spaichingen)	62	2	11
14.	Welz, Tobias ((Wiesbaden)	62	4	4
15.	Steinhaus, Bibiana (Hannover)	62	5	8
16.	Schalk, Georg (Augsburg)	62	5	19
17.	Greth, Roland (Menning)	62	8	3
18.	Schmidt, Markus (Stuttgart)	62	9	13
19.	Brych, Dr. Felix (München)	61	2	11
20.	Walz, Wolfgang (Pfedelbach)	60	3	11
21.	Karle, Michael (Waiblingen)	59	0	2
22.	Dingert, Christian (Thallichtenberg)	57	10	13
23.	Schempershauwe, Stefan (Hildesheim)	54	8	13
24.	Sahler, Michael (Mutterstadt)	53	4	10
25.	Winkmann, Guido (Kerken)	53	7	9
26.	Brombacher, Ralf (Kandern)	52	2	9
27.	Drees, Dr. Jochen (Münster-Sarmsheim)	52	10	4
29.	Sippel, Peter (München)	51	4	5
30.	Rafati, Babak (Hannover)	51	4	6
29.	Kuhl, Markus (Köln)	51	5	5
31.	Bornhöft, David (Bad Segeberg)	51	14	11
32.	Schiffner, Thorsten (Konstanz)	48	6	11
33.	Kircher, Knut (Rottenburg)	47	1	3
34.	Pflaum, Markus (Hallstadt)	47	2	6
35.	Stachowiak, André (Duisburg)	47	5	7
36.	Jauch, Torsten (Benshausen)	47	6	4
37.	Gagelmann, Peter (Bremen)	47	7	4
38.	Wagner, Lutz (Hofheim)	46	5	2
39.	Stark, Wolfgang (Ergolding)	46	5	5
40.	Melms, Gunnar (Osterburg)	46	6	7
41.	Fischer, Christian (Hemer)	45	6	5
42.	Anklam, Matthias (Hamburg)	45	9	10
43.	Frank, Thomas (Hannover)	44	3	3
44.	Metzen, Thomas (Erfstadt)	44	3	8
45.	Lupp, Stefan (Zossen-Waldstadt)	43	3	7
46.	Henschel, Holger (Braunschweig)	42	2	3
47.	Steinborn, Edgar (Sinzig)	41	1	5
48.	Pickel, Mike (Mendig)	41	3	3
49.	Aytekin, Deniz (Oberasbach)	41	4	2
50.	Gräfe, Manuel (Berlin)	41	7	9

Trainerstatistik:

Pl.	Name, Vorname (Mannschaft/en)	Spiele
1.	Gerland, Hermann (FC Bayern München II)	240
2.	Wolter, Thomas (SV Werder Bremen II)	212
3.	Adrion, Rainer (VfB Stuttgart II, Stuttgarter Kickers, VfB Stuttgart II)	202
4.	Vasic, Djuradj (Schweinfurt 05, SV Wehen, SVgg 07 Elversberg)	189
5.	Dotchev, Pavel (SC Paderborn 07, FC Rot-Weiß Erfurt)	176
6.	Wollitz, Claus-Dieter (KFC Uerdingen 05, VfL Osnabrück)	172
7.	Feichtenbeiner, Michael (Darmstadt, Erfurt, SF Siegen, Pfullendorf)	171
8.	Pleß, Harry (Lüneburg, RW Essen, Sachsen Leipzig, RW Oberhausen)	156
9.	Flick, Hans-Dieter (TSG 1899 Hoffenheim)	154
10.	John, Christoph (1. FC Köln II)	140
	Moors, Hans-Werner (Wilhelmshaven, Holstein Kiel, Pr. Münster)	140
12.	Neubarth, Frank (SV Werder Bremen II, Holstein Kiel)	139
13.	Bongartz, Hannes (SG Wattenscheid 09)	137
14.	Fuchs, Uwe (Düsseldorf, Fortuna Köln, Wuppertal, VfB Lübeck)	134
15.	Goulet, Brent (SVgg 07 Elversberg)	131
16.	Vollmann, Peter (Fort. Köln, Braunschweig, Pr. Münster, Holstein Kiel)	128
17.	Dutt, Robin (SV Stuttgarter Kickers)	123
18.	Schwickert, Gerd (SV Wehen Taunusstein, SVgg 07 Elversberg)	118
19.	Erkenbrecher, Uwe (VfB Lübeck, Paderborn, VfL Wolfsburg II)	111
20.	Weidemann, Uwe (Fortuna Düsseldorf)	107
21.	Peter, Ingo (Sportfreunde Siegen)	104
	Schädlich, Gerd (FC Erzgebirge Aue)	104
23.	Berndroth, Ramon (Offenbach, VfR Neumünster, 1. FC Eschborn)	102
	Krieg, Rainer (Karlsruher SC II)	102
	Neuhaus, Uwe (Borussia Dortmund II, RW Essen, Union Berlin)	102
26.	Böger, Stefan (Hamburger SV II, VfB Lübeck, Holstein Kiel)	101
	Heine, Karsten (Hertha BSC Berlin II)	101
28.	Bergmann, Andreas (FC St. Pauli)	98
29.	Rommel, Günter (SC Pfullendorf)	95
30.	Gelsdorf, Jürgen (VfL Osnabrück, Rot-Weiss Essen)	94
31.	Sebert, Günter (VfR Mannheim, SSV Jahn 2000 Regensburg)	93
32.	Fascher, Marc (BSV Kickers Emden, Sportfreunde Siegen)	92
33.	Hörgl, Rainer (Wacker Burghausen, Schweinfurt 05, FC Augsburg)	91
34.	Bäron, Karsten (Hamburger SV II)	89
	Moser, Hans-Werner (SV Darmstadt 98, 1. FC Kaiserslautern II)	89
36.	Boysen, Hans-Jürgen (Schweinfurt 05, Offenbacher Kickers)	88
37.	Wormuth, Frank (SC Pfullendorf, 1. FC Union Berlin, VfR Aalen)	87
38.	Linz, Paul (SV Eintracht Trier 05, 1. FC Magdeburg)	84
39.	Starzmann, Peter (VfB Stuttgart II, SSV Reutlingen 05)	83
40.	Schneider, Theo (Borussia Dortmund II)	78
41.	Loose, Ralf (Sportfreunde Siegen)	77
42.	Fanz, Reinhold (Eintracht Braunschweig, VfB Stuttgart II)	73
	Stöver, Uwe (1. FC Kaiserslautern II)	73
44.	Kirsten, Ulf (Bayer 04 Leverkusen II)	72
45.	Bell, Collin (1. FSV Mainz 05, SC Preußen 06 Münster)	70
	Kreß, Georg (Wuppertaler SV, SG Wattenscheid 09)	70
	Luhukay, Jos (KFC Uerdingen 05)	70
48.	Franke, Christoph (1. FC Dynamo Dresden)	68
	Higl, Alfons (TSV München 1860 II)	68
	Labbadia, Bruno (SV Darmstadt 98)	68
	Sasic, Milan (TuS 1911 Koblenz)	68
	Seitz, Roland (1. SC Feucht)	68

Oberligen:

Oberliga Nord

Pl.	(Vj.)	Mannschaft		Sp	S	U	N	Tore	TD	Pkt	Sp	S	U	N	Tore	Pkt	Sp	S	U	N	Tore	Pkt
								Gesamtbilanz					**Heimbilanz**						**Auswärtsbilanz**			
1.	(↓)	Holstein Kiel	↑	34	20	9	5	73-28	+45	69	17	10	6	1	43-13	36	17	10	3	4	30-15	33
2.	(5.)	Altonaer FC 93	↑	34	19	8	7	80-35	+45	65	17	12	3	2	48-13	39	17	7	5	5	32-22	26
3.	(↓)	SV Wilhelmshaven	↑	34	18	11	5	73-38	+35	65	17	11	3	3	48-22	36	17	7	8	2	25-16	29
4.	(6.)	Hannover 96 II	↑	34	17	8	9	50-36	+14	59	17	10	3	4	25-13	33	17	7	5	5	25-23	26
5.	(2.)	BV Cloppenburg	↑	34	16	10	8	59-42	+17	58	17	7	6	4	27-15	27	17	9	4	4	32-27	31
6.	(↑)	TuS Heeslingen	↓	34	16	8	10	60-49	+11	56	17	8	4	5	36-28	28	17	8	4	5	24-21	28
7.	(↑)	VfB Oldenburg	↓	34	15	8	11	61-43	+18	53	17	9	2	6	35-21	29	17	6	6	5	26-22	24
8.	(4.)	SV Meppen	↓	34	14	11	9	58-49	+9	53	17	9	6	2	35-21	33	17	5	5	7	23-28	20
9.	(3.)	FC Oberneuland	↑	34	14	8	12	51-42	+9	50	17	7	4	6	23-20	25	17	7	4	6	28-22	25
10.	(10.)	Eintracht Braunschweig II	↓	34	13	10	11	49-43	+6	49	17	7	5	5	22-15	26	17	6	5	6	27-28	23
11.	(12.)	VfL Osnabrück II	↓	34	13	9	12	54-43	+11	48	17	8	3	6	32-24	27	17	5	6	6	22-19	21
12.	(8.)	FC St. Pauli II	↓	34	14	6	14	47-41	+6	48	17	8	2	7	28-23	26	17	6	4	7	19-18	22
13.	(13.)	ASV Bergedorf 85	↓	34	11	6	17	44-74	−30	39	17	5	4	8	20-28	19	17	6	2	9	24-46	20
14.	(↑)	SV Lurup Hamburg	↓	34	9	9	16	47-67	−20	36	17	4	6	7	24-27	18	17	5	3	9	23-40	18
15.	(7.)	SV Eintracht Nordhorn	↓	34	9	6	19	40-74	−34	33	17	6	5	6	23-27	23	17	3	1	13	17-47	10
16.	(14.)	VSK Osterholz-Scharmbeck	↓	34	8	8	18	53-81	−28	32	17	4	5	8	31-42	17	17	4	3	10	22-39	15
17.	(↑)	VfB Lübeck II	↓	34	5	5	24	37-94	−57	20	17	4	4	9	16-37	16	17	1	1	15	21-57	4
18.	(16.)	SV Henstedt-Rhen	↓	34	3	4	27	21-78	−57	13	17	2	1	14	13-39	7	17	1	3	13	8-39	6

Die Oberliga Nord wird aufgelöst. Informationen zu den Qualifikationsspielen zur neuen Regionalliga Nord finden Sie auf Seite 231.

Aufsteiger in die Regionalliga (neu): Holstein Kiel, Altonaer FC 93, SV Wilhelmshaven, Hannover 96 II, FC Oberneuland (Nord) und BV Cloppenburg (West); TuS Heeslingen wurde die Lizenz verweigert.

Absteiger in die Verbandsebene: SV Henstedt-Rhen, VfB Lübeck II (Schleswig-Holstein-Liga), VSK Osterholz-Scharmbeck, Eintracht Braunschweig II, TuS Heeslingen (Oberliga Niedersachsen Ost), SV Eintracht Nordhorn, VfL Osnabrück II, SV Meppen, VfB Oldenburg (Oberliga Niedersachsen West), SV Lurup Hamburg, ASV Bergedorf 85 und FC St. Pauli II (Oberliga Hamburg).

Oberliga Nord 2007/08

	Holstein Kiel	Altonaer FC 93	Wilhelmshaven	Hannover 96 II	Cloppenburg	TuS Heeslingen	VfB Oldenburg	SV Meppen	Oberneuland	Braunschweig II	Osnabrück II	FC St. Pauli II	Bergedorf 85	SV Lurup	Eintr. Nordhorn	Osterholz-Sch.	VfB Lübeck II	Henstedt-Rhen
Holstein Kiel	X	3:1	1:1	1:0	3:3	2:2	1:0	1:1	1:1	3:1	3:0	1:1	4:0	4:0	5:0	8:0	0:2	2:0
Altonaer FC 93	0:0	X	1:2	1:1	7:3	1:1	2:1	4:1	2:1	2:0	2:0	3:0	9:0	4:0	0:1	3:2	4:0	3:0
SV Wilhelmshaven	2:4	2:0	X	1:2	1:1	4:1	2:2	4:2	0:4	4:1	2:0	1:0	3:0	3:1	7:2	1:1	6:1	5:0
Hannover 96 II	0:1	2:1	1:0	X	3:0	0:2	1:2	1:1	1:2	2:2	0:0	2:0	1:0	2:0	3:0	3:1	1:0	2:1
BV Cloppenburg	1:1	1:1	0:0	3:0	X	1:0	0:0	2:2	1:2	2:1	1:0	0:1	6:0	1:3	2:0	1:2	3:0	2:2
TuS Heeslingen	1:4	1:1	2:2	3:1	3:1	X	3:0	1:3	1:2	3:5	2:2	0:0	1:2	5:2	3:2	2:1	2:0	3:0
VfB Oldenburg	3:2	0:1	1:2	1:3	0:1	0:1	X	3:0	2:1	2:2	0:4	0:0	5:0	3:1	3:0	2:1	4:2	6:0
SV Meppen	0:0	1:1	3:3	1:2	1:1	3:0	1:1	X	2:1	2:0	2:0	2:1	3:3	5:2	3:2	0:1	4:3	2:0
FC Oberneuland	0:1	2:1	1:1	1:1	1:0	0:3	0:2	0:0	X	0:3	0:0	1:0	2:4	2:0	1:2	5:1	5:0	2:1
Eintracht Braunschweig II	0:2	3:0	0:0	0:1	1:3	1:2	0:0	0:0	1:1	X	1:1	1:0	1:0	0:1	3:1	3:1	4:2	3:0
VfL Osnabrück II	0:2	2:3	1:2	3:1	0:1	1:1	2:0	4:3	1:0	0:0	X	3:1	0:2	2:3	3:1	1:1	7:2	2:1
FC St. Pauli II	1:2	0:2	1:0	0:3	2:3	0:3	2:2	1:0	1:1	4:0	0:2	X	3:0	1:2	4:1	3:1	3:1	2:0
ASV Bergedorf 85	0:3	0:3	1:2	1:3	2:2	0:1	3:2	0:1	2:0	0:2	1:1	0:5	X	2:2	2:0	0:0	3:1	3:0
SV Lurup Hamburg	0:1	1:1	0:2	2:2	2:4	2:1	1:3	5:1	2:2	0:1	1:1	0:2	2:1	X	1:1	2:3	2:0	1:1
SV Eintracht Nordhorn	2:1	2:4	1:1	1:0	0:1	1:1	1:3	2:1	1:4	1:1	2:0	2:3	1:3	1:1	X	1:0	4:3	0:0
VSK Osterholz-Scharmbeck	3:2	2:2	1:1	3:3	0:2	2:3	2:3	0:3	3:1	1:1	0:7	1:2	3:4	3:3	4:1	X	3:2	0:2
VfB Lübeck II	2:1	0:9	1:4	1:1	0:3	0:2	1:1	0:2	1:2	2:5	1:2	0:0	1:1	1:0	2:3	2:1	X	1:0
SV Henstedt-Rhen	0:3	0:1	0:2	0:1	1:3	3:0	0:4	0:2	0:3	0:2	1:2	1:3	1:4	1:2	1:0	2:5	2:2	X

Die Spiele TuS Heeslingen – FC Oberneuland vom 10.08.2007 (1:2) und Eintracht Braunschweig II – FC Oberneuland vom 07.10.2007 (2:3) mussten wiederholt werden. In beiden Fällen entschied der Norddeutsche Fußball-Verband auf ein Wiederholungsspiel, da der FC Oberneuland nicht schuldhaft Spieler ohne Spielgenehmigung eingesetzt hatte (Patrick Mouaya bzw. Francky Sembolo und Marcello-Regis de Souza).

Torschützenliste:

Platz	Spieler (Mannschaft)	Tore
1.	Zimin, Sergey (SV Wilhelmshaven)	24
2.	Holt, Michael (Holstein Kiel)	21
3.	Sachs, Jakob (Altonaer FC 93)	17
4.	Prokoph, Roman (FC St. Pauli II)	16
5.	Guscinas, Dmitrijus (Holstein Kiel)	15
	Kilicaslan, Erkan (VfB Oldenburg)	15
7.	Brode, Dennis-Matthias (Eintr. Nordhorn)	14
	Helmel, Eugen (SV Lurup Hamburg)	14
	Montabell, Fabian (Hannover 96 II)	14
	Tunjic, Jürgen (Altonaer FC 93)	14

Zuschauerstatistik:

Mannschaft	gesamt	Schnitt
VfB Oldenburg	47.853	2.815
SV Meppen	46.350	2.726
Holstein Kiel	45.339	2.667
BV Cloppenburg	18.100	1.065
TuS Heeslingen	15.900	935
SV Wilhelmshaven	11.711	689
Altonaer FC 93	11.256	662
Eintracht Nordhorn	7.650	450
Hannover 96 II	7.130	419
FC St. Pauli II	7.024	413
Eintr. Braunschweig II	5.890	346
Osterholz-Scharmbeck	5.500	324
FC Oberneuland	4.349	256
VfB Lübeck II	4.050	238
SV Lurup Hamburg	4.002	235
ASV Bergedorf 85	3.852	227
VfL Osnabrück II	3.649	215
SV Henstedt-Rhen	3.542	208
	253.147	827

ASV Bergedorf 85

Spieler		geb. am	Sp.	T.
Baranowski, Janusz		02.03.1979	1	0
Behnke, Dirk	T	02.05.1974	2	0
Brown, Ishmael		08.11.1983	26	6
Deron, Paul		24.12.1980	22	0
Hansen, Geoffrey		06.10.1988	5	0
Herrendörfer, Angelo		16.01.1982	10	0
Karow, Kevin	T	22.08.1989	2	0
Karow, Marvin		22.08.1989	18	0
Klein, Sven Arne		16.06.1978	21	6
Koßatz, Patrik		27.02.1986	28	10
Langen, Mirko	T	23.03.1987	27	0
Melich, Jan		17.10.1983	28	0
Motzke, Nick	T	07.08.1988	4	0
Nadj, Tibor		24.12.1973	30	8
Papke, Patrick		25.10.1987	30	1
Reincke, Matthias		23.12.1971	26	5
Savelsberg, Jan-Christian		22.03.1988	24	2
Schmer, Roman		01.05.1988	12	0
Sobczyk, Martin		09.11.1986	22	0
Theissen, Dennis		24.06.1988	28	2
Toksöz, Deran		21.05.1988	32	3
Wille, Sebastian		17.01.1985	13	0
Wille, Stephan		07.07.1985	10	0
Yamrali, Ata-Mohammad		05.07.1982	9	1
Zeqiri, Herkurin		11.07.1988	2	0
Zöllner, Dennis		05.07.1983	1	0
Trainer:				
Schwarz, Rüdiger		18.08.1960	33	
Nitschke, Manfred (i. V.)		18.04.1948	1	

BV Cloppenburg

Spieler		geb. am	Sp.	T.
Agac, Gürman		18.11.1982	23	5
Aischmann, Alexander		15.05.1983	5	0
Balke, Mathias		21.03.1982	17	2
Bettenstaedt, Til		20.01.1976	28	9
Bock, Olaf		16.05.1986	12	3
Breitenreiter, André		02.10.1973	33	9
Burgardt, Alexander		18.11.1981	20	0
Bury, Steffen		02.06.1976	10	0
Dikhtiar, Sergej		26.09.1975	13	0
Gerdes, Bernd		03.11.1989	33	3
Goslar, Marcel		21.01.1989	5	0
Hauptmann, Christopher		15.08.1985	19	4
Heidenreich, Florian		30.06.1981	28	1
Klütz, Jörg-Uwe		21.07.1968	3	1
Kruse, Maik		10.06.1979	13	1
Pflug, Renke		29.03.1987	6	0
Rodriguez, Mario-Ernesto		04.09.1976	15	1
Rose, Jan-Philipp		16.12.1985	23	3
Rothe, Daniel	T	25.02.1981	26	0
Schinner, Markus		20.01.1981	18	0
Schops, Maarten		03.04.1976	31	3
Tilling, Stefan	T	30.09.1984	8	0
Willen, Christian		24.02.1986	24	1
Yankson, Joe		19.04.1980	28	0
Zeqo, Alket		06.11.1974	29	13
Trainer:				
Goslar, Jörg		29.12.1963	20	
Klütz, Jörg-Uwe		21.07.1968	14	

Eintracht Nordhorn

Spieler		geb. am	Sp.	T.
Agblo, Arthur		07.08.1982	5	0
Arend, Danny		18.08.1987	34	4
Baysoy, Deniz		12.09.1977	28	0
Baysoy, Özcan		12.05.1979	1	0
Bensch, Jakob		13.07.1986	17	0
Brode, Dennis-Matthias		23.01.1981	32	14
van Dam, Menno		19.06.1983	5	0
van den Driessche, Dennis		31.01.1985	25	1
Drzymala, Roland		01.07.1983	5	0
Ende, Michael		16.01.1979	22	0
Kaplan, Nail		20.06.1986	6	1
Kribber, Florian		19.11.1988	16	2
Lange, André	T	03.07.1986	28	0
Milosevic, Zoran		05.08.1967	19	1
Nacar, Bertino		08.05.1989	25	2
Novaku, Herion		10.06.1976	27	6
Peschke, Oliver		05.04.1986	33	0
Rattelsdorfer, Torben		19.12.1984	30	3
Rehbock, Julian		27.09.1988	3	0
Schulz, Bastian		01.02.1987	31	4
à Tellinghusen, Matthias		15.11.1981	14	0
Terdenge, Sebastian		17.04.1989	1	0
Verheyden, Jean-Philippe	T	24.07.1987	8	0
Villar, Oliver		05.01.1980	18	0
Vrielmann, Hartmut		06.03.1979	30	2
Trainer:				
Wessels, Jochen		07.11.1962	14	
Lajqi, Sefcet		28.11.1961	20	

VfL Osnabrück II

Spieler		geb. am	Sp.	T.
Aziz, Bilal		01.07.1985	3	0
Beer, Oliver		14.09.1979	1	0
Braininger, Viktor		22.06.1988	32	11
Buddecke, Jens		27.10.1989	1	0
Chitsulo, Daniel		07.03.1983	5	1
Czichowski, Marcel		20.03.1988	4	0
Egbers, Thomas		29.05.1984	30	1
Ehlers, Uwe		08.03.1975	2	0
Engel, Konstantin		27.07.1988	26	1
Enochs, Joseph		01.09.1971	2	0
Essien, Kweku		12.12.1984	7	1
Feldhoff, Markus		29.08.1974	2	1
Flottmann, Daniel		06.08.1984	29	1
Frommer, Nico		08.04.1978	2	3
Geisthardt, Martin	T	23.10.1987	27	0
Gottwald, Jonas	T	30.04.1989	3	0
Grieneisen, Henning		09.09.1984	3	0
Großöhmichen, Hendrik		06.06.1985	5	0
Hartmann, Kai		02.01.1987	31	4
Hengelbrock, Ole		25.01.1988	17	0
Hüls, Yannick	T	15.11.1988	4	0
Ipsilos, Dionysios		06.01.1987	33	11
Kitzmann, Philipp		11.08.1987	2	0
Krotzek, Peter		02.10.1988	1	0
Mäscher, Christian		24.06.1986	32	1
Meyer-Potthoff, Christoffer		08.11.1989	1	0
Möllers, Benjamin		23.04.1985	24	0
Müller, Malte		04.09.1985	9	1
Muscharski, Chris		22.05.1989	1	0
Nouri, Alexander		20.08.1979	1	0
Plog, Sebastian		30.07.1989	21	1
Samide, Kevin		17.05.1989	1	0
Schanda, Jan		17.08.1977	1	0
Schiffbänker, Christian		04.01.1983	33	9
Stein, Tim		02.01.1984	10	3
Surmann, Mathias		19.12.1974	3	0
Thomas, Mike		25.05.1980	28	3
Tredup, Marko		15.05.1974	11	1
Trainer:				
Flottmann, Heiko		22.02.1957	34	

Eintr. Braunschweig II

Spieler		geb. am	Sp.	T.
Barkallah, Morsi		05.07.1988	28	0
Bönig, Sebastian		26.09.1986	27	7
Boukantar, Adil		07.04.1984	18	0
Bröcker, Fabian		15.04.1983	3	0
Burgdorf, Mirko		26.02.1979	18	3
Dierschke, Felix		14.07.1988	1	0
Dimitrijevic, Marko		20.10.1979	28	0
Eilers, Justin		13.06.1988	32	8
Fejzic, Jasmin	T	15.05.1986	5	0
Fuchs, Benjamin		20.10.1983	9	0
Fuchs, Lars		21.06.1982	2	1
Grandt, André	T	29.01.1988	3	0
Gundelach, Sebastian		17.09.1982	10	0
Hauk, Stefan		27.01.1980	19	13
Henn, Matthias		28.04.1985	3	0
Horacek, Martin		21.06.1980	12	0
Horn, Adrian	T	07.10.1983	2	0
Kaya, Emrullah		21.08.1987	3	0
Klepold, Martin	T	24.01.1988	1	0
Klisa, Sebastian		24.04.1988	8	0
Koitka, Kai		30.09.1981	16	5
Krüger, Fabian		14.09.1988	3	0
Kruppke, Dennis		01.04.1980	2	1
Ladwig, Andreas		01.04.1988	26	0
Latus, Rick		27.10.1988	11	0
Lauenstein, Nico	T	12.01.1986	24	0
Littmann, Maik		18.06.1984	34	1
Mende, Tobias		19.02.1989	2	0
Peters, Philipp		16.03.1988	20	4
Pfitzner, Marc		29.08.1984	13	4
Pieper, Christoffer		29.01.1986	28	0
Plaschke, Benedict		29.03.1989	1	0
Reichel, Ken		19.12.1986	11	2
Rodrigues, Kosta		12.08.1979	1	0
Scheil, Dominik		12.12.1989	2	0
Specka, Philip		02.05.1984	7	0
Wagner, Adrian		25.07.1987	7	0
Washausen, Jan		12.10.1988	12	0
Wehlage, Holger		03.07.1976	1	0
Trainer:				
Hain, Matthias		18.10.1955	34	

SV Wilhelmshaven

Spieler		geb. am	Sp.	T.
Bauer Bernardi, Renato		26.05.1978	4	1
Baydak, Mehmet		20.07.1984	1	0
Bury, Steffen		02.06.1976	7	0
Conrad, Stefan		23.01.1984	25	0
Danso-Weidlich, Denis		08.07.1986	6	0
Diamesso, Luc-Arsene		27.12.1974	32	0
Fattah-Ahmed, Mohammed		06.01.1988	1	0
Franke, Robert		23.03.1984	12	4
Gaebler, Andreas		17.04.1984	28	1
Grundmann, Tim		04.12.1986	9	1
Halilovic, Amir	T	06.12.1974	34	0
Heitmeier, Marc		18.03.1985	32	5
Izuagha, Emmanuel-Ejike		02.02.1980	3	0
Juan (Juan Emiliano Poo Woo Chung)		30.01.1987	1	0
Kowalczyk, Waldemar		19.08.1975	34	10
Lekki, Grzegorz		05.03.1974	10	0
Lewejohann, René		13.02.1984	2	0
Lillo, Hernan		18.02.1987	12	0
Manzi, Leonardo Caetano		28.04.1969	8	0
Mayer, Andreas		13.09.1972	26	2
McKennie, Philipp		10.09.1984	2	0
O'Neill, Riley		09.09.1985	26	11
Ojigwe, Isaac		15.01.1981	9	5
Pekrul, Viktor		19.12.1982	31	5
Puttkammer, Steffen		30.09.1988	22	0
Samake, Joel	T	15.08.1986	1	0
Sargazazu, Sergio		11.09.1987	27	1
Suchy, Peter		18.10.1976	25	1
Zeciri, Florim		27.05.1988	1	0
Zimin, Sergey		24.05.1980	31	24
Eigentore				2
Trainer:				
Stisi, Kay		12.06.1971	4	
Josic, Ivica		22.07.1969	2	
Uzelac, Predag		17.02.1966	28	

Hannover 96 II

Spieler		geb. am	Sp.	T.
Biank, Pascal		10.04.1987	3	0
Bikmaz, Ferhat		06.07.1988	23	1
Braczkowski, Michael		14.12.1988	2	0
Carolus, Bekim Rinik		06.02.1987	32	1
Ernst, Henrik		02.09.1986	17	1
Golz, Richard	T	05.06.1968	5	0
Hahne, Hendrik		15.04.1986	32	0
Halfar, Sören		02.01.1987	1	0
Herrmann, Patrick		16.03.1988	18	1
Hofmann, Tim		09.06.1988	29	2
Jensen, Morten	T	20.09.1987	30	0
Karayün, Yunus		02.09.1985	13	1
Kleine, Thomas		28.12.1977	2	0
Krebs, Gaetan		18.11.1985	18	3
Lange, Christoph		04.06.1984	5	0
Lindner, Jaroslaw		28.06.1988	16	1
Marheineke, Moritz		20.02.1985	34	3
Montabell, Fabian		13.02.1985	34	14
Moslehe, Ali		06.06.1987	30	8
Ojigwe, Isaac		15.01.1981	16	2
Otto, Dave		06.10.1988	1	0
Rausch, Konstantin		15.03.1990	11	0
Risser, Oliver		17.09.1980	7	0
Rosenthal, Jan		07.04.1986	5	1
Schröter, Silvio		29.06.1979	8	0
Schulz, Bastian		10.07.1985	33	3
Sosic, Obrad	T	15.03.1990	1	0
Stendel, Daniel		04.04.1974	19	4
Zizzo, Salvatore		03.04.1987	21	4
Zychlinski, Tilman		12.08.1987	3	0
Trainer:				
Bergmann, Andreas		18.06.1959	34	

SV Henstedt-Rhen

Spieler		geb. am	Sp.	T.
Adelmann, Ferdinand		15.05.1987	29	1
Bahr, Benjamin		13.06.1980	26	1
Barth, Sven	T	24.04.1981	34	0
Bessert, Niclas		29.10.1987	1	0
Danylow, Dennis		10.03.1985	23	0
Demirci, Hakan		05.12.1988	2	0
Geibel, Jury		01.06.1984	23	1
Günther, Sven		09.05.1983	33	8
Gyimah, John		08.06.1987	23	2
Hagen-Schmidt, Nils		02.04.1988	1	0
Hartmann, Chris		08.07.1986	1	0
Helms, Christopher		22.01.1987	26	0
Hermberg, Benjamin		17.03.1979	22	0
Homp, Tobias		31.10.1963	28	2
Hubert, Malte		29.08.1979	1	0
Kruk, Benjamin	T	08.01.1987	1	0
von Loh, Pascal		15.10.1988	3	0
Mandel, Dennis		13.02.1977	25	1
Meyer, Andreas		23.08.1987	8	0
Neu, Dennis		10.01.1989	14	0
Neu, Viktor		29.02.1988	12	0
Pump, Christian		06.01.1977	2	0
Reining, Kay		20.10.1976	17	2
Schütt, Jannek		27.10.1987	1	0
Sosnowski, Lukasz		26.01.1987	31	0
Wölk, Björn		16.05.1979	17	1
Yavuz, Tahir		19.03.1983	27	1
Yilmaz, Ali Riza		06.01.1986	18	0
Zaborowski, Karol-Peter		19.06.1983	4	0
Eigentore				*1*
Trainer:				
Martens, Jens		24.10.1955	34	

Holstein Kiel

Spieler		geb. am	Sp.	T.
Boy, Sven		02.10.1976	23	0
Brückner, Hauke		29.02.1980	22	0
Diouf, Dame		31.03.1978	3	0
Eismann, Sören		28.06.1988	0	0
Famewo, Stephen Kanu		30.12.1983	16	3
Guscinas, Dmitrijus		12.12.1975	27	15
Hasse, Holger		15.03.1978	26	2
Henzler, Simon	T	01.12.1976	31	0
Holt, Michael		01.12.1986	31	21
Hummel, Matthias		03.11.1984	23	2
Jürgensen, Christian		06.04.1985	27	4
Mazingu, Michel		15.10.1972	9	1
Meyer, Florian		14.07.1987	6	0
Nielsen, Marc		10.08.1984	1	0
Petersen, Heiko		30.07.1980	27	1
Preuß, Henrik	T	07.11.1980	3	0
Rohwer, Thorsten		18.10.1976	27	1
Sandmann, Jan		03.05.1978	16	0
Schrum, Nico		21.12.1986	7	2
Schulz, Kevin		01.07.1988	4	0
Schyrba, Peter		17.10.1980	32	2
Siedschlag, Tim		26.09.1986	34	7
Vujcic, Stephan		03.01.1986	23	0
Werner, Ole		04.05.1988	0	0
Wulff, Tim		20.06.1987	21	6
Ziehmer, Torven		16.03.1987	0	0
Zmijak, Mariusz		13.08.1986	27	6
Trainer:				
Vollmann, Peter		22.12.1957	34	

FC Oberneuland

Spieler		geb. am	Sp.	T.
Aktas, Mahmut		02.03.1981	34	8
Aktas, Ömer Serdar		21.01.1985	23	5
Altindag, Hüseyin		18.03.1982	21	0
Ates, Ercan	T	09.01.1986	18	0
Aziri, Florent		03.09.1988	8	0
Barten, Mike		20.11.1973	7	0
Behrens, Mike		28.03.1989	7	2
Bellarabi, Karim		08.04.1990	8	3
Bobrowski, Wojciech		20.12.1979	14	0
Caglar, Alptug		07.02.1976	1	0
de Carvalho, Jorge Miguel		16.05.1976	11	9
Cheng, Liangzhi		26.07.1975	2	1
Davidoff, Alexander		06.07.1988	2	0
Faqiryar, Mansur	T	03.01.1986	14	0
Führer, Thomas		20.11.1980	2	0
Guemari, Adel		16.02.1984	34	3
Ibelherr, Johannes		09.05.1986	30	2
Jeun, Won		22.01.1978	11	1
Jung, Jun-Ho		06.04.1986	2	0
Kolm, Christopher		21.04.1983	30	3
Lee, Chang Yup		19.11.1974	15	1
Lüctke-Facincani-Villarim, Lucas		30.07.1986	9	1
Mboma, César E. Ndedi		18.02.1979	9	3
Mbondjo-Ndoume, Jean-J.		04.03.1982	1	0
Mouaya, Patrick		06.07.1984	26	1
Njeukam, Gael White		07.07.1989	1	0
Özkan, Cüneyt		13.11.1981	10	1
Otto, Florian		22.03.1990	2	0
Pinto, Fabio		09.10.1980	3	0
Raimy, Florent		07.02.1986	1	0
Sachse, Maximilian	T	25.05.1986	2	0
Sembolo, Francky		09.08.1985	5	2
Schreider, Georg		03.01.1987	2	0
de Souza, Marcello Regis		08.10.1982	7	2
Tchoumbe, Cedric		28.03.1987	14	1
Veli, Sunay		30.06.1979	7	1

VfB Oldenburg

Spieler		geb. am	Sp.	T.
Alawie, Muhamed		30.04.1988	6	0
Baal, Alexander		18.08.1988	19	1
Baal, Leo		18.08.1988	20	0
Damerow, René	T	03.06.1973	34	0
Dusbaba, Mascholino		22.10.1988	1	0
Eckel, Alexander		07.10.1980	31	6
Friauf, Thomas		09.04.1987	25	9
Frye, Stefan		21.09.1980	25	1
Ghasemi-Nobakht, Sebastian		10.10.1985	33	11
Janssen, Steven		02.10.1982	6	0
Jurcevic, Josip		12.02.1987	6	0
Kilicaslan, Erkan		05.04.1985	32	15
Koc, Mehmet		06.04.1982	24	1
van der Leij, David		09.10.1981	29	3
Mudry, Roman		13.07.1985	2	0
Müller, Andy		19.05.1981	13	0
Plump, Matthias		30.11.1978	11	0
Puschkaruk, Stanislaw		25.10.1986	3	0
Rizzo, Paolo		25.03.1979	23	0
Robben, René		22.06.1984	7	0
Salomo, Marcel		27.05.1979	32	8
Tailor, Stanley		08.03.1982	34	1
Thölking, Christian		02.04.1981	28	2
Wegner, René		30.10.1983	4	0
Wojcik, Arkadius		01.12.1986	22	1
Eigentore				*2*
Trainer:				
Zinnbauer, Josef		01.05.1970	34	

Fortsetzung FC Oberneuland:

Spieler	geb. am	Sp.	T.
Yücel, Sedat	02.02.1987	32	0
Zalla, Alvaro	23.12.1973	27	1
Trainer:			
Amiq, Mohamed	07.07.1949	9	
Aktas, Firat	02.02.1976	16	
Barten, Mike	20.11.1973	9	

FC St. Pauli II

Spieler		geb. am	Sp.	T.
Adrion, Benjamin		31.03.1981	3	0
Algan, Berkan		29.03.1977	11	3
Biermann, Andreas		13.09.1980	12	0
Bourgault, Jonathan		27.09.1988	18	2
Browarczyk, Marius		24.12.1988	34	5
Celic, Davor		21.11.1982	5	0
Daube, Dennis		11.07.1989	3	0
Drobo-Ampem, Davidson		26.03.1988	30	1
Hinzmann, Mathias		02.01.1984	25	0
Iscan, Gökhan		30.06.1987	23	3
Jankowski, Mirko-Alexander		14.01.1988	12	3
Kalla, Jan-Philipp		06.08.1986	30	2
Kalma, Abdullah Ali		18.09.1988	8	0
Konal, Sercan		29.03.1988	9	0
Lucassen, Fabian	T	06.04.1987	14	0
Mahrt, Christopher		25.02.1989	4	0
Maurer, Marcel		12.12.1985	4	0
Mbidzo, Farai		06.10.1972	19	0
Opoku-Karikari, Jeremy		23.07.1987	12	0
Petersen, Tim		03.03.1986	27	0
Pfützenreuter, Christoph		21.01.1988	28	0
Pliquett, Benedikt	T	20.12.1984	14	0
Prokoph, Roman		06.08.1985	32	16
Rammel, Sascha		11.03.1985	23	0
Reus, Timo	T	02.05.1974	6	0
Sall, Abdou		01.11.1980	1	0
Schnitzler, René		14.04.1985	3	0
Schultz, Timo		26.08.1977	1	0
Sismanoglu, Ömer Hasan		01.08.1989	27	6
Yapici, Serhat		22.07.1988	22	2
Yilmaz, Abdulselam		11.05.1987	15	3
Zekiri, Ermir		05.05.1989	2	0
Eigentore				*1*
Trainer:				
Philipkowski, Joachim		26.02.1961	34	

VfB Lübeck II

Spieler	geb. am	Sp.	T.
Ann, Lennard	26.09.1988	26	0
Aziri, Florent	03.09.1988	1	0
Becker, Kevin	17.01.1989	2	0
Bergmann, Christoph	19.08.1987	9	0
Braun, Tobias	T 23.03.1989	13	0
Bruhn, Jan-Moritz	06.03.1985	21	4
Canale, Giuseppe	17.03.1977	1	0
Caruso, Alessandro	04.07.1980	3	0
Cordes, Cord Holger	T 04.02.1984	10	0
Dogan, Hüseyin	20.10.1979	8	0
Ehlers, Timo	31.07.1988	12	1
di Frisco, Francesco	26.05.1987	5	0
Gradert, René	08.11.1986	12	0
Hopp, Michael	22.06.1980	2	0
Kadah, Deniz	02.03.1986	1	2
Kalbau, André	15.12.1987	1	0
Kalus, Jan-Philipp	26.02.1988	24	3
Karadas, Riza	16.01.1985	24	0
Kolodzick, Fabian	29.07.1988	26	3
Konrad, Kai-Uwe	13.05.1987	4	0
Kraft, Patrick	03.11.1988	20	1
Kremer, Sascha	30.04.1987	16	1
Labiadh, Mohamed	07.08.1989	1	0
Lange, Nils	15.06.1986	26	0
Laumann, Joseph	31.08.1983	3	1
Lübcke-Kienast, René	01.09.1984	27	4
Markow, Ivan	01.07.1985	22	0
Martens, Abdoul Karim	29.11.1988	9	0
Müller, Wolf	03.12.1986	3	0
Niemeyer, Hannes	28.04.1987	17	0
Nodop, Christoph	04.08.1989	1	0
Noutsos, Athanasios Saky	06.03.1985	7	3
Osmani, Florim	04.06.1989	1	1
Osmani, Naim	08.11.1985	10	1
Pour, Kevin	T 29.08.1989	1	0
Rönnau, Kristof	28.08.1989	1	0
Rott, Tobias	T 29.01.1981	10	0
Rump, Carsten	21.03.1981	3	0
Schefer, Artur	14.04.1986	29	1

Fortsetzung VfB Lübeck II:

Spieler	geb. am	Sp.	T.
Schröder, Christian	27.02.1985	2	0
Testa, Vincenzo	20.06.1989	1	0
Thomas, Finn-Lasse	14.07.1987	12	0
Tobleck, Peter	20.09.1985	10	0
Türkmen, Ibrahim	17.05.1973	1	0
Weber, Claudius	15.04.1978	3	4
Wehrendt, Dennis	25.02.1987	13	0
Zimmermann, Artur	13.06.1984	15	3
Trainer:			
Flocken, Torsten	18.07.1966	34	

Altonaer FC 93

Spieler	geb. am	Sp.	T.
Ansorge, Heiko	18.04.1984	33	0
Bauer, Jendrik	07.01.1988	7	0
Brück, Andreas	15.05.1982	10	0
Candir, Kadir	09.04.1988	12	0
Göttsch, Kay Bastian	18.03.1986	10	0
Gürel, Fatih	09.07.1987	5	0
Hanke, Stephan	19.10.1972	16	0
Hinz, Oliver	T 24.01.1978	31	0
Hoose, Benny	26.04.1989	9	0
Kalaycioglu, Hayko	T 20.06.1985	4	0
Karakas, Cihat	28.05.1988	3	0
Kristensen, Thomas	19.04.1984	1	0
Kunkel, Oliver	10.03.1988	17	1
Nadler, Björn	24.06.1986	15	4
Oduro-Oponi, Ofosuhene	10.10.1984	13	0
Richter, Stefan	27.01.1985	27	10
Röhr, Philip	11.10.1986	34	3
Sachs, Jakob	07.09.1985	34	17
Siedschlag, Stefan	08.06.1977	34	1
Starck, Michael	11.06.1982	25	12
Tunjic, Jürgen	08.04.1975	34	14
Völzke, Hendrik	22.03.1975	21	5
Warnick, Sören	23.01.1975	33	11
Westphal, Patrick	25.11.1985	31	2
Trainer:			
Fröhling, Torsten	24.08.1966	34	

SV Meppen

Spieler	geb. am	Sp.	T.
Antczak, Markus	T 12.03.1974	34	1
Bayraktar, Eray	27.07.1985	26	10
Cornelius, Danny	13.04.1985	12	1
Cream, Max Ian-Josef	29.08.1987	13	2
Diouf, Dame	31.03.1978	18	1
Famiyeh, Frederick	18.02.1982	21	5
Fogel, Alexander	31.08.1985	4	1
Gerdes, Andreas	22.05.1980	16	10
Henning, Carsten	30.07.1982	18	0
Hoppe, Marcel	03.08.1989	1	0
Jack, Mathias	15.02.1969	15	3
Lammers, Stefan	21.09.1979	13	0
Landel, Peter	03.10.1985	2	0
Milosevic, Zoran	05.08.1967	10	1
Mooibroek, Kevin	01.02.1983	6	0
N'gole, Junior Isaac	22.08.1985	18	2
Raming-Freesen, Stefan	22.03.1988	4	0
Riedesel, Jan-Dirk	30.06.1987	4	0
Rohrberg, Jurek	09.10.1984	15	0
Schepers, Sebastian	16.05.1988	19	0
Schnettberg, Patrick	20.06.1988	4	0
Schütte, Wolfgang	24.01.1974	14	0
Thale, Torsten	26.07.1987	22	0
Thiel, Kevin	11.08.1982	24	1
Varga, Endre	06.04.1977	32	1
Wasson, Daniel	15.06.1984	11	0
Weerman, Paul	21.01.1977	23	6
Wessels, René	07.09.1985	30	12
Westerveld, Kristian	11.12.1983	31	0
Wigger, Johan-Gerard	02.11.1985	5	0
Eigentore			1
Trainer:			
Weusthof, Alfons	24.05.1958	12	
Hüring, Hubert	27.05.1950	22	

SV Lurup Hamburg

Spieler	geb. am	Sp.	T.
Akinyosoye, Yannic	25.01.1988	10	1
Bober, Tom	12.07.1988	14	1
Bräuer, Yannick	07.08.1987	3	1
Carallo, Gian-Pierre	05.11.1979	21	3
Chmielewski, Matthias	13.07.1988	13	0
Czech, Björn	17.04.1983	30	0
Ermis, Gökhan	10.08.1988	1	0
Friedrich, Roman	10.08.1985	14	2
Gerard, Loic	14.06.1986	10	0
Helmel, Eugen	31.07.1985	34	14
Kaladic, Manuel	20.08.1981	34	3
Kappler, Andreas	18.08.1987	34	2
Kindler, Marcel	T 26.02.1982	34	0
Lauschat, Matthias	25.01.1985	1	0
Leinroth, Oliver	30.10.1981	32	0
Leutholt, Tobias	06.06.1987	29	3
Lipke, Benjamin	11.10.1983	19	3
Paulsen, Christian Henrik	09.08.1986	11	2
Rockel, Felix	19.12.1987	4	1
Sander, Sebastian	09.04.1984	24	1
Schacht, Mario	31.03.1982	31	1
Wehrheim, Stefan	09.05.1982	12	0
von Wensierski, Kasper	28.09.1985	18	7
Wolters, Sören	19.08.1976	4	0
Trainer:			
Dittberner, Oliver	18.10.1968	34	

TuS Heeslingen

Spieler	geb. am	Sp.	T.
Bardehle, Peter	T 13.01.1986	34	0
Behrens, Corvin	19.08.1986	31	11
Bobrowski, Wojciech	20.12.1979	16	1
Bolz, Mirco	18.03.1983	19	0
Eismann, Sören	28.06.1988	12	0
Fitschen, Jan	16.08.1982	4	0
Gebers, Marcel	05.06.1986	31	2
Hettich, Walerij	28.11.1986	28	9
Kucevic, Sead	05.06.1978	21	7
Lippold, Daniel	04.04.1983	33	4
Lippold, Mirko	19.06.1984	16	2
Liwiak, Darius	25.05.1987	1	0
Martens, Alexander	11.08.1986	28	0
Mickelat, Björn	12.12.1980	28	3
Mojen, Clas	11.05.1980	13	1
Müller, Rainer	15.05.1986	28	5
Müller, Tim	24.09.1987	28	0
Pätzold, Bastian	20.04.1987	8	0
Redzepagic, Almir	15.10.1977	25	3
Sautner, Sebastian	16.02.1989	8	0
Schleicher, Stephan	07.04.1983	33	1
Storey, Marcus	09.11.1982	16	10
Zimmermann, Markus	12.11.1983	13	0
Eigentore			1
Trainer:			
Gütschow, Torsten	28.07.1962	34	

Osterholz-Scharmbeck

Spieler	geb. am	Sp.	T.
Bilgin, Yasin	26.06.1986	15	3
Brandt, Rouven Alexis	23.07.1976	21	1
Buchwald, Lukas	11.07.1981	9	0
Budach, Dennis	T 23.11.1979	2	0
Hassler, Sven	07.09.1987	33	6
Hermann, Patrick	20.08.1987	18	0
Huhn, Alexander	16.12.1988	1	0
Jaekel, Peer	21.06.1982	2	0
Jütting, Sascha	24.11.1983	21	2
Klimmek, Max	09.05.1987	15	3
Laabs, Nils	29.02.1984	30	12
Leopold, Christian	11.07.1989	3	0
Meinecke, Sven	10.02.1982	29	1
Metschuk, Johannes	18.09.1980	26	0
Meyer, Stefan	30.04.1971	10	4
Meyer, Torben	21.11.1979	21	0
Muca, Gentjan	13.05.1987	9	0
Müller, Björn	T 21.08.1978	33	0
Muzzicato, Benedetto	27.09.1978	11	0
Preuss, Norman	04.12.1988	7	0
Rydlewski, Pavel	04.02.1985	16	3
Steidten, Moritz	04.04.1988	29	1
Stroppel, Julian	20.10.1983	33	3
Votava, Dennis	16.12.1981	31	0
Weinrich, Manuel	04.05.1979	27	10
Yar Ahmadzay, Seliman	09.11.1988	10	1
Yildirim, Oktay	06.10.1979	14	0
Eigentore			1
Trainer:			
Hermann, Günter	05.12.1960	34	

Oberliga Nordost, Gruppe Nord

Pl. (Vj.) Mannschaft		Sp	S	U	N	Tore	TD	Pkt	Sp	S	U	N	Tore	Pkt	Sp	S	U	N	Tore	Pkt
						Gesamtbilanz							**Heimbilanz**						**Auswärtsbilanz**	
1. (↓)	Hertha BSC Berlin II	↑ 28	22	4	2	72-15	+57	70	14	11	2	1	39- 7	35	14	11	2	1	33- 8	35
2. (2.)	FC Hansa Rostock II	↑ 28	19	5	4	77-24	+53	62	14	11	3	0	43- 9	36	14	8	2	4	34-15	26
3. (5.)	Türkiyemspor 1978 Berlin	↑ 28	18	5	5	55-28	+27	59	14	9	3	2	29-11	30	14	9	2	3	26-17	29
4. (↑)	Greifswalder SV 04	28	18	4	6	60-33	+27	58	14	10	2	2	31-14	32	14	8	2	4	29-19	26
5. (10.)	Berliner FC Dynamo	28	14	8	6	46-26	+20	50	14	9	4	1	30-12	31	14	5	4	5	16-14	19
6. (3.)	Tennis Borussia Berlin	28	15	4	9	62-36	+26	49	14	8	2	4	28-19	26	14	7	2	5	34-17	23
7. (↑)	FSV Optik Rathenow	28	13	6	9	33-29	+4	45	14	7	3	4	18-13	24	14	6	3	5	15-16	21
8. (6.)	Lichterfelder FC 92 Berlin	28	12	5	11	45-55	–10	41	14	5	4	5	20-33	19	14	7	1	6	25-22	22
9. (12.)	Torgelower SV Greif	28	9	7	12	43-50	–7	34	14	6	2	6	19-19	20	14	3	5	6	24-31	14
10. (13.)	TSG Neustrelitz	28	7	9	12	40-47	–7	30	14	4	5	5	27-26	17	14	3	4	7	13-21	13
11. (11.)	SV Germania 90 Schöneiche	28	7	8	13	26-52	–26	29	14	4	3	7	13-20	15	14	3	5	6	13-32	14
12. (↑)	Spandauer SV 1894	28	5	5	18	25-57	–32	20	14	3	2	9	12-31	11	14	2	3	9	13-26	9
13. (8.)	Berliner FC Preussen	28	4	5	19	18-63	–45	17	14	2	3	9	9-25	9	14	2	2	10	9-38	8
14. (9.)	Ludwigsfelder FC	28	2	10	16	21-58	–37	16	14	1	5	8	9-29	8	14	1	5	8	12-29	8
15. (4.)	Berlin Ankaraspor Kulübü 07	28	0	5	23	14-64	–50	5	14	0	2	12	9-33	2	14	0	3	11	5-31	3
16. (14.)	SV Yesilyurt Berlin	↓ 0				Spielbetrieb am 20.11.2007 eingestellt; alle ausgetragenen Spiele wurden annulliert														

Absteiger aus der Regionalliga Nord: keine.
Aufsteiger in die Regionalliga (neu): Hertha BSC Berlin II, FC Hansa Rostock II, Türkiyemspor 1978 Berlin (Nord).
Absteiger in die Verbandsligen: keine.
Aufsteiger aus den Verbandsligen: FSV Bentwisch (Mecklenburg-Vorpommern), Reinickendorfer Füchse (Berlin), SV Falkensee/Finkenkrug und Brandenburger SC Süd 05 (Brandenburg).

Oberliga Nordost Gruppe Nord 2007/08

	Hertha BSC II	Hansa Rostock II	Türkiyemspor	Greifswalder SV	BFC Dynamo	Tennis Borussia	Optik Rathenow	Lichterfelder FC	Torgelower SV	TSG Neustrelitz	Germ. Schöneiche	Spandauer SV	BFC Preussen	Ludwigsfelde	Berlin Ankaraspor	SV Yesilyurt
Hertha BSC Berlin II	X	3:0	0:2	2:2	1:0	1:0	1:1	4:0	2:1	6:0	7:1	1:0	6:0	3:0	2:0	3:0
FC Hansa Rostock II	4:1	X	3:0	1:1	1:1	4:4	1:0	1:0	6:1	1:0	2x0	3:0	4:1	6:0	6:0	2:1
Türkiyemspor 1978 Berlin	0:2	2:1	X	4:0	1:1	0:1	2:0	4:2	0:0	2:0	4:1	1:1	3:1	3:0	3:1	4:0
Greifswalder SV 04	1:1	0:5	0:1	X	1:0	2:1	1:0	1:1	4:3	3:0	3:0	3:1	6:1	3:0	3:0	
Berliner FC Dynamo	1:2	3:1	1:1	2:0	X	2:1	2:2	5:3	0:0	2:1	4:0	2:1	0:0	3:0	3:0	
Tennis Borussia Berlin	1:1	1:6	1:2	2:0	0:1	X	4:1	2:1	4:0	0:0	4:0	2:0	3:0	0:5	4:2	5:1
FSV Optik Rathenow	1:2	2:0	2:1	2:0	0:2	2:1	X	3:1	2:1	1:2	0:0	1:1	0:1	1:1	1:0	
Lichterfelder FC 92 Berlin	0:5	0:3	1:2	0:4	2:1	1:6	2:1	X	3:2	1:1	3:3	3:2	2:1	2:2	0:0	
Torgelower SV Greif	0:3	1:2	1:0	0:2	1:0	3:4	0:0	1:5	X	2:0	0:1	4:1	3:0	1:1	2:0	
TSG Neustrelitz	0:3	0:0	5:5	2:3	3:3	1:0	1:2	0:2	4:4	X	1:1	0:1	5:1	2:1	3:0	
SV Germania 90 Schöneiche	0:1	0:4	0:1	0:2	3:0	0:0	0:1	1:4	1:3	0:0	X	3:1	2:1	3:2	0:0	
Spandauer SV 1894	0:3	0:4	1:4	1:4	0:2	1:5	0:1	0:1	2:4	2:1	1:1	X	1:1	2:0	1:0	3:2
Berliner FC Preussen	0:4	1:2	1:2	1:3	0:3	0:2	1:2	0:2	1:1	1:3	0:0	1:0	X	0:0	2:1	2:1
Ludwigsfelder FC	0:3	1:5	0:3	1:6	1:1	0:4	0:2	0:1	1:1	0:0	1:2	0:0	3:0	X	1:1	
Berlin Ankaraspor Kulübü 07	0x2	1:1	1:2	1:2	0:1	0:5	1:2	0:2	1:3	0:5	2:3	2:4	0:1	0:0	X	
SV Yesilyurt Berlin				0:3	1:0		0:3	1:1	1:2						2:1	X

Das Spiel Berlin Ankaraspor Kulübü 07 – Hertha BSC Berlin II vom 11. Spieltag wurde mit 2:0 für Hertha gewertet, da Ankaraspor nicht antrat. Das Spiel FC Hansa Rostock II – SV Germania 90 Schöneiche vom 22. Spieltag wurde mit 2:0 für Rostock gewertet, da Schöneiche nicht antrat.

Torschützenliste:

Platz	Spieler (Mannschaft)	Tore
1.	Savran, Halil (Tennis Borussia Berlin)	29
2.	Yigitusagi, Fatih (Türkiyemspor 1978)	28
3.	Lange, Clemens (FC Hansa Rostock II)	14
	Rogoli, Salvatore (TSG Neustrelitz)	14
5.	Fuß, Michael (Tennis Borussia Berlin)	13
	Sikorski, Robert (Torgelower SV Greif)	13
	Tüting, Simon (FC Hansa Rostock II)	13
8.	Cubukcul, Bilal (Hertha BSC Berlin II)	12
9.	Huke, Sebastian (Hertha BSC Berlin II)	11
	Öztürk, Adem (Lichterfelder FC 92)	11
	Ritter, Christian (Berliner FC Dynamo)	11

Zuschauerstatistik:

Mannschaft	gesamt	Schnitt
Greifswalder SV 04	16.709	1.194
Berliner FC Dynamo	10.090	721
TSG Neustrelitz	7.228	516
Tennis Borussia	7.286	520
Torgelower SV Greif	6.358	454
FC Hansa Rostock II *	4.388	338
FSV Optik Rathenow	4.142	296
Türkiyemspor 1978	4.094	292
Germ. Schöneiche	3.829	274
Hertha BSC Berlin II	3.939	281
Lichterfelder FC 92	2.860	204
Spandauer SV 1894	2.509	179
Ludwigsfelder FC	2.058	147
Berliner FC Preußen	1.798	128
Berlin Ankaraspor *	1.098	84
	78.386	377

* bei 13 Spielen

Informationen zu den Qualifikationsspielen zur RL Nord und zu den Aufstiegsspielen zur OL Nordost finden Sie auf den Seiten 231/232.

Berlin Ankaraspor

Spieler		geb. am	Sp.	T.
Acar, Nihat	T	26.01.1988	3	0
Arayici, Kenan		05.01.1972	22	0
Arslan, Nejdet		26.01.1989	4	0
Aslan, Anil		20.01.1989	2	0
Aygün, Celal		03.03.1988	9	2
Aykut, Nayif		25.05.1987	13	2
Bellomo, Marcello		16.12.1976	3	0
Ben-Abdallah, Iheb		02.02.1988	17	1
Bilgin, Rasim		16.04.1988	9	0
Böse, Nicklas		06.03.1989	2	0
Bozkurt, Aziz		10.12.1985	7	0
Cakmak, Metin		07.07.1987	6	0
Dilber, Fatih		27.07.1988	9	0
Dogan, Ercan		25.03.1985	26	1
Dogan, Tolgay		08.01.1988	1	0
Engin, Vahit		21.07.1987	10	0
Erdogan, Tayfun		23.06.1988	6	0
Ergin, Ümit		21.07.1987	27	3
Hoylugil, Ufuk		19.07.1984	4	0
Isik, Okan		18.05.1987	10	0
Karapinar, Ömer		27.03.1987	9	0
Kempter, Danny	T	05.03.1988	8	0
Koc, Süleyman		09.06.1989	13	1
Kücken, André		16.03.1989	7	0
Kücükodabasi, Izzet		19.06.1988	10	0
Mansour, Osama		23.11.1978	8	1
Ordukaya, Bilal		16.04.1982	2	0
Örs, Mustafa		27.04.1987	13	0
Özgen, Baris		17.10.1984	3	0
Salantur, Burak		07.06.1989	9	0
Schulz, Martin	T	29.11.1982	7	0
Seyyidoglu, Tolga	T	28.03.1989	9	0
Tetik, Ömer		15.03.1988	22	0
Topuz, Dogukan		02.02.1989	17	3
Turan, Ertan		30.01.1984	9	0
Vulovic, Predrag		09.07.1986	4	0
Yildiz, Deniz		04.11.1988	2	0
Yilmaz, Cihan		17.07.1988	13	0
Trainer:				
Arayici, Kenan		05.01.1972	5	
Aksakal, Sezgin		29.01.1968	8	
Gündogdu, Bülent		22.09.1959	14	

Berliner FC Dynamo

Spieler		geb. am	Sp.	T.
Below, Richard		08.03.1988	16	0
Benthin, Manuel		03.03.1979	4	0
Birtane, Sercan		13.05.1982	9	0
Boese, Patrick		01.08.1989	3	0
Bongartz, Daniel		09.07.1987	4	1
Gerhard, Max		15.10.1986	21	0
Gözübüyük, Süleyman		06.02.1985	1	0
Griesert, Benjamin		23.01.1986	13	5
Hussain, David		04.03.1984	12	0
Ilic, Sebastian		22.05.1982	22	0
Jakowitz, Alexander		17.04.1983	12	2
Kadow, Sascha		31.07.1979	6	0
Karakaya, Cenk		10.04.1984	7	1
Kayser, Jeff		22.10.1985	13	2
Kelm, Oliver		03.01.1980	1	0
Kovulmaz, Nart		06.05.1986	1	0
Kutrieb, Dennis		01.12.1979	26	3
Lenz, Jörn		12.04.1969	11	0
Littmann, Robert		02.02.1986	21	2
Manteufel, Jens		23.01.1982	17	0
Metzke, Daniel		19.03.1988	20	4
Paepke, Nico		02.02.1983	20	0
Palmer, Eric		01.05.1982	12	0
Rauch, Christian		23.12.1982	22	7
Rauschenbach, Daniel		11.03.1979	7	0
Ritter, Christian		09.08.1984	24	11

Fortsetzung Berliner FC Dynamo:

Spieler		geb. am	Sp.	T.
Rudwaleit, Robert		13.06.1982	28	4
Sachse, Maximilian	T	25.05.1986	4	0
Schmele, Daniel		23.05.1986	2	0
Thomaschewski, Nico	T	10.02.1971	24	0
Yilmaz, Murat		15.12.1988	5	3
Eigentore				1
Trainer:				
Uluc, Volkan		01.01.1970	28	

Berliner FC Preussen

Spieler		geb. am	Sp.	T.
Amuri, Christian		28.12.1988	1	0
Aydinoglu, Can		14.01.1978	6	0
Berjawi, Ali		02.08.1988	18	1
Bota, Damir		10.11.1981	23	1
Fink, Marco		09.05.1988	11	0
Gärtner, Hannes	T	22.09.1984	14	0
Haubitz, Steven		21.06.1988	23	2
Helfrich, Alexander		29.03.1983	8	0
Höche, Christoph		30.11.1973	9	1
Kloeren, Jens-Hendrik		29.07.1979	11	2
Kyles, Delano		10.03.1989	1	0
Luczak-Lösch, Markus		30.09.1981	8	2
Mann, Marvin		14.01.1988	5	0
Maus, Stefan	T	25.11.1985	14	0
Ndoja, Zhaneto		07.08.1980	9	0
Nitsche, Andreas		27.03.1982	15	0
Njie, Momar		26.08.1975	27	1
Nortey, Richard		22.01.1976	5	1
Oberreuter, Christian		28.01.1980	13	0
Orzel, Piotr		14.06.1980	26	4
Ottenhus, Kevin		17.07.1988	4	0
Özdal, Erdal		14.10.1985	10	0
Penava, Zvonimir		12.06.1986	25	1
Pocrnic, Robert		03.10.1973	11	0
Schönwälder, Christian		09.01.1987	21	1
Schostock, Alexander	T	17.01.1985	1	0
Sobotta, Sven		05.04.1987	24	0
Stettner, Christopher		25.12.1984	11	1
Walle, Jan		30.08.1976	13	0
Wiesner, Mike		20.10.1988	2	0
Zodl, Mario		03.07.1988	6	0
Trainer:				
Hahner, Jörg		17.01.1959	10	
Görlitz, Jürgen		01.12.1955	18	

Hertha BSC Berlin II

Spieler		geb. am	Sp.	T.
Adler, Sascha		30.03.1989	4	0
Agro, Yannick		19.10.1986	9	2
Arguez, Brian		13.01.1989	5	0
Bieler, Pascal		26.02.1986	13	1
Bigalke, Sascha		08.01.1990	7	3
Bolivard, Malick		17.06.1987	22	6
Burchert, Nico	T	24.06.1987	6	0
Cagara, Dennis		19.02.1985	1	0
Covic, Ante		31.08.1975	19	8
Cubukcu, Bilal		16.05.1987	23	12
Dikmen, Demircan		16.02.1988	2	0
Ede, Chinedu		05.02.1987	15	4
Gäng, Christopher	T	10.05.1988	21	0
Hoeneß, Sebastian		12.05.1982	12	4
Hube, Florian		30.09.1980	25	1
Huke, Sebastian		11.08.1989	23	11
Kraus, Thomas		05.04.1987	6	1
Lensinger, Tim		02.06.1985	25	1
Lustenberger, Fabian		02.05.1988	2	0
Morack, Rico		18.02.1988	20	0
Müller, Christian		28.02.1984	5	1
Owusu-Ansah, Yaw Kennedy		20.07.1989	2	0
Pech, Elias		03.11.1988	4	0
Reiß, Patrick		26.05.1988	2	0
Schalle, Christian		01.01.1986	14	0
Schmidt, Andreas		14.09.1973	8	2
Schmiedebach, Manuel		05.12.1988	16	6
Steinwarth, Marcus		14.04.1986	17	3
Torunarigha, Junior		18.04.1990	1	0
Traore, Ibrahima		21.04.1988	18	3
Tseke, Majebi		24.07.1988	6	0
Wallschläger, Amadeus		01.09.1985	17	0
Xu, Zhan		14.11.1987	6	1
Trainer:				
Heine, Karsten		06.04.1955	27	

Lichterfelder FC 92

Spieler		geb. am	Sp.	T.
Aykut, Nayif		25.05.1987	3	0
Bruckmann, Timo		11.06.1987	14	0
Busse, Matthias		27.08.1987	21	0
Chamkhi, Hamdi		03.12.1988	13	2
Felsenberg, Johannes		28.09.1979	20	0
Felsenberg, Tim		07.04.1982	10	0
Haase, Florian		26.06.1988	7	1
Hein, Sebastian	T	15.12.1987	5	0
Isakowitz, Marcel		11.03.1981	23	0
Kindt, Matthias		18.01.1981	15	0
Leitgeb, Christian		01.03.1982	21	1
Matschke, David		16.05.1989	3	0
Neugebauer, Niklas		03.06.1988	18	3
Neumann, Ron	T	19.10.1982	12	0
Öztürk, Adem		24.04.1980	27	11
Peter, Lennard	T	15.01.1987	11	0
Preiß, Christian		13.04.1987	27	6
Prestel, Marcel		09.03.1988	1	0
Prévoteau, Daniel		02.12.1982	14	0
Schrödter, Sascha		25.10.1986	13	6
Schwake, Jan		06.11.1976	3	0
Senol, Gökhan		16.10.1982	25	3
Simic, Aleksandar		03.08.1982	23	5
Sliwa, Tim		13.06.1981	5	0
Stosno, Christopher		01.02.1988	15	1
Vilsvik, Lars-Christopher		18.10.1988	21	5
Voß, Stefan		14.02.1987	12	0
Yilmaz, Cihan		17.07.1988	3	0
Eigentore				1
Trainer:				
Wolf, Michael		22.04.1972	28	

Spandauer SV 1894

Spieler	geb. am	Sp.	T.
Bahceci, Erhan	26.06.1984	9	0
Bechem, Fabian	24.06.1983	17	0
Binting, Tim	31.08.1984	26	5
Bonsu-Osei, Godfried	22.06.1989	1	0
Cinar, Umut	07.11.1985	5	0
Dame, Thomas	T 03.01.1981	4	0
Fröhlich, Julian	21.02.1987	19	3
Gaborek, Marcin	27.05.1985	5	0
Gerhardt, Alexander	11.08.1983	25	1
Grundmann, Florian	27.11.1986	20	0
Herrmann, Christoph	07.11.1979	28	0
Jacob, Julian	23.07.1987	25	2
Kusche, Stephan	20.03.1974	24	2
Lemcke, Norbert	25.07.1982	6	0
Malkic, Vahrudin	22.06.1984	20	2
Metaj, Fiton	16.09.1989	1	0
Meyer, Sven	04.09.1970	20	0
Okuma, Emmanuel	30.01.1987	1	0
Otto, Nils-Peter	29.11.1980	20	1
Owusu-Ansah, Kofi Kennedy	20.07.1989	8	0
Rogall, Bjarne	T 16.09.1989	15	0
Steinert, Timo	19.09.1985	21	2
Wiese, Thorsten	T 24.02.1985	12	0
Will, Ricardo	18.12.1987	12	0
Yang, Valery Mbianda	26.03.1980	18	2
Zaher, Ziead	25.08.1978	19	5
Trainer:			
Kieback, Oliver	11.10.1966	28	

Tennis Borussia Berlin

Spieler	geb. am	Sp.	T.
Avcioglu, Ali	30.06.1986	8	0
Aydin, Mehmet	20.09.1988	21	0
Below, Felix	11.10.1983	26	1
Biermann, Andreas	13.09.1980	7	1
Can, Müslüm	22.06.1975	19	0
Eckl, Jens	14.02.1978	1	0
Ergirdi, Ümit	05.11.1981	22	5
Fuß, Michael	21.05.1977	25	13
Galic, Stanko	05.10.1983	9	1
Gottlieb, Daniel	05.03.1985	7	0
Greil, Manuel	T 05.08.1974	16	0
Griesert, Benjamin	23.01.1986	5	0
Hampf, Timo	28.09.1976	12	0
Kadow, Sascha	31.07.1979	6	0
Kalkan, Fuat	T 13.02.1988	23	1
Kessler, Moritz	22.03.1985	8	0
Keyser, Mike	14.12.1985	9	0
Kukulies, Danny	19.02.1980	13	4
Mohra, Amir	13.02.1984	23	1
Petrowsky, Daniel	22.12.1976	23	0
Savran, Halil	20.06.1985	27	29
Scholl, Robert	16.06.1987	14	0
Schrödter, Sascha	25.10.1986	13	3
Steinhage, Bernd	02.10.1984	2	0
Steinhauf, Michael	23.09.1974	5	0
Thiam, Abdoul	19.06.1976	4	0
Wanski, Philipp	11.01.1982	24	2
Weidner, Jonas	29.05.1985	2	0
Yilmaz, Murat	15.12.1988	6	1
Trainer:			
Raickovic, Dejan	27.10.1967	5	
Gajda, Johann	05.05.1959	15	
Schatte, Markus	22.06.1956	8	

Türkiyemspor Berlin

Spieler	geb. am	Sp.	T.
Arslan, Erol	31.08.1980	14	0
Aslan, Fatih	23.12.1982	11	1
Ates, Rafet	25.09.1982	11	2
Aygün, Celal	03.03.1988	2	0
Balogun, Leon	28.06.1988	28	4
Boachie, Stephan Kwasi	26.07.1987	18	2
Bolu, Ibrahim	T 22.01.1975	1	0
Canakci, Tolga	26.09.1988	1	0
Cankaya, Hakan	17.06.1986	24	6
Dogan, Cihan	25.03.1984	23	2
Doymus, Murat	19.11.1985	14	1
Efe, Cem	09.06.1978	9	0
Ergiligür, Erkut	15.01.1988	20	1
Ermel, Ronny	22.09.1984	5	0
Fumaca Alves Antunes, José	15.07.1976	7	0
Gatti, Martino	23.10.1971	1	0
Jacobsen, Maurice	25.07.1983	27	3
Keskin, Tamer	16.02.1985	3	0
Koc, Süleyman	09.06.1989	3	0
Kolyoncu, Burak	12.09.1979	9	0
Lemcke, Norbert	25.07.1982	12	0
Lichte, Henning	13.10.1984	25	1
Öztürk, Ahmet	18.01.1985	7	0
Senkaya, Ilter	29.05.1982	17	0
Stillenmunkes, Marc	T 31.03.1983	27	0
Yazici, Samet	04.04.1988	6	0
Yigitusagi, Fatih	23.11.1983	27	28
Yilmaz, Kadir	17.02.1984	12	2
Zivic, Tomislav	07.08.1979	14	1
Zschiesche, Markus	12.02.1982	11	0
Eigentore			*1*
Trainer:			
Herbst, Thomas	05.10.1962	28	

Greifswalder SV 04

Spieler	geb. am	Sp.	T.
Erdmann, Dirk	28.01.1980	2	0
Gellentin, André	22.09.1987	3	0
Gerth, Mike	10.01.1970	20	6
Glandt, Alexander	19.01.1980	21	0
Jahn, Patrick	22.02.1983	28	3
Kampf, Lars	30.04.1978	21	9
Kasch, Roman	06.02.1981	11	0
Köhn, Daniel	28.03.1979	28	2
Krüger, Ronny	10.02.1980	24	9
Kusch, Rico	20.12.1984	1	0
Lemke, Torsten	11.06.1988	27	1
Matuszewski, Sebastian	07.12.1984	10	0
Möller, Thomas	01.04.1977	23	1
Orend, Christian	09.05.1980	26	6
Prieske, Olaf	21.04.1984	26	1
Rüh, Marcel	T 31.05.1975	7	0
Sadler, Maik	T 25.04.1989	21	0
Schwandt, Stefan	26.03.1984	26	8
Seering, Steffen	20.06.1981	26	10
Thurow, Hendryk	06.06.1989	10	0
Weinmar, Claas	18.02.1983	23	4
Trainer:			
Zachhuber, Andreas	29.05.1962	28	

Ludwigsfelder FC

Spieler	geb. am	Sp.	T.
Alber, Sergej	06.02.1972	24	0
Bartusch, Martin	25.04.1988	1	0
Bengs, Heiko	30.12.1972	21	0
Breitkopf, Stefan	T 05.03.1981	12	0
Cami, Rezart	26.10.1969	14	1
Capolei, Kevin	08.01.1988	11	2
Eidtner, Maik	13.04.1973	28	6
Franke, Ricardo	26.01.1988	23	2
Ghesquier, Christoph	09.06.1988	11	1
Grötsch, Martin	14.04.1983	17	0
Hass, Marcel	06.11.1982	24	1
Hebestädt, Ringo	10.01.1987	17	0
Huck, Robert	06.10.1987	9	1
Karaschewitz, David	16.11.1984	24	1
Kiritadse, Gregory	19.03.1977	9	0
Kühn, Johannes	26.03.1988	4	0
Leutloff, Patrick	11.06.1985	25	0
Meinhardt, Kevin	12.03.1981	19	4
Milovanovic, Daniel	26.04.1988	8	0
Neuendorf, Marco	24.11.1989	7	0
Petereit, Robert	T 09.09.1986	20	0
Pirschel, Bastian	27.10.1988	1	0
Quast, Marcel	13.04.1984	16	0
Quindt, Maximilian	25.01.1990	10	0
Ruprich, Frank	04.08.1983	27	2
Schmidt, Maximilian	14.03.1990	5	0
Trainer:			
Löbenberg, Volker	16.12.1959	28	

TSG Neustrelitz

Spieler	geb. am	Sp.	T.
Achatzi, Roger	30.10.1988	9	0
Duggert, Thomas	09.07.1981	26	2
Ehrcke, Sven	30.07.1986	5	0
Gaudian, Benjamin	16.03.1986	7	1
Jovanovic, Velimir	25.08.1987	26	9
Kambs, Denny	10.05.1987	1	0
Koslow, Denis	18.02.1972	5	0
Kristofic, Robert	19.08.1977	8	0
Lösel, Tobias	24.04.1984	13	0
Mätschke, Markus	24.10.1986	24	0
Nethe, Kevin	T 16.09.1979	10	0
Novacic, Denis	10.08.1979	27	1
Özvatan, Özgür	03.03.1985	25	2
Parlatan, Ersan	01.08.1977	19	1
Peucker, Robert	22.09.1988	11	0
Richter, Norman	22.09.1982	21	4
Rochow, Dirk	11.10.1981	25	2
Rogoli, Salvatore	20.11.1980	26	14
Schelenz, Robert	T 30.12.1986	19	0
Scholze, Ronny	17.09.1980	11	1
Senkaya, Ilkan	14.06.1985	19	1
Wenzel, Toni	24.06.1983	4	0
Wunderlich, Ingo	18.06.1986	14	1
Zelm, Reno	15.08.1982	21	0
Eigentore			*1*
Trainer:			
Hamann, Lothar	09.03.1952	28	

FSV Optik Rathenow

Spieler	geb. am	Sp.	T.
Aydin, Gökhan	T 15.10.1985	26	0
Becker, Sven	09.10.1986	24	0
Berger, Tim	06.12.1982	23	0
Czarnofski, Carlo	13.03.1989	3	0
Delvalle Silva, Mario	21.01.1984	24	1
Gündogdu, Ekin	01.10.1985	28	7
Jaballah, Slim	03.10.1986	23	0
Jahn, Marco	28.04.1986	1	0
Junior Maia da Silva, Sebastiao	10.01.1982	2	0
Kalan, Dejan	13.11.1987	21	3
Kellner, Matthias	05.01.1983	27	3
Kienle, Christian	12.05.1982	7	0
Lettow, Matthias	17.08.1983	21	2
Lettow, Thomas	02.04.1986	21	0
Pfefferkorn, Daniel	11.11.1988	21	2
Puhlmann, Michael	09.01.1984	1	0
Scholz, Patrik	08.05.1985	25	6
Sengespeick, Martin	T 07.12.1985	3	0
Szabo, Dirk	28.08.1979	18	0
Turhan, Murat	26.04.1987	8	0
Wedemann, Till	26.04.1986	23	8
Weidner, Jonas	29.05.1985	12	0
Zielke, André	15.07.1985	17	0
Eigentore			1
Trainer:			
Kahlisch, Ingo	05.08.1956	28	

FC Hansa Rostock II

Spieler	geb. am	Sp.	T.
Albert, Sebastian	26.02.1987	19	3
Bartels, Fin	07.02.1987	8	4
Beier, Danny	02.08.1987	15	0
Binder, Leon	24.03.1987	26	6
Buschke, Tom	29.02.1988	24	0
Dojahn, Felix	16.02.1986	22	1
Franke, Robert	23.03.1984	7	3
Freitag, Felix	12.08.1987	15	0
Grundmann, Hannes	19.07.1987	17	1
Gyaki, Ryan	06.12.1985	9	0
Hahnel, Jörg	T 11.01.1982	2	0
Hartmann, Michael	11.07.1974	3	0
Jänicke, Tobias	16.03.1989	22	3
Kerner, Andreas	T 05.09.1988	6	0
Kessler, Moritz	22.03.1985	3	0
Klandt, Patric	T 29.09.1983	12	0
Kocer, Guido	15.09.1988	24	9
Kremer, Max	21.06.1989	1	0
Kronholm, Kenneth	T 14.10.1985	7	0
Kühn, Patrick	19.03.1989	2	1
Lange, Clemens	23.04.1986	23	14
Lange, René	22.11.1988	22	0
Lukimya-Mulongoti, Assani	25.01.1986	13	1
Menga, Addy-Waku	28.09.1983	5	4
Pett, Martin	12.10.1986	23	1
Pieper, Fabian	25.03.1987	4	0
Pittwehn, Kay-Uwe	12.02.1989	3	0
Schied, Marcel	28.07.1983	8	9
Shapourzadeh, Amir	19.09.1982	3	2
Tüting, Simon	07.09.1986	24	13
Werk, Tobias	22.06.1988	1	0
Trainer:			
Finck, Thomas	11.08.1969	27	

Germania Schöneiche

Spieler	geb. am	Sp.	T.
Dingeldey, Lars	11.03.1979	22	5
Fiedler, Christian	10.05.1988	6	0
Fofie, Pascal	14.01.1982	11	4
Griebsch, Gordon	25.06.1989	25	0
Hoxha, Muhamet	12.07.1977	20	1
Huppert, Ronny	01.04.1974	25	0
Janke, Norman	01.09.1981	23	0
Karlsch, David	23.08.1984	22	0
Karras, Gordon	21.06.1982	5	0
Karras, Philipp	06.11.1986	2	0
Katt, Christopher	10.09.1979	17	0
Laube, Holger	19.05.1980	18	1
Mitscherlich, Paul	26.10.1983	25	0
Nowatzki, Enrico	25.08.1984	1	0
Paprotny, Sven	25.01.1990	5	1
Persich, Tom	25.09.1971	26	2
Placzek, Ronald	25.09.1988	8	1
Richter, Florian	T 19.03.1986	2	0
Riediger, Marcel	07.08.1980	16	1
Sänger, Marcel	05.07.1984	2	0
Sänger, Sascha	17.02.1989	1	0
Schlag, Thomas	05.11.1988	1	0
Schulz, Enrico	10.09.1988	3	0
Selimi, Nusret	15.08.1981	26	7
Stein, Thoralf	T 13.05.1979	26	0
Steinich, Sebastian	29.05.1987	7	1
Wigger, Jonas	22.01.1986	19	1
Eigentore			1
Trainer:			
Gottschalk, Maik	11.08.1964	27	

Torgelower SV Greif

Spieler	geb. am	Sp.	T.
Allert, Alexander	02.05.1980	23	5
Beck, Enrico	21.07.1976	2	0
Bernstein, Volker	02.06.1975	25	1
Bressel, Enrico	08.07.1987	16	0
Freyer, Michael	11.07.1987	28	4
Gritzan, Nick	25.03.1985	8	0
Grzegorczyk, Tomasz	13.03.1981	21	0
Gude, Christian	04.08.1980	6	0
Hamm, Danilo	03.12.1987	13	0
Harder, Philipp	26.11.1986	2	0
Jager, Robert	23.03.1981	28	5
Kotula, Michal	02.04.1980	22	2
Koziel, Radoslaw	22.05.1974	2	0
Markiewicz, Marcin	T 22.04.1974	27	0
Monteiro, José Carlos	20.04.1982	4	0
Oefele, Marcel	09.02.1983	15	0
Pankau, Daniel	14.04.1982	23	9
Schwerdtfeger, Michael	06.01.1984	22	0
Sikorski, Robert	19.01.1977	25	13
Simsek, Sami	01.08.1988	14	2
Trzaska, Pawel	05.08.1978	12	0
Vandir Haack, Jair	11.04.1982	24	2
Waterstraat, Erik	11.01.1988	14	0
Wilke, Dirk	T 24.11.1975	1	0
Trainer:			
Märzke, Eckart	07.12.1952	28	

Oberliga Nordost, Gruppe Süd

Pl.	(Vj.)	Mannschaft		Sp	S	U	N	Tore	TD	Pkt	Sp	S	U	N	Tore	Pkt	Sp	S	U	N	Tore	Pkt
				Gesamtbilanz							**Heimbilanz**						**Auswärtsbilanz**					
1.	(7.)	Hallescher FC	↑	30	19	6	5	50:21	+29	60	15	8	3	4	28:16	27	15	11	3	1	22: 5	36
2.	(2.)	Chemnitzer FC	↑	30	17	6	7	55:25	+30	57	15	11	2	2	33: 9	35	15	6	4	5	22:16	22
3.	(6.)	VFC Plauen	↑	30	15	8	7	47:33	+14	53	15	9	2	4	21:14	29	15	6	6	3	26:19	24
4.	(4.)	FC Sachsen Leipzig	↑	30	13	9	8	47:36	+11	48	15	6	7	2	26:15	25	15	7	2	6	21:21	23
5.	(14.)	FC Carl Zeiss Jena II		30	12	10	8	49:36	+13	46	15	6	6	3	28:18	24	15	6	4	5	21:18	22
6.	(12.)	VfB Auerbach		30	12	9	9	40:25	+15	45	15	8	3	4	28:11	27	15	4	6	5	12:14	18
7.	(↑)	1. FC Gera 03		30	13	5	12	47:50	−3	44	15	9	2	4	28:17	29	15	4	3	8	19:33	15
8.	(5.)	ZFC Meuselwitz		30	12	7	11	51:49	+2	43	15	8	3	4	32:21	27	15	4	4	7	19:28	16
9.	(10.)	VfB Germania Halberstadt		30	11	9	10	56:41	+15	42	15	7	5	3	32:20	26	15	4	4	7	24:21	16
10.	(↑)	SSV Markranstädt		30	12	6	12	41:38	+3	42	15	6	3	6	19:19	21	15	6	3	6	22:19	21
11.	(11.)	SC Borea Dresden		30	11	8	11	33:43	−10	41	15	9	3	3	20:15	30	15	2	5	8	13:28	11
12.	(3.)	FC Eilenburg		30	10	7	13	42:48	−6	34	15	7	3	5	24:21	21	15	3	4	8	18:27	13
13.	(8.)	FSV Budissa Bautzen		30	6	10	14	28:55	−27	28	15	4	6	5	13:21	18	15	2	4	9	15:34	10
14.	(9.)	FSV Zwickau		30	7	8	15	34:54	−20	26	15	3	5	7	18:26	14	15	4	3	8	16:28	15
15.	(13.)	VfB 09 Pößneck		30	5	7	18	23:58	−35	22	15	2	5	8	10:27	11	15	3	2	10	13:31	11
16.	(↑)	VfB 06 Sangerhausen	↓	30	4	7	19	19:54	−35	19	15	4	3	8	12:22	15	15	0	4	11	7:32	4

Der FV Dresden-Nord benannte sich am 06.12.2007 in SC Borea Dresden um.
Dem FSV Zwickau und dem Halleschen FC wurden wegen rassistischer Zurufe der Fans in den Spielen gegen den Chemnitzer FC bzw. dem FC Carl Zeiss Jena jeweils drei Punkte abgezogen.

Absteiger aus der Regionalliga Nord: keine.
Aufsteiger in die Regionalliga (neu): Hallescher FC, Chemnitzer FC, VFC Plauen und FC Sachsen Leipzig (Nord).
Absteiger in die Verbandsliga: VfB 06 Sangerhausen (Sachsen-Anhalt).
Aufsteiger aus den LL/VL: FC Rot-Weiß Erfurt II (Thüringen), FC Grün-Weiß Wolfen, 1. FC Magdeburg II (Sachsen-Anhalt), FC Erzgebirge Aue II und 1. FC Lokomotive Leipzig (Sachsen).

Oberliga Nordost Gruppe Süd 2007/08

	Hallescher FC	Chemnitzer FC	VFC Plauen	Sachsen Leipzig	Carl Zeiss Jena II	VfB Auerbach	1. FC Gera 03	ZFC Meuselwitz	Germ. Halberstadt	Markranstädt	Borea Dresden	FC Eilenburg	Budissa Bautzen	FSV Zwickau	VfB 09 Pößneck	Sangerhausen
Hallescher FC	×	0:2	0:2	2:1	1:1	1:1	1:1	4:1	2:1	0:1	2:0	4:1	3:1	4:1	0:2	4:0
Chemnitzer FC	0:1	×	1:1	3:1	3:1	0:0	3:0	3:1	1:2	2:1	5:0	1:0	3:0	2:0	3:1	3:0
VFC Plauen	0:0	2:1	×	2:0	1:2	2:0	2:1	3:1	2:1	1:3	0:2	1:0	1:1	0:2	2:0	2:0
FC Sachsen Leipzig	0:1	2:2	1:1	×	1:0	0:2	4:2	1:1	1:1	1:1	3:1	3:0	4:1	0:0	1:1	4:1
FC Carl Zeiss Jena II	0:0	1:1	1:3	3:4	×	1:0	5:1	4:2	0:0	0:0	2:2	1:1	3:2	1:2	4:0	2:0
VfB Auerbach	1:2	0:0	1:1	5:1	3:0	×	2:0	1:2	1:1	1:1	5:1	4:1	0:1	1:0	0:1	3:0
1. FC Gera 03	0:2	4:1	0:0	0:1	2:0	2:0	×	3:3	2:1	0:3	3:2	2:1	4:0	1:2	2:0	3:1
ZFC Meuselwitz	2:2	0:3	2:3	0:2	3:1	0:0	5:1	×	2:0	1:0	2:2	1:2	6:0	3:2	3:2
VfB Germania Halberstadt	2:1	2:3	2:2	2:0	0:4	2:1	5:1	3:0	×	3:4	1:0	2:2	0:0	1:1	7:1	0:0
SSV Markranstädt	0:1	1:1	2:2	0:3	0:2	1:2	0:1	2:1	3:2	×	0:0	1:2	2:0	3:1	2:1	2:0
SC Borea Dresden	0:1	1:0	0:5	2:1	0:0	1:1	1:0	0:2	1:0	3:1	×	3:1	2:0	2:0	2:1	2:2
FC Eilenburg	0:2	1:0	x:x	0:1	1:2	0:1	1:4	1:1	1:1	4:2	3:0	×	4:2	4:1	2:2	2:0
FSV Budissa Bautzen	0:3	0:2	2:1	1:1	1:1	1:1	1:1	0:1	0:4	1:0	1:1	1:3	×	2:2	1:0	1:0
FSV Zwickau	0:1	1:3	3:1	0:2	1:1	0:1	2:2	2:2	2:5	1:2	1:0	0:3	2:2	×	2:0	1:1
VfB 09 Pößneck	0:3	0:3	0:1	0:2	1:4	2:1	1:3	0:1	3:3	1:0	0:0	0:0	2:2	0:4	×	0:0
VfB 06 Sangerhausen	0:2	1:0	2:3	1:1	0:2	0:1	1:0	0:3	0:3	0:2	2:2	3:1	1:0	0:1	×

Das Spiel FC Eilenburg – VFC Plauen (1:0) wurde aufgrund des Spielabbruchs in der 76. Minute mit 0:2 für beide Mannschaften gewertet. Ein Zuschauer hatte den Schiedsrichterassistenten niedergeschlagen.

Torschützenliste:

Platz	Spieler (Mannschaft)	Tore
1.	Kellig, Steffen (Chemnitzer FC)	18
2.	Koch, Robert (SC Borea Dresden)	15
3.	Gasch, Sebastian (FC Eilenburg)	14
4.	Schuch, Marcel (VfB Auerbach)	13
5.	Miltzow, Sebastian (ZFC Meuselwitz)	12
6.	Mittenzwei, Christian (SSV Markranstädt)	12
7.	Janke, Marc (1. FC Gera 03)	11
8.	Kanitz, Nico (Hallescher FC)	11
9.	Sonnenberg, Steven (Chemnitzer FC)	11

Zuschauerstatistik:

Mannschaft	gesamt	Schnitt	Mannschaft	gesamt	Schnitt
Chemnitzer FC	46.370	3.091	Germ. Halberstadt	10.685	712
FC Sachsen Leipzig	42.866	2.858	Budissa Bautzen	10.595	706
Hallescher FC	30.324	2.022	SSV Markranstädt	10.383	692
VFC Plauen	21.197	1.413	FC Eilenburg	8.123	542
FSV Zwickau	20.572	1.371	FC Carl Zeiss Jena II	5.753	384
ZFC Meuselwitz	17.707	1.180	SC Borea Dresden	5.662	377
VfB Auerbach	11.862	791	VfB 09 Pößneck	4.386	292
1. FC Gera 03	11.096	740		268.663	1.120
VfB Sangerhausen	11.082	739			

Informationen zu den Qualifikationsspielen zur RL Nord und zu den Aufstiegsspielen zur OL Nordost finden Sie auf den Seiten 231/232.

VfB Auerbach

Spieler		geb. am	Sp.	T.
Berger, Rene	T	10.08.1978	3	0
Bley, Rene		23.01.1976	13	2
Dressel, Marcel		23.01.1988	16	1
Düring, Tobias		15.11.1986	27	2
Fröhlich, Daniel	T	13.08.1972	27	0
Gorschinek, Steve		06.01.1976	30	0
Köhler, Benjamin		30.06.1987	4	0
Pannach, Thomas		19.08.1980	26	4
Petrukhin, Vjacheslav		09.12.1984	3	0
Pfeiffer, Patrick		02.03.1983	1	0
Pfoh, Carsten		10.02.1984	28	4
Rose, Christian		19.08.1983	11	0
Saalbach, Markus		10.11.1983	27	0
Schmidt, Holger		18.06.1971	1	0
Schuch, Marcel		21.05.1985	29	13
Schuster, Daniel		27.11.1985	20	0
Schwarze, Andreas		09.01.1984	8	1
Tomoski, Borislav		21.09.1972	21	0
Vogel, Steffen		22.03.1983	27	1
Weigl, Marco		17.09.1982	29	2
Wemme, Mirco		20.02.1984	30	7
Wieland, Marcus		29.08.1974	25	3
Trainer:				
Dünger, Steffen		04.10.1967	30	

FSV Budissa Bautzen

Spieler		geb. am	Sp.	T.
Dietze, Sascha		23.02.1985	25	1
Dörry, Markus		30.03.1984	13	3
Fröhlich, Stefan		12.03.1978	30	0
Golbs, Martin		03.07.1985	15	0
Hausmann, Marcus		08.06.1980	24	3
Helcelet, Lukás		30.08.1980	16	6
Johne, Sven		23.02.1984	15	0
Kunisch, Marcus		09.04.1984	22	3
Michael, Knut		13.07.1977	10	0
Nuhs, Sebastian		23.09.1982	29	1
Pannach, Matthias		08.07.1978	13	0
Partzsch, Christian		21.07.1983	3	0
Rau jr., Horst		11.11.1986	28	1
Riedel, Robert		30.11.1984	19	3
Schaumkessel, Jens		11.12.1978	22	2
Schier, Stefan	T	15.12.1980	15	0
Sentivan, Miroslav		21.02.1976	27	1
Swirlik, Marcin		27.03.1984	15	2
Völker, Lucas		16.03.1988	17	1
Wochnik, Danny		05.02.1988	14	1
Ziechner, Andreas		24.09.1981	22	0
Zwahr, Christoph	T	05.07.1985	15	0
Trainer:				
Rau, Horst		09.01.1949	10	
Hain, Andreas		08.09.1963	4	
Hammermüller, Steffen		25.06.1966	16	

Chemnitzer FC

Spieler		geb. am	Sp.	T.
Adamu, Yakubu		04.10.1981	20	1
Bachmann, Felix		12.03.1986	27	2
Baumann, Mike		08.08.1984	18	3
Becker, Tobias		30.04.1986	27	1
Boltze, Benjamin		24.06.1986	13	2
Dörry, Markus		30.03.1984	2	0
Förster, Benjamin		14.11.1989	2	0
Großmann, Matthias		14.12.1975	26	4
Kellig, Steffen		04.02.1981	28	18
Klömich, Sebastian	T	22.12.1980	30	0
Kunert, Christian		04.08.1986	28	1
Löwe, Chris		16.04.1989	2	0
Müller, Anton		22.10.1983	11	0
Reinhardt, Julius		29.03.1989	19	1
Schimmel, Felix		11.06.1988	16	0
Schlosser, Marcel		08.08.1986	28	6
Schumann, Stefan		05.06.1984	12	0
Sieber, David		22.02.1987	18	2
Sinaba, Bakary		23.09.1983	10	1
Sonnenberg, Steven		22.10.1983	29	11
Thönelt, Sascha		21.05.1987	19	1
Troschke, Danny		09.01.1987	18	0
Wilke, Marcel		26.06.1989	1	0
Eigentore				*1*
Trainer:				
Vogel, Tino		30.05.1969	23	
Franke, Christoph		20.12.1944	7	

SC Borea Dresden

Spieler		geb. am	Sp.	T.
Bär, Silvio		15.03.1983	14	0
Balatka, Georg		26.07.1986	6	0
Böhme, Felix		12.08.1988	1	0
Boros, John		01.11.1989	5	0
Csik, Levente		25.09.1974	17	1
de Hurbal, Marcel Courtois		10.03.1986	1	0
Dengoue, Amand		13.08.1985	3	0
Faidt, Enrico		05.09.1989	6	0
Georgi, Jens		06.10.1979	18	0
Grätz, Phillip		11.04.1988	2	0
Hecht, Sebastian		21.12.1978	9	0
Heineccius, Philipp		09.02.1988	25	1
Hoppadietz, Gregor		11.09.1987	26	0
Jugo, Elvir		01.01.1979	28	2
Keller, Enrico	T	17.08.1978	29	0
Klippel, Christoph		02.11.1986	24	2
Koch, Robert		26.02.1986	27	15
Kolan, Martin		06.04.1985	30	0
Kühne, Rico		19.02.1982	28	2
Liebich, Mirko		07.07.1974	24	1
Paulus, Frank		07.09.1978	6	1
Pohl, Ronald		28.04.1980	4	0
Salewski, Maik		14.09.1989	8	0
Schikora, Phillipp		13.07.1988	10	0
Schindler, Falk		21.09.1978	28	5
Streiber, Martin		28.08.1981	20	3
Talke, Erik		03.11.1989	4	0
Teichmann, Norman	T	12.04.1983	1	0
Trainer:				
Gaunitz, Tino		31.10.1968	30	

FC Eilenburg

Spieler		geb. am	Sp.	T.
Ackermann, Daniel		29.07.1981	23	0
Baude, Daniel		14.03.1983	20	1
Becker, Norman	T	02.11.1975	15	0
Bernhardt, Daniel		01.06.984	30	3
Ferl, Daniel		19.03.1980	26	2
Fraunholz, Benjamin		28.08.1985	2	1
Gasch, Sebastian		08.10.1982	24	14
Haufe, Christian		17.09.1983	23	5
Hund, André		02.09.1971	1	0
Kilz, Armin		22.11.1987	17	0
Koark, Stefan		22.11.1987	1	0
Korb, Florian		08.01.1982	22	0
Kotzbau, Christian	T	04.03.1984	17	0
Linkert, Reimund		13.02.1983	22	2
Maruhn, Stefan		24.01.1984	15	2
Moritz, Sven		05.02.1979	29	2
Nolde, Marcel		19.06.1985	17	0
Polten, Mathias		07.01.1979	18	3
Preussner, Felix		26.09.1986	18	1
Sawetzki, Thomas		17.05.1981	21	0
Schmidt, Christian		08.05.1980	18	4
Seifert, Sebastian		10.09.1985	27	3
Trainer:				
Steffens, Joachim		24.07.1950	28	
Hänsel, Carsten		16.03.1983	2	

1. FC Gera 03

Spieler		geb. am	Sp.	T.
Ast, Marcel		15.08.1979	26	1
Bangemann, Frank		20.01.1982	2	0
Barich, Sebastian		19.09.1980	23	4
Bloß, Stefan		16.08.1975	29	2
Embingou, Rock Simplice		27.09.1968	27	4
Franz, Michael		21.09.1984	12	1
Friedrich, Tobias		05.12.1973	19	6
Fügemann, Chris		22.08.1986	2	0
Fuhrmann, Ronny		23.02.1977	28	0
Grossert, Florian		06.03.1985	28	4
Janke, Mark		07.07.1980	30	11
Neubert, Enrico		19.08.1981	20	0
Neumann, Christof		02.08.1987	8	0
Pfeiffer, Robin		17.03.1988	1	0
Raab, Andy		25.11.1981	12	0
Richter, Stefan	T	28.07.1983	26	0
Roß, Jens	T	25.03.1986	4	0
Sadlo, Mike		19.09.1971	23	5
Schlachta, Dmytro		22.03.1986	17	0
Schmidt, Christian		31.07.1986	12	0
Tews, André		03.01.1973	12	0
Tröger, Sascha		16.06.1987	16	1
Weißhaupt, Marco		24.06.1972	29	8
Winterkorn, Stefan		01.03.1983	6	0
Trainer:				
Quade, Nico		06.12.1974	30	

Germania Halberstadt

Spieler	geb. am	Sp.	T.
Banser, Fait-Florian	20.02.1982	27	10
Binsker, Felix	24.01.1986	20	3
El-Zein, Omar	12.08.1985	5	1
Gerlach, Enrico	15.11.1976	28	8
Gottwald, Randy	27.06.1978	25	3
Horst, Jens	31.07.1982	5	1
Hosenthien, Mario	05.06.1975	19	1
Kaczur, Björn	31.08.1979	2	0
Kischel, Sebastian	T 26.03.1982	27	0
Kopp, Alexander	12.05.1983	27	2
Kreibich, Timm	30.06.1980	2	0
Löffke, Daniel	T 01.12.1984	4	0
Luck, Andreas	08.12.1985	25	3
Pfeffing, Tony	25.10.1987	10	2
Plock, Steffen	14.11.1975	20	0
Pölzing, Nils	21.05.1984	29	1
Reitzig, Friedrich	08.07.1985	14	0
Riedel, Stefan	18.02.1985	13	0
Saalbach, Philipp	02.09.1988	25	0
Scharf, Ronny	03.09.1979	11	1
Sommermeyer, Andre	03.01.1985	28	8
Stefke, Lasdislav	02.09.1978	25	10
Ulrich, Martin	30.11.1988	5	0
Vandreike, Ingo	16.06.1975	14	1
Vranic, Sasa	05.04.1976	7	0
Eigentore			1
Trainer:			
Petersen, Andreas	17.06.1960	30	

FC Carl Zeiss Jena II

Spieler	geb. am	Sp.	T.
Allagui, Sami	28.05.1986	1	0
Amrhein, Patrick	20.10.1989	10	1
de Napoli, Patrick	17.11.1975	3	0
Dwars, Martin	T 17.12.1987	12	0
Eggemann, Dominik	04.03.1989	5	2
Fardjad-Azad, Pardis	12.08.1988	28	6
Fröhlich, Christian	27.10.1977	11	3
Gauder, Marcus	29.08.1983	5	0
Hansen, Niels	25.07.1983	2	2
Helbig, Sebastian	25.04.1977	2	0
Hoffmann, Marcus	12.10.1987	24	2
Holzner, Felix	04.06.1985	3	0
Jensen, Kasper	T 07.10.1982	2	0
Kolitsch, Richard	24.10.1989	2	0
Kraus, Daniel	T 11.05.1984	14	0
Kubirske, Stefan	26.04.1988	16	0
Kühne, Stefan	15.08.1980	1	1
Kuqi, Njazi	25.03.1983	1	1
Lazarevic, Aleksandar	30.07.1985	19	1
N´Diaye, Babacar	12.12.1973	2	1
Person, Christian	T 26.12.1980	2	0
Petersen, Nils	06.12.1988	12	5
Reuther, Danny	22.06.1988	30	1
Riemer, Marco	24.02.1988	20	4
Schmidt, André	01.02.1989	2	0
Schraps, Christian	03.03.1988	24	1
Spanier, Marian	01.01.1988	22	2
Stegmayer, Michael	12.01.1985	1	0
Steiner, Andy	23.05.1988	8	0
Tapalovic, Filip	22.10.1976	3	0
Teske, Robert	26.06.1988	18	0
Ullmann, Martin	11.12.1986	23	7
Wendler, Tobias	02.06.1987	27	0
Wuttke, Tim	15.08.1987	21	4
Ziegner, Torsten	09.11.1977	2	1
Zimmermann, Mark	01.03.1974	17	3
Eigentore			1
Team-Trainer:			
Junker, Michael	02.09.1968	30	

Hallescher FC

Spieler	geb. am	Sp.	T.
Benes, Jan	24.10.1982	24	2
Bergner, David	02.12.1973	19	1
Finke, Steve	24.11.1987	17	1
Görke, Thorsten	22.09.1976	26	6
Gröger, Alexander	25.04.1981	26	0
Guth, Norbert	T 05.04.1984	1	0
Hartmann, Marco	25.02.1988	4	0
Horvat, Darko	T 19.05.1973	30	0
Janecek, Milan	26.08.1979	14	6
Juraschek, Toni	06.11.1986	22	1
Kamalla, Christian	17.03.1983	14	0
Kanitz, Nico	13.05.1980	29	11
Kittler, Kevin	24.12.1981	25	7
Krug, Markus	17.09.1988	3	0
Kunze, Maik	08.03.1977	26	3
Neubert, Thomas	14.11.1980	14	6
Petrick, Michel	11.09.1981	13	0
Reich, David	06.02.1987	4	0
Segundo	12.10.1980	4	1
Seipel, Benedikt	12.06.1986	20	1
Shubitidze, Khvicha	31.08.1974	27	3
Stark, René	12.08.1980	24	1
Werner, Jens	01.03.1983	29	0
Trainer:			
Köhler, Sven	24.02.1966	30	

FC Sachsen Leipzig

Spieler	geb. am	Sp.	T.
Baum, Richard	14.01.1984	26	1
Berger, Fabian	25.08.1988	1	0
Breitkopf, Nico	03.12.1983	5	1
Breitkopf, Timo	22.11.1988	22	4
Dietrich, Mirko	03.10.1984	7	0
Gandaa, Norman Lee	06.01.1986	29	4
Garbuschewski, Ronny	23.02.1986	28	4
Gerber, Robert	22.04.1983	11	0
Heinze, Daniel	17.10.1987	27	5
Hempel, Kai	06.02.1987	22	0
Jovanovic, Borislav	T 23.07.1972	2	0
Köckeritz, Enrico	24.08.1985	21	0
Kühne, Matthias	27.09.1987	27	0
Lippmann, Daniel	T 30.03.1982	14	0
Möckel, Jens	21.02.1988	25	4
Oswald, Karsten	30.06.1976	22	1
Racanel, Catalin	23.09.1976	17	4
Reimann, Christian	28.11.1979	15	9
Richter, Markus	17.11.1977	11	0
Rozgonyi, Marcel	28.01.1976	24	0
Semmer, Tino	25.09.1985	28	10
Süssner, Steffen	T 26.09.1977	13	0
Twardzik, René	T 25.06.1970	2	0
Virag, Bela	12.04.1976	3	0
Trainer:			
Leitzke, Hans-Jörg	15.12.1960	24	
Breitkopf, Michael	14.09.1961	6	

SSV Markranstädt

Spieler	geb. am	Sp.	T.
Barth, Jonathan	20.10.1988	4	0
Genschur, Martin	28.09.1983	26	1
Genschur, Robert	24.10.1986	3	0
Heditzsch, Christian	26.08.1986	9	0
Hinz, Nico	T 01.02.1986	17	0
Hönemann, Thomas	20.12.1980	29	9
Kipping, Rico	22.12.1973	29	1
Klauß, Robert	01.12.1984	19	3
Klimas, René	T 03.08.1981	8	0
Krebel, Christian	13.07.1988	1	0
Krosse, Thomas	21.03.1978	1	0
Kujat, Ronny	05.08.1974	30	5
Meißner, Patrice	06.10.1981	29	0
Mittenzwei, Christian	30.11.1978	28	12
Müller, Frank	24.10.1986	20	2
Noguera, Roman	05.12.1987	2	0
Petzold, Patrick	04.08.1980	27	0
Räbsch, Frank	31.10.1975	20	0
Rudolf, Andreas	T 29.08.1987	5	0
Schaaf, Mario	28.03.1982	27	2
Steuernagel, René	29.04.1981	27	4
Weißenberger, Lars	18.09.1976	25	1
Werner, Martin	05.07.1982	18	0
Wille, Sebastian	07.07.1985	3	1
Trainer:			
Wentzel, Matthias	21.07.1970	30	

ZFC Meuselwitz

Spieler	geb. am	Sp.	T.
Bocek, Martin	14.12.1976	15	8
Bronec, Martin	16.07.1973	30	0
Chionidis, Charalampos	28.09.1987	1	0
Dimter, Sven	18.05.1979	28	3
Dix, Oliver	T 21.02.1980	22	0
Eckstein, Marco	T 09.10.1974	9	0
Elias, Petr	22.04.1983	15	1
Fischer, Robert	04.05.1984	21	1
Gemazashvili, Irakli	06.07.1977	17	0
Gerold, Christian	23.03.1984	2	0
Graf, Mirko	04.06.1982	27	5
Hebestreit, Ronny	09.01.1975	21	6
Hinze, Patrick	01.02.1986	14	1
Kotowski, Mirko	02.08.1980	24	1
Kwiatkowski, David	27.07.1979	19	1
Mees, Sebastian	30.09.1981	22	0
Miltzow, Sebastian	03.05.1978	25	12
Müller, Kai	03.05.1987	1	0
Pinder, Holm	21.03.1971	1	0
Scherz, Nico	14.01.1986	26	0
Selicha, Radek	12.09.1975	5	0
Weinert, René	22.09.1985	30	4
Weis, Carsten	18.01.1986	26	5
Weiß, Mario	28.06.1972	11	1
Eigentore			2
Trainer:			
Haese, Harald	04.03.1959	13	
Halata, Damian	08.08.1962	17	

VFC Plauen

Spieler	geb. am	Sp.	T.
Boden, Thomas	11.12.1977	24	0
Böhme, Robert	10.10.1981	26	5
Fahrenholz, Daniel	10.02.1980	22	1
Gillert, Sascha	19.01.1984	16	0
Heinisch, André	03.11.1984	8	1
Hildebrandt, Raik	09.03.1986	6	0
Hölzel, Marco	19.05.1972	26	0
Hoßmang, Martin	09.09.1986	27	1
Hujdurovic, Faruk	14.05.1970	27	3
Kubis, Sven	29.05.1975	25	6
Okrucky, Svetozar	T 11.01.1976	29	0
Pätz, Silvio	11.07.1979	22	0
Paulick, Carsten	20.05.1981	27	7
Risch, Thomas	19.06.1980	27	4
Schmidt, Patrick	T 14.06.1986	1	0
Schulze, René	12.10.1976	13	0
Soltau, Mirko	13.01.1980	22	2
Weigl, Jens	30.04.1986	1	0
Zapyshnyi, Andriy	08.04.1972	26	10
Zemlin, Manuel	23.01.1985	13	0
Zimmermann, Kai	10.01.1984	25	7
Trainer:			
Andreev, Hermann	28.01.1966	30	

VfB 06 Sangerhausen

Spieler	geb. am	Sp.	T.
Bäcker, Marcus	03.08.1988	29	0
Bölke, Christian	T 03.02.1983	21	0
Fährmann, Christian	05.10.1975	21	0
Gängel, Rico	27.08.1986	29	2
Gille, Marcel	12.11.1987	7	0
Glage, Philip	29.10.1988	22	1
Große, Marko	15.06.1971	14	0
Habichhorst, Michael	10.08.1984	9	0
Hartleib, René	T 26.03.1985	8	0
Herold, Steven	24.06.1988	22	0
Ivanow, Ivalylo	12.06.1984	15	4
Kalbus, Robert	11.10.1987	11	0
Klaus, Torsten	08.10.1984	9	0
Kortung, Björn	21.04.1986	4	0
Krüger, Axel	19.07.1981	22	0
Maherovych, Sergej	28.08.1975	20	3
Meyer, Andre	01.03.1980	30	3
Müller, Stefan	10.05.1985	1	0
Quidzinski, David	19.03.1985	18	1
Saenger, Jerome	07.02.1985	4	0
Schmidt, Sebastian	26.08.1986	29	2
Schneider, Frank	14.12.1971	22	0
Timpe, Lars	08.11.1986	8	0
Trautmann, Daniel	28.11.1975	29	3
Trautmann, Henri	T 14.03.1976	2	0
Trainer:			
Nemetschek, Bernd	17.08.1961	30	

VfB Pößneck

Spieler	geb. am	Sp.	T.
Bejnierowicz, Patryk	17.10.1982	1	0
Güttich, Markus	25.10.1988	9	0
Hemdane, Mohamed	01.01.1982	10	0
Hildebrandt, Raik	09.03.1986	14	0
Horn, Mirko	14.01.1985	28	1
Jockiel, Tobias	T 09.08.1986	9	0
Kowalik, Krzysztof	28.12.1971	9	0
Liebling, Uwe	27.02.1972	2	0
Matusewicz, Ernest	27.03.1985	14	0
Nemec, Petr	01.11.1971	9	0
Petzold, Markus	06.01.1988	22	1
Poßner, Sebastian	T 25.08.1989	1	0
Reichmann, Patrick	12.06.1987	1	0
Rode, Sascha	05.06.1988	20	1
Romaniuk, Tomasz	08.04.1974	9	2
Sawicki, Andrzej	19.09.1974	23	4
Schostock, Alexander	T 17.01.1985	1	0
Sinaba, Bakary	23.09.1983	14	4
Stronczynski, Jan	27.08.1982	14	0
Trübger, Immo	17.10.1986	28	5
Ulbrich, Thomas	26.04.1986	20	1
Ullrich, Franz-Aaron	03.03.1986	17	0
Urbansky, Michael	28.08.1981	18	0
Weichert, Christoph	21.01.1988	26	2
Werner, Rico	08.08.1986	3	0
Winterkorn, Stefan	01.03.1983	9	1
Wittke, Ricky	21.12.1988	17	1
Wohlfeld, Norman	T 25.09.1987	20	0
Wolter, Thomas	08.11.1979	13	0
Ziemann, Marc	20.02.1986	16	0
Trainer:			
Oevermann, Ullrich	17.11.1956	6	
Jähnisch, Marco	21.10.1968	2	
Reichmann, Uwe	23.08.1962	7	
Jähnisch, Marco	21.10.1968	6	
Köhler, Thomas	17.06.1967	9	

FSV Zwickau

Spieler	geb. am	Sp.	T.
Balg, Marcus	21.01.1987	5	1
Dräger, Danny	17.05.1986	1	0
Fährmann, Falk	T 12.02.1981	7	0
Freimann, Toni	05.01.1989	14	1
Fuchsenthaler, Alex	28.08.1980	26	5
Gasser, Michael	03.03.1987	6	0
Gleis, Alexander	26.11.1973	19	2
Hanke, Rico	04.08.1975	22	4
Jazwinski, Marcus	16.03.1986	13	1
Kallisch, Denny	T 08.08.1988	11	0
Köcher, Alexander	20.09.1974	29	0
Kubik, Vojtek	02.06.1983	15	1
Kunz, Stefan	14.08.1987	6	1
Lietz, Felix	19.04.1980	3	0
Meyer, Sebastian	31.12.1980	6	2
Moses, Danny	25.02.1982	28	6
Opitz, Andreas	18.07.1985	2	0
Römer, Robert	07.10.1985	16	0
Schmidt, Tom	08.09.1984	20	0
Scholze, Mario	25.08.1982	28	1
Sigmund, Martin	19.07.1982	12	2
Soukop, Michal	T 17.01.1985	13	0
Strobel, Maik	24.07.1986	25	0
Tiepelt, Marcel	24.01.1989	1	0
Trehkopf, Marcel	29.04.1982	26	3
Troche, René	20.11.1977	14	3
Trochocki, Matthias	01.12.1979	16	0
Zdrazil, Petr	19.11.1982	13	0
Eigentore			1
Trainer:			
Dietzsch, Heinz	08.08.1947	4	
Keller, Peter	22.06.1961	26	

Oberliga Westfalen

Pl.	(Vj.)	Mannschaft		Sp	S	U	N	Tore	TD	Pkt	Sp	S	U	N	Tore	Pkt	Sp	S	U	N	Tore	Pkt
				Gesamtbilanz							**Heimbilanz**						**Auswärtsbilanz**					
1.	(6.)	SC Preußen 06 Münster	↑	34	20	11	3	66-23	+43	71	17	10	6	1	35-10	36	17	10	5	2	31-13	35
2.	(2.)	FC Schalke 04 II	↑	34	20	7	7	56-31	+25	67	17	10	4	3	27-15	34	17	10	3	4	29-16	33
3.	(10.)	VfL Bochum II	↑	34	19	9	6	61-30	+31	66	17	10	3	4	31-14	33	17	9	6	2	30-16	33
4.	(8.)	VfL Sportfreunde Lotte	↑	34	16	12	6	62-35	+27	60	17	5	9	3	28-20	24	17	11	3	3	34-15	36
5.	(7.)	SC Westfalia Herne		34	16	9	9	55-34	+21	57	17	8	4	5	28-18	28	17	8	5	4	27-16	29
6.	(↑)	SV Schermbeck		34	13	12	9	46-43	+3	51	17	9	6	2	23-10	33	17	4	6	7	23-33	18
7.	(↑)	DJK Germania Gladbeck	↓	34	14	8	12	49-56	−7	50	17	8	3	6	25-29	27	17	6	5	6	24-27	23
8.	(14.)	Hammer SpVgg		34	14	7	13	43-44	−1	49	17	9	1	7	26-21	28	17	5	6	6	17-23	21
9.	(9.)	Delbrücker SC		34	13	9	12	47-42	+5	48	17	7	5	5	28-17	26	17	6	4	7	19-25	22
10.	(5.)	FC Gütersloh 2000		34	12	10	12	44-48	−4	46	17	8	3	6	26-23	27	17	4	7	6	18-25	19
11.	(3.)	DSC Arminia Bielefeld II		34	12	9	13	66-55	+11	45	17	7	2	8	32-27	23	17	5	7	5	34-28	22
12.	(12.)	SpVgg Erkenschwick	↓	34	12	7	15	49-54	−5	43	17	7	3	7	22-24	24	17	5	4	8	27-30	19
13.	(15.)	Rot-Weiss Ahlen II	↓	34	10	11	13	32-43	−11	41	17	6	6	5	17-24	24	17	4	5	8	15-19	17
14.	(13.)	Sportfreunde Oestrich-Iserlohn		34	10	7	17	52-68	−16	37	17	5	3	9	28-32	18	17	5	4	8	24-36	19
15.	(11.)	FC Eintracht Rheine	↓	34	8	9	17	39-58	−19	33	17	4	7	6	24-27	19	17	4	2	11	15-31	14
16.	(4.)	SV Lippstadt 08	↓	34	9	5	20	37-67	−30	32	17	3	4	10	20-38	13	17	6	1	10	17-29	19
17.	(↑)	SC Wiedenbrück 2000	↓	34	5	10	19	33-63	−30	25	17	4	7	6	24-28	19	17	1	3	13	9-35	6
18.	(↑)	TSG Sprockhövel	↓	34	3	8	23	29-72	−43	17	17	3	4	10	13-32	13	17	0	4	13	16-40	4

Die Oberligen Westfalen und Nordrhein werden zur NRW-Liga mit 19 Mannschaften zusammengefasst.

Absteiger aus der Regionalliga Süd: Sportfreunde Siegen (Insolvenz-Verfahren).
Aufsteiger in die Regionalliga (neu): SC Preußen 06 Münster, FC Schalke 04 II, VfL Bochum II und VfL Sportfreunde Lotte (West).
Einreihung in die neue NRW-Liga: SC Westfalia Herne, SV Schermbeck, Hammer SpVgg, Delbrücker SC, FC Gütersloh 2000, DSC Arminia Bielefeld II und Sportfreunde Oestrich-Iserlohn (DJK Germania Gladbeck und SpVgg Erkenschwick erhielten keine Lizenz und Rot-Weiss Ahlen II verzichtete).
Absteiger in die Westfalenligen: SC Wiedenbrück 2000, SV Lippstadt 08, FC Eintracht Rheine, Rot-Weiss Ahlen II, SpVgg Erkenschwick (Staffel 1), TSG Sprockhövel und DJK Germania Gladbeck (Staffel 2).
Aufsteiger aus den Verbandsligen: VfB Hüls (Staffel 1) und SG Wattenscheid 09 (Staffel 2).

Oberliga Westfalen 2007/08

	Pr. Münster	FC Schalke 04 II	VfL Bochum II	SF Lotte	Westfalia Herne	SV Schermbeck	Germ. Gladbeck	Hammer SpVgg	Delbrücker SC	FC Gütersloh	Arm. Bielefeld II	Erkenschwick	RW Ahlen II	Oestrich-Iserlohn	Eintracht Rheine	SV Lippstadt 08	SC Wiedenbrück	TSG Sprockhövel
SC Preußen 06 Münster	×	1:0	1:1	1:1	1:1	5:1	0:0	0:1	2:1	2:0	3:3	2:0	2:1	6:0	2:0	5:0	2:0	0:0
FC Schalke 04 II	0:3	×	3:1	0:2	3:1	1:1	2:1	3:1	1:2	0:0	1:1	2:1	1:0	1:1	2:0	2:0	2:0	3:0
VfL Bochum II	0:1	0:1	×	1:1	0:2	2:0	3:0	3:1	1:2	2:1	2:0	1:1	1:1	3:0	4:2	2:1	3:0	3:0
VfL Sportfreunde Lotte	1:1	2:2	1:2	×	0:0	1:1	1:1	1:1	1:1	5:1	1:1	3:2	0:1	2:2	0:1	3:0	2:1	4:2
SC Westfalia Herne	0:1	3:1	1:2	4:2	×	1:1	2:1	3:0	0:0	2:0	1:2	1:0	1:2	1:1	3:1	2:3	1:1	2:0
SV Schermbeck	0:0	0:1	1:1	1:1	0:2	×	2:1	2:0	1:1	0:0	3:0	2:1	1:0	2:0	3:0	1:0	2:0	2:2
DJK Germania Gladbeck	1:0	1:1	0:3	0:2	2:0	5:5	×	3:0	3:0	3:0	1:7	1:3	0:4	0:3	1:0	2:0	2:1
Hammer SpVgg	0:2	0:1	1:0	0:2	0:3	2:1	1:2	×	3:1	3:2	3:2	2:0	1:1	1:2	2:0	1:2	3:0	3:0
Delbrücker SC	0:2	4:0	1:1	3:1	1:0	5:0	0:0	0:2	×	1:1	0:4	2:2	1:1	4:1	0:1	0:1	2:0	4:0
FC Gütersloh 2000	2:0	0:1	1:2	1:4	1:1	3:2	2:0	0:1	2:1	×	4:6	2:2	1:1	5:1	2:0	1:0	1:0	2:1
DSC Arminia Bielefeld II	2:2	1:2	0:0	1:0	1:3	2:3	1:3	1:3	5:2	1:2	×	6:0	1:0	1:3	2:1	1:2	4:0	2:1
SpVgg Erkenschwick	2:5	2:1	0:2	1:3	0:3	1:2	4:1	1:1	1:0	0:1	1:1	×	0:0	2:3	3:1	2:0	2:1	1:0
Rot-Weiss Ahlen II	1:1	0:1	2:2	0:2	0:4	1:1	1:1	0:0	1:0	0:0	3:2	0:5	×	2:1	2:0	1:3	1:0	2:1
SF Oestrich-Iserlohn	1:3	0:4	0:1	1:2	2:2	2:0	3:4	2:1	2:2	1:3	2:0	1:2	0:1	×	4:1	5:1	0:3	2:2
FC Eintracht Rheine	2:4	0:0	0:1	1:3	1:3	1:1	2:3	2:2	0:1	1:1	0:0	2:2	1:0	3:0	×	2:1	1:1	4:3
SV Lippstadt 08	0:3	1:6	0:2	0:5	0:0	3:1	2:3	1:2	0:1	2:2	2:4	0:2	4:2	0:1	1:1	×	2:2	2:1
SC Wiedenbrück 2000	1:1	0:5	3:3	0:1	4:0	0:2	0:0	1:1	2:3	1:1	1:1	3:1	3:0	3:2	0:2	0:3	×	2:2
TSG Sprockhövel	0:2	1:2	0:5	0:2	0:2	2:1	1:3	0:2	1:2	1:3	0:0	0:3	1:0	0:6	1:1	0:0	5:0	×

Das Spiel TSG Sprockhövel – SC Preußen 06 Münster vom 28. Spieltag am 11.04.2008 fand in Hagen (Ischelandstadion) statt. Das Spiel VfL Bochum II – SC Preußen 06 Münster vom 30. Spieltag am 27.04.2008 fand im rewirpower-Stadion statt.

Torschützenliste:

Platz	Spieler (Mannschaft)	Tore
1.	El Nounou, Samir (VfL Bochum II)	26
2.	Böwing-Schmalenbrock, Philipp (SF Lotte)	24
3.	Fischer, Marcus (FC Eintracht Rheine)	19
4.	Janjic, Zlatko (DSC Arminia Bielefeld II)	15
5.	Courtoglu, Achilleas (SF Oestrich-Iserlohn)	14
6.	Badur, André (SC Westfalia Herne)	13
	Erzen, Michael (SC Preußen 06 Münster)	13
	Wiebusch, Raffaele (Delbrücker SC)	13
9.	Hackenfort, Rainer (SV Schermbeck)	12
	Setzke, Martin (SpVgg Erkenschwick)	12

Zuschauerstatistik:

Mannschaft	gesamt	Schnitt
SC Preußen Münster	76.309	4.489
FC Gütersloh 2000	17.510	1.030
Sportfreunde Lotte	14.630	860
SC Westfalia Herne	14.329	843
SC Wiedenbrück	13.580	799
FC Eintracht Rheine	12.985	764
SV Lippstadt 08	11.700	688
SpVgg Erkenschwick	11.306	665
Hammer SpVgg	10.880	640
Delbrücker SC	9.565	563
SV Schermbeck	9.187	540
VfL Bochum II	8.054	474
SF Oestrich-Iserlohn	7.850	462
Arminia Bielefeld II	7.476	440
FC Schalke 04 II	7.300	429
Germania Gladbeck	7.118	419
TSG Sprockhövel	6.230	366
Rot-Weiss Ahlen II	5.842	344
	251.851	823

Rot-Weiss Ahlen II

Spieler		geb. am	Sp.	T.
Aboutou, Pierre		11.10.1982	11	3
Akyüz, Samet		27.09.1988	21	2
Beckmann, Konstantin		02.07.1987	20	0
Brinker, Sascha		23.08.1982	24	2
Bulut, Hüseyin		02.12.1981	3	1
Celik, Ferdi		28.10.1984	7	0
Danilo, F.Evangelista de Souza		29.11.1983	25	2
Dotor-Ledo, Miguel		27.06.1989	3	0
Fischer, Florian	T	23.03.1988	3	0
Glöden, Oliver		14.05.1978	16	3
Hase, Thorsten		04.04.1989	1	0
Heithölter, Philipp		28.08.1982	3	2
Hennecke, Björn	T	04.06.1990	1	0
Kaminski, Marco		15.02.1984	21	2
Kaminski, Michael		15.02.1984	19	0
Kinscher, Adrian		05.03.1989	3	1
Kittner, Ole		15.10.1987	8	0
Kampe, Arne	T	10.07.1990	1	0
Kraus, Janis		03.10.1989	4	0
Krumpietz, Lukas		06.09.1981	19	2
Langerbein, Dirk	T	09.09.1971	3	0
Lausch, Dominik		14.06.1988	15	0
Lenz, Manuel	T	23.10.1984	1	0
Manstein, Tim		25.09.1989	3	1
Moor, Artur		19.12.1987	4	0
Nuß, Marvin		14.11.1989	2	0
Polzin, Björn		29.08.1986	9	0
Pürselim, Emre		29.04.1988	11	2
Reus, Marco		31.05.1989	1	1
Sahbaz, Mustafa		03.05.1986	13	3
Sahin, Deniz		08.08.1977	7	1
Sahin, Sefa		20.11.1980	30	0
Schade, Patrick		07.12.1989	1	0
Schawlochow, Konstantin		30.09.1978	30	1
Schmidt, Julian		11.03.1986	32	1

SC Preußen Münster

Spieler		geb. am	Sp.	T.
Aktas, Ahmed		16.09.1981	18	0
Antwerpen, Marco		05.10.1971	3	1
Brüggemeyer, Philipp		30.03.1988	4	0
Dede, Selcuk		02.01.1984	16	1
Endres, Peter		04.01.1984	3	0
Erzen, Michael		03.06.1982	32	13
Ivicevic, Ivica		19.06.1981	24	0
Joswig, Michael	T	13.06.1975	30	0
Kara, Mehmet		11.11.1983	34	11
Krause, Sven		19.01.1986	9	2
Lauretta, David		15.09.1983	30	3
Magos, Robert		25.07.1988	12	1
Matlik, Arthur		02.09.1977	30	0
Ornatelli, Massimo		17.01.1986	25	3
Özkara, Orhan		02.11.1979	24	4
Öztürk, Kurtulus		07.04.1980	22	0
Scherping, Timo		18.04.1988	23	7
Schulze-Niehues, Maximilian	T	11.11.1988	4	0
Seggewiß, Uwe		10.03.1980	25	2
Sowislo, Marius		14.11.1982	18	8
Talarek, Simon		08.07.1985	23	2
Wassey, Massih		18.06.1988	31	7
Wissing, Jens		02.01.1988	34	0
Eigentore:				1
Trainer:				
Schmidt, Roger		13.03.1967	34	

Fortsetzung Rot-Weiss Ahlen II:

Spieler		geb. am	Sp.	T.
Schoof, Sebastian		22.03.1980	2	0
Stahlberg, Martin		29.01.1985	1	0
Stutter, Marcel		06.03.1988	22	1
Tapu, Turgay	T	28.04.1982	25	0
Venker, Bernhard		20.09.1986	28	0
Wiemann, Michael		09.02.1987	9	0
Yerli, Yasin		06.05.1986	1	0

Delbrücker SC

Spieler		geb. am	Sp.	T.
Basdas, Ufuk		28.04.1985	13	1
Berhorst, Peter		29.03.1978	32	8
Capretti, Guerino		05.02.1982	32	3
Cirivello, Alex		20.06.1978	10	0
Dieks, Jürgen		02.03.1984	14	0
Erdogmus, Serdar		25.11.1986	30	3
Fulland, Florian		15.09.1984	27	3
Hansjürgen, Dominik		02.02.1982	27	2
Kirchhoff, Marco	T	01.05.1978	32	0
Kuhn, Ansgar		09.01.1978	29	1
Mückenhaupt, Manuel		30.09.1988	3	0
Niermann, Timo		31.01.1987	28	0
Plucinski, Patrick		14.07.1984	33	1
Richter, Daniel		10.09.1985	13	1
Riemer, Edmund		21.01.1985	14	0
Schmidt, Alexander		06.09.1983	10	0
Schröder, André		27.05.1988	20	0
Schwanebeck, Stefan		28.06.1985	8	0
Thiel, Marco	T	17.06.1976	2	0
Welker, Jan		20.11.1981	26	3
Wiebusch, Raffaele		19.03.1981	29	13
Wiens, Tobias		28.06.1982	11	0
Yildiz, Engin		05.03.1986	25	8
Trainer:				
Koch, Werner		30.11.1962	8	
Bode, Jörg		22.08.1969	26	

Spieler	geb. am	Sp.	T.
Yildiz, Mehmet Ali	25.09.1975	7	0
Eigentore:			1
Trainer:			
Christel, Manfred	12.05.1951	19	
Holtz, Wolfgang	25.04.1959	15	

SpVgg Erkenschwick

Spieler		geb. am	Sp.	T.
Allali, Zouhair		19.11.1981	30	5
Althaus, Marcel		27.04.1983	30	0
Baron, Christian		19.06.1984	9	1
Bönighausen, Max		19.09.1989	2	0
Brüggenkamp, Tim		20.03.1989	3	0
Bugri, Francis		09.11.1980	22	3
Eisen, Mirko		03.04.1985	1	0
Eisen, Nils		18.07.1987	32	1
Falkowski, Thomas		17.02.1983	9	0
Görrissen, Bastian	T	19.07.1983	1	0
Grieß, Mirko		21.02.1989	16	0
Höhle, Sascha		11.06.1983	32	6
Jörgens, Sebastian	T	21.04.1987	3	0
Kaczmarek, Julian		05.03.1988	16	0
Kasperidus, Philipp		30.01.1984	34	1
Kiral, Volkan		03.11.1983	15	2
Kurz, Pascal	T	13.07.1983	31	0
Maccauro, Rafael		12.11.1986	10	0
Özdemir, Gökhan		10,12,1983	15	4
Ostdorf, Timo		18.05.1986	4	0
Pelka, Maximilian		24.05.1988	2	0
Salissou, Emile		27.05.1982	6	0
Sawatzki, David		05.11.1986	19	1
Schmidt, Jan-Henrik		13.08.1982	20	0
Seidel, Daniel		10.03.1987	16	1
Setzke, Martin		10.08.1982	28	12
Thamm, Alexander		06.05.1983	18	4
Warncke, Dennis		04.07.1985	23	1
Westerhoff, Sebastian		14.11.1985	18	6
Wood, Markus		20.05.1984	11	1
Trainer:				
Wölpper, Manfred		29.11.1957	24	
Floßbach, Holger		18.10.1960	7	
Polfuß, Manfred		13.05.1954	3	

Germania Gladbeck

Spieler		geb. am	Sp.	T.
Abou-Saleh, Ali		23.12.1987	10	1
Akmisir, Sezer		13.09.1989	1	0
Alakazli, Cenk		19.09.1984	17	0
Alakazli, Olkan		24.06.1986	28	1
Aydin, Cetin		10.06.1970	25	0
Djuliman, Nedim		25.09.1985	33	3
Durdu, Irfan		16.01.1977	5	0
El Said, Mohammed Khaled		01.10.1988	12	0
Ersoy, Serit		15.11.1987	33	9
Ferreira, Marco		08.09.1980	10	2
Firat, Hakan		26.10.1987	15	1
Gökyesil, Özey		25.01.1982	20	0
Kamba, Hiannik		30.07.1986	9	0
Karabal, Levent		15.12.1985	4	0
Kratofiel, Stefan		21.04.1984	13	5
Mbaye, Ibrahima		31.10.1979	2	0
Menze, Dominik		06.09.1988	3	0
Mutluer, Kadir		10.10.1979	31	5
Özkaya, Ahmet		07.12.1979	30	2
Öztürk, Hikmet	T	31.07.1982	33	0
Poch, Sandro		21.07.1988	17	0
Puneßen, Kevin		10.11.1980	2	0
Rommel, Dennis		24.12.1986	16	4
Samorey, Daniel	T	12.09.1984	1	0
Senger, Sebastian		14.02.1984	11	0
Sicenica, Ante		05.04.1981	25	0
Siebert, Sascha		28.11.1977	14	7
Turhal, Savas		06.09.1981	34	0
Yavuzaslan, Engin		23.03.1981	4	0
Zeynullahu, Fisnik		16.05.1987	14	8
Eigentore:				1
Trainer:				
Naumann, Guido		14.04.1968	12	
Jankovic, Srdjan		03.02.1960	22	

SV Lippstadt 08

Spieler		geb. am	Sp.	T.
Aboutou, Pierre		11.10.1982	3	0
Afriyie, Kwaku		25.02.1987	2	0
Bakir, Murat		24.09.1987	12	0
Bamba, Musemestre		10.11.1971	9	6
Berwecke, David		01.03.1982	33	1
Cirivello, Salvatore		22.04.1989	1	0
Eickel, Handrik		25.04.1987	19	0
Engeln, Stephan		17.10.1989	8	0
Farke, Daniel		30.10.1976	6	1
Fastellini, Mauro		22.05.1979	10	3
Gal, Istvan		02.01.1975	15	0
Gutic, Mirsad		20.03.1978	27	3
Harder, Pascal		16.01.1988	15	0
Horz, Thorsten		03.07.1978	5	0
Hustadt, Dennis		22.08.1978	20	1
Issa, Issa		07.03.1984	33	9
Kushev, Petar		21.01.1971	27	0
Liesemann, Damian	T	05.07.1989	1	0
Mandic, Milos	T	20.05.1985	33	0
Nagorniewicz, Christian		12.06.1982	29	4
Neumann, Patrick		02.12.1980	32	1
Pahlke, Benjamin		16.06.1987	23	2
Pantke, Dennis		17.09.1989	6	0
Reckordt, Jürgen		24.01.1970	19	1
Ridder, Steve		29.12.1982	27	1
Telenga, Daniel		19.06.1985	30	4
Tuncel, Yilmaz		22.05.1989	4	0
Ugur, Mushin		21.11.1979	5	0
Veith, Sebastian		17.04.1982	11	0
Wurm, Tobias		31.03.1982	7	0
Trainer:				
Roggensack, Oliver		05.02.1963	19	
Moning, Sven		06.09.1972	12	
Wortmann, Holger		31.05.1967	3	

Arminia Bielefeld II

Spieler		geb. am	Sp.	T.
Addai, Jeffrey		12.05.1988	1	0
Ahanfouf, Abdelaziz		14.01.1978	2	4
Aigner, Stefan		20.08.1987	15	1
Akdeniz, Yusuf		21.08.1987	1	0
Althoff, Daniel	T	09.01.1988	1	0
Basdas, Ufuk		28.04.1985	4	0
Bluhm, Janos		27.03.1987	21	0
Böhme, Jörg		22.01.1974	1	0
Bollmann, Markus		06.01.1981	1	0
Fischer, Nils		14.02.1987	22	1
Gersch, Tore		10.03.1985	7	1
Halfar, Daniel		07.01.1988	5	1
Hohnstedt, Michael		23.05.1988	12	1
Janjic, Zlatko		07.05.1986	29	15
Jansen, Dominik		30.01.1982	13	0
Kalkan, Ihsan		13.05.1988	21	0
Kerr, Kevin		12.01.1989	1	0
Kirch, Oliver		21.08.1982	4	0
Kobylik, David		27.06.1981	14	4
Kocin, Umut		02.06.1988	10	5
Kollmeier, Frederic		10.01.1981	25	0
Marx, Thorben		01.06.1981	5	3
Masmanidis, Ioannis		09.03.1983	1	0
Rau, Tobias		31.12.1981	1	0
Riemer, Daniel	T	17.02.1987	33	0
Rodenberg, Maik		29.01.1989	9	0
Santos, Christian		24.03.1988	3	0
Scherning, Daniel		29.10.1983	14	8
Schmidt, Nils-Christian		01.05.1984	12	0
Stadel, Marcel		16.02.1987	25	0
Stark, Robert		06.11.1986	23	1
Tesche, Robert		27.05.1987	8	1
Trisic, Milko		22.01.1987	16	5
Turhan, Olcay		30.01.1988	11	1
Versick, Thilo		27.11.1985	27	10
Weber, Heiko		22.01.1987	10	1
Werner, Martin		18.02.1987	21	0
Zech, Oliver		31.01.1987	30	2

SC Westfalia Herne

Spieler		geb. am	Sp.	T.
Badur, André		15.07.1976	30	13
Baron, Danny		22.11.1984	2	0
Barton, Sven		20.08.1980	34	3
Baum, Michael		20.10.1980	34	4
Bautz, Oliver	T	22.07.1981	18	0
Behrend, Dominik		09.02.1983	15	6
Ditterle, Christopher	T	25.11.1988	16	0
Firat, Hakan		26.10.1987	13	0
Freyni, Sebastian		28.06.1988	12	0
Gebauer, Tim		25.10.1984	30	0
Gidaszewski, Dennis		08.12.1981	31	6
Intravaia, Damiano		22.02.1988	2	0
Kleine, Sebastian		25.11.1983	13	2
Kluy, Andreas		21.12.1983	25	0
Konarski, Dennis		25.05.1988	1	0
Mustroph, Mirko		12.07.1982	34	2
Neumann, Michael		27.11.1968	6	0
Oerterer, Stefan		25.03.1988	5	0
Salli, Szegin		19.07.1985	26	1
Seidel, Norman		17.08.1984	32	0
Tahiri, Arben		12.10.1977	27	9
Terzic, Edin		30.10.1982	34	8
Urban, Tobias		28.09.1981	14	0
Zeynullahu, Fisnik		16.05.1987	6	0
Eigentore:				1
Trainer:				
Schulz, Frank		18.12.1961	34	

Fortsetzung DSC Arminia Bielefeld II:

Eigentore:				1
Trainer				
Weber, Dr. Jörg		28.08.1965	18	
Dammeier, Detlev		18.10.1968	16	

SF Oestrich-Iserlohn

Spieler		geb. am	Sp.	T.
Axourgos, Stefanos		21.09.1988	2	0
Biehs, Benjamin		24.10.1989	6	0
Courtoglu, Achilleas		08.12.1979	29	14
Dolezych, Michael		27.08.1982	34	1
Goeseke, Björn		27.12.1979	6	0
Gökcek, Levent		08.03.1982	25	0
Hensel, Christian		07.01.1978	15	1
Huff, Manuel		04.07.1984	2	0
Jeger, Damian		19.03.1988	8	1
Juchum, André		04.07.1981	12	0
Kiral, Volkan		03.11.1983	11	1
Kut, Efrim		25.04.1981	7	0
Langenbach, Tim		19.03.1979	13	0
Limberg, Daniel	T	05.12.1980	28	0
Ochs, Torben		14.07.1988	2	0
Placzek, Sebastian		04.05.1981	19	5
Rothholz, Michael		25.08.1979	31	2
Sarisoy, Serafettin		24.03.1987	27	9
Scheerer, Lars		06.11.1978	23	1
Scholz, Markus	T	17.05.1988	6	0
Schweer, Niklas		17.07.1986	33	1
Sönmez, Ömer		12.05.1986	11	0
Spielmann, Christian		19.10.1979	26	4
Tabanoglu, Kan		29.11.1988	20	5
Tahri, Samir		26.09.1984	16	4
Tomaschewski, Mathias		14.03.1985	25	0
Tuysuz, Fatih		23.09.1988	26	1
Ünal, Ramazan		12.02.1989	1	0
Vollmerhaus, Stefan		28.03.1989	1	0
Eigentore:				2
Trainer:				
Ruhnert, Oliver		18.11.1972	12	
Langenbach, Tim		19.03.1979	22	

FC Gütersloh 2000

Spieler		geb. am	Sp.	T.
Avakhti, Gazwan		09.10.1980	4	0
Barton, Daniel		11.08.1987	29	9
Brinkmann, Tim		22.11.1978	34	0
Burger, Daniel		25.09.1984	27	1
Cömert, Erdem		27.03.1986	22	0
Eckel, Daniel		10.04.1980	32	2
Eckel, Manuel		13.12.1985	6	0
Eggert, Stephan		14.09.1988	14	0
Fiore, Giancarlo		02.07.1980	31	7
Fischer-Riepe, Lasse		27.06.1985	28	0
Groß, Pascal		05.11.1986	14	0
Hallé, Pierre Paulin		18.06.1981	28	8
Heinrich, Maximilian		07.03.1985	33	7
Hüttig, Robin		14.07.1987	3	0
Klöckner, Dennis		28.08.1987	12	1
Knappmann, Christian		19.03.1981	4	0
Kruse, Julian		21.01.1989	1	0
Kuschmann, Alexander	T	21.08.1979	30	0
Meyer, Dominik	T	07.01.1986	5	0
Müller, Arend		07.10.1985	5	0
Ndjock, Luc		04.09.1987	9	1
dos Santos, Daniel		08.03.1982	10	0
Savranlioglu, Mahir		07.08.1986	30	0
Schröder, Lars		11.08.1989	7	0
Smajic, Amir		22.08.1981	10	0
Warweg, Lennard		11.08.1988	30	7
Eigentore:				1
Trainer:				
Beckstedde, Alfons		13.03.1962	34	

Hammer SpVgg

Spieler		geb. am	Sp.	T.
Beavogui, Djavily		16.05.1986	1	0
Bella, Cyrille-Florent		11.06.1975	13	7
Bollmann, Maik		27.06.1988	20	0
Celik, Ferdi		28.10.1984	5	0
Degelmann, Steven		09.01.1983	34	2
Duda, Darius		24.05.1985	16	0
Dyballa, Sven		10.05.1986	30	5
Eckelt, Tim		24.12.1987	4	1
Gruszka, Marco		16.12.1975	32	5
Heinze, Sven		20.06.1978	1	0
Hietkamp, Robert	T	24.03.1980	22	0
Hoffmann, Janis		10.10.1983	33	1
Jurez, Waldemar		06.02.1986	28	4
Klein, Florian	T	02.01.1982	12	0
Kraus, Florian		14.08.1986	30	1
Krug, Sebastian		23.12.1984	15	0
Kuntz-Balepheteke, Charly		21.10.1983	24	5
Kunze, Mike		04.04.1980	24	0
Lanzendörfer, Kevin		09.02.1988	3	0
Metin, Haluk		22.01.1988	4	0
Nennhuber, Kevin		11.04.1988	12	0
Okic, Adnan		14.05.1986	4	0
Stein, Sebastian		22.03.1983	21	1
Stojkoski, Igor		05.01.1985	29	3
Tran, Thanh-Tan		11.08.1988	21	2
Werner, Christian		17.04.1984	31	7
Trainer:				
Stratos, Thomas		09.10.1966	34	

TSG Sprockhövel

Spieler		geb. am	Sp.	T.
Appiah, Marcel		26.03.1988	19	1
Aurich, Marco		12.03.1989	5	0
Balaika, Andrius		12.08.1978	20	0
Beckmann, Daniel		20.05.1976	27	2
Bednarski, Kamil		11.10.1985	30	6
Dudek, Rafael	T	28.12.1981	2	0
Fürguth, Markus		12.11.1989	2	0
Gavranovic, Daniel		27.06.1981	18	1
Gerling, Daniel		01.06.1982	14	0
Gorges, Karsten		17.07.1985	25	0
Hajra, Sinan		02.04.1986	32	5
Helfers, Jan		06.07.1989	1	0
Homann, Alexander		19.02.1981	27	3
Kerstiens, Michael		02.11.1983	27	0
Klinge, Martin		26.08.1977	3	0
Knieps, Patrick	T	28.04.1989	5	0
Kouam Kengne, Simon		01.01.1986	11	0
Kundrotas, Marius		24.03.1979	28	1
Lindenblatt, André	T	15.03.1978	29	0
Meister, Alexander		05.07.1986	30	1
Meister, Raoul		22.04.1988	32	2
Öztürk, Osman		24.12.1989	8	0
Schulz, Philipp		27.10.1986	31	1
Wartala, Henning		13.07.1988	3	1
Winczura, Lukas Adam		21.04.1987	30	0
Yeboah, Anthony		15.04.1976	10	3
Eigentore:				2
Trainer:				
Wasilewski, Robert		03.08.1971	34	

Sportfreunde Lotte

Spieler		geb. am	Sp.	T.
Barton, Marc-Oliver		01.08.1978	19	0
Bienemann, Christian		03.09.1982	30	1
Böwing-Schmalenbrock, Philipp		30.09.1982	33	24
Dondorf, Florian		15.08.1981	34	8
Figueiredo, Rafael		01.05.1985	16	2
Güraslan, Furkan		06.01.1987	34	7
Haverkamp, Nico		17.10.1987	2	0
Heger, Mirco		28.07.1981	19	0
Hozjak, Sven		18.03.1981	10	0
Klostermann, Maik		21.06.1988	1	0
Kreuzheck, Jan		28.05.1987	22	1
Langenstroer, Marcel		02.03.1982	26	0
Leimbrink, Stefan		06.06.1983	34	7
Lodter, Sebastian		12.03.1978	34	0
Pahlig, Jörg		30.11.1975	20	1
Piorunek, Thomas		27.07.1979	4	2
Poggenborg, André	T	17.09.1983	34	0
Rehers, Daniel		14.03.1981	19	1
Roth, Stephan		20.10.1981	1	0
Schiersand, Lars		14.02.1975	32	3
Schneider, Tom		30.06.1984	15	0
Schütte, Torsten		03.09.1977	23	2
Sloot, Stephan		06.01.1982	2	0
Urban, Tobias		28.09.1981	7	0
Eigentore:				3
Trainer:				
Bienemann, Klaus		19.12.1954	24	
Wölpper, Manfred		30.07.1958	12	

FC Eintracht Rheine

Spieler		geb. am	Sp.	T.
Aslani, Issuf		06.08.1983	6	0
Belombo, Bayamba		23.01.1981	18	0
Berk, Sebastian		15.08.1984	32	1
Brink, Daniel	T	18.08.1983	11	0
Brüning, Simon		29.09.1987	21	0
Bußmann, Christian		16.03.1989	3	0
Cool, Markus		03.11.1969	2	0
Da Costa, Nelson Miguel		13.08.1982	18	1
Fischer, Marcus		12.08.1980	33	19
Fleddermann, Björn		21.02.1985	24	0
Gieseler, Yannick		22.02.1984	25	1
Göl, Ali		13.07.1976	23	5
Kalaitzidis, Pantelis		26.06.1981	20	2
Klein-Reesink, Christoph		17.01.1977	27	2
Labo, Ousseini		11.06.1982	22	0
Löderbusch, Maximilian		04.07.1989	2	0
Osterhaus, Maik		01.01.1988	1	0
Rintelen, Michael		24.08.1982	26	0
Roling, Martin		06.11.1976	27	3
Sandtel, Torsten	T	05.05.1985	23	0
Schneider, Tom		30.06.1984	14	1
Schupp, Manuel		26.10.1984	10	0
Seiler, Stefan		06.07.1989	1	0
Siedler, Christoph		20.12.1984	24	3
Toylular, Suleyman		22.04.1988	1	0
Ungru, Michael		15.12.1987	22	0
Wersching, Markus		02.01.1982	27	0
Eigentore:				1
Trainer:				
Prüfer, Jürgen		17.04.1967	19	
Jürgens, Hans-Dieter		19.11.1953	15	

SV Schermbeck

Spieler		geb. am	Sp.	T.
Barisic, Andrew		22.03.1986	1	0
Basol, Samed		01.04.1987	11	0
Bendig, Pierre		16.09.1977	29	10
Cholewinski, Dirk		05.11.1970	14	0
Dirr, Oliver	T	30.07.1969	15	0
Esper, Sven		08.04.1981	8	0
Gerner, Thomas		16.01.1971	1	0
Hackenfort, Rainer		30.09.1983	33	12
Hahn, Sebastian		08.01.1986	31	1
Herzog, Pascal		07.05.1985	21	0
Herzog, Patrick		07.05.1985	11	0
Holtheuer, Mike		19.07.1983	18	0
Jansen, Benedikt		15.10.1988	8	0
Karabacak, Mesut		31.01.1987	7	0
Kaul, Alexander		26.01.1973	24	4
Konowski, Christof		06.03.1980	34	4
Köse, Yakub		27.08.1982	33	4
Milaszewski, Dominik		16.08.1985	20	2
Nachtwey, Christopher		10.11.1986	26	0
Nawatzki, Rainer		26.01.1984	24	0
Schröder, Stefan	T	08.03.1982	19	0
Talaga, Mirko		20.04.1985	29	1
Woberschal, Tim		15.08.1984	22	3
Zepanski, Stefan		16.12.1978	33	4
Trainer:				
Stroetzel, Martin		09.10.1963	34	

VfL Bochum II

Spieler		geb. am	Sp.	T.
Aydin, Mirkan		08.07.1987	14	2
Buchholz, David	T	05.08.1984	25	0
Duah, Jürgen		19.12.1985	31	3
El-Nounou, Sami		31.05.1979	32	26
Fabian, Patrick		11.10.1987	31	0
Grote, Dennis		09.08.1986	6	0
Güclü, Dilaver		20.02.1986	32	6
Höhn, Thiemo		07.02.1986	14	0
Ilicevic, Ivo		14.11.1986	4	2
Kalina, Christian		18.12.1987	9	0
Klinger, Daniel		25.02.1986	27	4
Luthe, Andreas	T	10.03.1987	8	0
Lyttek, Martin		13.09.1987	6	0
Mavraj, Mergim		09.06.1986	7	1
Meichelbeck, Martin		21.11.1976	1	0
Nimptsch, Marc-Andre		16.01.1985	26	1
Onucka, Marko		31.08.1988	9	0
Rademacher, Oliver		06.01.1987	4	0
Renno, René	T	19.02.1979	2	0
Sand, Marc		23.01.1988	16	0
Schmidtgal, Heinrich		20.11.1985	31	4
Schmitz, Lukas		13.10.1988	12	2
Schröder, Rouven		19.10.1975	31	0
Ucar, Suri		02.03.1985	18	2
Westerhoff, Sebastian		14.11.1985	12	5
Wölk, Kevin		28.05.1985	26	2
Yilmaz, Dennis		19.11.1986	3	1
Zajas, David		01.05.1983	31	0
Zavarise, Gianluca		28.07.1986	2	0
Trainer:				
Michaty, Nicolas		19.09.1973	34	

FC Schalke 04 II

Spieler		geb. am	Sp.	T.
Beckmann, Till		11.09.1979	6	0
Brendel, Marcel		18.05.1988	10	2
Can, Nurullah	T	01.05.1988	3	0
Dallevedove, Jakob		21.11.1987	13	1
Erkaya, Yalcin		10.01.1988	23	1
Fährmann, Ralf	T	27.09.1988	28	0
Fiore, Marco		02.02.1989	4	1
Grembowietz, Jens		02.02.1987	24	2
Gurzynski, Adrian		06.05.1985	25	7
Hasanbegovic, Nedim		22.04.1988	19	1
Heppke, Markus		11.04.1986	11	1
Höwedes, Benedikt		29.02.1988	13	0
Jäger, Marcel	T	10.01.1990	1	0
Kilian, Andre		18.05.1987	24	2
Kilian, Tim		18.05.1987	12	0
Kisyna, Kevin		09.02.1987	18	2
Köse, Osman		13.06.1988	9	0
Kraska, Philipp		22.01.1989	1	0
Kühn, Maurice		07.12.1988	29	4
Landgraf, Willi		29.08.1968	26	0
Latza, Danny		07.12.1989	1	0
Loose, Julian		17.05.1985	20	9
Lorenz, Marc		18.07.1988	29	6
Melchner, Christian		10.07.1990	2	0
Pachan, Marvin		11.04.1990	3	0
Pisano, Giuseppe		26.04.1988	24	5
Raczka, Damian		25.08.1987	26	1
Risser, Wilko		11.08.1982	30	4
Steinmann, Andreas		16.01.1984	3	0
Tapalovic, Toni	T	10.10.1980	3	0
Testroet, Pascal		26.09.1990	1	1
Thamm, Alexander		06.05.1983	15	5
Wassi, Dominique		08.08.1989	4	0
Wendel, Tim		12.01.1989	3	0
Zambrano, Carlos Augusto		10.07.1989	1	0
Eigentore:				1
Trainer:				
Büskens, Michael		19.03.1968	28	
Kmetsch, Sven		13.08.1970	6	

SC Wiedenbrück

Spieler		geb. am	Sp.	T.
Bortolozzo, Diego		19.09.1982	20	0
Büyükdag, Matei		02.11.1989	1	0
Castilla, Juan Carlos		17.01.1976	23	5
Dallmann, Matthew		09.03.1985	17	0
Fahrenwald, Lars		18.03.1979	5	0
Flock, Dirk		23.05.1972	31	3
Geffe, Marc		21.07.1976	1	0
Grewe, Thomas		27.09.1983	1	0
Grunwald, André		17.09.1981	3	0
Herrmann, Sebastian		03.01.1987	27	5
Hofbüker, Pascal		01.08.1983	11	0
Ivanovic, Josef		05.12.1973	6	0
Kaespohl, Marc	T	16.06.1979	18	0
Kapp, Florian	T	13.11.1987	1	0
Kilic, Bünyamin		14.02.1987	3	0
Knezevic, Alexander		28.04.1978	31	0
Kretschmer, Stefan		27.03.1983	32	1
Menzel, Pascal		29.06.1987	1	0
Orhan, Kamil		17.09.1984	19	0
Özdemir, Gökhan		10.12.1983	16	5
Röber, Pascal		09.09.1986	30	3
Scharpenberg, Frank		30.11.1971	31	1
Sommer, Björn		25.10.1988	2	0
Strickmann, Carsten		09.11.1983	32	0
Strysz, Michael	T	17.11.1982	16	0
Taner, Sonad		02.02.1979	19	1
Taverna, Giovanni		17.02.1973	20	3
Veith, Sebastian		17.04.1982	11	2
Walcott, Dominic		31.08.1986	4	0
Wieckowicz, Matthäus		01.01.1988	8	1
Zodrow, Christian		30.08.1978	25	0
Eigentore:				2
Trainer:				
Gessat, Jürgen		31.07.1963	11	
Scharpenberg, Frank		30.11.1971	1	
Brei, Dieter		30.09.1950	17	
Scharpenberg, Frank		30.11.1971	5	

Oberliga Nordrhein

Pl.	(Vj.)	Mannschaft		Sp	S	U	N	Tore	TD	Pkt	Sp	S	U	N	Tore	Pkt	Sp	S	U	N	Tore	Pkt
					Gesamtbilanz						**Heimbilanz**						**Auswärtsbilanz**					
1.	(↓)	Borussia Mönchengladbach II	↑	34	21	5	8	86-47	+39	68	17	12	3	2	55-25	39	17	9	2	6	31-22	29
2.	(↓)	Bayer 04 Leverkusen II	↑	34	19	9	6	62-31	+31	66	17	9	6	2	33-17	33	17	10	3	4	29-14	33
3.	(8.)	1. FC Köln II	↑	34	19	8	7	62-29	+33	65	17	11	3	3	34- 9	36	17	8	5	4	28-20	29
4.	(7.)	1. FC Kleve	↑	34	16	7	11	53-40	+13	55	17	9	4	4	29-16	31	17	7	3	7	24-24	24
5.	(6.)	ETB Schwarz-Weiß Essen		34	14	9	11	43-48	−5	51	17	6	8	3	20-15	26	17	8	1	8	23-33	25
6.	(3.)	SSVg Velbert		34	14	9	11	47-54	−7	51	17	7	4	6	26-28	25	17	7	5	5	21-26	26
7.	(5.)	MSV Duisburg II		34	14	7	13	74-62	+12	49	17	7	4	6	36-27	25	17	7	3	7	38-35	24
8.	(↑)	FC Germania Dattenfeld		34	13	10	11	42-34	+8	49	17	8	3	6	22-14	27	17	5	7	5	20-20	22
9.	(2.)	TSV Alemannia Aachen II		34	13	9	12	45-46	−1	48	17	9	2	6	28-18	29	17	4	7	6	17-28	19
10.	(4.)	Bonner SC		34	13	7	14	48-45	+3	46	17	6	3	8	23-21	21	17	7	4	6	25-24	25
11.	(↑)	Fortuna Düsseldorf II		34	13	7	14	49-53	−4	46	17	6	5	6	24-22	23	17	7	2	8	25-31	23
12.	(9.)	Wuppertaler SV Borussia II	↓	34	12	9	13	51-55	−4	45	17	9	4	4	31-21	31	17	3	5	9	20-34	14
13.	(10.)	KFC Uerdingen 05	↓	34	11	10	13	55-67	−12	43	17	6	4	7	32-34	22	17	5	6	6	23-33	21
14.	(11.)	TuRU Düsseldorf	↓	34	11	9	14	37-42	−5	42	17	5	4	8	15-22	19	17	6	5	6	22-20	23
15.	(15.)	VfB Homberg	↓	34	10	9	15	49-62	−13	39	17	6	4	7	31-31	22	17	4	5	8	18-31	17
16.	(14.)	VfB Speldorf	↓	34	8	6	20	42-69	−27	30	17	6	4	7	26-26	22	17	2	2	13	16-43	8
17.	(12.)	SV Bergisch Gladbach 09	↓	34	7	7	20	45-74	−29	28	17	6	2	9	25-31	20	17	1	5	11	20-43	8
18.	(13.)	SV 19 Straelen	↓	34	5	9	20	40-72	−32	24	17	2	6	9	28-35	12	17	3	3	11	12-37	12

SSG 09 Bergisch Gladbach hat sich im April 2008 in SV Bergisch Gladbach 09 umbenannt.
Die Oberligen Westfalen und Nordrhein werden zur NRW-Liga mit 19 Mannschaften zusammengefasst.

Absteiger aus der Regionalliga Nord: keine.
Qualifikation für die Regionalliga West (neu): Borussia Mönchengladbach II, Bayer 04 Leverkusen II, 1. FC Köln II und 1. FC Kleve.
Einreihung in die neue NRW-Liga: ETB Schwarz-Weiß Essen, SSVg Velbert, MSV Duisburg II, FC Germania Dattenfeld, TSV Alemannia Aachen II, Bonner SC und Fortuna Düsseldorf II.
Absteiger in die Verbandsligen: SV 19 Straelen, VfB Speldorf, VfB Homberg, TuRU Düsseldorf, KFC Uerdingen 05, Wuppertaler SV Borussia II (Niederrhein) und SV Bergisch Gladbach 09 (Mittelrhein).
Aufsteiger aus den Verbandsligen: Rot-Weiss Essen II (Niederrhein) und SC Fortuna Köln (Mittelrhein).

Oberliga Nordrhein 2007/08

	M'gladbach II	Leverkusen II	1. FC Köln II	1. FC Kleve	SW Essen	Velbert	Duisburg II	Dattenfeld	Aachen II	Bonner SC	Düsseldorf II	Wuppertal II	Uerdingen 05	TuRU Düsseld.	VfB Homberg	VfB Speldorf	Berg. Gladbach	SV 19 Straelen
Bor. Mönchengladbach II	X	1:3	5:3	4:2	2:2	2:4	3:3	4:0	2:0	1:1	6:3	3:0	6:0	2:1	4:1	5:0	2:0	3:2
Bayer 04 Leverkusen II	1:0	X	1:1	2:2	4:0	2:0	1:2	1:0	3:1	3:0	4:1	2:2	1:1	2:1	1:2	3:2	2:2	0:0
1. FC Köln II	2:1	0:0	X	0:1	2:0	4:0	3:1	0:2	4:0	0:1	1:0	3:1	1:1	0:0	1:0	2:0	5:1	6:0
1. FC Kleve	3:1	1:0	0:1	X	3:0	1:2	3:1	3:3	1:1	3:4	1:1	1:0	0:1	1:1	3:0	2:0	2:0	1:0
ETB Schwarz-Weiß Essen	2:1	1:0	1:1	0:2	X	1:1	4:1	0:0	0:1	1:1	2:0	2:2	1:1	2:1	0:0	0:1	1:0	2:2
SSVg Velbert	1:3	0:3	1:1	2:1	3:0	X	0:5	1:4	1:1	1:0	2:1	4:1	2:0	1:1	2:0	1:2	4:4	0:1
MSV Duisburg II	3:1	0:2	0:1	1:0	6:3	3:1	X	0:1	1:1	2:2	1:2	4:5	4:4	0:2	1:1	2:1	3:0	5:0
FC Germania Dattenfeld	1:1	3:0	0:1	1:3	0:1	2:0	1:0	X	3:2	0:1	0:3	1:0	2:0	0:1	0:0	4:1	0:0	4:0
TSV Alemannia Aachen II	1:2	0:1	2:0	0:1	3:2	4:0	1:0	3:1	X	3:2	0:2	1:0	0:2	2:3	5:1	0:0	2:0	1:1
Bonner SC	0:2	0:1	0:2	1:0	0:1	0:1	0:0	2:3	1:1	X	2:0	3:1	1:1	1:2	4:2	3:0	4:2	1:2
Fortuna Düsseldorf II	0:1	2:3	2:2	3:1	1:2	0:1	1:4	0:0	1:1	0:3	X	2:0	4:0	0:0	2:2	2:1	3:1	1:0
Wuppertaler SV Borussia II	2:3	0:0	1:0	4:1	0:3	1:1	2:3	1:0	2:1	2:2	4:1	X	4:1	1:0	0:1	3:1	3:3	1:0
KFC Uerdingen 05	0:3	1:4	2:2	3:0	1:3	1:1	2:3	1:1	2:2	1:2	0:1	3:1	X	2:4	3:2	4:2	2:1	4:2
TuRU Düsseldorf	1:4	0:0	1:3	0:0	1:0	0:2	3:2	0:0	0:1	2:0	0:1	0:0	1:2	X	0:2	3:2	2:1	1:2
VfB Homberg	0:2	1:4	1:2	1:3	5:1	3:3	0:4	1:1	1:1	1:0	2:3	1:1	3:1	2:4	X	2:0	5:1	2:0
VfB Speldorf	2:2	2:4	0:5	1:1	0:1	1:2	4:0	1:0	0:2	2:1	3:2	1:2	1:1	2:0	0:1	X	2:2	4:0
SV Bergisch Gladbach 09	1:3	2:1	2:1	0:4	1:2	1:1	2:4	1:1	0:1	2:3	1:2	1:2	1:4	1:0	3:1	5:1	X	1:0
SV 19 Straelen	2:1	0:3	1:2	1:2	1:2	0:1	5:5	1:3	6:0	0:2	2:2	2:2	1:1	2:2	2:2	1:2	X	

Torschützenliste:

Platz	Spieler (Mannschaft)	Tore
1.	Schuchardt, Lars (Bor. M'gladbach II)	23
2.	Polluk, Wojciech (Bonner SC)	19
	Podszus, Marcel (1. FC Kleve)	19
	Tosonuglu, Tufan (MSV Duisburg II)	19
5.	Abelski, Ben (Fortuna Düsseldorf II)	16
6.	Mölders, Sascha (MSV Duisburg II)	15
7.	Yilmaz, Birkan (VfB Speldorf)	14
8.	Karnay, Dalibor (Bonner SC)	13
9.	Hartmann, Moritz (1. FC Köln II)	12
	Schmidt, Dennis (Bayer Leverkusen II)	12
	Lartey, Mohammed (Bayer Leverkusen II)	12

Zuschauerstatistik:

Mannschaft	gesamt	Schnitt
KFC Uerdingen 05	22.965	1.351
1. FC Kleve	22.400	1.318
Schwarz-Weiß Essen	10.560	621
Germania Dattenfeld	10.211	601
SSVg Velbert 02	9.051	532
VfB Homberg	8.880	518
1. FC Köln II	8.680	511
Bor. M'gladbach II	8.578	505
Bonner SC	8.550	503
VfB Speldorf	8.450	497

Mannschaft	gesamt	Schnitt
Fortuna Düsseldorf II	8.325	490
Bayer Leverkusen II	7.815	460
TuRU Düsseldorf	6.175	363
SV 19 Straelen	5.777	340
Bergisch Gladbach	5.680	334
Wuppertaler SVB II	5.090	299
MSV Duisburg II	4.850	285
Alemannia Aachen II	4.582	270
	166.539	544

TuRU Düsseldorf

Spieler		geb. am	Sp.	T.
Agen, Jonas	T	16.11.1984	23	0
Akarsu, Samet		25.07.1988	11	2
Alasan, Julian		01.07.1988	7	1
Atualhi, Samet		07.03.1980	28	3
Ayranci, Sükrü		30.10.1980	14	3
Chovanec, Lubo		05.10.1980	15	0
Duffner, Tobias	T	05.12.1983	13	0
Elidrissi, Tahar		15.11.1978	26	2
Gashi, Adan		26.01.1978	20	0
Gensler, Andreas		13.09.1979	16	1
Greve, Florian		31.08.1982	34	2
Kizilaslan, Engin		09.08.1982	25	8
Lopez-Torres, Miguel		20.08.1982	31	6
Palac, Daniel		29.11.1986	2	0
Podlas, David		31.01.1988	25	5
Schulz-Winge, Stephan		13.09.1971	27	0
Seiter, Eric		13.02.1985	14	0
Sesterhenn, Marc		12.08.1980	30	0
Skrobisch, Ralf		03.01.1969	33	0
Uzunay, Can-Marc		07.07.1987	18	0
Wanneck, Stephan		25.12.1988	15	0
Weiß, Carsten		10.01.1982	19	2
Willems, Bernd		29.04.1981	18	2
Trainer:				
Benatelli, Frank		19.08.1962	34	

1. FC Kleve

Spieler		geb. am	Sp.	T.
Akpinar, Umut		14.05.1977	34	1
Behrendt, Patrick		22.10.1980	33	0
Borba, Ricardo		04.02.1983	19	1
Czesnik, Tobias		20.04.1985	8	0
Dehnen, Milan		02.12.1988	3	0
Eraslan, Erdal		17.09.1977	11	0
Geurtsen, Jeremias		07.01.1985	1	0
Goncalves, Patrick		01.02.1984	20	2
Güney, Oktay		06.09.1980	32	10
Jaliens, Maikel		20.04.1986	30	0
Klunder, Christian		18.11.1982	8	0
Koep, Benedikt		01.10.1987	22	2
Lopez-Perreira, Fabio		19.02.1979	6	0
Losing, Heinrich		25.02.1979	29	4
Mahr, Adrian		14.02.1983	32	7
Müller, Christoph	T	19.06.1975	34	0
Pastoors, Lutz		19.06.1975	9	1
Podszus, Marcel		20.08.1976	33	19
Psarris, Grigorius		06.07.1987	4	0
Sendag, Ercan		12.12.1983	22	0
Saudad, Fouad		23.11.1982	12	0
Stock, Timo		17.09.1981	13	0
Zeh, Mark		19.11.1983	34	5
Eigentore				1
Trainer:				
van Lent, Arie		31.08.1970	34	

VfB Speldorf

Spieler		geb. am	Sp.	T.
Aydin, Murat		14.10.1977	8	1
Blum, Michael		25.12.1988	34	2
Corvers, Kevin		17.08.1987	20	0
Degenhard, Dino		09.11.1977	10	2
Egler, Andreas		09.03.1976	15	2
Ferreira, Marco		08.09.1980	4	0
Flöth, Christian		26.05.1978	28	0
Gunkel, Thorben	T	04.01.1987	25	0
Janssen, Arne		16.03.1981	18	1
Kouam Kengne, Simon		01.01.1986	4	0
Kurt, Yasar		27.03.1971	9	0
Mansfeld, Andreas		08.08.1983	24	0
Makarchuk, Mykolai		10.02.1983	30	2
Nijhuis, Gregor	T	21.01.1978	8	0
Rentmeister, Michael		03.01.1983	8	0
Schmugge, Thorsten		13.10.1971	34	1
Sogolj, Almir		24.10.1983	33	9
Synowiecz, Rafael		06.09.1978	25	1
Tytartchuk, Sergej		07.10.1979	14	3
Ulrich, Christoph		13.03.1982	21	0
Vukadinovic, Dejan		26.04.1981	18	1
Werminghaus, Pierre		11.11.1985	1	0
Yilmaz, Birkan		29.03.1983	26	14
Zander, Richard		06.03.1986	21	1
Ziegler, Patrick		14.02.1985	29	2
Trainer:				
Janßen, Stefan		22.01.1970	34	

Alemannia Aachen II

Spieler		geb. am	Sp.	T.
Amachaibou, Abdenour		22.01.1987	17	3
Aslan, Serdar		15.02.1986	7	0
Brinkmann, Daniel		29.01.1986	2	0
Casper, Mirko		01.03.1982	2	0
Celik, Erdal		01.01.1988	8	0
Cozza, Domenico		18.01.1983	6	0
Gümüstas, Murat		24.04.1985	21	1
Haas, Felix		13.04.1988	28	1
Hajri, Enis		06.03.1983	10	0
Herzig, Nico		10.12.1083	2	0
Hohs, David	T	16.03.1988	30	0
Holtby, Lewis		18.09.1990	9	5
Junglas, Manuel		31.01.1989	1	0
Kaesberg, Patrick		08.10.1986	28	0
Kaiser, Nikola		01.01.1987	30	1
Karan, Burak		11.09.1987	2	0
Kolev, Todor		08.02.1980	2	0
Krontiris, Emmanuel		11.02.1983	6	0
Krumpen, Tim	T	28.11.1988	4	0
Lagerblom, Pekka		19.10.1982	1	0
Lambertz, Christoph		05.02.1988	10	0
Lewejohann, René		13.02.1984	2	0
Milijkovic, Emil		26.05.1988	28	7
Niewiadomski, Kamil		10.09.1986	32	3
Özgen, Abdulkadir		08.09.1986	33	10
Pawolka, Dominik		06.05.1987	19	0
Pecka, Lubos		19.02.1978	3	0
Plaßhenrich, Reiner		12.12.1976	2	0
Polenz, Jérome		07.11.1986	2	1
Popova, Faton		22.12.1984	17	7
Quotschalla, Marco		25.07.1988	19	2
Reghecampf, Laurentiu-Aurel.		19.09.1975	1	0
Sabaczinski, Thomas		11.02.1986	31	1
Schattner, Vladimir		12.01.1989	4	0
Schmied, Nico		10.05.1988	19	0
Schmitz, Raimund		08.01.1989	19	2
Stehle, Thomas		26.10.1980	2	0
Vukovic, Hrvoje		25.07.1979	7	0
Weigelt, Benjamin		04.09.1982	2	0

Schwarz-Weiß Essen

Spieler		geb. am	Sp.	T.
Acar, Sunay		29.08.1978	23	0
Barke, Björn		08.11.1985	18	0
Beka, Valon		13.03.1987	5	0
Caspers, Dirk		31.05.1980	15	0
Durmaz, Serkan		27.03.1986	10	0
El Hamad, Hassan		21.12.1987	7	0
Grallert, Björn		29.08.1981	31	1
Hupperts, Dennis		02.11.1979	27	2
Immanuel, Dominik		14.03.1984	4	0
Johns, Marcel	T	26.03.1985	33	0
Jost, Michael		26.10.1981	34	3
Katriniok, Markus		25.04.1972	26	9
Lekesiz, Bilal		24.04.1986	28	2
Ouro-Opko, Abdou-Nassirou		05.06.1982	31	9
Petereit, Christian		01.02.1984	11	0
Puschmann, Thomas		28.03.1973	14	0
Rietz, Thomas		24.04.1978	20	0
Ritz, Tobias	T	16.11.1984	2	0
Saracevic, Elvir		21.09.1973	32	4
Schikora, Tom		05.03.1984	32	2
Schulitz, Manuel		04.09.1986	9	0
Urbainski, Stephan		20.05.1975	12	0
Vladi, Herolind		12.12.1985	6	0
Wolf, Sascha		03.09.1971	29	10
Eigentore				1
Trainer:				
Bockholt, Fred		24.06.1943	3	
Kontny, Frank		21.12.1964	31	

Fortsetzung TSV Alemannia Aachen II:

Spieler		geb. am	Sp.	T.
Vukovic, Hrvoje		25.07.1979	7	0
Weigelt, Benjamin		04.09.1982	2	0
Eigentore				2
Trainer:				
Hengen, Thomas		22.09.1974	34	

Fort. Düsseldorf II

Spieler		geb. am	Sp.	T.
Abelski, Ben		19.09.1982	33	16
Ari, Erkan		14.06.1987	23	2
Asaeda, Ken		27.07.1983	28	3
Behlau, Michael		23.05.1988	17	1
van den Bergh, Lukas		07.09.1988	30	0
Böcker, Dirk		23.02.1976	24	0
Caspari, Christoph		06.08.1983	23	1
Cebe, Ahmet		02.05.1983	1	0
Christ, Marco		06.11.1980	1	0
Costa, Claus		15.06.1984	3	0
Czajor, Gabriel		27.03.1986	29	2
Dogru, Onur		03.02.1988	4	0
Donkor, Yome Frederick		26.01.1983	8	3
Duran, Fatih		28.02.1987	22	0
Eraslan, Erdal		17.09.1977	7	0
Gaus, Marcel		02.08.1989	2	1
Grote, Marcel	T	25.05.1983	3	0
Heidinger, Sebastian		11.01.1986	9	4
Hergesell, Fabian		25.12.1985	2	0
Kastrati, Bekim		25.03.1979	2	0
Klimczok, Marek		25.05.1979	16	2
Krecidlo, David		19.01.1984	8	1
Loukil, Farid		31.10.1985	5	0
Marzok, Lukas		01.02.1982	21	4
Nettekoven, Patrick	T	21.01.1987	23	0
Nounouh, Hassan		28.11.1980	23	3
Oburu, Juan Nsem		25.09.1984	16	1
Palikuca, Robert		24.05.1978	1	0
Pusic, Ivan		03.03.1985	12	1
Ratajczak, Michael	T	16.04.1982	8	0
Schwertfeger, Kai		08.09.1988	29	1
Spier, Adrian		11.01.1988	13	1
Stephan, Michael		22.05.1988	2	0
Tokmak, Tansu		17.02.1988	3	0
Wilczek, Daniel		24.01.1988	11	0
Zivic, Tomislav		07.08.1979	9	0
Eigentore				1
Trainer:				
Vucic, Goran		05.11.1969	34	

VfB Homberg

Spieler	geb. am	Sp.	T.
Aps, Manuel	03.03.1979	14	0
Aripek, Mithat	15.06.1987	5	0
Aydogmus, Ercan	22.08.1979	32	7
Bujok, Andreas	04.08.1970	22	0
Bicic, Edin	20.09.1977	4	0
Celik, Ümit	15.07.1986	25	2
Doric, Kenan	26.11.1984	11	1
Dovengerds, Timo	24.01.1984	6	0
Edu, Simon	28.01.1982	33	3
Giorri, Gianni	02.08.1980	33	1
Glenz, Marco	T 29.03.1985	9	0
Hinz, Christian	27.10.1979	30	6
Koncic, Benjamin	29.06.1985	12	6
Koncic, Nikola	29.06.1985	25	4
Kossenjans, Andreas	T 09.08.1973	23	0
Kuzmanovic, Bozo	20.12.1987	2	0
Kuzniarz, Kamil	05.07.1985	25	1
Neubert, Maurice	27.04.1988	1	0
Neue, Sascha	21.07.1988	6	2
Peters, Manuel	01.11.1983	10	0
Radtke, Sebastian	03.04.1983	21	8
Schulz, Björn	05.12.1981	12	2
Schneider, Stephan	12.03.1987	30	1
Steinke, Markus	17.10.1979	12	2
Tißen, Michael	10.01.1984	24	0
Weigl, Dominik	T 19.09.1987	3	0
Wranik, Manfred	20.02.1981	29	1
Yesil, Mehmet	09.05.1985	1	0
Eigentore			2
Trainer:			
Boris, Michael	03.06.1975	34	

Bayer Leverkusen II

Spieler	geb. am	Sp.	T.
Arslan, Kerim	24.03.1987	25	0
Callsen-Bracker, Jan-Ingwer	23.09.1984	2	0
Domaschke, Erik	T 11.11.1985	16	0
Dum, Sascha	03.07.1986	7	1
Falkenberg, Kim	10.04.1988	31	1
Faty, Ricardo	04.08.1986	8	1
Fernandez, Benedikt	T 08.01.1985	14	0
Giefer, Fabian	T 17.05.1990	1	0
Grischok, Paul	26.02.1986	13	0
Happe, Markus	11.02.1972	26	2
Hegeler, Jens	22.01.1988	31	3
Hettich, Alexander	11.03.1988	3	0
Kratz, Kevin	21.01.1987	3	0
Kurdov, Atanas	28.09.1988	26	10
Lakicevic, Slobodan	12.01.1988	21	3
Lartey, Mohammed	04.12.1986	30	12
Marquet, Sascha	07.11.1989	1	0
Naki, Deniz	09.07.1989	25	5
Reinartz, Stefan	01.01.1989	9	0
Scannewin, Robert	05.10.1985	31	2
Schauerte, Julian	02.04.1988	23	1
Schmidt, Dennis	18.04.1988	19	12
Schultens, Marius	07.10.1986	28	1
Schwegler, Pirmin	09.03.1987	1	0
Student, Adrian	18.03.1986	4	0
Thiel, David	T 28.07.1984	3	0
Touré, Assimiou	01.01.1988	3	0
Trick, Andreas	22.01.1988	11	0
Zieba, Maciej	24.01.1987	23	4
Trainer:			
Kirsten, Ulf	04.12.1965	34	

SSVg Velbert

Spieler	geb. am	Sp.	T.
Adomat, André	07.07.1987	7	0
Ballout, Benyounes	16.08.1979	29	1
Bestler, Michael	10.01.1972	29	1
Deuß, Patrick	T 26.09.1979	31	0
Dittrich, Oliver	16.04.1980	32	0
Dyballa, Marc	26.01.1984	4	0
Euler, Thomas	12.09.1977	8	0
Finnern, Christopher	10.11.1982	30	4
Heber, Tibor	06.03.1986	33	8
Kratofiel, Stefan	21.04.1984	12	6
Lungul, Erik	04.10.1989	1	0
Lyttek, Martin	13.09.1987	14	1
Nigbur, Daniel	20.10.1978	31	7
Rentmeister, Michael	03.01.1983	15	2
Reucher, Tino	29.10.1972	27	1
Sambou, Gerard	29.10.1984	23	1
Schulte, Nils	20.11.1987	31	3
Stegmann, Julius	03.08.1984	32	0
Thorwart, Florian	20.04.1982	32	0
Tokat, Suat	02.05.1987	17	5
Tumanan, Jeffrey	22.09.1987	29	4
Walker, Markus	30.12.1975	8	1
Waniek, Jürgen	T 31.05.1981	4	0
Winkel, Dominik		2	0
Winterpacht, Tobias	09.08.1979	14	0
Eigentore			1
Trainer:			
Weber, Achim	11.03.1969	10	
Grabotin, Dietmar	28.03.1959	4	

Bonner SC

Spieler	geb. am	Sp.	T.
Addai, Gordon	30.01.1982	33	2
Canizales-Smith, Maycoll	28.12.1982	15	2
Caspers, Dirk	31.05.1980	8	0
Celik, Mustafa	29.04.1985	1	0
David, Konstantinos	17.06.1988	12	0
Dembele, Kalife	13.09.1987	8	0
Devoli, Semir	03.12.1976	8	0
Dornbusch, Maximilian	03.03.1988	12	0
Farkas, Daniel	11.03.1988	4	0
Foukis, Ioanis	11.12.1976	21	1
Kacar, Mirhudin	04.11.1981	10	1
Karnay, Dalibor	03.07.1978	31	13
Konjevic, Alexander	17.10.1981	29	1
Lazarevic, Nenad	24.04.1981	4	0
Lekscha, Daniel	26.02.1989	2	0
Madueira, André	10.03.1984	16	0
Mayer, Frank	26.07.1977	16	2
Menningen, Fabian	T 01.11.1986	16	0
Moschny, Arkadius	19.06.1985	33	2
Niang, Adama	09.01.1975	34	0
Özkaya, Orhan	25.03.1978	28	2
Oventrop, Stefan	30.03.1987	18	1
Pelic, Vedran	01.10.1975	7	1
Pollok, Wojciech	25.06.1982	31	19
Ristau, Hilko	24.04.1974	11	0
Sima, Jiri	22.05.1979	17	0
Stevovic, Alexander	27.05.1985	1	0
Völzow, Sebastian	T 02.02.1983	18	0
Wagner, Adrian	25.07.1987	10	0
Eigentore			1
Trainer:			
Ebersbach, Oliver	10.07.1969	9	
Saric, Asif	15.01.1965	25	

Bor. M'gladbach II

Spieler	geb. am	Sp.	T.
Andersen, Kristoffer	09.12.1985	28	6
Baumjohann, Alexander	23.01.1987	4	1
van den Bergh, Johannes	21.11.1986	5	0
Can, Cengiz	03.09.1984	16	6
Colautti, Roberto Damian	24.05.1982	2	1
Compper, Marvin	14.06.1985	2	0
Demir, Adem	31.03.1987	33	10
Dorda, Christian	05.12.1988	14	0
Engelmann, Marc	T 11.02.1987	1	0
Fleßers, Robert	11.02.1987	13	1
Heubach, Tim	12.05.1988	17	2
Jacobs, Stephan	06.06.1987	8	0
Jansen, Julien	T 13.08.1989	2	0
Kacar, Mirhudin	04.11.1981	8	2
Karabulut, Tezcan	19.01.1988	20	1
Keseroglu, Abdullah	07.02.1088	12	0
Kniat, Michél	18.11.1985	14	0
Knoche, Benjamin	11.10.1987	19	0
Lamidi, Moses	05.01.1988	21	7
Levels, Tobias	22.11.1986	1	0
Löhe, Frederic	T 12.08.1988	32	0
Najemnik, Sven	T 07.09.1985	1	0
Puhl, Dennis	02.04.1984	15	1
Rafael, Nando	10.01.1984	1	0
Rubink, Tim	12.01.1988	21	1
Sahan, Olcay	26.05.1987	34	12
Schachten, Sebastian	06.11.1984	3	0
Schuchardt, Lars	28.07.1976	31	23
Seidel, Sören	10.10.1972	29	9
Stang, Oliver	26.06.1988	21	2
Svärd, Sebastian	15.01.1983	1	0
Tadrosse, Christopher	10.09.1985	31	1
Trainer:			
Wohlers, Horst	06.08.1949	34	

SV 19 Straelen

Spieler	geb. am	Sp.	T.
Attris, Muhamed	25.11.1986	2	0
Atulahi, Samet	07.03.1980	5	1
Berger, Kyle	04.07.1975	1	0
Bürk, Gerrit	13.06.1981	6	0
Clarke, Sebastian	05.06.1985	34	2
Ernst, Ronny	07.05.1976	24	0
Gbur, Marian	T 07.08.1984	21	0
Hollerieth, Achim	T 24.09.1973	6	0
Janz, Tim	29.07.1986	22	0
Kämpken, Jannik	23.01.1988	3	0
Lenders, Sander	26.01.1986	28	0
Levering, Denis	10.10.1986	26	3
Linssen, Marc	11.08.1982	1	0
Litimba Botomoito, Skito	07.07.1977	30	2
van Loenhout, John	24.04.1977	23	6
Ludwik, Sebastian	18.10.1984	20	0
Niestroj, Robert	02.12.1974	9	0
Oploh, Tim	18.06.1987	1	0
Peters, Heinz-Josef	28.05.1984	10	0
Pütters, Thomas	05.08.1985	13	4
Rabenhorst, Markus	11.02.1984	25	0
Rütten, Holger	15.08.1974	17	0
Schacht, Moritz	04.12.1987	13	2
Scherbe, Jörg	19.10.1977	14	1
Schmitz, Michael	19.08.1986	2	0
Schwarz, Mario	17.11.1981	27	7
Siberie, Richmar	24.03.1982	26	8
Szymaszek, Slawomir	T 08.12.1981	1	0
Urban, Mirko	28.09.1981	30	2
Witte, Florian	08.10.1988	1	0
Ziberi, Zudi	14.01.1989	20	1
Eigentore			1
Trainer:			
Tecklenburg, Hermann	16.04.1948	34	

Germania Dattenfeld

Spieler	geb. am	Sp.	T.
Bably, Felix	04.10.1982	27	4
Boll, Michael	02.08.1983	8	1
Cakiqi, Advan	05.05.1986	4	0
Cebulla, Mustafa	29.04.1985	8	0
Cift, Fatih	12.10.1981	7	0
Döpper, Frank	20.10.1971	22	4
Dworrak, Markus	23.01.1978	3	0
Gensler, Tobias	09.07.1982	12	0
Gillen, Maurice	T 20.12.1978	26	0
Glowacz, Manuel	29.09.1987	16	3
Hayer, Markus	18.08.1985	18	2
Hecht, Sebastian	04.12.1984	3	0
Honerbach, Sebastian	23.05.1978	6	1
Huijbregts, Thomas	09.02.1988	2	0
Jagusch, Sascha	08.08.1979	24	0
Jörgens, Jared	24.02.1985	29	2
Kepper, Dominik	05.01.1986	7	0
Kessel, Michael	28.08.1984	23	3
Manav, Ibrahim	10.12.1981	6	1
Meiß, Thomas	19.01.1977	26	8
Mukuna, Jimmy	23.04.1980	14	2
Mutlu, Serkan	07.06.1986	1	0
Prang, Patrick	01.11.1980	9	0
Reed, Michael	04.08.1982	32	2
Roth, Tobias	31.03.1981	32	0
Schoof, Sebastian	22.03.1980	14	3
Schroden, Frank	17.07.1983	28	0
Tschumakow, Eugen	02.04.1984	29	2
Voike, Markus	03.10.1975	34	2
Eigentore			1
Trainer:			
Werres, Hermann-Josef	10.04.1958	34	

MSV Duisburg II

Spieler	geb. am	Sp.	T.
Altenbeck, Andreas	01.04.1988	10	1
Aygün, Necat	26.02.1980	3	1
Beuckert, Sven	T 12.12.1973	8	0
Bodzek, Adam	07.09.1985	3	1
Boland, Mirko	23.01.1987	25	1
Book, Nils-Ole	17.02.1980	3	2
Demirel, Serdar	18.01.1988	18	1
Geiger, Dennis	30.06.1984	32	0
Göcke, Christian	05.06.1987	32	2
Grund, Kevin	14.08.1987	31	2
Gündüz, Bülent	01.01.1988	14	2
Herzog, Marcel	T 28.06.1980	10	0
Jürgens, Sven	T 23.09.1986	16	0
Lehmann, Kevin	22.05.1989	2	0
Löber, Marcel	02.07.1988	13	0
Messina, Germain Tiko	29.04.1990	1	0
Mölders, Sascha	20.03.1985	19	15
N'Doum, Georges	31.07.1985	18	0
Neumayr, Markus	26.03.1986	19	12
Öztürk, Tanju	26.07.1989	1	0
Schütze, Marcel	22.01.1989	2	0
Seiffert, Christopher	14.02.1987	25	0
Stegmann, Niklas	02.07.1987	29	5
Terodde, Simon	02.03.1988	7	5
Theißen, Sven	24.10.1988	18	0
Tosunoglu, Tufan	22.07.1988	29	19
Weber, Christian	15.09.1983	1	0
Willi, Tobias	14.12.1979	1	0
Windges, Manuel	17.12.1986	30	4
Wolters, Carsten	25.07.1969	33	1
Trainer:			
Steffen, Horst	03.03.1969	34	

SV Berg. Gladbach 09

Spieler	geb. am	Sp.	T.
Bajic, Marion	20.11.1988	3	0
Balduan, Tobias	31.10.1977	31	9
Brüggemann, Uwe	29.08.1983	28	3
Dreiner, Andreas	25.10.1988	25	0
Dreiner, Christopher	11.11.1987	1	0
Eumann, Max	27.02.1986	15	2
Fischer, Daniel	25.02.1980	33	2
Hartmann, Florian	11.05.1987	1	0
Heineke, Jörn	17.06.1975	30	2
Hollstein, Sebastian	09.11.1984	8	0
Honerbach, Sebastian	23.05.1978	5	1
Kasprzik, Adam	T 05.05.1987	13	0
Kath, Andreas	T 30.11.1988	9	0
Kwoczala, Martin	27.07.1983	21	1
Lindenberg, Denis	15.07.1988	7	0
Marino, Claudio	03.02.1986	23	0
Maslar, Hayrettin	09.06.1988	15	4
N'gongang, Yves	22.09.1977	11	1
Osei, Richard	10.08.1985	20	4
Pütz, Thorsten	05.11.1981	20	1
Ramadani, Hasan	01.06.1981	28	3
Scheel, Carsten	T 29.03.1982	13	0
Scheiner, Jürgen	11.08.1983	9	1
Schnickmann, Peter	29.03.1984	4	0
Sieah, Ahmad	25.11.1980	13	1
Steinhausen, Frank	16.01.1978	14	0
Volkert, Bastian	30.11.1982	32	6
Welter, Klaus	24.02.1981	18	0
Wermes, Norman	12.02.1989	3	0
Werner, Linus	10.03.1985	19	2
Eigentore			2
Trainer:			
Leese, Lars	18.08.1969	34	

1. FC Köln II

Spieler	geb. am	Sp.	T.
Bacher, Sven	29.091988	1	0
Bahcecioglu, Yohannes	26.02.1988	20	0
Bauer, Tim	25.04.1988	17	0
Cullmann, Carsten	05.03.1976	24	1
Eßer, Dennis	20.04.1985	7	0
Gataric, Dalibor	18.05.1986	25	0
Gataric, Danijel	18.05.1986	14	1
Glowacz, Manuel	29.09.1987	6	0
Grebe, Daniel	03.03.1987	15	0
Hartmann, Moritz	20.06.1986	34	12
Jansen, Sebastian	10.11.1987	3	0
Kessler, Thomas	T 20.01.1986	17	0
Kraus, Thomas	05.04.1987	10	1
Laux, Marius	07.02.1986	33	10
Müller, Roland	T 02.03.1988	9	0
Niedrig, Michael	12.01.1980	34	2
Nottbeck, Lukas	22.10.1988	31	8
Parensen, Michael	24.06.1986	34	2
Pezzoni, Kevin	22.03.1989	4	0
Poremba, Dominik	T 14.02.1987	7	0
Schlösser, Christian	15.07.1985	18	6
Schöneberg, Kevin	24.08.1985	2	0
Schulz, Gustav	27.06.1985	19	1
Schwellenbach, Stefan	17.03.1985	31	3
Temur, Mahmut	08.10.1989	2	0
Vunguidica, José Pierre	03.01.1990	1	0
Wunderlich, Mike	25.03.1986	32	13
Yalcin, Taner	18.02.1990	3	0
Zielinsky, Sebastian	22.10.1988	20	0
Eigentore			2
Trainer:			
Schaefer, Frank	16.10.1963	34	

Wuppertaler SVB II

Spieler	geb. am	Sp.	T.
Aksoy, Bulut	25.10.1987	5	1
Altin, Sahin	17.07.1987	15	0
Dogan, Hüzeyfe	01.01.1981	6	9
Fudala, Paul	05.01.1987	19	1
Habl, Andreas	04.08.1984	28	0
Hähner, Dustin	12.01.1986	10	0
Hammes, Jan	02.02.1985	16	2
Heinzmann, Dirk	20.10.1977	12	4
Herman, Patrick	03.06.1987	3	0
Kohlhaas, Andreas	01.03.1987	16	0
Kreil, Björn	T 03.03.1983	1	0
Lejan, Michael	02.05.1983	4	0
Litjens, Thomas	22.08.1984	2	0
Maizi, Nassim-Daniel	15.09.1987	21	0
Malura, Dennis	20.06.1984	6	2
Marten, Lars	23.03.1984	18	0
Mehnert, Björn	24.08.1976	32	2
Michalsky, Sebastian	25.11.1983	24	1
Mombongo-Dues, Freddy	30.08.1985	11	3
Nallbani, Fidan	25.05.1986	11	0
Narewsky, Marc-André	14.07.1978	10	0
Neppe, Marco	14.06.1986	12	0
Nikolic, Marko	09.02.1989	1	0
Öztürk, Tolga	07.08.1979	12	1
Oppermann, Lucas	28.08.1986	2	0
Pasiov, Ramiz	03.02.1988	11	1
Rahmann, Matthias	27.11.1984	17	0
Reichwein, Matthias	21.02.1986	2	0
Rivera Cerezo, Adwin Jorge	21.02.1982	25	6
Samulewicz, Sascha	T 21.03.1986	20	0
Schulp, Dennis	18.01.1978	10	2
Stuckmann, Michael	01.09.1979	2	1
Tavarez, Jean-Louis	04.04.1972	22	4
Uelker, Ferhat	22.06.1988	28	5
Völzow, Sebastian	T 02.02.1983	13	0

KFC Uerdingen 05

Spieler	geb. am	Sp.	T.
Amione, Federico	03.09.1984	26	8
Daftari, Said	26.11.1984	28	0
Dione, Ousseynou	25.03.1973	19	0
Dudek, Peter	10.03.1988	7	0
Ehrhard, Markus	14.07.1976	20	0
Gojtowski, Simon	16.06.1986	4	0
Heller, Stephan	21.06.1979	15	1
Karachristos, Alexander	07.04.1987	25	0
Kegel, Sven	24.05.1981	34	1
Knappmann, Christian	19.03.1981	13	4
Kohout, Ales	03.01.1972	24	2
Kyei, Michael	07.10.1984	14	3
Manske, Mike	17.07.1979	25	7
Mendy, Matthew	13.06.1983	33	3
Möllering, Christopher	T 17.04.1987	29	0
Özkaya, Onur	02.11.1989	5	0
Okereke, Simon	02.10.1988	12	0
Policella, Gustav	14.09.1975	14	2
Salonen, Tuuka	28.02.1977	29	6
Schnier, Patrick	05.05.1985	24	5
Selke, Sebastian	T 22.02.1974	6	0
Teke, Özkan	06.12.1986	21	0
Velardi, Luciano	20.08.1981	33	9
Wedau, Marcus	31.12.1975	11	1
Eigentore			2
Trainer:			
Berge, Klaus	04.10.1961	10	
Ristic, Aleksandar	28.06.1944	24	

Fortsetzung Wuppertaler SV Borussia II:

Spieler	geb. am	Sp.	T.
Wiwerink, André	15.10.1980	4	0
Zaskoku, Fatlum	30.09.1987	22	3
Eigentore			1
Trainer:			
Tumani, Ayan	02.10.1971	34	

Oberliga Südwest

Pl.	(Vj.)	Mannschaft		Sp	S	U	N	Tore	TD	Pkt	Sp	S	U	N	Tore	Pkt	Sp	S	U	N	Tore	Pkt
						Gesamtbilanz							Heimbilanz						Auswärtsbilanz			
1.	(2.)	1. FSV Mainz 05 II	↑	34	24	4	6	87-22	+65	76	17	14	3	0	47- 9	45	17	10	1	6	40-13	31
2.	(↓)	1. FC Kaiserslautern II	↑	34	21	5	8	64-26	+38	68	17	10	2	5	29-12	32	17	11	3	3	35-14	36
3.	(3.)	VfR Wormatia Worms	↑	34	21	5	8	59-28	+31	68	17	13	3	1	38-13	42	17	8	2	7	21-15	26
4.	(5.)	SV Eintracht Trier 05	↑	34	19	10	5	61-30	+31	67	17	12	4	1	36-12	40	17	7	6	4	25-18	27
5.	(↓)	1. FC Saarbrücken		34	19	8	7	70-34	+36	65	17	9	5	3	41-15	32	17	10	3	4	29-19	33
6.	(10.)	Borussia VfB Neunkirchen		34	20	4	10	48-24	+24	64	17	11	2	4	30-14	35	17	9	2	6	18-10	29
7.	(4.)	FC 08 Homburg/Saar		34	13	11	10	49-41	+8	50	17	9	5	3	28-16	32	17	4	6	7	21-25	18
8.	(7.)	SpVgg Eintracht GC Wirges		34	14	8	12	47-47	0	50	17	5	4	8	23-29	19	17	9	4	4	24-18	31
9.	(8.)	SC Hauenstein		34	12	10	12	47-52	−5	46	17	8	7	2	27-19	31	17	4	3	10	20-33	15
10.	(↓)	FK 03 Pirmasens		34	12	9	13	48-49	−1	45	17	7	6	4	32-26	27	17	5	3	9	16-23	18
11.	(↑)	SC Idar-Oberstein		34	12	6	16	47-54	−7	42	17	10	1	6	32-20	31	17	2	5	10	15-34	11
12.	(↑)	SV Roßbach/Wied		34	10	11	13	41-53	−12	41	17	6	6	5	26-26	24	17	4	5	8	15-27	17
13.	(11.)	TuS Mayen		34	10	7	17	51-59	−8	37	17	7	4	6	30-26	25	17	3	3	11	21-33	12
14.	(14.)	TuS Mechtersheim		34	10	7	17	53-76	−23	37	17	5	2	10	24-38	17	17	5	5	7	29-38	20
15.	(↑)	Sportfreunde Köllerbach		34	8	7	19	35-69	−34	31	17	5	2	10	18-27	17	17	3	5	9	17-42	14
16.	(12.)	SV Rot-Weiß Hasborn-Dautweiler		34	8	4	22	30-64	-34	28	17	5	2	10	12-19	17	17	3	2	12	18-45	11
17.	(13.)	SG Eintracht Bad Kreuznach	↓	34	4	10	20	27-86	−59	22	17	2	5	10	13-37	11	17	2	5	10	14-49	11
18.	(9.)	FV 07 Engers	↓	34	5	2	27	26-76	−50	17	17	3	1	13	14-32	10	17	2	1	14	12-44	7

Absteiger aus der Regionalliga Süd: keine.
Aufsteiger in die Regionalliga (neu): 1. FSV Mainz 05 II, 1. FC Kaiserslautern II, VfR Wormatia Worms und SV Eintracht Trier 05 (West).
Absteiger in die Verbandsligen: FV 07 Engers (Rheinland) und SG Eintracht Bad Kreuznach (Südwest).
Aufsteiger aus den Verbandsligen: SG 06 Betzdorf/Sieg, SG Bad Breisig (Rheinland), SVgg 07 Elversberg II, SV Mettlach (Saarland), SV Niederauerbach und SV Alemannia Waldalgesheim (Südwest).

Oberliga Südwest 2007/08

	FSV Mainz 05 II	Kaiserslautern II	Wormatia Worms	Eintracht Trier	Saarbrücken	Bor. Neunkirchen	FC 08 Homburg	EGC Wirges	SC Hauenstein	FK 03 Pirmasens	Idar-Oberstein	SV Roßbach	TuS Mayen	Mechtersheim	SF Köllerbach	SV Hasborn	Bad Kreuznach	FV 07 Engers
1. FSV Mainz 05 II	×	2:1	1:0	3:2	3:0	1:0	2:0	0:0	5:0	0:0	4:1	3:0	4:1	3:2	10:0	3:0	1:1	2:1
1. FC Kaiserslautern II	2:1	×	1:0	0:0	0:2	1:0	2:0	0:1	4:0	2:1	2:1	0:1	1:1	4:0	3:0	1:2	1:2	5:0
VfR Wormatia Worms	1:0	1:0	×	0:0	2:0	0:0	2:1	1:1	3:1	2:1	2:0	2:0	2:0	5:6	2:1	3:1	7:0	3:1
SV Eintracht Trier 05	2:1	2:1	1:0	×	1:3	1:0	3:1	2:0	2:1	0:0	1:0	1:1	3:1	1:1	2:2	4:0	5:0	5:0
1. FC Saarbrücken	2:1	1:1	0:1	1:1	×	0:1	1:1	1:1	3:1	6:1	3:1	1:1	2:0	3:0	5:0	2:3	7:0	3:1
Borussia VfB Neunkirchen	0:3	0:3	0:1	3:0	2:2	×	2:0	1:0	2:1	1:0	2:0	2:0	2:0	6:0	1:1	1:0	1:2	4:1
FC 08 Homburg/Saar	2:1	0:0	2:1	1:1	1:1	0:1	×	2:0	1:0	1:2	0:0	0:1	4:2	1:1	3:0	4:2	4:2	2:1
SpVgg Eintracht GC Wirges	0:5	0:3	1:2	3:2	1:2	0:1	0:0	×	0:0	0:2	2:2	3:1	3:1	0:2	1:1	4:1	3:1	2:3
SC Hauenstein	0:3	1:5	0:0	2:2	3:1	1:0	2:2	1:1	×	2:0	1:1	2:0	0:0	4:3	0:0	5:1	2:0	1:0
FK 03 Pirmasens	2:1	1:3	1:1	1:1	0:4	3:1	3:3	1:2	3:1	×	0:2	2:2	2:2	1:1	2:0	2:1	3:1	5:0
SC Idar-Oberstein	0:6	1:2	1:0	2:1	2:3	0:1	2:0	3:0	0:0	3:1	×	2:0	4:1	0:1	4:1	3:0	5:1	2:0
SV Roßbach/Wied	0:4	1:1	3:1	0:2	0:0	1:1	2:3	2:3	2:2	1:0	1:1	×	2:1	2:3	2:0	1:0	2:2	4:2
TuS Mayen	1:1	0:2	1:4	0:3	2:1	2:1	1:1	0:2	4:2	1:2	5:0	4:0	×	2:2	1:4	1:1	4:0	1:0
TuS Mechtersheim	0:5	2:5	1:3	0:2	0:1	0:2	3:2	0:2	0:2	1:2	3:1	2:2	2:1	×	2:4	3:3	3:1	2:0
Sportfreunde Köllerbach	0:1	1:2	1:0	0:0	1:2	0:1	2:0	1:4	0:2	1:1	1:2	0:3	0:5	2:0	×	4:1	1:1	3:1
SV Rot-Weiß Hasborn-Dautweiler	0:1	0:2	0:2	1:3	1:2	0:1	0:1	0:1	3:2	1:0	1:0	2:0	0:2	0:0	3:1	×	0:0	0:1
SG Eintracht Bad Kreuznach	1:4	1:2	0:3	0:2	0:2	0:5	0:0	1:3	1:3	0:3	2:2	1:1	1:0	0:5	1:1	4:1	×	0:0
FV 07 Engers	0:2	0:2	1:2	1:2	0:3	0:2	0:4	2:3	0:2	1:0	4:1	0:2	1:3	4:2	0:1	0:1	0:0	×

Torschützenliste:

Platz	Spieler (Mannschaft)	Tore
1.	Bolm, Christian (VfR Wormatia Worms)	17
2.	Hajdarovic, Hazif (1. FC Saarbrücken)	16
	Hornig, Florian (Mechtersh. 11, Saarbr. 5)	16
4.	Schikora, Stephan (TuS Mayen)	15
5.	Müller, Christian (SV Eintracht Trier 05)	14
6.	Amani, Khaibar (1. FSV Mainz 05 II)	13
	Benkler, Rudolf (SC Hauenstein)	13
	Esch, Thomas (EGC Wirges)	13
	Hentschke, Holm (SV Eintracht Trier 05)	13

Zuschauerstatistik:

Mannschaft	gesamt	Schnitt
1. FC Saarbrücken	79.000	4.647
SV Eintracht Trier 05	35.028	2.060
Wormatia Worms	28.541	1.679
Bor. Neunkirchen	21.516	1.266
FC 08 Homburg	19.533	1.149
FK 03 Pirmasens	18.830	1.108
SC Idar-Oberstein	16.309	959
SF Köllerbach	14.165	833
SV RW Hasborn	13.450	791
1. FC Kaiserslautern II	9.310	548
1. FSV Mainz 05 II	9.202	541
SC Hauenstein	6.980	411
TuS Mechtersheim	6.465	380
TuS Mayen	5.694	335
EGC Wirges	5.650	332
SV Roßbach	5.371	316
FV Engers 07	4.632	272
Eintr. Bad Kreuznach	4.600	271
	304.276	994

SV Rot-Weiß Hasborn

Spieler	geb. am	Sp.	T.
Böhmer, Sebastian	19.10.1989	1	0
Dewes, André	02.11.1984	26	6
Dörr, Pascal	06.06.1983	32	8
Feid, Jörg	29.05.1981	32	6
Frank, Christian	02.06.1986	34	1
Fuhl, David	30.10.1987	12	0
Henkes, Jörg	T 05.04.1978	31	0
Hero, Christian	08.02.1989	25	2
Holz, Thomas	08.08.1985	34	0
Jäckel, Marco	19.01.1978	5	0
Krämer, Fabian	01.01.1988	24	0
Lauer, Peter	20.10.1987	8	0
Oberhauser, Andreas	21.08.1989	4	0
Petry, Pascal	20.03.1982	34	0
Radic, Nikola	15.10.1986	12	0
Rohrbacher, Bernd	15.09.1965	19	4
Schirra, Manuel	15.11.1983	27	2
Stumpf, Dominik	04.02.1987	6	0
Stutz, Jan	03.05.1988	31	1
Thurnes, Jens	T 23.02.1986	4	0
Tzitzkov, Ivan	19.09.1978	15	0
Wollscheid, Philipp	06.03.1989	18	0
Zimmer, Mathias	01.04.1989	23	0
Trainer:			
Rohrbacher, Bernd	15.09.1965	34	

SF Köllerbach

Spieler	geb. am	Sp.	T.
Abazadze, Dimitri	22.05.1972	19	1
Angel, Benjamin	29.04.1985	28	1
Bakhtadze, Davit	01.07.1978	30	12
Belhouchat, Nadir	16.04.1984	34	2
Benghrebid, Mohamed	16.03.1985	30	1
Bigvava, Melori	17.01.1968	29	3
Bonsu, Japhet	27.03.1986	2	0
Büchel, Christoph	T 11.08.1981	19	0
Czeremuszynski, Miroslaw	04.10.1971	19	0
Da Silva, Zé Mario Brito	30.11.1984	24	1
Dynus, Sebastian	04.07.1988	9	1
Haddar, Oliver	08.01.1978	2	0
Jung, Marco	29.02.1988	24	1
Jung, Sascha	29.02.1988	12	1
Kabashi, Feyzullah	23.02.1984	21	0
Karidja, Xhavit	03.08.1987	29	2
Magno, Daniel	08.12.1978	26	0
Morabit, Smail	05.07.1988	26	7
Penth, Timo	05.08.1985	30	2
Reeb, Jörg	06.01.1972	20	0
Rohrbacher, Kay	03.03.1987	16	0
Schäfer, Jan	T 02.01.1988	15	0
Trainer:			
Kneip, Markus	28.10.1967	19	
Nehren, Jörg	24.01.1957	15	

SV Eintracht Trier 05

Spieler	geb. am	Sp.	T.
Bidon, Julian	22.10.1990	3	0
Bradasch, Erwin	08.01.1981	22	4
Dingels, Michael	04.01.1986	29	5
Fuhs, Fabio	10.08.1988	5	0
Hartung, Sebastian	06.12.1981	32	1
Hentschke, Holm	19.08.1980	31	13
Hesslein, Andreas	26.05.1987	13	2
Krause, Marc	08.03.1984	14	0
Krempchen, Michael	08.09.1986	6	0
Kühne, Johannes	02.05.1988	9	0
Lacroix, Kevin	13.10.1984	25	2
Malchow, Stefan	30.09.1981	33	3
Milak, Alen	23.05.1984	24	1
Miletic, Pero	T 22.07.1983	3	0
Müller, Christian	17.01.1981	33	14
Müller, Dominik	19.04.1987	23	1
Rakic, Andy	01.12.1980	31	2
Schäfer, Lars	27.08.1982	30	3
Schneider, Ulrich	T 02.10.1981	32	0
Schottes, Markus	26.03.1987	21	1
Touré, Moussa	22.12.1988	3	0
Traoré, Malik	21.01.1987	13	2
Wittek, Thorsten	31.12.1976	30	7
Trainer:			
Weiß, Werner	09.02.1952	34	

FV Engers 07

Spieler	geb. am	Sp.	T.
Blum, Sebastian	12.09.1987	1	0
Böhmer, Michael	20.01.1988	15	0
Cevik, Dogan	21.06.1987	6	0
Cift, Fatih	12.01.1981	12	0
Debus, Daniel	T 17.08.1978	26	0
Dworrak, Markus	23.01.1978	7	2
Faye, Jerome	28.10.1986	1	0
Hammes, Alexander	14.10.1984	6	0
Hertlein, Pascal	30.12.1982	10	2
Ilgin, Hakan	13.04.1986	26	1
Kern, Sergej	27.09.1979	10	1
Kesikci, Nahsen	10.09.1988	18	1
Keuler, Carsten	30.08.1971	16	0
Kley, Michael	05.04.1987	14	0
Kling, Waldemar	23.04.1987	9	0
Krause, Marc	08.03.1984	18	2
Kulaksiz, Cesi	27.02.1980	5	0
Lauer, Benedikt	25.04.1984	16	1
Leppin, Daniel	17.03.1979	33	1
Lohrum, Jan	06.09.1987	25	0
Lovric, Filip	18.01.1988	17	2
Ohlef, Dennis	31.01.1989	6	0
Olck, Norman	26.11.1982	6	3
Rutkowski, Andreas	01.06.1988	8	0
Saal, Michele	15.01.1980	16	2
Sasic, Marko	16.06.1981	24	2
Schäfer, Marc	30.03.1987	15	1
Schneeweis, Mario	09.10.1985	27	2
Splettstößer, Daniel	T 05.08.1986	7	0
Stein, Karsten	T 19.09.1971	5	0
Ströter, Chris	07.12.1979	31	2
Tan, Gökhan	12.10.1987	15	0
Warga, Zoltan	07.03.1976	4	1
Weilberg, Steffen	14.03.1987	6	0
Zegiri, Bakir	06.04.1989	2	0
Trainer:			
Wagner, Günter	14.06.1951	9	
Finkler, Dieter	10.11.1952	25	

1. FC Kaiserslautern II

Spieler	geb. am	Sp.	T.
Akcam, Alper	01.09.1987	27	7
Banouas, Nassim	08.09.1986	27	4
Bellinghausen, Axel	17.05.1983	1	0
Benichou, Khalid	28.03.1988	4	0
Bernier, Patrice	23.09.1979	2	0
Bohl, Steffen	28.12.1983	3	1
Broniszewski, Bartosz	23.01.1988	17	1
Correia, Marcel	16.05.1989	22	3
Dautaj, Vllaznim	25.06.1989	5	2
Deho, Diego	07.10.1985	10	0
Demai, Aimen	10.12.1982	2	1
Diarra, Boubacar	15.07.1979	5	0
Diehl, Mario	28.03.1989	5	0
Gornik, Matthäus	03.11.1988	11	0
Grimm, Marco	16.06.1972	25	0
Gross, Marc	12.08.1987	31	2
Gülbas, Serhat	24.12.1982	4	0
Halfar, Daniel	07.01.1988	1	0
Henel, Christian	28.01.1983	31	8
Jemmely, Julien	06.10.1987	10	3
Jendrisek, Erik	26.10.1986	4	4
Kaldirim, Hasan Ali	09.12.1989	10	1
Kotysch, Sascha	02.10.1988	2	0
Lamprecht, Christopher	22.04.1985	5	0
Neubauer, Sergej	14.04.1985	23	0
Özgöz, Timur	29.05.1987	7	0
Pineiro, Ricky	01.02.1989	5	0
Reinert, Sebastian	20.04.1987	3	0
Reuter, Torsten	15.09.1982	27	1
Robles, Luis	T 11.05.1984	8	0
Rösner, Sandro	23.06.1986	2	0
Runström, Björn	01.03.1984	1	1
Schönheim, Fabian	14.02.1987	7	0
Simpson, Josh	15.05.1983	1	2
Sippel, Tobias	T 22.03.1988	9	0
Stachnik, Sebastian	14.06.1986	15	10
Steigerwald, Stephan	T 28.12.1988	7	0
Suszko, Mariusz	18.01.1987	16	0

TuS Mayen

Spieler	geb. am	Sp.	T.
Bernard, Raphael	22.06.1983	25	4
Eckl, Nicolas	20.10.1976	32	0
Eirich, Vitali	02.01.1981	3	0
Gorges, Gilbert	19.07.1989	1	0
Grober, Johannes	01.01.1989	21	0
Hossieny, Kourosch	16.08.1989	1	0
Krambrich, Simon	01.01.1980	30	6
Lanser, Marko	16.06.1987	28	2
Lauber, Lars	T 12.11.1979	33	0
Lauermann, Sebastian	24.06.1986	29	1
Lowens, Benjamin	T 31.08.1987	1	0
Maci, Antonio	11.02.1980	32	10
Merling, Leonid	12.01.1981	31	6
Pauls, Michael	30.08.1984	31	0
Pazurek, Markus	18.12.1985	21	0
Rausch, John	08.06.1985	21	2
Ruthenbeck, Stefan	19.04.1972	1	0
Schikora, Stephan	08.04.1984	33	15
Schmitt, Udo	02.12.1978	32	0
Steffes, Ralf	03.08.1974	30	0
Thiesen, Patrick	11.06.1985	33	4
Eigentore			*1*
Trainer:			
Ruthenbeck, Stefan	19.04.1972	34	

Fortsetzung 1. FC Kaiserslautern II:

Spieler	geb. am	Sp.	T.
Thomas, Joel	30.06.1987	4	2
Trapp, Kevin	T 08.07.1990	12	0
Weigelt, Benjamin	04.09.1982	1	0
Weisser, Manuel	18.07.1988	5	0
Weißmann, Nico	14.04.1980	19	2
Werner, Christoph	26.06.1986	20	3
Ziemer, Marcel	03.08.1985	12	5
Trainer:			
Schwartz, Alois	28.03.1967	34	

Eintr. Bad Kreuznach

Spieler		geb. am	Sp.	T.
Barsabas, Kuanzambi		26.03.1987	12	0
Berg, Pascal		13.06.1979	19	0
Bernabé, Christopher		12.10.1983	18	1
Blauth, Sven		03.03.1986	8	0
Bossonga, Coco		10.02.1986	8	0
Ceylan, Cenk		26.12.1989	5	0
Czyzewski, Harald	T	20.11.1980	15	0
Emirosmanoglu, Ekrem		27.02.1989	16	0
Emmerich, Brian		02.02.1987	2	0
Gras, Dominik		26.02.1985	11	0
Hasani, Enes		10.01.1986	13	1
Helmlinger, Manuel		17.07.1986	19	3
Hourle, Idris		27.09.1989	8	1
Hulsey, Tim		19.06.1988	30	2
Jung, Thomas		01.08.1972	14	2
Kiefer, Frank		18.11.1980	31	0
Kirn, Dennis		27.04.1985	16	5
Krick, Patrick		03.02.1984	24	0
Kuba, Clody		19.11.1987	17	0
Lauer, Dominik		25.12.1989	3	0
Marx, Andreas		12.08.1983	17	1
Mayer, Dimitri		06.04.1983	18	0
Mulaj, Alind		15.11.1989	17	1
Mundorff, Noel	T	26.01.1990	1	0
Nechiti, Razvan	T	19.04.1985	19	0
Rapp, Oliver		29.11.1980	18	4
Sadeghi, Arash		11.09.1989	2	0
Sahin, Mahir		01.11.1979	19	5
Silvestri, Marco		30.05.1989	15	0
Stanczyk, Patrick		10.08.1989	16	0
Umbs, Christopher		29.08.1981	15	1
Veek, Marcel		13.01.1985	11	0
Wiese, Eduard		27.06.1987	7	0
Trainer:				
Jung, Thomas		01.08.1972	34	

SC Idar-Oberstein

Spieler		geb. am	Sp.	T.
Arend, Philipp		01.01.1988	3	0
Bernabé, Christopher		12.10.1983	5	0
Borschnek, Georg	T	27.09.1987	12	0
Bruch, Thorsten		07.07.1986	13	0
Dibooglu, Ali		04.08.1981	28	3
Dilly, Günter		12.10.1981	31	1
Dziubany, Michael		22.01.1989	2	1
Fritsch, Michael		16.02.1989	1	0
Garlinski, Paul		08.02.1984	28	0
Henn, Christian		13.12.1986	29	4
Herzog, Florian		01.05.1983	32	11
Holste, David		15.12.1983	20	0
Kakala, Tomasz		18.01.1975	28	4
Knapp, Pascal		07.05.1987	1	0
Mayenfels, Falko		11.05.1979	6	0
Mayer, Dimitri		06.04.1983	9	0
Molz, Martin		28.12.1971	8	1
Nowak, Mathias		24.09.1982	32	0
Randolph, Michael		01.07.1985	20	2
Rösler, Daniel		28.03.1987	1	0
Schmell, Christoph		20.10.1985	28	0
Schmidt, Jan		15.11.1989	2	0
Schneider, Carsten		04.07.1976	33	5
Strack, Holger	T	12.07.1976	23	0
Thom, André		28.10.1987	4	0
Ugochukwu, Kingsley		01.02.1982	26	12
Veek, Marcel		13.01.1985	4	0
Wischang, Eric		01.06.1984	31	3
Zeric, Aydin		12.04.1988	8	0
Trainer:				
Muders, Patric		01.06.1972	7	
Dusek, Michael		10.11.1958	27	

1. FSV Mainz 05 II

Spieler		geb. am	Sp.	T.
Adolf, Rainer	T	13.12.1984	26	0
Amani, Khaibar		06.02.1987	33	13
Bouadoud, Zouhair		12.07.1986	20	9
Daghfous, Nejmeddin		01.10.1986	8	3
Davari, Daniel	T	06.01.1988	8	0
Detloff, Kevin		09.07.1989	1	0
Di Maria, Marco		23.04.1988	8	1
Grimm, Christian		04.02.1987	13	3
Heil, Oliver		19.06.1988	27	9
Hoch, Oliver		20.04.1988	9	0
Ihm, Christopher		21.12.1982	24	0
Kirchhoff, Jan		01.10.1990	1	0
Kranz, Dominik		01.03.1988	3	0
Krause, Jurij		28.05.1984	33	2
Landeka, Josip		20.04.1987	27	1
Laurent, Francis		06.01.1986	11	3
Liesenfeld, Fabian		07.02.1986	31	9
Markolf, Stefan		03.01.1984	7	0
Neustädter, Roman		18.02.1988	25	5
Petreski, Aleksandar		25.03.1986	29	12
Riebel, Simon		23.09.1988	3	0
Riske, Viktor		12.01.1989	2	0
Rose, Marco		11.09.1976	1	0
Ruman, Petr		02.11.1976	3	0
Steil, Marco		13.11.1987	31	1
Stumm, Alexander		16.01.1989	2	0
Svensson, Bo		04.08.1979	1	0
Tautenhahn, Marco		19.06.1985	28	4
Telch, Christian		09.01.1988	20	0
Vrancic, Damir		04.10.1985	5	2
Vrancic, Mario		23.05.1989	13	9
Walther, Patrick		11.02.1988	15	1
Wetklo, Christian	T	11.01.1980	1	0
Trainer:				
Neustädter, Peter		16.02.1966	34	

SC Hauenstein

Spieler		geb. am	Sp.	T.
Benkler, Rudolf		23.01.1977	31	13
Dengel, Christoph		20.01.1974	27	5
Ehrhart, Marco		16.10.1987	19	1
Esser, Sascha		07.05.1976	31	3
Fahr, Ronny	T	18.02.1982	18	0
Flick, Wolfgang		30.09.1969	16	3
Guth, Stefan		15.05.1987	11	0
Hauck, Rainer		16.01.1978	13	0
Hunsicker, Michael		11.11.1981	26	4
Kardasch, Maximilian		04.08.1988	5	1
Kellner, Jens		05.09.1970	33	0
Mai, Daniel		02.12.1983	31	6
Mannweiler, Steffen		07.02.1983	4	0
Marx, Andreas		12.08.1983	15	0
Müller, Dennis		24.09.1986	15	4
Nenning, André		18.07.1983	14	3
Schwartz, David		24.08.1980	34	0
Slatnek, Christian		11.04.1977	31	1
Stengel, Konstantin	T	29.08.1985	18	0
Sy, Seydou		13.08.1978	9	0
Teutsch, Hendrik		03.02.1988	10	1
Weis, Christoph		06.09.1988	26	0
Wischang, Thorsten		16.11.1976	29	2
Trainer:				
Birkle, Günter		13.05.1948	19	
Burkhart, Joachim		16.02.1970	15	

FC 08 Homburg

Spieler		geb. am	Sp.	T.
Berndt, Michael		14.12.1978	28	7
Condé, Alexander		30.06.1981	10	0
Eiden, Peter		31.08.1971	2	0
Federmeyer, Jörg		13.01.1978	23	0
Frei, Thomas		12.01.1982	23	0
Groß, Jeremy		18.09.1983	25	0
Grub, Sebastian	T	18.12.1987	6	0
Hodel, Thorsten	T	26.02.1979	30	0
Holste, Christoph		24.05.1984	31	1
Kirsch, Michael		15.07.1986	25	1
Mansfeld, Tobias (geb. Fick)		18.01.1980	28	12
Monostori, Titan		27.02.1978	23	7
Petri, Michael		23.11.1977	27	10
Radic, Nikola		15.10.1986	1	0
Reguette, Pierre		24.03.1984	10	1
Rein, Roland		17.03.1978	28	2
Schanz, Alexander		03.01.1989	1	0
Schütte, Torsten		24.12.1982	32	0
Seibert, David		01.08.1984	30	4
Thielen, Pascal		26.07.1983	31	0
Wallscheid, Marco		19.05.1988	14	0
Weber, Rouven		22.09.1982	34	2
Weis, Christof		28.03.1986	1	0
Eigentore				2
Trainer:				
Warken, Gerd		05.03.1951	34	

TuS Mechtersheim

Spieler		geb. am	Sp.	T.
Ascherl, Christoph		17.06.1986	13	4
Bauer, Christoph		01.10.1984	26	0
Brill, Andreas		30.10.1985	32	5
Burgstahler, Christian		21.04.1986	19	2
De Vico, Domenico		24.03.1988	5	0
Ekren, Mehmet		03.11.1980	31	4
Fahrad, Eduard		15.03.1984	3	0
Gadinger, Christoph	T	02.11.1984	27	0
Giegerich, Jakob		23.05.1985	7	0
Glotz, Steffen		01.09.1981	4	0
Hack, Andreas		23.11.1982	4	0
Hartung, Torsten		02.07.1987	7	0
Hauk, Michael	T	17.11.1975	6	0
Horix, Jürgen		13.04.1982	12	2
Hornig, Florian		07.12.1985	19	11
Kaczmarek, Christopher		19.04.1979	20	2
Krämer, Thorsten		17.02.1985	10	4
Krucker, Marco		13.04.1988	29	1
Lehn, Klaus		30.01.1982	33	0
Leithmann, Jens		04.10.1983	32	3
Litzel, Steffen		02.09.1985	32	2
Mohr, Christian	T	01.05.1982	1	0
Reither, Timo		25.08.1987	12	0
Rihm, Max		25.08.1987	8	3
Schall, Christoph		24.09.1988	1	0
Schulze Sutthoff, Simon		04.12.1984	32	3
Stamer, Christian		05.03.1986	17	3
Zoller, Steffen		03.12.1980	23	2
Eigentore				2
Trainer:				
Gimmy, Ralf		19.05.1960	34	

Bor. Neunkirchen

Spieler	geb. am	Sp.	T.
Becker, Lukas	30.06.1988	9	0
Bucher, Ewald	29.09.1980	14	5
Chouaib, Said	25.07.1977	25	7
Dafi, Nabil	26.01.1982	21	2
Dos Santos, Alan	27.02.1981	25	10
Eremeev, Anatol	02.07.1983	1	0
Furnari, Francesco	28.06.1987	18	1
Haubert, Matthias	23.06.1982	27	0
Hürter, Ralf	06.12.1980	18	0
Kamu, Fundu	08.02.1985	1	0
Kerber, Philipp	29.12.1985	25	0
Klein, Holger	06.08.1982	23	4
Koch, Sebastian	08.11.1985	1	0
Liotte, Josué	25.02.1984	8	0
Marina, Enver	T 27.01.1977	31	0
Mehle, Christian	01.07.1972	20	4
Moco, Kenny	08.02.1985	1	0
Müller, Julian	11.08.1984	7	0
Müller, Michael	06.02.1983	31	1
Özgün, Burak	09.12.1986	4	1
Rheinheimer, Lars	25.11.1982	30	3
Sahin, Mahir	01.11.1979	13	2
Schmidt, Frank	T 04.04.1982	4	0
Schmit, Marco	04.01.1977	33	3
Schumacher, Damir	26.09.1985	5	0
Schumacher, Sascha	04.09.1987	22	2
Stumpf, Mathias	11.05.1986	32	2
Trapp, Carsten	28.09.1988	7	0
Türker, Bülent	31.12.1970	12	0
Eigentore			1
Trainer:			
Erhardt, Günter	05.08.1958	34	

FK 03 Pirmasens

Spieler	geb. am	Sp.	T.
Abdel-Haq, Akram	28.09.1979	29	3
Baum, Attila	20.05.1986	31	6
Buchmann, Marc	22.08.1980	25	0
Burch, Aleksandar	22.09.1980	19	5
Bzducha, Heiko	04.12.1984	29	1
Carvalho, Miguel	14.10.1982	16	2
Condé, Alexander	30.06.1981	1	0
Dengel, Christoph	20.01.1974	4	0
Ellermann, Jochen	18.11.1980	21	5
Gerlinger, Dennis	21.07.1990	6	1
Haas, Andreas	20.04.1982	17	7
Hartung, Thorsten	02.07.1987	6	0
Knartz, Holger	12.02.1990	12	1
Koslowski, Eugen	04.02.1989	11	0
Kriegshäuser, Timo	15.09.1981	28	0
Lanoix, Vincent	28.02.1986	12	0
Lechner, Markus	02.04.1980	20	0
Paulus, Daniel	28.12.1979	4	0
Peters, Benjamin	27.11.1988	27	0
Reich, Sebastian	07.05.1980	31	5
Schaufler, Jens	26.10.1981	21	1
Scherschel, Marc	23.02.1988	21	8
Schwartz, Reiner	T 14.01.1985	18	0
Simic, Nenad	13.11.1983	22	1
Steigelmann, Frank	T 03.12.1979	17	0
Tras, Doruk	25.09.1989	6	0
Weller, Christoph	05.02.1986	5	1
Eigentore			1
Trainer:			
Kamphues, Andreas	17.08.1970	10	
Mörsdorf, Werner	12.08.1956	24	

1. FC Saarbrücken

Spieler	geb. am	Sp.	T.
Brückerhoff, Mike	28.06.1988	20	1
Dekoun, Yannick	27.05.1987	16	0
Formann, Pascal	T 16.11.1982	30	0
Frantz, Mike	14.10.1986	27	12
Hadji, Samir	12.09.1989	2	1
Haffner, Charles	06.01.1976	22	1
Hajdarovic, Nazif	22.09.1984	32	16
Halet, Clement	21.05.1984	2	0
Hornig, Florian	07.12.1985	14	4
Hümbert, Marc	11.05.1988	3	0
Humbert, Julien	23.06.1984	31	5
Jülich, Torsten	01.12.1974	33	1
Karaoglan, Arif	21.01.1986	18	2
Kohler, Lukas	24.05.1987	6	1
Luft, Danny	02.05.1985	4	1
Mpassy-Nzoumba, Jean-Claude	27.05.1986	25	0
Müller, Michael	09.05.1987	13	0
Otte, Stephan	13.06.1987	3	0
Otto, Alexander	21.01.1988	7	1
Özgün, Volkan	25.04.1979	11	2
Rasp, Manuel	16.04.1987	28	9
Schug, Marcel	20.12.1984	12	1
Schwartz, Tim	11.07.1987	14	1
Seel, Fabian	T 27.09.1986	5	0
Stelletta, Pascal	21.03.1986	25	4
Wiesner, Rouven	19.02.1988	29	5
Wollscheid, Philipp	06.03.1989	7	1
Zydko, Jonathan	07.07.1980	33	1
Trainer:			
Krüger, Michael	28.05.1954	19	
Kaminski, Alfred	26.02.1964	15	

SV Roßbach

Spieler	geb. am	Sp.	T.
Behlulovic, Adnan	05.01.1981	31	3
Bent, Carsten	12.11.1974	2	0
Bürder, Daniel	04.11.1988	1	0
Büscher, Julius	T 30.11.1980	13	0
Calianu, Alex	25.01.1983	18	2
Cavlan, Ersin	04.02.1977	28	1
Graf, Guido	T 23.03.1973	22	0
Gruber, Andreas	26.08.1973	33	3
Hempel, Sebastian	16.09.1983	16	0
Hombeul, Thomas	07.06.1986	12	0
Jauernick, Ralf	13.11.1971	32	2
Kahler, Thomas	17.04.1978	31	10
Karpov, Vitali	24.01.1979	15	1
Köhns, Martin	06.09.1972	28	0
Krautscheid, Sebastian	12.02.1985	21	0
Miura, Masaki	04.04.1986	32	4
Öztürk, Serkan	31.08.1985	11	1
Prenku, Labinot	28.03.1988	2	0
Rombach, David	04.10.1988	14	0
Schäfer, Stefan	14.04.1983	1	0
Schröder, Dirk	06.06.1974	19	0
Ulutas, Tolga	18.04.1982	8	0
Watzlawik, Sascha	30.11.1978	19	2
Weißenfels, Christian	27.02.1988	19	1
Zimnol, Robert	02.05.1983	34	6
Eigentore			5
Trainer:			
Krämer, Stefan	23.03.1967	34	

Eintracht GC Wirges

Spieler	geb. am	Sp.	T.
Arzbach, Thomas	06.08.1973	32	1
Becker, Steffen	21.08.1980	31	1
Beer, Steffen	06.01.1985	11	2
Berg, Marcel	27.01.1988	15	1
Bode, Daniel	24.05.1988	34	10
Braun, Christopher	22.12.1986	6	0
Dervishaj, Arijan	16.08.1974	33	5
Dushica, Agim	T 01.10.1981	28	0
Esch, Thomas	03.08.1978	32	13
Faller, André	T 03.03.1986	7	0
Freisberg, Christopher	05.02.1988	2	0
Groß, Manuel	26.04.1988	32	0
Hannappel, Manfred	20.12.1988	2	0
Kaes, Christian	09.07.1976	23	0
Körner, Yannick	18.06.1988	9	0
Kresovic, Slobodan	27.08.1975	22	1
Lamby, Dennis	13.03.1984	34	5
Nöller, Christian	18.05.1988	28	0
Pineker, Yuri	11.11.1986	30	7
Stahl, Sebastian	11.09.1980	29	0
Szymczak, Stefan	29.02.1984	6	1
Tsuchiya, Keita	19.12.1978	14	0
Wall, Albert	19.06.1984	4	0
Trainer:			
Pörtner, Hans-Günter	15.12.1962	34	

VfR Wormatia Worms

Spieler	geb. am	Sp.	T.
Bolm, Christian	02.09.1983	34	17
Bopp, Sven	21.01.1982	31	4
Brancourt, Claude	02.04.1979	2	0
Cuc, Mario	11.06.1984	21	1
Gebhardt, Marcel	15.09.1979	32	10
Gotel, Kevin	13.12.1986	8	0
Gutzler, Matthias	19.02.1982	32	8
Helmlinger, Manuel	17.07.1986	13	2
Herold, Florian	12.02.1985	4	0
Jenner, Sven	T 07.10.1977	6	0
Jones, Steven	13.01.1978	29	1
Kessel, Benjamin	01.10.1987	32	1
Klotz, Tobias	13.10.1985	10	0
Lang, Matthias	31.01.1983	33	3
Müller, Thorsten	T 07.07.1975	28	0
Nazarov, Alexandar	23.05.1985	28	3
Pfeffer, Johannes	29.02.1988	26	1
Probst, Dennis	11.10.1978	28	2
Ropic, Sascha	15.10.1980	15	0
Schmitt, Oliver	26.01.1985	24	5
Süß, Thomas	02.06.1982	30	0
Wooten, Andrew	30.09.1989	6	1
Trainer:			
Trares, Bernhard	18.08.1965	34	

Oberliga Hessen

Pl.	(Vj.)	Mannschaft	Sp	S	U	N	Tore	TD	Pkt	Sp	S	U	N	Tore	Pkt	Sp	S	U	N	Tore	Pkt
							Gesamtbilanz						Heimbilanz					Auswärtsbilanz			
1.	(↓)	SV Darmstadt 98	↑ 34	21	6	7	73-37	+36	69	17	11	3	3	39-16	36	17	10	3	4	34-21	33
2.	(↑)	SV Wehen Wiesbaden II	↑ 34	19	7	8	71-37	+34	64	17	13	2	2	45-18	41	17	6	5	6	26-19	23
3.	(2.)	SV Viktoria Aschaffenburg	↑ 34	16	13	5	50-27	+23	61	17	8	7	2	27-15	31	17	8	6	3	23-12	30
4.	(9.)	Eintracht Frankfurt II	↑ 34	16	10	8	74-43	+31	58	17	10	5	2	36-12	35	17	6	5	6	38-31	23
5.	(3.)	SC Waldgirmes	34	16	8	10	56-55	+1	56	17	9	5	3	32-23	32	17	7	3	7	24-32	24
6.	(10.)	TSG Wörsdorf	34	15	9	10	57-45	+12	54	17	8	4	5	34-21	28	17	7	5	5	23-24	26
7.	(13.)	KSV Baunatal	34	14	7	13	55-46	+9	49	17	8	4	5	32-22	28	17	6	3	8	23-24	21
8.	(5.)	FC Bayern Alzenau	34	14	8	12	54-50	+4	49	17	9	3	5	30-21	30	17	5	5	7	24-29	20
9.	(7.)	SC Borussia Fulda	34	12	8	14	53-50	+3	44	17	6	5	6	29-24	23	17	6	3	8	24-26	21
10.	(↑)	1. FC Germania Ober-Roden	34	12	8	14	43-50	−7	44	17	6	4	7	20-23	22	17	6	4	7	23-27	22
11.	(6.)	FSV Fernwald	34	11	9	14	50-55	−5	42	17	5	5	7	26-25	20	17	6	4	7	24-30	22
12.	(4.)	KSV Klein-Karben	34	11	7	16	56-64	−8	40	17	7	3	7	28-31	24	17	4	4	9	28-33	16
13.	(11.)	RSV Würges	34	10	9	15	36-55	−19	39	17	6	4	7	19-22	22	17	4	5	8	17-33	17
14.	(↑)	FSC Lohfelden	34	11	6	17	44-64	−20	39	17	6	3	8	20-26	21	17	5	3	9	24-38	18
15.	(↑)	SG Rot-Weiss Frankfurt	34	10	8	16	47-59	−12	38	17	5	4	8	30-34	19	17	5	4	8	17-25	19
16.	(8.)	SV Buchonia Flieden	34	8	9	17	36-57	−21	33	17	5	4	8	21-27	19	17	3	5	9	15-30	14
17.	(↑)	SG Eintracht Wetzlar	↓ 34	7	10	17	30-55	−25	31	17	3	6	8	15-25	15	17	4	4	9	15-30	16
18.	(12.)	1. FC Schwalmstadt	↓ 34	7	6	21	39-84	−45	27	17	4	3	10	22-38	15	17	3	3	11	17-46	12

Die Liga spielt in der nächsten Saison mit 19 Mannschaften und wird in Hessenliga umbenannt.
FC Bayern Alzenau wurde wegen Nichterfüllung des Schiedsrichter-Pflichtsolls ein Punkt abgezogen.

Absteiger aus der Regionalliga Süd: keine.
Aufsteiger in die Regionalliga (neu): SV Darmstadt 98, SV Wehen Wiesbaden II, SV Viktoria Aschaffenburg, Eintracht Frankfurt II (Süd).
Absteiger in die Verbandsligen: 1. FC Schwalmstadt (Nord) und SG Eintracht Wetzlar (Mitte).
Aufsteiger aus den Landesligen: OSC Vellmar, Hünfelder SV, KSV Hessen Kassel II (Nord), TSV Eintracht Stadtallendorf, 1. FC Eschborn (Mitte), Offenbacher FC Kickers II und FC Viktoria Urberach (Süd)

Oberliga Hessen 2007/08

	Darmstadt 98	SV Wehen II	Aschaffenburg	Frankfurt II	Waldgirmes	TG Wörsdorf	KSV Baunatal	Bay. Alzenau	Bor. Fulda	Ober-Roden	Fernwald	Klein-Karben	RSV Würges	Lohfelden	RW Frankfurt	Flieden	Eintr. Wetzlar	Schwalmstadt
SV Darmstadt 98	X	2:1	1:0	1:4	1:2	4:0	3:0	3:0	0:1	2:2	1:1	2:2	4:1	4:1	5:1	2:0	2:0	2:0
SV Wehen Wiesbaden II	2:0	X	2:2	3:1	7:1	0:1	1:0	5:1	1:2	3:0	1:0	5:3	3:2	4:4	2:0	1:0	2:1	3:0
SV Viktoria Aschaffenburg	1:0	2:1	X	4:2	3:1	1:1	0:2	1:2	0:2	3:3	1:1	1:0	1:1	2:0	2:0	0:0	0:0	5:1
Eintracht Frankfurt II	0:1	1:1	1:2	X	1:1	2:1	3:3	4:0	2:0	3:0	7:0	3:1	2:0	2:0	3:1	0:0	1:1	1:0
SC Waldgirmes	4:1	0:3	3:2	4:2	X	3:1	1:4	2:1	0:0	2:1	3:0	2:2	0:0	1:1	2:0	4:5	1:0	0:0
TSG Wörsdorf	2:2	0:3	1:2	3:2	2:1	X	2:0	3:1	0:0	0:1	0:3	2:2	2:2	4:1	0:1	4:0	3:0	6:0
KSV Baunatal	2:5	4:1	1:0	0:0	0:2	1:1	X	1:1	1:0	1:3	4:3	5:0	1:1	0:2	2:0	0:1	2:0	7:2
FC Bayern Alzenau	3:1	0:3	0:2	4:4	3:0	4:0	3:1	X	3:1	2:1	2:1	1:0	0:1	1:0	1:1	1:1	0:1	2:3
SC Borussia Fulda	1:5	1:1	0:0	0:5	3:0	1:2	1:1	1:2	X	2:0	1:1	5:1	5:1	1:2	0:2	1:0	0:0	6:1
Germania Ober-Roden	1:2	1:0	0:0	0:1	0:0	1:1	0:4	0:2	3:2	X	1:1	1:0	4:1	2:3	1:2	2:1	2:3	1:0
FSV Fernwald	1:2	2:0	1:2	2:3	2:2	1:0	2:0	1:4	1:2	0:0	X	1:4	3:1	3:4	0:0	1:1	5:0	0:0
KSV Klein-Karben	1:2	1:0	0:0	0:6	5:1	0:2	1:4	2:1	0:3	4:0	1:3	X	4:0	3:2	1:4	3:1	1:1	1:1
RSV Würges	1:2	0:3	0:0	1:0	2:1	0:1	1:2	0:0	3:1	1:1	0:2	1:4	X	3:0	1:2	1:1	2:1	2:1
FSC Lohfelden	0:2	1:1	0:3	0:1	0:2	0x3	2:1	1:1	3:1	0x3	4:1	1:0	3:0	X	1:1	4:0	0:3	0x3
SG Rot-Weiss Frankfurt	0:4	1:3	1:4	2:2	1:3	1:3	1:0	1:1	3:3	2:0	2:3	3:1	1:2	1:1	X	1:3	4:0	5:1
SV Buchonia Flieden	0:3	0:2	1:2	1:1	0:3	1:1	2:0	3:2	1:0	1:2	1:2	0:2	0:0	s. u.	1:1	X	4:2	5:2
SG Eintracht Wetzlar	1:1	1:1	0:0	3:3	1:2	2:3	1:2	1:1	0:4	0:3	1:0	0:0	0:1	0:1	1:0	3:1	X	0:2
1. FC Schwalmstadt	1:1	2:2	0:2	3:1	1:2	2:2	0:1	0:4	5:2	1:3	0:2	0:6	0:3	4:2	2:1	0:2	1:2	X

Die Spiele Flieden – Lohfelden (3:3 vom 04.08.2007) und Schwalmstadt – Flieden (0:2 vom 08.08.2007) wurden jeweils für Flieden mit 0:2 Toren verloren gewertet, da der Spieler Roman Krawczyk nicht auf der offiziellen Spielerliste geführt wurde. Die Heimspiele des FSC Lohfelden gegen Wörsdorf (2:2 vom 07.08.2007), Ober-Roden (2:0 vom 14.08.2007) und Schwalmstadt (1:1 vom 18.08.2007) wurden wegen fehlender Spielberechtigung für den Lohfeldener Harez Habib alle mit 3:0 Toren für den jeweiligen Gegner gewonnen gewertet. Aus dem gleichen Grund wurde das Spiel Flieden – Lohfelden (3:3 vom 04.08.2007) für Lohfelden mit 0:3 Toren verloren gewertet. Das Spiel Klein-Karben – Eintracht Frankfurt II am 31.05.2008 wurde im Groß-Karbener Stadion "An der Waldhohl" ausgetragen. Informationen zu den Aufstiegsspielen zur Hessenliga finden Sie auf den Seiten 232/233.

Torschützenliste:

Platz	Spieler (Mannschaft)	Tore
1.	Beck, Daniel (FSV Fernwald)	24
	Saridogan, Nazir (TSG Wörsdorf)	24
3.	Glasner, Sebastian (SV Darmstadt 98)	20
4.	Galm, Danny (Eintracht Frankfurt II)	17
	Karagiannis, Georgios (SC Waldgirmes)	17
6.	Büge, Maximilian (Kl.-Karben 9, Aschaffenb. 7)	16
	Giuliana, Emanuele (RW Frankfurt)	16
	Latifiahvas, Nima (KSV Baunatal)	16
	Stroh-Engel, Dominik (SV Wehen II)	16
10.	Usta, Adem (FSC Lohfelden)	15

Zuschauerstatistik:

Mannschaft	gesamt	Schnitt
SV Darmstadt 98	45.400	2.671
Aschaffenburg	13.700	806
SC Borussia Fulda	11.220	660
SG Eintracht Wetzlar	8.390	494
SC Waldgirmes	7.770	457
SV Buchonia Flieden	7.720	454
RSV Würges	7.525	443
FC Bayern Alzenau	6.500	382
Eintracht Frankfurt II	5.938	349
KSV Baunatal	5.500	324

Mannschaft	gesamt	Schnitt
TSG Wörsdorf	5.325	313
1. FC Schwalmstadt	5.050	297
Germ. Ober-Roden	5.000	294
KSV Klein-Karben	4.640	273
FSV Fernwald	4.580	269
Rot-Weiss Frankfurt	4.430	261
FSC Lohfelden	3.650	215
SV Wehen II	3.270	192
	155.608	509

Vikt. Aschaffenburg

Spieler		geb. am	Sp.	T.
Akman, Gabriel		24.11.1983	24	0
Aydin, Gökhan		04.08.1988	23	4
Azaouagh, Aziz		28.08.1979	15	0
Brüdigam, Markus		07.04.1986	33	1
Büge, Maximilian		14.08.1983	15	7
Celikkiran, Kemal		16.09.1985	4	0
Di Rosa, Domenico		28.12.1981	21	5
Ehser, Sven		11.01.1987	19	2
Emmel, Patrick	T	08.02.1985	2	0
Ettl, Florian		28.09.1982	7	1
Grod, Alexander		12.06.1985	20	1
Julio Cesar		25.04.1979	21	5
Letellier, Damien		14.05.1986	8	0
Oymak, Resul		27.04.1983	15	0
Popp, Sebastian		03.06.1983	31	9
Pospischil, Simon		01.01.1988	20	1
Raimondi, Vito		20.10.1983	29	2
Roth, Marco		17.04.1973	11	1
Schrod, Steffen		01.07.1987	23	0
Schröer, Frank		17.01.1984	28	2
Smajlovic, Elvir	T	02.03.1977	33	0
Vier, Daniel		16.05.1982	31	8
Wagner, Martin		16.09.1986	32	1
Wosiek, Markus		05.08.1988	8	0
Trainer:				
Möller, Andreas		02.09.1967	33	
Walz, Richard und		24.08.1967	1	
Allig, Manfred (in Vertretung)		24.07.1957		

KSV Baunatal

Spieler		geb. am	Sp.	T.
d'Agostino, Demetrio		01.09.1986	25	6
Berger, Christian		23.02.1987	1	0
Bravo Sanchez, Antonio		28.11.1989	4	0
Brill, Mirko	T	09.09.1978	33	0
Ciba, Maik		06.08.1988	4	0
Donougher, Sascha		18.05.1989	11	0
Fischer, Robin		15.04.1986	7	1
Fraoui, Benjamin		25.03.1987	16	1
Gertenbach, Nils		07.10.1979	21	1
Gül, Enver		18.08.1985	16	0
Kallenbach, Sven	T	20.09.1987	2	0
Klukin, Eugen		20.09.1987	32	0
Lakies, Carsten		08.01.1971	22	2
Latifi, Mentor		14.01.1984	29	2
Latifiahvas, Nima		10.04.1983	33	16
Matys, Jaroslaw		20.11.1986	34	2
Nebe, Tobias		11.01.1982	30	7
Schmidt, Meik		11.02.1983	17	0
Spieth, Daniel		07.01.1984	26	7
Susilovic, Marijo		14.02.1989	2	0
Tews, Artur		28.02.1982	27	0
Wagner, Eugen		15.05.1984	32	8
Wolf, Mario		24.01.1988	9	0
Wörner, Jens		31.03.1982	28	2
Trainer:				
Lichte, Bernd		24.10.1952	28	
Lakies, Carsten		08.01.1971	6	

FSV Fernwald

Spieler		geb. am	Sp.	T.
Akpunar, Idris		10.01.1987	21	2
Atanassov, Teodor		25.09.1987	2	0
Bachiri, Abdelilah		22.10.1982	15	0
Beck, Daniel		11.07.1984	34	24
Boehnke, Jens		08.03.1975	33	3
Calbert, Marcel		03.03.1985	17	1
Castellino, Antonio		03.03.1980	13	0
Dacic, Enes		29.07.1987	9	0
Damar, Kahraman		14.07.1987	17	4
Dolzer, Stefan		24.07.1976	25	2
El Ghazouani, Rachid		03.05.1987	11	1
Gashi, Burim		01.06.1980	34	0
Geist, Matthias		21.10.1983	20	0
Kilian, David		09.11.1987	6	0
Koc, Kamber	T	12.08.1984	34	0
König, Dominik		12.10.1982	33	8
Mohr, Michel		12.05.1988	10	0
Mülln, Martin		10.03.1988	10	1
Özen, Ürkan		12.11.1985	32	1
Rasiejewski, Manuel		22.01.1980	28	1
Schilhabl, Marc		07.05.1984	26	1
Tammaoui, Zaki		22.04.1980	16	1
Trainer:				
de Kort, Michael		17.06.1963	21	
Semlitsch, Nikolaus		27.11.1946	13	

Eintracht Frankfurt II

Spieler		geb. am	Sp.	T.
Acar, Cem		22.08.1984	4	0
Akgoez, Varol		18.06.1987	19	2
Alex (Aless. S. Ribeiro Dos Santos)		11.07.1981	18	2
Alvarez, Pablo	T	18.05.1988	8	0
Bayin, Serkan		30.10.1985	11	1
Brucia, Christian		02.02.1988	15	1
Chaftar, Mounir		29.01.1986	7	1
Chandler, Timothy		29.03.1990	3	0
Cue, Steven		08.04.1987	7	0
Fachat, Abdelsamad		29.08.1989	12	4
Fricker, Joachim		23.02.1987	7	0
Galm, Danny		17.03.1986	30	17
Halke, Daniel		03.03.1987	13	1
Heller, Marcel		12.02.1986	11	4
Hess, Martin		06.02.1987	23	12
Hofmann, Jan	T	26.02.1989	8	0
Horr, Markus		06.10.1984	25	2
Jung, Sebastian		22.06.1990	7	0
Klein, Alexander	T	16.08.1989	1	0
Kunkel, Andre		24.07.1984	14	0
Ljubicic, Kreso		26.09.1988	15	0
Mössmer, Jürgen		11.06.1989	3	0
Nadaroglu, Tuncay		22.07.1974	31	2
Pokar, Mario		18.01.1990	3	1
Roth, Marco		17.04.1973	6	0
Salem, Milad		03.03.1988	27	1
Schacken, Florian		19.01.1986	28	0
Schneider, Ralf		25.08.1986	23	3
Teixeira-Rebelo, Telmo		18.02.1988	13	1
Theuerkauf, Norman		24.01.1987	11	3
Titsch-Rivero, Marcel		02.11.1989	2	0
Toski, Faton		17.02.1987	12	2
Tsoumou, Juvhel		27.12.1990	5	4
Weil, Richard		06.02.1988	31	9
Zimmermann, Jan	T	19.04.1985	17	0
Eigentore				1
Trainer:				
Houtchev, Petr		26.02.1964	21	
Leicht, Frank		18.02.1972	13	

Rot-Weiss Frankfurt

Spieler		geb. am	Sp.	T.
Abdesadki, Hicham		06.04.1985	7	2
Acar, Cem		22.08.1984	9	2
Ciftci, Özcan-Attila		30.04.1979	29	3
Corsentino, Roberto			4	0
Coubadja, Ibrahim			24	2
Dienst, Dennis		09.06.1988	19	0
Ebongollé, Valerie		02.09.1978	24	2
El Mrhanni, Hicham		16.07.1981	23	0
Ernst, Christian		07.12.1979	2	0
Freund, Adam		11.12.1985	30	8
Giuliana, Emanuele		22.08.1979	33	16
Hohler, Nicholas	T		6	0
Idrisolgu, Orhan			1	0
Karouia, Karim		06.09.1986	15	0
Keskin, Süleyman		31.12.1977	5	1
Kister, Tim		30.12.1986	28	6
Musci, Audenzio		09.03.1980	12	0
Oymak, Metin		22.03.1979	26	2
Öztürk, Bülent		08.03.1977	26	1
Pereira da Silva, Michael		25.06.1977	27	0
Petkanas, Zissis		20.09.1980	20	1
Rudolf, Kris		28.08.1983	12	0
Sözer, Erdal		27.01.1983	11	1
Spezzano, Francesco			6	0
Strack, Wolfgang		16.02.1978	32	0
Velagic, Husein		05.01.1983	2	0
Wagner, Martin	T	23.07.1972	25	0
Wroblewski, Mike	T	20.09.1989	4	0
Yakar, Engin			2	0
Trainer:				
Akbas, Kenan		12.12.1966	14	
Zielinski, Boris			2	
Dörner, Klaus		06.11.1962	8	
Baumbach, Andreas		25.04.1968	10	

SV Wehen II

Spieler		geb. am	Sp.	T.
Acar, Tunay		30.04.1989	3	0
Adami, Nico	T	24.08.1988	5	0
Alushi, Enis		22.12.1985	19	4
Amstätter, Sascha		08.11.1977	2	0
Billick, Lukas		09.02.1988	25	0
Catic, Hajrudin		23.03.1975	1	0
Celiksoy, Yusuf		03.01.1989	2	0
Coulibaly, Boubacar		06.03.1985	15	0
Damm, Daniel		02.12.1981	30	2
Ekiz, Ertan		14.04.1986	33	8
Fiorentino, Daniele		29.06.1984	12	2
Goldhammer, Simon		21.06.1986	24	3
Grüter, Jonas		01.02.1986	27	0
Hennig, Carsten		06.11.1976	32	6
Hertel, Philipp		17.08.1988	5	0
Hollmann, Torge		28.01.1982	3	0
Hübner, Benjamin		04.07.1989	8	0
Hübner, Christopher		15.11.1986	2	0
Idrissi Jazouli, Younes		17.09.1984	23	0
Karapetian, Alexander		23.12.1987	20	5
Lischer, Dennis		08.04.1988	3	0
Masic, Adam	T	19.05.1975	2	0
Maus, Christian		07.04.1985	34	6
Milovanovic, Daniel		26.04.1988	4	0
Nakas, Nikolaos		13.04.1982	2	0
Öztürk, Aykut		07.11.1987	27	12
Paul, Robert		17.10.1984	11	3
Sam, Steve		09.05.1986	32	9
Schmick, Roman		20.03.1987	8	0
Schöckel, Benjamin		16.08.1980	5	0
Stahl, Florian	T	20.10.1986	25	0
Strauch, Christopher	T	07.02.1988	3	0
Stroh-Engel, Dominik		27.11.1985	26	16
Eigentore				1
Trainer:				
Runjaic, Kosta		04.06.1971	33	
Zampach, Thomas (in Vertretung)		27.12.1969	1	

FC Bayern Alzenau

Spieler		geb. am	Sp.	T.
Anicic, Andreas		29.10.1984	29	11
Elsenbach, Johannes		28.10.1986	1	0
Feyh, Sebastian		15.09.1984	30	5
Fischer, Christian		25.02.1986	27	8
Franz, Tim		02.03.1989	11	0
Goedecke, Benny		27.10.1979	29	13
Hajdari, Fatmir		12.05.1982	7	0
Hartmann, Dennis		31.12.1981	6	0
Heininger, Holger		04.03.1976	23	0
Henning, Marcus		26.11.1979	10	1
Kessler, Steven		13.12.1974	12	0
Krebs, Daniel		16.06.1983	18	2
Kresic, Ignjac	T	19.10.1966	6	0
Lange, Daniel		14.11.1987	13	0
Lenhardt, Steffen		10.04.1984	18	0
Peter, Andreas		15.02.1987	25	1
Peter, Marc		28.05.1986	1	0
Peters, Thorsten	T	21.07.1978	27	0
Prümm, Christoph		12.09.1985	32	2
Ransom, Larry		05.11.1985	33	3
Russo, Giovanni		07.12.1982	25	1
Schnobl, Uwe		22.02.1984	3	0
Wawroschek, Tobias	T	30.04.1977	4	0
Wenisch, Dominik		09.11.1979	23	0
Wilz, Christopher		10.11.1983	34	6
Zanetti, Christoph		05.03.1984	28	0
Eigentore				1
Trainer:				
Reusing, Klaus		18.12.1966	34	

SV Buchonia Flieden

Spieler		geb. am	Sp.	T.
Anli, Murat Ali		12.10.1980	21	6
Bardakci, Mehmet		21.03.1989	11	0
Birkenbach, Christian		18.12.1989	1	0
Bormann, Sven	T	22.01.1976	34	0
Braun, Frederic		08.01.1981	23	1
El Fechtali, Ali		05.07.1975	27	4
Gies, Sascha		14.08.1979	20	10
Hartmann, Mario		07.12.1986	8	0
Hasic, Eldar		16.01.1974	20	1
Henning, Marcus		26.11.1979	11	1
Hose, Alexander		21.08.1983	25	0
Jueguen-Martinez, Francisco		02.02.1974	30	1
Keim, Daniel		16.02.1989	9	0
Krawczyk, Roman		22.06.1984	31	4
Link, Jens		18.01.1978	30	0
Link, Marco		08.03.1981	10	2
Münch, Benjamin		15.06.1983	4	0
Özbakir, Artug		10.04.1982	27	2
Pfeiffer, Sebastian		30.03.1989	20	0
Rother, Daniel		30.10.1976	34	6
Salomon, Michael		31.08.1982	17	0
Schäfer, Alexander		28.06.1984	29	1
Wischermann, Andreas		19.04.1973	4	0
Zangir, Seref		23.05.1973	12	1
Eigentore				1
Trainer:				
Meinhardt, Jörg		09.10.1964	30	
Wiegand, Gerhard (in Vertretung)		10.09.1966	1	
Krawczyk, Jürgen		01.01.1953	3	

SC Borussia Fulda

Spieler		geb. am	Sp.	T.
Benn, Adam		29.08.1988	29	0
Borrmann, Roland	T	16.12.1972	33	0
Bunzenthal, Benjamin		10.11.1980	31	11
Djappa, Olivier		22.11.1969	24	9
Enders, Peter		26.11.1982	1	0
Ghebreamlak, Samuel		21.10.1979	31	0
Heger, Rene		10.08.1987	1	0
Heumüller, Matthias		29.05.1986	3	0
Hohmann, Paul		18.06.1988	1	0
Jaksch, Mark		23.08.1989	3	0
Kabaca, Mikayil		22.11.1976	26	0
Kovács, Norbert		13.04.1977	18	0
Krause, Christopher		24.05.1984	32	3
Kress, Sebastian		11.04.1986	5	0
Lamp, Tobias		03.06.1982	14	0
Link, Raphael		25.08.1988	2	0
Möller, Kai		15.03.1973	24	0
Naciri, Samir		05.12.1979	32	3
Ochs, Rene		04.03.1984	34	8
Saroukh, Redouane		24.04.1986	16	3
Sauer, Nicolai		01.06.1988	5	0
Schimmelpfennig, David		06.10.1981	28	2
Schmidt, Martin	T	14.09.1987	1	0
Sitzmann, Kilian		20.04.1986	2	0
Steinmetz, Rüdiger		22.02.1983	12	0
Szilagyi, Stanislav		18.05.1981	30	12
Eigentore				2
Trainer:				
Lesser, Henry		08.05.1963	25	
Müller, Karl-Josef			9	

SV Darmstadt 98

Spieler		geb. am	Sp.	T.
Anicic, Michael		18.10.1974	30	6
Atmani, Faouzi		08.11.1984	1	0
Becker, Bastian	T	21.06.1979	29	0
Bodnar, Michael		02.01.1982	25	0
Colucci, Patrizio		17.10.1989	1	0
Eckerlin, Christian		16.11.1986	1	0
Eidelwein, Fabio		13.06.1975	27	8
Faga, Davide		24.11.1987	4	0
Glasner, Sebastian		06.05.1985	34	20
Heß, Sebastian		21.10.1987	9	0
Heyse, Tim		24.06.1989	1	0
Hübner, Rudolf		15.06.1986	30	11
Jellouli, Abdelkader		24.06.1984	7	0
Jovanovic, Nicola		19.11.1973	32	8
Kröh, Alvano		11.07.1985	11	1
Nguyen, Christopher		13.01.1988	1	0
Öztas, Gökhan		31.01.1989	2	0
Pellowski, Pascal		18.12.1988	31	2
Rasch, Daniel		06.04.1981	30	1
Rauschmayr, Silas		25.05.1987	2	1
Remmers, Christian		19.02.1984	18	0
Sahinler, Ahmet		12.04.1987	8	1
Schmidt, Simon		14.01.1984	25	1
Soriano, Elia		26.06.1989	21	9
Stahl, Christoph		09.08.1985	29	2
Staniczek, Jörg	T	29.11.1985	5	0
Szollár, Krisztián		30.08.1980	31	0
Wiesner, Christian		22.09.1981	25	0
Eigentore				2
Trainer:				
Kleppinger, Gerhard		01.03.1958	34	

KSV Klein-Karben

Spieler		geb. am	Sp.	T.
Alemdar, Fatih		12.12.1988	3	0
Aljusevic, Selim		08.01.1985	22	3
Almalqui, Mohamed		05.12.1984	34	2
Ayadi, Mohammed		10.10.1986	6	1
Becker, Eric		22.07.1988	13	3
Büge, Maximilian		14.08.1983	20	9
Chehab, Abdelhalim		30.03.1982	10	1
Cue, Robert	T	13.12.1983	8	0
Decise, Florian		07.11.1987	29	4
Dittrich, Andreas		22.07.1980	10	1
El Bousidi, Lotfi-Sami		13.08.1982	4	0
Eljazouli, Hafid		12.05.1984	24	5
Fouad, Tarek		05.05.1982	25	4
Gajda, Sebastian		12.05.1984	30	7
Hiemer, Marc		07.04.1985	23	6
Kaya, Kerem		22.06.1986	29	3
Klopp, Marc			10	0
Kunisch, Sven		20.05.1986	16	0
Muftawu, Mohammed		17.11.1978	32	4
Mustafic, Amir		11.10.1974	33	1
Qosa, Masar	T	02.11.1978	26	0
Sarfo, Andrew		12.02.1981	20	0
Sommerfeld, Till		08.07.1983	5	1
Strenkert, Ulrich		12.02.1980	25	0
Yasaroglu, Emre			9	0
Yasaroglu, Salih			1	0
Eigentore				1
Trainer:				
Cakici, Ali Kayhan		21.04.1967	9	
de la Rosa, Angel			12	
Isecke, Lars		26.09.1971	7	
Mustafic, Amir und Rübenach, Peter		11.10.1974 / 16.09.1947	6	

SC Waldgirmes

Spieler		geb. am	Sp.	T.
Bätzel, Peter		04.03.1983	30	1
Baum, Waldemar		08.07.1985	2	0
Bloß, Markus		03.01.1978	32	2
Buycks, Kevin		26.12.1988	3	0
Eberling, Jan		28.10.1980	20	1
Frenz, Kai		25.09.1978	24	0
Fuhr, Simon		05.09.1985	1	0
Hassler, Steven		15.06.1975	16	4
Hull, Cornelius		28.01.1977	3	0
Kaessmann, Jörg	T	28.08.1968	32	0
Karagiannis, Georgios		16.09.1975	34	17
Kühn, Kristian	T	23.08.1983	2	0
Langholz, Leif		17.07.1984	18	7
Mouchi, Fadi		01.01.1986	21	3
Münnich, Jan-Erik		10.11.1983	14	0
Neubert, Patrick		08.06.1981	32	4
Parson, Gino		22.05.1979	34	8
Pötzl, Fabian		22.08.1988	14	0
Riccitelli, Gino		28.03.1977	2	0
Saighani, Masih		22.09.1986	4	0
Schappert, Mario		03.01.1986	2	0
Schmitt, Steffen		01.03.1982	30	4
Siner, Özcan		05.10.1977	14	1
Sofinski, Michael		17.09.1986	13	0
Stengel, Martin		09.12.1978	9	1
Tschutschupalow, Wladimir		05.01.1985	1	0
Vural, Deniz		11.07.1988	20	1
Weinecker, André		18.06.1984	20	1
Eigentore				1
Trainer:				
Krick, Thorsten		22.06.1971	33	
Reitschmidt, Roger (in Vertretung)			1	

FSC Lohfelden

Spieler	geb. am	Sp.	T.
Barak, Yusuf	02.02.1984	26	1
Bayrak, Celebi	16.07.1983	5	0
Bechler, Alexei	03.12.1983	2	0
Buongiorno, Vincenco	21.11.1980	30	0
Cihan, Eren	12.04.1984	26	2
Dellova, Armand	14.10.1977	29	1
Habib, Herez	12.02.1982	31	6
Hertel, Ulf	T 04.11.1971	2	0
Kayacik, Ahmet	01.06.1977	4	0
Kraft, Arvid	02.10.1984	18	0
Krause, Markus	12.09.1977	25	1
Lienert, Pascal	15.10.1986	5	0
Malinov, Goce	01.02.1980	33	5
Minne, Christopher	12.03.1984	34	1
Oliev, Tobias	13.08.1985	24	3
Öz, Mustafa	06.04.1986	11	0
Reichhold, Marc	T 12.03.1979	33	0
Spichale, Sascha	14.02.1986	3	0
Usta, Adem	13.09.1980	29	15
Wendler, Christopher	26.08.1983	33	7
Wengerek, Martin	14.07.1983	26	1
Würfel, Tim	27.03.1979	6	0
Zieba, Daniel	13.02.1983	24	8
Eigentore			1
Trainer:			
Wilhelm, Michael	17.09.1968	34	

1. FC Schwalmstadt

Spieler	geb. am	Sp.	T.
Battenberg, Andreas	28.07.1977	33	3
Bojanic, Stipe	02.10.1984	27	3
Brauroth, Timo	04.06.1986	26	0
Davis, Gary		29	1
Dawid, Michael	22.06.1984	4	0
Eichler, Marcel		6	0
Eisenhut, Dieter	14.08.1982	1	0
Garwardt, Robert	19.11.1986	26	2
Graf, Paul	22.07.1983	24	4
Hainmüller, Daniel	13.02.1987	8	1
Hett, Fabian	15.07.1987	15	0
Jäger, Frank	26.12.1981	24	2
Keim, Jens Christian	03.11.1978	29	5
Kirchner, Niels	06.06.1981	19	0
Kreuter, Tobias	T 18.11.1977	33	0
Löber, Marcel		22	0
Lossek, Benjamin	11.06.1985	6	0
Maciongowski, Matthias	05.09.1985	3	0
Pfeiffer, Christian	05.11.1985	28	1
Pillinger, Tomi	31.10.1987	24	6
Ruppel, Christoph	11.05.1987	2	0
Schmeer, Johannes	T 04.06.1988	1	0
Schmeer, Sebastian	19.01.1987	29	6
Schmerer, Marco		23	2
Schneider, Steffen	03.02.1985	24	0
Eigentore			1
Trainer:			
Sicaja, Dragan	26.11.1966	33	
Baum, Christof (in Vertretung)		1	

TSG Wörsdorf

Spieler	geb. am	Sp.	T.
Boateng, Tonny	15.06.1978	19	1
Calbert, Marcel	03.03.1985	4	0
Can, Ali	30.10.1981	33	1
Dominigg, Tobias	07.12.1985	14	2
Gebrihiwet, Meron	09.11.1979	31	0
Harmouch, Hassan	04.01.1985	11	0
Hertlein, Pascal	30.12.1982	14	0
Jantz, Andreas	29.12.1984	31	2
Jourdan, Julien	T 07.12.1981	3	0
Kretschmer, Benjamin	22.09.1987	3	0
Kuczok, Patrick	07.12.1988	12	0
Kürzer, Patrick	25.04.1988	23	1
Lederer, Eric	02.02.1984	23	9
Lewis, Dominik	03.09.1986	25	7
Lorz, Robert	21.06.1984	20	0
Oteng-Mensah, Tobias	27.11.1977	31	5
Pilger, Bastian	05.02.1987	21	0
Ramos, Roberto	20.04.1979	5	0
Salifou, Ibrahima	14.10.1980	31	1
Saridogan, Nazir	11.11.1977	32	24
Schmitt, Sven	T 27.12.1976	26	0
Schwarz, Christopher	23.11.1988	11	1
Sprink, Alexander	18.08.1987	33	1
Tillmann, Kai	T 27.07.1976	5	0
Will, Torsten	20.04.1988	2	0
Zejnilovic, Adis	14.03.1988	3	0
Eigentore			1
Trainer:			
de Rinaldis, Nico	18.06.1973	34	

Germ. Ober-Roden

Spieler	geb. am	Sp.	T.
Achouri, Moucine	19.09.1986	2	0
Arifi, Arif	T 17.11.1977	7	0
Babic, Danijel	24.04.1988	4	0
Berresheim, Dirk	23.10.1984	21	0
Betz, Marco	11.08.1986	31	0
Christophori, Marco		1	1
Corlija, Marko	25.01.1987	6	0
Daudi, Zamir	05.08.1987	7	0
Demirtas, Maravge	13.06.1981	25	0
Engler, Marius	08.10.1986	17	0
Flick, Thorsten	22.08.1976	10	0
Grüll, Marc	22.12.1986	12	0
Hirschmüller, Lukas	T 26.04.1986	2	0
Incesu, Necip	17.01.1978	32	2
Knauf, Christoph	T 17.06.1981	14	0
Krist, Viktor	12.07.1983	34	2
Leifermann, Daniel	25.01.1982	29	1
Nink, Joachim	T 10.04.1972	1	0
Popovic, Darian	13.05.1986	22	0
Russ, Horst	13.10.1976	31	11
Schuster, Paul	10.11.1986	3	0
Stenzel, Alexander	16.07.1982	29	3
Tobollik, Dorian	09.09.1987	8	0
Toch, Daniele	13.11.1987	33	7
Toch, Marco	14.07.1983	32	7
do Vale Lopez, Manuel	17.04.1985	31	6
Wassef, David	T 25.11.1982	10	0
Trainer:			
Wolf, Dirk	04.09.1972	13	
Meixner, Jörg	14.06.1966	1	
Borchers, Ronald	10.08.1957	20	

SG Eintracht Wetzlar

Spieler	geb. am	Sp.	T.
Chabou, Pierre	07.12.1979	12	0
Dinkel, Thorsten	22.10.1976	28	0
Eckstein, Johannes		2	0
Elissami, Imad		20	3
Friesen, Paul		21	1
Guht, Michael	16.06.1973	5	0
Haas, Emanuel	13.08.1987	32	2
Hajdari, Fatmir	12.05.1982	11	1
Hocker, Stefan	17.08.1984	28	2
Hodaj, Fejz	27.11.1982	34	9
Honoré, Antoine	03.11.1987	22	0
Maach, Mohamed	24.06.1985	20	1
Mahboubi, Ali	22.08.1975	20	0
Muayi, Antonio	24.01.1985	8	1
Muayi, Olivio	27.08.1980	20	2
Olujic, Dusan	25.04.1985	8	0
Onar, Lucass	01.06.1985	10	0
Ouakil, Rachid	08.03.1980	33	0
Öztürk, Volkan	20.06.1988	21	0
Samun, Maykel	10.06.1986	30	6
Schmidt, Oliver	18.05.1985	9	0
Schormann, Jörg	T	5	0
Susam, Ufuk		2	0
Vugdelija, Pavao	T 31.10.1987	22	0
Weisert, Patrick	20.03.1973	34	0
Yedikat, Sezgin	03.03.1982	14	0
Eigentore			2
Trainer:			
Cestonaro, Peter	14.05.1954	24	
Dapper, Frank (in Vertretung)	28.10.1971	2	
Zick, Claus-Peter	12.09.1958	8	

RSV Würges

Spieler	geb. am	Sp.	T.
Adam, Christian	T 26.01.1983	31	0
Becker, Timo	02.08.1981	8	0
Brands, Heiko	25.05.1975	1	0
Bukowiecki, Michael	29.08.1984	28	0
Can, Özkan	02.08.1979	24	3
Dylong, Daniel	17.11.1979	32	1
Frank, Arthur	17.04.1988	3	0
Holzhäuser, Nils	T 19.07.1987	4	0
Kirn, Dennis	27.04.1985	13	3
Koch, Christian	23.11.1983	29	0
Koch, Daniel	09.10.1988	17	2
Langner, Thimo	09.02.1982	11	0
Leopold, Dennis	18.10.1978	31	0
Lüllig, Christian	01.08.1979	7	0
Medak, Michael	17.11.1982	32	2
Mehr, Christian	28.04.1981	33	3
Moritz, Steffen	22.04.1984	31	6
Odisho, Bilos	15.08.1986	8	1
Poharetzki, Emerich	22.12.1980	17	2
Schenk, Adrian	27.01.1987	2	0
Schneider, Tobias	07.03.1984	32	2
Schunck, Christoph	06.02.1984	32	3
Schuster, Paul	10.11.1986	4	0
Szekely, Krisztian	20.01.1979	3	0
Tiago, Eric	04.12.1983	1	0
Vasiljevic, Zvonimir	18.03.1983	17	5
Weimer, Mario	29.07.1988	3	0
Zer, Volkan	30.12.1985	11	2
Eigentore			0
Trainer:			
Menger, Jürgen	10.02.1961	34	

Oberliga Baden-Württemberg

Pl.	(Vj.)	Mannschaft		Sp	S	U	N	Tore	TD	Pkt	Sp	S	U	N	Tore	Pkt	Sp	S	U	N	Tore	Pkt
								Gesamtbilanz							Heimbilanz						Auswärtsbilanz	
1.	(7.)	SC Freiburg II	↑	34	23	4	7	62-36	+26	73	17	13	3	1	35-14	42	17	10	1	6	27-22	31
2.	(2.)	SSV Ulm 1846	↑	34	21	8	5	61-25	+36	71	17	12	5	0	35-10	41	17	9	3	5	26-15	30
3.	(10.)	SV Waldhof 07 Mannheim	↑	34	21	8	5	54-22	+32	71	17	13	3	1	36-14	42	17	8	5	4	18- 8	29
4.	(3.)	1. FC Heidenheim	↑	34	20	9	5	69-29	+40	69	17	11	5	1	40-10	38	17	9	4	4	29-19	31
5.	(8.)	TSG 1899 Hoffenheim II		34	19	10	5	59-31	+28	67	17	12	4	1	32-10	40	17	7	6	4	27-21	27
6.	(4.)	FC 08 Villingen		34	18	9	7	71-35	+36	63	17	10	3	4	43-18	33	17	8	6	3	28-17	30
7.	(6.)	TSV Crailsheim		34	17	7	10	65-43	+22	56	17	10	3	4	37-13	33	17	7	4	6	28-30	25
8.	(↑)	FC Astoria Walldorf		34	15	9	10	65-54	+11	54	17	8	4	5	31-24	28	17	7	5	5	34-30	26
9.	(11.)	1. FC Normannia Gmünd		34	13	9	12	51-49	+2	48	17	7	5	5	27-23	26	17	6	4	7	24-26	22
10.	(13.)	SG Sonnenhof Großaspach		34	11	9	14	38-40	−2	42	17	7	4	6	17-15	25	17	4	5	8	21-25	17
11.	(14.)	FC Nöttingen		34	10	11	13	51-54	−3	41	17	5	4	8	29-32	19	17	5	7	5	22-22	22
12.	(5.)	SGV Freiberg		34	10	8	16	53-56	−3	38	17	6	4	7	33-29	22	17	4	4	9	20-27	16
13.	(12.)	Bahlinger SC		34	8	7	19	38-65	−27	31	17	6	5	6	28-26	23	17	2	2	13	10-39	8
14.	(↑)	VfL Kirchheim/Teck		34	6	10	18	39-69	−30	28	17	4	7	6	24-28	19	17	2	3	12	15-41	9
15.	(9.)	SV Stuttgarter Kickers II		34	8	4	22	48-81	−33	28	17	4	2	11	21-31	14	17	4	2	11	27-50	14
16.	(15.)	VfR Mannheim		34	6	6	22	34-66	−32	24	17	5	3	9	21-26	18	17	1	3	13	13-40	6
17.	(↑)	TSV Schwieberdingen	3↓	34	6	6	22	36-90	−54	24	17	4	4	9	22-37	16	17	2	2	13	14-53	8
18.	(↑)	SV Linx	↓	34	5	2	27	34-89	−55	17	17	5	0	12	24-36	15	17	0	2	15	10-53	2

Dem TSV Crailsheim wurden wegen Zuschauerausschreitungen nach dem Spiel gegen FC Astoria Walldorf 2 Punkte abgezogen.

Absteiger aus der Regionalliga Süd: keine.
Aufsteiger in die Regionalliga (neu): SC Freiburg II, SSV Ulm 1846, SV Waldhof 07 Mannheim und 1. FC Heidenheim (Süd).
Absteiger in die Verbandsligen: SV Linx (Südbaden) und TSV Schwieberdingen (freiwillig in die Bezirksliga Enz/Murr).
Aufsteiger aus den Verbandsligen: TSG Balingen, SpVgg Au/Iller, FV Illertissen (Württemberg), Offenburger FV, Kehler FV (Südbaden) und ASV Durlach (Nordbaden).

Oberliga Baden-Württemb. 2007/08

	SC Freiburg II	SSV Ulm 1846	SV Waldhof 07	Heidenheim	Hoffenheim II	FC 08 Villingen	TSV Crailsheim	FCA Walldorf	Norm. Gmünd	Großaspach	FC Nöttingen	SGV Freiberg	Bahlinger SC	VfL Kirchheim	Stuttg. Kickers II	VfR Mannheim	Schwieberdingen	SV Linx
SC Freiburg II	X	1:0	0:0	0:2	1:0	0:0	4:1	1:1	2:1	2:1	1:0	2:1	5:2	2:1	7:3	4:0	1:0	2:1
SSV Ulm 1846	2:0	X	0:0	1:0	1:1	3:2	1:1	3:2	0:0	3:1	3:1	2:0	3:0	1:1	1:0	3:1	5:0	3:0
SV Waldhof 07 Mannheim	2:0	1:0	X	3:1	0:3	1:1	2:2	3:1	3:2	1:0	2:2	1:0	3:0	2:1	2:1	6:0	2:0	3:0
1. FC Heidenheim	2:0	1:4	0:0	X	1:1	2:0	2:1	2:2	0:0	2:0	2:0	0:0	3:1	9:1	4:0	1:0	5:0	2:0
TSG 1899 Hoffenheim II	4:0	1:0	2:0	4:1	X	2:3	3:0	1:1	2:1	1:0	0:0	0:0	1:0	2:1	3:1	2:1	2:1	3:0
FC 08 Villingen	0:3	0:1	1:2	1:1	1:2	X	4:0	2:1	3:1	2:2	1:1	4:1	3:0	2:0	4:0	4:0	5:1	6:2
TSV Crailsheim	2:3	3:0	0:2	2:0	3:0	0:0	X	2:3	1:1	4:2	0:0	1:0	2:0	4:0	4:0	1:2	7:0	3:0
FC Astoria Walldorf	1:4	1:1	0:1	1:1	0:3	1:0	x:x	X	2:0	0:0	1:1	1:3	2:1	5:1	6:3	3:1	3:1	4:0
1. FC Normannia Gmünd	0:0	1:3	1:0	1:2	3:4	0:3	0:0	1:0	X	0:0	1:1	3:2	3:1	1:2	3:3	2:1	3:0	4:1
SG Sonnenhof Großaspach	1:2	1:0	1:0	0:4	0:0	1:1	2:3	0:1	0:1	X	0:1	1:1	2:0	1:0	1:1	1:0	4:0	1:0
FC Nöttingen	2:3	1:0	0:3	1:4	3:1	1:2	3:1	1:4	2:3	1:2	X	1:1	5:1	1:1	5:2	1:0	0:2	1:1
SGV Freiberg	4:0	0:1	0:3	0:2	2:3	1:1	2:4	5:1	2:2	2:1	1:3	X	1:1	2:1	1:2	2:1	5:0	3:3
Bahlinger SC	1:4	0:3	0:1	1:2	0:2	2:3	1:1	2:2	4:1	1:1	2:2	1:0	X	1:0	3:0	2:0	3:3	4:1
VfL Kirchheim/Teck	0:2	0:1	1:1	2:2	2:2	2:2	0:2	3:3	1:3	1:1	0:3	2:0	3:0	X	2:3	1:1	2:1	2:1
SV Stuttgarter Kickers II	1:0	2:2	1:0	0:1	0:2	0:2	1:3	0:2	1:4	1:2	1:4	1:3	4:0	1:2	X	2:2	1:2	2:2
VfR Mannheim	0:2	1:2	1:3	0:0	0:0	0:1	0:2	1:3	1:0	0:3	3:1	2:0	0:1	4:1	0:4	X	3:3	5:0
TSV Schwieberdingen	0:3	0:4	0:0	1:4	1:1	0:5	1:5	2:4	0:1	3:5	3:0	0:1	0:0	2:0	5:2	2:2	X	2:0
SV Linx	0:1	1:3	0:2	1:2	3:2	1:2	1:2	1:3	2:3	1:0	1:2	4:7	0:2	4:2	0:2	2:1	2:0	X

Das Spiel FC Astoria Walldorf – TSV Crailsheim wurde wegen starker Regenfälle abgesagt; nachdem beide Mannschaften auf eine Neuaustragung verzichteten, wurde das Spiel für beide Mannschaften mit 0:3 gewertet.

Torschützenliste:

Platz	Spieler (Mannschaft)	Tore
1.	Schürg, Michael (Freiberg 11, Ulm 11)	22
2.	Fameyeh, Joseph (TSV Crailsheim)	21
	Herdling, Kai (TSG 1899 Hoffenheim II)	21
4.	Jarosch, Dieter (1. FC Heidenheim)	19
	Molinari, Benjamino (Normannia Gmünd)	19
6.	Stasiak, Rodriguo (FC 08 Villingen)	18
7.	Reule, Daniel (SV Waldhof 07 Mannheim)	15
8.	Ekoto-Ekoto, Gilles (FC Nöttingen)	14
9.	Roth, Felix (SC Freiburg II)	13
10.	Grüttner, Marco (SGV Freiberg/Neckar)	12
	Monetta, Matteo (FC Astoria Walldorf)	12

Zuschauerstatistik:

Mannschaft	gesamt	Schnitt
SVW 07 Mannheim	65.872	3.875
SSV Ulm 1846	35.700	2.100
1. FC Heidenheim	34.236	2.014
FC 08 Villingen	20.548	1.209
TSV Crailsheim	11.380	669
FC Astoria Walldorf	9.402	588
VfR Mannheim	9.300	547
Bahlinger SC	8.400	494
FC Nöttingen	8.051	474
TSV Schwieberdingen	7.750	456
Normannia Gmünd	7.249	426
SGS Großaspach	7.124	419
SV Linx	6.610	389
VfL Kirchheim/Teck	6.400	376
SGV Freiberg	6.207	365
TSG Hoffenheim II	5.600	329
SC Freiburg II	4.805	283
Stuttgarter Kickers II	2.743	161
	257.177	843

Informationen zu den Aufstiegsspielen zur OL Baden-Württemberg finden Sie auf Seite 233.

Bahlinger SC

Spieler	geb. am	Sp.	T.
Bober, Thomas	27.03.1988	5	0
Funk, Benjamin	30.04.1984	16	2
Gleichauf, Manuel	26.02.1989	11	0
Haas, Laurenz	28.03.1986	28	1
Hermel, Lars	28.09.1970	7	0
Jäger, Alexander	T 27.12.1987	4	0
Jungkeit, Armin	T 14.07.1983	1	0
Kateb, Mohamed	03.10.1982	29	3
Kerek, Robert	15.01.1988	23	0
Kocur, Frank	14.11.1978	34	4
Mombris, Mathieu	05.05.1986	19	3
Neumann, Mario	T 21.05.1977	29	0
Nowicki, Marek	09.11.1974	19	1
Oswald, Christoph	26.09.1981	29	5
Pfahler, Benjamin	03.06.1984	30	9
Rinchiuso, Michele	02.09.1985	27	0
Scheuer, Jens	12.10.1978	30	5
Schlegel, Michael	17.08.1987	32	2
Sovtic, Enes	05.06.1985	24	1
Stuckart, Torben	13.02.1986	27	1
Thoma, Achim	14.08.1981	15	0
Wiesler, Bernhard	10.09.1984	28	0
Eigentore			1
Trainer:			
Pilipovic, Milorad	03.06.1958	20	
Hermel, Lars	28.09.1970	14	

TSV Crailsheim

Spieler	geb. am	Sp.	T.
Abazi, Ajet	27.06.1976	30	0
Arslan, Erol	09.09.1982	2	0
Bauer, Markus	03.01.1986	23	3
Berchtold, Michael	08.07.1986	4	0
Dalyanci, Semih	26.06.1988	2	0
Endler, Christian	11.09.1979	25	1
Fameyeh, Joseph	19.10.1978	33	21
Gorgiev, Oliver	18.09.1980	33	0
Gorzawski, Benjamin	T 02.12.1986	1	0
Heidenfelder, Bastian	08.01.1986	32	10
Ilgenfritz, Stephan	31.03.1987	24	1
Kanyuk, Laszlo	13.01.1979	21	4
Kleinschrodt, Martin	13.08.1985	5	0
Mensah, Joseph	16.01.1985	4	1
Olgun, Engin	11.09.1986	4	0
Onwuzuruike, Henry	26.12.1979	29	3
Rehm, Rüdiger	22.11.1978	14	1
Rushiti, Visar	13.02.1977	20	1
Sahdo, Daniel de Freitas	11.03.1978	10	0
Schenker, Reinhard	17.03.1988	8	0
Schmidt, Martin	24.05.1983	22	0
Schmiedel, Oskar	18.02.1988	24	3
Schoppel, Manuel	T 30.10.1980	32	0
Schumacher, Andreas	02.06.1981	31	6
Zaccanti, Daniel	27.11.1978	21	9
Eigentore			1
Trainer:			
Kostourkov, Peter	17.09.1969	33	

SGV Freiberg/Neckar

Spieler	geb. am	Sp.	T.
Avraam, Eleftherios	13.01.1984	21	1
Balmuk, Tufan	15.01.1984	7	0
Bartholomä, Stephan	06.11.1982	30	0
Burkhardt, Sven	T 04.03.1983	32	0
Deligiannidis, Panagiotis	21.11.1978	26	1
Doll, Manuel	T 31.08.1985	2	0
Grauer, Michael	T 25.02.1982	2	0
Grimmer, Andreas	05.08.1988	23	3
Grüttner, Marco	17.10.1985	32	12
Hecimovic, Ivan	03.09.1989	2	0
Jaksche, Robin	14.10.1987	28	2
Klapsia, Milan	26.02.1987	4	0
Kuch, Andreas	29.04.1981	33	2
Linder, Christian	04.01.1989	1	0
Ludwig, Holger	22.12.1981	22	0
Lukic, Kresimir	11.03.1981	12	0
Macias Alvarez, Jose-Angel	27.09.1975	25	7
Müller, Marius	21.07.1983	31	6
Pribyl, Jörn	12.12.1989	1	0
Sarajlic, Predrag	12.08.1979	32	2
Schreiber, Marcel	29.10.1980	34	4
Schürg, Michael	21.10.1984	18	11
Schwintjes, Andreas	21.05.1987	30	1
Sevimli, Cesur	31.03.1987	20	0
Eigentore			1
Trainer:			
Wenninger, Marcus	04.08.1972	34	

VfR Mannheim

Spieler	geb. am	Sp.	T.
Amling, Wanja	06.09.1989	1	0
Arif, Bawan	16.02.1989	3	0
Bauer, Daniel	06.05.1981	33	4
Bayram, Keven	18.10.1988	8	0
Berisha, Arijan	03.09.1978	15	5
Bertholdt, Benjamin	14.05.1982	18	0
Bulut, Inan	10.12.1985	26	0
Dörflinger, Timo	19.09.1978	29	2
Durinic, Dalibor	07.09.1981	1	0
Ekiz, Yüksel	11.11.1980	12	2
Ferhatovic, Adis	T 12.03.1980	15	0
Franke, Bartosz	17.06.1987	4	0
Glutsch, Dennis	29.02.1984	34	1
Hien, Benjamin	20.08.1981	18	0
Leitz, Sascha	23.12.1977	7	0
Leuthner, Tim	08.12.1988	11	0
Marschlich, Patrick	15.11.1985	16	3
Rubio-Sanchez, Jean Pierre	21.08.1983	20	3
Saufhaus, Sebastian	20.03.1982	16	0
Shala, Andis	15.11.1988	9	2
Sieverling, Tilman	22.02.1982	33	3
Skandik, Jozef	25.09.1986	1	0
Spencer, Jonathan	01.10.1979	18	2
Szabo, David	29.06.1983	23	1
Tahirovic, Haris	11.11.1981	22	5
Terrazzino, Vincenzo	08.09.1984	26	1
Usta, Mustafa	22.12.1983	5	0
Vasiljevic, Zvonimir	18.03.1983	10	0
Vidakovic, Kristijan	14.11.1986	18	0
Weiß, Thomas	T 05.05.1984	19	0
Trainer:			
Heimen, Dieter	07.03.1966	11	
Köhnlein, Ralf	20.04.1956	7	
Sanchez, Rafael	23.06.1963	16	

Stuttgarter Kickers II

Spieler	geb. am	Sp.	T.
Accardi, Fabio	15.03.1983	17	0
Akcay, Mustafa	20.09.1983	1	0
Bajrami, Muhamed	16.01.1987	24	4
Baradel, Mike	14.02.1985	23	0
Beigang, Nico	24.08.1982	7	3
Benda, Sascha	21.02.1980	8	2
Deigendesch, Benedikt	15.09.1985	1	0
Foerster, Dennis	31.08.1987	3	0
Genisyürek, Saban	03.01.1986	9	0
Gentner, Thomas	04.10.1988	24	1
Härter, Jens	19.12.1979	2	0
Hauser, Julian	T 20.12.1989	9	0
Ivanusa, Marcel	16.01.1985	28	2
Jung, Demis	24.08.1988	3	1
Kacani, Sokol	16.02.1984	1	0
Karapantzos, Vergoulakis	23.08.1987	5	0
Kovac, Marko	06.01.1987	32	4
Küz, Dominic	08.01.1987	3	0
Leist, Julian	11.03.1988	25	1
Morina, Hasan	03.05.1987	1	0
Ortlieb, Markus	11.12.1980	24	1
Parhizi, Ali	29.03.1983	12	1
Petruso, Franco	18.08.1988	24	3
Prediger, Dirk	23.01.1987	9	6
Rizzi, Michele-Claudie	13.04.1988	20	0
Rodrigues, Dominique	26.03.1983	2	0
Rodrigues, Luis-Miguel	T 03.09.1989	1	0
Salz, Manuel	T 06.08.1985	25	0
Schneider, Eugen	03.05.1988	22	0
Simsek, Gökhan	10.09.1986	13	0
Sökler, Sven	09.11.1984	22	5
Steinle, Moritz	14.02.1983	2	0
Stevanovic, Srdan	06.09.1986	26	8
Tsapakidis, Ioannis	26.07.1977	4	0
Tucci, Marco	02.05.1985	6	2

1. FC Heidenheim

Spieler	geb. am	Sp.	T.
Bagceci, Alper	16.04.1984	34	4
Demirkiran, Ünal	24.06.1979	18	5
Feistle, Ingo	14.12.1981	34	0
Gmünder, Christian	12.02.1980	33	6
Göhlert, Tim	15.09.1984	29	5
Gündüz, Gökhan	13.03.1984	16	1
Hammerl, René	01.01.1979	24	0
Henning, Robert	07.12.1985	11	0
Jarosch, Dieter	14.09.1980	30	19
Klarer, Martin	19.04.1982	29	5
Laible, Maximilian	15.01.1986	3	0
Maier, Bernd	30.11.1974	30	3
Meier, Johannes	24.09.1984	27	4
Pamukcu, Serhat	01.10.1982	6	0
Raaf, Alexander	21.01.1974	29	5
Sabanov, Erol	T 16.05.1975	34	0
Sameisla, Christian	10.04.1984	17	2
Seskir, Ertac	12.11.1982	29	3
da Silva, Cassio Marcello	22.11.1978	11	0
Spann, Andreas	17.05.1984	20	7
Urban, Michael	01.08.1983	11	1
Eigentore			2
Trainer:			
Märkle, Dieter	15.08.1962	6	
Schmidt, Frank	03.01.1974	28	

Fortsetzung SV Stuttgarter Kickers II:

Spieler	geb. am	Sp.	T.
Tunjic, Mijo	24.02.1988	18	3
Weber, Tobias	19.01.1988	14	0
Wildersinn, Marco	29.09.1980	1	0
Yildiz, Recep	10.03.1986	3	0
Eigentore			1
Trainer:			
Hinck, Björn	25.12.1976	34	

SC Freiburg II

Spieler	geb. am	Sp.	T.
Ampomah, Owusu	06.02.1985	29	11
Barth, Oliver	06.10.1979	2	0
Borrozzino, Michele	02.12.1976	19	1
Bouziane, Anis	13.10.1985	15	1
Braun, Sandrino	04.07.1988	12	0
Bührer, Dennis	13.03.1983	1	0
Caligiuri, Daniel	15.01.1988	13	2
Dell'Era, Fabio	30.11.1988	30	7
Fuhrler, Thomas	02.07.1986	23	0
Glockner, Andreas	25.02.1988	23	2
Hörger, Louis	22.01.1985	15	2
Jüllich, Christoph	05.08.1986	27	2
Kaufmann, Andreas	06.10.1973	10	0
Knoll, Andreas	T 27.09.1988	1	0
Konrad, Manuel	14.04.1988	22	4
Kruppke, Dennis	01.04.1980	5	1
Maisonneuve, Alexandre	03.06.1985	15	1
Matter, Julien	10.06.1984	11	2
Mehring, Maximilian	15.04.1986	28	9
Mollet, Raphael	18.06.1988	29	0
Müller, Michael	T 16.08.1989	2	0
Roth, Felix	13.11.1987	22	13
Schlitte, Kevin	04.11.1981	2	1
Schuler, Max	26.03.1987	22	0
Schutzbach, Maik	31.05.1986	32	1
Toprak, Ömer	21.07.1989	22	0
Walke, Alexander	T 06.06.1983	15	0
Waslikowski, Timo	15.11.1988	12	1
Wohlfarth, Dominik	T 27.04.1978	16	0
Eigentore			1
Trainer:			
Neitzel, Karsten	17.12.1967	34	

SGS Großaspach

Spieler	geb. am	Sp.	T.
Abou Shoura, Mohamed	01.11.1982	6	0
Adamos, Adam	03.05.1983	13	0
Atik, Hakan	24.07.1976	17	5
Aupperle, Fabian	16.02.1986	15	1
Beck, Arthur	02.10.1983	4	0
Blaskic, Zlatko	27.04.1982	24	2
Bonsignore, Calogero	09.06.1985	18	3
Bürkle, Philipp	T 07.06.1985	2	0
Cimander, Martin	03.10.1981	34	0
Di Biccari, Mario	07.06.1985	31	3
Euler, Steffen	12.07.1988	9	1
Fichter, Stephan	30.06.1987	10	0
Gorka, Benjamin	15.04.1984	18	1
Grab, Dennis	25.11.1985	32	3
Greco, Giuseppe	03.03.1980	30	2
Jurkovic, Milan	T 15.06.1983	33	0
Krasniqi, Abedin	04.02.1986	15	5
de Lucia, Pietro	27.07.1978	10	0
Mazzola, Nicolo	12.07.1985	4	0
Montero, David	16.01.1974	32	0
Nierichlo, Nico	12.08.1989	10	0
Russo, Gino	20.11.1985	16	7
Saer, Sene	04.11.1986	22	4
Saltidis, Hristos	24.07.1981	5	0
Seiler, Timo	16.03.1984	2	0
Spina, Nicola	18.08.1981	12	0
Tiryaki, Basri	16.08.1988	8	1
Wengert, Manuel	31.08.1980	31	0
Trainer:			
Gisdol, Markus	17.08.1969	14	
Boysen, Hans-Jürgen	30.05.1957	4	
Letsch, Thomas	26.08.1967	16	

TSG Hoffenheim II

Spieler	geb. am	Sp.	T.
Bernhardt, Daniel	T 21.08.1985	20	0
Bindnagel, Denis	05.06.1979	10	0
Biyik, Oguzhan	28.09.1986	32	3
Böttger, Julian	T 06.10.1988	1	0
Boller, Sascha	16.02.1984	17	1
Bouzid, Adam	30.11.1987	3	0
Brandstetter, Marcel	05.03.1988	18	2
Gollasch, Martin	15.02.1986	26	2
Haas, Steffen	18.03.1988	21	1
Hammann, Nico	16.03.1988	25	3
Herdling, Kai	27.06.1984	32	21
Hesse, Kai	20.06.1985	14	11
Jaissle, Matthias	05.04.1988	1	0
Januzi, Demir	29.05.1988	10	0
Kassem-Saad, Imad	27.01.1986	8	1
Keller, Matthias	20.11.1974	13	2
Kirschbaum, Thorsten	T 20.04.1987	14	0
Klefenz, Marcel	20.04.1986	31	1
Klingmann, Philipp	22.04.1988	21	2
Krettek, Artur	14.01.1984	8	0
Lambracht, Florian	19.02.1986	32	2
Lapaczinski, Denis	26.09.1981	27	1
di Piazza, Riccardo	21.10.1986	1	0
Ruiz-Maile, Dennis	24.04.1987	2	0
Schneckenberger, Marc	14.07.1987	29	2
Sulu, Aytac	11.12.1985	33	0
Thiam, Papa N'Diaga	25.12.1989	5	1
Weis, Tobias	30.07.1985	2	0
Yildiz, Sefa	12.10.1987	7	1
Eigentore			2
Trainer:			
Schön, Alfred	12.01.1962	34	

Normannia Gmünd

Spieler	geb. am	Sp.	T.
Akin, Ahmet	20.10.1983	1	0
Bauer, Waldemar	16.05.1986	2	0
Berberoglu, George	28.03.1980	9	1
Catizone, Giuseppe	20.09.1977	27	1
Cetin, Ali	25.09.1986	25	3
Funk, Marcel	09.06.1987	7	0
Gruca, Matthias	T 14.11.1979	30	0
Guimaraes, Uederson Carlos	27.07.1981	27	2
Jud, Andreas	09.08.1984	13	0
Jurczyk, Marius	05.10.1985	32	4
Kaiser, Dominik	16.09.1988	28	3
Kaiser, Steffen	21.12.1974	30	2
Kasunic, Alexandar	18.03.1981	28	2
Krätschmer, Patrick	10.03.1985	26	2
Kuhn, Christian	23.01.1985	24	1
Kuhn, Michael	17.05.1979	7	0
Mangold, Mark	10.07.1979	33	5
Molinari, Benjamino	13.05.1980	33	19
Molner, Ralph	23.11.1984	25	0
Neumann, Witali	13.05.1982	1	0
Schöllkopf, Thorsten	28.10.1980	31	2
Schütz, Dominik	T 15.02.1986	2	0
Sorger, Sascha	T 17.09.1978	2	0
Zimmermann, Michael	12.01.1980	31	4
Trainer:			
Zorniger, Alexander	08.10.1967	34	

Waldhof 07 Mannheim

Spieler	geb. am	Sp.	T.
Adiele, Echendu	17.11.1978	33	2
Babatz, Christof	03.09.1974	23	4
Bogdanovic, Daniel	28.02.1981	6	1
Burgio, Giuseppe	28.09.1988	10	0
Crone, Janis	25.02.1983	29	7
Geissinger, Patrick	16.05.1988	4	0
Groß, Dominik	02.03.1985	2	0
Ismaili, Emin	31.05.1982	32	6
Krasniqi, Abedin	04.12.1986	11	1
Laping, Marco	24.02.1978	25	0
Maas, Stephan	03.09.1981	14	1
Melunovic, Ermin	18.05.1973	23	2
Monetta, Matteo	13.05.1984	13	5
Muja, Valon	05.05.1986	1	0
Myftari, Fisnik	18.01.1987	16	1
Ollhoff, Thomas	15.06.1975	25	3
Örüm, Matthias	02.11.1975	6	1
Reule, Daniel	02.05.1983	33	15
Schilling, Christian	11.08.1981	26	1
Schommer, Daniel	21.08.1981	9	0
Schwall, René	28.04.1985	34	0
Speranza, Giovanni	06.03.1982	14	2
Tsiflidis, Daniel	T 18.08.1984	34	0
Weiland, Dennis	30.08.1974	24	1
Wittke, Kevin	17.08.1984	26	1
Trainer:			
Conrad, Alexander	15.11.1966	24	
Menze, Steffen	28.01.1969	10	

FC 08 Villingen

Spieler	geb. am	Sp.	T.
Bea, Tobias	01.07.1984	28	0
Demir, Aydemir	25.05.1980	18	2
D'Incau, David	20.01.1982	16	1
Fazijla, Fitim	30.11.1985	23	2
German, Alexander	17.11.1989	5	1
Heizmann, Tobias	08.01.1984	9	0
Hohnstein, Stefan	17.02.1982	27	2
Huljic, Marian	T 27.01.1988	4	0
Intemperante, Gaetano	04.02.1981	21	4
Jeske, Christian	03.10.1986	15	3
Ketterer, Mario	08.03.1983	29	0
Klotz, Mario	29.09.1984	22	8
Köhler, Mario	03.01.1989	1	1
Maric, Jago	03.02.1979	26	5
Maus, Mario	19.04.1985	2	0
Michnia, Robert	05.08.1984	17	0
Miletic, Daniel	T 03.08.1978	30	0
Saccone, Piero	21.10.1983	33	6
Saggiomo, Giuliano	12.06.1979	31	3
Saggiomo, Rino	29.01.1985	31	7
Sari, Adem	09.05.1985	16	7
Stasiak, Rodrigo	16.12.1979	33	18
Svjetlanovic, Dejan	20.06.1980	15	0
Yelken, Müslüm	28.11.1988	11	1
Trainer:			
Djordjevic, Kristijan	06.01.1976	29	
Grütering, Peter	28.03.1946	5	

VfL Kirchheim/Teck

Spieler	geb. am	Sp.	T.
Altinsoy, Selim	09.07.1987	27	2
Beran, Uwe	06.09.1989	6	0
Bunjan, Giovanni	15.07.1988	2	0
Coskun, Isci	22.04.1984	27	1
Dihl, Benny	20.11.1987	8	1
Eisenhardt, Christopher	17.01.1984	30	1
Er, Ferdi	01.03.1981	33	4
Fuchs, Guido	28.08.1984	7	0
Gonsior, Andre	17.06.1982	24	3
Grimm, Mario	29.08.1979	22	3
Gühring, Patrick	T 02.11.1980	33	0
Koch, Matthias	28.02.1982	25	0
Kutscher, Michael	10.07.1986	18	0
Laible, Maximilian	15.01.1986	16	5
Lovric, Marco	06.11.1983	8	0
Lukac, Sven	16.12.1982	15	1
Mayer, Andreas	07.04.1987	19	0
Meha, Feriz	06.07.1984	17	3
Orhan, Armin	20.05.1989	9	0
Özkaraman, Fatih	13.05.1988	1	0
Polat, Emrah	27.05.1983	23	3
Raspe, Thorsten	01.08.1969	27	0
Reber, Daniel	T 27.11.1978	1	0
Schraivogel, Philipp	15.09.1988	4	0
Siopidis, Archontis	27.11.1977	10	0
Söylemezgiller, Kagan	04.03.1988	25	2
Spina, Nicola	18.08.1981	17	2
Tunjic, Antonio	24.11.1984	16	7
Eigentore			1
Trainergespann:			
Rentschler, Michael und	30.10.1970	34	
Hofberger, Christian	03.07.1973		

SV Linx

Spieler	geb. am	Sp.	T.
Armbruster, Mathias	01.03.1986	28	1
Ayvaz, Galip	24.09.1983	12	2
Barile, Gregory	02.09.1983	13	1
Braun, Axel	T 10.06.1987	23	0
Diarra, Mamadou	T 07.12.1981	3	0
Duperoux, Alexandre	09.01.1979	8	0
Erden, Ercan	14.12.1981	8	0
Hacalar, Isa	29.03.1981	15	1
Heinz, Fabian	06.06.1986	34	8
Hoffmann, Cédric	31.03.1982	32	1
Ignatowicz, Lukasz	17.05.1983	31	1
Kadiakhe, Talibo	06.05.1980	18	1
Kelleci, Burakkaan	23.04.1987	1	0
Kolasinac, Denis	25.09.1985	24	0
Lacroix, Lionel	07.05.1982	9	1
Loison, Nicolas	24.04.1980	21	6
Loison, Régis	24.04.1980	31	0
Meister, Tobias	10.03.1982	26	0
Michel, Sebastian	T 10.04.1977	11	0
N'Goma, René	09.06.1988	10	2
Sanna, Antony	05.08.1982	17	2
Savane, Mohamed	15.09.1984	22	3
Stern, Marcel	10.04.1987	16	0
Stoll, Cedric	06.04.1982	25	3
Toure, Louis	17.02.1982	2	0
Zimmer, Guillaume	10.03.1987	27	0
Eigentore			1
Trainer:			
Hartstreisel, Jacky	02.03.1949	18	
Wendling, Dieter	30.12.1954	16	

FC Nöttingen

Spieler	geb. am	Sp.	T.
Bediako, Nana Dartey	25.08.1977	31	9
di Biccari, Marco	11.05.1983	15	0
Bischoff, Moritz	14.11.1985	22	0
Burkart, Marc	09.08.1978	16	0
Buschmann, Patrick	21.03.1986	28	0
Cakan, Hakan	15.07.1986	6	1
Charrier, Marcel	18.11.1988	17	0
Deiß, Daniel	03.09.1988	3	0
Dohm, Sebastian	T 20.06.1987	2	0
Dörrich, Matthias	T 15.04.1982	32	0
Ekoto-Ekoto, Gilles	17.11.1979	34	14
Föhl, Raphael	31.05.1989	1	1
Helfrich, Jens	08.03.1980	22	0
Kärcher, Viktor	20.07.1986	31	2
Klittich, Timo	T 18.07.1969	1	0
Kolsch, Matthias	21.08.1984	15	0
Kurtolli, Mexhid	28.09.1987	1	0
Mössner, Simon	20.06.1982	20	2
Oechsle, Frank	13.09.1982	7	0
Paseka, Sascha	13.03.1984	27	1
Reith, Michael	25.04.1988	17	3
Ricciardi, Giuseppe	14.04.1984	33	11
Ritter, Florian	19.06.1986	5	0
Rus, Teodor Christian	30.04.1977	24	2
Schlieker, Sebastian	14.10.1986	1	0
Schnepf, Andreas	05.07.1978	4	0
Simon, Christian	30.05.1970	13	2
Tatar, Cem	18.01.1985	1	0
Vati, Zoltan	03.06.1983	29	0
Zachmann, Felix	22.10.1987	5	0
Eigentore			1
Trainer:			
Fuchs, Michael	30.10.1962	34	

TSV Schwieberdingen

Spieler	geb. am	Sp.	T.
Aslan, Volkan	31.08.1987	14	4
Beck, Björn	23.02.1984	32	0
Bohn, August	27.08.1982	6	0
Büttner, Tobias	23.08.1976	34	1
Coveli, Gianni	31.07.1970	1	0
Deiß, Michael	26.02.1985	27	4
Dense, Oliver	05.02.1971	26	2
Filipovic, Roland	02.12.1983	27	0
Kern, Marc	09.11.1978	15	0
Kummer, Andreas	T 20.02.1976	28	0
Kutnjak, Markus	07.08.1980	18	0
Marbach, Oliver	21.01.1976	8	0
Marschner, Dennis	15.08.1985	5	0
Marusic, Tihomir	29.02.1972	29	0
Mathes, Bernhard	T 06.06.1989	1	0
Mazzola, Nicolo	12.07.1985	8	5
Morina, Hasan	03.05.1987	12	2
Mühlbauer, Bernd	10.10.1978	10	0
Rothkopf, Björn	01.09.1978	12	0
Schneider, Markus	14.10.1980	31	10
Schurichin, Dima	01.09.1981	32	2
Strambace, Gianmario	T 21.05.1983	8	0
Trombin, Christovao	04.06.1980	13	0
Valente, Dario	20.08.1982	8	0
Vivenzio, Mariano	22.01.1989	1	0
Vollmer, Armin	23.03.1986	10	0
Vujevic, Majk	04.05.1982	17	2
Yali, Erhan	08.09.1985	21	2
Yilmaz, Baris	27.11.1982	13	2
Trainer:			
Coveli, Gianni	31.07.1970	34	

SSV Ulm 1846

Spieler	geb. am	Sp.	T.
Abdullei, Amodou	20.12.1987	9	1
Balmuk, Tufan	15.01.1984	6	2
Barth, Benjamin	23.06.1984	21	1
Betz, Holger	T 16.05.1978	34	0
Coulibaly, Miguel Baba	15.10.1972	30	10
Gomis, Farah	30.04.1988	2	0
Huckle, Patrick	04.11.1983	34	1
Keller, Andreas	09.03.1983	28	4
Klapsia, Milan	26.02.1987	1	0
Kouadjo, Anisthere	27.10.1988	3	0
Kraljevic, Davor	07.07.1978	21	2
Lösch, Markus	26.09.1971	17	1
Marchese, Vincenzo	19.05.1983	30	2
Neumann, Patrick	26.03.1976	32	1
Passer, Michael	08.02.1987	1	0
Radojevic, Dinko	17.08.1978	30	11
Reith, Daniel	10.02.1988	25	1
Rinke, Thorsten	16.04.1980	11	1
Schürg, Michael	21.10.1984	16	11
Sirigu, Sandro	07.10.1988	30	2
Sturm, Benjamin	01.06.1988	10	0
Tembo, Milton	08.12.1980	4	0
Thomas, André	25.02.1986	7	0
Trefzger, Timo	19.02.1988	12	0
Treske, Florian	10.08.1987	16	4
Wünsche, Thomas	04.08.1985	14	0
Zehiroglu, Sezai	25.07.1988	32	5
Eigentore			1
Trainer:			
Sorg, Marcus	24.12.1965	4	
Sauter, Paul	14.06.1947	30	

FC Astoria Walldorf

Spieler	geb. am	Sp.	T.
Biebl, Christian	T 30.01.1972	2	0
Bogin, Christian	23.05.1989	1	0
Daub, Christian	26.01.1981	32	1
El Barhami, Adil	02.01.1979	12	2
Eller, Sven	24.09.1979	25	10
Fetzer, Patrick	31.12.1987	8	0
Froschauer, Rufus	18.08.1989	9	1
Gast, Jonas	17.05.1989	1	0
Gau, Sebastian	15.10.1983	16	1
Grunwald, Florian	16.12.1985	28	4
Hillenbrand, Thomas	T 10.10.1979	32	0
Hofmann, Benjamin	09.12.1988	13	1
Kaufmann, Manuel	14.08.1981	32	2
Kettenmann, Michael	08.09.1987	10	2
Kretz, Steffen	07.11.1987	28	1
Merkel, Marc-Tell	27.08.1972	2	0
Monetta, Matteo	13.05.1984	18	12
Mühlbauer, Kai	02.09.1984	33	2
Müller, Julian	13.07.1988	2	0
Öztürk, Hüseyin	22.02.1989	2	0
Reiners, Sebastian	26.08.1982	24	0
Sauer, Kai	T 16.10.1987	1	0
Söder, Marc	09.06.1983	20	1
Theres, Sascha	08.03.1974	32	8
Throm, Heiko	27.05.1979	27	9
Vongpraseut, Anousak	24.09.1989	1	0
Wagner, Tim	08.03.1988	2	0
Walther, Carsten	04.09.1988	1	0
Weber, Björn	19.12.1981	30	7
Zimmermann, Nico	17.05.1985	16	1
Trainer:			
Dickgießer, Roland	09.11.1960	34	

Bayernliga

Pl.	(Vj.)	Mannschaft		Sp	S	U	N	Tore	TD	Pkt	Sp	S	U	N	Tore	Pkt	Sp	S	U	N	Tore	Pkt
						Gesamtbilanz							**Heimbilanz**						**Auswärtsbilanz**			
1.	(3.)	SpVgg Bayreuth		34	21	9	4	64-22	+42	72	17	14	3	0	33- 4	45	17	7	6	4	31-18	27
2.	(2.)	SpVgg Greuther Fürth II	↑	34	19	5	10	59-31	+28	62	17	10	4	3	41-16	34	17	9	1	7	18-15	28
3.	(6.)	1. FC Nürnberg II	↑	34	17	8	9	59-31	+28	59	17	10	2	5	34-14	32	17	7	6	4	25-17	27
4.	(15.)	TSV Großbardorf	↑	34	16	8	10	60-36	+24	56	17	12	3	2	48-15	39	17	4	5	8	12-21	17
5.	(5.)	1. FC Eintracht Bamberg	↑	34	16	7	11	52-40	+12	55	17	11	2	4	33-15	35	17	5	5	7	19-25	20
6.	(4.)	FC Memmingen		34	13	12	9	39-40	−1	51	17	7	6	4	18-21	27	17	6	6	5	21-19	24
7.	(↑)	TSG Thannhausen		34	14	7	13	51-41	+10	49	17	8	5	4	28-14	29	17	6	2	9	23-27	20
8.	(8.)	SpVgg Weiden		34	14	7	13	52-48	+4	49	17	11	2	4	30-11	35	17	3	5	9	22-37	14
9.	(13.)	SpVgg Unterhaching II	↑	34	12	9	13	46-53	−7	45	17	6	6	5	24-24	24	17	6	3	8	22-29	21
10.	(14.)	FC Ismaning		34	10	13	11	49-57	−8	43	17	6	5	6	25-30	23	17	4	8	5	24-27	20
11.	(11.)	1. FC Bad Kötzting		34	10	11	13	51-57	−6	41	17	4	7	6	29-26	19	17	6	4	7	22-31	22
12.	(7.)	TSV Aindling		34	10	10	14	29-38	−9	40	17	7	5	5	16-13	26	17	3	5	9	13-25	14
13.	(↑)	SpVgg Ansbach 09		34	11	7	16	45-55	−10	40	17	9	3	5	29-21	30	17	2	4	11	16-34	10
14.	(9.)	Würzburger FV		34	10	10	14	37-50	−13	40	17	5	6	6	21-29	21	17	5	4	8	16-21	19
15.	(12.)	SpVgg Bayern Hof		34	9	11	14	42-56	−14	38	17	4	7	6	23-25	19	17	5	4	8	19-31	19
16.	(↑)	1. FC Schweinfurt 05		34	10	6	18	39-67	−28	36	17	7	1	9	22-25	22	17	3	5	9	17-42	14
17.	(10.)	SV Heimstetten	↓	34	7	12	15	33-49	−16	33	17	3	9	5	18-20	18	17	4	3	10	15-29	15
18.	(↑)	FC Kempten	↓	34	5	12	17	32-68	−36	27	17	3	6	8	16-28	15	17	2	6	9	16-40	12

Die SpVgg Bayreuth erhielt wegen finanzieller Probleme keine Lizenz für die RL. Dafür rückte der 1. FC Eintracht Bamberg nach. Nachdem die Spfr. Siegen einen Insolvenzantrag stellen mussten und ihnen deshalb ebenfalls die Lizenz für die RL verweigert wurde, konnte mit der SpVgg Unterhaching II ein weiterer bayerischer Vertreter nachrücken (der freie Platz wurde dem größten Landesverband zugesprochen). FC Memmingen und TSG Thannhausen hatten keine Lizenzunterlagen eingereicht, während die SpVgg Weiden nicht mit einem Lizenzentzug für Siegen rechnete und deshalb fehlende Unterlagen nicht mehr rechtzeitig nachreichen konnte.

Absteiger aus der Regionalliga Süd: keine.
Aufsteiger in die Regionalliga (neu): SpVgg Greuther Fürth II, 1. FC Nürnberg II, TSV Großbardorf, 1. FC Eintracht Bamberg und SpVgg Unterhaching II (Süd).
Absteiger in die Landesligen: FC Kempten und SV Heimstetten (Süd).
Aufsteiger aus den Landesligen: TSV Buchbach, FC Ingolstadt 04 II, TSV 1896 Rain am Lech (Süd), FSV Erlangen-Bruck, SV Seligenporten (Mitte), VfL Frohnlach und FC Würzburger Kickers (Nord).

Bayernliga 2007/08

	Bayreuth	Fürth II	Nürnberg II	Großbardorf	Bamberg	Memmingen	Thannhausen	Weiden	Unterhaching	Ismaning	Bad Kötzting	Aindling	Ansbach	Würzburg	Hof	Schweinfurt	Heimstetten	Kempten
SpVgg 1921 Bayreuth	X	2:0	2:0	3:0	3:0	0:0	1:0	3:1	1:0	0:0	2:0	1:0	1:0	2:0	5:1	2:2	2:0	3:0
SpVgg Greuther Fürth II	0:0	X	2:2	1:0	3:4	2:1	3:0	1:1	2:3	4:0	2:1	0:1	1:1	3:0	4:0	9:1	1:0	3:1
1. FC Nürnberg II	0:2	1:2	X	1:0	2:0	2:2	0:1	1:1	0:1	2:1	6:1	1:0	3:2	0:1	2:0	5:0	1:0	7:0
TSV 1923 Großbardorf	2:0	2:0	0:1	X	3:3	2:4	3:0	3:1	5:2	0:0	3:0	4:0	5:0	2:1	4:0	2:0	5:0	3:3
1. FC Eintracht Bamberg	2:0	1:2	2:1	1:2	X	0:x	3:0	1:3	2:1	3:1	1:1	1:0	3:1	4:1	2:0	2:1	4:0
FC 1907 Memmingen	1:7	1:0	0:0	3:0	0:2	X	1:0	3:1	1:1	0:2	1:0	1:5	0:0	1:1	2:1	2:0	0:0
TSG 1890 Thannhausen	0:0	1:3	2:0	2:1	2:0	1:1	X	2:0	5:0	0:2	5:1	1:1	3:0	0:1	1:1	3:2	0:1	0:0
SpVgg 1924 Weiden	1:2	1:0	1:3	0:0	1:0	1:0	0:1	X	2:1	3:1	1:1	4:0	1:0	2:0	4:2	6:0	2:0	0:x
SpVgg Unterhaching II	4:3	2:1	1:1	2:2	2:2	2:1	0:1	0:2	X	1:3	1:2	2:1	0:0	1:1	2:0	0:0	3:2	1:2
FC Ismaning	0:6	0:1	0:4	0:1	3:1	2:1	2:4	2:1	1:2	X	2:2	1:1	3:0	1:1	2:1	2:0	1:1	3:3
1. FC Bad Kötzting	4:4	1:2	1:0	0:0	0:1	2:2	1:1	6:1	0:2	1:0	X	2:3	3:1	0:2	1:1	1:2	2:2	4:1
TSV 1946 Aindling	1:2	1:0	0:0	0:1	0:1	2:0	2:0	0:0	0:3	1:1	2:0	X	0:0	1:0	0:1	2:2	2:1	2:1
SpVgg Ansbach 09	2:0	1:3	1:0	3:0	3:1	0:1	2:1	4:1	2:2	1:1	1:2	1:0	X	3:1	1:4	0:1	1:1	3:2
Würzburger FV	0:0	1:0	2:2	2:1	0:0	0:2	1:5	2:1	1:1	2:4	0:2	1:0	3:2	X	0:3	1:1	1:2	4:2
SpVgg Bayern Hof	1:1	0:0	3:4	2:1	1:1	2:4	0:3	3:1	3:0	0:0	1:2	2:2	1:3	1:1	X	1:1	0:1	2:0
1. FC Schweinfurt 05	0:2	0:1	0:3	1:3	1:0	0:1	4:3	2:1	2:1	3:4	0:3	0:1	5:0	2:1	0:1	X	2:0	0:0
SV Heimstetten	0:0	0:1	0:1	0:0	0:0	1:1	2:2	2:3	0:1	2:2	4:2	2:2	2:1	0:2	0:0	2:1	X	1:1
FC Kempten	0:2	0:2	0:2	0:0	1:3	0:0	2:1	2:2	2:1	3:3	0:0	1:0	1:1	0:3	0:2	2:3	2:3	X

Das Spiel SpVgg Weiden – FC Kempten (2:1 am 14.09.2007) wurde für Kempten gewertet. Die Spielberechtigung für Robert Mayer, Torhüter der SpVgg Weiden, lag noch nicht vor. Das Spiel 1. FC Eintracht Bamberg – FC Memmingen (1:0 am 05.04.2008) wurde für Memmingen gewertet. Bamberg hatte mit Heiko Felsheim und Josef Enzbrenner zwei Spieler eingesetzt, die nicht auf der Spielberechtigungsliste des BFV standen.

Torschützenliste:

Platz	Spieler (Mannschaft)	Tore
1.	Heyer, Peter (1. FC Eintracht Bamberg)	18
	Knüttel, Sebastian (TSV Großbardorf)	18
	Stijepic, Mijo (TSG Thannhausen)	18
4.	Fuchs, Markus (SpVgg Bayreuth)	15
5.	Schmid, Christian (FC Ismaning)	14
	Shynder, Anton (SpVgg Gr. Fürth II)	14
7.	Peterik, Tomas (1. FC Bad Kötzting)	13
8.	Deptalla, Alexander (SpVgg Bayern Hof)	12

Informationen zu den Qualifikationsspielen auf Seite 233.

Zuschauerstatistik:

Mannschaft	gesamt	Schnitt
FC Memmingen	27.730	1.631
1. FC Schweinfurt	23.577	1.387
Eintracht Bamberg	21.033	1.237
SpVgg Bayern Hof	19.450	1.144
SpVgg Bayreuth	16.368	963
TSV Großbardorf	16.205	953
1. FC Bad Kötzting	12.950	762
TSG Thannhausen	12.300	724
SpVgg Ansbach	10.650	626
Würzburger FV	9.628	566
SpVgg Weiden	9.530	561
FC Kempten	8.080	475
TSV Aindling	7.080	416
FC Ismaning	5.240	308
1. FC Nürnberg II	4.979	2.93
SV Heimstetten	4.270	251
SpVgg Unterhaching II	3.250	191
SpVgg Gr. Fürth II	3.180	187
	215.500	704

1. FC Bad Kötzting

Spieler	geb. am	Sp.	T.
Bittengel, Jindrich	21.02.1983	1	0
Ertl, Thomas	14.12.1986	32	3
Faltermaier, Marian	09.03.1985	8	0
Fischer, Markus	02.09.1982	11	0
Frisch, Florian	10.09.1988	16	0
Graf, Matthias	02.08.1987	30	0
Grassl, Stephan	T 14.06.1977	34	0
Kastak, Petr	26.02.1975	13	2
Kasten, Andreas	26.02.1985	6	0
Köck, Stefan	16.01.1985	33	11
Oretan, Christopher	08.09.1980	31	3
Parlasek, Josef	22.07.1983	20	0
Pauli, Matthias	19.12.1983	9	0
Peterik, Tomas	31.01.1980	25	13
Ranzinger, Christian	21.09.1984	31	2
Seiderer, Christoph	07.12.1979	30	9
Strohmeier, Thomas	22.08.1986	25	2
Träger, Johannes	10.10.1981	1	0
Treske, Florian	10.08.1987	18	3
Vlcek, Petr	18.10.1973	31	0
Vogl, Jürgen	07.05.1977	30	2
Zacher, Philipp	21.02.1981	29	0
Eigentore			1
Trainer:			
Kuchler, Hans	05.09.1963	33	
Fischer, Markus (in Vertretung)	04.02.1975	1	

1. FC Eintr. Bamberg

Spieler	geb. am	Sp.	T.
Bechmann, Johannes	05.06.1987	22	3
Biskup, Lukas	23.01.1986	26	4
Dennerlein, Jürgen	24.06.1974	21	4
Dotterweich, Thomas	16.02.1983	34	1
Enzbrenner, Josef	27.07.1987	1	0
Essig, Stefan	T 11.02.1985	13	0
Felsheim, Heiko	11.04.1988	1	0
Finnemann, Rene	17.09.1984	30	2
Grasser, Markus	18.06.1972	33	6
Hassa, Christian	03.10.1976	32	0
Heißenstein, Daniel	13.03.1988	18	0
Heyer, Peter	30.08.1980	33	18
Hillemeier, Marco	05.09.1986	21	1
Horcher, Christian	T 19.09.1977	23	0
Kaiser, Christoph	07.02.1983	29	9
Menz, Stefan	16.08.1985	5	0
Mikitow, Andreas	26.10.1987	4	0
Neumohr, Christian	02.06.1980	12	0
Pfann, Michael	09.03.1986	15	0
Pfister, Jürgen	05.08.1982	9	0
Pickel, Josef	21.04.1988	5	0
Roth, Alexander	14.12.1986	33	1
Schalle, Martin	01.01.1986	21	1
Stumpf, Tobias	07.08.1985	31	1
Eigentore			1
Trainer:			
Starke, Christoph	30.11.1964	34	

FC Ismaning

Spieler	geb. am	Sp.	T.
Bachinger, Thomas	02.11.1983	33	2
Berisha, Zylfi	29.10.1985	13	1
Cetinkaya, Kerim	28.06.1981	11	1
Fischer, Andreas	07.11.1981	20	9
Häfele, Bernd	20.07.1985	17	2
Held, Benjamin	23.08.1985	22	0
Kick, Markus	T 16.07.1982	9	0
Langgassner, Benjamin	08.06.1988	2	0
Lanzinger, Martin	12.09.1986	2	0
Leidenberger, Manfred	15.02.1980	32	0
Lippert, Christian	05.05.1982	33	8
Maison, Marcel	06.09.1979	28	3
Muriqi, Xhevat	01.01.1974	8	0
Öller, Michael	13.08.1978	30	1
Pflügler, Andreas	14.01.1987	7	0
Reitmaier, Marc	08.05.1983	28	0
Rösgen, Oliver	29.08.1982	16	0
Schien, Michael	12.09.1981	15	0
Schlösser, Jan	T 27.09.1982	25	0
Schmidt, Christian	26.12.1983	33	14
Schwinghammer, Andreas	16.07.1987	20	1
Söltl, Robert	12.02.1986	2	0
Weingartner, Thomas	13.04.1982	32	1
Wolf, Florian	21.02.1986	26	4
Eigentore			1
Trainer:			
Weiß, Bernd	14.03.1959	34	

FC Kempten

Spieler	geb. am	Sp.	T.
Bartyik, Norbert	09.11.1982	12	1
Bernhard, Daniel	20.06.1986	1	0
Cirak, Hayrettin	16.03.1988	11	2
Fenzl, Marcus	24.11.1987	14	0
Geiger, Christian	12.02.1988	20	0
Greiter, Markus	23.07.1986	1	0
Hegenbart, Christoph	12.02.1986	25	4
Heiser, Michael	15.11.1985	13	0
Heller, Julian	T 08.02.1984	4	0
Hiemer, Johannes	28.07.1988	1	0
Hindelang, Andreas	06.05.1987	17	7
Höbel, Rainer	15.04.1977	29	5
Keller, Daniel	11.01.1990	1	0
Klement, Dominik	29.11.1988	22	0
Köster, Matthias	10.04.1982	22	6
Meffert, Florian	04.04.1977	31	0
Merk, Marcus	04.06.1982	25	0
Metz, Stefan	T 26.11.1980	28	0
Michalski, Michael	06.08.1987	6	0
Ristic, Ljubomir	16.08.1980	33	2
Rossmann, Tobias	26.12.1988	21	0
Salemovic, Muric	16.09.1988	10	0
Schlachter, Klaus	16.10.1986	31	2
Schnabel, Andreas	T 09.10.1989	2	0
Siegfanz, Kevin	24.10.1975	23	0
Thum, Felix	05.07.1989	1	0
Wachter, Patrick	14.12.1986	16	1
Wachter, Steffen	13.07.1988	5	1
Weber, Oleg	03.04.1988	8	0
Wegmann, Uwe	14.01.1964	1	0
Wolf, Alexander	13.06.1978	4	1
Yilmaz, Sinan	14.01.1986	2	0
Zwickl, Johannes	16.02.1984	28	0
Trainer:			
Wegmann, Uwe	14.01.1964	18	
Weinert, Dieter	03.11.1968	16	

1. FC Nürnberg II

Spieler	geb. am	Sp.	T.
Adler, Nicky	23.05.1985	15	7
El-Allaoui, Yassine	06.05.1985	11	1
Engelhardt, Marco	02.12.1980	3	0
Faltermaier, Marian	09.03.1985	1	0
Gareis, Daniel	02.02.1986	31	0
Gehring, Kai	12.02.1988	10	0
Herz, Philipp	27.01.1986	9	0
Jordan, Marco	05.07.1988	7	0
Kammermeyer, Michael	14.01.1986	34	1
Kandora, Damian	02.07.1987	1	0
Kennedy, Joshua	20.08.1982	3	3
Klaszka, Christopher	24.10.1988	7	1
Kling, Lukas	13.11.1989	26	1
Krämer, Michael	09.12.1985	22	0
Kresin, Sven	12.07.1976	14	1
Kulabas, Ahmet	08.10.1987	29	6
Macchia, Mauro	11.04.1985	30	9
Matarazzo, Pellegrino	28.11.1977	28	1
Nikl, Marek	20.02.1976	9	1
Pagenburg, Chhunly	10.11.1986	12	5
Reisinger, Markus	02.04.1987	4	0
Sam, Daniel	17.06.1984	16	7
Sanders, Chris	03.11.1984	11	1
Schmidt, Ralf	09.10.1985	7	0
Spiranovic, Matthew	27.06.1988	2	0
Sponsel, Andreas	T 03.03.1986	15	0
Steinacher, Sascha	08.05.1986	12	1
Stephan, Alexander	T 15.09.1986	19	0
Streubert, Sascha	03.06.1985	20	0
Szikal, Sebastian	17.11.1986	22	0
Vidosic, Dario	08.04.1987	13	4
Weber, Christoph	26.08.1986	30	7
Eigentore			2
Trainer:			
Müller, René	11.02.1959	34	

TSG Thannhausen

Spieler	geb. am	Sp.	T.
Abdullei, Amodou	20.12.1987	2	0
Berchtold, Nikolas	02.02.1989	11	0
Böck, Dominic	23.10.1982	1	0
Bugl, Tobias	14.02.1987	13	0
Dausel, Christian	04.09.1984	11	0
Degendorfer, Manuel	30.07.1984	9	1
Dischl, Marian	02.09.1981	32	3
Frey, Christian	07.05.1988	1	0
Friess, Karl	02.07.1988	2	0
Gauder, Maximilian	09.05.1989	3	0
Hämmerle, Marc	19.12.1985	31	6
Hilbert, Benjamin	27.08.1985	1	0
Hofmiller, Sebastian	02.01.1988	1	1
Hugel, Mark	19.04.1977	21	0
Jakob, Peter	21.12.1981	1	0
Jaut, Christian	14.02.1983	27	0
Kirschenhofer, Manuel	07.10.1982	22	1
Klimm, Florian	23.09.1984	3	0
Marschlich, Patrick	15.11.1985	11	1
Mittelbach, Stefan	02.09.1978	30	0
Miller, Philipp	08.07.1989	3	0
Nusur, Johannes	13.07.1987	10	0
Olumide, Joseph	10.10.1987	20	8
Sadrijaj, Bayram	10.08.1986	15	10
Selig, Stefan	16.09.1978	26	1
Stapfer, Florian	30.01.1988	1	0
Steidle, Sebastian	T 31.08.1985	34	0
Stijepic, Mijo	07.07.1979	34	18
Streitel, Christian	27.10.1979	19	0
Stroh, Franz	29.10.1982	31	0
Struck, Peter	16.02.1984	4	0
Wiesmüller, Martin	09.01.1980	34	1
Wild, Andreas	28.10.1980	1	0
Trainer:			
Schmid, Oliver	10.11.1977	33	
Dischl, Marian (in Vertretung)	02.09.1981	1	

TSV Aindling

Spieler	geb. am	Sp.	T.
Adrianowytsch, Christian	24.08.1986	26	0
Bea, Moise Emmanuel	03.03.1986	1	0
Bugl, Tobias	14.02.1987	11	1
Fiorentino, Michel	04.03.1986	19	0
Geisler, Thomas	T 06.03.1977	33	0
Grujic, Milan	05.11.1985	15	4
Hellmann, Tobias	T 29.08.1980	1	0
Hönisch, Florian	08.07.1979	33	6
Hornung, Manuel	21.04.1988	15	1
Hübl, Franz	09.08.1988	13	0
Kindermann, Nino	29.12.1983	28	2
Kunz, Eugen	16.11.1988	13	1
Maurer, Julian	27.03.1986	18	0
Mezger, Manuel	19.10.1982	3	0
Müller, Dominik	15.01.1987	2	0
Müller, Manuel	19.11.1984	27	3
Raffler, Daniel	13.01.1987	18	0
Reiß, Thomas	17.09.1979	30	0
Schulz, Philipp	25.10.1979	32	0
Storhas, Rainer	01.02.1985	30	2
Völker, Tobias	07.06.1979	33	0
Wenni, Martin	14.03.1989	7	0
Westermair, Michael	20.05.1980	25	9
Zerle, Michael	21.08.1980	33	0
Trainer:			
Riedl, Helmut	20.11.1959	16	
Paula, Manfred	21.10.1964	18	

SpVgg Ansbach 09

Spieler	geb. am	Sp.	T.
Ballbach, Matthias	16.09.1987	20	0
Bauer, Florian	18.01.1988	17	3
Burkhardt, Jörg	15.09.1984	5	0
Collins, Carl	01.01.1982	20	2
Engelhardt, Patrik	25.08.1986	2	0
Fischer, Manuel	13.01.1980	28	5
Goth, Christian	25.08.1980	31	0
Grau, Florian	07.04.1987	31	5
Kadlubowski, Achim	02.02.1979	33	6
Kamberger, Sebastian	01.08.1984	34	11
König, Sebastian	16.05.1985	24	0
Kovacic, Robert	09.08.1972	3	1
Lechner, Philipp	02.11.1987	28	1
Mechnik, Sebastian	13.12.1982	25	0
Müller, Jörg	21.06.1973	32	6
Raffel, Thomas	T 07.05.1974	32	0
Rückel, Bastian	T 10.12.1984	2	0
Schuster, Gerd	19.05.1983	6	1
Strobel, Bertram	29.09.1986	31	0
Thuy, Andreas	26.08.1980	28	1
Weiß, Bastian	17.06.1988	23	3
Wittmann, Christopher	07.04.1987	9	0
Trainer:			
Eisenberger, Reiner	24.06.1966	34	

SV Heimstetten

Spieler	geb. am	Sp.	T.
Abasse, Malik	26.09.1988	11	0
Angerer, Filmon	16.09.1988	3	0
Backer, Sebastian	05.09.1980	8	0
Eberherr, Martin	T 04.01.1983	4	0
Eckmüller, Thomas	09.11.1986	3	0
Fries, Uli	01.03.1988	32	4
Haas, Dominik	22.11.1983	27	3
Heckenberger, Florian	21.08.1985	2	0
Jörg, Markus	30.10.1981	30	0
Lechthaler, Pirmin	27.04.1988	28	6
Memisevic, Sasa	04.10.1984	31	6
Potenza, Giuseppe	07.02.1981	16	0
Putzke, Dominik	16.06.1985	17	0
Rausch, Pascal	21.12.1988	30	1
Riedmüller, Maximilian	T 04.01.1988	26	0
Riegger, Emanuel	01.01.1981	6	0
Schaidinger, Veit	21.07.1981	9	0
Schien, Michael	12.09.1981	9	2
Schleger, Christoph	20.07.1989	5	0
Schmalhofer, Alexander	12.12.1986	33	0
Schmitt, Christoph	03.08.1985	33	0
Schmitt, Dominik	23.03.1982	34	5
Soave, Gianfranco	29.12.1981	28	2
Steiner, Moritz	22.02.1988	30	4
Stöttner, Carlo	02.07.1986	9	0
Vidovic, Filip-Jakov	T 06.05.1988	4	0
Trainer:			
Schmöller, Frank	21.08.1966	23	
Moskovic, Vitomir	16.01.1967	11	

SpVgg Bayern Hof

Spieler	geb. am	Sp.	T.
Arancino, Giorgio	10.04.1980	25	0
Ascherl, Florian	27.10.1981	33	1
Bosnjak, Admir	13.05.1987	3	1
Dashi, Adrian	08.08.1975	17	1
Deptalla, Alexander	18.01.1984	34	12
Drechsel, Torsten	01.04.1980	8	0
Gabler, Fabian	18.07.1985	17	0
Gashi, Perparim	08.08.1982	11	1
Gheorghiu, Dragos-George	03.02.1987	3	0
Goss, Andreas	10.03.1987	31	2
Horn, Tino	28.01.1988	6	0
Hruby, Jiri	T 22.01.1976	32	0
Ichim, Cosmin-Adrian	04.10.1984	15	4
Karl, Christian	01.01.1985	29	0
Mihai, Cosmin	29.11.1983	10	1
Njie, Abdou-Rahman	13.10.1973	10	0
Noll, Eric	16.12.1975	12	3
Okraffka, Erwin	12.05.1978	14	3
Okoh, Matthew	19.05.1972	8	1
Poschauko, Matthias	17.01.1984	13	1
Rata, Catalin	19.02.1984	5	0
Rauh, Fabian	31.03.1981	22	1
Schäffler, Daniel	28.12.1988	28	3
Schildt, René	26.03.1986	28	0
Schmidt, Kristian	25.01.1975	13	2
Udovcic, Adnan	T 14.12.1979	2	0
Vlaovic, Hrvoje	09.07.1980	14	3
Wallasch, Dominik	26.07.1983	21	1
Weiß, Martin	13.05.1987	1	0
Wolf, Daniel	07.02.1987	6	1
Trainer:			
Eck, Armin	08.12.1964	9	
Hanoglu, Ali	05.08.1973	1	
Singer, Andreas	09.01.1947	10	
Voigt, Michael	26.07.1971	14	

1. FC Schweinfurt 05

Spieler	geb. am	Sp.	T.
Benkert, Fabian	25.09.1988	18	2
Cadiroglu, Eray	25.11.1986	23	2
Cäsar, Sascha	02.06.1987	2	0
Calisir, Soner	30.06.1987	16	1
Endres, Manuel	25.03.1979	6	0
Esen, Erkan	18.06.1980	32	2
Freisinger, Klaus	T 25.12.1986	6	0
Gröschl, Manuel	22.07.1985	13	2
Hetzel, Florian	26.12.1988	24	2
Hoff, Bernd	25.07.1987	27	1
Hoff, Matthias	26.01.1983	5	2
Kalender, Engin	03.01.1984	16	11
Kraus, Michael	20.07.1988	20	3
Kress, Sebastian	11.04.1986	15	0
Krüger, Alexander	13.04.1987	9	0
Küfner, Matthias	T 28.04.1981	15	0
Leißing, Marc	02.04.1986	12	0
Mache, Daniel	07.11.1984	34	2
Mekic, Mirza	18.11.1988	17	0
Mrugalla, Peter	24.02.1989	3	0
Nöthling, Stefan	18.01.1986	16	0
Rinbergas, Daniel	05.01.1982	15	2
Rögele, Steffen	28.05.1976	13	0
Röser, Stefan	T 09.11.1982	14	0
Shimamura, Yu	03.06.1976	14	3
Slintchenko, Wladimir	07.02.1988	15	2
Staatz, Christian	01.10.1979	16	1
Strätz, Matthias	03.08.1981	23	0
Thomas, David	15.03.1986	31	1
Trainer:			
Hau, Wolfgang	13.03.1962	18	
Lerch, Frank (in Vertretung)	06.11.1971	1	
Dreßel, Werner	30.08.1958	15	

SpVgg Weiden

Spieler	geb. am	Sp.	T.
Ak, Yavuz	22.04.1981	24	3
Bafra, Turan	17.01.1977	15	3
Bednar, Ales	08.10.1975	19	2
Bergmann, Christian	T 22.07.1982	12	3
Bock, Michael	28.02.1983	2	0
Busch, Marcel	30.10.1981	13	2
Dvorak, Antonin	26.09.1974	22	0
Egeter, Ralf	18.08.1990	2	0
Feulner, Mario	18.04.1987	9	1
Füssmann, Timo	08.03.1978	24	2
Gashi, Perparim	08.08.1982	8	1
Geiger, Alexander	21.12.1984	33	6
Hajri, Enis	06.03.1983	13	0
Kohl, Johannes	12.02.1985	2	0
Maier, Philipp	18.08.1985	5	0
Matthies, Jens	29.06.1977	22	0
Mayer, Robert	T 14.11.1980	23	0
Müller, Kristof	31.07.1985	8	1
Mrazek, Tomas	11.05.1986	11	0
Okeke, Benson	10.02.1982	28	11
Plänitz, Michael	19.07.1987	17	0
Riester, Michael	13.10.1982	25	3
Sajaia, Mikheil	08.12.1976	12	6
Schecklmann, Peter	23.07.1984	31	1
Schneider, Thomas	30.10.1989	1	0
Schrepel, Florian	23.10.1981	30	5
Sharityar, Djelaludin	15.03.1983	17	0
Sima, Jiri	22.05.1979	6	0
Wendl, Robert	25.02.1977	14	0
Wiesinger, Michael	27.12.1972	24	2
Trainer:			
Schlegel, Norbert	09.03.1961	19	
Fritsch, Michael	18.08.1969	1	
Lettieri, Gino	23.12.1966	14	

SpVgg Unterhaching II

Spieler		geb. am	Sp.	T.
Autenried, Christian	T	20.03.1986	3	0
Aydemir, Ibrahim		19.05.1983	20	10
Balkan, Orkan		12.03.1987	9	1
Beierkuhnlein, Peter		09.09.1988	6	0
Custos, Bruno		29.04.1977	7	0
Dost, Richhard	T	22.02.1987	1	0
Dzafic, Mirza		30.03.1981	15	6
Filiz, Nebi		24.10.1989	2	0
Formella, Nico	T	30.05.1987	16	0
Frühbeis, Stefan		01.03.1979	1	0
Grujicic, Christian		17.04.1988	26	5
Hain, Christian		02.11.1987	14	1
Hörnig, Florian		06.06.1986	2	0
Irmler, Patrick		20.06.1987	12	1
Jokic, Slaven		25.11.1987	6	2
Kain, Michael		14.08.1989	1	0
Kanca, Ömer		24.12.1989	8	2
Konrad, Mario		22.01.1983	4	0
Kovani, Kastriot		20.08.1988	1	0
Latanskij, Johann		27.05.1989	2	0
Leschinski, Boris		07.11.1983	7	1
Löppert, Quirin		01.05.1987	23	2
Martin, Eugen		28.06.1988	13	0
Menzel, Carlos		25.02.1989	1	0
Nagy, Timo		20.04.1983	6	0
Özbey, Engin		15.11.1984	8	2
Pasiciel, Marco		08.09.1989	11	0
Pfaffinger, Maximilian		05.06.1988	18	2
Polak, Dennis		24.01.1981	6	1
Rauch, Toni		18.02.1988	23	3
Riederer, Stefan	T	26.12.1985	14	0
Ruhl, Sebastian		28.09.1984	31	1
Ruthe, Alfred		08.09.1961	1	0
Saritekin, Ufuk		18.04.1988	13	0
Sattelmayer, Sebastian		31.03.1989	1	0

SpVgg Bayreuth

Spieler		geb. am	Sp.	T.
Balic, Ante		06.09.1983	31	2
Berchthold, Christian	T	04.05.1984	34	0
Brand, Sebastian		14.05.1986	14	1
Demel, Benjamin		01.01.1981	34	0
Fuchs, Markus		24.02.1980	30	15
Goller, Markus		19.02.1980	24	0
Kossmann, Alexander		18.06.1986	12	0
Ludwig, Nico		02.01.1987	6	0
Mayr, Marcel		11.05.1977	34	4
Partyka, Bartosz		02.04.1981	29	0
Pavlovic, Stanko		17.04.1984	30	11
Pupovac, Aleksandar		26.05.1982	30	1
Schubart, Renè		31.12.1983	34	8
Seufert, Stefan		10.05.1979	34	9
Stapelfeld, Roy		03.04.1976	9	0
Stiefler, Manuel		25.06.1988	29	5
Walther, Ingo		16.11.1969	34	7
Wurster, Florian		20.08.1980	12	0
Eigentore				1
Trainer:				
Scheer, Klaus		04.10.1950	34	

Fortsetzung SpVgg Unterhaching II:

Spieler	geb. am	Sp.	T.
Schmidbauer, Alexander	14.03.1989	1	0
Schuff, Sebastian	02.12.1985	27	4
Schulz, Thorsten	05.12.1984	10	1
Siedlitzki, Anton	29.05.1984	26	0
Thee, Stephan	26.07.1988	21	0
Toy, Steven	22.07.1988	22	1
Uzun, Süleyman	06.06.1989	1	0
Yilmaz, Yasin	19.02.1989	7	0
Ziegler, Patrick	09.02.1990	22	0
Zillner, Robert	04.08.1985	2	0
Trainer:			
Ruthe, Alfred	08.09.1961	34	

TSV Großbardorf

Spieler		geb. am	Sp.	T.
Barth, Sebastian		22.03.1983	32	0
Bäuerlein, Andreas	T	23.02.1988	11	0
Büttner, Florian		19.04.1983	14	3
Dinudis, Wajos		23.09.1983	15	1
Döhler, Bastian		17.08.1987	1	0
Dydowicz, Jakub		10.02.1984	21	0
Gerhardt, Thomas		21.02.1981	31	5
Heilmann, Christian		08.03.1986	28	0
Herbert, Markus		20.07.1984	34	1
Hirn, Marcel		01.03.1987	22	3
Knüttel, Sebastian		08.09.1981	29	18
Kröner, Oliver		06.11.1973	30	7
Laus, Christian		12.03.1980	34	6
Lurz, Markus		13.09.1987	25	0
May, Daniel		07.02.1982	34	11
Mühlfeld, Stefan		04.02.1973	8	0
Murphy, Carl		11.02.1986	20	1
Omert, Thomas		28.02.1984	11	1
Ruck, Dominik		11.06.1988	20	0
Seufert, Thorsten		23.09.1974	28	2
Werner, Christoph	T	14.07.1986	23	0
Eigentore				1
Trainer:				
Kurth, Dieter		15.09.1962	34	

SpVgg Gr. Fürth II

Spieler		geb. am	Sp.	T.
Adlung, Daniel		01.10.1987	2	0
Aydin, Ahmet		12.11.1985	6	0
Bertram, Tom		30.03.1987	3	0
Boller, Sascha		16.02.1984	1	0
Dorn, Florian	T	23.08.1989	2	0
Eckert, Michael		08.07.1989	9	0
Fiedler, Sebastian		31.03.1987	25	0
Grahl, Jens	T	22.09.1988	31	0
Gumbrecht, Matthias	T	19.05.1981	1	0
Herl, Christoph		27.03.1988	32	2
Jakl, Florian		14.01.1988	1	0
Karl, Markus		14.02.1986	14	4
Kelhar, Dejan		05.04.1984	4	1
Kettemann, Ralf		20.08.1986	34	6
Kleineheismann, Stefan		08.02.1988	34	1
Kotuljac, Aleksandar		02.11.1981	1	0
Müller, Eugen		12.06.1986	34	2
Müller, Nicolai		25.09.1987	11	4
Pickel, Florian		11.01.1985	34	5
Prib, Edgar		15.12.1989	2	0
Sararer, Sercan		27.11.1989	28	10
Schaab, Christopher		24.05.1987	14	1
Scharf, Stefan		11.01.1985	18	0
Schellander, Robert		31.01.1983	3	1
Schreckinger, Alexander		11.01.1985	34	5
Shynder, Anton		13.06.1987	34	14
Strauß, Tobias		16.02.1987	17	2
Streng, Philip		11.05.1988	3	0
Wiechers, Stefan		25.01.1988	23	0
Eigentore				1
Trainer:				
Geyer, Reiner		20.04.1964	34	

FC Memmingen

Spieler		geb. am	Sp.	T.
Bader, Matthias		14.12.1984	18	1
Bauer, Robert		02.05.1987	8	0
Böck, Daniel		15.03.1984	27	1
Bonfert, Sebastian		08.11.1987	6	1
Braun, Christian		08.09.1977	22	8
Decker, Candy		13.02.1988	17	3
Elsner, Alexander		10.06.1989	4	0
Fischer, Manuel		11.07.1988	1	0
Frasch, Lukas	T	21.08.1988	1	0
Jörg, Matthias		30.09.1982	29	5
Kahric, Edin		01.03.1987	10	0
Kahric, Ejnar		14.05.1984	30	4
Kaiser, Peter		06.07.1986	16	0
Keller, Timo		15.12.1989	14	0
Kleiner, Benjamin		27.12.1985	19	1
Kögel, Karl	T	02.07.1975	33	0
Köpf, Markus		20.03.1990	2	0
Kordic, Josip		20.07.1986	2	0
Lamprecht, Max		04.12.1987	2	0
Maier, Andreas		31.10.1983	27	2
Mayer, Marco		28.07.1984	8	0
Mayr, Florian		28.11.1981	18	1
Miroci, Xhelal		13.03.1983	4	0
Mutzel, Martin		05.10.1979	12	1
Rehm, Johannes		15.12.1980	33	2
Späth, Alexander		14.03.1977	33	5
Sprengart, Michael		14.09.1980	22	1
Wolf, Alexander		13.06.1978	14	0
Zobel, Stefan		22.01.1984	33	3
Zweifel, Simon		01.03.1988	5	0
Trainer:				
Kahric, Esad		01.01.1959	34	

Würzburger FV

Spieler		geb. am	Sp.	T.
Arnold, Michael		20.05.1988	2	0
Bradaric, Sanel		28.07.1980	11	1
Buchholz, Christoph		21.05.1983	8	0
Deißenberger, Peter		01.12.1976	31	5
Desic, Zajo		08.10.1983	14	2
Donaldson, Daniel		01.03.1987	6	0
Droszcz, Woitek		12.05.1988	30	3
Fehrer, Sebastian		23.01.1987	32	3
Gehret, Michael		09.11.1980	8	0
Gerber, Marcel		11.11.1983	1	0
Götzfried, Bastian		03.10.1984	33	3
Hochrein, Dominik		05.08.1989	7	0
Holzmann, Martin		28.03.1985	6	0
Hottner, Tobias		28.04.1987	17	0
Jäger, Tobias		09.11.1980	30	1
Kasal, Yusuf		20.05.1988	13	1
Kleinschrodt, Martin		13.08.1985	14	3
Scherbaum, Ralf	T	19.03.1973	34	0
Schmieg, David		24.11.1983	28	2
Schömig, Benjamin		14.09.1987	30	1
Stark, Oliver		28.07.1988	10	0
Sternisko, Roland		10.04.1988	13	3
Ullrich, Andreas		21.09.1984	16	2
Vierheilig, Dominic		04.10.1983	29	6
Weißenseel, Mathias		28.04.1982	14	0
Wirsching, Frank		22.05.1987	32	1
Trainer:				
Hochrein, Michael		04.02.1964	34	

Qualifikation zur neuen RL Nord

Qualifikation Nord: Die Meister der norddeutschen VL sowie der 6. der OL Nord (da Heeslingen keine Lizenz für die RL erhielt, konnte der Tabellensiebte VfB Oldenburg teilnehmen). Aus Schleswig-Holstein hatte keine Mannschaft gemeldet. Der Meister der VL Bremen erhielt keine Lizenz für die RL Nord; der Landesverband entschied sich daraufhin für den FC Oberneuland als Teilnehmer an der Qualifikationsrunde.

Datum	Spiel	Ergebnis
04.06.2008:	VfB Oldenburg – VfL Oldenburg	1:1 (0:1)
04.06.2008:	FC Oberneuland – MTV Gifhorn	7:2 (2:0)
08.06.2008:	SC Victoria Hamburg – VfB Oldenburg	1:1 (0:0)
08.06.2008:	VfL Oldenburg – FC Oberneuland	2:2 (0:0)
11.06.2008:	MTV Gifhorn – SC Victoria Hamburg	1:3 (1:1)
11.06.2008:	VfB Oldenburg – FC Oberneuland	1:5 (0:2)
15.06.2008:	FC Oberneuland – SC Victoria Hamburg	7:2 (3:1)
15.06.2008:	VfL Oldenburg – MTV Gifhorn	2:3 (1:1)
18.06.2008:	MTV Gifhorn – VfB Oldenburg	0:2 (0:0)
18.06.2008:	SC Victoria Hamburg - VfL Oldenburg	0:2 (0:0)

Pl.	Mannshaft		(Liga)	Sp	S	U	N	Tore	TD	Pkt
1.	FC Oberneuland	↑	(HB)	4	3	1	0	21- 7	+14	10
2.	VfL Oldenburg		(N-W)	4	1	2	1	7- 6	+1	5
3.	VfB Oldenburg		(OL)	4	1	2	1	5- 7	–2	5
4.	SC Victoria Hamburg		(HH)	4	1	1	2	6-11	–5	4
5.	MTV Gifhorn		(N-O)	4	1	0	3	6-14	–8	3

VfB Oldenburg – VfL Oldenburg 1:1 (0:1)
VfB Oldenburg: René Damerow - Alexander Baal, Marcel Salomo, Stanley Tailor, Leo Baal - Christian Thölking, Alexander Eckel (50. David van der Leij) - Josip Jurcevic (87. René Robben) - Sebastian Ghasemi-Nobakht, Erkan Kilicaslan (80. Mehmet Koc) - Thomas Friauf. Trainer: Josef Zinnbauer
VfL Oldenburg: Thomas Wegmann - Marc Bury, Roman Wöhlecke, Ansgar Schnabel, Manuel Schicke - Tim Steidten, Stefan Noack - Aaron Thalmann - Sebastian Ferrulli (90. Deniz Pezük), Christian Claaßen (88. Christian Brüntjen) - Cüneyt Özkan (75. Robert Plichta). Trainer: Frank Claaßen
Tore: 0:1 Cüneyt Özkan (16., Handelfmeter), 1:1 Stanley Tailor (61.)
Zuschauer: 7.213
Schiedsrichter: Peter Gagelmann (ATSV Sebaldsbrück, HB)

FC Oberneuland – MTV Gifhorn 7:2 (2:0)
Oberneuland: Mansur Fargiryar - Hüseyin Altindag (61. Patrick Mouaya), Christopher Kolm, Johannes Ibelherr, Sedat Yücel - Hyun-Chang Lee, Mahmut Aktas, Won Jeon, Adel Guemari – Karim Bellarabi (65. Francky Sembolo), Cesar Ndedi Mboma (82. Mike Behrens). Trainer: Mike Barten
Gifhorn: Michael Krauskopf - Anton Dietz, André Bischoff, Moritz Stubbe (61. Jörgen Schilling), Paul Koterwa (72. Artem Schur) - Giuseppe Marchese, Naglis Juknewitschius, Dominik Lütge - Massimiliano Anacleto (75. Kai Wendt), Fabian Klos, Pascal Klein. Trainer: Klaus Fricke
Tore: 1:0 Hyun-Chang Lee (15.), 2:0 Cesar Ndedi M'Boma (36.), 3:0 Cesar Ndedi M'Boma (50.), 4:0 Won Jeon (Fouelfmeter, 55.), 4:1 Pascal Klein (60.), 5:1 Mahmut Aktas (79.), 5:2 Naglis Juknewitschius (80.), 6:2 Mike Behrens (83.), 7:2 Francky Sembolo (85.)
Zuschauer: 500
Schiedsrichter: Matthias Anklam (USC Paloma Hamburg, HH)

SC Victoria Hamburg – VfB Oldenburg 1:1 (0:0)
Hamburg: Felix Sager - Timo Möbius, Jonah Asante, Mark Pomorin, Hakan Ucan - Stefan Westbrock (73. Mladen Tunjic), Sven Trimborn (68. Volkan Aktan), Roger Stilz, Sezgin Akgül - Stephan Rahn (54. Antonio Ude), Ahmet Hamurcu. Trainer: Bert Ehm
Oldenburg: René Damerow - Alexander Baal (46. Paolo Rizzo), Marcel Salomo, Stanley Tailor, Leo Baal - Christian Thölking, Josip Jurcevic (76. Erkan Kilicaslan), Alexander Eckel – Sebastian Ghasemi-Nobakht, Thomas Friauf (72. René Robben), Mehmet Koc. Trainer Josef Zinnbauer
Tore: 1:0 Akgül (69.), 1:1 Robben (85.)
Zuschauer: 1.471 im Stadion Hoheluft
Schiedsrichter: Holger Henschel (SV Broitzem, NS)

VfL Oldenburg – FC Oberneuland 2:2 (0:0)
VfL Oldenburg: Thomas Wegmann - Stefan Noack, Marc Bury, Ansgar Schnabel, Manuel Schicke - Roman Wöhlecke (71. Robert Plichta), Tim Steidten, Aaron Thalmann (77. Benjamin Epp), Christian Claaßen - Sebastian Ferrulli (86. Christian Brüntjen), Cüneyt Özkan. Trainer: Frank Claaßen
Oberneuland: Mansur Fargiryar - Hüseyin Altindag (65. Francky Sembolo), Patrick Mouaya, Johannes Ibelherr, Sedat Yücel - Hyun-Chang Lee, Mahmut Aktas, Won Jeon, Adel Guemari – Karim Bellarabi (84. Mike Behrens), Cesar Ndedi Mboma (75. Christopher Kolm). Trainer: Mike Barten
Tore: 0:1 Sembolo (68.), 1:1 Ch. Claaßen (83.), 1:2 Mouaya (88.), 2:2 Brüntjen (89.)
Zuschauer: 1.100 - **SR:** Sascha Thielert (TSV Buchholz 08, HH)

MTV Gifhorn – SC Victoria Hamburg 1:3 (1:1)
Gifhorn: Michael Krauskopf - Anton Dietz, André Bischoff (84. Jörgen Schilling), Moritz Stubbe, Paul Koterwa - Giuseppe Marchese (82. Artem Schur), Naglis Juknewitschius, Dominik Lütge (82. Christian Jansen) - Massimiliano Anacleto, Fabian Klos, Pascal Klein. Trainer: Klaus Fricke
Hamburg: Felix Sager - Timo Möbius, Jonah Asante, Mark Pomorin, Hakan Ucan - Stefan Westbrock (53. Antonio Ude), Sven Trimborn, Roger Stilz, Sezgin Akgül (89. Volkan Aktan) - Stephan Rahn, Ahmet Hamurcu (69. Benjamin Eta). Trainer: Bert Ehm
Tore: 1:0 Anacleto (36.), 1:1 Möbius (41.), 1:2 Ude (84.), 1:3 Rahn (90.+2)
Zuschauer: 605 im Stadion "Flutmulde"
Schiedsrichter: Thomas Gorniak (ATSV Sebaldsbrück, HB)

VfB Oldenburg – FC Oberneuland 1:5 (0:2)
VfB Oldenburg: René Damerow - Alexander Baal, Marcel Salomo, Stanley Tailor, Paolo Rizzo (79. Muhamed Alawie) - Christian Thölking, David van der Leij, Alexander Eckel (36. Josip Jurcevic) - Sebastian Ghasemi-Nobakht, Thomas Friauf (46. René Robben), Mehmet Koc. Trainer: Josef Zinnbauer
Oberneuland: Mansur Fargiryar - Patrick Mouaya (83. Hüseyin Altindag), Christopher Kolm, Johannes Ibelherr, Sedat Yücel - Hyun-Chang Lee, Mahmut Aktas, Won Jeon, Adel Guemari (86. Jean-Jacques Mbondjo Ndoume) - Cesar Ndedi Mboma (76. Karim Bellarabi), Francky Sembolo. Trainer: Mike Barten
Tore: 0:1 Sembolo (18.), 0:2 M. Aktas (20.), 0:3 Sembolo (52.), 0:4 Sembolo (73.), 0:5 M. Aktas (82.), 1:5 Salomo (90.)
Zuschauer: 3.286
Schiedsrichter: Thorsten Schriever (TSV Otterndorf, NS)
Besonders Vorkommnis: Fargiryar hält einen Fouelfmeter von Eckel (26.)

FC Oberneuland – SC Victoria Hamburg 7:2 (3:1)
Oberneuland: Mansur Fargiryar - Patrick Mouaya, Johannes Ibelherr, Christopher Kolm, Sedat Yücel - Hyun-Chang Lee, Mahmut Aktas, Won Jeon, Adel Guemari - Cesar Ndedi Mboma (87. Ömer Aktas), Francky Sembolo (82. Mike Behrens). Trainer: Mike Barten
Hamburg: Florian Ludewig - Hakan Ucan (46. Volkan Aktan), Mark Pomorin, Stefan Westbrock, Timo Möbius - Antonio Ude, Roger Stilz (66. Mladen Tunjic), Sven Trimborn (46. David Eybächer), Sezgin Akgül - Ahmet Hamurcu, Stephan Rahn. Trainer: Bert Ehm
Tore: 1:0 Won Jeon (19.), 1:1 Roger Stilz (33., FE), 2:1 Adel Guemari (36.), 3:1 Francky Sembolo (44.), 4:1 Cesar Ndedi Mboma (47.), 5:1 Johannes Ibelherr (50.), 5:2 Antonio Ude (67.), 6:2 Mahmut Aktas (69., FE), 7:2 Mike Behrens (90.)
Zuschauer: 650
Schiedsrichter: Stefan Schempershauwe (BV Germania Wolfenbüttel, NS)

VfL Oldenburg – MTV Gifhorn 2:3 (1:1)
zugleich Spiel um die **Niedersachsen-Meisterschaft**
VfL Oldenburg: Thomas Wegmann - Stefan Noack, Stephen Attoh, Ansgar Schnabel, Manuel Schicke - Christian Claaßen, Tim Steidten, Aaron Thalmann (75. Nils Reinke), Marc Bury - Cüneyt Özkan, Sebastian Ferrulli (72. Robert Plichta). Trainer: Frank Claaßen
Gifhorn: Michael Krauskopf - Dennis Fricke, André Bischoff, Moritz Stubbe (54. Jörgen Schilling), Paul Koterwa (23. Kai Wendt, 84. Christian Luperto) - Giuseppe Marchese - Pascal Klein, Artem Schur, Dominik Lütge, Naglis Juknewitschius - Fabian Klos. Trainer: Klaus Fricke
Tore: 1:0 Christian Claaßen (16.), 1:1 Fabian Klos (23.), 1:2 Dominik Lütge (76.), 2:2 Robert Plichta (82.), 2:3 Pascal Klein (84.)
Zuschauer: 750 - **Rote Karte:** Thomas Wegmann (75., Notbremse)
Schiedsrichter: Frank Willenborg (SV Gehlenberg-Neuvrees, NS)

MTV Gifhorn – VfB Oldenburg 0:2 (0:0)
Gifhorn: Michael Krauskopf - Dennis Fricke, André Bischoff, Moritz Stubbe (78. Kai Wendt), Anton Dietz - Dominik Lütge, Giuseppe Marchese (70. Christian Jansen), Christian Luperto, Naglis Juknewitschius (59. Artem Schur) - Pascal Klein, Fabian Klos. Trainer: Klaus Fricke
VfB Oldenburg: Kurt Ullmann - Leo Baal, Steven Janßen, Stanley Tailor, Alexander Baal - Christian Thölking, Arkadius Wojcik, Josip Jurcevic (46. Mascholino Dusbaba) - Sebastian Ghasemi-Nobakht, René Robben, Mehmet Koc (87. Muhamed Alawie). Trainer: Joe Zinnbauer
Tore: 0:1 Sebastian Ghasemi-Nobakht (64.), 0:2 Mehmet Koc (87.)
Zuschauer: 389 - **SRin:** Riem Hussein (TSG Bad Harzburg, NS)

SC Victoria Hamburg - VfL Oldenburg 0:2 (0:0)
Hamburg: Florian Ludewig - Hakan Ucan, Jonah Asante (58. David Eybächer), Mark Pomorin, Volkan Aktan - Timo Möbius, Roger Stilz (66. Benjamin Eta), Stefan Westbrock (56. Sezgin Akgül) - Stephan Rahn, Ahmet Hamurcu, Antonio Ude. Trainer: Bert Ehm
Oldenburg: Nils Reinke - Stefan Noack, Christian Brüntjen, Ansgar Schnabel, Benjamin Epp - Tim Steidten (75. Deniz Pezük), Sebastian Ferrulli (87. Andreas Bitter), Christian Claaßen, Marc Bury - Robert Plichta, Cüneyt Özkan. Trainer: Ulf Kliche
Tore: 0:1 Sebastian Ferrulli (54.), 0:2 Sebastian Ferrulli (81.)
Zuschauer: 250 - **Schiedsrichter:** Björn Hinrichs (SV Rödemis, SH)

Qualifikation Nordost: Entscheidungsspiele zwischen den Vierten der Oberliga Nordost-Staffeln Nord und Süd.
15.06.2008: Greifswalder SV 04 (Nord) – FC Sachsen Leipzig (Süd) 2:4 (0:2)
21.06.2008: FC Sachsen Leipzig – Greifswalder SV 04 2:2 (2:2)

Greifswalder SV 04 – FC Sachsen Leipzig   **2:4 (0:2)**
Greifswald: Maik Sadler – Hendryk Thurow, Patrick Jahn, Olaf Prieske, Christian Orend – Daniel Köhn, Steffen Seering, Stefan Schwandt, Ronny Krüger – Mike Gerth (62. Tommy Greinert), Lars Kampf. Trainer: Andreas Zachhuber
Leipzig: Daniel Lippmann – Matthias Kühne, Jens Möckel, Enrico Köckeritz – Ronny Garbuschewski (86. Mirko Dietrich), Karsten Oswald, Marcel Rozgonyi, Richard Baum – Tino Semmer, Norman Lee Gandaa (60. Daniel Heinze), Timo Breitkopf (77. Kai Hempel). Interimstrainer: Michael Breitkopf
Tore: 0:1 Baum (5.), 0:2 T. Breitkopf (43.), 1:2 Prieske (46.), 2:2 Schwandt (50.), 2:3 Garbuschewski (75.), 2:4 Semmer (90.+1)
Zuschauer: 5.054 im Volksstadion Greifswald
Schiedsrichter: Daniel Siebert (FC Nordost Berlin, B)

FC Sachsen Leipzig – Greifswalder SV 04   **2:2 (2:2)**
Leipzig: Daniel Lippmann – Enrico Köckeritz, Jens Möckel, Matthias Kühne – Ronny Garbuschewski, Marcel Rozgonyi, Karsten Oswald, Richard Baum – Timo Breitkopf (78. Kai Hempel), Tino Semmer, Norman Lee Gandaa (60. Daniel Heinze). Interimstrainer: Michael Breitkopf
Greifswald: Maik Sadler – Hendryk Thurow, Patrick Jahn, Alexander Glandt, Olaf Prieske – Christian Orend (76. Mike Gerth), Daniel Köhn (46. Torsten Lemke), Steffen Seering, Stefan Schwandt – Ronny Krüger, Lars Kampf. Trainer: Andreas Zachhuber
Tore: 1:0 Baum (13.), 2:0 Semmer (16.), 2:1 Seering (18.), 2:2 Seering (35.)
Zuschauer: 9.390 im Zentralstadion Leipzig
Schiedsrichter: Matthias Klatte (MSV Neuruppin, BRB)

Aufstieg zur Oberliga Nordost

Aufstiegsspiele zwischen den Zweiten der Verbands-/Landesligen:
Hinspiele
14.06.2008: Brandenburger SC Süd 05 (BRB) – SV SCHOTT (TH) 1:0 (0:0)
14.06.2008: SV Lichtenberg 47 (B) – 1. FC Magdeburg II (SA) 1:1 (0:1)
14.06.2008: FC Schönberg 95 (MV) – 1. FC Lok Leipzig (SX) 1:2 (0:2)
Rückspiele
21.06.2008: 1. FC Magdeburg II – SV Lichtenberg 47 0:0 (0:0)
22.06.2008: SV SCHOTT Jena – Brandenburger SC Süd 05 3:2 (1:2)
22.06.2008: 1. FC Lok Leipzig – FC Schönberg 47 0:1 (0:0)

Brandenburger SC Süd 05 – SV SCHOTT Jena   **1:0 (0:0)**
Brandenburg: Markus Jurzik; Marko Görisch; Frank Bischoff, Kevin Daszenies; David Kappel, Steffen Willert (65. Thomas Förster), Tillmann Koch, Thomas Welskopf; René Görisch (81. Tuurjalai Zazai), Steffen Päch; Andreas Fricke. Trainer: Ralf Gutschmidt
Jena: Alexander Just; Matthias Henze, Steve Lippold, Torsten Krause, Paul Schletzke; Steffen Urbansky, Maksim Sawitzkij; Marcel Schulz, Rico Heuschkel, Christian Petzold (79. Steffen Richter); Patrick Wunderling (66. Hendrik Bengs). Trainer: Wolfgang Schakau
Tor: 1:0 Fricke (62.)
Zuschauer: 525 im Werner-Seelenbinder-Sportplatz in Brandenburg a. d. Havel
Schiedsrichter: Dirk Simon (VfL Halle 96, SA) - Assistenten: Alrik Luther, Matthias Nitsche
Gelbe Karten: Kevin Daszenies, Steffen Willert - Steffen Urbansky, Marcel Schulz, Rico Heuschkel

SV Lichtenberg 47 – 1. FC Magdeburg II   **1:1 (0:1)**
Lichtenberg: Marcus Stolzenberg; Thoralf Dominok, Felix Ackermann, Paul Kirstein; Jan Wegner, Tim Schreckenbach, Uwe Lehmann, Norbert Gronwold (76. Moritz Heidenreich), Marcel Schreck; Torsten Schutt (70. Ümit Meseci), Benjamin Ulbricht. Trainer: Werner Voigt
Magdeburg: Matthias Tischer; Fabian Jahnel, Christian Loth, Kevin Knöfler; Matthias von der Weth (75. Christian Weiß), Tobias Friebertshäuser, Martin Zander, Matthias Deumelandt (81. Rene Gewelke), Martin Zander, Nils Kauffmann; Steffen Baumgart, Pascal Matthias (89. Thomas Schulz). Trainer: Frank Siersleben
Tore: 0:1 P. Matthias (21.), 1:1 Lehmann (59.)
Zuschauer: 610 im Hans-Zoschke-Stadion in Berlin
Schiedsrichter: Martin Bärmann (1. FC Guben, BRB) - Assistenten: Thomas Förster, Daniel Köppen
Gelbe Karten: Norbert Gronwold, Marcel Schreck, Paul Kirstein, Torsten Schutt, Benjamin Ulbricht, Jan Wegner - Nils Kauffmann, Matthias Deumelandt, Steffen Baumgart, Martin Zander

FC Schönberg 95 – 1. FC Lokomotive Leipzig   **1:2 (0:2)**
Schönberg: Norman Köhlmann; Christian Radom, Alexander Frank, Marko Riegel (48. Mamadou Sabaly), Paul Manthey, Yuzuru Okuyama, André Kalbau, Thomas Manthey, Sven Wittfot (7. Dimitri Gribkow, 71. Marcus Klaczinski), Serkan Rinal, Alexander Fogel. Trainer: Christiano Dinalo Adigo
Leipzig: Jan Evers; Holger Krauß, Anton Köllner, Manuel Starke, René Ledwoch (36. Eric Eiselt), Stephan Knoof, Sven Hellmund (77. Robert Roscher), Alexander Kunert, Steven Aßmann, Rico Engler, Ralf Schreiber (84. René Heusel). Trainer: Rainer Lisiewicz
Tore: 0:1 Krauß (30., Foulelfmeter), 0:2 Engler (45.+1), 1:2 Kalbau (58.)
Zuschauer: 2.845 im Jahn-Stadion in Schönberg
Schiedsrichter: Gunnar Melms (Osterburger FC, SA)
Gelbe Karten: Riegel, P. Manthey, T. Manthey, Grybkow - Eiselt, Engler

1. FC Magdeburg II – SV Lichtenberg 47   **0:0 (0:0)**
Magdeburg: Matthias Tischer; Fabian Jahnel (68. Rene Gewelke), Christian Loth, Kevin Knöfler; Christian Weiß, Tobias Friebertshäuser, Martin Zander, Nils Kauffmann; Matthias Deumelandt, (85. Marcel Werner); Matthias von der Weth (89. Thomas Schulz), Pascal Matthias. Trainer: Frank Siersleben
Lichtenberg: Marcus Stolzenberg; Thoralf Dominok, Felix Ackermann, Paul Kirstein; Jan Wegner (46. Moritz Heidenreich), Uwe Lehmann, Marcel Schreck, Tim Schreckenbach, Norbert Gronwold; Ümit Meseci (84. Swen Meier), Benjamin Ulbricht (75. Torsten Schutt). Trainer: Werner Voigt
Zuschauer: 548 im Stadion Magdeburg in Magdeburg
Schiedsrichter: Marcel Unger (FSG 99 Salza-Nordhausen, TH) - Assistenten: Marko Wartmann, Lothar Kruse
Rote Karte: Norbert Gronwold (90.+3, Tätlichkeit)
Gelb-Rote Karte: Christian Loth (90.+2, Unsportlichkeit)
Gelbe Karten: Tobias Friebertshäuser, Kevin Knöfler, Martin Zander, Christian Loth - Thoralf Dominok, Moritz Heidenreich

SV SCHOTT Jena – Brandenburger SC Süd 05   **3:2 (1:2)**
Jena: Alexander Just; Matthias Henze, Wolfgang Schakau, Torsten Krause, Paul Schletzke; Steffen Urbansky (74. Andre Schwesinger), Steve Lippold, Marcel Schulz (46. Patrick Wunderling), Christian Petzold, Maksim Sawitzkij (46. Hendrik Bengs); Rico Heuschkel. Trainer: Wolfgang Schakau
Brandenburg: Markus Jurzik; Marko Görisch, Frank Bischoff, Kevin Daszenies; David Kappel (83. Christian Verch), Steffen Willert (70. Tuurjalai Zazai), Tillmann Koch, Thomas Welskopf; René Görisch (89. Thomas Förster), Steffen Päch; Andreas Fricke. Trainer: Ralf Gutschmidt
Tore: 1:0 Petzold (4.), 1:1 Fricke (12., Foulelfmeter), 1:2 Kappel (41.), 2:2 Heuschkel (57.), 3:2 Schletzke (87.)
Zuschauer: 670 im Universitätssportzentrum Oberau in Jena
Schiedsrichter: Thomas Gerber (TSV Sachsen Hermsdorf-Bernsdorf, SAX) - Assistenten: Lutz Rosenkranz, Jens Klemm
Gelbe Karten: R. Görisch, Fricke - Petzold

1. FC Lokomotive Leipzig – FC Schönberg 95   **0:1 (0:0)**
Leipzig: Jan Evers; Holger Krauß, Manuel Starke, Anton Köllner, Marcel Hensgen (80. Sven Rienaß), Stephan Knoof, Alexander Kunert, Steven Aßmann, Ralf Schreiber (70. Robert Roscher (59. René Heusel). Trainer: Rainer Lisiewicz
Schönberg: Norman Köhlmann; Christian Klingenberg, Alexander Frank, Mamadou Sabaly (85. Marcus Klaczinski), Paul Manthey, Yuzuru Okuyama, André Kalbau (73. Dimitri Gribkow), Thomas Manthey, Christian Radom, Serkan Rinal (46. Benjamin Brügmann), Alexander Fogel. Trainer: Christiano Dinalo Adigo
Tor: 0:1 Okuyama (79.)
Zuschauer: 9.949 im Leipziger Zentralstadion
Schiedsrichter: Martin Hofmann (SV Blau-Weiß Fahner Höhe 03, TH)
Gelbe Karten: Knoof, Kunert, Rienaß - Kalbau, Radom, Klingenberg

Aufstieg zur Hessenliga

Aufstiegsrunde der Dritten der Landesligen Hessen Nord, Mitte und Süd:
04.06.2008: VfB Unterliederbach (Mitte) – FSV Frankfurt II (Süd) 2:5 (1:1)
07.06.2008: KSV Hessen Kassel II (Nord) – VfB Unterliederbach 3:1 (3:1)
11.06.2008: FSV Frankfurt II – KSV Hessen Kassel 1:3 (0:1)

Pl.	Mannschaft		Sp	S	U	N	Tore	TD	Pkt
1.	KSV Hessen Kassel II	↑	2	2	0	0	6-2	+4	6
2.	FSV Frankfurt II		2	1	0	1	6-5	+1	3
3.	VfB Unterliederbach		2	0	0	2	3-8	–5	0

VfB Unterliederbach – FSV Frankfurt II   **2:5 (1:1)**
Unterliederbach: Johann Böhler – Felix Rottenau, Alexander Clark, Markus Mrosek, Alexander Wolf – Armando Aguirre-Vazquez (46. Christian Wirth), Manuel Döpfer, Andreas Russ, Soufian El Alalli – Soufian Houness, Kevin Simmons. Trainer: Dietmar Rompel
Frankfurt: Andreas Wagner, Andre Laurito, Markus Gaubatz, Alexis Theodosiadis, Sascha Volk – Renato Levy (88. Behnam Tayebi), Ibrahim Uyanik,

Bernd Winter, Aziz Bouhaddouz – Fikri El Haj Ali (88. Fatih Alemdar), Jochen Höfler (88. Özkan Ucar). Interimstrainer: Tomas Oral
Tore: 0:1 El Haj Ali (26.), 1:1 Russ (27.), 2:1 Rottenau (48.), 2:2 Uyanik (53.), 2:3 Höfler (56.), 2:4 Höfler (67.), 2:5 Höfler (83.)
Zuschauer: 600 (Sportplatz Hans-Böckler-Straße in Frankfurt-Unterliederbach)
Schiedsrichter: Steffen Krah (SV Germania Herolz)

KSV Hessen Kassel II – VfB Unterliederbach   3:1 (3:1)
Kassel: Tobias Wolf – Jan-Niklas Hanske, Florian Heussner, Murat Osmanoglu – Kenny Mulansky, Torbjörn Warneke (46. Christoph Pforr), Vyacheslev Petrukhin, Marc Zuschlag (88. Daniel Otto), Björn Thordsen (89. Mirko Dickhaut) – Jan Fießer, Kai Simon. Trainer: Mirko Dickhaut
Unterliederbach: Johann Böhler – Felix Rottenau, Alexander Clark, Christian Wirth, Alexander Wolf – Thomas Orth (50. Robert Thomas-Morr), Manuel Döpfer, Matthias Frosch, Jens Herbert (67. Haris Ajrovic, 80. Jochen Heidrich) – Kevin Simmons, Soufian Houness. Trainer: Klaus Scharting (i. V.)
Tore: 0:1 Herbert (9.), 1:1 Hanske (16.), 2:1 Petrukhin (18.), 3:1 Simon (40.)
Zuschauer: 180 auf dem Sportplatz Damaschkestraße (G-Platz) in Kassel
Schiedsrichter: Timo Ide (SV Schwarz-Weiß Welcherod)

FSV Frankfurt II – KSV Hessen Kassel II   1:3 (0:1)
Frankfurt: Andreas Wagner – Andre Laurito (75. Mario Rhein), Markus Gaubatz, Alexis Theodosiadis, Sascha Volk (60. Anton Kniller) – Aziz Bouhaddouz, Bernd Winter, Renato Levy – Ibrahim Uyanik – Fikri El Haj Ali, Jochen Höfler. Interimstrainer: Tomas Oral
Kassel: Tobias Wolf – Florian Heussner, Jan-Niklas Hanske, Dominik Suslik, Kenny Mulansky – Torbjörn Warneke, Vyacheslev Petrukhin, Murat Osmanoglu, Erwin Glogic – Kai Simon, Marc Zuschlag. Trainer: Mirko Dickhaut
Tore: 0:1 Zuschlag (22., Handelfmeter), 0:2 Glogic (85.), 0:3 Simon (89.), 1:3 Rhein (90.)
Zuschauer: 700 im Frankfurter-Volksbank-Stadion
Schiedsrichter: Manfred Berg (SV Bischofsheim)
Rote Karte: Levy (22., Handspiel)

Aufstieg zur OL Baden-Württemb.

Wegen der Bildung der 3. Liga erhöht sich Zahl der Aufsteiger in die Oberliga. Die Meister der drei Verbandsligen steigen direkt auf, ebenso der württembergische Vizemeister. Die Vizemeister von Nord- und Südbaden spielen gemeinsam mit dem Drittplatzierten des WFV eine Aufstiegsrunde, aus der die beiden Besten aufsteigen.
31.05.2008: FV Illtertissen (WBG) - Kehler FV (SBD)   4:2 (1:0)
04.06.2008: SpVgg Amicitia Viernheim (NBD) - FV Illertissen   2:1 (2:0)
08.06.2008: Kehler FV - SpVgg Amicitia Viernheim   3:1 (1:0)

Pl.	Mannschaft		Sp	S	U	N	Tore	TD	Pkt
1.	FV Illertissen	↑	2	1	0	1	5-4	+1	3
2.	Kehler FV	↑	2	1	0	1	5-5	0	3
3.	Amicitia Viernheim		2	1	0	1	3-4	–1	3

31.05.2008: FV Illertissen – Kehler FV   4:2 (1:0)
Illertissen: Mark Lemke; Stefan Pfohmann, Gerold Skowranek, Klaus Dorn, Harald Holzapfel, Philipp Lang (80. Bernd Böhringer), Stephan Dürr, Christian Weiller, Holger Bachthaler (77. Benjamin Vetter), Oliver Wild (85. Heiko Ziegler), Daniel Kohler. Trainer: Karl-Heinz Bachthaler
Kehl: Tobias Kornmaier; Nicolas Mätz, Marco Cybard (19. Toni Hagen), Stefan Wendling, Dennis Kaiser, Fabian Mock, Björn Stiefel (62. Paul M'Bella), Christian Seger, Frank Berger, Kevin Sax, Stefan Walter. Trainer: Bora Markovic
Tore: 1:0 Gerold Skowranek (20.), 2:0 Philipp Lang (56., Foulelfmeter), 3:0 Oliver Wild (68.), 3:1 Kevin Sax (85.), 4:1 Heiko Ziegler (87.), 4:2 Walter (90.+4)
Zuschauer: 600 im Stadion an der Dietenheimer Straße in Illertissen
Schiedsrichter: Dominik Bartsch (FC Heckfeld, NBD)
Gelb-Rote Karte: Frank Berger (60.)
Gelbe Karten: Stephan Dürr, Klaus Dorn, Holger Bachthaler - Nicolas Mätz, Stefan Walter, Toni Hagen

SpVgg Amicitia Viernheim – FV Illertissen   2:1 (2:0)
Viernheim: Boris Busalt; Richard Wegmann, Gennaro De-Angelis, Sebastian Busalt, Eugen Zweininger, Yasar Acik (85. Daniel Chluba), Mallam Yahaya, Dominik Dobiasch, Björn Hoppe, Valon Muja (90. Sezgin Karabiyik), Ante Cule (58. Nicolas Bührer). Trainer: Gernot Jüllich
Illertissen: Mark Lemke; Gerold Skowranek, Klaus Dorn, Stefan Pfohmann, Harald Holzapfel, Stephan Dürr, Philipp Lang (10. Bochtler), Christian Weiller, Holger Bachthaler, Oliver Wild, Daniel Kohler (70. Benjamin Vetter). Trainer: Karl-Heinz Bachthaler
Tore: 1:0 Dominik Dobiasch (15.), 2:0 Dominik Dobiasch (44.), 2:1 Oliver Wild (48.)
Zuschauer: 1.000 im Waldstadion Viernheim
Schiedsrichter: Michael Kempter (VfR Sauldorf, SBD)
Gelb-Rote Karten: Nicolas Bührer (71.) - Michael Bochtler (61.)
Gelbe Karten: Eugen Zweininger, Nicolas Bührer, Sebastian Busalt

Kehler FV – SpVgg Amicitia Viernheim   3:1 (1:0)
Kehl: Tobias Kornmaier; Nicolas Mätz, Toni Hagen (84. Thomas Wendling), Paul M'Bella, Dennis Kaiser, Fabian Mock, Björn Stiefel (46. Stefan Wendling), Christian Seger, Dominic Kaltenbach (52. Frank Berger), Kevin Sax, Stefan Walter. Trainer: Bora Markovic
Viernheim: Boris Busalt; Richard Wegmann, Sebastian Busalt, Gennaro De-Angelis, Eugen Zweininger (46. Nicolas Bührer), Mallam Yahaya, Ante Cule (60. André Attemeier), Dominik Dobiasch, Björn Hoppe, Valon Muja, Yasar Acik (54. Sezgin Karabiyik). Trainer: Gernot Jüllich
Tore: 1:0 Christian Seger (17.), 1:1 Yasar Acik (48.), 2:1 Christian Seger (61.), 3:1 Nicolas Mätz (83.)
Schiedsrichter: Markus Kugele (SV Oberkollwangen, WBG)
Zuschauer: 2.300 im Rheinstadion in Kehl
Gelbe Karten: Stefan Walter, Dennis Kaiser, Christian Seger, Nicolas Mätz - André Attemeier, Nicolas Bührer

Entscheidung BY-Liga/LL Bayern

Qualifikationsspiele zwischen dem 16. der OL und den Dritten der LL:
04.06.2008: DJK Vilzing (Mitte) – 1. FC Schweinfurt 05 (16. OL)   1:5 (0:2)
04.06.2008: SV Friesen (Nord) – TSV Rain am Lech (Süd)   3:4 iE, 0:0 nV
08.06.2008: 1. FC Schweinfurt 05 – TSV Rain am Lech   0:3 nV Damit steigt die TSV 1896 Rain am Lech aus der Landesliga Bayern Süd auf. Nachdem die SpVgg Unterhaching II in die Regionalliga Süd aufrücken kann, ist auch ein Platz für den 1. FC Schweinfurt 05 in der Bayernliga frei.

DJK Vilzing - 1. FC Schweinfurt 05   1:5 (0:2)
Vilzing: Andras Kristoffy; Martin Schönberger, Petr Dvorak, Robert Vagner, Thomas Seidl (30. Jindrich Bittengel), Anton Prancl, Hans-Jörg Spitzer (46. Roland Koszora), Jindrich Pelan (68. Martin Scheuerer). Trainer: Franz Koller
Schweinfurt: Matthias Küfner; Florian Hetzel, Vladimir Slinchenko, Sebastian Kress, Robin Gollbach (80. Mirza Mekic), David Thomas, Erkan Esen, Daniel Mache (86. Soner Calisir), Engin Kalender, Michael Kraus (84. Peter Mrugalla). Trainer: Werner Dreßel
Tore: 0:1 Eray Cadiroglu (8.), 0:2 Eray Cadiroglu (21.), 0:3 Daniel Mache (47.), 1:3 Martin Schönberger (69.), 1:4 Engin Kalender (73.), 1:5 Engin Kalender (86.)
Schiedsrichter: Markus Pflaum (SV Dörfleins)
Zuschauer: 800 in Bayreuth
Gelbe Karte: Roland Koszora

SV Friesen - TSV 1896 Rain am Lech   3:4 iE, 0:0 nV
Friesen: Steffen Mahr; Matthias Deuerling, Benjamin Rebhan, Tobias Mayer, Frank Fugmann, Sebastian Hofmann, Holger Geiger (78. Jochen Kauper), Christian Brandt, Michael Thoennes, Alper Yürük, Stefan Gehring. Trainer: Carlo Werner
Rain: Sascha Jöckel; Fabian Kling, Hermann Danner, Bernd Taglieber, Roland Baumgärtner, Dennis Dinulovic, Armin Janik (92. Martin Finkenzeller), Alexandar Dmitrovic, Tobias Niederleitner (120. Armin Brotz), David Bulik, Tobias Heikenwälder. Trainer: Janos Radoki
Tore im Elfmeterschießen: 1:0 Frank Fugmann, 1:1 Bernd Taglieber, 2:1 Matthias Deuerling, 2:2 Hermann Danner, Michael Thoennes vergibt, 2:3 Armin Brotz, 3:3 Stefan Gehring, David Bulik vergibt, Benjamin Rebhan vergibt, 3:4 Dennis Dinulovic
Schiedsrichter: Christian Leicher (SV Neuhausen)
Zuschauer: 700 in Schwabach
Gelbe Karte: Michael Thoennes, Stefan Gehring, Matthias Deuerling, Jochen Kauper - Tobias Heikenwälder, Roland Baumgärtner

1. FC Schweinfurt 05 - TSV 1896 Rain am Lech   0:3 nV, 0:0
Schweinfurt: Matthias Küfner; Robin Gollbach, Sebastian Kress (61. Mirza Mekic, 103. Peter Mrugalla), Vladimir Slinchenko, Florian Hetzel (98. Soner Calisir), Daniel Mache, David Thomas, Erkan Esen, Eray Cadiroglu, Michael Kraus, Engin Kalender. Trainer: Werner Dreßel
Rain: Sascha Jöckel; Alexandar Dmitrovic, Bernd Taglieber (86. Martin Finkenzeller), Fabian Kling, Hermann Danner, David Bulik (115. Armin Brotz), Tobias Niederleitner, Dennis Dinulovic (80. Johannis Schlumberger), Tobias Heikenwälder, Armin Janik, Roland Baumgärtner; Trainer: Janos Radoki
Tore: 0:1 David Bulik (98.), 0:2 Armin Janik (100.), 0:3 Armin Janik (112.)
Schiedsrichter: Roland Greth (SV Menning)
Zuschauer: 800 in Neumarkt
Gelbe Karte: Engin Kalender, Erkan Esen - Bernd Taglieber

Die Oberligen 2007/08

Gemeinsame Torschützenliste aller Oberligen

Platz	Spieler (Mannschaft)	Liga	Tore
1.	Savran, Halil (Tennis Borussia Berlin)	NO-Nord	29
2.	Yigitusagi, Fatih (BFC Türkiyemspor 1978)	NO-Nord	28
3.	El Nounou, Samir (VfL Bochum II)	WEF	26
4.	Beck, Daniel (FSV Fernwald)	HES	24
	Böwing-Schmalenbrock, Philipp (Sportfreunde Lotte)	WEF	24
	Saridogan, Nazir (TSG Wörsdorf)	HES	24
	Schuchardt, Lars (Borussia Mönchengladbach II)	NR	24
	Zimin, Sergey (SV Wilhelmshaven)	Nord	24
9.	Schürg, Michael (SGV Freiberg 11, SSV Ulm 11)	BW	22
10.	Fameyeh, Joseph (TSV Crailsheim)	BW	21
	Herdling, Kai (TSG 1899 Hoffenheim II)	BW	21
	Holt, Michael (Holstein Kiel)	Nord	21
13.	Glasner, Sebastian (SV Darmstadt 98)	HES	20
14.	Fischer, Marcus (FC Eintracht Rheine)	WEF	19
	Jarosch, Dieter (1. FC Heidenheim)	BW	19
	Molinari, Benjamino (1. FC Normannia Gmünd)	BW	19
	Podszus, Marcel (1. FC Kleve)	NR	19
	Polluk, Wojciech (Bonner SC)	NR	19
	Tosonuglu, Tufan (MSV Duisburg II)	NR	19
20.	Heyer, Peter (1. FC Eintracht Bamberg)	BY	18
	Kellig, Steffen (Chemnitzer FC)	NO-Süd	18
	Knüttel, Sebastian (TSV Großbardorf)	BY	18
	Stasiak, Rodriguo (FC 08 Villingen)	BW	18
	Stijepic, Mijo (TSG Thannhausen)	BY	18
25.	Bolm, Christian (VfR Wormatia Worms)	SW	17
	Galm, Danny (Eintracht Frankfurt II)	HES	17
	Karagiannis, Georgios (SC Waldgirmes)	HES	17
	Sachs, Jakob (Altonaer FC 93)	Nord	17
29.	Abelski, Ben (Fortuna Düsseldorf II)	NR	16
	Büge, Maximilian (Klein-Karben 9, Aschaffenburg 7)	HES	16
	Giuliana, Emanuele (SG Rot-Weiss Frankfurt)	HES	16
	Hajdarovic, Hazif (1. FC Saarbrücken)	SW	16
	Hornig, Florian (Mechtersheim 11, Saarbrücken 5)	SW	16
	Latifiahvas, Nima (KSV Baunatal)	HES	16
	Prokoph, Roman (FC St. Pauli II)	Nord	16
	Stroh-Engel, Dominik (SV Wehen Wiesbaden II)	HES	16
37.	Fuchs, Markus (SpVgg Bayreuth)	BY	15
	Guscinas, Dmitrijus (Holstein Kiel)	Nord	15
	Janjic, Zlatko (DSC Arminia Bielefeld II)	WEF	15
	Kilicaslan, Erkan (VfB Oldenburg)	Nord	15
	Koch, Robert (SC Borea Dresden)	NO-Süd	15
	Mölders, Sascha (MSV Duisburg II)	NR	15
	Reule, Daniel (SV Waldhof 07 Mannheim)	BW	15
	Schikora, Stephan (TuS Mayen)	SW	15
	Usta, Adem (FSC Lohfelden)	HES	15

Die bestbesuchten Spiele

Datum	Spielpaarung	Zuschauer
14.09.2007	FC 08 Homburg – 1. FC Saarbrücken	10.100
24.05.2008	SV Waldhof 07 Mannheim – SV Linx	10.038
30.07.2007	Borussia VfB Neunkirchen – 1. FC Saarbrücken	10.000
22.09.2007	1. FC Saarbrücken – SV Eintracht Trier 05	8.800
24.05.2008	1. FC Saarbrücken – VfR Wormatia Worms	8.600
23.05.2008	SV Meppen – SV Eintracht Nordhorn	7.100
28.07.2007	FC Memmingen – FC Kempten	7.000
14.10.2007	VfB Oldenburg – Holstein Kiel	7.000
20.03.2008	SSV Ulm 1846 – 1. FC Heidenheim	6.900
08.12.2007	SV Waldhof 07 Mannheim – SSV Ulm 1846	6.689
15.09.2007	1. FC Heidenheim – SSV Ulm 1846	6.400
09.03.2008	SC Preußen 06 Münster – FC Schalke 04 II	6.311
03.10.2007	SV Waldhof 07 Mannheim – VfR Mannheim	6.141
07.09.2007	SC Preußen 06 Münster – DJK Germania Gladbeck	5.830
05.04.2008	1. FC Saarbrücken – FC 08 Homburg	5.800
24.08.2007	1. FC Saarbrücken – FK 03 Pirmasens	5.400
01.06.2008	SC Preußen 06 Münster – Rot-Weiss Ahlen II	5.400

Die besten Zuschauerbilanzen nach Mannschaften

Platz	Mannschaft	Liga	Gesamt	Schnitt
1.	1. FC Saarbrücken	SW	79.000	4.647
2.	SC Preußen 06 Münster	WEF	76.309	4.489
3.	SV Waldhof 07 Mannheim	BW	65.872	3.875
4.	Chemnitzer FC	NO-Süd	46.370	3.091
5.	FC Sachsen Leipzig	NO-Süd	42.866	2.858
6.	VfB Oldenburg	Nord	47.853	2.815
7.	SV Meppen	Nord	46.350	2.726
8.	SV Darmstadt 98	HES	45.400	2.671
9.	Holstein Kiel	Nord	45.339	2.667
10.	SSV Ulm 1846	BW	35.700	2.100
11.	SV Eintracht Trier 05	SW	35.028	2.060
12.	Hallescher FC	NO-Süd	30.324	2.022
13.	1. FC Heidenheim	BW	34.236	2.014
14.	VfR Wormatia Worms	SW	28.541	1.679
15.	FC Memmingen	BY	27.730	1.631
16.	VFC Plauen	NO-Süd	21.197	1.413
17.	1. FC Schweinfurt 05	BY	23.577	1.387
18.	FSV Zwickau	NO-Süd	20.572	1.371
19.	KFC Uerdingen 05	NR	22.965	1.351
20.	1. FC Kleve	NR	22.400	1.318
21.	Borussia VfB Neunkirchen	SW	21.516	1.266
22.	1. FC Eintracht Bamberg	BY	21.033	1.237
23.	FC 08 Villingen	BW	20.548	1.209
24.	Greifswalder SV 04	NO-Nord	16.709	1.194
25.	ZFC Meuselwitz	NO-Süd	17.707	1.180
26.	FC 08 Homburg	SW	19.533	1.149
27.	SpVgg Bayern Hof	BY	19.450	1.144
28.	FK 03 Pirmasens	SW	18.830	1.108
29.	BV Cloppenburg	Nord	18.100	1.065
30.	FC Gütersloh 2000	WEF	17.510	1.030
31.	SpVgg Bayreuth	BY	16.368	963
32.	SC Idar-Oberstein	SW	16.309	959
33.	TSV Großbardorf	BY	16.205	953
34.	TuS Heeslingen	Nord	15.900	935
35.	Sportfreunde Lotte	WEF	14.630	860
36.	SC Westfalia Herne	WEF	14.329	843
37.	Sportfreunde Köllerbach	SW	14.165	833
38.	SV Viktoria Aschaffenburg	HES	13.700	806
39.	SC Wiedenbrück	WEF	13.580	799
40.	SV Rot-Weiß Hasborn-Dautweiler	SW	13.450	791
41.	VfB Auerbach	NO-Süd	11.862	791
42.	FC Eintracht Rheine	WEF	12.985	764
43.	1. FC Bad Kötzting	BY	12.950	762
44.	1. FC Gera 03	NO-Süd	11.096	740
45.	VfB Sangerhausen	NO-Süd	11.082	739
46.	TSG Thannhausen	BY	12.300	724
47.	Berliner FC Dynamo	NO-Nord	10.090	721
48.	VfB Germania Halberstadt	NO-Süd	10.685	712
49.	FSV Budissa Bautzen	NO-Süd	10.595	706

Zuschauerbilanz aller Oberligen

Platz	Liga	Gesamt	Spiele	Schnitt	Vorjahr
1.	Nord	253.147	306	827	+385
2.	Nordost-Nord	78.386	208	377	–19
3.	Nordost-Süd	268.663	240	1.120	0
4.	Westfalen	251.851	306	823	+33
5.	Nordrhein	166.539	306	544	–161
6.	Südwest	304.276	306	994	+453
7.	Hessen	155.608	306	509	+129
8.	Baden-Württemberg	257.177	306	843	+29
9.	Bayern	215.500	306	704	+21
		1.951.147	2.590	753	+105

Die 5. Ligen (Verbands- bzw. Landesligen):

Verbandsliga Schleswig-Holstein

			Gesamtbilanz						Heimbilanz					Auswärtsbilanz				
Pl.	(Vj.) Mannschaft	Sp	S	U	N	Tore	TD	Pkt	Sp	S	U	N	Tore	Pkt	Sp	S	U	N	Tore	Pkt
1.	(↓) Holstein Kiel II	36	28	6	2	113-26	+87	90	18	14	3	1	63-10	45	18	14	3	1	50-16	45
2.	(↓) VfR Neumünster	36	24	7	5	86-31	+55	79	18	11	4	3	43-14	37	18	13	3	2	43-17	42
3.	(1.) TSV Kropp	36	23	6	7	94-48	+46	75	18	14	1	3	55-21	43	18	9	5	4	39-27	32
4.	(2.) FT Eider Büdelsdorf	36	22	4	10	98-47	+51	70	18	11	2	5	48-23	35	18	11	2	5	50-24	35
5.	(12.) Heider SV	36	16	13	7	62-38	+24	61	18	7	8	3	33-16	29	18	9	5	4	29-22	32
6.	(6.) Flensburger SVgg 08	36	18	5	13	74-60	+14	59	18	11	1	6	47-27	34	18	7	4	7	27-33	25
7.	(↑) Heikendorfer SV	36	15	8	13	58-55	+3	53	18	9	3	6	41-32	30	18	6	5	7	17-23	23
8.	(9.) SC Comet Kiel	36	15	6	15	58-58	0	51	18	8	4	6	24-22	28	18	7	2	9	34-36	23
9.	(11.) TSV Altenholz	36	13	8	15	65-71	−6	47	18	6	5	7	30-28	23	18	7	3	8	35-43	24
10.	(4.) Husumer SVgg	36	14	4	18	57-56	+1	46	18	6	3	9	24-24	21	18	8	1	9	33-32	25
11.	(5.) FC Kilia Kiel	36	13	5	18	68-82	−14	44	18	5	3	10	24-39	18	18	8	2	8	44-43	26
12.	(↑) Itzehoer SV	36	11	8	17	47-67	−20	41	18	6	3	9	21-30	21	18	5	5	8	26-37	20
13.	(13.) SV Todesfelde	↓ 36	10	9	17	44-61	−17	39	18	6	6	6	30-31	24	18	4	3	11	14-30	15
14.	(↑) ETSV Weiche Flensburg	↓ 36	10	8	18	44-75	−31	38	18	5	5	8	24-30	20	18	5	3	10	20-45	18
15.	(↑) Breitenfelder SV	↓ 36	9	10	17	53-78	−25	37	18	6	3	9	28-38	21	18	3	7	8	25-40	16
16.	(10.) FC Dornbreite Lübeck	↓ 36	10	7	19	45-72	−27	37	18	7	2	9	31-38	23	18	3	5	10	14-34	14
17.	(8.) SV Eichede	↓ 36	9	8	19	44-73	−29	35	18	6	4	8	30-42	22	18	3	4	11	14-31	13
18.	(14.) TSV Bargteheide	↓ 36	9	6	21	36-86	−50	33	18	3	4	11	13-43	13	18	6	2	10	23-43	20
19.	(7.) SpVgg Rot-Weiß Moisling	↓ 36	7	4	25	45-107	−62	25	18	3	2	13	24-50	11	18	4	2	12	21-57	14

Die Liga wird zur nächsten Saison in Schleswig-Holstein-Liga umbenannt und spielt mit 18 Mannschaften.

Absteiger aus der Oberliga Nord: SV Henstedt-Rhen und VfB Lübeck II.
Aufsteiger in die Regionalliga (neu): keine (keine Meldung für die Qualifikationsspiele).
Absteiger in die neuen Verbandsligen: SpVgg Rot-Weiß Moisling, TSV Bargteheide, SV Eichede, FC Dornbreite Lübeck, Breitenfelder SV (Süd-Ost), ETSV Weiche Flensburg (Nord-West) und SV Todesfelde (Süd-West).
Aufsteiger aus den Bezirksoberligen: 1. Schleswiger SV 06 (Nord), NTSV Strand 08 (Süd), VfR Horst (West), Eckernförder SV (Ost).

Verbandsliga Schleswig-Holstein 2007/08

	Holstein Kiel II	Neumünster	TSV Kropp	Büdelsdorf	Heider SV	Flensburg 08	Heikendorf	Comet Kiel	TSV Altenholz	Husumer SVgg	Kilia Kiel	Itzehoer SV	Todesfelde	ETSV Weiche	Breitenfelde	FC Dornbreite	SV Eichede	Bargteheide	RW Moisling
Holstein Kiel II	X	1:1	0:1	2:1	2:2	5:0	0:0	3:0	3:0	2:0	4:1	5:1	5:0	6:0	7:0	2:1	2:1	10:0	4:1
VfR Neumünster	2:2	X	1:1	3:0	0:2	4:0	1:1	2:0	3:1	2:0	1:2	3:3	1:0	7:0	3:1	0:1	2:0	1:0	7:0
TSV Kropp	4:1	0:1	X	2:6	5:0	0:0	3:2	1:0	4:1	3:2	3:1	4:1	4:1	4:0	6:3	6:1	2:0	0:1	4:0
FT Eider Büdelsdorf	1:3	1:2	1:2	X	1:1	4:0	2:0	4:2	6:1	2:1	3:5	6:0	3:1	1:1	1:2	2:0	2:0	4:0	4:2
Heider SV	2:2	5:1	1:1	2:0	X	1:1	4:0	1:2	2:2	0:1	2:2	2:0	2:0	1:2	1:1	3:0	0:0	0:0	4:1
Flensburger SVgg 08	0:4	1:2	0:4	3:1	2:1	X	0:2	4:1	6:1	3:1	8:2	2:3	3:1	5:0	0:2	1:1	2:1	3:0	4:0
Heikendorfer SV	1:2	2:1	2:3	1:1	2:3	3:1	X	2:5	3:3	3:1	1:4	3:2	0:1	3:1	4:2	1:1	2:1	2:0	6:0
SC Comet Kiel	0:1	0:1	2:0	3:2	3:3	0:3	1:0	X	2:3	2:3	2:0	1:3	0:0	0:0	2:0	2:1	0:0	2:1	2:1
TSV Altenholz	1:2	1:2	1:2	1:4	2:1	5:2	0:1	3:5	X	1:0	3:0	1:1	0:0	2:0	1:1	2:2	3:0	2:4	1:1
Husumer SVgg	0:3	2:2	2:0	1:2	0:1	0:1	0:1	2:0	0:2	X	1:2	3:1	1:0	1:3	1:1	3:1	1:1	5:1	1:2
FC Kilia Kiel	0:2	0:6	1:1	1:4	0:2	4:2	1:2	0:1	0:4	1:2	X	0:2	0:3	3:0	1:1	2:0	3:1	4:3	3:3
Itzehoer SV	1:1	0:2	1:1	0:3	1:0	0:1	2:3	3:3	1:0	1:3	0:6	X	1:0	4:2	2:1	0:1	4:1	0:1	0:1
SV Todesfelde	1:3	0:5	3:2	1:4	0:2	1:1	1:1	1:0	4:1	2:2	5:1	1:1	X	2:2	1:0	1:2	1:2	1:1	4:1
ETSV Weiche Flensburg	0:4	0:2	2:2	1:2	1:1	1:2	1:2	1:0	2:3	1:0	3:2	1:1	2:0	X	1:0	5:1	1:1	2:3	1:3
Breitenfelder SV	0:4	2:4	2:4	0:3	2:3	2:4	2:0	1:1	0:4	2:4	2:2	0:0	3:0	3:2	X	2:0	3:1	1:0	1:2
FC Dornbreite Lübeck	1:5	1:3	3:2	0:3	0:3	0:3	1:1	1:2	1:3	5:3	4:1	2:0	1:2	1:2	2:2	X	3:1	2:1	3:1
SV Eichede	0:3	1:1	2:4	1:10	0:1	2:2	3:0	3:2	3:3	1:3	1:4	3:1	2:1	0:1	1:1	1:0	X	2:4	4:1
TSV Bargteheide	0:3	0:5	1:3	1:1	1:1	1:0	1:0	0:6	2:3	1:4	0:6	0:4	0:0	0:3	1:2	0:0	0:1	X	4:1
SpVgg Rot-Weiß Moisling	2:5	0:2	2:6	1:3	0:2	0:4	0:2	4:2	3:0	0:3	0:3	0:2	2:4	2:1	5:5	1:1	0:2	2:3	X

Torschützenliste:

Platz Spieler (Mannschaft) — Tore
1. Henning, Bastian (TSV Kropp) — 28
2. Schrum, Nico (Holstein Kiel II) — 23
   Ruzic, Marinko (VfR Neumünster) — 23
   Carstensen, Torben (Flensburg 08) — 23
5. Tinnemann, Florian (Eider Büdelsdorf) — 19
   Witt, Mario (FC Kilia Kiel) — 19
7. Kramer, Timo (TSV Altenholz) — 18
8. Abel, Rouven (Holstein Kiel II) — 16
   Schwarzwald, Sascha (Flensburg 08) — 16
   Timm, Tobias (TSV Kropp) — 16
   Celik, Faruk (VfR Neumünster) — 16
   Müller, Gerrit (Husumer SVgg) — 16

Zuschauerstatistik:

Mannschaft	gesamt	Schnitt
VfR Neumünster	8.482	471
Heikendorfer SV	5.766	320
SV Todesfelde	5.111	284
Husumer SVgg	4.179	232
Heider SV	4.129	229
Itzehoer SV	3.537	197
ETSV Weiche	3.523	196
Flensburger SVgg 08	3.347	186
Holstein Kiel II	3.325	185
FC Kilia Kiel	3.265	181
Breitenfelder SV	3.180	177
SV Eichede	3.170	176
SC Comet Kiel	2.826	157
TV Kropp	2.820	157
FT Eider Büdelsdorf	2.591	144
TSV Bargteheide	2.490	138
Rot-Weiß Moisling	1.950	108
FC Dornbreite	1.910	106
TSV Altenholz	1.775	99
	67.372	197

Hamburg-Liga

Pl.	(Vj.)	Mannschaft		Sp	S	U	N	Tore	TD	Pkt	Sp	S	U	N	Tore	Pkt	Sp	S	U	N	Tore	Pkt
				Gesamtbilanz							**Heimbilanz**						**Auswärtsbilanz**					
1.	(1.)	SC Victoria Hamburg		34	24	7	3	104-34	+70	79	17	13	4	0	54-11	43	17	11	3	3	50-23	36
2.	(2.)	Meiendorfer SV		34	22	8	4	86-34	+52	74	17	15	0	2	54-15	45	17	7	8	2	32-19	29
3.	(11.)	FC Eintracht 03 Norderstedt		34	20	6	8	75-38	+37	66	17	9	4	4	37-22	31	17	11	2	4	38-16	35
4.	(3.)	SC Concordia Hamburg		34	16	11	7	55-42	+13	59	17	7	6	4	26-25	27	17	9	5	3	29-17	32
5.	(↑)	FC Voran Ohe		34	16	7	11	68-48	+20	55	17	8	4	5	34-23	28	17	8	3	6	34-25	27
6.	(5.)	HSV Barmbek-Uhlenhorst		34	15	9	10	66-56	+10	54	17	9	5	3	38-26	32	17	6	4	7	28-30	22
7.	(13.)	TSV Buchholz 08		34	13	12	9	49-41	+8	51	17	8	6	3	31-18	30	17	5	6	6	18-23	21
8.	(8.)	SV Halstenbek-Rellingen		34	14	5	15	50-71	−21	47	17	6	2	9	22-39	20	17	8	3	6	28-32	27
9.	(7.)	Uhlenhorster SC Paloma		34	12	10	12	48-41	+7	46	17	8	5	4	26-13	29	17	4	5	8	22-28	17
10.	(4.)	SC Condor Hamburg		34	12	8	14	41-52	−11	44	17	6	4	7	20-23	22	17	6	4	7	21-29	22
11.	(↓)	VfL Hamburg 93		34	11	10	13	55-53	+2	43	17	7	4	6	24-21	25	17	4	6	7	31-32	18
12.	(10.)	SV Curslack-Neuengamme		34	12	7	15	44-59	−15	43	17	5	4	8	23-33	19	17	7	3	7	21-26	24
13.	(14.)	Niendorfer TSV		34	11	7	16	51-49	+2	40	17	6	3	8	31-28	21	17	5	4	8	20-21	19
14.	(12.)	VfL Pinneberg	↓	34	11	7	16	47-60	−13	40	17	6	5	6	27-27	23	17	5	2	10	20-33	17
15.	(↑)	GSK Bergedorf	◇↓	34	10	6	18	34-57	−23	36	17	6	4	7	19-23	22	17	4	2	11	15-34	14
16.	(↑)	SV Rugenbergen	↓	34	8	5	21	32-72	−40	29	17	6	2	9	16-34	20	17	2	3	12	16-38	9
17.	(9.)	BSV Buxtehude	↓	34	7	2	25	36-74	−38	23	17	4	2	11	22-39	14	17	3	0	14	14-35	9
18.	(↑)	SV Grün-Weiß Harburg	↓	34	6	5	23	49-109	−60	23	17	5	2	10	26-40	17	17	1	3	13	23-69	6

Die Liga wird zur nächsten Saison in Oberliga Hamburg umbenannt.
GSK Bergedorf und Inter Wilhelmsburg fusionieren zur nächsten Saison zu Inter Wilhelmsburg Bergedorf.

Absteiger aus der Oberliga Nord: SV Lurup Hamburg, ASV Bergedorf 85 und FC St. Pauli II.
Aufsteiger in die Regionalliga (neu): keine.
Absteiger in die Landesligen: SV Grün-Weiß Harburg, GSK Bergedorf (Hansa-Staffel), BSV Buxtehude, SV Rugenbergen und VfL Pinneberg (Hammonia-Staffel).
Aufsteiger aus den Landesligen: SC Vorwärts-Wacker 04 Billstedt (Hansa-Staffel) und SC Egenbüttel (Hammonia-Staffel).

Hamburg-Liga 2007/08

	SC Victoria	Meiendorf	Norderstedt	Concordia	Voran Ohe	HSV BU	Buchholz	Halstenbek	USC Paloma	SC Condor	VfL 93	Curslack-N.	Niendorf	Pinneberg	Bergedorf	Rugenbergen	Buxtehude	Harburg
SC Victoria Hamburg	×	1:1	2:1	0:0	3:0	2:0	3:1	5:1	3:1	7:0	3:3	3:0	1:1	2:1	5:0	3:1	2:0	9:0
Meiendorfer SV	3:2	×	1:2	0:1	3:1	6:1	2:0	5:0	4:0	5:0	3:2	3:0	3:2	2:1	4:0	5:1	3:2	2:0
FC Eintracht 03 Norderstedt	3:2	0:3	×	2:3	1:1	3:3	3:0	1:3	1:1	2:0	4:2	5:0	1:0	0:2	3:0	4:1	3:0	1:1
SC Concordia Hamburg	2:2	2:2	0:0	×	1:3	1:5	1:1	2:1	0:0	0:2	1:2	1:0	3:0	1:1	2:1	3:2	2:1	4:2
FC Voran Ohe	0:1	1:1	3:2	1:4	×	4:1	1:1	0:1	1:1	1:4	2:1	1:2	4:2	3:1	1:1	3:0	2:0	6:0
HSV Barmbek-Uhlenhorst	1:1	0:1	0:3	1:1	1:5	×	1:1	3:1	2:2	2:1	1:1	3:2	2:1	4:2	3x0	3:0	2:1	9:3
TSV Buchholz 08	1:2	1:1	1:1	2:1	1:2	1:2	×	2:2	2:2	3:0	2:0	1:1	1:0	3:0	0:0	3:1	2:1	5:2
SV Halstenbek-Rellingen	2:9	1:4	0:3	3:2	2:4	3:1	0:0	×	1:0	1:1	0:5	0:3	0:2	0:2	1:0	1:2	3:1	4:0
Uhlenhorster SC Paloma	0:1	1:1	3:1	1:1	0:0	0:1	0:1	2:2	×	0:0	1:2	2:1	2:0	3:0	2:1	1:0	2:0	6:1
SC Condor Hamburg	3:0	1:0	3:2	0:3	1:0	0:0	0:2	2:3	0:0	×	1:1	3:1	0:1	0:1	0:2	1:1	1:3	2:2
VfL Hamburg 93	2:2	1:1	0:2	0:1	2:1	0:2	3:1	5:0	2:1	0:3	×	0:1	0:1	2:1	1:0	1:2	4:2	
SV Curslack-Neuengamme	3:4	2:2	0:6	4:0	0:2	1:1	0:0	2:1	1:3	0:0	1:1	×	0:2	3:1	1:3	0:2	2:1	2:1
Niendorfer TSV	0:2	0:2	1:4	1:1	1:2	1:0	3:0	0:4	0:1	3:1	3:1	1:2	×	7:1	4:0	2:2	1:2	3:3
VfL Pinneberg	1:5	1:1	1:2	1:1	4:1	0:0	2:2	0:1	2:1	1:3	4:3	0:1	0:0	×	2:4	2:1	2:0	4:1
GSK Bergedorf	1:5	1:2	0:3	0:2	3:1	0:1	0:1	0:1	3:2	0:0	3:3	1:1	0:0	1:0	×	1:0	2:0	3:1
SV Rugenbergen	0:4	1:3	0:3	0x3	0:0	0:5	2:1	0:0	4:3	2:0	1:0	1:3	0:4	0:1	2:0	×	1:0	2:4
BSV Buxtehude	1:4	0:3	1:2	0:3	2:3	5:4	2:4	1:2	0:2	1:3	1:3	1:1	1:4	1:0	1:0	1:1	×	3:0
SV Grün-Weiß Harburg	0:4	5:4	0:1	1:2	0:8	3:1	0:2	2:5	0:2	0:0	1:1	0:2	3:1	2:4	1:2	4:1	4:0	×

Das Spiel HSV Barmbek-Uhlenhorst – GSK Bergedorf vom 25.05.2008 wurde beim Stand von 2:1 in der 85. Minute abgebrochen, da die Spieler von Bergedorf mit Schiedsrichterentscheidungen nicht einverstanden waren und den Platz verließen. Das Spiel SV Rugenbergen – SC Concordia Hamburg wurde wegen unbegründeter Spielabsage gewertet.
Informationen zu den Qualifikationsspielen zur neuen Regionalliga Nord finden Sie auf Seite 231.

Torschützenliste:

Platz	Spieler (Mannschaft)	Tore
1.	Protzek, Martin (Halstenbek-Rellingen)	23
2.	Pedroso Busso, Davide (VfL Hamburg 93)	22
3.	Hasenpusch, Markus (Barmbek-Uhlenh.)	21
	Spill, Christian (Curslack-Neuengamme)	21
5.	Rahn, Stephan (SC Victoria Hamburg)	20
	Ude, Antonio (SC Victoria Hamburg)	20
7.	Hadid, Mustafa (Eintracht Norderstedt)	18
	Roschlaub, Nils (Meiendorfer SV)	18
9.	Flores, Carlos (Meiendorfer SV)	17
10.	Yildirim, Sefki (SV Grün-Weiß Harburg)	16

Zuschauerstatistik:

Mannschaft	gesamt	Schnitt
TSV Buchholz 08	6.884	405
Meiendorfer SV	5.419	319
Eintracht Norderstedt	5.225	307
Barmbek-Uhlenhorst	4.557	268
SC Concordia	4.520	266
SC Victoria Hamburg	4.291	252
VfL Pinneberg	4.135	243
USC Paloma	3.685	217
FC Voran Ohe	3.626	213
SV Rugenbergen	3.115	195

Mannschaft	gesamt	Schnitt
Halstenbek-Rellingen	3.320	195
SV Curslack-Neueng.	3.130	184
Niendorfer TSV	2.820	166
SC Condor Hamburg	2.786	164
BSV Buxtehude	2.555	150
VfL Hamburg 93	2.520	148
GSK Bergedorf	2.385	140
Grün-Weiß Harburg	2.255	133
	67.228	220

Niedersachsenliga West

Pl. (Vj.) Mannschaft		Sp	S	U	N	Tore	TD	Pkt	Sp	S	U	N	Tore	Pkt	Sp	S	U	N	Tore	Pkt
1. (3.)	VfL Oldenburg	32	18	8	6	65-34	+31	62	16	12	4	0	39-10	40	16	6	4	6	26-24	22
2. (11.)	BSV Schwarz-Weiß Rehden	32	17	7	8	63-42	+21	58	16	10	3	3	40-24	33	16	7	4	5	23-18	25
3. (2.)	SC Langenhagen	32	16	6	10	65-47	+18	54	16	9	1	6	43-27	28	16	7	5	4	22-20	26
4. (4.)	TSV Havelse	32	14	10	8	64-36	+28	52	16	7	6	3	35-18	27	16	7	4	5	29-18	25
5. (7.)	SV Bavenstedt	32	15	7	10	62-51	+11	52	16	7	4	5	32-28	25	16	8	3	5	30-23	27
6. (6.)	VfV Borussia 06 Hildesheim	32	12	13	7	45-28	+17	49	16	6	9	1	23-9	27	16	6	4	6	22-19	22
7. (↓)	SV Arminia Hannover	32	12	10	10	52-38	+14	46	16	5	7	4	26-20	22	16	7	3	6	26-18	24
8. (↑)	Heeßeler SV	32	13	6	13	59-64	−5	45	16	5	5	8	27-32	18	16	8	3	5	32-32	27
9. (10.)	TuS Lingen	32	12	8	12	44-53	−9	44	16	5	4	7	16-25	19	16	7	4	5	28-28	25
10. (↑)	VfL Germania Leer	32	11	8	13	50-53	−3	41	16	7	1	8	22-28	22	16	4	7	5	28-25	19
11. (8.)	SV Wilhelmshaven II	32	11	7	14	44-47	−3	40	16	6	4	6	20-17	22	16	5	3	8	24-30	18
12. (9.)	TuS Pewsum	32	11	7	14	45-53	−8	40	16	7	3	6	27-24	24	16	4	4	8	18-29	16
13. (13.)	TuS Esens	↓ 32	11	7	14	37-51	−14	40	16	8	1	7	22-27	25	16	3	6	7	15-24	15
14. (12.)	SC Spelle-Venhaus	↓ 32	10	8	14	34-50	−16	38	16	4	5	7	16-25	17	16	6	3	7	18-25	21
15. (↓)	SV Ramlingen/Ehlershausen	↓ 32	8	10	14	43-46	−3	34	16	3	6	7	18-21	15	16	5	4	7	25-25	19
16. (↑)	TSV Stelingen	↓ 32	9	5	18	36-73	−37	32	16	4	3	9	18-36	15	16	5	2	9	18-37	17
17. (5.)	VfL Bückeburg	↓ 32	7	3	22	28-70	−42	24	16	6	1	9	18-23	19	16	1	2	13	10-47	5

Die Liga wird zur nächsten Saison in Oberliga Niedersachsen West umbenannt und spielt mit 18 Mannschaften.

Absteiger aus der Oberliga Nord: SV Eintracht Nordhorn, VfL Osnabrück II, SV Meppen und VfB Oldenburg.
Aufsteiger in die Regionalliga (neu): keine.
Absteiger in die Bezirksoberligen: VfL Bückeburg, TSV Stelingen, SV Ramlingen/Ehlershausen (Hannover), SC Spelle-Venhaus und TuS Esens (Weser-Ems).
Aufsteiger aus den Bezirksoberligen: SpVgg Peußen 07 Hameln (Hannover) und SV Bad Rothenfelde (Weser-Ems).

Niedersachsenliga West 2007/08

	VfL Oldenburg	BSV Rehden	Langenhagen	TSV Havelse	SV Bavenstedt	VfV Hildesheim	Arm. Hannover	Heeßeler SV	TuS Lingen	Germania Leer	Wilhelmshaven	TuS Pewsum	TuS Esens	Spelle-Venhaus	Ramlingen/Ehl.	TSV Stelingen	VfL Bückeburg
VfL Oldenburg	×	2:1	2:0	1:0	1:1	1:0	1:0	2:2	6:0	1:1	0:0	2:1	3:0	4:2	2:0	6:0	5:2
BSV Schwarz-Weiß Rehden	4:2	×	2:2	1:0	5:4	2:0	2:2	2:3	1:0	5:3	4:3	0:2	3:1	0:1	0:0	4:1	5:0
SC Langenhagen	2:1	3:1	×	2:5	2:0	3:4	1:2	5:2	3:3	3:1	3:4	6:0	1:0	0:1	0:2	7:0	2:1
TSV Havelse	2:0	0:0	1:1	×	0:1	0:0	2:0	5:0	2:2	1:1	3:0	2:1	3:3	2:3	4:5	2:1	6:0
SV Bavenstedt	0:3	0:3	4:1	2:2	×	0:0	0:3	2:5	3:2	2:0	5:0	3:1	2:2	2:0	0:3	2:2	5:1
VfV Borussia 06 Hildesheim	0:0	0:0	1:1	1:1	3:0	×	2:1	0:1	2:0	1:1	1:1	1:1	2:0	4:0	0:0	2:2	3:0
SV Arminia Hannover	1:1	1:2	0:2	0:2	1:1	2:1	×	2:3	1:1	2:2	4:3	3:0	0:0	2:2	0:0	2:0	5:0
Heeßeler SV	7:3	2:2	1:3	0:3	1:3	0:0	1:3	×	1:2	0:5	0:4	4:0	3:0	0:0	3:2	0:1	4:1
TuS Lingen	0:2	2:0	0:1	3:3	3:2	0:3	1:0	0:3	×	0:2	0:0	0:4	1:0	2:2	2:3	0:0	
VfL Germania Leer	0:1	2:0	0:2	0:3	1:4	3:2	1:0	1:1	2:4	×	3:0	1:3	1:2	1:0	2:1	2:1	2:4
SV Wilhelmshaven II	2:2	0:2	2:1	2:3	1:2	0:1	1:1	3:0	2:1	1:0	×	1:1	0:0	0:1	3:0	0:1	2:1
TuS Pewsum	1:1	2:1	3:1	1:2	0:4	0:3	0:2	1:3	2:3	1:1	2:1	×	1:1	3:0	5:0	3:1	2:0
TuS Esens	1:0	1:3	0:1	2:0	2:1	2:0	0:3	3:2	1:3	2:5	0:0	0:4	×	1:3	2:0	3:2	2:0
SC Spelle-Venhaus	1:3	1:1	0:1	1:0	2:2	1:2	0:2	2:2	1:1	1:3	0:3	2:1	3:0	×	0:4	1:0	0:0
SV Ramlingen/Ehlershausen	3:1	1:2	2:2	0:0	0:2	2:4	2:2	2:0	0:1	1:1	0:2	1:1	0:0	0:1	×	1:2	3:0
TSV Stelingen	0:3	1:4	1:1	1:5	1:2	1:1	1:4	2:3	1:2	0:2	2:1	3:1	1:0	2:2	0:5	×	1:0
VfL Bückeburg	0:3	0:1	1:2	1:0	0:1	2:1	3:1	0:2	0:3	2:2	3:0	0:1	1:2	3:2	2:1	0:1	×

Das Spiel TSV Stelingen – BSV Schwarz-Weiß Rehden vom 17. Spieltag am 30.04.2008 begann mit einer 45-minütigen Verspätung, weil das Schiedsrichtergespann bei seiner Anreise im Stau steckengeblieben war. Während der ersten Halbzeit verletzte sich Stelingens Dirk Windhorn ohne gegnerische Einwirkung schwer (Schien- und Wadenbeinbruch). Er musste mit dem Hubschrauber zur Medizinischen Hochschule Hannover geflogen werden. In Anbetracht der aufkommenden Dunkelheit brach Schiedsrichter Comaga das Spiel ab. Das Spiel wurde wiederholt.

Torschützenliste:

Platz	Spieler (Mannschaft)	Tore
1.	Ferrulli, Sebastian (VfL Oldenburg)	19
2.	Pallentien, Marc (BSV SW Rehden)	17
3.	Ametovski, Ertan (VfV Bor. Hildesheim)	15
	Cosar, Erdem (SC Spelle-Venhaus)	15
	Diener, Christian (Esens 4, Pewsum 11)	15
	Meyer, Manuel (BSV SW Rehden)	15
7.	Kremer, Rainer (TuS Lingen)	14
	Pütsch, Norman (SV Bavenstedt)	14
	Wielitzka, Mark (Heeßeler SV)	14
10.	Kosenkow, Paul (BSV SW Rehden)	13
	Zimmermann, Jan (TSV Havelse)	13

Zuschauerstatistik:

Mannschaft	gesamt	Schnitt
SV Arminia Hannover	6.580	411
VfL Oldenburg	6.442	403
SC Spelle-Venhaus	5.570	348
VfV Bor. Hildesheim	5.500	344
TSV Havelse	5.320	333
SC Langenhagen	4.950	309
Ramlingen/Ehlershsn.	4.806	300
TuS Pewsum	4.738	296
TuS Lingen	4.396	275
Heeßeler SV	3.920	245

Mannschaft	gesamt	Schnitt
VfL Germania Leer	3.830	239
SV Bavenstedt	3.710	232
VfL Bückeburg	3.700	231
BSV SW Rehden	3.685	230
TSV Stelingen	3.405	213
TuS Esens	3.400	213
SV Wilhelmshaven II	2.432	152
	76.384	281

Informationen zu den Qualifikationsspielen zur neuen RL Nord finden Sie auf Seite 231.

Niedersachsenliga Ost

Pl.	(Vj.)	Mannschaft		Sp	S	U	N	Tore	TD	Pkt	Sp	S	U	N	Tore	Pkt	Sp	S	U	N	Tore	Pkt
								Gesamtbilanz							Heimbilanz						Auswärtsbilanz	
1.	(6.)	MTV Gifhorn		30	20	7	3	72-32	+40	67	15	14	1	0	52-15	43	15	6	6	3	20-17	24
2.	(11.)	FC Eintracht Northeim		30	16	5	9	78-39	+39	53	15	10	3	2	51-18	33	15	6	2	7	27-21	20
3.	(↑)	SSV Vorsfelde		30	16	4	10	58-49	+9	52	15	8	3	4	31-23	27	15	8	1	6	27-26	25
4.	(2.)	Lüneburger SK	◇	30	14	8	8	59-36	+23	50	15	7	4	4	27-13	25	15	7	4	4	32-23	25
5.	(5.)	SV Blau-Weiß Bornreihe		30	14	2	14	67-62	+5	44	15	8	2	5	33-25	26	15	6	0	9	34-37	18
6.	(13.)	VfL Maschen		30	11	6	13	45-52	−7	39	15	6	2	7	21-26	20	15	5	4	6	24-26	19
7.	(12.)	TuS Güldenstern Stade		30	11	6	13	40-51	−11	39	15	7	2	6	25-28	23	15	4	4	7	15-23	16
8.	(4.)	FT Braunschweig		30	8	14	8	43-42	+1	38	15	4	6	5	23-26	18	15	4	8	3	20-16	20
9.	(14.)	TuS Celle FC		30	11	5	14	47-66	−19	38	15	5	3	7	21-29	18	15	6	2	7	26-37	20
10.	(↑)	Rotenburger SV		30	9	10	11	42-45	−3	37	15	6	5	4	27-22	23	15	3	5	7	15-23	14
11.	(9.)	SpVgg Drochtersen/Assel		30	9	10	11	48-57	−9	37	15	6	6	3	26-19	24	15	3	4	8	22-38	13
12.	(10.)	Braunschweiger SV Ölper 2000		30	10	6	14	39-49	−10	36	15	8	3	4	26-17	27	15	2	3	10	13-32	9
13.	(↑)	SCW Göttingen		30	10	6	14	51-66	−15	36	15	6	5	4	31-26	23	15	4	1	10	20-40	13
14.	(8.)	VfB Fallersleben	↓	30	9	8	13	44-51	−7	35	15	7	2	6	22-19	23	15	2	6	7	22-32	12
15.	(↑)	Rot-Weiß Cuxhaven	↓	30	9	7	14	52-65	−13	34	15	5	5	5	27-26	20	15	4	2	9	25-39	14
16.	(7.)	MTV Wolfenbüttel	↓	30	7	8	15	37-60	−23	29	15	4	4	7	19-28	16	15	3	4	8	18-32	13

Die Liga wird zur nächsten Saison in Oberliga Niedersachsen Ost umbenannt und spielt mit 18 Mannschaften.
Der Lüneburger SK und der Lüneburger SV (13. der BzL Lüneburg Staffel 1) schließen sich zum FC Hansa Lüneburg zusammen.

Absteiger aus der Oberliga Nord: VSK Osterholz-Scharmbeck, Eintracht Braunschweig II und TuS Heeslingen.
Aufsteiger in die Regionalliga (neu): keine.
Absteiger in die Bezirksoberligen: MTV Wolfenbüttel, VfB Fallersleben (Braunschweig) und Rot-Weiß Cuxhaven (Lüneburg).
Aufsteiger aus den Bezirksoberligen: Goslarer SC 08/Sudmerberg (Braunschweig) und TSV Ottersberg (Lüneburg).

Niedersachsenliga Ost 2007/08

	MTV Gifhorn	Eintr. Northeim	SSV Vorsfelde	Lüneburger SK	BW Bornreihe	VfL Maschen	TuS Güldenstern	FT Braunschweig	TuS Celle FC	Rotenburger SV	Drochtersen/Assel	BSV Ölper 2000	SCW Göttingen	VfB Fallersleben	RW Cuxhaven	MTV Wolfenbüttel
MTV Gifhorn	×	2:1	2:1	5:1	6:3	3:0	3:0	5:0	6:2	2:1	6:1	3:2	3:2	4:0	1:0	1:1
FC Eintracht Northeim	4:0	×	5:0	4:4	2:4	3:2	2:3	3:0	3:0	1:1	7:0	3:0	3:0	1:1	7:1	3:2
SSV Vorsfelde	2:3	3:2	×	1:1	3:2	1:2	1:0	0:0	5x0	1:0	3:1	3:1	2:3	1:1	1:4	4:3
Lüneburger SK	0:0	3:1	0:1	×	1:2	1:2	4:1	1:1	4:0	4:2	0:0	1:1	2:0	1:0	5:1	0:1
SV Blau-Weiß Bornreihe	1:2	2:0	2:1	2:4	×	2:1	2:1	1:2	3:4	3:1	0:0	1:4	3:1	3:1	6:1	2:2
VfL Maschen	1:3	0:3	2:0	1:1	1:7	×	0:1	1:1	0:1	1:0	2:1	6:1	0:2	1:4	2:1	3:0
TuS Güldenstern Stade	0:1	0:3	1:3	1:4	2:1	0:4	×	0:0	1:5	2:2	4:2	2:0	4:0	4:1	2:1	2:1
FT Braunschweig	2:2	1:5	1:2	1:4	2:1	2:2	2:2	×	0:2	0:0	3:0	3:0	3:2	0:0	1:1	2:3
TuS Celle FC	0:0	1:0	0:2	2:1	2:5	0:1	1:3	0:4	×	0:1	2:2	1:0	1:3	3:3	2:1	6:3
Rotenburger SV	2:1	2:1	4:2	0:3	5:1	3:0	0:0	1:1	2:2	×	1:4	3:1	1:2	1:2	2:2	0:0
SpVgg Drochtersen/Assel	0:0	2:1	1:2	3:0	2:3	1:1	1:1	1:1	1:2	3:1	×	1:1	3:3	3:2	2:1	2:0
Braunschweiger SV Ölper 2000	0:4	2:2	3:0	0:1	2:1	1:0	1:0	1:1	5:2	0:1	2:3	×	2:0	3:1	4:1	0:0
SCW Göttingen	3:1	0:0	1:6	0:4	4:1	2:2	3:0	0:0	1:3	4:1	1:1	3:0	×	4:4	2:3	3:0
VfB Fallersleben	0:1	1:2	1:1	0:2	2:0	2:3	2:0	0:5	2:0	1:1	3:0	1:0	3:1	×	1:3	3:0
Rot-Weiß Cuxhaven	2:2	2:3	1:2	1:0	2:1	2:2	1:3	2:1	2:2	1:3	3:2	1:1	5:1	1:1	×	1:2
MTV Wolfenbüttel	0:0	0:3	2:4	2:2	1:2	3:2	0:0	0:3	2:1	0:0	1:5	0:1	5x0	2:1	1:4	×

Das Spiel SSV Vorsfelde – TuS Celle FC (0:0 am 10.02.2008) wurde mit 5:0 Toren für den SSV Vorsfelde gewertet, da der Spieler Ludwig Amling nicht spielberechtigt war. Das Spiel MTV Wolfenbüttel – SCW Göttingen (3:4 am 24.02.2008) wurde mit 5:0 Toren für den MTV Wolfenbüttel gewertet, da der Spieler Abdul-Karim Alawie nicht spielberechtigt war.

Torschützenliste:

Platz	Spieler (Mannschaft)	Tore
1.	Ghasemi-Nobakht, Rubic (Eintr. Northeim)	24
2.	Klos, Fabian (MTV Gifhorn)	23
3.	Brunne, Manuel (TuS Celle FC)	19
4.	Zaibi, Younes (SSV Vorsfelde)	18
5.	Hamburg, Waldemar (BW Bornreihe)	16
	Zeising, Benjamin (TuS Celle FC)	16
7.	Plewa, Torsten (Blau-Weiß Bornreihe)	15
8.	Beismann, Christoph (Eintracht Northeim)	13
	Gröne, Boris (SV Drochtersen/Assel)	13
	Posilek, Adam (Rotenburger SV)	13
	Tillack, Benjamin (Lüneburger SK)	13

Zuschauerstatistik:

Mannschaft	gesamt	Schnitt	Mannschaft	gesamt	Schnitt
MTV Gifhorn	5.707	380	VfB Fallersleben	2.840	189
Lüneburger SK	5.620	375	VfL Maschen	2.575	172
Güldenstern Stade	5.000	333	SCW Göttingen	2.410	161
Blau-Weiß Bornreihe	4.590	306	MTV Wolfenbüttel	2.145	143
TuS Celle FC	4.373	292	BSV Ölper 2000	2.050	137
Drochtersen/Assel	3.450	230	SSV Vorsfelde	1.940	129
Eintracht Northeim	3.370	225		55.322	231
Rot-Weiß Cuxhaven	3.200	213			
FT Braunschweig	3.120	208			
Rotenburger SV	2.932	195			

Informationen zu den Qualifikationsspielen zur neuen RL Nord finden Sie auf Seite 231.

Verbandsliga Bremen

Pl.	(Vj.)	Mannschaft		Sp	S	U	N	Tore	TD	Pkt	Sp	S	U	N	Tore	Pkt	Sp	S	U	N	Tore	Pkt
								Gesamtbilanz							Heimbilanz						Auswärtsbilanz	
1.	(2.)	FC Bremerhaven		30	26	2	2	124-21	+103	80	15	12	1	2	61-11	37	15	14	1	0	63-10	43
2.	(1.)	Bremer SV		30	24	3	3	115-30	+85	75	15	12	2	1	69-15	38	15	12	1	2	46-15	37
3.	(4.)	Brinkumer SV		30	20	6	4	84-28	+56	66	15	10	2	3	45-13	32	15	10	4	1	39-15	34
4.	(3.)	SV Werder Bremen III		30	19	3	8	82-32	+50	60	15	11	1	3	50-14	34	15	8	2	4	32-16	26
5.	(5.)	Olympischer SC Bremerhaven		30	15	1	14	80-61	+19	46	15	8	0	7	43-34	24	15	7	1	7	37-27	22
6.	(8.)	Blumenthaler SV		30	13	5	12	69-61	+8	44	15	8	2	5	43-20	26	15	5	3	7	26-41	18
7.	(11.)	TSV Blau-Weiß Melchiorshausen		30	13	4	13	61-80	−19	43	15	7	1	7	30-37	22	15	6	3	6	31-43	21
8.	(10.)	TSV Osterholz-Tenever		30	12	6	12	70-72	−2	42	15	5	4	6	30-26	19	15	7	2	6	40-46	23
9.	(9.)	SG Aumund-Vegesack		30	11	6	13	45-66	−21	39	15	5	3	6	18-24	18	15	6	3	6	27-40	21
10.	(7.)	Habenhauser FV		30	11	5	14	43-62	−19	38	15	8	2	5	28-25	26	15	3	3	9	15-37	12
11.	(↑)	TSV Wulsdorf		30	7	8	15	56-73	−17	29	15	4	4	7	27-31	16	15	3	4	8	29-42	13
12.	(↑)	VfL 07 Bremen		30	7	6	17	41-69	−28	27	15	3	3	9	20-33	12	15	4	3	8	21-36	15
13.	(12.)	SC Vahr-Blockdiek		30	7	5	18	30-83	−53	26	15	3	3	8	16-45	15	15	3	2	10	14-38	11
14.	(6.)	KSV Vatan Sport Bremen		30	7	4	19	31-68	−37	25	15	3	3	9	16-34	12	15	4	1	10	15-34	13
15.	(14.)	TSV Lesum-Burgdamm	↓	30	7	1	22	42-104	−62	22	15	4	1	11	24-46	10	15	3	0	11	18-58	12
16.	(13.)	TuRa Bremen	↓	30	7	1	22	41-108	−67	22	15	3	1	11	26-60	10	15	4	0	11	15-48	12

Die Liga benennt sich zur nächsten Saison in Bremen-Liga um.

Absteiger aus der Oberliga Nord: keine.
Aufsteiger in die Regionalliga (neu): keine (nur der FC Bremerhaven beantragte eine Lizenz für die neue Regionalliga, die aber nicht erteilt wurde).
Absteiger in die Landesliga Bremen: TuRa Bremen und TSV Lesum-Burgdamm.
Aufsteiger aus der Landesliga Bremen: TuS Schwachhausen und SV Türkspor Bremen-Nord.

Verbandsliga Bremen 2007/08

	FC Bremerhaven	Bremer SV	Brinkumer SV	Werder Bremen III	OSC Bremerhaven	Blumenthaler SV	Melchiorshausen	OT Bremen	Aumund-Vegesack	Habenhauser FV	TSV Wulsdorf	VfL 07 Bremen	SC Vahr-Blockdiek	KSV Vatan Sport	Lesum-Burgdamm	TuRa Bremen
FC Bremerhaven	X	0:1	1:3	2:0	1:1	4:0	6:0	6:1	2:0	6:1	8:0	1:0	4:1	3:1	6:2	11:0
Bremer SV	0:0	X	2:2	5:1	3:2	1:2	7:1	11:1	8:1	7:1	2:0	7:1	1:0	3:1	8:1	4:1
Brinkumer SV	0:3	1:1	X	0:2	2:1	3:0	8:0	1:1	6:1	3:0	2:0	5:1	2:0	8:0	1:3	3:0
SV Werder Bremen III	1:2	0x2	1:1	X	2:0	6:1	1:2	3:1	4:1	3:1	2:1	3:0	6:0	4:0	7:2	7:0
Olympischer SC Bremerhaven	0:5	3:4	1:3	1:3	X	5:3	4:6	5:1	4:2	2:0	5:2	0:2	3:1	0:2	5:0	5:0
Blumenthaler SV	0:1	3:0	3:3	0:3	3:1	X	1:2	3:4	3:0	0:0	1:4	7:2	3:0	4:0	7:0	5:0
TSV BW Melchiorshausen	0:3	1:4	0:0	2x0	0:7	0:1	X	7:2	1:3	2:1	5:4	2:4	4:2	3:2	3:0	0:4
TSV Osterholz-Tenever	0:4	2:3	1:2	1:1	1:2	6:1	2:1	X	2:2	5:1	3:3	2:1	0:0	0x2	4:1	1:2
SG Aumund-Vegesack	1:5	0:2	1:4	x:x	4:1	2:3	3:2	2:1	X	0:0	2:1	0:2	1:1	0:0	0:1	2:1
Habenhauser FV	1:5	3:1	2:0	0:3	2:4	2:1	3:3	0:1	0:2	X	1:1	2:1	4:1	2:1	4:1	2:0
TSV Wulsdorf	0:4	0:4	0:4	2:1	1:3	3:3	2:2	1:1	2:3	4:1	X	1:1	6:0	0:1	5:0	0:3
VfL 07 Bremen	2:4	2:3	0:4	0:2	0:3	2:2	0:1	2:4	2:2	0:0	4:2	X	1:2	1:0	0:3	4:1
SC Vahr-Blockdiek	0:13	0:3	1:2	0:7	4:3	2:1	0:4	0:3	2:2	0:0	1:1	1:1	X	1:3	3a0	1:0
KSV Vatan Sport Bremen	1:2	0:5	1:2	0:0	0:6	2:4	0:0	1:5	1:2	1:3	2:3	0:0	3:1	X	3:1	1:0
TSV Lesum-Burgdamm	3:6	0:6	1:2	0:4	1:2	2:2	4:2	0:5	2:3	4:0	1:4	2:4	0:2	2:1	X	2:3
TuRa Bremen	1:6	0:7	0:7	3:5	3:1	1:2	2:5	4:9	1:3	0:4	3:3	3:1	0:3	3:1	2:3	X

Torschützenliste:

Platz Spieler (Mannschaft) — Tore
1. Landwehr, Sven (FC Bremerhaven) — 40
2. de Boer, Jan (Bremer SV) — 25
3. Söhl, Sebastian (OSC Bremerhaven) — 24
4. Titz, Benjamin (Bremer SV) — 22
5. Ayik, Güven (SV Werder Bremen III) — 21
6. Ebersbach, Tim (Brinkumer SV) — 19
   Fibich, Michael (TSV Osterholz-Tenever) — 19
   Karpati, Ferenc (TSV Wulsdorf) — 19
9. Bektas, Murat (FC Bremerhaven) — 18
10. Aslan, Ibrahim (Blumenthaler SV) — 17

Das Spiel SG Aumund-Vegesack – SV Werder Bremen III (0:6) wurde wegen Einsatzes nicht spielberechtigter Spieler (Sonka von Aumund und Pospich von Werder) gegen beide Mannschaften mit 0:2 gewertet. Das Spiel TSV Osterholz-Tenever – KSV Vatan Sport Bremen (5:0) wurde wegen Einsatzes eines nicht spielberechtigten Spielers (Schlak) mit 0:2 gewertet. Das Spiel SV Werder Bremen III – Bremer SV (3:3) wurde wegen Einsatzes eines nicht spielberechtigten Spielers (Pospich) mit 0:2 gewertet. Das Spiel TSV Blau-Weiß Melchiorshausen – SV Werder Bremen III (2:2) wurde wegen Einsatzes eines nicht spielberechtigten Spielers (Pospich) mit 2:0 gewertet. Das Spiel SC Vahr-Blockdiek – TSV Lesum-Burgdamm wurde nach Bedrohung des Schiedsrichters durch Lesumer Spieler beim Stand von 3:0 in der 53. Minute abgebrochen und mit 3:0 gewertet.

Verbandsliga Mecklenburg-Vorpommern

Pl.	(Vj.)	Mannschaft		Sp	S	U	N	Tore	TD	Pkt	Sp	S	U	N	Tore	Pkt	Sp	S	U	N	Tore	Pkt
								Gesamtbilanz							Heimbilanz						Auswärtsbilanz	
1.	(4.)	FSV Bentwisch	↑	30	21	6	3	93-27	+66	69	15	10	3	2	47-13	33	15	11	3	1	46-14	36
2.	(↓)	FC Schönberg 95		30	19	7	4	64-21	+43	64	15	8	3	4	32-12	27	15	11	4	0	32- 9	37
3.	(2.)	Malchower SV 90		30	18	7	5	89-31	+58	61	15	10	3	2	49-14	33	15	8	4	3	40-17	28
4.	(8.)	1. FC Neubrandenburg 04		30	16	10	4	62-36	+26	58	15	9	4	2	34-16	31	15	7	6	2	28-20	27
5.	(7.)	SV Waren 09		30	15	10	5	67-40	+27	55	15	6	5	4	31-19	23	15	9	5	1	36-21	32
6.	(13.)	Rostocker FC von 1895		30	13	6	11	59-49	+10	45	15	7	3	5	32-22	24	15	6	3	6	27-27	21
7.	(11.)	VSG von 1948 Weitenhagen		30	12	9	9	48-44	+4	45	15	6	5	4	26-23	23	15	6	4	5	22-21	22
8.	(3.)	FC Eintracht Schwerin		30	13	5	12	63-52	+11	44	15	7	2	6	30-25	23	15	6	3	6	33-27	21
9.	(6.)	Pasewalker FV		30	11	8	11	50-60	−10	41	15	8	4	3	34-25	28	15	3	4	8	16-35	13
10.	(↑)	FC Vorwärts Drögeheide		30	10	7	13	48-61	−13	37	15	7	2	6	30-24	23	15	3	5	7	18-37	14
11.	(5.)	FC Anker Wismar 1997		30	8	7	15	37-53	−16	31	15	4	5	6	18-23	17	15	4	2	9	19-30	14
12.	(12.)	Sievershäger SV 1950		30	7	9	14	57-67	−10	30	15	5	3	7	31-31	18	15	2	6	7	26-36	12
13.	(↑)	SV Blau-Weiß Polz 1921		30	8	6	16	53-78	−25	30	15	4	4	7	29-32	16	15	4	2	9	24-46	14
14.	(9.)	FSV von 1919 Malchin		30	6	8	16	44-66	−22	26	15	4	5	6	28-32	17	15	2	3	10	16-34	9
15.	(14.)	Lübzer SV		30	4	9	17	40-86	−46	21	15	1	5	9	19-50	8	15	3	4	8	21-36	13
16.	(15.)	SV Pastow	↓	30	0	4	26	31-134	−103	4	15	0	3	12	21-53	3	15	0	1	14	10-81	1

Absteiger aus der Oberliga NO-Nord: keine.
Aufsteiger in die Oberliga NO-Nord: FSV Bentwisch.
Absteiger in die Landesligen: SV Pastow (Ost).
Aufsteiger aus den Landesligen: Greifswalder SV 04 II (Ost) und SV Warnemünde Fußball (West).

VL Mecklenburg-Vorpommern 2007/08

	FSV Bentwisch	FC Schönberg 95	Malchower SV 90	Neubrandenburg	SV Waren 09	Rostocker FC	Weitenhagen	Eintr. Schwerin	Pasewalker FV	Vorw. Drögeheide	Anker Wismar	Sievershäger SV	Blau-Weiß Polz	FSV Malchin	Lübzer SV	SV Pastow
FSV Bentwisch	×	0:1	2:0	1:1	2:2	1:3	4:1	5:0	4:1	7:0	2:1	1:0	3:0	3:0	3:3	9:0
FC Schönberg 95	1:1	×	1:2	0:0	0:2	1:0	3:1	1:4	2:0	1:0	1:2	3:0	8:0	3:0	0:0	7:0
Malchower SV 90	0:1	1:1	×	4:0	1:1	6:1	0:2	1:0	5:1	2:0	4:0	6:3	3:0	4:1	3:3	9:0
1. FC Neubrandenburg 04	0:3	2:2	0:0	×	0:3	2:1	0:0	2:2	3:0	4:0	4:2	4:1	4:0	2:0	4:2	3:0
SV Waren 09	2:2	0:1	1:1	1:2	×	4:1	2:1	2:3	1:1	1:1	2:0	5:2	4:1	0:0	0:1	6:2
Rostocker FC von 1895	1:6	0:1	0:1	5:2	6:1	×	1:1	2:0	0:0	2:2	0:3	1:2	2:1	4:0	4:1	4:1
VSG von 1948 Weitenhagen	1:3	1:3	1:1	0:3	2:2	2:0	×	4:1	1:0	1:4	2:2	2:2	2:2	2:0	3:0	2:0
FC Eintracht Schwerin	1:1	0:1	0:3	2:2	1:2	1:3	2:0	×	3:0	0:3	3:1	2:4	4:3	5:1	5:1	
Pasewalker FV	2:1	1:3	4:7	1:1	3:3	1:1	1:3	2:1	×	4:1	1:0	1:1	4:2	1:0	2:1	6:0
FC Vorwärts Drögeheide	1:2	0:5	2:1	0:1	0:4	0:0	1:3	0:4	5:1	×	5:0	0:0	4:1	3:1	3:1	6:0
FC Anker Wismar 1997	0:3	0:2	0:4	1:1	0:0	1:4	1:2	2:0	0:0	1:2	×	3:2	3:0	2:2	0:0	4:1
Sievershäger SV 1950	0:8	2:2	0:3	0:2	1:3	3:2	2:0	1:1	1:2	7:0	1:3	×	2:2	0:3	4:0	7:0
SV Blau-Weiß Polz 1921	1:3	0:1	3:3	2:3	1:3	1:3	1:1	1:4	6:1	1:1	2:1	2:2	×	2:0	1:2	5:3
FSV von 1919 Malchin	1:4	0:2	2:0	1:1	1:2	2:2	1:2	1:9	2:2	1:1	2:0	3:3	1:2	×	4:2	6:0
Lübzer SV	0:3	1:5	0:10	1:4	1:4	1:2	1:1	1:1	1:4	2:0	1:4	3:3	3:6	1:1	×	2:2
SV Pastow	3:5	1:1	1:4	1:5	2:4	1:4	1:4	2:3	1:3	3:3	0:0	1:5	1:3	3:5	0:4	×

Das Spiel SV Pastow – Rostocker FC wurde am 02.02.2008 beim Stand von 2:1 in der 67. Minute abgebrochen (Sturm) und wiederholt.

Torschützenliste:

Platz	Spieler (Mannschaft)	Tore
1.	Rother, Lars (FSV Bentwisch)	28
	Müller, Ronny (Malchower SV 90)	28
3.	Becker, Daniel (FSV Bentwisch)	20
	Schmidt, Denis (1. FC Neubrandenburg)	20
5.	Timper, Guido (SV Waren 09)	16
	Bednarek, Maciej (Pasewalker FV)	16
	Wölk, Robert (FC Vorwärts Drögeheide)	16
8.	Kostyk, Dariusz (Malchower SV 90)	13
	Döscher, Sebastian (SV Waren 09)	13
10.	Kaminski, Christopher (FSV Bentwisch)	12
	Schwarz, Christian (Eintracht Schwerin)	12

Zuschauerstatistik:

Mannschaft	gesamt	Schnitt
Malchower SV 90	5.086	339
SV Waren 09	4.685	312
SV Blau-Weiß Polz	3.743	250
1. FC Neubrandenbg.	3.050	203
FSV Malchin	2.865	191
Pasewalker FV	2.811	187
FC Schönberg 95	2.511	167
FC Anker Wismar	2.175	145
FC Vorw. Drögeheide	1.990	133
Rostocker FC v. 1895	1.850	123
Eintracht Schwerin	1.767	118
Lübzer SV	1.610	107
Sievershäger SV	1.225	82
FSV Bentwisch	1.094	73
VSG Weitenhagen	970	65
SV Pastow	890	59
	38.322	160

Brandenburg-Liga

Pl.	(Vj.)	Mannschaft		Sp	S	U	N	Tore	TD	Pkt	Sp	S	U	N	Tore	Pkt	Sp	S	U	N	Tore	Pkt
					Gesamtbilanz							**Heimbilanz**						**Auswärtsbilanz**				
1.	(3.)	SV Falkensee/Finkenkrug	↑	30	22	5	3	67-30	+37	71	15	12	1	2	38-15	37	15	10	4	1	29-15	34
2.	(8.)	Brandenburger SC Süd 05	↑	30	18	8	4	66-34	+32	62	15	10	3	2	32-14	33	15	8	5	2	34-20	29
3.	(7.)	Frankfurter FC Viktoria 91		30	15	8	7	61-44	+17	53	15	13	2	0	40-13	41	15	2	6	7	21-31	12
4.	(2.)	SV Altlüdersdorf		30	13	12	5	62-31	+31	51	15	7	6	2	37-14	27	15	6	6	3	25-17	24
5.	(13.)	SG Blau-Gelb Laubsdorf		30	13	9	8	57-42	+15	48	15	6	5	4	28-19	23	15	7	4	4	29-23	25
6.	(6.)	FSV Luckenwalde		30	13	7	10	55-45	+10	46	15	9	1	5	34-21	28	15	4	6	5	21-24	18
7.	(↓)	FV Motor Eberswalde		30	12	7	11	52-43	+9	43	15	5	6	4	23-20	21	15	7	1	7	29-23	22
8.	(12.)	Breesener SV Guben-Nord		30	12	7	11	61-61	0	43	15	8	3	4	37-23	27	15	4	4	7	24-38	16
9.	(5.)	SV Babelsberg 03 II		30	12	4	14	40-44	−4	40	15	8	2	5	25-18	26	15	4	2	9	15-26	14
10.	(10.)	FC Schwedt 02		30	10	7	13	51-53	−2	37	15	5	4	6	28-26	19	15	5	3	7	23-27	18
11.	(↑)	SV Grün-Weiß Lübben		30	10	5	15	52-66	−14	35	15	8	3	4	30-21	27	15	2	2	11	22-45	8
12.	(15.)	Oranienburger FC Eintracht		30	9	5	16	36-56	−20	32	15	5	4	6	22-25	19	15	4	1	10	14-31	13
13.	(9.)	SV Schwarz-Rot Neustadt/Dosse		30	8	7	15	43-62	−19	31	15	6	2	7	18-23	20	15	2	5	8	25-39	11
14.	(11.)	FC Strausberg		30	8	6	16	54-64	−10	30	15	5	3	7	31-28	18	15	3	3	9	23-36	12
15.	(↑)	Prignitzer Kuckuck Kickers 2000		30	9	3	18	59-89	−30	30	15	5	3	7	40-49	18	15	4	0	11	19-40	12
16.	(14.)	SV Eintracht Ortrand	↓	30	3	6	21	35-87	−52	15	15	3	5	7	22-37	14	15	0	1	14	13-50	1

Absteiger aus der Oberliga NO-Nord: keine.
Aufsteiger in die Oberliga NO-Nord: SV Falkensee/Finkenkrug und Brandenburger SC Süd 05.
Absteiger in die Landesligen: SV Eintracht Ortrand (Süd).
Aufsteiger aus den Landesligen: TuS 1896 Sachsenhausen (Nord), FSV Union Fürstenwalde/Spree (Süd) und Eisenhüttenstädter FC Stahl (Süd).

Brandenburg-Liga 2007/08

	Falkensee/Fink.	Brandenburger SC	Frankfurter FC	SV Altlüdersdorf	SG BG Laubsdorf	FSV Luckenwalde	Motor Eberswalde	BSV Guben-Nord	Babelsberg 03 II	FC Schwedt 02	SV GW Lübben	Oranienburger FC	Neustadt/Dosse	FC Strausberg	Prignitzer Kuck.	Eintracht Ortrand
SV Falkensee/Finkenkrug	×	0:1	3:2	1:2	3:1	4:2	1:0	4:0	2:1	3:0	2:2	2:0	4:3	4:0	2:0	3:1
Brandenburger SC Süd 05	0:2	×	2:1	2:2	2:1	1:1	3:1	4:1	0:1	2:0	2:1	3:0	2:1	2:2	2:0	5:0
Frankfurter FC Viktoria 91	4:3	3:1	×	1:0	2:2	2:0	2:1	3:0	2:1	3:1	3:1	5:1	1:1	1:0	3:1	5:0
SV Altlüdersdorf	0:1	2:2	2:0	×	2:1	0:0	1:1	6:1	0:0	1:1	4:1	4:0	2:2	0:4	7:0	6:0
SG Blau-Gelb Laubsdorf	1:2	1:1	1:1	2:2	×	1:1	1:0	0:1	2:0	1:1	4:1	4:0	1:3	4:1	2:3	3:2
FSV Luckenwalde	0:0	2:5	3:0	0:3	1:2	×	3:0	0:2	1:0	3:0	5:1	6:2	3:1	3:1	3:1	4:3
FV Motor Eberswalde	0:2	1:2	0:0	0:0	0:2	5:2	×	3:1	1:1	1:0	1:3	2:2	2:2	2:2	3:1	4:2
Breesener SV Guben-Nord	3:4	2:2	0:2	0:0	4:2	0:0	0:1	×	2:0	5:1	5:3	4:2	4:2	4:1	0:3	4:0
SV Babelsberg 03 II	2:3	1:2	3:1	1:1	0:0	1:0	0:3	1:0	×	1:2	4:1	2:0	3:2	3:0	2:3	1:0
FC Schwedt 02	0:0	2:4	1:2	0:1	2:3	2:4	1:6	2:2	4:1	×	3:1	2:0	3:0	1:1	4:0	1:1
SV Grün-Weiß Lübben	3:4	0:0	1:1	3:2	0:0	0:1	0:3	3:1	4:0	3:1	×	0:2	2:1	4:2	3:2	4:1
Oranienburger FC Eintracht	0:1	3:1	2:2	1:1	2:5	1:1	3:1	1:2	1:2	0:3	1:2	×	1:1	2:1	2:1	2:1
SV Schwarz-Rot Neustadt/Dosse	0:1	1:1	3:1	0:2	0:1	2:1	0:1	2:2	3:1	0:3	2:0	0:4	×	0:3	4:2	1:0
FC Strausberg	0:4	1:4	5:3	2:4	2:3	2:3	5:1	2:2	0:1	0:0	1:1	1:2	6:0	×	2:0	2:0
Prignitzer Kuckuck Kickers 2000	1:1	1:4	3:3	3:2	1:4	1:3	2:4	4:4	2:5	2:5	6:3	2:1	1:4	6:4	×	5:2
SV Eintracht Ortrand	1:1	0:4	2:2	1:3	2:2	2:2	1:6	3:5	2:1	2:5	2:1	2:1	1:1	0:1	1:2	×

Torschützenliste:

Platz	Spieler (Mannschaft)	Tore
1.	Fricke, Andreas (Brandenburger SC Süd 05)	25
	Froese, Georg (Falkensee-Finkenkrug)	25
3.	Haufe, Henry (Frankfurter FC Viktoria 91)	22
4.	Scheinig, Daniel (Falkensee-Finkenkrug)	21
5.	Göbel, Franko (BSV Guben-Nord)	20
6.	Taubert, Nicky (FC Schwedt 02)	19
7.	Görisch, Rene (Brandenburger SC Süd 05)	18
8.	Brutschin, Christian (FC Strausberg)	17
9.	Schlegel, Christian (Motor Eberswalde)	16
10.	Lindner, Tilo (FSV Luckenwalde)	14
	Piskorz, J. (Prignitz 9, Altlüdersdorf 5)	14

Zuschauerstatistik:

Mannschaft	gesamt	Schnitt
Falkensee/Finkenkr.	4.894	326
FSV Luckenwalde	4.475	298
Brandenburger SC	4.320	288
Prignitzer Kuckuck	3.656	244
FC Strausberg	2.960	197
BSV Guben-Nord	2.663	178
FC Schwedt 02	2.389	159
Grün-Weiß Lübben	2.252	150
SV Altlüdersdorf	2.120	141
Oranienburger FC	2.071	138
SV SR Neustadt/D.	1.820	121

Mannschaft	gesamt	Schnitt
FFC Viktoria 91	1.755	117
FV Motor Eberswalde	1.742	116
SG BG Laubsdorf	1.736	116
SV Babelsberg 03 II	1.610	107
SV Eintracht Ortrand	1.459	97
	41.922	175

Informationen zu den Aufstiegsspielen zur Brandenburg-Liga finden Sie auf Seite 263.

Verbandsliga Berlin

Pl.	(Vj.)	Mannschaft		Sp	S	U	N	Tore	TD	Pkt	Sp	S	U	N	Tore	Pkt	Sp	S	U	N	Tore	Pkt
						Gesamtbilanz							Heimbilanz						Auswärtsbilanz			
1.	(3.)	Reinickendorfer Füchse	↑	34	24	4	6	92-33	+59	76	17	14	0	3	50-17	42	17	10	4	3	42-16	34
2.	(4.)	SV Lichtenberg 47		34	22	3	9	87-39	+48	69	17	12	2	3	38-14	38	17	10	1	6	49-25	31
3.	(13.)	TuS Makkabi		34	19	5	10	55-46	+9	62	17	11	2	4	30-23	35	17	8	3	6	25-23	27
4.	(7.)	FC Hertha 03 Zehlendorf		34	18	5	11	71-43	+28	59	17	7	5	5	26-17	26	17	11	0	6	45-26	33
5.	(6.)	BSV Eintracht Mahlsdorf		34	16	7	11	61-48	+13	55	17	9	3	5	37-28	30	17	7	4	6	24-20	25
6.	(12.)	1. FC Union Berlin II		34	16	7	11	71-65	+6	55	17	6	5	6	33-34	23	17	10	2	5	38-31	32
7.	(9.)	1. FC Spandau 06		34	17	4	13	57-52	+5	55	17	9	1	7	31-29	28	17	8	3	6	26-23	27
8.	(14.)	FC Viktoria 89		34	17	3	14	62-65	–3	54	17	8	3	6	31-34	27	17	9	0	8	31-31	27
9.	(5.)	Köpenicker SC		34	15	5	14	50-51	–1	50	17	9	3	5	26-23	30	17	6	2	9	24-28	20
10.	(↑)	Adlershofer BC		34	14	7	13	59-48	+11	49	17	7	5	5	35-23	26	17	7	2	8	24-25	23
11.	(10.)	VfB Hermsdorf		34	13	7	14	53-48	+5	46	17	7	2	8	28-28	23	17	6	5	6	25-20	23
12.	(↑)	SFC Stern 1900		34	13	6	15	50-72	–22	45	17	9	4	4	25-18	31	17	4	2	11	25-54	14
13.	(↑)	Lichtenrader BC		34	12	7	15	60-52	+8	43	17	7	5	5	35-22	26	17	5	2	10	25-30	17
14.	(↑)	FC Nordost Berlin		34	13	4	17	49-62	–13	43	17	5	2	10	21-30	17	17	8	2	7	28-32	26
15.	(8.)	SC Charlottenburg		34	10	4	20	58-81	–23	34	17	6	0	11	34-46	18	17	4	4	9	24-35	16
16.	(15.)	Berliner SC	↓	34	8	7	19	42-68	–26	31	17	3	3	11	20-37	12	17	5	4	8	22-31	19
17.	(11.)	BFC Alemannia 90 Wacker	↓	34	7	7	20	49-87	–38	28	17	5	1	11	29-42	16	17	2	6	9	20-45	12
18.	(2.)	SV Tasmania Gropiusstadt	↓	34	4	4	26	34-100	–66	16	17	3	2	12	18-48	11	17	1	2	14	16-52	5

Absteiger aus der Oberliga NO-Nord: keine.
Aufsteiger in die Oberliga NO-Nord: Reinickendorfer Füchse.
Absteiger in die Landesligen: SV Tasmania Gropiusstadt, Berliner SC (1. Abteilung) und BFC Alemannia 90 Wacker (2. Abteilung).
Aufsteiger aus den Landesligen: VfB Concordia Britz, Nordberliner SC (1. Abteilung), SV Empor und Mariendorfer SV (2. Abteilung).

Verbandsliga Berlin 2007/08

	Reinickendorf	Lichtenberg 47	TuS Makkabi	Zehlendorf	Eintr. Mahlsdorf	Union Berlin II	Spandau 06	FC Viktoria 89	Köpenicker SC	Adlershofer BC	VfB Hermsdorf	SFC Stern 1900	Lichtenrader FC	Nordost Berlin	Charlottenburg	Berliner SC	Alem. Wacker	Gropiusstadt
Reinickendorfer Füchse	×	4:1	2:0	1:3	2:1	5:1	1a3	3:1	2:0	0:1	2:1	6:0	3:1	4:1	3:0	3:2	1:0	8:1
SV Lichtenberg 47	2:2	×	2:0	2:1	2:1	1:2	2:0	0:2	1:0	3:1	2:0	0:1	5:0	5:0	2:2	3:0	4:1	2:1
TuS Makkabi	1:1	1:3	×	2:0	1:0	2:2	1:0	0:4	2:3	3:1	2:1	4:1	2:1	1:0	2:0	0:2	3:2	3:2
Hertha 03 Zehlendorf	1:0	2:0	3:3	×	0:1	2:1	1:2	4:1	1:1	1:1	1:1	4:1	1:3	4:0	0:1	0:1	0:0	1:0
BSV Eintracht Mahlsdorf	1:0	1:1	3:1	1:4	×	2:3	3:0	2:1	2:1	3:2	2:2	0:5	0:1	3:4	0:0	4:2	6×0	4:1
1. FC Union Berlin II	1:2	0×6	0:3	4:0	1:1	×	0:0	5:3	1:3	1:0	2:0	2:3	1:4	0:0	5:2	2:2	6:3	2:2
1. FC Spandau 06	1:2	1:3	0:1	0:3	1:4	4:3	×	0:3	1:0	3:0	1:1	4:1	1:0	2:3	5:2	3:2	3:1	1:0
FC Viktoria 89	0:10	1:3	2:0	1:2	3:2	2:4	1:0	×	2:1	2:1	1:2	6:1	2:2	0:4	0:0	4:0	1:1	3:1
Köpenicker SC	0:5	0:3	1:1	2:1	0:3	0:4	3:0	2:0	×	0:3	0:0	3:0	1:1	1:0	2:1	1:0	5:1	5:0
Adlershofer BC	1:1	1:2	2:1	3:4	1:1	3:0	2:2	1:2	0:0	×	6:2	6:0	2:1	1:5	1:0	0:1	1:1	4:0
VfB Hermsdorf	0:2	3:0	2:4	0:4	3:0	0:1	1:2	2:1	1:0	2:3	×	3:3	3:1	0:1	3:1	2:1	3:3	0:1
SFC Stern 1900	1:3	1:0	0:1	2:1	0:0	1:2	1:2	4:2	2:0	1:1	1:0	×	1:0	2:1	4:2	0:0	2:2	2:1
Lichtenrader BC	0:0	5:1	1:1	2:1	1:1	0:3	0:4	1:2	5:0	2:3	0:3	2:1	×	1:1	1:1	3:0	5:0	6:0
FC Nordost Berlin	3:1	2:1	0:1	1:3	0:2	4:0	1:1	1:4	1:2	0:2	0:3	3:1	0:4	×	0:2	1:1	0:1	4:1
SC Charlottenburg	0:4	1:5	2:3	2:4	2:3	0:2	0:3	6×0	4:1	1:3	0:5	4:3	1:4	3:0	×	1:3	3:0	4:3
Berliner SC	1:2	0:6	1:2	1:3	2:1	0:0	1:2	0:1	1:2	0:2	0:0	3:3	2:1	2:3	2:4	×	1:3	3:2
BFC Alemannia 90 Wacker	2:4	1:9	2:1	0:1	1:2	3:6	4:1	0:3	2:3	2:0	0:1	4:0	2:1	3:4	1:3	2:3	×	0:0
SV Tasmania Gropiusstadt	1:3	1:5	0:2	2:10	0:1	2:4	1:4	0:1	0:7	1:0	0:3	0:1	3:0	0:1	4:3	2:2	1:1	×

Die Spiele BSV Eintracht Mahlsdorf – BFC Alemannia 90 Wacker (1:1), SC Charlottenburg – FC Viktoria 89 (1:1) und 1. FC Union Berlin II – SV Lichtenberg 47 (2:1) wurden wegen Einsatzes von nicht spielberechtigten Spielern gewertet. Das Spiel Reinickendorfer Füchse – 1. FC Spandau 06 (1:3) wurde in der 90. Minute abgebrochen (Zuschauerausschreitungen nach Platzverweis eines Reinickendorfer Spielers) und so gewertet.

Torschützenliste:

Platz	Spieler (Mannschaft)	Tore
1.	Mohra, Omran (Hertha Zehlendorf)	26
2.	Karaduman, Firat (Reinickendorfer Füchse)	25
3.	Schreck, Marcel (Lichtenberg 47)	21
4.	Martin, Mathias (Adlershofer BC)	19
5.	Schutt, Torsten (Lichtenberg 47)	18
	Zaumseil, Stefan (FC Nordost)	18
7.	Dort, Dennis (Lichtenrader BC)	17
	Grubert, Jack (Berliner FC Viktoria 89)	17
	Kalixto, Lukoki (FC Spandau 06)	17
	Jakubietz, Thomas (Eintracht Mahlsdorf)	17

Zuschauerstatistik:

Mannschaft	gesamt	Schnitt
Reinickend. Füchse	3.461	204
SV Lichtenberg 47	3.155	186
SC Charlottenburg	2.075	122
1. FC Spandau 06	1.735	102
Adlershofer BC	1.479	87
Köpenicker SC	1.411	83
1. FC Union Berlin II	1.374	81
Eintracht Mahlsdorf	1.333	78
Alemannia 90 Wacker	1.247	73
Tasm. Gropiusstadt	1.241	73
Hertha 03 Zehlendorf	1.227	72
FC Nordost Berlin	1.154	68
Berliner SC	1.100	65
VfB Hermsdorf	1.086	64
TuS Makkabi	996	59
FC Viktoria 89	983	58
Lichtenrader BC	945	56
SFC Stern 1900	752	44
	26.754	87

Verbandsliga Sachsen-Anhalt

Pl.	(Vj.)	Mannschaft		Sp	S	U	N	Tore	TD	Pkt	Sp	S	U	N	Tore	Pkt	Sp	S	U	N	Tore	Pkt
						Gesamtbilanz							Heimbilanz						Auswärtsbilanz			
1.	(2.)	FC Grün-Weiß Wolfen	↑	32	22	7	3	77-32	+45	73	16	12	3	1	53-17	39	16	10	4	2	24-15	34
2.	(↑)	1. FC Magdeburg II	↑	32	20	5	7	64-35	+29	65	16	13	0	3	41-17	39	16	7	5	4	23-18	26
3.	(7.)	VfL Halle 96		32	18	7	7	74-35	+39	61	16	11	3	2	41-17	36	16	7	4	5	33-18	25
4.	(5.)	TSV Völpke		32	18	6	8	80-42	+38	60	16	9	4	3	42-23	31	16	9	2	5	38-19	29
5.	(4.)	Magdeburger SV 90 Preussen		32	18	5	9	76-35	+41	59	16	11	0	5	44-17	33	16	7	5	4	32-18	26
6.	(6.)	FC Grün-Weiß Piesteritz		32	16	6	10	59-40	+19	54	16	8	3	5	25-20	27	16	8	3	5	34-20	27
7.	(↓)	SV Dessau 05		32	14	10	8	53-37	+16	52	16	9	6	1	25-10	33	16	5	4	7	28-27	19
8.	(3.)	Hallescher FC II		32	13	7	12	50-43	+7	46	16	7	3	6	25-19	24	16	6	4	6	25-24	22
9.	(↑)	BSV Halle-Ammendorf		32	12	8	12	41-49	−8	44	16	6	5	5	20-17	23	16	6	3	7	21-32	21
10.	(11.)	SV 09 Staßfurt		32	12	6	14	44-53	−9	42	16	5	4	7	24-23	19	16	7	2	7	20-30	23
11.	(10.)	1. FC Romonta Amsdorf		32	10	11	11	41-45	−4	41	16	8	6	2	27-16	30	16	2	5	9	14-29	11
12.	(14.)	1. FC Lokomotive Stendal		32	11	5	16	38-56	−18	38	16	8	3	5	23-22	27	16	3	2	11	15-34	11
13.	(↑)	TV Askania Bernburg		32	10	6	16	40-52	−12	36	16	6	5	5	25-21	23	16	4	1	11	15-31	13
14.	(8.)	SG Union Sandersdorf		32	8	10	14	32-43	−11	34	16	8	4	4	21-12	28	16	0	6	10	11-31	6
15.	(12.)	Schönebecker SV 1861	↓	32	4	8	20	28-79	−51	20	16	2	3	11	13-41	9	16	2	5	9	15-38	11
16.	(13.)	Magdeburger SV Börde 1949	↓	32	5	3	24	26-82	−56	18	16	3	3	10	14-32	12	16	2	0	14	12-50	6
17.	(9.)	FSV Hettstedt	↓	32	4	4	24	31-96	−65	16	16	2	2	12	17-50	8	16	2	2	12	14-46	8

Die Liga spielt in der nächsten Saison mit 16 Mannschaften.

Absteiger aus der Oberliga NO- Süd: VfB 06 Sangerhausen.
Aufsteiger in die Oberliga NO-Süd: FC Grün-Weiß Wolfen und 1. FC Magdeburg II.
Absteiger in die Landesligen: FSV Hettstedt (Mitte), Magdeburger SV Börde 1949 und Schönebecker SV 1861 (Nord).
Aufsteiger aus den Landesligen: Haldensleber SC (Nord), MSV Eisleben (Mitte) und VfB IMO Merseburg (Süd).

Verbandsliga Sachsen-Anhalt 2007/08

	GW Wolfen	1. FC Magdeb. II	VfL Halle 96	TSV Völpke	MSV Preussen	GW Piesteritz	SV Dessau 05	Hallescher FC II	Ammendorf	SV 09 Staßfurt	1. FC Amsdorf	Lok Stendal	Askania Bernburg	Sandersdorf	Schönebeck	MSV Börde	FSV Hettstedt
FC Grün-Weiß Wolfen	×	1:1	2:1	3:5	1:1	2:2	3:2	3:0	6:0	5:0	6:2	1:0	3:0	1:0	5:1	3:0	8:2
1. FC Magdeburg II	0:1	×	1:0	0:2	4:1	2:1	2:1	4:3	3:0	3:4	4:1	2:1	2:0	2:0	3:1	3:0	6:1
VfL Halle 96	1:2	2:2	×	1:0	0:6	4:2	3:0	1:0	2:0	3:0	1:1	6:0	2:1	4:0	2:2	5:0	4:1
TSV Völpke	1:2	0:0	3:4	×	1:1	3:0	3:1	1:3	4:0	4:1	3:0	3:1	3:3	5:3	1:1	4:1	3:2
Magdeburger SV 90 Preussen	2:0	1:2	1:0	0:1	×	2:1	2:3	2:3	5:1	2:0	1:0	6:1	2:3	3:0	7:0	5:2	3:0
FC Grün-Weiß Piesteritz	0:1	1:1	1:3	2:1	2:0	×	2:2	2:0	2:1	1:2	0:0	1:3	0:1	3:2	4:1	2:1	2:1
SV Dessau 05	0:2	3:2	0:0	1:1	1:0	2:0	×	1:0	1:1	1:1	2:1	1:1	3:0	0:0	3:1	4:0	2:0
Hallescher FC II	0:1	2:1	2:1	4:4	1:1	0:2	0:3	×	1:2	0:1	3:1	2:0	5:1	0:0	0:1	3x0	2:0
BSV Halle-Ammendorf	1:2	0:1	1:1	1:3	2:1	2:2	2:0	0:0	×	1:3	1:1	1:0	1:0	3:1	3:0	1:2	0:0
SV 09 Staßfurt	3:3	0:1	0:0	1:0	2:3	1:2	2:2	2:3	1:2	×	1:1	2:1	1:0	4:1	1:2	3:1	0:1
1. FC Romonta Amsdorf	0:0	3:0	2:2	1:5	0:0	0:1	3:1	1:1	1:1	1:0	×	2:1	2:0	1:1	3:1	3:1	4:1
1. FC Lokomotive Stendal	1:2	3:2	2:1	3:2	1:1	1:5	2:1	0:0	0:2	1:1	1:2	×	2:0	2:1	2:1	2:0	0:1
TV Askania Bernburg	3:2	0:1	0:1	1:0	1:5	0:3	1:1	1:2	3:0	3:0	2:2	0:0	×	2:2	0:0	3:1	5:1
SG Union Sandersdorf	1:2	0:0	0:1	0:3	1:2	0:0	0:0	2:0	1:1	3:1	1:0	3:1	3:1	×	1:0	2:0	3:0
Schönebecker SV 1861	1:1	1:3	2:5	0:5	0:4	0:5	0:3	1:4	0:5	0:1	1:0	1:2	0:2	0:0	×	5:0	1:1
Magdeburger SV Börde 1949	0:0	0:3	1:2	0:4	0:2	0:2	2:5	1:1	1:3	1:2	0:2	1:2	1:0	1:0	2:2	×	3:2
FSV Hettstedt	1:3	1:3	0:11	1:2	1:4	1:6	0:3	2:5	1:2	1:3	2:0	2:1	1:3	0:0	1:1	2:3	×

Das Spiel Hallescher FC II – Magdeburger SV Börde 1949 (1:2) wurde mit 3:0 gewertet.

Torschützenliste:

Platz	Spieler (Mannschaft)	Tore
1.	Härtl, Mathias (SV 09 Staßfurt)	24
2.	Eggert, Florian (Preussen Magdeburg)	23
3.	Czarnetzki, Sirko (1. FC Amsdorf)	21
4.	Penev, Vladimir (VfL Halle 96)	20
5.	Grosche, Steffen (VfL Halle 96)	18
	Schwibbe, Daniel (Grün-Weiß Piesteritz)	18
7.	Matthias, Pascal (1. FC Magdeburg II)	17
8.	Bebber, Stefan (FC Grün-Weiß Wolfen)	15
	Sponer, Toni (FC Grün-Weiß Wolfen)	15
10.	Kricke, Enrico (BSV Halle-Ammendorf)	13

Zuschauerstatistik:

Mannschaft	gesamt	Schnitt
1. FC Lok Stendal	5.570	348
Union Sandersdorf	4.370	273
SV Dessau 05	4.335	271
Grün-Weiß Wolfen	3.879	242
FSV Hettstedt	3.559	222
Grün-Weiß Piesteritz	3.179	199
SV 09 Staßfurt	3.091	193
TV Askania Bernburg	3.031	189
VfL Halle 96	2.825	177
1. FC Amsdorf	2.737	171
1. FC Magdeburg II	2.436	152
BSV Ammendorf	2.024	127
TSV Völpke	1.862	116
MSV Börde 1949	1.798	112
MSV 90 Preussen	1.750	109
Schönebecker SV	1.678	105
Hallescher FC II	1.395	87
	49.519	182

Thüringenliga

Pl.	(Vj.)	Mannschaft		Sp	S	U	N	Tore	TD	Pkt	Sp	S	U	N	Tore	Pkt	Sp	S	U	N	Tore	Pkt
						Gesamtbilanz							Heimbilanz						Auswärtsbilanz			
1.	(↓)	FC Rot-Weiß Erfurt II	↑	30	24	2	4	90-26	+64	74	15	12	2	1	52-15	38	15	12	0	3	38-11	36
2.	(3.)	SV SCHOTT JENAer GLAS		30	24	2	4	71-28	+43	74	15	12	0	3	44-15	36	15	12	2	1	27-13	38
3.	(5.)	FSV Wacker 03 Gotha	◇	30	18	7	5	72-36	+36	61	15	11	2	2	43-13	35	15	7	5	3	29-23	26
4.	(2.)	BSV Eintracht Sondershausen		30	15	9	6	64-39	+25	54	15	10	5	0	37-15	35	15	5	4	6	27-24	19
5.	(13.)	SV 08 Steinach		30	14	9	7	51-38	+13	51	15	4	7	4	26-23	19	15	10	2	3	25-15	32
6.	(6.)	FSV Ulstertal Geisa 1866		30	12	9	9	64-51	+13	45	15	8	5	2	41-21	29	15	4	4	7	23-30	16
7.	(9.)	FC Einheit Rudolstadt		30	13	6	11	54-53	+1	45	15	8	2	5	29-21	26	15	5	4	6	25-32	19
8.	(7.)	FSV Wacker 90 Nordhausen		30	9	9	12	51-53	−2	36	15	6	4	5	30-26	22	15	3	5	7	21-27	14
9.	(11.)	SV Schmölln 1913		30	9	6	15	44-55	−11	33	15	7	2	6	25-16	23	15	2	4	9	19-39	10
10.	(8.)	SV Germania Ilmenau		30	9	6	15	35-49	−14	33	15	6	2	7	22-23	20	15	3	4	8	13-26	13
11.	(10.)	1. SC 1911 Heiligenstadt		30	7	12	11	39-55	−16	33	15	7	4	4	28-24	25	15	0	8	7	11-31	8
12.	(↑)	SSV 07 Schlotheim		30	7	8	15	41-53	−12	29	15	4	5	6	22-25	17	15	3	3	9	19-28	12
13.	(4.)	SC 1903 Weimar		30	8	5	17	40-56	−16	29	15	5	2	8	18-24	17	15	3	3	9	22-32	12
14.	(12.)	FC Thüringen Weida		30	7	6	17	37-74	−37	27	15	3	5	7	17-28	14	15	4	1	10	20-46	13
15.	(↑)	FC Motor Zeulenroda	↓	30	6	7	17	25-61	−36	25	15	5	5	5	16-20	20	15	1	2	12	9-41	5
16.	(↑)	FC Union Mühlhausen	↓	30	5	3	22	26-77	−51	18	15	4	1	10	18-27	13	15	1	2	12	8-50	5

FSV Wacker 03 Gotha und SV Union Friemar bilden zur nächsten Saison die SG Wacker 03 Gotha/SV Union Friemar.

Absteiger aus der Oberliga NO-Süd: keine.
Aufsteiger in die Oberliga NO-Süd: FC Rot-Weiß Erfurt II.
Absteiger in die Landesklassen: FC Union Mühlhausen (West) und FC Motor Zeulenroda (Ost).
Aufsteiger aus den Landesklassen: SG Rudisleben/BC 07 Arnstadt, SV 1925 Borsch (West) und FV Gera Süd (Ost).

Thüringenliga 2007/08

	FC RW Erfurt II	SCHOTT JENA	Wacker Gotha	Sondershausen	SV 08 Steinach	Ulstertal Geisa	Einh. Rudolstadt	Nordhausen	SV Schmölln	Germ. Ilmenau	SC Heiligenstadt	SSV Schlotheim	SC 1903 Weimar	Thüringen Weida	Motor Zeulenroda	Union Mühlhausen
FC Rot-Weiß Erfurt II	X	2:2	2:0	3:1	1:2	1:1	5:2	2:1	4:1	3:1	7:1	3:2	3:0	3:1	6:0	7:0
SV SCHOTT JENAer GLAS	0:4	X	5:3	1:2	1:0	6:1	2:1	5:0	2:0	3:0	2:0	2:3	2:0	3:0	5:1	5:0
FSV Wacker 03 Gotha	3:2	0:1	X	2:2	0:1	3:1	4:0	3:2	5:1	1:1	3:0	1:0	4:0	7:1	3:1	4:0
BSV Eintracht Sondershausen	1:0	3:0	1:0	X	1:1	3:2	3:2	2:1	3:3	1:0	1:1	3:2	1:1	4:1	1:1	9:0
SV 08 Steinach	0:3	1:2	2:2	1:0	X	2:2	1:1	2:2	6:1	1:2	2:2	3:1	2:1	2:3	1:1	0:0
FSV Ulstertal Geisa 1866	3:1	2:3	2:4	4:3	2:2	X	1:1	3:1	5:1	3:0	0:0	0:0	3:3	5:1	5:1	3:0
FC Einheit Rudolstadt	0:3	1:2	0:1	2:3	2:0	2:0	X	3:3	1:1	3:2	4:0	3:2	3:2	1:2	2:0	2:0
FSV Wacker 90 Nordhausen	0:1	1:2	2:4	3:2	2:3	2:1	5:0	X	1:4	1:1	2:2	2:1	2:2	2:1	3:0	2:2
SV Schmölln 1913	0:2	0:1	0:3	2:0	1:2	4:0	2:2	1:1	X	0:1	2:0	1:0	0:2	3:1	4:1	5:0
SV Germania Ilmenau	2:4	0:1	1:2	0:2	0:3	2:1	2:3	1:0	1:1	X	1:1	3:0	2:1	2:3	3:1	2:0
1. SC 1911 Heiligenstadt	0:3	1:4	0:1	3:2	0:3	2:2	2:2	2:2	2:1	X		3:0	3:2	3:0	3:0	2:0
SSV 07 Schlotheim	0:4	0:3	2:2	1:1	0:1	1:1	3:5	0:1	3:0	1:1	2:2	X	2:0	3:4	2:0	2x0
SC 1903 Weimar	0:1	1:2	3:4	1:1	3:0	0:4	0:2	0:3	1:0	1:1	3:1	1:2	X	2:1	2:1	0:1
FC Thüringen Weida	1:5	1:3	1:1	1:1	0:1	1:3	0:2	1:1	2:1	0:1	1:1	1:1	1:3	X	1:0	5:4
FC Motor Zeulenroda	0:2	0:0	1:1	0:3	2:4	1:2	2:1	1:0	2:0	2:1	0:0	1:1	1:3	1:1	X	2:1
FC Union Mühlhausen	1:3	0:1	1:1	0:4	0:2	0:2	0:1	1:3	1:3	4:0	1:0	1:4	3:2	5:0	0:1	X

Das Spiel SSV 07 Schlotheim – FC Union Mühlhausen (0:0) wurde wegen unzulässigem Spieleinsatz von Daniel Schmidt gewertet.

Torschützenliste:

Platz Spieler (Mannschaft) — Tore
1. Caspar, Sebastian (Sondershausen) — 28
2. Bärwolf, Daniel (FSV Wacker 03 Gotha) — 22
3. Heuschkel, Rico (SV SCHOTT Jena) — 20
4. Arndt, Markus (FSV Ulstertal Geisa) — 18
   Bartejs, Petr (SV Schmölln 1913) — 18
   Simon, Robert (FSV Ulstertal Geisa) — 18
7. Stepanek, Petr (SV 08 Steinach) — 17
8. Hoffmann, Stephan (Wacker Nordhausen) — 16
9. Beck, Christian (FC Rot-Weiß Erfurt II) — 15
   Pohl, Lars (Wacker Nordhausen) — 15

Zuschauerstatistik:

Mannschaft	gesamt	Schnitt
Wacker Nordhausen	4.743	316
FC Motor Zeulenroda	4.550	303
Union Mühlhausen	4.380	292
SV 08 Steinach	3.830	255
Eintr. Sondershausen	3.830	255
FC Rot-Weiß Erfurt II	3.390	226
FSV Ulstertal Geisa	3.310	221
Einheit Rudolstadt	3.235	216
SSV 07 Schlotheim	2.840	189
Wacker 03 Gotha	2.832	189
SC 1903 Weimar	2.720	181
1. SC Heiligenstadt	2.610	174
SV Schmölln 1913	2.505	167
Germania Ilmenau	2.430	162
SV SCHOTT Jena	2.240	149
FC Thüringen Weida	1.960	131
	51.405	214

Informationen zu den Aufstiegsspielen zur Thüringenliga finden Sie auf Seite 263.

Wernesgrüner Sachsenliga

Pl.	(Vj.)	Mannschaft		Sp	S	U	N	Tore	TD	Pkt	Sp	S	U	N	Tore	Pkt	Sp	S	U	N	Tore	Pkt
						Gesamtbilanz							Heimbilanz						Auswärtsbilanz				
1.	(2.)	FC Erzgebirge Aue II	↑	30	23	4	3	80-24	+56	73	15	13	1	1	39- 8	40	15	10	3	2	41-16	33
2.	(↑)	1. FC Lokomotive Leipzig	↑	30	21	5	4	49-20	+29	68	15	12	2	1	27- 9	38	15	9	3	3	22-11	30
3.	(3.)	FV Dresden 06 Laubegast		30	19	6	5	77-32	+45	63	15	11	3	1	42-17	36	15	8	3	4	35-15	27
4.	(4.)	SG Dynamo Dresden II		30	17	7	6	59-34	+25	58	15	11	1	3	34-16	34	15	6	6	3	25-18	24
5.	(12.)	BSV 68 Sebnitz		30	15	7	8	64-46	+18	52	15	8	4	3	35-24	28	15	7	3	5	29-22	24
6.	(11.)	VfB Fortuna Chemnitz		30	14	6	10	52-44	+8	48	15	7	5	3	35-19	26	15	7	1	7	17-25	22
7.	(14.)	Kickers 94 Markkleeberg		30	12	5	13	39-42	−3	41	15	5	4	6	18-19	19	15	7	1	7	21-23	22
8.	(13.)	SV Bannewitz		30	10	8	12	48-42	+6	38	15	7	4	4	27-16	25	15	3	4	8	21-26	13
9.	(5.)	FC Sachsen Leipzig II		30	9	11	10	43-38	+5	38	15	5	5	5	26-22	20	15	4	6	5	17-16	18
10.	(10.)	VfL Pirna-Copitz 07		30	10	7	13	37-44	−7	37	15	6	3	6	23-26	21	15	4	4	7	14-18	16
11.	(8.)	Bornaer SV 91		30	9	7	14	43-47	−4	34	15	6	2	7	18-15	20	15	3	5	7	25-32	14
12.	(7.)	FC Oberlausitz Neugersdorf		30	7	9	14	30-44	−14	30	15	3	6	6	16-22	15	15	4	3	8	14-22	15
13.	(6.)	NFV Gelb-Weiß Görlitz 09		30	7	5	18	31-62	−31	26	15	3	3	9	12-34	12	15	4	2	9	19-28	14
14.	(↑)	Bergstädtischer SC Freiberg		30	6	6	18	29-62	−33	24	15	2	3	10	13-31	9	15	4	3	8	16-31	15
15.	(9.)	SV 1919 Grimma		30	7	3	20	22-79	−57	24	15	5	1	9	11-31	16	15	2	2	11	11-48	8
16.	(↑)	Heidenauer SV	↓	30	2	8	20	27-70	−43	14	15	0	5	10	14-31	5	15	2	3	10	13-39	9

Absteiger aus der Oberliga NO-Süd: keine.
Aufsteiger in die Oberliga NO-Süd: FC Erzgebirge Aue II und 1. FC Lokomotive Leipzig.
Absteiger in die Bezirksligen: Heidenauer SV (Dresden).
Aufsteiger aus den Bezirksligen: VfL 05 Hohenstein-Ernstthal (Chemnitz), SV Einheit Kamenz (Dresden) und VfK Blau-Weiß Leipzig 1892 (Leipzig).

Wernesgrüner Sachsenliga 2007/08

	Erzg. Aue II	Lok Leipzig	Laubegast	Dynamo II	BSV Sebnitz	Chemnitz	Markkleeberg	Bannewitz	FC Sachsen II	Pirna-Copitz	Bornaer SV	Neugersdorf	Görlitz	Freiberg	Grimma	Heidenau
FC Erzgebirge Aue II	X	2:0	3:0	1:1	2:1	0:1	1:0	3:0	1:0	0:1	4:0	2:1	5:2	5:0	5:0	2:1
1. FC Lokomotive Leipzig	0:0	X	1:0	2:1	1:4	2:0	2:1	4:2	0:0	2:0	2:1	1:0	1:0	3:0	3:0	3:0
FV Dresden 06 Laubegast	3:1	1:1	X	1:2	2:2	5:2	5:0	2:2	3:1	2:1	3:2	2:1	5:1	1:0	3:0	4:1
SG Dynamo Dresden II	0x2	2:0	0:0	X	1:0	0x2	1:0	4:2	2:1	2:1	3:2	4:1	0x2	2:0	7:3	6:0
BSV 68 Sebnitz	1:6	0:0	3:2	1:1	X	6:0	1:2	4:3	1:1	1:0	4:2	3:1	0:4	1:0	5:0	5:2
VfB Fortuna Chemnitz	1:4	0:1	0:0	2:2	6:1	X	2:1	3:0	1:1	3:1	2:2	3:0	3:1	1:4	7:0	1:1
Kickers 94 Markkleeberg	2:5	0:4	0:1	2:1	1:3	2:0	X	0:0	1:1	0:1	0:0	0:0	2:1	6:0	1:0	1:2
SV Bannewitz	2:2	0:1	1:3	1:0	0:2	0:1	2:1	X	2:2	2:1	4:0	4:0	0:0	2:2	4:0	3:1
FC Sachsen Leipzig II	1:5	1:3	1:1	2:2	1:0	2:3	1:3	0:2	X	0:0	1:1	0:0	3:1	6:1	4:0	3:0
VfL Pirna-Copitz 07	1:4	1:1	3:2	0:3	2:2	3:2	1:3	2:0	1:1	X	1:2	0:3	4:1	1:0	2:0	1:2
Bornaer SV 91	1:2	2:0	1:4	1:2	3:0	0:1	1:2	1:0	0:1	1:0	X	1:1	2:0	0:0	1:2	3:0
FC Oberlausitz Neugersdorf	0:2	1:2	1:3	1:1	0:3	3:1	0:0	0:0	0:2	0:0	1:1	X	1:1	1:4	3:1	4:1
NFV Gelb-Weiß Görlitz 09	2:2	0:4	0:4	0:2	0:2	1:0	0:6	1:0	0:1	3:2	0:2	X	1:3	1:1	2:2	
BSC Freiberg	2:0	0x2	0:6	2:3	1:3	1:1	1:2	2:2	3:1	0:3	1:2	0:1	0:3	X	0:2	0:0
SV 1919 Grimma	0:3	1:2	0:5	0:2	0:4	0:1	3:1	1:0	0:4	1:1	0:5	2:1	1:0	1:2	X	1:0
Heidenauer SV	0:3	0:1	1:4	2:2	2:2	0:2	1:2	0x2	0:1	2:3	3:3	0:2	1:2	0:0	2:2	X

Das Spiel Heidenauer SV gegen SV Bannewitz (2:3) wurde wegen unzulässigem Spieleinsatz von Stefan Richter mit 0:2 gewertet. Das Spiel SG Dynamo Dresden II gegen NFV Gelb-Weiß Görlitz 09 (7:2) wurde wegen unzulässigem Spieleinsatz von Sascha Pfeffer mit 0:2 gewertet. Das Spiel SG Dynamo Dresden II gegen FC Erzgebirge Aue II (3:1) wurde wegen unzulässigem Spieleinsatz von Maik Kegel mit 0:2 gewertet. Das Spiel SG Dynamo Dresden II gegen VfB Fortuna Chemnitz (4:0) wurde wegen unzulässigem Spieleinsatz von Maik Kegel, Sascha Pfeffer und Roland Wolf mit 0:2 gewertet. Das Spiel Bergstädtischer SC Freiberg gegen 1. FC Lokomotive Leipzig wurde mit 0:2 gewertet (der SFV hatte das Spiel abgesetzt, da Freiberg angeblich die Sicherheitsvorkehrungen für das Spiel nicht gewährleisten konnte und einer Verlegung der Partie nach Chemnitz nicht zustimmte).
Die Spiele FV Dresden 06 Laubegast - 1. FC Lokomotive Leipzig und SV Bannewitz - 1. FC Lokomotive Leipzig wurden in Leipzig und das Spiel SV Bannewitz - SV 1919 Grimma in Dippoldiswalde ausgetragen. FC Erzgebirge Aue II hat 10 seiner 15 Heimspiele in Grünhain-Beierfeld ausgetragen.

Torschützenliste:

Platz	Spieler (Mannschaft)	Tore
1.	Müller, Markus (FC Erzgebirge Aue II)	26
2.	Blankenburg, Roy (FC Erzgebirge Aue II)	20
3.	Kutschke, Stefan (Dresden Laubegast)	19
4.	Marx, Torsten (SG Dynamo Dresden II)	16
5.	Wecker, Tino (SV Bannewitz)	16
6.	Nebes, Pierre (BSV 68 Sebnitz)	15
7.	Seifert, Frank (FV Dresden 06 Laubegast)	15
8.	Hänel, Danilo (VfB Fortuna Chemnitz)	14
9.	Fraunholz, Benjamin (Bornaer SV 91)	14

Zuschauerstatistik:

Mannschaft	gesamt	Schnitt
1. FC Lok Leipzig *	60.189	3.541
Sachsen Leipzig II	13.088	873
Dynamo Dresden II	9.029	602
Erzgebirge Aue II	6.599	440
Gelb-Weiß Görlitz	6.232	415
BSC Freiberg *	5.270	377
Kick. Markkleeberg	5.570	371
BSV 68 Sebnitz	4.935	329
Bornaer SV 91	4.820	321
Heidenauer SV	4.444	296
Fortuna Chemnitz	4.260	284
VfL Pirna-Copitz 07	3.440	229
SV Bannewitz *	3.148	225
Dresden Laubegast *	3.078	220
SV 1919 Grimma	3.234	216
FCO Neugersdorf	2.903	194
	140.239	587

* 1. FC Lok Leipzig 17 Heimspiele;
SV Bannewitz, FV Dresden 06 Laubegast und BSC Freiberg 14 Heimspiele

Verbandsliga Westfalen, Staffel 1 (Nord/Ost)

Pl.	(Vj.)	Mannschaft		Sp	S	U	N	Tore	TD	Pkt	Sp	S	U	N	Tore	Pkt	Sp	S	U	N	Tore	Pkt
						Gesamtbilanz							**Heimbilanz**						**Auswärtsbilanz**			
1.	(↓)	VfB Hüls	↑	28	17	6	5	52-26	+26	57	14	9	3	2	30-13	30	14	8	3	3	22-13	27
2.	(6.)	SC Paderborn 07 II		28	16	6	6	48-24	+24	54	14	7	3	4	21-14	24	14	9	3	2	27-10	30
3.	(4.)	SV Westfalia Rhynern		28	17	2	9	73-40	+33	53	14	7	2	5	32-19	23	14	10	0	4	41-21	30
4.	(11.)	TuS Hiltrup		28	17	2	9	70-43	+27	53	14	9	1	4	37-22	28	14	8	1	5	33-21	25
5.	(5.)	SuS Stadtlohn		28	15	7	6	61-28	+33	52	14	8	3	3	35-14	27	14	7	4	3	26-14	25
6.	(↑)	FC 96 Recklinghausen	→	28	13	2	13	49-55	−6	41	14	7	1	6	27-31	22	14	6	1	7	22-24	19
7.	(↓)	SpVgg Emsdetten 05		28	11	6	11	42-45	−3	39	14	5	4	5	18-21	19	14	6	2	6	24-24	20
8.	(3.)	SV Davaria Davensberg		28	10	8	10	51-58	−7	38	14	5	7	2	25-22	22	14	5	1	8	26-36	16
9.	(12.)	SV Rot-Weiß Erlinghausen		28	10	6	12	41-52	−11	36	14	7	1	6	23-27	22	14	3	5	6	18-25	14
10.	(↑)	Rot-Weiß Horn		28	10	4	14	44-64	−20	34	14	7	1	6	24-26	22	14	3	3	8	20-38	12
11.	(9.)	SV Borussia Emsdetten		28	7	10	11	46-54	−8	31	14	4	4	6	24-29	16	14	3	6	5	22-25	15
12.	(10.)	SuS Neuenkirchen		28	8	5	15	42-60	−18	29	14	4	2	8	21-31	14	14	4	3	7	21-29	15
13.	(7.)	SpVgg Brakel		28	8	4	16	41-58	−17	28	14	4	1	9	16-24	13	14	4	3	7	25-34	15
14.	(↑)	SC Rot-Weiß Maaslingen	↓	28	7	4	17	45-73	−28	25	14	4	2	8	24-38	14	14	3	2	9	21-35	11
15.	(13.)	SpVgg Vreden	↓	28	5	6	17	36-61	−25	21	14	3	4	7	21-32	13	14	2	2	10	15-29	8
16.	(13.[2])	SG Wattenscheid 09 II	↓	0						vor Saisonbeginn zurückgezogen												

Die Liga wird zur nächsten Saison in Westfalenliga I umbenannt und spielt mit 18 Mannschaften.

Absteiger aus der Oberliga Westfalen: SC Wiedenbrück 2000, SpVgg Erkenschwick, FC Eintracht Rheine, SV Lippstadt 08 und Rot-Weiss Ahlen II.
Aufsteiger in die neue NRW-Liga: VfB Hüls
Wechsel in Staffel 2: FC 96 Recklinghausen.
Absteiger in die Landesligen: SG Wattenscheid 09 II (Gr. 3), SpVgg Vreden (Gr. 4) und SC Rot-Weiß Maaslingen (Gr. 1).
Aufsteiger aus den Landesligen: TuS Dornberg (Gruppe 1) und SV DJK Grün-Weiß Nottuln (Gruppe 4).

Verbandsliga Westfalen Staffel 1 2007/08

	VfB Hüls	Paderborn 07 II	Westf. Rhynern	TuS Hiltrup	SuS Stadtlohn	Recklinghausen	SpVgg Emsdetten	Dav. Davensberg	RW Erlinghausen	Rot-Weiß Horn	Bor. Emsdetten	Neuenkirchen	SpVgg Brakel	RW Maaslingen	SpVgg Vreden
VfB Hüls	×	1:3	3:1	0:1	1:1	2:0	3:0	4:1	3:1	0:0	2:2	3:0	4:1	3:2	1:0
SC Paderborn 07 II	2:0	×	1:3	0:1	1:1	0:1	1:0	1:2	3:1	1:0	2:2	2:2	1:0	4:0	2:1
SV Westfalia. Rhynern	0:1	1:1	×	3:2	2:0	3:0	2:0	3:3	1:2	2:4	1:2	5:1	3:0	2:3	4:0
TuS Hiltrup	2:4	0:1	4:2	×	2:3	3:1	0:1	4:1	2:2	3:0	4:1	3:1	3:1	4:2	3:2
SuS Stadtlohn	0:1	0:1	0:1	3:1	×	2:1	3:3	3:0	1:1	5:1	2:2	4:1	8:1	3:0	1:0
FC 96 Recklinghausen	1:3	2:1	2:6	0:5	0:1	×	0:0	2:5	2:1	3:1	3:2	0:3	4:1	5:2	3:0
SpVgg Emsdetten 05	1:0	1:1	1:2	4:0	0:5	0:2	×	1:0	2:0	2:2	1:1	2:1	1:3	1:3	1:1
SV Davaria Davensberg	1:1	1:4	2:0	1:1	2:2	2:2	3:5	×	2:0	4:2	2:2	1:1	1:1	1:0	2:1
SV Rot-Weiß Erlinghausen	0:3	0:1	1:4	1:0	3:2	1:2	0:1	4:2	×	4:1	1:0	3:2	0:5	2:2	3:2
Rot-Weiß Horn	2:3	1:0	2:3	1:4	0:3	2:0	3:2	4:3	1:3	×	0:0	2:1	0:2	3:2	3:0
SV Borussia Emsdetten	1:1	0:4	3:2	3:5	0:0	2:3	4:2	1:0	1:1	1:2	×	1:2	3:3	3:1	1:3
SuS Neuenkirchen	0:2	2:2	0:2	1:2	1:3	0:3	0:5	1:2	4:2	3:4	4:2	×	3:1	1:0	1:1
SpVgg Brakel	0:1	0:1	0:5	3:1	0:3	2:1	0:1	1:3	1:2	4:0	0:2	0:0	×	2:3	3:1
SC Rot-Weiß Maaslingen	2:1	1:3	1:5	1:8	0:2	3:2	3:1	6:0	1:1	2:2	1:3	2:4	0:3	×	1:3
SpVgg Vreden	1:1	0:4	1:5	0:2	2:0	2:4	2:3	1:4	1:1	4:1	2:1	1:2	3:3	1:1	×

Torschützenliste:

Platz	Spieler (Mannschaft)	Tore
1.	Traufetter, Björn (SV Westfalia Rhynern)	31
2.	Telsemeyer, Frederik (SV Borussia Emsdetten)	22
3.	Anfang, Lars (TuS Hiltrup)	21
4.	Daldrup, Philipp (TuS Hiltrup)	16
	Temelkov, Oliver (SuS Stadtlohn)	16
6.	Bennis, Björn (SuS Stadtlohn)	13
7.	Voogtsgeerd, Nick (SuS Stadtlohn)	11
	Eisenkopf, Daniel (FC 96 Recklinghausen)	11
	Herdin, Gunwald (SV Davaria Davensberg)	11
	Berlinski, Daniel (SV Rot-Weiß Erlinghausen)	11
	Wallbaum, Marcel (SC Rot-Weiß Maaslingen)	11

Verbandsliga Westfalen, Staffel 2 (Süd/West)

Pl.	(Vj.)	Mannschaft		Sp	S	U	N	Tore	TD	Pkt	Sp	S	U	N	Tore	Pkt	Sp	S	U	N	Tore	Pkt
								Gesamtbilanz							Heimbilanz						Auswärtsbilanz	
1.	(↓)	SG Wattenscheid 09	↑	30	23	4	3	87-28	+59	73	15	14	0	1	50-14	42	15	9	4	2	37-14	31
2.	(4.)	DSC Wanne-Eickel		30	19	7	4	64-29	+35	64	15	11	4	0	29-9	37	15	8	3	4	35-20	27
3.	(8.)	TuS Erndtebrück		30	20	3	7	63-34	+29	63	15	9	2	4	29-19	29	15	11	1	3	34-15	34
4.	(5.)	Sportfreunde Siegen II		30	14	5	11	61-38	+23	47	15	8	2	5	34-17	26	15	6	3	6	27-21	21
5.	(7.)	TuRa Rüdinghausen		30	12	9	9	59-43	+16	45	15	7	3	5	38-26	24	15	5	6	4	21-17	21
6.	(↑)	FC Borussia Dröschede		30	13	6	11	51-56	−5	45	15	9	3	3	29-19	30	15	4	3	8	22-37	15
7.	(↑)	BV Brambauer 13/45		30	12	6	12	56-60	−4	42	15	8	2	5	30-26	26	15	4	4	7	26-34	16
8.	(9.)	VfL Schwerte		30	11	6	13	51-54	−3	39	15	5	4	6	25-24	19	15	6	2	7	26-30	20
9.	(3.)	SV Vorwärts Kornharpen		30	11	6	13	53-63	−10	39	15	7	3	5	32-27	24	15	4	3	8	21-36	15
10.	(↑)	SuS Langscheid/Enkhausen		30	11	6	13	51-63	−12	39	15	6	4	5	35-25	22	15	5	2	8	16-38	17
11.	(↑)	SV Herbede		30	10	8	12	50-46	+4	38	15	5	5	5	23-19	20	15	5	3	7	27-27	18
12.	(6.)	SC Hassel		30	10	6	14	40-45	−5	36	15	7	1	7	23-21	22	15	3	5	7	17-24	14
13.	(11.)	TSV Weißtal		30	10	4	16	40-56	−16	34	15	5	3	7	17-25	18	15	5	1	9	23-31	16
14.	(14.[1])	Lüner SV	↓	30	8	9	13	52-61	−9	33	15	7	7	1	36-16	28	15	1	2	12	16-45	5
15.	(10.)	SSV Buer 07/28	↓	30	8	5	17	33-56	−23	29	15	5	3	7	19-27	18	15	3	2	10	14-29	11
16.	(12.)	DJK TuS Hordel	↓	30	2	2	26	29-108	−79	8	15	0	0	15	17-60	0	15	2	2	11	12-48	8

Die Liga wird zur nächsten Saison in Westfalenliga II umbenannt und spielt mit 18 Mannschaften.

Absteiger aus der Oberliga Westfalen: TSG Sprockhövel und DJK Germania Gladbeck.
Aufsteiger in die neue NRW-Liga: SG Wattenscheid 09.
Absteiger in die Landesligen: DJK TuS Hordel (Gruppe 3), SSV Buer 07/28 (Gruppe 3) und Lüner SV (Gruppe 5).
Wechsel aus Staffel 1: FC 96 Recklinghausen.
Aufsteiger aus den Landesligen: SpVgg Olpe (Gruppe 2), ASC Dortmund 09 (Gruppe 3) und SSV Mühlhausen (Gruppe 5).

Verbandsliga Westfalen Staffel 2 2007/08

	Wattenscheid 09	Wanne-Eickel	TuS Erndtebrück	Sportfr. Siegen II	Rüdinghausen	Bor. Dröschede	Brambauer 13/45	VfL Schwerte	Vorw. Kornharpen	Langscheid/Enkh.	SV Herbede	SC Hassel	TSV Weißtal	Lüner SV	SSV Buer 07/28	DJK TuS Hordel
SG Wattenscheid 09	×	2:1	5:2	3:2	4:2	1:0	3:1	6:1	5:1	1:2	3:0	1:0	3:2	2:0	2:0	9:0
DSC Wanne-Eickel	1:1	×	3:1	2:1	2:0	1:0	2:0	1:0	1:1	1:1	1:0	1:1	3:0	4:0	3:1	3:2
TuS Erndtebrück	0:0	1:3	×	2:3	2:0	1:3	2:0	0:3	3:0	1:1	2:1	3:0	4:1	3:2	1:0	4:2
Sportfreunde Siegen II	0:5	3:0	0:1	×	0:1	1:1	3:1	4:2	2:0	6:0	3:1	0:1	0:2	5:1	1:1	6:0
TuRa Rüdinghausen	1:2	1:1	1:4	0:4	×	7:0	3:3	3:2	6:0	1:2	1:2	3:3	1:0	3:2	3:1	4:0
FC Borussia Dröschede	1:3	3:2	2:0	1:0	0:0	×	2:2	3:1	2:1	3:1	2:1	2:2	1:4	2:0	1:2	4:0
BV Brambauer 13/45	0:2	1:4	0:3	2:0	1:1	3:2	×	3:0	1:3	2:1	2:5	4:1	3:2	2:2	3:0	3:0
VfL Schwerte	1:1	0:1	1:3	0:0	0:4	1:1	1:2	×	3:2	4:0	3:4	0:0	2:4	4:1	2:1	3:0
SV Vorwärts Kornharpen	4:1	1:6	1:3	0:3	1:1	6:0	2:2	1:5	×	5:1	2:2	1:0	2:1	4:0	2:1	0:1
SuS Langscheid/Enkhausen	4:1	0:0	1:5	2:3	1:1	7:2	4:0	1:1	2:3	×	5:3	0:3	0:1	5:0	2:1	1:1
SV Herbede	1:1	0:1	0:1	1:2	3:2	1:1	0:2	1:2	0:0	3:0	×	2:1	2:2	4:1	2:2	3:1
SC Hassel	0:5	4:2	0:2	2:1	1:2	1:2	2:0	0:1	6:2	0:1	0:1	×	1:0	2:2	2:0	2:0
TSV Weißtal	1:2	1:3	0:4	1:0	0:4	0:2	4:2	1:1	1:1	1:3	1:0	4:1	×	2:0	0:2	0:0
Lüner SV	0:3	1:1	0:0	1:1	1:1	3:2	2:2	5:2	2:0	7:0	1:1	0:0	4:1	×	4:0	5:2
SSV Buer 07/28	0:5	2:3	0:1	2:2	1:1	3:0	1:4	0:3	0:3	2:0	1:1	1:0	4:1	1:0	×	1:3
DJK TuS Hordel	0:5	0:7	1:4	2:5	0:1	1:6	3:5	1:2	2:4	1:3	0:5	2:4	1:2	2:5	1:2	×

Torschützenliste:

Platz	Spieler (Mannschaft)	Tore
1.	Janas, Sebastian (Vorwärts Kornharpen	26
2.	Ropkas, Dimitrios (SG Wattenscheid 09)	25
3.	Nitsche, Thorsten (BV Brambauer 13/45)	18
4.	Burgio, Vincenzo (Borussia Dröschede)	17
	Hanke, Dominik (Lüner SV)	17
6.	Grabowski, Thomas (SV Herbede)	16
	Kumac, Osman (Lüner SV)	16
8.	Waldrich, Markus (TSV Weißtal)	14
9.	Flamme, David (VfL Schwerte)	13
	Toku, Farati (SG Wattenscheid 09)	13

Zuschauerstatistik:

Mannschaft	gesamt	Schnitt
SG Wattenscheid 09	10.620	708
DSC Wanne-Eickel	6.330	422
Borussia Dröschede	5.525	368
TSV Weißtal	5.446	363
BV Brambauer 13/45	5.348	357
Lüner SV	4.445	296
Vorwärts Kornharpen	4.300	287
SV Herbede	4.148	277
TuRa Rüdinghausen	4.073	272
SC Hassel	3.850	257
SSV Buer 07/28	3.680	245
Langscheid/Enkhsn.	3.430	229
DJK TuS Hordel	3.400	227
SF Siegen II	3.360	224
VfL Schwerte	3.244	216
TuS Erndtebrück	3.085	206
	74.284	310

Verbandsliga Niederrhein

Pl.	(Vj.)	Mannschaft		Sp	S	U	N	Tore	TD	Pkt	Sp	S	U	N	Tore	Pkt	Sp	S	U	N	Tore	Pkt
						Gesamtbilanz							Heimbilanz						Auswärtsbilanz			
1.	(2.)	Rot-Weiss Essen II	↑	30	25	4	1	76-23	+53	79	15	12	3	0	41-11	39	15	13	1	1	35-12	40
2.	(↑)	Spvg Radevormwald	↓	30	17	8	5	57-30	+27	59	15	9	3	3	30-13	30	15	8	5	2	27-17	29
3.	(10.)	SV Viktoria Goch		30	16	7	7	59-35	+24	55	15	9	3	3	35-19	30	15	7	4	4	24-16	25
4.	(3.)	1. FC Wülfrath		30	16	7	7	44-24	+20	55	15	9	3	3	16- 5	30	15	7	4	4	28-19	25
5.	(4.)	SC Kapellen-Erft		30	12	10	8	57-40	+17	46	15	4	5	6	25-25	17	15	8	5	2	32-15	29
6.	(13.)	SV Hönnepel-Niedermörmter		30	11	13	6	46-29	+17	46	15	7	6	2	30-13	27	15	4	7	4	16-16	19
7.	(↓)	1. FC Union Solingen		30	13	5	12	31-34	−3	44	15	4	4	7	12-18	16	15	9	1	5	19-16	28
8.	(11.)	1. FC Viersen		30	11	9	10	39-37	+2	42	15	9	3	3	22-14	30	15	2	6	7	17-23	12
9.	(9.)	Cronenberger SC		30	12	4	14	47-44	+3	40	15	6	2	7	33-26	20	15	6	2	7	14-18	20
10.	(5.)	Ratinger SpVgg Germania 04/19		30	11	5	14	37-44	−7	38	15	3	3	9	12-21	12	15	8	2	5	25-23	26
11.	(↑)	SC Düsseldorf-West		30	10	5	15	53-60	−7	35	15	6	2	7	28-30	20	15	4	3	8	25-30	15
12.	(8.)	Sportfreunde Baumberg	↓	30	9	6	15	40-53	−13	33	15	6	4	5	25-20	22	15	3	2	10	15-33	11
13.	(7.)	VfL Rhede	↓	30	7	7	16	39-54	−15	28	15	6	2	7	26-23	20	15	1	5	9	13-31	8
14.	(12.)	VfB 03 Hilden	↓	30	8	3	19	40-70	−30	27	15	4	2	9	21-32	14	15	4	1	10	19-38	13
15.	(↓)	1. FC Bocholt	↓	30	7	3	20	35-72	−37	24	15	5	2	8	25-28	17	15	2	1	12	10-44	7
16.	(↑)	GSV 1910 Moers	↓	30	5	4	21	25-76	−51	19	15	3	3	9	14-32	12	15	2	1	12	11-44	7

Die Liga wird zur nächsten Saison in Niederrheinliga umbenannt und spielt mit 18 Mannschaften.

Absteiger aus der Oberliga Nordrhein: SV 19 Straelen, VfB Speldorf, VfB Homberg, TuRU Düsseldorf, KFC Uerdingen 05 und Wuppertaler SV Borussia II.
Aufsteiger in die neue NRW-Liga: Rot-Weiss Essen II.
Absteiger in die Landesliga: GSV 1910 Moers, 1. FC Bocholt, VfL Rhede (Gruppe 3), VfB 03 Hilden, Sportfreunde Baumberg (Gruppe 2) und Spvg Radevormwald (Gruppe 1; freiwillig).
Aufsteiger aus der Landesliga: SpVg Schonebeck (Gruppe 1), SV 19 Straelen II (Gruppe 2) und TuRa 88 Duisburg (Gruppe 3).

Verbandsliga Niederrhein 2007/08

	RW Essen II	Radevormwald	Viktoria Goch	1. FC Wülfrath	SC Kapellen-Erft	Hönnepel-Nieder.	Union Solingen	1. FC Viersen	Cronenberger SC	Germ. Ratingen	Düsseldorf-West	SF Baumberg	VfL Rhede	VfB 03 Hilden	1. FC Bocholt	GSV Moers
Rot-Weiss Essen II	×	1:0	5:3	3:1	3:2	0:0	1:0	2:2	2:1	2:0	4:0	5:0	2:2	2:0	6:0	3:0
Spvg Radevormwald	0:0	×	2:0	3:0	1:1	1:3	1:2	3:1	3:0	2:1	2:0	0:0	2:1	1:3	3:1	6:0
SV Viktoria Goch	1:4	2:3	×	2:2	1:4	1:1	1:0	1:1	2:1	5:1	2:1	1:0	2:0	8:0	4:1	2:0
1. FC Wülfrath	0:1	0:0	1:0	×	1:0	0:0	1:2	1:0	2:0	0:1	1:1	2:0	1:0	2:0	2:0	2:0
SC Kapellen-Erft	0:1	2:2	1:3	3:3	×	1:1	4:2	1:1	0:2	2:4	0:3	1:1	4:0	4:0	0:1	2:1
SV Hönnepel-Niedermörmter	3:2	2:2	0:0	0:1	1:1	×	1:1	1:1	0:1	1:1	3:0	3:1	2:0	6:2	3:0	4:0
1. FC Union Solingen	0:2	1:0	0:2	0:3	1:2	1:3	×	3:1	0:0	0:2	1:1	2:0	0:0	0:1	1:1	2:0
1. FC Viersen	0:2	0:1	0:2	2:1	2:2	1:0	2:1	×	2:1	3:0	1:1	2:1	2:1	1:1	1:0	3:0
Cronenberger SC	1:3	2:2	0:2	0:2	1:1	5:1	1:2	3:0	×	0:3	2:3	2:3	3:1	5:2	5:1	3:0
Ratinger SpVgg Germania 04/19	0:1	1:3	0:0	1:2	0:1	0:1	1:2	2:2	0:1	×	1:0	1:3	1:3	1:0	1:0	2:2
SC Düsseldorf-West	2:4	1:2	2:3	1:1	1:4	2:1	1:0	1:0	0:1	3:1	×	3:4	3:3	3:2	3:1	2:3
Sportfreunde Baumberg	1:2	1:2	3:2	1:1	0:4	2:2	1:2	0:2	0:0	0:0	2:1	×	3:0	1:0	6:2	4:0
VfL Rhede	1:3	2:2	0:1	1:3	1:3	0:0	1:2	1:0	2:1	2:3	4:1	3:1	×	0:3	4:0	4:0
VfB 03 Hilden	0:3	1:3	0:4	2:1	0:0	0:2	0:1	0:4	1:2	2:4	3:2	4:1	1:1	×	5:1	2:3
1. FC Bocholt	2:4	1:2	1:1	0:1	2:6	1:0	0:1	3:1	1:2	1:2	2:3	3:0	1:1	4:2	×	3:2
GSV 1910 Moers	1:3	0:3	1:1	0:6	0:1	1:1	0:1	1:1	3:1	0:2	2:8	1:0	4:0	0:3	0:1	×

Torschützenliste:

Platz	Spieler (Mannschaft)	Tore
1.	Said, Chamdin (Rot-Weiss Essen II)	25
2.	Butziat, Taufik (Spvg Radevormwald)	20
3.	Raddatz, Sven (SC Kapellen-Erft)	19
4.	Uzun, Emrah (Rot-Weiss Essen II)	16
	Kus, Asim (SV Viktoria Goch)	16
6.	Kägebein, René (SC Düsseldorf-West)	15
7.	Tiganj, Ernest (SV Viktoria Goch)	14
8.	Elsinghorst, Tim (VfL Rhede)	11
	Rehag, Daniel (Germania Ratingen)	11
10.	Banas, Lukas (VfL Rhede)	10
	Bayrak, Dogukan (SC Kapellen-Erft)	10

Zuschauerstatistik:

Mannschaft	gesamt	Schnitt
1. FC Union Solingen	6.650	443
1. FC Bocholt	5.680	379
VfL Rhede	5.430	362
Germania Ratingen	4.850	323
SC Kapellen-Erft	4.640	309
1. FC Wülfrath	4.403	294
VfB 03 Hilden	4.320	288
Spvg Radevormwald	4.171	278
Rot-Weiss Essen II	4.036	269
SV Viktoria Goch	3.803	254
SF Baumberg	3.800	253
Cronenberger SC	3.650	243
1. FC Viersen	3.450	230
Hönnepel-Niederm.	3.400	227
SC Düsseldorf-West	3.383	226
GSV 1910 Moers	2.826	188
	68.492	285

Verbandsliga Mittelrhein

Pl.	(Vj.)	Mannschaft		Sp	S	U	N	Tore	TD	Pkt	Sp	S	U	N	Tore	Pkt	Sp	S	U	N	Tore	Pkt
								Gesamtbilanz							Heimbilanz						Auswärtsbilanz	
1.	(10.)	VfL Leverkusen		30	20	3	7	70-32	+38	63	15	13	2	0	40- 9	41	15	7	1	7	30-23	22
2.	(9.)	SC Fortuna Köln	↑	30	20	2	8	76-46	+30	62	15	11	0	4	43-23	33	15	9	2	4	33-23	29
3.	(2.)	FC Junkersdorf		30	17	7	6	78-37	+41	58	15	11	2	2	44-15	35	15	6	5	4	34-22	23
4.	(8.)	SCB Viktoria Köln		30	18	4	8	55-33	+22	58	15	11	2	2	32-11	35	15	7	2	6	23-22	23
5.	(6.)	FC Germania Lich-Steinstraß		30	14	7	9	62-49	+13	49	15	9	3	3	33-21	30	15	5	4	6	29-28	19
6.	(4.)	SC Borussia Freialdenhoven		30	14	5	11	62-57	+5	47	15	8	3	4	39-29	27	15	6	2	7	23-28	20
7.	(↓)	Gürzenicher FC Düren 09		30	13	4	13	53-43	+10	43	15	9	2	4	35-17	29	15	4	2	9	18-26	14
8.	(5.)	Sportfreunde Troisdorf		30	12	6	12	42-44	–2	42	15	5	4	6	16-20	19	15	7	2	6	26-24	23
9.	(↑)	FC Hennef 05		30	10	10	10	55-47	+8	40	15	4	5	6	22-28	17	15	6	5	4	33-19	23
10.	(11.)	SpVgg Wesseling-Urfeld		30	11	7	12	50-43	+7	40	15	5	2	8	28-23	17	15	6	5	4	22-20	23
11.	(3.)	FC Wegberg-Beeck		30	11	6	13	62-48	+14	39	15	4	4	7	36-28	16	15	7	2	6	26-20	23
12.	(7.)	VfL Rheinbach		30	12	3	15	56-64	–8	39	15	6	1	8	28-28	19	15	6	2	7	28-36	20
13.	(↑)	VfL Alfter	↓	30	9	9	12	38-56	–18	36	15	8	5	2	25-18	29	15	1	4	10	13-38	7
14.	(↑)	Kaller SC	↓	30	9	4	17	30-55	–25	31	15	5	2	8	16-24	17	15	4	2	9	14-31	14
15.	(↑)	DJK Westwacht 08 Aachen	↓	30	8	5	17	50-65	–15	29	15	5	4	6	34-28	19	15	3	1	11	16-37	10
16.	(12.)	FC Rhenania Eschweiler	↓	30	0	2	28	14-134	–120	2	15	0	1	14	7-53	1	15	0	1	14	7-81	1

Die Liga wird zur nächsten Saison in Mittelrheinliga umbenannt.

Absteiger aus der Oberliga Nordrhein: SV Bergisch Gladbach 09.
Aufsteiger in die neue NRW-Liga: SC Fortuna Köln (VfL Leverkusen wurde die Lizenz für die NRW-Liga verweigert).
Absteiger in die Landesliga: FC Rhenania Eschweiler, DJK Westwacht 08 Aachen, Kaller SC (Staffel 2) und VfL Alfter (Staffel 1).
Aufsteiger aus der Landesliga: SC Renault Brühl, FC Hürth (Staffel 1), FC Germania Teveren und FC Düren-Niederau (Staffel 2).

Verbandsliga Mittelrhein 2007/08

	VfL Leverkusen	Fortuna Köln	FC Junkersdorf	Viktoria Köln	Lich-Steinstraß	Freialdenhoven	GFC Düren 09	SF Troisdorf	FC Hennef 05	Wesseling-Urfeld	Wegberg-Beeck	VfL Rheinbach	VfL Alfter	Kaller SC	Westwacht Aachen	Rhen. Eschweiler
VfL Leverkusen	×	1:1	2:2	2:1	1:0	4:0	2:1	3:2	2:1	1:0	4:0	4:0	2:0	3:0	3:1	6:0
SC Fortuna Köln	4:2	×	4:2	0:2	5:2	2:1	2:1	2:0	1:4	6:0	1:3	0:1	3:1	5:2	4:1	4:1
FC Junkersdorf	3:0	1:4	×	4:1	1:1	6:0	1:0	3:1	2:2	1:2	3:1	3:1	5:0	1:0	3:2	7:0
SCB Viktoria Köln	4:1	4:0	0:5	×	4:1	1:0	4:2	1:0	1:1	0:0	0:1	3:0	3:0	1:0	2:0	4:0
FC Germania Lich-Steinstraß	0:4	1:0	3:2	1:0	×	3:1	1:1	1:2	0:2	2:1	2:2	3:2	3:0	4:1	2:2	7:1
SC Borussia Freialdenhoven	3:1	1:3	1:0	5:2	5:4	×	4:0	1:3	3:2	3:3	2:1	3:3	0:3	6:0	0:2	2:2
Gürzenicher FC Düren 09	1:0	3:0	2:1	2:4	2:0	4:1	×	1:2	2:2	0:2	1:3	3:0	5:0	1:1	7:1	1:0
Sportfreunde Troisdorf	1:1	2:3	0:3	0:0	1:2	1:5	2:1	×	0:1	1:1	1:0	1:2	1:0	0:0	2:0	3:1
FC Hennef 05	0:2	0:2	2:4	2:3	0:0	1:4	3:0	1:1	×	1:1	1:1	4:2	3:3	2:1	1:4	1:0
SpVgg Wesseling-Urfeld	0:5	1:0	1:1	0:1	1:2	1:2	1:2	2:4	1:1	×	1:0	2:3	4:1	0:1	3:0	10:0
FC Wegberg-Beeck	0:2	3:3	2:2	3:2	2:4	0:0	1:2	3:0	1:3	2:3	×	3:4	1:1	1:2	3:0	11:0
VfL Rheinbach	0:2	2:3	0:1	2:0	1:1	2:1	1:2	3:4	0:4	0:4	2:3	×	4:2	3:0	4:0	4:1
VfL Alfter	3:0	0:5	1:1	0:0	3:2	1:1	1:0	2:1	3:2	1:1	0:0	2:2	×	1:2	2:1	4:0
Kaller SC	1:2	1:3	0:5	0:1	1:1	0:2	2x0	1:4	0:0	1:0	0:2	0:3	3:1	×	1:0	5:0
DJK Westwacht 08 Aachen	2:1	2:3	3:3	1:3	1:3	1:2	1:1	0:0	3:2	1:2	1:3	3:2	1:1	2:1	×	12:1
FC Rhenania Eschweiler	1:7	1:3	1:2	0:3	0:6	1:3	0:2	0:2	0:6	0:2	0:6	2:3	0:0	1:3	0:2	×

Das Spiel Kaller SC – Gürzenicher FC Düren 09 (0:3 vom 25.08.2007) wurde gewertet.

Torschützenliste:

Platz Spieler (Mannschaft) — Tore
1. Stasiulewski, Marco (SC Fortuna Köln) — 23
   Wendt, Jonas (SCB Viktoria Köln) — 23
3. Millitürk, Deniz (Sportfreunde Troisdorf) — 19
4. Giron, Dennis (DJK Westwacht Aachen) — 18
5. Winterstein, Thomas (FC Junkersdorf) — 16
6. Ahrens, Volker (VfL Rheinbach) — 15
   Schneider, Thomas (FC Hennef 05) — 15
   Thelen, Michael (Bor. Freialdenhoven) — 15
9. Ajuay, Kelly (Germania Lich-Steinstraß) — 14
   Öztürk, Deniz (VfL Leverkusen) — 14

Rheinlandliga

Pl.	(Vj.)	Mannschaft		Sp	S	U	N	Tore	TD	Pkt	Sp	S	U	N	Tore	Pkt	Sp	S	U	N	Tore	Pkt
					Gesamtbilanz							Heimbilanz						Auswärtsbilanz				
1.	(↓)	SG 06 Betzdorf/Sieg	↑	34	24	6	4	74-27	+47	78	17	14	2	1	52-11	44	17	10	4	3	22-16	34
2.	(2.)	SG Bad Breisig	↑	34	23	4	7	76-38	+38	73	17	14	1	2	46-13	43	17	9	3	5	30-25	30
3.	(6.)	SG Burgtal/Burgbrohl/Wassenach		34	16	14	4	54-21	+33	62	17	10	6	1	23- 4	36	17	6	8	3	31-17	26
4.	(4.)	TuS Oberwinter		34	17	7	10	58-38	+20	58	17	11	1	5	35-19	34	17	6	6	5	23-19	24
5.	(9.)	SG Badem/Kyllburg/Gindorf		34	15	9	10	67-52	+15	54	17	10	4	3	43-24	34	17	5	5	7	24-28	20
6.	(↓)	FSV Salmrohr		34	14	9	11	46-39	+7	51	17	8	4	5	29-20	28	17	6	5	6	17-19	23
7.	(↑)	SV Morbach		34	15	5	14	46-45	+1	50	17	11	3	3	31-14	36	17	4	2	11	15-31	14
8.	(3.)	SG Eintracht Lahnstein		34	11	12	11	52-51	+1	45	17	5	6	6	20-21	21	17	6	6	5	32-30	24
9.	(8.)	SG Alfbachtal		34	12	8	14	60-54	+6	44	17	8	2	7	38-27	26	17	4	6	7	22-27	18
10.	(10.)	SpVgg Eintracht GC Wirges II		34	12	7	15	57-55	+2	43	17	9	4	4	36-18	31	17	3	3	11	21-37	12
11.	(11.)	SV Eintracht Dörbach		34	11	9	14	34-46	−12	42	17	4	6	7	14-25	18	17	7	3	7	20-21	24
12.	(14.)	SG Zell/Bullay/Alf		34	12	6	16	35-60	−25	42	17	9	4	4	23-16	31	17	3	2	12	12-44	11
13.	(5.)	SG Langenhahn/Rothenbach		34	9	11	14	49-60	−11	38	17	6	7	4	29-22	25	17	3	4	10	20-38	13
14.	(↑)	Sportfreunde Neitersen		34	7	15	12	32-43	−11	36	17	4	9	4	15-15	21	17	3	6	8	17-28	15
15.	(13.)	TuS Montabaur		34	9	9	16	56-77	−21	36	17	3	5	9	25-37	14	17	6	4	7	31-40	22
16.	(12.)	SG Laufeld/Wallscheid/Niederöff.	↓	34	9	8	17	41-74	−33	35	17	6	4	7	23-36	22	17	3	4	10	18-38	13
17.	(7.)	SV Eintracht Trier 05 II	↓	34	9	7	18	49-80	−31	34	17	5	5	7	32-33	20	17	4	2	11	17-47	14
18.	(↑)	TSV Emmelshausen	↓	34	4	8	22	47-73	−26	20	17	4	4	9	28-36	16	17	0	4	13	19-37	4

Die SG Alfbachtal setzt sich aus den Vereinen SV Udler, SV Strohn, SV Steiningen, SV Ellscheid und SV Gillenfeld zusammen.

Absteiger aus der Oberliga Südwest: FV 07 Engers.
Aufsteiger in die Oberliga Südwest: SG 06 Betzdorf/Sieg und SG Bad Breisig.
Absteiger in die Bezirksligen: TSV Emmelshausen (Mitte), SG Laufeld/Wallscheid/Niederöfflingen, SV Eintracht Trier II (West).
Aufsteiger aus der Bezirksligen: FC Blau-Weiß Karbach (Mitte), SG Mündersbach/Rossbach, SF Eisbachtal (Ost), SV Mehring (West).

Rheinlandliga 2007/08

	Betzdorf	Bad Breisig	Burgbrohl	Oberwinter	Badem	Salmrohr	Morbach	Lahnstein	Alfbachtal	Wirges II	Dörbach	Zell	Langenhahn	Neitersen	Montabaur	Laufeld	Trier II	Emmelshsn.
SG 06 Betzdorf/Sieg	X	2:0	1:1	2:1	3:0	2:0	3:1	0x0	1:1	3:2	4:0	6:0	5:1	2:1	4:0	6:3	6:0	2:0
SG Bad Breisig	0:1	X	3:2	2:0	1:2	1:0	3:1	3:3	3:0	3:1	3:0	3:0	5:0	2:0	5:1	3:0	4:2	2:0
SG Burgtal/Burgbrohl/Wassenach	1:2	1:0	X	0:0	1:1	0:0	3:0	0:0	2:0	2:0	0:0	2:0	1:0	3:0	3:1	0:0	3:0	1:0
TuS Oberwinter	1:0	1:2	0:1	X	3:1	3:0	0:1	0:3	2:1	4:1	1:2	2:1	0:0	5:1	4:1	3:2	3:1	3:1
SG Badem/Kyllburg/Gindorf	5:0	1:3	2:2	4:1	X	1:1	3:2	4:0	2:1	5:0	1:0	2:2	4:3	1:1	3:4	0:1	2:1	3:2
FSV Salmrohr	1:2	1:2	0:3	1:1	2:0	X	1:0	2:3	3:2	2:2	0:1	4:0	3:0	4:2	3:2	0:0	0:0	2:0
SV Morbach	0:1	1:1	2:0	2:2	3:0	1:0	X	4:1	2:0	1:0	3:2	3:0	2:0	2:2	1:2	2:0	0:2	2:1
SG Eintracht Lahnstein	2:2	1:2	1:1	0:0	0:0	1:2	2:1	X	2:3	1:1	1:0	2:3	3:1	1:0	1:3	2:1	0:1	0:0
SG Alfbachtal	1:3	4:1	3:3	1:2	2:1	0:1	1:2	3:1	X	2:1	2:1	3:0	2:3	0:1	1:3	1:1	9:1	3:2
SpVgg Eintracht GC Wirges II	0:2	1:4	2:0	0:2	0:0	1:1	2:0	3:2	3:0	X	0:2	4:0	5:2	2:1	0:0	4:0	7:0	2:2
SV Eintracht Dörbach	1:1	1:4	0:0	0:4	2:2	0:1	1:3	3:0	0:0	0:0	X	1:0	1:0	1:3	0:1	1:3	1:3	1:0
SG Zell/Bullay/Alf	1:0	1:0	0:3	0:1	3:1	2:1	0:1	2:0	1:1	3:0	1:0	X	1:1	2:1	2:2	3:0	0:2	3:1
SG Langenhahn/Rothenbach	0:1	2:2	1:3	2:0	1:1	5:0	3:3	0:0	2:1	0:0	2:3	2:3	X	2:2	0:2	3:1	2:0	2:1
Sportfreunde Neitersen	0:0	1:2	0:0	0:0	4:0	0:0	1:0	0:0	0:4	3:2	0:1	0:0	3:1	X	3:1	1:1	0:0	2:2
TuS Montabaur	1:2	2:2	2:2	2:0	2:4	0:2	1:1	0:7	1:3	0:3	1:3	4:0	2:3	1:0	X	1:3	5:1	1:1
SG Laufeld/Wallscheid/Niederöff.	1:2	1:3	0:7	0:3	0:4	3:1	2:1	0:1	2:2	4:2	1:1	2:0	0:4	0:0	3:3	X	1:0	3:2
SV Eintracht Trier 05 II	1:1	4:1	0:0	1:1	0:4	2:3	2:0	4:4	1:2	1:3	3:5	1:1	2:0	0:1	1:3	4:0	X	5:4
TSV Emmelshausen	0:2	0:1	0:3	2:5	0:2	1:3	1:1	1:4	2:2	1:2	0:1	3:1	2:2	1:1	5:2	5:2	4:2	X

Das Spiel SG 06 Betzdorf – SG Eintracht Lahnstein vom 06.10.2007 (3:0) wurde mit 0:0 Toren für die SG Eintracht Lahnstein gewertet.

Torschützenliste:

Platz	Spieler (Mannschaft)	Tore
1.	Yousuf, Sooud (TuS Montabaur)	25
2.	Beer, Stefan (SpVgg Eintracht GC Wirges II)	23
3.	Stolz, Sebastian (SG Alfbachtal)	20
	Borsch, Thomas (SG Alfbachtal)	20
5.	Besse, Björn (SG Bad Breisig)	18
	Ruthsch, Philipp (TuS Oberwinter)	18
7.	Mayer-Nosbüsch, Michael (SG Badem)	16
	Toppmöller, Marco (SG Laufeld)	16
9.	Lückenbach, Fabian (SG Bad Breisig)	14
	Schwandt, Mike (SG Badem)	14
	Mintgen, Sebastian (SG Brohltal)	14
	Schulz, Hans (SV Dörbach)	14

Qualifikationsspiele zur Verbandsliga Rheinland:

05.06.2008: Sportfreunde Eisbachtal (BzL Ost) – SV Konz (BzL West) 1:0 (0:0)
Tor: 1:0 Reifenscheidt (65.)

05.06.2008: SG Mülheim-Kärlich (BzL Mitte) – SG Laufeld/W./N. (16. VL) 4:0 (2:0)
Tore: 1:0 Kremer (20.), 2:0 Knöll (24.), 3:0 Zuka (83.), 4:0 Knöll (85., Foulelfmeter)

08.06.2008: SG Laufeld/Wallscheid/N. – Sportfreunde Eisbachtal 1:2 (0:0)
Tore: 1:0 Franklin (55.), 1:1 Kämpflein (63.), 1:2 Groß (90.)

08.06.2008: SV Konz – SG Mülheim-Kärlich 4:0 (1:0)
Tore: 1:0 Weires (20.), 2:0 Wrobel (52.), 3:0 Gradwohl (61.), 4:0 Lorenz (68.)

11.06.2008: SG Laufeld/Wallscheid/N. – SV Konz (in Wittlich) 1:2 (0:0)
Tore: 1:0 Franklin (58.), 1:1 Kämpflein (63.), 1:2 Groß (90.)

11.06.2008: SG Mülheim-Kärlich – Sportfreunde Eisbachtal (in Selters) 2:2 (1:1)
Tore: 1:0 Urbatzkas (13.), 1:1 Freudenthal (39.), 1:2 Paul (59.), 2:2 Knöll (67.)

Pl.	Mannschaft		Sp	S	U	N	Tore	TD	Pkt
1.	Sportfreunde Eisbachtal	↑	3	2	1	0	5-3	+2	7
2.	SV Konz		3	2	0	1	6-2	+4	6
3.	SG Mülheim-Kärlich		3	1	1	1	6-6	0	4
4.	SG Laufeld/Wallscheid/Niederöfflingen		3	0	0	3	2-8	−6	0

Verbandsliga Südwest

Pl.	(Vj.)	Mannschaft		Sp	S	U	N	Tore	TD	Pkt	Sp	S	U	N	Tore	Pkt	Sp	S	U	N	Tore	Pkt
								Gesamtbilanz							**Heimbilanz**						**Auswärtsbilanz**	
1.	(6.)	SV Niederauerbach	↑	30	19	4	7	59-20	+39	61	15	13	1	1	34- 7	40	15	6	3	6	25-13	21
2.	(2.)	SV Alemannia Waldalgesheim	↑	30	18	4	8	62-34	+28	58	15	11	1	3	37-14	34	15	7	3	5	25-20	24
3.	(3.)	SV Gonsenheim		30	16	8	6	51-37	+14	56	15	10	5	0	30-10	35	15	6	3	6	21-27	21
4.	(↓)	TuS 04 Hohenecken		30	15	7	8	41-25	+16	52	15	8	4	3	19- 7	28	15	7	3	5	22-18	24
5.	(↑)	FV Dudenhofen		30	15	6	9	43-40	+3	51	15	9	2	4	24-18	29	15	6	4	5	19-22	22
6.	(↑)	VfL Fontana Finthen		30	14	6	10	47-39	+8	48	15	10	3	2	34-15	33	15	4	3	8	13-24	15
7.	(11.)	SV Südwest Ludwigshafen		30	13	7	10	41-46	–5	46	15	8	1	6	22-24	25	15	5	6	4	19-22	21
8.	(5.)	SpVgg Ingelheim		30	12	5	13	42-47	–5	41	15	7	5	3	23-13	26	15	5	0	10	19-34	15
9.	(4.)	TV Lonsheim		30	10	8	12	47-45	+2	38	15	7	4	4	29-19	25	15	3	4	8	18-26	13
10.	(9.)	1. FC 08 Haßloch		30	11	5	14	55-59	–4	38	15	8	2	5	31-24	26	15	3	3	9	24-35	12
11.	(8.)	Binger FVgg Hassia		30	11	4	15	48-52	–4	37	15	5	4	6	28-26	19	15	6	0	9	20-26	18
12.	(10.)	FC Arminia Ludwigshafen		30	10	6	14	44-58	–14	36	15	5	3	7	22-26	18	15	5	3	7	22-32	18
13.	(↑)	SG Blaubach/Diedelkopf		30	10	2	18	46-60	–14	32	15	8	0	7	34-25	24	15	2	2	11	12-35	8
14.	(7.)	ASV Fußgönheim		30	8	7	15	31-46	–15	31	15	4	4	7	17-23	16	15	4	3	8	14-23	15
15.	(12.)	SV Hermersberg	↓	30	5	9	16	36-59	–23	24	15	3	5	7	17-27	14	15	2	4	9	19-32	10
16.	(13.)	SV Gommersheim	↓	30	4	10	16	27-53	–26	22	15	3	5	7	16-25	14	15	1	5	9	11-28	8

Absteiger aus der Oberliga: SG Eintracht Bad Kreuznach.
Aufsteiger in die Oberliga: SV Niederauerbach und SV Alemannia Waldalgesheim.
Absteiger in die Landesliga: SV Gommersheim (Ost) und SV Hermersberg (West).
Aufsteiger aus der Landesliga: Ludwigshafener SC, TB Jahn Zeiskam (Ost) und SG Meisenheim/Desloch/Jeckenbach (West).

Verbandsliga Südwest 2007/08

	Niederauerbach	Waldalgesheim	Gonsenheim	Hohenecken	Dudenhofen	Finthen	SW L'hafen	Ingelheim	Lonsheim	Haßloch	Bingen	Arm. L'hafen	Blaubach	Fußgönheim	Hermersberg	Gommersheim
SV Niederauerbach	×	2:0	2:1	2:1	1:0	0:0	0:1	3:0	3:1	5:2	4:0	2:0	3:1	2:0	3:0	2:0
SV Alemannia Waldalgesheim	3:1	×	0:2	2:0	2:1	1:1	6:0	3:0	3:1	5:1	0:1	0:1	2:1	4:2	3:1	3:1
SV Gonsenheim	1:0	2:2	×	1:1	1:1	1:0	3:1	2:0	3:1	2:1	3:0	3:3	3:0	2:0	0:0	3:0
TuS 04 Hohenecken	1:1	2:0	0:1	×	2:0	1:0	1:0	4:1	1:2	2:0	0:1	3:0	1:0	0:0	1:1	0:0
FV Dudenhofen	1:0	1:3	2:1	0:2	×	2:1	0:1	4:1	1:0	1:0	2:0	3:4	0:0	3:2	1:1	3:2
VfL Fontana Finthen	0:0	2:4	5:0	4:1	5:0	×	1:0	4:1	2:1	2:1	2:1	5:3	1:3	1:0	0:0	0:0
SV Südwest Ludwigshafen	0:6	0:3	2:1	0:1	4:1	1:1	×	1:0	0:2	3:4	2:1	1:3	2:1	2:0	3:0	1:0
SpVgg Ingelheim	2:0	2:0	4:0	1:1	1:2	0:1	1:1	×	1:1	2:1	3:1	1:2	1:1	1:0	2:1	1:1
TV Lonsheim	3:2	2:2	1:1	0:0	0:1	2:0	2:2	3:1	×	2:0	4:2	0:1	5:1	1:3	2:3	2:0
1. FC 08 Haßloch	1:1	1:3	2:3	1:3	0:3	4:1	3:3	3:0	2:1	×	1:0	4:2	1:0	0:1	5:2	3:1
Binger FVgg Hassia	1:0	2:0	2:3	0:2	1:1	6:1	0:3	3:4	3:1	2:2	×	1:1	4:1	1:1	2:4	0:2
FC Arminia Ludwigshafen	0:1	0:3	2:0	1:3	0:2	2:0	1:1	0:1	2:2	0:3	0:4	×	7:1	2:2	3:2	2:1
SG Blaubach/Diedelkopf	0:2	1:2	3:4	3:2	1:2	4:1	0:1	1:0	4:2	1:4	2:0	5:1	×	1:2	2:1	6:1
ASV Fußgönheim	0:3	0:2	0:2	1:3	2:2	0:2	1:1	1:2	0:0	4:1	2:3	2:1	2:0	×	1:0	1:1
SV Hermersberg	0:4	2:0	1:1	0:2	1:1	0:2	1:1	0:3	1:3	3:3	1:4	2:0	1:2	3:0	×	1:1
SV Gommersheim	0:4	1:1	1:1	2:0	1:2	0:2	2:3	2:5	0:0	1:1	0:2	0:0	2:0	0:1	4:3	×

Torschützenliste:

Platz	Spieler (Mannschaft)	Tore
1.	Lautenschläger, Marc (Arm. Ludwigsh.)	20
2.	Ludy, Marco (SV Niederauerbach)	19
3.	Freyer, Patrick (SV Hermersberg)	17
4.	Heck, Christian (1. FC 08 Haßloch)	15
5.	Essomé, Evariste (SpVgg Ingelheim)	14
	Euler, Dominik (1. FC 08 Haßloch)	14
7.	Erbach, Jonas (Alem. Waldalgesheim)	13
8.	Rudelitz, Enrico (Blaubach-Diedelkopf)	12
	Zorn, Christian (Blaubach-Diedelkopf)	12
10.	Hofmeister, Marc (1. FC 08 Haßloch)	11
	Koeken, Taner (Alem. Waldalgesheim)	11

Aufstiegsspiele zur Verbandsliga Südwest:

Entscheidungsspiele der Zweiten der Landesligen:

22.05.2008: SC Birkenfeld (West) – TB Jahn Zeiskam (Ost)   0:3 (0:2)
Birkenfeld: Hoferichter - Norvel (72. Albeckl), Schüblin, Adam, Dietze (46. Jahn) - Weinz, M. Schmidt, Washington, Orth (68. B. Ritter) - Eifler, Spreier. Trainer: Jörg Marcinkowski
Zeiskam: Steffen Hess - Andreas Kuhn, (80. Frederik Bayer), Patrick Weller, Georg Humbert, Christian Strantz - Yasin Oezcelik, Sahin Pita, Lucas Gross, (77. Denis Will), Jürgen Eissmann - Markus Schneider (87. Jens Johann), Daniel Henninger. Trainer: Freddy Heß
Tore: 0:1 Jürgen Eissmann (2.), 0:2 Jürgen Eissmann (19.), 0:3 Daniel Henninger (52.)
Zuschauer: 700 - Schiedsrichter: Philipp Schmitt (Rockenhausen)

25.05.2008: TB Jahn Zeiskam – SC Birkenfeld   3:2 (3:1)
Zeiskam: Steffen Hess - Georg Humbert, Patrick Weller, Andreas Kuhn, Christian Strantz - Sahin Pita, Jürgen Eissmann, Lucas Gross (85. Frederik Bayer), Yasin Oezcelik (90. Patrick Minges) - Daniel Henninger (76. Jens Johann), Markus Schneider. Trainer: Freddy Heß
Birkenfeld: Hoferichter - Jahn, Schüblin (46. Reichert), Adam, Dietze - Weinz, M. Schmidt, Mehrwald (59. Orth), B. Ritter - Eifler (46. Norvel), Spreier. Trainer: Jörg Marcinkowski
Tore: 0:1 Benny Ritter (1.), 1:1 Markus Schneider (19.), 2:1 Jürgen Eissmann (27.), 3:1 Daniel Henninger (45.), 3:2 Marco Orth (88.)
Zuschauer: 900 - Schiedsrichter: Björn Eller (Uelversheim)
Rote Karte: Jürgen Eissmann (60., grobes Foulspiel)

Verbandsliga Saarland

Pl.	(Vj.)	Mannschaft		Sp	S	U	N	Tore	TD	Pkt	Sp	S	U	N	Tore	Pkt	Sp	S	U	N	Tore	Pkt
				Gesamtbilanz							**Heimbilanz**						**Auswärtsbilanz**					
1.	(↑)	SVgg 07 Elversberg II	↑	34	21	6	7	94-43	+51	69	17	10	4	3	51-17	34	17	11	2	4	43-26	35
2.	(5.)	SV Mettlach	↑	34	19	6	9	69-48	+21	63	17	11	3	3	34-22	36	17	8	3	6	35-26	27
3.	(2.)	SC Halberg Brebach		34	18	8	8	63-39	+24	62	17	11	3	3	38-18	36	17	7	5	5	25-21	26
4.	(↓)	1. FC Saarbrücken II		34	19	4	11	75-40	+35	61	17	12	1	4	44-17	37	17	7	3	7	31-23	24
5.	(3.)	FC Hertha Wiesbach		34	18	7	9	73-38	+35	61	17	12	3	2	47-11	39	17	6	4	7	26-27	22
6.	(7.)	FV Eppelborn		34	17	7	10	73-54	+19	58	17	12	3	2	50-27	39	17	5	4	8	23-27	19
7.	(8.)	SC Gresaubach		34	16	7	11	43-46	−3	55	17	12	3	2	25-12	39	17	4	4	9	18-34	16
8.	(15.)	FSV Viktoria Jägersburg		34	14	10	10	49-50	−1	52	17	10	4	3	30-16	34	17	4	6	7	19-34	18
9.	(4.)	SV Auersmacher		34	14	7	13	56-46	+10	49	17	9	3	5	29-17	30	17	5	4	8	27-29	19
10.	(9.)	SG Perl/Besch		34	13	8	13	46-57	−11	47	17	8	4	5	21-25	28	17	5	4	8	25-32	19
11.	(6.)	1. FC Riegelsberg		34	13	5	16	67-64	+3	44	17	7	3	7	43-32	24	17	6	2	9	24-32	20
12.	(10.)	1. FC Reimsbach		34	12	7	15	49-56	−7	43	17	5	4	8	20-27	19	17	7	3	7	29-29	24
13.	(↑)	SC Friedrichsthal		34	11	9	14	63-53	+10	42	17	7	5	5	37-21	26	17	4	4	9	26-32	16
14.	(13.)	FC Palatia Limbach		34	10	6	18	37-62	−25	36	17	6	2	9	24-28	20	17	4	4	9	13-34	16
15.	(12.)	SV Röchling Völklingen		34	7	11	16	60-76	−16	32	17	4	7	6	31-34	19	17	3	4	10	29-42	13
16.	(14.)	VfB Alkonia Hüttigweiler		34	8	6	20	47-83	−36	30	17	6	4	7	30-34	22	17	2	2	13	17-49	8
17.	(11.)	FSV Hemmersdorf		34	6	8	20	42-88	−46	26	17	4	4	9	28-41	16	17	2	4	11	14-47	10
18.	(16.)	FC Hellas Marpingen	↓	34	7	4	23	39-102	−63	25	17	5	3	9	20-44	18	17	2	1	14	19-58	7

Absteiger aus der Oberliga Südwest: keine.
Aufsteiger in die Oberliga Südwest: SVgg 07 Elversberg II und SV Mettlach.
Absteiger in die Landesligen: FC Hellas Marpingen (Nordost).
Aufsteiger aus den Landesligen: FV Lebach (Nordost), SG Noswendel/Wadern und SV 09 Bübingen (Südwest).

Verbandsliga Saarland 2007/08

	SV Elversberg II	SV Mettlach	Halberg Brebach	1.FC Saarbr. II	FC Wiesbach	FV Eppelborn	SC Gresaubach	FSV Jägersburg	SV Auersmacher	SG Perl/Besch	1.FC Riegelsb.	1.FC Reimsbach	SC Friedrichsthal	FC Limbach	SV Völklingen	VfB Hüttigweiler	FSV Hemmersd.	FC Marpingen
SVgg 07 Elversberg II	×	2:0	6:1	1:2	1:2	3:1	0:0	2:2	1:1	4:2	4:0	3:1	1:2	6:0	1:0	9:1	2:2	5:0
SV Mettlach	2:2	×	0:3	1:3	3:2	0:0	2:0	3:0	0:3	2:1	4:2	4:2	2:0	1:0	3:1	2:2	3:1	2:0
SC Halberg Brebach	4:0	1:2	×	2:0	0:0	3:1	3:1	1:1	4:2	1:2	3:0	2:1	4:3	2:0	0:3	3:1	1:1	4:0
1. FC Saarbrücken II	2:4	3:0	1:0	×	2:0	1:0	4:1	0:1	1:3	4:1	1:2	2:2	2:1	5:0	2:1	5:0	3:1	6:0
FC Hertha Wiesbach	3:1	0:0	0:0	0:2	×	4:2	3:0	3:0	3:1	1:1	4:0	5:1	3:0	1:2	4:0	4:1	8:0	1:0
FV Eppelborn	0:4	3:3	4:2	2:4	4:2	×	5:1	3:1	1:0	2:1	4:1	4:3	3:3	2:0	1:1	3:1	5:0	4:0
SC Gresaubach	2:1	2:1	1:1	1:4	1:0	2:1	×	0:0	1:3	1:1	2:0	2:0	1:0	2:0	2:0	2:0	1:0	2:0
FSV Viktoria Jägersburg	3:1	2:1	0:0	2:1	4:1	0:0	0:1	×	1:0	2:0	2:5	2:1	1:1	0:2	6:0	1:0	0:0	4:2
SV Auersmacher	0:1	0:0	2:0	2:0	0:1	2:0	1:1	4:2	×	1:2	1:0	0:1	2:0	0:0	3:6	3:0	3:0	5:3
SG Perl/Besch	1:3	0:6	0:0	1:0	0:2	0:4	1:0	1:1	2:1	×	0:0	0:4	3:0	3:1	1:0	3:1	2:1	2:2
1. FC Riegelsberg	1:4	2:3	1:3	1:3	5:0	3:2	1:1	6:0	3:4	1:1	×	2:3	0:2	1:1	2:1	2:0	6:2	6:2
1. FC Reimsbach	0:1	0:3	1:1	1:0	1:2	1:2	4:1	1:3	1:1	2:0	0:0	×	1:7	1:2	1:1	3:1	2:1	0:1
SC Friedrichsthal	0:3	3:0	0:2	0:0	2:2	0:0	0:1	4:0	5:0	5:0	4:0	1:1	×	1:2	4:3	2:2	2:3	4:2
FC Palatia Limbach	1:2	2:4	1:2	2:2	0:1	1:2	2:4	1:0	2:1	3:1	0:2	0:0	3:1	×	3:1	1:2	1:0	1:3
SV Röchling Völklingen	4:4	0:2	0:4	2:0	2:2	2:2	4:2	2:3	0:0	2:3	2:4	1:2	2:2	1:1	×	2:1	1:1	4:1
VfB Alkonia Hüttigweiler	1:2	1:4	1:2	2:1	1:0	4:3	0:0	0:2	0:5	1:0	0:4	1:4	1:0	1:1	4:4	×	7:0	5:1
FSV Hemmersdorf	2:4	1:3	2:4	0:6	1:1	1:2	2:2	2:2	0:0	0:4	0:4	0:1	2:2	5:1	1:4	6:0	×	3:2
FC Hellas Marpingen	0:6	4:3	1:0	3:3	0:8	0:1	2:3	1:1	4:2	0:4	1:0	0:2	0:2	2:1	2:2	0:5	0:1	×

Torschützenliste:

Platz	Spieler (Mannschaft)	Tore
1.	Hartz, Jens (SVgg 07 Elversberg II)	23
2.	Stamm, Alexander (SC Halberg Brebach)	22
3.	Albrecht, Jens (1. FC Riegelsberg)	20
4.	Bersin, Dominik (1. FC Riegelsberg)	19
	Buchheit, Marco (1. FC Reimsbach)	19
6.	Carl, Christoph (SG Perl/Besch)	18
7.	Botzet, Christian (FSV Hemmersdorf)	17
	Dorobek, Christian (FV Eppelborn)	17
	Graul, Michael (SC Friedrichsthal)	17
	Kammer, Kai (SV Mettlach)	17

Zuschauerstatistik:

Mannschaft	gesamt	Schnitt	Mannschaft	gesamt	Schnitt
FV Eppelborn	8.000	471	1. FC Saarbrücken II	4.459	262
FC Hertha Wiesbach	6.930	408	SC Halberg Brebach	4.330	255
SC Gresaubach	6.250	368	SG Perl/Besch	4.310	254
FSV Hemmersdof	5.950	350	VfB Hüttigweiler	4.100	241
SV Mettlach	5.880	346	FSV Jägersburg	4.000	235
SC Friedrichsthal	5.360	315	SVgg Elversberg II	4.000	235
1. FC Reimsbach	5.350	315	FC Palatia Limbach	3.890	229
Röchling Völklingen	5.060	298	1. FC Riegelsberg	3.370	198
FC Hellas Marpingen	5.045	297		91.024	297
SV Auersmacher	4.740	279			

Informationen zum Aufstiegsspiel finden Sie auf Seite 263.

Landesliga Hessen Nord

Pl.	(Vj.)	Mannschaft		Sp	S	U	N	Tore	TD	Pkt	Sp	S	U	N	Tore	Pkt	Sp	S	U	N	Tore	Pkt
						Gesamtbilanz							**Heimbilanz**						**Auswärtsbilanz**			
1.	(↓)	OSC Vellmar	↑	34	22	9	3	84-33	+51	75	17	10	7	0	52-20	37	17	12	2	3	32-13	38
2.	(3.)	Hünfelder SV	↑	34	23	5	6	77-33	+44	74	17	11	3	3	40-17	36	17	12	2	3	37-16	38
3.	(↑)	KSV Hessen Kassel II	↑	34	23	4	7	77-31	+46	73	17	14	1	2	47-12	43	17	9	3	5	30-19	30
4.	(5.)	SVA Bad Hersfeld		34	17	8	9	71-57	+14	59	17	9	3	5	34-23	30	17	8	5	4	37-34	29
5.	(2.)	TSV Lehnerz		34	16	10	8	83-47	+36	58	17	8	3	6	43-26	27	17	8	7	2	40-21	31
6.	(4.)	TuSpo Grebenstein		34	15	7	12	57-50	+7	52	17	8	4	5	27-19	28	17	7	3	7	30-31	24
7.	(6.)	SG Bad Soden		34	14	7	13	65-60	+5	49	17	8	2	7	38-27	26	17	6	5	6	27-33	23
8.	(7.)	SG Korbach		34	15	4	15	62-62	0	49	17	9	2	6	36-21	29	17	6	2	9	26-41	20
9.	(↑)	SG Eiterfeld/Leimbach		34	13	9	12	49-51	–2	48	17	7	5	5	25-20	26	17	6	4	7	24-31	22
10.	(↑)	TSV Wabern		34	12	8	14	55-66	–11	44	17	7	3	7	33-29	24	17	5	5	7	22-37	20
11.	(11.)	Ski-Club Willingen		34	13	7	14	53-57	–4	43	17	8	5	4	34-20	29	17	5	2	10	19-37	17
12.	(↑)	SpVgg 07 Eschwege		34	12	6	16	46-63	–17	42	17	8	2	7	25-27	26	17	4	4	9	21-36	16
13.	(9.)	VfL Kassel		34	11	8	15	40-57	–17	41	17	7	4	6	24-21	25	17	4	4	9	16-36	16
14.	(13.)	FSV Dörnberg		34	12	3	19	58-73	–15	39	17	10	2	5	43-28	32	17	2	1	14	15-45	7
15.	(10.)	TSV Grebenhain		34	10	8	16	47-57	–10	37	17	6	5	6	18-18	23	17	4	3	10	29-39	15
16.	(↑)	GSV Eintracht Baunatal		34	8	9	17	57-87	–30	33	17	5	5	7	35-39	20	17	3	4	10	22-48	13
17.	(8.)	KSV Baunatal II	↓	34	6	4	24	40-91	–51	22	17	3	3	11	25-50	12	17	3	1	13	15-41	10
18.	(12.)	SSV Sand	↓	34	2	8	24	28-74	–46	14	17	1	3	13	15-38	6	17	1	5	11	13-36	8

Dem Ski-Club Willingen wurden drei Punkte und dem TSV Grebenhain ein Punkt wegen Nichterfüllung des Schiedsrichterpflichtsolls abgezogen. Die Liga wird zur nächsten Saison in Verbandsliga Hessen Nord umbenannt.

Absteiger aus der Oberliga Hessen: 1. FC Schwalmstadt.
Aufsteiger in die Hessenliga: OSC Vellmar, Hünfelder SV und KSV Hessen Kassel II.
Absteiger in die Gruppenligen: SSV Sand (Kassel, Gruppe 1) und KSV Baunatal II (Kassel, Gruppe 2).
Aufsteiger aus den Bezirksoberligen: Melsunger FV 08 (Kassel, Gruppe 1), TSV Wolfsanger (Kassel, Gruppe 2), SV Steinbach und RSV Petersberg (Fulda).

Landesliga Hessen Nord 2007/08	OSC Vellmar	Hünfelder SV	Hessen Kassel II	Bad Hersfeld	TSV Lehnerz	Grebenstein	SG Bad Soden	SG Korbach	SG Eiterfeld	TSV Wabern	SC Willingen	SpVgg Eschwege	VfL Kassel	FSV Dörnberg	TSV Grebenhain	Eintr. Baunatal	KSV Baunatal II	SSV Sand
OSC Vellmar	×	2:2	2:1	2:2	1:1	3:3	7:0	2:2	3:0	4:1	2:0	4:1	1:1	6:0	2:2	4:1	3:1	4:2
Hünfelder SV	1:2	×	3:3	3:0	3:3	2:1	2:0	3:2	0:1	3:0	3:1	1:2	5:0	2:1	1:1	3:0	4:0	1:0
KSV Hessen Kassel II	1:1	1:2	×	0:2	5:2	2:0	3:1	5:2	2:0	2:0	2:0	1:0	3:1	6:0	2:0	6:1	4:0	2:0
SVA Bad Hersfeld	2:3	0:5	0:1	×	2:2	2:1	2:4	3:0	2:1	1:1	0:0	2:0	0:1	7:2	3:0	4:1	3:1	1:0
TSV Lehnerz	2:2	0:1	0:3	2:4	×	1:1	1:1	7:0	3:1	0:2	4:2	2:4	4:0	4:1	5:1	5:0	2:1	1:2
TuSpo Grebenstein	0:1	1:2	1:0	3:3	1:1	×	0:0	2:1	0:2	4:2	1:2	0:0	3:0	2:1	3:0	2:4	1:0	3:0
SG Bad Soden	3:1	0:2	3:2	1:1	0:4	1:3	×	2:1	1:2	2:3	3:0	1:3	2:2	0:1	2:0	9:1	3:0	5:1
SG Korbach	1:0	1:0	3:0	4:1	4:1	1:3	1:2	×	3:0	5:0	1:3	7:3	1:3	0:1	2:1	1:1	0:1	1:1
SG Eiterfeld/Leimbach	0:1	0:2	1:2	1:3	1:3	3:0	2:2	3:0	×	1:1	1:1	0:0	2:1	3:1	2:1	0:0	3:1	2:1
TSV Wabern	2:1	0:0	1:2	1:3	0:3	3:1	4:1	0:1	1:2	×	3:0	2:2	5:0	4:2	0:4	3:3	1:3	3:1
Ski-Club Willingen	1:2	2:0	0:0	3:0	0:0	1:2	2:2	1:2	1:1	0:0	×	3:1	3:2	2:4	3:2	5:1	4:0	
SpVgg 07 Eschwege	0:2	0:3	4:2	2:3	0:4	2:1	1:3	2:1	2:1	0:1	5:1	×	2:0	2:1	0:2	1:1	1:0	1:1
VfL Kassel	0:2	0:2	0:3	1:3	0:0	1:2	2:2	1:2	2:2	1:0	3:0	5:1	×	1:0	2:1	2:0	2:0	1:1
FSV Dörnberg	0:3	3:4	1:2	2:2	1:4	5:2	0:3	5:0	4:2	5:0	3:1	3:1	1:0	×	3:1	3:2	4:1	0:0
TSV Grebenhain	0:3	3:1	0:0	2:0	1:1	0:1	1:0	1:3	1:2	2:2	0:1	3:1	0:1	1:0	×	2:1	1:1	0:0
GSV Eintracht Baunatal	0:4	3:4	0:2	3:4	1:4	0:2	2:3	3:3	2:2	3:3	5:1	1:0	0:0	1:0	3:3	×	4:3	4:1
KSV Baunatal II	0:2	0:4	0:2	3:3	1:4	3:3	2:1	0:4	4:4	1:2	0:4	1:2	2:3	2:1	3:6	0:3	×	3:2
SSV Sand	0:2	0:3	0:5	1:3	0:3	1:4	1:2	1:2	0:1	3:4	1:2	0:0	2:2	1:1	4:2	0:1	0:1	×

Informationen zu den Qualifikationsspielen zur Verbandsliga Hessen Nord finden Sie auf den Seiten 263/264.

Torschützenliste:

Platz	Spieler (Mannschaft)	Tore
1.	Schirmer, Daniel (Hünfelder SV)	27
2.	Osterhold, Christoph (SG Korbach)	25
3.	Müller, Christoph (SG Bad Soden)	24
	Winter, Christian (SVA Bad Hersfeld)	24
5.	Odensaß, Jörg (OSC Vellmar)	23
6.	Pilch, Sebastian (KSV Hessen Kassel II)	19

Platz	Spieler (Mannschaft)	Tore
6.	Domachowski, Roger (SVA Bad Hersfeld)	18
	Friedel, Marc (TSV Lehnerz)	18
	Kowalski, Roberto (Hünfelder SV)	18
9.	Gerlach, Karsten (TSV Wabern)	16
	Mulfinger, Tim (SG Bad Soden)	16
	Thielmann, Marco (TuSpo Grebenstein)	16

Landesliga Hessen Mitte

Pl.	(Vj.)	Mannschaft		Sp	S	U	N	Tore	TD	Pkt	Sp	S	U	N	Tore	Pkt	Sp	S	U	N	Tore	Pkt
				Gesamtbilanz							**Heimbilanz**						**Auswärtsbilanz**					
1.	(10.)	TSV Eintracht Stadtallendorf	↑	36	21	9	6	79-51	+28	72	18	14	3	1	45-21	45	18	7	6	5	34-30	27
2.	(↓)	1. FC Eschborn	↑	36	19	12	5	68-38	+30	69	18	11	5	2	34-14	38	18	8	7	3	34-24	31
3.	(11.)	VfB Unterliederbach		36	19	6	11	71-43	+28	63	18	12	2	4	37-17	38	18	7	4	7	34-26	25
4.	(12.)	VfB Marburg		36	15	12	9	77-64	+13	57	18	6	7	5	37-33	25	18	9	5	4	40-31	32
5.	(4.)	FV Biebrich 02		36	16	7	13	60-52	+8	55	18	7	5	6	30-29	26	18	9	2	7	30-23	29
6.	(↓)	FSV Braunfels		36	13	14	9	62-48	+14	53	18	7	7	4	34-22	28	18	6	7	5	28-26	25
7.	(↑)	SG Oberliederbach		36	13	13	10	57-51	+6	52	18	7	6	5	31-24	27	18	6	7	5	26-27	25
8.	(3.)	FC Eddersheim		36	15	7	14	54-66	−12	52	18	7	5	6	30-28	26	18	8	2	8	24-38	26
9.	(↑)	FC Ederbergland		36	12	12	12	60-60	0	48	18	6	5	7	28-27	23	18	6	7	5	32-33	25
10.	(9.)	1. FC Viktoria 07 Kelsterbach		36	12	11	13	57-55	+2	47	18	8	5	5	33-24	29	18	4	6	8	24-31	18
11.	(6.)	SG Walluf		36	12	11	13	60-57	+3	46	18	5	10	3	35-23	25	18	7	1	10	25-34	22
12.	(7.)	SC Waldgirmes II		36	13	7	16	52-62	−10	46	18	8	4	6	27-24	28	18	5	3	10	25-38	18
13.	(15.)	Türkischer SV Wiesbaden		36	13	7	16	48-60	−12	44	18	8	3	7	27-27	27	18	5	4	9	21-33	19
14.	(5.)	VfB Aßlar		36	13	5	18	52-65	−13	44	18	10	1	7	31-25	31	18	3	4	11	21-40	13
15.	(13.)	SV Zeilsheim		36	11	10	15	66-66	0	43	18	10	3	5	46-30	33	18	1	7	10	20-36	10
16.	(16.)	FSV Schröck		36	12	6	18	59-77	−18	42	18	6	3	9	27-37	21	18	6	3	9	32-40	21
17.	(↑)	Eintracht Lollar		36	11	6	19	52-69	−17	39	18	5	3	10	28-39	18	18	6	3	9	24-30	21
18.	(8.)	SV Wiesbaden	↓	36	9	7	20	41-62	−21	34	18	6	4	8	22-23	22	18	3	3	12	19-39	12
19.	(14.)	SC Teutonia Watzenborn-Steinberg	↓	36	9	6	21	47-76	−29	33	18	5	3	10	30-43	18	18	4	3	11	17-33	15

Dem Türkischen SV Wiesbaden wurden zwei Punkte und der SG Walluf ein Punkt wegen Nichterfüllung des Schiedsrichterpflichtsolls abgezogen. Die Liga spielt in der nächsten Saison mit 18 Mannschaften und wird in Verbandsliga Hessen Mitte umbenannt.

Absteiger aus der Oberliga Hessen: SG Eintracht Wetzlar.
Aufsteiger in die Hessenliga: TSV Eintracht Stadtallendorf und 1. FC Eschborn.
Absteiger in die Gruppenligen: SC Teutonia Watzenborn-Steinberg, Eintracht Lollar (Gießen-Marburg), SV Wiesbaden (Wiesbaden).
Aufsteiger aus den Bezirksoberligen: TSV Kirchhain, Sportfreunde Blau-Gelb Marburg (Gießen-Marburg) und SV Frauenstein (Wiesbaden).

Landesliga Hessen Mitte 2007/08

	Stadtallendorf	1. FC Eschborn	Unterliederbach	VfB Marburg	FV Biebrich 02	FSV Braunfels	Oberliederbach	FC Eddersheim	Ederbergland	Kelsterbach	SG Walluf	Waldgirmes II	Türk. SV WI	VfB Aßlar	SV Zeilsheim	FSV Schröck	Eintr. Lollar	SV Wiesbaden	Watzenborn
TSV Eintracht Stadtallendorf	X	1:1	2:1	3:2	1:1	2:0	1:0	3:1	3:3	4:2	4:1	0:3	4:2	1:0	3:1	2:0	5:1	3:0	3:2
1. FC Eschborn	1:0	X	3:2	1:1	1:0	2:1	0:0	5:0	1:0	0:0	3:0	2:2	3:1	5:1	1:3	3:0	1:0	2:2	0:1
VfB Unterliederbach	1:3	5:3	X	2:0	2:0	2:1	0:1	3:0	2:2	3:0	1:0	2:0	1:3	1:4	5:0	0:0	2:0	1:0	4:0
VfB Marburg	1:1	1:1	2:4	X	0:0	4:4	3:4	1:1	1:3	2:2	2:1	2:1	4:1	3:0	3:2	1:2	1:3	5:2	1:1
FV Biebrich 02	1:2	0:0	0:0	4:5	X	2:4	2:2	0:1	1:4	2:1	3:1	3:0	1:0	1:1	4:2	3:2	0:0	2:1	1:3
FSV Braunfels	1:4	0:1	0:2	2:2	3:1	X	2:2	3:0	5:0	2:3	1:1	3:0	1:1	1:1	1:1	1:1	4:1	2:1	2:0
SG Oberliederbach	1:1	1:1	1:1	1:3	1:2	2:1	X	4:1	1:3	1:1	3:1	2:2	0:1	2:3	1:1	4:1	3:1	2:0	1:0
FC Eddersheim	7:2	2:2	0:5	1:4	1:2	1:2	1:1	X	3:0	1:5	1:2	4:0	0:0	1:1	1:0	2:0	1:0	2:2	1:0
FC Ederbergland	1:1	0:3	3:1	1:2	1:3	3:1	1:2	4:1	X	0:0	2:1	0:3	1:1	3:0	1:2	1:3	4:1	1:1	1:1
1. FC Viktoria 07 Kelsterbach	2:2	0:0	3:1	0:1	1:3	0:0	1:3	7:1	5:2	X	0:2	1:1	2:1	4:2	0:0	3:1	0:2	2:1	2:1
SG Walluf	2:2	6:2	2:2	3:1	1:2	2:2	3:1	0:0	1:1	2:2	X	4:2	3:3	0:1	0:0	6:1	0:0	0:0	0:1
SC Waldgirmes II	3:1	0:2	2:1	3:3	1:4	1:1	1:3	0:1	2:2	1:0	1:0	X	2:0	3:0	2:1	1:2	1:1	1:1	3:1
Türkischer SV Wiesbaden	0:2	2:1	1:6	1:2	1:3	0:0	1:1	4:2	0:2	4:1	0:2	2:0	X	2:0	3:0	2:1	4:3	0:1	0:0
VfB Aßlar	3:1	0:2	0:3	1:1	2:1	0:2	2:1	0:2	1:2	2:1	2:3	4:2	5:1	X	1:0	4:1	0:1	1:0	3:1
SV Zeilsheim	0:5	2:3	3:0	4:2	0:1	1:1	4:0	1:3	1:1	3:0	4:1	3:2	4:1	2:1	X	3:3	1:4	4:1	6:1
FSV Schröck	2:3	1:3	0:2	1:4	1:6	1:2	2:2	0:1	3:3	1:0	0:3	5:1	2:1	2:2	1:0	X	2:1	3:1	0:2
Eintracht Lollar	1:1	2:4	0:1	1:2	2:0	1:3	1:1	1:5	1:3	1:2	4:1	0:2	0:2	2:1	4:4	1:5	X	4:2	2:0
SV Wiesbaden	3x0	1:1	1:1	0:0	2:0	1:2	2:0	0:1	1:0	0:2	2:3	1:2	0:1	3:1	1:1	0:4	1:2	X	3:2
Teutonia Watzenborn-Steinberg	0:3	0:4	3:1	2:5	2:1	1:1	0:2	2:3	1:1	2:2	1:2	0:2	0:1	4:2	4:3	3:6	3:1	2:3	X

Das Spiel SV Wiesbaden – TSV Eintracht Stadtallendorf wurde wegen schweren Unwetters am 30.05.2008 beim Stand von 1:0 in der 35. Minute abgebrochen. Da Stadtallendorf auf eine Neuansetzung des Spiels verzichtete, wurde die Begegnung mit 3:0 Toren für SV Wiesbaden kampflos gewonnen gewertet.

Torschützenliste:

Platz	Spieler (Mannschaft)	Tore
1.	Arslan, Engin (1. FC Eschborn)	25
2.	Steiner, Thorsten (VfB Unterliederbach)	24
3.	Muminovic, Omer (SG Walluf)	23
4.	Lazzara, Maurizio (SV Zeilsheim)	22
	Leifermann, Timo (FC Eddersheim)	22
6.	Ellerich, Mario (Eintracht Stadtallendorf)	20
7.	Houness, Soufian (VfB Unterliederbach)	19
8.	Schulz, Robert (FSV Schröck)	18
	Student, Roman (Watzenborn-Steinberg)	18
10.	Maser, Marco (FSV Braunfels)	16

Zuschauerstatistik:

Mannschaft	gesamt	Schnitt	Mannschaft	gesamt	Schnitt
Eintr. Stadtallendorf	6.950	386	Watzenborn-Steinb.	2.880	160
VfB Marburg	4.780	266	SV Zeilsheim	2.810	156
FSV Schröck	4.340	241	VfB Unterliederbach	2.795	155
FC Ederbergland	3.730	207	FSV Braunfels	2.597	144
SG Oberliederbach	3.599	200	SG Walluf	2.230	124
1. FC Eschborn	3.380	188	SC Waldgirmes II	2.175	121
FV Biebrich 02	3.115	173	Viktoria Kelsterbach	2.175	121
FC Eddersheim	3.040	169	SV Wiesbaden	2.108	117
SV Eintracht Lollar	3.030	168	Türk. SV Wiesbaden	1.948	108
VfB Aßlar	2.990	166		60.672	177

Bemerkung: SV Wiesbaden inklusive dem abgebrochenen Spiel gegen Stadtallendorf.
Informationen zu den Qualifikationsspielen zur Verbandsliga Hessen Mitte finden Sie auf Seite 264.

Landesliga Hessen Süd

Pl.	(Vj.)	Mannschaft		Sp	S	U	N	Tore	TD	Pkt	Sp	S	U	N	Tore	Pkt	Sp	S	U	N	Tore	Pkt
						Gesamtbilanz							**Heimbilanz**						**Auswärtsbilanz**			
1.	(3.)	Offenbacher FC Kickers II	↑	34	22	9	3	76-23	+53	75	17	14	2	1	44- 6	44	17	8	7	2	32-17	31
2.	(11.)	FC Viktoria Urberach	↑	34	19	10	5	66-37	+29	66	17	10	5	2	35-17	35	17	9	5	3	31-20	32
3.	(8.)	FSV Frankfurt II		34	17	8	9	90-44	+46	59	17	12	3	2	58-17	39	17	5	5	7	32-27	20
4.	(↓)	FV Bad Vilbel		34	16	8	10	66-48	+18	56	17	10	1	6	43-27	31	17	6	7	4	23-21	25
5.	(↑)	SKV Rot-Weiß Darmstadt		34	15	10	9	74-52	+22	55	17	8	5	4	43-23	29	17	7	5	5	31-29	26
6.	(4.)	SG Bruchköbel		34	17	3	14	59-61	−2	54	17	11	3	3	31-18	36	17	6	0	11	28-43	18
7.	(10.)	SC Viktoria 06 Griesheim		34	14	10	10	57-41	+16	52	17	11	4	2	39-12	37	17	3	6	8	18-29	15
8.	(↑)	Sportfreunde Seligenstadt		34	15	5	14	58-60	−2	50	17	10	3	4	39-24	33	17	5	2	10	19-36	17
9.	(9.)	FC Alsbach		34	16	2	16	56-60	−4	50	17	9	1	7	29-19	28	17	7	1	9	27-41	22
10.	(↑)	FC Kickers Obertshausen		34	13	9	12	57-54	+3	48	17	7	2	8	27-30	23	17	6	7	4	30-24	25
11.	(↑)	FC Kalbach		34	12	10	12	54-49	+5	46	17	9	6	2	33-21	33	17	3	4	10	21-28	13
12.	(7.)	SV Darmstadt 98 II		34	11	7	16	51-58	−7	40	17	7	5	5	32-25	26	17	4	2	11	19-33	14
13.	(13.)	SG Dornheim		34	10	9	15	48-59	−11	39	17	7	6	4	30-21	27	17	3	3	11	18-38	12
14.	(6.)	TGM SV Jügesheim		34	9	11	14	39-55	−16	38	17	6	6	5	22-17	24	17	3	5	9	17-38	14
15.	(14.)	SpVgg 05 Oberrad		34	9	10	15	38-60	−22	37	17	6	6	5	22-22	24	17	3	4	10	16-38	13
16.	(5.)	DJK SSG Darmstadt	↓	34	9	8	17	39-62	−23	35	17	8	5	4	29-24	29	17	1	3	13	10-38	6
17.	(↓)	SV Bernbach	↓	34	9	3	22	51-94	−43	29	17	5	2	10	31-47	17	17	4	1	12	20-47	13
18.	(12.)	DJK SV Helvetia Bad Homburg-Kirdorf	↓	34	2	10	22	33-95	−62	16	17	2	6	9	18-37	12	17	0	4	13	15-58	4

FC Viktoria Urberach und SV Bernbach wurde je ein Punkt wegen Nichterfüllung des Schiedsrichterpflichtsolls abgezogen.
Die Liga wird zur nächsten Saison in Verbandsliga Hessen Süd umbenannt.

Absteiger aus der Oberliga Hessen: keine.
Aufsteiger in die Hessenliga: Offenbacher FC Kickers II und FC Viktoria Urberach.
Absteiger in die Gruppenligen: DJK SV Helvetia Bad Homburg-Kirdorf (Frankfurt-West), SV Bernbach (Frankfurt-Ost) und DJK SSG Darmstadt (Darmstadt).
Aufsteiger aus den Bezirksoberligen: SpVgg 02 Griesheim, SG Anspach (Frankfurt-West), SpVgg 03 Neu-Isenburg, SV Somborn (Frankfurt-Ost) und FC Bensheim (Darmstadt).

Landesliga Hessen Süd 2007/08

	OFC Kickers II	Vikt. Urberach	FSV Frankfurt II	FV Bad Vilbel	RW Darmstadt	SG Bruchköbel	Vikt. Griesheim	SF Seligenstadt	FC Alsbach	Obertshausen	FC Kalbach	SV Darmstadt 98	SG Dornheim	Jügesheim	SpVgg Oberrad	DJK Darmstadt	SV Bernbach	Bad Homburg
Offenbacher FC Kickers II	×	1:1	3:1	1:2	2:0	4:0	3:0	3:0	3:0	1:1	1:0	2:0	2:1	4:0	4:0	4:0	4:0	2:0
FC Viktoria Urberach	1:2	×	0:0	1:1	0:2	3:1	1:1	2:1	2:0	2:2	2:1	1:1	2:0	3:1	2:1	4:2	2:0	7:1
FSV Frankfurt II	1:2	3:3	×	2:1	6:2	1:2	0:0	2:0	5:4	2:2	1:0	6:0	4:0	3:0	2:0	4:0	4:0	12:1
FV Bad Vilbel	1:0	2:1	2:0	×	2:3	3:4	2:1	2:2	1:3	0:3	0:2	6:2	4:2	7:0	1:2	3:0	5:1	2:1
SKV Rot-Weiß Darmstadt	1:1	2:2	1:3	1:1	×	3:2	0:2	8:1	0:1	1:1	3:0	4:2	3:2	1:0	2:2	5:0	0:2	8:1
SG Bruchköbel	2:2	1:2	3:1	0:1	2:1	×	2:0	1:0	3:2	3:2	2:1	3:1	2:0	2:2	0:0	2:0	1:2	2:1
SC Viktoria 06 Griesheim	3:0	2:3	1:0	0:0	0:0	3:1	×	1:0	1:1	2:0	2:4	1:0	4:1	5:0	6:1	1:0	6:0	1:1
Sportfreunde Seligenstadt	0:3	1:0	1:0	1:2	2:1	4:2	1:1	×	6:2	4:3	1:1	1:3	1:1	1:3	3:0	1:0	4:0	7:2
FC Alsbach	0:4	2:0	3:1	0:1	0:1	4:0	0:3	5:0	×	1:2	3:2	2:0	1:2	2:0	3:1	0:1	3:1	0:0
FC Kickers Obertshausen	1:2	0:2	0:3	4:1	1:2	0:3	4:1	0:3	1:3	×	3:1	0:1	2:1	1:0	3:1	1:1	2:1	4:4
FC Kalbach	1:1	1:2	0:5	0:0	4:4	4:1	1:0	3:2	5:0	2:2	×	1:1	3:1	0:0	2:1	1:0	2:1	3:0
SV Darmstadt 98 II	1:3	0:1	1:1	2:1	1:4	3:1	3:2	1:2	4:1	1:0	2:2	×	2:2	1:2	4:0	2:2	1:1	3:0
SG Dornheim	2:2	1:1	1:4	1:1	1:3	4:0	1:2	1:2	5:0	1:1	3:0	1:0	×	2:1	2:2	0:0	3:2	1:0
TGM SV Jügesheim	1:1	2:2	0:3	1:1	3:1	0:1	1:1	0:1	0:2	0:0	3:1	1:0	3:0	×	0:1	3:0	3:1	1:1
SpVgg 05 Oberrad	0:3	1:2	0:0	3:0	1:1	0:1	0:4	1:1	0:4	0:1	0:0	2:0	2:2	2:2	×	2:1	5:1	1:0
DJK SSG Darmstadt	1:1	0:1	3:3	2:2	1:1	3:1	4:1	2:0	1:3	0:2	1:0	2:1	2:0	2:2	2:1	×	1:4	2:1
SV Bernbach	1:5	0:3	4:3	2:4	2:2	3:1	2:2	4:0	2:4	4:5	0:5	0:4	1:2	1:3	0:1	3:2	×	2:1
Helvetia Bad Homburg-Kirdorf	0:0	1:5	4:4	0:4	1:3	1:4	3:0	1:1	0:1	0:3	1:1	0:3	0:1	1:1	2:2	2:1	1:3	×

Informationen zu den Qualifikationsspielen zur Verbandsliga Hessen Süd finden Sie auf den Seiten 264/265.

Torschützenliste:

Platz	Spieler (Mannschaft)	Tore
1.	Funk, Florian (SKV Rot-Weiß Darmstadt)	20
2.	Franz, Sebastian (SV Bernbach)	18
3.	Cesur, Hakan (Offenbacher FC Kickers II)	17
	Hasanovic, Samir (DJK SSG Darmstadt)	17
5.	Eifert, Andreas (FC Kalbach)	15
6.	Stegmann, Michael (Kickers Obertshausen)	14
7.	El Haj Ali, Fikri (FSV Frankfurt II)	13
	Grimm, Frank (FC Viktoria Urberach)	13
	Schwalbe, Florian (Sportfreunde Seligenstadt)	13
10.	Barnes, Patrick (SG Bruchköbel)	12
	Cicek, Ufuk (FV Bad Vilbel)	12
	Karaaytu, Hakan (SG Dornheim)	12
	Messinese, Giuseppe (FC Viktoria Urberach)	12
	Seitel, Peter (SC Viktoria 06 Griesheim)	12
	Selmanaj, Naser (FC Viktoria Urberach)	12

Verbandsliga Nordbaden

Pl.	(Vj.)	Mannschaft		Sp	S	U	N	Tore	TD	Pkt	Sp	S	U	N	Tore	Pkt	Sp	S	U	N	Tore	Pkt
						Gesamtbilanz							**Heimbilanz**						**Auswärtsbilanz**				
1.	(6.)	ASV Durlach	↑	32	18	8	6	56-32	+24	62	16	7	5	4	24-16	26	16	11	3	2	32-16	36
2.	(↑)	SpVgg Amicitia Viernheim	◇	32	18	5	9	58-39	+19	59	16	9	1	6	32-20	28	16	9	4	3	26-19	31
3.	(↓)	1. FC Pforzheim		32	15	13	4	61-31	+30	58	16	9	5	2	37-15	32	16	6	8	2	24-16	26
4.	(2.)	TSG 62/09 Weinheim		32	16	8	8	59-34	+25	56	16	9	4	3	36-14	31	16	7	4	5	23-20	25
5.	(3.)	FC Zuzenhausen		32	16	8	8	63-44	+19	56	16	9	6	1	39-19	33	16	7	2	7	24-25	23
6.	(7.)	SV Spielberg		32	16	5	11	63-46	+17	53	16	7	3	6	36-27	24	16	9	2	5	27-19	29
7.	(↑)	FC 07 Heidelsheim		32	14	4	14	41-36	+5	46	16	7	1	8	19-18	22	16	7	3	6	22-18	24
8.	(4.)	SpVgg Oberhausen		32	12	7	13	39-38	+1	43	16	9	4	3	24-14	31	16	3	3	10	15-24	12
9.	(14.)	SpVgg Neckarelz		32	10	10	12	46-55	−9	40	16	6	4	6	25-27	22	16	4	6	6	21-28	18
10.	(12.)	SG Heidelberg-Kirchheim		32	10	8	14	30-46	−16	38	16	6	5	5	17-17	23	16	4	3	9	13-29	15
11.	(13.)	SV 98 Schwetzingen		32	11	4	17	40-51	−11	37	16	6	3	7	22-21	21	16	5	1	10	18-30	16
12.	(5.)	FC Rot		32	8	11	13	49-60	−11	35	16	4	5	7	21-25	17	16	4	6	6	28-35	18
13.	(10.)	FC Germania Friedrichstal		32	9	8	15	43-54	−11	35	16	6	5	5	24-25	23	16	3	3	10	19-29	12
14.	(8.)	FV 1913 Lauda		32	8	10	14	36-54	−18	34	16	5	3	8	20-26	18	16	3	7	6	16-28	16
15.	(11.)	TV Hardheim	↓	32	9	7	16	33-51	−18	34	16	7	4	5	20-18	25	16	2	3	11	13-33	9
16.	(9.)	TSV 05 Reichenbach	↓	32	8	10	14	34-53	−19	34	16	5	4	7	15-20	19	16	3	6	7	19-33	15
17.	(↑)	SV Schollbrunn	↓	32	8	6	18	41-68	−27	30	16	6	4	6	30-29	22	16	2	2	12	11-39	8

SpVgg Amicitia Viernheim und TSV Viernheim fusionieren zur neuen Saison zum TSV Amicitia Viernheim.

Absteiger aus der Oberliga BW: keine.   Die Liga spielt in der nächsten Saison mit 16 Mannschaften.
Aufsteiger in die Oberliga BW: ASV Durlach.
Absteiger in die Landesligen: SV Schollbrunn (wird aber nicht antreten und ist erster Absteiger der Landesliga Odenwald 2008/09), TV Hardheim (Odenwald) und TSV 05 Reichenbach (Mittelbaden).
Aufsteiger aus den Landesligen: TSV Buchen (Odenwald), SV Sandhausen II (Rhein-Neckar) und SpVgg Durlach-Aue (Mittelbaden).

Verbandsliga Nordbaden 2007/08

	ASV Durlach	Viernheim	1. FC Pforzheim	TSG Weinheim	Zuzenhausen	SV Spielberg	FC Heidelsheim	Oberhausen	Neckarelz	HD-Kirchheim	Schwetzingen	FC Rot	Friedrichstal	FV Lauda	TV Hardheim	Reichenbach	SV Schollbrunn
ASV Durlach	×	0:1	1:1	1:3	3:3	3:1	4:1	1:0	2:0	0:1	2:1	2:2	1:0	0:0	3:0	0:0	1:2
SpVgg Amicitia Viernheim	0:2	×	2:0	0:2	3:2	0:1	0:1	2:0	4:1	2:0	0:1	1:4	3:0	2:1	5:1	3:3	5:1
1. FC Pforzheim	1:2	0:0	×	2:2	1:0	3:0	3:2	2:3	3:1	0:0	2:1	1:1	1:1	5:1	3:0	6:1	4:0
TSG 62/09 Weinheim	0:2	0:0	1:3	×	4:0	2:1	0:0	1:1	1:3	5:0	1:0	7:2	5:1	1:1	2:0	1:0	5:0
FC Zuzenhausen	0:0	3:1	2:2	1:1	×	2:2	1:0	1:0	7:1	3:1	2:0	3:3	4:3	3:1	0:2	6:1	1:1
SV Spielberg	0:3	1:3	2:2	1:1	1:2	×	1:1	2:1	1:2	2:0	7:3	2:5	3:2	5:0	4:0	1:2	3:0
FC 07 Heidelsheim	2:4	2:3	0:0	0:1	1:3	4:0	×	0:1	1:2	1:0	2:0	2:0	0:3	0:1	1:0	2:0	1:0
SpVgg Oberhausen	4:0	2:4	0:0	1:1	0:4	1:0	0:2	×	0:0	1:0	2:0	4:1	2:1	3:0	2:0	0:0	2:1
SpVgg Neckarelz	0:2	0:0	1:4	2:1	1:0	0:4	3:2	1:1	×	0:0	0:1	6:2	2:1	0:3	1:3	2:2	6:1
SG Heidelberg-Kirchheim	2:4	0:2	0:0	0:1	4:0	0:3	1:0	1:0	0:0	×	0:3	0:0	0:0	1:1	3:1	2:0	3:2
SV 98 Schwetzingen	1:1	3:0	2:3	3:0	0:1	0:1	1:2	2:2	2:1	0:2	×	0:1	2:1	0:0	2:1	1:4	3:1
FC Rot	1:0	1:2	1:1	1:2	1:0	0:1	1:1	3:1	0:5	1:1	3:0	×	1:1	3:4	2:2	2:3	0:1
FC Germania Friedrichstal	0:2	1:2	0:0	3:1	0:2	2:2	1:4	2:1	1:1	3:1	2:3	4:3	×	0:0	3:2	1:1	1:0
FV 1913 Lauda	1:2	2:2	2:1	2:1	1:3	0:1	0:1	1:4	2:2	2:4	1:2	1:0	1:2	×	0:0	1:0	3:1
TV Hardheim	2:4	0:3	0:2	0:1	3:1	1:4	2:0	1:0	2:0	4:0	2:1	0:0	1:0	1:1	×	1:1	0:0
TSV 05 Reichenbach	1:1	3:1	0:2	0:4	0:1	0:1	0:3	3:0	1:1	3:0	1:1	0:2	0:3	2:0	0:0	×	1:0
SV Schollbrunn	1:3	1:2	2:3	3:1	2:2	1:5	0:2	1:0	1:1	2:3	3:1	2:2	3:0	2:2	2:1	4:1	×

Informationen zu den Qualifikationsspielen zur Verbandsliga Nordbaden finden Sie auf Seite 265.

Torschützenliste:

Platz	Spieler (Mannschaft)	Tore
1.	Erdogdu, Kaan (SV Schollbrunn)	19
2.	Acik, Yasar (SpVgg Amicitia Viernheim)	17
3.	Schlawjinski, Kevin (FC Rot)	16
4.	Zimmermann, Alexander (ASV Durlach)	14
	Moschüring, Chris (FV 1913 Lauda)	14
6.	Ruiz-Maile, Dennis (FC Zuzenhausen)	13
	Pelka, Thomas (Amicitia Viernheim)	13
8.	Krohne, Steffen (TSG 62/09 Weinheim)	12
	Mugnos, Michele (1. FC Pforzheim)	12
	Weimer, Phil (SpVgg Oberhausen)	12

Zuschauerstatistik:

Mannschaft	gesamt	Schnitt
1. FC Pforzheim	5.450	341
SpVgg Oberhausen	5.450	341
Amicitia Viernheim	5.180	324
FV 1913 Lauda	5.005	313
SpVgg Neckarelz	4.706	294
Germ. Friedrichstal	4.150	259
ASV Durlach	3.920	245
SV Schollbrunn	3.900	244
SV Spielberg	3.820	239
FC Zuzenhausen	3.787	237
TSG 62/09 Weinheim	3.550	222
SV 98 Schwetzingen	3.550	222
SG HD-Kirchheim	3.537	221
FC Rot	3.450	216
TV Hardheim	3.370	211
FC Heidelsheim	3.175	198
TSV Reichenbach	3.100	194
	69.100	254

Verbandsliga Südbaden

Pl.	(Vj.)	Mannschaft		Sp	S	U	N	Tore	TD	Pkt	Sp	S	U	N	Tore	Pkt	Sp	S	U	N	Tore	Pkt
								Gesamtbilanz							**Heimbilanz**						**Auswärtsbilanz**	
1.	(2.)	Offenburger FV	↑	30	22	5	3	66-24	+42	71	15	13	0	2	38-12	39	15	9	5	1	28-12	32
2.	(5.)	Kehler FV	↑	30	18	11	1	69-27	+42	65	15	10	5	0	36-7	35	15	8	6	1	33-20	30
3.	(3.)	SC Pfullendorf II		30	18	5	7	70-36	+34	59	15	11	4	0	36-10	37	15	7	1	7	34-26	22
4.	(6.)	Freiburger FC		30	15	8	7	75-45	+30	53	15	7	4	4	37-26	25	15	8	4	3	38-19	28
5.	(↓)	FC Emmendingen		30	11	12	7	46-39	+7	45	15	6	6	3	26-20	24	15	5	6	4	20-19	21
6.	(4.)	FC Denzlingen		30	13	5	12	61-52	+9	44	15	8	3	4	35-24	27	15	5	2	8	26-28	17
7.	(10.)	SV Weil		30	11	8	11	44-46	−2	41	15	8	4	3	28-18	28	15	3	4	8	16-28	13
8.	(11.)	SV Stadelhofen		30	11	6	13	55-46	+9	39	15	9	4	2	38-15	31	15	2	2	11	17-31	8
9.	(8.)	VfB Bühl		30	9	12	9	56-54	+2	39	15	6	7	2	32-20	25	15	3	5	7	24-34	14
10.	(↑)	FC Rastatt 04		30	10	7	13	58-56	+2	37	15	7	3	5	32-21	24	15	3	4	8	26-35	13
11.	(12.)	VfR Hausen an der Möhlin		30	9	10	11	38-42	−4	37	15	7	4	4	24-23	25	15	2	6	7	14-19	12
12.	(↑)	SV 08 Kuppenheim		30	7	11	12	38-59	−21	32	15	6	5	4	23-27	23	15	1	6	8	15-32	9
13.	(9.)	FC Bötzingen		30	8	7	15	46-68	−22	31	15	3	5	7	23-33	14	15	5	2	8	23-35	17
14.	(↑)	DJK Villingen	↓	30	8	5	17	45-71	−26	29	15	6	1	8	25-30	19	15	2	4	9	20-41	10
15.	(7.)	FV Gamshurst	↓	30	6	5	19	24-62	−38	23	15	4	3	8	18-30	15	15	2	2	11	6-32	8
16.	(↑)	FC Wehr 1912	↓	30	4	3	23	24-88	−64	15	15	3	2	10	10-38	11	15	1	1	13	14-50	4

Absteiger aus der Oberliga BW: SV Linx.
Aufsteiger in die Oberliga BW: Offenburger FV und Kehler FV.
Absteiger in die Landesligen: FC Wehr 1912 (Staffel 2), FV Gamshurst (Staffel 1) und DJK Villingen (Staffel 3).
Aufsteiger aus den Landesligen: SV Oberkirch (Staffel 1), SV Endingen, SF Elzach-Yach (Staffel 2) und FC Konstanz (Staffel 3).

Verbandsliga Südbaden 2007/08

	Offenburger FV	Kehler FV	SC Pfullendorf II	Freiburger FC	Emmendingen	FC Denzlingen	SV Weil	SV Stadelhofen	VfB Bühl	FC Rastatt 04	VfR Hausen	SV Kuppenheim	FC Bötzingen	DJK Villingen	FV Gamshurst	FC Wehr
Offenburger FV	×	1:2	3:2	0:1	1:0	3:1	3:1	1:0	3:0	4:2	3:1	2:1	4:0	5:1	3:0	2:0
Kehler FV	0:0	×	2:0	2:1	0:0	3:1	4:0	1:1	5:0	2:1	1:1	2:0	6:0	5:1	2:0	1:1
SC Pfullendorf II	2:0	2:2	×	4:0	2:0	3:1	1:1	1:0	1:1	1:1	2:1	4:0	2:1	5:1	3:0	3:1
Freiburger FC	2:2	2:3	4:3	×	2:2	1:2	1:3	2:1	3:3	1:2	1:0	6:0	4:2	2:2	1:0	5:1
FC Emmendingen	0:1	1:1	0:3	1:6	×	2:2	1:0	3:0	3:1	1:1	1:1	2:1	4:1	2:2	0:0	5:0
FC Denzlingen	0:4	0:2	3:2	1:1	0:2	×	0:0	3:1	2:2	6:2	1:3	5:1	4:2	3:2	3:0	4:0
SV Weil	1:2	3:1	1:4	2:1	2:2	2:1	×	5:1	4:1	2:0	0:0	0:0	2:2	1:3	1:0	2:0
SV Stadelhofen	0:1	2:2	2:0	2:2	4:0	6:0	2:1	×	2:2	2:1	0:2	2:2	3:1	3:1	2:0	6:0
VfB Bühl	2:4	2:2	4:1	2:4	0:0	1:1	3:0	4:3	×	1:1	2:2	0:0	1:1	4:0	4:0	2:1
FC Rastatt 04	0:0	2:3	1:3	3:4	0:2	2:1	3:3	2:0	1:0	×	3:1	0:0	1:2	3:1	6:0	5:1
VfR Hausen a. d. M.	1:1	2:4	1:5	2:2	0:0	0:4	3:0	4:2	1:1	2:1	×	2:1	0:2	2:0	1:0	3:0
SV 08 Kuppenheim	0:3	0:0	1:3	0:4	4:2	2:1	2:1	1:1	2:1	2:5	0:0	×	3:1	1:1	2:2	3:2
FC Bötzingen	1:3	1:2	1:2	0:5	1:1	1:3	1:1	1:5	5:1	4:4	1:0	2:2	×	2:2	1:2	1:0
DJK Villingen	3:3	2:4	3:1	0:2	0:1	1:0	2:3	0:2	1:5	2:3	2:1	2:1	0:1	×	2:0	5:3
FV Gamshurst	0:2	0:0	0:0	0:5	2:4	1:2	1:0	1:0	1:4	3:1	1:0	3:3	1:3	1:2	×	3:4
FC Wehr 1912	0:2	0:5	0:5	0:0	1:4	0:6	1:2	2:0	0:2	2:1	1:1	0:3	0:4	2:1	1:2	×

Informationen zu den Aufstiegsspielen zur Verbandsliga Südbaden finden Sie auf Seite 265.

Torschützenliste:

Platz	Spieler (Mannschaft)	Tore
1.	Mätz, Nicola (Kehler FV)	26
2.	Ilhan, Hakan (Offenburger FV)	20
3.	Kneuker, Florian (Freiburger FC)	19
4.	Blanco Carvalho, Daniel (Freiburger FC)	18
5.	Ruf, Tobias (FC Denzlingen)	17
6.	Ülker, Sedat (Offenburger FV)	15
	Ben Aissa, Patrick (SV Stadelhofen)	15
8.	Fiore, Antonio (SC Pfullendorf II)	14
	Stadelmann, Pascal (FC Emmendingen)	14
	Vollmer, Manuel (SV Stadelhofen)	14

Zuschauerstatistik:

Mannschaft	gesamt	Schnitt	Mannschaft	gesamt	Schnitt
Offenburger FV	9.391	626	FV Gamshurst	3.449	230
Kehler FV	6.110	407	FC Bötzingen	3.045	203
VfB Bühl	5.026	335	FC Wehr	2.460	164
FC Rastatt	4.910	327	FC Denzlingen	2.305	154
SV Stadelhofen	4.680	312	DJK Villingen	2.100	140
Freiburger FC	4.630	309	SC Pfullendorf II	2.035	136
FC Emmendingen	4.190	279		66.191	276
SV Kuppenheim	4.150	277			
VfR Hausen	3.870	258			
SV Weil	3.840	256			

Verbandsliga Württemberg

Pl.	(Vj.)	Mannschaft		Sp	S	U	N	Tore	TD	Pkt	Sp	S	U	N	Tore	Pkt	Sp	S	U	N	Tore	Pkt
				Gesamtbilanz							**Heimbilanz**						**Auswärtsbilanz**					
1.	(5.)	TSG Balingen	↑	30	20	8	2	66-24	+42	68	15	11	3	1	36-14	36	15	9	5	1	30-10	32
2.	(4.)	SpVgg Au/Iller	↑	30	17	9	4	60-29	+31	60	15	11	3	1	37- 8	36	15	6	6	3	23-21	24
3.	(9.)	FV Illertissen	↑	30	17	6	7	61-32	+29	57	15	10	4	1	36-11	34	15	7	2	6	25-21	23
4.	(8.)	SpVgg 07 Ludwigsburg		30	17	4	9	46-32	+14	55	15	11	2	2	25- 9	35	15	6	2	7	21-23	20
5.	(↑)	FSV Hollenbach		30	15	6	9	56-33	+23	51	15	8	2	5	33-17	26	15	7	4	4	23-16	25
6.	(↓)	SV Bonlanden		30	13	3	14	50-49	+1	42	15	9	2	4	34-20	29	15	4	1	10	16-29	13
7.	(↑)	VfL Sindelfingen		30	12	6	12	53-62	−9	42	15	5	3	7	23-28	18	15	7	3	5	30-34	24
8.	(↑)	VfR Aalen II		30	12	5	13	44-42	+2	41	15	7	2	6	20-18	23	15	5	3	7	24-24	18
9.	(↑)	1. FC Frickenhausen		30	11	6	13	39-50	−11	39	15	7	3	5	21-20	24	15	4	3	8	18-30	15
10.	(7.)	FV Olympia Laupheim		30	10	6	14	41-45	−4	36	15	7	4	4	24-17	25	15	3	2	10	17-28	11
11.	(11.)	FSV 08 Bissingen		30	9	9	12	36-46	−10	36	15	7	2	6	21-21	23	15	2	7	6	15-25	13
12.	(6.	TSF Ditzingen		30	9	8	13	36-51	−15	35	15	6	5	4	20-19	23	15	3	3	9	16-32	12
13.	(12.)	SV Baustetten	↓	30	7	9	14	36-47	−11	30	15	4	5	6	20-23	17	15	3	4	8	16-24	13
14.	(↑)	FC Wangen		30	6	11	13	31-53	−22	29	15	2	8	5	16-26	14	15	4	3	8	15-27	15
15.	(3.)	FV Ravensburg		30	5	7	18	27-61	−34	22	15	3	3	9	15-32	12	15	2	4	9	12-29	10
16.	(10.)	SV Fellbach	↓	30	3	11	16	28-54	−26	20	15	1	6	8	15-31	36	15	2	5	8	13-23	11

Absteiger aus der Oberliga BW: keine.
Aufsteiger in die Oberliga BW: TSG Balingen, SpVgg Au/Iller und FV Illertissen.
Absteiger in die Landesligen: SV Baustetten (Staffel 4; freiwilliger Rückzug) und SV Fellbach (Staffel 1).
Aufsteiger aus den Landesligen: SKV Rutesheim (Staffel 1), 1. FC Donzdorf (Staffel 2), VfL Nagold (Staffel 3), VfB Friedrichshafen und FV Biberach (Staffel 4).

Verbandsliga Württemberg 2007/08

	TSG Balingen	SpVgg Au/Iller	FV Illertissen	07 Ludwigsburg	FSV Hollenbach	SV Bonlanden	VfL Sindelfingen	VfR Aalen II	FC Frickenhausen	Olympia Laupheim	FSV 08 Bissingen	TSF Ditzingen	SV Baustetten	FC Wangen	FV Ravensburg	SV Fellbach
TSG Balingen	×	5:1	1:0	3:0	1:1	1:0	2:2	2:1	2:3	2:1	2:2	1:0	3:1	4:0	5:2	2:0
SpVgg Au/Iller	0:0	×	2:0	4:0	3:1	5:1	5:0	0:3	4:0	6:1	1:1	1:0	2:0	2:0	0:0	2:1
FV Illertissen	0:0	2:2	×	3:1	1:3	1:0	4:0	1:0	5:2	4:1	3:0	4:0	1:1	3:0	3:0	1:1
SpVgg 07 Ludwigsburg	0:1	3:1	2:1	×	1:1	2:0	0:2	2:0	1:0	3:1	2:0	3:1	1:0	3:1	2:0	0:0
FSV Hollenbach	3:3	0:2	0:1	2:1	×	3:0	0:1	2:1	1:2	5:2	2:0	6:2	0:1	1:1	3:0	5:0
SV Bonlanden	3:4	0:0	5:2	2:1	0:3	×	3:1	6:1	0:0	2:1	5:0	1:2	2:1	2:0	2:4	1:0
VfL Sindelfingen	3:2	1:1	4:1	1:2	0:1	3:5	×	2:1	1:2	0:5	1:3	3:1	1:0	1:2	1:1	1:1
VfR Aalen II	0:2	2:0	0:1	2:0	0:1	1:1	4:2	×	2:1	0:1	1:3	3:0	0:3	2:2	2:1	1:0
1. FC Frickenhausen	0:4	1:3	1:1	2:1	1:0	0:1	2:3	1:2	×	1:0	2:2	2:1	2:2	3:0	1:0	2:0
FV Olympia Laupheim	1:1	1:1	2:0	0:2	1:1	1:0	2:2	2:3	2:0	×	2:1	0:1	4:0	1:0	4:1	1:4
FSV 08 Bissingen	0:1	1:1	0:3	1:2	3:2	3:0	1:2	0:4	2:0	2:1	×	2:2	1:0	2:3	2:0	1:0
TSF Ditzingen	0:0	0:0	0:3	1:1	1:0	2:0	3:3	4:3	2:1	1:0	1:1	×	4:1	0:2	0:1	1:3
SV Baustetten	0:3	2:3	0:2	1:1	0:1	3:2	2:0	0:0	5:1	0:3	1:1	3:1	×	1:3	1:1	1:1
FC Wangen	0:2	2:5	3:3	1:3	2:2	3:1	0:4	0:3	1:1	0:0	0:0	1:1	1:1	×	0:0	2:0
FV Ravensburg	0:3	1:2	0:5	0:2	2:4	0:1	3:4	1:1	0:3	2:0	1:0	2:2	0:3	1:0	×	2:2
SV Fellbach	0:4	0:1	1:2	0:4	0:2	1:4	3:4	1:1	2:2	0:0	1:1	0:2	2:2	1:1	3:1	×

Torschützenliste:

Platz	Spieler (Mannschaft)	Tore
1.	Eckhardt, Bernd (SV Bonlanden)	24
2.	Wild, Oliver (FV Illertissen)	22
3.	Heidecker, Bastian (SpVgg Au/Iller)	21
4.	Sahin, Turan (TSG Balingen)	19
5.	Göbel, Tobias (TSG Balingen)	18
6.	Genc, Ümit (SpVgg 07 Ludwigsburg)	13
7.	Braunagel, Andreas (FV Ravensburg)	11
8.	Kocijan, Andreas (FSV 08 Bissingen)	10
	Kuttruff, Kai Uwe (FSV Hollenbach)	10
	Scheifler, Tobias (VfR Aalen II)	10

Zuschauerstatistik:

Mannschaft	gesamt	Schnitt
TSG Balingen	7.130	475
FV Olympia Laupheim	6.090	406
FSV Hollenbach	5.340	356
FC Wangen	5.080	339
TSF Ditzingen	4.520	301
SV Baustetten	4.480	299
SpVgg Ludwigsburg	4.450	297
FV Ravensburg	4.400	293
FV Illertissen	4.050	270
SpVgg Au/Iller	4.000	267
1. FC Frickenhausen	3.850	257
SV Fellbach	3.740	249
SV Bonlanden	3.620	241
FSV 08 Bissingen	3.520	235
VfL Sindelfingen	2.800	187
VfR Aalen II	2.530	169
	69.600	290

Informationen zu den Aufstiegsspielen zur Verbandsliga Württemberg finden Sie auf den Seiten 265/266.

Landesliga Bayern Nord

Pl.	(Vj.)	Mannschaft		Sp	S	U	N	Tore	TD	Pkt	Sp	S	U	N	Tore	Pkt	Sp	S	U	N	Tore	Pkt
					Gesamtbilanz							**Heimbilanz**						**Auswärtsbilanz**				
1.	(↓)	VfL Frohnlach	↑	34	22	7	5	74-24	+50	73	17	14	1	2	42-11	43	17	8	6	3	32-13	30
2.	(6.)	FC Würzburger Kickers	↑	34	21	8	5	73-33	+40	71	17	10	4	3	37-17	34	17	11	4	2	36-16	37
3.	(10.)	SV Friesen		34	19	8	7	65-34	+31	65	17	13	2	2	41-13	41	17	6	6	5	24-21	24
4.	(2.)	SV Alemannia Haibach		34	18	7	9	75-45	+30	61	17	11	4	2	47-16	37	17	7	3	7	28-29	24
5.	(14.)	TSV Mönchröden		34	18	7	9	56-45	+11	61	17	7	3	7	29-31	24	17	11	4	2	27-14	37
6.	(4.)	SpVgg Selbitz		34	15	9	10	84-64	+20	54	17	9	5	3	53-33	32	17	6	4	7	31-31	22
7.	(8.)	TG Höchberg		34	14	11	9	55-36	+19	53	17	7	5	5	29-15	26	17	7	6	4	26-21	27
8.	(↑)	SV Memmelsdorf/Ofr.		34	14	5	15	57-47	+10	47	17	6	3	8	30-20	21	17	8	2	7	27-27	26
9.	(7.)	SV Mitterteich/Ofr.		34	11	10	13	44-52	–8	43	17	8	3	6	26-23	27	17	3	7	7	18-29	16
10.	(3.)	1. FC Sand am Main		34	12	7	15	40-54	–14	43	17	5	4	8	17-24	19	17	7	3	7	23-30	24
11.	(12.)	FC Viktoria Kahl		34	12	5	17	58-70	–12	41	17	7	3	7	33-32	24	17	5	2	10	25-38	17
12.	(5.)	FT Schweinfurt		34	12	4	18	64-86	–22	40	17	8	2	7	40-39	26	17	4	2	11	24-47	14
13.	(↑)	DJK Viktoria/VfB Coburg		34	9	11	14	42-51	–9	38	17	2	7	8	18-21	13	17	7	4	6	24-30	25
14.	(↑)	TSV Sulzfeld am Main		34	11	4	19	53-76	–23	37	17	8	3	6	33-29	27	17	3	1	13	20-47	10
15.	(15.)	1. FC Strullendorf		34	9	6	19	42-83	–41	33	17	5	3	9	17-31	18	17	4	3	10	25-52	15
16.	(↑)	1. FC Haßfurt		34	8	8	18	42-58	–16	32	17	5	5	7	24-22	20	17	3	3	11	18-36	12
17.	(9.)	TSV Thiersheim	↓	34	8	7	19	49-69	–20	31	17	4	6	7	31-29	18	17	4	1	12	18-40	13
18.	(13.)	SpVgg Stegaurach	↓	34	9	4	21	41-87	–46	31	17	7	1	9	23-38	22	17	2	3	12	18-49	9

Absteiger aus der Bayernliga: keine.
Aufsteiger in die Bayernliga: VfL Frohnlach und FC Würzburger Kickers.
Absteiger in die Bezirksoberligen: SpVgg Stegaurach und SV Thiersheim (Oberfranken).
Aufsteiger aus den Bezirksoberligen: 1. FC Eintracht Bamberg II, ASV Hollfeld (Oberfranken), TSV Aubstadt, ASV Rimpar (Unterfranken).

Landesliga Bayern Nord 2007/08	Frohnlach	Würzburg	Friesen	Haibach	Mönchröden	Selbitz	Höchberg	Memmelsdorf	Mitterteich	Sand	Kahl	Schweinfurt	Coburg	Sulzfeld	Strullendorf	Haßfurt	Thiersheim	Stegaurach
VfL Frohnlach	×	3:0	2:1	3:1	0:1	2:1	1:1	3:1	2:0	1:0	5:1	6:0	0:x	2:1	3:0	5:1	3:2	1:0
FC Würzburger Kickers	1:0	×	2:1	1:2	2:3	0:0	2:4	3:2	1:1	1:1	4:0	2:2	3:0	4:0	4:0	1:0	4:0	2:1
SV Friesen	1:1	0:1	×	3:3	1:0	4:1	4:2	0:1	3:0	1:0	2:0	3:1	3:1	4:0	5:0	3:2	3:0	1:0
SV Alemannia Haibach	0:2	1:1	1:1	×	0:0	6:0	1:2	4:0	1:1	3:1	2:1	3:2	4:1	6:0	1:0	5:0	5:2	4:2
TSV Mönchröden	2:3	3:2	2:1	0:1	×	3:1	0:0	0:3	1:3	0:2	3:2	3:0	1:1	3:2	2:2	1:0	2:3	3:5
SpVgg Selbitz	1:0	0:5	1:1	1:3	4:2	×	2:2	3:0	2:2	3:3	4:5	7:1	4:4	4:2	6:0	4:3	2:0	5:0
TG Höchberg	1:3	0:2	0:0	1:0	0:1	0:0	×	0:0	1:1	3:0	1:2	3:0	5:0	2:0	2:4	2:2	1:0	7:0
SV Memmelsdorf/Ofr.	0:0	2:3	1:2	1:2	0:2	1:3	0:1	×	6:2	3:0	0:0	2:3	0:1	5:0	4:0	1:0	3:0	1:1
SV Mitterteich/Ofr.	x:0	2:2	2:2	3:1	0:1	2:4	2:0	0:1	×	2:2	2:0	1:0	1:2	3:2	1:2	1:0	2:0	2:4
1. FC Sand am Main	1:1	0:3	0:2	0:2	1:1	3:0	1:2	0:0	0:0	×	1:3	1:2	3:1	0:3	1:0	3:0	1:3	1:0
FC Viktoria Kahl	0:2	0:2	1:0	4:2	0:2	1:5	0:3	3:4	3:5	5:0	×	3:1	1:1	2:0	3:3	1:1	4:1	2:0
FT Schweinfurt	0:3	1:4	0:1	4:1	1:2	4:4	3:1	2:1	2:0	2:4	2:1	×	1:4	6:6	5:3	2:3	4:1	1:0
DJK Viktoria/VfB Coburg	1:1	1:1	2:3	1:1	1:1	0:0	0:1	0:3	0:1	0:1	4:0	1:2	×	3:0	1:2	0:1	1:1	2:2
TSV Sulzfeld am Main	1:1	0:2	2:3	2:1	1:2	2:1	1:1	1:4	1:0	1:3	1:5	4:1	0:1	×	6:3	2:0	3:2	4:0
1. FC Strullendorf	2:4	0:2	0:0	1:4	0:4	0:4	0:3	0:1	3:0	2:0	3:2	2:1	1:3	1:0	×	1:1	0:1	1:1
1. FC Haßfurt	1:1	1:2	0:3	1:2	1:2	3:2	0:0	3:0	1:1	0:1	0:0	3:1	1:1	1:0	1:3	×	1:2	6:1
TSV Thiersheim	1:5	1:2	2:2	1:1	1:1	0:2	1:1	4:1	1:1	1:2	1:2	1:1	0:2	0:2	6:2	4:1	×	6:1
SpVgg Stegaurach	0:5	0:3	3:1	2:0	1:2	0:3	3:2	1:5	1:0	2:3	3:1	2:6	2:1	1:2	1:1	0:3	1:0	×

Nachdem der Sozialversicherungsnachweis eines Frohnlacher Spielers nicht rechtzeitig beim BFV vorlag, wurden die Spiele VfL Frohnlach – DVV Coburg (2:2 am 03.10.2007) und SV Mitterteich – VfL Frohnlach (1:2 am 06.10.2007) für Frohnlach als verloren gewertet.

Torschützenliste:

Platz	Spieler (Mannschaft)	Tore
1.	Bächer, Markus (SpVgg Selbitz)	27
2.	Bloemer, Pascal (TG Höchberg)	24
	Karg, Thomas (FT Schweinfurt)	24
4.	Eichhorn, Tobias (VfL Frohnlach)	20
	Wagner, Erik (FC Viktoria Kahl)	20
6.	Ott, Sebastian (FC Würzburger Kickers)	18
	Otto, Sebastian (TSV Sulzfeld)	18
	Thoennes, Michael (SV Friesen)	18
9.	Kubiak, Matthias (SV Memmelsdorf)	17
10.	Maier, Günther (SV Alemannia Haibach)	16
	Trunk, Christian (SpVgg Stegaurach)	16

Zuschauerstatistik:

Mannschaft	gesamt	Schnitt
SpVgg Selbitz	6.830	402
TSV Mönchröden	6.600	388
VfL Frohnlach	6.260	368
1. FC Sand am Main	6.010	354
SV Friesen	5.975	351
SV Mitterteich/Ofr.	4.620	272
Alemannia Haibach	4.515	266
DVV Coburg	4.440	261
FC Viktoria Kahl	4.160	245
1. FC Haßfurt	4.070	239
Würzburger Kickers	3.911	230
TSV Thiersheim	3.800	224
FT Schweinfurt	3.670	216
1. FC Strullendorf	3.450	203
TG Höchberg	3.190	188
TSV Sulzfeld am M.	3.190	188
SV Memmelsdorf/Ofr.	2.940	173
SpVgg Stegaurach	2.890	170
	80.521	263

Informationen zu den Qualifikationsspielen finden Sie auf Seite 266.

Landesliga Bayern Mitte

Pl.	(Vj.)	Mannschaft		Sp	S	U	N	Tore	TD	Pkt	Sp	S	U	N	Tore	Pkt	Sp	S	U	N	Tore	Pkt
							Gesamtbilanz					**Heimbilanz**						**Auswärtsbilanz**			
1.	(3.)	FSV Erlangen-Bruck	↑	34	23	8	3	65-19	+46	77	17	12	5	0	32- 4	41	17	11	3	3	33-15	36
2.	(4.)	SV Seligenporten	↑	34	23	6	5	73-26	+47	75	17	12	2	3	45-16	38	17	11	4	2	28-10	37
3.	(↑)	DJK Vilzing		34	19	7	8	67-38	+29	64	17	13	2	2	43-13	41	17	6	5	6	24-25	23
4.	(5.)	SpVgg Landshut		34	17	6	11	53-36	+17	57	17	10	4	3	32-16	34	17	7	2	8	21-20	23
5.	(2.)	SV Schalding-Heining		34	14	11	9	59-48	+11	53	17	7	6	4	27-19	27	17	7	5	5	32-29	26
6.	(12.)	ASV 1860 Neumarkt		34	14	9	11	55-49	+6	51	17	8	4	5	28-19	28	17	6	5	6	27-30	23
7.	(6.)	Freier TuS Regensburg		34	13	9	12	54-57	–3	48	17	7	4	6	28-24	25	17	6	5	6	26-33	23
8.	(14.)	SSV Jahn 2000 Regensburg II		34	14	5	15	50-52	–2	47	17	7	1	9	24-29	22	17	7	4	6	26-23	25
9.	(↑)	TSV 1861/08 Neustadt/Aisch		34	12	10	12	56-53	+3	46	17	5	7	5	31-30	22	17	7	3	7	25-23	24
10.	(9.)	FC Dingolfing		34	12	10	12	52-51	+1	46	17	7	5	5	28-22	26	17	5	5	7	24-29	20
11.	(7.)	SV Etzenricht		34	11	10	13	47-68	–21	43	17	5	6	6	22-29	21	17	6	4	7	25-39	22
12.	(13.)	ASV Vach		34	10	10	14	42-55	–13	40	17	8	3	6	32-22	27	17	2	7	8	10-33	13
13.	(15.)	FC Amberg		34	9	10	15	41-51	–10	37	17	3	8	6	23-26	17	17	6	2	9	18-25	20
14.	(↓)	1. SC Feucht		34	8	10	16	51-76	–25	34	17	7	4	6	32-34	25	17	1	6	10	19-42	9
15.	(11.)	SC Eltersdorf		34	7	13	14	48-56	–8	34	17	4	7	6	24-22	19	17	3	6	8	24-34	15
16.	(↑)	SpVgg Hankofen-Hailing	↓	34	9	6	19	52-68	–16	33	17	7	1	9	31-33	22	17	2	5	10	21-35	11
17.	(10.)	SpVgg Kirchdorf-Eppenschlag	↓	34	7	9	18	34-59	–25	30	17	3	4	10	17-28	13	17	4	5	8	17-31	17
18.	(8.)	ASV Cham	↓	34	4	11	19	30-67	–37	23	17	1	7	9	13-31	10	17	3	4	10	17-36	13

Absteiger aus der Bayernliga: keine.
Aufsteiger in die Bayernliga: FSV Erlangen-Bruck und SV Seligenporten.
Absteiger in die Bezirksoberligen: ASV Cham (Oberpfalz), SpVgg Kirchdorf-Eppenschlag, SpVgg Hankofen-Hailing (Niederbayern).
Aufsteiger aus den Bezirksoberligen: SV 1873 Nürnberg-Süd, SG Quelle im TV 1860 Fürth (Mittelfranken), FC Tegernheim (Oberpfalz), SpVgg Grün-Weiß Deggendorf 03 und ASC Simbach am Inn (Niederbayern).

Landesliga Bayern Mitte 2007/08

	Erlangen-Bruck	Seligenporten	Vilzing	Landshut	Schalding-H.	Neumarkt	FT Regensburg	Jahn Regensb. II	Neustadt/Aisch	Dingolfing	Etzenricht	Vach	Amberg	Feucht	Eltersdorf	Hankofen-H.	Kirchdorf-E.	Cham
FSV Erlangen-Bruck	×	2:0	2:0	1:0	3:0	2:0	1:1	1:0	0:0	2:0	0:0	3:0	1:1	2:2	4:0	3:0	2:0	3:0
SV Seligenporten	0:0	×	3:2	2:0	0:2	1:3	4:0	3:1	3:0	5:0	0:1	5:1	3:1	2:1	3:0	1:1	6:2	4:1
DJK Vilzing	0:1	1:0	×	1:0	4:1	6:0	1:2	2:1	2:1	2:2	4:1	6:0	2:0	1:0	2:1	3:0	5:2	1:1
SpVgg Landshut	0:2	0:4	1:0	×	2:2	2:0	4:2	0:1	3:2	2:1	5:0	0:0	1:0	6:0	1:1	4:1	1:0	0:0
SV Schalding-Heining	0:2	0:0	0:1	1:1	×	2:3	2:1	1:1	2:0	0:0	5:1	0:0	2:1	4:1	3:2	2:1	1:1	2:3
ASV 1860 Neumarkt	0:3	0:1	4:1	0:1	3:3	×	1:2	0:0	2:1	2:0	4:2	2:0	0:1	1:1	2:1	0:0	2:2	4:0
Freier TuS Regensburg	3:4	1:2	5:1	1:0	3:0	1:0	×	1:2	0:0	1:1	1:3	0:0	3:2	3:2	1:1	4:1	0:2	0:3
SSV Jahn Regensburg II	0:2	0:1	0:4	3:2	0:2	2:2	0:1	×	1:2	1:3	5:0	0:3	1:0	3:2	0:4	2:1	5:0	1:0
TSV Neustadt/Aisch	0:2	1:4	2:2	4:2	2:2	2:2	1:1	2:1	×	2:0	2:3	1:2	2:0	5:2	1:1	2:2	1:1	1:3
FC Dingolfing	4:3	2:2	1:1	0:1	1:3	2:0	1:6	1:2	1:0	×	0:0	5:0	1:2	2:0	3:1	3:0	0:0	1:1
SV Etzenricht	0:4	0:2	1:1	1:2	2:5	2:1	1:3	3:0	1:1	3:2	×	1:1	1:0	2:2	0:2	1:1	1:1	2:1
ASV Vach	1:2	0:0	1:1	1:0	3:1	0:0	4:1	2:3	3:2	1:2	3:4	×	2:3	3:0	2:0	1:0	0:1	5:2
FC Amberg	1:1	0:1	1:3	2:1	0:0	1:4	2:2	0:1	2:5	1:1	1:1	1:1	×	1:1	2:2	3:1	0:1	5:0
1. SC Feucht	3:2	2:5	2:1	0:0	2:1	3:4	3:1	2:2	0:1	4:1	1:3	1:1	1:2	×	2:2	2:7	2:0	2:1
SC Eltersdorf	1:2	0:0	0:2	0:1	1:1	1:3	2:2	2:2	1:3	0:0	4:1	3:1	0:1	4:1	×	1:1	3:0	1:1
SpVgg Hankofen-Hailing	2:0	0:2	0:1	1:4	1:2	2:2	6:0	0:6	1:3	2:4	3:2	3:0	5:2	0:1	2:3	×	2:1	1:0
SpVgg Kirchdorf-E.	0:0	1:3	1:1	2:3	0:2	0:2	0:0	1:3	1:3	0:2	2:0	0:2	2:2	3:0	0:2	×	×	3:0
ASV Cham	0:3	0:1	1:2	0:3	2:5	1:1	0:1	2:0	0:1	0:4	1:1	0:0	0:0	1:1	3:3	2:2	0:3	×

Informationen zum Entscheidungsspiel um Platz 14 und zu den Qualifikationsspielen finden Sie auf Seite 266.

Torschützenliste:

Platz	Spieler (Mannschaft)	Tore
1.	Stecher, Florian (SV Schalding-Heining)	28
2.	Endlein, Andreas (1. SC Feucht)	25
3.	Corintan, Heino (FC Dingolfing)	21
4.	Jonczy, Michael (TSV Neustadt/Aisch)	20
5.	Dvorak, Peter (DJK Vilzing)	16
	Linhart, Jaroslav (Hankofen-Hailing)	16
	Pollinger, Christian (SV Seligenporten)	16
8.	Pommer, Benjamin (SV Seligenporten)	14
	Spitzer, Hans-Jörg (DJK Vilzing)	14

Zuschauerstatistik:

Mannschaft	gesamt	Schnitt
FSV Erlangen-Bruck	7.000	412
FC Amberg	6.250	368
DJK Vilzing	5.730	337
SC Eltersdorf	5.270	310
Hankofen-Hailing	5.100	300
SV Seligenporten	4.880	287
ASV Cham	4.636	273
SV Etzenricht	4.608	271
Schalding-Heining	4.350	256
FC Dingolfing	3.940	232
SpVgg Kirchdorf-E.	3.540	208
Fr. TuS Regensburg	3.390	199
ASV 1860 Neumarkt	3.370	198
SpVgg Landshut	3.220	189
ASV Vach	3.220	189
1. SC Feucht	2.910	171
TSV Neustadt/Aisch	2.760	162
Jahn Regensburg II	2.270	134
	76.444	250

Landesliga Bayern Süd

Pl.	(Vj.)	Mannschaft		Sp	S	U	N	Tore	TD	Pkt	Sp	S	U	N	Tore	Pkt	Sp	S	U	N	Tore	Pkt
								Gesamtbilanz							**Heimbilanz**						**Auswärtsbilanz**	
1.	(5.)	TSV Buchbach	↑	34	23	7	4	73-33	+40	76	17	15	2	0	47-10	47	17	8	5	4	26-23	29
2.	(6.)	FC Ingolstadt 04 II	↑	34	20	10	4	79-36	+43	70	17	9	7	1	40-18	34	17	11	3	3	39-18	36
3.	(3.)	TSV 1896 Rain am Lech	↑	34	21	6	7	73-42	+31	69	17	11	2	4	34-22	35	17	10	4	3	39-20	34
4.	(4.)	FC Augsburg II		34	17	8	9	80-45	+35	59	17	7	5	5	41-25	26	17	10	3	4	39-20	33
5.	(↓)	SC Fürstenfeldbruck		34	17	8	9	62-45	+17	59	17	10	5	2	32-15	35	17	7	3	7	30-30	24
6.	(↓)	SV Wacker Burghausen II		34	17	4	13	70-55	+15	55	17	13	1	3	48-21	40	17	4	3	10	22-34	15
7.	(13.)	BCF Wolfratshausen		34	12	14	8	56-46	+10	50	17	8	6	3	35-19	30	17	4	8	5	21-27	20
8.	(11.)	TSV 1860 Rosenheim		34	14	7	13	52-42	+10	49	17	7	5	5	27-23	26	17	7	2	8	25-19	23
9.	(↑)	SB DJK Rosenheim		34	14	7	13	52-56	−4	49	17	5	6	6	19-22	21	17	9	1	7	33-34	28
10.	(↑)	1. FC Sonthofen		34	11	7	16	59-72	−13	40	17	7	4	6	32-33	25	17	4	3	10	27-39	15
11.	(7.)	TSV Großhadern		34	11	6	17	64-70	−6	39	17	8	2	7	39-31	26	17	3	4	10	25-39	13
12.	(12.)	FC Pipinsried		34	10	9	15	48-65	−17	39	17	4	4	9	18-32	16	17	6	5	6	30-33	23
13.	(9.)	FC Affing		34	10	8	16	51-79	−28	38	17	6	4	7	28-38	22	17	4	4	9	23-41	16
14.	(↑)	SV Raisting		34	9	10	15	43-49	−6	37	17	5	5	7	23-25	20	17	4	5	8	20-24	17
15.	(↑)	TSV Gersthofen		34	10	5	19	52-81	−29	35	17	5	2	10	26-43	17	17	5	3	9	26-38	18
16.	(10.)	FC Falke Markt Schwaben		34	8	9	17	38-60	−22	33	17	7	3	7	25-27	24	17	1	6	10	13-33	9
17.	(8.)	TSV 1861 Nördlingen	↓	34	7	7	20	25-71	−46	28	17	5	2	10	14-32	17	17	2	5	10	11-39	11
18.	(14.)	FC Königsbrunn	↓	34	6	6	22	33-63	−30	24	17	2	4	11	13-33	10	17	4	2	11	20-30	14

Absteiger aus der Bayernliga: FC Kempten und SV Heimstetten.
Aufsteiger in die Bayernliga: TSV Buchbach, FC Ingolstadt 04 II und TSV 1896 Rain am Lech.
Absteiger in die Bezirksoberligen: FC Königsbrunn und TSV 1861 Nördlingen (Schwaben).
Aufsteiger aus den Bezirksoberligen: SV Pullach (Oberbayern), TSV Schwabmünchen und FC Memmingen II (Schwaben).

Landesliga Bayern Süd 2007/08

	Buchbach	Ingolstadt II	Rain	Augsburg II	Fürstenfeldbruck	Burghausen II	Wolfratshausen	TSV Rosenheim	SB Rosenheim	Sonthofen	Großhadern	Pipinsried	Affing	Raisting	Gersthofen	Markt Schwaben	Nördlingen	Königsbrunn
TSV Buchbach	×	1:1	2:1	2:1	1:1	1:0	4:1	2:1	2:0	5:0	3:1	3:1	5:1	2:0	5:0	5:1	2:0	2:0
FC Ingolstadt 04 II	2:0	×	1:1	3:5	3:1	2:1	1:1	1:1	4:0	4:3	2:2	3:1	1:1	1:1	0:0	2:0	7:0	3:0
TSV 1896 Rain am Lech	2:1	2:1	×	0:4	1:1	1:0	3:0	0:1	3:4	5:2	3:2	2:3	3:2	2:0	1:1	3:0	2:0	1:0
FC Augsburg II	4:0	1:1	0:1	×	4:0	1:3	2:2	1:2	2:6	2:2	5:0	5:6	4:0	1:0	4:1	0:0	4:0	1:1
SC Fürstenfeldbruck	0:0	3:3	2:3	0:2	×	3:0	0:0	3:1	2:0	1:1	1:1	4:2	2:1	3:1	2:0	1:0	4:0	1:0
SV Wacker Burghausen II	6:2	3:0	1:1	2:1	1:3	×	2:1	0:2	4:1	3:1	4:0	4:0	2:4	3:1	4:2	4:1	2:0	3:1
BCF Wolfratshausen	0:3	2:0	1:4	1:1	1:1	3:1	×	1:1	3:1	3:2	4:1	1:1	6:0	0:0	6:2	3:0	0:1	0:0
TSV 1860 Rosenheim	1:2	1:2	0:1	1:3	2:1	4:1	1:1	×	2:1	1:1	0:0	1:2	2:2	1:1	3:1	2:1	3:2	2:1
SB DJK Rosenheim	1:1	0:2	1:1	1:1	0:2	1:2	2:3	2:1	×	2:1	0:2	1:1	0:3	3:2	1:1	0:0	2:0	
1. FC Sonthofen	1:3	1:3	0:2	3:3	2:1	3:2	2:4	1:3	3:3	×	3:2	1:0	3:0	1:1	1:2	2:1	3:3	2:0
TSV Großhadern	1:2	1:4	2:5	0:3	3:1	3:3	3:3	2:0	1:2	4:0	×	0:3	5:1	2:1	5:1	3:1	0:1	4:0
FC Pipinsried	1:2	1:3	1:2	2:1	1:2	2:5	0:0	1:0	0:1	2:1	3:3	×	1:0	0:3	0:5	2:2	0:0	1:2
FC Affing	1:1	1:4	1:6	0:2	4:1	1:1	3:2	1:4	0:2	3:2	2:2	×		0:3	3:1	1:1	2:1	4:2
SV Raisting	1:2	0:1	1:1	2:1	2:3	0:1	3:0	1:0	3:1	0:1	4:2	2:2	1:4	×	1:1	0:0	0:0	2:5
TSV Gersthofen	1:5	0:2	3:2	1:1	1:5	4:1	0:0	1:0	1:2	3:6	2:5	1:3	0:0	2:3	×	2:1	4:1	0:4
FC Falke Markt Schwaben	1:1	0:2	1:3	1:5	3:1	2:0	1:2	2:1	1:2	1:0	1:0	1:2	2:2	1:4	0:1	×	5:1	2:1
TSV 1861 Nördlingen	0:1	0:3	1:4	1:2	1:3	2:0	0:0	0:5	1:3	2:1	1:0	1:0	1:2	2:1	0:3	1:1	×	0:3
FC Königsbrunn	0:0	1:7	2:1	0:1	0:3	1:1	0:1	0:3	1:2	1:3	0:2	1:2	3:0	0:0	1:4	1:2	1:1	×

Informationen zu den Qualifikationsspielen finden Sie auf den Seiten 266/267.

Torschützenliste:

Platz	Spieler (Mannschaft)	Tore
1.	Hain, Stefan (FC Augsburg II)	31
2.	Doll, Christian (Wacker Burghausen II)	30
3.	Hillinger, Stefan (TSV Buchbach)	29
4.	Neumeyer, Andreas (Fürstenfeldbruck)	25
5.	Akkurt, Orhan (TSV Großhadern)	20
	Kinzel, Sebastian (FC Affing)	20
	Römer, Mark (FC Ingolstadt 04 II)	20
8.	Binde, Christian (1. FC Sonthofen)	18
	Heller, Josef (SB DJK Rosenheim)	18
10.	Makarenko, Anton (FC Augsburg II)	17

Zuschauerstatistik:

Mannschaft	gesamt	Schnitt	Mannschaft	gesamt	Schnitt
TSV Buchbach	14.540	855	FC Ingolstadt 04 II	3.200	188
SV Raisting	8.010	471	SB DJK Rosenheim	3.200	188
TSV Gersthofen	6.990	411	TSV 1861 Nördlingen	2.870	169
TSV 1896 Rain/Lech	6.330	372	BCF Wolfratshausen	2.860	168
1. FC Sonthofen	4.770	281	FC Königsbrunn	2.830	166
FC Pipinsried	4.250	250	Markt Schwaben	2.820	166
SC Fürstenfeldbruck	4.160	245	FC Augsburg II	2.270	134
FC Affing	4.100	241	SVW Burghausen II	2.230	131
1860 Rosenheim	3.940	232		83.025	271
TSV Großhadern	3.655	215			

Aufstieg zur Brandenburg-Liga

Entscheidungsspiele der Zweitplatzierten der Landesligen:
In der Staffel Nord hatte der Tabellenzweite FC 98 Hennigsdorf auf die Aufstiegsspiele verzichtet.
13.06.2008: Stahl Brandenburg (N) – Eisenhüttenstädter FC Stahl (S) 2:2 (2:0)
21.06.2008: Eisenhüttenstädter FC Stahl – FC Stahl Brandenburg 4:0 (0:0)
Der Eisenhüttenstädter FC Stahl steigt in die Brandenburg-Liga auf.

FC Stahl Brandenburg – Eisenhüttenstädter FC Stahl   2:2 (2:0)
Brandenburg: Böhm – Bauer, Wilhelm (62. Koch), Sommerlatte – Schumacher, Schimpf, Felix Nachtigall (90. Buczilowski), Leimbach, Hoffmann – Tarnow (88. Tiller), Kahl. Trainer: Ingo Nachtigall
Eisenhüttenstadt: Becker – Schadrack – Roensch, Krüger – Keipke (80. Teuber), Walter, Raddatz, Nickel, Freist – Kerl (65. Lehmann), Hilgers. Trainer: Harry Rath
Tore: 1:0 Kahl (13.), 2:0 Schumacher (26.), 2:1 Keipke (58., Foulelfmeter), 2:2 Walter (90.)
Zuschauer: 353 im Stadion am Quenz
Schiedsrichter: Markus Bärtich (VfB Herzberg 68)
Gelb-Rote Karte: Schumacher (57.)
Gelbe Karten: Schimpf, Tarnow

Eisenhüttenstädter FC Stahl – FC Stahl Brandenburg   4:0 (0:0)
Eisenhüttenstadt: Becker – Schadrack – Roensch, Teuber (85. Freist) – Keipke, Walter, Zacharias (72. Assmann), Nickel, Krüger – Hilgers, Raddatz (89. Lehmann). Trainer: Harry Rath
Brandenburg: Böhm – Bauer – Wilhelm, Sommerlatte – Hoffmann (59. Taube), Leimbach, Schimpf, Felix Nachtigall, Koch – Kahl, Tarnow (72. Wegener). Trainer: Ingo Nachtigall
Tore: 1:0 Raddatz (55.), 2:0 Raddatz (65.), 3:0 Roensch (86.), 4:0 Assmann (90.)
Zuschauer: 432 in den Sportanlagen der Hüttenwerker
Schiedsrichter: Norbert Giese (SV Großräschen)
Rote Karte: Hilgers (74.)
Gelb-Rote Karte: Felix Nachtigall (56.)
Gelbe Karten: Hilgers, Walter, Zacharias, Raddatz - Bauer, Schimpf, Tarnow, Kahl

Aufstieg zur Thüringenliga

Entscheidungsspiele der Zweitplatzierten der Landesklassen:
14.06.2008: SV Motor Altenburg (Ost) – SV 1925 Borsch (West) 0:2 (0:1)
21.06.2008: SV 1925 Borsch – SV Motor Altenburg 1:2 (0:0)
SV 1925 Borsch steigt in die Thüringenliga auf.

SV Motor Altenburg – SV 1925 Borsch)   0:2 (0:1)
Altenburg: Lachky; Munzert (32. Busch), Findeklee, Dornburg, R.Kratzsch, Scharschmidt (46. Rolle), Böhme, Eichelkraut, Heim (72. Kröber), Reichel, Haprich. Trainer: Frank Weidner
Borsch: Schmelz; J. Kraus, Simon, N. Kraus (66. D. Wiegand), Kirchner, Loos (78. Schüler), L. Wiegand, Gimpel, Siebert, Elter (72. Kutscher), Sauer. Trainer: Georg Blumenthal
Tore: 0:1 Gimpel (8., Foulelfmeter), 0:2 Sauer (77.)
Zuschauer: 410 im Waldstadion
Schiedsrichter: Swen Eichler (FC Erfurt Nord)
Gelbe Karten: Eichelkraut, Reichel

SV 1925 Borsch – SV Motor Altenburg   1:2 (0:0)
Borsch: Schmelz; J. Kraus (79. Kutscher), Simon, N. Kraus, Klrchner (85. Spiegel), Loos, L.Wiegand, Gimpel, Siebert, D. Wiegand (57. Gabriel), Sauer. Trainer: Georg Blumenthal
Altenburg: Kolditz; Busch, Dornburg, R.Kratzsch, Scharschmidt (76. T. Kratzsch), Böhme, Weiße, Rolle (57. Gentsch), Reichel, Kröber, Haprich (45. Böckel). Trainer: Frank Weidner
Tore: 0:1 R. Kratzsch (50.), 0:2 Busch (72.), 1:2 L. Wiegand (73.)
Zuschauer: 650 auf dem Sportplatz von Geisa-Borsch
Schiedsrichter: Michael Wilske (SV Eintracht Bretleben)
Gelbe Karten: L. Wiegand, Schmelz, Sauer - Kolditz, Reichel

Aufstieg zur VL Saarland

Entscheidungsspiel der Zweiten der Landesligen Nordost und Südwest:
01.06.2008: SV Thalexweiler (NO) – SV 09 Bübingen (SW) 3:5 (0:3)
SV 09 Bübingen aus der Landesliga Südwest steigt in die Verbandsliga Saarland auf.

SV Thalexweiler – SV 09 Bübingen   3:5 (0:3)
Thalexweiler: Christoph Rau; Florian Groß, Denis Balzer, Mathias Schmitt, Markus Zangerle, Raphael Schäfer, Roland Rohra (59. David Strauß), Marc Strauß (48. Jan Riehm), Andreas Caryot, Mike Berwian, Marco Schmitt (70. Benjamin Bollbach) – Trainer: Andreas Caryot
Bübingen: Moritz Junge; Frank Schweitzer, Sebastian Knoll, Tobias Isengard, Bernhard Jahnke, Mario Di Maria, Jean-Paul Fries, Kevin Abstiens, Markus Eschmann, Marc Becker, Simon Göttker – Trainer: Patrick Bähr
Tore: 0:1 Frank Schweitzer (10.), 0:2 Simon Göttker (13.), 0:3 Marc Becker (18.), 1:3 Andreas Caryot (47.), 1:4 Frank Schweitzer (61.), 1:5 Bernhard Jahnke (73.), 2:5 Andreas Caryot (80.), 3:5 Raphael Schäfer (90.+2)
Zuschauer: 3.000 Sportplatz in Göttelborn
Schiedsrichter: Wilhelm Bauer (SC Victoria Orscholz)

Qualifikation zur VL Hessen Nord

Qualifikationsrunde zwischen dem Drittletzten der Landesliga Nord (LLN), sowie den Zweiten der Bezirksoberligen Kassel Gruppe 1 (KS1), Kassel Gruppe 2 (KS2) und Fulda (FD):
04.06.2008: SV Adler Weidenhausen (KS2) – FC Körle (KS1) 6:0 (1:0)
04.06.2008: GSV Eintracht Baunatal (LLN) – RSV Petersberg (FD) 1:1 (0:0)
07.06.2008: GSV Eintracht Baunatal – SV Adler Weidenhausen 5:2 (2:2)
07.06.2008: RSV Petersberg – FC Körle 0:2 (0:0)
11.06.2008: SV Adler Weidenhausen – RSV Petersberg 1:2 (0:0)
11.06.2008: FC Körle – GSV Eintracht Baunatal 3:4 (1:3)

Pl.	Mannschaft		Sp	S	U	N	Tore	TD	Pkt
1.	GSV Eintracht Baunatal		3	2	1	0	10- 6	+4	7
2.	RSV Petersberg	↑	3	1	1	1	3- 4	–1	4
3.	SV Adler Weidenhausen		3	1	0	2	9- 7	+2	3
4.	FC Körle		3	1	0	2	5-10	–5	3

GSV Eintracht Baunatal verbleibt in der Verbandsliga, RSV Petersberg steigt in die Verbandsliga auf, SV Adler Weidenhausen und FC Körle verbleiben in der jeweiligen Gruppenliga.

SV Adler Weidenhausen – FC Körle   6:0 (1:0)
Weidenhausen: Sascha Eisenhuth – Martin Schäfer, Thomas Hahn, Alexander Henke, Jan Gonnermann – Sven Schäfer, Matthias Gruber (79. Andre Gorges), Ralf Kruse (75. Konstantin Hippe) – Maikel Buchenau, Sören Gonnermann, Dirk Sterzing (65. Robin Berg). Trainer: Christian Buchenau
Körle: Sven Sennhenn – Jan Schmidt, Michael Martin, Felix Georgi, Mike Riemann (46. Martin Russ), Jakob Sievers (67. Fitim Cakiqi) – Bert Muster, Robert Geher, Hannes Alter (76. Dominik Naumann) – Philip Alter, Burim Rahimi. Trainer: Uwe Herkt
Tore: 1:0 S. Gonnemann (22.), 2:0 S. Gonnemann (49.), 3:0 Sterzing (57.), 4:0 Sterzing (69.), 5:0 Gorges (83.), 6:0 Buchenau (87.)
Zuschauer: 400 in Großalmerode
Schiedsrichter: Steffen Rabe (TSV Asphe)

GSV Eintracht Baunatal – RSV Petersberg   1:1 (0:0)
Baunatal: Jan Felix Schmid – Jörn Katluhn – Tim Kraft – Otto Hofmann – Marius Rüppel (70. Abdul Abdali) – Nurkay Bilir – Christopher Löbel (80. Alan Scott) – Timocin Cihan – Kadir Cobankara – Teame Andezion – Tobias Frommann. Trainer: Gerhard Reinbold
Petersberg: Marco Motzkus – Rolf Gollin, Sascha Fiedler, Andreas Kirsch, Vincent Schneider – Robert Schorstein, Andreas Bug (75. Thomas Gerrmann), Meik Voll – Markus Albrecht, Boris Aschenbrücker, Sebastian Büttner (90. Patrick Stupp). Spielertrainer: Rolf Gollin
Tore: 1:0 Hofmann (61.), 1:1 Schorstein (70.)
Zuschauer: 300 in Bebra
Schiedsrichter: Marcus Rolbetzki (FSV Schröck)

GSV Eintracht Baunatal – SV Adler Weidenhausen   5:2 (2:2)
Baunatal: Jan Felix Schmid – Otto Hofmann, Jörn Katluhn, Tim Kraft (80. Fabian Szeltner) – Alan Scott, Nurkay Bilir – Marius Rüppel, Kadir Cobankara, Teame Andezion, Timocin Cihan – Tobias Frommann (70. Marius Praus). Trainer: Gerhard Reinbold
Weidenhausen: Sascha Eisenhuth – Thomas Hahn, Martin Schäfer, Alexander Henke – Sven Schäfer, Matthias Gruber, Maikel Buchenau, Jan Gonnermann, Sören Gonnermann – Ralf Kruse, Dirk Sterzing (72. Andre Gorges). Trainer: Christian Buchenau
Tore: 1:0 Cobankara (2.), 1:1 S. Gonnermann (25.), 1:2 Buchenau (37.), 2:2 Cobankara (39., Foulelfmeter), 3:2 Cobankara (65.), 4:2 Cobankara (85.), 5:2 Cobankara (90.)
Zuschauer: 400
Schiedsrichter: Matthias Eibach (1.FC Schwalmstadt)

RSV Petersberg – FC Körle   0:2 (0:0)
Petersberg: Marco Motzkus – Sascha Fiedler, Rolf Gollin, Meik Voll, Robert Schorstein – Vincent Schneider, Markus Albrecht (71. Traber), Andreas Kirsch –

Andreas Bug (78. Patrick Stupp), Boris Aschenbrücker (23. Thomas Gerrmann), Sebastian Büttner. Spielertrainer: Rolf Gollin
Körle: Sven Sennhenn – Mike Riemann (83. Fitim Cakiqi), Michael Martin, Felix Georgi, Martin Russ, Jakob Sievers – Philip Alter, Hannes Alter – Bert Muster, Burim Rahimi (89. Dominik Naumann), Jan Schmidt. Trainer: Uwe Herkt
Tore: 0:1 H. Alter (74.) , 0:2 Schmidt (85.)
Zuschauer: 250
Schiedsrichter: Thorsten Mürell (TV 1873 Hausen)

SV Adler Weidenhausen – RSV Petersberg   1:2 (0:0)
Weidenhausen: Sascha Eisenhuth – Martin Schäfer (Robin Berg), Thomas Hahn, Alexander Henke, Ralf Kruse – Sven Schäfer, Matthias Gruber (30. Andre Gorges), Jan Gonnermann – Maikel Buchenau, Dirk Sterzing (Konstantin Hippe), Sören Gonnermann. Trainer: Christian Buchenau
Petersberg: Marco Motzkus – Rolf Gollin, Sascha Fiedler, Patrick Stupp, Andreas Kirsch – Florian König (80. Sebastian Büttner), Robert Schorstein, Andreas Bug – Meik Voll (75. Schliemann), Markus Albrecht, Thomas Gerrmann. Spielertrainer: Rolf Gollin
Tore: 0:1 König (53.), 0:2 Schorstein (65.), 1:2 M. Schäfer (70.)
Zuschauer: 400 auf dem Chattenloh
Schiedsrichter: Dr. Manuel Kunzmann (SV Niederjossa)
Gelb-Rote Karte: Schorstein (68.)

FC Körle – GSV Eintracht Baunatal   3:4 (1:3)
Körle: Sven Sennhenn – Felix Georgi – Mike Riemann (77. Robert Geher), Michael Martin – Martin Russ, Bert Muster, Jakob Sievers (46. Fitim Cakiqi), Philip Alter, Hannes Alter – Burim Rahimi, Jan Schmidt. Trainer: Uwe Herkt
Baunatal: Jan Felix Schmid – Jörn Katluhn, Tim Kraft, Alan Scott, Otto Hofmann, Fabian Szeltner (60. Marius Praus, Marius Rüppel, Timocin Cihan (74. Abdul Abdali), Kadir Cobankara, Teame Andezion, Tobias Frommann (85. Andre Willer). Trainer: Gerhard Reinbold
Tore: 0:1 Frommann (1.), 0:2 Scott (6.), 1:2 H. Alter (23.), 1:3 Frommann (42.), 2:3 Russ (67.), 2:4 Conbancara (81.), 3:4 Rahimi (90.+3)
Zuschauer: 400
Schiedsrichter: Christof Günsch (SV Reddighausen)

Qualifikation zur VL Hessen Mitte

Qualifikationsrunde zwischem dem Viertletzten der Landesliga Mitte (LLM), dem Zweiten der Bezirksoberliga Wiesbaden (WI) sowie dem Dritten der Bezirksoberliga Gießen-Marburg (GM):
03.06.2008: FSV Schröck (LLM) – TSG Wörsdorf II (WI)   7:1 (3:1)
09.06.2008: TSG Wörsdorf II – FV Breidenbach (GM)   1:1 (0:0)
11.06.2008: FV Breidenbach – FSV Schröck   2:2 (2:1)

Pl.	Mannshaft	Sp	S	U	N	Tore	TD	Pkt
1.	FSV Schröck	2	1	1	0	9-3	+6	4
2.	FV Breidenbach	2	0	2	0	3-3	0	2
3.	TSG Wörsdorf II	2	0	1	1	2-8	–6	1

FSV Schröck verbleibt in der Verbandsliga, FV Breidenbach und TSG Wörsdorf II in der jeweiligen Gruppenliga.

FSV Schröck – TSG Wörsdorf II   7:1 (3:1)
Schröck: Torben Schläfer; Markus Dierks, Andre Berger, Dennis Gorski, Jens Borawski, Christoph Vollmer, Henrik Schylla (86. Martin Jüngst), Lukas Greb (77. Oliver Brandenstein), Tim Schott, Ahmet Marankoz, Robert Schulz (80. Moritz Rommelspacher). Trainer: Carsten Schneider und Peter Starostzik
Wörsdorf: Julien Jourdan; Patrick Kürzer (55. Roberto Ramos), Torsten Will, Hassan Harmouch (55. Boris Schneider), Andreas Jantz, Christopher Schwarz, Benjamin Kretschmer, Tonny Boateng, Patrick Kuczok (55. Adis Zejnilovic), Dominik Lewis, Tobias Dominigg. Trainer: Gordon Walz
Tore: 0:1 Dominigg (4.), 1:1 Schulz (15.), 2:1 Marankoz (19.), 3:1 Schulz (30.), 4:1 Schott (52.), 5:1 Schott (70.), 6:1 Marankoz (71.), 7:1 Marankoz (85.)
Zuschauer: 550
Schiedsrichter: Daniel Velten (TSV Laufdorf)

TSG Wörsdorf II – FV Breidenbach   1:1 (0:0)
(Wiederholungsspiel; das erste Spiel vom 07.06.2008 wurde wegen Gewitters beim Stand von 0:0 in der 32. Minute abgebrochen)
Wörsdorf: Julien Jourdan; Andreas Jantz, Torsten Will, Adis Zejnilovic (46. Abdelhay El Boujattoui), Hassan Harmouch, Patrick Kuczok, Benjamin Kretschmer, Tonny Boateng, Patrick Kürzer (46. Roberto Ramos), Dominik Lewis (88. Marc Kaul), Tobias Dominigg. Trainer: Gordon Walz
Breidenbach: Martin Lokoc; Necati Kalayci, Dominic Thomas, Andre Mengel, Vladimir Kovacevic, Ismet Kaya, Johann Seibel (46. Mario Balzer), Johannes Burk, Johannes Damm (82. David Simmons), Benjamin Weigel, Michael Becker (69. Marko Burk). Spielertrainer: Vladimir Kovacevic
Tore: 0:1 Damm (75.), 1:1 Lewis (80.)
Zuschauer: 150
Schiedsrichter: Boris Reisert (TG Ober-Roden)

FV Breidenbach – FSV Schröck   2:2 (2:1)
Breidenbach: Martin Lokoc; Necati Kalayci (78. Marko Burk), Dominic Thomas, Andre Mengel, Vladimir Kovacevic, Ismet Kaya, Mario Balzer (65. Johann Seibel), Johannes Burk, Johannes Damm, Benjamin Weigel, Michael Becker (74. David Simmons). Spielertrainer: Vladimir Kovacevic
Schröck: Torben Schläfer; Markus Dierks, Andre Berger, Dennis Gorski, Jens Borwaski, Christoph Vollmer, Henrik Schylla (57. Philipp Goebel), Lukas Greb, Tim Schott (46. Oliver Brandenstein), Ahmet Marankoz, Robert Schulz. Trainer: Carsten Schneider und Peter Starostzik
Tore: 0:1 Berger (18.), 1:1 J. Burk (34.), 2:1 J. Burk (39.), 2:2 Schulz (68.)
Zuschauer: 350
Schiedsrichter: Matthias Kristek (KSV Aulendiebach)

Qualifikation zur VL Hessen Süd

Qualifikationsrunde zwischen dem Drittletzten der Landesliga Süd (LLS) sowie den Zweiten der Bezirksoberligen Frankfurt West (F-W), Frankfurt Ost (F-O) und Darmstadt (DA):
04.06.2008: DJK SSG Darmstadt (LLS) – 1. FCA Darmstadt (DA)   1:3 (0:1)
04.06.2008: SV Somborn (F-O) – SG Anspach (F-W)   2:1 (1:0)
07.06.2008: SV Somborn – 1. FC Arheilgen Darmstadt   4:2 (1:2)
09.06.2008: SG Anspach – DJK SSG Darmstadt   5:2 (1:0)
11.06.2008: SSG DJK Darmstadt – SV Somborn   5:1 (2:1)
11.06.2008: 1. FC Arheilgen Darmstadt – SG Anspach   0:1 (0:1)

Pl.	Mannshaft		Sp	S	U	N	Tore	TD	Pkt
1.	SG Anspach	↑	3	2	0	1	7-4	+3	6
2.	SV Somborn	↑	3	2	0	1	7-8	–1	6
3.	DJK SSG Darmstadt	↓	3	1	0	2	8-9	–1	3
4.	1. FC Arheilgen Darmstadt		3	1	0	2	5-6	–1	3

SG Anspach und SV Somborn steigen in die Verbandsliga auf, DJK SSG Darmstadt steigt in die Gruppenliga ab, 1. FCA Darmstadt verbleibt in der Gruppenliga.

DJK SSG Darmstadt – 1. FC Arheilgen Darmstadt   1:3 (0:1)
DJK/SSG Darmstadt: Alexander Steinmetz – Olegario Bustelo (76. Tino Poth), Norman Kurpiela, Dominik Schulte – Martin Schwarz, Martyn Turkowicz, Francesco Spezzano, Georgios Ioannidis (76. Erich Braun) – Samir Hasanovic, Tim Traser, Khalid Baoussar. Trainer: Peter Korbus
Arheilgen Darmstadt: Marco Reichel – Maurice Fleck, Richard Hasa, Andreas Heiligenthal, Nils Kluin – Kevin Klöber, Dennis Weiland (77. Eyup Akbulut), Semere Mehary (84. Miguel Benitez), Andre Hunzicker – Mohammes Hosseini (87. Lukas Pöhlmann), Thorsten Helfmann. Spielertrainer: Richard Hasa
Tore: 0:1 Klöber (26., Foulelfmeter), 1:1 Hasanovic (55., Foulelfmeter), 1:2 Klöber (56.), 1:3 Helfmann (73.)
Zuschauer: 350 in Darmstadt-Wixhausen
Schiedsrichter: Rafael Foltyn (TSG Kastel 1846)

SV Somborn – SG Anspach   2:1 (1:0)
Somborn: Christian Grauel; Michael Schneider, Sascha Finkernagel, Martin Buchhold, Michael Wolf (46. Armel-Fandine Nana), Christopher Weitzel, Manuel Kraft, Cosimo De Cicco, Ljubio Miloloza, Vincenzo Carrozza (90.+1 Dennis Wolff), Sebastian Jessl (60. Marco Reschke. Trainer: Reinhold Jessl
Anspach: Giuliano La Terra; Alexander Schindler (82. Vitali Netzel), Firat Öztürk, Michael Riemann, Johannes Lembcke, Sinan Parmaksiz (83. Sebastian Donath), Murat Kaya, Philipp Krautwald, Enis Dzihic, Enrico La Medica, Mesut Kaya (77. Johannes Kütt). Trainer: Jürgen Loos
Tore: 1:0 Miloloza (10.), 1:1 Murat Kaya (63.), 2:1 De Cicco (90.)
Zuschauer: 300 in Hochstadt
Schiedsrichter: Andreas Putz (SSG Langen)

SG Anspach – DJK SSG Darmstadt   5:2 (1:0)
(Wiederhoungsspiel; das erstes Spiel vom 07.06.2008 wurde wegen Gewitters beim Stand von 0:0 in der 26. Minute abgebrochen)
Anspach: Giuliano La Terra; Alexander Schindler, Firat Öztürk, Michael Riemann, Johannes Lembcke (62. Sebastian Donath, Murat Kaya, Sinan Parmaksiz, Johannes Kütt (70. Vitali Netzel), Mesut Kaya, Philipp Krautwald, Enis Dzihic (90. Rahmat Qaiumi). Trainer: Jürgen Loos
Darmstadt: Alexander Steinmetz – Norman Kurpiela – Tino Poth (50. Daniel Gerisch), Dominik Schulte – Martyn Turkowicz, Florian Bernecker (64. Khalid Baoussar), Martin Schwarz, Georgios Ioannidis, Francesco Spezzano (73. Erich Braun) – Tim Traser, Samir Hasanovic. Trainer: Peter Korbus
Tore: 1:0 Murat Kaya (32.), 1:1 Traser (55.), 2:1 Krautwald (67.), 3:1 Dzihic (68.), 4:1 Kütt (70.), 4:2 Braun (79., Foulelfmeter), 5:2 Murat Kaya (89.)
Zuschauer: 350 in Neu-Anspach, Sportplatz Friedrich-Ludwig-Jahn-Straße
Schiedsrichter: Christof Lepper (TuS Naunheim)
Gelb-Rote Karte: Schindler (65.)

SV Somborn – 1. FC Arheilgen Darmstadt 4:2 (1:2)
Somborn: Christian Grauel – Martin Buchhold – Sascha Finkernagel (78. Marc-Andre Martin), Michael Schneider – Armel-Fandine Nana, Marco Reschke, Cosimo De Cicco, Ljubio Miloloza, Manuel Kraft (60. Michael Wolf) – Sebastian Jessl (56. Christopher Weitzel), Vincenzo Carozza. Trainer: Reinhold Jessl
Darmstadt: Marco Reichel – Nils Kluin, Andreas Heiligenthal, Richard Hasa – Thorsten Helfmann, Kevin Klöber (46. Miguel Benitez), Andre Hunsicker, Semere Mehary, Maurice Fleck (56. Eyup Akbulut), Mohammed Hosseini. Spielertrainer: Richard Hasa
Tore: 0:1 Kluin (13.), 0:2 Hosseini (18.), 1:2 Miloloza (25.), 2:2 Reschke (51.), 3:2 Miloloza (61.), 4:2 Carozza (86.)
Zuschauer: 600 Am Sportfeld in Freigericht-Somborn
Schiedsrichter: Markus Finke (FV Horas)

DJK SSG Darmstadt - SV Somborn 5:1 (2:1)
Darmstadt: Alexander Steinmetz; Norman Kurpiela, Dominik Schulte, Daniel Gerisch, Khalid Baoussar, Martyn Turkowicz, Olegario Bustelo, Florian Bernecker (75. Tim Traser), Erich Braun (65. Francesco Spezzano), Martin Schwarz, Georgios Ioannidis. Trainer: Peter Korbus
Somborn: Christian Grauel; Martin Buchhold, Michael Schneider (37. Vincenzo Carozza), Armel-Fandine Nana, Sascha Finkernagel, Michael Wolf (72. Marc-Andre Martin), Ljubio Miloloza, Marco Reschke, Cosimo De Cicco (75. Dennis Wolff), Christopher Weitzel, Sebastian Jessl. Trainer: Reinhold Jessl
Tore: 1:0 Schwarz (14.), 1:1 Jessl (32.), 2:1 Bernecker (37.), 3:1 Bernecker (60.), 4:1 Ioannidis (79.), 5:1 Finkernagel (85., Eigentor)
Zuschauer: 150 Am Müllersteich in Darmstadt
Schiedsrichter: Andreas Bsullak (FSV Oberwalluf)
Gelb-Rote Karte: Jessl (80.)

1. FC Arheilgen Darmstadt – SG Anspach 0:1 (0:1)
Darmstadt: Marco Reichel; Andre Hunzicker, Maurice Fleck, Semere Mehary, Nils Kluin, Kevin Klöber, Dennis Weiland, Thorsten Helfmann, Eyup Akbulut, Mohammed Hosseini, Miguel Benitez. Spielertrainer: Richard Hasa
Anspach: Giuliano La Terra; Alexander Schindler, Firat Öztürk, Michael Riemann, Johannes Lembcke, Murat Kaya (73. Enrico La Medica), Sinan Parmaksiz (83. Sebastian Donath), Johannes Kütt, Philipp Krautwald, Enis Dzihic, Mesut Kaya (50. Vitali Netzel). Trainer: Jürgen Loos
Tor: 0:1 Schindler (20.)
Zuschauer: 220 auf der Sportanlage Gehmer Weg in Darmstadt-Arheilgen
Schiedsrichter: Christian Stübing (SV Breitenborn)
Gelb-Rote Karte: Hosseini, Klöber (90.+3)

Qualifikation zur VL Nordbaden

Entscheidungsspiele zwischen dem 14. der Verbandsliga Nordbaden und den Zweiten der Landesligen Mittelbaden (MB), Rhein-Neckar (RN) und Odenwald (OW):
Halbfinale:
06.06.2008: SV Waldhof 07 Mannheim II (RN) – FV Lauda (VL) 0:3 (0:2)
07.06.2008: FV Mosbach (OW) – FC Nöttingen II (MB) 0:4 (0:2)
Finale:
10.06.2008: FV 1913 Lauda – FC Nöttingen II 2:1 nV (1:1, 1:0)
Der FV 1913 Lauda verbleibt in der Verbandsliga Nordbaden.

SV Waldhof 07 Mannheim II – FV 1913 Lauda 0:3 (0:2)
Mannheim: Clauß; Beißinger, Malcherowicz (37. Bühler), Pakel, Kenan (68. Inguanta), Lauer, Besic, Binder, Myftari, Katins, Sartorett (54. Dinarica). Trainer: Walter Pradt
Lauda: Bach; Mucan, Yenisen, Moschüring (69. Steuer), Schenk, Braun, Walz, Kamdazoglu, Kempf (82. Nogaybel), Weber (79. Rugovaj), Gerberich. Trainer: Gerd Schmidt in Vertretung für Dr. Sebastian Schneider
Tore: 0:1 Moschüring (1.), 0:2 Moschüring (6.), 0:3 Schenk (90.)
Zuschauer: 580 im Elzstadion in Mosbach-Neckarelz
Schiedsrichter: Ralf Löffler (SC Wettersbach)
Rote Karte: Myftari (80., grobes Foulspiel).

FV Mosbach – FC Nöttingen II 0:4 (0:2)
Mosbach: Wastl, Graf, Obermayer, Hummler, Hüttler (46. Galm), Malinovski, Dörzbacher, Bayer (6. Bauer), Christoph Bender (82. Tunali), Pajaziti, Schwind. Trainer: Michael Bender
Nöttingen: Porcu; Schlieker, Ritter, Schnepf, Reith (81. Kurtolli), Zachmann (72. Föhl), Kolsch, Palcic (84. Cakan), Herceg, Tatar, Deiss. Trainer: Adolf Weidlich
Tore: 0:1 Reith (8.), 0:2 Tatar (27.), 0:3 Kolsch (60.), 0:4 Kolsch (80.)
Zuschauer: 450 auf der Anlage des FC Östringen
Schiedsrichter: David Gonzalez (FV 1912 Wiesental)

FV 1913 Lauda – FC Nöttingen II 2:1 nV (1:1, 1:0)
Lauda: Bach; Mucan, Yenisen, Moschüring, Schenk, Braun, Walz, Kandazoglu (120.+5 Heissenberger), Kempf (75. Rugovaj), Weber, Gerberich.
Trainer: Gerd Schmidt in Vertretung für Dr. Sebastian Schneider
Nöttingen: Porcu; Schlieker, Ritter, Schnepf, Reith, Zachmann, Kolsch, Palcic, Herceg (46. Kurtolli), Tatar, Deiss. Trainer: Adolf Weidlich
Tore: 1:0 Moschüring (30.), 1:1 Ritter (50.), 2:1 Moschüring (115.)
Zuschauer: 400 auf der Anlage des TSV Reichartshausen
Schiedsrichter: Sebastian La Rocca (VfR Rheinsheim)

Aufstieg zur VL Südbaden

Aufstiegsrunde der Zweiten der Landesligen Staffeln 1 bis 3:
05.06.2008: FC Singen (Staffel 3) – SC Kappel (Staffel 1) 4:1 (1:0)
08.06.2008: SC Kappel – SF Elzach-Yach (Staffel 2) 1:4 (0:3)
15.06.2008: SF Elzach-Yach – FC Singen 1:0 (0:0)

Pl.	Mannshaft		Sp	S	U	N	Tore	TD	Pkt
1.	Sportfreunde Elzach-Yach	↑	2	2	0	0	5-1	+4	6
2.	FC Singen		2	1	0	1	4-2	+2	3
3.	SC Kappel		2	0	0	2	2-8	–6	0

Die Sportfreunde Elzach-Yach steigen in die Verbandsliga Südbaden auf.

FC Singen – SC Kappel 4:1 (1:0)
Singen: Patyk; Winterhalder (77. Nkenfack), Tademirci, Hennemann, Ilic, Pöthke (63. Recica), Ortancioglu, M. Baratta (55. Jammeh), Jeske, Amabile, A. Baratta. Trainer: Slobodan Maglov
Kappel: Müller; Dolanbay, Sagner (60. Diebold), Kraemer (70. Kaya), Antett, Isele, Moog (70. Maalmi), Hoch, Nezirov, Ey, Kseniak. Trainer: Michael Ernst
Tore: 1:0 Jeske (14.), 2:0 Ilic (49.), 2:1 Moog (51.), 3:1 A. Baratta (81.), 4:1 Jeske (83.)
Zuschauer: 800 im Hohentwielstadion
Schiedsrichter: Matthias Jöllenbeck (SV Weilertal)

SC Kappel – SF Elzach-Yach 1:4 (0:3)
Kappel: Müller; Dolanbay, Sagner, Krämer, Diebold, Isele, Nezirov, Hoch (46. Göppert), Moog (46. Kaya), Ey (77. Maalmy), Kseniak. Trainer: Michael Ernst
Elzach: Ringhof; Bumen (86. Eble), Sillmann, Scherer, Pinto Alves, Kaltenbach, Beck, Ruth (79. Fischer), Eltjes, Supplie, Yordanov. Trainer: Bernhard Ganter
Tore: 0:1 M. Kaltenach (11.), 0:2 P. Beck (15.) 0:3 M. Bumen (26.), 1:3 E. Krämer (60.), 1:4 P. Supplie (65.)
Zuschauer: 450
Schiedsrichter: Joachim Störk (FV Walbertsweiler-Rengetsweiler)
Gelb-Rote Karte: Sagner (84.)

SF Elzach-Yach – FC Singen 1:0 (0:0)
Elzach: Ringhof; Bumen, Sillmann, Frank, Scherer, Kaltenbach, Beck, Ruth, Eltjes, Supplie, Yordanov. Trainer: Bernhard Ganter
Singen: Patyk; Winterhalder (55. Jammeh), Recica, Hennemann, Sasa (85. Nkenfack), Pöthke (71. Tademirci), Ortancioglu, M. Baratta, Jeske, Amabile, A. Baratta. Trainer: Slobodan Maglov
Tor: 1:0 P. Supplie (82.)
Schiedsrichter: Manuel Hipp (FV Ottersweier)
Gelb-Rote Karte: Baretta (92.)
Zuschauer: 1.200

Aufstieg zur VL Württemberg

Ausscheidungsspiele der Vizemeister der Landesligen 1 bis 4:
1. Runde:
04.06.2008: FV Biberach (LL 4) – Spfr. Schwäbisch Hall (LL 1) 2:0 (1:0)
04.06.2008: GSV Dürnau (LL 2) – TSV Hildrizhausen (LL 3) 3:1 (0:0)
2. Runde:
08.06.2008: FV Biberach – GSV Dürnau 2:1 (2:0)
Qualifikationsspiel zur Verbandsliga:
15.06.2008: FV Ravensburg (VL) – FV Biberach abgesetzt
Da nach dem Aufstieg des FV Illertissen in die Oberliga noch ein Platz in der Verbandsliga frei war, wäre der Verlierer dieses Spiels ebenfalls für die Verbandsliga qualifiziert gewesen. Das Qualifikationsspiel war damit bedeutungslos und wurde nicht mehr angesetzt.

FV Biberach – Spfr. Schwäbisch Hall 2:0 (1:0)
Biberach: Matthias Grab; Simon Boscher (57. Christian Rapp), Armin Hertenberger, Michael Münch, Thorsten Maier, Jürgen Michel, Felix Gralla, Joachim Schmidberger (63. Uli Hymer), Tzafer Moustafa, Stefan Brauchle, Lukas Maier (68. Artur Müller). Trainer: Karl-Heinz Fischer
Schwäbisch Hall: Markus Klein; Oliver Köhler, Tilman Naundorf, Marcel Retter, Matthias Haag, Siegfried Waldbüßer, Patrick Beck, Michael Weiß, Andreas Richter, Adam Wilczynski, Steffen Söllner. Trainer: Peter Kurz
Tore: 1:0 Tzafer Moustafa (11.), 2:0 Felix Gralla (86.)

Zuschauer: 600 im Stadion Im Schäufelfeld in Bühlerzell
Schiedsrichter: Markus Sinn (SpVgg Stuttgart-Ost)

GSV Dürnau – TSV Hildrizhausen   **3:1 (0:0)**
Dürnau: Hannes Ihring; Mehmed Altuntas, Isa Önüt, Timo Dreiwurst, Leonard Gijni, Tobias Rak, Maik Lissner (Waldemar Hechler), Bekim Elezaj, Lukasz Majewski, Vidaim Kadrolli, Manuel Tamas (Neno Djakuvic). Trainer: Norbert Stippel
Hildrizhausen: Florian Mack; Christian Saile, Florian Eipper, Kai Cmelik, Hanjo Kemmler, Kevin Kemmler, Michael Steger, David Wieczorek, Max Riebe, Carsten Wagner, Timo Prokopp. Trainer: Uli Eipper
Tore: 1:0 Vidaim Kadrolli (66.), 2:0 Lukasz Majewski (77.), 2:1 Max Riebe (84.), 3:1 Leonard Gijni (88.)
Zuschauer: 900 auf Waldstadion in Dagersheim
Schiedsrichter: Dominik Schaal (SV Pfrondorf)
Gelbe Karten: Isa Önüt, Timo Dreiwurst, Lukasz Majewski - Florian Mack, Kai Cmelik, Max Riebe, Carsten Wagner

FV Biberach – GSV Dürnau   **2:1 (2:0)**
Biberach: Schoch; Thorsten Maier, Armin Hertenberger, Michael Münch, Simon Boscher, Jürgen Michel, Felix Gralla, Joachim Schmidberger (84. Freuding), Tzafer Moustafa (65. Uli Hymer), Stefan Brauchle, Lukas Maier (55. Artur Müller). Trainer: Karl-Heinz Fischer
Dürnau: Hannes Ihring; Mehmed Altuntas, Isa Önüt, Timo Dreiwurst, Leonard Gijni, Tobias Rak, Maik Lissner (46. Waldemar Hechler), Bekim Elezaj (77. Christian Aleo), Vidaim Kadrolli, Lukasz Majewski, Manuel Tamas. Trainer: Norbert Stippel
Tore: 1:0 Felix Gralla (6.), 2:0 Stefan Brauchle (33.), 2:1 Lukasz Majewski (63.)
Zuschauer: 1.300 auf dem Sportgelände in Schwendi
Schiedsrichter: Uwe Stark (SC Lauterach)
Gelb-Rote Karte: Tobias Rak (85. Foulspiel)
Gelbe Karten: Simon Boscher, Michael Münch, Jürgen Michel, Lukas Maier

Qualifikation zur LL Bayern Nord

Qualifikationsspiele zwischen dem 16. der Landesliga Bayern Nord und den Zweiten bzw. Dritten der Bezirksoberligen:
07.06.08: ASV Hollfeld (2. BzOL Ofr.) - ASV Rimpar (2. BzOL Ufr.)   2:1 (0:1)
Das Spiel wurde gegenstandslos, nachdem der 1. FC Schweinfurt 05 nicht aus der Bayernliga absteigen muss. Für beide ist ein Platz in der LL Bayern Nord frei.
07.06.08: 1. FC Trogen (3. BzOL Ofr.) - FSG Wiesentheid (3. BzOL Ufr.)   0:2 nV
14.06.08: FSG Wiesentheid - 1. FC 1917 Haßfurt (16. LL)   0:3 nV
Damit bleibt der 1. FC 1917 Haßfurt in der Landesliga Bayern Nord.

ASV Hollfeld – ASV Rimpar   **2:1 (0:1)**
Hollfeld: Barnschlegel; Fuchs, Gröger, Andreas Eberlein, Michael Taschner, Mousek, Hollfelder (90. Schwarz), Martin Taschner, Markus Taschner, Schorn (83. Bezold), Johannes Eberlein (88. Schön). Trainer: Heiko Gröger
Rimpar: Kollert; Redelberger (77. Moskwiak), Bausenwein, Gärtner (82. M. Sahinkaya), Ch. Betzel, Göbet (67. S. Sahinkaya), Piecha, Wolf, Marienfeld, Mikic, Schneider. Trainer: Thomas Karl
Tore: 0:1 Göbet (36.), 1:1 Martin Taschner (48.), 2:1 Mousek (78.)
Schiedsrichter: Walter Hofmann (SC Aufkirchen)
Zuschauer: 500 in Limbach

1. FC Trogen – FSG Wiesentheid   **0:2 nV**
Trogen: Prell; Jahn, Scherbaum, Zeh (101. Richter), Narr, Busse, Nikolaidis, Finke (84. Mähner), Drechsel, Schaal (67. Heinrich), Lugert. Trainer: Jürgen Gahn
Wiesentheid: Stenger, Gress, Enzbrenner, Hillenbrand, Heunisch, Frazier, H. Gropp, Döring, J. Gropp (66. Ganzinger), Warta (46. Hettinger), Götzelmann (87. Winges). Trainer: Thorsten Götzelmann
Tore: 0:1 Ganzinger (96.), 0:2 Enzbrenner (103., Foulelfmeter)
Schiedsrichter: Andreas Rolle (SpVgg Neunkirchen-Speikern-Rollhofen)
Zuschauer: 300 in Memmelsdorf/Ofr.
Gelbe Karten: Finke, Drechsel - Enzbrenner, Hillenbrand

FSG Wiesentheid – 1. FC 1917 Haßfurt   **0:3 nV**
Wiesentheid: Stenger; Gress, Enzbrenner, Ruppert, Döring (92. Heunisch), Frazier, Hillenbrand, H. Gropp, Götzelmann (85. Winges), Hettinger, J. Gropp (57. Ganzinger). Trainer: Thorsten Götzelmann
Haßfurt: Hoydem; Schwab, Wehner, Stoll, Hau (55. Kern), Schneider, Pottler, Kraus, Diem, Goschenhofer (80. Schwaten), Gernert (69. Jilke). Trainer: Martin Müller
Tore: 0:1 Schwaten (97.), 0:2 Schwaten (110.), 0:3 Kern (117.)
Schiedsrichter: Martin Pröhl (TSV St. Johannis Bayreuth)
Zuschauer: 750 in Hambach
Gelbe Karten: Enzbrenner - Schwab, Schneider, Diem
Rote Karte: Frazier (83., Notbremse)

Qualifikation zur LL Bayern Mitte

Entscheidungsspiel um den 14. Platz in der Landesliga Mitte:
04.06.2008: SC Eltersdorf - 1. SC Feucht   0:3 (0:1)

SC Eltersdorf – 1. SC Feucht   **0:3 (0:1)**
Eltersdorf: Tschinkel; Meier (46. Kessler), Neumann, Leikam (72. Boxler), Willert (54. Jäckel), Lincke, Seybold, Schmidt, Zweck, Ortloff, Puscher. Trainer: Andreas Speer
Feucht: Kredel; Förster, Kopale, Miljkowic (71. Stankalla), Endlein, Merdzanovski, Reuß, Berger, Mandic (11. Drescher), Fiedler (59. Lechner), Masetzky. Trainer: Vanco Timov
Tore: 0:1 Endlein (23.), 0:2 Masetzky (49.), 0:3 Stankalla (76.)
Schiedsrichter: Michael Völk (SV Reitsch)
Zuschauer: 550 in Zirndorf

Qualifikationsspiele zwischen dem 15. der Landesliga Bayern Mitte und den Zweiten der Bezirksoberligen:
07.06.08: SC Eltersdorf (15. LL) – ASC Simbach am Inn (2. Ndb.)   4:1 (1:1)
10.06.08: SG Quelle/TV Fürth (2. Mfr.) – TSV Bad Abbach (2. Opf.)   3:1 nV
13.06.08: TSV Bad Abbach – ASC Simbach am Inn   4:5 iE, 0:0 nV
Damit bleibt SC Eltersdorf in der Landesliga Bayern Mitte, SG Quelle im TV 1860 Fürth und ASC Simbach am Inn steigen auf.

SC Eltersdorf – ASC Simbach am Inn   **4:1 (1:1)**
Eltersdorf: Tschinkel; Leikam, Neumann, Karches (56. Seybold), Hirschmann (88. Lechner), Lincke, Boxler, Schmidt, Kessler, Ortloff, Kocak (70. Zweck). Trainer: Andreas Speer
Simbach: Wimmer; Sewald, Krejci, Bichlmeier, Hujic, Hofbauer, Allertseder, Schlettwagner, Berlehner, Polacak, Würzinger. Trainer: Mario Demmelbauer
Tore: 1:0 Lincke (2.), 1:1 Würzinger (9.), 2:1 Bichlmeier (62., Eigentor), 3:1 Ortloff (75.), 4:1 Seybold (88.)
Schiedsrichter: Martin Vogler (SV Wald)
Zuschauer: 250 in Langquaid

SG Quelle im TV 1860 Fürth – TSV Bad Abbach   **3:1 nV (1:1, 1:0)**
Fürth: Karali; Schaller, Majewski (59. Mircetic), Pfeifer, Schuster, Roth (91. Hür), Destani, Tekdemir, Karademir (112. Dorsch), Jukic, Brütting. Trainer: Petr Skarabela
Bad Abbach: Neumeier; Schröppel, Löbert, Deunert, Reil, Sommer (112. Holzapfel), Galli, Vrevic, Baier (71. Gerstshauser), Eisvogel, Zierl. Trainer: Franz Fuchsgruber
Tore: 1:0 Brütting (40.), 1:1 Reil (46.), 2:1 Brütting (107.), 3:1 Destani (118.)
Schiedsrichter: Udo Konstantopoulos (FC Michelau)
Zuschauer: 650 in Deining
Gelb-Rote Karte: Brütting (117., wiederholtes Foulspiel)

TSV Bad Abbach – ASC Simbach am Inn   **4:5 iE 0:0 nV**
Bad Abbach: Neumeier; Theunert, Galli, Eisvogel, Löbert (60. Böhm), Sommer, Vrevic (60. Holzapfel), Reil (91. Graf), Baier, Schröppel, Zierl. Trainer: Franz Fuchsgruber
Simbach: Wimmer - Sewald (Polacak), Krejci, Bichlmeier, Hujic, Hofbauer (Allramseder, Krauss), Allertseder, Schlettwagner, Berlehner, Stöcker, Würzinger. Trainer: Mario Demmelbauer
Tore im Elfmeterschießen: 0:1 Krejci, 1:1 Galli, 1:2 Stöcker, 2:2 Baier, 2:3 Polacak, 3:3 Eisvogel, 3:4 Krauss, 4:4 Graf, 4:5 Berlehner, Zierl vergibt
Schiedsrichter: Christian Leicher (SV Neuhausen)
Zuschauer: 500 in Ergolding
Gelb-Rote Karte: Sommer

Qualifikation zur LL Bayern Süd

Qualifikationsspiele zwischen dem 16. der Landesliga Bayern Süd und den Zweiten der Bezirksoberligen:
04.06.08: FC Unterföhring (2. Obb.) – FC Memmingen 07 II (2. Swa.) 0:2 (0:1)
07.06.08: FC Memmingen 07 II – FC Falke Markt Schwaben (16. LL) 3:4 (1:2)
Damit bleibt FC Falke Markt Schwaben in der Landesliga Bayern Süd. Durch den Aufstieg des TSV Rain wird ein weiterer Platz in der Landesliga frei, der nach einem Qualifikationsspiel an den FC Memmingen 07 II geht:
11.06.2008: FC Unterföhring – FC Memmingen 07 II   1:3 (0:0)

FC Unterföhring – FC Memmingen 07 II   **0:2 (0:1)**
Unterföhring: Baum; Kollesthofer, Engel, Faber, Nissi (75. Heine), Maier (73. Orlandi), Strunz, von Kolzenberg, Sichart, Tankovic, Sperl (83. Milak). Trainer: Manuel Baum
Memmingen: Gruber; Lamprecht, Eisenmann, Zweifel, Michelini (61. Frasch), Köpf, Elsner, Manz, Mangler (88. Fischer), Mayer (90. Dolp), Kaiser. Trainer: Christian Maier
Tore: 0:1 Mangler (30.). 0:2 Mangler (73.)

Schiedsrichter: Eduard Beitinger (DJK Regensburg 06)
Zuschauer: 300 in Fürstenfeldbruck

FC Memmingen 07 II – FC Falke Markt Schwaben   3:4 (1:2)
Memmingen: Gruber; Lamprecht, Eisenmann, Köpf (74. Elsner), Kramer (72. Schaab), Zweifel, Kordic, Manz, Mangler, Mayer, Kaiser. Trainer: Christian Maier
Markt Schwaben: Pintar; Bauer, Lexa, Eder, Rösl, Misirlioglu, Schmalz, Schwarzbauer, Lutz (90.+1 Munat Cij), Zampos (55. Kugler), Özer (89. Josic). Trainer: Anton Bobenstetter
Tore: 0:1 Lutz (17.), 1:1 Mayer (31.), 1:2 Schmalz (45.), 2:2 Manz (52., Handelfmeter), 3:2 Eder (53., Eigentor), 3:3 Kugler (62.), 3:4 Schmalz (85.)
Schiedsrichter: Wolfgang Hußnätter (SC Münchaurach)
Zuschauer: 250 in Friedberg

FC Unterföhring – FC Memmingen 07 II   1:3 (0:0)
Unterföhring: Baum; Kollesthofer, Engel (82. Bockmann), Faber, Maier (21. Orlandi), Strunz, von Kolzenberg, Sichart, Tankovic, Sperl, Milak. Trainer: Manuel Baum
Memmingen: Gruber; Lamprecht, Eisenmann, Köpf, Frasch, Zweifel, Kordic, Elsner, Mangler (89. Dolp), Kaiser, Fischer (68. Hipp). Trainer: Christian Maier
Tore: 0:1 Kordic (57.), 1:1 Sichart (73.), 1:2 Kaiser (78.), 1:3 Kaiser (90.+4)
Schiedsrichter: Ingo Müller (SV Weinberg)
Zuschauer: 250 in Buchloe

Zuschauerbilanz aller VL/LL

Diese Statistik in unvollständig, da von einigen VL/LL keine Daten vorliegen.

Platz	Liga	gesamt	Spiele	Schnitt
1.	Wernesgrüner Sachsenliga	140.239	239	587
2.	VL Saarland	91.024	306	297
3.	VL Westfalen Gruppe 2	74.284	240	310
4.	VL Württemberg	69.600	240	290
5.	VL Niederrhein	68.492	240	285
6.	Niedersachsenliga West	76.384	272	281
7.	VL Südbaden	66.191	240	276
8.	LL Bayern Süd	83.025	306	271
9.	LL Bayern Nord	80.521	306	263
10.	VL Nordbaden	69.100	272	254
11.	LL Bayern Mitte	76.444	306	250
12.	Niedersachsenliga Ost	55.322	240	231
13.	Hamburg-Liga	67.228	305	220
14.	Thüringenliga	51.405	240	214
15.	VL Schleswig-Holstein	67.372	342	197
16.	VL Sachsen-Anhalt	49.519	272	182
17.	LL Hessen Mitte	60.672	342	177
18.	Brandenburg-Liga	41.922	240	175
19.	VL Mecklenburg-Vorpommern	38.322	240	160
20.	VL Berlin	26.754	306	87
	VL Bremen			
	VL Mittelrhein			
	VL Rheinland			
	VL Südwest			
	LL Hessen Nord			
	LL Hessen Süd			
	VL Westfalen Gruppe 1			
		1.353.820	5.494	246

Gemeinsame Torschützenliste

Platz	Spieler (Mannschaft)	Liga	Tore
1.	Landwehr, Sven (FC Bremerhaven)	HB	40
2.	Hain, Stefan (FC Augsburg II)	BY Süd	31
	Traufetter, Björn (SV Westfalia Rhynern)	WEF 1	31
4.	Doll, Christian (Wacker Burghausen II)	BY Süd	30
5.	Hillinger, Stefan (TSV Buchbach)	BY Süd	29
6.	Caspar, Sebastian (BSV Eintr. Sondershausen)	TH	28
	Henning, Bastian (TSV Kropp)	SH	28
	Müller, Ronny (Malchower SV 90)	MV	28
	Rother, Lars (FSV Bentwisch)	MV	28
	Stecher, Florian (SV Schalding-Heining)	BY Mitte	28
11.	Bächer, Markus (SpVgg Selbitz)	BY Nord	27
	Schirmer, Daniel (Hünfelder SV)	HES Nord	27
13.	Janas, Sebastian (Vorwärts Kornharpen)	WEF 2	26
	Mätz, Nicola (Kehler FV)	SBD	26
	Mohra, Omran (FC Hertha 03 Zehlendorf)	B	26
	Müller, Markus (FC Erzgebirge Aue II)	SAX	26
17.	Arslan, Engin (1. FC Eschborn)	HES Mitte	25
	de Boer, Jan (Bremer SV)	HB	25
	Endlein, Andreas (1. SC Feucht)	BY Mitte	25
	Fricke, Andreas (Brandenburger SC Süd 05)	BRB	25
	Froese, Georg (SV Falkensee-Finkenkrug)	BRB	25
	Karaduman, Firat (Reinickendorfer Füchse)	B	25
	Neumeyer, Andreas (Fürstenfeldbruck)	BY Süd	25
	Osterhold, Christoph (SG Korbach)	HES Nord	25
	Ropkas, Dimitrios (SG Wattenscheid 09)	WEF 2	25
	Said, Chamdin (Rot-Weiss Essen II)	NIR	25
	Yousuf, Sooud (TuS Montabaur)	RHL	25
28.	Bloemer, Pascal (TG Höchberg)	BY Nord	24
	Eckhardt, Bernd (SV Bonlanden)	WBG	24
	Ghasemi-Nobakht, Rubic (FC Eintracht Northeim)	Nds Ost	24
	Härtl, Mathias (SV 09 Staßfurt)	SA	24
	Karg, Thomas (FT Schweinfurt)	BY Nord	24
	Müller, Christoph (SG Bad Soden)	HES Nord	24
	Söhl, Sebastian (Olympischer SC Bremerhaven)	HB	24
	Steiner, Thorsten (VfB Unterliederbach)	HES Mitte	24
	Winter, Christian (SVA Bad Hersfeld)	HES Nord	24
37.	Beer, Stefan (SpVgg Eintracht GC Wirges II)	RHL	23
	Carstensen, Torben (Flensburger SVgg 08)	SH	23
	Eggert, Florian (Magdeburger SV 90 Preussen)	SA	23
	Hartz, Jens (SVgg 07 Elversberg II)	SAR	23
	Klos, Fabian (MTV Gifhorn)	Nds Ost	23
	Muminovic, Omer (SG Walluf)	HES Mitte	23
	Odensaß, Jörg (OSC Vellmar)	HES Nord	23
	Protzek, Martin (SV Halstenbek-Rellingen)	HH	23
	Ruzic, Marinko (VfR Neumünster)	SH	23
	Schrum, Nico (Holstein Kiel II)	SH	23
	Stasiulewski, Marco (SC Fortuna Köln)	MIR	23
	Wendt, Jonas (SCB Viktoria Köln)	MIR	23
	Bärwolf, Daniel (FSV Wacker 03 Gotha)	TH	22
	Haufe, Henry (Frankfurter FC Viktoria 91)	BRB	22
	Lazzara, Maurizio (SV Zeilsheim)	HES Mitte	22
	Leifermann, Timo (FC Eddersheim)	HES Mitte	22
	Pedroso Busso, Davide (VfL Hamburg 93)	HH	22
	Stamm, Alexander (SC Halberg Brebach)	SAR	22
	Telsemeyer, Frederik (SV Borussia Emsdetten)	WEF 1	22
	Titz, Benjamin (Bremer SV)	HB	22
	Wild, Oliver (FV Illertissen)	WBG	22

Die besten Zuschauerbilanzen

Diese Statistik in unvollständig, da von einigen VL/LL keine Daten vorliegen.

Platz	Mannschaft	Liga	gesamt	Schnitt
1.	1. FC Lokomotive Leipzig	SAX	60.189	3.541
2.	FC Sachsen Leipzig II	SAX	13.088	873
3.	TSV Buchbach	BY Süd	14.540	855
4.	SG Wattenscheid 09	WEF 2	10.620	708
5.	Offenburger FV	SBD	9.391	626
6.	SG Dynamo Dresden II	SAX	9.029	602
7.	TSG Balingen	WBG	7.130	475
8.	VfR Neumünster	SH	8.482	471
9.	SV Raisting	BY Süd	8.010	471
10.	FV Eppelborn	SAR	8.000	471
11.	1. FC Union Solingen	NIR	6.650	443
12.	FC Erzgebirge Aue II	SAX	6.599	440
13.	DSC Wanne-Eickel	WEF 2	6.330	422
14.	NFV Gelb-Weiß Görlitz 09	SAX	6.232	415
15.	FSV Erlangen-Bruck	BY Mitte	7.000	412
16.	TSV Gersthofen	BY Süd	6.990	411
17.	SV Arminia Hannover	Nds West	6.580	411
18.	FC Hertha Wiesbach	SAR	6.930	408
19.	Kehler FV	SBD	6.110	407
20.	FV Olympia Laupheim	WBG	6.090	406
21.	TSV Buchholz 08	HH	6.884	405
...	...			
341.	SFC Stern 1900	B	752	44

DFB-Vereinspokal

Teilnehmer: Alle Mannschaften der Bundesliga und 2. Bundesliga 2006/07, Meister und Vizemeister aus den beiden 3. Ligen (Regionalligen) sowie die 21 Sieger der Landespokale und aus den drei größten Verbänden (Bayern, Niedersachsen und Westfalen) auch der unterlegene Finalist. Amateurmannschaften (ab 3. Liga abwärts) haben Heimrecht.

1. Hauptrunde:
03.08.07	2-2	TSG 1899 Hoffenheim – FC Augsburg	4:2 nV (2:2, 1:1)
04.08.07	3-2	SV Sandhausen – Offenbacher FC Kickers	0:4 (0:1)
04.08.07	2-2	VfL Osnabrück – Borussia Mönchengladbach	0:1 (0:0)
04.08.07	3-2	SC Verl – TSV München 1860	0:3 (0:1)
04.08.07	2-1	FC St. Pauli – Bayer 04 Leverkusen	1:0 (0:0)
04.08.07	3-1	1. FC Magdeburg – Borussia Dortmund	1:4 (1:2)
04.08.07	3-1	SpVgg Unterhaching – Hertha BSC Berlin	0:3 (0:1)
04.08.07	3-1	Eintracht Braunschweig – SV Werder Bremen	0:1 (0:0)
04.08.07	3-1	Rot-Weiss Ahlen – Hannover 96	1:3 (0:3)
04.08.07	3-1	Rot-Weiss Essen – FC Energie Cottbus	6:5 iE, 2:2 nV (1:1, 0:1)
04.08.07	4-2	SV Wilhelmshaven – 1. FC Kaiserslautern	0:4 (0:3)
04.08.07	4-1	SV Rot-Weiß Hasborn – FC Hansa Rostock	0:8 (0:5)
04.08.07	2-1	SV Wehen Wiesbaden – VfB Stuttgart	1:2 (0:0)
05.08.07	4-2	1. FC Gera 03 – FC Carl Zeiss Jena	0:3 (0:1)
05.08.07	3-2	Wuppertaler SVB – FC Erzgebirge Aue	4:3 iE, 1:1 nV (1:1, 0:1)
05.08.07	4-2	FC 08 Villingen – SC Freiburg	1:3 (1:1)
05.08.07	5-1	SC Victoria Hamburg – 1. FC Nürnberg	0:6 (0:3)
05.08.07	4-1	Holstein Kiel – Hamburger SV	0:5 (0:1)
05.08.07	3-2	SV Werder Bremen II – 1. FC Köln	4:2 nV (2:2, 1:2)
05.08.07	3-1	1. FC Union Berlin – Eintracht Frankfurt	1:4 (1:2)
05.08.07	3-1	SV Babelsberg 03 – MSV Duisburg	0:4 (0:0)
05.08.07	4-2	Bayer 04 Leverkusen II – SC Paderborn 07	0:1 (0:0)
05.08.07	4-2	1. FC Normannia Gmünd – TSV Alemannia Aachen	0:3 (0:1)
05.08.07	4-1	TSG Neustrelitz – Karlsruher SC	0:2 nV (0:0, 0:0)
05.08.07	5-2	TSV Havelse – TuS Koblenz	0:3 (0:3)
05.08.07	3-1	SG Dynamo Dresden – VfL Bochum	0:1 (0:0)
05.08.07	5-1	SV Seligenporten – DSC Arminia Bielefeld	0:2 (0:1)
05.08.07	4-1	Würzburger FV – VfL Wolfsburg	0:4 (0:1)
05.08.07	4-1	SV Eintracht 05 Trier – FC Schalke 04	0:9 (0:3)
05.08.07	4-2	VfR Wormatia Worms – 1. FSV Mainz 05	1:6 (1:1)
05.08.07	4-2	SV Darmstadt 98 – SpVgg Greuther Fürth	1:3 (0:1)
06.08.07	3-1	Wacker Burghausen – Bayern München	3:4 iE, 1:1 nV (1:1, 0:0)

2. Hauptrunde:
30.10.07	3-2	SV Werder Bremen II – FC St. Pauli	4:2 iE, 2:2 nV (2:2, 1:1)
30.10.07	3-1	Wuppertaler SV Borussia – Hertha BSC Berlin	2:0 (0:0)
30.10.07	2-1	TSV Alemannia Aachen – VfL Bochum	3:2 (0:1)
30.10.07	1-2	FC Hansa Rostock – Offenbacher FC Kickers	6:0 (4:0)
30.10.07	2-2	TSV München 1860 – 1. FSV Mainz 05	2:1 (0:0)
30.10.07	1-1	Karlsruher SC – VfL Wolfsburg	0:1 (0:1)
30.10.07	2-2	TSG 1899 Hoffenheim – SpVgg Greuther Fürth	2:1 (2:1)
30.10.07	1-1	FC Schalke 04 – Hannover 96	2:0 nV (0:0, 0:0)
31.10.07	3-2	Rot-Weiss Essen – 1. FC Kaiserslautern	2:1 (1:0)
31.10.07	1-2	VfB Stuttgart – SC Paderborn 07	3:2 nV (2:2, 2:0)
31.10.07	1-2	Hamburger SV – SC Freiburg	3:1 (1:1)
31.10.07	1-1	SV Werder Bremen – MSV Duisburg	4:0 (0:0)
31.10.07	1-1	Borussia Dortmund – Eintracht Frankfurt	2:1 (0:1)
31.10.07	2-1	TuS Koblenz – DSC Arminia Bielefeld	1:2 nV (1:1, 1:1)
31.10.07	2-1	FC Carl Zeiss Jena – 1. FC Nürnberg	5:4 iE, 2:2 nV (1:1, 0:1)
31.10.07	1-2	FC Bayern München – Borussia Mönchengladbach	3:1 (0:0)

Achtelfinale:
29.01.08	2-1	TSG 1899 Hoffenheim – FC Hansa Rostock	2:1 (1:0)
29.01.08	2-2	TSV Alemannia Aachen – TSV München 1860	2:3 (2:0)
29.01.08	3-1	Wuppertaler SV Borussia – FC Bayern München	2:5 (2:2)
29.01.08	1-1	Borussia Dortmund – SV Werder Bremen	2:1 (1:0)
30.01.08	3-1	Rot-Weiss Essen – Hamburger SV	0:3 (0:1)
30.01.08	2-1	FC Carl Zeiss Jena – DSC Arminia Bielefeld	2:1 nV (1:1, 0:1)
30.01.08	3-1	SV Werder Bremen II – VfB Stuttgart	2:3 (0:3)
30.01.08	1-1	VfL Wolfsburg – FC Schalke 04	5:3 iE, 1:1 nV (1:1, 0:1)

Viertelfinale:
26.02.08	1-2	Borussia Dortmund – TSG 1899 Hoffenheim	3:1 (2:1)
26.02.08	1-2	VfB Stuttgart – FC Carl Zeiss Jena	4:5 iE, 2:2 nV (1:1, 0:1)
27.02.08	1-1	VfL Wolfsburg – Hamburger SV	2:1 nV (1:1, 1:0)
27.02.08	1-2	FC Bayern München – TSV München 1860	1:0 nV (0:0, 0:0)

Halbfinale:
18.03.08	1-2	Borussia Dortmund – FC Carl Zeiss Jena	3:0 (1:0)
19.03.08	1-1	FC Bayern München – VfL Wolfsburg	2:0 (0:0)

Finale in Berlin:
19.04.08	1-1	Borussia Dortmund – FC Bayern München	1:2 nV (1:1, 0:1)

Teilnehmer am UEFA-Cup 2008/09: Borussia Dortmund

DFB-Vereinspokal, 1. Hauptrunde

TSG 1899 Hoffenheim – FC Augsburg 4:2 nV (2:2, 1:1)
TSG 1899 Hoffenheim: Daniel Haas – Janker, Jaissle, Nilsson, Löw – Vorsah (57. Teber), Salihovic – Keller (60. Mesic), Copado, Paljic (119. Throm) – Ibisevic. Trainer: Ralf Rangnick
FC Augsburg: Neuhaus – Hertzsch, Dreßler, Benschneider – Hlinka, Mölzl (98. Hdiouad) – Kern, da Costa Junior (109. Luz), Müller – Szabics, Ledezma (76. Vorbeck). Trainer: Rainer Hörgl
Zuschauer: 3.000 im Dietmar-Hopp-Stadion
Schiedsrichter: Christian Dingert (TSG Burg Lichtenberg, SW) – Assistenten: Alexander Schlutius (FSV Freimersheim, SW), Florian Benedum (SpVgg Neukirchen-Mehlingen-Baalborn, SW)
Tore: 1:0 Copado (19.), 1:1 da Costa Junior (45., Foulelfmeter), 1:2 Benschneider (52.), 2:2 Ibisevic (68.), 3:2 Paljic (107.), 4:2 Salihovic (120.)
Gelbe Karten: Ibisevic, Vorsah – Benschneider, Mölzl, Dressler

SV Sandhausen – Offenbacher FC Kickers 0:4 (0:1)
SV Sandhausen: Petkovic – Waldecker, Beisel, Stark, Fickert – Svjetlanovic (66. Löbich), Brechtel, Kolb, Mendez Rodriguez – Grgic, Anane (46. Petry). Trainer: Gerd Dais
Offenbacher FC Kickers: Thier – Müller, Bungert, Sichone, Sidney (59. Pinske) – Oualid Mokhtari (74. Karrer), Cimen, Sieger, Judt – Agritis (82. Epstein), Toppmöller. Trainer: Wolfgang Frank
Zuschauer: 4.000 im Hardtwaldstadion
Schiedsrichter: Robert Hartmann (SV Krugzell, BY) – Assistenten: Michael Emmer (SV Schalding-Heining, BY), Marco Achmüller (SV Würding, BY)
Tore: 0:1 Agritis (20.), 0:2 Oualid Mokhtari (71.), 0:3 Toppmöller (80.), 0:4 Sieger (90., Foulelfmeter)
Gelbe Karten: Anane – Sidney, Sichone, Oualid Mokhtari, Toppmöller

VfL Osnabrück – Borussia Mönchengladbach 0:1 (0:0)
VfL Osnabrück: Gößling – Tredup (82. Aziz), Schuon, Cichon, Schäfer – Heidrich, de Wit – Thomik, Frommer (75. Nouri), Manno (63. Hennings) – Reichenberger. Trainer: Claus-Dieter Wollitz
Borussia Mönchengladbach: Heimeroth – Bögelund, Brouwers, Gohouri, Compper – Svärd, Paauwe – Rösler – Lamidi, Marin (82. Coulibaly) – Rafael (59. Neuville). Trainer: Jos Luhukay
Zuschauer: 18.500 in der ausverkauften osnatel-Arena
Schiedsrichter: Georg Schalk (SV Ottmarshausen, BY) – Assistenten: Peter Henes (TSG Herdecke, WEF), Christian Leicher (SV Neuhausen, BY)
Tore: 0:1 Marin (69.)
Gelbe Karten: Tredup, Heidrich, Thomik – Rafael, Neuville

SC Verl – TSV München 1860 0:3 (0:1)
SC Verl: Finke – Remmert (75. Koberstein), Cinar, Saur, Rogowski – Hop (66. Scherning), Hagedorn, Ende, Uilacan (71. Krause), Mainka – Dayangan. Trainer: Mario Ermisch
TSV München 1860: Tschauner – Thorandt, Ghvinianidze, Berhalter, Hoffmann – Danny Schwarz, Lars Bender – Wolff (84. Ledgerwood), Göktan (78. Gebhart), Bierofka (68. Johnson) – di Salvo. Trainer: Marco Kurz
Zuschauer: 4.000 im Stadion Poststraße
Schiedsrichter: Marc Seemann (DJK Adler Frintrop, NIR) – Assistenten: Mark Borsch (BV Grün-Weiß Mönchengladbach, NIR), Marcel Pelgrim (Hemdener SV, NIR)
Tore: 0:1 di Salvo (4.), 0:2 di Salvo (75.), 0:3 di Salvo (83.)
Gelbe Karten: Hagedorn, Mainka

FC St. Pauli – Bayer 04 Leverkusen 1:0 (0:0)
FC St. Pauli: Borger – Rothenbach, Joy, Eger, Gunesch – Boll, Meggle – Schultz (65. Braun), Takyi, Brunnemann (90. Bruns) – Kuru (65. Schnitzler). Trainer: André Trulsen
Bayer 04 Leverkusen: Adler – Castro Ronda, Friedrich, Callsen-Bracker, Gresko – Schwegler (88. Papadopulos), Rolfes – Kießling, Schneider, Barnetta (65. Dum) – Gekas. Trainer: Michael Skibbe
Zuschauer: 14.908 im Millerntor-Stadion
Schiedsrichter: Florian Meyer (RSV Braunschweig, NS) – Assistenten: Carsten Kadach (VfL Suderburg, NS), Markus Wingenbach (VfL Altendiez, RHL)
Tore: 1:0 Boll (87.)
Gelbe Karten: Castro Ronda, Callsen-Bracker, Kießling

1. FC Magdeburg – Borussia Dortmund 1:4 (1:2)
1. FC Magdeburg: Beer – Prest (76. Probst), Kallnik (76. Kullmann), Wejsfelt – Florian Müller (84. von der Weth), Habryka, Gerster, Lindemann – Manai – Tornieporth, Agyemang. Trainer: Dirk Heyne
Borussia Dortmund: Ziegler – Degen, Wörns, Kovac, Dédé – Kehl – Blaszczykowski (83. Kruska), Tinga, Smolarek (71. Buckley), Klimowicz, Petric. Trainer: Thomas Doll
Zuschauer: 25.230 im ausverkauften Stadion Magdeburg
Schiedsrichter: Dr. Helmut Fleischer (SV Hallstadt, BY) – Assistenten: Kai Voss (FG Stormarn 2000, SH), Sascha Thielert (TSV Buchholz 08, HH)
Tore: 0:1 Smolarek (4.), 0:2 Klimowicz (30.), 1:2 Agyemang (43.), 1:3 Petric (75.), 1:4 Klimowicz (90.)
Gelbe Karten: Habryka, Manai, Kullmann

SpVgg Unterhaching – Hertha BSC Berlin 0:3 (0:1)
SpVgg Unterhaching: Kampa – Bucher, Polak, Frühbeis, Schaschko – Fink,, Gülselam, Tyce, Lechleiter (73. Balkan) – Kolomaznik (69. Spizak), Rathgeber (59. Konrad). Trainer: Werner Lorant
Berlin: Drobny – Chahed, Friedrich, Simunic, Fathi – Ebert (82. Müller), Dardai, Mineiro (73. Schmidt), Lucio (75. Bieler) – Piszczek, Pantelic. Trainer: Lucien Favre
Zuschauer: 5.000 im Generali-Sportpark
Schiedsrichter: Knut Kircher (TSV Hirschau, WBG) – Assistenten: Thorsten Schiffner (FC Konstanz, SBD), Robert Kempter (VfR Sauldorf, SBD)
Tore: 0:1 Fathi (44.), 0:2 Ebert (64.), 0:3 Pantelic (80.)
Gelbe Karten: Kampa
Bes Vorkommnisse: Drobny hält Foulelfmeter von Lechleiter (48.)

Eintracht Braunschweig – SV Werder Bremen 0:1 (0:0)
Eintracht Braunschweig: Fejzic – Gundelach, Horacek, Reichel – Washausen, Brinkmann (74. Benjamin Fuchs, 82. Oehrl), Dogan – Wehlage, Danneberg, Lars Fuchs (61. Koitka) – Ristic. Trainer: Benno Möhlmann
SV Werder Bremen: Wiese – Niemeyer, Mertesacker, Naldo, Schulz – Jensen – Carlos Alberto (77. Vranjes), Borowski – Diego – Sanogo, Rosenberg (46. Schindler). Trainer: Thomas Schaaf
Zuschauer: 22.500 im ausverkauften Städtischen Stadion an der Hamburger Straße
Schiedsrichter: Manuel Gräfe (FC Hertha 03 Zehlendorf, B) – Assistenten: Sönke Glindemann (SV Hemmingstedt, SH), Markus Scheibel (TSG Calbe, SA)
Tore: 0:1 Sanogo (90.)
Gelb-Rote Karten: Mertesacker (47., wiederholtes Foulspiel)
Gelbe Karten: Dogan – Schulz, Carlos Alberto

Rot-Weiss Ahlen – Hannover 96 1:3 (0:3)
Rot-Weiss Ahlen: Langerbein – Busch, Kittner, Schaffrath, Bäumer (46. Deniz Sahin) –Stahlberg, Wiemann, di Gregorio, Großkreutz – Glöden (75. Danilo) – Toborg (46. Schoof). Trainer: Christian Wück
Hannover 96: Enke – Cherundolo, Kleine, Zuraw, Tarnat – Yankov (73. Lala), Balitsch – Pinto (46. Lauth), Bruggink, Huszti (83. Krebs) – Hanke. Trainer: Dieter Hecking
Zuschauer: 4.662 im Wersestadion
Schiedsrichter: Guido Winkmann (SV Nütterden, NIR) – Assistenten: Thomas Metzen (SG Lorbach-Weyer, MIR), Karl-Markus Schumacher (DJK Arminia Klosterhardt, NIR)
Tore: 0:1 Kleine (5.), 0:2 Bruggink (11.), 0:3 Hanke (44.), 1:3 Schoof (62.)
Gelbe Karten: Wiemann, di Gregorio – Huszti, Tarnat

Rot-Weiss Essen – FC Energie Cottbus 6:5 iE, 2:2 nV
Rot-Weiss Essen: Masuch – Czyszczon, Sereinig, Schäfer (81. Erfen) – Kotula, Gorschlüter, Michael Lorenz, Kiskanc (70. Wagner) – Brandy, Güvenisik, Kazior (60. Lindbæk). Trainer: Heiko Bonan
FC Energie Cottbus: Tremmel – Szelesi, Mitreski, Bassila, Cvitanovic – Kukielka – Rivic, Bandrowski (60. Rangelov), Aloneftis (70. Baumgart) – Sörensen, Kioyo. Trainer: Petrik Sander
Zuschauer: 8.429 im Georg-Melches-Stadion
Schiedsrichter: Michael Kempter (VfR Sauldorf, SBD) – Assistenten: Jan-Hendrik Salver (SpVgg Stuttgart-Ost, WBG), Marco Fritz (SV Breuningsweiler, WBG)
Tore: 0:1 Kioyo (9.), 1:1 Kazior (47.), 2:1 Güvenisik (103.), 2:2 Rangelov (112.) – **Elfmeterschießen:** 0:1 Rangelov, 1:1 Michael Lorenz, 1:2 Mitreski, 2:2 Sereinig, 2:3 Sörensen, Tremmel hält gegen Brandy, 2:4 Baumgart, 3:4 Erfen, Masuch hält gegen Kukielka, 4:4 Güvenisik, 4:5 Kioyo, 5:5 Lindbæk, Masuch hält gegen Szelesi, 6:5 Wagner
Gelb-Rote Karten: Rivic (120., wiederholtes Foulspiel)
Gelbe Karten: Mitreski, Kukielka

SV Wilhelmshaven – 1. FC Kaiserslautern 0:4 (0:3)
SV Wilhelmshaven: Halilovic – Conrad, Heitmeier, Diamesso, Suchy – Pekrull (46. Bury), Gaebler, Zimin, Puttkammer (60. Zeciri) – Grundmann (51. Sargazazu), Ojigwe. Trainer: Kay Stisi
1. FC Kaiserslautern: Fromlowitz – Müller, Béda, Ouattara, Bugera (78. Schönheim) – Neubauer (46. Reinert), Bohl, Bernier, Bellinghausen (70. Stachnik) – Jendrisek, Runström. Trainer: Kjetil-André Rekdal
Zuschauer: 5.000 im Jadestadion
Schiedsrichter: Markus Schmidt (SV Sillenbuch, WBG) – Assistenten: Frederick Assmuth (FC Bensberg, MIR), Nicole Schumacher (SC Glück-Auf Sterkrade, NIR)
Tore: 0:1 Bohl (28.), 0:2 Ouattara (31.), 0:3 Runström (36.), 0:4 Runström (73.)
Gelbe Karten: Diamesso, Zimin, Puttkammer, Suchy - Bellinghausen

SV Rot-Weiß Hasborn – FC Hansa Rostock 0:8 (0:5)
SV Rot-Weiß Hasborn: Henkes –Tzitzkov, Frank, Petry, Holz – Wollscheid (57. Zimmer) – Stutz (83. Krämer), Hero, Schirra – Dewes (71. Jäckel), Feid. Trainer: Bernd Rohrbacher
FC Hansa Rostock: Wächter – Lense, Stein, Orestes, Pearce – Beinlich (56. Bülow) – Rydlewicz, Rahn (79. Menga) – Yelen – Kern (47. Hähnge), Cetkovic. Trainer: Frank Pagelsdorf
Zuschauer: 4.500 im Waldstadion an der Kaiserlinde (Elversberg)
Schiedsrichter: Dr. Jochen Drees (SV Münster-Sarmsheim, SW) – Assistenten: Tobias Christ (TB Jahn Zeiskam, SW), Torsten Bauer (ASV Seesbach, SW)
Tore: 0:1 Rydlewicz (18.), 0:2 Kern (20.), 0:3 Cetkovic (31.), 0:4 Kern (43.), 0:5 Beinlich (45.), 0:6 Orestes (54.), 0:7 Hähnge (57.), 0:8 Hähnge (70.)
Gelbe Karten: Henkes

SV Wehen Wiesbaden – VfB Stuttgart 1:2 (0:0)
SV Wehen Wiesbaden: Masic – Simac, Kopilas, Jeknic, Kokot (90. König) – Schwarz, Bick – Siegert, Catic, Nicu (71. Diakité) – Atem (69. Richter). Trainer: Djuradj Vasic
VfB Stuttgart: Schäfer – Osorio, Meira, Gledson da Silva, Boka (62. Ewerthon) – Hilbert, Khedira, Hitzlsperger (90. Meißner), da Silva, Farnerud (48. Tasci) – Marica. Trainer: Armin Veh
Zuschauer: 15.000 im Stadion am Bruchweg (Mainz)
Schiedsrichter: Dr. Felix Brych (SV Am Hart München, BY) – Assistenten: Roland Greth (SV Menning, EY), Matthias Zacher (SV Nußdorf, BY)
Tore: 1:0 Catic (49.), 1:1 Hilbert (63., Foulelfmeter), 1:2 Hilbert (90., Foulelfmeter)
Rote Karten: Masic (58., Notbremse) – Gledson da Silva (47., Tätlichkeit), Meira (85., Tätlichkeit)
Gelb-Rote Karten: Schwarz (90., wiederholtes Foulspiel)
Gelbe Karten: Bick, Kopilas, Atem – Hitzlsperger, Boka

1. FC Gera 03 – FC Carl Zeiss Jena 0:3 (0:1)
1. FC Gera 03: Roß – Fuhrmann, Neubert (80. Tröger), Grossert, Friedrich – Weißhaupt, Raab (55. Schlachta), Barich (65. Janke), Bloß – Embingou, Sadlo. Trainer: Nico Quade
FC Carl Zeiss Jena: Jensen – Holzner, Maul, Omodiagbe, Stegmayer – Hansen, Müller, Ziegner (56. Fröhlich), Kühne (83. Tapalovic) – Werner, Petersen (56. Simak). Trainer: Frank Neubarth
Zuschauer: 8.200 im Stadion der Freundschaft
Schiedsrichter: Christian Bandurski (SV Teutonia Überruhr, NIR) – Assistenten: Christian Soltow (TuS Germania Schnelsen, HH), Guido Kleve (SV Vorwärts Nordhorn, NS)
Tore: 0:1 Kühne (20.), 0:2 Fröhlich (76., Foulelfmeter), 0:3 Werner (84.)
Gelbe Karten: Holzner

Wuppertaler SV Borussia – FC Erzgebirge Aue 4:3 iE, 1:1 nV
Wuppertaler SV Borussia: Maly – Neppe, Voigt, Wiwerink, Lejan – Stuckmann (58. Hammes), Bölstler (78. Malura) – Rietpietsch, Saglik, Lintjens – Heinzmann (102. Oppermann). Trainer: Wolfgang Jerat
FC Erzgebirge Aue: Bobel – Paulus, Emmerich, Kos, Trehkopf (86. Kurth) – Heller, Feldhahn (62. Liebers), Sträßer (74. Geißler) – Klinka, Sykora, Kaufman. Trainer: Gerd Schädlich
Zuschauer: 6.685 im Stadion am Zoo
Schiedsrichter: Deniz Aytekin (SC Germania Nürnberg, BY) – Assistenten: Markus Pflaum (SV Dörfleins, BY), Ralf Viktora (SSV Dillenburg, HES)
Tore: 0:1 Sykora (24.), 1:1 Saglik (61.) – **Elfmeterschießen:** Lintjens schießt an die Latte, Maly hält gegen Kurth, Bobel hält gegen Lejan, Maly hält gegen Emmerich, 1:0 Rietpietsch, 1:1 Heller, Bobel hält gegen Voigt, 1:2 Liebers, 2:2 Saglik, Sykora schießt über das Tor, 3:2 Oppermann, 3:3 Geißler, 4:3 Malura, Maly hält gegen Kaufman
Gelbe Karten: Hammes – Paulus, Feldhahn, Geißler, Liebers

FC 08 Villingen – SC Freiburg 1:3 (1:1)
FC 08 Villingen: Miletic – Fazlija (72. Michnia), Maric, Hohnstein, Ketterer (81. Heizmann) – Rino Saggiomo, Giuliano Saggiomo, Saccone – Intemperante (65. Bea), Stasiak, Demir. Trainer: Kristijan Djordjevic
SC Freiburg: Nulle – Schwaab, Barth, Olajengbesi, Butscher – Günes (46. Cafú) – Matmour, Banovic, Aogo – Schlitte (46. Pitroipa), Sanou. Trainer: Robin Dutt
Zuschauer: 10.000 im Stadion Friedengrund
Schiedsrichter: Wolfgang Walz (TSV Pfedelbach, WBG) – Assistenten: Florian Steinberg (TSV Münchingen, WBG), Markus Sinn (SpVgg Stuttgart-Ost, WBG)
Tore: 0:1 Aogo (34.), 1:1 Intemperante (38.), 1:2 Aogo (69., Foulelfmeter), 1:3 Sanou (89.)
Gelbe Karten: Saccone, Intemperante, Ketterer – Aogo, Matmour, Banovic

SC Victoria Hamburg – 1. FC Nürnberg 0:6 (0:3)
SC Victoria Hamburg: Ludewig – Pomorin (63. Möbius), Schulz, Stendel, Asante – Stilz (58. Dönmez), Trimborn, Bajramovic, Akgül (58. Hamurcu) – Ude, Rahn. Trainer: Bert Ehm
1. FC Nürnberg: Klewer – Reinhardt, Wolf, Beauchamp, Kristiansen – Galasek (75. Mnari) – Misimovic (58. Mintal), Engelhardt – Vittek, Charisteas (63. Kennedy), Saenko. Trainer: Hans Meyer
Zuschauer: 6.093 im Stadion Hoheluft
Schiedsrichter: Thomas Frank (SV Eintracht Hannover, NS) – Assistenten: Markus Häcker (SV Traktor Pentz, MV), Marcel Bartsch (FC Schönberg 95, MV)
Tore: 0:1, 0:4, 0:6 Vittek (11., 56., 78.), 0:2 Misimovic (35.), 0:3, 0:5 Charisteas (45., 58.)
Gelbe Karten: Schulz – Engelhardt, Misimovic

Holstein Kiel – Hamburger SV 0:5 (0:1)
Holstein Kiel: Henzler – Sandmann, Boy, Schyrba, Rohwer – Brückner – Siedschlag, Hasse (74. Hummel), Mazingu (86. Werner) – Famewo (57. Wulff), Guscinas. Trainer: Peter Vollmann
Hamburger SV: Rost – Demel, Kompany, Mathijsen (70. Reinhardt), Benjamin – Jarolim, de Jong – Trochowski, van der Vaart (73. Castelen), Olic – Zidan (81. Choupo-Moting). Trainer: Huub Stevens
Zuschauer: 11.500 im ausverkauften Holstein-Stadion
Schiedsrichter: Babak Rafati (SpVgg Niedersachsen Döhren, NS) – Assistenten: Christoph Bornhorst (TuS Neuenkirchen, NS), René Hammer (VfB 09 Pößneck, TH)
Tore: 0:1 van der Vaart (26.), 0:2 Zidan (54.), 0:3 de Jong (71.), 0:4 Choupo-Moting (88.), 0:5 Castelen (90.)
Rote Karten: Reinhardt (80., Notbremse)
Gelbe Karten: Hasse – de Jong

SV Werder Bremen II – 1. FC Köln 4:2 nV (2:2, 1:2)

SV Werder Bremen II: Pellatz – Holsing, Mohr, Stallbaum, Erdem – Peitz – Dominik Schmidt (66. Kruse), Heider – Harnik, Löning, Artmann (104. Kenny Schmidt). Trainer: Thomas Wolter

1. FC Köln: Mondragon – Schöneberg, McKenna, Nickenig, Özat – Antar, Broich – Helmes, Vucicevic (91. Scherz), Chihi (58. Ehret) – Novakovic (91. André). Trainer: Christoph Daum

Zuschauer: 4.000 im Weserstadion, Platz 11

Schiedsrichter: Norbert Grudzinski (TSV Wandsetal, HH) – Assistenten: Patrick Ittrich (MSV Hamburg, HH), Björn Hinrichs (SV Rödemis, SH)

Tore: 0:1 Novakovic (13.), 0:2 Vucicevic (24.), 1:2 Harnik (39.), 2:2 Harnik (56.), 3:2 Löning (113., Handelfmeter), 4:2 Kenny Schmidt (118.)

Gelb-Rote Karten: Nickenig (112., absichtliches Handspiel)

Gelbe Karten: Heider, Peitz

1. FC Union Berlin – Eintracht Frankfurt 1:4 (1:2)

1. FC Union Berlin: Glinka – Bemben, Stuff, Schulz, Spasskov – Bönig, Spork (72. Christian Streit) – Mattuschka, Younga-Mouhani, Gebhardt (62. Benyamina) – Patschinski. Trainer: Uwe Neuhaus

Eintracht Frankfurt: Pröll – Preuß, Russ, Chaftar, Spycher – Fink (89. Thurk), Inamoto – Mahdavikia, Meier, Albert Streit (75. Köhler) – Amanatidis (89. Takahara). Trainer: Friedhelm Funkel

Zuschauer: 12.167 im Stadion Alte Försterei

Schiedsrichter: Günter Perl (MSV München, BY) – Assistenten: Josef Maier (FC Aschheim, BY), Karl Valentin (BSG Taufkirchen, BY)

Tore: 0:1 Meier (17.), 1:1 Patschinski (28.), 1:2 Meier (37.), 1:3 Meier (57.), 1:4 Amanatidis (86.)

Gelbe Karten: Gebhardt, Patschinski – Preuß, Köhler

SV Babelsberg 03 – MSV Duisburg 0:4 (0:0)

SV Babelsberg 03: Busch – Neumann, Neubert, Laars, Rudolph – Jonelat, Stiefel – Lukac (83. Hartwig), Moritz (70. Biran), Ahmetcik (67. Türkkan) – Ben-Hatira. Trainer: Rastislav Hodul

MSV Duisburg: Starke – Lamey, Filipescu, Schlicke, Caceres – Tararache (85. Maicon), Grlic – Tiffert, Georgiev, Idrissou (46. Ishiaku) – Lavric (79. Daun). Trainer: Rudolf Bommer

Zuschauer: 4.608 im Karl-Liebknecht-Stadion

Schiedsrichter: Thorsten Schriever (TSV Otterndorf, NS) – Assistenten: Thomas Gorniak (ATSV Sebaldsbrück, HB), Lars Heitmann (TuS Wagenfeld, NS)

Tore: 0:1 Ishiaku (67.), 0:2 Georgiev (72.), 0:3 Lamey (81.), 0:4 Ishiaku (88.)

Gelb-Rote Karten: Caceres (83., wiederholtes Foulspiel)

Gelbe Karten: Moritz, Laars - Daun

Bes. Vorkommnisse: Starke hält Foulelfmeter von Biran (75.)

Bayer 04 Leverkusen II – SC Paderborn 07 0:1 (0:0)

Leverkusen II: Fernandez – Touré (80. Hettich), Hegeler, Happe, Sarpei – Faty, Kratz (46. Schultens) – Lartey (85. Schauerte), Naki, Dum – Zieba. Trainer: Ulf Kirsten

SC Paderborn 07: Bade – Fall, Djurisic, Kläsener, Noll – Krösche, Gouiffe à Goufan – Männer (67. Brinkmann), Krupnikovic, Schüßler (46. Siradze) – Röttger (85. Döring). Trainer: Holger Fach

Zuschauer: 1.825 in der BayArena

Schiedsrichter: Frank Willenborg (SV Gehlenberg-Neuvrees, NS) – Assistenten: Malte Dittrich (FC Oberneuland, HB), Rainer Bippen (FC Wesuwe, NS)

Tore: 0:1 Siradze (79.)

Gelbe Karten: Dum – Fall

1. FC Normannia Gmünd – TSV Alemannia Aachen 0:3 (0:1)

1. FC Normania Gmünd: Gruca – Jurczyk (75. Guiemaraes), Michael Kuhn, Zimmermann, Catizone (46. Dominik Kaiser) – Schöllkopf, Mangold – Steffen Kaiser, Christian Kuhn – Molinari, Krätschmer (58. Cetin). Trainer: Alexander Zorniger

TSV Alemannia Aachen: Nicht – Stehle, Klitzpera, Vukovic, Leiwakabessy (30. Weigelt) – Reghecampf, Lagerblom, Lehmann, Milchraum (84. Polenz) – Pecka, Ebbers (67. Nemeth). Trainer: Guido Buchwald

Zuschauer: 5.000 im Städtischen Waldstadion (Aalen)

Schiedsrichter: Tobias Christ (TB Jahn Zeiskam, SW) – Assistenten: Alexander Schlutius (FSV Freimersheim, SW), Raphael Seiwert (SV Merchingen, SAR)

Tore: 0:1 Lagerblom (21.), 0:2 Reghecampf (75.), 0:3 Nemeth (87.)

Gelbe Karten: Ebbers, Pecka

TSG Neustrelitz – Karlsruher SC 0:2 nV (0:0, 0:0)

TSG Neustrelitz: Schelenz – Rochow, Parlatan, Zelm – Mätschke (64. Novacic), Duggert, Özvatan, Scholze – Senkaya (75. Jovanovic), Rogoli – Gaudian (81. Richter). Trainer: Lothar Hamann

Karlsruher SC: Miller – Görlitz, Eggimann, Franz, Eichner – Mutzel (61. Freis), Aduobe – Yashvili, Hajnal (108. Buck), Carnell (65. Timm) – Kapllani. Trainer: Edmund Becker

Zuschauer: 5.000 im Parkstadion

Schiedsrichter: Holger Henschel (SV Broitzem, NS) – Assistenten: Kuno Fischer (SV Frisia Loga, NS), Arne Aarnink (VfL Weiße Elf Nordhorn, NS)

Tore: 0:1 Freis (106.), 0:2 Buck (120.)

Gelbe Karten: Jovanovic, Parlatan, Özvatan – Carnell, Mutzel, Franz

TSV Havelse – TuS Koblenz 0:3 (0:3)

TSV Havelse: Dlugaiczyk – Lempert, Werner, Smiatek, Hansmann – Winzer, Rosenthal – Elas, Sarier (76. Bulut), Zimmermann (58. Rischker) – Yeldan (58. Ney). Trainer: Jürgen Stoffregen

TuS Koblenz: Eilhoff – Forkel, Mavric, Bajic (56. Richter), Lomic – Hartmann, Sukalo – Traut, Dzaka, Bogavac (46. Langen) – Vata (61. Sahin). Trainer: Uwe Rapolder

Zuschauer: 2.600 im Wilhelm-Langrehr-Stadion

Schiedsrichter: Felix Zwayer (Hertha BSC Berlin, B) – Assistenten: Stefan Weber (EFC Ruhla, TH), Tino Wenkel (FC Union Mühlhausen, TH)

Tore: 0:1 Lomic (11.), 0:2 Dzaka (18.), 0:3 Lomic (26.)

Gelbe Karten: Hansmann, Winzer – Bajic

SG Dynamo Dresden – VfL Bochum 0:1 (0:0)

SG Dynamo Dresden: Hesse – Cozza, Hübener, Ernemann, Nikol – Bendowski (76. Boltze), Jungnickel, Stocklasa, Würll (65. David) – Penksa – Dobry. Trainer: Norbert Meier

VfL Bochum: Lastuvka – Concha, Maltritz, Yahia, Meichelbeck – Ilicevic (69. Bechmann), Dabrowski, Zdebel, Grote (76. Fuchs) – Epallé, Sestak (81. Mieciel). Trainer: Marcel Koller

Zuschauer: 17.137 im Rudolf-Harbig-Stadion

Schiedsrichter: Peter Sippel (FC Würzburger Kickers, BY) – Assistenten: Walter Hofmann (SC Aufkirchen, BY), Stephan Kammerer (Karlsruher SC, NBD)

Tore: 0:1 Grote (55.)

Gelbe Karten: Ernemann, David – Ilicevic, Sestak, Meichelbeck

SV Seligenporten – DSC Arminia Bielefeld 0:2 (0:1)

SV Seligenporten: Wagner – Eigl, Amtmann, Händel, Schrenk – Schlicker – Contala (74. Berber), Maus – Schiller – Pollinger (60. Pommer), Wurzbacher. Trainer: Uwe Neunsinger

DSC Arminia Bielefeld: Hain – Kirch, Gabriel, Mijatovic, Rau (46. Bollmann) – Kucera – Tesche, Masmanidis (82. Nkosi) – Zuma (66. Kamper), Wichniarek, Eigler. Trainer: Ernst Middendorp

Zuschauer: 3.500 in der MaRena

Schiedsrichter: Stefan Lupp (MSV Zossen 07, BRB) – Assistenten: Thomas Gerber (TSV Sachsen Hermsdorf-Bernsdorf, SAX), Daniel Siebert (FC Nordost Berlin, B)

Tore: 0:1 Wichniarek (25.), 0:2 Kamper (79.)

Gelbe Karten: Schrenk – Gabriel, Rau

Würzburger FV – VfL Wolfsburg 0:4 (0:1)

Würzburger FV: Scherbaum – Jäger, Fehrer, Weißenseel, Buchholz (73. Gerber) – Götzfried – Wirsching (65. Ullrich), Schmieg (86. Gehret), Deißenberger, Vierheilig – Bradaric. Trainer: Michael Hochrein

VfL Wolfsburg: Jentzsch – Riether, Ricardo Costa (46. Quiroga), Madlung, Schäfer – Santana, Baier, Gentner (76. Laas) – Marcelinho (46. Dejagah) – Dzeko, Radu. Trainer: Felix Magath

Zuschauer: 11.200 im Dallenbergstadion

Schiedsrichter: Tobias Welz (SpVgg Nassau Wiesbaden, HES) – Assistenten: Tobias Stieler (SG Rosenhöhe Offenbach, HES), Manuel Kunzmann (SV Niederjossa, HES)

Tore: 0:1 Madlung (10.), 0:2 Radu (53.), 0:3 Gentner (63.), 0:4 Dzeko (75.)

Gelbe Karten: Götzfried, Weißenseel

SV Eintracht Trier 05 – FC Schalke 04 0:9 (0:3)

SV Eintracht Trier 05: Schneider – Kühne (54. Malchow), Hesslein, Lacroix, Rakic – Schäfer, Hartung, Bradasch, Wittek (68. Schottes) – Christian Müller, Hentschke (41. Stelletta). Trainer: Werner Weiss

FC Schalke 04: Neuer – Rafinha, Westermann, Bordon, Pander – Ernst (46. Jones), Kobiashvili (56. Azaouagh) – Özil – Asamoah, Kuranyi, Halil Altintop (46. Rakitic). Trainer: Mirko Slomka

Zuschauer: 10.000 im ausverkauften Moselstadion

Schiedsrichter: Wolfgang Stark (DJK Altdorf, BY) – Assistenten: Arno Blos (SC Altbach, WBG), Lothar Ostheimer (TSV Sulzberg, BY)

Tore: 0:1 Asamoah (8.), 0:2 Rafinha (21., Foulelfmeter), 0:3 Asamoah (31.), 0:4 Asamoah (48.), 0:5 Özil (53.), 0:6 Kuranyi (58.), 0:7 Rakitic (69.), 0:8 Pander (87.), 0:9 Westermann (90.)

Rote Karten: Schneider (40., Notbremse)

Gelbe Karten: Fehlanzeige

Bes. Vorkommnisse: Stelletta hält Foulelfmeter von Altintop (41.), Neuer hält Foulelfmeter von Hartung (45.)

VfR Wormatia Worms – 1. FSV Mainz 05 1:6 (1:1)

VfR Wormatia Worms: Müller – Süß, Probst, Lang (65. Cuc), Kessel – Nazarov (55. Schmidt), Bopp, Jones, Gebhardt, Gutzler, Bolm. Trainer: Bernhard Trares

1. FSV Mainz 05: Wache – Hoogland, Subotic, Noveski, Demirtas (55. Laurent/89. Gunkel) – Feulner, Pekovic, Karhan, Soto (46. Mario Vrancic) – Daghfous, Ruman. Trainer: Jürgen Klopp

Zuschauer: 12.000 im ausverkauften Wormatia-Stadion

Schiedsrichter: Thorsten Kinhöfer (SC Constantin Herne- Mark, WEF) – Assistenten: Detlef Scheppe (SV Rothemühle, WEF), Dirk Margenberg (BV Burscheid, NIR)

Tore: 0:1 Pekovic (21.), 1:1 Gutzler (39.), 1:2 Feulner (46.), 1:3 Ruman (54.), 1:4 Ruman (74.), 1:5 Laurent (88.), 1:6 Gunkel (90., Foulelfmeter)

Rote Karten: Bopp (23., grobes Foulspiel)

Gelb-Rote Karten: Bolm (33., unsportliches Verhalten)

Gelbe Karten: Lang, Jones, Gebhardt – Pekovic

SV Darmstadt 98 – SpVgg Greuther Fürth   1:3 (0:1)
SV Darmstadt 98: Becker – Remmers (82. Glasner), Rasch, Bodnar, Wiesner – Pellowski (85. Heß), Szollár – Jovanovic, Anicic (78. Soriano), Hübner – Eidelwein. Trainer: Gerhard Kleppinger
SpVgg Greuther Fürth: Kirschstein – Felgenhauer, Biliskov, Karaslavov, Achenbach – Caligiuri (69. Lanig), Judt, Burkhardt, Adlung (60. Reisinger) – Cidimar, Nehrig (80. Maierhofer). Trainer: Bruno Labbadia
Zuschauer: 5.400 im Stadion am Böllenfalltor
Schiedsrichter: Christian Fischer (SG Hemer, WEF) – Assistenten: Thorsten Joerend (VfB Fabbenstedt, WEF), René Kunsleben (TuS Lohauserholz-Daberg, WEF)
Tore: 0:1 Nehrig (25.), 1:1 Hübner (67.), 1:2 Nehrig (76.), 1:3 Maierhofer (90.)
Gelb-Rote Karten: Hübner (68., unsportliches Verhalten)
Gelbe Karten: Kirschstein

SV Wacker Burghausen – FC Bayern München   3:4 iE, 1:1 nV
SV Wacker Burghausen: Riemann – Lastovka, Palionis, Wolf, Mayer – Hertl (46. Bonimeier), Schmidt – Pupalovic (61. Solga), Schultz, Teinert (85. Rodrigo Martins) – Neubert. Trainer: Ingo Anderbrügge
FC Bayern München: Kahn – Lahm, Lucio, Demichelis, Jansen (82. Lell) – van Bommel, Zé Roberto (71. Sosa) – Hamit Altintop, Ribery, Schweinsteiger (112. van Buyten) – Klose. Trainer: Ottmar Hitzfeld
Zuschauer: 11.582 in der ausverkauften Wacker-Arena
Schiedsrichter: Peter Gagelmann (ATSV Sebaldsbrück, HB) – Assistenten: Mike Pickel (TuS Grün-Weiß Mendig, RHL), Volker Wezel (SV 03 Tübingen, WBG)
Tore: 1:0 Neubert (61.), 1:1 Klose (79.) – Elfmeterschießen: 0:1 Ribery, Schultz schießt an die Latte, 0:2 van Bommel, 1:2 Neubert, Riemann hält gegen Sosa, Rodrigo Martins schießt an den Pfosten, Hamit Altintop schießt an die Latte, 2:2 Schmidt, 2:3 Lahm, 3:3 Riemann, Riemann hält gegen Demichelis, Kahn hält gegen Palionis, 3:4 Lell, Kahn hält gegen Mayer
Gelbe Karten: Hertl, Teinert, Rodrigo Martins

DFB-Vereinspokal, 2. Hauptrunde

SV Werder Bremen II – FC St. Pauli   4:2 iE, 2:2 nV
SV Werder Bremen II: Pellatz – Holsing, Mohr (112. Schmidt), Stallbaum, Erdem – Peitz – Artmann (80. Löning), Kruse – Harnik, Klasnic (67. Heider), Schindler. Trainer: Thomas Wolter
FC St. Pauli: Borger – Rothenbach, Morena, Eger, Joy –Schultz (73. Ludwig), Boll (46. Meggle) – Brunnemann (60. Sako), Takyi, Trojan – Kuru. Trainer: André Trulsen
Zuschauer: 14.764 im Weserstadion
Schiedsrichter: Guido Winkmann (SV Nütterden, NIR) – Assistenten: Thomas Metzen (SG Lorbach-Weyer, MIR), Karl-Markus Schumacher (DJK Arminia Klosterhardt, NIR)
Tore: 0:1 Rothenbach (23.), 1:1 Schindler (31.), 2:1 Harnik (60.), 2:2 Kuru (85.)
Elfmeterschießen: 1:0 Holsing, 1:1 Ludwig, 2:1 Erdem, Pellatz hält gegen Meggle, 3:1 Kruse, 3:2 Sako, Borger hält gegen Kruse, Pellatz hält gegen Takyi, 4:2 Harnik
Gelb-Rote Karten: Stallbaum und Peitz (53., 118., jeweils wiederholtes Foulspiel)
Gelbe Karten: Erdem, Kruse – Joy, Brunnemann, Takyi, Eger, Morena

Wuppertaler SV Borussia – Hertha BSC Berlin   2:0 (0:0)
Wuppertaler SV Borussia: Maly – Stuckmann, Voigt, Wiwerink – Bölstler (84. Neppe), Tim Jerat, Lintjens, Lejan – Rietpietsch (89. Heinzmann) – Damm (90. Dogan), Saglik. Trainer: Wolfgang Jerat
Hertha BSC Berlin: Drobny – Chahed, Friedrich, von Bergen, Fathi – Mineiro, Simunic – Ebert (77. Dardai), Grahn (67. Ede), Piszczek – Okoronkwo (73. Lima). Trainer: Lucien Favre
Zuschauer: 12.399 im Stadion am Zoo
Schiedsrichter: Christian Dingert (TSG Burg Lichtenberg, SW) – Assistenten: Alexander Schlutius (FSV Freimersheim, SW), Frederick Assmuth (FC Bensberg, MIR)
Tore: 1:0 Lintjens (81.), 2:0 Tim Jerat (86.)
Rote Karten: Simunic (75., Tätlichkeit)
Gelbe Karten: Bölstler – Ebert

TSV Alemannia Aachen – VfL Bochum   3:2 (0:1)
TSV Alemannia Aachen: Straub – Reghecampf, Klitzpera, Stehle, Leiwakabessy (46. Weigelt) – Fiel – Lehmann, Milchraum (87. Casper) – Ebbers, Pecka – Kolev (87. Nemeth). Trainer: Guido Buchwald
VfL Bochum: Lastuvka – Concha, Maltritz, Yahia, Pfertzel (67. Bechmann) – Dabrowski – Oliver Schröder – Epalle, Sestak, Grote (37. Drsek) – Mieciel (79. Auer). Trainer: Marcel Koller
Zuschauer: 17.838 im Stadion Tivoli
Schiedsrichter: Dr. Jochen Drees (SV Münster-Sarmsheim, SW) – Assistenten: Ralf Viktora (SSV Dillenburg, HES), Manuel Kunzmann (SV Niederjossa, HES)
Tore: 0:1 Ebbers (21., Eigentor), 1:1 Milchraum (50.), 2:1 Pecka (62.), 3:1 Ebbers (81.), 3:2 Drsek (83.)
Gelb-Rote Karten: Dabrowski und Epalle (30., 90., jeweils wiederholtes Foulspiel)
Gelbe Karten: Stehle, Fiel – Sestak, Grote

FC Hansa Rostock – Offenbacher FC Kickers   6:0 (4:0)
FC Hansa Rostock: Wächter – Langen, Sebastian, Orestes, Stein – Rathgeb, Beinlich (60. Yelen) – Rydlewicz, Pearce, Kern (76. Shapourzadeh), Agali (55. Dorn). Trainer: Frank Pagelsdorf

Offenbacher FC Kickers: Endres – Bungert, Hysky, Sichone (36. Hornig), Pinske – Watzka, Ogungbure (46. Wörle), Sieger, Judt – Agritis (64. Epstein), Toppmöller. Trainer: Wolfgang Frank
Zuschauer: 10.200 in der DKB-Arena
Schiedsrichter: Thomas Frank (SV Eintracht Hannover, NS) – Assistenten: Patrick Ittrich (MSV Hamburg, HH), Rainer Bippen (FC Wesuwe, NS)
Tore: 1:0 Kern (20.), 2:0 Beinlich (23.), 3:0 Kern (29.), 4:0 Rydlewicz (33.), 5:0 Yelen (62.), 6:0 Langen (79.)
Gelbe Karten: Pinske

TSV München 1860 – 1. FSV Mainz 05   2:1 (0:0)
TSV München 1860: Hofmann – Thorandt, Ghvinianidze, Berhalter, Hoffmann – Danny Schwarz, Sven Bender (90. Johnson) – Wolff, Göktan (90. Kucukovic), Bierofka (11. Gebhart) – di Salvo. Trainer: Marco Kurz
1. FSV Mainz 05: Wetklo (90. Ischdonat) – Hoogland, Svensson, Noveski, Rose – Gunkel – Karhan, Demirtas (90. Jovanovic) – Amri – Borja, Baljak (62. Daghfous). Trainer: Jürgen Klopp
Zuschauer: 14.200 in der Allianz-Arena
Schiedsrichter: Florian Meyer (RSV Braunschweig, NS) – Assistenten: Kai Voss (FG Stormarn 2000, SH), Malte Dittrich (FC Oberneuland, HB)
Tore: 1:0 di Salvo (50.), 1:1 Borja (52.), 2:1 Göktan (88.)
Gelbe Karten: Sven Bender – Borja

Karlsruher SC – VfL Wolfsburg   0:1 (0:1)
Karlsruher SC: Kornetzky – Görlitz, Eggimann, Franz, Eichner – Mutzel, Aduobe – Yashvili (67. Freis), Hajnal, Carnell (79. Timm) – Kapllani. Trainer: Edmund Becker
VfL Wolfsburg: Jentzsch – Riether, Simunek, Madlung, Quiroga – Gentner, Josué – Dejagah, Marcelinho (46. Radu), Munteanu (89. Krzynowek) – Grafite (46. Dzeko). Trainer: Felix Magath
Zuschauer: 20.000 im Wildparkstadion
Schiedsrichter: Peter Sippel (FC Würzburger Kickers, BY) – Assistenten: Walter Hofmann (SC Aufkirchen, BY), Deniz Aytekin (SC Germania Nürnberg, BY)
Tore: 0:1 Dejagah (45.)
Gelbe Karten: Hajnal, Eggimann – Marcelinho, Grafite, Riether, Munteanu, Dejagah

TSG 1899 Hoffenheim – SpVgg Greuther Fürth   2:1 (2:1)
TSG 1899 Hoffenheim: Daniel Haas – Bindnagel, Nilsson, Vorsah, Löw –Teber, Salihovic (46. Dias) – Copado, Marques (81. Paljic) – Edu-Obasi, Ba (84. Seitz). Trainer: Ralf Rangnick
SpVgg Greuther Fürth: Kirschstein – Bertram (82. Maierhofer), Biliskov, Karaslavov, Achenbach – Judt – Nehrig (54. Schröck), Lanig, Adlung (90. Müller) – Kotuljac, Reisinger. Trainer: Bruno Labbadia
Zuschauer: 4.400 im Dietmar-Hopp-Stadion
Schiedsrichter: Tobias Christ (TB Jahn Zeiskam, SW) – Assistenten: Torsten Bauer (ASV Seesbach, SW), Raphael Seiwert (SV Merchingen, SAR)
Tore: 1:0 Marques (6.), 1:1 Kotuljac (43.), 2:1 Copado (45., Foulelfmeter)
Gelbe Karten: Teber, Salihovic, Vorsah, Ba – Nehrig, Reisinger, Lanig, Bertram

FC Schalke 04 – Hannover 96   2:0 nV (0:0, 0:0)
FC Schalke 04: Neuer – Rafinha, Bordon, Krstajic, Pander (91. Westermann) – Ernst – Grossmüller, Jones – Rakitic (55. Lövenkrands) – Kuranyi, Asamoah (106. Azaouagh). Trainer: Mirko Slomka
Hannover 96: Enke – Cherundolo, Vinicius, Fahrenhorst, Tarnat – Balitsch (101. Lauth), Schulz – Rosenthal (110. Bruggink), Pinto (82. Stajner), Huszti – Hanke. Trainer: Dieter Hecking
Zuschauer: 60.224 in der Veltins-Arena
Schiedsrichter: Peter Gagelmann (ATSV Sebaldsbrück, HB) – Assistenten: Matthias Anklam (USC Paloma Hamburg, HH), Sascha Thielert (TSV Buchholz 08, HH)
Tore: 1:0 Enke (97., Eigentor), 2:0 Kuranyi (119.)
Gelbe Karten: Jones – Rosenthal, Schulz

Rot-Weiss Essen – 1. FC Kaiserslautern   2:1 (1:0)
Rot-Weiss Essen: Masuch – Czyszczon, Sereinig, Andersen – Erfen, Michael Lorenz, Gorschlüter (78. Kazior), Kotula (75. Klinger) – Kurth, Brandy, Guié-Mien (88. Stankiewicz). Trainer: Heiko Bonan
1. FC Kaiserslautern: Sippel – Müller, Beda, Schönheim, Bugera – Demai, Hansen (52. Bellinghausen) – Bernier (78. Jendrisek), Simpson – Runström – Opara (59. Reinert). Trainer: Kjetil-André Rekdal
Zuschauer: 12.000 im Georg-Melches-Stadion
Schiedsrichter: Markus Wingenbach (VfL Altendiez, RHL) – Assistenten: Thorsten Joerend (VfB Fabbenstedt, WEF), Florian Steuer (BSV Lendringsen, WEF)
Tore: 1:0 Brandy (25.), 2:0 Czyszczon (62.), 2:1 Runström (80.)
Rote Karten: Sippel (90., Notbremse) - Gelbe Karten: Bugera, Beda

VfB Stuttgart – SC Paderborn 07   3:2 nV (2:2, 2:0)
VfB Stuttgart: Schäfer – Osorio (81. Pischorn), Tasci, Delpierre, Beck – Pardo – Khedira (46. Julian Schuster), Hitzlsperger – Bastürk – Gomez, Ewerthon (78. Marica). Trainer: Armin Veh
Paderborn: Kruse – Krösche, Djurisic, Döring, Halfar (67. Noll) – Sinkala, Gouiffe à Goufan – Männer (58. Gonther), Schüßler, Röttger (46. Koen) – Löbe. Tr.: Holger Fach
Zuschauer: 7.500 im Gottlieb-Daimler-Stadion
Schiedsrichter: Michael Kempter (VfR Sauldorf, SBD) – Assistenten: Tobias Welz (SpVgg Nassau Wiesbaden, HES), Lothar Ostheimer (TSV Sulzberg, BY)
Tore: 1:0, 2:0 Hitzlsperger (31., 36.), 2:1 Koen (66.), 2:2 Döring (69.), 3:2 Gomez (118.)
Gelbe Karten: Bastürk, Beck - Gouiffe à Goufan, Krösche, Sinkala

Hamburger SV – SC Freiburg   **3:1 (1:1)**
Hamburger SV: Rost – Boateng, Kompany, Mathijsen, Atouba – Jarolim, Demel – Zidan (83. Choupo-Moting), Trochowski (87. Benjamin), Olic (72. van der Vaart) – Guerrero Gonzales. Trainer: Huub Stevens
SC Freiburg: Walke – Schwaab, Krmas, Butscher, Aogo – Banovic, Uzoma (78. Konrad) – Matmour (69. Schlitte), Mesic – Pitroipa – Cafú (81. Bencik). Trainer: Robin Dutt
Zuschauer: 39.261 in der HSH Nordbank Arena
Schiedsrichter: Thorsten Kinhöfer (SC Constantin Herne-Mark, WEF) – Assistenten: Detlef Scheppe (SV Rothemühle, WEF), Christian Fischer (SG Hemer, WEF)
Tore: 0:1 Matmour (12.), 1:1 Trochowski (17.), 2:1 Olic (52.), 3:1 van der Vaart (90., Foulelfmeter)
Gelbe Karten: Zidan – Butscher, Krmas

SV Werder Bremen – MSV Duisburg   **4:0 (0:0)**
SV Werder Bremen: Wiese – Pasanen, Mertesacker, Naldo, Tosic – Baumann – Andreasen, Borowski – Diego (71. Vranjes) – Sanogo (33. Rosenberg), Almeida (80. Mosquera). Trainer: Thomas Schaaf
MSV Duisburg: Starke – Weber, Fernando, Schlicke, Willi – Grlic, Tararache – Tiffert, Georgiev (67. Lavric), Idrissou – Daun (85. Mölders). Trainer: Rudolf Bommer
Zuschauer: 24.279 im Weserstadion
Schiedsrichter: Babak Rafati (SpVgg Niedersachsen Döhren, NS) – Assistenten: Holger Henschel (SV Broitzem, NS), Christoph Bornhorst (TuS Neuenkirchen, NS)
Tore: 1:0 Borowski (59.), 2:0 Almeida (68.), 3:0 Rosenberg (79.), 4:0 Mosquera (87.)
Gelbe Karten: Andreasen, Tosic – Weber, Willi

Borussia Dortmund – Eintracht Frankfurt   **2:1 (0:1)**
Borussia Dortmund: Ziegler – Degen, Brzenska, Kovac, Dédé – Tinga – Blaszczykowski (89. Kruska), Kringe – Haedo Valdez (46. Klimowicz), Buckley (79. Gordon) – Petric. Trainer: Thomas Doll
Eintracht Frankfurt: Pröll – Ochs, Russ, Kyrgiakos, Spycher – Fink (68.Inamoto), Köhler (86. Thurk) – Streit, Weissenberger (75. Meier) – Amanatidis, Takahara. Trainer: Friedhelm Funkel
Zuschauer: 45.800 im Signal Iduna Park
Schiedsrichter: Knut Kircher (TSV Hirschau, WBG) – Assistenten: Wolfgang Walz (TSV Pfedelbach, WBG), Thorsten Schiffner (FC Konstanz, SBD)
Tore: 0:1 Amanatidis (11.), 1:1 Brzenska (46.), 2:1 Petric (64.)
Gelbe Karten: Kovac, Haedo Valdez - Kyrgiakos

TuS Koblenz – DSC Arminia Bielefeld   **1:2 nV (1:1, 1:1)**
TuS Koblenz: Eilhoff – Forkel, Mavric, Richter (109. Polozani), Wiblishauser – Sukalo, Bajic – Djokaj (99. Daham), Dzaka, Bogavac (74. Pektürk) – Vata. Trainer: Uwe Rapolder
DSC Arminia Bielefeld: Hain – Kirch, Bollmann, Kucera, Rau – Kauf – Tesche, Kobylik (119. Rodenberg) – Marx (105. Halfar) – Kamper (117. Masmanidis), Eigler. Trainer: Ernst Middendorp
Zuschauer: 9.352 im Stadion Oberwerth
Schiedsrichter: Dr. Helmut Fleischer (SV Hallstadt, BY) – Assistenten: Sönke Glindemann (SV Hemmingstedt, SH), Josef Maier (FC Aschheim, BY)
Tore: 0:1 Eigler (3.), 1:1 Mavric (39.), 1:2 Eigler (106.)
Gelbe Karten: Kobylik, Bollmann, Eigler

FC Carl Zeiss Jena – 1. FC Nürnberg   **5:4 iE, 2:2 nV**
FC Carl Zeiss Jena: Kraus – Tapalovic, Maul, Omodiagbe, Stegmayer – Müller – Charalambidis, Hansen (101. Helbig) – Simak (117. Oniani) – Torghelle, Werner. Trainer: Valdas Ivanauskas
1. FC Nürnberg: Klewer – Reinhardt, Wolf, Glauber, Kristiansen (63. Kammermeyer) – Mnari (36. Engelhardt), Galasek – Misimovic, Mintal, Saenko (117. Adler) – Kennedy. Trainer: Hans Meyer
Zuschauer: 15.600 auf dem ausverkauften Ernst-Abbé-Sportfeld
Schiedsrichter: Marc Seemann (DJK Adler Frintrop, NIR) – Assistenten: Dirk Margenberg (BV Burscheid, NIR), Mark Borsch (BV Grün-Weiß Mönchengladbach, NIR)
Tore: 0:1 Misimovic (11.), 1:1 Torghelle (56.), 1:2 Maul (95., Eigentor), 2:2 Müller (114.) – **Elfmeterschießen:** 0:1 Misimovic, 1:1 Müller, 1:2 Werner, Reinhardt schießt über das Tor, 3:2 Oniani, 3:3 Mintal, 4:3 Charalambidis, 4:4 Galasek, 5:4 Maul
Gelb-Rote Karten: Torghelle (68., wiederholtes Foulspiel)
Gelbe Karten: Simak – Reinhardt, Glauber

FC Bayern München – Borussia Mönchengladbach   **3:1 (0:0)**
FC Bayern München: Rensing – Lahm (78. Lell), Lúcio, Demichelis, Jansen – Ottl, Zé Roberto (70. van Bommel) – Hamit Altintop, Schweinsteiger – Toni (75. Klose), Podolski. Trainer: Ottmar Hitzfeld
Borussia Mönchengladbach: Heimeroth – Levels, Brouwers, Daems, Voigt – Paauwe (63. Svård) – Ndjeng-Byouha (85. Touma), Rösler, Marin (67. Coulibaly) – Neuville, Friend. Trainer: Jos Luhukay
Zuschauer: 69.000 in der ausverkauften Allianz-Arena
Schiedsrichter: Manuel Gräfe (FC Hertha 03 Zehlendorf, B) – Assistenten: Norbert Grudzinski (TSV Wandsetal, HH), Carsten Kadach (VfL Suderburg, NS)
Tore: 1:0 Toni (47.), 2:0 Toni (57.), 2:1 Ndjeng-Byouha (69.), 3:1 Klose (83.)
Gelbe Karten: Rensing, Toni – Brouwers, Paauwe

DFB-Vereinspokal, Achtelfinale

TSG 1899 Hoffenheim – FC Hansa Rostock   **2:1 (1:0)**
TSG 1899 Hoffenheim: Özcan – Jaissle, Nilsson (57. Seitz), Compper, Löw – Dias – Teber, Salihovic – Marques – Edu-Obasi, Ba (88. Ibisevic). Trainer: Ralf Rangnick
FC Hansa Rostock: Wächter – Langen, Sebastian, Orestes, Stein – Rathgeb, Kern – Bartels, Cetkovic (82. Dorn) – Agali, Hähnge (46. Yelen). Trainer: Frank Pagelsdorf
Zuschauer: 5.835 im ausverkauften Dietmar-Hopp-Stadion
Schiedsrichter: Lutz Wagner (SV 07 Kriftel, HES) – Assistenten: André Stachowiak (MTV Union Hamborn, NIR), Mark Borsch (BV Grün-Weiß Mönchengladbach, NIR)
Tore: 1:0 Nilsson (12.), 1:1 Kern (51.), 2:1 Orestes (71., Eigentor)
Gelbe Karten: Stein
Bes. Vorkommnisse: Wächter hält Foulelfmeter von Salihovic (90.)

TSV Alemannia Aachen – TSV München 1860   **2:3 (2:0)**
TSV Alemannia Aachen: Straub – Stehle, Klitzpera, Herzig, Leiwakabessy – Lagerblom, Fiel – Reghecampf (77. Plaßhenrich/89. Milchraum), Krontiris – Kolev, Ebbers (73. Polenz). Trainer: Jürgen Seeberger
TSV München 1860: Hofmann – Johnson, Lars Bender, Berhalter, Hoffmann – Danny Schwarz, Sven Bender (65. Pagenburg) – Wolff (54. Holebas), Gebhart (90. Baumgartlinger), Bierofka – Kucukovic. Trainer: Marco Kurz
Zuschauer: 17.520 im Stadion Tivoli
Schiedsrichter: Peter Gagelmann (ATSV Sebaldsbrück, HB) – Assistenten: Matthias Anklam (USC Paloma Hamburg, HH), Sascha Thielert (TSV Buchholz 08, HH)
Tore: 1:0 Kolev (10.), 2:0 Ebbers (40.), 2:1 Danny Schwarz (82.), 2:2 Kucukovic (85.), 2:3 Johnson (88.)
Gelbe Karten: Stehle, Kolev – Sven Bender, Kucukovic

Wuppertaler SV Borussia – FC Bayern München   **2:5 (2:2)**
Wuppertaler SV Borussia: Maly – Stuckmann, Voigt, Wiwerink (80. Mombongo-Dues), Lejan – Bölstler – Tim Jerat (74. Dogan), Lintjens (67. Malura) – Rietpietsch – Saglik, Damm. Trainer: Wolfgang Jerat
FC Bayern München: Kahn – Sagnol, Lúcio, van Buyten, Lahm – van Bommel, Zé Roberto (77. Kroos) – Sosa (72. Altintop), Ribery (72. Schweinsteiger) – Toni, Klose.
Trainer: Ottmar Hitzfeld
Zuschauer: 61.482 in der ausverkauften Veltins-Arena (Gelsenkirchen-Schalke)
Schiedsrichter: Michael Weiner (TSV Ottenstein, NS) – Assistenten: Norbert Grudzinski (TSV Wandsetal, HH), Kai Voss (FG Stormarn 2000, SH)
Tore: 0:1 Klose (14.), 1:1 Damm (26.), 1:2 Klose (27.), 2:2 Saglik (29.), 2:3 van Buyten (50.), 2:4 Toni (53.), 2:5 Hamit Altintop (88.)
Gelbe Karten: Wiwerink, Tim Jerat – Kahn, van Bommel

Borussia Dortmund – SV Werder Bremen   **2:1 (1:0)**
Borussia Dortmund: Ziegler – Rukavina, Amedick, Kovac, Dédé – Kehl – Kringe (90. Hummels), Tinga – Federico (70. Buckley) – Petric, Haedo Valdez (66. Klimowicz). Trainer: Thomas Doll
SV Werder Bremen: Wiese – Pasanen, Mertesacker, Naldo, Tosic – Baumann (68. Diego) – Jensen, Borowski – Hunt – Klasnic (64. Almeida), Rosenberg. Trainer: Thomas Schaaf
Zuschauer: 64.000 im Signal Iduna Park
Schiedsrichter: Herbert Fandel (DJK Utscheid, RHL) – Assistenten: Jan-Hendrik Salver (SpVgg Stuttgart-Ost), Mike Pickel (TuS Grün-Weiß Mendig, RHL)
Tore: 1:0 Federico (19.), 2:0 Klimowicz (80.), 2:1 Diego (82., Foulelfmeter)
Gelbe Karten: Dédé – Baumann, Pasanen, Naldo
Bes. Vorkommnisse: Ziegler hält Foulelfmeter von Diego (85.)

Rot-Weiss Essen – Hamburger SV   **0:3 (0:1)**
Rot-Weiss Essen: Masuch – Czyszczon, Joseph-Augustin, Andersen – Erfen, Gorschlüter, Michael Lorenz (67. Klinger), Kotula (58. Baltes) – Brandy, Stoppelkamp (19. Kazior) – Jans. Trainer: Heiko Bonan
Hamburger SV: Rost – Demel, Kompany, Mathijsen, Boateng – Jarolim, de Jong (64. Benjamin) – Choupo-Moting, van der Vaart (77. Ben-Hatira), Trochowski – Olic (69. Guerrero Gonzales). Trainer: Huub Stevens
Zuschauer: 21.500 im ausverkauften Georg-Melches-Stadion
Schiedsrichter: Manuel Gräfe (FC Hertha 03 Zehlendorf, B) – Assistenten: Thomas Frank (SV Eintracht Hannover, NS), Markus Häcker (SV Traktor Pentz, MV)
Tore: 0:1 van der Vaart (6.), 0:2 Trochowski (52.), 0:3 Olic (55.)
Gelbe Karten: Michael Lorenz, Kazior – Kompany, van der Vaart

FC Carl Zeiss Jena – DSC Arminia Bielefeld   **2:1 nV (1:1, 0:1)**
FC Carl Zeiss Jena: Khomutovski (120. Riemer), Maul, Omodiagbe, Stegmayer – Kikuchi – Amrhein (72. Allagui), Werner – Simak –Petersen (87. Kühne), Schied. Trainer: Henning Bürger
DSC Arminia Bielefeld: Hain – Kirch, Mijatovic (106. Korzynietz), Gabriel, Schuler – Kauf, Kucera – Kamper, Nkosi (82. Kobylik), Böhme (79. Marx) – Wichniarek. Trainer: Michael Frontzeck
Zuschauer: 14.090 auf dem ausverkauften Ernst-Abbé-Sportfeld
Schiedsrichter: Peter Sippel (FC Würzburger Kickers, BY) – Walter Hofmann (SC Aufkirchen, BY), Robert Hartmann (SV Krugzell, BY)
Tore: 0:1 Wichniarek (42.), 1:1 Petersen (84.), 2:1 Simak (116., Foulelfmeter)
Rote Karten: Allagui (101., Tätlichkeit)
Gelb-Rote Karten: Kamper (105., wiederholtes Foulspiel)
Gelbe Karten: Gabriel

SV Werder Bremen II – VfB Stuttgart   2:3 (0:3)
SV Werder Bremen II: Pellatz – Owomoyela, Mohr, Stallbaum, Erdem – Peitz – Harnik, Heider (76. Artmann) – Kruse – Schindler (87. Ronneburg), Löning. Trainer: Thomas Wolter
VfB Stuttgart: Schäfer – Hilbert, Meira, Delpierre, Beck – Pardo – Khedira, Hitzlsperger – Bastürk (90. da Silva) – Marica (76. Radu), Gomez. Trainer: Armin Veh
Zuschauer: 10.310 im Weserstadion
Schiedsrichter: Dr. Jochen Drees (SV Münster-Sarmsheim, SW) – Assistenten: Peter Henes (TSG Herdecke, WEF), Markus Wingenbach (VfL Altendiez, RHL)
Tore: 0:1 Gomez (29.), 0:2 Gomez (33.), 0:3 Gomez (43.), 1:3 Heider (57.), 2:3 Peitz (71.)
Gelbe Karten: Peitz – Pardo, Delpierre, Bastürk, Beck, Gomez

VfL Wolfsburg – FC Schalke 04   5:3 iE, 1:1 nV
VfL Wolfsburg: Benaglio – Riether (69. Krzynowek), Simunek, Madlung, Karimov – Gentner, Josué, Santana (69. Dejagah) – Marcelinho – Dzeko, Grafite (75. Ljuboja). Trainer: Felix Magath
FC Schalke 04: Neuer – Rafinha, Bordon, Krstajic, Westermann – Jones, Ernst – Rakitic (76. Kobiashvili) – Asamoah (87. Varela Rodriguez), Lövenkrands (70. Sanchez) – Halil Altintop. Trainer: Mirko Slomka
Zuschauer: 25.831 in der Volkswagen-Arena
Schiedsrichter: Knut Kircher (TSV Hirschau, WBG) – Assistenten: Wolfgang Walz (TSV Pfedelbach, WBG), Thorsten Schiffner (FC Konstanz, SBD)
Tore: 0:1 Lövenkrands (27.), 1:1 Karimov (90.) – **Elfmeterschießen:** 1:0 Marcelinho, 1:1 Rafinha, 2:1 Gentner, 2:2 Westermann, 3:2 Dzeko, Benaglio hält gegen Krstajic, 4:2 Ljuboja, 4:3 Halil Altintop, 5:3 Karimov
Gelbe Karten: Josué, Santana – Jones

DFB-Vereinspokal, Viertelfinale

Borussia Dortmund – TSG 1899 Hoffenheim   3:1 (2:1)
Borussia Dortmund: Ziegler – Rukavina, Amedick, Kovac, Dédé – Kehl (76. Klimowicz) – Tinga, Kruska (70. Hummels) – Federico (70. Buckley) – Petric, Frei. Trainer: Thomas Doll
TSG 1899 Hoffenheim: Özcan – Janker, Compper, Ibertsberger, Löw (57. Salihovic) – Teber, Dias, Marques – Copado (71. Ibisevic) – Ba (81. Weis), Edu-Obasi. Trainer: Ralf Rangnick
Zuschauer: 55.400 im Signal Iduna Park
Schiedsrichter: Dr. Felix Brych (SV Am Hart München, BY) – Assistenten: Georg Schalk (SV Ottmarshausen, BY), Robert Hartmann (SV Krugzell, BY) – Vierter Offizieller: Guido Kleve (SV Vorwärts Nordhorn, NS)
Tore: 1:0 Federico (20.), 2:0 Tinga (23.), 2:1 Copado (38., Foulelfmeter), 3:1 Petric (54.)
Gelbe Karten: Frei, Tinga, Amedick – Marques, Teber, Löw, Salihovic

VfB Stuttgart – FC Carl Zeiss Jena   4:5 iE, 2:2 nV
VfB Stuttgart: Ulreich – Beck (46. Boka), Meira, Delpierre, Magnin (72. A. da Silva) – Pardo – Hilbert, Hitzlsperger – Bastürk – Gomez (117. Khedira), Cacau. Trainer: Armin Veh
FC Carl Zeiss Jena: Khomutovski – Maul, Müller, Stegmayer – Holzner, Ziegner, Kühne (106. Saka), Werner – Simak – Petersen, Schied (77. Amrhein). Trainer: Henning Bürger
Zuschauer: 18.500 im Gottlieb-Daimler-Stadion
Schiedsrichter: Thorsten Kinhöfer (SC Constantin Herne-Mark, WEF) – Assistenten: Detlef Scheppe (SV Rothemühle, WEF), Christian Fischer (SG Hemer, WEF) – Vierter Offizieller: Tobias Welz (SpVgg Nassau Wiesbaden, HES)
Tore: 0:1 Werner (32.), 1:1 Gomez (81.), 2:1 Gomez (94.), 2:2 Müller (120.)
Elfmeterschießen: 1:0 Pardo, 1:1 Müller, 2:1 Hilbert, 2:2 Werner, 3:2 Cacau, 3:3 Saka, da Silva schießt über das Tor, 3:4 Simak, 4:4 Hitzlsperger, 4:5 Ziegner
Gelbe Karten: Meira, Gomez – Müller

VfL Wolfsburg – Hamburger SV   2:1 nV (1:1, 1:0)
VfL Wolfsburg: Benaglio – Gentner, Ricardo Costa, Madlung, Schäfer – Riether (66. Simunek), Josué, Hasebe (95. Krzynowek) – Marcelinho – Dejagah (66. Dzeko), Grafite. Trainer: Felix Magath
Hamburger SV: Rost – Demel, Reinhardt, Mathijsen, Benjamin – Kompany, de Jong – Jarolim (63. Trochowski), van der Vaart (81. Boateng), Olic – Guerrero Gonzales (54. Zidan). Trainer: Huub Stevens
Zuschauer: 29.086 in der Volkswagen-Arena
Schiedsrichter: Dr. Helmut Fleischer (SV Hallstadt, BY) – Assistenten: Sönke Glindemann (SV Hemmingstedt, SH), Jan-Hendrik Salver (SpVgg Stuttgart-Ost, WBG) – Vierter Offizieller: Felix Zwayer (Hertha BSC Berlin, B)
Tore: 1:0 Grafite (17., Foulelfmeter), 1:1 van der Vaart (70.), 2:1 Marcelinho (109.)
Gelbe Karten: Zidan, Kompany

FC Bayern München – TSV München 1860   1:0 nV (0:0, 0:0)
FC Bayern München: Kahn – Sagnol (76. Lell), Lúcio, van Buyten, Lahm – van Bommel, Zé Roberto – Hamit Altintop (46. Ribery), Kroos (65. Klose) – Podolski, Toni. Trainer: Ottmar Hitzfeld
TSV München 1860: Hofmann (35. Tschauner) – Benjamin Schwarz, Thorandt, Berhalter, Hoffmann – Sven Bender (59. Holebas), Danny Schwarz – Lars Bender – Gebhart, Bierofka (67. Pagenburg) – Kucukovic. Trainer: Marco Kurz
Zuschauer: 69.000 in der ausverkauften Allianz-Arena
Schiedsrichter: Peter Gagelmann (ATSV Sebaldsbrück, HB) – Assistenten: Matthias Anklam (USC Paloma Hamburg, HH), Sascha Thielert (TSV Buchholz 08, HH) – Vierter Offizieller: Volker Wezel (SV 03 Tübingen, WBG)
Tore: 1:0 Ribery (120., Foulelfmeter)
Gelb-Rote Karten: Toni (84., wiederholtes Foulspiel) – Benjamin Schwarz (111., unsportliches Verhalten), Thorandt (120., wiederholtes Foulspiel)
Gelbe Karten: Lahm, Kroos, Ribery – Hoffmann, Gebhart

DFB-Vereinspokal, Halbfinale

Borussia Dortmund – FC Carl Zeiss Jena   3:0 (1:0)
Borussia Dortmund: Ziegler – Rukavina, Amedick, Wörns, Dédé – Kehl – Tinga (79. Hummels), Buckley (69.Kringe) – Federico – Frei (69. Klimowicz), Petric. Trainer: Thomas Doll
FC Carl Zeiss Jena: Khomutovski – Maul, Müller, Omodiagbe – Werner, Ziegner, Hansen, Stegmayer – Simak – Petersen (84. Saka), Schied (73. Amrhein). Trainer: Henning Bürger
Zuschauer: 80.708 im ausverkauften Signal Iduna Park
Schiedsrichter: Manuel Gräfe (FC Hertha 03 Zehlendorf, B) – Assistenten: Jan-Hendrik Salver (SpVgg Stuttgart-Ost, WBG), Guido Winkmann (SV Nütterden, NIR) – Vierter Offizieller: Dr. Jochen Drees (SV Münster-Sarmsheim, SW)
Tore: 1:0 Tinga (13.), 2:0 Klimowicz (70.), 3:0 Petric (87.)
Gelb-Rote Karten: Simak (51., unsportliches Verhalten)
Gelbe Karten: Buckley, Tinga - Omodiagbe

FC Bayern München – VfL Wolfsburg   2:0 (0:0)
FC Bayern München: Kahn – Lell, Lúcio (73. van Buyten), Demichelis, Jansen – Zé Roberto, van Bommel (82. Ottl) – Hamit Altintop, Ribery (89. Sosa) – Podolski, Klose. Trainer: Ottmar Hitzfeld
VfL Wolfsburg: Benaglio – Riether (68. Dzeko), Ricardo Costa, Madlung, Schäfer – Santana (84. Krzynowek), Josué, Gentner – Marcelinho – Ljuboja (59. Dejagah), Grafite. Trainer: Felix Magath
Zuschauer: 62.000 in der Allianz-Arena
Schiedsrichter: Herbert Fandel (DJK Utscheid, RHL) – Assistenten: Sönke Glindemann (SV Hemmingstedt, SH), Mike Pickel (TuS Grün-Weiß Mendig, RHL) – Vierter Offizieller: Markus Schmidt (SV Sillenbuch, WBG)
Tore: 1:0 Ribery (60.), 2:0 Klose (66.)
Gelbe Karten: van Bommel, Lúcio – Ricardo Costa, Riether

DFB-Vereinspokal, Finale

Borussia Dortmund – FC Bayern München   1:2 nV (1:1, 0:1)
Borussia Dortmund: Ziegler – Rukavina (79. Buckley), Wörns, Kovac, Dédé – Kehl (86. Haedo Valdez) – Blaszczykowski, Tinga , Kringe, Petric – Frei (71. Klimowicz). Trainer: Thomas Doll
FC Bayern München: Kahn – Lell, Lúcio , Demichelis, Lahm – van Bommel, Zé Roberto (113. Ottl) – Schweinsteiger (86. Sagnol), Ribery – Klose (69. Podolski), Toni. Trainer: Ottmar Hitzfeld
Zuschauer: 74.244 im ausverkauften Berliner Olympiastadion
Schiedsrichter: Knut Kircher (TSV Hirschau, WBG) – Assistenten: Jan-Hendrik Salver (SpVgg Stuttgart-Ost, WBG), Volker Wezel (SV 03 Tübingen, WBG) – Vierter Offizieller: Markus Schmidt (SV Sillenbuch, WBG)
Tore: 0:1 Toni (11.), 1:1 Petric (90.), 1:2 Toni (103.)
Gelb-Rote Karten: Blaszczykowski (108., wiederholtes Foulspiel)
Gelbe Karten: Kovac, Tinga, Frei, Rukavina, Petric, Klimowicz – Zé Roberto, Toni

Verbandspokalsieger

Für den DFB-Pokal 2008/09 sind die 36 Mannschaften aus der Bundesliga und der 2. Bundesliga der abgelaufenen Saison 2007/08 automatisch qualifiziert. Alle Vereine der bisherigen 3. Liga (Regionalliga) abwärts müssen über die 21 Verbandspokal-Wettbewerbe versuchen, sich die Teilnahme am DFB-Pokal der kommenden Saison zu sichern. Zweite Mannschaften von Lizenzvereinen sind ab der Spielzeit 2008/2009 an den Spielen um den DFB-Vereinspokal nicht teilnahmeberechtigt.

Auf den folgenden Seiten haben wir die Ergebnisse dieser Wettbewerbe komplett aufgelistet. Qualifiziert sind die Meister und Vizemeister der beiden bisherigen Regionalligen, die 21 Sieger der Verbandspokal-Wettbewerbe, sowie die unterlegenen Finalisten der drei größten Verbände Bayern, Westfalen und Niedersachsen.

Regionalliga Nord:	Rot-Weiss Ahlen (Meister)	RL → 2. BL
	RW Oberhausen (Vizemeister)	RL → 2. BL
Regionalliga Süd:	FSV Frankfurt (Meister)	RL → 2. BL
	FC Ingolstadt 04 (Vizemeister)	RL → 2. BL
Schleswig-Holstein:	Holstein Kiel	OL → RL neu
Hamburg:	ASV Bergedorf 85	OL → OL
Niedersachsen:	SV Eintracht Nordhorn	OL → OL
	Lüneburger SK (Finalist)	VL
Bremen:	FC Oberneuland	OL → RL neu
Mecklenburg-Vorpommern:	TSG Neustrelitz	OL → OL
Brandenburg:	SV Babelsberg 03	RL → RL neu
Berlin:	Tennis Borussia Berlin	OL → OL
Sachsen-Anhalt:	Hallescher FC	OL → RL neu
Thüringen:	FC Rot-Weiß Erfurt	RL → 3. Liga
Sachsen:	Chemnitzer FC	OL → RL neu
Westfalen:	SC Preußen 06 Münster	OL → RL neu
	VfB Fichte Bielefeld (Finalist)	LL → LL
Niederrhein:	Rot-Weiss Essen	RL → RL neu
Mittelrhein:	FC Wegberg-Beeck	VL → VL
Rheinland:	SV Eintracht Trier 05	OL → RL neu
Südwest:	SV Niederauerbach (Finalist)	VL → OL
Saarland:	FC 08 Homburg	OL → OL
Hessen:	SV Darmstadt 98	OL → RL neu
Nordbaden:	ASV Durlach	VL → OL
Südbaden:	SC Pfullendorf	RL → RL neu
Württemberg:	1. FC Heidenheim	OL → RL neu
Bayern:	SpVgg Unterhaching	RL → 3. Liga
	SpVgg Ansbach 09 (Finalist)	OL → OL

Verbandspokal Schleswig-Holstein

Teilnehmer: Die vier Sieger der vorgeschalteten Bezirkspokale.

Bezirkspokal West:
1. Runde:
20.07.07	7-6	SSV Hennstedt - TSV Nordhastedt	2:6 (0:1)
20.07.07	8-6	TSV Buchholz - TuRa Meldorf	0:4 (0:3)
21.07.07	8-6	TSV Lohe-Rickelshof - MTV Tellingstedt	0:6 (0:2)
22.07.07	8-6	Oelixdorfer Schützen - TSV Lägerdorf	1:0 nV (0:0,0:0)
22.07.07	7-5	VfL Kellinghusen - Itzehoer SV	0:9 (0:5)
25.07.07	6-6	MTSV Hohenwestedt - VfR Horst	1:7 (1:4)
25.07.07	8-6	SG Flethsee - SV Alemannia Wilster	0:6 (0:2)
25.07.07	6-5	TSV Friedrichskoog - Heider SV	1:5 (1:2)

Viertelfinale:
28.07.07	6-5	TSV Nordhastedt - Heider SV	1:2 nV (1:1,0:1)
29.07.07	6-6	TuRa Meldorf - MTV Tellingstedt	3:0 (3:0)
29.07.07	8-5	Oelixdorfer Schützen - Itzehoer SV	1:7 (1:4)
29.07.07	6-6	SV Alemannia Wilster - VfR Horst	3:2 nV (2:2,2:0)

Halbfinale:
04.08.07	5-5	Heider SV - Itzehoer SV	1:0 (0:0)
05.08.07	6-6	SV Alemannia Wilster - TuRa Meldorf	2:0 (0:0)

Finale:
02.03.08	6-5	SV Alemannia Wilster - Heider SV	6:4 nE 2:2 nV (2:2,1:1)

Bezirkspokal Nord (Endrunde der Kreispokalsieger):
01.08.07	6-5	SV Frisia 03 Risum-Lindholm - TSV Kropp	1:0 (1:0)
04.08.07	5-5	TSV Kropp - Flensburger SVgg 08	0:3 (0:2)
07.08.07	5-6	Flensburger SVgg 08 - Frisia 03 Risum-Lindholm	0:2 (0:0)

Bezirkspokal Ost:
1. Runde:
25.07.07	8-8	MTV Dänischenhagen - Türkspor Neumünster	3:2 (1:2)
25.07.07	6-5	TSV Bordesholm - FT Eider Büdelsdorf	0:3 (0:2)
25.07.07	6-6	Preetzer TSV - Rendsburger TSV	0:2 (0:1)
25.07.07	7-5	TSV Selent - FC Kilia Kiel	0:7 (0:3)
25.07.07	6-5	Eckernförder SV - SC Comet Kiel	2:0 (1:0)
25.07.07	5-5	Heikendorfer SV - VfR Neumünster	2:4 (1:2)
25.07.07	6-5	TuS Nortorf - TSV Altenholz	2:4 (2:4)
25.07.07	7-6	TuS Holtenau - PSV U. Neumünster	7:5 nE, 3:3 nV (3:3, 3:2)
25.07.07	6-4	TSV Plön - Holstein Kiel	0:5 (0:3)
25.07.07	8-7	Osdorfer SV - Inter Türkspor Kiel	1:2 (0:0)
25.07.07	8-7	SV Rethwisch - Gettorfer SC	0:4 (0:1)
25.07.07	8-7	ASV Dersau - Osterrönfelder TSV	3:1 (1:0)
25.07.07	8-7	VfL Schwartbruck - TSV Vineta Audorf	0:7 (0:5)
25.07.07	8-6	SV Boostedt - TSV Klausdorf	0:9 (0:1)
25.07.07	8-6	TSV Waabs - Büdelsdorfer TSV	0:2 (0:0)
Freilos:	7	TuS Rotenhof	

2. Runde:
28.07.07	6-5	Büdelsdorfer TSV - VfR Neumünster	0:2 (0:0)
28.07.07	7-7	Gettorfer SC - ASV Dersau	4:2 nV (2:2,1:1)
28.07.07	7-5	TuS Rotenhof - FC Kilia Kiel	2:4 (1:3)
28.07.07	7-7	TSV Vineta Audorf - TuS Holtenau	4:1 (0:0)
28.07.07	6-6	Eckernförder SV - Rendsburger TSV	2:1 (2:0)
28.07.07	6-4	TSV Klausdorf - Holstein Kiel	0:7 (0:3)
28.07.07	8-5	MTV Dänischenhagen - TSV Altenholz	3:2 (0:1)
28.07.07	7-5	Inter Türkspor Kiel - FT Eider Büdelsdorf	0:2 (0:1)

Viertelfinale:
01.08.07	7-7	Gettorfer SC - TSV Vineta Audorf	2:1 (2:1)
01.08.07	8-5	MTV Dänischenhagen - VfR Neumünster	1:11 (1:5)
01.08.07	6-5	Eckernförder SV - FC Kilia Kiel	1:0 (1:0)
01.08.07	5-4	FT Eider Büdelsdorf - Holstein Kiel	1:4 (1:3)

Halbfinale:
04.08.07	7-6	Gettorfer SC - Eckernförder SV	1:2 (1:2)
10.09.07	4-5	Holstein Kiel - VfR Neumünster	5:2 (1:1)

Finale:
03.10.07	6-4	Eckernförder SV - Holstein Kiel	1:2 (0:1)

Bezirkspokal Süd:
1. Runde:
14.07.07	9-5	SSV Schnakenbek - SV Todesfelde	2:5
14.07.07	9-3	TuS Hartenholm - VfB Lübeck	0:13 (0:6)
18.07.07	8-6	SpVgg Putlos - Möllner SV	0:4
19.07.07	10-5	TuS Tensfeld - Breitenfelder SV	0:10
21.07.07	7-5	SC Kisdorf - FC Dornbreite Lübeck	2:5
21.07.07	8-6	SV Krummesse - Kaltenkirchener TS	0:8
21.07.07	7-6	WSV Tangstedt - NTSV Strand 08	2:1
21.07.07	8-5	TSV Trittau - SpVgg Rot-Weiß Moisling	2:5
21.07.07	9-6	TSV Dänischburg - SV Grün-Weiß Siebenbäumen	0:8
21.07.07	7-5	SV Timmerhorn-Bünningstedt - SV Eichede	1:4
21.07.07	7-6	Leezener SC - Oldenburger SV	0x3

(Das Spiel wurde in der 71. Minute abgebrochen und gewertet.)
21.07.07	7-6	TSV Lensahn - Eintracht Groß Grönau	5:0
21.07.07	8-6	Bosauer SV - TSV Pansdorf	0:5
22.07.07	7-6	SV Schackendorf - SV Preußen Reinfeld	0:3
22.07.07	7-6	SV Heringsdorf - SV Westerrade	4:5 nE
22.07.07	7-5	SV Fehmarn - TSV Bargteheide	0x5 kpfl.

Achtelfinale:
22.07.07	6-3	Möllner SV - VfB Lübeck	1:3 (1:3)
25.07.07	6-5	TSV Pansdorf - SpVgg Rot-Weiß Moisling	2:0
25.07.07	7-6	WSV Tangstedt - SV Preußen Reinfeld	5:0

25.07.07 6-5	SV Westerrade - SV Eichede	2:3
25.07.07 5-5	SV Todesfelde - FC Dornbreite Lübeck	5x0 kpfl.
25.07.07 7-5	TSV Lensahn - Breitenfelder SV	1:3
25.07.07 6-5	Kaltenkirchener TS - TSV Bargteheide	7:1
25.07.07 6-6	Oldenburger SV - SV Grün-Weiß Siebenbäumen	1:3 nV

Viertelfinale:

28.07.07 7-5	WSV Tangstedt - Breitenfelder SV	1:2
28.07.07 6-5	Kaltenkirchener TS - SV Eichede	3:2
28.07.07 6-5	SV Grün-Weiß Siebenbäumen - SV Todesfelde	1:2
01.08.07 6-3	TSV Pansdorf - VfB Lübeck	0:8 (0:4)

Halbfinale:

01.08.07 6-5	Kaltenkirchener TS - Breitenfelder SV	0:2 (0:0)
04.08.07 5-3	SV Todesfelde - VfB Lübeck	0:5 (0:1)

Finale:

29.08.07 5-3	Breitenfelder SV - VfB Lübeck	0:4 (0:2)

Verbandspokal:

Halbfinale:

30.04.08 6-4	SV Frisia 03 Risum-Lindholm - Holstein Kiel	0:4 (0:2)
30.04.08 6-3	SV Alemannia Wilster - VfB Lübeck	0:9 (0:5)

Finale:

04.06.08 4-3	Holstein Kiel - VfB Lübeck	1:0 (0:0)

Kiel: Simon Henzler - Hauke Brückner, Kevin Schulz, Peter Schyrba - Tim Siedschlag, Holger Hasse, Stephan Vujcic, Thorsten Rohwer, Christian Jürgensen - Tim Wulff, Michael Holt (74. Heiko Petersen). Trainer: Peter Vollmann
Lübeck: Tobias Rott - Jan-André Sievers, Carsten Rump, Björn Wehrendt, Dietmar Hirsch (82. Alessandro Caruso) - Hannes Niemeyer - Steve Müller, Guiseppe Canale, Salih Altin (56. Claudius Weber) - Jan Hoffmann, Deniz Kadah. Trainer: Uwe Fuchs
Tor: 1:0 Christian Jürgensen (90.+2)
Zuschauer: 5.843 im Holstein-Stadion in Kiel
Schiedsrichter: Björn Hinrichs (Rödemisser SV)
Gelbe Karten: Kevin Schulz (33.), Hauke Brückner (74.), Peter Schyrba (81.) - Hannes Niemeyer (30.), Salih Altin (44.), Björn Wehrendt (60.)

Verbandspokal Hamburg

Teilnehmer: Alle ersten Mannschaften, die Finalisten des Pokals der II. Mannschaften des Vorjahres sowie FC St. Pauli II (nicht gemeldet: Vereinigung Tunesien und Türk Birlikspor Pinneberg).

1. Runde:

24.07.07 8-8	SV Suryoye Mesopotamien - FC Bingöl	2:4
24.07.07 8-7	SV Bergstedt - Farmsener TV	3:5 nV
24.07.07 9-9	Eintracht Fuhlsbüttel - Standard Alu	0x3
24.07.07 7-6	TSV Holm - SC Nienstedten	2:3
24.07.07 8-8	TSV Glinde - FC Lauenburg	3:1 nE
24.07.07 8-7	TSV Eppendorf-Groß Borstel - SV West-Eimsbüttel	1:5
24.07.07 8-7	TSV Wandsbek-Jenfeld 81 - TuS Berne	4:2
24.07.07 8-5	SC Hansa 1910/11 - Niendorfer TSV	0:6
24.07.07 8-8	Rissener SV - TuS Hasloh	1:3
24.07.07 8-7	Düneberger SV - TuS Aumühle-Wohltorf	0:4
24.07.07 8-6	SV Friedrichsgabe - Hamburg-Eimsbütteler BC	7:4
24.07.07 7-6	TSV Stellingen 88 - SV Eidelstedt	1:5
24.07.07 5-9	SC Condor - An der Berner Au SV	16:0
24.07.07 8-8	Blau-Weiß Ellas - SC Sternschanze	1:2
24.07.07 8-8	Kickers Halstenbek - Moorreger SV	3:0
24.07.07 8-8	Bostelbeker SV - ESV Einigkeit Wilhelmsburg	0:2
24.07.07 7-5	Willinghusener SC - GSK Bergedorf	1:2
24.07.07 8-5	SC Elbgau - SV Halstenbek-Rellingen	0:12
24.07.07 7-6	SV Billstedt-Horn - SV Börnsen	1:4
24.07.07 9-8	Dulsberger SC Hanseat - FC Örnektürkspor	3:6
24.07.07 8-7	Elmshorn Gencler Birligi - TuS Appen	3:1
24.07.07 8-8	Moorburger TSV - Spvgg Este 06/70	0:1
24.07.07 8-8	Lemsahler SV - TSC Wellingsbüttel	1:2

(Regelverstoß des Schiedsrichters; Wiederholung am 07.08.2007)

24.07.07 9-8	Sportfreunde Pinneberg - FTSV Komet Blankenese	1:5
24.07.07 8-8	TSG Bergedorf - Hoisbütteler SV	6:3 nV
24.07.07 7-7	SC Sperber - SC Teutonia 10	3:2
24.07.07 8-4	TV Haseldorf 09 - SV Lurup	0:11
24.07.07 8-7	Klub Kosova - Harburger SC	5:3 nE
24.07.07 6-5	SC Vier- und Marschlande - Meiendorfer SV	2:5
24.07.07 9-5	1. FC Hellbrook - VfL Hamburg 93	0:12
24.07.07 8-6	Groß Flottbeker SpVgg - Wedeler TSV	0:4
24.07.07 9-8	HIRA Kurdischer SV - FC Cabo Verde	1:4
24.07.07 8-5	VfL Grünhof-Tesperhude - SC Concordia	1:5
24.07.07 8-7	Heidgrabener SV - Bahrenfelder SV 19	1:4
24.07.07 8-8	VSG Stapelfeld - Walddörfer SV	1:2
24.07.07 8-7	SC Osterbek - Post SV	0:2
24.07.07 9-5	TSV Gülzow - SV Curslack-Neuengamme	0:17
24.07.07 9-7	FC Winterhude - SC Urania	0:3
24.07.07 9-8	DJK Hamburg - SV Bergedorf-West	0:3
24.07.07 7-6	MSV Hamburg - TuS Dassendorf	6:3
24.07.07 6-5	TuS Germania Schnelsen - USC Paloma	0:6 (0;4)
24.07.07 8-8	FC Roland Wedel - TuS Gut-Heil Heist	0:2
24.07.07 8-7	SV Rönneburg - Fatihspor	1:2
24.07.07 8-7	Hummelsbütteler SV - Croatia	2:1
24.07.07 9-8	TSV Seestermüher Marsch - SC Ellerau	2:1
24.07.07 8-8	FC Viktoria Harburg - SV Vorwärts 93 Ost	10:0
24.07.07 8-7	Ahrensburger TSV - SC Schwarzenbek	4:1
24.07.07 9-8	TuS Borstel-Hohenraden - SC Pinneberg	1:9
24.07.07 7-6	Duvenstedter SV - TSV Sasel	1:4
24.07.07 9-6	Voßlocher SV - FC Teutonia 05 Ottensen	0:2
24.07.07 9-7	1. FC Norderstedt - Eimsbütteler TV	1:9
24.07.07 6-6	TuS Holstein Quickborn - TSV Uetersen	5:0
24.07.07 9-7	Buff-Club Reinbek - BFSV Atlantik 97	1:12
24.07.07 8-5	TuS Hemdingen-Bilsen - SC Victoria	0:13
24.07.07 7-5	TSV Wandsetal - FC Eintracht 03 Norderstedt	1:4
24.07.07 7-6	FC Union Tornesch - Blau-Weiß 96 Schenefeld	7:6 nE
24.07.07 8-6	SV Altengamme - SC Europa 92	0x3
24.07.07 7-6	Kummerfelder SV - SV Blankenese	1:3
24.07.07 7-6	TuS Finkenwerder - FC Türkiye	0:1
24.07.07 8-7	SC Eilbek - FSV Geesthacht 07	0:5
24.07.07 9-9	VfW Oberalster - Gehörlosen SV	5:1
24.07.07 7-8	Sportfreunde Uetersen - FC Eintracht Rellingen	3:1 nV
24.07.07 8-7	Hamm United FC - FSV Harburg	0:3 (0:1)
24.07.07 6-6	TSV Reinbek - VfL Lohbrügge	0:4
24.07.07 7-7	SC Poppenbüttel - VfL Hammonia	4:0
24.07.07 9-8	FC International Genclik - ETSV Hamburg	0x3
24.07.07 7-5	TSV Duwo 08 - FC Voran Ohe	1:7
24.07.07 8-6	Tangstedter SV - SC Egenbüttel	1:7
24.07.07 9-8	SV Rot-Gelb Harburg - Vatan Gücü	0:7
24.07.07 8-7	SC Wentorf - SV Nettelnburg-Allermöhe	1:0
24.07.07 8-6	SV Tonndorf-Lohe - Oststeinbeker SV	1:4 nV (1:1, 0:1)
24.07.07 9-8	SV Osdorfer Born - TuS Osdorf	0:8
24.07.07 7-5	Holsatia im Elmshorner MTV - SV Rugenbergen	3:9
24.07.07 8-7	FTSV Lorbeer-Rothenburgsort - FSTV Altenwerder	0:3
24.07.07 8-6	SV Hamwarde - SC Vorwärts-Wacker 04 Billstedt	1:6
24.07.07 7-6	Hamburger Turnerschaft 1816 - Bramfelder SV II	0:2
24.07.07 9-9	Panteras Negras - Harburger Turnerbund	3:0
24.07.07 7-6	SuS Waldenau - TSV Sparrieshoop	1:4
24.07.07 8-5	Vorwärts-Wacker Billstedt II - SV Grün-Weiß Harburg	1:2
24.07.07 7-4	Horner TV - ASV Bergedorf 85	0:3
24.07.07 9-7	Inter Steilshoop - SC Union 03	0x3
24.07.07 9-7	Hetlinger MTV - FC Elmshorn	0:11
24.07.07 8-8	TuRa Harksheide - Sport Hamburg Benfica	3:1
24.07.07 7-6	Rahlstedter SC - Barsbütteler SV	2:0
25.07.07 9-8	Ariana - Juventude do Minho	3x0
25.07.07 8-7	SSV Rantzau-Barmstedt - SpVgg Lieth	0:1
25.07.07 8-7	Dersimspor - TSV Neuland	4:8
25.07.07 7-4	Harburger Türksport - FC St. Pauli II	2:5
25.07.07 8-5	FC Nady - BSV Buxtehude	1:3
25.07.07 8-8	SC Persia - Lauenburger SVgg	2:7
25.07.07 7-6	SC Alstertal-Langenhorn - FC Camlica Genclik	4:2 nE
25.07.07 9-7	AC Italia - Eimsbütteler SV Grün-Weiß	0:4
25.07.07 8-4	FC Ronahi - Altonaer FC 93	0:13
25.07.07 8-5	SVK Lohkamp - VfL Pinneberg	2:11
26.07.07 9-8	FC Kickers Hamburg - Inter Wilhelmsburg	2:5
26.07.07 9-8	Fortuna 72 - Eintracht Lokstedt	0:7
26.07.07 9-8	1. FC Quickborn - SV Hörnerkirchen	1:4
07.08.07 6-5	SV Wilhelmsburg 1888 - TSV Buchholz 08	1:0
07.08.07 8-7	SC Hamm 02 - FC Porto	1:5
07.08.07 9-7	FC Alsterbrüder - SV Uhlenhorst-Adler	1:4
07.08.07 7-6	Weiß-Blau 63 - Bramfelder SV	0:5
07.08.07 8-8	SSC Italia - SV Barmbek 39	1:3 nV
07.08.07 8-8	Hamburger Lehrer-TV - SSD Nikola Tesla	4:5 nE
07.08.07 8-6	SV Vahdet Hamburg - SV Süderelbe	0:6
07.08.07 9-7	Club Castello - Sarajevo SV	2:9
07.08.07 8-5	KS Polonia - HSV Barmbek-Uhlenhorst	0:5
07.08.07 8-6	Sporting Clube - TuS Hamburg 1880	1:4
07.08.07 7-7	SC Bosna 92 - Glashütter SV	0:4
07.08.07 8-7	SV Rot-Weiß Wilhelmsburg - FC Welat Spor	2:0
07.08.07 9-9	FC Neuenfelde - SV St. Georg	1:2
07.08.07 8-8	Lemsahler SV - TSC Wellingsbüttel (Wdhlg.)	0:3

2. Runde:

Datum		Spiel	Ergebnis
07.08.07	8-5	FC Viktoria Harburg - SV Grün-Weiß Harburg	1:2 nV
07.08.07	8-8	Vatan Gücü - Eisenbahner TSV Hamburg	3:2 nV
07.08.07	7-5	MSV Hamburg - SC Concordia	6:5 nE
07.08.07	9-8	Panteras Negras - Klub Kosova	6:0
07.08.07	7-6	FSV Harburg - ESV Einigkeit Wilhelmsburg	1:2 nV
07.08.07	9-5	Ariana SV - BSV Buxtehude	1:10
07.08.07	7-6	BFSV Attlantik 97 - SC Vorwärts-Wacker 04 Billstedt	1:4
07.08.07	8-7	FC Örnektürkspor - Post SV	0x3
07.08.07	7-7	FTSV Altenwerder - TSV Neuland	1:0
07.08.07	8-8	SV Bergedorf-West - Lauenburger SVgg	2:1
07.08.07	6-6	SC Europa 92 - SV Börnsen	3:0 (1:0)
07.08.07	8-7	Walddörfer SV -Farmsener TV	3:0
07.08.07	7-5	Rahlstedter SC - Meiendorfer SV	0:2
07.08.07	8-7	SC Wentorf - TuS Aumühle-Wohltorf	5:0
07.08.07	8-6	TSV Glinde - TSV Sasel	1:5
07.08.07	6-5	VfL Lohbrügge - GSK Bergedorf	1:3 nV
07.08.07	8-5	TSV Wandsbek-Jenfeld 81 - SC Condor	1:3
07.08.07	8-7	Ahrensburger TSV - FSV Geesthacht 07	2:6
07.08.07	7-7	SC Poppenbüttel - Eimsbütteler SV Grün-Weiß	4:1
07.08.07	7-7	SC Sperber - SC Urania	5:0
07.08.07	5-5	FC Eintracht 03 Norderstedt - USC Paloma	2:0 (1:0)
07.08.07	8-7	TuRa Harksheide - SC Union 03	0:1
07.08.07	9-5	VfW Oberalster - VfL Hamburg 93	1:6
07.08.07	8-5	Eintracht Lokstedt - Niendorfer TSV	4:2 nV
07.08.07	8-4	Hummelsbütteler SV - Altonaer FC 93	0:4
07.08.07	9-7	Standard Alu - SV West-Eimsbüttel	0:5
07.08.07	6-6	Wedeler TSV - SC Egenbüttel	5:4 nE
07.08.07	8-6	SC Pinneberg - FC Teutonia 05 Ottensen	1:4
07.08.07	7-6	FC Elmshorn - Bramfelder SV II	8:2 nV
07.08.07	7-6	Bahrenfelder SV 19 - TSV Sparrieshoop	0:1
07.08.07	6-4	SV Eidelstedt - SV Lurup	7:8 iE, 0:0 nV
07.08.07	8-7	TuS Hasloh - SpVgg Lieth	2:11
07.08.07	8-6	TSV Gut-Heil Heist - TuS Holstein Quickborn	0x3
07.08.07	7-5	Sportfreunde Uetersen - SV Rugenbergen	0:5
07.08.07	8-5	FTSV Komet Blankenese - SC Victoria	1:4
07.08.07	7-6	FC Union Tornesch - SC Nienstedten	5:1
07.08.07	8-6	SV Hörnerkirchen - SV Blankenese	0:2
07.08.07	9-8	TSV Seestermüher Marsch - Elmshorn Gencler Birligi	1:4
07.08.07	8-7	TuS Osdorf - Kickers Halstenbek	4:0
07.08.07	5-5	SV Halstenbek-Rellingen - VfL Pinneberg	3:0
08.08.07	5-4	FC Voran Ohe - ASV Bergedorf 85	1:2 (0:2)
08.08.07	6-5	Oststeinbeker SV - SV Curslack-Neuengamme	9:10 nE
14.08.07	8-7	FC Cabo Verde - Fatihspor	0:2
14.08.07	8-6	FC Bingöl - TuS Hamburg 1880	0:2
14.08.07	8-6	SpVgg Este 06/70 - SV Wilhelmsburg 1888	1:2
14.08.07	8-8	TSC Wellingsbüttel - TSG Bergedorf	5:0
14.08.07	8-8	SC Sternschanze - SSD Nikola Tesla	2:0
14.08.07	7-6	Sarajevo SV - FC Süderelbe	0:12
14.08.07	7-7	SV Uhlenhorst-Adler - Eimsbütteler TV	3:2
14.08.07	8-7	SV Barmbek 39 - Glashütter SV	4:1
14.08.07	8-6	SV Friedrichsgabe - Bramfelder SV	1:6
14.08.07	8-4	SV Rot-Weiß Wilhelmsburg - FC St. Pauli II	0:3
15.08.07	9-7	SV St. Georg - FC Porto	0x3
15.08.07	8-6	Inter Wilhelmsburg - FC Türkiye	1:5
15.08.07	7-5	SC Alstertal/Langenhorn - HSV Barmbek-Uhlenhorst	1:8

3. Runde:

Datum		Spiel	Ergebnis
14.08.07	7-6	FC Union Tornesch - Wedeler TSV	1:3
14.08.07	5-5	SV Grün-Weiß Harburg - BSV Buxtehude	3:4 nV
14.08.07	6-5	FC Teutonia 05 - SV Rugenbergen	3:1 nV (1:1, 1:0)
14.08.07	7-6	SpVgg Lieth - TSV Sparrieshoop	3:2 nV (2:2, 2:1)
14.08.07	8-4	Elmshorn Gencler Birligi - SV Lurup	0:7
14.08.07	8-8	SC Wentorf - SV Bergedorf-West	3:0
14.08.07	7-7	SV West-Eimsbüttel - SC Union 03	4:0
14.08.07	8-5	Walddörfer SV - GSK Bergedorf	0:2 (0:1)
14.08.07	7-5	SC Poppenbüttel - FC Eintracht 03 Norderstedt	3:2 (1:1)
14.08.07	5-6	SC Victoria - SV Blankenese	3:2
14.08.07	8-7	TuS Osdorf - FC Elmshorn	2:1
14.08.07	7-6	MSV Hamburg - SC Vorwärts-Wacker 04 Billstedt	2:4
15.08.07	8-7	Vatan Gücü - FTSV Altenwerder	2:5
15.08.07	6-4	TSV Sasel - ASV Bergedorf 85	0:2 (0:1)
15.08.07	5-5	SV Curslack-Neuengamme - SC Condor	4:0 (1:0)
28.08.07	8-4	Eintracht Lokstedt - Altonaer FC 93	0:3
28.08.07	6-6	ESV Einigkeit Wilhelmsburg - SV Wilhelmsburg	0:1 (0:0)
28.08.07	8-5	TSC Wellingsbüttel - Meiendorfer SV	0:6
28.08.07	7-7	SV Uhlenhorst-Adler - Post SV	1:3 nV
28.08.07	8-5	SC Sternschanze - HSV Barmbek-Uhlenhorst	1:4
03.10.07	7-6	FC Porto - FC Süderelbe	1:0
03.10.07	7-6	Fatihspor - FC Türkiye	0:2
03.10.07	8-5	SV Barmbek 39 - VfL Hamburg 93	4:5 nE

Freilose: 4 FC St. Pauli II
5 SV Halstenbek Rellingen
6 TuS Holstein Quickborn, Bramfelder SV, TuS Hamburg 1880, SC Europa 92
7 SC Sperber, FSV Geesthacht 07
9 Panteras Negras

4. Runde:

Datum		Spiel	Ergebnis
26.09.07	5-4	SC Victoria - FC St. Pauli II	0:1
02.10.07	6-5	TuS Hamburg 1880 - HSV Barmbek-Uhlenhorst	0:6 (0:3)
03.10.07	7-5	Post SV - SV Curslack-Neuengamme	1:3 (0:2)
03.10.07	6-5	Bramfelder SV - SV Halstenbek-Rellingen	0:1
03.10.07	7-5	FTSV Altenwerder - Meiendorfer SV	3:2 (2:2)
03.10.07	6-6	SV Wilhelmsburg 1888 - Vorwärts-Wacker 04	0:3 (0:1)
03.10.07	9-6	Panteras Negras - Wedeler TSV	0:2
03.10.07	6-5	SC Europa 92 - GSK Bergedorf	1:3
03.10.07	8-4	TuS Osdorf - Altonaer FC 93	0:2
03.10.07	7-7	FSV Geesthacht 07 - SpVgg Lieth	3:2 nV (2:2, 1:0)
03.10.07	7-7	SV West-Eimsbüttel - SC Poppenbüttel	0:4
09.10.07	7-6	SC Sperber - FC Teutonia 05 Ottensen	1:0 nV (0:0, 0:0)
15.12.07	7-5	FC Porto - BSV Buxtehude	4:2 (1:1)
15.12.07	6-6	TuS Holstein Quickborn - FC Türkiye	2:0 (0:0)
15.12.07	8-5	SC Wentorf - VfL Hamburg 93	0:4 (0:3)
09.03.08	4-4	SV Lurup - ASV Bergedorf 85	3:5 iE, 0:0 nV

Achtelfinale:

Datum		Spiel	Ergebnis
09.02.08	7-5	SC Sperber - HSV Barmbek-Uhlenhorst	3:1 iE, 0:0 nV
10.02.08	6-5	TuS Holstein Quickborn - SV Halstenbek-Rellingen	2:0 (0:0)
10.02.08	6-5	SC Vorwärts-Wacker 04 Billstedt - GSK Bergedorf	5:3 (3:1)
10.02.08	7-5	FSV Geesthacht 07 - SV Curslack-Neuengamme	0:4 (0:1)
13.02.08	4-4	Altonaer FC 93 - FC St. Pauli II	0:2 (0:0)
16.02.08	7-7	SC Poppenbüttel - FTSV Altenwerder	1:3 iE, 1:1 nV (1:1, 1:1)
17.02.08	7-6	FC Porto - Wedeler TSV	1:2 (1:1)
11.03.08	5-4	VfL Hamburg 93 - ASV Bergedorf 85	0:1 (0:0)

Viertelfinale:

Datum		Spiel	Ergebnis
24.03.08	6-5	Vorwärts-Wacker 04- SV Curslack-Neuengamme	1:2 (1:0)
09.04.08	7-4	SC Sperber - FC St. Pauli II	0:2 (0:2)
16.04.08	6-4	TuS Holstein Quickborn - ASV Bergedorf 85	1:3 (0:2)
23.04.08	7-6	FTSV Altenwerder - Wedeler TSV	0:2 (0:0)

Halbfinale:

Datum		Spiel	Ergebnis
30.04.08	5-4	SV Curslack-Neuengamme - ASV Bergedorf 85	0:7 (0:3)
08.05.08	6-4	Wedeler TSV - FC St. Pauli II	1:2 (1:0)

Finale:

13.05.08 4-4 ASV Bergedorf 85 - FC St. Pauli II 0:1 (0:1)
Bergedorf: Langen - Theissen, Brown, Sobczyk, Savelsberg (68. Deron) - Toksöz - Melich, Papke (68. Klein) - Nadj - Reincke, Koßatz. Trainer: Rüdiger Schwarz
St. Pauli: Lucassen - Drobo-Ampem, Hinzmann, Petersen, Rammel - Browarczyk - Pfützenreuter, Iscan (46. Konal) - Sismanoglu (89. Jankowski), Prokoph, Yilmaz (69. Kalma). Trainer: Joachim Philipkowski
Tor: 0:1 Iscan (45.+2)
Zuschauer: 1.819 auf dem Tribünensportplatz des SC Victoria, Hoheluft
Schiedsrichter: Bernd Hanneberg (Hummelsbütteler SV) - Assistenten: Karl-Heinz Schablewski (ab 21. Minute Tarek Khemiri), Peter Möller

Verbandspokal Niedersachsen

Teilnehmer: alle ersten Mannschaften der RL, OL und Niedersachsenligen der Saison 2007/08 und die vier Bezirkspokalsieger der Saison 2006/07.

1. Runde:

Datum		Spiel	Ergebnis
01.08.07	5-3	TuS Esens - BSV Kickers Emden	1:4 (1:2)
03.08.07	5-5	TSV Stelingen - TuS Celle FC	3:1 (1:0)
04.08.07	5-4	BSV Schwarz-W. Rehden - SV Eintracht Nordhorn	2:3 (1:0)
04.08.07	5-4	SV Drochtersen/Assel - VSK Osterholz-Scharmbeck	3:2 (2:1)
05.08.07	5-4	SC Spelle-Venhaus - BV Cloppenburg	0:4 (0:2)
05.08.07	6-5	SV Brake - SV Blau-Weiß Bornreihe	5:3 (1:1)
05.08.07	5-5	Rotenburger SV - VfL Oldenburg	2:0 (1:0)
05.08.07	5-5	Lüneburger SK - TuS Güldenstern Stade	2:1 (1:1)

05.08.07	5-4	Rot-Weiß Cuxhaven - TuS Heeslingen	0:5 (0:3)
05.08.07	6-5	Germania Breitenberg - MTV Wolfenbüttel	1:2 (0:1)
05.08.07	5-5	SCW Göttingen - FC Eintracht Northeim	2:3 (1:0)
05.08.07	5-5	Heeßeler SV - Freie Turnerschaft Braunschweig	1:0 (0:0)
05.08.07	5-5	VfB Fallersleben - SC Langenhagen	1:3 (1:0)
05.08.07	5-5	BSV Ölper 2000 - SV Ramlingen/Ehlershausen	4:3 iE (2:2, 1:1)
05.08.07	7-5	FC Springe - VfL Bückeburg	2:6 (0:3)
05.08.07	5-5	SSV Vorsfelde - SV Arminia Hannover	0:3 (0:0)
05.08.07	5-5	VfV Borussia 06 Hildesheim - MTV Gifhorn	3:4 iE (0:0)
05.08.07	5-4	TuS Pewsum - VfB Oldenburg	1:2 (1:1)
05.08.07	8-5	SG Frelsdorf/Appeln/Wollingst - VfL Maschen	0:5 (0:4)
07.08.07	5-4	TuS Lingen - SV Meppen	3:4 iE (0:0)
07.08.07	5-4	VfL Germania Leer - SV Wilhelmshaven	1:4 (1:0)
11.08.07	5-3	SV Bavenstedt - Eintracht Braunschweig	0:4 (0:1)
Freilos:	5	TSV Havelse	

2. Runde:

14.08.07	5-4	Rotenburger SV - TuS Heeslingen	2:0 (0:0)
14.08.07	5-3	BSV Ölper 2000 - Eintracht Braunschweig	0:5 (0:0)
15.08.07	5-5	MTV Wolfenbüttel - TSV Stelingen	1:4 (1:2)
15.08.07	5-5	Heeßeler SV - Lüneburger SK	2:3 (1:1)
15.08.07	5-5	SV Arminia Hannover - FC Eintracht Northeim	3:1 (1:0)
15.08.07	5-5	MTV Gifhorn - TSV Havelse	1:0 (0:0)
15.08.07	5-4	VfL Bückeburg - SV Eintracht Nordhorn	3:4 iE (0:0)
15.08.07	6-4	SV Brake - SV Wilhelmshaven	1:0 (1:0)
15.08.07	4-4	BV Cloppenburg - SV Meppen	2:0 (2:0)
15.08.07	5-5	SV Drochtersen/Assel - VfL Maschen	4:3 iE (1:1, 0:0)
28.08.07	4-3	VfB Oldenburg - BSV Kickers Emden	2:0 (0:0)
Freilos:	5	SC Langenhagen	

3. Runde:

29.08.07	5-5	TSV Stelingen - SV Arminia Hannover	0:1 (0:0)
29.08.07	5-3	MTV Gifhorn - Eintracht Braunschweig	0:3 (0:1)
29.08.07	5-5	Rotenburger SV - SC Langenhagen	2:4 (1:1)
29.08.07	6-4	SV Brake - BV Cloppenburg	0:3 (0:1)
29.08.07	5-5	Lüneburger SK - SV Drochtersen/Assel	7:0 (2:0)
12.09.07	4-4	SV Eintracht Nordhorn - VfB Oldenburg	5:4 iE (2:2, 1:0)

Viertelfinale:

12.09.07	5-5	SC Langenhagen - SV Arminia Hannover	0:1 (0:1)
19.09.07	4-4	BV Cloppenburg - SV Eintracht Nordhorn	3:4 iE (3:3, 1:1)
Freilose:	3	Eintracht Braunschweig	
	5	Lüneburger SK	

Halbfinale:

16.10.07	4-3	Eintracht Nordhorn - Eintracht Braunschweig	4:3 iE (1:1, 0:1)
04.11.07	5-5	Lüneburger SK - SV Arminia Hannover	6:5 iE (1:1, 0:1)

Finale:

01.05.08	5-4	Lüneburger SK - SV Eintracht Nordhorn	7:8 iE (1:1, 1:1)

Lüneburg: Michael Hopp; Raphael Staffeldt, Jaime Sala, Hendrik Helmke, Alessandro-Miguel Helmke, Dennis Krasnikov (86. Jonas Ahrens), Hakan Suyer, Daniel Stäcker (67. Hakan Toku), Benjamin Tillack (78. Finn-Patrick Gierke), Torben Tutas, Roman Razza. Trainer: Ralf Sievers
Nordhorn: André Lange; Hartmut Vriemann, Michael Ende, Matthias à Tellinghusen (52. Dennis Brode), Herion Novaku, Oliver Villar (52. Bertino Nacar), Zoran Milosevic, Bastian Schulz, Danny Arend, Torben Rattelsdorfer, Deniz Baysoy (78. Oliver Peschke). Trainer: Shefqet Lajci
Tore: 0:1 Vriemann (2.), 1:1 Hendrik Helmke (16.)
Elfmeterschießen: 2:1 Alessandro-Miguel Helmke, 2:2 Novaku, 3:2 Suyer, 3:3 Arend, 4:3 Tutas, 4:4 Lange, 5:4 Hendrik Helmke, 5:5 Schulz, 6:5 Ahrens, 6:6 Brode, 7:6 Gierke, 7:7 Vriemann, 8:7 Staffeldt, 8:8 Nacar, Lange hält Schuss von Sala, 8:9 Rattelsdorfer
Zuschauer: 1.000 im Wilschenbruch-Stadion in Lüneburg
Schiedsrichter: Jörg Hielscher (TSV Heiligendorf); Assistenten: Dennis Rieger (TV Jahn Wolfsburg), Claudio Menna (USI Lupo Martini)
Gelbe Karten: Tillack, Sala - Rattelsdorfer, Milosevic

Verbandspokal Bremen

Teilnehmer: Alle ersten Herrenmannschaften bis Kreisliga C Bremen. Bis zum Viertelfinale hat die klassentiefere Mannschaft Heimrecht. Unentschiedene Spiele werden nicht verlängert.

Bremen-Stadt/Nord – 1. Runde:

12.08.07	9-7	TSV Heiligenrode - SG Marßel	2:4 (0:1)
12.08.07	9-8	SV Kurd Bremen - TuS Walle Bremen	3:5 (0:2)

Bremen-Stadt/Nord – 2. Runde:

14.08.07	8-5	FC Mahndorf - TSV Osterholz-Tenever	2x0

(Das Spiel wurde wegen Einsatz eines nicht spielberechtigten Spielers umgewertet.)

18.08.07	7-6	SV Lemwerder - FC Huchting	1:3 (1:3)
19.08.07	9-7	SG Findorff - TS Woltmershausen	0:4
19.08.07	8-6	DJK Germania Blumenthal - SV Hemelingen	1:7 (0:3)
19.08.07	9-7	ESV Blau-Weiß Bremen - ATSV Sebaldsbrück	0x2
19.08.07	10-8	CF Victoria 05 Bremen - ATS Buntentor	7:2
19.08.07	10-7	Post SV Bremen - TSV Grolland	2:15
19.08.07	8-6	FC International Bremen - SC Weyhe	0x2
19.08.07	8-6	TuS Walle 1891 Bremen - 1. FC Burg	3:5 nE, 1:1 (1:1)
19.08.07	9-8	Neurönnebecker TV - SG Oslebshausen Bremen	1:5 (1:2)
19.08.07	7-5	TSV Hasenbüren - SG Aumund-Vegesack	0:6 (0:1)
19.08.07	5-5	TSV Blau-Weiß Melchiorshausen - TuRa Bremen	3:2 (0:1)
19.08.07	6-6	SV Türkspor Bremen-Nord - TV Eiche Horn	3:0 (2:0)
19.08.07	5-5	TSV Lesum-Burgdamm - VfL 07 Bremen	2:4 nE, 1:1 (0:0)
19.08.07	7-6	Hastedter TSV - TuS Schwachhausen	1:12
19.08.07	5-5	Bremer SV - KSV Vatan Sport Bremen	12:1
19.08.07	6-5	SC Borgfeld - SC Vahr-Blockdiek	6:7 nE, 2:2 (1:1)
19.08.07	8-7	SV Mardin Bremen - SG Marßel	3:1 (2:0)
19.08.07	5-5	Brinkumer SV - Habenhauser FV	2:0 (0:0)
19.08.07	10-7	SV Weser 08 Bremen - SV Grohn	2:5 (0:2)
19.08.07	6-5	Bremer TS Neustadt - Blumenthaler SV	1:3 (0:3)
19.08.07	6-6	Lüssumer TV - TuS Komet Arsten	2:5 nE, 2:2 (1:1)
19.08.07	8-7	SV Eintracht Aumund - FC Union 60 Bremen	0:4 (0:0)

Bremen-Stadt/Nord – 3. Runde:

22.08.07	7-4	ATSV Sebaldsbrück - FC Oberneuland	0:10
25.08.07	8-6	SV Mardin Bremen - SV Türkspor Bremen-Nord	1:4 (0:1)
25.08.07	5-5	Blumenthaler SV - TSV Osterholz-Tenever	3:4 nE, 1:1

(Durch den Ausschluss des TSV Osterholz-Tenever wurde das Spiel aus der Wertung genommen und das Spiel FC Mahndorf - Blumenthaler SV nachträglich angesetzt.)

26.08.07	7-7	TS Woltmershausen - SV Grohn	4:6 nE, 1:1 (0:1)
26.08.07	6-6	FC Huchting - TuS Komet Arsten	9:8 nE
26.08.07	7-5	TSV Grolland - Brinkumer SV	1:3 (1:2)
26.08.07	6-5	1. FC Burg - Bremer SV	2:3 (1:2)
26.08.07	7-5	FC Union 60 Bremen - SG Aumund-Vegesack	3:5 nE, 1:1 (1:1)
26.08.07	5-5	SC Vahr-Blockdiek - TSV BW Melchiorshausen	2:5 (2:0)
26.08.07	8-6	SG Oslebshausen Bremen - SC Weyhe	0:2 (0:1)
26.08.07	10-5	CF Victoria 05 Bremen - VfL 07 Bremen	1:2
26.08.07	6-6	TuS Schwachhausen - SV Hemelingen	3:0
03.10.07	8-5	FC Mahndorf - Blumenthaler SV	1:3

Bremen-Stadt/Nord – 4. Runde:

05.09.07	5-5	TSV Blau-Weiß Melchiorshausen - VfL 07 Bremen	1:3 (1:2)
05.09.07	6-5	FC Huchting - Brinkumer SV	0:3 (0:1)
05.09.07	6-6	TuS Schwachhausen - SC Weyhe	2:0 (1:0)
05.09.07	5-5	SG Aumund-Vegesack - Bremer SV	2:3 (1:1)
05.09.07	6-4	SV Türkspor Bremen-Nord - FC Oberneuland	2:5 (0:2)
05.09.07	7-5	SV Grohn - TSV Osterholz-Tenever	1:2

(Durch den Ausschluss des TSV Osterholz-Tenever wurde das Spiel aus der Wertung genommen. Daher wurde ein Entscheidungsspiel zwischen dem SV Grohn und dem Blumenthaler SV um den Einzug in die 5. Runde nötig.)

02.02.08	7-5	SV Grohn - Blumenthaler SV	2:4

Stadtpokal Bremerhaven – 1. Runde:

11.08.07	7-7	TSV Imsum - ESV Bremerhaven	3:2
12.08.07	7-6	FT Geestemünde - Leher TS	3:1
12.08.07	6-5	SC Lehe/Spaden - TSV Wulsdorf	1:4
12.08.07	5-5	FC Bremerhaven - Olympischer Sport-Club Bremerhaven	5:3
12.08.07	7-6	Sport-Freizeit Leherheide Bremerhaven - Geestemünder SC	1:3
12.08.07	7-7	SC Sparta Bremerhaven - TV Lehe	7:0
12.08.07	7-8	BSC Grünhöfe - Geestemünder TV	5:4
15.08.07	7-7	SC Schiffdorferdamm - TuSpo Surheide	8:9 nE

Stadtpokal Bremerhaven – 2. Runde:

18.08.07	5-5	TSV Wulsdorf - FC Bremerhaven	1:4
18.08.07	7-7	TSV Imsum - SC Sparta Bremerhaven	1:4
18.08.07	6-7	Geestemünder SC - FT Geestemünde	7:2
22.08.07	7-7	BSC Grünhöfe - TuSpo Surheide	2:4

Stadtpokal Bremerhaven – 3. Runde:

04.09.07	7-6	SC Sparta Bremerhaven - Geestemünder SC	0:2
05.09.07	7-5	TuSpo Surheide - FC Bremerhaven	0:7

Stadtpokal Bremerhaven – Finale:

	5-6	FC Bremerhaven - Geestemünder SC	

(Das Spiel wurde nicht mehr ausgetragen; beide Mannschaften sind für den VP qualifiziert.)

Endrunde (Verbandspokal):
Viertelfinale:
21.03.08 5-5 VfL 07 Bremen - Bremer SV 5:6 nE, 2:2 (1:1)
21.03.08 6-5 Geestemünder SC - Brinkumer SV 0:7 (0:5)
21.03.08 5-5 FC Bremerhaven - Blumenthaler SV
09.04.08 6-4 TuS Schwachhausen - FC Oberneuland 0:4 (0:1)

Halbfinale:
30.04.08 5-5 Brinkumer SV - FC Bremerhaven 2:1 (1:0)
06.05.08 5-4 Bremer SV - FC Oberneuland 0:2 (0:0)

Finale:
20.05.08 5-4 Brinkumer SV - FC Oberneuland 0:2 (0:1)
Brinkum: Ceglarek - Heinemann, Rose, Pohlner, Laabs - Harth, Unger (74. Lorer), Ebersbach, Buck (78. Otten) - Saghey Bi Ria (67. Iniesta), Thiel. Trainer: Klaus Gelsdorf
Oberneuland: Faqiryar - Altindag, Ibelherr, Kolm, Yücel - Lee, M. Aktas, M'Boma (85. Mbondjo Ndoume), Guermari - Behrens (62. Zalla), Sembolo (90. Schreider). Trainer: Mike Barten
Tore: 0:1 Sembolo (12.), 0:2 Sembolo (74.)
Zuschauer: 850 Brunnenweg in Brinkum
Schiedsrichter: Kai-Peter Siebrecht (ATSV Sebaldsbrück) - Assistenten: Timo Blaschek, Muhammed Karagöz
Gelbe Karten: Ebersbach, Heinemann, Laabs - Sembolo

VP Mecklenburg-Vorpommern

Teilnehmer: Alle Mannschaften von der 3. Liga (Regionalliga) bis zur 6. Liga (Landesliga), sowie die Sieger der drei Bezirkspokale, an denen Mannschaften ab der 7. Liga (Bezirksliga) teilnehmen.

1. Runde:
04.08.07 6-6 FSV Einh. Ueckermünde - Penkuner SV Rot-Weiß 2:3 (1:1)
04.08.07 6-6 Bad Doberaner SV 90 - FC Eintracht Schwerin II 1:0 (0:0)
05.08.07 6-6 TSV Graal-Müritz - SV Rot-Weiß Trinwillershagen 4:2 (3:1)
04.08.07 8-4 Union Sanitz 03 - Greifswalder SV 04 1:11 (0:6)
05.08.07 7-4 FSV Jarmen 05 - Torgelower SV Greif 0:3 (0:1)
         8-4 MSV Pampow II - FC Hansa Rostock II x:0 kpfl.
(Der Verband gab einem Antrag des FC Hansa Rostock II auf Freistellung statt. Hintergrund ist die Neuregelung ab 2008/09, nach der die zweiten Mannschaften der Lizenzvereine der Bundesliga und 2. Bundesliga nicht mehr an der DFB-Pokal-Hauptrunde teilnehmen)
Freilose: 4 TSG Neustrelitz
         alle 16 Verbandsligisten und 21 Landesligisten

2. Runde:
11.08.07 8-6 MSV Pampow II - Grevesmühlener FC 1:2 (1:1)
11.08.07 6-6 Penkuner SV Rot-Weiß - FC Insel Usedom 3:1 (3:0)
12.08.07 6-6 TSV Graal-Müritz 1926 - VfL Grün-Gold Güstrow 2:4 (2:1)
11.08.07 6-6 SG Dynamo Schwerin - SC AWO Hagenow 96 4:0 (1:0)
11.08.07 6-6 TSV Bützow von 1952 - Grimmener SV 2:7 (0:3)
11.08.07 6-6 SG 03 Ludwigslust/Grabow - Kröpeliner SV 47 6:1 (3:0)
11.08.07 6-6 FC Einheit Strasburg - Greifswalder SV 04 II 1:0 (1:0)
11.08.07 6-6 VfB Anklam - VfL Bergen 94 1:3 (0:0)
11.08.07 6-6 SV Warnemünde Fußball - FC Pommern Stralsund 2:0 (0:0)
11.08.07 6-6 SpVgg Cambs-Leezen Traktor - SV Bad Kleinen 3:1 (1:0)
11.08.07 6-6 TSV 1814 Friedland - TSG Neustrelitz II 3:1 (1:1)
11.08.07 6-6 VfL Blau-Weiß Neukloster - SV Hafen Rostock 61 3:0 (3:0)
Freilose: 4 Greifswalder SV 04, Torgelower SV Greif, TSG Neustrelitz
         5 alle 16 Verbandsligisten
         6 Bad Doberaner SV 90

3. Runde:
16.09.07 6-5 Grevesmühlener FC - FC Schönberg 95 1:2 (1:0)
15.09.07 6-5 Penkuner SV Rot-Weiß - Pasewalker FV 4:2 nV (2:2, 2:2)
15.09.07 6-5 SG Dynamo Schwerin - SV Blau-Weiß Polz 1921 2:1 (1:0)
15.09.07 6-5 Grimmener SV - 1. FC Neubrandenburg 04 1:2 (0:2)
15.09.07 6-5 SG 03 Ludwigslust/Grabow - Eintr. Schwerin 2:4 nV (1:1, 0:1)
15.09.07 6-4 FC Einheit Strasburg - Torgelower SV Greif 0:3 (0:1)
15.09.07 6-5 VfL Bergen 94 - FSV Bentwsch 4:2 iE, 0:0 nV (0:0,0:0)
15.09.07 6-5 SV Warnemünde Fußball - Sievershäger SV 1950 2:3 (0:2)
15.09.07 6-5 SpVgg Cambs-Leezen Traktor - SV Waren 09 1:4 (0:1)
15.09.07 6-5 TSV 1814 Friedland - FC Vorwärts Drögeheide 4:2 (2:2)
15.09.07 6-5 VfL Blau-Weiß Neukloster - Rostocker FC von 1895 0:2 (0:0)
15.09.07 6-5 VfL Grün-Gold Güstrow - Lübzer SV 3:2 nV (1:1, 0:1)
15.09.07 6-5 Bad Doberaner SV 90 - Malchower SV 90 0:4 (0:0)
15.09.07 5-4 FSV von 1919 Malchin - TSG Neustrelitz 0:3 (0:1)

03.10.07 5-5 SV Pastow - FC Anker Wismar 1997 0:3 (0:2)
15.09.07 5-4 VSG Weitenhagen - Greifswalder SV 04 4:2 iE, 1:1 nV (1:1, 0:1)

Achtelfinale:
13.10.07 6-4 TSV 1814 Friedland - Torgelower SV Greif 0:2 (0:1)
14.10.07 5-4 Sievershäger SV 1950 - TSG Neustrelitz 0:3 (0:2)
14.10.07 6-5 VfL Bergen 94 - Rostocker FC von 1895 2:0 (1:0)
31.10.07 5-5 FC Anker Wismar 1997 - VSG v.1948 Weitenhagen 1:0 (1:0)
13.10.07 6-5 SG Dynamo Schwerin - FC Schönberg 95 1:2 (1:1)
13.10.07 6-5 VfL Grün-Gold Güstrow - 1. FC Neubrandenburg 04 0:2 (0:2)
14.10.07 5-5 FC Eintracht Schwerin - Malchower SV 90 1:0 nV (0:0, 0:0)
13.10.07 6-5 Penkuner SV Rot-Weiß - SV Waren 09 1:4 (1:2)

Viertelfinale:
17.02.08 5-4 FC Eintracht Schwerin - TSG Neustrelitz 0:2 (0:2)
24.11.07 5-6 FC Anker Wismar 1997 - VfL Bergen 94 4:1 (1:0)
24.11.07 5-5 1. FC Neubrandenburg 04 - SV Waren 09 1:0 (1:0)
17.02.08 5-4 FC Schönberg 95 - Torgelower SV Greif 3:4 iE, 1:1 nV (0:0, 0:0)

Halbfinale:
22.03.08 5-5 FC Anker Wismar 1997 - 1. FC Neubrandenburg 04 2:0 (1:0)
(Das Spiel wurde 9 Minuten nach Beginn der 2. Halbzeit für ca. 15 Minuten wegen Zuschauerausschreitungen durch den Schiedsrichter unterbrochen)
22.03.08 4-4 Torgelower SV Greif - TSG Neustrelitz 0:1 (0:1)

Finale:
10.05.08 5-4 FC Anker Wismar 1997 - TSG Neustrelitz 1:3 (0:2)
Wismar: Kawczynski - Oldendorf, Zysk, Schnöckel, Taflo, Levetzow, Hannemann (85. Eckert), Gagzow (83. Krüger), Heine, Brunsch (75. Brügmann), Kerinn. Trainer: Bego Catic
Neustrelitz: Nethe - Wunderlich, Lösel, Richter, Duggert, Rogoli (87. Kristofie), Senkaya (70. Mätschke), Özvatan (87. Koslow), Novacic, Jovanovic, Rochow. Trainer: Lothar Hamann
Tore: 0:1 Özvatan (43.), 0:2 Özvatan (45.), 0:3 Rogoli (87.), Schnöckel (90.)
Zuschauer: 1.600 im Müritzstadion Waren (Müritz)
Schiedsrichter: Gerhard Bengsch (Groß Roge) - Assistenten: Norman Schulze (Malchin), Volker Lüdeking (Güstrow)
Gelbe Karten: 1 für Wismar - Wunderlich, Özvatan, Rogoli

Verbandspokal Brandenburg

Teilnehmer: Alle Mannschaften der Regionalliga, Oberliga, Landesligen, Landesklassen sowie die Sieger der Bezirkspokale.

Vorrunde:
18.08.07 7-7 Union Neuruppin - BW Dannewalde 4:2 iE, 1:1 nV (1:0, 1:1)
18.08.07 7-7 SV Eintracht Göritz - Häsener SV 1:3 (0:1)
18.08.07 7-7 SV Borussia Criewen - Parmer SV 4:3 iE, 1:1 nV (0:0, 1:1)
18.08.07 7-7 SV Germania Ruhland - SV Merzdorf/Gröden 0:1 (0:1)
18.08.07 7-7 Angermünder FC - SV Freya Marienwerder 1:5 (0:0)
18.08.07 7-7 FC Strausberg II - SV Eintr. Frankfurt 3:2 nV (2:2, 1:1)
18.08.07 7-7 SV Hertha Finsterwalde - TV 1861 Forst 3:2 (2:0)
18.08.07 7-7 SV Teupitz-Groß Köris - FSV Groß Leuthen/Gröditsch 4:1 (4:1)
18.08.07 7-7 SV Rhinow/Großderschau - SV Eiche Weisen 4:3 (3:0)
18.08.07 8-7 SV Grün-Weiß Lübben II - SG Aufbau E'hüttenstadt 1:4 (0:1)
18.08.07 8-7 Reckenziner SV - Hansa Wittstock 8:9 iE, 4:4 nV (4:4, 2:2)
18.08.07 8-7 SV Lichterfelde - SV Eintracht Gransee 3:4 (2:3)
18.08.07 8-7 RW Nennhausen - FSV Wachow/Tremmen 2:1 nV (1:1, 1:1)
18.08.07 8-7 SG Bornim - FC Borussia Belzig 0:x kpfl.
18.08.07 8-7 Ludwigsfelder FC III - Ruhlsdorfer BC 1923 6:1 (2:0)
18.08.07 8-7 TSV Empor Dahme - SV Linde Schönewalde 1:3 (1:2)
18.08.07 8-7 Germania Lietzen - BW Groß Lindow 2:4 nV (1:0, 2:2)
18.08.07 8-7 FV Blau-Weiß Briesen II - Union Bestensee 4:3 nV (2:2, 1:1)
18.08.07 8-7 Post SV 28 Frankfurt - VfB Steinhöfel 3:4 nV (1:0, 2:2)
18.08.07 8-7 SG Friedersdorf - ESV Lok Falkenberg 2:0 (2:0)
18.08.07 8-7 Grün-Weiß Schwarzheide - SV Dissenchen 2:3 (0:2)
18.08.07 9-7 SV Friedrichsthal - SV Eintracht Alt Ruppin 0:10 (0:4)
19.08.07 9-7 SV Adler Klinge - SV Einheit Drebkau 3:5 iE, 1:1 nV (1:1, 1:1)

1. Runde:
12.09.07 7-3 FSV Lauchhammer - FC Energie Cottbus II 2:4
14.09.07 7-5 SV Hertha Finsterwalde - SG Blau-Gelb Laubsdorf 0:3
15.09.07 7-6 Aufbau Eisenhüttenstadt - MSV Hanse Frankfurt/O. 3:0 (2:0)
15.09.07 7-4 FSV Forst Borgsdorf - SV Germania 90 Schöneiche 0:5
15.09.07 7-4 SV Rot-Weiß Kyritz - FSV Optik Rathenow 0:3
15.09.07 7-5 SV Rhinow/Großderschau - Prignitzer Kuckuck Kickers 1:3
15.09.07 7-6 1. FV Eintracht Wandlitz - MSV 1919 Neuruppin II 4:1

Datum	Runde	Spiel	Ergebnis
15.09.07	7-5	SC Victoria 1914 Templin - Oranienburger FC Eintracht	0:1
15.09.07	7-5	SV Blau-Weiß 90 Gartz - FC Schwedt 02	3:4
15.09.07	7-5	Eintracht Friesack - SV Schwarz-Rot Neustadt/Dosse	4:2
15.09.07	7-5	Werderaner FC Viktoria 1920 - Brandenburger SC Süd 05	3:0
15.09.07	7-5	SV Linde Schönewalde - SV Grün-Weiß Lübben	4:6
15.09.07	7-5	SV Kloster Lehnin - SV Falkensee-Finkenkrug	1:4
15.09.07	7-5	VfB Steinhöfel - FC Strausberg	1:5
15.09.07	7-5	SV Grün-Weiß Lindenberg - BSV Guben Nord	2:3
15.09.07	7-5	SV Merzdorf/Gröden - SV Eintracht Ortrand	1:3 nV (1:2, 1:1)
15.09.07	7-6	Häsener SV - 1. FV Stahl Finow	1:2
15.09.07	7-6	SV Borussia Criewen - Schönower SV	2:4
15.09.07	7-6	SV Freya Marienwerder - FSV Bernau	3:2
15.09.07	7-6	FV Motor Eberswalde II - SV Victoria Seelow	4:2 iE
15.09.07	7-6	FSV Rot-Weiß Prenzlau - SV Zehdenick 1920	4:2
15.09.07	7-6	FSV Blau-Weiß Wriezen - TuS 1896 Sachsenhausen	0:3
15.09.07	7-6	SSV Einheit Perleberg - FSV CM Veritas Wittenberge	5:0
15.09.07	7-6	TSV Chemie Premnitz - SV Empor Schenkenberg	6:1
15.09.07	7-6	BSC Rathenow 94 - FC Stahl Brandenburg	7:8 iE, 2:2 nV
15.09.07	7-6	Löwenberger SV - VfL Nauen	2:0
15.09.07	7-6	FSV Ketzin/Falkenrehde - FC 98 Hennigsdorf	3:4
15.09.07	7-6	SV Falkensee-Finkenkrug II - SC Oberhavel Velten	0:3
15.09.07	7-6	FC Borussia Belzig - Fortuna Babelsberg	1:2 (1:0)
15.09.07	7-6	Teltower FV 1913 - Ludwigsfelder FC II	0:2
15.09.07	7-6	Potsdamer Kickers - BSC 1927 Blankenfelde	0:1
15.09.07	7-6	FSV 63 Luckenwalde II - SC Eintracht Miersdorf/Zeuthen	2:4
15.09.07	7-6	SV Petershagen/Eggersdorf - MSV 19 Rüdersdorf	3:2
15.09.07	7-6	SV Germania 90 Schöneiche II - FV Erkner 1920	7:6 iE
15.09.07	7-6	SV Preußen Frankfurt/Oder - SV Vogelsang	3:2
15.09.07	7-6	TSG Lübbenau - FV Blau-Weiß Briesen	4:3
15.09.07	7-6	SpVgg Blau-Weiß Vetschau - Eisenhüttenstädter FC Stahl	0:1
15.09.07	7-6	SV Wacker 09 Ströbitz - 1. FC Guben	1:2
15.09.07	7-6	SG Groß Gaglow - SV Süden Forst	1:2
15.09.07	7-6	SV Großräschen - SV Empor Mühlberg	1:3
15.09.07	7-6	SV Werben 1892 - RSV Waltersdorf 09	0:2
15.09.07	7-6	SC Spremberg - KSV Tettau/Schraden	3:0
15.09.07	7-6	SV Döbern - Kolkwitzer SV 1896	6:1
15.09.07	7-6	SG Burg - FSV Union Fürstenwalde	1:3
15.09.07	7-6	SV Sielow - VfB Hohenleipisch 1912	1:4
15.09.07	7-7	FK Hansa Wittstock - Pritzwalker FHV 03	0:1
15.09.07	7-7	SV Eintracht Alt Ruppin - 1. FC Finowfurt	1:0
15.09.07	7-7	SV Eintracht Gransee - FSV Schorfheide Joachimsthal	3:1
15.09.07	7-7	SV Teupitz-Groß Köris - SV 1885 Golßen	1:4 nV
15.09.07	7-7	SV Blau-Weiß Groß Lindow - Neuzeller SV 1922	2:4 nV
15.09.07	7-7	FC Strausberg II - SG 47 Bruchmühle	4:1
15.09.07	7-#	SV Einheit Drebkau - FC Energie Cottbus A2-Junioren	1:2
15.09.07		SV Dissenchen - Spremberger SV	3:5
15.09.07	8-5	FV Blau-Weiß Briesen II - Frankfurter FC Viktoria 91	3:8 (3:3)
15.09.07	8-6	SG Friedersdorf - FSV Glückauf Brieske/Senftenberg	0:3
15.09.07	8-7	FC Rot-Weiß Nennhausen - Brandenburger SC Süd 05 II	0:3
15.09.07	8-7	Ludwigsfelder FC III - SG Michendorf	3:2
16.09.07	7-5	VfB Gramzow - FV Motor Eberswalde	1:6
16.09.07	7-5	VfB Trebbin - SV Babelsberg 03 II	0:3
19.09.07	7-3	FSV Königs Wusterhausen - SV Babelsberg 03	0:9
03.10.07	7-4	FSV Germania Storkow 90 - Ludwigsfelder FC	0:2
03.10.07	7-5	SV Union Neuruppin - SV Altlüdersdorf	0:3
03.10.07	7-5	BSV Mittenwalde - FSV 63 Luckenwalde	2:3 nV (2:2)
Freilos:	7	FC 98 Hennigsdorf II	

2. Runde:

Datum	Runde	Spiel	Ergebnis
02.10.07	7-6	FC Strausberg II - 1. FV Stahl Finow	6:5 iE
03.10.07	5-3	SG Blau-Gelb Laubsdorf - FC Energie Cottbus II	1:3 (0:0)
03.10.07	6-3	Eisenhüttenstädter FC Stahl - SV Babelsberg 03	0:3
03.10.07	6-4	FC Stahl Brandenburg - FSV Optik Rathenow	2:1
03.10.07	6-5	FC Hennigsdorf - Prignitzer Kuckuck Kickers	2:3 nV (2:2, 0:1)
03.10.07	6-5	Schönower SV - FV Motor Eberswalde	1:3 (0:2)
03.10.07	7-5	SG Aufbau Eisenhüttenstadt - BSV Guben Nord	2:1
03.10.07	6-5	Fortuna Babelsberg - SV Eintracht Ortrand	1:3
03.10.07	6-5	1. FC Guben - Frankfurter FC Viktoria 91	2:3 (1:1)
03.10.07	6-6	VfB Hohenleipisch 1912 - BSC 1927 Blankenfelde	4:2
03.10.07	7-5	Pritzwalker FHV 03 - SV Germania 90 Schöneiche	0:2
03.10.07	7-5	SV Freya Marienwerder - FC Strausberg	2:0
03.10.07	7-5	1. FV Eintracht Wandlitz - FC Schwedt 02	1:4
03.10.07	7-5	SV Germ. 90 Schöneiche II - SV Falkensee-Finkenkrug	1:6
03.10.07	7-5	FC 98 Hennigsdorf II - Oranienburger FC Eintracht	1:4
03.10.07	7-5	SV Preußen Frankfurt/Oder - SV Babelsberg 03 II	0:3
03.10.07	7-5	SV 1885 Golßen - SV Grün-Weiß Lübben	2:3
03.10.07	7-6	FV Motor Eberswalde II - SC Oberhavel Velten	2:4 nV
03.10.07	7-6	SC Spremberg - FSV Union Fürstenwalde	2:5
03.10.07	7-6	SV Döbern - RSV Waltersdorf 09	0:4
03.10.07	7-6	Neuzeller SV 1922 - Ludwigsfelder FC II	4:1
03.10.07	7-7	SV Eintracht Alt Ruppin - SSV Einheit Perleberg	8:9 iE
03.10.07	7-7	Werderaner FC Viktoria - Eintracht Friesack	3:2 nV (2:2, 1:0)
03.10.07	7-7	Brandenburger SC Süd 05 II - TSV Chemie Premnitz	4:2
03.10.07	7-7	SV Eintracht Gransee - SV Petershagen/Eggersdorf	2:5
03.10.07	7-7	FSV Rot-Weiß Prenzlau - Löwenberger SV	1:2
03.10.07	7-7	TSG Lübbenau - Spremberger SV	1:0
03.10.07	8-6	SG Friedersdorf - SV Süden Forst	4:1
03.10.07	8-#	Ludwigsfelder FC III - FC Energie Cottbus A2-Jun.	0:5 (0:1)
31.10.07	6-4	SC Eintracht Miersdorf/Zeuthen - Ludwigsfelder FC	0:2
31.10.07	6-5	TuS 1896 Sachsenhausen - SV Altlüdersdorf	0:1
31.10.07	6-5	SV Empor Mühlberg - FSV 63 Luckenwalde	1:2

3. Runde:

Datum	Runde	Spiel	Ergebnis
31.10.07	5-5	Prignitzer Kuckuck Kickers - SV Eintracht Ortrand	4:0 (2:0)
31.10.07	5-5	FV Motor Eberswalde - SV Falkensee-Finkenkrug	1:2 (0:2)
31.10.07	6-5	FC Stahl Brandenburg - Frankfurter FC Viktoria 91	1:2 (1:2)
31.10.07	7-3	SV Freya Marienwerder - SV Babelsberg 03	1:4
31.10.07	7-5	SV Petershagen/Eggersdorf - SV Babelsberg 03 II	0:2
31.10.07	7-5	Neuzeller SV 1922 - SV Grün-Weiß Lübben	4:2
31.10.07	#-5	Energie Cottbus A2-Jun. - Oranienburger FC Eintr.	2:0 (1:0)
31.10.07	7-6	Werderaner FC Viktoria 1920 - RSV Waltersdorf 09	2:0 (2:0)
31.10.07	7-6	Brandenburger SC Süd 05 II - VfB Hohenleipisch	0:1
31.10.07	7-6	TSG Lübbenau - SC Oberhavel Velten	1:2
31.10.07	7-3	SSV Einheit Perleberg - FC Energie Cottbus II	0:7 (0:4)
31.10.07	8-7	SG Friedersdorf - Löwenberger SV	4:5 nV
15.12.07	6-4	Union Fürstenwalde - Germania Schöneiche	3:0 iE, 0:0 nV
15.12.07	7-4	SG Aufbau Eisenhüttenstadt - Ludwigsfelder FC	1:2 (0:0)
22.12.07	5-5	FSV 63 Luckenwalde - FC Schwedt 02	4:0 (0:0)
26.01.08	7-5	FC Strausberg II - SV Altlüdersdorf	3:8 (2:3)

Achtelfinale:

Datum	Runde	Spiel	Ergebnis
15.12.07	6-5	SC Oberhavel Velten - Frankfurter FC Viktoria 91	0:2 (0:1)
15.12.07	7-#	Werderaner FC Viktoria - FC Energie Cottbus A2-Jun.	2:3 (1:1)
09.02.08	5-4	SV Babelsberg 03 II - Ludwigsfelder FC	3:0 (0:0)
09.02.08	5-5	SV Altlüdersdorf - Prignitzer Kuckuck Kickers	2:1 (1:0)
09.02.08	5-5	FSV 63 Luckenwalde - SV Falkensee-Finkenkrug	0:1 (0:1)
09.02.08	6-6	FSV Union Fürstenwalde - VfB Hohenleipisch 1912	0:2 (0:1)
09.02.08	7-3	Neuzeller SV 1922 - SV Babelsberg 03	1:2 (1:1)
09.02.08	7-3	Löwenberger SV - FC Energie Cottbus II	x:0

(ursprünglich 0:2; Wertung, da Cottbus einen vierten Spieler einwechselte)

Viertelfinale:

Datum	Runde	Spiel	Ergebnis
02.03.08	7-3	Löwenberger SV - SV Babelsberg 03	0:8 (0:5)
22.03.08	#-5	FC Energie Cottbus A2-Junioren - SV Altlüdersdorf	0:3 (0:2)
09.04.08	5-5	SV Falkensee-Finkenkrug - SV Babelsberg 03 II	2:1 (1:0)
30.04.08	6-5	VfB Hohenleipisch - Frankfurter FC Viktoria 91	4:2 iE (1:1, 0:1)

Halbfinale:

Datum	Runde	Spiel	Ergebnis
30.04.08	5-5	SV Falkensee-Finkenkrug - SV Altlüdersdorf	2:1 (1:0)
12.05.08	6-3	VfB Hohenleipisch 1912 - SV Babelsberg 03	0:3 (0:1)

Finale:

Datum	Runde	Spiel	Ergebnis
14.06.08	5-3	SV Falkensee-Finkenkrug - SV Babelsberg 03	0:1 (0:1)

Falkensee: Dirk-Marco Lutz; Daniel Ruff (77. Thomas Guggenberger), Bastian Pirschel, Martin Krüger, Kevin Capolei (58. Mehrab-Ala Mobedi), Steven-Matthias Meier, Mathias Hein, Sascha Zieme, Tim Sliwa (72. Kevin Nofz), Daniel Scheinig, Georg Fröse. Trainer: Udo Richter
Babelsberg: Carsten Busch; Ivica Vukadin, Björn Laars, Martin Neubert, Matthias Rudolph, Tom Mauersberger, Almedin Civa (81. Pascal Fofie), Patrick Moritz, Julian Prochnow (72. Gökhan Ahmetcik), Daniel Frahn (72. Manuel Stiefel), Sven Hartwig. Trainer: Dietmar Demuth
Tor: 0:1 Vukadin (40.).
Zuschauer: 1.920 auf dem Sportplatz Leistikowstraße in Finkenkrug
Schiedsrichter: Matthias Klatte (MSV Neuruppin) - Assistenten: Andre Stolzenburg, Uwe Schultz
Gelbe Karten: Hein, S. Meier - Vukadin, Neubert, Stiefel

Verbandspokal Berlin

Teilnehmer: alle ersten Mannschaften von der Regionalliga bis zur Kreisliga C und der Pokalsieger der Freizeitliga, die SG Medizin Friedrichshain.

Qualifikationsrunde:

Datum		Spiel	Ergebnis
11.08.07	7-8	SV Blau Gelb - DJK Schwarz-Weiß Neukölln	2:1 (1:1)
11.08.07	7-8	TSV Oranke - FC Treptow	3:1 (2:0)
11.08.07	7-10	BW Hohenschönhausen - ESV Lok Schöneweide	4:1 (2:1)
11.08.07	8-9	1. FC Marzahn - SV Kickers Hirschgarten	4:1 (0:0)
11.08.07	8-10	SV Buchholz - FK Makedonija	9:1 (3:0)
11.08.07	9-7	SG Nordring - Berliner SC Kickers 1900	0:3 (0:2)
11.08.07	9-8	SG Empor Hohenschönhausen - Eintracht Südring	3:2 (2:2)
12.08.07	7-7	SC Union 06 - FC Concordia Wilhelmsruh	3:2 nV (2:2, 2:1)
12.08.07	7-7	Schwarz-Weiß Spandau - SFC Friedrichshain	3:1 (2:1)
12.08.07	7-7	SG Stern Kaulsdorf - Grünauer BC	0:7 (0:4)
12.08.07	7-7	VfB Sperber Neukölln - SV Bau Union Berlin	9:2 (2:0)
12.08.07	7-8	BSV Hürtürkel - FSV Berolina 01 Stralau	8:0 (5:0)
12.08.07	7-8	VSG Altglienicke - NSC Marathon 02	x:0 kpfl.
12.08.07	7-9	BFC Germania 88 - SV Schmöckwitz/Eichwalde	4:2 (2:0)
12.08.07	7-9	FC Liria - DJK Roland Borsigwalde	14:3 (5:0)
12.08.07	7-9	SC Union Südost - BSV Victoria Friedrichshain	6:1 (3:0)
12.08.07	7-9	SSC Teut. Spandau - SG Rotation Prenzlauer Berg	4:3 (2:1)
12.08.07	7-9	SV Blau Weiss - SV Berliner Brauereien	7:1
12.08.07	7-Fz	1. FC Galatasaray Sp. - SG Medizin Friedrichshain	3:0 (2:0)
12.08.07	8-7	1. FC Schöneberg - FV Wannsee	2:4 (2:3)
12.08.07	8-7	FC Grunewald - Berliner SV 92	3:0 (2:0)
12.08.07	8-7	SC Borsigwalde - Borussia Friedrichsfelde	3:2 nV (2:2, 1:0)
12.08.07	8-7	SG Blau-Weiß Buch - Hohenschönh. SV RW	1:3 nV (1:1, 0:1)
12.08.07	8-7	SpVgg Tiergarten - NSC Cimbria/Trabzonspor	2:6 (0:2)
12.08.07	8-7	TSV Helgoland - Wartenberger SV	4:2 iE, 1:1 nV (1:1, 1:0)
12.08.07	8-8	1. SV Galatasaray - SV Müggelpark Gosen	2:5 (0:3)
12.08.07	8-8	Berliner FC Meteor 06 - BFC Tur Abdin	5:3 iE, 3:3 nV (1:1, 1:1)
12.08.07	8-8	SC Alemannia 06 - Neuköllner FC Rot-Weiß	5:1 (3:0)
12.08.07	8-8	SC Westend 01 - FV Borussia Pankow	1:4 nV (1:1, 0:1)
12.08.07	8-8	SV Süden 09 - 1. FC Stern Marienfelde	3:2 (1:0)
12.08.07	8-8	VSG Rahnsdorf - SC Siemensstadt	3:1 nV (1:1, 0:1)
12.08.07	8-9	1. FC Wacker Lankwitz - GW Baumschulenweg	5:3 (3:1)
12.08.07	8-9	FC Phönix 56/Ayyildiz - FC Karame	6:2 (2:0)
12.08.07	8-9	SV Adler Berlin - TSV Eiche Köpenick	4:2 nV (2:2, 2:1)
12.08.07	8-10	BSC Agrispor - Hellersdorfer FC	4:2 iE, 5:5 nV (4:4, 2:2)
12.08.07	8-10	Club Italia - Club Deportivo Latino	6:0 (3:0)
12.08.07	8-10	SC Al Quds - Treptower SV 49	0:x kpfl.
12.08.07	9-7	FSV Hansa 07 - Spfr Neukölln Rudow	0:2 (0:0)
12.08.07	9-7	SC Lankwitz - SV Berolina Mitte	0:2 (0:0)
12.08.07	9-7	SV Türkspor Berlin - FSV Fortuna Pankow	1:3 (1:1)
12.08.07	9-8	SC Minerva 93 - FC Hellas Berlin	5:3 (4:1)
12.08.07	9-8	SG Prenzlauer Berg - FC Karlshorst	4:3 (3:0)
12.08.07	9-8	SV Fenerbahce - BSC Marzahn	2:5 (0:3)
12.08.07	9-8	SV Karow 96 - SC Berliner Amateure	2:3 nV (2:2, 2:1)
12.08.07	9-8	VfB Friedrichshain - RFC Liberta	2:5 (2:0)
12.08.07	9-8	WFC Corso/Vineta - SV Berliner VG 49	1:9
12.08.07	9-9	BSC Reinickendorf - FV Blau-Weiß Spandau	1:5 (1:2)
12.08.07	9-9	BSV Igdir Gücü - CSV Olympia 97	2:1 nV (1:1, 1:0)
12.08.07	9-9	FC Trakya Spor - SG Blankenburg	4:2 (1:1)
12.08.07	9-9	FC Veritas 1996 - SV Berlin Chemie Adlershof	5:1 (3:0)
12.08.07	9-10	1. FC Besiktas - SG Oberspree	4:3
12.08.07	9-10	BSC Göktürkspor - Karadenizspor	6:2 (2:1)
12.08.07	9-10	SSG Humboldt Uni - Blau-Weiß Friedrichshain	3:0 (2:0)
12.08.07	10-8	FC Göztepe - FC RW Hellersdorf	1:8 (1:1)
12.08.07	10-8	Steglitz GB SK - Friedrichshagener SV	3:10 (2:5)
12.08.07	10-8	SV Pfefferwerk - FC Al Kauthar (Pf. zurückgezogen)	0:x kpfl.
12.08.07	10-8	SV Treptow 46 - BW Mahlsdorf/Waldesruh	0:4 (0:1)
12.08.07	10-10	FC Arminia Heiligensee - SG Eichkamp/Rupenhorn	8:0 (7:0)

1. Runde:

Datum		Spiel	Ergebnis
08.09.07	5-6	SV Tas Gropiusstadt 73 - Wittenauer SC Concordia	4:1 (2:1)
08.09.07	7-7	BW Hohenschönhausen - VSG Altglienicke	3:9 (0:8)
08.09.07	7-7	Grünauer BC - SSC Südwest	2:3 (2:1)
08.09.07	7-7	SV Blau Gelb - BSV Hürtürkel	1:3 (1:1)
08.09.07	7-8	1. Traber FC - SV Müggelpark Gosen	3:0 (1:0)
08.09.07	8-8	FC Al Kauthar - FC Phönix 56/Ayyildiz	3:1 (0:0)
08.09.07	8-8	FV Borussia Pankow - TSV Helgoland	1:3 (1:2)
08.09.07	8-9	BSV Heinersdorf - FC Trakya Spor	7:0 (3:2)
09.09.07	5-7	FC Nordost Berlin - TSV Oranke	4:0 (1:0)
09.09.07	5-7	Köpenicker SC - BSV Grün-Weiß Neukölln	6:1 (2:0)
09.09.07	5-7	Reinickend. Füchse - 1. FC Galatasaray Spandau	2:0 (1:0)
09.09.07	5-7	SG Alemannia 90 Wacker - FC Liria	3:2 (0:2)
09.09.07	5-7	TuS Makkabi - Blau-Weiß Hohen Neuendorf	6:0 (3:0)
09.09.07	5-8	Berliner SC - SV Süden 09	2:1 (1:0)
09.09.07	5-8	FC Hertha 03 Zehlendorf - FC RW Hellersdorf	11:0 (5:0)
09.09.07	6-6	1. FC Lübars - FC Internationale	0:2 (0:2)
09.09.07	6-6	1. FC Neukölln - SG Spfr. Johannisthal	2:4 (1:0)
09.09.07	6-6	BSV Hürriyet-Burgund - FC Brandenburg 03	1:3 (1:2)
09.09.07	6-6	Mariendorfer SV - SV Stern Britz 89	2:1 nV (1:1, 1:0)
09.09.07	6-6	MSV Normannia 08 - BSC Berlin Hilalspor	1:3 (1:1)
09.09.07	6-6	SD Croatia - Nordberliner SC	3:5 iE,3:3 nV (2:2, 2:0)
09.09.07	6-6	SV Hellas Nordwest - Spfr. Kladow	3:5 iE,1:1 nV (1:1, 1:0)
09.09.07	6-6	TSV Rudow - 1. FC Wilmersdorf	4:1 (3:1)
09.09.07	6-7	SC Staaken - FV Wannsee	5:4 iE,1:1 nV (1:1, 1:0)
09.09.07	6-7	VfB Fortuna Biesdorf - FSV Spandauer Kickers	5:0 (3:0)
09.09.07	6-9	KSF Anadolu-Umutspor - SC Minerva 93	5:2 (1:1)
09.09.07	6-9	SV Sparta Lichtenberg - FV Blau-Weiß Spandau	5:2 (1:0)
09.09.07	7-5	SC Union 06 - SFC Stern 1900	2:1 (0:0)
09.09.07	7-5	VfB Sperber Neukölln - SC Charlottenburg	1:2 nV (1:1, 1:1)
09.09.07	7-6	Berliner SC Kickers 1900 - SV Nord Wedding	3:5 (2:3)
09.09.07	7-6	Spfr Neukölln Rudow - BSV Al-Dersimspor	3:1 nV (1:1, 0:0)
09.09.07	7-6	SV Berolina Mitte - VfB Concordia Britz	3:1 (1:0)
09.09.07	7-7	BFC Germania 88 - NSC Cimbria/Trabzonspor	0:4 (0:1)
09.09.07	7-8	BFC Südring - BW Mahlsdorf/Waldesruh	6:1 (3:0)
09.09.07	7-8	Schwarz-Weiß Spandau - RFC Liberta	4:3 (3:1)
09.09.07	7-8	SV Blau Weiss - FC Grunewald	4:0 (2:0)
09.09.07	7-8	TSV Lichtenberg - 1. FC Marzahn	3:1 (1:0)
09.09.07	7-8	VfB Einheit zu Pankow - BSC Agrispor	6:2 (3:0)
09.09.07	7-10	FSV Fortuna Pankow - FC Arm. Heiligensee	5:3 nV (3:3, 3:1)
09.09.07	8-5	SV Berliner VG 49 - BFC Viktoria 89	0:5 (0:3)
09.09.07	8-5	SV Buchholz - 1. FC Spandau 06	0:5 (0:2)
09.09.07	8-6	1. FC Wacker Lankwitz - TSC Friedenau	2:5 (0:2)
09.09.07	8-6	Berliner FC Meteor 06 - SV Norden Nordwest 98	1:0 (0:0)
09.09.07	8-6	Club Italia - SC Gatow	6:1 (3:1)
09.09.07	8-6	VSG Rahnsdorf - Frohnauer SC	0:9 (0:5)
09.09.07	8-7	SV Adler Berlin - SSC Teutonia Spandau	0:2 (0:1)
09.09.07	8-8	BSC Marzahn - FCK Frohnau	1:2 (1:2)
09.09.07	8-9	Friedrichshagener SV - BSC Göktürkspor	8:0 (4:0)
09.09.07	9-6	FC Veritas 1996 - SV Empor Berlin	1:7 (0:5)
09.09.07	9-7	ASV - Weißenseer FC	0:2 (0:0)
09.09.07	9-7	BSV Igdir Gücü - CFC Hertha 06	0:7 (0:6)
09.09.07	9-7	SG Empor Hohenschönhausen - BSC Rehberge	0:1 (0:1)
09.09.07	9-8	SG Prenzlauer Berg - SC Berliner Amateure	2:0 (0:0)
09.09.07	9-9	SSG Humboldt Uni - 1. FC Besiktas	3:2 (0:0)
09.09.07	10-5	Treptower SV 49 - Lichtenrader BC	0:17 (0:8)
11.09.07	4-7	Tennis Borussia Berlin - SC Union Südost	12:1 (4:1)
11.09.07	4-8	SV Yesilyurt - SC Alemannia 06	7:0 (2:0)
11.09.07	5-4	Adlershofer BC - Berliner FC Dynamo	1:3 nV (1:1, 0:0)
12.09.07	3-5	1. FC Union Berlin - SV Lichtenberg 47	3:1 (2:1)
12.09.07	4-4	Türkiyemspor Berlin - Berliner FC Preussen	3:0 (1:0)
12.09.07	4-8	Berlin Ankaraspor Kulübü 07 - SC Borsigwalde	7:0 (1:0)
12.09.07	5-4	VfB Hermsdorf - Lichterfelder FC 92 Berlin	2:1 (0:0)
12.09.07	6-5	SSV Köpenick Oberspree - BSV Eintracht Mahlsdorf	3:2 (2:1)
12.09.07	7-4	Hohenschönh. SV RW - Spandauer SV	3:4 (1:1, 1:0)

2. Runde:

Datum		Spiel	Ergebnis
02.10.07	4-5	Tennis Borussia Berlin - BFC Viktoria 89	4:1 nV (1:1, 0:0)
02.10.07	4-6	SV Yesilyurt - SC Staaken	2:1 (0:1)
02.10.07	6-6	SG Spfr. Johannisthal - SSV Köpenick Oberspree	1:2 (0:0)
02.10.07	6-9	SV Nord Wedding - SG Prenzlauer Berg	5:0 (3:0)
03.10.07	3-6	1. FC Union Berlin - VfB Fortuna Biesdorf	8:0 (2:0)
03.10.07	4-5	Türkiyemspor Berlin - Köpenicker SC	3:1 (1:0)
03.10.07	4-6	Berliner FC Dynamo - TSC Friedenau	5:1 (3:0)
03.10.07	5-5	Berliner SC - FC Hertha 03 Zehlendorf	1:3 (1:2)
03.10.07	5-5	Lichtenrader BC - Frohnauer SC	2:0 (1:0)
03.10.07	5-6	SG Alemannia 90 Wacker - SV Sparta Lichtenberg	2:4 (0:3)
03.10.07	5-7	FC Nordost Berlin - Weißenseer FC	3:1 (2:0)
03.10.07	5-7	SC Charlottenburg - CFC Hertha 06	5:2 (3:1)
03.10.07	5-9	Reinickendorfer Füchse - SSG Humboldt Uni	13:1 (8:0)
03.10.07	6-5	Nordberliner SC - VfB Hermsdorf	0:6 (0:2)
03.10.07	6-5	SV Empor Berlin - TuS Makkabi	4:1 (1:0)
03.10.07	6-6	Berlin Hilalspor - Anadolu-Umutspor	5:4 iE, 1:1 nV (1:1, 1:0)
03.10.07	6-7	Mariendorfer SV - BSC Rehberge	1:0 (0:0)
03.10.07	7-4	BSV Hürtürkel - Berlin Ankaraspor Kulübü 07	1:0 (0:0)
03.10.07	7-7	Schwarz-Weiß Spandau - Tasmania Gropiusstadt 73	3:1 (2:1)
03.10.07	7-7	FSV Fortuna Pankow - SV Blau Weiss	0:1 (0:1)
03.10.07	7-7	NSC Cimbria/Trabzonspor - VfB Einheit zu Pankow	6:2 (2:1)
03.10.07	7-8	BFC Südring - Club Italia	3:2 nV (2:2, 1:1)
03.10.07	7-8	SV Berolina Mitte - FCK Frohnau	0:1 (0:1)
03.10.07	7-8	TSV Lichtenberg - FC Al Kauthar	1a2 (1:1)
03.10.07	8-6	Berliner FC Meteor 06 - FC Brandenburg 03	3:0 (1:0)
03.10.07	8-7	BSV Heinersdorf - SSC Teutonia Spandau	1:7 (0:4)
03.10.07	8-7	Friedrichshagener SV - SC Union 06	3:1 (1:0)

03.10.07	8-7	TSV Helgoland - Spfr Neukölln Rudow	2:5 (2:3)
09.10.07	7-5	SSC Südwest - 1. FC Spandau 06	0:2 (0:0)
09.10.07	7-6	VSG Altglienicke - TSV Rudow	8:7 iE, 2:2 nV (2:2, 1:0)
10.10.07	6-6	FC Internationale - Spfr. Kladow	1:4 (1:0)
10.10.07	7-4	1. Traber FC - Spandauer SV	2:9 (1:4)

3. Runde:

06.11.07	4-6	Tennis Borussia Berlin - Spfr. Kladow	8:0 (4:0)
07.11.07	4-7	Türkiyemspor Berlin - SV Blau Weiss	4:1 (1:0)
07.11.07	6-4	SV Sparta Lichtenberg - SV Yesilyurt	0:5 (0:2)
10.11.07	5-7	SC Charlottenburg - Cimbria/Trabzonspor	4:2 nV (2:2, 1:1)
10.11.07	6-7	SSV Köpenick Oberspree - VSG Altglienicke	3:1 (1:0)
11.11.07	5-6	Lichtenrader BC - Mariendorfer SV	2:3 iE, 1:1 nV (1:1, 1:0)
11.11.07	6-7	BSC Berlin Hilalspor - Spfr Neukölln Rudow	3:2 (2:1)
11.11.07	6-7	SV Nord Wedding - Schwarz-Weiß Spandau	2:3 (0:1)
11.11.07	7-5	SSC Teutonia Spandau - FC Hertha 03 Zehlendorf	1:5 (0:1)
11.11.07	7-8	BFC Südring - FCK Frohnau	1:2 (0:1)
11.11.07	7-8	BSV Hürtürkel - FC Al Kauthar	x:0 kpfl.
11.11.07	8-5	Friedrichshagener SV - 1. FC Spandau 06	2:3 (1:2)
13.11.07	6-3	SV Empor Berlin - 1. FC Union Berlin	2:4 (2:1)
14.11.07	5-4	FC Nordost Berlin - Berliner FC Dynamo	0:5 (0:2)
21.11.07	5-4	Reinickendorfer Füchse - Spandauer SV	4:2 (2:2, 1:0)
22.11.07	8-5	Berliner FC Meteor 06 - VfB Hermsdorf	1:6 (0:1)

Anmerkungen: Yesilyurt zieht seine Mannschaft vom Spielbetrieb zurück. Al Kauthar war durch Sporturteil bis zum 23.11.2007 vom Spielbetrieb suspendiert; das Spiel wurde für Kauthar verloren gewertet.

Achtelfinale:

27.01.08	8-5	FCK Frohnau - VfB Hermsdorf	0:3 (0:0)
03.02.08	3-7	1. FC Union Berlin - Schwarz-Weiß Spandau	14:0 (7:0)
03.02.08	4-7	Türkiyemspor Berlin - BSV Hürtürkel	4:0 (1:0)
03.02.08	6-4	Mariendorfer SV - Berliner FC Dynamo	2:4 (0:3)
07.02.08	4-6	Tennis Borussia Berlin - BSC Berlin Hilalspor	7:0 (4:0)
07.02.08	5-5	SC Charlottenburg - FC Hertha 03 Zehlendorf	1:3 (0:2)
07.02.08	6-5	SSV Köpenick Oberspree – Reinick. Füchse	1:3 nV (0:0, 0:0)
Freilos:	5	1. FC Spandau 06	

Viertelfinale:

27.02.08	4-4	Berliner FC Dynamo - Tennis Borussia Berlin	0:2 (0:1)
27.02.08	5-5	Reinick. Füchse - Hertha Zehlendorf	5:3 iE 0:0 nV (0:0, 0:0)
27.02.08	5-5	1. FC Spandau 06 - VfB Hermsdorf	1:2 nV (1:1, 0:1)
06.03.08	4-3	Türkiyemspor Berlin - 1. FC Union Berlin	1:3 (1:2)

Halbfinale:

02.04.08	3-5	1. FC Union Berlin - VfB Hermsdorf	6:7 iE 1:1 nV (1:1, 0:0)
02.04.08	5-4	Reinickendorfer Füchse - Tennis Borussia Berlin	1:2 (1:2)

Finale:

04.06.08	4-5	Tennis Borussia Berlin - VfB Hermsdorf	2:0 (0:0)

Tennis Borussia: Manuel Greil, Robert Scholl, Felix Below, Philipp Wanski, Amir Mohra (62. Müslüm Can), Fuat Kalkan (84. Moritz Kessler), Daniel Petrowsky, Mehmet Aydin, Sascha Schrödter (78. Ümit Ergirdi), Halil Savran, Danny Kukulies. Trainer: Dejan Raickovic
Hermsdorf: Alexander Bergant, Sascha Flemming, Aleksandar Bozinovski, Matthias Schlenstedt, René Siebenäuger, Marcel Steiger (76. Michael Haubner), Oliver Münchow, Christoph Röttgen, Tobias Röttgen, Florian Venz (56. Moritz Göhler), Ivan Bacak (82. Martin Haustein). Trainer: Jörg Schmidt
Tore: 1:0 Savran (53.), 2:0 (75.) Savran
Zuschauer: 2.063 im Friedrich-Ludwig-Jahn-Sportpark in Berlin Prenzlauer Berg
Schiedsrichter: Andy Weißenborn (SV Lichtenberg 47) - Assistenten: Christian Braun, Martin Schwemin
Gelbe Karte: Münchow

Verbandspokal Sachsen-Anhalt

Teilnehmer: Alle Mannschaften von der 3. Liga (RL) bis zur 5. Liga (VL), die jeweils fünf Erstplazierten der 6. Liga (LL) sowie die Sieger der Kreispokale.

1. Runde:

15.09.07	9-5	SV Concordia Rogätz - Magdeburger SV Preussen	2:3 (1:1)
15.09.07	6-5	SV Eintracht Mechau - SV 09 Staßfurt	1:6 (0:2)
15.09.07	7-5	FSV Blau-Weiß Biere - 1. FC Lok Stendal	1:4 (1:1)
15.09.07	5-5	Schönebecker SV - Magdeburger SV Börde	3:1 nV (1:1, 1:1)
15.09.07	?-6	SG Handwerk Magdeburg - SV Blau-Weiß Gerwisch	1:4 (1:2)
15.09.07	6-6	Haldensleber SC - FSV Saxonia Tangermünde	3:1 (1:1)
15.09.07	7-6	SSV Gardelegen - Schwarz-Weiß Bismarck	2:4 nV (1:1, 0:1)
15.09.07	6-6	Oschersleber SC - Quedlinburger SV	2:1 nV (1:1, 0:1)
15.09.07	9-7	Cattenstedter SV - Empor Klein Wanzleben	1:2 (1:0)
15.09.07	8-6	SV Concordia Harzgerode - Einheit Wernigerode	0:3 (0:1)
15.09.07	7-6	BuSG Aufbau Eisleben - MSV Eisleben	2:3 (1:0)
15.09.07	7-5	Schackstedter SV - TV Askania Bernburg	0:3 (0:1)
15.09.07	7-5	SV Rathmannsdorf - FSV Hettstedt	0:2 (0:0)
15.09.07	5-5	FC Grün-Weiß Piesteritz - VfL Halle 96	3:4 (1:0)
15.09.07	6-5	Cöthener FC Germania - Union Sandersdorf	5:2 nV (1:1, 0:1)
15.09.07	6-6	Naumburger SV 05 - 1. FC Nebra	7:2 nV (2:2, 1:1)
15.09.07	9-5	ASG Vorwärts Dessau - FC Grün-Weiß Wolfen	3:6 (1:0)
15.09.07	6-6	SV Braunsbedra - 1. FC Romonta Amsdorf	0:2 (0:1)
15.09.07	6-5	SV Germania Roßlau - Hallescher FC II	0:1 (0:1)
15.09.07	7-6	Nietlebener SV - FSV Bennstedt	4:1 (2:1)
15.09.07	7-5	SV Blau-Weiß Schortewitz - SV Dessau 05	0:2 (0:2)
15.09.07	8-8	SG Dölbau - SV Merseburg 99 II	1:3 (0:2)
15.09.07	6-6	SV Eintracht Elster - SG Rot-Weiß Thalheim	1:2 (0:1)
15.09.07	8-7	SV Spora - SV Großgrimma	1:3 nV (1:1, 0:1)
15.09.07	6-6	VfB Sangershausen II - 1. FC Zeitz	3:1 (1:0)
16.09.07	6-5	IMO Merseburg - BSV Halle-Ammendorf	0:1 (0:0)
16.09.07	7-5	VfB Germania Halberstadt II - TSV Völpke	4:7 (4:4, 3:3)
Freilose:	3	1. FC Magdeburg	
	4	Hallescher FC, VfB Germ. Halberstadt, VfB 06 Sangerhausen	
	5	1. FC Magdeburg II	

2. Runde:

03.10.07	5-5	TV Askania Bernburg - 1. FC Lok Stendal	3:1 nV
03.10.07	6-5	SV Blau-Weiß Gerwisch - Hallescher FC II	1:4 (0:2)
03.10.07	5-5	TSV Völpke - FSV Hettstedt	4:0 (4:0)
03.10.07	6-6	VfB Sangershausen II - Oschersleber SC	0:2 (0:1)
03.10.07	6-5	Haldensleber SC - 1. FC Romonta Amsdorf	2:0 (0:1)
03.10.07	5-4	1. FC Magdeburg II - VfB 06 Sangerhausen	1:0 (0:0)
03.10.07	7-5	Empor Klein Wanzleben - Magdeburger SV Preussen	0:3 (0:2)
03.10.07	5-5	FC Grün-Weiß Wolfen - SV 09 Staßfurt	3:1 (1:1)
03.10.07	8-5	SV Merseburg 99 II - SV Dessau 05	1:6 (0:3)
03.10.07	6-3	Einheit Wernigerode - 1. FC Magdeburg	0:3 (0:1)
03.10.07	6-4	Naumburger SV 05 - Hallescher FC	0:4 (0:1)
03.10.07	6-4	SG Rot-Weiß Thalheim - VfB Germania Halberstadt	0:4 (0:2)
03.10.07	7-6	Nietlebener SV - Schwarz-Weiß Bismarck	2:1 nV
03.10.07	7-6	SV Großgrimma - BSV Halle-Ammendorf	1:2 nV
03.10.07	5-5	BSV Halle-Ammendorf - VfL Halle 96	1:3 (1:1)
13.10.07	6-5	Cöthener FC Germania 03 - Schönebecker SV	2:1 (0:0)

Achtelfinale:

13.10.07	6-5	Haldensleber SC - SV Dessau 05	0:2 (0:1)
13.10.07	6-5	MSV Eisleben - Hallescher FC II	1:2 (0:1)
13.10.07	5-4	FC Grün-Weiß Wolfen - Hallescher FC	2:3 (0:2)
13.10.07	7-6	Nietlebener SV - Oschersleber SC	0:5 (0:4)
14.10.07	5-3	Magdeb. SV Pr. - 1. FC Magdeburg	4:5 iE, 1:1 nV (1:1, 0:0)
14.10.07	5-5	TV Askania Bernburg - TSV Völpke	6:7 iE, 1:1 nV (1:1, 1:1)
31.10.07	6-5	Cöthener FC Germania 03 - VfL Halle 96	1:7 (1:2)
31.10.07	5-4	1. FC Magdeburg II - VfB Germania Halberstadt	1:2 (0:1)

Viertelfinale:

31.10.07	5-4	Hallescher FC II - Hallescher FC	0:4 (0:0)
26.01.08	5-5	VfL Halle 96 - SV Dessau 05	0:1 nV (0:0, 0:0)
09.02.08	6-5	Oschersleber SC - TSV Völpke	9:10 iE, 2:2 nV (0:0, 0:0)
10.02.08	4-3	Germania Halberstadt - 1. FC Magdeburg	2:3 nV (2:2, 2:1)

Halbfinale:

24.03.08	5-4	TSV Völpke - Hallescher FC	0:2 (0:1)
24.03.08	5-3	SV Dessau 05 - 1. FC Magdeburg	0:2 (0:2)

Finale:

14.05.08	4-3	Hallescher FC - 1. FC Magdeburg	4:3 iE, 0:0 nV

Halle: Horvat - Werner, Gröger, Kamalla, Benes - Kunze, Görke (78. Finke), Kittler, Kanitz - Stark - Neubert. Trainer: Sven Köhler.
Magdeburg: Beer (119. Unger) - Prest, Grundmann, Neumann, Baumgart (71. Kullmann) - Kallnik (24. Jarakovic), Wejsfelt, Müller, Lindemann - Braham, Reimann. Trainer: Paul Linz
Elfmeterschießen: 0:1 Reimann, Kunze - gehalten, 0:2 Müller, 1:2 Kittler, Jarakovic - gehalten, 2:2 Neubert, Kullmann - über das Tor, 3:2 Kamalla, 3:3 Braham, 4:3 Stark
Zuschauer: 13.988 im Stadion Magdeburg
Schiedsrichter: Sven Schweinefuß (Rieder) - Assistenten: Patrick Kluge, Stefan Sauerzweig
Gelbe Karten: Kamalla, Werner - Baumgart, Braham, Prest, Jarakovic

Verbandspokal Thüringen

Teilnehmer: Alle Mannschaften der Regionalliga (3. Liga) bis zur Landesklasse (6. Liga) sowie die Bezirkspokalsieger von Ost-, Süd- und Westthüringen (7. Liga). Nicht teilnahmeberechtigt: FC Rot-Weiß Erfurt II (5. Liga), 1. FC Gera 03 II und ZFC Meuselwitz II (beide 6. Liga).

1. Runde:
10.08.07	6-5	SG Geraberg/Elgersburg - SV Germania Ilmenau	0:3 (0:1)
11.08.07	6-5	EFC Ruhla - FSV Wacker Nordhausen	3:4 (2:3)
11.08.07	6-5	SV Empor Buttstädt - FC Einheit Rudolstadt	2:1 (0:0)
11.08.07	6-5	VfB Artern - FC Thüringen Weida	1:3 (0:2)
11.08.07	6-5	Blau-Weiß Fahner Höhe - FC Motor Zeulenroda	1:3 nV (0:0)
11.08.07	6-5	SV Stahl Unterwellenborn - SV Schmölln 1913	1:3 (1:2)
11.08.07	7-6	SV 1879 Ehrenhain - Grün-Weiß Blankenhain	1:2 (0:0)
11.08.07	6-6	FSV Sömmerda - FC Gebesee	4:2 (3:0)
11.08.07	6-6	FV Gera Süd - TSV Bad Blankenburg	0:1 (0:0)
11.08.07	6-5	SC Leinefelde - FC Union Mühlhausen	0:1 (0:1)
11.08.07	7-6	ESV Lok Erfurt - SV Empor Erfurt	1:5 (1:2)
11.08.07	6-5	1. FC Sonneberg - SV 08 Steinach	0:5 (0:2)
11.08.07	6-6	FC Schwallungen - FSV Wacker 03 Gotha	0:6 (0:3)
11.08.07	6-6	SV EK Veilsdorf - SG Rudisleben/Arnstadt	0:3 (0:1)
11.08.07	6-6	FSV 04 Viernau - SV Borsch	2:0 nV (0:0)
12.08.07	6-6	SV Motor Altenburg - SV Blau-Weiß Niederpöllnitz	2:0 (2:0)
12.08.07	6-5	Grün-Weiß Siemerode - 1. SC 1911 Heiligenstadt	3:2 (1:0)
12.08.07	6-5	SG Altengottern/Großwelsbach - SSV Schlotheim	2:0 (1:0)
12.08.07	6-6	Wacker Teistungen - Wartburgstadt/Lok Eisenach	3:4 (2:2)
12.08.07	7-5	SV Neuhaus-Schierschnitz - FSV Ulstertal Geisa	0:1 (0:0)
12.08.07	6-6	VfL Meiningen - SG Glücksbrunn Schweina	5:2 (3:0)
15.08.07	6-6	SG Traktor Teichel - Blau-Weiß Neustadt	0:3 (0:1)
Freilose:	3	FC Rot-Weiß Erfurt	
	4	1. FC Gera 03, FC Carl Zeiss Jena II,	
	4	ZFC Meuselwitz, VfB 09 Pößneck	
	5	SV SCHOTT JENAer GLAS, SC 1903 Weimar	
	5	BSV Eintracht Sondershausen	
	6	1. Suhler SV 06	

2. Runde:
13.09.07	5-4	FC Union Mühlhausen - FC Carl Zeiss Jena II	0:3 (0:1)
15.09.07	5-4	SV 08 Steinach - ZFC Meuselwitz	0:2 (0:1)
15.09.07	6-4	FSV Sömmerda - 1. FC Gera 03	1:4 nV (1:1, 1:1)
15.09.07	6-5	TSV Bad Blankenburg - FSV Wacker Nordhausen	0:3 (0:1)
15.09.07	6-5	VfL Meiningen - FC Motor Zeulenroda	3:2 nV (2:2, 2:1)
15.09.07	6-6	SV Empor Buttstädt - FSV 04 Viernau	1:4 nV (1:1, 0:0)
15.09.07	6-6	Grün-Weiß Blankenhain - Blau-Weiß Neustadt	4:2 (1:1)
15.09.07	6-5	SV Empor Erfurt - BSV Eintracht Sondershausen	0:3 (0:2)
15.09.07	6-5	SV Motor Altenburg - Wacker 03 Gotha	4:3 iE, 1:1 nV (1:1, 1:0)
15.09.07	6-6	1. Suhler SV 06 - SG Wartburgstadt/Lok Eisenach	4:1 (1:1)
15.09.07	5-5	SV Germania Ilmenau - SV Schmölln 1913	3:1 (1:1)
15.09.07	5-5	SC 1903 Weimar - SV SCHOTT JENAer GLAS	0:2 (0:1)
16.09.07	6-4	SG Rudisleben/Arnstadt - VfB 09 Pößneck	2:4 nV (2:2, 0:0)
16.09.07	6-5	Grün-Weiß Siemerode - FC Thüringen Weida	1:0 (1:0)
16.09.07	6-5	SG Altengottern/Großwelsb. - FSV Ulstertal Geisa	0:3 (0:1)
Freilos:	3	FC Rot-Weiß Erfurt	

Achtelfinale:
03.10.07	5-5	SV SCHOTT JENAer GLAS - SV Germania Ilmenau	2:0 (0:0)
03.10.07	4-3	VfB 09 Pößneck - FC Rot-Weiß Erfurt	0:1 (0:0)
03.10.07	6-4	1. Suhler SV 06 - FC Carl Zeiss Jena II	1:2 (0:1)
03.10.07	6-5	Grün-Weiß Siemerode - FSV Ulstertal Geisa	1:2 (1:2)
03.10.07	5-5	Eintracht Sondershausen - Wacker Nordhausen	5:1 (1:0)
03.10.07	6-4	VfL Meiningen - 1. FC Gera 03	1:13 (0:4)
03.10.07	6-6	Grün-Weiß Blankenhain - FSV 04 Viernau	2:1 (1:0)
13.10.07	6-4	SV Motor Altenburg - ZFC Meuselwitz	1:6 (1:3)

Viertelfinale:
31.10.07	6-5	Grün-Weiß Blankenhain - SV SCHOTT JENAer GLAS	0:3 (0:0)
31.10.07	5-4	Eintracht Sondershausen - ZFC Meuselwitz	1:5 (0:2)
31.10.07	5-3	FSV Ulstertal Geisa - FC Rot-Weiß Erfurt	0:3 (0:2)
08.12.07	4-4	FC Carl Zeiss Jena II - 1. FC Gera 03	2:1 (2:0)

Halbfinale:
16.03.08	3-5	FC Rot-Weiß Erfurt - SV SCHOTT Jena	5:1 (2:1)

(Jena verzichtete aus organisatorischen Gründen auf das Heimrecht; Namensänderung in SV SCHOTT Jena im März 2008)

01.04.08	4-4	FC Carl Zeiss Jena II - ZFC Meuselwitz	2:3 (0:1)

Finale:
13.05.08	3-4	FC Rot-Weiß Erfurt - ZFC Meuselwitz	1:0 nV (0:0, 0:0)

Erfurt: Orlishausen; Schnetzler (97. Nowak), Holst, Fondja, Heller, Hauswald (46. Wolf), Stenzel, Cinaz, Brückner, Jabiri (58. Hampf), da Silva. Trainer: Karsten Baumann
Meuselwitz Dix; Kotowski, Elias, Bronec, Mees, Scherz, Dimter, Hebestreit, Weiß (103. Hinze), Bocek (106. Graf), Miltzow. Trainer: Damian Halata
Tor: 1:0 Wolf (118.)
Zuschauer: 1.470 im Stadion der Freundschaft in Gera
Schiedsrichter: Marcel Unger (FSG 99 Salza-Nordhausen) - Assistenten: Stefan Kleinschmidt, Jan Schröder
Gelb-Rote Karte: Holst (90., wiederholtes Foulspiel)
Gelbe Karten: Cinaz, Stenzel

Verbandspokal Sachsen

Teilnehmer: Alle Mannschaften der 3. Liga (RL), 4. Liga (OL) und der 5. Liga (LL) der Vorsaison, sowie die drei Sieger der Bezirkspokale der Vorsaison, an denen alle Mannschaften der 6. Liga (Bezirksliga) und 7. Liga (Bezirksklasse) zusammen mit den Kreispokalsiegern teilgenommen haben.

1. Runde:
14.09.07	4-4	Vogtländischer FC Plauen - VfB Auerbach 1906	1:2 (1:1)
03.10.07	5-4	Kickers 94 Markkleeberg - FC Sachsen Leipzig	1:2 (1:0)
03.10.07	5-4	SV 1919 Grimma - Chemnitzer FC	0:9 (0:3)
03.10.07	5-5	FC Erzgebirge Aue II - FV Dresden 06 Laubegast	0:2 (0:0)
15.09.07	5-5	1. FC Lokomotive Leipzig - BSV 68 Sebnitz	1:0 (1:0)
15.09.07	6-5	Chemnitzer FC II - SG Dynamo Dresden II	2:1 (1:1)
15.09.07	6-5	VfL 05 Hohenstein-Ernstthal - VfL Pirna-Copitz 07	0:3 (0:1)
16.09.07	5-4	Bornaer SV 91 - SSV Markranstädt	3:2 (1:0)
16.09.07	5-4	FC Sachsen Leipzig II - FSV Budissa Bautzen	1:0 (0:0)
16.09.07	5-4	NFV Gelb/Weiß Görlitz 09 - FV Dresden-Nord	1:3 (0:0)
16.09.07	6-4	SG Weixdorf - FC Eilenburg	0:3 (0:1)
16.09.07	6-5	FSV Krumhermersdorf - VfB Fortuna Chemnitz	1:0 (0:0)
Freilose:	3	SG Dynamo Dresden	
	4	FSV Zwickau	
	5	FC Oberlausitz Neugersdorf, SV Bannewitz	

Achtelfinale:
30.10.07	4-4	VfB Auerbach 1906 - FC Sachsen Leipzig	1:3 nV (1:1, 0:1)
31.10.07	5-3	FC Sachsen Leipzig II - SG Dynamo Dresden	1:2 (0:1)
31.10.07	5-4	FV Dresden 06 Laubegast - Chemnitzer FC	0:2 (0:1)
31.10.07	5-4	SV Bannewitz - FSV Zwickau	0:1 (0:0)
31.10.07	5-4	VfL Pirna-Copitz 07 - FC Eilenburg	0:2 (0:1)
31.10.07	5-5	1. FC Lok Leipzig - FC Oberlausitz Neugersdorf	0:2 (0:1)
31.10.07	6-4	Chemnitzer FC II - FV Dresden-Nord	2:0 (1:0)
31.10.07	6-5	FSV Krumhermersdorf - Bornaer SV 91	1:4 (1:1)

Viertelfinale:
20.11.07	6-3	Chemnitzer FC II - SG Dynamo Dresden	0:3 (0:2)
21.11.07	4-4	FC Eilenburg - FC Sachsen Leipzig	1:2 nV (1:1, 1:1)
21.11.07	5-4	Bornaer SV 91 - Chemnitzer FC	1:4 (1:2)
09.02.08	5-4	FCO Neugersdorf - FSV Zwickau	3:2 iE, 0:0 nV (0:0, 0:0)

Halbfinale:
23.03.08	5-4	FC Oberlausitz Neugersdorf - FC Sachsen Leipzig	1:5 (0:2)
26.03.08	4-3	Chemnitzer FC - SG Dynamo Dresden	2:0 (1:0)

Finale:
30.04.08	4-4	Chemnitzer FC - FC Sachsen Leipzig	1:0 (1:0)

Chemnitz: Sebastian Klömich; David Sieber, Yakubu Adamu, Mike Baumann, Christian Kunert, Tobias Becker, Benjamin Boltze (90+1 Matthias Großmann), Felix Bachmann (89. Felix Schimmel), Marcel Schlosser, Steffen Kellig, Steven Sonnenberg. Trainer: Christoph Franke
Leipzig: Daniel Lippmann; Enrico Köckeritz, Jens Möckel, Matthias Kühne (83. Nico Breitkopf), Ronny Garbuschewski, Karsten Oswald, Timo Breitkopf (64. Daniel Heinze), Richard Baum (83. Markus Richter), Marcel Rozgonyi, Tino Semmer, Norman Lee Gandaa. Trainer: Hans-Jörg Leitzke
Tor: 1:0 Steven Sonnenberg (25.)
Zuschauer: 7.750 im Stadion an der Gellertstraße in Chemnitz
Schiedsrichter: Marek Nixdorf (SG Dynamo Dresden) - Assistenten: Ralf Schinköthe, Gunnar Stary
Gelbe Karten: Adamu, Becker, Boltze, Schlosser, Sonnenberg - Baum, Köckeritz, Lee Gandaa

Verbandspokal Westfalen

Teilnehmer: Alle ersten Mannschaften der 3. Liga (Regionalliga) der Vorsaison, sowie Vertreter (je 1 bis 4 Vereine) aus den 33 Kreispokalen, an denen alle Mannschaften ab der 4. Liga (Oberliga) teilnehmen.

1. Runde:
Gruppe 1:
05.08.07	7-6	TuS Horn-Bad Meinberg - VfB Fichte Bielefeld	0:5
05.08.07	6-6	FC Bad Oeynhausen - VfL Theesen	1:2 nV (1:1)
15.08.07	7-4	TBV Lemgo - Delbrücker SC	2:6
05.08.07	8-7	TuRa Heiden - SC Herford	0:3
05.08.07	8-7	TuS Bad Driburg - TuS Erkeln	0:3
05.08.07	8-5	SV Werl-Aspe - SC Rot-Weiß Maaslingen	1:0
05.08.07	7-7	SV Borgholz/Natzungen - BV 1921 Stift Quernheim	2:4
Freilos:	6	FC Preußen Espelkamp	

Gruppe 2:
05.08.07	6-6	Kiersper SC - SV Rothemühle	1:3
05.08.07	7-6	VfL Klafeld-Geisweid - SV Hohenlimburg	0:4
22.08.07	5-3	TSV Weißtal - Sportfreunde Siegen	3:1
15.08.07	5-4	SV Rot-Weiß Horn - Sportfreunde Oestrich-Iserlohn	0:3
05.08.07	7-5	SV Atteln - SV Rot-Weiß Erlinghausen	2:1
05.08.07	5-5	TuS Erndtebrück - SuS Langscheid/Enkhausen	2:1
15.08.07	7-4	BC Eslohe - SV Lippstadt 08	1:4 nV (1:1)
Freilos:	7	FC Kirchhundem	

Gruppe 3:
15.08.07	5-4	VfL Schwerte - TSG Sprockhövel	0:2 nV (0:0, 0:0)
15.08.07	7-4	TSG Herdecke - SC Westfalia Herne	0:2
15.08.07	8-4	SC Dortmund 97/08 - SpVgg Erkenschwick	0:1
05.08.07	6-5	Mengede 08/20 - SC Hassel	1:3
05.08.07	7-7	SG Welper - SV Brackel 06	2:0
05.08.07	8-5	FC Frohlinde - SSV Buer	0:3
05.08.07	5-5	DJK TuS Hordel - FC 96 Recklinghausen	0:5
Freilos:	5	SG Wattenscheid 09	

Gruppe 4:
15.08.07	4-3	SV Schermbeck - Rot-Weiss Ahlen	2:1
15.08.07	7-4	Barisspor Oelde - SC Preußen 06 Münster	0:7
05.08.07	6-5	Soester SV - TuS Hiltrup	3:1
05.08.07	7-7	SV Herbern - ASV Ellewick	1:0
15.08.07	4-4	FC Gütersloh 2000 - Hammer SpVgg	2:1
15.08.07	6-4	SV Eintracht Heessen - Sportfreunde Lotte	1:6
15.08.07	6-4	SV Mesum - SC Wiedenbrück 2000	0:3
Freilos:	7	SG Gronau	

2. Runde:
Gruppe 1:
26.09.07	7-4	TuS Erkeln - Delbrücker SC	1:5
26.09.07	8-6	SV Werl-Aspe - FC Preußen Espelkamp	0:2
03.10.07	7-6	SC Herford - VfB Fichte Bielefeld	1:2
03.10.07	7-6	BV 1921 Stift Quernheim - VfL Theesen	3:5

Gruppe 2:
26.09.07	7-4	SV Atteln - SV Lippstadt 08	5:6 nE (1:1, 1:1)
26.09.07	5-4	TSV Weißtal - Sportfreunde Oestrich-Iserlohn	5:3 nE
03.10.07	7-6	FC Kirchhundem - SV Rothemühle	0:2 (0:1)
03.10.07	6-5	SV Hohenlimburg - TuS Erndtebrück	3:0 nV (0:0, 0:0)

Gruppe 3:
26.09.07	5-4	SSV Buer - TSG Sprockhövel	0:1
26.09.07	5-4	SC Hassel - SpVgg Erkenschwick	0:1
26.09.07	5-4	FC 96 Recklinghausen - SC Westfalia Herne	1:0
03.10.07	7-5	SG Welper - SG Wattenscheid 09	0:1 nV (0:0, 0:0)

Gruppe 4:
26.09.07	7-4	SV Herbern - FC Gütersloh 2000	2:3 nV (2:2, 1:2)
26.09.07	7-4	SG Gronau - SC Wiedenbrück 2000	3:4
26.09.07	4-4	SV Schermbeck - Sportfreunde Lotte	7:8 nE (2:2, 2:2, 1:2)
26.09.07	6-4	Soester SV - SC Preußen 06 Münster	0:11

3. Runde:
Gruppe 1:
24.11.07	6-4	FC Preußen Espelkamp - SV Lippstadt 08	1:2 (0:0)
24.11.07	6-6	VfB Fichte Bielefeld - SV Hohenlimburg	4:1
24.11.07	5-4	VfL Theesen - Delbrücker SC	1:2 (1:0)
24.11.07	5-6	TSV Weißtal - SV Rothemühle	1:2 (1:0)

Gruppe 2:
24.11.07	4-5	TSG Sprockhövel - SG Wattenscheid 09	0:2 (0:1)
24.11.07	4-5	SC Wiedenbrück 2000 - FC 96 Recklinghausen	3:2 (1:2)
24.11.07	4-4	Sportfreunde Lotte - FC Gütersloh 2000	2:0 (1:0)
23.11.07	4-4	SC Preußen Münster - SpVgg Erkenschwick	1:0 (0:0)

4. Runde:
Gruppe 1:
10.02.08	6-6	VfB Fichte Bielefeld - SV Rothemühle	4:0 (1:0)
08.02.08	4-4	SV Lippstadt 08 - Delbrücker SC	1:4 nE (0:0, 0:0)

Gruppe 2:
10.02.08	4-4	Sportfreunde Lotte - SC Wiedenbrück 2000	0:1 (0:1)
09.02.08	4-5	SC Preußen 06 Münster - SG Wattenscheid 09	3:2 (2:1)

Halbfinale:
20.03.08	4-4	SC Preußen 06 Münster - SC Wiedenbrück 2000	2:1 (0:0)
28.03.08	6-4	VfB Fichte Bielefeld - Delbrücker SC	6:5 nE (1:1, 1:1, 1:0)

Finale:
11.05.08	4-6	Preußen 06 Münster - VfB Fichte Bielefeld	3:0 nV (0:0, 0:0)

Münster: Joswig - Wissing, Matlik, Ivicevic, Ornatelli - Seggewiß (46. Erzen), Talarek, Lauretta, Wassey (62. Scherping) - Kara (104. Aktas) - Sowislo. Trainer: Roger Schmidt
Bielefeld: Mujala - Smith, Kaniuth, Aydin, Bobaj (74. Acar), Geceli, Bobay, Gliniaris (61. Scardino), Fritz, Ay, Karabas (62. Önen). Trainer: Mark Sawkil
Tore: 1:0 Scherping (93.), 2:0 Scherping (112.), 3:0 Scherping (118.)
Zuschauer: 1.443 im Preußen-Stadion in Münster
Schiedsrichter: Heiko Schneider (FC Wattenscheid-Ost) - Assistenten: Sylvia Kuhn, Thomas Altgeld
Gelbe Karten: Aydin, Gliniaris, Ay, Fritz

Verbandspokal Niederrhein

Teilnehmer: Die Absteiger aus der 2. Bundesliga, alle Mannschaften der 3. Liga (RL) der Vorsaison, sowie Vertreter (je 1 bis 3 Mannschaften) aus den 14 Kreispokalen, an denen alle Mannschaften ab der 4. Liga (OL) teilnehmen. In der 1. und 2. Runde haben die klassentieferen Vereine Heimrecht.

1. Runde:
21.08.07	6-5	TuS Grevenbroich - VfL Rhede	4:1 (2:0)
28.08.07	6-3	SV Adler Osterfeld - Rot-Weiss Essen	0:5 (0:2)
28.08.07	7-5	Wesel-Lackhausen - SC Kapellen-Erft	5:4 iE, 1:1 nV (1:1, 0:0)
29.08.07	6-4	DJK VfL Giesenkirchen - TuRU Düsseldorf	0:6 (0:3)
29.08.07	6-5	SpVgg Sterkrade 06/07 - SV Viktoria Goch	0:1 (0:0)
29.08.07	6-3	TuRa 88 Duisburg - Wuppertaler SV Borussia	0:5 (0:3)
29.08.07	6-5	FC Kray 09/31 - 1. FC Bocholt	4:1 (1:0)
29.08.07	7-4	SV Neukirchen - 1. FC Kleve	0:5 (0:2)
29.08.07	6-4	VfR Fischeln - VfB Homberg	0:1 (0:0)
29.08.07	7-5	TVD Velbert - SC Düsseldorf-West	0:3 (0:2)
29.08.07	7-4	ASV Süchteln - VfB Speldorf	2:0 (0:0)
29.08.07	6-3	Linner SV - Fortuna Düsseldorf	0:2 (0:1)
29.08.07	6-5	Turngemeinde Essen-West - VfB 03 Hilden	2:3 (1:1)
29.08.07	6-4	Galatasaray Mülheim - SV 19 Straelen	1:3 (0:2)
29.08.07	6-4	Turngemeinde Hilgen - SSVg Velbert 02	1:3 (0:0)
29.08.07	7-5	SC Rhenania Hinsbeck - Sportfreunde Baumberg	1:3 (0:3)

Achtelfinale:
03.10.07	5-3	SV Viktoria Goch - Fortuna Düsseldorf	1:5 (0:3)
03.10.07	4-4	TuRU Düsseldorf - SV 19 Straelen	1:0 (0:0)
03.10.07	6-6	TuS Grevenbroich - FC Kray 09/31	5:3 (1:2)
03.10.07	5-3	Sportfreunde Baumberg - Rot-Weiss Essen	1:5 (1:5)
03.10.07	5-3	SC Düsseldorf-West - Wuppertaler SV Bor.	2:1 nV (1:1, 0:1)
03.10.07	5-4	VfB 03 Hilden - 1. FC Kleve	3:5 (2:3)
03.10.07	7-4	ASV Süchteln - SSVg Velbert 02	0:4 (0:1)
14.10.07	7-4	PSV Wesel-Lackhausen - VfB Homberg	1:2 (1:1)

(Das ursprüngliche Spiel wurde am 03.10.2007 in der 51. Minute wegen heftiger Regenfälle beim Stand von 1:0 (1:0) abgebrochen und neu angesetzt)

Viertelfinale:
14.10.07	4-3	1. FC Kleve - Fortuna Düsseldorf	0:2 (0:1)
06.11.07	6-3	TuS Grevenbroich - Rot-Weiss Essen	1:4 (1:1)
24.11.07	4-5	SSVg Velbert 02 - SC Düsseldorf-West	5:2 (1:1)
25.11.07	4-4	VfB Homberg - TuRU Düsseldorf	1:0 nV (0:0, 0:0)

Halbfinale:
10.02.08	3-4	Fortuna Düsseldorf - SSVg Velbert 02	3:0 (2:0)
10.02.08	3-4	Rot-Weiss Essen - VfB Homberg	2:1 (1:0)

Finale:
08.04.08 3-3 Fortuna Düsseldorf - Rot-Weiss Essen 0:1 (0:0)
Düsseldorf: Melka - Krecidlo (46. Palikuca), Cakir, Langeneke, Hergesell - Christ, Cebe, Lambertz (82. Erwig), Caillas (87. Heidinger) - Lawarée, Sahin. Trainer: Norbert Meier
Essen: Pirson; Czyszczon, Joseph-Augustin, Sereinig, Schäfer, Gorschlüter, Kazior, Haeldermans (83. Baltes), Brandy (90. Andersen), Kurth, Guié-Mien (23. Jans). Trainer: Michael Kulm
Tor: 0:1 Joseph-Augustin (78.)
Zuschauer: 9.744 in der MSV-Arena in Duisburg
Schiedsrichter: André Stachowiak (MTV Union Hamborn) - Assistenten: Roland Inderhees, Florian Kötter
Gelbe Karten: Hergesell - Schäfer, Brandy, Jans

Verbandspokal Mittelrhein

Teilnehmer: Die neun Fußballkreise stellen je zwei Mannschaften. Die Kreise ermitteln die beiden Mannschaften und einen eventuellen dritten Teilnehmer über die Kreis-Pokalrunden. Hinzu kommen die Regional- und Oberligamannschaften, die automatisch qualifiziert sind. Die restlichen freien Plätze bis zur Teilnehmerzahl 32 werden an die Kreise mit den prozentual höchsten Teilnehmern an den Kreis-Pokalrunden vergeben. Jeder Kreis kann höchstens einen zusätzlichen Teilnehmerplatz erhalten.

1. Runde:
Datum		Paarung	Ergebnis
12.10.07	6-6	SC West Köln - 1. FC Spich	2:1 (1:1)
13.10.07	6-4	DJK Blau-Weiß Friesdorf - Bonner SC	1:4
13.10.07	8-8	FC Teutonia Weiden - 1. FC Quadrath-Ichendorf	0:5
13.10.07	8-7	SV SW Schwanenberg - SV Rhenania Richterich	3:5
13.10.07	6-6	SC Renault Brühl - SV Schwarz-Weiß Nierfeld	4:0
13.10.07	6-5	TuS Mondorf - VfL Alfter	1:2
14.10.07	7-6	SC Borussia Lindenthal-Hohenlind - SpVg Deutz 05	6:0
14.10.07	8-8	TV Hoffnungsthal - SV 09 Eitorf	7:9 nE
14.10.07	7-4	VfR Wipperfürth - FC Germania Dattenfeld	0:1
14.10.07	6-4	SV Wachtberg - SSG 09 Bergisch Gladbach	0:1
14.10.07	8-5	SSV Rot-Weiß Olpe - SpVgg Wesseling-Urfeld	0:6
14.10.07	6-5	SG Germ. Burgwart Bergstein - Bor. Freialdenhoven	2:4
14.10.07	7-5	TuS Dom Esch - GFC Düren 09	0:2
14.10.07	6-6	FC Germania Teveren - SC Erkelenz	3:1
14.10.07	8-7	SG Mutscheid/Effelsberg - DJK FV Haaren	0:1
14.10.07	7-5	FC Erftstadt - FC Wegberg-Beeck	1:4 (0:1)

Achtelfinale:
24.11.07	8-5	SV 09 Eitorf - SpVgg Wesseling-Urfeld	4:3
24.11.07	7-5	DJK FV Haaren - VfL Alfter	1:6
24.11.07	6-6	FC Germania Teveren - SC Renault Brühl	2:1
24.11.07	7-6	SC Borussia Lindenthal-Hohenlind - SC West Köln	2:3 (0:2)
24.11.07	5-5	FC Wegberg-Beeck - GFC Düren 09	6:5 iE, 4:4 (2:2)
24.11.07	4-4	SSG 09 Bergisch Gladbach - Bonner SC	0:1 (0:1)
24.11.07	7-5	SV Rhenania Richterich - SC Borussia Freialdenhoven	0:2
27.11.07	8-4	1. FC Quadrath-Ichendorf - FC Germania Dattenfeld	1:3 (0:2)

Viertelfinale:
24.02.08	5-5	VfL Alfter - SC Borussia Freialdenhoven	3:5
24.02.08	8-6	SV 09 Eitorf - SC West Köln	0:2 (0:1)
20.03.08	5-4	FC Wegberg-Beeck - FC Germania Dattenfeld	2:0 (1:0)
23.04.08	4-6	Bonner SC - FC Germania Teveren	4:1

Halbfinale:
01.05.08	5-6	FC Wegberg-Beeck - SC West Köln	5:1 (3:0)
07.05.08	5-4	SC Borussia Freialdenhoven - Bonner SC	3:0

Finale:
21.05.08 5-5 FC Wegberg-Beeck - SC Borussia Freialdenhoven 3:2 (1:1)
Wegberg: Spago; Reichartz, Vrieze, Laadim, Regn, Schmitt (90.+3 Fäuster), Cataldegirmen, Berkigt, Walbaum, Meven (77. Hadzic), Hansen (84. Vogels). Trainer: Josef Küppers
Freialdenhoven: Rodemers; Ramm, Kruskopf, Pesch (82. Ljubici), Badidila, Blenkle, Schalge (37. Schneider), Elsig, Somantri (80. Dynowski), Lehmann, Betzer. Trainer: Wilfried Hannes
Tore: 1:0 Johannes Walbaum (23.), 1:1 Dirk Lehmann (44.), 2:1 Johannes Walbaum (47.), 3:1 Michael Meven (54.), 3:2 Thomas Betzer (68.)
Zuschauer: 1.200 im Waldstadion in Beeck
Schiedsrichter: Karsten Wix (VfL Eintracht Warden) - Assistenten: Lukas Salm, Markus Riesener **Rote Karten:** Betzer (71.), Rodemers (82.)

Verbandspokal Rheinland

Teilnehmer: Alle Mannschaften von der 3. Liga (Regionalliga) bis zur 6. Liga (Bezirksliga) des Vorjahres, sowie die besten Mannschaften der Kreispokale der letzten Saison, an denen nur Kreisligisten (ab 7. Liga) teilgenommen haben. Unterklassige Mannschaften haben Heimrecht.

1. Runde:
10.08.07	9-6	SC Trier 2005 - SV Tälchen Krettnach	0:3
11.08.07	8-6	TuS Koblenz II - FC Germania Metternich	2:1
11.08.07	8-6	TuS Mötsch - SG Fließem/Nattenheim/Bickendorf	5:4
12.08.07	7-6	SG Daaden/B./N-D. - SG Kirchen/Freusbg./Wehb.	4:1
Freilose:		alle übrigen Mannschaften	

2. Runde:
05.09.07	10-6	SV Rheinland Mayen II - FV Rheingold Rübenach	0:7
11.09.07	6-5	FSV Salmrohr II - SV Eintracht Dörbach	1:2
11.09.07	6-5	SV Leiwen-Köwerich 2000 - SG Zell/Bullay/Alf	1:0
11.09.07	9-6	SG Ahrbach/Heiligenroth/Girod II - TuS Asbach	2:4
11.09.07	8-6	SG Weitefeld-L./Nau./Friedewald II - Siegtaler Spfr.	0:2
11.09.07	6-5	SV Konz - SV Eintracht Trier 05 II	6:5
11.09.07	7-6	SG Alfbachtal II - SG Großkampen/Lützk./Üttfeld	1:0
12.09.07	6-5	SV Hetzerath - FSV Salmrohr	0:3
12.09.07	10-7	DJK St. Katharinen II - DJK Neustadt/Fernthal	2:3
12.09.07	9-8	SG Mündersbach/R. II - SG Altenkirchen/Alm.-Flut.	2:0
12.09.07	7-5	SG Westerburg/Will./Gem. - SG Langenhahn/R.	1:4
12.09.07	6-5	SG Birlenbach/Balduinstein - TuS Montabaur	1:2
12.09.07	8-6	SG Ransbach-B. - SG Weitefeld-L./Nau./Friedew.	4:0
12.09.07	7-6	FSG Stahlhofen/Holler - VfL Oberbieber	3:1
12.09.07	7-6	VfL Osterspai - SG Eintracht/VfL Neuwied	0:3
12.09.07	8-6	TuS Singhofen - Spfr. Eisbachtal	1:4
12.09.07	7-6	SG Daaden/B./N-Dreisb. - SG Malberg/Rosenheim	5:1
12.09.07	7-6	SG Herschbach/Girk./Salz - SG Mündersbach/R.	0:3
12.09.07	7-6	TuS Nassovia Nassau - SV Roßbach/Wied II	3:5
12.09.07	6-5	SG Hundsangen/Obererbach - SpVgg GC Wirges II	0:3
12.09.07	9-7	FSG Bengen/Lantershofen/B.II - SV Rheinl. Mayen	0:1
12.09.07	6-5	Spfr. Eintracht Höhr-Grenzh. - Eintracht Lahnstein	0:2
12.09.07	6-5	SG Eich/Nickenich/Kell - SG Burgtal/Burgbrohl/W.	5:7
12.09.07	6-5	SG Gönnersdorf/Waldorf - TuS Oberwinter	1:2
12.09.07	8-6	FC Horchheim - TuS Rot-Weiß Koblenz	2:4
12.09.07	8-6	SG Westum/Löhndorf - SG 99 Andernach	0:3
12.09.07	8-6	FV Rheingold Rübenach II - SG Boppard/Salzig	0:1
12.09.07	8-6	TuS Hausen - TuS Mayen II	3:5
12.09.07	8-6	VfB Polch - SG Mülheim-Kärlich	1:2
12.09.07	7-6	SG Bremm/St. Aldegund - SG Müden/Moselkern	2:3
12.09.07	7-6	SG Sohren/N´sohren/B. - FC Blau-Weiß Karbach	2:1
12.09.07	7-6	SV Niederburg - SV Pfaffendorf	5:2
12.09.07	10-8	SG Daleiden/Dasbg.-D/Arzf. III - SG Bettingen/B./O.	0:1
12.09.07	7-8	SV Niederemmel - SG Hundheim/Hinzerath	1:2
12.09.07	6-5	SG Schneifel 2006 - SG Baden/Kyllburg/Gindorf	1:5
12.09.07	8-5	SG Monzelfeld/Longkamp - SV Morbach	0:7
12.09.07	7-6	SV Tawern - SV Tälchen Krettnach	0:3
12.09.07	7-6	SV Wittlich - SV Mehring	0:2
12.09.07	8-6	SSG Mariahof Trier - SG Osburg/Thomm	2:1
12.09.07	8-6	SV Eintracht Trier III - SG Ralingen/Godend./W.	2:4
12.09.07	7-6	SG Darscheid/Mehren - TuS Mosella Schweich	0:2
12.09.07	8-6	TuS Mötsch - SV Sirzenich	0:4
12.09.07	6-5	VfB Wissen - SG 06 Betzdorf/Sieg	1:6
12.09.07	7-6	SV Becheln - SG Guckheim/Kaden/Kölbingen	2:0
12.09.07	6-5	TuS Dahlheim - Spfr. Neitersen	0:5
12.09.07	7-6	SpVgg Biebern - SG Mörschbach/Liebshausen	2:1
12.09.07	7-6	SG Buchholz/Mandersch./Hasb. - SG Laufeld/W./N.	7:8
12.09.07	7-6	SG Lambertsberg - SG Wallenborn/N-Oberstadtfeld	2:1
18.09.07	6-5	TuS Jahn Argenthal - TSV Emmelshausen	1:5
18.09.07	6-5	SV Grünewald Lüxem - SG Alfbachtal	1:3 nV (1:1, 1:0)
19.09.07	7-6	SV Rot-Weiß Rheinbreitbach - VfL Linz	2:3
19.09.07	6-5	TuS Immendorf - SG Bad Breisig	2:5
19.09.07	8-7	TuS Koblenz II - SG Kadenbach/Eitelb./Neuhäusel	4:0
26.09.07	8-7	SG Ehrang/Pfalzel - SV Föhren	2:4
Freilose:	4	FV 07 Engers, SV Eintracht Trier 05, SV Roßbach/Wied, TuS Mayen und SpVgg Eintracht GC Wirges	

3. Runde:
09.10.09	8-6	SG Ransbach-Baumbach - SG Mündersbach/R.	0:2 (0:0)
10.10.07	9-6	SG Mündersbach/Roßbach II - SV Roßbach/Wied II	2:4 (2:0)
10.10.07	7-5	SG Daaden/Biersdorf/N-Dreisbach - SG Betzdorf	0:5

10.10.07 6-5	FV Rheingold Rübenach - SG Burgtal/Burgbrohl/W.	1:3
10.10.07 8-6	SSG Mariahof Trier - TuS Mosella Schweich	11:12
12.10.07 6-5	TuS Asbach - SpVgg Eintracht GC Wirges II	3:5
13.10.07 7-6	SV Niederburg - TuS Mayen II	0:1
14.10.07 7-5	SV Becheln - SG Langenhahn/Rothenbach	0:7
14.10.07 6-5	SG Eintracht/VfL Neuwied - TuS Montabaur	3:5
14.10.07 6-6	Siegtaler Spfr. Oppertsau - Spfr. Eisbachtal	0:2
14.10.07 7-6	FSG Stahlhofen/Holler - VfB Linz	1:3
14.10.07 6-5	SG 99 Andernach - SG Bad Breisig	0:3
14.10.07 6-5	TuS Rot-Weiß Koblenz - TuS Oberwinter	6:4
14.10.07 6-5	SV Konz - SV Eintracht Dörbach	3:4
14.10.07 7-6	SG Lambertsberg/O./Waxw./P. - SG Ralingen/G./W	4:1
14.10.07 8-6	SG Bettingen/Baustert/Oberweis - SV Sirzenich	1:5
14.10.07 8-5	SG Hundheim/Hinzerath - SV Morbach	0:5
14.10.07 6-5	SV Leiwen-Köwerich 2000 - FSV Salmrohr	1:3
16.10.07 7-5	DJK Neustadt/Fernthal - Spfr. Neitersen	2:4
16.10.07 7-6	SpVgg Biebertal Biebern - SG Mülheim-Kärlich	0:2
16.10.07 7-5	SG Alfbachtal II - SG Laufeld/Wallscheid/Niederöff.	3:0 (2:0)
17.10.07 7-5	SG Sohren/N´sohren/B. - TSV Emmelshausen	1:5
17.10.07 7-6	SV Föhren - SV Tälchen Krettnach	1:2
22.10.07 8-6	TuS Koblenz II - SG Rheintal Boppard/Bad Salzig	3:1
23.10.07 6-5	SG Müden/Moselkern - SG Alfbachtal	0:3 (0:1)
24.10.07 7-5	SV Rheinland Mayen - SG Eintracht Lahnstein	11:10
24.10.07 6-5	SV Mehring - SG Badem/Kyllburg/Gindorf	0:2

4. Runde:

06.11.07 6-5	Spfr. Eisbachtal - TuS Montabaur	3:1
06.11.07 5-4	SG 06 Betzdorf - SpVgg Eintracht GC Wirges	1:0
06.11.07 7-5	SG Alfbachtal II - SV Eintracht Dörbach	1:4 (0:1)
07.11.07 7-6	SV Rheinland Mayen - TuS Mayen II	1:6
07.11.07 6-5	TuS Rot-Weiß Koblenz - SG Bad Breisig	0:6
07.11.07 6-4	TuS Mosella Schweich - SV Eintracht Trier 05	1:3
07.11.07 7-5	SG Lambertsberg/O./Waxw./P. - SG Badem/K./G.	0:6
07.11.07 6-5	SV Tälchen Krettnach - SV Morbach	0:4
07.11.07 6-5	SV Sirzenich - FSV Salmrohr	2:8
07.11.07 5-4	SG Langenhahn/Rothenbach - SV Roßbach/Wied	1:0
07.11.07 8-5	TuS Koblenz II - SG Burgtal/Burgbrohl/Wassenach	2:1 (0:1)
13.11.07 6-5	SV Roßbach II - SpVgg Eintracht GC Wirges II	3:1
13.11.07 5-4	SG Alfbachtal - TuS Mayen	0:3 (0:2)
13.11.07 6-5	SG Mülheim-Kärlich - TSV Emmelshausen	2:4
14.11.07 6-4	VfB Linz - FV 07 Engers	4:3 iE, 1:1 nV
21.11.07 6-5	SG Mündersbach/Roßbach - Spfr. Neitersen	1:0

Achtelfinale:

22.02.08 5-5	FSV Salmrohr - TSV Emmelshausen	4:5
23.02.08 4-4	SV Eintracht Trier 05 - TuS Mayen	3:0 nV (0:0, 0:0)
23.02.08 8-5	TuS Koblenz II - SV Eintracht Dörbach	2:0
23.02.08 6-5	SG Mündersbach/Roßbach - SG Badem/K./Gindorf	0:3
24.02.08 6-5	SV Roßbach II - SG Langenhahn/Rothenbach	5:3
24.02.08 6-5	Spfr. Eisbachtal - SG 06 Betzdorf	1:0 (0:0)
24.02.08 6-5	VfB Linz - SG Bad Breisig	0:3 nV (0:0, 0:0)
24.02.08 6-5	TuS Mayen II - SV Morbach	1:3 (0:2)

Viertelfinale:

18.03.08 6-4	Spfr. Eisbachtal - SV Eintracht Trier 05	0:3
19.03.08 6-5	SV Roßbach II - SG Bad Breisig	1:4
25.03.08 8-5	TuS Koblenz II - TSV Emmelshausen	3:2 (2:1)
02.04.08 5-5	SG Badem/Kyllburg/Gindorf - SV Morbach	3:1 (0:0)

Halbfinale:

23.04.08 5-4	SG Bad Breisig - SV Eintracht Trier 05	1:2 iE, 1:1 nV (1:1, 0:1)
23.04.08 8-5	TuS Koblenz II - SG Badem/Kyllburg/Gindorf	1:0 (0:0)

Finale:

04.06.08 8-4	TuS Koblenz II - SV Eintracht Trier 05	0:2 nV (0:0, 0:0)

Koblenz: Weis; Bender, (63. Peters), Mund, Hahn, Dahms (113. Ackermann), Göderz, Schmidt, Bauer, Breitbach, Hawel, Kilic (90.Rahic). Trainer: Colin Bell
Trier: Pero Miletic; Michael Krempchen (57. Marc Krause), Johannes Kühne, Kevin Lacroix, Dominik Müller, Lars Schäfer, Sebastian Hartung, Thorsten Wittek, Andy Kalic, Christian Müller, Holm Hentschke (110. Moussa Touré). Trainer: Werner Weiß
Tore: 0:1 Thorsten Wittek (97.), 0:2 Christian Müller (120., Foulelfmeter)
Zuschauer: 2.100 im Salmtalstadion in Salmrohr
Schiedsrichter: Heiko Kreutz (TuS Treis-Karden)

Verbandspokal Südwest

Teilnehmer: Alle Regionalligisten, Oberligisten, Verbandsligisten, Landesligisten sowie die Viertelfinalisten der Bezirkswettbewerbe.

1. Runde:

05.08.07 8-6	ESV Ludwigshafen - Ludwigshafener SC	1:3
03.08.07 8-6	SV Schauernheim - FG 08 Mutterstadt	0:2
05.08.07 7-6	VfB Hochstadt - TB Jahn Zeiskam	0:6
05.08.07 7-6	1. FC Lustadt - FSV Offenbach/Queich	1:4
05.08.07 6-5	ASV Landau - SV Gommersheim	1:0
04.08.07 6-5	TuS Altrip - FC Arminia Ludwigshafen	0:2
05.08.07 5-5	SV Südwest Ludwigshafen - FV Dudenhofen	2:1 nV
05.08.07 6-5	SV Viktoria Herxheim - 1. FC 08 Haßloch	3:2 nV
05.08.07 7-5	SG Gensingen/Grolsheim 07 - Binger FVgg Hassia	2:4
05.08.07 7-6	SG Eintracht Herrnsheim - TuS Neuhausen	3:2
05.08.07 7-6	ASV Nibelungen Worms - SG RW Olympia Alzey	2:4 nV
01.08.07 7-5	VfR Wormatia 08 Worms II - ASV Fußgönheim	1:3
05.08.07 8-6	TV 01 Hauenstein - VfR Grünstadt	1:2
05.08.07 8-6	SV DJK Grün-Weiß Hochspeyer - TuS Altleiningen	1:2
05.08.07 7-5	SV Hinterweidenthal - SV Niederauerbach	0:1 nV
05.08.07 8-5	SV Niederkirchen - TV Lonsheim	1:5
05.08.07 7-5	SV Niederwörresbach - SV Alem. Waldalgesheim	0:7
05.08.07 7-6	TuS Kirschweiler - SC Birkenfeld	2:3 nV
05.08.07 7-6	SV Spabrücken - SC Bad Sobernheim	0:7
05.08.07 8-6	TuS Waldböckelheim - FC Viktoria Merxheim	2:5
05.08.07 6-5	FC Fortuna Mombach - SV Gonsenheim	0:3
05.08.07 6-5	SV Guntersblum - SpVgg Ingelheim	0:1
05.08.07 6-6	VfB Bodenheim 09 - TSV Gau-Odernheim	3:1
05.08.07 6-6	TSG Pfeddersheim - VfL Fontana Finthen	1:3
05.08.07 5-5	SV Hermersberg - TuS 04 Hohenecken	7:5 nE
05.08.07 6-6	Bollenbacher SV - SG Meisenheim/Desl./Jeckenb.	0:7
05.08.07 6-6	FSV Bretzenheim - VfR 07 Kirn	6:8 nE
05.08.07 6-6	SV Weiersbach - SV Oberkirn	2:4
05.08.07 6-5	VfB Waldmohr - SG Blaubach-Diedelkopf	1:6
05.08.07 6-6	TSC Zweibrücken - SG Rieschweiler	5:6 nE
05.08.07 6-6	TuS Heltersberg - SG Bruchweiler	0:1
05.08.07 6-6	SV Mackenbach - TSG 1861 Kaiserslautern	5:0

2. Runde:

14.08.07 6-6	SG Meisenheim/Desl./Jeckenb. - SC Birkenfeld	6:4 nE
15.08.07 6-5	ASV Landau - SV Hermersberg	0:3
14.08.07 6-5	SG Rot-Weiß Olympia Alzey - SV Gonsenheim	1:5
15.08.07 6-5	FG 08 Mutterstadt - ASV Fußgönheim	0:1
15.08.07 6-5	VfR 07 Kirn - VfL Fontana Finthen	2:1
15.08.07 6-5	SG Bruchweiler - SG Blaubach-Diedelkopf	3:1
15.08.07 6-6	FSV Offenbach/Queich - TB Jahn Zeiskam	0:3
15.08.07 6-6	SV Oberkirn - SC Bad Sobernheim	3:1
15.08.07 6-6	VfR Grünstadt - SV Mackenbach	0:2
15.08.07 6-5	SG Rieschweiler - SV Niederauerbach	0:4
14.08.07 7-5	SG Eintr. Herrnsheim - SV Südwest Ludwigshafen	1:0
15.08.07 6-6	Ludwigshafener SC - TuS Altleiningen	2:0
14.08.07 6-5	FC Viktoria Merxheim - Binger FVgg Hassia	2:1
14.08.07 6-5	VfB Bodenheim 09 - SpVgg Ingelheim	2:3
14.08.07 6-5	SV Viktoria Herxheim - FC Arminia Ludwigshafen	3:1
15.08.07 5-5	TV Lonsheim - SV Alemannia Waldalgesheim	1:2

3. Runde:

03.10.07 6-4	SG Meisenheim/D./J. - SG Eintracht Bad Kreuznach	0:3
03.10.07 6-4	SG Bruchweiler - SC Hauenstein	1:4
03.10.07 6-4	VfR 07 Kirn - SC Idar-Oberstein	0:5
03.10.07 6-4	SV Mackenbach - 1. FC Kaiserslautern II	0:2
03.10.07 5-4	SpVgg Ingelheim - 1. FSV Mainz 05 II	0:9
03.10.07 6-4	TB Jahn Zeiskam - TuS Mechtersheim	0:2
03.10.07 5-4	SV Niederauerbach - FK 03 Pirmasens	2:1
03.10.07 7-4	SG Eintr. Herrnsheim - VfR Wormatia 08 Worms	1:4
14.10.07 6-3	Ludwigshafener SC - FSV Oggersheim	1:4

Freilose: 5 SV Gonsenheim, SV Alemannia Waldalgesheim, ASV Fußgönheim, SV Hermersberg
6 FC Viktoria Merxheim, SV Oberkirn, SV Viktoria Herxheim,

Achtelfinale:

15.12.07 4-4	SC Hauenstein - SG Eintracht Bad Kreuznach	4:6 nE
27.11.07 6-4	SV Viktoria Herxheim - 1. FSV Mainz 05 II	0:7
01.11.07 5-5	SV Alemannia Waldalgesheim - ASV Fußgönheim	3:2
01.11.07 6-5	FC Viktoria Merxheim - SV Hermersberg	3:0

03.11.07 6-5 SV Oberkirn - SV Gonsenheim		2:1
01.11.07 5-4 SV Niederauerbach - VfR Wormatia 08 Worms		5:3 nE
06.11.07 4-4 1. FC Kaiserslautern II - TuS Mechtersheim		3:1
13.11.07 4-3 SC Idar-Oberstein - FSV Oggersheim		2:1

Viertelfinale:
24.03.08 4-4 1. FSV Mainz 05 II - 1. FC Kaiserslautern II		1:2
24.03.08 6-5 SV Oberkirn - SV Niederauerbach		0:1
24.03.08 6-5 FC Viktoria Merxheim - SV Alem. Waldalgesheim		1:3
24.03.08 4-4 SC Idar-Oberstein - SG Eintracht Bad Kreuznach		8:0

Halbfinale:
16.04.08 5-4 SV Alem. Waldalgesheim - 1. FC Kaiserslautern II		1:2
16.04.08 5-4 SV Niederauerbach - SC Idar-Oberstein		2:1

Finale:
21.05.08 5-4 SV Niederauerbach - 1. FC Kaiserslautern II   1:2 (1:1)
Niederauerbach: Michelbach - Schwindt, Schwartz, Paulus, Früh - Gerhardt, Gries (66. Kreiser), Hartmann (85. Webs), Cordier (56. Simon) - Schmitt, Ludy. Trainer: Peter Rubeck
Kaiserslautern: Trapp - Rebholz (78. Weisser), Banouas, Broniszewski, Kaldirim - Gross, Pinheiro, Weißmann, Diehl (90. Suszko) - Özgöz (54. Akcam), Dautaj. Trainer: Alois Schwartz
Tore: 0:1 Diehl (7.), 1:1 Ludy (27.), 1:2 Broniszewski (90.)
Zuschauer: 1.100 im Stadion Husterhöhe in Pirmasens
Schiedsrichter: Dr. Jochen Drees (SV Münster-Sarmsheim) - Assistenten: Timo Gerach, Philip Schmidt
Gelbe Karten: Hartmann, Schmitt, Paulus - Broniszewski, Özgöz

Verbandspokal Saarland

Teilnehmer: Alle ersten Mannschaften von der Regionalliga bis zur Kreisliga B.

1. Vorrunde:
Kreis Nordsaar:
08.08.07 9-7 SV Rot-Weiß Namborn - SV Viktoria Aschbach		0:7
08.08.07 9-7 FC Kastel - SG Braunshausen/Schwarzenbach		2:3 nV
08.08.07 8-7 SF Winterbach - FC Oster Oberkirchen		6:1
08.08.07 9-7 SpVgg Sötern - VfB Berschweiler		5:2
08.08.07 8-7 SV Germania Göttelborn - SV Hofeld		2:3
08.08.07 9-8 SV Reitscheid - VfR Alemannia Otzenhausen		3:1
08.08.07 8-7 SV Germania Wustweiler - TuS Hirstein		2:0
08.08.07 9-7 SF Eiweiler - SV Wolfersweiler		7:8 nE
08.08.07 8-7 SV Preußen Merchweiler - SV Blau-Weiß Überroth		2:1
08.08.07 9-8 FV Türkismühle - SC 07 Heiligenwald		3:1
08.08.07 9-9 TuS Nohfelden - 1. FC Lauterbach		2:1
08.08.07 8-8 SV Blies Bliesen - SV Eintr. Hirzweiler-Welschbach		3:1
08.08.07 9-7 FC Walhausen - SV Dirmingen		3:4
08.08.07 9-8 SV Stennweiler - STV Urweiler		1:2
08.08.07 8-7 FSV Sitzerath - 1. FC Niederkirchen		0:5
08.08.07 8-8 SV Landsweiler/Leb. - SV Steinberg-Deckenhardt		4:0
08.08.07 9-7 SC Wemmatia Wemmetsweiler - SV Grügelborn		7:1
08.08.07 8-7 SV Furschweiler - SG Bostalsee Gonnesw./Bosen		1:3
08.08.07 9-8 TSV Sotzweiler-Bergweiler - TuS 04 Fürth		4:1
08.08.07 8-7 SF Güdesweiler - SV Humes		1:5
08.08.07 9-8 SF Dörrenbach - SV Bubach-Calmesweiler		0:1
08.08.07 9-8 DJK Ottweiler - SG Gronig/Oberthal		0:1
08.08.07 9-7 FC Mithras Schwarzerden - SC Eintracht Alsweiler		1:5
08.08.07 8-7 SV Baltersweiler - SV Urexweiler		2:4 nV
08.08.07 8-8 SV Mosberg-Richweiler - SG Hoof/Osterbrücken		0:x
08.08.07 9-8 SV Kerpen Jllingen - SV Wahlschied		2:1
08.08.07 9-9 SV Oberlinxweiler - FC Kutzhof		3:1 nV
08.08.07 9-9 SV Asweiler-Eitzweiler - SV Niedersaubach		1:2
08.08.07 8-8 SV Habach - SV 05 Holz		5:1
08.08.07 8-8 SG Neunkirchen/Selbach - SV Ottweiler		5:2
08.08.07 8-8 FC Niederlinxweiler - SV Bohnental Scheuern		2:0
08.08.07 9-8 SC Falscheid - SC Eiweiler		0:3
08.08.07 9-8 SV Blau-Weiß St. Wendel - SF Tholey		1:3
08.08.07 9-9 SV Viktoria Gehweiler - FC St. Wendel		5:3 nE
Freilos: 9 TuS Haupersweiler		

Kreis Ostsaar:
07.08.07 7-7 SpVgg Einöd-Ingweiler - FV Oberbexbach		4:0
07.08.07 9-9 TuS Lappentascherhof - DJK Elversberg		3:4 nV
07.08.07 8-7 SC Blieskastel-Lautzkirchen - SG 08 Hassel		3:1
07.08.07 9-8 SV Genclerbirligi Homburg - SV Kirrberg		2:5
08.08.07 9-8 FV Neunkirchen - SSV Wellesweiler		2:3
08.08.07 8-7 TuS Rentrisch - FC Viktoria St. Ingbert		2:3
08.08.07 9-7 SV Bruchdorf-Sanddorf - SV Gersheim		2:1
08.08.07 9-9 SC Union Homburg - VfR Frankenholz		2:4
08.08.07 8-7 SV Niederbexbach - DJK St. Ingbert		2:5
08.08.07 9-7 SV Oberwürzbach - SV 08 Kirkel-Neuhäusel		1:9
08.08.07 8-8 SV Heinitz - DJK Bexbach		0:3
08.08.07 9-8 SV Höchen - SF Reinheim		2:3
08.08.07 9-8 Türkischer SC Neunkirchen - SV St. Ingbert		2:5
08.08.07 9-9 DJK Bildstock - DJK Erbach		9:2
08.08.07 9-7 SC Ludwigsthal - SV Borussia Spiesen		0:3
08.08.07 8-7 TuS Wiebelskirchen - SF Walsheim		9:0
08.08.07 9-8 SV Heckendalheim - SV Schwarzenbach		2:5
08.08.07 8-7 SV Altstadt - SV Bliesmengen-Bolchen		2:1
08.08.07 7-7 FC Bierbach - ASV Kleinottweiler		0:4
08.08.07 9-8 SV Kohlhof - FC Habkirchen		1:3
08.08.07 9-8 TuS Wörschw.-Schwarzenacker - SV Blickweiler		3:2
08.08.07 8-7 Eintracht 08 Bickenalb - SV Bexbach		1:5
08.08.07 9-9 DJK Münchwies - SG Webenheim/Mimbach		1:2
08.08.07 8-7 SV Beeden - SV Hellas Bildstock		4:8
08.08.07 7-7 FC Erfweiler-Ehlingen - FV Biesingen		0:5

Kreis Südsaar:
07.08.07 9-8 SF Obersalbach - SF Hanweiler-Rilchingen		x:0
08.08.07 8-7 SC Ay Yildiz Völklingen - AFC Saarbrücken		0:4
07.08.07 9-8 DJK Burbach - SV Fürstenhausen		0:1
07.08.07 9-7 SV Naßweiler - SG FC/TuS Jägersfreude		0:20
07.08.07 9-7 SV Güdingen - SC Blies Bliesransbach		1:6
07.08.07 9-7 DJK St. Arnual - SV Emmersweiler		1:2
07.08.07 9-7 FC Kandil Saarbrücken - FV 09 Bischmisheim		2:3
07.08.07 9-8 DJK Rastpfuhl-Rußhütte - SV Schnappach		5:6 nE
07.08.07 9-8 TSV Dostluk Saarbrücken - Eintracht Jägersfreude		2:3
07.08.07 8-8 VfB Heusweiler - SV San Paolo Burbach		0:1
08.08.07 8-7 FSV Lauterbach - SpVgg 05 Quierschied		4:2
08.08.07 8-7 DJK Neuweiler - SV Geislautern		1:4 nV
08.08.07 8-7 SV Walpershofen - FC Phönix 09 Kleinblittersdorf		1:3
08.08.07 8-7 SV Sitterswald - FV 08 Püttlingen		1:0
08.08.07 7-7 TuS Herrensohr - SV Klarenthal		3:5 nE
08.08.07 9-8 Zenit Saarbrücken - SV Ritterstraße		1:2
08.08.07 9-8 UFC Wacker 73 Saarbr. - FC Türkiyem Sulzbach		0:2
08.08.07 9-9 FC Rastpfuhl - VfB Luisenthal		3:1
08.08.07 9-7 TuS Eschringen - DJK Püttlingen		3:2
08.08.07 9-7 FV Fischbach - FC Neuweiler		1:4
08.08.07 8-7 SV Rockershausen - SC Großrosseln		1:2
08.08.07 9-7 SC 07 Fenne - SV 08 Ludweiler		1:4
08.08.07 8-8 SC 07 Altenkessel - SV Hermann-Röchling-Höhe		1:0
08.08.07 8-8 FV Fechingen - SV Saar 05 Saarbrücken		2:1 nV
08.08.07 8-8 SV Schafbrücke - FC Dorf im Warndt		7:3
08.08.07 8-8 SF Heidstock - SpVgg Eintracht Altenwald		4:6
08.08.07 8-8 SV Scheidt - SV Gersweiler-Ottenhausen		2:1
08.08.07 8-8 SG St. Nikolaus - SG Ensheim		1:2
08.08.07 8-8 FV Grün-Weiß Matzenberg - ATSV Saarbrücken		1:3
08.08.07 9-9 SV Wehrden - SV Werbeln		2:0

Kreis Westsaar:
08.08.07 9-8 SV Löstertal - SV Felsberg		4:2
08.08.07 8-8 FV Stella Sud Saarlouis - TuS Haustadt		1:0
08.08.07 9-8 SG Altforweiler/Berus - VfB Tünsdorf		0:3
08.08.07 9-8 SV Thailen - SV Merchingen		2:4
08.08.07 8-7 SG Körprich/Bilsdorf - FV 09 Schwalbach		5:6
08.08.07 8-8 SG Obermosel - SSV Pachten		4:0
08.08.07 9-8 SV Eimersdorf - SG Morscholz/Steinberg		1:6
08.08.07 9-9 SC Weiler - TuS Mondorf		1:2
08.08.07 8-7 SF Hüttersdorf - FC Brotdorf		3:7
08.08.07 9-9 SG Merzig/Mechern - FV Fremersdorf		5:1
08.08.07 9-9 SpVgg Mitlosheim - SV Honzrath		2:5
08.08.07 9-8 FC Eintracht Düppenweiler - SF Bietzen-Harlingen		4:2
08.08.07 8-8 SV Wallerfangen - FSV Hilbringen		5:0
08.08.07 9-9 TuS Michelbach - DJK Eintracht Saarwellingen		4:2
08.08.07 9-7 SV Wahlen - SSV Bachem		5:1
08.08.07 9-7 DJK Niederlosheim - FSG 08/DJK Bous		0:4
08.08.07 8-8 SC Viktoria Orscholz - SG Rappweiler/Waldhölzb.		1:3
08.08.07 9-9 SpVgg Faha-Weiten - SV 09 Fraulautern		0:3
08.08.07 9-8 SV Saarhölzbach - SC Fortuna Büschfeld		3:1
08.08.07 8-7 1. FC Besseringen - 1. SC Roden		6:4
08.08.07 9-7 SC Primsweiler - SF Hostenbach		2:1
08.08.07 9-9 SV Rimlingen - SG Ihn/Leidingen		7:1
08.08.07 9-8 SV Konfeld - SV Hülzweiler		4:0
08.08.07 9-8 SV Friedrichweiler - TuS Scheiden		0:3

Date	Time	Match	Result
08.08.07	9-8	SF Saarfels - FC Ensdorf	0:3
08.08.07	9-7	FC Steinrausch - SV Rot-Weiß Bardenbach	1:8
08.08.07	9-8	SV Saarlouis-Lisdorf - FV Schwarzenholz	4:3
08.08.07	8-7	TuS Grün-Weiß Bisten - FC Wadrill	10:9 nE
08.08.07	9-7	SV Biringen-Oberesch - FSV Saarwellingen	0:1
08.08.07	9-7	SG Nalbach/Piesbach - VfB Differten	1:3
08.08.07	9-7	FC Beckingen - FC 08 Elm	3:1
08.08.07	9-7	SF Scheidberg - SV Menningen	1:3
08.08.07	9-9	SV Lockweiler-Krettnich - FC Albazzurra Völklingen	11:1
08.08.07	9-8	VfB Altland - SV Weiskirchen	0:3
08.08.07	9-8	SV Gelb-Blau Gerlfangen-Fürw. - SSV Saarlouis	1:3
08.08.07	9-8	FV Saarlouis-Picard - SSC Schaffhausen	6:4
08.08.07	9-8	SV Rot-Weiß Erbringen - SF Wadgassen	0:1
08.08.07	9-8	SV Nunkirchen - VfB Gisingen	2:3
08.08.07	8-7	SSV Oppen - SC Reisbach	0:6
08.08.07	9-9	SG Britten/Hausbach - SV Düren-Bedersdorf	4:1
22.08.07	8-7	SpVgg Merzig - TuS Beaumarais	4:2

2. Vorrunde:
Kreis Nordsaar:

Date	Time	Match	Result
22.08.07	7-7	SV Hofeld - SV Dirmingen	2:1
22.08.07	8-8	FC Niederlinxweiler - SG Hoof/Osterbrücken	8:0
22.08.07	9-7	SV Oberlinxweiler - SV Wolfersweiler	2:3
22.08.07	9-8	TuS Haupersweiler - SV Habach	1:8

Freilose: Alle übrigen Sieger der 1. Vorrunde
Kreis Ostsaar:

Date	Time	Match	Result
21.08.07	8-7	SV Kirrberg - SV Hellas Bildstock	1:3
21.08.07	7-7	SpVgg Einöd-Ingweiler - FC Viktoria St. Ingbert	3:0
21.08.07	8-7	DJK Bexbach - SV Bexbach	2:4

Freilose: Alle übrigen Sieger der 1. Vorrunde
Kreis Südsaar:

Date	Time	Match	Result
21.08.07	9-8	SF Obersalbach - SV Schnappach	2:5
22.08.07	8-8	FSV Lauterbach - SpVgg Eintracht Altenwald	9:2
22.08.07	9-7	TuS Eschringen - SC Großrosseln	0:4
22.08.07	8-7	FC Türkiyem Sulzbach - AFC Saarbrücken	1:3
22.08.07	8-8	FV Fechingen - SV Scheidt	1:2
22.08.07	8-8	ATSV Saarbrücken - SG Ensheim	2:3 nV
22.08.07	9-8	FC Rastpfuhl - SV Sitterswald	2:4 nE
22.08.07	7-7	SV Klarenthal - SG FC/TuS Jägersfreude	8:7 nE

Freilose: Alle übrigen Sieger der 1. Vorrunde
Kreis Westsaar:

Date	Time	Match	Result
22.08.07	8-7	SSV Saarlouis - SV Menningen	2:3 nV
22.08.07	8-7	TuS Grün-Weiß Bisten - VfB Differten	1:8
22.08.07	9-9	SV Saarlouis-Lisdorf - SV Lockweiler-Krettnich	8:1

Freilose: Alle übrigen Sieger der 1. Vorrunde

1. Zwischenrunde:
Kreis Nordsaar:

Date	Time	Match	Result
04.09.07	8-7	SV Germania Wustweiler - SV Hofeld	1:3
04.09.07	8-8	FC Niederlinxweiler - SG Gronig/Oberthal	1:3
05.09.07	9-7	SV Reitscheid - SV Humes	1:7
05.09.07	6-6	VfB Theley - FSG 08 Schiffweiler	3:2
05.09.07	9-6	SV Viktoria Gehweiler - FC Uchtelfangen	6:1 nV
05.09.07	9-7	SV Niedersaubach - SV Urexweiler	17:18 nE
05.09.07	8-8	SG Neunkirchen/Selbach - SC Eiweiler	2:1
05.09.07	8-6	SV Habach - FV Lebach	3:4 nV
05.09.07	7-6	SV Wolfersweiler - FC 08 Landsweiler-Reden	2:1 nV
05.09.07	9-9	TSV Sotzweiler-Bergw. - SC Wem. Wemmetsweiler	0:2
05.09.07	9-8	FV Türkismühle - SF Tholey	2:3
05.09.07	9-6	TuS Nohfelden - VfL Primstal	1:5
05.09.07	9-8	SpVgg Sötern - SF Winterbach	2:3
05.09.07	8-7	SV Preußen Merchweiler - 1. FC Niederkirchen	3:6 nV
05.09.07	6-8	SV Alemannia Thalexweiler - STV Urweiler	4:1
05.09.07	6-6	FC Freisen - RSV Steinbach-Dörsdorf	5:2
05.09.07	8-7	SV Bubach-Calmesweiler - SC Eintracht Alsweiler	4:2 nV
05.09.07	8-7	SV Landsweiler/Leb. - SG Braunsh./Schwarzenb.	2:0
05.09.07	7-7	SG Bostalsee Gonnesw./Bosen - SV Vikt. Aschbach	2:4
05.09.07	8-8	SV Blies Bliesen - SV Kerpen Jllingen	0:9

Kreis Ostsaar:

Date	Time	Match	Result
04.09.07	9-6	SG Webenheim/Mimbach - SV Rohrbach	1:10
04.09.07	8-8	SV St. Ingbert - SV Schwarzenbach	1:2
04.09.07	7-7	FV Biesingen - DJK St. Ingbert	2:3
04.09.07	7-7	SpVgg Einöd-Ingweiler - SV Bexbach	0:2
04.09.07	7-6	ASV Kleinottweiler - SV Reiskirchen	4:5 nE
04.09.07	9-6	SV Bruchdorf-Sanddorf - SV Furpach	0:x
04.09.07	8-6	TuS Wiebelskirchen - TuS Steinbach	0:1 nV
05.09.07	8-7	SV Altstadt - SV Hellas Bildstock	5:0
05.09.07	7-9	SV 08 Kirkel-Neuhäusel - DJK Elversberg	11:0
05.09.07	9-7	VfR Frankenholz - SV Borussia Spiesen	1:6
05.09.07	8-6	FC Habkirchen - DJK Ballweiler-Wecklingen	1:6
05.09.07	9-8	TuS Wörschweiler-Schwarzenacker - SF Reinheim	1:4
05.09.07	8-6	SSV Wellesweiler - SpVgg Hangard	0:1
05.09.07	9-8	DJK Bildstock - SC Blieskastel-Lautzkirchen	1:5

Kreis Südsaar:

Date	Time	Match	Result
04.09.07	8-7	Eintracht Jägersfreude - AFC Saarbrücken	1:10
04.09.07	8-7	SV Schnappach - SV Geislautern	4:0
04.09.07	7-7	SV Klarenthal - SV Emmersweiler	3:1
04.09.07	8-8	SV Ritterstraße - SV Schafbrücke	5:2
04.09.07	8-6	SG Ensheim - SV Karlsbrunn	1:6
04.09.07	7-6	SC Großrosseln - SF 05 Saarbrücken	3:1
04.09.07	8-8	SV Fürstenhausen - SV Sitterswald	3:4 nV
04.09.07	8-7	SC 07 Altenkessel - SV 08 Ludweiler	3:2
05.09.07	6-6	ASC Dudweiler - SC Viktoria Hühnerfeld	4:0
05.09.07	8-7	SV Scheidt - SC Blies Bliesransbach	6:3 nV
05.09.07	8-7	FSV Lauterbach - FC Phönix 09 Kleinblittersdorf	0:5
05.09.07	8-7	SV San Paolo Burbach - FC Neuweiler	5:4
05.09.07	6-6	SV 09 Bübingen - VfR 09 Saarbrücken	2:4
06.09.07	9-7	SV Wehrden - FV 09 Bischmisheim	1:2

Kreis Westsaar:

Date	Time	Match	Result
05.09.07	9-8	TuS Michelbach - TuS Scheiden	1:2
05.09.07	9-7	SG Merzig/Mechern - SV Menningen	0:5
05.09.07	8-7	SG Rappweiler/Waldhölzbach - FSG 08/DJK Bous	1:7
05.09.07	7-7	VfB Differten - FV 09 Schwalbach	3:1
05.09.07	6-6	SV Losheim - SSV Eintracht Überherrn	2:1
05.09.07	9-7	SV Rimlingen - SC Reisbach	1:3
05.09.07	9-7	FC Beckingen - FC Brotdorf	3:0
05.09.07	9-8	FV Saarlouis-Picard - SpVgg Merzig	2:1
05.09.07	6-6	1. FC Schmelz - SF Rehlingen	4:0
05.09.07	8-8	SV Merchingen - VfB Gisingen	4:1
05.09.07	9-6	FC Eintracht Düppenweiler - FV 07 Dieffeln	1:4
05.09.07	9-9	SC Primsweiler - SV Wallerfangen	4:3
05.09.07	7-6	FSV Saarwellingen - FV Siersburg	1:2
05.09.07	8-6	SG Obermosel - VfB Dillingen	0:7
05.09.07	9-8	SG Britten/Hausbach - 1. FC Besseringen	3:2
05.09.07	9-8	TuS Mondorf - FV Stella Sud Saarlouis	1:3
05.09.07	9-8	SV Saarlouis-Lisdorf - SG Morscholz/Steinberg	0:2
05.09.07	9-8	SV Wahlen - SC Fortuna Büschfeld	2:0
05.09.07	8-7	FC Ensdorf - SV Rot-Weiß Bardenbach	0:1
05.09.07	9-8	SV Honzrath - VfB Tünsdorf	2:1
05.09.07	8-6	SV 09 Fraulautern - SV Blau-Weiß Limbach-Dorf	3:2
05.09.07	8-6	SV Weiskirchen - SG Schwemlingen/Ballern	1:3
05.09.07	9-8	SV Löstertal - SF Wadgassen	4:0
05.09.07	9-6	SV Konfeld - SG Noswendel/Wadern	1:8

2. Zwischenrunde:
Kreis Nordsaar:

Date	Time	Match	Result
18.09.07	8-6	SV Bubach-Calmesweiler - FC Freisen	1:4
18.09.07	9-7	SV Viktoria Gehweiler - 1. FC Niederkirchen	0:4
18.09.07	8-6	SG Gronig/Oberthal - FV Lebach	0:4
19.09.07	7-6	SV Hofeld - VfB Theley	4:2 nV
19.09.07	9-8	SC Wemmatia Wemmetsw. - SV Kerpen Jllingen	2:0 nV
19.09.07	7-6	SV Urexweiler - VfL Primstal	1:4
19.09.07	8-6	SV Landsweiler/Leb. - SV Alemannia Thalexweiler	2:7
19.09.07	8-8	SF Tholey - SG Neunkirchen/Selbach	4:1
19.09.07	8-7	SF Winterbach - SV Humes	0:2
19.09.07	7-7	SV Wolfersweiler - SV Viktoria Aschbach	1:4

Kreis Ostsaar:

Date	Time	Match	Result
18.09.07	6-6	SpVgg Hangard - SV Rohrbach	5:1
18.09.07	7-6	DJK St. Ingbert - DJK Ballweiler-Wecklingen	0:4
18.09.07	6-6	SV Furpach - TuS Steinbach	1:0
19.09.07	8-7	SV Altstadt - SV Bexbach	8:2
19.09.07	8-7	SC Blieskastel-Lautzk. - SV 08 Kirkel-Neuhäusel	1:0
19.09.07	8-8	SF Reinheim - SV Schwarzenbach	2:1
19.09.07	7-6	SV Borussia Spiesen - SV Reiskirchen	1:6

Kreis Südsaar:

Date	Time	Match	Result
18.09.07	8-7	SV Scheidt - AFC Saarbrücken	0:8
18.09.07	7-6	SC Großrosseln - SV Karlsbrunn	2:4 nE
18.09.07	8-7	SV Schnappach - FV 09 Bischmisheim	2:3
18.09.07	8-8	SV Ritterstraße - SC 07 Altenkessel	2:0
19.09.07	8-6	SV San Paolo Burbach - ASC Dudweiler	8:9 nE
19.09.07	8-7	SV Sitterswald - SV Klarenthal	0:4
19.09.07	7-6	FC Phönix 09 Kleinblittersd. - VfR 09 Saarbrücken	3:2

Kreis Westsaar:

Date	Time	Match	Result
19.09.07	9-6	FC Beckingen - FV Siersburg	0:3

19.09.07	9-8	FV Saarlouis-Picard - TuS Scheiden	4:1
19.09.07	9-8	SV Honzrath - FV Stella Sud Saarlouis	2:3
19.09.07	7-6	SV Menningen - VfB Dillingen	0:2
19.09.07	6-6	FV 07 Diefflen - 1. FC Schmelz	3:6
19.09.07	9-6	SV Wahlen - SV Losheim	0:3
19.09.07	8-6	SG Morscholz/Steinberg - SG Noswendel/Wadern	0:4
19.09.07	9-8	SG Britten/Hausbach - SV Merchingen	4:3
19.09.07	9-7	SC Primsweiler - SV Rot-Weiß Bardenbach	2:3
19.09.07	7-7	VfB Differten - FSG 08/DJK Bous	9:8 nE
19.09.07	9-6	SV Löstertal - SG Schwemlingen/Ballern	0:4
19.09.07	8-7	SV 09 Fraulautern - SC Reisbach	2:1

1. Hauptrunde:

16.10.07	6-5	SG Noswendel/Wadern - SV Röchling Völklingen	4:0 (2:0)
16.10.07	8-7	SF Reinheim - SV Klarenthal	2:4 nE, 1:1 nV (1:1, 1:0)
16.10.07	7-5	VfB Differten - FC Hertha Wiesbach	1:2 (1:1)
16.10.07	6-6	DJK Ballweiler-Wecklingen - ASC Dudweiler	5:0 (0:0)
16.10.07	6-6	SpVgg Hangard - SG Schwemlingen/Ballern	6:2 nV (2:2, 1:1)
17.10.07	7-5	1. FC Niederkirchen - FV Eppelborn	1:10 (0:6)
17.10.07	7-5	FV Bischmisheim - Halberg Brebach	5:6 nE, 1:1 nV (1:1, 0:0)
17.10.07	7-6	SV Rot-Weiß Bardenbach - VfB Dillingen	2:1 nV (1:1, 0:1)
17.10.07	6-5	SV Reiskirchen - FSV Hemmersdorf	2:4 (1:1)
17.10.07	6-5	SV Alemannia Thalexw. - VfB Alkonia Hüttigweiler	2:3 (0:2)
17.10.07	9-8	SG Britten/Hausbach - SF Tholey	6:1 (2:1)
17.10.07	8-6	SC Blieskastel-Lautzk. - FV Lebach	6:5 nE, 3:3 nV (2:2, 1:1)
17.10.07	6-6	SV Losheim - FV Siersburg	5:0 (4:0)
17.10.07	7-6	FC Phönix 09 Kleinblittersdorf - FC Freisen	1:2 (1:1)
17.10.07	9-6	FV Saarlouis-Picard - VfL Primstal	1:5 (1:1)
17.10.07	6-5	SV Karlsbrunn - 1. FC Riegelsberg	3:2 (2:2)
17.10.07	7-5	SV Hofeld - FC Palatia Limbach	0:5 (0:1)
17.10.07	8-5	SV 09 Fraulautern - FC Hellas Marpingen	3:1 (2:1)
17.10.07	6-5	1. FC Schmelz - 1. FC Reimsbach	0:6 (0:2)
17.10.07	7-5	AFC Saarbrücken - SV Mettlach	3:6 nE, 2:2 nV (1:1, 0:1)
17.10.07	7-5	SV Viktoria Aschbach - FSV Viktoria Jägersburg	0:3 (0:0)
17.10.07	8-5	SV Altstadt - SV Auersmacher	2:8 (0:3)
17.10.07	8-5	SV Püttlingen-Ritterstraße - SC Friedrichsthal	1:3 (0:1)
17.10.07	8-6	FV Stella Sud Saarlouis - SV Furpach	1:0 (1:0)
17.10.07	9-7	SC Wemmatia Wemmetsweiler - SV Humes	1:4 (1:0)
30.10.07	5-5	SC Gresaubach - SG Perl/Besch	2:1 (2:0)
Freilose:	3	SVgg 07 Elversberg	
	4	SV Rot-Weiß Hasborn, FC 08 Homburg, SF Köllerbach, Borussia VfB Neunkirchen, 1. FC Saarbrücken	

2. Hauptrunde:

20.11.07	5-4	SV Mettlach - 1. FC Saarbrücken	1:0 (0:0)
20.11.07	4-3	SF Köllerbach - SVgg 07 Elversberg	5:3 nV (3:3, 2:1)
20.11.07	5-4	FC Hertha Wiesbach - Borussia VfB Neunkirchen	0:3 (0:1)
24.11.07	7-5	SV Klarenthal - FSV Viktoria Jägersburg	1:5 (0:4)
24.11.07	8-5	SV 09 Fraulautern - FV Eppelborn	0:3 nV (0:0, 0:0)
24.11.07	6-5	SV Auersmacher - 1. FC Reimsbach	3:1 nV (1:1, 1:1)
24.11.07	6-5	SV Losheim - SC Halberg Brebach	2:0 (1:0)
24.11.07	6-6	SG Noswendel/W. - Ballweiler-Weckl.	5:6 nE, 1:1 nV (1:1, 1:0)
24.11.07	6-5	SpVgg Hangard - VfB Alkonia Hüttigweiler	1:3 (0:2)
24.11.07	8-6	FV Stella Sud Saarlouis - FC Freisen	4:0 (1:0)
24.11.07	7-6	SV Humes - VfL Primstal	0:5 (0:2)
24.11.07	5-5	SC Gresaubach - FSV Hemmersdorf	4:2 nV (2:2, 2:1)
24.11.07	8-5	SC Blieskastel-Lautzkirchen - FC Palatia Limbach	0:7 (0:3)
27.11.07	9-4	SG Britten/Hausbach - FC 08 Homburg	0:5 (0:5)
28.11.07	5-4	SC Friedrichsthal - SV Rot-Weiß Hasborn	0:2 (0:1)
09.02.08	7-6	SV Rot-Weiß Bardenbach - SV Karlsbrunn	1:7 (1:1)

Achtelfinale:

16.02.08	5-5	VfB Alkonia Hüttigweiler - SV Mettlach	0:1 (0:1)
16.02.08	5-4	FC Palatia Limbach - FC 08 Homburg	1:3 (1:1)
16.02.08	6-5	SV Losheim - SC Gresaubach	0:2 (0:1)
16.02.08	8-6	FV Stella Sud Saarlouis - SV Karlsbrunn	0:1 (0:0)
16.02.08	6-4	DJK Ballweiler-Wecklingen - VfB Bor. Neunkirchen	0:2 (0:0)
16.02.08	6-5	VfL Primstal - FV Eppelborn	0:5 (0:1)
17.02.08	5-5	FSV Viktoria Jägersburg - SV Auersmacher	2:1 (0:1)
17.02.08	4-4	SF Köllerbach - SV Rot-Weiß Hasborn	2:0 nV (0:0, 0:0)

Viertelfinale:

19.03.08	5-4	SV Mettlach - Borussia VfB Neunkirchen	1:2 (0:0)
19.03.08	5-4	FSV Viktoria Jägersburg - FC 08 Homburg	1:3 (1:2)
22.03.08	6-5	SV Karlsbrunn - FV Eppelborn	1:2 nV (1:1, 1:0)
24.03.08	5-4	SC Gresaubach - SF Köllerbach	2:1 (0:0)

Halbfinale:

29.04.08	5-4	FV Eppelborn - FC 08 Homburg	3:5 nV (2:2, 1:1)
30.04.08	5-4	SC Gresaubach - Borussia VfB Neunkirchen	0:1 (0:0)

Finale:

21.05.08	4-4	FC 08 Homburg - Borussia Neunkirchen	2:1 nV (1:1, 0:0)

Homburg: Thorsten Hodel - Jörg Federmeyer (17. Michael Kirsch), Rouven Weber, Pascal Thielen, David Seibert - Christoph Holste, Michael Berndt (70. Thorsten Schütte), Thomas Frei, Roland Rein - Tobias Mansfeld (102. Titan Monostori), Michael Petri. Trainer: Gerd Warken
Neunkirchen: Enver Marina - Michael Müller, Marco Schmit, Mathias Stumpf - Mathias Haubert, Holger Klein (106. Bülent Türker), Nabil Dafi, Ralf Hürter, Lars Rheinheimer (67. Alain Dos Santos) - Said Chouaib, Ewald Bucher (104. Damir Schumacher). Trainer: Günter Erhardt
Tore: 1:0 Michael Berndt (64.), 1:1 Michael Müller (74.), 2:1 Michael Petri (116.)
Zuschauer: 3.851 im Stadion "An der Kaiserlinde" in Elversberg
Schiedsrichter: Joachim Neis (FC Selbach)

Verbandspokal Hessen

Teilnehmer: Der Zweitplatzierte der vergangenen Oberligasaison (Viktoria Aschaffenburg), sowie die Finalisten (und die Drittplatzierten der Bezirke Kassel, Gießen/Marburg und Frankfurt a. M.) der Bezirkspokalrunden, an denen die Kreispokalsieger 2007 teilnehmen. An den Kreispokalen nehmen die Mannschaften ab der 4. Liga (Oberliga) teil.

Bezirkspokal Kassel:
Ausscheidungsspiel:
05.09.07 6-4 SVA Weidenhausen - 1. FC Schwalmstadt 2:1 nV (1:1, 0:0)
Halbfinale:
11.09.07 6-3 TSV Altenlotheim - KSV Hessen Kassel 1:4 (0:1)
12.09.07 6-5 SV Adler Weidenhausen - FSV Dörnberg 1:2 (0:1)
Spiel um den 3. Startplatz auf Landesebene (in Frankenau-Altenlotheim):
03.10.07 6-6 TSV Altenlotheim - SV Adler Weidenhausen 3:6 (2:1)
Finale (in Habichtswald-Dörnberg):
10.10.07 5-3 FSV Dörnberg - KSV Hessen Kassel 1:5 (0:3)
Beide Finalisten sowie der Dritte sind für den Verbandspokal qualifiziert.

Bezirkspokal Gießen/Marburg:
Viertelfinale:
29.08.07 8-4 TSG Nieder-Ohmen - FSV Fernwald 1:4 (0:3)
29.08.07 8-6 SG Kombach/Wolfgruben - SF/Blau-Gelb Marburg 2:7 (1:4)
05.09.07 7-6 SG Battenfeld - SSV Dillenburg 5:7 nV (5:5, 2:1)
Freilos: 5 FSV Braunfels
Halbfinale:
12.09.07 4-5 FSV Fernwald - FSV Braunfels 2:1 (1:0)
12.09.07 6-6 SF/Blau-Gelb Marburg - SSV Dillenburg 10:2 (7:0)
Spiel um den 3. Startplatz auf Landesebene (in Dillenburg):
03.10.07 6-5 SSV Dillenburg - FSV Braunfels 0:1 (0:1)
Finale (in Marburg):
10.10.07 6-4 SF/Blau-Gelb Marburg - FSV Fernwald 2:3 (1:2)
Beide Finalisten sowie der Dritte sind für den Verbandspokal qualifiziert.

Bezirkspokal Fulda:
Halbfinale:
18.09.07 7-6 SG RW Rückers – SG Niederaula/Hattenbach 3:4 nV (3:3, 3:1)
19.09.07 6-5 SV 1920 Steinbach - SG Bad Soden 2:1 (0:1)
Finale (in Burghaun-Steinbach):
03.10.07 6-6 SV 1920 Steinbach - SG Niederaula/Hattenbach 3:1 (1:0)
Beide Finalisten sind für den Verbandspokal qualifiziert.

Bezirkspokal Frankfurt a. M.:
Viertelfinale:
19.09.07 5-4 SpVgg 05 Oberrad - KSV Klein-Karben 2:3 iE, 1:1 nV (0:0, 0:0)
19.09.07 7-6 SV Rot-Weiß Offenbach - SV Viktoria Nidda 6:3 (3:1)
09.10.07 6-5 SGK Bad Homburg - SV Bernbach 0:1 (0:1)
Freilos: 6 SG Marköbel
Halbfinale:
11.10.07 6-4 SG Marköbel - KSV Klein-Karben 0:2 (0:2)
24.10.07 7-5 SV Rot-Weiß Offenbach - SV Bernbach 3:2 (1:1)
Spiel um den 3. Startplatz auf Landesebene (in Hammersbach-Marköbel):
15.12.07 6-5 SG Marköbel - SV Bernbach 1:3 nV (1:1, 0:0)
Finale:
4-7 KSV Klein-Karben - SV Rot-Weiß Offenbach
Das Finale wurde aufgrund der bereits erreichten Qualifikation nicht ausgetragen. Beide Finalisten sowie der Dritte sind für den Verbandspokal qualifiziert.

Bezirkspokal Darmstadt:
Ausscheidungsspiel:
18.09.07 6-4 SV Geinsheim - SV Darmstadt 98   1:3 (0:1)
Halbfinale:
03.10.07 7-6 SV Hummetroth - SV Etr. Wald-Michelbach   2:5 nV (2:2, 1:1)
06.11.07 4-4 SV Darmstadt 98 - SV Viktoria Aschaffenburg   2:0 (1:0)
Finale (in Wald-Michelbach):
12.12.07 6-4 SV Eintracht Wald-Michelbach - SV Darmstadt 98   0:3 (0:2)
Beide Finalisten sind für den Verbandspokal qualifiziert.

Bezirkspokal Wiesbaden:
Halbfinale:
29.08.07 6-6 TuS Beuerbach - SG Hausen/Fussingen/Lahr   2:7 nV (2:2, 2:1)
29.08.07 7-5 DJK 1. SC Klarenthal - 1. FC Eschborn   0:x
(Abbruch in der 118. Spielminute beim Stand von 1:1 (0:0, 0:0), wegen Tätlichkeiten von Klarenthaler Spielern gegen den Schiedsrichter. Nach Urteil zieht Eschborn in das Finale ein.)
Finale in (Waldbrunn-Hausen):
23.10.07 6-5 SG Hausen/Fussingen/Lahr - 1. FC Eschborn   2:1 (0:0)
Beide Finalisten sind für den Verbandspokal qualifiziert.

Verbandspokal:
Achtelfinale:
16.02.08 5-4 FSV Braunfels - KSV Klein-Karben   0:1 (0:1)
16.02.08 6-5 SV 1920 Steinbach - 1. FC Eschborn   2:0 (1:0)
23.02.08 4-4 FSV Fernwald - SV Darmstadt 98   2:3 nV (2:2, 1:1)
23.02.08 5-3 SV Bernbach - KSV Hessen Kassel   4:3 nE, 1:1 nV (1:1, 0:0)
23.02.08 6-6 SG Hausen/Fussingen/L. - SV Adler Weidenhausen   3:6 (1:2)
23.02.08 6-4 Eintracht Wald-Michelbach - Viktoria Aschaffenburg   1:6 (0:3)
24.02.08 6-5 SF/Blau-Gelb Marburg - FSV Dörnberg   0:1 (0:0)
24.03.08 7-6 Rot-Weiß Offenbach - SG Niederaula/Hatt.   1:2 nV (1:1, 0:0)
Viertelfinale:
02.04.08 6-5 SV 1920 Steinbach - SV Bernbach   2:1 (1:0)
09.04.08 6-5 SV Adler Weidenhausen - FSV Dörnberg   6:3 (2:1)
15.04.08 4-4 Viktoria Aschaffenburg - KSV Klein-Karben   3:1 nV (1:1, 0:0)
23.04.08 6-4 SG Niederaula/Hattenbach - SV Darmstadt 98   0:5 (0:1)
Halbfinale:
30.04.08 6-4 SV 1920 Steinbach - SV Viktoria Aschaffenburg   0:1 (0:0)
14.05.08 6-4 SV Adler Weidenhausen - SV Darmstadt 98   0:6 (0:1)
Finale:
28.05.08 4-4 SV Darmstadt 98 - SV Viktoria Aschaffenburg   2:0 (1:0)
Darmstadt: Bastian Becker - Christian Remmers, Christoph Stahl, Pascal Pellowski, Michael Bodnar - Nikola Jovanovic, Krisztián Szollár - Alvano Kröh, (66. Ahmet Sahinler), Michael Anicic (81. Zivojin Juskic), Simon Schmidt – Fabio Eidelwein (82. Sebastian Glasner). Trainer: Gerhard Kleppinger
Aschaffenburg: Elvir Smajlovic – Aziz Azaouagh, Steffen Schrod, Marco Roth (73. Sven Ehser), Markus Brüdigam – Frank Schroer (56. Vito Raimondi), Daniel Vier, Sebastian Popp, Martin Wagner – Alexander Grod (56. Julio Cesar), Maximilian Büge. Trainer: Andreas Möller
Tore: 1:0 Anicic (34.), 2:0 Anicic (72.)
Zuschauer: 2.800 im Stadion "Am Böllenfalltor" in Darmstadt
Schiedsrichter: Ralf Viktora (SSV Dillenburg) - Ass.: Steffen Rabe, Timo Ide
Gelbe Karten: Remmers - Wagner

Verbandspokal Nordbaden

Teilnehmer: Alle Mannschaften von der 3. Liga (Regionalliga) bis zur 6. Liga (Landesliga), sowie die besten drei bis acht Mannschaften der Kreispokale, an denen alle Mannschaften ab der 7. Liga teilnehmen. Die ersten beiden Runden finden getrennt in den 3 Regionen statt. Die Regionalligisten haben in den ersten beiden Runden Freilose. Die zweiten Mannschaften sind von der Pflichtteilnahme befreit (da auch im DFB-Pokal nicht mehr spielberechtigt) und spielen nur auf Antrag mit. Der Karlsruher SC II und die TSG 1899 Hoffenheim II haben nicht gemeldet.

1. Runde:
Region Odenwald:
27.07.07 7-6 TSV Tauberbischofsheim - FC Grünsfeld   3:0
27.07.07 9-6 SV Buch-Brehmen - SV Königshofen   1:12
27.07.07 7-6 TSV Assamstadt - FC Donebach   3:2
28.07.07 6-8 TSV Höpfingen - SV Königheim   4:2
28.07.07 7-5 TSV Schwarzach - SV Schollbrunn   1:5
29.07.07 6-6 SV Viktoria Wertheim - FC Hundheim-Steinbach   7:8
29.07.07 6-7 FV Mosbach - FC Fortuna Lohrbach   4:1
29.07.07 6-5 VfR Gerlachsheim - SpVgg Neckarelz   0:5
29.07.07 6-5 FC Daudenzell - TV Hardheim   2:3
29.07.07 7-6 Spfr Haßmersheim - VfR Uissigheim   3:2
29.07.07 6-6 VfB Breitenbronn - SV Alemannia Sattelbach   2:4
29.07.07 8-6 TSV Höpfingen II - SV Schefflenz   1:2
29.07.07 6-5 Türkspor Mosbach - FV Lauda   1:2
29.07.07 7-6 VfB Altheim - TSV Buchen   1:5
Freilose: 6   VfR Gommersdorf
          7   SV Großeicholzheim
Region Rhein-Neckar:
26.07.07 9-7 SG Lobenfeld - ASC Neuenheim   6:7 nE
27.07.07 7-4 FVS Sulzfeld - SV Waldhof Mannheim   0:7
27.07.07 7-6 TSV Schönau - VfB Eppingen   1:0 nV
27.07.07 8-5 SpVgg 07 Mannheim - SV 98 Schwetzingen   2:4
27.07.07 6-6 SG Kirchardt - SV 98/07 Seckenheim   0:2
28.07.07 7-5 VfB St.Leon - FC Zuzenhausen   1:4
28.07.07 7-6 SG Oftersheim - LSV 64 Ladenburg   3:2
28.07.07 6-5 SpVgg MA-Wallstadt - SG HD-Kirchheim   7:6 nE
28.07.07 6-6 TSV Viernheim - FC Badenia St.Ilgen   1:0
29.07.07 6-4 SpVgg 06 Ketsch - VfR Mannheim   0:5
29.07.07 6-6 SG Wiesenbach - DJK/FC Ziegelhausen-Peterstal   2:1
29.07.07 8-6 TSG Altenbach - SV Waldhof Mannheim II   2:3
29.07.07 8-6 SC Olympia Neulußheim - SV Sandhausen II   0:2
29.07.07 8-5 FC Eschelbronn - FC Rot   3:5 nV
29.07.07 6-6 FV Brühl - FC Victoria Bammental   1:2
29.07.07 6-4 SG Dielheim - FC Astoria Walldorf   0:3
28.07.07 5-6 SpVgg Amicitia Viernheim - TSG 62/09 Weinheim II   4:1
29.07.07 8-7 TSV Ittlingen - FC Hochstätt Türkspor   1:3
03.08.07 8-6 SpVgg Neckargemünd - DJK Neckarhausen   0:1
Freilose: 3   SV Sandhausen
          5   TSG 62/09 Weinheim
Region Mittelbaden:
27.07.07 8-5 FC Germania Friedrichstal II - TSV Reichenbach   3:0
28.07.07 6-5 FVgg Neudorf - SV Spielberg   1:2
28.07.07 6-4 Post Südstadt Karlsruhe - FC Nöttingen   1:3
29.07.07 6-5 FC Nöttingen II - FC Germania Friedrichstal   8:1
29.07.07 8-6 TSV Reichenbach II - FC Neureut   3:2
29.07.07 6-6 1. FC Kieselbronn - Spfr Feldrennach   5:2
29.07.07 6-5 FV Malsch - ASV Durlach   1:2
29.07.07 6-6 FC Germania Forst - SpVgg Durlach-Aue   2:1
29.07.07 7-7 FC Viktoria Odenheim - 1. FC Calmbach   2:1
29.07.07 7-6 1. FC Eutingen - FV Graben   1:4
29.07.07 7-5 FC Busenbach - SpVgg Oberhausen   1:2
29.07.07 7-6 FC Germania Singen - 1. FC Bruchsal   2:1
29.07.07 7-6 Ettlinger SV - FV Neuthard   0:3
29.07.07 7-6 1. FC Bruchsal II - FC Östringen   1:2
29.07.07 7-6 SV Neuhausen - TSV Wimsheim   5:8 nV
29.07.07 7-6 FC Fatihspor Pforzheim - VfR Pforzheim   1:3
29.07.07 7-7 VfB Knielingen - FC Südstern Karlsruhe   5:4
31.07.07 7-5 SV Blankenloch - FC 07 Heidelsheim   1:2
31.07.07 7-7 VfB Bretten - 1. FC Ersingen   2:3
31.07.07 6-5 FC Olympia Kirrlach - 1. FC Pforzheim   1:2
Freilose: 6   1. FC 08 Birkenfeld
          8   Karlsruher SV

2. Runde:
Region Odenwald:
04.08.07 7-6 TSV Tauberbischofsheim - FV Mosbach   0:2
05.08.07 5-6 SV Schollbrunn - SV Alemannia Sattelbach   4:2
05.08.07 5-5 FV Lauda - SpVgg Neckarelz   4:2
05.08.07 6-6 FC Hundheim-Steinbach - VfR Gommersdorf   0:6
05.08.07 6-6 SV Großeicholzheim - TSV Buchen   2:3 nV
05.08.07 6-6 SV Schefflenz - SV Königshofen   3:0
05.08.07 7-5 TSV Assamstadt - TV Hardheim   1:2 nV
05.08.07 7-6 Spfr Haßmersheim - TSV Höpfingen   1:3
Region Rhein-Neckar:
04.08.07 5-4 TSG 62/09 Weinheim - SV Waldhof Mannheim   6:7 nE
04.08.07 5-5 SpVgg Amicitia Viernheim - FC Zuzenhausen   2:3
04.08.07 7-6 FC Hochstätt Türkspor - SV 98/07 Seckenheim   4:2
05.08.07 6-4 SV Sandhausen II - FC Astoria Walldorf   2:1
05.08.07 6-5 SpVgg MA-Wallstadt - FC Rot   1:3
05.08.07 6-6 SG Wiesenbach - VfR Mannheim   2:3
05.08.07 7-6 ASC Neuenheim - TSV Viernheim   10:9 nE
05.08.07 7-6 SG Oftersheim - SV Waldhof Mannheim II   1:5
06.08.07 6-6 DJK Neckarhausen - FC Victoria Bammental   1:2
Freilose: 3   SV Sandhausen
          5   SV 98 Schwetzingen
          7   TSV Schönau

Region Mittelbaden:
03.08.07	7-5	FC Germania Singen - ASV Durlach	2:4
04.08.07	8-6	TSV Reichenbach II - TSV Wimsheim	1:3
04.08.07	6-5	FC Germania Forst - SpVgg Oberhausen	1:0
05.08.07	5-7	SV Spielberg - VfB Knielingen	3:1
05.08.07	6-6	VfR Pforzheim - 1. FC 08 Birkenfeld	1:0
05.08.07	6-4	1. FC Kieselbronn - FC Nöttingen	0:1 nV
05.08.07	6-6	FV Neuthard - FC Nöttingen II	6:5 nE
05.08.07	5-5	FC Östringen - FC 07 Heidelsheim	5:3 nE
05.08.07	8-5	Karlsruher SV - 1. FC Pforzheim	0:3
05.08.07	8-7	FC Germania Friedrichstal II - 1. FC Ersingen	2:3 nV
Freilose:	6	FV Graben	
	7	FC Viktoria Odenheim	

3. Runde:
08.08.07	5-4	SV Spielberg - FC Nöttingen	5:4 nV
12.08.07	6-6	VfR Gommersdorf - TSV Höpfingen	3:2
12.08.07	6-6	SV Sandhausen II - TSV Buchen	4:0
12.08.07	6-5	FV Mosbach - TV Hardheim	4:1 nV
12.08.07	7-5	TSV Schönau - SV Schollbrunn	2:1
12.08.07	7-6	ASC Neuenheim - SV Waldhof Mannheim II	1:5
12.08.07	7-6	FC Hochstätt Türkspor - VfR Pforzheim	3:1
12.08.07	6-5	FV Graben - ASV Durlach	3:4 nV
12.08.07	7-7	1. FC Ersingen - FC Viktoria Odenheim	1:0 nV
12.08.07	6-6	FV Neuthard - FC Östringen	4:1
13.08.07	6-5	FC Germania Forst - SV 98 Schwetzingen	1:0
13.08.07	6-5	FC Victoria Bammental - FC Zuzenhausen	0:5
14.08.07	6-5	TSV Wimsheim - FC Rot	0:1
15.08.07	6-4	SV Schefflenz - SV Waldhof Mannheim	1:5
15.08.07	5-4	1. FC Pforzheim - VfR Mannheim	4:0
28.08.07	5-3	FV Lauda - SV Sandhausen	1:2

Achtelfinale:
19.08.07	7-6	TSV Schönau - SV Sandhausen II	0:2
22.08.07	7-5	1. FC Ersingen - ASV Durlach	1:3
01.11.07	6-5	SV Waldhof Mannheim II - SV Spielberg	1:3
21.08.07	6-4	VfR Gommersdorf - SV Waldhof Mannheim	1:6
17.11.07	6-5	FV Mosbach - 1. FC Pforzheim	0:3
10.10.07	5-3	FC Zuzenhausen - SV Sandhausen	3:1
01.11.07	7-6	FC Hochstätt Türkspor - FV Neuthard	2:5
01.11.07	6-5	FC Germania Forst - FC Rot	6:4 nE

Viertelfinale:
16.02.08	4-5	SV Waldhof Mannheim - 1. FC Pforzheim	5:0
23.02.08	6-5	FV Neuthard - FC Zuzenhausen	0:1 nV
23.02.08	5-5	ASV Durlach - SV Spielberg	1:0
17.03.08	6-6	SV Sandhausen II - FC Germania Forst	1:2

Halbfinale:
23.04.08	6-4	FC Germania Forst - SV Waldhof Mannheim	6:4 nE
01.05.08	5-5	ASV Durlach - FC Zuzenhausen	1:0 nV

Finale:
05.06.08 6-5 FC Germania Forst - ASV Durlach 1:4 (0:1)
Forst: Schimmel; Seböck (80. Baumgärtner), Covic, Kiziltas (68. Demiral), Licht, Beganovic, Yesilyurt, M. Juchaz, P. Juchaz, Thielicke, Solmaz. Spielertrainer: Sascha Licht
Durlach: Zieger; Striebich, Nirmaier, Gondorf (80. Janowski), Vivell (68. Leppert), Perchio, Becker, Hurle, Hinze, Yildiz (46.Cetinkaya), Zimmermann (83. Kristian Kleinert). Trainer: Klaus Kleinert
Tore: 0:1 Zimmermann (20.), 0:2 Vivell (48.), 1:2 Beganovic (53.), 1:3 Cetinkaya (77.), 1:4 Perchio (88.)
Zuschauer: 1.800 im Stutenseestadion in Friedrichstal
Schiedsrichter: Tobias Fett (SpVgg Ilvesheim) - Assistenten: Mirco Schlagloth, Fabian Ebert
Gelbe Karten: Thielicke - Hurle

Verbandspokal Südbaden

Teilnehmer: Alle Mannschaften der RL und OL sowie jeweils die ersten acht der VL und der drei LL der vergangenen Saison, sowie die Halbfinalisten der sechs Bezirkspokale 2006/07. Jeder Verein darf nur mit einer Mannschaft teilnehmen; belegen in der VL oder der LL Reservemannschaften einen der ersten acht Plätze, so rücken die Nächstplatzierten der entsprechenden Liga nach. Das Teilnehmerfeld wird mit den Nächstplatzierten der VL auf 64 Mannschaften aufgestockt. Für die qualifizierten Mannschaften ist die Teilnahme Pflicht.

In den ersten beiden Runden haben niederklassige Mannschaften Heimrecht; Mannschaften auf Bezirksebene haben (außer im Finale) immer Heimrecht gegenüber überbezirklichen Mannschaften. Unentschiedene Spiele werden verlängert. Steht es danach noch Unentschieden, so kommt es im Finale und bei Spielen von Mannschaften derselben Spielklasse zum Elfmeterschießen, bei Spielen von Mannschaften unterschiedlicher Spielklassen kommt die niederklassige Mannschaft weiter. In den ersten beiden Runden werden die Mannschaften auf lokaler Ebene einander zugelost.

1. Runde:
25.07.07	6-5	SpVgg Untermünstertal - VfR Hausen a.d.M.	2:1 (2:0)
25.07.07	6-3	SC Gottmadingen-Bietingen - SC Pfullendorf	0:6 (0:3)
27.07.07	6-5	SV Rhodia Freiburg - FC Emmendingen	1:2 (0:1)
27.07.07	6-6	SpVgg Schiltach - Lahrer FV	1:2 (0:0)
27.07.07	8-6	SV Schwarzwald Bad Peterstal - FV Schutterwald	1:4 (0:1)
28.07.07	8-6	VfB Villingen - DJK Donaueschingen	1:9 (0:5)
28.07.07	8-4	FC Kirchdorf - FC 08 Villingen	0:6 (0:3)
28.07.07	8-6	SC Bankholzen-Moos - FC Rot-Weiß Salem	0:4 (0:3)
28.07.07	8-5	SV Forbach - FC Rastatt 04	2:3 nV (1:1, 1:0)
28.07.07	7-5	SV Oberweier - SV Stadelhofen	0:7 (0:5)
28.07.07	7-5	SV Hausach - Kehler FV	0:5 (0:3)
28.07.07	6-6	SV Munzingen - FV Herbolzheim	4:3 (1:2)
28.07.07	8-6	SG Ehrenstetten/Norsingen - SV Waldkirch	1:2 (1:2)
28.07.07	6-5	SV Endingen - FC Bötzingen	3:0 (0:0)
28.07.07	8-6	SV Deggenhausertal - FC Radolfzell (in Obersigg.)	2:1 (0:1)
28.07.07	7-6	FSG Zizenhausen-Hindelw.-Hopp. - FC Singen 04	0x3 kpfl.
28.07.07	6-4	SV Oberkirch - SV Linx	0:2 (0:0)
28.07.07	7-5	SC Lauchringen - FC Wehr 1912	3:8 (1:3)
28.07.07	8-5	SV Jestetten - SV Weil 1910	0:8 (0:5)
28.07.07	7-6	VfR Achern - SV Oberachern	1:0 (1:0)
29.07.07	8-5	FC Obertsrot - SV Kuppenheim	1:5 (0:2)
29.07.07	7-5	FV Würmersheim - FV Gamshurst	0:2 (0:0)
29.07.07	6-5	1. SV Mörsch - VfB Bühl	1:3 nV (1:1, 1:0)
29.07.07	9-5	FV Dinglingen - Offenburger FV	0:9 (0:2)
29.07.07	7-6	SV Heimbach - Spfr. Elzach-Yach	2:0 (1:0)
29.07.07	9-5	AC Milan Waldkirch - FC Denzlingen	0:12 (0:4)
29.07.07	6-4	SV Kirchzarten - SC Freiburg II	0:8 (0:4)
29.07.07	7-7	FC Boporus Weil - FV Lörrach	1:4 (0:3)
29.07.07	8-6	SSC Donaueschingen - FC Bad Dürrheim	2:1 (1:0)
29.07.07	7-5	FC 07 Furtwangen - DJK Villingen	2:4 (0:1)
29.07.07	8-6	FC Uhldingen - SV Denkingen	2:5 (1:3)
01.08.07	5-4	Freiburger FC - Bahlinger SC	1:2 (0:1)

2. Runde:
03.08.07	5-5	VfB Bühl - SV Stadelhofen (in Neusatz)	4:0 (1:0)
04.08.07	8-6	SSC Donaueschingen - DJK Donaueschingen	0:6 (0:5)
04.08.07	6-5	SV Munzingen - FV Gamshurst	2:2 nV (1:1, 0:0)
04.08.07	6-6	Lahrer FV - Kehler FV	0:2 (0:1)
04.08.07	7-5	VfR Achern - FC Rastatt 04	0:3 (0:1)
04.08.07	6-4	FV Schutterwald - SV Linx	1:4 (1:0)
04.08.07	5-5	SV Kuppenheim - Offenburger FV	0:2 (0:1)
04.08.07	6-4	SV Endingen - SC Freiburg II	0:1 (0:1)
04.08.07	5-6	FC Denzlingen - SV Waldkirch	2:1 (2:1)
04.08.07	5-4	FC Emmendingen - Bahlinger SC	0:2 (0:1)
04.08.07	8-3	SV Deggenhausertal - SC Pfullendorf	0:6 (0:4)
04.08.07	6-5	FC Rot-Weiß Salem - DJK Villingen	0:2 (0:0)
04.08.07	5-5	SV Weil 1910 - FC Wehr 1912	4:2 (2:2)
05.08.07	7-6	SV Heimbach - SpVgg Untermünstertal	2:2 nV (1:1, 1:1)
05.08.07	6-6	SV Denkingen - FC Singen 04	2:1 (1:0)
08.08.07	7-4	FV Lörrach - FC 08 Villingen	1:5 (1:4)

Achtelfinale:
11.09.07	5-4	VfB Bühl - Bahlinger SC	0:5 (0:0)
19.09.07	4-5	SV Linx - Offenburger FV	0:0 nV (0:0, 0:0)
25.09.07	3-4	SC Pfullendorf - SC Freiburg II	1:0 (0:0)
25.09.07	4-5	FC 08 Villingen - SV Weil 1910	2:1 (0:0)
02.10.07	5-5	DJK Villingen - FC Denzlingen	6:5 nV (5:5, 2:1)
03.10.07	7-6	SV Heimbach - DJK Donaueschingen	3:2 nV (2:2, 1:1)
03.10.07	5-6	Kehler FV - SV Denkingen	4:0 (1:0)
03.10.07	5-6	FC Rastatt 04 - SV Munzingen	5:0 (4:0)

Viertelfinale:
14.10.07	4-5	FC 08 Villingen - DJK Villingen	5:3 (2:0)
01.11.07	7-5	SV Heimbach - Kehler FV	0:5 (0:0)
01.11.07	5-4	FC Rastatt 04 - Bahlinger SC	0:1 (0:0)
06.11.07	3-5	SC Pfullendorf - Offenburger FV	2:0 (1:0)

Halbfinale:
08.04.08	4-4	Bahlinger SC - FC 08 Villingen	2:4 (1:1)
01.05.08	3-5	SC Pfullendorf - Kehler FV	3:1 (1:0)

Finale:
04.06.08 4-3 FC 08 Villingen - SC Pfullendorf 8:9 nE, 3:3 nV (2:2, 0:0)
Villingen: Daniel Miletic - Fitim Fazlija, Tobias Bea, David D'Incau, Mario Ketterer (46. Giuliano Saggiomo) - Dejan Svjetlanovic (115. Robert Michnia), Jago Maric, Piero Saccone, Adem Sari - Mario Klotz, Rodrigo "Toco" Stasiak (110. Müslüm Yelken). Trainer: Uwe Schneider, Peter Grütering und Rosario Vetere
Pfullendorf: Ralf Hermanutz - Christian Falkenmayer (110. Daniel Isailovic), Matthias Kiefer, Markus Knackmuß (43. Neno Rogosic), Christian Deufel - Marco Konrad, Mark Lerandy, Patrick Ghigani (101. Ewald Beskid), Johannes Flum (56. Patrick Hagg), Harun Toprak (87. Faruk Gül) - Marco Calamita. Trainer: Helgi Kolvidsson
Tore: 1:0 Klotz (54.), 2:0 Sari (58.), 2:1 Hagg (59.), 2:2 Toprak (75.), 3:2 Maric (100.), 3:3 Calamita (117.)
Elfmeterschießen: 4:3 Maric, 4:4 Konrad, Saggiomo scheitert an Hermanutz, 4:5 Isailovic, 5:5 Saccone, 5:6 Beskid, 6:6 Klotz, Calamita verschießt, 7:6 Sari, 7:7 Rogosic, 8:7 Fazlija, 8:8 Gül, Michnia scheitert an Hermanutz, 8:9 Deufel
Zuschauer: 2.560 im Mettnau-Stadion des FC Radolfzell
Schiedsrichter: Dominik Waldkirch (VfR Pfaffenweiler im Breisgau) - Assistenten: Simon Hirzel, Oliver Gerlach
Gelbe Karten: Svjetlanovic, Sari, Fazlija - Ghigani

Verbandspokal Württemberg

Teilnehmer: Alle Mannschaften der Regional-, Ober-, Verbands- und Landesliga der laufenden Saison 2007/08 sowie die 16 Sieger und ggf. die unterlegenen Finalisten der Bezirkspokale 2006/07, an denen Mannschaften der Bezirks- und Kreisligen teilnehmen. Mit Ausnahme der Kreisliga B und C ist für alle qualifizierten Mannschaften die Teilnahme Pflicht.

1. Runde:
Gruppe 1:
03.08.07	6-6	Tura Untermünkheim - VfB Neckarrems	0:2 (0:1)
04.08.07	5-4	FSV 08 Bissingen - SG Sonnenhof Großaspach	0:1 (0:1)
04.08.07	6-6	SpVgg Renningen - VfL Brackenheim	0:2 (0:0)
04.08.07	6-6	FV Löchgau - FC Heilbronn	3:2 nV (1:1, 1:1)
04.08.07	6-6	FV Künzelsau - TSV Crailsheim II	1:3 (1:0)
04.08.07	6-5	SC Ilsfeld - TSF Ditzingen	2:3 (1:2)
04.08.07	8-7	VfL Eberstadt - SV Winnenden	4:2 (3:2)
04.08.07	9-5	GSV Pleidelsheim - FSV Hollenbach	3:6 (0:2)
04.08.07	7-6	VfL Winterbach - KSG Gerlingen	2:3 (1:1)
04.08.07	7-5	TSG Öhringen - SpVgg 07 Ludwigsburg	3:2 (2:2)
04.08.07	6-6	SKV Rutesheim – Spfr. Schwäbisch Hall	1:2 (1:1)
04.08.07	6-6	SpVgg Gröningen-Satteldorf - TSG Backnang	5:0 (2:0)
Freilose:	4	TSV Crailsheim	
	6	TV Oeffingen, Türkspor Neckarsulm, SC Michelbach/Wald	

Gruppe 2:
31.07.07	8-3	SV Jungingen - SV Stuttgarter Kickers	0:9 (0:4)
04.08.07	6-5	SpVgg Feuerbach - VfR Aalen II	0:2 (0:1)
04.08.07	6-6	TV Echterdingen - SV Omonia GFV Vaihingen	6:1 (4:1)
04.08.07	7-6	OFK Beograd Stuttgart - TSV Köngen	1:6 (1:1)
04.08.07	8-6	TV Nellingen II - 1. FC Eislingen	0x3 kpfl.
04.08.07	6-6	TSVgg Plattenhardt - 1. FC HDH II	6:8 nE, 3:3 nV (2:2, 1:0)
04.08.07	8-6	TSV Pfuhl - GSV Dürnau	3:6 nV (3:3, 0:3)
04.08.07	6-6	1. FC Donzdorf - FV Illertissen	0:3 (0:2)
04.08.07	6-4	TSuGV Großbettlingen - VfL Kirchheim	0:2 (0:1)
04.08.07	7-7	SV Bonlanden II - TSV Essingen	2:0 (0:0)
04.08.07	6-5	TSG Hofherrnweiler-Unterrombach - SV Fellbach	1:2 (1:1)
05.08.07	6-5	TSV Neu-Ulm - FV Oly. Laupheim	5:6 nE, 1:1 nV (1:1, 0:1)
05.08.07	6-6	SSV Ulm 1846 II - 1. Göppinger SV	1:0 (0:0)
08.08.07	6-4	Spfr. Dorfmerkingen - 1. FC Normannia Gmünd	0:6 (0:2)
Freilose:	6	TV Nellingen	
	8	TSV Denkendorf	

Gruppe 3:
04.08.07	6-4	TuS Metzingen - TSV Schwieberdingen	1:5 (1:2)
04.08.07	5-4	TSG Balingen - SGV Freiberg	2:1 (0:1)
04.08.07	6-6	FV 08 Rottweil - SG Empfingen	2:1 (2:1)
04.08.07	7-6	VfL Pfullingen - SpVgg Freudenstadt	3:4 (3:0)
04.08.07	7-7	SV Seedorf - ASV Bildechingen	3:2 (0:1)
04.08.07	6-5	TSF Dornhan - VfL Sindelfingen	1:4 (1:1)
04.08.07	7-7	SG Reutlingen - SV Nufringen	4:6 nE, 2:2 nV (2:2, 0:1)
04.08.07	6-5	SC 04 Tuttlingen - 1. FC Frickenhausen	5:2 (4:0)
04.08.07	6-6	SSV Rübgarten - FC Gärtringen	2:1 (2:0)
04.08.07	8-6	SpVgg Loßburg - SV Althengstett	1:4 (0:1)
04.08.07	6-4	SV 03 Tübingen - SV Stuttgarter Kickers II	0:3 (0:2)
04.08.07	6-5	VfB Bösingen - SV Bonlanden	1:0 (0:0)
04.08.07	6-6	VfL Nagold - SF Gechingen	2:1 (2:1)
04.08.07	6-6	SV Zimmern o.R. - SV Böblingen	0:1 (0:1)
07.08.07	6-3	TSV Hildrizhausen - SSV Reutlingen 05	0:9 (0:6)
Freilos:	6	SV Nehren	

Gruppe 4:
03.08.07	6-6	FC Schmiechtal - FV Biberach	0:5 (0:2)
04.08.07	7-6	TSG Achstetten - FV Rot-Weiß Weiler im Allgäu	0:2 (0:1)
04.08.07	7-6	SV Fronhofen - TSV Allmendingen	0:1 (0:0)
04.08.07	6-6	SV Oberzell – Spfr. Isingen (beim SV Weissenau)	3:0 (1:0)
04.08.07	6-5	SV Mochenwangen - FV Ravensburg	1:0 (1:0)
04.08.07	6-4	FC Isny - 1. FC Heidenheim	0:10 (0:7)
04.08.07	6-5	FC 07 Albstadt - Spvgg Au/Iller	7:6 nE, 3:3 nV (3:3, 3:1)
04.08.07	6-5	SV Reinstetten - FC Wangen	0:4 (0:0)
04.08.07	7-6	SV Dotternhausen - SV Baltringen	3:2 (2:1)
05.08.07	7-6	FV Spfr. Altshausen - TSV Tettnang	0:1 (0:1)
05.08.07	6-6	VfB Friedrichshafen - SV Baustetten	3:1 (2:1)
07.08.07	4-3	SSV Ulm 1846 - VfR Aalen	1:3 (0:1)
Freilose:	6	TG Schömberg, Spfr. Schwendi, FV Olympia Laupheim II	
	7	VfB Gutenzell	

2. Runde:
Gruppe 1:
07.08.07	6-4	VfL Brackenheim - SGS Großaspach	5:3 nE, 1:1 nV (1:1, 1:1)
07.08.07	6-4	SpVgg Gröningen-Satteldorf - TSV Crailsheim	1:3 (1:0)
08.08.07	6-6	FV Löchgau - VfB Neckarrems	1:0 (0:0)
08.08.07	6-5	SC Michelbach/Wald - FSV Hollenbach	0:4 (0:2)
08.08.07	8-6	VfL Eberstadt - Spfr. Schwäbisch Hall	1:7 (1:2)
08.08.07	6-5	Türksp. Neckarsulm - TSF Ditzingen	11:12 nE, 1:1 nV (0:0, 1:0)
08.08.07	7-6	TSG Öhringen – TSV Crailsheim II	3:0 (2:0)
08.08.07	6-6	TV Oeffingen - KSG Gerlingen	5:3 (3:1)

Gruppe 2:
07.08.07	6-3	GSV Dürnau - SV Stuttgarter Kickers	1:10 (0:3)
08.08.07	6-5	1. FC Heidenheim II - FV Illertissen	0:4 (0:3)
08.08.07	6-5	TV Nellingen - VfR Aalen II	4:0 (1:0)
08.08.07	6-5	TV Echterdingen - SV Fellbach	6:1 (2:0)
08.08.07	7-4	SV Bonlanden II - VfL Kirchheim	2:5 (1:2)
08.08.07	6-5	SSV Ulm 1846 II - TSV Köngen	2:1 (2:1)
08.08.07	8-6	TSV Denkendorf - 1. FC Eislingen	1:2 (1:0)
15.08.07	5-4	FV Oly. Laupheim - Norm. Gmünd	4:6 nE, 1:1 nV (1:1, 1:1)

Gruppe 3:
08.08.07	6-6	SV Althengstett - SC 04 Tuttlingen	2:1 (1:0)
08.08.07	6-5	VfB Bösingen - TSG Balingen	1:0 (0:0)
08.08.07	7-6	SV Nufringen - VfL Nagold	0:4 (0:1)
08.08.07	7-4	SV Seedorf - TSV Schwieberdingen	0:5 (0:2)
08.08.07	6-5	SV Nehren - VfL Sindelfingen	1:3 (0:1)
08.08.07	6-4	SV Böblingen - SpVgg Freudenstadt	5:2 (4:0)
08.08.07	6-4	FV 08 Rottweil - SV Stuttgarter Kickers II	0:1 (0:0)
14.08.07	6-3	SSV Rübgarten - SSV Reutlingen 05	0:4 (0:2)

Gruppe 4:
08.08.07	7-6	SV Dotternhausen - SV Mochenwangen	1:3 (0:0)
08.08.07	7-6	VfB Gutenzell - TG Schömberg	3:1 (2:0)
08.08.07	6-6	TSV Allmendingen - SV Oberzell	2:4 (1:1)
08.08.07	6-6	FV Biberach - VfB Friedrichshafen	3:1 (2:0)
08.08.07	6-6	FV Rot-Weiß Weiler im Allgäu - TSV Tettnang	4:0 (1:0)
08.08.07	6-5	FV Olympia Laupheim II - FC Wangen	2:0 (2:0)
09.08.07	6-4	FC 07 Albstadt - 1. FC Heidenheim	0:8 (0:6)
15.08.07	6-3	Spfr. Schwendi - VfR Aalen	0:6 (0:2)

3. Runde:
Gruppe 1:
11.08.07	6-6	TV Oeffingen - FV Löchgau	1:3 nV (1:1, 0:0)
11.08.07	7-5	TSG Öhringen - TSF Ditzingen	1:0 (0:0)
11.08.07	6-6	VfL Brackenheim – Spfr. Schwäbisch Hall	1:5 nV (1:1, 0:0)
15.08.07	5-4	FSV Hollenbach - TSV Crailsheim	0:1 (0:0)

Gruppe 2:
11.08.07	6-6	TV Nellingen - 1. FC Eislingen	7:8 nE, 2:2 nV (2:2, 2:2)
11.08.07	6-5	TV Echterdingen - FV Illertissen	2:1 (2:0)
21.08.07	6-3	SSV Ulm 1846 II - SV Stuttgarter Kickers	1:5 (1:3)
29.08.07	4-4	1. FC Normania Gmünd - VfL Kirchheim	0:1 (0:1)

Gruppe 3:
15.08.07	6-6	SV Althengstett - SV Böblingen	9:10 nV, 2:2 nV (2:2, 2:1)
15.08.07	6-5	VfB Bösingen - VfL Sindelfingen	0:1 (0:0)
22.08.07	6-4	VfL Nagold - SV Stuttgarter Kickers II	1:0 (0:0)

10.10.07 4-3 TSV Schwieberdingen - SSV Reutlingen 05   0:2 (0:0)
Gruppe 4:
11.08.07 7-6 VfB Gutenzell - SV Oberzell   0:2 (0:1)
12.08.07 6-6 FV Rot-Weiß Weiler i. A. - FV Olympia Laupheim II   1:2 (0:1)
15.08.07 6-4 FV Biberach - 1. FC Heidenheim   2:3 (2:0)
05.09.07 6-3 SV Mochenwangen - VfR Aalen   1:3 (0:0)

Achtelfinale:
18.08.07 6-6 FV Löchgau - Spfr. Schwäbisch Hall   4:3 nE, 1:1 nV (1:1, 1:1)
18.08.07 6-6 TV Echterdingen - 1. FC Eislingen   3:4 nV (1:1, 1:0)
29.08.07 7-4 TSG Öhringen - TSV Crailsheim   2:4 nV (2:2, 1:1)
05.09.07 6-6 VfL Nagold - SV Böblingen   2:0 nV (0:0, 0:0)
19.09.07 6-4 FV Olympia Laupheim II - 1. FC Heidenheim   1:3 (0:2)
10.10.07 3-6 VfR Aalen - SV Oberzell   3:0 (1:0)
13.10.07 4-3 VfL Kirchheim - SV Stuttgarter Kickers   3:0 (2:0)
23.02.08 3-5 SSV Reutlingen 05 - VfL Sindelfingen   4:0 (2:0)

Viertelfinale:
31.10.07 6-4 FV Löchgau - TSV Crailsheim   0:5 (0:3)
31.10.07 6-4 VfL Nagold - 1. FC Heidenheim   2:5 (0:3)
15.12.07 6-3 1. FC Eislingen - VfR Aalen   0:2 (0:1)
12.03.08 4-3 VfL Kirchheim -SSV Reutlingen 05   5:3 nE, 1:1 nV (1:1, 1.0)

Halbfinale:
24.03.08 4-4 TSV Crailsheim - VfL Kirchheim   2:1 (1:0)
24.03.08 4-3 1. FC Heidenheim - VfR Aalen   4:0 (1:0)

Finale:
03.06.08 4-4 TSV Crailsheim - 1. FC Heidenheim   2:3 (2:1)
Crailsheim: Manuel Schoppel (24. Benjamin Gorzawski) - Oliver Gorgiev, Ajet Abazi (73. Andreas Schumacher), Martin Schmidt, Christian Endler - Oskar Schmiedel (64. Visar Rushti), Rüdiger Rehm (73. Reinhard Schenker), Laszlo Kanyuk, Markus Bauer - Bastian Heidenfelder, Joseph Fameyeh. Trainer: Peter Kosturkov
Heidenheim: Erol Sabanov - Johannes Meier (89. Rene Hammerl), Tim Göhlert, Cassio da Silva, Ingo Feistle - Ertac Seskir (74. Gökhan Gündüz), Martin Klarer (46. Alper Bagceci), Bernd Maier, Christian Gmünder - Dieter Jarosch (88. Christian Sameisla), Andreas Spann (81. Alexander Raaf). Trainer: Frank Schmidt
Tore: 1:0 Kanyuk (8.), 1:1 Maier (22.), 2:1 Fameyeh (32.), 2:2 da Silva (46.), 2:3 Jarosch (60.)
Zuschauer: 2.500 im Waldstadion in Ellwangen
Schiedsrichter: Michael Karle (FSV Waiblingen) - Assistenten: Johannes Steck (Wolfschlugen) und Jürgen Heim (Nürtingen)
Gelbe Karte: Spann

Verbandspokal Bayern

Teilnehmer: Die Sieger der Bezirkspokale sowie der unterlegene Finalist des Bezirkspokals Mittelfranken.

Bezirkspokal Oberbayern:
Für das Halbfinale qualifizieren sich die vier Kreispokalsieger. Der Bezirkspokalsieger qualifiziert sich für die Endrunde um den Verbandspokal.
Kreispokalsieger:
Kreis Donau/Isar:
13.10.07 11-3 Rot-Weiß Klettham-Erding - FC Ingolstadt 04   0:15
Kreis München:
24.02.08 5-3 TSV Großhadern - SpVgg Unterhaching   1:2
Kreis Inn/Salzach:
24.10.07 5-3 TSV 1860 Rosenheim - SV Wacker Burghausen   0:2
Kreis Zugspitze:
03.10.07 7-6 FC Deisenhofen - FT Starnberg 09   4:2 iE / 1:1
Halbfinale:
16.04.08 7-3 FC Deisenhofen - SpVgg Unterhaching   0:3
30.04.08 3-3 SV Wacker Burghausen - FC Ingolstadt 04   1:3
Finale:
13.05.08 3-3 FC Ingolstadt 04 - SpVgg Unterhaching   0:3

Bezirkspokal Niederbayern:
Für das Halbfinale qualifizieren sich die vier Kreispokalsieger. Der Bezirkspokalsieger qualifiziert sich für die Endrunde um den Verbandspokal.
Kreis Landshut:
19.07.07 7-5 ETSV 09 Landshut - SpVgg Landshut   0:2

Kreis Straubing:
05.09.07 5-5 SpVgg Hankofen-Hailing - FC Dingolfing   2:3
Kreis Bayerwald:
02.10.07 6-6 SC Zwiesel - TSV Waldkirchen   0:2
Kreis Passau:
22.07.07 8-5 TSV Rotthalmünster - SV Schalding-Heining   1:5
Halbfinale:
16.04.08 5-5 FC Dingolfing - SV Schalding-Heining   3:0
16.04.08 6-5 TSV Waldkirchen - SpVgg Landshut   0:x
Finale:
07.05.08 5-5 FC Dingolfing - SpVgg Landshut   1:2

Bezirkspokal Schwaben:
Für die Endrunde auf Bezirksebene qualifizieren sich die drei Kreispokalsieger und der Finalist aus dem Kreis Donau. Gesetzt für die Zwischenrunde sind die schwäbischen Vereine der Bayernliga (TSV Aindling, FC Kempten, FC Memmingen und TSG Thannhausen) und der Landesliga Süd (FC Affing, TSV Gersthofen, FC Königsbrunn, TSV Nördlingen, FC Pipinsried, TSV Rain am Lech und 1. FC Sonthofen). Der Bezirkspokalsieger qualifiziert sich für die Endrunde um den Verbandspokal.
Kreis Donau:
29.08.07 7-6 TSV Krumbach - FC Gundelfingen   3:2
Kreis Augsburg:
29.08.07 6-6 TSV Bobingen - FC Schrobenhausen   2:4
Kreis Allgäu:
29.08.07 6-6 VfB Durach - SpVgg Kaufbeuren   3:2
1. Zwischenrunde:
Kreis Donau:
04.09.07 7-4 TSV Krumbach - TSG Thannhausen   0:4
05.09.07 6-5 FC Gundelfingen - TSV Nördlingen   0:1
Kreis Augsburg:
21.08.07 5-4 FC Pipinsried - TSV 1946 Aindling   5:4 iE / 1:1
22.08.07 5-5 TSV Rain am Lech - FC Affing   3:2 iE / 1:1
22.08.07 5-5 TSV Gersthofen - FC Königsbrunn   0:2
Freilos: 6   FC Schrobenhausen
Kreis Allgäu:
04.09.07 6-4 VfB Durach - FC Kempten   2:3
04.09.07 5-4 1. FC Sonthofen - FC Memmingen   4:3 iE / 0:0
2. Zwischenrunde:
Kreis Donau:
11.09.07 5-4 TSV Nördlingen - TSG Thannhausen   1:2
Kreis Augsburg:
04.09.07 5-5 TSV Rain am Lech - FC Königsbrunn   3:1
05.09.07 6-5 FC Schrobenhausen - FC Pipinsried   3:1
Kreis Allgäu:
11.09.07 5-4 1. FC Sonthofen - FC Kempten   4:3 iE / 1:1
Halbfinale:
24.03.08 5-5 1. FC Sonthofen - TSV Rain am Lech   6:5 iE / 2:2
24.03.08 6-4 FC Schrobenhausen - TSG Thannhausen   5:4 iE / 2:2
Finale:
30.04.08 6-5 FC Schrobenhausen - 1. FC Sonthofen   0:2

Bezirkspokal Oberpfalz:
Für das Halbfinale qualifizieren sich die drei Kreispokalsieger und der unterlegene Finalist aus dem Kreis Regensburg. Der Bezirkspokalsieger qualifiziert sich für die Endrunde um den Verbandspokal.
Kreis Regensburg:
16.04.08 6-3 FC Tegernheim - SSV Jahn 2000 Regensburg   1:4
Kreis Amberg/Weiden:
09.04.08 8-5 TSV Eslarn - FC Amberg   5:6 iE / 1:1
Kreis Cham/Schwandorf:
16.04.08 7-7 SC Ettmannsdorf - 1. FC Schwandorf   1:4 iE / 1:1
Halbfinale:
23.04.08 5-3 FC Amberg - SSV Jahn 2000 Regensburg   5:4 iE / 0:0
23.04.08 7-6 1. FC Schwandorf - FC Tegernheim   2:1
Finale:
13.05.08 7-5 1. FC Schwandorf - FC Amberg   1:0

Bezirkspokal Oberfranken:
Für das Halbfinale qualifizieren sich die drei Kreispokalsieger und die SpVgg Selbitz (Titelverteidiger). Der Bezirkspokalsieger qualifiziert sich für die Endrunde um den Verbandspokal.
Kreis Bamberg/Bayreuth:
25.09.07 5-4 SV Memmelsdorf/Ofr. - SpVgg Bayreuth   0:3
Kreis Coburg/Kronach:
02.04.08 7-5 TSV Steinberg - VfL Frohnlach   0:3

Kreis Hof/Marktredwitz:
26.09.07 6-4 1. FC Trogen - SpVgg Bayern Hof 0:1
Halbfinale:
15.04.08 4-4 SpVgg Bayern Hof - SpVgg Bayreuth 4:1 iE / 2:2
16.04.08 5-5 VfL Frohnlach - SpVgg Selbitz 0:1
Finale:
12.05.08 5-4 SpVgg Selbitz - SpVgg Bayern Hof 1:0

Bezirkspokal Mittelfranken:
Für das Halbfinale qualifizieren sich die drei Kreispokalsieger und der unterlegene Finalist aus dem Kreis Nürnberg/Frankenhöhe. Der beiden Teilnehmer am Endspiel qualifizieren sich für die Endrunde um den Verbandspokal.
Kreis Nürnberg/Frankenhöhe:
01.11.07 5-4 ASV Vach - SpVgg Ansbach 09 1:3
Kreis Neumarkt/Jura:
11.09.07 6-5 TSV 1860 Weißenburg - ASV 1860 Neumarkt 0:2
Kreis Erlangen/Pegnitzgrund:
01.11.07 7-6 BSC Erlangen - 1. FC Schnaittach 1:3
Halbfinale:
22.04.08 5-5 ASV Vach - ASV 1860 Neumarkt 1:4 iE / 1:1
22.04.08 6-4 1. FC Schnaittach - SpVgg Ansbach 09 3:4 iE / 2:2
Finale:
30.04.08 5-4 ASV 1860 Neumarkt - SpVgg Ansbach 09 2:0

Bezirkspokal Unterfranken:
Für das Halbfinale qualifizieren sich die vier Kreispokalsieger. Der Bezirkspokalsieger qualifiziert sich für die Endrunde um den Verbandspokal.
Kreis Aschaffenburg:
02.04.08 9-5 SpVgg Niedernberg - SV Alemannia Haibach 0:3
Kreis Würzburg:
08.04.08 5-5 TG Höchberg - FC Würzburger Kickers 0:2
Kreis Rhön:
03.10.07 7-4 1. FC Fuchsstadt - TSV Großbardorf 3:5
Kreis Schweinfurt:
25.09.07 5-5 FT Schweinfurt - 1. FC Sand am Main 2:4 iE / 2:2
Halbfinale:
15.04.08 5-4 1. FC Sand am Main - TSV Großbardorf 0:5
16.04.08 5-5 SV Alemannia Haibach - FC Würzburger Kickers 2:0
Finale:
12.05.08 5-4 SV Alemannia Haibach - TSV Großbardorf 3:1

Verbandspokal:
Viertelfinale:
21.05.08 5-5 ASV 1860 Neumarkt - SV Alemannia Haibach 2:1 (1:0)
22.05.08 5-4 SpVgg Selbitz - SpVgg Ansbach 09 1:4 iE / 3:3 (2:1)
21.05.08 5-5 1. FC Sonthofen - SpVgg Landshut 0:2 (0:1)
20.05.08 7-3 1. FC Schwandorf - SpVgg Unterhaching 0:8 (0:4)
Halbfinale:
28.05.08 5-4 SpVgg Landshut - SpVgg Ansbach 09 3:5 iE / 2:2 (2:1)
28.05.08 5-3 ASV 1860 Neumarkt - SpVgg Unterhaching 0:4 (0:3)
Finale:
18.07.08 4-3 SpVgg Ansbach 09 - SpVgg Unterhaching 4:5 iE, 1:1 (1:1)
Ansbach: Raffel – König, Kadlubowski, Bauer, Strobel – Kamberger, Goth, Lechner, Stolz (66. Ballbach) – Kovacevic (54. Weiß), Grau (90. Fischer). Trainer: Reiner Eisenberger
Unterhaching: Kampa – Schulz, Bucher, Susak, Nagy – Balkan (66. Hörnig), Tyce, Villar, Zillner – Steegmann (82. Hain), Bischoff (56. Schweinsteiger). Trainer: Ralph Hasenhüttl
Tore: 0:1 Zillner (8.), 1:1 Grau (30.)
Elfmeterschießen: 1:0 Bauer, 1:1 Bucher, 2:1 Kamberger, Raffel hält gegen Hörnig, Ballbach verschießt, 2:2 Tyce, 3:2 Strobel, 3:3 Villar, 4:3 Fischer, 4:4 Schweinsteiger, Kampa hält gegen Kadlubowski, 4:5 Zillner
Zuschauer: 800 in Ansbach
Schiedsrichter: Thomas Färber (SpVgg Bärenkeller Augsburg) - Assistenten: Danijel Djordjevic und Manfred Keil

Korrekturen/Ergänzungen
zum Buch "Deutschlands Fußball in Zahlen 2006"

- Seite 118 (Kickers Emden): Abgänge: Jaschob zu VfL Germania Leer
- Seite 124 (Holstein Kiel): El Kasmi gesamt 64 Spiele; Grieneisen gesamt 66 Spiele und 6 Tore
- Seite 126 (Bayer Leverkusen II): Stenman gesamt 1 Tor
- Seite 130 (1. FC Magdeburg): Kukulies gesamt 63 Spiele statt 53
- Seite 136 (St. Pauli): Prokoph gesamt 39/2 statt 10/0
- Seite 160 (KSC II): frühere Vereine von Thorsten Barg: VfL Bochum, Karlsruher SC, VfL Herrenberg, SV Oberreichenbach
- Seite 193 (OL Nord, Aufsteiger): Der Meister und Vizemeister der Verbandsliga Bremen (Bremer SV und FC Bremerhaven) erhielten keine Lizenz für die Oberliga. Der SV Werder Bremen III verzichtete als nachrückender Dritter auf den Aufstieg.
- Seite 195 (Kader Ramlingen/Ehlershausen): de Andrade 26.05.1980 statt 22.11.1980, Fritschmann 06.06.1986 statt 06.09.1986, Buchholz 22.10.1984 statt 20.10.1984 und Kattenhorn 26.09.1986 statt 29.06.1986
- Seite 195 (Kader Bergedorf): Behnke 02.05.1974
- Seite 210 (OL Nordrhein): Aachen (Domgörgen 20 Spiele, Dunkel 13/1), Duisburg II (Seeger 1 Tor, Seiffert 4 Tore), Düren (Celik 0 Tore, Ciolek 4 Tore)
- Seite 211 (Kader Bonn): Juvonen 7 Spiele, Moschny 4 Tore
- Seite 212 (Kader Wuppertal II): Marcel statt Martin Reichwein
- Seite 213 (OL Südwest): FC Kutzhof spielt 2007/08 in der Kreisliga B Lebach
- Seite 222 (Kader Hoffenheim II): Sebastian statt Daniel Hoeneß
- Seite 225 (OL Bayern): Auch TSG 1890 Thannhausen (LL Süd) steigt in die OL auf. Die Liga spielt in der Saison 2007/08 mit 18 Mannschaften
- Seite 238 (VL Mecklenburg-Vorpommern): Ergänzung zu SG Warnow Papendorf: SG Warnow Papendorf (die bisherige II. Mannschaft spielt künftig als I. Mannschaft in der Kreisliga Rostock-Warnow; SV Hafen Rostock 61 steigt in die LL Ost ab (nicht West).
- Seite 240 (VL Brandenburg): Das Spiel Oranienburg – Altlüdersdorf wurde 0x3 gewertet; die Torverhältnisse in der Tabelle ändern sich entsprechend. Falkensee: 59-33 Tore, 54 Punkte gesamt und 33-18 Tore und 27 Punkte in der Heimbilanz
- Seite 247 (VL Mittelrhein) Ergänzung: Die Spiele Rhenania Eschweiler – FC Junkersdorf (2:2), VfL Rheinbach – Wesseling-Urfeld (1:1) und Wesseling-Urfeld – Rhenania Eschweiler (1:1) wurden gewertet. Das Spiel Wesseling-Urfeld – SVgg Porz vom 17.08.2006 wurde in der 46. Minute beim Stand von 0:0 wegen eines Unwetters abgebrochen.
- Seite 248 (VL Rheinland): Der TuS Jahn Argenthal zog die Mannschaft vor Saisonbeginn zurück und stand als erster Absteiger fest (in die BzL Mitte)
- Seite 261 (Aufstieg in die VL Südwest): Trainer Rieschweiler = Thorsten Schäfer; das Tor zum 2:1 im Rückspiel erzielte Zarbel
- Seite 288 (Landespokal Bayern). Das Kreispokalendspiel aus Schwaben (TSG Thannhausen - TSV Nördlingen) endete 1:3 und nicht 3:1
- Seite 315 (Frauen-Niedersachsenliga West): SG Anderlingen/Byhusen steigt in die BzOL Lüneburg ab (nicht Spielbetrieb eingestellt)
- Seite 316 (Frauen-VL Mecklenburg-Vorpommern): SV Waren 09 steigt nicht ab und FSV Dummerstorf 47 hat nicht neu gemeldet
- Seite 317 (Frauen-VL Berlin): Hertha Zehlendorf II ist nicht aufgestiegen
- Seite 322 (Frauen-LL Hessen Nord): die SG Anraff/Gifflitz/Friedrichstein steigt in die OL Hessen auf; der Meister der BzOL Gießen-Marburg, Kickers Erzhausen, hat auf den Aufstieg verzichtet
- Seite 323 (Frauen-VL Nordbaden): SpVgg Mannheim-Sandhofen steigt nicht ab; die Liga spielt in der nächsten Saison mit elf Mannschaften
- Seite 325 (LL Bayern Süd): es fehlt das Entscheidungsspiel um Platz 3 am 02.06.2007 in Ergoldsbach: SpVgg Moosburg – SC Regensburg II 2:1
- Seite 338 (AJ-RL Nordost): Die geplante Umbenung des FV Dresden-Nord wurde vom SFV verboten.
- Seite 349 (BJ-RL Nordost): FC Strausberg hat auf den Aufstieg verzichtet; statt dessen steigt der Zweite, SV Babelsberg 03, auf

Es fehlten die Aufstiegsspiele zur VL Westfalen:
Entscheidungsspiele der Zweiten der Landesligen:
06.06.07: 1. FC Gievenbeck (LL4) - Langscheid/Enkhausen (LL5) 2:4 iE, 2:2 nV
09.06.07: Hasper SV (LL2) - BV Brambauer 1913 (LL3) 1:3
10.06.07: FC Bad Oeynhausen (LL1) – SuS Langscheid/Enkhausen 1:3
Das Spiel BV Brambauer 1913 – SuS Langscheid/Enkhausen wurde abgesetzt, da zwei Plätze frei waren.
SuS Langscheid/Enkhausen und BV Brambauer 1913 (nach Fusion als BV Brambauer 13/45) steigen in die Verbandsliga Westfalen (Gruppe 2) auf.

Korrekturhinweise oder Ergänzungen können Sie jederzeit mitteilen an:

hohmann@dsfs.de

Frauen-Fußball
Die komplette Pyramide

Um Ihnen einen kurzen Überblick über die Ligen auf den folgenden Seiten zu geben, ist hier die komplette Pyramide des Frauen-Fußballs dargestellt. Bis in die oberste Verbandsebene finden Sie auf den folgenden Seiten alle Ergebnisse und Tabellen.

Level	Liga	Staffeln
1	1 × UEFA-Cup **Bundesliga** ▽2	1
2	△1 **2. Bundesliga Nord** | △1 **2. Bundesliga Süd** ▽5	2
3	△1 **Regionalliga Nordost** ▽2 | △1 **Regionalliga Nord** ▽2 | △1 **Regionalliga West** ▽2 | △1 **Regionalliga Südwest** ▽2 | △1 **Regionalliga Süd** ▽3	5

Level	VL Mecklenburg-Vorp.	VL Brandenburg	VL Berlin	VL Sachsen-Anhalt	LL Thüringen	LL Sachsen	VL Schleswig-Holstein	VL Hamburg	VL Niedersachsen West	VL Niedersachsen Ost	VL Bremen	VL Westfalen	VL Niederrhein	VL Mittelrhein	VL Rheinland	VL Südwest	VL Saarland	OL Hessen	Oberliga Baden-Württemberg △1 ▽3	OL Bayern	Staffeln
4																					20
5	4	1	1	3	3	3	4	1	5	2	2	3	2	5	5	1	2		VL NBD / VL SBD / VL WBG	2	52
6	—	7	2	8	7	16	10	3	8	—	5	9	6	—	2	3	6	3	2	2	7	106
7	—	—	1	1	—	—	—	2	37	—	20	—	—	—	—	—	—	9	1	6	6	13	96
8	—	—	2	—	—	—	—	—	25	—	—	—	—	—	—	—	—	1	—	5	12	26	71
9	—	—	—	—	—	—	—	—	5	—	—	—	—	—	—	—	—	2	—	2	—	4	13
Σ	5	9	7	13	11	20	15	7	82	3	28	13	9	6	8	5	21	5	16	21	53	**366**

Anmerkungen:
- Die Anzahl der Staffeln ab Level 5 sind notiert gemäß Erhebung im DFBnet (www.fussball.de), d. h. alle Angaben erfolgen ohne Gewähr und sind namentlich in den unteren Ligen womöglich unvollständig.
- Bei einem Strukturwechsel in einem Kreis während der Saison wurden generell die Staffeln der zweiten Saisonhälfte gewertet.
- Grundsätzlich sind Kleinfeldstaffeln bzw. 7er- und 9er-Mannschaften mitgezählt, was ab Level 5 gelegentlich auftritt.
- Ab der 5. Liga ist für die einzelnen Verbände meist nur noch die Anzahl der Ligen angegeben. Die Summen in der letzten Tabellenzeile beziehen sich auf Level 4 bis 10 (jeweils einschließlich; in Baden-Württemberg ab Level 5); die letzte Zahl ganz rechts jedoch ist die Summe aller Staffeln über alle Level!

Hinweise zu den Tabellen- und Ergebnisseiten:
In einigen Fällen haben die zuoberst platzierten Mannschaften einer Liga auf ihr Aufstiegsrecht verzichtet oder sie durften nicht aufsteigen. Unter diesen Umständen waren teilweise die Mannschaften auf den Plätzen 2 bis 4 zum Aufstieg berechtigt. Wenn diese ebenfalls auf ihr Aufstiegsrecht verzichtet haben ist das unter den Tabellen nicht ausdrücklich vermerkt.

Frauen-Bundesliga:

- Hamburger SV
- 1. FFC Turbine Potsdam
- VfL Wolfsburg
- FC Rumeln 2001 Duisburg
- SG Wattenscheid 09
- SG Essen-Schönebeck
- SC 07 Bad Neuenahr
- 1. FFC Frankfurt
- 1. FC Saarbrücken
- TSV Crailsheim
- SC Freiburg
- FC Bayern München

Frauen: Bundesliga

Pl.	(Vj.)	Mannschaft		Sp	S	U	N	Tore	TD	Pkt	Sp	S	U	N	Tore	Pkt	Sp	S	U	N	Tore	Pkt
				Gesamtbilanz							**Heimbilanz**						**Auswärtsbilanz**					
1.	(1.)	1. FFC Frankfurt		22	17	3	2	87-22	+65	54	11	10	0	1	47- 7	30	11	7	3	1	40-15	24
2.	(2.)	FC Rumeln 2001 Duisburg		22	17	2	3	65-20	+45	53	11	8	1	2	39-10	25	11	9	1	1	26-10	28
3.	(3.)	1. FFC Turbine Potsdam		22	11	5	6	48-32	+16	38	11	6	3	2	23-12	21	11	5	2	4	25-20	17
4.	(4.)	FC Bayern München		22	12	2	8	53-38	+15	38	11	6	2	3	31-20	20	11	6	0	5	22-18	18
5.	(5.)	SC 07 Bad Neuenahr		22	12	1	9	43-33	+10	37	11	7	0	4	31-20	21	11	5	1	5	12-13	16
6.	(8.)	VfL Wolfsburg		22	10	4	8	42-48	−6	34	11	4	3	4	22-20	16	11	6	0	5	20-28	18
7.	(6.)	SG Essen-Schönebeck 19/68		22	9	6	7	43-40	+3	33	11	4	3	4	20-17	15	11	5	3	3	23-23	18
8.	(10.)	SC Freiburg		22	6	3	13	30-63	−33	21	11	2	1	8	12-32	7	11	4	2	5	18-31	14
9.	(7.)	TSV Crailsheim		22	5	4	13	28-43	−15	19	11	2	2	7	11-20	8	11	3	2	6	17-23	11
10.	(9.)	Hamburger SV		22	4	6	12	23-46	−23	18	11	3	2	6	13-21	11	11	1	4	6	10-25	7
11.	(↑)	1. FC Saarbrücken	↓	22	4	6	12	26-51	−25	18	11	3	2	6	14-23	11	11	1	4	6	12-28	7
12.	(↑)	SG Wattenscheid 09	↓	22	3	2	17	17-69	−52	11	11	2	2	7	11-29	8	11	1	0	10	6-40	3

Meister und Teilnehmer am UEFA-Women's-Cup: 1. FFC Frankfurt.
Teilnehmer am UEFA-Women's-Cup: FC Rumeln 2001 Duisburg.
Absteiger in die 2. Bundesliga: SG Wattenscheid 09 und 1. FC Saarbrücken (Süd).
Aufsteiger aus der 2. Bundesliga: Herforder SV Borussia Friedenstal (Nord) und FF USV Jena (Süd).

Frauen: Bundesliga 2007/08

	1. FFC Frankfurt	FCR Duisburg	Turbine Potsdam	Bayern München	Bad Neuenahr	VfL Wolfsburg	Essen-Schönebeck	SC Freiburg	TSV Crailsheim	Hamburger SV	1. FC Saarbrücken	Wattenscheid 09
1. FFC Frankfurt	X	4:0	4:0	5:2	0:1	6:0	5:1	8:0	3:1	6:1	2:1	4:0
FC Rumeln 2001 Duisburg	1:1	X	0:1	2:1	1:0	9:1	1:4	8:1	7:1	4:0	3:0	3:0
1. FFC Turbine Potsdam	1:1	1:2	X	1:2	2:0	3:2	3:0	1:1	2:1	2:2	4:0	3:1
FC Bayern München	3:2	0:2	7:2	X	2:0	1:3	3:3	2:4	3:2	0:0	4:1	6:1
SC 07 Bad Neuenahr	1:4	0:3	2:1	1:3	X	3:0	4:0	4:3	2:1	2:4	5:1	7:0
VfL Wolfsburg	1:1	2:2	2:5	3:1	4:1	X	1:1	4:3	1:1	3:1	1:3	0:1
SG Essen-Schönebeck 19/68	1:7	2:3	1:1	3:2	0:0	0:1	X	1:2	2:0	1:1	3:0	6:0
SC Freiburg	2:6	0:3	1:6	0:6	1:4	0:2	0:3	X	0:1	3:0	1:1	4:0
TSV Crailsheim	1:2	0:2	1:0	0:1	0:2	1:4	2:4	0:1	X	0:0	2:2	4:2
Hamburger SV	1:5	0:1	2:2	1:2	1:0	1:2	2:3	3:1	0:4	X	1:1	1:0
1. FC Saarbrücken	2:4	0:5	0:2	0:1	1:2	2:1	2:2	0x2	2:2	3:1	X	2:1
SG Wattenscheid 09	1:7	1:3	0:5	0:6	2:1	1:2	2:4	0:2	0:0	1:3	1:0	2:2	X

Das Spiel 1. FC Saarbrücken – SC Freiburg (1:1) wurde mit 2:0 für Freiburg gewertet, da Saarbrücken die nicht spielberechtigte Julia Leykauf einsetzte.

Torschützenliste:

Platz	Spieler (Mannschaft)	Tore
1.	Grings, Inka (FC Rumeln 2001 Duisburg)	26
2.	Prinz, Birgit (1. FFC Frankfurt)	25
3.	Pohlers, Conny (1. FFC Frankfurt)	20
4.	Thompson, Shelley (VfL Wolfsburg)	16
5.	Aigner, Nina (FC Bayern München)	15
6.	Müller, Martina (VfL Wolfsburg)	15
7.	Wimbersky, Petra (1. FFC Frankfurt)	14
8.	Garefrekes, Kerstin (1. FFC Frankfurt)	13
9.	Wich, Jessica (1. FFC Turbine Potsdam)	13
10.	Hoffmann, Melanie (SG Essen-Schönebeck 19/68)	11
11.	Weichelt, Stefanie (SG Essen-Schönebeck 19/68)	10
12.	Bachor, Isabell (SC 07 Bad Neuenahr)	9
13.	Mirlach, Stefanie (FC Bayern München)	9
14.	Mittag, Anja (1. FFC Turbine Potsdam)	9
15.	Okoyino da Mbabi, Célia (SC 07 Bad Neuenahr)	9

Zuschauerstatistik:

Mannschaft	gesamt	Schnitt
1. FFC Frankfurt	22.205	2.019
SG Essen-Schönebeck 19/68	11.617	1.056
FC Rumeln 2001 Duisburg	10.805	982
1. FFC Turbine Potsdam	9.473	861
1. FC Saarbrücken	8.920	811
SG Wattenscheid 09	6.867	624
TSV Crailsheim	6.034	549
VfL Wolfsburg	5.614	510
Hamburger SV	5.608	510
SC Bad Neuenahr	5.475	498
SC Freiburg	5.072	461
FC Bayern München	3.302	300
	100.992	765

Termine und Ergebnisse der Frauen-Bundesliga Saison 2007/08 Hinrunde

1. Spieltag
19.08.2007	1. FFC Frankfurt	Bayern München	5:2 (2:0)
19.08.2007	TSV Crailsheim	Turbine Potsdam	1:0 (1:0)
19.08.2007	Wattenscheid 09	VfL Wolfsburg	2:4 (2:1)
19.08.2007	SC Freiburg	Saarbrücken	1:1 (0:0)
19.08.2007	Hamburger SV	FCR Duisburg	0:1 (0:1)
19.08.2007	Essen-Schöneb.	Bad Neuenahr	0:0 (0:0)

2. Spieltag
26.08.2007	FCR Duisburg	SC Freiburg	8:1 (3:1)
26.08.2007	VfL Wolfsburg	Essen-Schöneb.	1:1 (0:0)
26.08.2007	Bayern München	Hamburger SV	0:0 (0:0)
26.08.2007	Saarbrücken	TSV Crailsheim	2:2 (1:0)
26.08.2007	Turbine Potsdam	Wattenscheid 09	3:1 (1:1)
26.08.2007	Bad Neuenahr	1. FFC Frankfurt	1:4 (1:0)

3. Spieltag
07.10.2007	1. FFC Frankfurt	Hamburger SV	6:1 (2:1)
07.10.2007	SC Freiburg	Bayern München	0:6 (0:2)
07.10.2007	Wattenscheid 09	Saarbrücken	2:2 (2:0)
07.10.2007	TSV Crailsheim	FCR Duisburg	0:2 (0:1)
07.10.2007	Bad Neuenahr	VfL Wolfsburg	3:0 (3:0)
07.10.2007	Essen-Schöneb.	Turbine Potsdam	1:1 (1:0)

4. Spieltag
14.10.2007	FCR Duisburg	Wattenscheid 09	3:0 (2:0)
14.10.2007	Hamburger SV	SC Freiburg	3:1 (1:0)
14.10.2007	Saarbrücken	Essen-Schöneb.	2:2 (0:1)
14.10.2007	Turbine Potsdam	Bad Neuenahr	2:0 (1:0)
14.10.2007	Bayern München	TSV Crailsheim	3:2 (2:2)
19.12.2007	VfL Wolfsburg	1. FFC Frankfurt	1:1 (1:1)

5. Spieltag
03.11.2007	VfL Wolfsburg	Turbine Potsdam	2:5 (1:4)
04.11.2007	1. FFC Frankfurt	SC Freiburg	8:0 (5:0)
04.11.2007	TSV Crailsheim	Hamburger SV	0:0 (0:0)
04.11.2007	Wattenscheid 09	Bayern München	2:1 (1:0)
04.11.2007	Bad Neuenahr	Saarbrücken	5:1 (3:0)
04.11.2007	Essen-Schöneb.	FCR Duisburg	2:3 (0:0)

6. Spieltag
11.11.2007	Saarbrücken	VfL Wolfsburg	2:1 (2:0)
11.11.2007	Turbine Potsdam	1. FFC Frankfurt	1:1 (0:0)
11.11.2007	Bayern München	Essen-Schöneb.	3:3 (1:2)
11.11.2007	SC Freiburg	TSV Crailsheim	0:1 (0:1)
11.11.2007	Hamburger SV	Wattenscheid 09	1:0 (1:0)
20.02.2008	FCR Duisburg	Bad Neuenahr	1:0 (0:0)

7. Spieltag
17.11.2007	Turbine Potsdam	Saarbrücken	4:0 (1:0)
18.11.2007	1. FFC Frankfurt	TSV Crailsheim	3:1 (2:0)
18.11.2007	Wattenscheid 09	SC Freiburg	0:0 (0:0)
18.11.2007	Bad Neuenahr	Bayern München	1:3 (0:1)
18.11.2007	Essen-Schöneb.	Hamburger SV	1:1 (1:1)
17.02.2008	VfL Wolfsburg	FCR Duisburg	2:2 (0:1)

8. Spieltag
02.12.2007	FCR Duisburg	Turbine Potsdam	0:1 (0:1)
02.12.2007	TSV Crailsheim	Wattenscheid 09	4:2 (2:1)
02.12.2007	SC Freiburg	Essen-Schöneb.	0:3 (0:2)
02.12.2007	Hamburger SV	Bad Neuenahr	1:0 (1:0)
02.12.2007	Bayern München	VfL Wolfsburg	1:3 (1:1)
02.12.2007	Saarbrücken	1. FFC Frankfurt	2:4 (0:3)

9. Spieltag
09.12.2007	1. FFC Frankfurt	Wattenscheid 09	4:0 (2:0)
09.12.2007	Saarbrücken	FCR Duisburg	0:5 (0:2)
09.12.2007	Turbine Potsdam	Bayern München	1:2 (1:2)
09.12.2007	VfL Wolfsburg	Hamburger SV	3:1 (0:0)
09.12.2007	Bad Neuenahr	SC Freiburg	4:3 (3:1)
09.12.2007	Essen-Schöneb.	TSV Crailsheim	2:0 (1:0)

10. Spieltag
24.02.2008	1. FFC Frankfurt	FCR Duisburg	4:0 (1:0)
24.02.2008	SC Freiburg	VfL Wolfsburg	0:2 (0:0)
24.02.2008	Bayern München	Saarbrücken	4:1 (2:0)
24.02.2008	Wattenscheid 09	Essen-Schöneb.	0:2 (0:0)
24.02.2008	TSV Crailsheim	Bad Neuenahr	0:2 (0:2)
24.02.2008	Hamburger SV	Turbine Potsdam	2:2 (1:1)

11. Spieltag
02.03.2008	Turbine Potsdam	SC Freiburg	1:1 (1:0)
02.03.2008	Saarbrücken	Hamburger SV	3:1 (1:1)
02.03.2008	FCR Duisburg	Bayern München	2:1 (0:0)
02.03.2008	Bad Neuenahr	Wattenscheid 09	7:0 (2:0)
02.03.2008	Essen-Schöneb.	1. FFC Frankfurt	1:7 (1:5)
20.04.2008	VfL Wolfsburg	TSV Crailsheim	1:1 (0:0)

Termine und Ergebnisse der Frauen-Bundesliga Saison 2007/08 Rückrunde

12. Spieltag
24.03.2008	Turbine Potsdam	TSV Crailsheim	2:1 (1:0)
24.03.2008	FCR Duisburg	Hamburger SV	4:0 (0:0)
24.03.2008	VfL Wolfsburg	Wattenscheid 09	0:1 (0:0)
24.03.2008	Bad Neuenahr	Essen-Schöneb.	4:0 (1:0)
01.05.2008	Bayern München	1. FFC Frankfurt	3:2 (2:1)
01.05.2008	Saarbrücken	SC Freiburg	0:2 (-:-)

13. Spieltag
30.03.2008	SC Freiburg	FCR Duisburg	0:3 (0:1)
30.03.2008	Essen-Schöneb.	VfL Wolfsburg	0:1 (0:1)
30.03.2008	Hamburger SV	Bayern München	1:2 (1:0)
30.03.2008	TSV Crailsheim	Saarbrücken	2:2 (1:1)
30.03.2008	Wattenscheid 09	Turbine Potsdam	0:5 (0:2)
23.04.2008	1. FFC Frankfurt	Bad Neuenahr	0:1 (0:1)

14. Spieltag
17.02.2008	Hamburger SV	1. FFC Frankfurt	1:5 (0:2)
06.04.2008	Bayern München	SC Freiburg	2:4 (2:1)
06.04.2008	Saarbrücken	Wattenscheid 09	2:1 (2:1)
06.04.2008	FCR Duisburg	TSV Crailsheim	7:1 (3:1)
06.04.2008	VfL Wolfsburg	Bad Neuenahr	4:1 (2:0)
06.04.2008	Turbine Potsdam	Essen-Schöneb.	3:0 (1:0)

15. Spieltag
13.04.2008	1. FFC Frankfurt	VfL Wolfsburg	6:0 (3:0)
13.04.2008	SC Freiburg	Hamburger SV	3:0 (0:0)
13.04.2008	Wattenscheid 09	FCR Duisburg	1:3 (1:1)
13.04.2008	Essen-Schöneb.	Saarbrücken	3:0 (0:0)
13.04.2008	Bad Neuenahr	Turbine Potsdam	2:1 (1:1)
13.04.2008	TSV Crailsheim	Bayern München	0:1 (0:0)

16. Spieltag
04.05.2008	SC Freiburg	1. FFC Frankfurt	2:6 (1:2)
04.05.2008	Hamburger SV	TSV Crailsheim	0:4 (0:0)
04.05.2008	FCR Duisburg	Essen-Schöneb.	1:4 (1:2)
04.05.2008	Bayern München	Wattenscheid 09	6:1 (3:0)
04.05.2008	Turbine Potsdam	VfL Wolfsburg	3:2 (2:1)
04.05.2008	Saarbrücken	Bad Neuenahr	1:2 (0:1)

17. Spieltag
12.05.2008	VfL Wolfsburg	Saarbrücken	1:3 (0:0)
12.05.2008	1. FFC Frankfurt	Turbine Potsdam	4:0 (2:0)
12.05.2008	Bad Neuenahr	FCR Duisburg	0:3 (0:1)
12.05.2008	Essen-Schöneb.	Bayern München	3:2 (2:1)
12.05.2008	TSV Crailsheim	SC Freiburg	0:1 (0:1)
12.05.2008	Wattenscheid 09	Hamburger SV	1:0 (1:0)

18. Spieltag
27.04.2008	TSV Crailsheim	1. FFC Frankfurt	1:2 (0:0)
17.05.2008	FCR Duisburg	VfL Wolfsburg	9:1 (5:1)
18.05.2008	Saarbrücken	Turbine Potsdam	0:2 (0:1)
18.05.2008	Bayern München	Bad Neuenahr	2:0 (0:0)
18.05.2008	Hamburger SV	Essen-Schöneb.	2:3 (0:2)
18.05.2008	SC Freiburg	Wattenscheid 09	4:0 (1:0)

19. Spieltag
25.05.2008	Turbine Potsdam	FCR Duisburg	1:2 (0:1)
25.05.2008	Wattenscheid 09	TSV Crailsheim	1:3 (0:2)
25.05.2008	Essen-Schöneb.	SC Freiburg	1:2 (1:0)
25.05.2008	Bad Neuenahr	Hamburger SV	2:4 (2:3)
25.05.2008	VfL Wolfsburg	Bayern München	3:1 (1:0)
04.06.2008	1. FFC Frankfurt	Saarbrücken	2:1 (2:0)

20. Spieltag
01.06.2008	Wattenscheid 09	1. FFC Frankfurt	1:7 (0:5)
01.06.2008	FCR Duisburg	Saarbrücken	3:0 (2:0)
01.06.2008	Bayern München	Turbine Potsdam	7:2 (3:0)
01.06.2008	Hamburger SV	VfL Wolfsburg	1:2 (1:1)
01.06.2008	SC Freiburg	Bad Neuenahr	1:4 (0:2)
01.06.2008	TSV Crailsheim	Essen-Schöneb.	2:4 (0:1)

21. Spieltag
08.06.2008	FCR Duisburg	1. FFC Frankfurt	1:1 (0:1)
08.06.2008	VfL Wolfsburg	SC Freiburg	4:3 (3:1)
08.06.2008	Saarbrücken	Bayern München	0:1 (0:1)
08.06.2008	Essen-Schöneb.	Wattenscheid 09	6:0 (3:0)
08.06.2008	Bad Neuenahr	TSV Crailsheim	2:1 (2:0)
08.06.2008	Turbine Potsdam	Hamburger SV	2:2 (0:0)

22. Spieltag
15.06.2008	SC Freiburg	Turbine Potsdam	1:6 (1:4)
15.06.2008	TSV Crailsheim	VfL Wolfsburg	1:4 (0:2)
15.06.2008	Bayern München	FCR Duisburg	0:2 (0:2)
15.06.2008	Hamburger SV	Saarbrücken	1:1 (0:0)
15.06.2008	Wattenscheid 09	Bad Neuenahr	1:2 (0:2)
15.06.2008	1. FFC Frankfurt	Essen-Schöneb.	5:1 (4:1)

SC 07 Bad Neuenahr

Anschrift:
Postfach 10 09 60
53447 Bad Neuenahr
Telefon: (0 26 41) 20 21 18
Telefax: (0 26 41) 2 07 95 00
Homepage: www.sc07badneuenahr.de

Vereinsgründung: 1907; Frauenfußballabteilung am 20.06.1969

Vereinsfarben: Rot-Schwarz
2. Vorsitzender: Thomas Eller
Geschäftsführer: Thomas Weber

Stadion: Apollinaris-Stadion (4.550)

Größte Erfolge: Deutscher Meister 1978; Meister der Oberliga Südwest 1997 (↑); Aufstieg in die Bundesliga 1993 und 1995

Aufgebot:

Name, Vorname		geb. am	Nat.	seit	Spiele 2007/08	Tore	frühere Vereine
Augustin, Eva		12.10.1986	D	2006	3	0	FFC Brauweiler Pulheim 2000, FC Teutonia Weiden, STV Lövenich, SV Viktoria Koslar
Bachor, Isabell		10.07.1983	D	2003	21	9	FSV Frankfurt, TuS Dehrn, SV Erbach
Baudzus, Vanessa		15.01.1978	D	2001	11	0	FFC Brauweiler Pulheim 2000, SC 07 Bad Neuenahr, SC Grün-Weiß Schönebeck
Fols, Nadine		06.03.1983	D	2003	16	1	TuS Niederkirchen
Goeßling, Lena		08.03.1986	D	2006	20	3	FC Gütersloh 2000, SV Sundern, SV Löhne Obernbeck
Graf, Christina		28.12.1985	D	2007	13	1	FFC Heike Rheine, Sportfreunde Siegen, VfL Heinsberg
Hagmann, Nadine		13.01.1981	D	2005	16	0	FSV Frankfurt, 1. FFC Frankfurt, FC Großen-Buseck
Holl, Ursula	T	26.06.1982	D	2007	21	0	1. FFC Frankfurt, FSV Frankfurt, 1. FFC Frankfurt, FSV Frankfurt, TSV Uengershausen
Langenfeld, Eva		23.03.1990	D	2006	2	0	FV Rheinbrohl
Mehlem, Vanessa		03.12.1991	D		3	0	VfR Fischenich
Minnert, Sandra		07.04.1973	D	2004	12	0	1. FFC Frankfurt, Washinton Freedom, 1. FFC Frankfurt, Sportfreunde Siegen, FSV Frankfurt, SG Bleichenbach, TSG Usenborn
Neumann, Lydia		11.11.1986	D	2003	18	8	SV Kripp
Odebrecht, Viola		11.02.1983	D	2007	21	3	FC Rumeln 2001 Duisburg, KR Valur Reykjavik, Florida University, 1. FFC Turbine Potsdam, SV Nagema Neubrandenburg
Okoyino da Mbabi, Célia		27.06.1988	D	2004	12	9	FC St. Augustin
Paganetti, Jasmin	T	10.02.1983	D	1998	1	0	FC Waldbreitbach
Sabel, Anne-Kathrin		30.06.1983	D	2003	21	1	FSV Frankfurt, SV Victoria Gersten, VfL Hasetal Herzlake
Schmacher, Melanie		30.04.1978	D	2005	20	0	FFC Brauweiler Pulheim 2000, SC 07 Bad Neuenahr, FC Eintracht Rheine, SV Grün-Weiß Brauweiler, SC 07 Bad Neuenahr, SV Oesbern
Schmitz, Sarah		28.05.1985	D	2005	20	2	FG Mausauel-Nideggen
Schneider, Natascha		12.01.1990	D	2006	3	0	SV Oberzissen, TuS Homberg
Sebastian, Jana		29.06.1990	D	2007	10	0	SV Dernau
Stümper, Jasmin		07.06.1988	D	2005	20	6	BSC Unkelbach, MSG Rolandsbogen
Thinius, Julia		07.09.1991	D		4	0	eigene Juniorinnen

Trainer:

Name, Vorname	geb. am	Nat.	Zeitraum	Spiele 2007/08	frühere Trainerstationen
Schacht, Dietmar	28.09.1962	D	01.07.2005 – 23.01.2008	9	FC Remscheid (Herren)
Minnert, Sandra	07.04.1973	D	23.01.2008 – lfd.	13	SC 07 Bad Neuenahr (Co-Trainerin)

Zugänge:
Graf (FFC Heike Rheine), Holl (1. FFC Frankfurt), Odebrecht (FCR 2001 Duisburg).
während der Saison:
Mehlem (II. Mannschaft).

Abgänge:
Albertz (DJK Fortuna Dilkrath), Becker (II. Mannschaft), Himmighofen (SG Essen-Schönebeck 19/68), Müller (II. Mannschaft), Nellessen (II. Mannschaft), Scheele (TuS Köln rrh.), S. Schneider (II. Mannschaft), I. Stümper (II. Mannschaft), Wasems (Laufbahn beendet; Trainerin II. Mannschaft), A. Zimmermann (II. Mannschaft).

TSV 1846 Crailsheim

Anschrift:
Goldbacher Straße 42
74564 Crailsheim
Telefon: (0 79 51) 85 28
Telefax: (0 79 51) 4 44 15
Homepage: www.tsv-crailsheim.de

Vereinsgründung: 1846; 1971 Gründung der Frauen-FA

Vereinsfarben: Gelb-Schwarz
1. Vorsitzender: Klaus-Jürgen Mümmler
Manager: Hubert Oechsner

Stadion: Schönebürgstadion (5.000)

Größte Erfolge: Aufstieg in die Bundesliga 1995, 2004 und 2006

Aufgebot:

Name, Vorname		geb. am	Nat.	seit	Spiele 2007/08	Tore	frühere Vereine
Beck, Nadine		01.09.1981	D	2006	19	2	VfL Sindelfingen, SV Jungingen, FV 09 Nürtingen, FV Vorwärts Faurndau
Breunig, Carina		11.08.1984	D	2005	19	2	South California University, TSV Uengershausen, FV Margretshöchheim, Würzburger FV, SV Sieboldshöhe Würzburg, SV Viktoria Aschaffenburg
Burger, Karin		01.01.1984	D	2006	18	2	VfL Sindelfingen, VfL Munderkingen, Sportfreunde Kirchen
Goodman, Jasmin		29.06.1985	D	2006	9	0	SC Freiburg, TSV Crailsheim
Grießemer, Katharina		13.07.1986	D	2007	0	0	Hamburger SV, FC Bayern München, FC Memmingen, 1. FC Schwand
Grossmann, Bettina		14.07.1985	D	2007	19	1	Oklahoma State University, 1. FFC Wacker München 99, FC Bayern München, SpVgg Unterhaching, SV Igling, FT Jahn Landsberg, SV Igling
Held, Daniela		16.01.1978	D	2003	21	0	1. FC Nürnberg, RSV Drosendorf, SpVgg Hausen, TSC Pottenstein, SV Bieberbach
Hörber, Carolin		23.04.1982	D	2000	22	2	SV 67 Weinberg, FC Dombühl
Höß, Anika		11.12.1990	D	2007	19	3	TSV Schwaben Augsburg, SC Athletik Nördlingen, SG Lutzingen
Honecker, Martina		21.11.1980	D	2005	6	0	SC Marktbreit, TSV Uengershausen
Howard, Rachel	T	30.11.1977	NZL	2005	16	0	Taradale AFC, Three Kings AFC, Teatatu AFC, AFC Takapuna
Kübler, Stefanie	T	01.05.1979	D	2001	6	0	VfR Waiblingen, SV Hertmannsweiler
Kürschner, Alisa		13.06.1991	D	2005	2	1	SV Morsbach, SSV Gaisbach
Manger, Julia		09.04.1988	D	2006	22	5	1. FFC Frankfurt, TSV Prosselsheim
Nußelt, Claudia		02.09.1978	D	2004	20	6	VfL Ehingen
Schmitt, Kerstin		01.10.1985	D	2005	11	0	TSV Uengershausen, 1. FC Schweinfurt 05, SC Dettelbach
Schwab, Patricia		19.04.1989	D	2004	6	0	VfB Bad Mergentheim, DJK Unterbalbach
Schweiger, Nadine		28.10.1975	D	1986	2	0	eigene Juniorinnen
Treyer, Ramona		28.08.1979	D	2003	21	2	1. FC Nürnberg, FC Bayern München, VfL Sindelfingen, TSV Schwaben Augsburg, TSV Walkertshofen, VfB Mickhausen
Vago, Fanni		23.07.1991	HUN	2007	9	1	FC Femina Budapest, Szegedi Amazonok FC, Szegedi AK, Tisza Volan SC
Veeh, Carolin		15.09.1987	D	2004	0	0	SV 67 Weinberg, 1. FV Uffenheim
Vogt, Nadine		18.03.1981	D	1999	13	0	SC Klinge Seckach, TSV Kochertürn
Wagner, Lena		31.12.1986	D	1999	0	0	VfB Ellenberg
Wörle, Tanja		06.07.1980	D	2006	22	1	Hamburger SV, FC Bayern München, FSV Frankfurt, SC Klinge Seckach, VfL Sindelfingen, TSV Schwaben Augsburg, TSV Krumbach, SV Billenhausen, TSG Thannhausen

Trainer:

Name, Vorname	geb. am	Nat.	Zeitraum	Spiele 2007/08	frühere Trainerstationen
Wörle, Günther	01.10.1949	D	01.07.2006 – 18.12.2007	9	FC Lauingen, TSV Mindelheim, TSV Landsberg, TSG Thannhausen, TSV Krumbach, SV Altenmünster
Haferkamp, Andreas	19.12.1965	D	07.01.2008 – lfd.	13	TSB Ravensburg (Juniorinnen), TSV Tettnang, FV Ravensburg (Herren)

Zugänge:
Grießemer (Hamburger SV), Höß (TSV Schwaben Augsburg), Kürschner (eigene Juniorinnen), Schweiger (II. Mannschaft).
während der Saison:
Vago (FC Femina Budapest).

Abgänge:
Bornhoff (1. FFC Turbine Potsdam), Guttropf (SpVgg Gammesfeld), Limbach (VfL Sindelfingen), Müller (SV Donaualtheim), Rechl (1. FFC Wacker München 99), Wistel (unbekannt).

FC Rumeln 2001 Duisburg

Anschrift:
Hölscherstraße 27
47167 Duisburg
Telefon: (02 03) 5 19 79 14
Telefax: (02 03) 5 19 79 79
Homepage: www.fcr2001-duisburg.de

Vereinsgründung: 1955 als FC Rumeln-Kaldenhausen; 1977 Frauenfußballabteilung; 1997 Umbenennung; 08.06.2001 Frauen-FA gründet eigenständigen Verein

Vereinsfarben: Weiß-Grün
Vorstands-Vors.: Ferdi Seidelt
Manager: Dieter Oster

Stadion: PCC-Stadion Homberg (5.000)

Größte Erfolge: Deutscher Meister 2000; DFB-Pokalsieger 1998; Deutscher Vizemeister 1997, 1999, 2005, 2006, 2007 und 2008

Aufgebot:

Name, Vorname		geb. am	Nat.	seit	Spiele 2007/08	Tore	frühere Vereine
Bajramaj, Fatmire Lira		01.04.1988	D	2004	15	1	FSC Mönchengladbach, DJK-VfL Giesenkirchen
Bellinghoven, Christina	T	06.08.1988	D	2007	4	0	1. FFC Turbine Potsdam, FC Rumeln 2001 Duisburg, TuS Viktoria 06 Buchholz
Bender, Nicole		16.11.1982	D	2006	5	0	SC 07 Bad Neuenahr, TuS Niederkirchen, SG-DJK Blau-Weiß Oppau
Fuss, Sonja		05.11.1978	D	2006	19	3	FFC Brauweiler Pulheim 2000, 1. FFC Turbine Potsdam, FSV Frankfurt, FFC Brauweiler Pulheim 2000, Hartford Hawks, SV Grün-Weiß Brauweiler, VfR Flamersheim
Goddard, Stephanie		15.02.1988	D	2007	16	6	FC Gütersloh 2000, SV Avenwedde
Grings, Inka		31.10.1978	D	2001	20	26	FCR Duisburg 1955, FC Rumeln-Kaldenhausen, Garather SV, TSV Eller 04
Hagedorn, Verena		02.07.1982	D	2005	1	0	SC 07 Bad Neuenahr, TuS 1874 Köln rrh., ASV St. Augustin
Hanebeck, Patricia		26.02.1986	D	2003	21	7	SC 07 Bad Neuenahr, ASV St. Augustin
Hauer, Elena		13.02.1986	D	2001	4	0	Linner SV
Hegering, Marina		17.04.1990	D	2007	16	2	SV-DJK Lowick
Hohlfeld, Lena	T	02.12.1980	D	2006	6	0	KS AZS Wroclaw, 1. FFC Turbine Potsdam, TuS Niederkirchen
Ioannidou, Irini		11.06.1991	D	2004	3	0	DJK-Juspo Essen-West
Kiesel, Annemieke		30.11.1979	NED	2005	19	3	Charlotte Eagles, Bristol Rovers Ladies FC, Charlotte Eagles, VV Saestum Zeist
Knaak, Turid		24.01.1991	D	2003	19	5	SG Essen-Schönebeck 19/68, SC Steele 03/20, SC Rellinghausen
Krahn, Annike		01.07.1985	D	2004	22	2	SG Wattenscheid 09, TuS Harpen, SV Waldesrand Linden, SV Westfalia Weitmar 09
Längert, Kathrin	T	04.06.1987	D	2002	13	0	SG Essen-Schönebeck 19/68, TuS 84/10 Essen
Laudehr, Simone		12.07.1986	D	2004	19	5	FC Bayern München, SC Regensburg, FC Tegernheim
Martini, Vanessa		26.09.1989	D	2005	13	0	Reeser SV
Oliveira Leite, Ana Cristina		23.10.1991	D	2007	1	0	SV Borussia Bocholt
Oster, Jennifer		02.03.1986	D	2001	9	0	FCR Duisburg 1955, VfL Tönisberg
Pedersen, Ilka		25.08.1990	D	2003	10	0	TuS Asterlagen
Priessen, Marith		17.12.1990	D	2005	6	0	SV Walbeck, TSV Wachtendonk-Wankum
Schröder, Corinna		15.08.1986	D	2000	21	2	FCR Duisburg 1955, SV Brünen, HSC Berg, SV Blau-Weiß Dingden
Van Bonn, Anne		12.10.1985	D	2001	21	2	GSV Geldern 09/34

Trainer:

Name, Vorname	geb. am	Nat.	Zeitraum	Spiele 2007/08	frühere Trainerstationen
Obliers, Thomas	23.10.1967	D	14.11.2006 – lfd.	22	Co-Trainer FCR 2001 Duisburg, Co- und Jugendtrainer Spfr. Hamborn 07 (Herren), DFB-Stützpunkttrainer

Zugänge:
Bellinghoven (1. FFC Turbine Potsdam), Goddard (FC Gütersloh 2000), Hegering (SV-DJK Lowick), Ioannidou, Knaak und Pedersen (eigene Juniorinnen).

während der Saison:
Oliveira Leite (II. Mannschaft).

Abgänge:
Cao (II. Mannschaft), Flacke (Laufbahn beendet), Lenart (SG Essen-Schönebeck 19/68), Odebrecht (SC 07 Bad Neuenahr), Südholt (Laufbahn beendet), Weber und Weiss (SG Essen-Schönebeck 19/68), Zielinski (II. Mannschaft).

während der Saison:
Bender (TuS Köln rrh.), Hagedorn (Laufbahn beendet).

SG Essen-Schönebeck 19/68

Anschrift:
Ardelhütte 166b
45359 Essen
Telefon: (02 01) 67 59 59
Telefax: (02 01) 8 65 90 81
Homepage: www.sg-schoenebeck.de

Vereinsgründung: 2000 durch Fusion von VfB Borbeck und SC Grün-Weiß Schönebeck; 21.03.1973 Gründung Frauen-FA des SC Grün-Weiß Schönebeck

Vereinsfarben: Lila-Weiß
1. Vorsitzender: Karl Peter Traude
Manager: Willi Wißing

Stadion: Sportpark am Hallo (4.000)

Größte Erfolge: Meister der Regionalliga West 2004 (↑)

Aufgebot:

Name, Vorname	geb. am	Nat.	seit	Spiele 2007/08	Tore	frühere Vereine
Balkenhol, Jennifer	02.11.1983	D	2003	4	1	FC Rumeln 2001 Duisburg, VfvB Ruhrort-Laar
Bresonik, Linda	07.02.1983	D	2006	19	6	SC 07 Bad Neuenahr, FC Rumeln 2001 Duisburg, SC Grün-Weiß Schönebeck, TuS 84/10 Essen
Chojnacki, Carina	13.09.1982	D	2003	12	0	FC Rumeln 2001 Duisburg, SG Essen-Schönebeck 19/68, SC Glück-Auf Sterkrade, SG Osterfeld
Deilmann, Sandra	11.10.1983	D	1996	18	0	SC Grün-Weiß Schönebeck, SV Essen-Burgaltendorf
Dickhaus, Julia	07.06.1991	D	2007	9	0	TuS Grün-Weiß Wuppertal
Duhme, Sabrina	19.01.1983	D	2003	16	0	FC Rumeln 2001 Duisburg, SG Essen-Schönebeck 19/68, SC Batenbrock, SV Fortuna Bottrop, SV Blau-Weiß Fuhlenbrock
Ganser, Janine	23.11.1989	D	2006	4	0	FC Rumeln 2001 Duisburg, SpVgg Schonnebeck
Hartmann, Charline	26.12.1985	D	2004	16	8	FC Rumeln 2001 Duisburg, DJK-VfL Willich
Himmighofen, Marina	11.11.1984	D	2007	20	0	SC 07 Bad Neuenahr, TuS Ahrbach, TV Bornich, SC Weyer
Hoffmann, Melanie	29.11.1974	D	2005	20	11	FC Rumeln 2001 Duisburg, Philadelphia Charge, FC Rumeln 2001 Duisburg, BBC Duisburg, Fortuna Düsseldorf, TuS Xanten, Garather SV
van Kampen, Kathrin	27.10.1989	D	2005	1	0	FC Rumeln 2001 Duisburg, SG Essen-Schönebeck 19/68, SC Batenbrock, SV Fortuna Bottrop, SV Blau-Weiß Fuhlenbrock
Kasperczyk, Susanne	01.08.1985	D	2007	19	1	FFC Brauweiler Pulheim 2000, FC Teutonia Weiden, SVgg Viktoria Alsdorf
Klump, Laura	15.02.1990	D	2006	1	0	FC Rumeln 2001 Duisburg, SuS Viktoria Wehofen, Spfr. Hamborn 07, SG Wacker Walsum, PSV Siegfried Hamborn, DJK Vierlinden
Kowalik, Marlene	09.06.1984	D	2006	13	0	FC Rumeln 2001 Duisburg, SG Gilser-Berg, FC Homberg
Laihanen, Taru	15.04.1986	FIN	2008	12	4	FC Honka Espoo, FC United Pietarsaari, JJS Hämlentinna
Langpohl, Monique	T 30.08.1984	D	2004	0	0	Ratinger SpVgg Germania 04/19, SG Essen-Schönebeck 19/68, DJK Eintracht Borbeck
Lenart, Andrea	26.07.1988	D	2007	11	1	FC Rumeln 2001 Duisburg, SV Lohausen, SC Unterbach, SC Rhenania Hochdahl
Linden, Isabelle	15.01.1991	D	2008	9	1	SC Fortuna Köln, VfR Fischenich
Löhr, Stefanie	T 18.12.1979	D	2003	12	0	FC Rumeln 2001 Duisburg, 1. FC Saarbrücken, SC 07 Bad Neuenahr, SV Welschneudorf
Mpalaskas, Stephanie	12.02.1986	D	2006	21	0	FC Rumeln 2001 Duisburg, SG Essen-Schönebeck 19/68, SV Lohausen
Weber, Francesca	28.01.1989	D	2007	18	0	FC Rumeln 2001 Duisburg, SV Lohausen, SV Hösel
Weichelt, Stefanie	23.08.1983	D	2005	19	10	1. FFC Frankfurt, 1. FFC Turbine Potsdam, SV Grün-Weiß Mestlin, SG Marnitz-Suckow
Weiss, Lisa	T 29.10.1987	D	2007	11	0	FC Rumeln 2001 Duisburg, SV Lohausen
Wesely, Inka	10.05.1991	D	2006	18	0	SV Brünen, SV Walbeck, SV Ginderich

Trainer:

Name, Vorname	geb. am	Nat.	Zeitraum	Spiele 2007/08	frühere Trainerstationen
Agolli, Ralf	23.04.1961	D	01.01.2001 – lfd.	22	SV Kray 04

Zugänge:
Dickhaus (TuS Grün-Weiß Wuppertal), Himmighofen (SC 07 Bad Neuenahr), Kasperczyk (FFC Brauweiler Pulheim 2000), Lenart, Weber und Weiss (FC Rumeln 2001 Duisburg), Wesely (eigene Juniorinnen).

während der Saison:
Laihanen (FC Honka Espoo), Linden (SC Fortuna Köln).

Abgänge:
Arndt (II. Mannschaft), Hellmann (unbekannt), Islacker (FC Bayern München), Kothe (TuS Harpen), Lange (II. Mannschaft), Özkan (II. Mannschaft), Omuri (unbekannt), Pasch (unbekannt), Rohrbeck (II. Mannschaft), Schubert (II. Mannschaft), Tancyus (II. Mannschaft), Winter (FC Twente Enschede), Yilmaz (unbekannt).

während der Saison:
van Kampen (SG Wattenscheid 09).

1. FFC Frankfurt

Anschrift:
Bahnhofstraße 53
63128 Dietzenbach
Telefon: (0 60 74) 8 28 40
Telefax: (0 60 74) 82 84 33
Homepage: www.ffc-frankfurt.de

Vereinsgründung: 1908/1945 Gründung SG Praunheim; 1973 Gründung der Frauen-FA; 01.01.1999 Übertritt zum 1. FFC Frankfurt (der von ihr am 27.08.1998 gegründet wurde)

Vereinsfarben: Rot-Blau-Weiß
1. Vorsitzende: Monika Staab
Manager: Siegfried Dietrich

Stadion: Stadion am Brentanobad (5.200)

Größte Erfolge: Deutscher Meister 1999, 2001, 2002, 2003, 2005, 2007 und 2008; DFB-Pokalsieger 1999, 2000, 2001, 2002, 2003, 2007 und 2008; UEFA-Cup-Sieger 2002, 2006 und 2008; UEFA-Cup-Finalist 2004

Aufgebot:

Name, Vorname		geb. am	Nat.	seit	2007/08 Spiele	Tore	frühere Vereine
Bartusiak, Saskia		09.09.1982	D	2005	21	1	FSV Frankfurt, FV 09 Eschersheim
Engel, Anne		04.07.1985	D	2006	3	0	FSV Frankfurt, Tennis Borussia Berlin, 1. FFC Turbine Potsdam, FC Energie Cottbus, SG Blau-Gelb Laubsdorf
Garefrekes, Kerstin		04.09.1979	D	2004	16	13	FFC Heike Rheine, DJK Arminia Ibbenbüren, SV Grün-Weiß Steinbeck
Günther, Sarah		25.01.1983	D	2005	12	1	Hamburger SV, ATS Buntentor
Hansen, Louise		04.05.1975	DEN	2001	4	1	Sportfreunde Siegen, Hillerød GI DF, Boldklubben Rödovre, IF Skjold Skevinge
Huth, Svenja		25.01.1991	D	2005	5	0	FC Bayern Alzenau, TSG Kälberau
Jones, Steffi		22.12.1972	D	2003	4	1	Washington Freedom, 1. FFC Frankfurt, SC 07 Bad Neuenahr, FSV Frankfurt, TuS Niederkirchen, SG Praunheim, FSV Frankfurt, SG Praunheim, SV Bonames
Kliehm, Katrin		17.05.1981	D	1998	17	0	KSV Langenbergheim, Sportfreunde Oberau
Krieger, Alexandra		28.07.1984	USA	2007	19	1	Washington Freedom, Penn State University, Forest Park High School
Künzer, Nia		18.01.1980	D	1998	8	0	SG Praunheim, VfB Gießen, SG Eintracht Wetzlar, TSG Usenborn
Lewandowski, Gina		13.04.1985	USA	2007	16	0	Charlotte Eagles, Northampton Laurels FC, Lehigh University Mountain Hawks, Western Lehigh United Soccer Club, Allentown Central Catholic High School
Lingor, Renate		11.10.1975	D	1998	6	2	SG Praunheim, SC Klinge Seckach, DFC Spöck, DFC Eggenstein, Karlsruher SC, SV Blankenloch
Marciak, Anna		27.10.1983	D	2006	3	0	FSV Frankfurt, SV Ehringshausen, TSG Kirtorf
Pohlers, Conny		16.11.1978	D	2007	20	20	1. FFC Turbine Potsdam, Atlanta Beat, 1. FFC Turbine Potsdam, Atlanta Beat, 1. FFC Turbine Potsdam, TuS Niederkirchen, SSV Turbine Potsdam, BVB Halle 1893, Böllberger SV, FSV 74 Babelsberg
Prinz, Birgit		25.10.1977	D	1998	21	25	Carolina Courage, 1. FFC Frankfurt, Carolina Courage, 1. FFC Frankfurt, FSV Frankfurt, FC Hochstadt, Dörnigheimer SV
Rottenberg, Silke	T	25.01.1972	D	2006	19	0	FC Rumeln 2001 Duisburg, FFC Brauweiler Pulheim 2000, Sportfreunde Siegen, TSV Siegen, SV Grün-Weiß Brauweiler, VfL Euskirchen, 1. FC Enzen-Dürscheven
Smisek, Sandra		03.07.1977	D	2005	13	3	FSV Frankfurt, FC Rumeln 2001 Duisburg, FC Kalbach, FSV Frankfurt
Thomas, Karolin		03.04.1985	D	2006	16	1	1. FFC Turbine Potsdam, Tennis Borussia Berlin, MSV Normannia 08 Berlin, SG Empor Hohenschönhausen, SG Prenzlauerberg
Ullrich, Stephanie	T	29.07.1984	D	2007	3	0	VfL Wolfsburg, 1. FFC Turbine Potsdam, FSV Union Fürstenwalde, FV Kickers Trebus
Weber, Meike		30.03.1987	D	2004	21	1	1. FC Arheilgen 04 Darmstadt, SV Beerfelden
Wimbersky, Petra		12.08.1986	D	2006	21	14	1. FFC Turbine Potsdam, FC Bayern München, SpVgg Unterhaching, TSV Ottobrunn
Wunderlich, Pia		26.01.1975	D	1998	5	0	SG Praunheim, TSV Battenberg, TuS Schwarzenau
Wunderlich, Tina		10.10.1977	D	1998	22	0	SG Praunheim, TSV Battenberg, TuS Schwarzenau

Trainer:

Name, Vorname	geb. am	Nat.	Zeitraum	Spiele 2007/08	frühere Trainerstationen
Tritschoks, Hans-Jürgen	09.11.1955	D	01.08.2004 – lfd.	22	SV Grün-Weiß Brauweiler

Zugänge:
Engel (II. Mannschaft), Huth (eigene Juniorinnen), Pohlers (1. FFC Turbine Potsdam), Ullrich (VfL Wolfsburg).

während der Saison:
Krieger (Washington Freedom), Lewandowski (Charlotte Eagles).

Abgänge:
Affeld (Laufbahn beendet), Hartel (SC Freiburg), Holl (SC 07 Bad Neuenahr), Janischewski (II. Mannschaft), Jannermann (SC Freiburg), Zerbe (pausiert).

während der Saison:
Jones (Laufbahn beendet).

SC Freiburg 1904

Anschrift:
Schwarzwaldstraße 193
79117 Freiburg
Telefon: (07 61) 38 55 10
Telefax: (07 61) 3 85 51 50
Homepage: www.scfreiburg.de

Vereinsgründung: 30.05.1904; 1975 Übernahme der Frauen-FA der SpVgg Wiehre Freiburg (von 1985 bis 1991 erneut als SpVgg Wiehre Freiburg)

Vereinsfarben: Rot-Weiß
Präsident: Achim Stocker
Managerin: Birgit Bauer

Stadion: Bergmattenhof in Sexau (3.000)

Größte Erfolge: Aufstieg in die Bundesliga 1998 und 2001

Aufgebot:

Name, Vorname		geb. am	Nat.	seit	Spiele 2007/08	Tore	frühere Vereine
Behringer, Melanie		18.11.1985	D	2003	22	7	FC Hausen, SpVgg Utzenfeld
Bornschein, Katja		16.03.1972	D	1999	2	1	FSV Frankfurt, SG Praunheim, 1. FC Arheilgen 04 Darmstadt, TuS Griesheim, SV St. Stephan Griesheim
Boschert, Kerstin		20.08.1983	D	2001	22	1	SC Sand, SV Bad Peterstal
Brunner, Marisa	T	28.05.1982	SUI	2006	21	0	SC LUwin.ch Luzern, DFC Sursee, FC Aarau, FC Oberentfelden
Enoch, Nadine		01.02.1989	D	2006	15	1	SV Jungingen, FV 09 Nürtingen, TSV Beuren
Faißt, Verena		22.05.1989	D	2004	21	0	SC Kappel
Graf, Rahel		01.02.1989	SUI	2008	6	0	SC LUwin.ch Luzern, DFC Sursee, FC Altbüron-Großdietwil
Haag, Jeanne		26.10.1983	FRA	2005	18	0	FC Vendenheim, SC Freiburg, ESOF La Roche sur Yon, SC Schiltigheim Football, FC Ostwald
Hartel, Susanne		02.02.1988	D	2007	12	6	1. FFC Frankfurt, Mannheimer FC 08 Lindenhof, FC Viktoria 08 Neckarhausen
Jannermann, Jasmin		01.03.1988	D	2007	10	0	1. FFC Frankfurt, JSG Mardorf, TSV Bottendorf
Julevic, Merza		17.04.1990	MNE	2007	14	1	VfL Sindelfingen, FV Vorwärts Faurndau, 1. FC Donzdorf, TG Reichenbach
Kaltenbach, Christine		09.02.1982	D	1999	2	1	FFV Grüningen, FV Donaueschingen, Sportfreunde Neukirch
Kleiner, Valeria		27.03.1991	D	2007	17	0	VfB Friedrichshafen, FC Wangen, TSV Oberreitnau
Kober, Kristina	T	03.08.1989	D	2005	2	0	Post-Südstadt Karlsruhe VSFG, SG Daxlanden
Krüger, Myriam		26.08.1989	D	2006	21	2	SV Musbach, SC Lindenhof
Kury, Alexandra		04.09.1977	D	1992	19	2	SC Reute
Maier, Juliane		09.04.1987	D	2006	21	1	SV Titisee, FC Klengen
Moser, Martina		09.04.1986	SUI	2007	20	4	SC LUwin.ch Luzern, FC Rot-Schwarz Thun, FC Biglen
Nübling, Martina	T	21.07.1988	D	2004	0	0	FC Denzlingen
Schmidt, Sandra		14.03.1986	D	2005	2	0	FV Löchgau, SV Illingen
Schneider, Lisa	T	01.04.1990	D	2004	0	0	JSG Simonswald
Söder, Nicole		10.06.1980	D	2002	19	1	TSV Crailsheim, SG Kirchhardt
Stegmann, Alexandra		17.10.1983	D	1999	11	0	TuS Lörrach-Stetten, SG Grenzach-Wyhlen, SV Weil, ASV Herzogenaurach
Zirnstein, Julia		13.01.1990	D	2006	10	0	FV Brühl, SpVgg Ketsch 06

Trainer:

Name, Vorname	geb. am	Nat.	Zeitraum	Spiele 2007/08	frühere Trainerstationen
Sehrig, Dietmar	07.10.1961	D	01.06.2005 – 12.10.2007	3	FV Vorwärts Faurndau, SC Geislingen
Bornschein, Katja und	16.03.1972	D	12.10.2007 – 30.10.2007	1	—
Walther, Elke	01.04.1967	D			—
Schweizer, Thomas	13.09.1967	D	30.10.2007 – 31.12.2007	5	
Fischinger, Alexander	10.04.1964	D	01.01.2008 – lfd.	13	SF Elzach/Yach

Zugänge:
Hartel und Jannermann (1. FFC Frankfurt), Julevic (VfL Sindelfingen), Kleiner (VfB Friedrichshafen), Moser (SC LUwin.ch Luzern), Schneider (II. Mannschaft).
während der Saison:
Graf (SC LUwin.ch Luzern), Kaltenbach (zurück aus Australien).

Abgänge:
Bolz (unbekannt), Breisacher (SC Sand), Kaiser (SC Sand), Kaltenbach (Studium in Australien), Österle (Italien), Walther (Laufbahn beendet).
während der Saison:
Bornschein (Laufbahn beendet).

Hamburger SV

Anschrift:
Sylvesterallee 7
22525 Hamburg
Telefon: (0 40) 41 55 16 00
Telefax: (0 40) 41 55 16 01
Homepage: www.hsv-frauen.de

Vereinsgründung: 29.09.1887 als SC Germania 1887 Hamburg; 01.06.1919 Fusion mit Hamburger FC von 1888 zu Hamburger SV; 1970 Gründung Frauen-FA
Vereinsfarben: Blau-Weiß-Schwarz
Vorst.-Vorsitzender: Bernd Hoffmann
Abteilungsleiter: Hartmut Engel
Stadion: Wolfgang-Meyer-Sportplatz (2.018)

Größte Erfolge: Aufstieg in die Bundesliga 1997, 2001 und 2003; DFB-Pokalendspiel: 2002

Aufgebot:

Name, Vorname		geb. am	Nat.	seit	Spiele 2007/08	Tore	frühere Vereine
Blässe, Anna		27.02.1987	D	2006	0	0	FF USV Jena, SC 03 Weimar, FSV Weimar, SV Niedergrunstedt
Choinowski, Claudia	T	20.05.1985	D	2001	0	0	FTSV Altenwerder, FC Süderelbe, Niendorfer TSV, SC Victoria Hamburg
Ende, Stephanie		18.08.1981	D	2001	15	0	FSG Twist, TSV Georgsdorf, SV Neugnadenfeld
Ewers, Marisa		24.02.1989	D	2006	14	0	Altonaer FC 93
Freese, Heike		23.11.1986	D	2007	21	0	SV Victoria Gersten, FSG Twist
Gärtner, Alexandra		13.08.1973	D	2001	20	0	TV Jahn Delmenhorst, Polizei-SV Bremen
Garbers, Rabea		26.01.1989	D	2006	1	0	SV Eidelstedt, SpVgg Blau-Weiß 96 Schenefeld
Hamed, Vanessa		19.12.1989	GRE	2005	1	0	Bramfelder SV
Haye, Janina		10.08.1986	D	2001	20	0	FC Union Tornesch, SV Halstenbek-Rellingen, Kummerfelder SV
Heinßen, Gina		27.06.1986	D	1999	1	0	Hamburg-Eimsbütteler BC
Holland, Larissa		24.07.1989	D	2007	5	0	1. FFC Turbine Potsdam, Wedeler TSV
Lehmann, Denise		22.05.1980	D	2002	20	5	SG Jesteburg, TSV Radbruch
Leugers, Jana		19.05.1988	D	2007	4	1	FFC Heike Rheine, SV Heidekraut Andervenne
Lübcke, Angelina		24.02.1991	D	2007	13	0	Uhlenhorster SC Paloma
Patzke, Kathrin		03.05.1982	D	2003	8	3	TSV Schilksee
Plessen, Christina		21.10.1987	D	2006	16	0	Holstein Kiel, FFC Oldesloe, SV Meddewade
Rohrberg, Janka		02.03.1988	D	2004	2	0	Hamburg-Eimsbütteler BC
Saländer, Silva Lone		19.07.1983	D	1999	22	3	TSC Wellingsbüttel
Schoknecht, Christine		29.10.1984	D	2006	4	1	Tennis Borussia Berlin, 1. FC Union Berlin, 1. FC Marzahn 94, SG Empor Hohenschönhausen
Schröer, Vanessa		25.01.1980	D	2002	0	0	TSV Malente, SV Sereetz
Schubert, Maja		23.08.1984	D	2001	12	0	FC Neubrandenburg, SV Nagema Neubrandenburg
Schult, Almuth	T	09.02.1991	D	2007	0	0	FC SG Gartow
Schulz, Claudia		21.08.1978	D	2007	6	0	Hamburg-Eimsbütteler BC, Eimsbütteler SV Grün-Weiß
Shenar, Sarit		09.06.1983	ISR	2007	17	0	University of West Texas A & M
Tekkal, Tugba		05.03.1985	D	2008	2	1	TSV Havelse
Vreden, Tanja		10.02.1977	D	1995	21	8	SV Ochsenwerder/Moorfleet, Hamburger Turnerschaft von 1816, MSV Hamburg
Weech, Bianca	T	21.11.1984	D	2000	22	0	MTV Henstedt
Weigel, Julia		02.06.1988	D	1998	14	0	SC Langenhorn
Wübbenhorst, Imke		10.12.1988	D	2005	18	1	SuS Timmel, SV Wallinghausen

Trainer:

Name, Vorname	geb. am	Nat.	Zeitraum	Spiele 2007/08	frühere Trainerstationen
Feifel, Achim	03.08.1964	D	01.07.2005 – lfd.	22	DFB U21-Nationalmannschaft (Co-Trainer), Verbandstrainer Württemberg, TSG Waldstetten, FC Viktoria Gmünd, TSV Dagersheim, SV Magstadt, 1. FC Normannia Gmünd

Zugänge:
Freese (SV Victoria Gersten), Lehmann (II. Mannschaft), Leugers (FFC Heike Rheine), Schult (FC SG Gartow).
während der Saison:
Garbers, Hamed, Holland, Lübcke, Patzke, Schulz und Tekkal (II. Mannschaft), Shenar (University of West Texas A & M).

Abgänge:
Borkowsky (unbekannt), Engel (USA), Freitag (1. FC Lok Leipzig), Mirbach (unbekannt), Rinkes (FF USV Jena), Scheib (Laufbahn beendet), Thompson (VfL Wolfsburg), Wilmes (Laufbahn beendet).
während der Saison:
Blässe (VfL Wolfsburg), Chojnowski (II. Mannschaft).

FC Bayern 1900 München

Anschrift:
Säbener Straße 51
81547 München
Telefon: (0 89) 6 99 31-0
Telefax: (0 89) 64 01 21
Homepage: www.fcbayern.de

Vereinsgründung: 27.02.1900; 1970 Gründung der Frauen-FA

Vereinsfarben: Rot-Weiß
Präsident: Franz Beckenbauer
Abteilungsleiter: Werner Kern

Stadion: Sportpark Aschheim (3.000)

Größte Erfolge: Deutscher Meister 1976; Deutscher Vizemeister 1975, 1979, 1982 und 1985; DFB-Pokalendspiel 1988 und 1990

Aufgebot:

Name, Vorname		geb. am	Nat.	seit	Spiele 2007/08	Tore	frühere Vereine
Aigner, Nina		20.06.1980	AUT	2001	21	15	USC Landhaus Wien, LS Union Kleinmünchen, SV Peterskirchen
Banecki, Nicole		03.09.1988	D	2006	20	3	Tennis Borussia Berlin, MSV Normannia 08 Berlin, Reinickendorfer Füchse, SC Tegel
Banecki, Sylvie		03.09.1988	D	2006	18	2	Tennis Borussia Berlin, MSV Normannia 08 Berlin, Reinickendorfer Füchse, SC Tegel
Baunach, Katharina		18.01.1989	D	2006	17	1	SV 67 Weinberg, Post-SV Sieboldshöhe Würzburg
Bürki, Vanessa		01.04.1986	SUI	2006	20	6	FFC Zuchwil 05, FC Wacker Grenchen
De Pol, Sandra		07.05.1975	SUI	2000	21	4	TuS Niederkirchen, Brewton Parker College Mt. Vernon, FC Blue Star Zürich, FC Malters, FC Küssnacht
Eckmann, Christina		19.01.1988	D	2005	6	0	SC Regensburg
Eder, Bianca		20.08.1981	D	2001	17	1	TSV Grafenau
Islacker, Mandy		08.08.1988	D	2007	5	0	SG Essen-Schönebeck 19/68, FC Rumeln 2001 Duisburg, SG Essen-Schönebeck 19/68, Essener SG 99/06, BV Altenessen
Kremser, Julia		06.08.1984	D	1997	3	0	SC Gröbenzell
Krüger, Kathleen		17.05.1985	D	2003	1	0	1. FFC Wacker München 99, FC Phönix Schleißheim
Leitner, Birgit	T	28.02.1981	AUT	2004	5	0	USK Hof, 1. Halleiner SK
Mirlach, Stefanie		18.04.1990	D	2004	20	9	SV Buxheim, SC Irgertsheim
Paukner, Corinna		19.02.1986	D	2005	15	0	SC Zwiesel
Pini, Carolina		13.06.1988	ITA	2007	3	1	CF Agliana, AC Fiorentina, GS Floriagafir Bellariva
Rech, Bianca		25.01.1981	D	2006	21	3	SK Sunnana, SC 07 Bad Neuenahr, 1. FFC Frankfurt, SC 07 Bad Neuenahr
Roth, Carmen		02.01.1979	D	2003	18	0	TuS Niederkirchen, SC 07 Bad Neuenahr
Schellenberg, Christina		20.02.1988	D	2007	16	2	SV 67 Weinberg
Schlemmer, Andrea	T	08.02.1990	D	2003	2	0	SC Baierbrunn
Schmetz, Ulrike	T	30.10.1979	D	2000	15	0	1. FFC Wacker München 99, TSV Fürstenfeldbruck, SV Puch
Schnaderbeck, Viktoria		04.01.1991	AUT	2007	0	0	DFC LUV Graz, LAZ Weiz, TSV Kirchberg
Schneiderbauer, Verena		09.08.1990	D	2003	2	0	TSV Marktl
Simic, Julia		14.05.1989	D	2005	16	4	SV 1873 Nürnberg-Süd, DJK Eibach, ASV Vach
Spieler, Sonja		27.05.1978	AUT	2002	2	0	TSV Tettnang, SV Oberteuringen, FC Schwarzbach, SC Hohenweiler
Urbancova, Dagmar		23.05.1983	CZE	2002	0	0	DFC Compex Otrokovice, FC Banov
Wenninger, Carina		06.02.1991	AUT	2007	0	0	DFC LUV Graz, FC Gratkorn, SV Thal
Würmseer, Katharina		28.01.1986	D	2003	13	1	Sportfreunde Gmund, FC Bayern München, Sportfreunde Gmund, SC Reichersbeuern

Trainer:

Name, Vorname	geb. am	Nat.	Zeitraum	Spiele 2007/08	frühere Trainerstationen
Raith, Sissy	11.06.1960	D	01.01.2004 – lfd.	22	—

Zugänge:
Islacker (SG Essen-Schönebeck 19/68), Pini (CF Agliana), Schellenberg (SV 67 Weinberg), Schnaderbeck und Wenninger (DFC LUV Graz).

während der Saison:
Schneiderbauer (II. Mannschaft).

Abgänge:
Fröhlich, Hesse und Hosemann (1. FFC Wacker München 99), Leonbacher (pausiert), Partzsch (FC Rot-Schwarz Thun), Petsch (pausiert), Salkanovic, Seidl, Teufel und Wewerka (II. Mannschaft).

1. FFC Turbine Potsdam

Anschrift:
Am Luftschiffhafen 02/Haus 33
14471 Potsdam
Telefon: (03 31) 9 51 38 41
Telefax: (03 31) 9 51 48 65
Homepage: www.ffc-turbine.de

Vereinsgründung: 1955 als BSG Turbine; 03.01.1971 Frauen-FA; 01.01.1990 Umbenennung in SSV Turbine; 1999 Spaltung 1. FFC Turbine (Frauen) und FV Turbine (Herren)

Vereinsfarben: Blau-Weiß
Präsident: Günter Baaske
Vizepräsident: Rolf Kutzmutz

Stadion: Karl-Liebknecht-Stadion (9.254)

Größte Erfolge: Deutscher Meister 2004 und 2006; UEFA-Cup-Sieger 2005; DFB-Pokalsieger 2004, 2005 und 2006; DDR-Meister 1981, 1982, 1983, 1985, 1986, und 1989; UEFA-Cup-Finalist 2006

Aufgebot:

Name, Vorname		geb. am	Nat.	seit	Spiele 2007/08	Tore	frühere Vereine
Angerer, Nadine	T	10.11.1978	D	2001	3	0	FC Bayern München, FC Wacker 03 München, 1. FC Nürnberg, ASV Hofstetten, ESV Gemünden
Bornhoff, Anna		17.11.1981	D	2007	3	0	TSV Crailsheim, FC Eintracht Münchberg, SpVgg Bayreuth, SC Germania Stromberg, SG Sendenhorst
Brosius, Laura		08.01.1990	D	2002	11	0	SG Bornim
Draws, Stefanie		16.10.1989	D	2006	11	0	FFV Neubrandenburg, FSV Dummerstorf 47, TSV Grün-Weiß Rostock
Hagemann, Franziska		03.02.1989	D	2003	4	1	SG Einheit Bad Sülze
Kameraj, Aferdita		10.09.1978	D	2006	22	0	Hamburger SV, FTSV Altenwerder, Hamburg-Eimsbütteler BC
Kaurin, Leni Larsen		21.03.1981	NOR	2008	12	2	SK Asker Oslo, Team Strömmen FK, Fortuna Alesund FK, Skarbövik IF Alesund
Kerschowski, Isabel		22.01.1988	D	2005	21	2	BSC Marzahn
Kerschowski, Monique		22.01.1988	D	2005	1	0	BSC Marzahn
Kuznik, Peggy		12.08.1986	D	2000	2	0	SV Blau-Weiß Tröbnitz
Marxkordt, Pia		15.10.1988	D	2003	16	0	FC Pommern Stralsund, SSV Grün-Schwarz Greifswald
Mittag, Anja		16.05.1985	D	2006	20	9	QBIK Karlstad, 1. FFC Turbine Potsdam, FC Erzgebirge Aue, Chemnitzer FC, VfB Chemnitz
Notthoff, Lea		17.01.1990	D	2004	0	0	SV Bad Laer
Peter, Babett		12.05.1988	D	2006	17	5	1. FC Lok Leipzig, FSV Oschatz
Podvorica, Aferdita		10.09.1978	ALB	2002	2	0	Wendschotter SV, SSV Turbine Potsdam
Sainio, Essi		09.09.1986	FIN	2006	18	2	HJK Helsinki, FC Honka, FC Espoo, FC Kasiusi
Schiewe, Carolin		23.10.1988	D	2001	20	3	SG Rot-Weiß Groß-Glienicke
Schlanke, Josephine		19.03.1988	D	2002	5	0	SV 1813 Dennewitz
Schmidt, Bianca		23.01.1990	D	2006	22	3	1. FC Gera 03
Schumann, Desiree	T	06.02.1990	D	2006	17	0	VfB Hermsdorf
Thalmann, Gaelle	T	18.01.1986	SUI	2008	3	0	SC LUwin.ch Luzern, FFC Zuchwil 05, DFC Zuchwil, FC Rot-Schwarz Thun, FC Vetroz, FC Riaz, FC Bulle
Werth, Jennifer	T	12.03.1989	D	2005	1	0	Lichterfelder FC, VfB Lichterfelde, Berliner SV 92
Wich, Jessica		14.07.1990	D	2007	22	13	SC Regensburg, SV Reitsch, TSF Theisenort, SV Höfles/Vogtendorf
Zietz, Jennifer		14.09.1983	D	1999	20	8	Polizei-SV Rostock, BSG Post Rostock

Trainer:

Name, Vorname	geb. am	Nat.	Zeitraum	Spiele 2007/08	frühere Trainerstationen
Schröder, Bernd	22.07.1942	D	01.07.1997 – lfd.	22	DDR-Frauennationalmannschaft, SSV Turbine Potsdam

Zugänge:
Bornhoff (TSV Crailsheim), Marxkordt (II. Mannschaft), Notthoff (III. Mannschaft), Werth (II. Mannschaft), Wich (SC Regensburg).
während der Saison:
Kaurin (SK Asker Oslo), Thalmann (SC LUwin.ch Luzern).

Abgänge:
Becher (Tennis Borussia Berlin), Bellinghoven (FC Rumeln 2001 Duisburg), Fechner (BSV Grün-Weiß Neukölln), Hingst (Djurgardens IF DF), Höfler und Omilade (VfL Wolfsburg), Pohlers (1. FFC Frankfurt).
während der Saison:
Angerer (Djurgardens IF DF), Bornhoff (Laufbahn beendet), Kuznik (1. FC Lokomotive Leipzig).

1. FC Saarbrücken

Anschrift:
Berliner Promenade 12
66111 Saarbrücken
Telefon: (06 81) 9 71 44-0
Telefax: (06 81) 9 71 44-62
Homepage: www.fc-saarbruecken.de

Vereinsgründung: 1903 als Fußballabteilung des TV 1876 Malstatt; 1997 Wechsel der Frauen-FA vom VfR 09 Saarbrücken zum 1. FC Saarbrücken

Vereinsfarben: Blau-Schwarz
Präsident: Horst Hinschberger
Abteilungs-Leiter: Heinz Haupenthal

Stadion: Am Kieselhumes (5.000)

Größte Erfolge: Meister der 2. Bundesliga Süd 2007 (↑)

Aufgebot:

Name, Vorname		geb. am	Nat.	seit	Spiele 2007/08	Tore	frühere Vereine
Arend, Christina		06.01.1986	D	2003	1	0	FC Hellas Marpingen, FC Niederkirchen
Blank, Sabine		30.04.1984	D	2005	21	0	DJK St. Ingbert
Bucher, Barbara		25.12.1990	D		5	0	eigene Juniorinnen
Budge, Natalie		31.12.1985	USA	2008	13	0	Portland Pilots, FC Portland Maroon, Tualatin High School
Collisi, Michaela		18.03.1984	D	2001	3	0	DJK St. Ingbert
Cronkrite, Kelli Fritz		20.06.1986	USA	2008	7	1	Portland Pilots, FC Willamette, Corvallis High School
Dillenburger, Nadine		30.09.1986	D	2002	0	0	SV Bardenbach
Dinger, Meike		18.07.1987	D	2006	9	0	FSV Viktoria Jägersburg
Ehl, Christina	T	23.02.1990	D	2007	0	0	FV 09 Schwalbach
Henning, Josephine		08.09.1989	D	2005	21	0	eigene Juniorinnen
Hinsberger, Vicky		02.04.1985	D	2002	20	0	FC Hellas Marpingen, FC Niederkirchen, Sportfreunde Winterbach
Holz, Romina	T	27.01.1988	D	1998	16	0	eigene Juniorinnen
Kaiser, Stephanie		15.05.1988	D	2003	8	0	SV Nussbaum, TuS Issel, SV Butzweiler
Karnbach, Sarah		11.01.1988	D		20	1	eigene Juniorinnen
Kessler, Nadine		04.04.1988	D	2004	17	5	SC Weselberg, SV Hermersberg, SV Herschberg
Kraus, Nadine		14.02.1988	D	2007	21	6	SC Regensburg, TuS-DJK Grafenwöhr, TSV Pressath
Leykauf, Julia		09.10.1987	D	2007	17	0	FV Löchgau, SC Klinge Seckach, DJK-TuS Bieringen
Marozsan, Jennifer		18.04.1992	D	2007	19	3	DJK Olympia Burbach
Marx, Miriam		01.05.1987	D	2007	12	1	SC 07 Bad Neuenahr, FFC Brauweiler Pulheim 2001, SV Oment
Meyer, Sabrina		16.08.1988	D		12	1	eigene Juniorinnen
Salm, Caroline		05.02.1987	D	2006	0	0	SV Dirmingen
Schinkel, Anne Katrin		04.05.1989	D	2006	9	0	VfR Baumholder
Schwab, Lisa		30.05.1989	D	2005	18	5	FC Fehrbach
Skradde, Vanessa		16.08.1990	D	2004	1	0	eigene Juniorinnen
Voiland, Michelle	T	01.07.1973	USA	1998	1	0	Seattle College, Portland Pilots, Bellevue High School
Wagner, Selina		06.10.1990	D	2001	22	3	SV Blies Bliesen
Weiland, Anne		02.02.1986	D	2007	0	0	SC Siegelbach, TuS Niederkirchen, TuS Wörrstadt
Wonn, Verena	T	09.01.1986	D		6	0	eigene Juniorinnen

Trainer:

Name, Vorname	geb. am	Nat.	Zeitraum	Spiele 2007/08	frühere Trainerstationen
Mey, Guido	18.09.1944	D	01.07.2004 – 30.06.2008	22	Borussia VfB Neunkirchen, SV Eintracht Trier 05, SC Birkenfeld

Zugänge:
Ehl (FV 09 Schwalbach), Kraus (SC Regensburg), Leykauf (FV Löchgau), Marozsan (eigene Juniorinnen), Marx (SC 07 Bad Neuenahr), Weiland (SC Siegelbach).
während der Saison:
Bucher (II. Mannschaft), Budge und Cronkrite (Portland Pilots), Voiland (reaktiviert).

Abgänge:
Gleason (II. Mannschaft), Hauch (SV Werbeln), Pfeifer (unbekannt), Raststetter (Karlsruher SC), Uecker (unbekannt), Voiland (Laufbahn beendet; Trainerstab des 1. FC Saarbrücken).
während der Saison:
Skradde (FSV Viktoria Jägersburg).

SG Wattenscheid 09

Anschrift:
Lohrheidestraße 82
44866 Bochum
Telefon: (0 23 27) 92 09-0
Telefax: (0 23 27) 92 09-20
Homepage: www.09frauen.de

Vereinsgründung: 09.08.1909 als BV 1909; 14.03.1934 Fusion mit SG 1930 zu SG 09/30; seit 1945 SG Wattenscheid 09; 1973 Gründung der Frauen-FA

Vereinsfarben: Schwarz-Weiß
1. Vorsitzender: Guido Tann
Abteilungsleiter: Peter Oelmann

Stadion: Lohrheidestadion (18.500)

Größte Erfolge: Meister der 2. Bundesliga Nord 2007 (↑); Aufstieg in die Bundesliga Nord 1994

Aufgebot:

Name, Vorname		geb. am	Nat.	seit	Spiele 2007/08	Tore	frühere Vereine
van den Berg, Julia		11.03.1982	D	2006	12	0	SG Lütgendortmund, SpVgg Blau-Weiß Post Recklinhausen, FF Concordia Flaesheim/Hillen, SG-DJK Rot-Weiß Hillen
van den Berg, Silke		26.11.1978	D	2005	7	0	FFC Heike Rheine, FF Concordia Flaesheim/Hillen, SG-DJK Rot-Weiß Hillen, PSV Recklinghausen
Dej, Carolin		05.01.1989	D		16	0	BV Westfalia Wickede, SV Berghofen, SG Massen, Hombrucher SV
Dörpinghaus, Sabrina		14.05.1988	D		14	0	SuS Beckhausen 05, SV Horst 08, ETuS Bismarck, STV Horst-Emscher
Düner, Jennifer		20.08.1979	D	2007	10	1	FFC Heike Rheine, FF Concordia Flaesheim/Hillen, SG-DJK Rot-Weiß Hillen
Fiedler, Jessica	T	15.05.1974	D	2004	0	0	SV Herbede, SV Vorwärts Kornharpen
Götte, Jeannette		13.03.1979	D	2004	11	1	FC Rumeln 2001 Duisburg, FF Concordia Flaesheim/Hillen, SG-DJK Rot-Weiß Hillen, Sportfreunde Westfalia Hagen
Hamann, Caroline		02.11.1987	D	2006	16	4	FC Wattenscheid-Ost
Heidrich, Vanessa		03.10.1985	D	2006	2	0	SC Rellinghausen, FSV Essen, SG Essen-Schönebeck 19/68, FC Rumeln 2001 Duisburg, FSV Sevinghausen, SG Wattenscheid 09
Hoffmann, Laura		12.08.1991	D		6	0	SSV Meschede
Hüls, Isabelle		11.06.1990	D		0	0	FC Rumeln 2001 Duisburg, SC Rellinghausen
Inan, Nadija		10.09.1984	D		3	0	FC Rumeln 2001 Duisburg, FSC Mönchengladbach
Israel, Carmen		29.11.1979	D	2006	18	0	SG Lütgendortmund, SpVgg Blau-Weiß Post Recklinhausen, North Carolina State University, FF Concordia Flaesheim/Hillen, SG-DJK Rot-Weiß Hillen
Kalpein, Ninon	T	29.10.1982	D	2007	2	0	SV-DJK Fortuna Walstedde
van Kampen, Kathrin		27.10.1989	D	2008	13	0	SG Essen-Schönebeck 19/68, FC Rumeln 2001 Duisburg, SG Essen-Schönebeck 19/68, SC Batenbrock, SV Fortuna Bottrop, SV Blau-Weiß Fuhlenbrock
Kleifges, Sabrina		11.08.1988	D	2006	9	0	Sportfreunde Westfalia Hagen
Löwenberg, Daniela		11.01.1988	D	2006	21	1	FC Merkur 07 Dortmund, TuS Eving-Lindenholz
Look, Deborah	T	13.06.1991	D	2007	0	0	Hombrucher SV, 1. FFC Recklinghausen, DJK-SpVgg Herten
Mahler, Jacqueline		23.06.1984	D		0	0	SG Essen-Schönebeck 19/68, Vogelheimer SV
Manzer, Jennifer		20.03.1980	D	2003	21	2	Tennis Borussia Berlin, FFC Heike Rheine, FC Rumeln 2001 Duisburg
Möller, Mira		16.02.1986	D	2005	11	1	SG Lütgendortmund, TuS Holzen-Sommerberg, SV Geisecke
Ninaus, Jennifer		08.06.1985	D	2004	11	1	FC Rumeln 2001 Duisburg, SV Kamp-Lintfort
Oelke, Lisa		28.12.1989	D	2004	0	0	RSV Meinerzhagen
Özer, Nadia Deniz		02.03.1987	D		2	0	FSV Frankfurt, 1. FFC Frankfurt, SC Opel Rüsselsheim
Randerath, Anna	T	13.06.1989	D	2007	0	0	FFC Brauweiler Pulheim 2000, STV Lövenich, SG Venrath Kuckum
Richter, Nadine	T	24.07.1984	D	2005	20	0	FFC Heike Rheine, SpVgg Blau-Weiß Post Recklinghausen, SG Massen, SuS Kaiserau
Schröder, Sarah		17.01.1991	D	2007	12	0	1. FFC Recklinghausen, SpVgg Erkenschwick
Spengler, Kathrin		02.12.1987	D	2005	2	0	DJK Falkenhorst Herne
Stegemann, Kerstin		29.09.1977	D	2007	21	2	FFC Heike Rheine, FF Concordia Flaesheim/Hillen, FC Rumeln 2001 Duisburg, FFC Heike Rheine, FC Eintracht Rheine, SV Germania Hauenhorst
Thiem, Melissa		11.08.1989	D	2007	19	2	FFC Heike Rheine, SC Preußen Borghorst, SV Borussia Emsdetten, SC Greven 09
Walter, Jana		28.09.1980	D		1	0	FF Concordia Flaesheim/Hillen
Wermelt, Lena		29.09.1990	D	2007	22	2	FFC Heike Rheine, SV Westfalia Leer, TuS Germania Horstmar

Trainer:

Name, Vorname	geb. am	Nat.	Zeitraum	Spiele 2007/08	frühere Trainerstationen
Schulte, Tanja	05.04.1975	D	11.01.2005 – 03.03.2008	11	TuS Harpen
Birker, André	01.03.1973	D	06.03.2008 – lfd.	11	FC Rumeln 2001 Duisburg (U 17-Juniorinnen)

Zugänge:
Hoffmann (eigene Juniorinnen), Hüls (II. Mannschaft), Look (Hombrucher SV), Randerath (FFC Brauweiler Pulheim 2000), Schröder (FFC Recklinghausen), Spengler (II. Mannschaft), Stegemann, Thiem und Wermelt (FFC Heike Rheine).

während der Saison:
Heidrich (II. Mannschaft), Kalpein (II. Mannschaft), van Kampen (SG Essen-Schönebeck 19/68), Walter (reaktiviert).

Abgänge:
Bittner (pausiert), Kuhlendahl (Borussia Mönchengladbach), Martini (FC Rumeln 2001 Duisburg), Pohl (Mönchengladbach), Reginald (Kanada), Walter (Laufbahn beendet).

während der Saison:
Walter (Laufbahn beendet).

VfL 1945 Wolfsburg

Anschrift:
In den Allerwiesen 1
38446 Wolfsburg
Telefon: (0 53 61) 89 03-0
Telefax: (0 53 61) 89 03-150
Homepage: www.vflwolfsburg.de

Vereinsgründung: 27.12.1945 aus Volkssport- und Kulturverein Wolfsburg; 1973 Gründung Frauen-FA im VfR Eintracht; 1996 Wechsel zum Wendschotter SV; 2003 Wechsel zum VfL

Vereinsfarben: Grün-Weiß
Präsident: Peter Haase
Geschäftsführer: Klaus Fuchs

Stadion: VfL-Stadion (18.500)

Größte Erfolge: Aufstieg in die Bundesliga 1998 (als Wendschotter SV) und 2006

Aufgebot:

Name, Vorname		geb. am	Nat.	seit	Spiele 2007/08	Tore	frühere Vereine
Blässe, Anna		27.02.1987	D	2007	18	2	Hamburger SV, FF USV Jena, SC 03 Weimar, FSV Weimar, SV Niedergrunstedt
Bock, Nathalie		21.10.1988	D	2006	8	0	FFC Heike Rheine, SG Wattenscheid 09, SpVgg Blau-Weiß Post Recklinghausen
Boroczinski, Nicole		29.08.1986	D	2007	20	1	ARU Cambridge, Tennis Borussia Berlin, FC Erzgebirge Aue, SV Eintracht Bermsgrün
Brammer, Verena	T	02.09.1986	D	2003	6	0	SV Teutonia Uelzen, Dahlenburger SK
Brendel, Annelie		24.09.1983	D	2006	15	1	1. FFC Turbine Potsdam, BVB Halle 1893, SV Rot-Weiß Polleben, MSV Hettstedt, SV Merkur Volkstedt
Carlson, Britta		03.03.1978	D	2007	22	2	1. FFC Turbine Potsdam, Hamburger SV, Schmalfelder SV, TSV Altenholz, SV Friedrichsort, TSV Altenholz
Eichholz, Lisa		08.10.1990	D	2007	19	2	FC Rumeln 2001 Duisburg, FC Büderich
Freimuth, Sahra		07.05.1984	D	2003	12	0	SuS Timmel, SV Wilhelmshaven, SC Dunum
Höfler, Juliane		15.03.1987	D	2007	21	0	1. FFC Turbine Potsdam, MSV Neuruppin, TSV Wustrau
Horwege, Jennifer		28.10.1988	D	2006	9	0	Mellendorfer TV, TSV Havelse, 1. FC Germania Egestorf/Langreder, TSV Goltern, TSV Egestorf
Kampf, Saskia		19.09.1985	D	2003	0	0	Wendschotter SV, TSV Fortuna Salzgitter, SV Innerstetal
Kazubski, Femke		11.07.1981	D	2005	5	0	TSV Jahn Calden, SuS Gehrden, Eissen SV, SG Lütgeneder/Großeneder
Mohs, Mirka		17.08.1981	D	2004	7	1	University of Akron Ohio, Wendschotter SV, Heeßeler SV
Müller, Martina		18.04.1980	D	2005	20	15	SC 07 Bad Neuenahr, FSV Frankfurt, TSV Jahn Calden, SG Kaufungen, FSC Lohfelden, SG Helsa
Omilade, Navina		03.11.1981	D	2007	22	1	1. FFC Turbine Potsdam, FFC Brauweiler Pulheim 2000, SV Grün-Weiß Brauweiler, FSC Mönchengladbach, SV Rot-Weiß Hockstein
Pieper, Julia		17.05.1983	D	2003	0	0	MTV Wolfenbüttel, Wendschotter SV, TSV Wendezelle
Polze, Tatjana		15.09.1980	D	2005	0	0	SV Gifhorn, Wendschotter SV, SV Dannenbüttel
Rißling, Anne-Friederike	T	25.03.1982	D	2003	20	0	Wendschotter SV, SV Upen, STV Ringelheim
Salluzzo, Maria		10.04.1987	D	2003	1	0	Wendschotter SV, TV Jahn Wolfsburg
Tetzlaff, Maren		03.08.1988	D	2006	14	0	VfL Lüneburg, SV Teutonia Uelzen
Thompson, Shelley		08.02.1984	D	2007	21	16	Hamburger SV, Regis University, FC Rumeln 2001 Duisburg, SG Essen-Schönebeck 19/68, SVG Neuss-Weissenberg, Garather SV, Fortuna Düsseldorf, 1. FC Monheim
Unzeitig, Franziska		05.04.1989	D	2003	20	1	SV Grün-Weiß Calberlah
Wilkens, Andrea		16.10.1984	D	2003	19	0	FSG Twist, SG Walchum/Hasselbrock

Trainer:

Name, Vorname	geb. am	Nat.	Zeitraum	Spiele 2007/08	frühere Trainerstationen
Huneke, Bernd	14.03.1966	D	01.01.2003 – lfd.	22	WSV Wendschott, FSV Kästorf, SSV Vorsfelde

Zugänge:
Boroczinski (ARU Cambridge), Eichholz (FC Rumeln 2001 Duisburg), Höfler und Omilade (1. FFC Turbine Potsdam), Thompson (Hamburger SV).
während der Saison:
Blässe (Hamburger SV), M. Salluzzo (II. Mannschaft).

Abgänge:
Aude-Bekke (II. Mannschaft), Cristiane (unbekannt), Kappel (SV Victoria Gersten), Koch (II. Mannschaft), Paula (unbekannt), Pezzato (unbekannt), Ramdor (II. Mannschaft), Ullrich (1. FFC Frankfurt).
während der Saison:
Mohs (Laufbahn beendet).

Ewige Tabelle Frauen-Bundesliga 1990 – 2008

Pl.	Mannschaft	J	Gesamtbilanz							Heimbilanz						Auswärtsbilanz					
			Sp	S	U	N	Tore	TD	Pkt	Sp	S	U	N	Tore	Pkt	Sp	S	U	N	Tore	Pkt
1.	1. FFC Frankfurt / SG Praunheim	18	370	260	57	53	1107-327	+780	837	185	135	27	23	602-164	432	185	125	30	30	505-163	405
2.	FCR 2001/FC Rumeln-Kaldenhsn. Duisburg	15	314	216	37	61	964-361	+603	685	157	117	12	28	505-171	363	157	99	25	33	459-190	322
3.	FSV Frankfurt	16	326	173	49	104	785-549	+236	568	163	92	23	48	450-259	299	163	81	26	56	335-290	269
4.	1. FFC 71 / SSV Turbine Potsdam	14	296	171	49	76	777-408	+369	562	148	90	28	30	409-180	298	148	81	21	46	368-228	264
5.	FFC Pulheim / SV Grün-Weiss Brauweiler	15	308	152	46	110	695-501	+194	502	154	84	23	47	380-215	275	154	68	23	63	315-286	227
6.	Sportfreunde / TSV Siegen	11	216	144	33	39	609-203	+406	465	108	76	15	17	339-93	243	108	68	18	22	270-110	222
7.	FFC Heike / FC Eintracht / VfB Rheine	16	326	129	66	131	570-561	+9	453	163	74	30	59	304-244	252	163	55	36	72	266-317	201
8.	VfL / WSV / VfR Eintracht Wolfsburg	16	326	106	62	158	496-707	-211	380	163	57	34	72	266-304	205	163	49	28	86	230-403	175
9.	SC 07 Bad Neuenahr	14	296	103	45	148	455-675	-220	354	148	60	21	67	270-324	201	148	43	24	81	185-351	153
10.	TuS Niederkirchen	11	216	97	30	89	424-397	+27	321	108	54	13	41	228-164	175	108	43	17	48	196-233	146
11.	FC Bayern München	10	214	94	36	84	406-356	+50	318	107	51	19	37	221-171	172	107	43	17	47	185-185	146
12.	1. FC / VfR 09 Saarbrücken	14	282	85	54	143	381-627	-246	309	141	52	21	68	211-278	177	141	33	33	75	170-349	132
13.	SC Klinge Seckach	8	150	55	39	56	214-247	-33	204	75	27	26	22	113-104	107	75	28	13	34	101-143	97
14.	SC Freiburg	8	176	54	29	93	256-410	-154	188	88	28	14	46	138-207	98	88	26	15	47	118-203	93
15.	VfL Sindelfingen	8	150	46	33	71	201-293	-92	171	75	22	17	36	100-144	83	75	24	16	35	101-149	88
16.	TSV Fortuna-Sachsenroß Hannover	7	128	48	22	58	214-276	-62	166	64	27	11	26	117-116	92	64	21	11	32	97-160	74
17.	Hamburger SV	7	154	40	24	90	199-342	-143	144	77	24	12	41	110-149	84	77	16	12	49	89-193	60
18.	TuS Ahrbach	6	110	39	22	49	194-205	-11	139	55	22	12	21	108-94	78	55	17	10	28	86-111	61
19.	Tennis Borussia Berlin	7	132	34	30	68	146-259	-113	132	66	19	17	30	76-115	74	66	15	13	38	70-144	58
20.	SG Essen-Schönebeck 19/68	4	88	34	13	41	170-194	-24	115	44	20	5	19	94-85	65	44	14	8	22	76-109	50
21.	TSV Crailsheim	5	102	28	19	55	110-180	-70	103	51	13	11	27	51-82	50	51	15	8	28	59-98	53
22.	Kaßlerfelder BC Duisburg	4	74	27	20	27	119-154	-35	101	37	11	12	14	58-71	45	37	16	8	13	61-83	56
23.	SSG 09 Bergisch Gladbach	4	74	28	13	33	102-131	-29	97	37	15	7	15	54-68	52	37	13	6	18	48-63	45
24.	Schmalfelder SV	5	92	23	20	49	93-150	-57	89	46	13	7	26	50-79	46	46	10	13	23	43-71	43
25.	FC Conc. Flaesheim/Hillen/SG RW Hillen	3	62	15	11	36	69-187	-118	56	31	9	7	15	37-83	34	31	6	4	21	32-104	22
26.	TuS Wörrstadt	3	54	9	10	35	42-160	-118	37	27	5	8	14	22-53	23	27	4	2	21	20-107	14
27.	VfL Ulm/Neu-Ulm	2	38	10	5	23	40-88	-48	35	19	5	4	10	21-38	19	19	5	1	13	19-50	16
28.	TSV Ludwigsburg	2	38	8	3	27	28-85	-57	27	19	7	2	10	20-37	23	19	1	1	17	8-48	4
29.	TSV Battenberg	2	36	6	7	23	36-116	-80	25	18	5	3	10	25-61	18	18	1	4	13	11-55	7
30.	FC Wacker München	2	36	2	17	17	34-73	-39	23	18	0	9	9	11-37	9	18	2	8	8	23-36	14
31.	DJK FSV Schwarzbach	2	36	6	5	25	32-114	-82	23	18	4	2	12	18-49	14	18	2	3	13	14-65	9
32.	SC Sand	1	18	6	4	8	22-41	-19	22	9	4	2	3	10-16	14	9	2	2	5	12-25	8
33.	SC Poppenbüttel	2	38	5	7	26	38-90	-52	22	19	2	3	14	18-46	9	19	3	4	12	20-44	13
34.	SG Wattenscheid 09	2	40	6	4	30	36-139	-103	22	20	3	3	14	16-75	12	20	3	1	16	20-64	10
35.	FC Wismut Aue	1	20	3	5	12	20-38	-18	14	10	3	2	5	13-17	11	10	0	3	7	7-21	3
36.	SV Wilhelmshaven	1	18	4	2	12	25-56	-31	14	9	2	2	5	19-34	8	9	2	0	7	6-22	6
37.	VfL Wittekind Wildeshausen	1	18	3	3	12	10-49	-39	12	9	1	2	6	6-22	5	9	2	1	6	4-27	7
38.	STV Lövenich	1	18	2	3	13	14-43	-29	9	9	1	1	7	7-23	4	9	1	2	6	7-20	5
39.	TuS Binzen	1	18	2	3	13	14-46	-32	9	9	1	0	8	9-27	3	9	1	3	5	5-19	6
40.	1. FC Nürnberg	1	22	2	3	17	15-85	-70	9	11	1	2	8	9-39	5	11	1	1	9	6-46	4
41.	Universitäts-SV Jena	1	20	2	1	17	14-71	-57	7	10	2	0	8	9-32	6	10	0	1	9	5-39	1
42.	Polizei SV Rostock	1	18	1	3	14	18-57	-39	6	9	0	2	7	7-23	2	9	1	1	7	11-34	4
43.	TV Jahn Delmenhorst	1	18	0	4	14	5-54	-49	4	9	0	3	6	4-25	3	9	0	1	8	1-29	1
44.	1. FC Neukölln	1	18	0	0	18	8-102	-94	0	9	0	0	9	5-49	0	9	0	0	9	3-53	0

Anmerkungen:
- Die Tabelle ist nach dem Dreipunkte-System (3-1-0) berechnet, auch für die Spielzeiten 1990-95, in der noch die Zweipunkte-Regel (2-1-0) galt.
- Die Play-Off-Spiele um die Deutsche Meisterschaft bis 1997 werden nicht in diese ewige Tabelle eingerechnet.
- Von 1990 bis 1997 spielte die Frauen-Bundesliga zweigleisig mit den Staffeln Nord und Süd.
- Einige Frauen-Abteilungen haben sich aus ihren ursprünglichen Vereinen heraus verselbständigt oder sind zu anderen Vereinen übergetreten. Wir haben diese Stammbäume als einen Verein gerechnet.
- In der Saison 2005/06 wurden dem SC Freiburg drei Punkte abgezogen.

Frauen: 2. Bundesliga Nord

Pl.	(Vj.)	Mannschaft		Sp	S	U	N	Tore	TD	Pkt	Sp	S	U	N	Tore	Pkt	Sp	S	U	N	Tore	Pkt
				Gesamtbilanz							**Heimbilanz**						**Auswärtsbilanz**					
1.	(8.)	Herforder SV Borussia Friedenstal	↑	22	13	5	4	53-33	+20	44	11	7	3	1	28-15	24	11	6	2	3	25-18	20
2.	(3.)	Tennis Borussia Berlin		22	12	7	3	36-18	+18	43	11	7	3	1	23- 8	24	11	5	4	2	13-10	19
3.	(4.)	FC Gütersloh 2000		22	12	6	4	38-18	+20	42	11	8	2	1	22- 8	26	11	4	4	3	16-10	16
4.	(5.)	1. FFC Turbine Potsdam II		22	12	4	6	46-23	+23	40	11	8	1	2	23-10	25	11	4	3	4	23-13	15
5.	(2.)	Hamburger SV II		22	9	5	8	32-33	−1	32	11	5	0	6	14-18	15	11	4	5	2	18-15	17
6.	(7.)	Holstein Kiel		22	9	5	8	28-31	−3	32	11	3	1	7	10-21	10	11	6	4	1	18-10	22
7.	(6.)	1. FC Lokomotive Leipzig		22	9	4	9	38-42	−4	31	11	2	4	5	18-23	10	11	7	0	4	20-19	21
8.	(↑)	FFC Oldesloe		22	8	4	10	30-36	−6	28	11	6	2	3	16-11	20	11	2	2	7	14-25	8
9.	(9.)	SV Victoria Gersten		22	7	6	9	38-39	−1	27	11	3	5	3	23-17	14	11	4	1	6	15-22	13
10.	(↑)	1. FC Union Berlin		22	6	3	13	28-48	−20	21	11	3	2	6	16-25	11	11	3	1	7	12-23	10
11.	(10.)	FFV Neubrandenburg	↓	22	4	3	15	34-56	−22	15	11	3	3	5	19-20	12	11	1	0	10	15-36	3
12.	(↓)	FFC Heike Rheine	↓	22	3	4	15	26-50	−24	13	11	2	2	7	15-24	8	11	1	2	8	11-26	5

Absteiger aus der Bundesliga: keine.
Aufsteiger in die Bundesliga: Herforder SV Borussia Friedenstal.
Absteiger in die Regionalligen: FFC Heike Rheine (West) und FFV Neubrandenburg (Nordost).
Aufsteiger aus den Regionalligen: Mellendorfer TV (Nord), SG Lütgendortmund (West) und SV Blau-Weiß Hohen Neuendorf (Nordost).

Frauen: 2. Bundesliga Nord 2007/08

	Herforder SVB Fr.	Tennis Borussia	FC Gütersloh	Turbine Potsdam II	Hamburger SV II	Holstein Kiel	1. FC Lok Leipzig	FFC Oldesloe	Victoria Gersten	1. FC Union Berlin	Neubrandenburg	FFC Heike Rheine
Herforder SV Borussia Friedenstal	X	1:1	0:0	2:0	2:1	3:2	2:3	6:2	3:3	1:0	4:2	4:1
Tennis Borussia Berlin	3:2	X	3:2	1:1	1:1	1:1	0:1	3:0	3:0	3:0	1:0	4:0
FC Gütersloh 2000	4:0	2:0	X	1:1	3:0	1:1	0:2	2:0	3:1	2:1	2:1	2:1
1. FFC Turbine Potsdam II	3:2	1:2	1:0	X	1:1	0:1	2:0	2:0	3:1	2:0	6:2	2:1
Hamburger SV II	0:3	1:4	0:2	1:4	X	0:1	2:0	1:0	3:0	2:0	3:1	1:3
Holstein Kiel	1:2	0:1	0:5	1:0	0:2	X	3:1	0:1	0:3	1:3	3:2	1:1
1. FC Lokomotive Leipzig	2:2	0:1	0:3	1:7	1:1	2:3	X	1:1	1:2	1:1	5:0	4:2
FFC Oldesloe	2:2	2:0	1:2	2:0	1:2	1:1	0:3	X	2:1	1:0	2:0	2:0
SV Victoria Gersten	0:2	1:1	3:0	1:1	1:4	2:2	2:3	2:2	X	7:1	3:0	1:1
1. FC Union Berlin	0:4	1:1	0:0	0:4	1:2	0:3	3:4	3:1	2:3	X	5:3	1:0
FFV Neubrandenburg	1:3	1:1	1:1	3:1	2:2	0:2	1:3	4:2	0:1	2:3	X	4:1
FFC Heike Rheine	2:3	0:1	1:1	0:4	2:2	0:1	4:0	1:5	2:0	1:3	2:4	X

Torschützenliste:

Platz	Spieler (Mannschaft)	Tore
1.	Pollmann, Marie (Herforder SV Borussia Friedenstal)	21
2.	Wallenhorst, Maren (FC Gütersloh 2000)	16
3.	Patzke, Kathrin (Hamburger SV II)	14
4.	Fennen, Martina (SV Victoria Gersten)	13
5.	Balcke, Wiebke (1. FFC Turbine Potsdam II)	12
6.	Hoppe, Sarah (1. FC Union Berlin)	11
	Lippert, Gaitana (FFC Oldesloe)	11
	Zweigler, Nicole (FFV Neubrandenburg)	11
9.	Kappel, Inga (SV Victoria Gersten)	10
	Krause, Christian (Holstein Kiel)	10

Zuschauerstatistik:

Mannschaft	gesamt	Schnitt
Herforder SV Borussia Friedenstal	4.111	374
Tennis Borussia Berlin	1.476	134
FC Gütersloh 2000	3.135	285
1. FFC Turbine Potsdam II	1.026	93
Hamburger SV II	983	89
Holstein Kiel	1.361	124
1. FC Lokomotive Leipzig	1.141	104
FFC Oldesloe	2.169	197
SV Victoria Gersten	2.185	199
1. FC Union Berlin	1.842	167
FFV Neubrandenburg	750	68
FFC Heike Rheine	1.894	172
	22.073	**167**

Entscheidungsspiele um den Abstieg aus der 2. Bundesliga:
In der 2. BL Süd zog der TuS Niederkirchen – auf einem Nicht-Abstiegsplatz liegend – zum Saisonende zurück und war damit fünfter Absteiger. Entscheidungsspiele waren damit nicht notwendig und der 1. FC Union Berlin sowie FFC Wacker München 99 direkt gerettet.

Frauen: 2. Bundesliga Süd

Pl.	(Vj.)	Mannschaft		Sp	S	U	N	Tore	TD	Pkt	Sp	S	U	N	Tore	Pkt	Sp	S	U	N	Tore	Pkt
				Gesamtbilanz							**Heimbilanz**						**Auswärtsbilanz**					
1.	(2.)	FF USV Jena	↑	22	18	2	2	82-13	+69	56	11	10	1	0	41- 5	31	11	8	1	2	41- 8	25
2.	(3.)	VfL Sindelfingen		22	18	2	2	70-14	+56	56	11	9	2	0	39- 7	29	11	9	0	2	31- 7	27
3.	(↑)	FC Rumeln 2001 Duisburg II		22	12	4	6	47-31	+16	40	11	7	2	2	28- 9	23	11	5	2	4	19-22	17
4.	(5.)	TuS Köln rrh.	◇	22	10	6	6	46-28	+18	36	11	5	3	3	27- 9	18	11	5	3	3	19-19	18
5.	(↑)	ASV Hagsfeld		22	9	4	9	38-49	−11	31	11	4	3	4	16-19	15	11	5	1	5	22-30	16
6.	(7.)	SC Sand		22	8	4	10	33-34	−1	28	11	5	2	4	21-17	17	11	3	2	6	12-17	11
7.	(4.)	1. FFC Frankfurt II		22	6	7	9	30-28	+2	25	11	5	2	4	20-13	17	11	1	5	5	10-15	8
8.	(↑)	SV Dirmingen		22	7	4	11	30-58	−28	25	11	6	1	4	19-20	19	11	1	3	7	11-38	6
9.	(6.)	TuS Niederkirchen	*↓	22	5	5	12	29-58	−29	20	11	3	2	6	17-26	11	11	2	3	6	12-32	9
10.	(9.)	FFC Wacker München 99		22	5	5	12	22-52	−30	20	11	2	3	6	10-20	9	11	3	2	6	12-32	11
11.	(8.)	SC Regensburg	↓	22	5	4	13	36-59	−23	19	11	3	3	5	25-32	12	11	2	1	8	11-27	7
12.	(↓)	FFC Brauweiler Pulheim	↓	22	3	5	14	25-64	−39	14	11	2	2	7	16-32	8	11	1	3	7	9-32	6

Am 1. Juli 2008 übernahm Bayer 04 Leverkusen die Frauenfußballabteilung des TuS Köln rrh.
Der TuS Niederkirchen bewarb sich nicht erneut für eine Zulassung zur 2. Bundesliga. Die Mannschaft wurde hierüber jedoch nicht informiert. Aus diesem Grunde wurde am 25.04.2008 mit dem 1. FFC 08 Niederkirchen ein eigenständiger Verein gegründet.

Absteiger aus der Bundesliga: SG Wattenscheid 09 und 1. FC Saarbrücken.
Aufsteiger in die Bundesliga: FF USV Jena.
Absteiger in die Regionalligen: FFC Brauweiler Pulheim (West), SC Regensburg (Süd) und 1. FFC 08 Niederkirchen (Südwest), der den Platz von TuS Niederkirchen einnimmt.
Aufsteiger aus den Regionalligen: FSV Viktoria Jägersburg (Südwest) und FV Löchgau (Süd).

Frauen: 2. Bundesliga Süd 2007/08

	FF USV Jena	VfL Sindelfingen	FCR Duisburg II	TuS Köln rrh	ASV Hagsfeld	SC Sand	1. FFC Frankfurt II	SV Dirmingen	Niederkirchen	Wacker München	SC Regensburg	Brauweiler Pulheim
FF USV Jena	×	1:0	3:1	6:0	7:0	1:0	1:1	4:1	4:0	3:0	6:2	5:0
VfL Sindelfingen	3:2	×	4:0	0:0	3:1	2:0	2:0	6:0	2:2	5:1	5:0	7:1
FC Rumeln 2001 Duisburg II	0:1	0:2	×	3:3	4:1	5:0	1:0	4:0	3:0	4:0	3:1	1:1
TuS Köln rrh.	1:1	0:2	1:2	×	3:1	1:2	3:0	1:1	0:0	10:0	2:0	5:0
ASV Hagsfeld	0:4	0:4	4:1	1:1	×	0:4	1:1	4:0	4:1	0:3	2:0	0:0
SC Sand	0:5	1:0	4:2	1:2	2:3	×	1:1	1:1	4:0	2:1	0:1	5:1
1. FFC Frankfurt II	1:0	1:4	0:0	2:0	1:1	0:1	×	1:4	7:0	4:0	1:0	2:3
SV Dirmingen	0:5	2:3	0:3	2:1	5:0	1:1	1:0	×	2:1	1:3	4:3	1:0
TuS Niederkirchen	1:5	1:5	2:3	1:2	1:5	0:0	1:1	5:2	×	1:2	2:0	2:1
FFC Wacker München 99	1:4	0:2	0:2	1:4	1:2	1:0	1:0	2:2	1:2	×	1:1	1:1
SC Regensburg	1:10	1:3	2:3	2:4	1:2	3:2	3:3	5:0	3:3	1:1	×	3:1
FFC Brauweiler Pulheim	0:4	0:6	2:2	0:2	2:6	3:2	0:3	5:0	2:3	1:1	1:3	×

Torschützenliste:

Platz	Spieler (Mannschaft)	Tore
1.	Schmutzler, Sabrina (FF USV Jena)	27
2.	Kulig, Kim (VfL Sindelfingen)	25
3.	Hartmann, Ivonne (FF USV Jena)	21
4.	Coblenzer, Tanja (VfL Sindelfingen)	18
5.	Lupprich, Eyline (FC Rumeln Duisburg II)	16
6.	Friedrich, Anna (SC Regensburg)	12
7.	Schielenski, Stefanie (ASV Hagsfeld)	11
8.	Veth, Christine (TuS Niederkirchen)	10
9.	Dambier, Selina (1. FFC Frankfurt II)	9
	Deyke, Nadja (FC Rumeln 2001 Duisburg II)	9
	Fuchs, Anja (SC Sand)	9

Zuschauerstatistik:

Mannschaft	gesamt	Schnitt
FF USV Jena	2.400	218
SC Sand	2.300	209
SV Dirmingen	2.270	206
ASV Hagsfeld	2.205	200
FC Rumeln Duisburg II	1.765	160
VfL Sindelfingen	1.740	158
TuS 1874 Köln rrh.	1.585	144
1. FFC Frankfurt II	1.425	130
FFC Brauweiler-Pulheim	1.325	120
TuS Niederkirchen	1.280	116
FFC Wacker München	970	88
SC Regensburg	935	85
	20.200	153

Entscheidungsspiele um den Abstieg aus der 2. Bundesliga:
In der 2. BL Süd zog der TuS Niederkirchen – auf einem Nicht-Abstiegsplatz liegend – zum Saisonende zurück und war damit fünfter Absteiger. Entscheidungsspiele waren damit nicht notwendig und der 1. FC Union Berlin sowie FFC Wacker München 99 direkt gerettet.

Frauen: Regionalliga Nord

Pl. (Vj.) Mannschaft		Sp	S	U	N	Tore	TD	Pkt	Sp	S	U	N	Tore	Pkt	Sp	S	U	N	Tore	Pkt
		Gesamtbilanz							**Heimbilanz**						**Auswärtsbilanz**					
1. (3.) Mellendorfer TV	↑	22	18	1	3	79-32	+47	55	11	9	0	2	35-14	27	11	9	1	1	44-18	28
2. (↑) SV Höltinghausen	◇	22	14	4	4	61-29	+32	46	11	7	1	3	33-18	22	11	7	3	1	28-11	24
3. (↓) SuS Timmel		22	13	2	7	41-32	+9	41	11	7	1	3	23-14	22	11	6	1	4	18-18	19
4. (↑) ASV Bergedorf 85		22	11	5	6	44-36	+8	38	11	5	4	2	18-14	19	11	6	1	4	26-22	19
5. (2.) VfL Oythe		22	12	1	9	61-35	+26	37	11	5	1	5	31-22	16	11	7	0	4	30-13	21
6. (8.) TSV Nahe		22	9	6	7	37-35	+2	33	11	4	4	3	18-17	16	11	5	2	4	19-18	17
7. (7.) TSG Burg Gretesch		22	8	6	8	45-36	+9	30	11	2	3	6	16-21	9	11	6	3	2	29-15	21
8. (4.) TuS Büppel		22	8	2	12	57-63	−6	26	11	3	1	7	27-34	10	11	5	1	5	30-29	16
9. (5.) SV Ahlerstedt/Ottendorf		22	6	4	12	33-40	−7	22	11	4	1	6	16-18	13	11	2	3	6	17-22	9
10. (6.) TV Jahn Delmenhorst		22	6	3	13	43-53	−10	21	11	5	1	5	28-21	16	11	1	2	8	15-32	5
11. (9.) SV Lurup Hamburg	₃↓	22	5	2	15	23-80	−57	17	11	3	1	7	9-42	10	11	2	1	8	14-38	7
12. (10.) FS Germania Twist	↓	22	3	2	17	17-70	−53	11	11	2	1	8	11-41	7	11	1	1	9	6-29	4

Die Frauenmannschaften des SV Höltinghausen schließen sich dem BV Cloppenburg an.

Absteiger aus der 2. Bundesliga: keine.
Aufsteiger in die 2. Bundesliga: Mellendorfer TV (Nord).
Absteiger in die Verbandsligen: FS Germania Twist (Niedersachsenliga West) und SV Lurup Hamburg (Bezirksliga Hamburg Staffel 3; freiwilliger Rückzug um zwei weitere Level).
Aufsteiger aus den Verbandsligen: SV Werder Bremen (Bremen), SG Jesteburg/Bendestorf (Niedersachsenliga West), TSV Havelse (Niedersachsenliga Ost)

Frauen: RL Nord 2007/08

	Mellendorf	Höltinghausen	Timmel	Bergedorf	Oythe	Nahe	Burg Gretesch	Büppel	Ahlerstedt	Delmenhorst	Lurup	Twist
Mellendorfer TV	X	4:1	1:0	1:2	2:1	2:3	5:1	5:1	4:2	4:1	3:2	4:0
SV Höltinghausen	3:4	X	0:2	4:3	2:1	2:0	2:2	7:1	1:3	5:1	2x0	5:1
SuS Timmel	2:3	0:2	X	2:1	0:1	2:1	1:1	4:2	4:1	4:2	2x0	2:0
ASV Bergedorf 85	1:1	0:2	3:2	X	1:5	1:1	0:0	1:0	6:1	1:1	1:0	3:1
VfL Oythe	1:6	0:2	7:1	6:2	X	1:0	1:6	0:2	1:1	4:1	10:0	0:1
TSV Nahe	1:2	2:2	2:0	2:1	3:2	X	1:3	2:2	0:0	0:3	4:1	1:1
TSG Burg Gretesch	0:2	0:1	2:3	1:2	1:3	4:1	X	1:3	1:1	1:1	4:4	1:0
TuS Büppel	3:4	3:3	1:4	2:5	1:4	1:3	1:4	X	3:1	6:3	2:3	4:0
Ahlerstedt/Ottendf.	4:5	1:3	0:0	0:1	0:2	1:3	2:1	1:2	X	2:1	2:0	3:0
Jahn Delmenhorst	2:0	0:1	1:3	2:2	1:3	2:3	1:4	8:4	1:0	X	7:0	3:1
SV Lurup Hamburg	0:12	1:1	0:1	0:2	0:8	1:3	0:4	0:10	1:0	3:0	X	3:1
FS Germania Twist	1:5	0:10	1:2	2:5	2:0	1:1	1:3	0:3	0:7	2:1	1:4	X

Die Spiele SV Höltinghausen – SV Lurup Hamburg und SuS Timmel – SV Lurup Hamburg wurden gewertet.

Aufstieg in die Regionalliga Nord
Niedersachsenmeisterschaft:
(Entscheidungsspiel der Meister der Niedersachsenligen West und Ost)
01.06.2008: SG Jesteburg/Bendestorf (West) – TSV Havelse (Ost) 0:2 (0:1)
Der TSV Havelse ist Niedersachsenmeister und steigt in die RL Nord auf.

SG Jesteburg/Bendestorf – TSV Havelse 0:2 (0:1)
SG Jesteburg/Bendestorf: Vanessa Warnow; Ina Heitmann, Bianca Frommann (64. Stephanie Frommann), Nadine Mucker, Sonja Putensen (86. Marie Trümper), Katharina Eichhoff, Andrea Jagusch, Joy Weitzel, Ann-Kathrin Mucher (60. Monique Müller), Carolin Dieckhoff, Linn Fischer. Trainer: Thorsten Schammer
TSV Havelse: Marie Weitemeier; Saskia Knorr, Melanie Sieker, Theresa Bartels, Ricarda Demke, Silke Homeier (77. Melanie Voltmer), Yvonne Tünnermann, Marleen Krause, Maike Stickel, Greta Budde (85. Ronja Schulze), Lena Kurmann (66. Jessica Koller. Trainer: Lutz Koch
Tore: 1:0 Lena Kurmann (45.), 2:0 Yvonne Tünnermann (75.)
Zuschauer: 350 im August-Wenzel-Stadion Barsinghausen
Schiedsrichterin: Verena Schultz (SV Brackstedt) - Assistenten: Joel Macis, Francesco Spanu

Aufstiegsrunde zur Regionalliga Nord:
Entscheidungsrunde der übrigen drei Landesmeister:
25.05.2008: Niendorfer TSV – SV Werder Bremen 1:2
01.06.2008: SV Werder Bremen – Ratzeburger SV 1:1 (1:1)
08.06.2008: Ratzeburger SV – Niendorfer TSV 1:3 (0:1)

Pl.	Mannschaft	(Liga)	Sp	S	U	N	Tore	TD	Pkt
1.	SV Werder Bremen	↑ (VL HB)	2	1	1	0	3-2	+1	4
2.	Niendorfer TSV	(VL HH)	2	1	0	1	4-3	+1	3
3.	Ratzeburger SV	(VL SH)	2	0	1	1	2-4	−2	1

Der SV Werder Bremen steigt in Regionalliga Nord auf.

Entscheidungsspiel um einen weiteren Aufsteiger:
15.06.2008: SG Jesteburg/Bendestorf – Niendorfer TSV 5:2 (4:0)
Tore: 1:0 Andrea Jagusch (19.), 2:0 Andrea Jagusch (27.), 3:0 Monique Müller (32.), 4:0 Joy Weitzel (40.), 4:1 Tina Arp (49.), 5:1 Joy Weitzel (63.), 5:2 Simone von Palobicki (88.)
Zuschauer: 170 in Jesteburg

Die SG Jesteburg/Bendestorf steigt in Regionalliga Nord auf.

Frauen: Regionalliga Nordost

Pl. (Vj.) Mannschaft		Sp	S	U	N	Tore	TD	Pkt	Sp	S	U	N	Tore	Pkt	Sp	S	U	N	Tore	Pkt
						Gesamtbilanz							**Heimbilanz**						**Auswärtsbilanz**	
1. (↑) FF USV Jena II		22	14	5	3	45-24	+21	47	11	8	1	2	23-12	25	11	6	4	1	22-12	22
2. (3.) SV Blau-Weiß Hohen Neuendorf	↑	22	14	2	6	51-31	+20	44	11	8	1	2	26-14	25	11	6	1	4	25-17	19
3. (↑) 1. FC Lübars		22	12	7	3	47-22	+25	43	11	6	4	1	18- 9	22	11	6	3	2	29-13	21
4. (2.) Magdeburger FFC		22	12	5	5	51-22	+29	41	11	9	2	0	38- 8	29	11	3	3	5	13-14	12
5. (8.) BSV Grün-Weiß Neukölln		22	11	3	8	41-31	+10	36	11	5	2	4	24-16	17	11	6	1	4	17-15	19
6. (6.) Hallescher FC		22	8	7	7	33-39	−6	31	11	4	4	3	14-15	16	11	4	3	4	19-24	15
7. (7.) Lichterfelder FC 92 Berlin		22	7	6	9	20-23	−3	27	11	4	3	4	14-13	15	11	3	3	5	6-10	12
8. (5.) 1. FFV Grün-Weiß Erfurt		22	8	3	11	29-39	−10	27	11	4	1	6	12-18	13	11	4	2	5	17-21	14
9. (↓) FC Erzgebirge Aue		22	5	7	10	30-38	−8	22	11	3	4	4	18-19	13	11	2	3	6	12-19	9
10. (11.) 1. FC Gera		22	5	6	11	29-42	−13	21	11	4	4	3	19-17	16	11	1	2	8	10-25	5
11. (9.) SV Hafen Rostock 61	↓	22	5	1	16	25-62	−37	16	11	4	0	7	14-31	12	11	1	1	9	11-31	4
12. (10.) Adlershofer BC	₃↓	22	3	4	15	18-46	−28	13	11	2	2	7	8-19	8	11	1	2	8	10-27	5

Absteiger aus der 2. Bundesliga: FFV Neubrandenburg (Nord).
Aufsteiger in die 2. Bundesliga: SV Blau-Weiß Hohen Neuendorf (Nord; FF USV Jena II hat für die 2. Bundesliga nicht gemeldet).
Absteiger in die VL/LL: Adlershofer BC (Bezirksliga Berlin Staffel 2; freiwillig um zwei weitere Level) und SV Hafen Rostock 61 (Mecklenburg-Vorpommern).
Aufsteiger aus den VL/LL: FSV 02 Schwerin (Mecklenburg-Vorpommern) und Leipziger FC 07 (Sachsen).

Frauen: RL Nordost 2007/08	USV Jena II	H. Neuendorf	1. FC Lübars	Magdeburg	Neukölln	Hallescher FC	Lichterfelde	1. FFV Erfurt	Erzgeb. Aue	1. FC Gera	Hafen Rostock	Adlershof
FF USV Jena II	×	3:2	1:3	0:0	3:4	4:1	1:0	3:1	3:0	1:0	2:0	2:1
Hohen Neuendorf	2:4	×	1:1	1:0	3:2	0:3	4:0	2:1	3:1	2:0	2:1	6:1
1. FC Lübars	0:2	2:0	×	4:2	1:0	1:1	0:0	2:2	0:0	4:2	3:0	1:0
Magdeburger FFC	3:3	4:1	2:1	×	2:0	8:0	1:0	2:2	2:1	4:0	3:0	7:0
BSV GW Neukölln	2:3	0:1	2:2	1:2	×	2:2	1:0	4:0	4:1	4:0	3:2	1:3
Hallescher FC	1:1	1:0	0:5	3:1	1:2	×	0:2	3:2	0:0	3:0	1:1	1:1
Lichterfelder FC 92	0:0	1:2	1:2	0:3	0:2	1:1	×	3:0	2:1	2:2	2:0	2:0
1. FFV Erfurt	0:2	1:4	1:3	1:0	0:1	3:0	0:1	×	0:0	2:1	2:1	2:0
FC Erzgebirge Aue	2:2	1:1	1:5	2:0	1:3	2:3	0:0	0:3	×	2:0	6:1	1:1
1. FC Gera	2x0	1:5	1:1	0:0	1:1	2:1	2:2	2:3	1:2	×	5:1	2:1
SV Hafen Rostock	0:3	2:7	3:2	2:1	1:2	1:4	1:0	0:2	1:4	1:5	×	2:1
Adlershofer BC	0:2	1:2	0:4	0:0	2:0	0:3	0:1	0:1	3:2	0:0	2:4	×

Das Spiel 1. FC Gera – FF USV Jena II (1:1 vom 27.04.2008) wurde wegen unberechtigten Einsatzes einer Spielerin der ersten Mannschaft bei USV Jena II mit 2:0 Toren für Gera gewonnen gewertet.
Informationen zu den Aufstiegsspielen finden Sie auf Seite 326.

Frauen: RL West 2007/08	Essen-Sch.	Lütgendortm.	Fort. Köln	Ibbenbüren	Coesfeld	GSV Moers	SF Siegen	Teut. Weiden	RW Merl	Gütersloh II	Fort. Dilkrath
Essen-Schönebeck II	×	1:0	0:1	6:2	3:1	1:0	3:0	5:0	1:0	3:0	3:1
SG Lütgendortmund	2:1	×	2:1	2:2	5:0	2:3	4:1	4:2	1:1	2:1	0:1
SC Fortuna Köln	2:1	1:2	×	0:1	3:1	0:1	4:1	1:3	1:1	3:0	3:0
Arminia Ibbenbüren	2:3	2:1	1:1	×	3:3	1:1	0:1	3:0	4:1	7:0	3:2
Eintracht Coesfeld	3:1	1:1	2:5	1:1	×	3:1	5:0	3:1	3:0	2:1	5:0
GSV Moers	0:0	0:0	2:0	0:0	1:1	×	2:2	1:1	2:1	2:0	1:1
Sportfreunde Siegen	1:1	0:0	1:1	0:1	2:1	1:0	×	3:1	0:0	5:0	2:3
FC Teutonia Weiden	2:2	3:5	3:1	4:1	4:0	1:0	0x2	×	0:1	2:3	3:2
SV Rot-Weiß Merl	1:3	0:5	0:2	1:0	2:2	2:2	1:2	×	4:0	4:2	
FC Gütersloh 2000 II	0:3	2:2	1:4	1:4	3:2	0:4	2:1	2:1	3:2	×	2:0
DJK Fortuna Dilkrath	0:4	2:6	0:6	3:3	1:5	2:0	0:1	4:2	0:1	1:0	×

Das Spiel FC Teutonia Weiden – Sportfreunde Siegen (0:0) wurde gewertet.

Frauen: Regionalliga West

Pl. (Vj.) Mannschaft		Sp	S	U	N	Tore	TD	Pkt	Sp	S	U	N	Tore	Pkt	Sp	S	U	N	Tore	Pkt
						Gesamtbilanz							**Heimbilanz**						**Auswärtsbilanz**	
1. (3.) SG Essen-Schönebeck 19/68 II		20	13	3	4	45-18	+27	42	10	9	0	1	26- 5	27	10	4	3	3	19-13	15
2. (2.) SG Lütgendortmund	↑	20	10	6	4	46-25	+21	36	10	6	2	2	24-13	20	10	4	4	2	22-12	16
3. (↑) SC Fortuna Köln		20	10	3	7	40-23	+17	33	10	5	1	4	18-11	16	10	5	2	3	22-12	17
4. (4.) DJK Arminia Ibbenbüren		20	8	7	5	41-31	+10	31	10	5	3	2	26-13	18	10	3	4	3	15-18	13
5. (↑) DJK Eintracht Coesfeld		20	8	5	7	44-38	+6	29	10	7	2	1	28-11	23	10	1	3	6	16-27	6
6. (5.) Grafschafter SpV Moers		20	6	9	5	23-19	+4	27	10	3	7	0	11- 6	16	10	3	2	5	12-13	11
7. (8.) Sportfreunde Siegen		20	7	6	7	26-30	−4	27	10	4	4	2	15- 8	16	10	3	2	5	11-22	11
8. (10.) FC Teutonia Weiden		20	7	2	11	35-44	−9	23	10	5	1	4	22-17	16	10	2	1	7	13-27	7
9. (7.) SV Rot-Weiß Merl		20	5	6	9	25-35	−10	21	10	3	3	4	17-20	12	10	2	3	5	8-15	9
10. (6.) FC Gütersloh 2000 II		20	6	1	13	21-54	−33	19	10	5	1	4	16-23	16	10	1	0	9	5-31	3
11. (↑) DJK Fortuna Dilkrath	↓	20	5	2	13	25-54	−29	17	10	3	1	6	13-28	10	10	2	1	7	12-26	7
12. (9.) FFC Heike Rheine II	₄↓	0										zurückgezogen							

Absteiger aus der 2. Bundesliga: FFC Heike Rheine (Nord) und FFC Brauweiler Pulheim (Süd).
Aufsteiger in die 2. Bundesliga Nord: SG Lütgendortmund (SG Essen-Schönebeck 19/68 II hat verzichtet).
Absteiger in die Verbandsligen: FFC Heike Rheine II (Rückzug in die KL Ahaus-Coesfeld) und DJK Fortuna Dilkrath (Niederrhein).
Aufsteiger aus den Verbandsligen: VfL Kommern (Mittelrhein), FSC Mönchengladbach (Niederrhein) und TuS Harpen (Westfalen).

Frauen: Regionalliga Südwest

Pl. (Vj.) Mannschaft		Sp	S	U	N	Tore	TD	Pkt	Sp	S	U	N	Tore	Pkt	Sp	S	U	N	Tore	Pkt
1. (3.) FSV Viktoria Jägersburg	↑	22	18	0	4	72-24	+48	54	11	8	0	3	36-12	24	11	10	0	1	36-12	30
2. (↓) SC 07 Bad Neuenahr II		22	12	4	6	40-26	+14	40	11	6	2	3	19-13	20	11	6	2	3	21-13	20
3. (2.) SC Siegelbach		22	12	4	6	48-35	+13	40	11	6	2	3	25-16	20	11	6	2	3	23-19	20
4. (4.) TuS Ahrbach		22	12	3	7	60-43	+17	39	11	6	1	4	32-23	19	11	6	2	3	28-20	20
5. (6.) TuS Wörrstadt		22	11	5	6	46-35	+11	38	11	5	3	3	25-18	18	11	6	2	3	21-17	20
6. (↑) 1. FFC Montabaur		22	10	4	8	54-36	+18	34	11	5	1	5	35-22	16	11	5	3	3	19-14	18
7. (↑) 1. FC Saarbrücken II		22	9	4	9	44-37	+7	31	11	5	3	3	19-15	18	11	4	1	6	25-22	13
8. (5.) TuS Issel		22	8	7	7	52-51	+1	31	11	6	2	3	33-18	20	11	2	5	4	19-33	11
9. (↑) DSG Breitenthal 95		22	8	2	12	37-48	−11	26	11	7	0	4	29-20	21	11	1	2	8	8-28	5
10. (8.) VfR Niederfell	↓	22	3	8	11	18-44	−26	17	11	2	6	3	10-15	12	11	1	2	8	8-29	5
11. (7.) SG Parr Medelsheim	↓	22	4	3	15	34-70	−36	15	11	2	1	8	16-34	7	11	2	2	7	18-36	8
12. (9.) SpVgg Rehweiler-Matzenbach	↓	22	1	4	17	16-72	−56	7	11	1	3	7	11-25	6	11	0	1	10	5-47	1

Absteiger aus der 2. Bundesliga Süd: 1. FFC 08 Niederkirchen.
Aufsteiger in die 2. Bundesliga Süd: FSV Viktoria Jägersburg.
Absteiger in die Verbandsligen: SpVgg Rehweiler-Matzenbach (Südwest), SG Parr Medelsheim (Saarland) und VfR Niederfell (Rheinland).
Aufsteiger aus den Verbandsligen: SV Rot-Weiß Göcklingen (Südwest), FC Bitburg (Rheinland) und FC 08 Elm (Saarland).

Frauen: RL Südwest 2007/08

	Jägersburg	Bad Neuenahr II	Siegelbach	Ahrbach	Wörrstadt	Montabaur	Saarbrücken II	Issel	Breitenthal	Niederfell	Medelsheim	Rehweiler-M.
FSV Vikt. Jägersburg	×	2:5	2:0	0:1	4:0	1:3	4:0	4:1	1:0	6:0	5:1	7:1
SC Bad Neuenahr II	1:2	×	2:2	2:3	2:0	2:1	3:1	1:1	2:0	1:0	1:3	2:0
SC Siegelbach	0:4	1:3	×	1:1	1:1	2:3	3:0	3:1	6:0	2:1	4:2	2:0
TuS Ahrbach	0:7	1:1	4:2	×	2:1	1:4	1:4	10:0	2:3	4:0	3:1	4:0
TuS Wörrstadt	0:2	0:3	4:1	4:1	×	0:1	2:1	3:3	4:1	1:1	4:4	3:0
1. FFC Montabaur	2:3	0:1	2:2	1:3	2:3	×	3:2	1:4	4:0	4:2	6:2	10:0
1. FC Saarbrücken II	1:4	3:1	1:2	2:2	1:3	1:0	×	3:0	2:2	1:1	1:0	3:0
TuS Issel	3:4	1:0	0:3	3:2	2:2	2:2	2:4	×	3:0	4:1	8:0	5:0
DSG Breitenthal 95	2:0	4:2	2:3	1:4	1:2	3:1	3:2	1:2	×	2:0	2:1	8:3
VfR Niederfell	2:5	0:0	0:4	3:0	0:2	0:0	0:0	2:2	1:0	×	1:1	1:1
SG Parr Medelsheim	1:2	0:2	1:2	3:8	2:3	1:3	0:8	4:4	1:0	1:2	×	2:0
SpVgg Rehweiler-Ma.	0:3	1:3	1:2	0:3	0:4	1:1	1:3	1:1	2:2	3:0	1:3	×

Frauen: RL Süd 2007/08

	Löchgau	Calden	FC Bayern II	Sindelfingen II	Weinberg	Augsburg	Karlsruhe	Wiesbaden	Jügesheim	Hegau
FV Löchgau	×	0:4	1:1	3:2	1:0	2:0	2:1	2:0	4:0	2:1
TSV Jahn Calden	2:1	×	1:2	2:1	0:0	1:2	3:0	2:0	5:1	4:0
FC Bayern München II	2:4	1:1	×	2:1	5:2	2:0	4:0	0:1	2:0	3:0
VfL Sindelfingen II	1:2	3:2	1:5	×	2:1	2:1	3:0	3:0	2:2	3:2
SV 67 Weinberg	2:4	7:0	3:1	2:3	×	1:2	4:0	4:1	3:2	0:1
Schwaben Augsburg	0:1	0:5	1:1	1:2	1:0	×	3:0	1:0	4:0	1:0
Karlsruher SC	4:1	1:1	2:1	1:2	1:1	2:0	×	4:1	3:4	0:0
Germania Wiesbaden	2:3	2:0	0:3	2:0	0:3	0:0	1:4	×	2:2	2:0
TGM/SV Jügesheim	0:4	1:6	1:0	2:1	0:2	2:3	0:2	2:1	×	2:4
Hegauer FV	0:3	0:2	2:4	0:2	0:3	1:4	0:2	0:5	4:1	×

Frauen: Regionalliga Süd

Pl. (Vj.) Mannschaft		Sp	S	U	N	Tore	TD	Pkt	Sp	S	U	N	Tore	Pkt	Sp	S	U	N	Tore	Pkt
1. (↑) FV Löchgau	↑	18	14	1	3	40-22	+18	43	9	7	1	1	17-9	22	9	7	0	2	23-13	21
2. (↑) TSV Jahn Calden		18	10	3	5	41-22	+19	33	9	6	1	2	20-7	19	9	4	2	3	21-15	14
3. (↑) FC Bayern München II		18	10	3	5	39-21	+18	33	9	6	1	2	21-9	19	9	4	2	3	18-12	14
4. (↑) VfL Sindelfingen II		18	10	1	7	34-30	+4	31	9	6	1	2	20-15	19	9	4	0	5	14-15	12
5. (↑) SV 67 Weinberg		18	8	2	8	38-24	+14	26	9	5	0	4	26-14	15	9	3	2	4	12-10	11
6. (↑) TSV Schwaben Augsburg		18	8	2	8	23-25	−2	26	9	4	1	4	11-12	13	9	4	1	4	12-13	13
7. (↓) Karlsruher SC		18	7	3	8	27-31	−4	24	9	4	3	2	7-18	15	9	3	0	6	9-20	9
8. (↑) SG Germania Wiesbaden	↓	18	6	2	10	23-32	−9	20	9	3	2	4	11-15	11	9	3	0	6	12-17	9
9. (↑) TGM/SV Jügesheim	↓	18	4	2	12	22-52	−30	14	9	3	0	6	10-23	9	9	1	2	6	12-29	5
10. (↑) Hegauer FV	↓	18	3	1	14	15-43	−28	10	9	1	1	7	7-26	3	9	2	1	6	8-17	7

Absteiger aus der 2. Bundesliga Süd: SC Regensburg.
Aufsteiger in die 2. Bundesliga Süd: FV Löchgau.
Absteiger in die Oberliga: Hegauer FV Engen-Welschingen-Binningen (Baden-Württemberg), TGM/SV Jügesheim und SG Germania Wiesbaden (Hessen).
Aufsteiger aus der Oberliga: RSV Roßdorf (Hessen), SV Eintracht Seekirch (Baden-Württemberg und TSV Pfersee Augsburg (Bayern).

Frauen: Verbandsliga Schleswig-Holstein

Pl.	(Vj.)	Mannschaft	Sp	S	U	N	Tore	TD	Pkt	Ratzeburg	Neuenbrook	Holstein Kiel II	Flensburg 08	Meldorf	Oldesloe II	Goldebek	Grebin	Olympia NMS	Riepsdorf	MTV Leck	Schleswig
1.	(1.)	Ratzeburger SV	22	19	2	1	65-10	+55	59	X	3:1	6:1	5:2	4:0	0:0	1:0	3:0	7:0	5x0	1:0	3:0
2.	(2.)	SV Neuenbrook/Rethwisch	22	15	4	3	41-21	+20	49	0:1	X	1:0	0:3	1:0	3:1	0:0	3:1	2:0	2:0	4:3	4:0
3.	(3.)	Holstein Kiel II	22	12	4	6	49-31	+18	40	1:2	1:1	X	2:2	5:4	2:1	1:2	2:0	1:1	0:2	3:1	3:1
4.	(5.)	Flensburger SVgg 08	22	9	7	6	41-42	−1	34	2:1	1:1	0:4	X	3:3	2:1	3:1	1:1	2:1	0:1	3:1	2:2
5.	(7.)	TuRa Meldorf	22	9	4	9	41-38	+3	31	1:3	1:2	0:4	2:2	X	2:0	1:1	1:0	2:1	2:1	2:0	5:0
6.	(10.)	FFC Oldesloe 2000 II	22	8	6	8	36-24	+12	30	1:1	0:2	0:2	1:3	2:1	X	2:0	0:1	2:0	5:0	3:0	2:2
7.	(9.)	FSG Goldebek-Arlewatt	22	7	6	9	33-35	−2	27	0:4	1:3	2:1	2:3	1:5	1:1	X	0:2	2:2	1:1	5:0	4:0
8.	(↑)	TV Grebin	22	6	6	10	22-29	−7	24	0:3	2:3	1:1	3:1	2:2	1:1	0:2	X	3:1	2:0	0:0	0:1
9.	(6.)	MTSV Olympia Neumünster	22	7	3	12	26-49	−23	24	0:4	2:3	0:7	2:0	2:1	0:2	1:0	2:1	X	5:2	1:1	4:3
10.	(8.)	FC Riepsdorf	22	5	5	12	23-51	−28	20	0:2	1:1	1:2	2:2	1:4	0:8	3:4	1:1	1:0	X	2:1	1:1
11.	(4.)	MTV Leck	↓ 22	4	5	13	26-43	−17	17	0:4	0:3	3:5	5:2	0:1	0:0	0:0	1:0	3:0	1:2	X	4:0
12.	(↑)	VfR Schleswig	↓ 22	2	6	14	20-50	−30	12	1:2	0:0	0:1	1:2	3:1	1:3	1:4	0:1	0:1	1:1	2:2	X

Das Spiel Ratzeburger SV – FC Riepsdorf wurde gewertet.
Die Liga wird zur nächsten Saison in Schleswig-Holstein-Liga umbenannt.

Absteiger aus der Regionalliga Nord: keine.
Aufsteiger in die Regionalliga Nord: keine.
Absteiger in die neuen Verbandsligen: VfR Schleswig und MTV Leck (Nord).
Aufsteiger aus den Bezirksligen: SG Henstedt/Ulzburg (Süd) und TSV Rieseby (Ost).

Aufstiegsspiele zur Schleswig-Holstein-Liga:
1. Spieltag (neutraler Platz in Kellinghusen):
25.05.2008: TSV Rieseby – MTV Wrohm   1:2
25.05.2008: SG Henstedt/Ulzburg – FC Angeln 02   5:2
2. Spieltag:
01.06.2008: TSV Rieseby – FC Angeln 02 (in Barkelsby)   5:2
01.06.2008: MTV Wrohm – SG Henstedt/Ulzburg   1:6
3. Spieltag:
08.06.2008: FC Angeln 02 – MTV Wrohm (in Schnarup-Thumby)   4:3
08.06.2008: SG Henstedt/Ulzburg – TSV Rieseby   0:1

Pl.	Mannschaft	(BzL)	Sp	S	U	N	Tore	TD	Pkt
1.	SG Henstedt/Ulzburg ↑	(Süd)	3	2	0	1	11- 4	+7	6
2.	TSV Rieseby ↑	(Ost)	3	2	0	1	7- 4	+3	6
3.	FC Angeln 02	(Nord)	3	1	0	2	8-13	−5	3
4.	MTV Wrohm	(West)	3	1	0	2	6-11	−5	3

Frauen: Verbandsliga Hamburg

Pl.	(Vj.)	Mannschaft	Sp	S	U	N	Tore	TD	Pkt	Niendorf	Wilhelmsburg	Moorburg	SC Eilbek	Altona 93	Duwo 08	SC VM	Eimsbüttel	Harburg	Meiendorf	Wandsetal	Ahrensburg
1.	(2.)	Niendorfer TSV	22	18	3	1	71-14	+57	57	X	2:0	2:0	2:1	3:1	3:0	4:0	5:2	0:2	1:1	5:1	7:0
2.	(3.)	SV Wilhelmsburg 1888	22	18	2	2	78-23	+55	56	1:3	X	1:0	2:1	3:2	3x0	5:1	4:1	4:2	3x0	5:1	10:1
3.	(5.)	Moorburger TSV	22	16	2	4	53-16	+37	50	0:3	1:1	X	1:3	2:1	3:2	0:0	2:0	4:0	2:0	2:0	6a0
4.	(4.)	SC Eilbek	22	11	2	9	51-32	+19	35	1:1	1:3	0:1	X	1:0	3x0	5:0	6:0	3:0	1:0	6:2	7:0
5.	(6.)	Altonaer FC 93	22	11	1	10	45-36	+9	34	1:4	3:3	1:3	1:3	X	2:6	2:1	1:0	2:0	1:2	9:0	2:0
6.	(↑)	TSV Duwo 08	22	9	3	10	38-35	+3	30	0:2	0:1	0:4	3:2	1:2	X	4:0	0:0	0:3	4:0	1:1	
7.	(7.)	SC Vier- und Marschlande	22	8	3	11	42-52	−10	27	1:5	2:5	0x3	7:1	0:3	1:4	X	4:2	2:0	4:0	6:3	6:1
8.	(8.)	Eimsbütteler SV Grün-Weiß	22	6	4	12	30-48	−18	22	0:3	1:3	0:6	0:2	0:1	3:1	0:0	X	1:1	3:1	6:2	5:1
9.	(↑)	FSV Harburg	22	6	4	12	23-43	−20	22	0:4	1:5	0:1	2:0	0:3	1:3	0:1	2:1	X	0:0	3:2	3x0
10.	(9.)	Meiendorfer SV	22	5	6	11	24-38	−14	21	0:0	0:1	1:3	2:0	1:4	1:5	1:0	0:1	4:1	X	0:0	2:2
11.	(↑)	TSV Wandsetal	↓ 22	4	1	17	29-92	−63	13	2:6	0:11	1:3	0:3	0:2	1:5	0:2	1:4	3:4	1:2	X	1:0
12.	(↑)	Ahrensburger TSV	↓ 22	2	5	15	21-76	−55	11	0:6	0:4	1:5	2:2	0:2	0:2	1:2	0:0	2:1	2:2	7:0	X

Die Spiele SV Wilhelmsburg 1888 – TSV Duwo 08, SC Vier- und Marschlande – Moorburger TSV, SV Wilhelmsburg 1888 – Meiendorfer SV, FSV Harburg – Ahrensburger TSV und SC Eilbek – TSV Duwo 08 wurden gewertet. Das Spiel Moorburger TSV - Ahrensburger TSV wurde beim Stand von 6:0 abgebrochen und so gewertet.

Absteiger aus der Regionalliga Nord: keine.
Aufsteiger in die Regionalliga Nord: keine.
Absteiger in die Landesliga: TSV Wandsetal und Ahrensburger TSV.
Aufsteiger aus der Landesliga: FC Union Tornesch und TuS Appen.

Frauen: Niedersachsenliga West

Pl.	(Vj.)	Mannschaft		Sp	S	U	N	Tore	TD	Pkt	SG Jesteburg	Scharmbeckstotel	SVH Andervenne	SV Kettenkamp	SV Bad Laer	TuS Westerholz	MTV Jeddingen	Union Meppen	TuS Sulingen	Werlte/Lorup	Eintr. Immenbeck
1.	(4.)	SG Jesteburg/Bendestorf	↑	18	13	3	2	50-23	+27	42	X	0:2	2:1	0:0	4:1	4:1	2:2	3:1	4:1	4:1	
2.	(5.)	ATSV Scharmbeckstotel		18	11	5	2	53-20	+33	38	7:2	X	1:1	1:0	1:2	3:0	3:3	2:1	8:0	7:2	
3.	(2.)	SV Heidekraut Andervenne		18	11	5	2	40-24	+16	38	1:3	1:0	X	3:1	5:2	3:2	2:1	1:1	1:0	3:1	
4.	(9.)	SV Kettenkamp		18	10	5	3	37-23	+14	35	1:3	2:2	1:1	X	5:1	0:0	3:0	1:1	2:1	2:1	
5.	(8.)	SV Bad Laer		18	7	4	7	47-51	−4	25	2:2	2:6	3:3	3:5	X	1:1	3:2	2:2	2:3	9:4	
6.	(7.)	TuS Westerholz		18	4	5	9	19-33	−14	17	0:2	0:3	0:4	1:2	1:2	X	0:3	2:2	2:0	1:1	
7.	(↑)	MTV Jeddingen		18	4	3	11	30-41	−11	15	2:3	1:3	1:2	2:5	3:1	0:2	X	3:4	1:4	2:1	
8.	(10.)	SV Union Meppen		18	3	6	9	31-44	−13	15	0:5	2:2	3:5	1:3	3:4	1:2	3:2	X	0:2	2:0	
9.	(↑)	TuS Sulingen		18	3	4	11	17-43	−26	13	0:1	0:0	1:1	1:2	0:5	2:2	0:2	1:1	X	0:2	
10.	(↑)	SV Sparta Werlte/Lorup		18	3	2	13	28-50	−22	11	0:6	1:2	1:2	1:2	1:2	0:2	0:0	4:3	7:1	X	
11.	(3.)	TSV Eintracht Immenbeck	⊼	0				zurückgezogen													X

Die Liga wird zur nächsten Saison in Oberliga Niedersachsen West umbenannt.

Absteiger aus der Regionalliga Nord: FS Germania Twist.
Aufsteiger in die Regionalliga Nord: SG Jesteburg/Bendestorf.
Spielbetrieb eingestellt: TSV Eintracht Immenbeck.
Aufsteiger aus den Bezirksoberligen: BV Cloppenburg II (Weser-Ems Nord; Meister wurde SV Höltinghausen II; die Frauenmannschaften des SV Höltinghausen schließen sich dem BV Cloppenburg an) und Piesberger SV (Weser-Ems Süd).

Frauen: Niedersachsenliga Ost

Pl.	(Vj.)	Mannschaft		Sp	S	U	N	Tore	TD	Pkt	TSV Havelse	Sparta Göttingen	TSG Ahlten	SV Upen	SG Holtensen	VfL Bienrode	VfL Wolfsburg II	SV Hastenbeck	TSV Renshausen	SG Limmer	Fortuna Salzgitter
1.	(5.)	TSV Havelse	↑	20	14	2	4	67-24	+43	44	X	1:3	4:3	1:3	3:0	3:0	3:2	5:0	7:0	3:0	4:1
2.	(1.)	SV Sparta Göttingen		20	14	2	4	65-32	+33	44	5:0	X	5:3	1:0	6:0	3:3	1:2	4:1	8:0	3:1	3:1
3.	(6.)	TSG Ahlten		20	14	1	5	82-38	+44	43	0:4	4:3	X	6:2	4:7	1:2	4:0	5:1	6:1	5:0	7:0
4.	(3.)	SV Upen		20	11	3	6	61-36	+25	36	3:1	11:6	2:3	X	3:2	2:0	2:0	1:2	3:0	6:1	9:3
5.	(4.)	SG Holtensen/Elliehausen/Settmarshausen		20	9	4	7	61-47	+14	31	1:5	0:2	2:2	1:1	X	7:1	3:2	3:2	3:1	5:1	8:3
6.	(7.)	VfL Bienrode		20	9	4	7	48-41	+7	31	1:1	2:3	0:6	4:2	1:1	X	0:3	5:0	2:2	4:1	4:2
7.	(2.)	VfL Wolfsburg II		20	8	5	7	33-31	+2	29	0:0	0:0	1:2	1:1	4:2	0:6	X	1:2	4:0	4:0	1:1
8.	(8.)	SV Hastenbeck		20	7	1	12	28-47	−19	22	1:4	0:1	1:5	2:1	1:0	0:3	0:2	X	1:1	1:0	4:1
9.	(↑)	TSV Renshausen		20	4	4	12	24-59	−35	16	0:2	2:1	0:3	1:4	1:3	3:0	0:0	3:2	X	2:3	4:3
10.	(9.)	SG Limmer	⊼	20	4	2	14	24-67	−43	14	1:10	0:2	1:3	0:0	3:3	0:5	1:2	2:1	2:1	X	5:3
11.	(10.)	TSV Fortuna Salzgitter	↓	20	1	2	17	33-104	−71	5	0:6	1:5	2:10	1:5	1:10	1:5	3:4	0:6	2:2	4:2	X

Die Liga wird zur nächsten Saison in Oberliga Niedersachsen Ost umbenannt und spielt mit 12 Mannschaften.

Absteiger aus der Regionalliga Nord: keine.
Aufsteiger in die Regionalliga Nord: TSV Havelse.
Spielbetrieb eingestellt: SG Limmer.
Absteiger in die Bezirksoberliga: TSV Fortuna Salzgitter (Braunschweig).
Aufsteiger aus den Bezirksoberligen: 1. FFC Hannover, Hannoverscher SC (Hannover), SV Bad Lauterberg (Braunschweig) und ESV Fortuna Celle (Lüneburg).

Aufstiegsspiel zur Oberliga Niedersachsen Ost:
Entscheidungsspiel der Zweiten der Bezirksoberligen Hannover und Lüneburg:
18.06.2008: 1. FFC Hannover (H) – TS Wienhausen (LG)   2:0
Tore: 1:0 Jacqueline Reuter, 2:0 Anna-Jessica Weber
Spiel auf der Anlage des Mellendorfer TV

Informationen zur Niedersachsen-Meisterschaft finden Sie auf Seite 313.

Frauen: Verbandsliga Bremen

Pl.	(Vj.)	Mannschaft		Sp	S	U	N	Tore	TD	Pkt	Werder Bremen	BTS Neustadt	ATS Buntentor	Woltmershausen	Geestemünde	SV Weser 08	Sebaldsbrück	TV Eiche Horn	SC Sparta	SG Findorff	Vahr-Blockdiek
1.	(↑)	SV Werder Bremen	↑	20	20	0	0	162-0	+162	60	×	4:0	4:0	3:0	5:0	8:0	4:0	13:0	17:0	14:0	22:0
2.	(1.)	Bremer TS Neustadt		20	16	1	3	107-21	+86	49	0:1	×	3:0	4:2	6:1	1:2	2:1	5:1	10:1	8:0	17:0
3.	(4.)	ATS Buntentor		20	15	1	4	87-24	+63	46	0:4	0:1	×	1:0	2:2	3:1	7:0	9:2	4:2	7:2	8:0
4.	(5.)	TS Woltmershausen		20	11	4	5	80-35	+45	37	0:6	5:5	1:3	×	1:1	2:1	3:0	4:1	3:3	7:0	9:0
5.	(2.)	Geestemünder SC		20	9	3	8	70-45	+25	30	0:6	1:3	0:7	0:2	×	1:0	2:0	1:2	5:4	9:2	19:0
6.	(↑)	SV Weser 08 Bremen	⇄	20	8	2	10	37-41	−4	26	0:3	0:4	0:6	0:0	0:3	×	0:3	1:1	2:3	3:0	4:0
7.	(3.)	ATSV Sebaldsbrück		20	7	2	11	31-52	−21	23	0:6	0:3	0:4	2:8	3:2	1:2	×	3:1	1:5	2:0	7:0
8.	(↑)	TV Eiche Horn		20	7	2	11	44-84	−40	23	0:12	0:3	1:3	2:6	1:6	1:2	1:1	×	3:1	6:2	7:3
9.	(6.)	SC Sparta Bremerhaven	↓	20	6	3	11	47-90	−43	21	0:4	1:14	1:5	2:4	0:0	0:5	1:1	4:6	×	4:1	6:3
10.	(8.)	SG Findorff		20	2	0	18	23-111	−88	6	0:9	1:6	0:6	1:9	1:9	0:2	1:2	2:3	1:3	×	5:0
11.	(↑)	SC Vahr-Blockdiek	↓	20	0	0	20	13-198	−185	0	0:17	0:12	0:12	0:14	0:8	1:12	0:4	3:5	1:6	2:4	×

Die Liga spielt in der nächsten Saison mit acht Mannschaften.

Absteiger aus der Regionalliga Nord: keine.
Aufsteiger in die Regionalliga Nord: SV Werder Bremen.
Spielbetrieb eingestellt: SV Weser 08 Bremen.
Absteiger in die Landesliga 11er:
Absteiger in die Landesliga 7: SC Vahr-Blockdiek (Staffel 1) und SC Sparta Bremerhaven (Staffel 2); beide Mannschaften wechseln freiwillig in die Kleinfeldliga.
Aufsteiger aus der Landesliga 11er: SV Werder Bremen II (neu gemeldet).
Aufsteiger aus der Landesliga 7er: keine.

Frauen: Verbandsliga Mecklenburg-Vorpommern

Pl.	(Vj.)	Mannschaft		Sp	S	U	N	Tore	TD	Pkt	FSV 02 Schwerin	Neubrandenburg	TSV Goldberg 02	1. FC Binz	TSV Bützow	Rostocker FC	SV Waren 09	MSV Lübstorf	Hafen Rostock II	FC Anker Wismar	SV Groß Laasch
1.	(1.)	FSV 02 Schwerin	↑	20	19	0	1	145-16	+129	57	×	3:0	6:2	9:0	4:1	8:0	13:0	11:1	16:1	9:1	16:0
2.	(2.)	FFV Neubrandenburg II		20	14	4	2	73-27	+46	46	3:1	×	4:3	9:1	0:2	7:0	4:1	3x0	1:1	4:2	7:0
3.	(3.)	TSV Goldberg 02		20	12	3	5	57-24	+33	39	1:2	0:0	×	7:1	4:0	1:1	2:0	3:2	5:0	4:0	2:1
4.	(6.)	1. FC Binz		20	12	2	6	63-53	+10	38	1:3	2:2	1:3	×	1:0	4:4	8:0	9:3	2:1	2:3	4:1
5.	(5.)	TSV Bützow von 1952		20	10	3	7	40-30	+10	33	0:5	1:1	2:2	1:3	×	3:4	1:0	2:1	3:1	1:1	2:0
6.	(4.)	Rostocker FC von 1895		20	10	2	8	66-52	+14	32	2:6	4:6	2:0	4:6	0:1	×	4:1	1:2	7:1	7:0	9:0
7.	(9.)	SV Waren 09		20	8	1	11	25-53	−28	25	1:4	0:2	0:4	0:4	2:0	3:1	×	0:0	2:0	3:0	2:0
8.	(7.)	Mecklenburger SV Lübstorf	↓	20	6	3	11	29-69	−40	21	1:10	1:9	0:3	1:3	0:7	1:3	2:1	×	2:0	4:1	3:0
9.	(8.)	SV Hafen Rostock II		20	5	2	13	34-70	−36	17	0:5	2:4	2:0	1:4	1:3	0:6	4:5	1:1	×	3:1	3:1
10.	(↑)	FC Anker Wismar 1997		20	3	2	15	18-79	−61	11	0:8	1:3	0:4	0:4	0:7	0:3	0:1	1:1	0:9	×	5:1
11.	(10.)	SV 04 Groß Laasch		20	0	0	20	14-91	−77	0	1:6	2:4	0:7	1:3	0:3	2:4	0:3	1:3	2:3	1:2	×

Der Mecklenburger SV Lübstorf trat am 11. Spieltag (11.11.2007) zum Spiel beim FFV Neubrandenburg II nicht an; das Spiel wurde mit 3:0 für Neubrandenburg gewertet. Das Rückspiel wurde in Neubrandenburg ausgetragen.

Absteiger aus der Regionalliga Nordost: SV Hafen Rostock.
Aufsteiger in die Regionalliga Nordost: FSV 02 Schwerin.
Absteiger in die Kreise: Mecklenburger SV Lübstorf (Kreisunion Ludwigslust).
Aufsteiger aus den Kreisen: FSV 02 Schwerin II (Kreisunion Ludwigslust).

Frauen: Verbandsliga Brandenburg

Pl.	(Vj.)	Mannschaft		Sp	S	U	N	Tore	TD	Pkt	Energie Cottbus	Fort. Friedersdorf	RW Flatow	Turbine Potsdam III	SG Kröbeln	Eintr. Frankfurt/O.	Union Fürstenwalde	SSV Nonnendorf	Brieske/Senftenbg.	Luckenwalde
1.	(1.)	FC Energie Cottbus		16	15	1	0	61-13	+48	46	X	5:1	2:0	2:1	3:0	5:0	7:2	6:0	5:0	14:0
2.	(4.)	SV Fortuna Friedersdorf		16	10	3	3	40-26	+14	33	2:2	X	0:5	5:1	1:1	3:0	4:2	3:2	3:1	
3.	(2.)	SV Rot-Weiß Flatow		16	9	4	3	54-13	+41	31	1:2	0:0	X	1:1	2:0	7:0	5:1	10:0	8:0	5:0
4.	(↓)	1. FFC Turbine Potsdam III		16	9	2	5	33-25	+8	29	0:2	1:2	3:3	X	2:0	5:0	4:1	3:2	3:0	5:2
5.	(3.)	SG Kröbeln		16	9	1	6	37-25	+12	28	2:4	4:1	2:1	0:1	X	1:0	6:0	6:0	4:0	
6.	(7.)	SV Eintracht Frankfurt/Oder	↓	16	5	0	11	30-48	–18	15	1:4	2:3	1:4	5:1	4:6	X	4:1	3:5	3:0	3:0
7.	(↑)	FSV Union Fürstenwalde		16	4	0	12	27-56	–29	12	1:4	0:8	0:4	1:2	1:2	3:1	X	6:1	5:1	8:0
8.	(9.)	SSV 1950 Nonnendorf		16	3	3	10	20-52	–32	12	0:2	0:2	1:1	0:3	5:2	0:3	2:0	X	1:1	5:2
9.	(8.)	FSV Glückauf Brieske/Senftenberg		16	0	2	14	8-52	–44	2	2:6	0:2	0:2	1:2	0:1	0:3	1:3	1:1	X	
10.	(10.)	SG Stern Luckenwalde	↓	0				zurückgezogen				0:5			1:9	0:1	2:6	2:1	1:5	X

Die Liga benennt sich zur nächsten Saison in Brandenburg-Liga um.

Absteiger aus der Regionalliga Nordost: keine.
Aufsteiger in die Regionalliga Nordost: keine.
Absteiger in die Landesliga: SV Eintracht Frankfurt/Oder (freiwilliger Rückzug).
Spielbetrieb eingestellt: SG Stern Luckenwalde.
Aufsteiger aus der Landesliga: BSC Rathenow 94 und SG Sieversdorf.

Frauen: Verbandsliga Berlin

Pl.	(Vj.)	Mannschaft		Sp	S	U	N	Tore	TD	Pkt	Hohen Neuendorf II	Hertha Zehlendorf	BSV Al-Dersimspor	SV Adler Berlin	SFC Stern	BSC Marzahn	SV Blau Gelb Berlin	1. FC Union II	TSV Helgoland	Spandauer Kickers	SV Lichtenberg 47	SC Borsigwalde	TeBe Berlin II	1. FC Schöneberg	Borussia Pankow	VSG Altglienicke
1.	(4.)	BW Hohen Neuendorf II		30	25	3	2	115-21	+94	78	X	1:3	3:2	2:0	3:1	0:1	1:0	4:1	6:2	2:0	5:1	5:0	6x0	4:0	4:0	7:1
2.	(2.)	FC Hertha 03 Zehlendorf		30	24	3	3	120-32	+88	75	3:3	X	2:1	2:1	2:4	2:2	2:0	4:0	7:0	6x0	3:1	5:0	4:3	3:0	9:0	7:0
3.	(5.)	BSV Al-Dersimspor		30	22	2	6	104-40	+64	68	2:2	2:0	X	0:1	2:2	1:0	0:3	4:1	3:1	3:0	7:2	9:2	7:2	5:0	1:0	8:0
4.	(7.)	SV Adler Berlin		30	20	4	6	91-39	+52	64	0:0	0:3	1:3	X	3:2	1:1	0:0	2:0	5:2	2:1	4:1	7:0	8:1	4:0	7:0	6:1
5.	(↑)	SFC Stern 1900		30	19	3	8	91-45	+46	60	0:3	1:2	0:2	2:4	X	5:3	2:2	4:0	2:1	3:0	7:1	2:2	7:0	3:0	3:0	6:1
6.	(3.)	BSC Marzahn		30	19	2	9	93-40	+53	59	1:2	0:3	1:2	1:2	6:0	X	3:0	2:0	5:0	2:0	6:1	8:4	8:1	9:0	5:0	5:1
7.	(10.)	SV Blau Gelb Berlin		30	15	6	9	87-50	+37	51	1:4	1:1	3:4	5:4	1:0	1:2	X	1:6	1:2	1:1	4:1	5:2	0:0	1:0	2:2	8:0
8.	(↑)	1. FC Union Berlin II		30	15	1	14	65-53	+12	46	0:4	0:2	2:3	1:6	0:2	1:0	3:4	X	3:0	1:0	3:0	7:0	6:1	3:0	4:0	5:1
9.	(9.)	TSV Helgoland		30	14	2	14	73-78	–5	44	0:2	2:4	3:2	1:1	3:1	3:1	4:3	3:0	X	4:3	7:3	2:0	1:2	3:1	6:1	2:0
10.	(6.)	Spandauer Kickers		30	12	1	17	65-58	+7	37	0:2	0:2	3:0	1:3	1:4	0:1	1:3	1:2	4:2	X	6:3	2:3	6:2	4:0	7:0	6:0
11.	(↑)	SV Lichtenberg 47		30	10	2	18	75-109	–34	32	0:9	3:7	2:4	2:3	2:7	1:5	0:4	2:2	9:0	2:3	X	3:1	5:2	3:0	4:1	5:0
12.	(11.)	SC Borsigwalde		30	10	1	19	60-114	–54	31	1:4	2:4	0:10	2:4	2:3	0:3	1:7	2:4	6:3	2:0	2:3	X	4:1	5:3	4:0	4:2
13.	(8.)	Tennis Borussia Berlin II		30	8	2	20	53-127	–74	26	0:12	3:2	1:5	1:3	0x6	2:3	0:3	0:6	0:9	1:7	2:3	4:0	X	5:3	5:0	2:0
14.	(12.)	1. FC Schöneberg		30	4	3	23	36-102	–66	15	1:4	1:10	2:3	2:1	1:2	1:5	3:5	1:0	1:1	1:2	1:2	3:4	1:7	X	6:1	2:1
15.	(14.)	Borussia Pankow	↓	30	2	4	24	21-129	–108	10	0:5	1:11	0:5	1:4	0:2	6x0	1:12	0:1	0:4	0:4	2:8	1:3	1:1	1:1	X	0:0
16.	(13.)	VSG Altglienicke	↓	30	0	3	27	16-128	–112	3	0:6	0:5	1:4	0:6	0:4	0:6	0:3	0:4	1:2	2:2	0:2	1:4	1:1	1:2	X	

Die Spiele Tennis Borussia Berlin II – SFC Stern 1900 (4:2) und Borussia Pankow – BSC Marzahn (0:15) wurden umgewertet. Die Spiele SV Blau-Weiß Hohen Neuendorf II – Tennis Borussia Berlin II und FC Hertha 03 Zehlendorf – Spandauer Kickers wurden kampflos gewertet.

Absteiger aus der Regionalliga Nordost: keine.
Aufsteiger in die Regionalliga Nordost: keine.
Absteiger in die Landesliga: VSG Altglienicke und Borussia Pankow.
Aufsteiger aus der Landesliga: BSV Grün-Weiß Neukölln II und 1. FFC Berlin.

Frauen: Verbandsliga Sachsen-Anhalt

Pl.	(Vj.)	Mannschaft	Sp	S	U	N	Tore	TD	Pkt	Rot-Schwarz Edlau	VfB Sangerhausen	Heide SV Colbitz	Blau-Weiß Dölau	SV Dessau 05	Eintr. Walsleben	Magdeburger FFC II	1. FC Zeitz	TSV Schochwitz	SV Merseburg 99
1.	(1.)	SV Rot-Schwarz Edlau	18	15	2	1	82-24	+58	47	×	5:2	5:2	2:1	6:1	2:0	6:3	5:0	8:0	8:0
2.	(2.)	VfB 06 Sangerhausen	18	14	1	3	62-25	+37	43	1:5	×	3:0	3:0	4:0	7:1	2:1	3:1	12:1	4:1
3.	(↑)	Heide SV Colbitz	18	12	0	6	60-31	+29	36	5:2	1:2	×	2:1	3:1	1:2	4:0	4:0	8:0	12:3
4.	(6.)	SV Blau-Weiß Dölau	18	9	1	8	33-30	+3	28	1:3	1:2	0:1	×	1:0	3:2	2:0	3:2	4:1	2:0
5.	(4.)	SV Dessau 05	18	7	3	8	39-47	–8	24	0:6	2:1	5:4	3:2	×	2:1	3:2	2:2	1:2	2:2
6.	(5.)	SV Eintracht Walsleben	18	6	5	7	37-32	+5	23	0:0	2:5	0:1	2:2	4:1	×	2:2	7:0	4:1	4:0
7.	(7.)	Magdeburger FFC II	18	5	1	12	34-46	–12	16	1:3	0:2	2:4	3:0	0:4	1:3	×	3:1	3:1	7:1
8.	(10.)	1. FC Zeitz	18	4	4	10	33-55	–22	16	4:4	1:3	1:4	2:3	6:4	1:0	3:0	×	5:5	0x3
9.	(↑)	TSV Schochwitz	18	4	4	10	34-77	–43	16	2:8	3:3	3:2	1:3	1:1	1:1	3:2	1:3	×	7:1
10.	(3.)	SV Merseburg 99	↓ 18	2	3	13	27-74	–47	9	1:4	0:3	1:2	1:4	0:7	2:2	2:4	1:1	8:1	×

Das Spiel 1. FC Zeitz – SV Merseburg 99 wurde gewertet.

Absteiger aus der Regionalliga Nordost: keine.
Aufsteiger in die Regionalliga Nordost: keine.
Absteiger in die Landesliga: SV Merseburg 99.
Aufsteiger aus der Landesliga: FC Eintracht Köthen.

Frauen: Landesliga Thüringen

Pl.	(Vj.)	Mannschaft	Sp	S	U	N	Tore	TD	Pkt	SG Hermsdorf/Eis.	Eintracht Wechmar	FSV Uder	Bad Langensalza	TSV Sundhausen	Germania Ilmenau	FSV GW Stadtroda	SC Weimar	SV Jena-Zwätzen	FC Lok Saalfeld	VfB Schönewerda	Lengenfeld/Effelder
1.	(4.)	SG Hermsdorf/Eisenberg	22	16	3	3	58-18	+40	51	×	3:1	3:1	2:1	3:0	1:2	2:1	2:1	4:0	6:0	5:0	4:0
2.	(2.)	FSV Eintracht Wechmar	22	15	4	3	74-26	+48	49	0:2	×	3:1	3:0	2:0	2:0	4:0	3:1	7:0	4:1	2:0	7:1
3.	(3.)	FSV Uder 1921	22	12	6	4	67-27	+40	42	0:0	2:2	×	1:1	3:0	3:0	11:1	4:1	2:0	5:0	9:0	7:1
4.	(↑)	FSV 1986 Bad Langensalza	22	12	4	6	40-27	+13	40	1:4	3:4	1:1	×	4:1	1:0	2:0	1:1	3:2	0:1	3:1	2:0
5.	(↑)	TSV 1869 Sundhausen	22	9	7	6	37-27	+10	34	1:1	0:0	1:0	1:2	×	2:0	4:1	2:0	2:2	1:1	6:0	1:1
6.	(5.)	SV Germania Ilmenau	22	9	3	10	35-36	–1	30	2:1	1:4	3:3	2:0	0:2	×	0:2	1:2	4:2	3:2	0:0	2:0
7.	(8.)	FSV Grün-Weiß Stadtroda	22	8	3	11	29-49	–20	27	0:4	3:2	6:2	1:1	3:2	0:2	×	1:0	0:1	2:1	2:0	0:2
8.	(7.)	SC 1903 Weimar	22	7	4	11	34-36	–2	25	1:0	0:5	0:2	0:3	1:1	1:3	2:2	×	2:0	1:1	8:0	5:0
9.	(↑)	SV Jena-Zwätzen	22	5	6	11	30-51	–21	21	0:3	2:2	2:2	1:4	1:5	2:2	0:1	0:2	×	2:2	4:1	2:0
10.	(9.)	FC Lok Saalfeld	22	5	6	11	31-54	–23	21	1:2	4:8	1:2	0:3	1:1	3:2	1:1	3:1	0:2	×	2:1	1:3
11.	(10.)	VfB Schönewerda	↓ 22	2	2	18	22-79	–57	8	3:4	0:7	1:4	1:2	1:2	1:5	4:2	1:4	3:3	1:2	×	1:3
12.	(6.)	SG Lengenfeld/Effelder	↓ 22	6	4	12	23-50	–27	22	2:2	2:2	0:2	0:2	0:2	2:1	2:0	1:0	0:2	3:3	0:2	×

Absteiger aus der Regionalliga Nordost: keine.
Aufsteiger in die Regionalliga Nordost: keine.
Absteiger in die Landesklasse: VfB Schönewerda und SG Lengenfeld/Effelder.
Aufsteiger aus der Landesklasse: ZFC Meuselwitz (Ost; SV Motor Altenburg verzichtete) und 1. FFV Erfurt II (West); FSV Silvester Bad Salzungen (Süd) verzichtete.

Frauen: Landesliga Sachsen - Vorrunde

Pl.	(Vj.)	Mannschaft	Sp	S	U	N	Tore	TD	Pkt	Leipziger FC	DD Rähnitz	Johannstadt	Hoyerswerda	Chemnitz	Zwickau	Lok Leipzig II	Heidenau	Stötteritz	Großdubrau	TKV Flöha	SG Jößnitz	Aue II	Lichtenberg	VFC Plauen	Dresdner SC
1.	(↑)	Leipziger FC 07	15	14	1	0	55- 6	+49	43	X	3:0	2:1		3:1					5:0	7:0		2x0	10:0		
2.	(3.)	1. FFC Fortuna Dresden Rähnitz	15	12	0	3	63-15	+48	36		X	3:1	1:2		0:2	2:1	4:0			3:2					12:0
3.	(2.)	SV Johannstadt 90	15	11	1	3	48-11	+37	34	1:3	X		3:0	5:1	3:1			3:0	3:0			13:0	2x0		
4.	(8.)	Hoyerswerdaer SV 1919	15	10	3	2	40-24	+16	33	1:5		2:2	X	2:0			2:1	3:0			1:0		3:2	7:3	
5.	(↑)	Chemnitzer FC	15	9	2	4	47-21	+26	29	1:3		1:0		X	3:2			3:3	4:1		3:0			9:0	11:0
6.	(10.)	DFC Westsachsen Zwickau	15	8	1	6	32-20	+12	25		0:4		0:1		X	1:1	2:0			2:1	0:1		7:1	4:1	
7.	(1.)	1. FC Lokomotive Leipzig II	15	7	3	5	38-21	+17	24	1:1		2:3	3:0			X	3:1	1:2		6:0					4:0
8.	(9.)	Heidenauer SV	15	7	2	6	35-22	+13	23	0:1			1:1	2:3			X	3:1	5:0		2:1				7:2
9.	(↑)	SSV Stötteritz	15	7	2	6	36-31	+5	23	0:3		0:4				1:2		X	4:3	2:1		5:1	2:1		
10.	(6.)	SV 1896 Großdubrau	15	7	0	8	29-33	-4	21		0:5	0:1			0:3	3:0			X	3:0		2:0	5:0		
11.	(5.)	Turn- und Kegelverein Flöha/Plaue	15	6	2	7	33-32	+1	20		0:5		2:2	2:2		2:1	1:3			X	4:1		6:0	6:0	
12.	(7.)	SG Jößnitz	15	6	1	8	35-31	+4	19	1:2		1:2	2:1				2:2	1:2			X	4:0			6:1
13.	(4.)	FC Erzgebirge Aue II	15	3	2	10	17-34	-17	11		1:2	0:3			0:3	1:1	0:0		1:2			X	4:2		
14.	(↑)	SpG Lichtenberg	15	2	0	13	26-82	-56	6		2:6		2:9	0:4		1:6	1:2			2:4			X	9:0	5:4
15.	(↑)	Vogtländischer FC Plauen	15	1	0	14	13-87	-74	3	0:3	0:13				1:6	1:7	0:7	1:4			1:9	2:3		X	
16.	(11.)	Dresdner SC 1898	15	0	0	15	17-94	-77	0	0:5		1:4		0:5			1:6	1:6	0:6			2:6		2:4	X

Der vollständige Name der SpG Lichtenberg lautet: SpG SV Lichtenberg/SG Dittmannsdorf/SV Weigmannsdorf-Müdisdorf.
Die Spiele Leipziger FC 07 – FC Erzgebirge Aue II und SV Johannstadt 90 – VFC Plauen wurden gewertet.

Frauen: Landesliga Sachsen - Meister- und Abstiegsrunde

Pl.	(Vj.)	Mannschaft		Sp	S	U	N	Tore	TD	Pkt	Leipziger FC	DD Rähnitz	Johannstadt	Hoyerswerda	Chemnitz	Zwickau	Lok Leipzig II	Heidenau	Stötteritz	Großdubrau	SG Jößnitz	TKV Flöha	Aue II	Lichtenberg	Dresdner SC	VFC Plauen
1.	(↑)	Leipziger FC 07	↑	7	6	0	1	67- 5	+62	61	X		3:1	2:1		1:0	8:0									
2.	(3.)	1. FFC Fortuna Dresden Rähnitz		7	6	0	1	74- 8	+66	54	0:1	X	5:1	2:0		5:1										
3.	(2.)	SV Johannstadt 90		7	4	2	1	51- 6	+45	48	1:0	3:4	X	2:0												
4.	(8.)	Hoyerswerdaer SV 1919		7	2	2	3	31-18	+13	41				X	6:4	1:1	4:1									
5.	(↑)	Chemnitzer FC		7	3	1	3	46-17	+29	39			2:2		X	2:1	6:0									
6.	(10.)	DFC Westsachsen Zwickau		7	1	3	3	23-11	+12	31	2:3	2:3	0:0			X										
7.	(1.)	1. FC Lokomotive Leipzig II		7	1	1	5	28-20	+8	28			0:2	2:2	4:5	1:4	X									
8.	(9.)	Heidenauer SV		7	0	1	6	16-33	-17	24	0:7	0:4				1:1	1:3	X								
9.	(↑)	SSV Stötteritz		7	6	1	0	39- 8	+31	42									X	4:2	3:2	1:0	7:2			
10.	(6.)	SV 1896 Großdubrau		7	4	2	1	31- 9	+22	35									1:1	X	2:2	3:4	6:1			
11.	(7.)	SG Jößnitz		7	4	2	1	24-11	+13	33										X	3:2		3:0	3:1	6:1	
12.	(5.)	Turn- und Kegelverein Flöha/Plaue		7	4	0	3	41-15	+26	32											X	1:5		8:0	20a0	
13.	(4.)	FC Erzgebirge Aue II	↓	7	4	1	2	14- 7	+7	24									1:3	1:1			X	9:0	13:0	
14.	(↑)	SpG Lichtenberg	↓	7	2	0	5	-42-22	-64	12											1:3	1:2		X	5:1	
15.	(11.)	Dresdner SC 1898	↓	7	1	0	6	-70-38	-108	3									1:3	0:8					X	4:2
16.	(↑)	Vogtländischer FC Plauen	⇲	7	0	0	7	-71-74	-145	3									0:15	0:12				0:4		X

Das Spiel TKV Flöha/Plaue – VFC Plaue wurde beim Stand von 20:0 in der 73. Minute abgebrochen, da Plauen nur noch mit sechs Feldspielerinnen agieren konnte; das Spiel wurde mit dem Spielstand beim Abbruch gewertet.

Hinweis zum Torverhältnis: Nach der Hinrunde behielten die Mannschaften nur die Tordifferenz (Beispiel: Leipziger FC 07 +49 = 49:0 plus 18:5 aus der Aufstiegsrunde = 67-5 gesamt; VFC Plauen –74 = -74:0 plus 3-74 aus der Abstiegsrunde = -71-74).
Die Liga spielt in der nächsten Saison mit 14 Mannschaften.

Absteiger aus der Regionalliga Nordost: keine.
Aufsteiger in die Regionalliga Nordost: Leipziger FC 07.
Absteiger in die Bezirksligen: FC Erzgebirge Aue II, SpG Lichtenberg (Chemnitz) und Dresdner SC 1898 (Dresden).
Spielbetrieb eingestellt: Vogtländischer FC Plauen.
Aufsteiger aus den Bezirksligen: Herolder SV (Chemnitz; Bezirksmeister BC Erlbach 1919 verzichtete), TSV 1861 Spitzkunnersdorf (Dresden) und Post SV Leipzig (Leipzig; Bezirksmeister SV 90 Lissa verzichtete).

Frauen: Verbandsliga Westfalen

Pl.	(Vj.)	Mannschaft		Sp	S	U	N	Tore	TD	Pkt	Harpen	Recklingh.	Spexard	Wattensch.	Bielefeld	Lipperode	Benhausen	Münster	Herbede	Oeding	Borghorst	Ostbevern	Wiedenbr.	Erkenschw.
1.	(2.)	TuS Harpen	↑	24	18	4	2	87-16	+71	58	×	1:1	1:1	1:1	4:2	4:1	2:0	3:1	2:0	7:1	8:0	7:0	6:0	
2.	(7.)	1. FFC Recklinghausen		24	18	4	2	84-27	+57	58	2:1	×	3:3	6:2	7:1	2:0	7:0	2:1	2:0	4:1	9:0	6:0		2x0
3.	(↑)	SV Spexard		24	16	4	4	65-32	+33	52	0:5	1:0	×	1:1	5:0	2:1	3:1	1:2	2:1	0:1	5:0	6:0	7:0	3:0
4.	(↑)	SG Wattenscheid 09 II		24	14	3	7	67-37	+30	45	2:0	2:3	2:3	×	0:1	1:6	1:0	1:0	7:2	6:0	8:1	5:0	3:0	
5.	(6.)	DSC Arminia Bielefeld		24	13	2	9	59-43	+16	41	1:1	3:4	2:3	2:1	×	4:5	1:1	2:0	2:0	2:0	4:2	2:3	7:0	7:0
6.	(4.)	TuS 1919 Lipperode		24	13	1	10	75-52	+23	40	0:3	2:2	3:5	5:2	1:5	×	4:1	6:2	8:1	2:1	3:1	2:3	3:1	7:0
7.	(10.)	SV Blau-Weiß Benhausen		24	10	3	11	32-46	–14	33	0:4	3:0	2:1	1:2	0:4	2:6	×	1:3	1:1	1:0	0:1	1:0	4:0	4:1
8.	(3.)	BSV Fortuna Münster		24	8	3	13	35-46	–11	27	0:5	0:2	2:2	0:7	0:1	3:0	0:1	×	3:1	2:1	0:3	1:2	2:2	
9.	(↑)	SV Herbede		24	7	4	13	23-45	–22	25	0:2	0:0	0:1	1:1	2:0	1:0	0:1	0:2	×	1:1	1:0	1:0	5:1	
10.	(8.)	FC Oeding		24	6	3	15	25-50	–25	21	2:6	0:5	1:3	0:3	1:0	0:3	1:2	1:0	0:2	×	1:0	0:1	8:1	
11.	(5.)	SC Preußen Borghorst		24	6	3	15	31-62	–31	21	0:2	1:3	1:3	1:3	0:2	3:2	2:4	0:1	2:0	1:1	×	2:1	2:2	
12.	(↑)	BSV Ostbevern		24	6	3	15	28-70	–42	21	1:6	3:5	0:1	2:4	2:5	0:4	0:2	1:1	1:2	0:0	4:4	×	2:0	1:1
13.	(11.)	SC Wiedenbrück 2000	↓	24	1	3	20	25-110	–85	6	0:6	1:7	3:5	1:2	1:6	3:8	3:3	1:9	5:1	0:3	0:3	0:2	×	
14.	(9.)	DJK SV GW Erkenschwick	⇲	0				zurückgezogen			3:2	1:5		0:4						0:7	1:6	0:2	1:0	×

Absteiger aus der RL West: keine.
Aufsteiger in die RL West: TuS Harpen.
Absteiger in die LL: SC Wiedenbrück 2000 (Gruppe 2).
Spielbetrieb eingestellt: DJK SV Grün-Weiß Erkenschwick.
Aufsteiger aus den LL: SuS Concordia Flaesheim, TuS Wickede/Ruhr (Gruppe 1) und TuS Saxonia Münster (Gruppe 2).

DJK SV Grün-Weiß Erkenschwick hat seine Mannschaft in der Winterpause zurückgezogen. Die bereits ausgetragenen Spiele wurden annulliert.
Die Liga wird zur nächsten Saison in Westfalenliga umbenannt.

Entscheidungsspiel um den Aufstieg (in Schmerlecke):
08.06.2008: TuS Wickede/Ruhr (2. LL-1) – SC Borchen (2. LL-2)   2:0 (2:0)

Frauen: Verbandsliga Niederrhein

Pl.	(Vj.)	Mannschaft		Sp	S	U	N	Tore	TD	Pkt	FSC MG	Bor. MG	Brünen	Heißen	Rees	Krefeld	Neuss-W.	Bocholt	Duisburg III	Hemmerden	Solingen	Ratingen	Fuhlenbrock	Heckinghsn.
1.	(↓)	FSC Mönchengladbach	↑	26	17	3	6	83-33	+50	54	×	1:1	2:0	6:2	4:1	1:2	3:4	3:0	2:0	5:2	1:2	3:2	3:2	12:0
2.	(4.)	Borussia Mönchengladbach		26	14	5	7	54-25	+29	47	1:2	×	1:1	2:1	1:2	1:2	5:1	1:0	4:0	1:2	4:3	1:0	5:0	8:0
3.	(2.)	SV Brünen		26	14	5	7	58-37	+21	47	2:4	0:2	×	2:1	2:4	0:0	1:3	4:1	2:1	1:1	5:0	5:3	5:1	4:2
4.	(5.)	Turnerbund Heißen		26	13	5	8	45-31	+14	44	2:0	0:1	1:2	×	2:1	3:3	0:1	3:1	4:0	4:1	2:0	1:1	3:1	0:0
5.	(↑)	SV Rees		26	12	4	10	57-42	+15	40	1:2	3:0	3:2	2:3	×	1:2	5:2	3:0	5:0	3:1	5:1	3:3	4:0	2:2
6.	(9.)	SC Viktoria 09 Krefeld		26	12	4	10	53-43	+10	40	2:4	1:2	0:3	1:3	3:0	×	1:0	1:1	1:2	2:0	0:2	1:4	2:1	3:0
7.	(↑)	SVG Neuss-Weissenberg		26	12	3	11	53-55	–2	39	0:3	1:1	0:4	1:0	2:1	0:2	×	2:3	3:1	0:4	2:0	2x0	8:3	6:0
8.	(3.)	Borussia Bocholt		26	11	4	11	50-40	+10	37	1:1	0:3	3:0	2:1	1:2	2:1	1:1	×	4:1	1:2	4:0	0:1	4:0	5:1
9.	(↑)	FC Rumeln 2001 Duisburg III		26	11	4	11	54-58	–4	37	1:1	1:0	1:1	2:3	1:0	4:2	2:6	4:2	×	7:2	2:2	2:3	4:0	4:2
10.	(↓)	SV Hemmerden		26	10	6	10	46-53	–7	36	1:4	2:2	1:1	1:1	1:3	3:2	2:0	2:1	1:5	×	3:2	0:0	2:2	6:1
11.	(6.)	SV Eintracht Solingen		26	10	4	12	38-50	–12	34	3:0	0:4	0:0	0:1	1:1	3:1	2:0	2:1	1:3	2:2	×	1:2	3:1	4:0
12.	(10.)	ASC Ratingen-West	↓	26	6	8	12	38-60	–22	26	0:6	1:1	0:3	0:0	3:2	1:5	5:2	1:5	1:2	0:4	1:2	×	2:0	1:1
13.	(7.)	SV Blau-Weiß Fuhlenbrock	↓	26	5	4	17	32-80	–48	19	0:10	2:2	0:3	0:3	1:0	2:7	4:1	2:2	3:1	0:1	0:2	1:1	×	2:2
14.	(↑)	SV Heckinghausen	↓	26	2	7	17	26-80	–54	13	1:0	0:2	2:4	0:1	0:0	1:2	2:3	0:1	3:3	0:0	2:4	4:2	0:1	×

Absteiger aus der Regionalliga West: DJK Fortuna Dilkrath.
Aufsteiger in die Regionalliga West: FSC Mönchengladbach.
Absteiger in die Landesligen: SV Heckinghausen, SV Blau-Weiß Fuhlenbrock (Gruppe 1) und ASC Ratingen-West (Gruppe 3).
Aufsteiger aus den Landesligen: TSV Fortuna Wuppertal (Gruppe 1), HSC Berg (Gruppe 2) und 1. FFC Ratingen (Gruppe 3).

Das Spiel SVG Neuss-Weissenberg – ASC Ratingen-West wurde gewertet.

Frauen: Verbandsliga Mittelrhein

Pl.	(Vj.)	Mannschaft		Sp	S	U	N	Tore	TD	Pkt	Kommern	St. Augustin	Mausauel	Waldenrath	Uevekoven	Köln rrh. II	Weiden II	Dieringhsn.	Kreuzberg	Morsbach	Eilendorf	Eulenthal	Spoho 98	Lammersd.
1.	(5.)	VfL Kommern	↑	26	22	2	2	107-14	+93	68	×	1:2	2:1	6:0	3:1	2:2	10:0	3:0	8:0	0:0	8:1	7:1	3:1	8:0
2.	(2.)	FC Sankt Augustin		26	22	2	2	76-13	+63	68	2:1	×	2:0	4:0	2:0	3:0	5:0	0:0	6:0	2x0	1:0	2x0	1:0	7:0
3.	(4.)	SC Mausauel-Nideggen		26	18	5	3	80-20	+60	59	0:1	3:2	×	2:0	1:1	0:0	8:3	7:0	4:0	1:0	3:0	12:0	9:0	2:0
4.	(6.)	Vikt. RW Waldenrath-Straeten		26	15	4	7	58-45	+13	49	0:1	2:1	2:2	×	3:0	1:1	5:1	3:1	2:1	1:1	9:6	4:0	4:2	5:0
5.	(3.)	Sportfreunde Uevekoven		26	15	1	10	56-34	+22	46	0:3	0:2	3:4	0:2	×	5:1	2:0	4:1	5:0	4:1	6:0	5:1	1:0	
6.	(9.)	TuS Köln rrh. II	◇	26	12	6	8	69-43	+26	42	1:6	3:4	0:2	6:1	2:0	×	1:3	3:0	5:1	4:0	2:2	4:2	3:0	5:0
7.	(↑)	FC Teutonia Weiden II		26	11	4	11	59-59	0	37	0:2	1:1	0:0	0:1	3:1	0:4	×	1:4	2:2	10:0	3:1	8:3	1:0	5:0
8.	(7.)	TuRa Dieringhausen		26	10	6	10	36-40	–4	36	0:2	0:1	0:1	3:1	2:1	1:1	0:0	×	1:1	1:2	2:1	3:2	3:0	
9.	(↑)	VfB Kreuzberg		26	11	3	12	43-65	–22	36	0:9	1:4	0:2	2:3	1:5	3:2	1:0	3:1	×	3:1	2:0	4:0	2:0	4:1
10.	(↑)	SV Morsbach		26	7	4	15	35-56	–21	25	0:5	0:1	0:2	0:1	0:1	2:3	1:1	1:3	X	6:3	1:1	5:1	4:0	
11.	(↑)	SV Eilendorf		26	6	4	16	56-93	–37	22	0:6	1:8	3:3	3:2	0:2	2:12	3:5	2:4	3:4	2:1	×	2:0	2:2	4:0
12.	(↑)	SV Rot-Weiß Eulenthal	↓	26	5	2	19	21-86	–65	17	2:3	0:5	0:3	1:2	0:2	0:1	1:1	0:1	1:1	0:1	0:7	×	1:0	2:1
13.	(↑)	Vorwärts Spoho 98 Köln	↓	26	3	5	18	19-71	–52	14	0:6	0:5	1:2	1:1	0:2	0:0	0:0	1:0	1:1	1:6	1:2	×	1:1	
14.	(↑)	TuS Lammersdorf	⇲	26	0	2	24	8-84	–76	2	0:1	0:3	0:6	0:2	0:4	0:2	0:3	2:4	0:2	0:1	1:2	0:1	×	

Absteiger aus der RL West: keine.
Aufsteiger in die RL West: VfL Kommern.
Spielbetrieb eingestellt: TuS Lammersdorf.
Absteiger in die LL: Vorwärts Spoho 98 Köln (St. 2) und SV Rot-Weiß Eulenthal (St. 1).
Aufsteiger aus den LL: SV Allner/Bödingen, Union Blau-Weiß Biesfeld (St. 1), Pulheimer SC und SSV Köttingen (St. 2).

Die Spiele FC St. Augustin – SV Morsbach und FC St. Augustin – SV Rot-Weiß Eulenthal wurden gewertet.
Am 1. Juli 2008 übernahm Bayer 04 Leverkusen die Frauenfußballabteilung des TuS Köln rrh.

Frauen: Rheinlandliga

Pl.	(Vj.)	Mannschaft		Sp	S	U	N	Tore	TD	Pkt	FC Bitburg	Fischbacherhütte	SG Salmrohr	TuS Issel II	SG Trier-Zewen	1. FC Kommlingen	SG Watzerath	FC Urbar	JSSV Freirachdorf	1. FC Zemmer
1.	(2.)	FC Bitburg	↑	18	16	0	2	95-13	+82	48	×	6:1	4:0	7:0	3:0	6:1	7:0	7:0	4:1	3:0
2.	(3.)	TuS Germania Fischbacherhütte		18	15	0	3	76-14	+62	45	3:0	×	1:0	3:1	x:0	x:0	9:0	11:0	6:0	11:0
3.	(5.)	SG Salmrohr		18	15	0	3	57-18	+39	45	3:1	1:3	×	4:0	8:0	2:1	3:1	2:1	6:0	3:0
4.	(↑)	TuS Issel II		18	11	1	6	54-35	+19	34	0:4	3:2	0:1	×	3:1	2:2	4:3	4:3	9:0	3:0
5.	(7.)	SG Trier-Zewen		18	10	0	8	38-34	+4	30	2:4	1:0	1:2	2:0	×	1:4	3:2	7:0	3:0	2:0
6.	(4.)	1. FC Kommlingen		18	6	3	9	34-46	−12	21	0:5	1:8	1:3	1:3	4:2	×	1:0	2:2	3:3	8:1
7.	(6.)	SG Watzerath/Pronsfeld		18	5	2	11	28-53	−25	17	0:5	1:3	0:1	1:5	0:5	2:0	×	7:0	5:3	2:1
8.	(↑)	FC Urbar		18	4	2	12	31-78	−47	14	1:7	0:4	1:6	0:9	2:4	1:3	1:1	×	3:1	5:2
9.	(↑)	JSSV Freirachdorf	↓	18	2	1	15	25-82	−57	7	0:8	0:8	3:6	0:4	2:3	5:1	1:2	0:7	×	6:2
10.	(10.)	1. FC Zemmer	↓	18	1	1	16	12-77	−65	4	1:14	0:3	0:6	1:4	0:1	0:1	1:1	1:4	2:0	×

Die Spielgemeinschaft (SG) Salmrohr wird aufgelöst; die Frauenmannschaft spielt in der nächsten Saison als SV Dörbach weiter.
Die Spiele TuS Germania Fischbacherhütte – SG Trier-Zewen und TuS Germania Fischbacherhütte – 1. FC Kommlingen wurden jeweils mit 0:0 Toren für Fischbacherhütte gewertet.
Die Liga spielt in der nächsten Saison mit 12 Mannschaften.

Absteiger aus der RL Südwest: VfR Niederfell.
Aufsteiger in die RL Südwest: FC Bitburg.
Absteiger in die Bezirksligen: 1. FC Zemmer (West) und JSSV Freirachdorf (Ost).
Aufsteiger aus den Bezirksligen: FC Waldbreitbach, 1. FC Montabaur II (Ost), TuS Oberwinter und SG 99 Andernach (Mitte); FC Bitburg II (West) verzichtete auf den Aufstieg.

Frauen: Verbandsliga Südwest

Pl.	(Vj.)	Mannschaft		Sp	S	U	N	Tore	TD	Pkt	RW Göcklingen	FV Dudenhofen	TuS Niederkirchen II	SC Kirn-Sulzbach	Viktoria Herxheim	VfR Baumholder	SV Niederhambach	TuS Oggersheim	FSV Offenbach	SV Ober-Olm	Viktoria Merxheim	SV Obersülzen	Olympia Ramstein	FV Berghausen
1.	(↓)	SV Rot-Weiß Göcklingen	↑	26	19	5	2	78-17	+61	62	×	2:0	2:0	2:2	4:1	4:0	5:1	3:1	7:0	3:0	2:0	3:0	6:0	9:0
2.	(2.)	FV Dudenhofen		26	19	5	2	109-20	+89	62	2:0	×	2:2	1:2	1:1	1:1	5:0	6:0	8:3	4:1	3:0	6:0	7:0	10:0
3.	(3.)	TuS 1900 Niederkirchen II	◇	26	15	4	7	67-34	+33	49	2:2	1:1	×	4:3	2:0	1:3	5:0	1:2	3:0	2:1	5:0	3:1	9:1	1:0
4.	(5.)	SC Kirn-Sulzbach		26	15	3	8	68-36	+32	48	2:1	2:3	2:4	×	1:4	0:2	1:1	3:2	2:1	3:0	0:0	7:2	9:1	2:0
5.	(6.)	SV Viktoria Herxheim		26	12	6	8	53-30	+23	42	1:1	0:3	0:2	0:4	×	5:1	2:1	3:1	2:0	3:0	0:0	1:1	7:0	6:0
6.	(4.)	VfR Baumholder	±	26	10	7	9	61-34	+27	37	1:1	0:3	1:2	1:2	2:0	×	2:2	4:0	1:1	2:1	4:0	1:2	7:0	8:0
7.	(7.)	SV Niederhambach		26	10	7	9	54-47	+7	37	1:3	0:6	4:0	1:1	0:0	×	×	4:1	3:1	2:2	2:4	2:2	13:0	0:1
8.	(8.)	TuS Frei-Heil 1898 Oggersheim		26	11	2	13	54-62	−8	35	0:5	0:5	4:1	1:0	1:6	1:3	1:2	×	3:4	2:1	1:1	5:0	4:1	5:0
9.	(↑)	FSV Offenbach/Queich		26	10	4	12	48-68	−20	34	0:4	1:7	0:4	3:2	0:0	3:2	3:1	4:1	×	1:0	0:1	2:2	4:2	6:2
10.	(↑)	SV Ober-Olm		26	9	6	11	40-38	+2	33	1:1	0:3	1:0	0:3	2:1	1:1	1:1	0:3	4:1	×	1:0	2:1	8:0	0:0
11.	(9.)	FC Viktoria Merxheim		26	9	6	11	39-40	−1	33	0:1	2:2	1:0	1:2	2:0	1:1	0:4	1:2	2:1	1:1	×	2:2	3:0	11:0
12.	(↓)	SV Obersülzen		26	6	8	12	37-58	−21	26	0:2	0:4	1:1	0:4	1:1	0:2	2:2	2:2	0:3	2:1	×	8:0	2:0
13.	(↑)	FV Olympia Ramstein	↓	26	3	1	22	31-143	−112	10	2:3	2:7	1:7	1:6	0:4	2:1	1:4	2:5	2:4	0:6	5:2	0:3	×	3:3
14.	(10.)	FV Berghausen	↓	26	1	2	23	12-124	−112	5	0:2	0:9	1:5	0:7	0:1	0:12	0:2	0:6	1:3	0:3	0:3	1:3	3:5	×

Den Platz von TuS 1900 Niederkirchen II nimmt der am 25.04.2008 gegründete 1. FFC 08 Niederkirchen (mit seiner II. Mannschaft) ein.

Absteiger aus der RL Südwest: SpVgg Rehweiler-Matzenbach.
Aufsteiger in die RL Südwest: SV Rot-Weiß Göcklingen.
Spielbetrieb eingestellt: VfR Baumholder.
Absteiger in die Bezirksligen: FV Berghausen (Vorderpfalz) und FV Olympia Ramstein (Westpfalz).
Aufsteiger aus den Bezirksligen: TuS Wörrstadt II (Rheinhessen), FC Marnheim (Vorderpfalz) und TuS Mackenrodt (Westpfalz).

Endspiel um die Meisterschaft:
FV Dudenhofen – SV Rot-Weiß Göcklingen   0:3

Frauen: Verbandsliga Saarland

Pl.	(Vj.)	Mannschaft		Sp	S	U	N	Tore	TD	Pkt	FC 08 Elm	Bardenbach	Steinberg-D.	Dirmingen II	Niederlosheim	Homburg	SV Furpach	Niederkirchen	Saarhölzbach	Wallerfangen	Altforweiler	St. Ingbert
1.	(2.)	FC 08 Elm	↑	20	16	3	1	93-10	+83	51	X	2:2	3:0	5:0	2:2	2:0	5:0	9:0	3:1	14:1	9:0	8:0
2.	(4.)	SV Rot-Weiß Bardenbach		20	16	1	3	85-25	+60	49	2:3	X	5:1	7:3	6:1	1:0	5:0	8:0	5:3	5:0		x:0
3.	(7.)	SV Steinberg-Deckenhardt		20	14	1	5	52-31	+21	43	0:3	2:0	X	2:0	4:3	1:0	4:2	3:1	5:1	x:0		4:0
4.	(↑)	SV Dirmingen II		20	13	3	4	68-27	+41	42	0:0	4:5	3:1	X	3:0	2:0	2:0	3:1		13:1	2:0	6:0
5.	(3.)	DJK Niederlosheim		20	13	2	5	75-30	+45	41	1:0	2:1	2:3	1:1	X	1:0	2:1	x:0	6:0	4:0		21:0
6.	(9.)	SG FC 08 Homburg/SV Beeden		20	9	3	8	31-23	+8	30	0:2	1:3	2:2	0:3	4:2	X	1:1	1:0	4:1	2:0		4:1
7.	(8.)	SV Furpach		20	8	2	10	38-58	−20	26	0:15	3:5	2:1	1:3	1:8	0:0	X	8:1	1:0	x:0		x:0
8.	(10.)	1. FC Niederkirchen		20	5	1	14	27-61	−34	16	1:2	0:5	2:6	1:1	3:4	0:3	3:1	X		2:3	2:0	5:1
9.	(6.)	SV Saarhölzbach	⊼	11	4	0	7	14-31	−17	12			0:4					2:0	X	2:1	3:2	1:0
10.	(↑)	SV Wallerfangen		20	3	0	17	18-80	−62	9	0:x	0:5	1:6	2:5	0:4	1:2	2:7	1:5		X	0:2	3:1
11.	(11.)	SG Altforweiler/Berus	⊼	11	1	0	10	7-35	−28	3		0:5	1:3		1:5	0:1	1:4				X	
12.	(5.)	DJK St. Ingbert	⊼	20	1	0	19	5-102	−97	3	0:6	0:10	0:4	0:10	0:6	0:6	0:6	0:x		1:2	1:0	X

Die SG Altforweiler/Berus hat ihre Mannschaft nach dem 16. Spieltag und der SV Saarhölzbach nach dem 18. Spieltag zurückgezogen. Nach § 36 Abs. 2 der Spielordnung des SFV werden die Vorrundenspiele in der Tabelle gewertet, die Rückrundenspiele jedoch nicht.

Folgende Spiele wurden gewertet:
- 14. Spieltag: SV Rot-Weiß Bardenbach – DJK St. Ingbert   0:0 Tore und 3 Punkte für SV Rot-Weiß Bardenbach
- DJK Niederlosheim – 1. FC Niederkirchen   0:0 Tore und 3 Punkte für DJK Niederlosheim
- 16. Spieltag: SV Furpach – SV Wallerfangen   0:0 Tore und 3 Punkte für SV Furpach
- 21. Spieltag: SV Wallerfangen – FC 08 Elm   0:0 Tore und 3 Punkte für FC 08 Elm
- SV Furpach – DJK St. Ingbert   0:0 Tore und 3 Punkte für SV Furpach
- 22. Spieltag: DJK St. Ingbert – 1. FC Niederkirchen   0:0 Tore und 3 Punkte für 1. FC Niederkirchen
- SV Steinberg-Deckenhardt – SV Wallerfangen   0:0 Tore und 3 Punkte für SV Steinberg-Deckenhardt

Absteiger aus der RL Südwest: SG Parr Medelsheim.
Aufsteiger in die RL Südwest: FC 08 Elm.
Spielbetrieb eingestellt: SV Saarhölzbach, SG Altforweiler/Berus und DJK St. Ingbert.
Absteiger in die Landesliga: keine.
Aufsteiger aus der Landesliga: SV Werbeln, SC 07 Heiligenwald, SV Bliesmengen-Bolchen.

Frauen: Oberliga Hessen

Pl.	(Vj.)	Mannschaft		Sp	S	U	N	Tore	TD	Pkt	Roßdrof	Limburg	Pfungstadt	Frankfurt III	Schwarzbach	Bonbaden	Gläserzell	Anraff	Ueberau	Mittelbuchen	Allendorf	Rüsselsheim
1.	(3.)	RSV Roßdorf	↑	22	19	2	1	72-4	+68	59	X	0:1	5:0	3:0	1:0	9:0	7:0	2:0	2:0	6:0	2:0	4:0
2.	(6.)	VfR 07 Limburg		22	16	3	3	44-11	+33	51	0:0	X	0:2	2:1	0:5	2:0	0:0	0:0	4:0	6:0	2:0	5:2
3.	(4.)	RSV Germania Pfungstadt		22	14	3	5	58-30	+28	45	0:1	1:0	X	2:2	3:2	6:0	1:2	6:0	1:1	2:1	3:0	2:2
4.	(↑)	1. FFC Frankfurt III		22	13	2	7	46-23	+23	41	0:1	0:1	2:1	X	1:0	4:2	2:2	2:0	2:0	0:1	2:0	8:2
5.	(7.)	DJK FSV Schwarzbach		22	12	1	9	67-27	+40	37	1:3	0:1	2:6	4:0	X	3:0	9:0	3:1	4:1	0:1	7:0	10:0
6.	(↑)	TuS Bonbaden	◇	22	11	1	10	32-41	−9	34	0:2	0:3	0:3	0:1	3:2	X	3:0	1:0	3:0	1:0	4:1	5:0
7.	(5.)	SV Gläserzell		22	10	3	9	32-51	−19	33	1:11	0:4	2:3	0:5	1:0	0:1	X	3:0	0:0	4:1	4:0	4:0
8.	(↑)	SG Anraff/Giflitz/Friedrichstein		22	8	3	11	28-42	−14	27	0:2	0:4	1:2	2:1	2:2	1:1	1:4	X	1:3	2:1	3:0	3:0
9.	(8.)	SG Ueberau		22	6	3	13	26-41	−15	21	1:1	0:1	1:2	0:2	1:4	0:1	1:0	2:4	X	3:1	1:2	2:1
10.	(↑)	1. FC Mittelbuchen	↓	22	7	0	15	28-51	−23	21	0:1	0:1	2:6	0:3	0:3	3:1	1:2	1:3	3:2	X	4:1	5:2
11.	(9.)	DFC Allendorf (Eder)	↓	22	3	0	19	12-66	−54	9	0:7	0:3	2:0	0:4	0:2	1:4	1:2	0:1	0:3	2:1	X	1:4
12.	(↑)	SC Opel Rüsselsheim	↓	22	2	1	19	23-81	−58	7	0:1	0:4	2:6	0:4	1:4	0:2	0:1	2:3	2:4	0:2	3:1	X

Die Liga wird zur nächsten Saison in Hessenliga umbenannt.
Die Frauen- und Mädchenfußballabteilung von TuS Bonbaden tritt geschlossen zum SV Altenkirchen über, der die Startplätze übernimmt.

Absteiger aus der Regionalliga Süd: SG Germania Wiesbaden und TGM SV Jügesheim.
Aufsteiger in die Regionalliga Süd: RSV Roßdorf.
Absteiger in die Verbandsligen: SC Opel Rüsselsheim, 1. FC Mittelbuchen (Süd) und DFC Allendorf (Nord).
Aufsteiger aus den Landesligen: TSG Kammerbach (Nord) und 1. FC Arheilgen Darmstadt (Süd).

Informationen zu den Qualifikationsspielen zur Hessenliga finden Sie auf Seite 326.

Frauen: Oberliga Baden-Württemberg

Pl. (Vj.) Mannschaft		Gesamtbilanz							Heimbilanz					Auswärtsbilanz				
		Sp	S	U	N	Tore	TD	Pkt	Sp	S	U	N	Tore	Pkt	Sp	S	U	N	Tore	Pkt
1. (5.) SV Eintracht Seekirch	↑	18	16	0	2	53-15	+38	48	9	8	0	1	29- 6	24	9	8	0	1	24- 9	24
2. (9.) SC Freiburg II		18	13	3	2	45-14	+31	42	9	6	2	1	24-10	20	9	7	1	1	21- 4	22
3. (↑) FV Vorwärts Faurndau		18	9	4	5	41-28	+13	31	9	6	1	2	26-13	19	9	3	3	3	15-15	12
4. (6.) TSV Ludwigsburg		18	9	2	7	42-34	+8	29	9	7	0	2	20-10	21	9	2	2	5	22-24	8
5. (7.) SV Titisee		18	8	2	8	38-29	+9	26	9	6	1	2	26-10	19	9	2	1	6	12-19	7
6. (11.) SV Eintracht Kirchheim/Dirgenheim		18	7	1	10	35-38	–3	22	9	4	0	5	16-15	12	9	3	1	5	19-23	10
7. (8.) SV Sülzbach		18	5	6	7	31-38	–7	21	9	2	5	2	18-18	11	9	3	1	5	13-20	10
8. (10.) SV Musbach		18	6	2	10	27-29	–2	20	9	4	1	4	17-15	13	9	2	1	6	10-14	7
9. (↑) DJK-FC Ziegelhausen/Peterstal	2↓	18	4	2	12	23-59	–36	14	9	2	1	6	12-29	7	9	2	1	6	11-30	7
10. (12.) SC Sand II		18	2	0	16	14-65	–51	6	9	2	0	7	9-26	6	9	0	0	9	5-39	0

Die Liga spielt in der nächsten Saison mit 11 Mannschaften.

Aufsteiger in die Regionalliga Süd: SV Eintracht Seekirch.
Absteiger aus der Regionalliga Süd: Hegauer FV Engen-Welschingen-Binningen.
Freiwilliger Rückzug: DJK-FC Ziegelhausen/Peterstal (in die Landesliga-Kleinfeldstaffel Rhein-Neckar).
Absteiger in die Verbandsligen: keine.
Aufsteiger aus den Verbandsligen: TSG 1899 Hoffenheim (Nordbaden) und VfL Munderkingen (Württemberg).

Frauen: OL BaWü 2007/08	Seekirch	Freiburg II	Faurndau	Ludwigsburg	Titisee	Kirchheim	Sülzbach	Musbach	Ziegelhausen	Sand II
SV Eintracht Seekirch	X	0:1	2:1	3:1	3:0	3:1	2:0	3:1	8:1	5:0
SC Freiburg II	3:2	X	2:2	2:1	1:1	4:1	0:1	2:1	5:0	5:1
FV Vorwärts Faurndau	0:1	2:4	X	3:3	4:2	5:1	3:1	1:0	5:1	3x0
TSV Ludwigsburg	1:4	2:1	0:1	X	2:1	2:1	1:0	2:0	5:1	5:1
SV Titisee	1:2	0:0	4:1	4:3	X	2:3	8:0	1:0	2:1	4:0
SV Eintracht Kirchheim	0:1	0:1	2:0	3:2	0:2	X	3:1	1:4	2:4	5:0
SV Sülzbach	2:4	0:2	3:3	2:2	3:2	1:1	X	1:1	2:2	4:1
SV Musbach	0:1	0:4	1:1	3:0	2:1	3:1	2:4	X	0:1	6:2
Ziegelhausen/Peterstal	1:6	0:4	0:3	4:6	3:1	1:6	1:1	0:2	X	2:0
SC Sand II	1:3	0:4	1:3	0:4	1:2	2:4	0:5	3:1	1:0	X

SC Sand II ist zum Spiel in Faurndau nicht angetreten; Wertung mit 3:0 Toren für Faurndau.

Frauen: OL Bayern 2007/08	Pfersee	Nürnberg	Eicha	Kaufbeuren	Hausen	Drosendorf	Uengershaus	Memmingen	Landshut	Mögeldorf	Breitenthal	Moosburg
TSV Pfersee Augsburg	X	2:1	5:2	3:0	4:0	1:0	3:2	1:0	2:1	4:1	1:0	6:0
Post SV Nürnberg	0:4	X	6:1	4:2	4:0	3:2	4:0	1:3	4:1	7:0	5:2	6:0
SpVgg Eicha	2:0	1:4	X	1:1	1:2	1:1	4:3	2:1	5:1	2:0	3:1	8:1
SpVgg Kaufbeuren	0:0	2:1	2:3	X	1:0	2:2	7:2	3:1	4:0	1:1	4:0	6:1
SpVgg Hausen	0:4	3:5	3:3	3:2	X	1:4	1:1	5:1	5:2	5:0	4:1	5:1
RSV Drosendorf	0:2	1:2	3:2	7:1	2:2	X	8:3	1:0	4:0	4:0	5:0	1:2
TSV Uengershausen	1:2	3:4	2:2	2:2	1:1	1:1	X	2:0	1:0	2:1	6:3	4:1
FC Memmingen	2:3	6:6	0:1	1:2	1:1	2:0	2:3	X	2:1	3:1	3:0	1:1
SpVgg Landshut	1:5	1:4	0:4	0:4	0:3	1:2	2:3	1:0	X	2:2	3:2	2:1
SpVgg Mögeldorf	0:5	0:1	1:3	2:4	2:3	2:1	4:1	1:6	2:5	X	3:3	2:2
DJK Breitenthal	1:3	1:3	1:0	0:4	1:1	3:1	1:3	0:2	4:1	1:2	X	1:0
SpVgg Moosburg	1:0	0:1	0:5	0:1	1:2	0:2	1:0	0:5	0:2	1:2	1:4	X

Frauen: Oberliga Bayern

Pl. (Vj.) Mannschaft		Gesamtbilanz							Heimbilanz						Auswärtsbilanz					
		Sp	S	U	N	Tore	TD	Pkt	Sp	S	U	N	Tore	Pkt	Sp	S	U	N	Tore	Pkt
1. (5.) TSV Pfersee Augsburg	↑	22	19	1	2	60-15	+45	58	11	11	0	0	32- 7	33	11	8	1	2	28- 8	25
2. (6.) Post SV Nürnberg		22	17	1	4	76-35	+41	52	11	9	0	2	44-15	27	11	8	1	2	32-20	25
3. (↑) SpVgg Eicha		22	13	4	5	59-37	+22	43	11	7	2	2	30-15	23	11	6	2	3	29-22	20
4. (↑) SpVgg Kaufbeuren		22	12	5	5	55-34	+21	41	11	7	3	1	32-11	24	11	5	2	4	23-23	17
5. (7.) SpVgg Hausen		22	10	6	6	50-42	+8	36	11	6	2	3	35-24	20	11	4	4	3	15-18	16
6. (↑) RSV Windthorst Drosendorf		22	10	4	8	52-31	+21	34	11	7	1	3	36-14	22	11	3	3	5	16-17	12
7. (4.) TSV Uengershausen	◇	22	8	5	9	46-54	–8	29	11	5	4	2	25-17	19	11	3	1	7	21-37	10
8. (8.) FC Memmingen		22	8	3	11	42-36	+6	27	11	4	3	4	23-19	15	11	4	0	7	19-17	12
9. (9.) SpVgg Landshut		22	5	1	16	27-63	–36	16	11	3	1	7	13-30	10	11	2	0	9	14-33	6
10. (↑) SpVgg Mögeldorf		22	4	4	14	29-66	–37	16	11	2	2	7	19-34	8	11	2	2	7	10-32	8
11. (↑) DJK Breitenthal	↓	22	4	2	16	29-61	–32	14	11	3	1	7	13-23	10	11	1	1	9	16-38	4
12. (↑) SpVgg Moosburg	◇↓	22	3	2	17	15-66	–51	11	11	2	0	9	5-24	6	11	1	2	8	10-42	5

Die Frauenfußballabteilung des TSV Uengershausen schließt sich dem ETSV Würzburg an.
SpVgg Moosburg und FC Real-Bonau Moosburg (ohne Fußballabteilung) fusionieren zum FC Moosburg.

Aufsteiger in die Regionalliga Süd: TSV Pfersee Augsburg.
Absteiger aus der Regionalliga Süd: keine.
Absteiger in die Landesligen: SpVgg Moosburg als FC Moosburg und DJK Breitenthal (Süd).
Aufsteiger aus den Landesligen: SV Saaldorf (Süd), 1. FC Nürnberg und FC Karsbach (Nord).

Informationen zum Aufstiegsspiel zur Oberliga Bayern finden Sie auf Seite 326.

Aufstieg zur Regionalliga Nordost

Gruppe A (Sachsen-Anhalt, Brandenburg, Mecklenburg/Vorpommern):
Aus dem Landesverband Sachsen-Anhalt bewarb sich kein Verein für die RL. Aus dem Landesverband Brandenburg nahm der Zweitplatzierte SV Fortuna Friedersdorf teil, da der Meister FC Energie Cottbus verzichtete.

01.06.2008: FSV 02 Schwerin – SV Fortuna Friedersdorf 5:0 (2:0)
08.06.2008: SV Fortuna Friedersdorf – FSV 02 Schwerin 2:1 (1:0)
FSV 02 Schwerin steigt in die Frauen-Regionalliga Nordost auf.

FSV 02 Schwerin – SV Fortuna Friedersdorf 5:0 (2:0)
Schwerin: Josefine Möller; Sarah Richter, Franka Schmallowsky, Franziska Erdner, Ute Schutrak, Josephine Russ, Madeleine Frank (80. Nancy Ahrendt), Lena Schultz, Anika Delzeit (70. Anne-Marie Dorittke), Lisa Schramm, Stephanie Krengel (10. Patricia Müller) Trainer: Gunter Johren
Friedersdorf: Doreen Dittmar; Christin Palutz, Sophie Wohler (76. Nicole Böhlke), Eike Kusche, Stefanie Henkel, Saskia Lerche, Anja Hieke, Anja Aßmann (66. Ulricke Eckert), Sarah Schmidt, Janine Jertz, Madlen Dörwaldt (82. Madeline Scheinert) Trainer: Klaus-Dieter Henkel
Tore: 1:0 Franka Schmallowsky (31.), 2:0 Lena Schulz (45.), 3:0 Lena Schulz (60.), 4:0 Lena Schultz (66.), 5:0 Franka Schmallowsky (78.)
Zuschauer: ? im Stadion am Lambrechtsgrund in Schwerin
Schiedsrichter: Sinem Turac (Charlottenburger FC Hertha 06, B)

SV Fortuna Friedersdorf – FSV 02 Schwerin 2:1 (1:0)
Friedersdorf: Aufstellung nicht bekannt. Trainer: Klaus-Dieter Henkel
Schwerin: Josefine Möller; Sarah Richter, Franziska Erdner, Josephine Russ, Franka Schmallowsky, Ute Schutrak, Anika Delzeit (75. Francis Buck), Madeleine Frank, Lena Schultz, Lisa Schramm, Johanna Gillmeister (65. Nancy Ahrendt). Trainer Gunter Johren
Tore: 1:0 Madlen Dörwaldt (9.), 1:1 Ute Schutrak (67.), 2:1 Janine Jertz (81.)
Zuschauer: ? in Heidesee, Sportplatz Friedersdorf
Schiedsrichterin: Katia Kobelt (SV Müggelpark Gosen, B)

Gruppe B (Berlin, Sachsen, Thüringen):
Zunächst wurde dem SV Hermsdorf die Teilnahme an der Aufstiegsrunde wegen formeller Mängel verweigert, nach Einspruch aber doch noch gewährt.

01.06.2008: Leipziger FC 07 – SV Blau-Weiß Hohen Neuendorf II 2:1 (2:1)
08.06.2008: SV Hermsdorf – Leipziger FC 07 0:1 (0:1)
15.06.2008: SV Blau-Weiß Hohen Neuendorf II – SV Hermsdorf 5:0 (3:0)

Pl.	Mannschaft		Sp	S	U	N	Tore	TD	Pkt
1.	Leipziger FC 07	↑	2	2	0	0	3-1	+2	6
2.	SV Blau-Weiß Hohen Neuendorf II		2	1	0	1	6-2	+4	3
3.	SV Hermsdorf		2	0	0	2	0-6	-6	0

Leipziger FC 07 steigt in die Frauen-Regionalliga Nordost auf.

Leipziger FC 07 – SV Blau-Weiß Hohen Neuendorf II 2:1 (2:1)
Leipzig: Carolin-Sophie Härling; Lisa Krüger (60. Otto), Carolin Schramm, Carolin Früh, Marlene Ebermann, Sabine Schröder (46. Mandy Morgenstern), Rebecca Gabriel (89. Sarah Kollek), Anne Marie Winzer, Katrin Franke, Stefanie Grimm, Lisa Uhligh. Trainer: René Behring
Hohen Neuendorf: Kruscha; Dorothee Gössling, Victoria Targatz, Cornelia Ubrig, Gundel Kalwa, Henriette Berg (46. Joana Gowin), Viola Bluhm, Eva-Maria Gesang, Janine Neue (79. Huseinovic), Angeliki Papadopoulos, Nadin Thoms (63. Alessia Kozian). Trainer: nicht bekannt
Tore: 1:0 Rebecca Gabriel (3.), 2:0 Stefanie Grimm (32.), 2:1 Viola Bluhm (44.)
Zuschauer: 150 in Leipzig, Sportschule "Egidius Braun"
Schiedsrichterin: Nadine Scheller (TSV 1869 Sundhausen, TH)

SV Hermsdorf – Leipziger FC 07 0:1 (0:1)
Hermsdorf: Aufstellung und Trainer nicht bekannt
Leipzig: Carolin-Sophie Härling; Lisa Uhlig, Carolin Schramm, Lisa Krüger, Katrin Franke, Sabine Schröder (70. Mandy Morgenstern), Carolin Früh, Marlene Ebermann, Anne Marie Winzer, Rebecca Gabriel, Stefanie Grimm (55. Vanessa Martinez Lagunas). Trainer: René Behring
Tor: 0:1 Lisa Uhlig (4.)
Zuschauer: 250 im Werner-Seelenbinder-Stadion
Schiedsrichterin: Nicole Remus (SV 09 Staßfurt, SA)

SV Blau-Weiß Hohen Neuendorf II – SV Hermsdorf 5:0 (3:0)
Hohen Neuendorf: Aufstellung und Trainer nicht bekannt
Hermsdorf: Aufstellung und Trainer nicht bekannt
Tore: 1:0 Angeliki Papadopoulos (16.), 2:0 Diana Liebrecht (33.), 3:0 Viola Bluhm (43.), 4:0 Diana Liebrecht (47.), 5:0 Viola Bluhm (49.)
Zuschauer: ? auf dem Sportplatz an der Niederheide in Hohen Neuendorf
Schiedsrichterin: Diana Räder (FFV Neubrandenburg, MV)

Qualifikation zur Hessenliga

Qualifikationsspiele des Viertetzten der Oberliga Hessen (OL) mit den Zweitplatzierten der Landesliga Nord (LLN) und Süd (LLS):
FC Teutonia Hausen als Tabellenzweiter der Landesliga Süd verzichtete auf eine Teilnahme, so dass FFG Winterkasten/Reichenbach als Tabellendritter teilnehmen durfte.

28.05.2008: SG Ueberau (OL) – FFG Winterkasten/Reichenbach (LLS) 1:1
31.05.2008: FFG Winterkasten/Reichenb. – SG Gilsa/Jesberg (LLN) 1:1 (1:0)
07.06.2008: SG Gilsa/Jesberg – SG Ueberau 2:4 (1:3)

Pl.	Mannschaft	Sp	S	U	N	Tore	TD	Pkt
1.	SG Ueberau	2	1	1	0	5-3	+2	4
2.	FFG Winterkasten/Reichenbach	2	0	2	0	2-2	0	2
3.	SG Gilsa/Jesberg	2	0	1	1	3-5	-2	1

SG Ueberau verbleibt in der Hessenliga, FFG Winterkasten/Reichenbach und SG Gilsa/Jesberg verbleiben in der jeweiligen Verbandsliga.

SG Ueberau – FFG Winterkasten/Reichenbach 1:1
Ueberau: Spielerkader: Nathalie Köhler; Daniela Lanzano, Isabel Carneiro, Julia Brenner, Luisa Metz, Katharina Bergmann, Anke Alig, Vanessa Uccello, Jennifer Kott, Insa Gabel, Sylvia Fuhrmann (Auswechselspielerinnen: Nina Rittchen, Johanna Hamsch, Anke Götter). Trainer: nicht bekannt
Winterkasten: Aufstellung nicht bekannt. Trainer: Reinhard Walter
Tore: 1:0 ?, 1:1 Anika Matern (80.)
Schiedsrichter: Pasquale Seliger (SV Weiterstadt)

FFG Winterkasten/Reichenbach – SG Gilsa/Jesberg 1:1 (1:0)
Winterkasten: Jessica Esper – Laura Pidan, Tanja Rettig (ab 15. Ramona Mager), Julia Knapp, Stephanie Müller (ab 70. Lisa Kissel), Verena Pfeifer, Julia Wagner, Julia Guthier, Lena Helmling, Franziska Gebhardt, Anika Matern. Trainer: Reinhard Walter
Gilsa: Nadine Mündel – Johanna Ochs – Katharina Bachmann, Ulrike Kühne (33. M. Friedrich), Lena Friedrich (70. Isabel Zimmer) – Melanie Weppler, Janine Ullrich (86. Janina Kling), Ina Hömberg, Lisa Lattermann – Janina Monk, Laura Meiss. Trainer: Manfred Lattermann
Tore: 1:0 Julia Guthier (13.), 1:1 Janina Monk (63.)
Zuschauer: 300
Schiedsrichterin: Susanne Luft (TSV Hainstadt)

SG Gilsa/Jesberg – SG Ueberau 2:4 (1:3)
Gilsa: Nadine Mündel – Johanna Ochs – Katharina Bachmann (49. Anke Köhler), Lena Friedrich - M. Friedrich, Melanie Weppler, Ina Hömberg, Lisa Lattermann, Janine Ullrich – Laura Meiss, Janina Monk. Trainer: Manfred Lattermann
Ueberau: Spielerkader: Nathalie Köhler; Daniela Lanzano, Isabel Carneiro, Julia Brenner, Luisa Metz, Katharina Bergmann, Anke Alig, Vanessa Uccello, Jennifer Kott, Insa Gabel, Sylvia Fuhrmann (Auswechselspielerinnen: Nina Rittchen, Johanna Hamsch, Anke Götter). Trainer: nicht bekannt
Tore: 0:1 Jennifer Kott (7.), 1:1 Janina Monk (13.), 1:2 Luisa Metz (19.), 1:3 Anke Alig (40.), 1:4 Vanessa Uccello (73.), 2:4 Janina Monk (89.)
Zuschauer: 300
Schiedsrichter: Crispin Lichtenberg (VfB Marburg)

Aufstieg zur OL Bayern

Entscheidungsspiel zwischen den Zweiten der LL Nord und Süd:
08.06.2008: FC Karsbach (Nord) – FFC Wacker München II (Süd) 1:2
Das Spiel wurde in Leerstetten ausgetragen.
Schiedsrichterin: Angelika Söder (TSV Ochenbruck)

FFC Wacker München hatte zwar das Aufstiegsspiel gewonnen, jedoch vier Spielerinnen der ersten Mannschaft eingesetzt. Das Spiel wurde deshalb annulliert und für Karsbach gewertet.

DFB-Vereinspokal

Teilnehmer: Alle Bundesligisten, die Mannschaften der 2. Bundesliga des Vorjahres, die 3 Aufsteiger in die 2. Bundesliga und die Landespokalsieger (sofern sie nicht Aufsteiger in die 2. Bundesliga sind). Falls ein Landespokalsieger in die 2. Bundesliga aufgestiegen ist, darf der unterlegene Finalist nicht nachrücken.

1. Hauptrunde:
Die Mannschaften auf den Plätzen 1 - 11 der BL des Vorjahres hatten Freilose.
Gruppe Nord:
02.09.07	4-2	FC Energie Cottbus – Holstein Kiel	0:9 (0:3)
02.09.07	3-2	TSV Jahn Calden – 1. FC Lokomotive Leipzig	1:3 (1:2)
02.09.07	3-2	Mellendorfer TV – FFC Oldesloe	3:2 (2:1)
02.09.07	4-2	FSV 02 Schwerin – Herforder SV	2:9 (2:2)
02.09.07	3-2	SuS Timmel – FC Gütersloh 2000	0:3 (0:1)
02.09.07	3-2	SG Lütgendortmund – SV Victoria Gersten	1:3 nV (1:1, 0:1)
02.09.07	4-2	FSC Mönchengladbach – Tennis Borussia Berlin	0:2 (0:1)
02.09.07	4-2	Geestemünder SC – 1. FC Union Berlin	0:11 (0:6)
02.09.07	3-1	Magdeburger FFC – SG Wattenscheid 09	1:6 (1:3)
02.09.07	3-2	ASV Bergedorf 85 – FFV Neubrandenburg	3:8 (1:6)
02.09.07	4-2	VfR 07 Limburg – FFC Brauweiler Pulheim	1:0 (0:0)

Gruppe Süd:
01.09.07	3-2	Karlsruher SC – SC Regensburg	0:1 (0:0)
01.09.07	3-2	SpVgg Rehweiler-Matzenbach – SV Dirmingen	0:4 (0:2)
02.09.07	3-2	FC Erzgebirge Aue – SC Sand	0:2 (0:0)
02.09.07	3-2	Hegauer FV – ASV Hagsfeld	0:4 (0:2)
02.09.07	5-1	SV Eutingen – 1. FC Saarbrücken	2:6 (2:4)
02.09.07	4-2	SV Johannstadt 90 – FF USV Jena	1:8 (0:2)
02.09.07	3-2	1. FFV Grün-Weiß Erfurt – TuS Niederkirchen	2:6 (0:3)
02.09.07	3-2	TuS Ahrbach – FFC Wacker München 99	1:2 (0:1)
02.09.07	3-2	SC Fortuna Köln – TuS Köln rrh.	1:3 (1:1)
02.09.07	4-2	TSV Uengershausen – VfL Sindelfingen	0:10 (0:3)

2. Hauptrunde:
Gruppe Nord:
20.10.07	1-1	SG Wattenscheid 09 – 1. FFC Turbine Potsdam	1:6 (0:2)
21.10.07	2-2	FFC Heike Rheine – Holstein Kiel	0:5 (0:0)
21.10.07	2-2	FFV Neubrandenburg – 1. FC Lokomotive Leipzig	1:2 (1:0)
21.10.07	3-2	Mellendorfer TV – Herforder SV	1:12 (0:9)
21.10.07	1-1	SG Essen-Schönebeck – FCR 2001 Duisburg	1:5 (0:3)
21.10.07	2-2	Tennis Borussia Berlin – 1. FC Union Berlin	2:1 (0:1)
21.10.07	1-1	VfL Wolfsburg – Hamburger SV	1:2 (0:0)
21.10.07	2-2	FC Gütersloh 2000 – SV Victoria Gersten	3:0 (1:0)

Gruppe Süd:
20.10.07	2-1	SC Regensburg – SC Freiburg	0:4 (0:1)
21.10.07	1-2	FC Bayern München – SV Dirmingen	6:0 (3:0)
21.10.07	4-2	VfR 07 Limburg – ASV Hagsfeld	1:0 (1:0)
21.10.07	2-1	FFC Wacker München 99 – SC 07 Bad Neuenahr	0:3 (0:2)
21.10.07	2-1	VfL Sindelfingen – 1. FFC Frankfurt	1:9 (1:4)
21.10.07	2-2	TuS Niederkirchen – TuS Köln rrh.	0:2 (0:1)
21.10.07	2-1	SC Sand – 1. FC Saarbrücken	0:2 (0:1)
21.10.07	2-1	FF USV Jena - TSV Crailsheim	0:1 (0:0)

Achtelfinale:
24.11.07	2-2	FC Gütersloh 2000 – 1. FC Lokomotive Leipzig	6:0 (1:0)
24.11.07	1-2	FC Rumeln 2001 Duisburg – Herforder SV	5:0 (4:0)
25.11.07	2-1	Holstein Kiel – 1. FC Saarbrücken	1:4 (0:2)
25.11.07	1-1	TSV Crailsheim – Hamburger SV	3:2 (1:1)
25.11.07	1-2	1. FFC Frankfurt – Tennis Borussia Berlin	1:0 (1:0)
25.11.07	4-2	VfR 07 Limburg – TuS Köln rrh.	0:2 (0:0)
25.11.07	1-1	FC Bayern München – SC Freiburg	2:1 (0:1)
25.11.07	1-1	SC Bad Neuenahr – 1. FFC Turb. Potsdam	4:6 nV (3:3, 1:1)

Viertelfinale:
16.12.07	1-1	Bayern München – FCR Duisburg	3:0 iE, 2:2 nV (2:2, 0:2)
16.12.07	1-1	1. FFC Turbine Potsdam – 1. FFC Frankfurt	0:1 (0:1)
16.12.07	1-1	TSV Crailsheim – 1. FC Saarbrücken	0:2 (0:1)
16.12.07	2-2	FC Gütersloh 2000 – TuS Köln rrh.	1:3 iE, 1:1 nV (1:1, 1:1)

Halbfinale:
23.03.08	2-1	TuS Köln rrh. – 1. FC Saarbrücken	0:2 (0:1)
24.03.08	1-1	FC Bayern München – 1. FFC Frankfurt	0:4 (0:2)

Finale in Berlin:
19.04.08	1-1	1. FC Saarbrücken – 1. FFC Frankfurt	1:5 (1:1)

DFB-Vereinspokal, Halbfinale

TuS Köln rrh. – 1. FC Saarbrücken 0:2 (0:1)
Köln: Ernst – Braun, Tüllmann, Heller, Wurth – Stein, Petri, Koch (60. Krist), Windmüller – Kramer, Bender (76. Frettlöh). Trainerin: Doreen Meier
Saarbrücken: Holz – Kaiser (46. Kraus), Arend, Hinsberger, Karnbach (63. Meyer) – Keßler, Marozsan, Schwab, Henning – Wagner, Blank. Trainer: Guido May
Tore: 0:1 Keßler (2.), 0:2 Keßler (49.)
Zuschauer: 4.500 im Sportpark Höhenberg
Schiedsrichterin: Monique Klauß (VfB Speldorf, NIR) - Assistentinnen: Isabelle Herrmann (SC Viktoria Mennrath, NIR), Swinde Wiederhold (VfR Büttgen, NIR)
Gelbe Karten: Heller

FC Bayern München – 1. FFC Frankfurt 0:4 (0:2)
München: Schmelz – Mirlach, De Pol, Roth, Eder (85. Islacker) – Rech, Schnaderbeck (8. Schellenberg), Aigner – Simic, Sylvie Banecki (59. Nicole Banecki) - Bürki. Trainerin: Sissy Raith
Frankfurt: Rottenberg – Krieger, Lewandowski, Tina Wunderlich, Günther (21. Kliehm) – Weber, Pia Wunderlich (66. Thomas) – Wimbersky, Prinz, Pohlers (78. Garefrekes) – Smisek. Trainer: Dr. Hans-Jürgen Tritschoks
Tore: 0:1 Pohlers (11.), 0:2 Pohlers (41.), 0:3 Wimbersky (69.), 0:4 Smisek (90.)
Zuschauer: 2.800 im ausverkauften Sportpark Aschheim
Schiedsrichterin: Christine Beck (TV Darmsheim, WBG) - Assistentinnen: Moiken Jung (1.FC Kaiserslautern, SW), Christina Jaworek (SV Niederhambach, SW)
Gelbe Karten: keine

DFB-Vereinspokal, Finale

1. FC Saarbrücken – 1. FFC Frankfurt 1:5 (1:1)
Saarbrücken: Holz – Hinsberger (69. Leykauf), Henning, Blank – Kraus (74. Meyer), Budge – Wagner, Keßler, Karnbach – Schwab (77. Arend), Marozsan . Trainer: Guido May
Frankfurt: Rottenberg – Kliehm, Tina Wunderlich, Lewandowski, Krieger – Garefrekes, Thomas, Lingor (72. Weber), Wimbersky (72. Smisek) – Pohlers, Prinz. Trainer: Dr. Hans-Jürgen Tritschoks
Tore: 1:0 Budge (4.), 1:1 Wimbersky (22.), 1:2 Pohlers (51.), 1:3 Garefrekes (54.), 1:4 Pohlers (59.), 1:5 Prinz (75.)
Zuschauer: 10.000 im Berliner Olympiastadion
Schiedsrichterin: Daniela Schneider (FSV Limbach-Oberfrohna, SAX) - Assistentinnen: Marija Kurtes (SG Benrath-Hassels, NIR), Riem Hussein (TSG Bad Harzburg, NS) - Vierte Offizielle: Christiane Schönfeld (SV Gräfenwarth, TH)
Gelbe Karten: Henning
Besondere Vorkommnisse: Holz hält Foulelfmeter von Lingor (12.)

Landespokalsieger

Für den DFB-Pokal 2008/09 sind alle Mannschaften der Bundesliga und der 2. Bundesliga, die Regionalmeister des Vorjahres und die Landespokalsieger (nicht jedoch II. Mannschaften; dafür der Pokal-Vize) teilnahmeberechtigt.

Schleswig-Holstein:	TSV Nahe	RL
Hamburg:	Niendorfer TSV	VL
Niedersachsen:	VfL Oythe	RL
Bremen:	SV Werder Bremen	VL → RL
Mecklenburg-Vorpommern:	FSV 02 Schwerin	VL → RL
Brandenburg:	SV Rot-Weiß Flatow	VL
Berlin:	1. FC Lübars	RL
Sachsen-Anhalt:	Magdeburger FFC	RL
Thüringen:	FF USV Jena II	RL
Sachsen:	SV Johannstadt 90	LL
Westfalen:	DJK Arminia Ibbenbüren	RL
Niederrhein:	Borussia Bocholt	VL
Mittelrhein:	SC Fortuna Köln	RL
Rheinland:	1. FFC Montabaur	RL
Südwest:	TuS Niederkirchen II	VL
Saarland:	SV Rot-Weiß Bardenbach	VL
Hessen:	VfR 07 Limburg	OL
Nordbaden:	TSG 1899 Hoffenheim	VL → OL
Südbaden:	Hegauer FV	RL → OL
Württemberg:	FV Löchgau	RL → 2. BL
Bayern:	TSV Schwaben Augsburg	RL

Verbandspokal Hamburg

1. Runde:
05.09.07	6-3	Bramfelder SV - ASV Bergedorf 85	0x3
06.09.07	4-3	SV Wilhelmsburg 1888 - SV Lurup	2:1
08.09.07	5-4	Holsatia im Elmshorner MTV - Moorburger TSV	0:6
08.09.07	6-5	SV Osdorfer Born - SV Lurup II	0:9
08.09.07	6-4	MSV Hamburg - Niendorfer TSV	1:10
08.09.07	6-4	FC St. Pauli - Eimsbütteler SV Grün-Weiß	1:5
09.09.07	6-6	SC Union 03 - SC Sternschanze	0:1
09.09.07	6-6	Blau-Weiß Ellas - Bramfelder SV II	3:5
09.09.07	6-6	Eimsbütteler SV Grün-Weiß II - Altonaer FC 93 II	1:0
09.09.07	6-6	FC Elmshorn - SSV Rantzau-Barmstedt	5:0
09.09.07	6-6	Barsbütteler SV - SV Bergedorf-West	5:2
09.09.07	6-6	TSC Wellingsbüttel - Hamburg-Eimsbütteler BC	5:4
09.09.07	6-5	SC Poppenbüttel - SpVgg Blau-Weiß 96 Schenefeld	1:4
09.09.07	6-5	FTSV Altenwerder - FC Union Tornesch	0:7
09.09.07	5-4	ASV Bergedorf 85 II - SC Vier- und Marschlande	0:3
09.09.07	6-5	Norderstedter FC - Hamburger SV III	1:2
09.09.07	5-4	SC Alstertal/Langenhorn - TSV Wandsetal	3:1
09.09.07	6-5	SV Rugenbergen - VfL Lohbrügge	0:5
09.09.07	6-5	SC Condor - TuS Appen	0:9
09.09.07	6-5	Moorburger TSV II - TSV Uetersen	3x0
09.09.07	6-4	SV Halstenbek-Rellingen - FSV Harburg	0:1
09.09.07	7-5	ESV Einigkeit Wilhelmsburg (7er)- Bahrenfelder SV 19	0x3
09.09.07	6-4	SC Nienstedten - Altonaer FC 93	0:2
09.09.07	6-4	SC Pinneberg - SC Eilbek	0:6
09.09.07	5-4	Horner TV - Meiendorfer SV	0:8
09.09.07	6-6	VSG Stapelfeld - TSV Duwo 08 II	4:1
Freilose:	4	Ahrensburger TSV, TSV Duwo 08	
	6	TSV Stellingen 88	
	7	Post SV (7er)	

2. Runde:
27.09.07	6-4	TSC Wellingsbüttel - TSV Duwo 08	1:2
30.09.07	5-4	Bahrenfelder SV 19 - Niendorfer TSV	0:2 (0:1)
30.09.07	6-6	Barsbütteler SV - Eimsbütteler SV Grün-Weiß II	3:1 (2:0)
03.10.07	4-4	SC Vier- und Marschlande - Moorburger TSV	3:2
03.10.07	5-4	TuS Appen - SV Wilhelmsburg 1888	2:1 (1:0)
03.10.07	6-4	Moorburger TSV II - Ahrensburger TSV	0:4 (0:2)
03.10.07	5-4	Hamburger SV III - Eimsbütteler SV Grün-Weiß	5:1
10.10.07	5-5	SpVgg Blau-Weiß 96 Schenefeld - VfL Lohbrügge	3:2 (1:1)
27.10.07	5-4	FC Union Tornesch -SC Eilbek	0:3 (0:0)
27.10.07	7-5	Post SV (7er) - SC Alstertal/Langenhorn	0x3
03:10:07	6-4	SC Sternschanze - FSV Harburg	0:8 (0:4)
03:10:07	6-6	Bramfelder SV II - TSV Stellingen 88	13:0
10:10:07	4-4	Altonaer FC 93 - Meiendorfer SV	3:0 (0:0)
23:11:07	6-5	VSG Stapelfeld - SV Lurup II	3:2
Freilose:	3	ASV Bergedorf 85	
	6	FC Elmshorn	

Achtelfinale:
10.11.07	4-3	FSV Harburg - ASV Bergedorf 85	0:4 (0:2)
11.11.07	4-4	Niendorfer TSV - SC Vier- und Marschlande	4:2 (0:1)
11.12.07	6-4	Barsbütteler SV - TSV Duwo 08	0:9
15.12.07	6-6	Bramfelder SV II - VSG Stapelfeld	8:1
15.12.07	5-4	Hamburger SV III - Altonaer FC 93	0x3
16.12.07	5-5	SC Alstertal/Langenhorn - SpVgg Blau-Weiß 96 Schenefeld	5:2
16.12.07	6-4	FC Elmshorn - Ahrensburger TSV	0x3
10.02.08	5-4	TuS Appen - SC Eilbek	0:1

Viertelfinale:
16.02.08	6-4	Bramfelder SV II - SC Eilbek	1:3 (0:1)
17.02.08	4-4	Niendorfer TSV - Altonaer FC 93	3:0 (3:0)
17.02.08	4-3	Ahrensburger TSV - ASV Bergedorf 85	0:3 (0:2)
17.02.08	5-4	SC Alstertal/Langenhorn - TSV Duwo 08	0:1 (0:1)

Halbfinale:
24.03.08	4-4	SC Eilbek - TSV Duwo 08	1:0 (1:0)
24.03.08	4-3	Niendorfer TSV - ASV Bergedorf 85	6:5 iE, 1:1 (1:1)

Finale:
18.05.08	4-4	Niendorfer TSV - SC Eilbek	5:0 (2:0)

Niendorf: Kerstin Neumann - Katja Abrotat, Merle Siebert, Cerstin Schulz, Britta Restemeyer - Gesa Ehlers, Birte Schulz, Tanja Wunder (82. Saskia Breuer), Sandra Mader (76. Simone Weselmann) - Simone von Palubicki, Susanne Claussen (71. Christina Göpfert). Trainer: Mato Mitrovic
Eilbek: Hahn - Gerdes, Vossen (78. Appel), Gärtner - Wadhwa, Stoldt, Helm, Jahn - Lenz (49. Reichl), Dettmann, Voß. Trainer: Dieter Sendrowski
Tore: 1:0 Claussen (10.), 2:0 Claussen (15.), 3:0 B. Schulz (76.), 4:0 von Palubicki (86.), 5:0 von Palubicki (90.[+1])
Zuschauer: 700 auf der Wolfgang-Meyer-Sportanlage
Schiedsrichter: Frank Schnehagen (SC Poppenbüttel)
Gelbe Karten: Mader
Besonderes Vorkommnis: von Palubicki scheitert mit einem Foulelfmeter an Hahn (59.)

Verbandspokal Schleswig-Holstein

Teilnehmer: jeweils vier Teilnehmer aus den vier Bezirken

Achtelfinale:
30.09.07	5-4	IF Stjernen Flensborg - MTSV Olympia Neumünster	2:6
30.09.07	5-4	Heider SV - TuRa Meldorf	2:3
30.09.07	4-5	SV Neuenbrook/Rethwisch - FSG Goldebek-Arlewatt	3:2 (1:2)
03.10.07	5-4	SSV Sarzbüttel - Ratzeburger SV	0:10
03.10.07	6-4	MTV Ahrensbök - Holstein Kiel II	1:4
03.10.07	5-5	SG Russee/VfB Kiel - TSV Kücknitz	2:1
03.10.07	6-4	SV Fortuna Bösdorf - Flensburger SVgg 08	1:4
16.12.07	4-3	MTV Leck - TSV Nahe	0:2

Viertelfinale:
09.12.07	5-4	SG Russee/VfB Kiel - Ratzeburger SV	1:9
17.02.08	4-4	Neuenbrook/Rethwisch - MTSV Olympia Neumünster	2:0 (1:0)
17.02.08	4-4	Flensburger SVgg 08 - Holstein Kiel II	3:1
17.02.08	4-3	TuRa Meldorf - TSV Nahe	0:4 (0:2)

Halbfinale:
24.03.08	3-4	TSV Nahe - Flensburger SVgg 08	4:0 (3:0)

(Platz wegen Unbespielbarkeit getauscht)
24.03.08	4-4	SV Neuenbrook/Rethwisch - Ratzeburger SV	3:2 iE (1:1, 0:0)

Finale:
01.05.08	4-3	SV Neuenbrook/Rethwisch - TSV Nahe	0:2 (0:0)

Neuenbrook/Rethwisch: Britta Meyn-Winder - Angie Kolbe, Busch, Jasmin Grüntz, Jennifer Voß - Manuela Albert, Ina Stäcker, Henrike Meiforth, Tanja Thormählen - Daniela Pereira, Lea Körner. Einwechselspieler: Sandra Thormählen, Brahms, Gina Reich, Kirchner. Trainer: Klaus Stumbries
Nahe: Lene Morgenroth - Sabrina Abramowski, Birka Edler, Winter - Lara Rapp, Wiebke Korthals, Birte Anhenn, Vera Homp, Karina Schneider - Kathrin Miotke, Maike Kipcke. eingewechselt: Peters, Patricia Soder, Sabrina Müller, Jeska Danielsen. Trainer: Oliver Voigt
Tore: 0:1 Patricia Soder (78.), 0:2 Kathrin Miotke (90.[+4])
Zuschauer: 254 auf dem Sportplatz in Rethwisch
Schiedsrichterin: Tanja Petersen (SV Peissen)

Verbandspokal Niedersachsen

Viertelfinale:
01.09.07	4-3	ATSV Scharmbeckstotel - SV Höltinghausen	3:1
02.09.07	4-4	VfL Wolfsburg II - TuS Westerholz	2:0
10.02.08	3-3	VfL Oythe - Mellendorfer TV	3:2
10.02.08	3-3	SuS Timmel - TSG Burg Gretesch	1:0

Halbfinale:
24.03.08	4-3	VfL Wolfsburg II - SuS Timmel	0:2
24.03.08	4-3	ATSV Scharmbeckstotel - VfL Oythe	0:2

Finale:
01.05.08	3-3	VfL Oythe – SuS Timmel	1:0 (0:0)

Oythe: Katja Kalvelage – Melek Ince, Sabrina Roth, Kathrin Seeger (78. Janina Müller) – Andrea Kötter (56. Beate Kunze), Eva-Maria Kollmer, Stefanie Klowersa, Judith Vornhusen, Ilka Feldhaus – Lisa Seeger, Julia Sadzio. Spielertrainerin: Katja Kalvelage
Timmel: Carina Schoone – Lisa Mansholt, Doreen Buss (81. Daniela Mönck), Rena Dirks, Darjana Wenke – Birgit Campen – Marie Lücke, Amke Ihben (81. Sarah Tjarks), Wiebke Einnolf – Sonja Buss (63. Marijke Kuijpers), Hella Schulte. Trainer: Bruno Mönck
Tor: 1:0 Judith Vornhusen (80.)
Zuschauer: 150 im August-Wenzel-Stadion in Barsinghausen
Schiedsrichterin: Ina Woltemath (SSV Elze) - Assistentinnen: Ramona Przystawek (VfL Giften), Miriam Espenhain (SV Ummeln/Wätzum)
Gelbe Karte: Melek Ince (52.)

Verbandspokal Bremen

Teilnehmer: Alle ersten Mannschaften bis zur Landesliga. Bis zum Viertelfinale hat die klassentiefere Mannschaft Heimrecht. Unentschiedene Spiele werden nicht verlängert.

1. Runde:
02.09.07	4-4	SC Sparta Bremerhaven - TS Woltmerhausen	2:1
02.09.07	4-5	ATSV Sebaldsbrück - KSV Vatan Sport Bremen	29:0
02.09.07	5-5	Bremer TS Neustadt II - TuS Komet Arsten	2x0

Achtelfinale:
30.09.07	5-5	SV Grohn - ATS Buntentor II	4:3
30.09.07	5-4	Geestemünder SC II - TV Eiche Horn	0:11
30.09.07	4-4	SC Vahr-Blockdiek - SV Weser 08 Bremen	2:11
30.09.07	5-5	SV Eintracht Aumund - TSV BW Melchiorshausen	2x0
30.09.07	4-4	ATS Buntentor - SV Werder Bremen	1:3 nE
30.09.07	4-4	Bremer TS Neustadt - Geestemünder SC	1:4
30.09.07	4-4	SG Findorff - ATSV Sebaldsbrück	0:5
30.09.07	5-4	Bremer TS Neustadt II - SC Sparta Bremerhaven	1:6

Viertelfinale:
17.04.08	4-5	SV Eintracht Aumund - SV Werder Bremen	0:13
27.04.08	4-5	TV Eiche Horn - SV Grohn	2:1
27.04.08	4-4	ATSV Sebaldsbrück - SC Sparta Bremerhaven	6:4
27.04.08	4-4	SV Weser 08 Bremen - Geestemünder SC	3:5

Halbfinale:
04.05.08	4-4	TV Eiche Horn - SV Werder Bremen	1:15
04.05.08	4-4	ATSV Sebaldsbrück - Geestemünder SC	0:1

Finale:
18.05.08	4-4	Geestemünder SC - SV Werder Bremen	0:8 (0:5)

Geestemünde: Aufstellung nicht bekannt. Trainerin: Nicole Klockmann
Werder: Martens - Pötter (62. Wimberg), Krämer, Stefanski, Votava (46. Päs) - Freyhat (73. Müller), Maukisch, Aulich (46. Chairsell), Haar, Hamann (46. Beling) - Hügen. Trainerin: Birte Brüggemann
Tore: 0:1 Katharina Hamann (7.), 0:2 Katharina Hamann (24.), 0:3 Katharina Hamann (26.), 0:4 Katharina Hamann (28.), 0:5 Yvonne Hügen (31.), 0:6 Jana Beling (62.), 0:7 Simone Wimberg (67.), 0:8 Katharina Haar (75.)
Zuschauer: ? im Bürgerpark (Johann-Wichels-Weg) in Bremerhaven
Schiedsrichter: Kristin Dübbelde (TV Lehe) - Assistentinnen: Julia Siemer, Erika Vogel

VP Mecklenburg-Vorpommern

Teilnehmer: Alle Mannschaften der 3. Liga (RL) und 4. Liga (VL).
Vorrunde:
02.09.07	4-4	FC Anker Wismar 1997 - TSV Bützow von 1952	1:2 (0:0)
02.09.07	4-4	Rostocker FC von 1895 - SV Hafen Rostock 61 II	1:2 (0:2)
02.09.07	4-3	1. FC Binz - SV Hafen Rostock 61	0:8 (0:4)
02.09.07	4-4	Mecklenburger SV Lübstorf - SV Waren 09	1:2 (0:2)
spielfrei:	4	FFV Neubrandenburg II, da FSV Dummerstorf 47 die Mannschaft zurückgezogen hatte	
Freilose:	4	FSV 02 Schwerin, SV 04 Groß Laasch, TSV Goldberg 02	

Viertelfinale:
09.12.07	4-3	FSV 02 Schwerin - SV Hafen Rostock	5:3 iE, 1:1 nV (0:0, 0:0)
03.10.07	4-4	SV 04 Groß Laasch - TSV Bützow von 1952	0:4 (0:3)
03.10.07	4-4	TSV Goldberg 02 - FFV Neubrandenburg II	1:4 (0:2)
09.12.07	4-4	SV Hafen Rostock 61 II - SV Waren 09	2:3 (2:3)

Halbfinale:
24.03.08	4-4	TSV Bützow von 1952 - FSV 02 Schwerin	1:5 (0:2)
16.03.08	4-4	SV Waren 09 - FFV Neubrandenburg II	1:3 (1:1)

(Waren setzte eine B-Juniorin des jüngeren Jahrgangs ein; Verstoß gegen die Jugendordnung; Spiel wurde wie ausgetragen gewertet)

Finale:
12.05.08	4-4	FSV 02 Schwerin - FFV Neubrandenburg II	4:0 (3:0)

Schwerin: Josefine Möller - Franziska Erdner, Franka Schmallowsky (88. Johanna Grillmeister), Ute Schutrak, Josephine Russ, Lisa Schramm, Anika Delzeit (63. Sandra Blumenthal), Madeleine Frank (63. Anne-Marie Dorittke), Lena Schultz, Stephanie Krengel, Sarah Richter. Trainer: Gunter Johren
Neubrandenburg: Ines Uhlig - Andrea Heiland, Monique Duggert (26. Dana Störmer), Anne Biernath, Jana Gruel (78. Antje Kreisel), Franziska Spangenberg, Janet Blehk, Lisa Cziborra, Laura Gromodka, Andrea Engelhard, Schmidt. Trainer: Wilfried Aepinus
Tore: 1:0 Madeleine Frank (28.), 2:0 Stephanie Krengel (32.), 3:0 Lisa Schramm (38.), 4:0 Lisa Schramm (65.)
Zuschauer: 100 im Bergringstadion Teterow
Schiedsrichter: Anja Siemhs (SG Marnitz/Suckow) - Assistenten: Torsten Schünemann, Christian Nemec
Gelbe Karten: Ute Schutrak, Sarah Richter - Janet Blehk, Schmidt

Verbandspokal Brandenburg

1. Runde:
02.09.07	5-4	SV belafarm Beetz/ Sommerfeld - SV RW Flatow	0:18 (0:9)
02.09.07	5-4	Oranienburger FC Eintracht - SSV 1950 Nonnendorf	2:1 (0:0)
10.02.08	5-4	Werderaner FC Victoria 1920 - SV Eintr. Frankfurt	0:x kpfl.

Achtelfinale:
06.10.07	5-5	FSV Brück 1922 - FSV Basdorf	5:1 (2:1)
07.10.07	4-4	FSV Glückauf Brieske Senftenberg - Energie Cottbus	2:1 (1:1)
07.10.07	4-4	SV Rot-Weiß Flatow - SV Fortuna Friedersdorf	4:1 (1:1)
07.10.07	4-4	SG Stern Luckenwalde - SV Eintracht Frankfurt	1:4 (1:2)
07.10.07	5-4	SV Medizin Eberswalde - 1. FFC Turbine Potsdam III	2:4 (2:1)
07.10.07	5-4	SG Sieversdorf - SG Kröbeln	2:1 (1:0)
07.10.07	5-4	BSC Rathenow 1994 - FSV Union Fürstenwalde	5:1 (2:0)
07.10.07	5-5	Oranienburger FC Eintracht - SG Beelitz	4:2 (1:0)

Viertelfinale:
01.12.07	5-4	FSV Brück 1922 - FSV Eintracht Frankfurt	1:7 (1:5)
02.12.07	5-5	BSC Rathenow 1994 - Oranienburger FC Eintracht	4:0 (1:0)
09.12.07	4-4	SG Sieversdorf - 1. FFC Turbine Potsdam III	0:4 (0:3)
16.12.07	4-4	FSV Glückauf Brieske Senftenberg - SV RW Flatow	0:9 (0:3)

Halbfinale:
16.03.08	5-4	BSC Rathenow 1994 - 1. FFC Turbine Potsdam III	1:5 (0:2)
20.04.08	4-4	SV Rot-Weiß Flatow - SV Eintracht Frankfurt	6:1 (2:1)

Finale:
24.05.08	4-4	SV Rot-Weiß Flatow - 1. FFC Turbine Potsdam III	3:2 (1:2)

Flatow: Astrid Haas; Jessica Höft, Heike Hoffmann, Julia Tonhauser (46. Isabell Schütt), Janine Hoffmann (40. Juliane Regent), Laura Schaller, Heike Weizenegger, Jasmin Henke (70. Dana Strate), Sandy Spudic, Janin Mula, Katharina Bonk. Trainergespann: Helmut Nikoleit und Sven Mula
Potsdam: Julia Schmidt; Daniela Schönke, Sandra Willems, Franka Schauss, Isabell Gräper (Laura Schadow), Heike Masch, Sabrina Blumberg (Kathrin Krause), Janine Hahs, Saskia Berenyi (Fränze Gansur), Sophie Michaelis, Kati Bräutigam. Trainer: Steven Bender
Tore: 0:1 Kati Bräutigam (10.), 1:1 Jasmin Henke (43.), 1:2 Saskia Berenyi (44.), 2:2 Katharina Bonk (54.), 3:2 Katharina Bonk (75.)
Zuschauer: 150 in der Brieske-Elster-Kampfbahn in Senftenberg
Schiedsrichterin: Ricarda Lotz (SV Blau-Weiß 07 Spremberg) - Assistentinnen: Stefanie Hintze, Juliane Neubert
Gelbe Karten: Isabell Schütt - Sophie Michaelis

Verbandspokal Berlin

Qualifikationsrunde:
08.09.07	5-5	Spandauer Kickers II - 1.Traber FC/Tasmania 73	3:2
08.09.07	6-5	Pro Sport Berlin - BSV Grün-Weiß Neukölln II	0:3
08.09.07	6-6	FCK Frohnau - SC Staaken	2:1
09.09.07	4-4	FC Hertha 03 Zehlendorf - BSC Marzahn	3:2
09.09.07	4-4	Blau-Weiß Hohen Neuendorf II - SV Adler 1950 Berlin	2:0
09.09.07	4-4	Borussia Pankow - SV Blau Gelb	1:3
09.09.07	4-5	SC Borsigwalde - FC Hertha 03 Zehlendorf II	0:3
09.09.07	4-5	BSV Al-Dersimspor - 1. FC Spandau 06	2:1
09.09.07	4-5	1. FC Schöneberg - FFC Berlin	1:2
09.09.07	4-5	VSG Altglienicke - Lichterfelder FC II	5:3
09.09.07	4-6	1. FC Union II - 1. FFV Spandau	11:0
09.09.07	5-5	Rot-Weiß Hellersdorf - DJK Schwarz-Weiß Neukölln	7:0
09.09.07	5-5	SG Empor Hsh./Borussia 20 Fr. - SC Borsigwalde II	8:1
09.09.07	5-6	FV Blau-Weiß Spandau - BSC Marzahn III	4:1
09.09.07	5-6	BSC Marzahn II - SC DJK Roland Borsigwalde	2:0
09.09.07	5-6	Berliner TSC - SV Adler 1950 Berlin II	0:5
09.09.07	5-6	Rot-Weiß Neuenhagen - TSV Helgoland 97	1:9
09.09.07	6-4	Berliner TSC II - SFC Stern 1900	0:16
09.09.07	6-4	Adlershofer BC II - FSV Spandauer Kickers	0:x kpfl.
09.09.07	6-6	SSC Teutonia 99 - SG Solidarität/Internationale	4:5 iE, 2:2
09.09.07	6-6	Berliner SC Kickers 1900 - SG Spfr. Johannisthal	2:1
08.09.07	5-6	SV Seitenwechsel - Berliner FC Dynamo	0:x
08.09.07	6-5	1. FC Lübars II - SC Siemensstadt	x:0
	6-6	BSG BfA - VfB Hermsdorf (zurückgezogen)	x:0
	7-6	Friedrichshagener SV - Wacker Lankwitz (zurückgez.)	0:x
Freilose:	3	1. FC Lübars, Adlershofer BC, Lichterfelder FC, SV Blau-Weiß Hohen Neuendorf, BSV Grün-Weiß Neukölln	
	4	SV Lichtenberg 47, Tennis Borussia Berlin II	

1. Runde:
03.10.07	3-4	1. FC Lübars - VSG Altglienicke	x:0 kpfl.
03.10.07	3-5	Adlershofer BC - FC Hertha 03 Zehlendorf II	6:0
03.10.07	3-6	Blau-Weiß Hohen Neuendorf - Berliner FC Dynamo	x:0 kpfl.

03.10.07 4-3 FC Hertha 03 Zehlendorf - Lichterfelder FC 4:2
03.10.07 4-4 TSV Helgoland 97 - SV Blau Gelb 1:3
03.10.07 4-4 Blau-Weiß Hohen Neuendorf II - Tennis Borussia II 5:2
03.10.07 4-5 1. FC Union Berlin II - FFC Berlin 10:3
03.10.07 5-5 BSV Grün-Weiß Neukölln II - Rot-Weiß Hellersdorf 3:1
03.10.07 5-6 BSC Marzahn II - 1. FC Wacker Lankwitz 5:1
03.10.07 6-4 SV Adler 1950 Berlin II - SV Lichtenberg 47 5:4
03.10.07 6-4 FCK Frohnau - SFC Stern 1900 2:10
03.10.07 6-4 SG Solidarität/Internationale - BSV Al-Dersimspor 0:x kpfl.
03.10.07 6-6 Berliner SC Kickers 1900 - BSG BfA 2:1
04.10.07 6-5 1. FC Lübars II - FV Blau-Weiß Spandau x:0 kpfl.
10.10.07 5-5 SG Empor Hsh./Borussia 20 - Spandauer Kickers II 5:0
17.10.07 3-4 BSV Grün-Weiß Neukölln - FSV Spandauer Kickers x:0 kpfl.
Achtelfinale:
11.11.07 5-4 BSC Marzahn II - Blau-Weiß Hohen Neuendorf II 0:4 (0:2)
12.12.07 5-3 SG Empor Hsh./Borussia 20 - GW Neukölln 2:10 (1:4)
15.12.07 3-4 Adlershofer BC - SFC Stern 1900 2:1 (1:0)
15.12.07 3-6 1. FC Lübars - 1. FC Lübars II 5:1 (2:1)
15.12.07 4-4 SV Blau Gelb - FC Hertha 03 Zehlendorf 1:0 (1:0)
16.12.07 3-4 Hohen Neuendorf - BSV Al-Dersimspor 2:4 iE, 1:1 nV (1:1, 1:1)
16.12.07 6-4 SV Adler 1950 Berlin II - Union Berlin II 4:5 iE, 1:1 nV (1:1, 0:1)
16.12.07 6-5 Berliner SC Kickers 1900 - Grün-Weiß Neukölln II 1:5 (0:2)
Viertelfinale:
23.03.08 3-5 Adlershofer BC - Grün-Weiß Neukölln II 2:1 (1:1)
23.03.08 4-3 BSV Al-Dersimspor - 1. FC Lübars 2:3 (2:2)
23.03.08 4-4 Blau-Weiß Hohen Neuendorf II - Union Berlin II 5:0 (1:0)
02.04.08 3-4 Grün-Weiß Neukölln - SV Blau Gelb 4:0 (1:0)
Halbfinale:
16.04.08 3-3 Grün-Weiß Neukölln - 1. FC Lübars 0:1 (0:1)
16.04.08 4-3 Blau-Weiß Hohen Neuendorf II - Adlershofer BC 3:0 (2:0)
Finale:
04.05.08 4-3 BW Hohen Neuendorf II - 1. FC Lübars 1:2 nV (1:1, 0:0)
Hohen Neuendorf: Kruscha, Seeger, Gössling, Ubrig, Kalwa (101. Lommatzsch), Dannhorn, Zacher, Blum, Berg (58. Huseinovic), Thoms, Papadopoulos. Trainer: Martin Schalow
Lübars: Linda Lorenz, Rösler, Kunert, Breyer, Graubner, Wölky, M. Lorenz, Schumann, Vojticsek (46. Larsen), Glowik (75. Regäsel), Pieper (114. Klaus). Trainer: Jens Kohnke
Tore: 0:1 Larsen (76.), 1:1 Dannhorn (77.), 1:2 Schumann (97.)
Zuschauer: 309 im Stadion Lichterfelde in Berlin-Lichterfelde
Schiedsrichterin: Katia Kobelt (SV Müggelpark Gosen) - Assistentinnen: Gülseren Gül, Mandy Müller
Gelb-Rote Karten: Ubrig (111.)
Gelbe Karten: Kalwa, Graubner

Verbandspokal Sachsen-Anhalt

1. Runde:
02.09.07 5-5 FC Bode 90 Löderburg - SV Fortuna Hoym 0:2
02.09.07 5-5 Empor Klein Wanzleben - FC Eintracht Köthen 2:4
02.09.07 ?-4 Spg Schackensleben/Rottmersleben - SV BW Dölau 0:x
02.09.07 5-4 SG Handwerk Magdeburg - TSV Großkorbetha 5:0
02.09.07 5-4 SV Eintracht Bad Dürrenberg - Magdeburger FFC II 1:3
02.09.07 6-5 VfB Klötze 07 - SV Rothenschirmbach 7:6 nE, Wtg. 0:x
02.09.07 5-4 BSV 79 Magdeburg - SV Dessau 05 2:6
02.09.07 5-5 FSV Lengefeld/Wetterl. - SG Blau-Weiß Gerwisch 2:3
02.09.07 6-5 SV Grün-Weiß Süplingen - KSG Holdenst.-Beyernaumburg 1:4
2. Runde:
03.10.07 5-5 Sportring Mücheln - Naumburger SV 05 7:6
03.10.07 5-5 SV Rothenschirmbach - FC Eintracht Köthen 1:7
03.10.07 5-5 FSV Hettstedt - SV Blau-Weiß Dölau 0:2
03.10.07 4-4 TSV 1990 Schochwitz - Magdeburger FFC II 0:3
03.10.07 5-3 Eintracht Lossa - Hallescher FC 0:9
03.10.07 5-5 Polizeisportverein Halle - SV Fortuna Rehmsdorf 10:0
03.10.07 5-4 Rot-Weiß 1868 Arneburg - SV Rot-Schwarz Edlau 1:5
03.10.07 5-4 SG Handwerk Magdeburg - SV Merseburg 99 1:3
03.10.07 5-3 SG Eintracht Mechau - Magdeburger FFC 0:10
03.10.07 5-5 SV Fortuna Brücken - SV Fortuna Hoym 0:6
03.10.07 5-4 SG Döschwitz - Heidesportverein Colbitz 0:10
03.10.07 5-4 SV 1922 Pouch-Rösa - SG Eisdorf 1918 1:2
03.10.07 5-5 SG Blau-Weiß Gerwisch - SG Bösdorf 08 2:1
03.10.07 5-4 KSG Holdenst.-Beyernaumburg - VfB 06 Sangerhausen 3:4
31.10.07 5-4 FSV 92 Trinum - 1. FC Zeitz 0:5
31.10.07 4-4 TSV Dessau 05 - SV Eintracht Walsleben 0:4
Achtelfinale:
09.12.07 5-4 Polizeisportverein Halle - Heidesportverein Colbitz 2:3
09.12.07 5-4 SG Blau-Weiß Gerwisch - SV Blau-Weiß Dölau 2:5
09.12.07 4-3 SV Merseburg 99 - Hallescher FC 0:8
09.12.07 5-4 SV Fortuna Hoym - Magdeburger FFC II 2:3 iE
09.12.07 5-4 SG Eisdorf 1918 - VfB 06 Sangerhausen 0:6
09.12.07 4-4 1. FC Zeitz - SV Rot-Schwarz Edlau 2:1
09.12.07 5-5 Sportring Mücheln - FC Eintracht Köthen 2:3
17.02.08 4-3 SV Eintracht Walsleben - Magdeburger FFC 0:3 (0:2)
Viertelfinale:
22.02.08 4-3 Magdeburger FFC II - Magdeburger FFC 0:14 (0:5)
24.02.08 4-3 VfB 06 Sangerhausen - Hallescher FC 1:3
24.02.08 5-4 FC Eintracht Köthen - 1. FC Zeitz 7:1
24.02.08 4-4 Heidesportverein Colbitz - SV Blau-Weiß Dölau 3:1
Halbfinale:
24.03.08 4-3 Heidesportverein Colbitz - Hallescher FC 1:3
09.05.08 5-3 FC Eintracht Köthen - Magdeburger FFC 1:9
Finale:
01.06.08 3-3 Magdeburger FFC - Hallescher FC 6:0 (3:0)
Magdeburg: Hohmann - Elsner, Beinroth, Mücke, Wohlfahrt - Schuster (89. Müller), Roeloffs, Krakowski, Ernst (78. Stübing) - Bartke (72. Klemme), Kunschke (85. Zinke). Trainerin: Anke Witt
Halle: Herter - Gabrowitsch, Mann, Steiner (30. Freund, 75. Bein) - Buchwald, Helling, Penner, Steckbauer, Bönisch (83. Music) - Blume, Scheffler. Trainer: Enrico Schaaf
Tore: 1:0 Krakowski (5.), 2:0 Roeloffs (23.), 3:0 Kunschke (35.), 4:0 Mücke (64.), 5:0 Kunschke (85.), 6:0 Krakowski (87.)
Zuschauer: 350 im "Hölzchen" in Stendal
Schiedsrichterin: Nicole Remus (SV 09 Staßfurt) - Assistentinnen: Elfi Schwander, Antje Heuer

Verbandspokal Thüringen

Teilnehmer: Alle Mannschaften der Regionalliga (3. Liga) bis zur Landesklasse (5. Liga) sowie vier Mannschaften aus den Kreisen (6. Liga). Nicht teilnahmeberechtigt: 1. FFV Erfurt II, 1. FC Gera 03 II (beide 5. Liga)
Qualifikationsspiel:
03.10.07 6-5 SG Zollhaus/Kaulsdorf - SV Gräfenwarth 1:5
1. Runde:
07.10.07 6-5 SG Leimbach - SG Wipperdorf/Kehmstedt 11:0
07.10.07 5-5 SV Münchenbernsdorf - VfR Oberböhmsdorf 0:6
07.10.07 5-5 FSV Schmalkalden - SV 08 Westhausen 3:1
07.10.07 5-5 SV Frohndorf/Orlishausen - VfB Oldisleben 3:4
07.10.07 5-5 SV Motor Altenburg - FV Rodatal Zöllnitz 20:1
07.10.07 6-5 TSV Breitenworbis - SG Merxleben 12:2
07.10.07 5-5 Eintracht Eisenach - Silvester Bad Salzungen 0:3
07.10.07 5-5 Glückauf Lehesten - SC 06 Oberlind 2:6
07.10.07 5-5 FSV Grüningen - Concordia Riethnordhausen 4:1
07.10.07 5-5 SG Bedheim/Häselrieth - SG Einheit Dillstädt 1:2
07.10.07 5-5 SV Walldorf - FC Union Erfurt 1:6
07.10.07 5-5 ZFC Meuselwitz - SG Pöllwitz/Langenwolschendorf 5:4
07.10.07 5-5 FV Gera Süd - SV Gräfenwarth 3:2 nV
28.10.07 6-5 TSV Magdala - SG Ranis/Blau-Weiß Neustadt 0:2
Freilose: 3 1. FFV Erfurt, 1. FC Gera 03, FF USV Jena II
4 12 Mannschaften
2. Runde:
27.10.07 5-4 SC 06 Oberlind - SV Germania Ilmenau 0:7
28.10.07 6-4 TSV Breitenworbis - FSV 1921 Uder 0:7
28.10.07 6-4 SG Leimbach - FSV Bad Langensalza 0:3
28.10.07 5-4 VfR Oberböhmsdorf - FC Lok Saalfeld 0:6
28.10.07 5-4 FSV Grüningen - FSV Eintracht Wechmar 2:1 nV
28.10.07 5-5 FSV Schmalkalden - SG Einheit Dillstädt 2:1
28.10.07 5-4 FC Union Erfurt - TSV 1869 Sundhausen 0:1
28.10.07 5-4 VfB Oldisleben - VfB Schönewerda 4:1
28.10.07 5-4 SV Motor Altenburg - SG Eisenberg/Hermsdorf 0:1
28.10.07 5-4 ZFC Meuselwitz - FSV Grün-Weiß Stadtroda 1:4
28.10.07 5-4 FV Gera Süd - SV Jena-Zwätzen 2:0
31.10.07 5-4 SG Ranis/Blau-Weiß Neustadt - SC 1903 Weimar 0:1
17.11.07 5-4 Silvester Bad Salzungen - SG Lengenfeld/Effelder 3:4
Freilose: 3 1. FFV Erfurt, 1. FC Gera 03, FF USV Jena II
Achtelfinale:
17.11.07 5-4 FSV Schmalkalden - FC Lok Saalfeld 1:6
09.12.07 5-5 SC 1903 Weimar - FF USV Jena II 0:5
09.12.07 4-3 FSV Grün-Weiß Stadtroda - 1. FC Gera 03 1:5
16.12.07 4-4 SV Germania Ilmenau - FSV 1921 Uder 3:1
16.12.07 4-4 FSV Bad Langensalza - TSV 1869 Sundhausen 2:1
16.12.07 5-5 FSV Grüningen - VfB Oldisleben 2:0
24.02.08 5-4 FV Gera Süd - SG Eisenberg/Hermsdorf 1:0

24.02.08	4-3	SG Lengenfeld/Effelder - 1. FFV Erfurt	0:6

Viertelfinale:

24.03.08	5-3	FSV Grüningen - 1. FFV Erfurt	0:7
24.03.08	4-3	FSV Bad Langensalza - FF USV Jena II	4:8 nV
13.04.08	4-4	FC Lok Saalfeld - SV Germania Ilmenau	3:2
30.04.08	5-3	FV Gera Süd - 1. FC Gera 03	1:6

Halbfinale:

04.05.08	3-3	1. FFV Erfurt - 1. FC Gera 03	1:2
09.05.08	4-3	FC Lok Saalfeld - FF USV Jena II	2:5

Finale:

01.06.08	3-3	FF USV Jena II - 1. FC Gera 03	2:1 (1:1)

Jena: Rinkes - Ruddat, Walther, Hofmann, Schubert, Rath, Pochert, Seiler (66. Senff), Burgey (88. Pflüger), Wenzel, Gotte. Trainer: Christian Kucharz.
Gera: Schumann - Trepschinski, Herold, Kremke, Wendler, Mühling (68. Adam, 80. Treller), Thieme, Piatkowski, Müller, Osterwold (62. Scherf), Raabe. Trainer: Martina Klepsch
Tore: 0:1 Osterwold (33.), 1:1 Wenzel (35.), 2:1 Gotte (77.)
Zuschauer: 100 im Werner-Seelenbinder-Stadion in Hermsdorf/Thüringen
Schiedsrichter: Nadine Scheller (TSV 1869 Sundhausen) - Assistentinnen: Oliver Lossius, Daniel Vollmann
Gelbe Karten: Trepschinski, Thieme
Anmerkung: 1. FC Gera 03 ist Teilnehmer am DFB-Pokal 2008/09, da Jena als II. Mannschaft nicht startberechtigt ist.

Verbandspokal Sachsen

Teilnehmer: Alle Mannschaften der RL (3. Liga) und der LL (4. Liga) der vorherigen Saison sowie die Sieger der Bezirkspokale Chemnitz, Dresden und Leipzig.

Achtelfinale:

26.08.07	4-3	Heidenauer SV - FC Erzgebirge Aue	0:2
02.09.07	4-4	SSV Stötteritz - FC Erzgebirge Aue II	2:0
02.09.07	4-4	Vogtländischer FC Plauen - Hoyerswerdaer SV 1919	1:3
02.09.07	5-4	TSV 1861 Spitzkunnersdorf - Chemnitzer FC	0:4
02.09.07	5-4	LSV Großhartmannsdorf - SV 1896 Großdubrau	2:4
02.09.07	4-4	1. FFC Fortuna Dresden Rähnitz - Dresdner SC 1898	4:1
02.09.07	4-4	1. FC Lokomotive Leipzig II - SG Jößnitz	2:3
16.09.07	4-4	TKV Flöha/Plaue - SV Johannstadt 90	0:7

Viertelfinale:

24.02.08	4-3	Chemnitzer FC - FC Erzgebirge Aue	1:3
30.03.08	4-4	SG Jößnitz - SV Johannstadt 90	1:3
30.03.08	4-4	Hoyerswerdaer SV 1919 - Fortuna Dresden Rähnitz	1:2
30.03.08	4-4	SSV Stötteritz- SV 1896 Großdubrau	2:0

Halbfinale:

04.05.08	4-3	SV Johannstadt 90 - FC Erzgebirge Aue	2:1
04.05.08	4-4	SSV Stötteritz - 1. FFC Fortuna Dresden Rähnitz	2:4

Finale:

01.06.08	4-4	SV Johannstadt 90 - Fortuna Dresden Rähnitz	1:0

Johannstadt: Monique Eichhorn; Marie Walther, Doreen Gloge, Doreen Göhler, Eva Hempel (40. Maria Kleinfeld), Claudia Taubert, Antje Scholz, Franziska Schlien, Peggy Heilmann (88. Sarah Petrovsky), Anne Waldhauer, Anica Lindner. Trainerin: Anja Kiesling
Rähnitz: Antje Rentzsch; Patricia Schmuck, Ute Schumann, Aline Wirsig, Marie Lehmann (Anne Küster), Diana Böhme, Franziska Möttig (Denise Streiber), Anne Engelhardt (Elisa Milantzkis-Garcia), Kathleen Freude, Jana Böhme, Anna Eifler. Trainer: Frank Schreier
Tor: 1:0 Peggy Heilmann (85.)
Zuschauer: 400 im Stadion am Quellenberg in Dürrröhrdorf-Dittersbach
Schiedsrichterin: Annett Grußer (SSV Markranstädt) - Assistentinnen: Christine Weigelt, Annett Unterbeck
Gelbe Karten: ? - Marie Lehmann, Jana Böhme
Besondere Vorkommnisse: Monique Eichhorn hält Elfmeter von Marie Lehmann (22.)

Verbandspokal Westfalen

1. Runde:
Gruppe 1:

12.08.07	7-5	DJK Arminia Gronau - SV 08 Lippstadt	1:4
12.08.07	6-4	Teuto Riesenbeck - SV Blau-Weiß Benhausen	0:5
12.08.07	3-3	DJK Arminia Ibbenbüren - DJK Eintracht Coesfeld	5:2
12.08.07	5-4	SC Enger 13/53 - BV Fortuna Münster	0:2
12.08.07	7-5	DJK SW Bokel - SV Bischofshagen-Wittel	2:8
12.08.07	5-4	TSV Oerlinghausen - SV Spexard	2:3
Freilose:	3	SG Lütgendortmund	
	7	FC Epe	

Gruppe 2:

12.08.07	6-5	SV Oesbern - SuS Concordia Flaesheim	1:7
12.08.07	6-5	TuS Dortmund-Rahm - Hammer SpVgg	1:3
12.08.07	5-4	TSV Marl-Hüls - DJK Grün-Weiß Erkenschwick	2:3
12.08.07	5-5	FC Finnentrop - Fortuna Walstedde	5:0
12.08.07	6-4	FC Borussia Dröschede - SV Herbede	1:3
12.08.07	5-5	TuS Wickede - Viktoria Resse	5:0
Freilose:	4	TuS Harpen 08/11	
	7	Teutonia Lanstrop	

Achtelfinale:

30.09.07	5-4	SV Bischofshagen-Wittel - SV Spexard	0:6
03.10.07	5-4	SV 08 Lippstadt - SV Blau-Weiß Benhausen	0:1
03.10.07	4-3	BV Fortuna Münster - DJK Arminia Ibbenbüren	1:3
03.10.07	7-3	FC Epe - SG Lütgendortmund	0:12
03.10.07	5-5	SuS Concordia Flaesheim - Hammer SpVgg	14:0
03.10.07	5-4	FC Finnentrop - DJK Grün-Weiß Erkenschwick	1:0
03.10.07	5-4	TuS Wickede - SV Herbede	3:0
03.10.07	7-4	Teutonia Lanstrop - TuS Harpen 08/11	1:15

Viertelfinale:

24.03.08	3-4	DJK Arminia Ibbenbüren - SV Blau-Weiß Benhausen	2:0
24.03.08	4-3	SV Spexard - SG Lütgendortmund	6:4
24.03.08	5-5	SuS Concordia Flaesheim - FC Finnentrop	2:1
24.03.08	4-5	TuS Harpen 08/11 - TuS Wickede	1:0

Halbfinale:

12.05.08	4-3	SV Spexard - DJK Arminia Ibbenbüren	0:3 (0:1)
01.05.08	4-5	TuS Harpen 08/11 - SuS Concordia Flaesheim	1:2

Finale:

22.05.08	5-3	SuS Conc. Flaesheim - DJK Arminia Ibbenbüren	3:8 (0:3)

Flaesheim: Tigges - C. Heimsoth (32. Schwarz), Müllemeier, Czubak, Schreiber (63. Schäfer), N. Heimsoth (65. Vierkant), Suntrup, Heinz, Jantscher, Skorczak, Eismann. Trainer: Olaf Bryjak
Ibbenbüren: B. Helmig - Schrameyer, Wobker (46. Brüggemeier), Kruppa, Borowski - Güttler, Siebelmann, Rottmann, Varelmann (60. Niedenführ) - Korte (74. Inderwisch), Hetke. Trainer: Uli Bröker
Tore: 0:1 Korte (22.), 0:2 Varelmann (34., Foulelfmeter), 0:3 Hetke (40.), 0:4 Niedenführ (64.), 0:5 Hetke (67.), 0:6 Korte (69.), 1:6 Skorczak (72.), 2:6 Eismann (74.), 2:7 Niedenführ (86.), 3:7 Eismann (88.), 3:8 Siebelmann (90.)
Zuschauer: 400
Schiedsrichter: Lennart Brüggemann (SV Mesum) – Assistenten: Christian Kadell und Philip Holzenkämpfer (beide Rheine)

Verbandspokal Niederrhein

Teilnehmer: In der 1. Runde nur Mannschaften der Kreisliga und Landesliga; ab 2. Runde auch Mannschaften der Verbandsliga und Regionalliga.

1. Runde:

12.08.07	5-5	TSV Wachtendonk-Wankum - Eintracht Duisburg	1:3 (0:2)
12.08.07	5-5	VfL Kupferdreh - TG Hilgen 04	7:3
12.08.07	5-5	TuRa Remscheid-Süd - SV Mönchengladbach 1910	1:0
12.08.07	5-5	SV Walbeck - SV Leithe	5:2
12.08.07	5-6	BV Osterfeld - TuSa Düsseldorf 06	3:1
12.08.07	6-4	PSV Wesel-Lackhausen - SVG Neuss-Weissenberg	1:6
12.08.07	6-5	SG Hackenberg - PSV Duisburg	3:2 iE
12.08.07	6-5	Eintracht Emmerich - SC Flingern 08	5:2
12.08.07	6-5	FC Karnap - FC Sterkrade 72	0:10
12.08.07	6-5	VSF Amern - 1. FFC Ratingen	0:2
12.08.07	6-5	Sportfreunde 07 Essen - DJK Altenessen	1:7
12.08.07	6-5	SV Eintracht 05 Düsseldorf - SV Jägerhaus-Linde	5:3
12.08.07	6-5	SSV Lützenkirchen - FC Tannenhof	2:3
12.08.07	6-5	DJK Barlo - SG Benrath-Hassels	1:3
12.08.07	6-5	TuS Preussen Vluyn - SV Budberg	1:7
12.08.07	6-6	Britannia Solingen 08 - SC Werden-Heidhausen	6:5 iE
12.08.07	6-6	SF Baumberg - BV Grün-Weiß Mönchengladbach	2:0
12.08.07	6-6	VfB 08 Hochneukirch - SC Blau-Weiß Auwel-Holt	7:1
12.08.07	6-6	Duisburg-Süd - FC Tönisheide	2:0
12.08.07	6-6	SSV Lüttingen - Mettmann Sport	2:0
12.08.07	6-6	SV Fortuna Keppeln - FC Straberg	5:4
12.08.07	6-6	VfL Witzhelden - SC Viktoria Anrath 07	0:7
12.08.07	6-6	SV Blau-Weiß Niederkrüchten - Hastener TV	1:8
12.08.07	6-6	PSV Mönchengladbach - BSV Viktoria Wesel	2:0

2. Runde:

02.09.07	6-5	PSV Mönchengladbach - FC Wülfrath	0:2
02.09.07	6-6	SSV 07 Wuppertal-Sudberg - SV Haldern	7:1 (4:0)
02.09.07	6-6	Blau-Weiß Langenberg - SSV Lüttingen	10:11 iE
02.09.07	6-6	VfR Büttgen - SV Eintracht 05 Düsseldorf	1:7
02.09.07	6-6	Hastener TV - GLI Azzurri Oberhausen	2:1

Date	Round	Match	Result
02.09.07	6-6	Essen Frintrop 05/21 - TuS Holsterhausen	0:2
02.09.07	6-6	SC Unterbach - Eintracht Emmerich	0:6
02.09.07	6-6	TuS Drevenack - SC Viktoria Anrath 07	0:4
02.09.07	6-6	FC Grün-Weiß Lankern - Duisburg-Süd	7:0
02.09.07	6-5	Britannia Solingen 08 - DJK St. Hubert	1:6 (0:1)
02.09.07	6-5	SG Hackenberg - TuRa Remscheid-Süd	3:1
02.09.07	6-5	SF Baumberg - FC Tannenhof	1:3
02.09.07	6-5	SV Spellen - DJK Altenessen	2:14
02.09.07	6-5	VfB 08 Hochneukirch - SV Budberg	1:10
02.09.07	6-5	FC Stoppenberg - TSV Fortuna Wuppertal	1:6
02.09.07	6-4	SV Fortuna Keppeln - VfL Repelen	2:0
02.09.07	6-4	VdS Nievenheim - SV Hemmerden	0:11
02.09.07	6-4	TS Rahm Duisburg - FSC Mönchengladbach	0:14
02.09.07	6-4	SC Grün-Weiß Vardingholt - BV Borussia Bocholt	0:13
02.09.07	6-4	DJK Adler Essen - TB Heißen	0:2
02.09.07	5-5	SV Lohausen - 1. FFC Ratingen	4:3
02.09.07	5-5	Preussen Essen - CfR Links Düsseldorf	6:1
02.09.07	5-5	BV Osterfeld - SV Walbeck	2:4
02.09.07	5-4	Sterkrade 72 - SV Eintracht Solingen	3:2 (1:2)
02.09.07	5-4	VfL Kupferdreh - SVG Neuss-Weissenberg	6:4
02.09.07	5-4	SG Benrath-Hassels - SV Blau-Weiß Fuhlenbrock	3:4
02.09.07	5-3	HSC Berg - DJK Fortuna Dilkrath	2:6
02.09.07	4-5	SV Heckinghausen - FC Adler Nierst	6:0
02.09.07	4-5	SV Brünen - SV Glehn	9:0
02.09.07	4-4	ASC Ratigen-West - Borussia Mönchengladbach	0:4 (0:3)
02.09.07	3-4	GSV Moers - SV Rees	1:0
09.09.07	6-5	SuS Niederbonsfeld - Eintracht Duisburg	1:8 (0:4)

3. Runde:

Date	Round	Match	Result
18.11.07	6-6	Eintracht Emmerich - SG Hackenberg	7:1
18.11.07	6-5	SSV 07 Wuppertal-Sudberg - Sterkrade 72	7:5 iE
18.11.07	6-5	SC Viktoria Anrath 07 - FC Tannenhof	2:3
18.11.07	6-5	SV Eintracht 05 Düsseldorf - DJK Altenessen	2:3
18.11.07	6-5	FC Grün-Weiß Lankern - DJK St. Hubert	5:0
18.11.07	6-4	SSV Lüttingen - TB Heißen	0:5
18.11.07	6-4	SV Fortuna Keppeln - SV Blau-Weiß Fuhlenbrock	0:5
18.11.07	6-3	TuS Holsterhausen - DJK Fortuna Dilkrath	0:8
18.11.07	6-3	Hastener TV - GSV Moers	0:8 (0:5)
18.11.07	5-5	Eintracht Duisburg - VfL Kupferdreh	5:1 (3:0)
18.11.07	5-5	SV Budberg - TSV Fortuna Wuppertal	6:1
18.11.07	5-4	FC Wülfrath - SV Hemmerden	4:3 nV
18.11.07	5-4	Preussen Essen - SV Brünen	0:5
18.11.07	5-4	SV Walbeck - SV Heckinghausen	1:2
18.11.07	4-5	Bor. Mönchengladbach - SV Lohausen	4:2 nV (2:1, 2:2)
18.11.07	4-4	FSC Mönchengladbach - BV Borussia Bocholt	0:4

Achtelfinale:

Date	Round	Match	Result
16.12.07	6-6	Eintracht Emmerich - SSV 07 Wuppertal-Sudberg	1:2
16.12.07	4-6	SV Heckinghausen - FC Grün-Weiß Lankern	1:0
16.12.07	4-5	BV Borussia Bocholt - FC Tannenhof	3:0
16.12.07	4-5	SV Blau-Weiß Fuhlenbrock - SV Budberg	1:2
16.12.07	4-4	SV Brünen - TB Heißen	4:1
16.12.07	3-5	DJK Fortuna Dilkrath - FC Wülfrath	2:0
10.02.08	3-5	DJK Altenessen - Borussia Mönchengladbach	1:5
10.02.08	3-5	GSV Moers - Eintracht Duisburg	1:0 (0:0)

Viertelfinale:

Date	Round	Match	Result
01.05.08	4-5	SV Heckinghausen - SV Budberg	3:2
01.05.08	4-4	SV Brünen - BV Borussia Bocholt	1:2
01.05.08	4-3	Bor. Mönchengladbach - DJK Fortuna Dilkrath	4:2 iE, 0:0 nV
10.05.08	6-3	SSV 07 Wuppertal-Sudberg - GSV Moers	0:7 (0:5)

Halbfinale:

Date	Round	Match	Result
12.05.08	4-5	Borussia Mönchengladbach - SV Heckinghausen	6:1 (2:0)
22.05.08	4-3	BV Borussia Bocholt - GSV Moers	2:1 (1:1)

Finale:

Date	Round	Match	Result
03.06.08	4-4	Bor. Mönchengladbach - Borussia Bocholt	3:4 iE, 0:0 nV

Mönchengladbach: Jasmin Hamann; Anke Imdahl, Annika Loose, Katrin Hardt (11. Meike Schellekes, 46. Jacqueline Berger), Julia Kuhkendahl, Denis Dzemail (46. Alma Gjuga), Steffi Pohl, Karina Hünnekens, Nathalie Barauskas, Sara Kienitz, Laura Bock. Trainerstab: Oliver Lörsch, Stefan Weger
Bocholt: Anne Degeling; Andrea Renzel, Anne-Maria Schreibe, Laura Wolsing, Anna Schmitz, Nina Middelkamp, Hannah Tekampe (71. Sevilay Dogan), Melanie Krupp, Karin Renzel (113. Isabel Rüter), Corinna Welling (62. Friederike Böggering), Tina Nehling. Trainer: Stefan Tünte
Tore im Elfmeterschießen: Karina Hünnekens, Anke Imdahl, Jacqueline Berger - Laura Wolsing, Tina Nehling, Nina Middelkamp, Friederike Böggering
Zuschauer: 250 in der Glück-Auf-Kampfbahn in Moers-Repelen
Schiedsrichterin: Monique Klauß (Mülheimer SV 07)

Verbandspokal Mittelrhein

Teilnehmer: In Kreispokalrunden, an denen - auf freiwilliger Basis - alle Mannschaften aus der Verbandsliga, den beiden Landesligen und den 6 Kreisligen teilnehmen, werden 9 Kreispokalsieger ermittelt. Diese sind für die 1. Hauptrunde qualifiziert. Für diese Runde sind ferner qualifiziert die FVM-Teilnehmer aus der Regionalliga West (FC Teutonia Weiden verzichtet auf einen Startplatz). Freie Plätze bis zur Teilnehmerzahl 16 werden an die Kreise mit den meisten Pokalteilnehmern vergeben, wobei jeder Kreis maximal einen zusätzlichen Platz erhalten kann. In einer Pattsituation entscheidet das Los.

Achtelfinale:

Date	Round	Match	Result
24.11.07	4-4	RW Waldenrath-Straeten - FG Mausauel-Nideggen	2:1
24.11.07	6-3	SCB Laurenzberg - SV Rot-Weiß Merl	1:8
24.11.07	5-5	TuS Olympia Ülpenich - SSV Köttingen	0:2
24.11.07	4-4	SV Eilendorf - VfL Kommern	1:3
24.11.07	4-3	Vorwärts Spoho 98 Köln - SC Fortuna Köln	0:2
24.11.07	5-5	KSV Heimersdorf - DJK Blau-Weiß Friesdorf	0:2
24.11.07	4-4	VfB Kreuzberg - TuRa Dieringhausen	4:1
20.02.08	5-4	Bonner SV Roleber - FC Sankt Augustin	0:3

Viertelfinale:

Date	Round	Match	Result
19.03.08	5-3	DJK Blau-Weiß Friesdorf - SV Rot-Weiß Merl	0:4
20.03.08	4-3	VfB Kreuzberg - SC Fortuna Köln	0:2
03.04.08	5-4	SSV Köttingen - FC Sankt Augustin	1:3
15.04.08	4-4	VfL Kommern - RW Waldenrath-Straeten	2:1

Halbfinale:

Date	Round	Match	Result
01.05.08	4-4	FC Sankt Augustin - VfL Kommern	3:4
01.05.08	3-3	SC Fortuna Köln - SV Rot-Weiß Merl	8:1

Finale:

Date	Round	Match	Result
22.05.08	3-4	SC Fortuna Köln - VfL Kommern	1:0

Köln: Brenner; Romanski (88. Fiedler), Bocanovic, Wenzeler, Molitor, Assassi, Koschalka, Wüst (51. Westenberg), Karabulut, Hellenbach, Eickel (82. Doorsoun). Trainer: Georg Böhm
Kommern: Trescher; Möseler, Knipp (68. Weber), Ackermann, Kreuzer, Gorges, Bonzelet, Kurth, Müller, Hein, Gohlke (88. Lünenbach). Trainer: Christoph Bandur
Tor: 1:0 Sarah Doorsoun (90.[+3])
Zuschauer: 250 auf der Sportanlage des TuS Chlodwig Zülpich
Schiedsrichterin: Nina Bergstein (SV Kohlscheid) - Assistentinnen: Johanna Sandvoß, Isabelle Schroeder

Verbandspokal Rheinland

Teilnehmer: Alle Mannschaften bis zur Bezirksliga.

1. Runde:

Date	Round	Match	Result
16.08.07	5-4	SV Hellenhahn - TuS Fischbacherhütte	1:4
17.08.07	5-5	FC Waldbreitbach - VfR Koblenz	20:0
18.08.07	5-5	TV Kruft II - Spfr. Fehl-Ritzhausen	4:3
18.08.07	5-5	SG Herdorf - SG Neustadt	3:0
18.08.07	5-5	SG Altendiez - SV Rheinbreitbach	2:5
18.08.07	5-5	SG Brück-Dreis - FC Schöndorf	4:0
18.08.07	5-5	SG Dasburg-Dahnen - SV Strohn	2:4
18.08.07	5-4	TuS Mayen - SG Watzerath/Pronsfeld	0:8
18.08.07	5-5	SV Ehrang - DJK Trassem	1:2
18.08.07	5-4	TuS Oberwinter - 1. FC Zemmer	5:1
18.08.07	5-4	SG Werlau - SG Salmrohr	1:2
18.08.07	5-5	SpVgg Mülheim-Braunebg. - DJK Utscheid	1:2
18.08.07	5-4	JV Neunkhausen - JSSV Freirachdorf	1:10
19.08.07	5-5	1. FFC Montabaur II - SV Gehlert	13:0
19.08.07	5-5	1. FC Kommlingen II - SV Polizei Trier	5:4
19.08.07	5-4	SSG Kernscheid - SV Trier-Olewig	6:0
19.08.07	5-5	SV Bettenfeld - TuS Issel II	0:12
19.08.07	5-5	SG Nusbaum - SG Waxweiler	2:3
19.08.07	5-4	VfB Biersdorf - 1. FC Kommlingen	2:1
19.08.07	5-5	TuS Rot-Weiß Koblenz - SV Elkenroth	2:3
19.08.07	5-5	SG 99 Andernach - SG Zerf	7:1
19.08.07	5-5	SG Neuwied - FC 1911 Horchheim	4:1
19.08.07	4-3	FC Urbar - 1. FFC Montabaur	0:x kpfl.
21.08.07	5-3	SV Willmenrod - VfR Niederfell	0:5
21.08.07	4-3	SG Trier- Zewen - SC Bad Neuenahr II	0:7
21.08.07	5-4	SV Badem - FC Bitburg	0:37
21.08.07	5-3	SV Ellingen - TuS Ahrbach	0:8
04.09.07	5-5	FC Bitburg II - SC Rengen	16:1

Freilose: 3 TuS Issel
5 SG Bruchertseifen, VfR Niederfell II, TV Kruft, SG Kobern-Gondorf

2. Runde:

21.09.07	5-4	SG Waxweiler - TuS Issel II	0:x kpfl.
24.09.07	5-5	SSG Kernscheid - DJK Trassem	x:0 kpfl.
26.09.07	5-5	VfR Niederfell II - SG Neuwied	2:3
26.09.07	4-3	SG Salmrohr - TuS Issel	0:6
26.09.07	4-3	TuS Fischbacherhütte - 1. FFC Montabaur	0:3
29.09.07	5-5	TuS Oberwinter - SG Bruchertseifen	13:0
29.09.07	5-5	FC Bitburg II - SG Brück-Dreis	10:0
30.09.07	5-5	TV Kruft II - SG Kobern-Gondorf	2:4
30.09.07	4-3	JSSV Freirachdorf - VfR Niederfell	2:4
30.09.07	5-5	SV Elkenroth - TV Kruft	2:3
30.09.07	5-5	SG Herdorf - SV Rheinbreitbach	4:0
30.09.07	5-4	DJK Utscheid - SG Watzerath/Pronsfeld	1:5
30.09.07	5-5	VfB Biersdorf - 1. FC Kommlingen II	2:0
03.10.07	5-4	SV Strohn - FC Bitburg	0:7
06.10.07	5-5	1. FFC Montabaur II - SG 99 Andernach	1:2
12.10.07	5-3	FC Waldbreitbach - TuS Ahrbach	1:0
spielfrei:	3	SC Bad Neuenahr II	

Zwischenrunde:

24.10.07	5-4	SSG Kernscheid - TuS Issel II	1:9

Achtelfinale:

13.11.07	5-3	TV Kruft - SC Bad Neuenahr II	0:9
14.11.07	5-5	SG Neuwied - SG Herdorf	1:2
14.11.07	5-5	SG Kobern-Gondorf - SG 99 Andernach	2:1
15.11.07	5-3	TuS Oberwinter - VfR Niederfell	0:3
15.11.07	4-4	FC Bitburg - TuS Issel II	6:1
17.11.07	5-5	VfB Biersdorf - FC Bitburg II	0:3
20.11.07	4-3	SG Watzerath/Pronsfeld - TuS Issel	3:4
28.11.07	5-3	FC Waldbreitbach - 1. FFC Montabaur	4:5

Viertelfinale:

23.02.08	5-3	SG Herdorf - VfR Niederfell	0:1
01.03.08	3-3	TuS Issel - SC Bad Neuenahr II	0:6
02.03.08	5-5	SG Kobern-Gondorf - FC Bitburg II	1:5
04.03.08	4-3	FC Bitburg - 1. FFC Montabaur	0:2

Halbfinale:

15.04.08	5-3	FC Bitburg II - VfR Niederfell	1:0
16.04.08	3-3	SC Bad Neuenahr II - 1. FFC Montabaur	0x2

(Spielwertung, da eine Spielerin von Bad Neuenahr II nicht spielberechtigt war)

Finale:

24.05.08	5-3	FC Bitburg II - 1. FFC Montabaur	0:7 (0:2)

Bitburg: Sonja Ernzen - Kerstin Eppers, Birgit Schuster, Jana Hoffmann - Elke Schommer (45. Rosi Thurn), Jutta Reuter, Sonja Ernzen, Ruth Jutz, Silvia Lenz (81. Manuela Munzel) - Claudia Falk, Gabi Ludwig (75. Michaela Schmitz). Teamchef: Jutta Reuter
Monabaur: Dunja Fickeis; Jutta Nardenbach (77. Desiree Schreiner), Katharina Jung, Kristina Bode, Melina Gundlach, Katharina Heisler, Maike Becker, Bianca Müller (77. Jana Schneider), Alexandra Bigott (65. Karin Wolf), Katharina Schütz (65. Sandra Nauen), Anna Zimmermann. Trainer: Hans Idahl
Tore: 0:1 Bianca Müller (38.), 0:2 Katharina Heisler (45.), 0:3 Melina Gundlach (55.), 0:4 Anna Zimmermann (67.), 0:5 Katharina Heisler (73.), 0:6 Maike Becker (76.), 0:7 Katharina Jung (79.)
Zuschauer: 200 in Hambuch
Schiedsrichter: Mario Becker (SV Vettelschoß-Kalenborn) - Assistenten: Thomas Schug (Bad Hönningen) und Ingo Jokisch (Asbach)

Verbandspokal Südwest

1. Runde:

09.02.08	5-4	TuS Mackenrodt - SV Niederhambach	1:5
01.03.08	5-4	SV Langenbach - SC Kirn-Sulzbach	3:2 nE
01.03.08	5-4	SV Waldlaubersheim - SV Ober-Olm	0:x kpfl.
01.03.08	5-4	FV Dudenhofen II - SV Rot-Weiß Göcklingen	0:3
01.03.08	5-4	VfR Hundheim-Offenbach - VfR Baumholder	1:4
01.03.08	4-4	FV Berghausen - SV Viktoria Herxheim	0:2
01.03.08	4-4	FSV Offenbach/Qu. - TuS Niederkirchen II	3:6
01.03.08	5-4	SG Thaleischwlr.-Fröschen - FV Olympia Ramstein	4:0
01.03.08	5-4	SV Viktoria Herxheim II - FV Dudenhofen	0:x kpfl.
01.03.08	3-4	TuS Wörrstadt - SV Obersülzen	x:0 kpfl.
01.03.08	5-4	VfR Wormatia 08 Worms - TuS 1898 Oggersheim	11:2
19.03.08	5-4	VfB Reichenbach - FC Viktoria Merxheim	1:5
Freilose:	3	DSG Breitenthal 95, SC Siegelbach, SpVgg Rehweiler-Matzenbach	
	5	TuS Wörrstadt II	

Achtelfinale:

22.03.08	5-4	SV Langenbach - SV Rot-Weiß Göcklingen	1:7
24.03.08	3-3	SpVgg Rehweiler-Matzenbach - TuS Wörrstadt	0:5
24.03.08	5-4	VfR Wormatia 08 Worms - SV Viktoria Herxheim	12:11 nE
24.03.08	4-3	FV Dudenhofen - DSG Breitenthal '95	5:1
24.03.08	5-4	SG Thaleischwlr.-Fröschen - TuS Niederkirchen II	0:3
24.03.08	5-4	TuS Wörrstadt II - VfR Baumholder	1:0 nV
16.04.08	4-3	SV Niederhambach - SC Siegelbach	1:3
23.04.08	4-4	FC Viktoria Merxheim - SV Ober-Olm	3:2

Viertelfinale:

30.04.08	5-4	TuS Wörrstadt II - TuS Niederkirchen II	0:x kpfl.
01.05.08	5-4	VfR Wormatia 08 Worms - FC Viktoria Merxheim	3:1
01.05.08	4-3	FV Dudenhofen - TuS Wörrstadt	1:4
12.05.08	4-3	SV Rot-Weiß Göcklingen - SC Siegelbach	4:0

Halbfinale:

22.05.08	4-3	SV Rot-Weiß Göcklingen - TuS Wörrstadt	2:0
22.05.08	5-4	VfR Wormatia 08 Worms - TuS Niederkirchen II	2:6

Finale:

06.06.08	4-4	TuS Niederkirchen II - SV Rot-Weiß Göcklingen	4:2 (1:0)

Niederkirchen: Krajnc - Rebholz - Lebkücher, Wadle - Tina Weisbrodt (38. Scherer), Apholte (81. Manuth), Antonaci, Hedtke, Arcangioli - Dums - Platt (69. Schmidt). Trainerin: Gabi Zimmel
Göcklingen: Anja Kempf - Hermann - Rung, Häussel - Selch - Hüpker - Yainishet (52. Braun), Peter, Christiane Kempf Moser (86. Stahl) - Fichtner. Trainer: Gerolf Preiß
Tore: 1:0 Antonaci (41.), 2:0 Arcangioli (61.), 2:1 Braun (64.), 3:1 Arcangioli (72.), 4:1 Antonaci (78.), 4:2 Selch (85.)
Zuschauer: 150 auf dem Sportplatz in Hanhofen
Schiedsrichter: Thomas Vollweiler (VfB Iggelheim)
Gelbe Karten: Rebholz - Fichtner, Rung

Verbandspokal Saarland

Teilnehmer: Alle Mannschaften von der 3. Liga (RL) bis zur 6. Liga (BzL).

1. Runde:

19.08.07	6-5	SV Borussia Spiesen - SV Rissenthal	3:2
19.08.07	5-5	SG Bostalsee - SC 07 Heiligenwald	5:2
19.08.07	6-5	UFC Wacker 73 Saarbr. - SV Herm.-Röchling-Höhe	3:1
19.08.07	5-5	1. FFG Homburg - SV Bliesmengen-Bolchen	1:2
19.08.07	6-6	SV Saarlouis-Lisdorf - SSV Wellesweiler	x:0
19.08.07	5-6	FC Niederlinxweiler - SVgg 07 Elversberg	x:0
19.08.07	5-6	FV Saarlouis-Picard - SV Mosberg-Richweiler	2:0
19.08.07	6-5	SF Heidstock - SC Gresaubach	1:3
19.08.07	6-5	FC Ensdorf - SV Kerpen 09 Jllingen	4:2
19.08.07	5-5	SV Oberwürzbach - SV Werbeln	3:4
19.08.07	6-6	SG Landsweiler/Falscheid - SV Naßweiler	1:3
Freilose:	3	FSV Vikt. Jägersburg, SG Parr Medelsheim, 1. FC Saarbrücken II	
	4	SG Altforweiler/Berus, SV Rot-Weiß Bardenbach, FC 08 Elm, SV Dirmingen II, SV Furpach, 1. FC Niederkirchen, DJK Niederlosheim, SV Saarhölzbach, SV Steinberg-Deckenhardt, DJK St. Ingbert, SV Wallerfangen	

2. Runde:

13.10.07	6-5	SV Borussia Spiesen - SV Bliesmengen-Bolchen	1:6
14.10.07	6-6	UFC Wacker 73 Saarbr. - SV Saarlouis-Lisdorf	8:0
14.10.07	5-5	SC Gresaubach - FC Niederlinxweiler	0:x
14.10.07	6-6	SV Naßweiler - FC Ensdorf	4:3
14.10.07	6-5	FV Saarlouis-Picard - SG Bostalsee	1:12
Freilose:	3	FSV Vikt. Jägersburg, SG Parr Medelsheim, 1. FC Saarbrücken II	
	4	SG Altforweiler/Berus, SV Rot-Weiß Bardenbach, FC 08 Elm, SV Dirmingen II, SV Furpach, 1. FC Niederkirchen, DJK Niederlosheim, SV Saarhölzbach, SV Steinberg-Deckenhardt, DJK St. Ingbert, SV Wallerfangen	
	5	SV Werbeln	

3. Runde:

21.11.07	4-4	SV Steinberg-Deckenhardt - SV Dirmingen II	2:5
24.11.07	5-4	FC Niederlinxweiler - 1. FC Niederkirchen	2:3
24.11.07	6-4	SV Naßweiler - SV Rot-Weiß Bardenbach	1:9
24.11.07	4-4	DJK St. Ingbert - SG Altforweiler/Berus	0:1
24.11.07	4-4	DJK Niederlosheim - SV Furpach	x:0
24.11.07	6-5	UFC Wacker 73 Saarbrücken - SV Werbeln	1:4
24.11.07	4-4	SV Saarhölzbach - FC 08 Elm	0:x
24.11.07	5-4	SG Bostalsee - SV Wallerfangen	2:3
Freilose:	3	FSV Vikt. Jägersburg, SG Parr Medelsheim, 1. FC Saarbrücken II	
	5	SV Bliesmengen-Bolchen	

4. Runde:

05.03.08	5-4	SV Werbeln - SV Rot-Weiß Bardenbach	0:9
05.03.08	4-4	1. FC Niederkirchen - DJK Niederlosheim	1:3
05.03.08	4-4	FC 08 Elm - SV Wallerfangen	16:0
05.03.08	5-4	SV Bliesmengen-Bolchen - SV Dirmingen II	2:5

Freilose: 3 FSV Vikt. Jägersburg, SG Parr Medelsheim, 1. FC Saarbrücken II
4 SG Altforweiler/Berus (Mannschaftsabmeldung 09.03.2008)
Viertelfinale:
20.03.08 4-3 SV Rot-Weiß Bardenbach - 1. FC Saarbrücken II 2:0 (1:0)
24.03.08 4-3 FC 08 Elm - FSV Viktoria Jägersburg 5:3 nE, 0:0 nV
23.04.08 4-4 DJK Niederlosheim - SV Dirmingen II 2:0 (0:0)
Freilos: 3 SG Parr Medelsheim (nach Abmeldung SG Altforweiler/Berus)
Halbfinale:
30.04.08 4-4 FC 08 Elm - DJK Niederlosheim 2:1 (1:0)
30.04.08 4-3 SV RW Bardenbach - SG Parr Medelsheim 3:2 nV (2:2, 2:1)
Finale:
22.05.08 4-4 FC 08 Elm - SV Rot-Weiß Bardenbach 2:3 (2:0)
Elm: Katrin Bernadin; Ronja Herrmann, Nina Pohl, Mona Geier, Michaela Scherer, Tamara Strauss, Katrin Theis, Sarah Thiel, Nina Contes, Marie Diehl (36. Tina Kelich), Tanja Kissel. Trainer: Markus Hoffmann
Bardenbach: Jasmin Hadasik; Manuela Hübschen (52. Ying Tang), Perrine Wachter, Anne Staudt, Carmen Dörr, Lisa Hero, Julia Kiefer, Julia Bauer (29. Ming Yin), Katrin Dingert, Angela Fuchs, Shan Na Deng Li (73. Stephanie Schmitt). Trainer: Thorsten Thome
Tore: 1:0 Tamara Strauss (16.), 2:0 Nina Contes (41.), 2:1 Angela Fuchs (53., Foulelfmeter), 2:2 Ming Yin (63.), 2:3 Julia Bauer (83.)
Zuschauer: 750 auf der Sportanlage in Saarlouis-Roden
Schiedsrichterin: Christina Fries (SV Borussia Spiesen) - Assistentinnen: Sabrina Jene, Rebekka Recktenwald (beide Neunkirchen)
Gelbe Karten: Michale Scherer, Sarah Thiel, Katrin Bernadin

Verbandspokal Hessen

Teilnehmer: Alle Mannschaften der 4. Liga (Oberliga) der Saison 2007/08 (nur DJK FSV Schwarzbach verzichtete), sowie die Sieger der Bezirkspokalrunden (und die Finalisten der Bezirke Kassel und Frankfurt a. M.), an denen die Kreispokalsieger 2007 teilnahmen. An den Kreispokalen nehmen die Mannschaften ab der 5. Liga (Landesliga) teil.
Bezirkspokal Kassel:
Viertelfinale:
18.08.07 5-5 SG Landau/Wolfhagen - TSG Kammerbach 3x0
18.08.07 6-6 TSV Ellenberg - SV Hundelshausen 3:6 (2:3)
25.08.07 6-4 TSV Obermelsungen - SG Anraff/Giflitz/Friedrichst. 0:3 (0:0)
Freilos: 5 SG Gilsa/Jesberg
Halbfinale
6-5 SV Hundelshausen - SG Landau/Wolfhagen 0x3
5-4 SG Gilsa/Jesberg - SG Anraff/Giflitz/Friedrichstein 3x0
Finale (in Jesberg):
19.09.07 5-5 SG Gilsa/Jesberg - SG Landau/Wolfhagen 3:4 nV (2:2, 0:0)
Beide Finalisten qualifizieren sich für den Verbandspokal.
Bezirkspokal Gießen/Marburg:
Viertelfinale:
12.09.07 6-6 SV Kickers Erdhausen - SV Ehringshausen 3x0
Freilose: 5 FC Großen-Buseck
6 TSV Caldern, SG Dietzhölztal
Halbfinale:
19.09.07 6-6 TSV Caldern - SG Dietzhölztal 1:5 (0:3)
19.09.07 6-5 Kick. Erdhausen - FC Großen-Buseck 2:3 iE, 6:6 nV (5:5, 4:1)
Finale (in Dietzhölztal):
31.10.07 6-5 SG Dietzhölztal - FC Großen-Buseck 0:5 (0:1)
Bezirkspokal Fulda:
Halbfinale:
19.09.07 6-5 FSG Lautertal - SG Rot-Weiß Rückers 1:2 (1:1)
19.09.07 5-5 ESV Hönebach - SG Schlüchtern 1:5 (1:1)
Finale (in Rückers):
03.10.07 5-5 SG Rot-Weiß Rückers - SG Schlüchtern 4:2 (1:1)
Bezirkspokal Frankfurt a. M.:
Viertelfinale:
25.08.07 6-6 SG Mönstadt - 1. FFV Offenbach 2:3 (1:3)
29.08.07 6-4 KSV Weckesheim - 1. FC Mittelbuchen 1:4 (0:2)
29.08.07 6-6 1. FC Rommelhausen - Eintracht Frankfurt 2:1 nV (1:1, 1:1)
Freilos: 7 BSC Spielberg
Halbfinale:
05.09.07 7-6 BSC Spielberg - 1. FFV Offenbach 0:6 (0:2)
19.09.07 6-4 1. FC Rommelhsn. - 1. FC Mittelbuchen 4:1 iE, 2:2 nV (1:1, 0:1)
Finale (in Limeshain-Rommelhausen):
03.10.06 6-6 1. FC Rommelhausen - 1. FFV Offenbach 6:0 (3:0)
Beide Finalisten qualifizieren sich für den Verbandspokal.
Bezirkspokal Darmstadt:
Viertelfinale:
10.10.07 6-5 TSV Höchst/Odw. - FFG Winterkasten/Reichenbach 0:4 (0:2)

10.10.07 6-6 TuS Griesheim - GSV Gundernhausen 13:0 (6:0)
Halbfinale:
17.10.07 5-5 FFG Winterkasten/Reichen. - SC Kickers Mörfelden 1:2 (1:1)
Freilos: 6 TuS Griesheim
Finale (in Nauheim):
27.10.07 6-5 TuS Griesheim - SC Kickers Mörfelden 1:0 (1:0)
Bezirkspokal Wiesbaden:
Halbfinale:
17.09.07 7-6 SV 09 Flörsheim - RSV Viktoria Dauborn 4:0 (2:0)
19.09.07 6-5 SV Heftrich - 1. FSV Schierstein 08 3x0
Finale (in Eschborn-Niederhöchstadt):
03.10.07 7-6 SV 09 Flörsheim - SV Heftrich 2:1 (0:0)
Verbandspokal:
Qualifikation:
16.02.08 7-4 SV 09 Flörsheim - SG Anraff/Giflitz/Friedrichstein 2:0 (1:0)
16.02.08 6-4 1. FFV Offenbach - RSV Roßdorf 0x3
01.05.08 5-4 SG Landau/Wolfhagen - VfR 07 Limburg 1:11 (1:5)
Achtelfinale:
20.02.08 5-4 FC Großen-Buseck - 1. FC Mittelbuchen 1:5 (0:2)
23.02.08 4-4 SG Ueberau - SV Gläserzell 0:2 (0:1)
11.03.08 5-4 SG Gilsa/Jesberg - RSV Roßdorf 0:7 (0:2)
19.03.08 6-4 TuS Griesheim - SC Opel 06 Rüsselsheim 1:3 (0:0)
30.03.08 5-4 SG Rot-Weiß Rückers - 1.FFC Frankfurt III 0:1 (0:1)
30.03.08 6-4 1. FC Rommelhausen - DFC Allendorf (Eder) 1:2 nV (1:1, 1:0)
30.03.08 7-4 SV 09 Flörsheim - TuS Bonbaden 0:2 (0:0)
14.05.08 4-4 RSV Germania 03 Pfungstadt - VfR 07 Limburg 3:4 iE, 0:0 nV
Viertelfinale:
10.05.08 4-4 1. FC Mittelbuchen - TuS Bonbaden 3x0
12.05.08 4-4 DFC Allendorf (Eder) - SC Opel 06 Rüsselsheim 2:0 (0:0)
12.05.08 4-4 SV Gläserzell - RSV Roßdorf 5:4 iE, 1:1 nV (1:1, 1:0)
21.05.08 4-4 1. FFC Frankfurt III - VfR 07 Limburg 1:4 iE, 1:1 nV (1:1, 0:1)
Halbfinale:
31.05.08 4-4 SV Gläserzell - 1. FC Mittelbuchen 6:5 iE, 2:2 nV (1:1, 0:0)
31.05.08 4-4 VfR 07 Limburg - DFC Allendorf (Eder) 3:1 (0:0)
Finale:
15.06.08 4-4 VfR 07 Limburg - SV Gläserzell 1:0 nV (0:0, 0:0)
Limburg: Ann-Kathrin Kremer; Jenny Schäfer, Jessica Otto, Mareike Scheid, Andrea Roos, Carolin Klement, Carolin Stilper (45. Sabine Hofmann), Nicole Brauer, Michelle Pless (80. Anna Scheib), Amnore Loshaj, Larissa Schmidt (91. Andrea Schuster). Trainergespann: Helmut Voss und Kerstin Schulz
Gläserzell: Sabrina Igel; Jasmin Glissner, Karina Wiegand, Vanessa Rustler, Juliane Lampa (108. Julia Sikora), Melanie Stiel, Michaela Bail (76. Marina Pforr), Jasmin Müller, Anja Waldmann, Denise Hillenbrand, Marylin Hermann (60. Eva-Maria Vollmar).Trainer: Willi George
Tor: 1:0 Sabine Hoffmann (104.)
Zuschauer: 170 in Amöneburg-Roßdorf (RSV Sportplatz)
Schiedsrichter: Steffen Rabe (TSV Asphe)

Verbandspokal Nordbaden

Teilnehmer: In der 1. Runde nur Landes- und Verbandsligisten. Ab 2. Runde nehmen auch die Regional- und Oberligisten teil.
1. Runde:
29.09.07 6-6 SG Rockenau - TSG 1899 Hoffenheim II 0:5
29.09.07 6-5 SG Untergimpern - FC Viktoria Neckarhausen 4:2 nV
29.09.07 5-5 FVS Sulzfeld - TSG 1899 Hoffenheim 0:4
29.09.07 5-5 ASV Hagsfeld II - SpVgg MA-Sandhofen 2:0
29.09.07 6-6 FC 07 Heidelsheim - MFC Phönix Mannheim 3:0
30.09.07 6-6 FV Fortuna Kirchfeld - VfB Wiesloch 6:0
30.09.07 6-5 SV Zeutern - FC Astoria Walldorf 4:2
03.10.07 5-5 SC Klinge Seckach - Karlsruher SC II 5:6 nE
Freilose: 5 1. SV Mörsch, TSG Heidelberg-Rohrbach, TSV Neckarau
6 TSV Eichtersheim, Post Südstadt Karlsruhe, FV Graben
2. Runde:
01.11.07 6-3 SG Untergimpern - Karlsruher SC 0:3
21.11.07 6-4 FV Fortuna Kirchfeld - DJK/FC Ziegelhausen-Peterstal 1:5
01.12.07 6-6 FC 07 Heidelsheim - TSG 1899 Hoffenheim II 0:6
01.12.07 6-5 TSV Eichtersheim - ASV Hagsfeld II 2:6
01.12.07 6-5 SV Zeutern - TSG HD-Rohrbach 4:2
01.12.07 6-5 FV Graben - 1. SV Mörsch 0:3
02.12.07 6-5 Post Südstadt Karlsruhe - Karlsruher SC II 1:2
02.12.07 5-5 TSG 1899 Hoffenheim - TSV Neckarau 6:0
Viertelfinale:
29.04.08 5-5 TSG 1899 Hoffenheim - 1. SV Mörsch 3:0 W
30.04.08 6-4 SV Zeutern - DJK/FC Ziegelhausen-Peterstal 0:4
01.05.08 6-5 TSG 1899 Hoffenheim II - Karlsruher SC II 6:0

01.05.08 5-3 ASV Hagsfeld II - Karlsruher SC 0:4
Halbfinale:
22.05.08 6-3 TSG 1899 Hoffenheim II - Karlsruher SC 4:3 nV
28.05.08 5-4 TSG 1899 Hoffenheim - DJK/FC Ziegelhausen-Peterstal 4:2
Finale:
15.06.08 5-6 TSG 1899 Hoffenheim - TSG 1899 Hoffenheim II 8:2
Hoffenheim: Aufstellung nicht bekannt. Trainer: Holger Obländer
Hoffenheim II: Aufstellung nicht bekannt. Trainer: Jürgen Köhler
Tore: 1:0 Christine Schneider, 2:0 Patricia Seitz, 3:0 Lisa Schön, 4:0 Lisa Schön, 5:0 Christine Schneider, 6:0 Sandra Henke, 7:0 Jana Gramlich (62.), 7:1 Madleen Kurek, 7:2 Carolin Rauth, 8:2 Carolin Heinzmann (75.)
Zuschauer: 100 im Waldpark-Stadion in Mühlhausen
Schiedsrichter: Giuseppe Tarulli (1. FC Dilsberg)

Verbandspokal Südbaden

Teilnehmer: Alle Mannschaften der Oberliga, Verbandsliga und der Landesliga der vorangegangenen Spielzeit 2006/07 sowie je Bezirk ein Vertreter, der sich 2006/07 als Sieger des Bezirkspokals der Bezirks- und Kreisliga-Mannschaften oder als Bezirksligameister qualifizierte. Jeder Verein kann nur mit einer Mannschaft teilnehmen.
Qualifikation:
29.08.07 7-6 SV Litzelstetten - SG FC/DJK Konstanz 5:1 (2:1)
02.09.07 6-6 SG Rheinfelden/Nollingen - Alem. Freibg.-Zähringen 0:1 (0:0)
02.09.07 7-6 FC Grüningen - FC Pfohren 3:1 (2:0)
02.09.07 7-6 VfR Bischweier - SG Oberkirch 0:5
7-6 SG Ottersdorf/Altschweier - SC Hofstetten 0x3 kpfl.
1. Runde:
01.09.07 5-4 SG Salem-Uhldingen - SC Sand II 1:4 (0:2)
02.09.07 7-4 SV Litzelstetten - SV Titisee 0:6
02.09.07 6-4 TSV Aach-Linz - SC Freiburg II 0:11 (0:4)
08.09.07 6-5 TuS Oberrotweil - Spfr. Neukirch 1:6 (1:3)
08.09.07 6-5 SG Oberkirch - Offenburger FV 2:5 (0:3)
09.09.08 7-6 SV Niederhof - FC Schwandorf-Worndorf 0:6 (0:1)
09.09.07 6-5 SV Worblingen - SG PSV Freiburg/Wolfenweiler 0:7 (0:1)
09.09.07 6-5 SG Vimbuch/Lichtenau - SG ESV Freibg./St.Georg. 1:5 (1:2)
09.09.07 6-5 SC Hofstetten - VfB Unzhurst 0:2 (0:0)
09.09.07 6-6 SG Dillendorf-Bonndorf - SV Eisenbach 3:0 (3:0)
09.09.07 7-5 FC Grüningen - FC Hausen i.W. 2:7 (1:3)
09.09.07 6-5 TSV Alem. Freiburg-Zähringen - SV Gottenheim 0:6 (0:2)
09.09.07 7-6 VfR Hausen a.d.M. - SG Kehl 1:2 (0:2)
09.09.07 7-5 SV Obereschach - FC 08 Tiengen 0:5 (0:2)
09.09.07 7-5 Spfr. Schliengen - SpVgg Buchenbach 0:4
28.09.07 6-3 FV Zell a.H. - Hegauer FV 0:9 (0:6)
2. Runde:
03.10.07 6-5 SG Kehl - FC Hausen i.W. 1:2 (1:1)
03.10.07 4-5 SC Sand II - SG PSV Freiburg/Wolfenweiler 4:2 (0:1)
03.10.07 5-5 SG ESV Freiburg/St. Georgen - FC 08 Tiengen 6:2 (3:1)
03.10.07 5-5 Spfr. Neukirch - SV Gottenheim 2:6 (0:3)
03.10.07 4-3 SV Titisee - Hegauer FV 3:4 nV (2:2, 1:0)
03.10.07 6-5 FC Schwandorf-Worndorf - SpVgg Buchenbach 2:3
03.10.07 6-4 SG Dillendorf/Bonndorf - SC Freiburg II 3:7 (2:3)
15.03.08 6-5 VfB Unzhurst - Offenburger FV 0:1 (0:0)
Viertelfinale:
22.03.08 5-4 SV Gottenheim - SC Freiburg II 0:6 (0:2)
24.03.08 3-5 Hegauer FV - Offenburger FV (OFV verzichtete) 3x0
24.03.08 5-5 FC Hausen i.W. - SpVgg Buchenbach 2:1
24.03.08 SG ESV Freiburg/St. Georgen - SC Sand II 2:1
Halbfinale:
01.05.08 5-4 FC Hausen i.W. - SC Freiburg II 2:3 (0:1)
01.05.08 5-3 SG ESV Freiburg/St. Georgen - Hegauer FV 0:4 (0:1)
Finale:
22.05.08 4-3 SC Freiburg II - Hegauer FV 0:1 (0:0)
Freiburg: Martina Nübling - Tamara Krause, Jana Linke, Bianca Willaredt, Natascha Vogel - Kathrin Rothaug, Katharina Strohm, Christine Kaltenbach, Jasmin Leonhardt (46. Mareike Mall) - Annik Richter (75. Mona Maurer), Julia Zirnstein (64. Magdalena Klein). Trainer: Udo Makamul
Hegau: Anna Preiser - Miriam Wachter, Michaela Sigg, Nathalie Riether, Luisa Radice (die restliche Aufstellung inkl. Ein- und Auswechslungen liegt nicht vor). Trainer: Gino Radice
Tor: 0:1 Luisa Radice (69.)
Zuschauer: ca. 350 auf dem Sportpatz des SV Dillendorf
Schiedsrichter: Tobias Döring (Brigachtal/FC Klengen) - Assistenten: Felix Gärtner, Mario Joppich

Verbandspokal Württemberg

Teilnehmer: Alle Mannschaften der Regional-, Ober-, Verbands- und Landesliga der laufenden Saison 2007/08 sowie die 16 Bezirkspokalsieger 2006/07; für Bezirkspokalsieger, die in die Landesliga aufgestiegen sind, rückt der unterlegene Endspielteilnehmer nach.
1. Runde:
Gruppe 1:
02.09.07 6-5 TSV Michelfeld - VfB Bad Mergentheim 1:4 (0:2)
02.09.07 7-6 TSV Bad Rietenau - TSV Güglingen 0:1 (0:0)
02.09.07 5-3 TSV Crailsheim II - FV Löchgau 1:3 (0:1)
02.09.07 7-6 FC Creglingen - 1. DFC Schwäbisch Hall 0:5 (0:2)
02.09.07 6-6 TSV Ilshofen - SpVgg Gröningen-Satteldorf 1:3 (1:3)
02.09.07 7-4 SpVgg Warmbronn - TSV Ludwigsburg 1:13 (0:5)
02.09.07 6-4 SpVgg Gammesfeld - SV Sülzbach 0:3 (0:1)
Freilos: 6 TSV Langenbeutingen
Gruppe 2:
02.09.07 6-5 TSV Münchingen - TSV Albeck 1:4 (0:3)
02.09.07 6-5 SV Eintracht Kirchheim II - TB Neckarhausen 2:0 (1:0)
02.09.07 8-7 FC Härtsfeld 03 - FC Blautal 2001 1:4 (1:1)
02.09.07 6-4 VfB Obertürkheim - FV Vorwärts Faurndau 2:3 (1:0)
02.09.07 7-6 SV Sülzbach II - TSVgg Plattenhardt 0:4 (0:4)
02.09.07 5-5 SV Jungingen - 1. FC Normannia Gmünd 3:1 nV (1:1, 1:0)
Freilose: 6 FV 09 Nürtingen
7 SV Eintracht Stuttgart
Gruppe 3:
01.09.07 7-6 FC Hardt - TV Derendingen 1:2 (1:0)
01.09.07 7-6 SSV Rübgarten - FC Erpfingen/Willmandingen 1:2 (0:1)
02.09.07 5-3 BFC Pfullingen - VfL Sindelfingen II 3:2 nV (2:2, 1:2)
02.09.07 8-6 SV Oberreichenbach - TSV Genkingen 5:2 (1:1)
02.09.07 6-6 SV Bärenthal - SC Neubulach 5:3 (4:3)
29.09.07 6-6 SV Eutingen - SV Gomadingen 2:0 (1:0)
Freilose: 4 SV Musbach
7 SV Eintracht Seekirch II
Gruppe 4:
02.09.07 7-6 TSV Stetten/Hechingen - SV Jungingen II 3x0 kpfl.
02.09.07 5-5 VfL Munderkingen - SC Unterzeil-Reichenhofen 7:0 (4:0)
02.09.07 8-4 SV Laupertshausen - SV Eintracht Seekirch 0:7 (0:5)
02.09.07 8-8 TB Neckarhausen II - SV Musbach II 0x3 kpfl.
02.09.07 6-5 FV Bad Schussenried - TSV Tettnang 0:4 (0:1)
02.09.07 4-6 SV Eintracht Kirchheim - TSV Geislingen 2:0 (2:0)
Freilose: 6 TSB Ravensburg
8 SV Immenried
2. Runde:
Gruppe 1:
03.10.07 6-4 TSV Langenbeutingen - TSV Ludwigsburg 2:9 (0:5)
03.10.07 6-6 1. DFC Schwäbisch Hall - TSV Güglingen 1:3 (0:1)
03.10.07 4-3 SV Sülzbach - FV Löchgau 1:7 (1:2)
03.10.07 6-5 Gröningen-Satteld. - Bad Mergenth. 6:7 nE, 2:2 nV (2:2, 0:0)
Gruppe 2:
03.10.07 5-4 SV Jungingen - FV Vorwärts Faurndau 2:6 (1:2)
03.10.07 6-5 TSVgg Plattenhardt - TSV Albeck 1:3 (0:3)
03.10.07 6-6 SV Eintracht Kirchheim II - FV 09 Nürtingen 2:9 (1:4)
01.11.07 7-7 FC Blautal 2001 - SV Eintracht Stuttgart 1:0 nV (0:0, 0:0)
Gruppe 3:
03.10.07 7-6 SV Eintracht Seekirch II - SV Eutingen 3:5 (2:2)
03.10.07 6-6 FC Erpfingen/Willmandingen - SV Bärenthal 0x3 kpfl.
03.10.07 6-5 TV Derendingen - BFC Pfullingen 0:7 (0:3)
03.10.07 8-4 SV Oberreichenbach - SV Musbach 1:4 (1:2)
Gruppe 4:
0310.07 8-4 SV Immenried - SV Eintracht Seekirch 0:7 (0:3)
0310.07 8-5 SV Musbach II - TSV Tettnang 1:8 (1:3)
0310.07 6-5 TSB Ravensburg - VfL Munderkingen 0:3 (0:3)
0310.07 7-4 TSV Stetten/Hechingen - SV Eintracht Kirchheim 2:4 (0:3)
Achtelfinale:
01.11.07 6-5 TSV Güglingen - VfB Bad Mergentheim 0:1 (0:0)
01.11.07 5-4 VfL Munderkingen - SV Eintracht Seekirch 2:3 nV (1:1, 1:1)
01.11.07 6-4 SV Bärenthal - FV Vorwärts Faurndau 2:4 (2:0)
01.11.07 5-4 BFC Pfullingen - TSV Ludwigsburg 7:1 (4:0)
01.11.07 5-4 TSV Tettnang - SV Musbach 1:2 (0:1)
01.11.07 6-3 SV Eutingen - FV Löchgau 2:6 (1:3)
16.03.08 6-4 FV 09 Nürtingen - SV Eintracht Kirchheim 1:3 (1:0)
19.03.08 7-5 FC Blautal 2001 - TSV Albeck (in Arnegg) 0:5 (0:3)
Viertelfinale:
22.03.08 5-4 BFC Pfullingen - FV Vorwärts Faurndau 0:3 (0:1)
24.03.08 4-4 SV Musbach - SV Eintr. Seekirch (Musbach verzichtete) 0x3

11.04.08 5-4 VfB Bad Mergentheim - SV Eintracht Kirchheim 1:3 (0:2)
01.05.08 5-3 TSV Albeck - FV Löchgau 1:3 (1:0)
Halbfinale:
22.05.08 4-4 SV Eintracht Seekirch - SV Eintracht Kirchheim 5:1 (3:1)
22.05.08 4-3 FV Vorwärts Faurndau - FV Löchgau 0:6 (0:4)
Finale:
01.06.08 4-3 SV Eintracht Seekirch - FV Löchgau 0:2 (0:1)
Seekirch: Silvia Bäuerle - Lisa Pfänder, Beate Grimm (65. Petra Reiter), Janina Hiller, Viola Schleker - Konstanze Kohnle, Regina Lang, Nicole Scherer, Laura Marquart (71. Petra Wohnhas) - Andrea Reiser, Chantal Bachteler (57. Barbara Riegger). Trainer: Andreas Kalle
Löchgau: Anke Langwisch - Stefanie Schuster, Lena Kühnle, Michaela Schuster - Marina Klooz, Jasmin Diesch, Nicole Friedrich, Melanie Schönwälder (56. Anna Hartwig, Julia Schroff (65. Tammy Streicher) - Alexa Gantner, Jasmin Klotz (88. Lisa Gayer). Spielertrainerin: Stefanie Schuster
Tore: 0:1 Jasmin Klotz (39.), 0:2 Jasmin Klotz (87.)
Zuschauer: 300 auf dem Sportplatz "Im Kreutzried" in Seekirch
Schiedsrichterin: Hildegard Berger (SV Burgrieden) - Assistentinnen: Sabrina Löffler (Haigerloch) und Pamela Renz (Jettingen)
Gelbe Karten: Hiller, Riegger
Anmerkung: Der FV Löchgau qualifizierte sich bereits als Aufsteiger in die 2. Bundesliga für den DFB-Pokal; entgegen den bisherigen Regelungen nimmt zusätzlich der SV Eintracht Seekirch teil.

Verbandspokal Bayern

Teilnehmer: Für den Verbandspokal sind die Mannschaften der RL Süd (SV 67 Weinberg und TSV Schwaben Augsburg - FC Bayern München II ist nicht startberechtigt) gesetzt. Dazu qualifizieren sich noch die sieben Bezirkspokalsieger.
Bezirkspokal Oberbayern:
Viertelfinale:
22.03.08 6-7 FC Stern München - FC Puchheim 9:8 nE
02.04.08 6-5 FC Ingolstadt 04 - FC Forstern 1:2
22.03.08 8-7 SV Vogtareuth - TSV Gilching/Argelsried 0:x
22.03.08 6-7 SC Vierkirchen - SC Amicitia München 5:3
Halbfinale:
13.04.08 7-6 TSV Gilching/Argelsried - FC Stern München 2:4
13.04.08 6-5 SC Vierkirchen - FC Forstern 0:x
Finale (beim ASV Glonn):
01.05.08 6-5 FC Stern München - FC Forstern 0:1
Bezirkspokal Niederbayern:
Viertelfinale:
19.08.07 6-6 VfB Straubing – DJK-SV Bad Höhenstadt 9:8 nE
19.08.07 7-6 TSV Siegenburg – DJK Eintracht Oberkümmering 2:6
19.08.07 7-6 SV Kirchberg i. W. – SV Thenried 7:5 nE
19.08.07 6-5 SV Perkam – TSV Frontenhausen 1:6
Halbfinale:
03.10.07 6-6 VfB Straubing - DJK Eintracht Oberkümmering 1:0
03.10.07 7-5 SV Kirchberg i. W. - TSV Frontenhausen 2:4
Finale (in Mengkofen):
01.05.08 6-5 VfB Straubing - TSV Frontenhausen 2:4 iE, 1:1
Bezirkspokal Schwaben:
Viertelfinale:
08.04.08 8-4 FC Silheim - FC Memmingen 07 0:4
09.04.08 5-4 SV 29 Kempten - TSV Pfersee Augsburg 0:5
22.03.08 6-6 VfL Kaufering - SpVgg Riedlingen 2:1
Freilos: 6 SSV Alsmoos-Petersdorf
Halbfinale:
15.04.08 6-4 VfL Kaufering - FC Memmingen 07 1:3
23.04.08 6-4 SSV Alsmoos-Petersdorf - TSV Pfersee Augsburg 0:6
Finale:
07.05.08 4-4 TSV Pfersee Augsburg - FC Memmingen 07 4:2 iE, 0:0
Bezirkspokal Oberpfalz:
Viertelfinale:
24.11.07 7-6 VfB Mantel 1926 - TV Barbing 3:2
24.03.08 8-7 FC Viehhausen - SSV Schorndorf 1:2
09.04.08 8-5 TV 1880 Nabburg - SpVgg Willenhofen-Herrnried 2:0
22.03.08 7-5 TSV Deuerling - SC Regensburg 1928 II 0:8
Halbfinale:
12.04.08 7-7 SSV Schorndorf - VfB Mantel 1926 3:2
23.04.08 5-8 SC Regensburg 1928 II - TV 1880 Nabburg 3:0
Finale (in Nabburg):
01.05.08 7-5 SSV Schorndorf - SC Regensburg 1928 II 0:2
Bezirkspokal Oberfranken:
Viertelfinale:
15.03.08 6-6 1. FC Michelau - FC Eintracht Münchberg 7:2

22.03.08 8-4 1. FC Gefrees - RSV Windthorst Drosendorf 0:x
22.03.08 6-4 ASV Oberpreuschwitz - SpVgg Eicha 1:4
22.03.08 6-5 FK 1906-Südring Selb - FSV Unterkotzau 0:x
Halbfinale:
08.04.08 6-4 1. FC Michelau - SpVgg Eicha 1:5
20.04.08 5-4 FSV Unterkotzau - RSV Windthorst Drosendorf 1:3
Finale (beim TSV 08 Kulmbach):
01.05.08 4-4 RSV Windthorst Drosendorf - SpVgg Eicha 3:4 iE, 0:0
Bezirkspokal Mittelfranken:
Viertelfinale:
02.04.08 7-7 TSV Eysölden - STV Deutenbach 0:1
09.04.08 4-4 SpVgg Hausen - Post SV Nürnberg 1:4
02.04.08 6-5 SV Leerstetten - 1. FC Nürnberg 0:8
02.04.08 7-5 SV Pölling - DSC Weißenburg 4:1
Halbfinale:
16.04.08 7-5 STV Deutenbach - 1. FC Nürnberg 1:5
16.04.08 7-4 SV Pölling - Post SV Nürnberg 2:6
Finale (beim TSV Falkenheim Nürnberg):
01.05.08 5-4 1. FC Nürnberg - Post SV Nürnberg 2:1
Bezirkspokal Unterfranken:
Viertelfinale:
24.11.07 5-5 TSV Prosselsheim - 1. FC Schweinfurt 05 6:4 nE
25.11.07 7-6 FC Gollhofen - TSV Röllbach 1:2
15.03.08 6-5 DJK Würzburg - FC Karsbach 1:12
22.03.08 6-5 SV Langendorf - TSV Frickenhausen 0:4
Halbfinale:
24.04.08 6-5 TSV Röllbach - FC Karsbach 2:3
12.04.08 5-5 TSV Prosselsheim - TSV Frickenhausen 0:4
Finale:
22.05.08 5-5 FC Karsbach - TSV Frickenhausen 3:0
Verbandspokal:
Qualifikation:
22.05.08 5-5 1. FC Nürnberg - SC Regensburg 1928 II 3:2
Viertelfinale:
15.06.08 5-4 1. FC Nürnberg - SpVgg Eicha 3:0
15.06.08 5-5 TSV Frontenhausen - FC Karsbach 1:3
15.06.08 5-3 FC Forstern - SV 67 Weinberg 0:7
15.06.08 4-3 TSV Pfersee Augsburg - TSV Schwaben Augsburg 0:2
Endrunde auf dem Platz des VfR Jettingen/Scheppach (Schwaben):
Halbfinale:
22.06.08 5-3 1. FC Nürnberg - SV 67 Weinberg 2:1
22.06.08 3-5 TSV Schwaben Augsburg - FC Karsbach 4:0 (1:0)
Spiel um Platz 3:
22.06.08 3-5 SV 67 Weinberg – FC Karsbach 9:1
Finale:
22.06.08 5-3 1. FC Nürnberg – TSV Schwaben Augsburg 0:2 (0:0)
Tore: 0:1 Denise Perfetto (44.), 0:2 Iris Maisterl (48.)

Abkürzungsverzeichnis

Folgende Kürzel stehen für die Landesverbände:

SH	Schleswig-Holstein	NIR	Niederrhein
HH	Hamburg	MIR	Mittelrhein
NS	Niedersachsen	SW	Südwest
HB	Bremen	RHL	Rheinland
MV	Mecklenburg-Vorpommern	SAR	Saarland
SA	Sachsen-Anhalt	HES	Hessen
SAX	Sachsen	NBD	Nordbaden
TH	Thüringen	SBD	Südbaden
B	Berlin	WBG	Württemberg
BRB	Brandenburg	BY	Bayern
WEF	Westfalen		

Folgende Kürzel bezeichnen eine Liga:

BL	Bundesliga	BzOL	Bezirksoberliga
RL	Regionalliga	BzL	Bezirksliga
OL	Oberliga	BzK	Bezirksklasse
VL	Verbandsliga	KOL	Kreisoberliga
LL	Landesliga	KL	Kreisliga
VS	Verbandsstaffel	KK	Kreisklasse
LK	Landesklasse	FzL	Freizeitliga
LsK	Leistungsklasse		

A-Junioren

Die Pyramide

Um Ihnen einen kurzen Überblick über die Ligen auf den folgenden Seiten zu geben, ist hier die Pyramide des A-Junioren-Fußballs dargestellt (bis einschließlich 4. Liga). Bis zur 2. Liga finden Sie auf den folgenden Seiten alle Ergebnisse und Tabellen.

Level	Liga																		Staffeln
0	Meisterschaft																		
1	△1 Bundesliga Nord/Nordost ▽3						△1 Bundesliga West ▽3				△2 Bundesliga Süd/Südwest ▽3								3
2	△1 Regionalliga Nordost ▽3				△2 Regionalliga Nord ▽4			△1 VL WEF ▽2	△1 VL NIR ▽5	△1 VL MIR ▽6	△1 Regionalliga Südwest ▽3		△1 OL HES ▽3	△1 OL Baden-Württemberg ▽3		△1 VL BY N S ▽5 ▽3				10
3	LL MV	LL BRB	VL B	VL SA	LL TH	LL SAX	VL SH	VL HH	VL NS	VL HB	2	14	2	VL RHL	VL SW	VL* SAR	6	VL NBD	VL SBD	2 VS WBG	7	48
4	3	4	2	4	3	3	4	1	4	1	4	28	10	3	4	2*	33*	3	2	16*	26	160

* Ohne die zu Saisonbeginn vorgeschalteten Qualifikationsgruppen (oft nur Einfach-Runden).

A-Junioren-Meisterschaft

Halbfinale, Hinspiele:
11.06.2008 S1-N VfB Stuttgart – VfL Wolfsburg 1:2 (1:1)
11.06.2008 S2-W SC Freiburg – 1. FC Köln 3:1 (2:1)
Halbfinale, Rückspiele:
15.06.2008 N-S1 VfL Wolfsburg – VfB Stuttgart 2:2 (1:1)
15.06.2008 W-S2 1. FC Köln – SC Freiburg 2:2 (1:1)
Finale in Wolfsburg:
23.06.2008 N-S2 VfL Wolfsburg – SC Freiburg 0:2 (0:1)

VfB Stuttgart – VfL Wolfsburg **1:2 (1:1)**
Stuttgart: Frank Lehmann – Patrick Funk, Sebastian Enderle, Ermin Bicakcic, Benjamin Maas – Manuel Grampes, Shaban Ismaili (83. Bence Varga), Mario Hohn (50. Tobias Rühle), Daniel Didavi – Julian Schieber, Boris Vukcevic (75. Sven Schimmel). Trainer: Hans-Martin Kleitsch
Wolfsburg: René Melzer – Michael Schulze, Julian Klamt, Jan-Christian Meier, Steven Flettner (53. Mario Petry) – Kevin Kahlert (89. Maximilian Ahlschwede), Michael Lumpe (46. Marcel Weiss), Sefa Yilmaz, Kevin Kluk – Sebastian Polter, Milos Djordjevic (46. Pierre Lasogga). Trainer: Christian Benbennek
Tore: 0:1 Meier (2., Foulelfmeter), 1:1 Maas (26., Foulelfmeter), 1:2 Petry (89.)
Zuschauer: 800
Schiedsrichter: Michael Kempter (VfR Sauldorf, SBD)
Gelbe Karten: Grambes, Schieber – Schulze, Dordevic, Polter, Lasogga

SC Freiburg – 1. FC Köln **3:1 (2:1)**
Freiburg: Oliver Baumann – Dennis Klossek, Daniel Williams, Nico Schlieter – Nikolas Höfler, Ömer Toprak, Gabriel Gallus, Squipon Bektasi, Gilles Bettmer – David Targamadze, Rahman Soyudogru. Trainer: Christian Streich
Köln: Daniel Schwabke – Andreas Dick, Robert Wilschrey (76. Thiemo-Jerome Kialka), Dennis Schulte, Bastian Wernscheid – Adam Matuschyk, Mahmud Temur, Taner Yalcin (46. Serdar Kesimal) – Dominik Schwertel (79. Dennis Gülpen), Daniel Somuah (62. Michael Gardawski), José Pierre Vunguidica. Trainer: Manfred Schadt
Tore: 1:0 Soyudogru (16.), 2:0 Soyudogru (28.), 2:1 Schwertel (33.), 3:1 Soyudogru (84.)
Zuschauer: 1.800
Schiedsrichter: Wolfgang Stark (DJK Altdorf, BY)

VfL Wolfsburg – VfB Stuttgart **2:2 (1:1)**
Wolfsburg: René Melzer – Michael Schulze, Julian Klamt, Jan-Christian Meier, Süleyman Celikyurt (23. Marcel Weiss) – Kevin Kahlert, Sefa Yilmaz (76. Oliver Kragl), Pierre Lasogga (54. Mario Petry), Kevin Kluk – Sebastian Polter, Milos Djordjevic (80. Maximilian Ahlschwede). Trainer: Christian Benbennek
Stuttgart: Frank Lehmann – Patrick Funk, Sebastian Enderle (74. Sven Schimmel), Ermin Bicakcic, Benjamin Maas – Manuel Grampes, Shaban Ismaili, Tobias Rühle (85. Athanasios Tsourakis), Daniel Didavi – Julian Schieber (74. Bence Varga), Boris Vukcevic. Trainer: Hans-Martin Kleitsch
Tore: 1:0 Polter (8.), 1:1 Vukcevic (41.), 2:1 Meier (78., FE), 2:2 Tsourakis (90.)
Zuschauer: 600 im VfL-Stadion
Schiedsrichter: Thorsten Kinhöfer (SC Constantin Herne-Mark, WEF)
Gelbe Karten: Schulze, Kahlert, Dordevic, Polter - Bicakcic

1. FC Köln – SC Freiburg **2:2 (1:1)**
Köln: Daniel Schwabke – Robert Wilschrey, Serdar Kesimal, Andreas Dick, Dennis Schulte (46. Taner Yalcin) – Adam Matuschyk, Mahmud Temur, Stephan Salger – Michael Gardawski (80. Dino Bisanovic), José Pierre Vunguidica (65. Daniel Somuah), Dominik Schwertel. Trainer: Manfred Schadt
Freiburg: Oliver Baumann – Dennis Klossek, Nico Schlieter, Ömer Toprak, Eke Uzoma – Daniel Williams, Nikolas Höfler – David Targamadze (75. Levent Üner), Gabriel Gallus – Rahman Soyudogru, Squipon Bektasi (82. Oliver Sorg). Trainer: Christian Streich
Tore: 1:0 Temur (9.), 1:1 Schlieter (41.), 1:2 Targamadze (55.), 2:2 Yalcin (78.)
Zuschauer: 2.500 im Franz-Kremer-Stadion
Schiedsrichter: Michael Weiner (TSV Ottenstein, NS)

VfL Wolfsburg – SC Freiburg **0:2 (0:1)**
Wolfsburg: René Melzer – Michael Schulze, Julian Klamt, Jan-Christian Meier (83. Maximilian Ahlschwede), Marcel Weiss – Kevin Kahlert – Pierre Lasogga (46. Michael Lumpe), Kevin Kluk, Milos Djordjevic (46. Mario Petry), Sefa Yilmaz (68. Süleyman Celikyurt) – Sebastian Polter. Trainer: Christian Benbennek
Freiburg: Oliver Baumann – Dennis Klossek, Nico Schlieter, Ömer Toprak, Gilles Bettmer – Nikolas Höfler, Daniel Williams – David Targamadze (79. Levent Üner), Gabriel Gallus (75. Daniel Brud), Squipon Bektasi (82. Oliver Sorg) – Rahman Soyudogru (90. Adrian Vollmer). Trainer: Christian Streich
Tore: 0:1 Soyudogru (22.), 0:2 Bektasi (59.)
Zuschauer: 4.500 in der Volkswagen Arena
Schiedsrichter: Günter Perl (MSV München, BY) - Assistenten: Josef Maier (FC Aschheim, BY), Marco Achmüller (SV Würding, BY) - Vierter Offizieller: Stefan Brauer (SV Blau-Weiß Neuhof, NS)
Gelbe Karten: keine

A-Junioren: Bundesliga Nord/Nordost

Pl. (Vj.) Mannschaft		Sp	S	U	N	Tore	TD	Pkt	Sp	S	U	N	Tore	Pkt	Sp	S	U	N	Tore	Pkt
1. (2.) VfL Wolfsburg		26	15	8	3	57-25	+32	53	13	6	5	2	24-12	23	13	9	3	1	33-13	30
2. (1.) SV Werder Bremen		26	16	4	6	67-32	+35	52	13	8	2	3	34-17	26	13	8	2	3	33-15	26
3. (5.) FC Hansa Rostock		26	15	4	7	55-34	+21	49	13	9	2	2	31-13	29	13	6	2	5	24-21	20
4. (8.) FC Energie Cottbus		26	13	5	8	42-28	+14	44	13	7	1	5	22-16	22	13	6	4	3	20-12	22
5. (3.) Hertha BSC Berlin		26	12	7	7	48-42	+6	43	13	8	4	1	30-21	28	13	4	3	6	18-21	15
6. (↑) FC Carl Zeiss Jena		26	11	7	8	37-39	−2	40	13	6	5	2	18-16	23	13	5	2	6	19-23	17
7. (6.) Hannover 96		26	11	5	10	47-42	+5	38	13	6	3	4	24-16	21	13	5	2	6	23-26	17
8. (4.) Hamburger SV		26	8	10	8	38-34	+4	34	13	6	6	1	24-11	24	13	2	4	7	14-23	10
9. (10.) FC Rot-Weiß Erfurt		26	9	6	11	39-42	−3	33	13	5	1	7	22-23	16	13	4	5	4	17-19	17
10. (↑) Eintracht Braunschweig		26	8	8	10	31-45	−14	32	13	6	4	3	21-15	22	13	2	4	7	10-30	10
11. (9.) Chemnitzer FC		26	8	3	15	38-51	−13	27	13	4	1	8	16-26	13	13	4	2	7	22-25	14
12. (7.) FC Sachsen Leipzig	↓	26	7	6	13	27-50	−23	27	13	5	3	5	18-22	18	13	2	3	8	9-28	9
13. (11.) Tennis Borussia Berlin	↓	26	6	2	18	32-60	−28	20	13	4	1	8	21-30	13	13	2	1	10	11-30	7
14. (↑) 1. FC Magdeburg	↓	26	3	5	18	21-55	−34	14	13	2	2	9	10-26	8	13	1	3	9	11-29	6

Teilnehmer an Deutscher Meisterschaft: VfL Wolfsburg
Absteiger in die Regionalligen: 1. FC Magdeburg, Tennis Borussia Berlin und FC Sachsen Leipzig (Nordost).
Aufsteiger aus den Regionalligen: VfL Osnabrück, FC St. Pauli (Nord) und 1. FC Union Berlin (Nordost).
Informationen zu den Aufstiegsspielen zur A-Junioren-Bundesliga Nord/Nordost finden Sie auf Seite 345.

A-Jun. BL Nord/NO 2007/08	VfL Wolfsburg	Werder Bremen	Hansa Rostock	Energie Cottbus	Hertha BSC	Carl Zeiss Jena	Hannover 96	Hamburger SV	RW Erfurt	Braunschweig	Chemnitzer FC	Sachsen Leipzig	TeBe Berlin	Magdeburg
VfL Wolfsburg	X	1:1	2:3	0:0	0:4	1:0	6:0	1:0	2:0	1:1	2:2	1:1	3:0	4:0
SV Werder Bremen	1:2	X	3:1	0:3	2:2	1:4	4:1	1:1	3:2	6:0	2:1	4:0	3:0	4:0
FC Hansa Rostock	2:1	0:4	X	2:2	2:1	0:1	3:0	4:1	1:1	4:0	4:1	3:0	5:1	1:0
FC Energie Cottbus	3:4	2:4	2:0	X	2:0	2:0	2:1	0:0	0:2	1:0	1:3	0:2	3:0	4:0
Hertha BSC Berlin	0:6	3:1	3:0	2:1	X	2:1	1:1	2:1	5:3	4:1	3:3	0:0	3:1	2:2
FC Carl Zeiss Jena	1:1	2:2	1:1	2:0	1:0	X	0:6	0:2	0:0	5:1	1:0	2:2	1:0	2:1
Hannover 96	0:2	1:0	2:3	0:1	4:1	3:0	X	2:1	1:1	1:1	0:3	6:1	3:1	1:1
Hamburger SV	1:1	1:2	0:0	1:1	2:0	2:2	0:0	X	4:1	0:0	2:1	6:1	3:1	2:1
FC Rot-Weiß Erfurt	1:5	2:3	3:1	0:1	1:1	1:2	3:5	4:0	X	4:0	0:3	1:0	1:2	1:0
Etr. Braunschweig	0:3	0:3	4:1	3:1	2:1	3:0	4:1	1:1	0:0	X	2:1	0:1	1:1	1:1
Chemnitzer FC	2:3	0:5	0:2	1:1	2:3	2:3	0:2	1:1	1:3	1:2	X	1:0	2:1	2:0
FC Sachsen Leipzig	1:1	0:1	0:5	1:3	1:2	3:2	2:1	2:0	0:0	2:2	X	1:3	3:1	
Tennis Borussia	1:2	3:1	0:5	0:4	1:2	2:2	1:3	2:4	0:1	1:0	6:2	2:0	X	2:4
1. FC Magdeburg	0:2	0:6	1:2	0:2	1:1	1:2	0:2	2:2	2:3	0:2	0:1	2:1	1:0	X

A-Jun. BL West 2007/08	1. FC Köln	FC Schalke 04	Bay. Leverkusen	Bor. Dortmund	VfL Bochum	Arm. Bielefeld	RW Essen	M'gladbach	MSV Duisburg	Alem. Aachen	RW Ahlen	Fort. Düsseldorf	Pr. Münster	VfL Leverkusen
1. FC Köln	X	0:3	0:1	4:1	5:0	4:0	1:0	1:0	4:1	3:1	7:2	4:3	8:0	
FC Schalke 04	1:1	X	1:1	0:1	4:2	3:1	3:3	2:1	6:0	3:0	4:0	2:0	3:1	8:2
Bayer Leverkusen	6:2	2:1	X	1:2	4:1	2:1	1:1	3:0	0:0	3:2	4:0	5:1	2:0	5:1
Borussia Dortmund	2:4	1:4	3:1	X	3:0	3:5	1:2	1:1	3:1	2:0	2:2	4:0	4:0	10:0
VfL Bochum	1:3	2:2	0:1	2:2	X	3:2	1:1	4:1	3:5	1:1	3:0	4:0	3:1	5:2
Arminia Bielefeld	1:2	1:1	0:2	1:2	0:3	X	0:0	0:0	4:1	1:0	4:5	1:1	7:0	2:1
Rot-Weiss Essen	1:5	1:3	0:3	3:2	2:0	2:5	X	2:2	0:2	3:3	2:2	3:1	1:2	5:1
Mönchengladbach	0:3	0:1	2:1	1:2	0:0	0:0	1:1	X	0:0	4:1	0:2	3:0	4:3	3:0
MSV Duisburg	0:2	0:4	1:4	1:1	3:0	5:0	0:3	1:0	X	0:4	2:2	2:1	3:1	0:1
Alemannia Aachen	0:1	0:3	3:0	0:4	3:5	1:4	1:1	3:3	1:3	X	6:1	1:4	4:0	5:0
Rot-Weiss Ahlen	2:3	0:1	0:3	0:3	0:4	2:1	1:2	0:4	3:0	2:2	X	1:0	3:0	0:2
Fortuna Düsseldorf	2:2	0:7	1:3	1:8	1:3	1:1	2:3	0:3	1:2	0:2	2:2	X	2:2	2:1
Preußen Münster	0:2	2:6	0:4	1:3	0:4	1:2	1:2	0:4	1:1	0:0	1:0	1:1	X	3:0
VfL Leverkusen	0:5	0:2	1:8	2:6	1:5	2:4	0:3	0:4	0:4	0:6	1:0	0:3	0:2	X

A-Junioren: Bundesliga West

Pl. (Vj.) Mannschaft		Sp	S	U	N	Tore	TD	Pkt	Sp	S	U	N	Tore	Pkt	Sp	S	U	N	Tore	Pkt
1. (5.) 1. FC Köln		26	21	2	3	77-28	+49	65	13	11	0	2	42-12	33	13	10	2	1	35-16	32
2. (2.) FC Schalke 04		26	19	5	2	78-22	+56	62	13	9	3	1	40-13	30	13	10	2	1	38-9	32
3. (1.) Bayer 04 Leverkusen		26	18	3	5	69-25	+44	57	13	9	2	2	37-13	29	13	9	1	3	32-12	28
4. (3.) Borussia Dortmund		26	16	4	6	76-37	+39	52	13	7	2	4	39-20	23	13	9	2	2	37-17	29
5. (11.) VfL Bochum		26	13	5	8	62-45	+17	44	13	6	4	3	32-21	22	13	7	1	5	30-24	22
6. (4.) DSC Arminia Bielefeld		26	10	6	10	49-46	+3	36	13	4	4	5	22-18	16	13	6	2	5	27-28	20
7. (10.) Rot-Weiss Essen		26	9	9	8	46-46	0	36	13	3	3	7	24-33	12	13	6	6	1	22-13	24
8. (7.) Borussia Mönchengladbach		26	9	8	9	41-31	+10	35	13	5	4	4	18-14	19	13	4	4	5	23-17	16
9. (6.) MSV Duisburg		26	9	5	12	35-49	−14	32	13	4	2	7	16-26	14	13	5	3	5	19-23	18
10. (8.) TSV Alemannia Aachen		26	7	6	13	50-52	−2	27	13	4	2	7	28-29	14	13	3	4	6	22-23	13
11. (9.) Rot-Weiss Ahlen		26	6	5	15	31-59	−28	23	13	4	1	8	14-25	13	13	2	4	7	17-34	10
12. (↑) Fortuna Düsseldorf	↓	26	4	6	16	31-72	−41	18	13	1	4	8	15-39	7	13	3	2	8	16-33	11
13. (↑) SC Preußen 06 Münster	↓	26	4	4	18	26-69	−43	16	13	2	3	8	11-29	9	13	2	1	10	15-40	7
14. (↑) VfL Leverkusen	↓	26	3	0	23	18-108	−90	9	13	1	0	12	7-52	3	13	2	0	11	11-56	6

Teilnehmer an Deutscher Meisterschaft: 1. FC Köln.
Absteiger in die Verbandsligen: VfL Leverkusen (Mittelrhein), SC Preußen 06 Münster (Westfalen) und Fortuna Düsseldorf (Niederrhein).
Aufsteiger aus den Verbandsligen: SG Wattenscheid 09 (Westfalen), Wuppertaler SV Borussia (Niederrhein) und SV Bergisch Gladbach 09 (Mittelrhein).

A-Junioren: Bundesliga Süd/Südwest

Pl. (Vj.) Mannschaft		Gesamtbilanz						Heimbilanz					Auswärtsbilanz				
		Sp	S	U	N	Tore	TD	Pkt	Sp	S	U	N	Tore	Pkt	Sp	S	U	N	Tore	Pkt
1. (4.) VfB Stuttgart		26	19	5	2	71-28	+43	62	13	10	2	1	39-10	32	13	9	3	1	32-18	30
2. (5.) SC Freiburg		26	17	5	4	55-32	+23	56	13	9	3	1	33-16	30	13	8	2	3	22-16	26
3. (1.) FC Bayern München		26	17	4	5	79-30	+49	55	13	8	2	3	44-15	26	13	9	2	2	35-15	29
4. (↑) Eintracht Frankfurt		26	12	6	8	48-35	+13	42	13	7	2	4	26-17	23	13	5	4	4	22-18	19
5. (3.) 1. FSV Mainz 05		26	11	8	7	43-27	+16	41	13	5	4	4	23-13	19	13	6	4	3	20-14	22
6. (9.) Karlsruher SC		26	11	7	8	36-30	+6	40	13	5	4	4	18-15	19	13	6	3	4	18-15	21
7. (2.) 1. FC Kaiserslautern		26	10	9	7	52-44	+8	39	13	6	5	2	27-15	23	13	4	4	5	25-29	16
8. (7.) TSV München 1860		26	9	8	9	40-33	+7	35	13	4	6	3	20-14	18	13	5	2	6	20-19	17
9. (10.) TSG 1899 Hoffenheim		26	8	9	9	41-51	-10	33	13	4	4	5	22-25	16	13	4	5	4	19-26	17
10. (6.) SpVgg Greuther Fürth		26	9	4	13	32-38	-6	31	13	5	2	6	18-17	17	13	4	2	7	14-21	14
11. (↑) SSV Jahn 2000 Regensburg		26	7	2	17	29-61	-32	23	13	6	0	7	17-24	18	13	1	2	10	12-37	5
12. (11.) SV Stuttgarter Kickers	↓	26	5	4	17	24-52	-28	19	13	4	1	8	12-26	13	13	1	3	9	12-26	6
13. (↑) Offenburger FV	↓	26	6	1	19	27-66	-39	19	13	4	1	8	15-30	13	13	2	0	11	12-36	6
14. (8.) SV Wacker Burghausen	↓	26	3	4	19	19-69	-50	13	13	1	2	10	9-36	5	13	2	2	9	10-33	8

A-Junioren: BL Süd/Südwest 2007/08

	VfB Stuttgart	SC Freiburg	Bay. München	Etr. Frankfurt	Mainz 05	Karlsruher SC	Kaiserslautern	München 1860	Hoffenheim	Greuther Fürth	Regensburg	Stuttg. Kickers	Offenburg	Burghausen
VfB Stuttgart	×	5:0	2:1	1:1	1:1	1:3	7:1	3:1	3:0	2:0	5:0	2:0	4:1	3:1
SC Freiburg	3:3	×	2:5	3:2	3:1	4:0	2:1	2:1	1:1	4:0	2:0	1:1	3:1	3:0
FC Bayern München	1:2	2:2	×	1:1	3:1	1:2	9:1	1:3	5:1	3:0	4:0	4:1	4:1	6:0
Eintracht Frankfurt	4:1	1:3	0:1	×	1:2	2:0	1:1	1:0	2:2	0:4	7:1	2:0	3:2	2:0
1. FSV Mainz 05	1:3	1:2	2:2	0:1	×	0:0	2:0	1:1	0:1	3:0	3:3	3:0	4:0	3:0
Karlsruher SC	1:3	0:0	0:1	1:1	1:1	×	0:0	0:1	1:3	4:1	2:1	3:2	2:0	3:1
1. FC Kaiserslautern	2:2	3:2	3:2	3:0	1:1	1:1	×	1:2	2:0	1:1	3:0	2:2	1:2	4:0
TSV München 1860	1:1	0:1	1:3	1:0	1:1	2:2	0:0	×	7:2	0:0	1:1	0:2	3:1	3:0
TSG 1899 Hoffenheim	0:2	0:1	2:2	1:1	0:1	0:3	1:1	5:4	×	0:3	4:2	3:1	4:2	2:2
SpVgg Greuther Fürth	2:3	1:2	1:2	2:3	1:2	2:1	2:3	1:0	0:0	×	1:0	2:1	3:0	0:0
SSV Jahn 2000 Regensburg	1:2	2:1	0:4	1:3	2:0	0:2	1:3	1:0	2:4	1:0	×	2:1	4:1	0:3
Stuttgarter Kickers	0:2	1:3	0:4	3:2	0:3	1:0	2:1	1:1	0:2	1:3	1:3	×	1:0	1:2
Offenburger FV	0:3	0:3	1:2	1:5	0:1	1:2	2:9	0:1	1:1	2:1	3:1	1:0	×	3:1
SV Wacker Burghausen	2:5	0:2	1:6	0:2	0:5	0:2	0:4	2:5	2:2	0:1	1:0	1:1	0:1	×

Teilnehmer an der Deutschen Meisterschaft:
VfB Stuttgart und SC Freiburg.

Absteiger in die RL/OL/VL:
SV Wacker Burghausen (Bayernliga), Offenburger FV und SV Stuttgarter Kickers (OL Baden-Württemberg).

Aufsteiger aus den RL/OL/VL:
Offenbacher FC Kickers (OL Hessen), FC 08 Villingen (OL Baden-Württemberg), SpVgg Unterhaching (Verbandsliga Bayern Süd).

Informationen zu den Aufstiegsspielen finden Sie auf Seite 345.

Torschützenlisten:

A-Junioren-BL Nord/Nordost:

Pl.	Spieler (Mannschaft)	Tore
1.	Aycicek, Deniz (Hannover 96)	16
	Kammlott, Carsten (FC Rot-Weiß Erfurt)	16
3.	Förster, Benjamin (Chemnitzer FC)	15
	Kremer, Max (FC Hansa Rostock)	15
5.	Kühn, Patrik (FC Hansa Rostock)	14
6.	Ayik, Onur (SV Werder Bremen)	12
	Polter, Sebastian (VfL Wolfsburg)	12
8.	Neumann, Alexander (Werder Bremen)	10
9.	Bigalke, Sascha (Hertha BSC)	9
	Zimmermann, Marc (Energie Cottbus)	9

A-Junioren-BL West:

Pl.	Spieler (Mannschaft)	Tore
1.	Schneider, Marco (Borussia Dortmund)	20
2.	Sukuta-Pasu, Richard (Bayer Leverkusen)	18
3.	Bäcker, Fabien (Bor. Mönchengladbach)	17
	Kaya, Güngör (VfL Bochum)	17
	Temur, Mahmut (1. FC Köln)	17
6.	Junglas, Manuel (Alemannia Aachen)	16
7.	Gündogan, Ilkay (VfL Bochum)	14
	Testroet, Pascal (FC Schalke 04)	14
	Wassi, Dominique (FC Schalke 04)	14
	Vunguidica, José Pierre (1. FC Köln)	14
	Yalcin, Taner (1. FC Köln)	14

A-Junioren-BL Süd/Südwest:

Pl.	Spieler (Mannschaft)	Tore
1.	Soyudogru, Rahman (SC Freiburg)	19
2.	Schieber, Julian Patrick (VfB Stuttgart)	18
3.	Hosiner, Philipp (TSV München 1860)	16
	Müller, Thomas (FC Bayern München)	16
5.	Didvai, Daniel (VfB Stuttgart)	14
6.	Bieber, Christopher (Karlsruher SC)	13
	Ekici, Mehmet (FC Bayern München)	13
	Gallus, Gabriel (SC Freiburg)	13
9.	Rohracker, Dominik (Bayern München)	12
10.	Dautaj, Vllaznim (1. FC Kaiserslautern)	11
	Diehl, Mario (1. FC Kaiserslautern)	11
	Tsoumou, Juvhel (Eintracht Frankfurt)	11

Zuschauerstatistik:

Pl.	Mannschaft	gesamt	Schnitt
1.	Eintracht Braunschweig	2.240	172
2.	VfL Wolfsburg	2.110	162
3.	FC Carl Zeiss Jena	1.990	153
4.	Hamburger SV	1.990	153
5.	Chemnitzer FC	1.521	117
6.	FC Sachsen Leipzig	1.488	114
7.	SV Werder Bremen	1.485	114
8.	1. FC Magdeburg	1.482	114
9.	Hannover 96	1.410	108
10.	Hertha BSC Berlin	1.180	91
11.	Tennis Borussia Berlin	1.176	90
12.	FC Rot-Weiß Erfurt	1.039	80
13.	FC Energie Cottbus	955	73
14.	FC Hansa Rostock	752	58
	gesamt	20.818	114

Pl.	Mannschaft	gesamt	Schnitt
1.	1. FC Köln	5.600	431
2.	Bayer 04 Leverkusen	3.050	235
3.	FC Schalke 04	2.470	190
4.	Rot-Weiss Ahlen	2.320	178
5.	MSV Duisburg	2.235	172
6.	Borussia Dortmund	2.146	165
7.	VfL Bochum	1.985	153
8.	SC Preußen 06 Münster	1.527	117
9.	TSV Alemannia Aachen	1.502	116
10.	DSC Arminia Bielefeld	1.400	108
11.	Fortuna Düsseldorf	1.384	106
12.	Rot-Weiss Essen	1.335	103
13.	Borussia Mönchengladbach	1.290	99
14.	VfL Leverkusen	1.205	93
	gesamt	29.449	162

Pl.	Mannschaft	gesamt	Schnitt
1.	Offenburger FV	15.150	1.165
2.	SC Freiburg	5.000	385
3.	1. FSV Mainz 05	4.202	323
4.	TSG 1899 Hoffenheim	4.000	308
5.	VfB Stuttgart	2.830	218
6.	1. FC Kaiserslautern	2.660	205
7.	SV Wacker Burghausen	2.600	200
8.	SSV Jahn Regensburg	2.250	173
9.	FC Bayern München	2.134	164
10.	TSV München 1860	2.023	156
11.	SV Stuttgarter Kickers	1.975	152
12.	Karlsruher SC	1.640	126
13.	Eintracht Frankfurt	1.590	122
14.	SpVgg Greuther Fürth	1.590	122
	gesamt:	49.644	273

A-Junioren: Regionalliga Nord

Pl. (Vj.) Mannschaft		Sp	S	U	N	Tore	TD	Pkt	Sp	S	U	N	Tore	Pkt	Sp	S	U	N	Tore	Pkt
1. (3.) VfL Osnabrück	↑	24	19	2	3	74-35	+39	59	12	10	2	0	42-12	32	12	9	0	3	32-23	27
2. (5.) FC St. Pauli	↑	24	18	1	5	78-45	+33	55	12	9	1	2	43-23	28	12	9	0	3	35-22	27
3. (8.) SC Langenhagen		24	12	4	8	52-49	+3	40	12	9	0	3	29-20	27	12	3	4	5	23-29	13
4. (2.) VfB Oldenburg		24	11	4	9	43-31	+12	37	12	5	2	5	25-17	17	12	6	2	4	18-14	20
5. (↑) Altonaer FC 93		24	10	6	8	53-46	+7	36	12	5	2	5	27-24	17	12	5	4	3	26-22	19
6. (↓) Holstein Kiel		24	10	5	9	49-39	+10	35	12	5	2	5	20-16	17	12	5	3	4	29-23	18
7. (↑) SV Meppen		24	10	5	9	35-31	+4	35	12	6	2	4	24-18	20	12	4	3	5	11-13	15
8. (9.) SV Werder Bremen II (U 18)		24	10	3	11	49-57	−8	33	12	4	3	5	26-23	15	12	6	0	6	23-24	18
9. (↓) SC Vier- und Marschlande	◇	24	8	5	11	54-45	+9	29	12	3	4	5	30-18	13	12	5	1	6	24-27	16
10. (7.) VfL Oldenburg		24	8	4	12	51-67	−16	28	12	7	2	3	34-20	23	12	1	2	9	17-47	5
11. (↑) SV Eichede		24	6	6	12	33-55	−22	24	12	2	5	5	20-27	11	12	4	1	7	13-28	13
12. (4.) VfB Lübeck		24	6	4	14	37-57	−20	22	12	5	0	7	20-23	15	12	1	4	7	17-34	7
13. (↑) FC Oberneuland	↓	24	3	1	20	34-85	−51	10	12	2	0	10	18-33	6	12	1	1	10	16-52	4
14. (6.) TuS Osdorf	⊥	0										zurückgezogen								

SC Vier- und Marschlande bildet zusammen mit ASV Bergedorf 85 und TSV Reinbek den Jugendförderverein (JFV) Jung Elstern.

Absteiger aus der Bundesliga: keine.
Aufsteiger in die Bundesliga: VfL Osnabrück und FC St. Pauli (Nord/Nordost).
Spielbetrieb eingestellt: TuS Osdorf.
Absteiger in die Verbandsligen: FC Oberneuland (Bremen)
Aufsteiger aus den Verbandsligen: SC Concordia Hamburg (Hamburg), Eutiner SpVgg 08 (Schleswig-Holstein), SV Viktoria 08 Georgsmarienhütte (Niedersachsen) und FC Bremerhaven (Bremen).

A-Junioren RL Nord 2007/08	VfL Osnabrück	FC St. Pauli	Langenhagen	VfB Oldenburg	Altona 93	Holstein Kiel	SV Meppen	SV Werder II	SC VM	VfL Oldenburg	SV Eichede	VfB Lübeck	Oberneuland
VfL Osnabrück	×	4:0	3:3	1:0	2:2	3:2	1:0	3:0	6:2	3:1	3:0	6:1	7:1
FC St. Pauli	1:3	×	8:2	3:1	3:2	2:2	2:1	5:2	3:2	6:1	0:1	6:3	4:3
SC Langenhagen	2:1	1:6	×	2:1	3:1	2:1	1:2	1:0	2:0	7:2	1:2	2:1	5:3
VfB Oldenburg	1:2	2:3	1:1	×	0:2	2:3	3:1	0:1	3:1	1:2	4:0	5:1	
Altonaer FC 93	1:4	1:0	3:3	2:2	×	2:4	0:1	2:4	0:2	5:2	3:0	2:1	6:1
Holstein Kiel	3:4	2:3	1:0	0:1	0:0	×	1:1	1:2	0:2	3:0	4:0	3:2	2:1
SV Meppen	2:3	0:1	2:1	1:3	0:1	2:0	×	3:2	3:1	2:2	3:2	2:2	4:0
SV Werder Bremen II	1:4	0:2	3:2	2:2	5:6	2:5	2:0	×	0:4	2:1	3:3	3:3	3:1
Vier- u. Marschlande	2:3	3:4	2:2	1:3	0:0	1:3	0:0	0:1	×	9:1	4:1	0:0	8:0
VfL Oldenburg	1:2	4:1	3:1	2:0	3:3	1:2	2:1	4:2	5:2	×	1:2	3:3	5:1
SV Eichede	3:5	1:4	1:2	0:1	2:1	3:3	1:1	0:4	2:2	2:2	×	3:0	2:2
VfB Lübeck	1:0	3:4	1:4	0:1	1:4	1:0	0:2	4:2	2:3	4:1	2:0	×	1:2
FC Oberneuland	5:1	1:7	1:2	0:3	3:4	2:5	0:1	1:3	1:3	1:3	3:0	0:1	×

A-Junioren RL Nordost 2007/08	Union Berlin	Zehlendorf	Hallescher FC	Dyn. Dresden	Neubrandenbg.	Türkiyemspor	Erzgeb. Aue	Borea Dresden	Tasmania 73	Lok Leipzig	FFC Viktoria 91	Eintr. Schwerin	Babelsberg 03	DD-Laubegast
1. FC Union Berlin	×	3:0	1:0	4:1	5:2	5:4	2:1	4:0	11:3	4:2	2:0	5:1	2:1	8:0
Hertha Zehlendorf	1:0	×	2:1	1:1	3:1	0:2	3:1	6:1	2:0	0:0	2:0	3:1	4:0	4:0
Hallescher FC	2:1	2:1	×	3:1	0:1	3:0	3:2	2:2	2:0	2:2	2:0	2:2	1:0	4:2
SG Dynamo Dresden	2:0	1:1	1:1	×	0:2	1:1	2:0	4:1	3:1	5:1	1:0	6:1	4:2	8:0
FC Neubrandenburg	3:2	0:1	0:3	2:1	×	6:0	0:1	5:1	2:1	3:0	1:2	3:0	8:1	
BFC Türkiyemspor	1:2	0:3	1:1	0:0	1:1	×	1:3	3:2	3:0	4:0	1:2	7:1	2:0	3:0
FC Erzgebirge Aue	1:4	0:1	3:2	4:1	2:0	0:1	×	1:1	1:0	1:1	5:2	0:2	2:0	3:0
SC Borea Dresden	2:1	1:3	4:2	0:1	4:1	2:2	2:3	×	1:1	2:5	1:0	5:0	3:0	5:1
SV Tasmania 1973	1:2	3:1	1:2	0:2	2:3	6:1	2:0	2:2	×	0:5	4:2	3:1	2:2	6:0
1. FC Lok Leipzig	1:3	0:7	0:2	3:3	3:2	0:1	1:1	0:2	0:1	×	2:0	1:3	2:1	3:1
FFC Viktoria 91	0:2	1:2	2:4	0:3	0:0	1:2	1:2	2:1	3:1	1:4	×	0:3	3:0	5:0
FC Eintracht Schwerin	0:5	1:2	3:3	1:1	0:3	1:3	0:2	1:3	1:2	1:2	0:1	×	6:3	5:0
SV Babelsberg 03	0:2	2:2	1:2	1:3	0:0	1:1	3:0	1:0	0:3	3:4	3:3	2:1	×	1:2
Dresden-Laubegast	1:7	0:1	0:3	0:6	2:5	1:6	0:5	2:6	2:5	4:2	0:6	1:3	1:4	×

A-Junioren: Regionalliga Nordost

Pl. (Vj.) Mannschaft		Sp	S	U	N	Tore	TD	Pkt	Sp	S	U	N	Tore	Pkt	Sp	S	U	N	Tore	Pkt
1. (5.) 1. FC Union Berlin	↑	26	21	0	5	88-30	+58	63	13	13	0	0	57-15	39	13	8	0	5	31-15	24
2. (6.) FC Hertha 03 Zehlendorf		26	18	4	4	56-22	+34	58	13	10	2	1	31-8	32	13	8	2	3	25-14	26
3. (3.) Hallescher FC		26	16	5	5	54-31	+23	53	13	10	2	1	28-12	32	13	6	3	4	26-19	21
4. (4.) SG Dynamo Dresden		26	14	7	5	62-30	+32	49	13	9	3	1	38-11	30	13	5	4	4	24-19	19
5. (8.) 1. FC Neubrandenburg		26	13	3	10	54-37	+17	42	13	8	0	5	33-15	24	13	5	3	5	21-22	18
6. (↑) Berliner FC Türkiyemspor		26	12	6	8	51-42	+9	42	13	6	3	4	27-15	21	13	6	3	4	24-27	21
7. (9.) FC Erzgebirge Aue		26	13	3	10	44-35	+9	42	13	7	2	4	23-15	23	13	6	1	6	21-20	19
8. (11.) SC Borea Dresden		26	11	5	10	55-48	+7	38	13	7	2	4	32-20	23	13	4	3	6	23-28	15
9. (↓) SV Tasmania Gropiusstadt 1973		26	10	3	13	50-57	−7	33	13	6	2	5	32-23	20	13	4	1	8	18-34	13
10. (10.) 1. FC Lokomotive Leipzig	↓	26	9	4	13	43-56	−13	31	13	4	2	7	16-27	14	13	5	2	6	27-29	17
11. (↑) Frankfurter FC Viktoria 91	↓	26	7	3	16	37-51	−14	24	13	4	1	8	19-24	13	13	3	2	8	18-27	11
12. (12.) FC Eintracht Schwerin	↓	26	7	2	17	39-66	−27	23	13	2	2	9	20-30	8	13	5	0	8	19-36	15
13. (7.) SV Babelsberg 03	↓	26	4	5	17	31-58	−27	17	13	3	4	6	18-23	13	13	1	1	11	13-35	4
14. (↑) FV Dresden 06 Laubegast	↓	26	2	0	24	21-122	−101	6	13	1	0	12	14-59	3	13	1	0	12	7-63	3

Die Liga spielt in der nächsten Saison mit 15 Mannschaften (da im Aufstiegsrückspiel FSV Bentwisch – FC Energie Cottbus II die entscheidende Verlängerung nicht gespielt wurde, dürfen beide Mannschaften aufsteigen). FV Dresden-Nord benannte sich am 06.12.2007 in SC Borea Dresden um, nachdem zunächst die geplante Umbenung in SC Boreas Dresden zum 01.07.2007 vom Sächsischen Fußballverband nicht genehmigt wurde.
Informationen zu den Aufstiegsspielen zur Regionalliga Nordost finden Sie auf Seite 345.

Absteiger aus der Bundesliga: Tennis Borussia Berlin, FC Sachsen Leipzig und 1. FC Magdeburg (Nord/Nordost).
Aufsteiger in die Bundesliga: 1. FC Union Berlin (Nord/Nordost).
Absteiger in die VL/LL: FV Dresden 06 Laubegast, 1. FC Lokomotive Leipzig (Sachsen), SV Babelsberg 03, Frankfurter FC Viktoria 91 (Brandenburg) und FC Eintracht Schwerin (Mecklenburg-Vorpommern).
Aufsteiger aus den VL/LL: FSV Bentwisch (MV), Köpenicker SC (Berlin), FC Energie Cottbus II (BRB) und ZFC Meuselwitz (TH).

A-Junioren: Verbandsliga Westfalen

Pl. (Vj.) Mannschaft		Gesamtbilanz						Heimbilanz					Auswärtsbilanz				
		Sp	S	U	N	Tore	TD	Pkt	Sp	S	U	N	Tore	Pkt	Sp	S	U	N	Tore	Pkt
1. (↓) SG Wattenscheid 09	↑	22	18	2	2	59-19	+40	56	11	8	1	2	32-14	25	11	10	1	0	27- 5	31
2. (6.) SC Paderborn 07		22	17	3	2	77-27	+50	54	11	8	2	1	33-16	26	11	9	1	1	44-11	28
3. (4.) SF Oestrich-Iserlohn		22	15	2	5	59-30	+29	47	11	7	1	3	25-18	22	11	8	1	2	34-12	25
4. (↓) SpVgg Erkenschwick		22	11	3	8	40-42	−2	36	11	6	2	3	22-15	20	11	5	1	5	18-27	16
5. (8.) FC Gütersloh 2000		22	8	7	7	52-39	+13	31	11	5	1	5	32-23	16	11	3	6	2	20-16	15
6. (2.) Sportfreunde Siegen		22	9	4	9	47-48	−1	31	11	5	1	5	25-24	16	11	4	3	4	22-24	15
7. (5.) Hammer SpVgg		22	8	4	10	36-42	−6	28	11	4	2	5	17-16	14	11	4	2	5	19-26	14
8. (7.) SV Lippstadt 08		22	7	5	10	30-42	−12	26	11	5	4	2	20-16	19	11	2	1	8	10-26	7
9. (9.) SC Westfalia Herne		22	4	8	10	41-62	−21	20	11	4	4	3	26-27	16	11	0	4	7	15-35	4
10. (3.) TSC Eintracht Dortmund		22	4	3	15	31-59	−28	15	11	2	3	6	17-25	9	11	2	0	9	14-34	6
11. (↑) VfL Theesen	↓	22	3	5	14	36-48	−12	14	11	2	2	7	19-24	8	11	1	3	7	17-24	6
12. (↑) SpVg Blau-Gelb Schwerin	↓	22	3	4	15	32-82	−50	13	11	2	2	7	17-37	8	11	1	2	8	15-45	5

Die Liga wird zur nächsten Saison in Westfalenliga umbenannt.

Absteiger aus der Bundesliga West: SC Preußen 06 Münster.
Aufsteiger in die Bundesliga West: SG Wattenscheid 09.
Absteiger in die Landesligen: SpVg Blau-Gelb Schwerin (Gruppe 2) und VfL Theesen (Gruppe 1).
Aufsteiger aus den Landesligen: FC Preußen Espelkamp (Gruppe 1) und DJK TuS Hordel (Gruppe 2).

A-Jun. VL Westfalen 2007/08	Wattenscheid	Paderborn	Oestrich-Iserl.	Erkenschwick	Gütersloh	Siegen	Hamm	Lippstadt	Herne	Dortmund	Theesen	Schwerin
Wattenscheid 09	×	0:1	0:3	1:0	4:0	2:2	5:1	4:1	5:0	3:2	3:1	5:3
SC Paderborn 07	0:2	×	2:1	4:1	2:2	2:2	3:0	4:2	5:0	3:2	4:3	4:1
Oestrich-Iserlohn	0:2	0:4	×	4:0	2:2	4:2	1:2	1:0	3:2	3:1	4:1	3:2
Erkenschwick	0:0	2:6	0:2	×	2:0	2:0	3:1	2:1	1:0	6:0	2:2	2:3
FC Gütersloh	1:3	3:2	1:4	1:2	×	2:4	2:2	5:0	8:2	3:0	0:3	6:1
SF Siegen	0:3	1:7	1:3	3:0	0:1	×	2:5	3:0	2:2	3:0	4:3	6:0
Hammer SpVgg	1:2	2:2	1:2	0:2	1:2	3:0	×	1:2	2:1	3:1	1:0	2:2
SV Lippstadt 08	0:2	0:2	3:2	3:3	1:1	2:1	3:1	×	2:2	3:0	3:2	0:0
Westfalia Herne	0:6	1:7	2:2	6:0	2:2	2:4	3:3	4:1	×	2:0	1:1	3:1
Eintr. Dortmund	1:3	0:6	0:4	3:5	0:0	1:2	3:1	0:2	0:0	×	1:1	8:1
VfL Theesen	0:1	0:4	2:3	1:2	2:2	1:2	0:1	1:1	4:3	2:4	×	6:1
SpVg Schwerin	2:3	2:3	0:8	1:3	0:8	3:3	1:2	1:0	3:3	3:4	1:0	×

A-Jun. VL Niederrhein 2007/08	Wuppertaler SVB	SV 19 Straelen	SW Essen	Bay. Uerdingen	RW Oberhausen	TuSpo Richrath	KFC Uerdingen	VfB Hilden	TSV Ronsdorf	1. FC Bocholt	Union Solingen
Wuppertaler SV Bor.	×	1:1	5:0	1:0	4:1	5:3	3:0	5:1	4:0	4:1	9:0
SV 19 Straelen	1:0	×	5:1	4:0	2:1	4:0	5:0	3:0	4:0	3:0	2:0
Schwarz-Weiß Essen	1:2	2:1	×	2:2	1:0	2:0	0:3	0:3	2:1	5:2	6:0
SC Bayer Uerdingen	1:2	1:0	0:1	×	1:1	3:0	2:1	2:0	6:1	2:1	5:1
Rot-Weiß Oberhausen	2:1	2:1	0:2	0:1	×	0:1	1:0	3:2	3:1	3:1	4:0
TuSpo Richrath	3:6	1:2	5:3	5:1	2:2	×	4:1	2:2	6:0	4:1	1:1
KFC Uerdingen 05	1:1	1:3	0:4	0:0	1:3	2:3	×	1:2	3:0	5:1	4:3
VfB Hilden	0:4	2:1	0:3	1:3	1:4	2:3	0:1	×	4:2	8:0	0:1
TSV 05 Ronsdorf	2:7	0:5	0:2	1:3	2:4	0:4	2:3	0:1	×	3:1	2:1
1. FC Bocholt	1:8	0:2	1:7	2:6	1:4	3:4	1:3	1:1	4:4	×	4:2
1. FC Union Solingen	2:3	1:3	2:3	0:2	3:8	1:2	0:2	3:4	1:3	1:1	×

A-Junioren: Verbandsliga Niederrhein

Pl. (Vj.) Mannschaft		Gesamtbilanz							Heimbilanz						Auswärtsbilanz					
		Sp	S	U	N	Tore	TD	Pkt	Sp	S	U	N	Tore	Pkt	Sp	S	U	N	Tore	Pkt
1. (2.) Wuppertaler SV Borussia	↑	20	16	2	2	75-21	+54	50	10	9	1	0	41- 7	28	10	7	1	2	34-14	22
2. (4.) SV 19 Straelen		20	15	1	4	52-13	+39	46	10	10	0	0	33- 2	30	10	5	1	4	19-11	16
3. (6.) Essener TB Schwarz-Weiß		20	13	1	6	47-32	+15	40	10	6	1	3	21-14	19	10	7	0	3	26-18	21
4. (3.) SC Bayer Uerdingen 05		20	12	3	5	41-24	+17	39	10	7	1	2	23- 8	22	10	5	2	3	18-16	17
5. (7.) SC Rot-Weiß Oberhausen		20	12	2	6	45-28	+17	38	10	7	0	3	17-10	21	10	5	2	3	28-18	17
6. (↑) TuSpo Richrath		20	11	3	6	53-41	+12	36	10	5	3	2	33-19	18	10	6	0	4	20-22	18
7. (5.) KFC Uerdingen 05		20	8	2	10	32-38	−6	26	10	3	2	5	18-20	11	10	5	0	5	14-18	15
8. (↑) VfB Hilden	↓	20	7	2	11	33-41	−8	23	10	3	0	7	18-22	9	10	4	2	4	15-19	14
9. (↑) TSV 05 Ronsdorf	↓	20	3	1	16	25-68	−43	10	10	2	0	8	12-31	6	10	1	1	8	13-37	4
10. (↑) 1. FC Bocholt	↓	20	1	3	16	27-79	−52	6	10	1	2	7	18-41	5	10	0	1	9	9-38	1
11. (10.) 1. FC Union Solingen	↓	20	1	2	17	23-68	−45	5	10	0	1	9	14-31	1	10	1	1	8	9-37	4

Die Liga wird zur nächsten Saison in Niederrheinliga umbenannt und spielt mit 12 Mannschaften.

Absteiger aus der Bundesliga West: Fortuna Düsseldorf.
Aufsteiger in die Bundesliga West: Wuppertaler SV Borussia.
Absteiger in die Leistungsklassen: 1. FC Union Solingen (Solingen), 1. FC Bocholt (Rees-Bocholt), TSV 05 Ronsdorf (Wuppertal-Niederberg) und VfB Hilden (Düsseldorf).
Aufsteiger aus den Leistungsklassen: SC Kapellen-Erft (Grevenbroich-Neuss), 1. FC Kleve (Kleve-Geldern), SSV Berghausen (Solingen), 1. FC Mönchengladbach (Mönchengladbach-Viersen) und Sportfreunde Hamborn 07 (Duisburg-Mülheim-Dinslaken).

A-Junioren: Verbandsliga Mittelrhein

Pl. (Vj.) Mannschaft		Sp	S	U	N	Tore	TD	Pkt	Sp	S	U	N	Tore	Pkt	Sp	S	U	N	Tore	Pkt
1. (6.) SV Bergisch Gladbach 09	↑	26	20	4	2	74-25	+49	64	13	11	2	0	44-16	35	13	9	2	2	30- 9	29
2. (2.) FC Germania 07 Dürwiß		26	20	1	5	73-26	+47	61	13	11	0	2	37-11	33	13	9	1	3	36-15	28
3. (3.) Sportfreunde Troisdorf		26	17	3	6	81-40	+41	54	13	8	2	3	43-17	26	13	9	1	3	38-23	28
4. (↓) Bonner SC		26	16	2	8	69-36	+33	50	13	8	1	4	35-16	25	13	8	1	4	34-20	25
5. (↑) SV Rott		26	13	3	10	67-53	+14	42	13	8	0	5	42-24	24	13	5	3	5	25-29	18
6. (↑) DJK Blau-Weiß Friesdorf		26	13	2	11	60-43	+17	41	13	7	2	4	25-18	23	13	6	0	7	35-25	18
7. (4.) SCB Viktoria Köln		26	12	3	11	51-45	+6	39	13	9	1	3	36-15	28	13	3	2	8	15-30	11
8. (7.) SSV Bergneustadt		26	12	3	11	51-58	−7	39	13	7	2	4	28-22	23	13	5	1	7	23-36	16
9. (5.) FC Düren-Niederau		26	10	3	13	38-52	−14	33	13	5	2	6	18-22	17	13	5	1	7	20-30	16
10. (↑) Siegburger SV 04		26	11	0	15	42-64	−22	33	13	5	0	8	20-33	15	13	6	0	7	22-31	18
11. (↑) SpVgg Wesseling-Urfeld	↓	26	9	2	15	47-63	−16	29	13	6	1	6	29-24	19	13	3	1	9	18-39	10
12. (↑) FC Wegberg-Beeck		26	8	2	16	37-62	−25	26	13	6	0	7	24-30	18	13	2	2	9	13-32	8
13. (↑) VfR Würselen	↓	26	3	1	22	31-91	−60	10	13	2	0	11	18-44	6	13	1	1	11	13-47	4
14. (12.) FV Bad Honnef	↓	26	2	3	21	29-92	−63	9	13	2	3	8	19-40	9	13	0	0	13	10-52	0

SSG 09 Bergisch Gladbach hat sich im April 2008 in SV Bergisch Gladbach 09 umbenannt.

Absteiger aus der Bundesliga: VfL Leverkusen (West).
Aufsteiger in die Bundesliga: SV Bergisch Gladbach 09 (West).
Absteiger in die Bezirksligen: FV Bad Honnef, SpVgg Wesseling-Urfeld (Staffel 1) und VfR Würselen (Staffel 2).
Aufsteiger aus den Bezirksligen: FC Hennef 05 (St. 1), SV Blau-Weiß Kerpen und SG Sportfreunde 69 Marmagen-Nettersheim (St. 2).

A-Jun. VL Mittelrhein 2007/08	Berg. Gladbach	Germ. Dürwiß	SF Troisdorf	Bonner SC	SV Rott	BW Friesdorf	Viktoria Köln	Bergneustadt	Düren-Niederau	Siegburger SV	Wesseling-Urf.	Wegberg-Beeck	VfR Würselen	Bad Honnef
Bergisch Gladbach	×	1:1	4:2	2:0	5:3	4:3	3:1	6:3	2:2	1:0	4:0	6:0	4:1	2x0
Germania Dürwiß	2:3	×	3:0	2:1	2:0	2:0	1:0	6:0	1:3	6:0	4:1	2:1	3:1	3:1
SF Troisdorf	1:1	2:0	×	2:3	2:2	3:2	6:1	3:1	7:1	2:3	4:1	0:1	4:0	7:1
Bonner SC	1:0	2:3	2:3	×	5:0	2:3	3:1	0:2	4:1	2:1	5:1	1:1	4:0	4:0
SV Rott	1:4	1:2	0:2	2:4	×	3:2	5:1	7:1	4:1	3:4	3:0	4:0	4:1	5:2
DJK BW Friesdorf	0:2	0:5	2:2	1:2	3:1	×	1:1	2:1	3:0	3:1	2:1	4:1	0:1	4:0
SCB Viktoria Köln	3:2	0:1	2:1	2:2	4:0	0:1	×	5:1	2:0	6:1	2:3	3:1	4:1	3:1
SSV Bergneustadt	0:0	1:5	0:3	4:3	1:2	3:1	3:0	×	3:1	2:1	2:4	1:1	4:1	4:0
FC Düren-Niederau	0:2	0:2	1:6	0:1	1:1	3:2	0:3	3:2	×	0:2	4:0	1:0	1:1	4:0
Siegburger SV 04	0:4	0:4	2:3	1:0	1:6	0:6	1:2	1:2	1:2	×	3:0	3:2	5:1	2:1
Wesseling-Urfeld	0:1	1:0	1:3	2:4	2:3	0:2	3:1	2:2	3:2	2:1	×	1:3	7:1	5:1
Wegberg-Beeck	0:4	2:1	2:3	1:2	2:4	3:2	2:1	0:3	0:3	2:3	3:1	×	3:1	4:2
VfR Würselen	0x2	1:4	4:8	1:8	0:2	2:5	0:1	0:2	0:3	1:3	1:4	3:1	×	5:1
FV Bad Honnef	1:5	4:8	0:2	0:4	1:1	0:6	2:2	1:3	0:1	1:2	2:2	3:1	4:3	×

A-Jun. RL Südwest 2007/08	Saarbrücken	TuS Koblenz	Neunkirchen	FK Pirmasens	Gonsenheim	Schifferstadt	Binger FVgg	Eintracht Trier	SpVgg Wirges	SV Mettlach	Rieschweiler	SG Betzdorf	SV Völklingen	FSV Salmrohr
1. FC Saarbrücken	×	0:0	2:1	1:0	1:3	4:1	6:0	3:0	4:1	2:0	3:1	3:0	7:1	6:0
TuS Koblenz	0:1	×	1:2	2:0	2:1	2:0	3:1	2:1	0:0	2:0	2:0	1:0	5:1	5:0
Bor. Neunkirchen	1:0	1:3	×	3:0	0:2	1:1	2:2	3:1	5:1	6:2	3:2	1:0	2:2	6:1
FK 03 Pirmasens	4:2	0:3	0:3	×	2:1	1:1	2:2	4:1	3:0	3:1	1:1	2:1	5:3	6:2
SV Gonsenheim	0:1	0:0	2:0	4:5	×	1:1	1:0	2:1	1:2	3:0	8:0	3:1	0:0	2:0
Phönix Schifferstadt	0:7	0:1	3:3	2:4	3:2	×	2:1	1:3	4:2	0:2	1:4	3:0	1:0	4:0
Binger FVgg Hassia	0:6	1:1	0:2	2:1	2:0	2:3	×	4:1	1:5	1:0	5:4	7:0	5:3	
SV Eintracht Trier	1:4	0:7	6:1	1:0	0:0	0:4	3:3	×	0:2	3:2	2:1	5:1	5:2	4:1
SpVgg Wirges	0:1	2:1	1:3	3:3	1:2	1:2	4:1	1:2	×	3:1	5:1	1:1	3:1	0:3
SV Mettlach	2:2	0:0	1:1	2:3	0:2	2:0	2:0	1:1	×		1:5	4:0	2:1	8:1
SG Rieschweiler	0:4	1:0	0:2	2:5	0:6	0:1	0:0	3:2	0:0	2:2	×	1:2	3:3	1:4
SG 06 Betzdorf	0:0	0:2	2:3	1:3	2:1	0:5	1:3	2:1	1:1	1:1	4:2	×	0:1	3:2
Röchling Völklingen	0:2	0:2	1:1	1:4	0:2	0:3	3:2	0:1	0:1	2:3	1:3	3:1	×	0:3
FSV Salmrohr	1:9	1:5	1:2	1:4	0:3	1:4	2:6	1:5	0:1	1:6	1:0	0:1	×	

Die Spiele SV Bergisch Gladbach 09 – FV Bad Honnef und VfR Würselen – SV Bergisch Gladbach 09 wurden gewertet.

A-Junioren: Regionalliga Südwest

Pl. (Vj.) Mannschaft		Sp	S	U	N	Tore	TD	Pkt	Sp	S	U	N	Tore	Pkt	Sp	S	U	N	Tore	Pkt
1. (2.) 1. FC Saarbrücken		26	20	3	3	81-17	+64	63	13	11	1	1	42- 8	34	13	9	2	2	39- 9	29
2. (1.) TuS Koblenz		26	17	5	4	52-13	+39	56	13	10	1	2	27- 7	31	13	7	4	2	25- 6	25
3. (↑) Borussia VfB Neunkirchen		26	15	6	5	57-37	+20	51	13	8	3	2	34-17	27	13	7	3	3	23-20	24
4. (5.) FK 03 Pirmasens		26	15	4	7	65-46	+19	49	13	8	3	2	33-21	27	13	7	1	5	32-25	22
5. (3.) SV Gonsenheim		26	14	4	8	53-24	+29	46	13	7	3	3	27-11	24	13	7	1	5	26-13	22
6. (6.) DJK Phönix Schifferstadt		26	12	5	9	47-44	+3	41	13	6	1	6	24-29	19	13	6	4	3	23-15	22
7. (11.) Binger FVgg Hassia		26	11	6	9	56-49	+7	39	13	8	2	3	35-22	26	13	3	4	6	21-27	13
8. (4.) SV Eintracht Trier 05		26	11	2	13	50-57	−7	35	13	7	2	4	30-28	23	13	4	0	9	20-29	12
9. (↑) SpVgg EGC Wirges		26	9	7	10	42-42	0	34	13	5	3	5	25-21	17	13	4	4	5	17-21	17
10. (8.) SV Mettlach		26	8	6	12	40-51	−11	30	13	5	4	4	25-19	19	13	3	2	8	15-32	11
11. (↑) SG Rieschweiler		26	6	5	15	39-64	−25	23	13	3	2	4	7	13-31	10	13	4	1	8	26-33	13
12. (7.) SG 06 Betzdorf	↓	26	5	4	17	28-58	−30	19	13	4	3	6	17-25	15	13	1	1	11	11-33	4
13. (9.) SV Röchling Völklingen	↓	26	4	4	18	27-68	−41	16	13	2	1	10	11-28	7	13	2	3	8	16-40	9
14. (10.) FSV Salmrohr	↓	26	4	1	21	30-97	−67	13	13	1	1	11	10-47	4	13	3	0	10	20-50	9

Absteiger aus der Bundesliga: keine.
Aufsteiger in die Bundesliga: keine.
Absteiger in die Verbandsligen: FSV Salmrohr, SG 06 Betzdorf (Rheinland) und SV Röchling Völklingen (Saarland).
Aufsteiger aus den Verbandsligen: FC Metternich (Rheinland), TSG Kaiserslautern (Südwest) und SC Halberg Brebach (Saarland).

A-Junioren: Oberliga Hessen

Pl. (Vj.) Mannschaft		Sp	S	U	N	Tore	TD	Pkt	Sp	S	U	N	Tore	Pkt	Sp	S	U	N	Tore	Pkt
		Gesamtbilanz							**Heimbilanz**						**Auswärtsbilanz**					
1. (3.) Offenbacher FC Kickers	↑	26	22	1	3	104-17	+87	67	13	11	0	2	55- 7	33	13	11	1	1	49-10	34
2. (7.) SV Darmstadt 98		26	17	5	4	81-26	+55	56	13	8	4	1	49-12	28	13	9	1	3	32-14	28
3. (5.) VfB Gießen		26	14	4	8	49-37	+12	46	13	10	1	2	27-15	31	13	4	3	6	22-22	15
4. (10.) FV Bad Vilbel		26	13	5	8	44-31	+13	44	13	8	1	4	24-14	25	13	5	4	4	20-17	19
5. (8.) KSV Baunatal		26	14	2	10	55-49	+6	44	13	9	1	3	34-23	28	13	5	1	7	21-26	16
6. (2.) SV Wehen Wiesbaden		26	13	3	10	51-37	+14	42	13	7	3	3	25-16	24	13	6	0	7	26-21	18
7. (6.) FSV Frankfurt		26	13	3	10	58-47	+11	42	13	7	1	5	29-24	22	13	6	2	5	29-23	20
8. (↑) OSC Vellmar		26	10	3	13	38-48	−10	33	13	5	3	5	22-21	18	13	5	0	8	16-27	15
9. (4.) SC Viktoria 06 Griesheim		26	9	4	13	59-60	−1	31	13	7	1	5	41-25	22	13	2	3	8	18-35	9
10. (12.) TSG Wieseck		26	7	7	12	50-71	−21	28	13	4	2	7	23-38	14	13	3	5	5	27-33	14
11. (↑) FC 07 Bensheim		26	7	5	14	30-51	−21	26	13	5	2	6	15-22	17	13	2	3	8	15-29	9
12. (↑) SC Waldgirmes		26	7	3	16	38-69	−31	24	13	3	1	9	18-30	10	13	4	2	7	20-39	14
13. (9.) 1. FC Schwalmstadt	↓	26	7	1	18	33-99	−66	22	13	5	1	7	21-39	16	13	2	0	11	12-60	6
14. (11.) KSV Klein-Karben	↓	26	4	4	18	39-87	−48	16	13	2	4	7	19-41	10	13	2	0	11	20-46	6

Die Liga wird zur nächsten Saison in Hessenliga umbenannt.
Informationen zu den Aufstiegsspielen zur Hessenliga finden Sie auf Seite 345.

Absteiger aus der Bundesliga: keine.
Aufsteiger in die Bundesliga: Offenbacher FC Kickers (Süd/Südwest).
Absteiger in die Gruppenligen: KSV Klein-Karben (Frankfurt) und 1. FC Schwalmstadt (Kassel).
Aufsteiger aus den Bezirksligen: Lichtenauer FV (Kassel), SG Rot-Weiss Frankfurt (Frankfurt) und TS Ober-Roden (Darmstadt).

A-Jun. OL Hessen 2007/08

	Offenbach	Darmstadt	Gießen	Bad Vilbel	Baunatal	Wehen	Frankfurt	Vellmar	Griesheim	Wieseck	Bensheim	Waldgirmes	Schwalmstadt	Klein-Karben
Offenbacher Kickers	×	1:2	2:0	7:1	4:0	2:3	2:0	5:0	6:0	7:0	4:1	5:0	7:0	3:0
SV Darmstadt 98	1:4	×	1:1	0:0	4:0	3:0	1:1	4:1	3:2	2:2	7:0	11:1	8:0	4:0
VfB Gießen	1:4	3:1	×	2:1	2:1	2:1	3:1	3:1	2:0	0:2	3:1	2:1	0:0	4:1	3:1
FV Bad Vilbel	1:4	0:2	2:1	×	0:1	2:1	0:2	2:0	4:1	0:0	2:0	3:1	6:0
KSV Baunatal	1:0	1:0	1:2	1:1	×	2:3	4:3	3:2	4:2	4:3	2:1	5:1	4:2
SV Wehen	1:1	1:5	0:3	0:0	3:1	×	1:3	2:1	4:0	1:1	1:0	4:0	4:0	3:1
FSV Frankfurt	1:3	0:2	4:0	2:1	3:2	0:1	×	2:0	2:3	2:6	2:0	2:2	3:1	6:3
OSC Vellmar	1:3	2:3	1:0	2:3	1:1	1:0	1:3	×	1:0	3:3	1:1	2:3	4:0	2:1
Viktoria Griesheim	1:5	1:2	1:1	1:2	3:2	3:0	2:3	3:1	×	6:1	2:6	2:1	14:0	2:1
TSG Wieseck	0:2	1:3	1:5	0:8	2:1	0:3	3:3	1:2	1:1	×	7:3	2:1	3:2	2:4
FC 07 Bensheim	0:7	1:0	0:0	0:1	0:1	2:1	1:0	1:3	3:3	×	2:1	4:2	1:2
SC Waldgirmes	1:4	0:4	2:4	0:1	1:2	3:2	1:3	0:2	5:3	0:0	0:2	×	1:3	4:0
1. FC Schwalmstadt	0:8	0:5	3:2	2:1	1:4	1:2	1:4	2:2	1:0	1:0	2:4	×	6:5
KSV Klein-Karben	1:4	3:3	4:3	0:0	2:5	0:9	1:4	3:1	2:2	0:5	0:0	3:4	0:1	×

A-Jun. OL Baden-W. 2007/08

	Villingen	Mannheim	Ulm	Reutlingen	Freiburg II	Karlsruhe II	Böblingen	Backnang	Freiberg	Kirchheim	Pfullendorf	Wangen	Schwetzingen
FC 08 Villingen	×	3:2	5:1	2:0	1:0	2:1	1:1	1:3	3:1	2:2	3:0	1:0	5:1
SVW 07 Mannheim	4:0	×	5:4	3:1	2:2	4:0	0:1	5:2	5:3	3:2	1:1	5:2	3:1
SSV Ulm 1846	1:1	0:1	×	0:3	5:0	5:3	2:1	2:2	2:2	6:1	1:1	1:0	4:3
SSV Reutlingen 05	0:0	1:3	0:0	×	1:1	6:1	1:2	0:0	6:3	2:1	6:1	3:1	4:0
SC Freiburg II	3:0	2:2	1:4	1:5	×	3:0	1:3	2:1	3:0	3:1	2:1	3:0	3:2
Karlsruher SC II	1:4	1:1	1:3	2:2	5:1	×	0:0	4:0	1:1	5:2	4:1	2:0	2:0
SV Böblingen	1:1	1:3	1:3	1:3	1:2	1:7	×	1:3	1:1	2:0	1:0	3:0	2:1
TSG Backnang	0:1	4:0	1:2	1:8	1:4	1:5	4:0	×	0:1	1:1	4:1	2:1	3:1
SGV Freiberg	2:2	1:3	3:4	0:0	1:0	3:2	0:0	1:1	×	0:0	0:2	3:4	2:0
VfL Kirchheim/Teck	0:1	3:2	1:4	0:4	1:1	1:1	2:2	1:2	1:0	×	1:2	8:1	5:0
SC Pfullendorf	0:2	2:3	1:6	1:1	2:3	1:3	2:0	3:1	2:3	0:2	×	0:1	5:2
FC Wangen	0:7	0:0	3:4	2:4	0:3	0:2	2:4	2:1	2:4	0:4	0:3	×	1:3
SV 98 Schwetzingen	1:4	2:7	1:3	0:2	1:3	0:5	0:3	1:6	1:5	0:1	1:2	5:2	×

A-Junioren: Oberliga Baden-Württemberg

Pl. (Vj.) Mannschaft		Sp	S	U	N	Tore	TD	Pkt	Sp	S	U	N	Tore	Pkt	Sp	S	U	N	Tore	Pkt
		Gesamtbilanz							**Heimbilanz**						**Auswärtsbilanz**					
1. (↑) FC 08 Villingen	↑	24	15	6	3	52-25	+27	51	12	9	2	1	29-12	29	12	6	4	2	23-13	22
2. (3.) SV Waldhof 07 Mannheim		24	15	5	4	67-39	+28	50	12	9	2	1	40-19	29	12	6	3	3	27-20	21
3. (↓) SSV Ulm 1846		24	15	5	4	67-41	+26	50	12	6	4	2	29-18	22	12	9	1	2	38-23	28
4. (↓) SSV Reutlingen 05		24	13	7	4	63-26	+37	46	12	6	4	2	30-13	22	12	7	3	2	33-13	24
5. (5.) SC Freiburg II		24	13	4	7	47-40	+7	43	12	8	1	3	27-19	25	12	5	3	4	20-21	18
6. (7.) Karlsruher SC II		24	11	5	8	58-42	+16	38	12	6	4	2	28-15	22	12	5	1	6	30-27	16
7. (8.) SV Böblingen		24	9	6	9	33-39	−6	33	12	4	2	6	16-24	14	12	5	4	3	17-15	19
8. (6.) TSG Backnang		24	9	4	11	44-48	−4	31	12	5	1	6	22-25	16	12	4	3	5	22-23	15
9. (9.) SGV Freiberg		24	7	8	9	40-45	−5	29	12	3	5	4	16-18	14	12	4	3	5	24-27	15
10. (2.) VfL Kirchheim/Teck	↓	24	7	6	11	41-44	−3	27	12	4	3	5	24-20	15	12	3	3	6	17-24	12
11. (9.) SC Pfullendorf	↓	24	7	3	14	34-51	−17	24	12	3	1	8	19-27	10	12	4	2	6	15-24	14
12. (↑) FC Wangen	↓	24	3	1	20	24-75	−51	10	12	1	1	10	12-39	4	12	2	0	10	12-36	6
13. (↑) SV 98 Schwetzingen	↓	24	2	0	22	27-82	−55	6	12	2	0	11	13-43	3	12	1	0	11	14-39	3

Informationen zu den Aufstiegsspielen zur Oberliga Baden-Württemberg finden Sie auf Seite 345.

Absteiger aus der Bundesliga: Offenburger FV und SV Stuttgarter Kickers (Süd/Südwest).
Aufsteiger in die Bundesliga: FC 08 Villingen (Süd/Südwest).
Absteiger in die Verbandsligen: SV 98 Schwetzingen (Nordbaden), FC Wangen, VfL Kirchheim/Teck (Württemberg) und SC Pfullendorf (Südbaden).
Aufsteiger aus den Verbandsligen: FC Astoria Walldorf (Nordbaden), Freiburger FC (Südbaden) und 1. FC Normannia Gmünd (Württemberg-Nord).

A-Junioren: Verbandsliga Bayern Nord

Pl. (Vj.) Mannschaft		Sp	S	U	N	Tore	TD	Pkt	Sp	S	U	N	Tore	Pkt	Sp	S	U	N	Tore	Pkt
1. (↓) 1. FC Nürnberg	↑	26	21	5	0	106-16	+90	68	13	10	3	0	63-12	33	13	11	2	0	43- 4	35
2. (7.) SV Viktoria Aschaffenburg	↑	26	19	3	4	72-21	+51	60	13	10	1	2	39-13	31	13	9	2	2	33- 8	29
3. (8.) 1. FC Eintracht Bamberg	↑	26	17	3	6	88-41	+47	54	13	9	1	3	46-21	28	13	8	2	3	42-20	26
4. (4.) SC 04 Schwabach	↑	26	15	5	6	58-31	+27	50	13	9	2	2	29-11	29	13	6	3	4	29-20	21
5. (2.) 1. FC Schweinfurt 05	↑	26	14	2	10	64-33	+31	44	13	9	2	2	32-12	29	13	5	0	8	32-21	15
6. (3.) SpVgg Ansbach 09	↑	26	13	4	9	66-41	+25	43	13	7	2	4	39-25	23	13	6	2	5	27-16	20
7. (5.) Würzburger FV		26	11	8	7	40-35	+5	41	13	7	5	1	22- 5	26	13	4	3	6	18-30	15
8. (9.) SG Quelle im TV 1860 Fürth		26	11	2	13	63-61	+2	35	13	6	0	7	31-33	18	13	5	2	6	32-28	17
9. (↑) SC Regensburg		26	8	8	10	38-56	–18	32	13	4	5	4	24-23	17	13	4	3	6	14-33	15
10. (6.) 1. SC Feucht		26	8	3	15	43-60	–17	27	13	5	1	7	20-31	16	13	3	2	8	23-29	11
11. (10.) Baiersdorfer SV		26	6	6	14	30-51	–21	24	13	3	2	8	10-27	11	13	3	4	6	20-24	13
12. (↑) TSV Hirschaid		26	5	4	17	32-72	–40	19	13	4	2	7	21-33	14	13	1	2	10	11-39	5
13. (↑) DJK Schwabach	↓	26	4	2	20	28-99	–71	14	13	3	1	9	13-48	10	13	1	1	11	15-51	4
14. (↑) FC Gerolzhofen	↓	26	2	1	23	18-129	–111	7	13	1	1	11	6-57	4	13	1	0	12	12-72	3

Absteiger aus der Bundesliga Süd: keine. Die Verbandsliga Nord wird zur nächsten Saison in Landesliga Nord umbenannt.
Aufsteiger in die Bundesliga Süd: keine.
Aufsteiger in die neue Bayernliga: 1. FC Nürnberg, SV Viktoria Aschaffenburg, 1. FC Eintracht Bamberg, SC 04 Schwabach, 1. FC Schweinfurt 05 und SpVgg Ansbach 09.
Absteiger in die Bezirksoberligen: FC Gerolzhofen (Unterfranken) und DJK Schwabach (Mittelfranken).
Aufsteiger aus den Bezirksoberligen: SpVgg Bayern Hof, DJK Viktoria/VfB Coburg (Oberfranken), SG 1883 Nürnberg-Fürth (Mittelfranken), SV Erlenbach/Main, JFG Kreis Karlstadt (Unterfranken) und SpVgg Weiden (Oberpfalz).

A-Jun. VL BY Nord 2007/08	Nürnberg	Aschaffenburg	Bamberg	Schwabach 04	Schweinfurt	Ansbach	Würzburg	Fürth	Regensburg	Feucht	Baiersdorf	Hirschaid	DJK Schwabach	Gerolzhofen
1. FC Nürnberg	X	0:0	5:0	8:3	4:2	1:1	4:1	2:2	9:0	5:1	2:0	8:1	4:1	11:0
Vikt. Aschaffenburg	0:2	X	4:3	1:0	2:0	1:3	3:1	4:1	2:0	0:0	5:1	4:0	8:1	5:1
Eintracht Bamberg	1:3	1:4	X	1:3	1:0	2:0	1:1	4:1	3:0	6:2	4:2	3:1	8:2	11:2
SC 04 Schwabach	1:2	1:0	2:2	X	2:0	0:1	3:0	3:0	1:1	3:1	3:2	5:1	2:1	3:0
Schweinfurt 05	0:0	2:3	0:1	3:1	X	3:2	3:0	5:2	0:0	1:0	3:1	5:2	4:0	3:0
SpVgg Ansbach 09	1:2	0:4	5:3	2:2	1:4	X	3:0	1:2	5:1	4:3	1:1	4:1	6:2	6:0
Würzburger FV	0:4	0:1	1:1	0:0	2:0	1:0	X	1:0	4:0	0:0	0:0	1:0	5:0	6:2
Quelle/TV 60 Fürth	0:5	2:1	2:7	0:5	1:0	1:0	0:1	X	3:0	3:4	0:4	1:3	6:3	12:0
SC Regensburg	0:2	1:1	1:5	2:0	1:0	3:3	2:2	3:4	X	0:4	2:2	0:0	2:0	7:0
1. SC Feucht	0:4	0:3	0:2	1:3	2:4	0:3	7:1	0:7	3:3	X	1:0	3:0	3:1	X:0
Baiersdorfer SV	0:4	0:2	0:3	0:3	2:5	1:3	2:2	0:2	0:1	1:0	X	2:1	0:0	2:1
TSV Hirschaid	0:4	0:3	0:2	2:2	3:2	2:1	1:4	1:1	2:4	4:2	0:3	X	3:1	3:4
DJK Schwabach	0:5	1:7	0:4	0:3	0:7	1:5	0:3	3:1	1:3	0:6	1:1	3:1	X	3:2
FC Gerolzhofen	0:9	0:4	0:9	0:4	0:8	0:5	1:2	1:9	0:1	2:0	2:3	0:0	0:3	X

A-Jun. VL BY Süd 2007/08	Unterhaching	Augsburg	Memmingen	Dingolfing	Ingolstadt	Forstenried	Kempten	Rosenheim	Waldkirchen	Königsbrunn	Nördlingen	Ruhmannsfeld.
Unterhaching	X	0:4	2:0	5:1	5:0	2:1	2:1	3:1	7:0	2:1	11:0	3:1
FC Augsburg	3:1	X	4:1	2:0	2:0	2:2	2:2	0:5	2:0	5:1	3:0	3:1
FC Memmingen	1:4	0:1	X	2:1	1:2	4:0	1:1	2:1	4:0	3:1	4:1	5:0
FC Dingolfing	2:4	0:3	1:1	X	1:1	4:1	4:2	5:0	2:0	0:3	2:1	
FC Ingolstadt 04	2:2	2:1	3:2	1:2	X	1:1	0:1	4:0	3:0	2:1	3:1	5:0
TSV Forstenried	1:5	1:1	0:4	3:3	4:2	X	1:1	3:2	4:1	1:2	2:1	4:1
FC Kempten	1:3	2:1	0:1	0:2	1:1	2:2	X	1:1	5:1	3:3	2:0	5:1
1860 Rosenheim	2:5	0:3	0:1	0:1	2:2	1:3	2:0	X	2:0	3:1	7:2	5:1
TSV Waldkirchen	0:4	0:6	3:5	0:1	4:3	4:3	2:0	2:1	X	0:2	1:1	5:2
FC Königsbrunn	0:5	1:9	1:4	2:1	2:4	0:2	1:3	4:4	4:0	X	3:2	2:2
TSV Nördlingen	2:3	1:4	1:4	0:0	0:3	3:1	0:4	0:1	1:2	3:0	X	0:1
Ruhmannsfelden	0:5	2:6	1:3	0:1	0:4	1:4	2:1	2:4	2:1	3:1	0:3	X

Informationen zur Bayerischen Meisterschaft finden Sie auf Seite 345.

A-Junioren: Verbandsliga Bayern Süd

Pl. (Vj.) Mannschaft		Sp	S	U	N	Tore	TD	Pkt	Sp	S	U	N	Tore	Pkt	Sp	S	U	N	Tore	Pkt
1. (1.) SpVgg Unterhaching	²↑	22	19	1	2	83-24	+59	58	11	10	0	1	42-10	30	11	9	1	1	41-14	28
2. (4.) FC Augsburg	↑	22	16	3	3	67-22	+45	51	11	8	2	1	28-13	26	11	8	1	2	39- 9	25
3. (7.) FC Memmingen	↑	22	14	2	6	53-28	+25	44	11	7	1	3	27-12	22	11	7	1	3	26-16	22
4. (2.) FC Dingolfing	↑	22	12	3	7	40-32	+8	39	11	6	2	3	23-17	20	11	6	1	4	17-15	19
5. (3.) FC Ingolstadt 04		22	11	5	6	48-33	+15	38	11	7	2	2	26-11	23	11	4	3	4	22-22	15
6. (5.) TSV Forstenried		22	8	6	8	46-47	–1	30	11	5	3	3	24-23	18	11	3	3	5	22-24	12
7. (↑) FC Kempten		22	7	7	8	37-31	+6	28	11	4	3	4	22-16	16	11	3	4	4	15-15	12
8. (↑) TSV 1860 Rosenheim		22	8	3	11	46-44	+2	27	11	5	1	5	24-19	16	11	3	2	6	22-25	11
9. (↑) TSV Waldkirchen		22	6	1	15	26-67	–41	19	11	5	1	5	21-28	16	11	1	0	10	5-39	3
10. (8.) FC Königsbrunn		22	5	3	14	33-65	–32	18	11	3	2	6	20-38	11	11	2	1	8	13-27	7
11. (9.) TSV Nördlingen	↓	22	4	1	17	25-63	–38	13	11	2	0	9	11-27	6	11	2	1	8	14-36	7
12. (6.) SpVgg Ruhmannsfelden	↓	22	4	1	17	24-72	–48	13	11	3	0	8	13-33	9	11	1	1	9	11-39	4

Die Verbandsliga Süd wird zur nächsten Saison in Landesliga Süd umbenannt.
Absteiger aus der Bundesliga Süd: SV Wacker Burghausen (in die neue Bayernliga).
Aufsteiger in die Bundesliga Süd: SpVgg Unterhaching.
Aufsteiger in die neue Bayernliga: FC Augsburg, FC Memmingen und FC Dingolfing.
Absteiger in die Bezirksoberligen: SpVgg Ruhmannsfelden (Niederbayern) und TSV Nördlingen (Schwaben).
Aufsteiger aus den Bezirksoberligen: JFG Donautal (Oberpfalz), FT Starnberg 09 (Oberbayern), SpVgg GW Deggendorf, 1. FC Bad Kötzting (Niederbayern), TSG Thannhausen und JFG Donauwörth (Schwaben).

Aufstiegsspiele (der Meister der Bezirksoberligen) zur neuen Bayernliga:

1. Runde:
15.06.08: SpVgg Bayern Hof (Ofr.) – SpVgg Weiden (Opf.) 4:3 iE, 1:1
15.06.08: FSV Erlangen-Bruck (Mfr.) – TSG Thannhausen (Swa.) 2:0
15.06.08: SV Erlenbach/Main (Ufr.) – SpVgg GW Deggendorf (Ndb.) 0:3
Freilos: SC Eintracht Freising (Obb.)

2. Runde:
22.06.08: FSV Erlangen-Bruck – SpVgg Bayern Hof 4:2
24.06.08: SpVgg GW Deggendorf – SC Eintracht Freising 2:4
FSV Erlangen-Bruck und SC Eintracht Freising steigen in die Bayernliga auf; alle übrigen Mannschaften werden in die Landesligen eingegliedert.

Aufstieg zur BL Nord/Nordost

Aufstiegsspiele der Zweiten der Regionalligen Nord und Nordost:
22.06.2008: FC Hertha 03 Zehlendorf (NO) – FC St. Pauli (N)   1:3 (1:0)
29.06.2008: FC St. Pauli – FC Hertha 03 Zehlendorf   2:2 (0:0)
FC St. Pauli steigt in die A-Junioren-Bundesliga Nord/Nordost auf.

FC Hertha 03 Zehlendorf – FC St. Pauli   1:3 (1:0)
Zehlendorf: Daniel Bittner – Aykan Egritepe (76. Thanh Ngo-Chi), Lucas Groth, Sascha Tash, Severin Mihm – Christopher Bräuer, Robin Kersten (65. Darius Niroumand), Paul Göring, Malte Guske – Burak Altiparmak, Kiyan Soltanpour. Trainer: Rainer Helfrich
St. Pauli: Christian Schau – Mert Özel, Peter Filipovic, Tim Heysen, Vincent Wacker – Marlon Krause, Stefan Winkel (78. Abdel-Moneem Abu-Khalil), Dennis Daube, Christopher Mahrt – Ermir Zekiri (51. Jan Lüneburg), Ömer Sismanoglu. Trainer: Jörn Großkopf
Tore: 1:0 Altiparmak (28.), 1:1 Daube (56.), 1:2 und 1:3 Abu-Khalil (80., 85.)
Zuschauer: 378
Schiedsrichter: Florian Steuer (BSV Lendringsen, WEF)
Gelb-Rote Karten: Bräuer (85.) - Abu-Khalil (85.)

FC St. Pauli – FC Hertha 03 Zehlendorf   2:2 (0:0)
St. Pauli: Christian Schau – Marcel de Almeida, Peter Filipovic, Tim Heysen, Vincent Wacker – Marlon Krause, Christopher Mahrt (69. Sinan Bozan), Jan Lüneburg (55. Stefan Winkel), Ermir Zekiri (85. Maurizio D'Urso), Dennis Daube – Ömer Sismanoglu (79. Mert Özel). Trainer: Jörn Großkopf
Zehlendorf: Daniel Bittner – Aykan Egritepe (68.Christian Jacobeit), Severin Mihm, Lucas Groth (62. Baris Demircan), Sascha Tash – Ümit Ejder (62. Niklas Brandt), Malte Guske, Darius Niroumand, Paul Göring, Burak Altiparmak – Kiyan Soltanpour (53. Joaquin Raphael Makangu). Trainer: Rainer Helfrich
Tore: 1:0 Zekiri (57.), 2:0 Winkel (59.), 2:1 Makangu (64.), 2:2 Göring (90.)
Zuschauer: 1.730 im Stadion am Millerntor
Schiedsrichter: Robert Hartmann (SV Krugzell, BY)

Aufstieg zur BL Süd/Südwest

Aufstiegsspiele der Meister der OL Hessen und RL Südwest:
08.06.2008 Offenbacher FC Kickers – 1. FC Saarbrücken   1:0 (0:0)
14.06.2008 1. FC Saarbrücken – Offenbacher FC Kickers   2:3 (2:2)
Offenbacher FC Kickers steigt in die A-Junioren-Bundesliga Süd/Südwest auf.

Offenbacher FC Kickers – 1. FC Saarbrücken   1:0 (0:0)
Offenbach: Stefan Jordanic – Robin Prey, Daniel Goldschmitt, Can Ünsal, Sven Diedrich – Ermin Yalim (76. Caglar Alkac), Sascha Wölfert, Kerby Hofmann (74. Martin Pintaric), Andreas Schäfer (69. Florian Muhl) – Sebastian Rode, Sefa Sandikci (46. Lee Houng Know). Trainer: Jürgen Baier
Saarbrücken: Maximilian Böhmann – Philipp Rehlinger, Wladimir Otto, Nicolas Portz, Sasch Zott – Christoph Berger (68. Robin Vogtland), Engin Yalcin, Hajrullah Muni (85. Peter Bauer), Fabio Di Dio Parlapoco (75. Yannick Bach) – Manuel Zeitz, Mirco Becker (61. Julian Fricker). Trainer: Harald Ebertz
Tor: 1:0 Sascha Wölfert (82.)
Zuschauer: 400 im Stadion "Bieberer Berg" in Offenbach
Schiedsrichter: Karl-Markus Schumacher (DJK Arminia Klosterhardt, NIR)

1. FC Saarbrücken –Offenbacher FC Kickers   2:3 (2:2)
Saarbrücken: Maximilian Böhmann – Philipp Rehlinger, Wladimir Otto, Nicolas Portz (69. Yannick Bach), Sasch Zott – Christoph Berger, Engin Yalcin, Julian Fricker (70. Mirco Becker), Fabio Di Dio Parlapoco (88. Peter Bauer) – Manuel Zeitz, Hajrullah Muni (78. Robin Vogtland). Trainer: Harald Ebertz
Offenbach: Stefan Jordanic – Robin Prey, Daniel Goldschmitt, Can Ünsal, Sven Diedrich – Ermin Yalim (80. Nayan Öz), Sascha Wölfert, Kerby Hofmann, Andreas Schäfer (41. Martin Pintaric) – Lee Houng Know (67. Baris Odabas), Sebastian Rode (46. Marven Taylor). Trainer: Jürgen Baier
Tore: 1:0 Christoph Berger (18.), 1:1 Lee Houng Know (23.), 1:2 Can Ünsal (25.), 2:2 Hajrullah Muni (36.), 2:3 Can Ünsal (82.)
Zuschauer: 800 im Stadion "Kieselhumes" in Saarbrücken
Schiedsrichter: Felix Zwayer (Hertha BSC Berlin, B)
Gelb-Rote Karte: Christoph Berger (90.)

Bayerische Meisterschaft (zugleich Aufstiegsspiele zur Bundesliga):
05.06.2008: SpVgg Unterhaching (Süd) – 1. FC Nürnberg (Nord)   1:1 (0:0)
08.06.2008: 1. FC Nürnberg – SpVgg Unterhaching   0:1 (0:1)
Die SpVgg Unterhaching ist Bayerischer Meister und steigt in die A-Junioren-Bundesliga Süd/Südwest auf.

SpVgg Unterhaching – 1. FC Nürnberg   1:1 (0:0)
Unterhaching: Kai Fritz; Süleyman Uzun (76. Maximilian Schuster), Yasin Yilmaz, Christoph Herberth, Ziegler, Markus Schwabl, Sebastian Sattelmayer (67. Arthur Kubica), Ferdinand Grund, Thomas Hamberger, Martin Sposato (52. Marco Pasiciel, 67. Nebi Filiz), Sebastian Mützel. Trainer: Michael Frühbeis
Nürnberg: René Vollath; Markus Untch, Stephan Herrmann (81. Maximilian Zang), Victor Gradl (46. Maximilian Buttenhauser), Jonathan Kotzke, Florian Wenninger, Kling (47. Rico Röder), Burak Tok (46. Niklas Hörber), Matthias Hartmann, Enrico Valentini, Manuel Fiori. Trainer: Alois Reinhardt
Tore: 0:1 Hörber (71.); 1:1 Muetzel (81.)
Zuschauer: 800 im Generali Sportpark Unterhaching
Schiedsrichter: Thomas Färber (SpVgg Bärenkeller Augsburg)

1. FC Nürnberg – SpVgg Unterhaching   0:1 (0:1)
Nürnberg: Rene Vollath; Markus Untch, Manfred Krotz, Jonathan Kotzke, Burak Tok, Florian Wenninger, Niklas Hörber (71. Milos Supak), Lukas Kling (71. Franz Fessmann), Matthias Hartmann (61. Vittorio Romano), Enrico Valentini, Rico Röder (61. Manuel Fiori). Trainer: Alois Reinhardt
Unterhaching: Kai Fritz; Süleyman Uzun (55. Andreas Martin), Yasin Yilmaz, Christoph Herberth, Patrick Ziegler, Markus Schwabl, Thomas Hamberger, Ferdinand Grund, Nebi Filic (75. Arthur Kubica), Marco Pasiciel, Sebastian Muetzel (83. Johann Latanski). Trainer: Michael Frühbeis
Tor: 0:1 Muetzel (42.)
Zuschauer: 1.700 im Sportpark Valznerweiher Nürnberg
Schiedsrichter: Thomas Stein (TSV Viktoria Homburg/Main)

Aufstieg zur Regionalliga Nord

Entscheidungsspiel über den Aufsteiger aus der VL Bremen (wegen Punktgleichheit):
07.06.2008: FC Bremerhaven – SC Weyhe   1:0 (0:0)
Bremerhaven: Glüsing – Göddert, Brehme, Arslan (60. Kiesner), Büntig, Sander, Kreisberg, Yavos, Hauschke, Hahn, Kapici.
Weyhe: Aufstellung nicht bekannt
Tor : 1:0 Kapici (88.)
Zuschauer: ? in Schwachhausen
Schiedsrichter: Timo Blaschek (VfL 07 Bremen)

Aufstieg zur Regionalliga Nordost

Aufstiegsspiele der Landesmeister:
In Thüringen verzichten FC Rot-Weiß Erfurt II, FSV Ulstertal Geisa und SV Germania Ilmenau, dadurch nimmt der Viertplatzierte ZFC Meuselwitz teil.
22.06.2008: SG Buna Halle-Neustadt (SA) – ZFC Meuselwitz (TH)   1:2
22.06.2008: FC Energie Cottbus II (BRB) – FSV Bentwisch (MV)   2:1 (2:0)
22.06.2008: VFC Plauen (SAX) – Köpenicker SC (B)   0:4 (0:2)
29.06.2008: ZFC Meuselwitz – SG Buna Halle-Neustadt   5:3
29.06.2008: FSV Bentwisch – FC Energie Cottbus II   4:3 (1:1)
29.06.2008: Köpenicker SC – VFC Plauen   3:2 (0:2)
Anmerkung: Da bei Torgleichheit nicht die erzielten Auswärtstore entscheiden, hätte das Rückspiel in Bentwisch verlängert werden müssen. Dies geschah jedoch offensichtlich in Unkenntnis dieser Regel nicht. Weil Großteile beider Mannschaften nach dem Rückspiel in Urlaub gingen, konnte kein Entscheidungsspiel mehr angesetzt werden, woraufhin der NOFV beiden Mannschaften den Aufstieg gewährte.

Aufstieg zur OL Baden-Württembg.

Entscheidungsspiele der Meister der Verbandsstaffeln WBG Nord und Süd:
Der Vizemeister der Staffel Süd, TuS Ergenzingen, nahm für den nicht aufstiegsberechtigten Meister SSV Ulm 1846 II teil.
15.06.2008: TuS Ergenzingen (S) – FC Normannia Gmünd (N)   0:1 (0:1)
22.06.2008: FC Normannia Gmünd – TuS Ergenzingen   2:1 (1:1)
1. FC Normannia Gmünd steigt in die Oberliga Baden-Württemberg auf.

Aufstieg zur Hessenliga

Entscheidungsspiele der Bezirksmeister:
Hinspiele:
07.06.2008: TS Ober-Roden (DA) – SV Buchonia Flieden (FD)   1:1 (0:0)
07.06.2008: TSV Eintr. Stadtallendorf (GM) – Lichtenauer FV (KS)   2:4 (0:3)
07.06.2008: SG Rot-Weiss Frankfurt (F) – FV Biebrich 02 (WI)   2:3 (1:2)
Rückspiele:
14.06.2008: SV Buchonia Flieden – TS Ober-Roden   0:3 (0:1)
14.06.2008: Lichtenauer FV – TSV Eintracht Stadtallendorf   6:1 (2:0)
14.06.2008: FV Biebrich 02 – SG Rot-Weiss Frankfurt   5:6 iE, 0:1 (0:1,0:1)
TS Ober-Roden, Lichtenauer FV und SG Rot-Weiss Frankfurt steigen auf.

DFB-Pokal der A-Junioren

Teilnehmer: Alle 21 Verbandspokalsieger des Vorjahres.

1. Runde:
11.08.07 1-1 TSG Hoffenheim – FC Hansa Rostock 3:4 iE, 2:2 nV (1:1, 0:0)
15.08.07 1-1 FC Energie Cottbus – SV Werder Bremen 0:3 (0:1)
05.09.07 3-1 VfR Horst – TSV München 1860 0:7 (0:2)
06.09.07 2-1 FSV Salmrohr – 1. FSV Mainz 05 1:3 (0:2)
19.09.07 1-1 VfB Stuttgart – SC Freiburg 3:5 iE, 1:1 nV (1:1, 0:0)
Achtelfinale:
27.10.07 2-1 VfB 1900 Gießen – FC Hansa Rostock 4:3 nV (3:3, 0:3)
28.10.07 1-1 SV Werder Bremen – Bayer 04 Leverkusen 1:2 (0:0)
28.10.07 2-1 1. FC Saarbrücken – Hertha BSC Berlin 2:3 (1:1)
28.10.07 2-1 SC Vier- und Marschlande – Borussia Dortmund 0:2 (0:1)
28.10.07 1-1 Chemnitzer FC – Borussia Mönchengladbach 0:4 (0:1)
28.10.07 1-1 TSV München 1860 – 1. FSV Mainz 05 1:0 nV (0:0, 0:0)
28.10.07 1-1 VfL Wolfsburg – FC Carl Zeiss Jena 1:2 (1:1)
31.10.07 2-1 Hallescher FC – SC Freiburg 1:4 (1:3)
Viertelfinale:
24.11.07 1-1 Borussia Mönchengladbach – FC Carl Zeiss Jena 4:1 (2:0)
25.11.07 1-1 SC Freiburg – Borussia Dortmund 9:10 iE, 1:1 nV (1:1, 0:0)
25.11.07 1-1 Hertha BSC Berlin – TSV München 1860 2:1 (0:1)
25.11.07 2-1 VfB 1900 Gießen – Bayer 04 Leverkusen 0:2 (0:1)
Halbfinale:
16.03.08 1-1 Hertha BSC Berlin – Bor. M'gladbach 3:4 iE, 1:1 nV (1:1,1:0)
19.03.08 1-1 Borussia Dortmund – Bayer 04 Leverkusen 1:3 (0:1)
Finale:
18.04.08 1-1 Borussia Mönchengladbach – Bayer 04 Leverkusen 0:3 (0:0)
Mönchengladbach: Schmadtke – Schumacher (83. Ajani), P. Schaaf, Klitzsch, E. Schaaf – Tappiser, Jantschke, Pirschel (83. Aksoy), Zent – Breuer (46. Dowidat), Bäcker (83. Keita-Ruel). Trainer: Ulrich Sude
Leverkusen: Giefer – Petersch, Teixeira, Reinartz, Oczipka – Risse, Selmani, Kaplan, Drechsler (70. Kampl) – Naki – Sukuta-Pasu. Trainer: Sascha Lewandowski
Tore: 0:1 Klitzsch (51., Eigentor), 0:2 Klitzsch (75., Eigentor), 0:3 Naki (90.)
Zuschauer: 3.150 im Karl-Liebknecht-Stadion Potsdam
Schiedsrichter: Tobias Welz (SpVgg Nassau Wiesbaden, HES) - Assistenten: Marco Fritz (SV Breuningsweiler, WBG), Robert Kempter (VfR Sauldorf, SBD) - Vierter Offizieller: Martin Bärmann (1. FC Guben, BRB)

Verbandspokal Schleswig-Holstein

Achtelfinale:
27.10.07 4-3 FSG im Amt Schafflund - FC Angeln 02 2:3 nV
27.10.07 4-4 SG Trave 06 Segeberg - SG Probsteierhagen/Schönkirchen 4:2
28.10.07 4-3 Ratzeburger SV - TSV Kronshagen 4:2 nV
28.10.07 4-3 SG Waabs/EMTV/Barkelsby - Heider SV 2:6 nV
28.10.07 4-4 SG Oldesloe - SG Husum/Rödemis 1:2
04.11.07 4-4 SV Tungendorf - SG Itzehoer SV/TSV Lägerdorf 4:0
21.11.07 4-2 SpVgg Rot-Weiß Moisling - Holstein Kiel 1:9
28.11.07 5-2 TSV Pansdorf - SV Eichede 1:2
Viertelfinale:
15.12.07 4-4 SG Trave 06 Segeberg - SG Husum/Rödemis 5:1
15.12.07 4-2 Ratzeburger SV - Holstein Kiel 1:6
16.12.07 4-3 SV Tungendorf - FC Angeln 02 4:2
24.03.08 3-2 Heider SV - SV Eichede 5:2
Halbfinale (in Malente):
30.04.08 4-4 SV Tungendorf - SG Trave 06 Segeberg 3:4 nV
30.04.08 2-3 Holstein Kiel - Heider SV 3:1
Spiel um Platz 3 und Finale (in Malente):
01.05.08 3-4 Heider SV - SV Tungendorf 8:0
01.05.08 2-4 Holstein Kiel - SG Trave 06 Segeberg 7:1

Verbandspokal Hamburg

Achtelfinale:
15.04.08 ?-3 Eimsbütteler TV - TuS Germania Schnelsen 0:8
15.04.08 3-2 FC Eintracht 03 Norderstedt - FC St. Pauli 4:3 nV (2:2, 1:1)
16.04.08 3-2 SC Alstertal/Langenhorn - Altonaer FC 93 0:3 (0:2)
16.04.08 5-1 SC Victoria Hamburg - Hamburger SV 1:2 nV, 0:0
16.04.08 5-4 SV Bergstedt - FC Alsterbrüder 1:3
16.04.08 3-2 FC Elmshorn - SC Vier- und Marschlande 1:3
16.04.08 4-2 SC Condor Hamburg - TuS Osdorf 3x0
23.04.08 3-5 HSV Barmbek-Uhlenhorst - Bramfelder SV 3:2
Viertelfinale:
29.04.08 4-3 FC Alsterbrüder - FC Eintracht 03 Norderstedt 0:5 (0:3)
30.04.08 4-2 SC Condor Hamburg - SC Vier- und Marschlande 0:6 (0:1)
06.05.08 2-1 Altonaer FC 93 - Hamburger SV 2:3 nV (2:2, 1:1)
06.05.08 3-3 Barmbek-Uhlenh. - Germ. Schnelsen 5:4 iE, 1:1 nV (1:1, 1:1)
Halbfinale:
22.05.08 3-2 HSV Barmbek-Uhlenhorst - SC Vier- und Marschlande 2:0
28.05.08 3-1 FC Eintracht 03 Norderstedt - Hamburger SV 2:5
Finale (im Sternschanzenpark):
04.06.08 3-1 HSV Barmbek-Uhlenhorst - Hamburger SV 0:5 (0:3)

Verbandspokal Niedersachsen

Achtelfinale:
08.09.07 3-3 SV Viktoria 08 Georgsmarienhütte - MTV Gifhorn 5:0
09.09.07 3-2 TuS Blau-Weiß Lohne - SV Meppen 0:6
09.09.07 3-2 BSV Kickers Emden - VfL Oldenburg 1:4
25.09.07 3-1 SCW Göttingen - Eintracht Braunschweig 1:2
25.09.07 3-2 BV Cloppenburg - VfL Osnabrück 0:5
26.09.07 3-1 Eintracht Braunschweig II - Hannover 96 1:6
03.10.07 3-3 SV Ahlerstedt/Ottendorf - Lüneburger SK 4:2
17.10.07 3-1 VfV Borussia 06 Hildesheim - VfL Wolfsburg 1:5
Viertelfinale:
24.11.07 3-2 SV Ahlerstedt/Ottendorf - VfL Oldenburg 4:6
25.11.07 1-1 Eintracht Braunschweig - VfL Wolfsburg 2:4
25.11.07 2-1 VfL Osnabrück - Hannover 96 3:1
04.12.07 3-2 SV Viktoria 08 Georgsmarienhütte - SV Meppen 7:6 nE
Halbfinale:
15.03.08 2-2 VfL Oldenburg - VfL Osnabrück 0:2
15.03.08 3-1 SV Viktoria 08 Georgsmarienhütte - VfL Wolfsburg 2:5
Finale (im August-Wenzel-Stadion in Barsinghausen):
01.05.08 2-1 VfL Osnabrück - VfL Wolfsburg 1:4 (0:1)

Verbandspokal Bremen

Viertelfinale:
10.02.08 3-3 TuS Komet Arsten - Olympischer SC Bremerhaven 10:11 nE
10.02.08 3-3 SV Weyhe - Blumenthaler SV 4:6
12.02.08 3-1 TSV Osterholz-Tenever - SV Werder Bremen U 19 0:10 (0:4)
12.02.08 4-2 ATSV Sebaldsbrück - FC Oberneuland 2:9
Halbfinale:
06.05.08 3-1 Olympischer SC Bremerhaven - SV Werder Bremen U 19 0:9
06.05.08 3-2 Blumenthaler SV - FC Oberneuland 2:1 (1:1)
Finale:
27.05.08 3-1 Blumenthaler SV - SV Werder Bremen U 19 1:4 (1:2)

VP Mecklenburg-Vorpommern

Achtelfinale:
03.10.07 3-3 Schweriner SC Breitensport - FC Anker Wismar 3:2
03.10.07 3-3 Mecklenburgischer SV Pampow - FSV Bentwisch 0:4
03.10.07 3-3 FC Pommern Stralsund - VfL Bergen 94 3:1
03.10.07 3-3 Grimmener SV - Rostocker FC von 1895 0:3
03.10.07 4-3 SV Hafen Rostock 61 - Greifswalder SV 04 3:6
Freilose: 1 FC Hansa Rostock
 2 1. FC Neubrandenburg 04, FC Eintracht Schwerin
Viertelfinale:
31.10.07 3-3 Greifswalder SV 04 - FSV Bentwisch 2:0 (0:0)
31.10.07 3-2 Schweriner SC - 1. FC Neubrandenburg 04 0:7
31.10.07 3-3 FC Pommern Stralsund - Rostocker FC von 1895 3x0 (2:3)
31.10.07 2-1 FC Eintracht Schwerin - FC Hansa Rostock 1:2 nV
Halbfinale:
11.04.08 2-1 1. FC Neubrandenburg 04 - FC Hansa Rostock 0:1 (0:1)
09.03.08 3-3 FC Pommern Stralsund - Greifswalder SV 04 1:2 (0:1)
Finale (in Malchow):
07.05.08 1-3 FC Hansa Rostock - Greifswalder SV 04 5:3 (3:0)

Verbandspokal Brandenburg

Achtelfinale:
08.12.07 4-3 BSC Rathenow - Oranienburger FC Eintracht 1:2

09.12.07	4-3	SV Altlüdersdorf - FC Strausberg	0:5
09.12.07	4-3	FC Schwedt 02 - FSV Union Fürstenwalde	2:1
09.12.07	3-3	SG Groß Gaglow - JSG Senftenberg-See	1:0
09.12.07	3-3	FSV Viktoria Cottbus - FC Energie Cottbus II	5:2
09.12.07	3-3	FSV 63 Luckenwalde - Ludwigsfelder FC	2:5
09.12.07	3-3	FC Stahl Brandenburg - Brandenburger SC Süd 05	1:3
16.12.07	4-3	SV Rot-Weiß Kyritz - MSV 1919 Neuruppin	3:7

Viertelfinale:
18.03.08	3-3	MSV 1919 Neuruppin - Oranienburger FC Eintracht	1:2
23.03.08	3-3	Ludwigsfelder FC - Brandenburger SC Süd 05	7:0
23.03.08	4-3	FC Schwedt 02 - FC Strausberg	0:1
02.04.08	3-3	SG Groß Gaglow - FSV Viktoria Cottbus	5:6

Halbfinale:
30.04.08	3-3	FC Strausberg - Oranienburger FC Eintracht	2:1
01.05.08	3-3	FSV Viktoria Cottbus - Ludwigsfelder FC	0:2

Finale (im Waldstadion in Ludwigsfelde):
11.05.08	3-3	Ludwigsfelder FC - FC Strausberg	7:6 nE

Qualifikation für den DFB-Pokal:
1. Runde:
28.05.08	3-2	Ludwigsfelder FC - SV Babelsberg 03	0:1
28.05.08	2-1	Frankfurter FC Viktoria - FC Energie Cottbus	4:5

Finale (auf dem Sportplatz Sandscholle in Potsdam):
04.06.08	2-1	SV Babelsberg 03 - FC Energie Cottbus	5:3

Verbandspokal Berlin

Achtelfinale:
06.02.08	3-1	SFC Stern 1900 - Hertha BSC Berlin	6:7 iE (1:1, 0:1)
06.02.08	4-1	FC Stern Marienfelde - Tennis Borussia Berlin	0:5 (0:3)
09.02.08	5-4	Friedrichshagener SV - SV Sparta Lichtenberg	10:11 iE 2:2
10.02.08	4-2	TSV Rudow - FC Hertha 03 Zehlendorf	1:2 (1:1)
10.02.08	2-6	1. FC Union Berlin - TSV Helgoland	19:1
10.02.08	2-3	BFC Türkiyemspor - Berliner FC Dynamo	3:2 (0:1)
10.02.08	2-4	SV Tasmania Gropiusstadt - 1. FC Wacker Lankwitz	12:2
10.02.08	3-4	Lichterfelder FC Berlin - BSV Hürtürkel	6:4 iE (2:2, 1:0)

Viertelfinale:
12.03.08	3-2	Lichterfelder FC Berlin - 1. FC Union Berlin	1:0 (1:0)
12.03.08	4-2	SV Sparta Lichtenberg - BFC Türkiyemspor	0:11 (0:7)
12.03.08	2-2	SV Tasmania Gropiusstadt - FC Hertha Zehlendorf	0:1 (0:1)
19.03.08	1-1	Tennis Borussia Berlin - Hertha BSC Berlin	2:1 (0:0)

Halbfinale:
02.04.08	3-1	Lichterfelder FC Berlin - Tennis Borussia Berlin	5:6 iE (2:2, 1:2)
02.04.08	2-2	FC Hertha 03 Zehlendorf - BFC Türkiyemspor	2:4 (1:0)

Finale (im Werner-Seelenbinder-Sportpark Berlin-Neukölln):
01.05.08	1-2	Tennis Borussia Berlin - BFC Türkiyemspor	0:1 (0:1)

Verbandspokal Sachsen-Anhalt

Achtelfinale:
17.11.07	4-4	1. FC Lok Stendal - SV Eintracht Salzwedel	1:4
17.11.07	4-3	Oscherslebener SC - Magdeburger SV Börde	4:1
24.11.07	4-3	VfB Ottersleben - TuS Magdeburg-Neustadt	2:4
24.11.07	4-1	SV Germania 08 Roßlau - 1. FC Magdeburg	0:12
24.11.07	4-3	TV Askania Bernburg - SV 09 Staßfurt	6:3
09.12.07	4-4	FC Eintracht Köthen - SG Halle-Ammendorf/Döllnitz	5:3
09.02.08	3-2	FC Grün-Weiß Piesteritz - Hallescher FC	1:5
10.02.08	4-3	VfB IMO Merseburg - SG Buna Halle-Neustadt	5:0

Viertelfinale:
16.03.08	4-1	SV Eintracht Salzwedel - 1. FC Magdeburg	0:11
16.03.08	4-4	FC Eintracht Köthen - TV Askania Bernburg	3:2
16.03.08	4-3	VfB IMO Merseburg - TuS Magdeburg-Neustadt	7:2
22.03.08	4-2	Oscherslebener SC - Hallescher FC	0:6

Halbfinale:
30.04.08	4-2	VfB IMO Merseburg - Hallescher FC	0:2
14.06.08	4-1	FC Eintracht Köthen - 1. FC Magdeburg	0:10

Finale (im Heinrich-Germer-Stadion in Magdeburg):
22.06.08	1-2	1. FC Magdeburg - Hallescher FC	1:0

Verbandspokal Thüringen

Achtelfinale:
31.10.07	4-3	SV Roschütz - 1. FC Gera 03	0:4
31.10.07	4-4	FSV Wacker Gotha - VfL Saalfeld	2x0
31.10.07	4-3	Preußen Bad Langensalza - Eintr. Hildburghausen	2x0
31.10.07	4-3	JSG Arnstadt - SV SCHOTT JENAer GLAS	2:4 nV
31.10.07	5-3	Schöndorfer SV - 1. SC Heiligenstadt	1:5
31.10.07	3-3	Eintr. Sondershausen - FC Rot-Weiß Erfurt II	3:4
31.10.07	4-3	SV Jena-Zwätzen - ESV Lok Erfurt	1:2
15.12.07	4-3	VfL Meiningen - FSV Ulstertal Geisa	1:2

Viertelfinale:
24.11.07	3-3	1. SC Heiligenstadt - FC Rot-Weiß Erfurt II	1:4
24.11.07	4-3	FSV Wacker Gotha - ESV Lok Erfurt	4:3 nV
15.12.07	4-3	Pr. Bad Langensalza - SV SCHOTT JENAer GLAS	0:2
09.03.08	3-3	FSV Ulstertal Geisa - 1. FC Gera 03	4:0

Halbfinale:
15.03.08	4-3	FSV Wacker Gotha - FC Rot-Weiß Erfurt II	2:3
15.03.08	3-3	SV SCHOTT Jena - FSV Ulstertal Geisa	5:1

Finale (in Blankenhain):
01.05.08	3-3	FC Rot-Weiß Erfurt II - SV SCHOTT Jena	10:4 (6:3)

Qualifikation für den DFB-Pokal:
20.09.07	1-1	FC Rot-Weiß Erfurt - FC Carl Zeiss Jena	1:3 (0:2)
11.04.08	1-1	FC Carl Zeiss Jena - FC Rot-Weiß Erfurt	1:2

Verbandspokal Sachsen

Achtelfinale:
03.10.07	3-2	FC Oberlausitz Neugersdorf - SG Dynamo Dresden	1:2
03.10.07	3-2	TSV IFA Chemnitz - FV Dresden 06 Laubegast	4:1
03.10.07	3-3	Bornaer SV 91 - FSV Zwickau	0:7
03.10.07	3-3	FC Sachsen Leipzig II - Vogtländischer FC Plauen	0:5
03.10.07	4-3	Hoyerswerdaer SV 1919 - Bergstädtischer SC Freiberg	1:4
03.10.07	5-2	SV Liebertwolkwitz - FC Erzgebirge Aue	1:4
20.10.07	2-1	1. FC Lokomotive Leipzig - Chemnitzer FC	0:5
31.10.07	2-1	FV Dresden-Nord - FC Sachsen Leipzig	3:4

Viertelfinale:
21.11.07	2-1	FC Erzgebirge Aue - FC Sachsen Leipzig	1:3
21.11.07	3-1	Vogtländischer FC Plauen - Chemnitzer FC	0:2
21.11.07	3-2	FSV Zwickau - SG Dynamo Dresden	2:4
17.02.08	3-3	TSV IFA Chemnitz - Bergstädtischer SC Freiberg	2:4

Halbfinale:
22.03.08	2-1	SG Dynamo Dresden - FC Sachsen Leipzig	2:0
22.03.08	3-1	Bergstädtischer SC Freiberg - Chemnitzer FC	0:2

Finale (in Leipzig):
10.05.08	2-1	SG Dynamo Dresden - Chemnitzer FC	3:0

Verbandspokal Westfalen

Achtelfinale:
02.04.08	5-1	Vorwärts Wettringen - Rot-Weiss Ahlen	0:4
02.04.08	2-1	SC Paderborn 07 - Borussia Dortmund	0:2
02.04.08	2-1	Hammer SpVgg - DSC Arminia Bielefeld	2:3
02.04.08	2-1	Sportfreunde Siegen - FC Schalke 04	0:1
02.04.08	2-2	VfL Theesen - SG Wattenscheid 09	2:6
02.04.08	5-1	SV Eintracht Jerxen-Orbke - VfL Bochum	0:1
08.04.08	3-1	SSV Buer 07/28 - SC Preußen 06 Münster	3:1
Freilos:	4	SG Finnentrop/Bamenohl	

Viertelfinale:
16.04.08	2-1	SG Wattenscheid 09 - FC Schalke 04	0:1
16.04.08	4-1	SG Finnentrop/Bamenohl - Borussia Dortmund	3:7
16.04.08	1-1	Rot-Weiss Ahlen - VfL Bochum	1:3
23.04.08	3-1	SSV Buer 07/28 - DSC Arminia Bielefeld	3:1

Halbfinale:
30.04.08	1-1	VfL Bochum - Borussia Dortmund	0:3
07.05.08	3-1	SSV Buer 07/28 - FC Schalke 04	1:4

Finale (im Stadion Rote Erde in Dortmund):
04.06.08	1-1	Borussia Dortmund - FC Schalke 04	2:0 nV (0:0, 0:0)

Verbandspokal Niederrhein

02.02.08	1-1	Borussia Mönchengladbach - Fortuna Düsseldorf	4:1
02.02.08	3-2	SG Essen-Schönebeck - SC Rot-Weiß Oberhausen	2:3
03.02.08	3-3	Sportfreunde Baumberg - SV Rot-Weiß Mülheim	3:0
03.02.08	1-2	MSV Duisburg - Wuppertaler SV Borussia	5:2
03.02.08	3-3	Sportfreunde Hamborn 07 - KTSV Preußen Krefeld	5:3
03.02.08	3-1	VfB Homberg - Rot-Weiss Essen	5:7
13.02.08	3-2	SuS Essen-Haarzopf 1924 - VfB Hilden	2:1
14.02.08	3-3	SC Steele 03/20 - SV Burgaltendorf	3:0

Viertelfinale:
02.04.08 1-1 MSV Duisburg - Rot-Weiss Essen 3:1
12.04.08 1-3 Borussia Mönchengladbach - Spfr. Hamborn 07 7:0
13.04.08 3-2 SC Steele 03/20 - SC Rot-Weiß Oberhausen 0:2
13.04.08 3-3 SuS Essen-Haarzopf 1924 - Sportfreunde Baumerg 4:2
Halbfinale:
07.05.08 3-1 SuS Essen-Haarzopf 1924 - MSV Duisburg 1:7
07.05.08 2-1 SC Rot-Weiß Oberhausen - Bor. Mönchengladbach 0:3
Finale:
11.06.08 1-1 Borussia Mönchengladbach - MSV Duisburg 0:1

Verbandspokal Mittelrhein

1. Runde:
09.02.08 2-2 SF Troisdorf - SSG 09 Bergisch Gladbach 0:1
09.02.08 3-2 SC West Köln - DJK Blau-Weiß Friesdorf 2:0
09.02.08 3-3 Efferener BC - SG Spfr. 69 Marmagen-N. 1:4
09.02.08 3-2 SV Eilendorf - FC Düren-Niederau 0:1
10.02.08 4-2 TuS Germania Kückhoven - FC Germania 07 Dürwiß 0:2
10.02.08 4-4 TuS Rheinland Dremmen - DJK Viktoria Frechen 2:4
10.02.08 3-2 FC Hennef 05 - SCB Viktoria Köln 2:4
10.02.08 4-2 SV 02/29 Morsbach - Bonner SC 1:7
2. Runde:
29.03.08 3-2 SG Spfr. 69 Marmagen-N. - FC Düren-Niederau 4:1
29.03.08 2-2 SSG 09 Bergisch Gladbach - FC Germania 07 Dürwiß 4:2
29.03.08 3-2 SC West Köln - SCB Viktoria Köln 6:7
02.04.08 4-2 DJK Viktoria Frechen - Bonner SC 1:7
3. Runde:
30.04.08 3-1 SG Spfr. 69 Marmagen-N. - VfL Leverkusen 3:2
01.05.08 2-1 Bonner SC - 1. FC Köln 1:4
07.05.08 2-1 SCB Viktoria Köln - TSV Alemannia Aachen 6:7
07.05.08 2-1 SV Bergisch Gladbach 09 - Bayer 04 Leverkusen 1:2
(SSG 09 Bergisch Gladbach benannte sich im April 2008 um)
Halbfinale:
07.05.08 3-1 SG Spfr. 69 Marmagen-N. - 1. FC Köln 0:3
29.05.08 1-1 TSV Alemannia Aachen - Bayer 04 Leverkusen 2:5
Finale (auf dem Platz Kurtekotten in Köln):
04.06.08 1-1 Bayer 04 Leverkusen - 1. FC Köln 2:3

Verbandspokal Rheinland

Achtelfinale:
04.12.07 3-2 FC Germania Metternich - SpVgg EGC Wirges 2:0
08.12.07 4-3 JSG Weitefeld - Spfr. Eisbachtal 2:1
08.12.07 4-3 JSG Badem - SV Konz 6:4
09.12.07 4-3 JSG Holzbach - FC Alemannia Plaidt 4:1
13.12.07 5-4 Spfr. Höhr-Grenzhausen - TuS Koblenz II 0:3
14.12.07 2-2 FSV Salmrohr - TuS Koblenz 0:1
15.12.07 4-2 JSG Berod - SG 06 Betzdorf 0:6
15.12.07 3-2 JSG Scheich - SV Eintracht Trier 05 4:1
Viertelfinale:
04.03.08 3-2 FC Germania Metternich - SG 06 Betzdorf 2:0
05.03.08 4-4 TuS Koblenz II - JSG Badem 11:0
11.03.08 3-2 JSG Scheich - TuS Koblenz 1:6
15.03.08 4-4 JSG Holzbach - JSG Weitefeld 3:1
Halbfinale:
19.04.08 4-4 TuS Koblenz II - JSG Holzbach 6:1
30.04.08 3-2 FC Germania Metternich - TuS Koblenz 0:2
Finale:
06.06.08 4-2 TuS Koblenz II - TuS Koblenz 1:3

Verbandspokal Südwest

Achtelfinale:
03.10.07 3-3 SpVgg Ingelheim - VfL Fontana Finthen 3:4
03.10.07 3-2 SG Blaubach-Diedelkopf - FK 03 Pirmasens 5:3
03.10.07 3-2 TSG Kaiserslautern - Bingener FVgg Hassia 2:0
03.10.07 3-2 Ludwigshafener SC - SV Gonsenheim 6:4
03.10.07 3-2 1. FC 08 Haßloch - SG Rieschweiler 0:4
09.10.07 3-2 FSV Oggersheim - DJK Phönix Schifferstadt 2:4
Freilose: 1 1. FC Kaiserslautern, 1. FSV Mainz 05
Viertelfinale:
01.11.07 3-2 Ludwigshafener SC - DJK Phönix Schifferstadt 2:1
07.11.07 3-1 VfL Fontana Finthen - 1. FSV Mainz 05 0:3
14.11.07 3-2 SG Blaubach-Diedelkopf - SG Rieschweiler 1:0
21.11.07 3-1 TSG Kaiserslautern - 1. FC Kaiserslautern 0:5
Halbfinale:
15.03.08 3-1 Ludwigshafener SC - 1. FC Kaiserslautern 0:5
20.03.08 3-1 SG Blaubach-Diedelkopf - 1. FSV Mainz 05 0:7
Finale:
08.05.08 1-1 1. FSV Mainz 05 - 1. FC Kaiserslautern 3:0

Verbandspokal Saarland

Achtelfinale:
07.12.07 3-3 FV Lebach - SV Auersmacher 0:6
08.12.07 5-4 SVgg 07 Elversberg - Sportfreunde Köllerbach 0:2
15.12.07 5-4 SG Bruchhof - SG FSV Hemmersdorf 2:6
15.12.07 5-5 SV Furpach - SV Landsweiler/Lebach x:0
15.12.07 4-3 SG FC Marpingen - SG SV Losheim 4:2
15.12.07 2-2 SV Röchling Völklingen - SV Mettlach 5:3
16.02.08 3-2 SV Alemannia Thalexweiler - 1. FC Saarbrücken 1:7
27.02.08 4-2 FC Ensdorf - Borussia VfB Neunkirchen 2:11
Viertelfinale:
12.03.08 4-2 SG FC Marpingen - SV Röchling Völklingen 1:0
15.04.08 5-2 SV Furpach - 1. FC Saarbrücken 0:8
16.04.08 4-3 Sportfreunde Köllerbach - SV Auersmacher 2:1
16.04.08 4-2 SG FSV Hemmersdorf - Borussia VfB Neunkirchen 1:3
Halbfinale:
29.04.08 4-4 Sportfreunde Köllerbach - SG FC Marpingen 2:1
07.05.08 2-2 Borussia VfB Neunkirchen - 1. FC Saarbrücken 1:3
Finale (in Mitlosheim):
28.05.08 4-2 Sportfreunde Köllerbach - 1. FC Saarbrücken 0:9 (0:2)

Verbandspokal Hessen

Finale Bezirkspokal Kassel (in Fritzlar):
15.04.08 3-2 Lichtenauer FV - 1. FC Schwalmstadt 2:1 (0:0)
Finale Bezirkspokal Gießen/Marburg (in Angelburg-Gönnern):
01.05.08 3-2 Eintracht Stadtallendorf - SC Waldgirmes 0:5 nV (0:0, 0:0)
Finale Bezirkspokal Fulda (in Bad Soden-Salmünster):
30.04.08 3-3 SG Bad Soden - Hünfelder SV 4:0 (1:0)
Finale Bezirkspokal Frankfurt a. M. (in Neu-Isenburg):
23.04.08 2-2 Offenbacher FC Kickers - FV Bad Vilbel 12:0 (7:0)
Finale Bezirkspokal Darmstadt (Pfungstadt-Eschollbrücken):
01.05.08 2-2 SV Darmstadt 98 - SC Viktoria 06 Griesheim 1:2 nV (1:1, 1:0)
Finale Bezirkspokal Wiesbaden (in Geisenheim):
01.05.08 3-2 VfB Unterliederbach - SV Wehen Wiesbaden 5:2 (2:1)
Verbandspokal:
Viertelfinale:
07.05.08 2-1 SC Viktoria 06 Griesheim - Eintracht Frankfurt 1:5 (0:2)
07.05.08 3-3 SG Bad Soden - Lichtenauer FV 0:9 (0:6)
07.05.08 2-2 SC Waldgirmes - Offenbacher FC Kickers 0:7 (0:2)
Freilos: 3 VfB Unterliederbach
Halbfinale:
14.05.08 1-3 Eintracht Frankfurt - VfB Unterliederbach 7:0 (2:0)
14.05.08 3-2 Lichtenauer FV - Offenbacher Kickers 4:5 iE, 2:2 nV (1:1, 0:0)
Finale (in Schwalmstadt-Ziegenhain):
22.05.08 1-2 Eintracht Frankfurt - Offenbacher FC Kickers 2:1 (1:0)

Verbandspokal Nordbaden

Achtelfinale:
10.06.08 4-3 SpVgg Amicitia Viernheim - SG Siemens Karlsruhe 4:0
04.06.08 5-3 SV K-Beiertheim II - FC Astoria Walldorf 0:11
04.06.08 4-1 VfL Neckarau - Karlsruher SC 2:6
04.06.08 4-1 SG Neunkirchen/Aglasterh. - TSG 1899 Hoffenheim 0:9
05.06.08 4-3 TSV Tauberbischofsheim - TSG 1899 Hoffenheim II 0:9
04.06.08 4-2 FC Astoria Walldorf II - SV Waldhof 07 Mannheim 1:3
04.06.08 4-2 FC Germania Forst - SV 98 Schwetzingen 1:2
04.06.08 4-3 TSV Höpfingen - VfR Pforzheim 0:5
Viertelfinale:
14.06.08 4-3 SpVgg Amicitia Viernheim - TSG 1899 Hoffenheim II 0:4
14.06.08 3-2 FC Astoria Walldorf - SV Waldhof 07 Mannheim 3:2
15.06.08 2-1 SV 98 Schwetzingen - Karlsruher SC 0:4
10.06.08 3-1 VfR Pforzheim - TSG 1899 Hoffenheim 0:10
Halbfinale:
18.06.08 3-1 TSG 1899 Hoffenheim II - Karlsruher SC 2:3

18.06.08 3-1 FC Astoria Walldorf - TSG 1899 Hoffenheim 6:3 nE
Finale:
22.06.08 1-3 Karlsruher SC - FC Astoria Walldorf 6:0

Verbandspokal Südbaden

Achtelfinale:
20.10.07 3-2 FC Emmendingen - FC 08 Villingen 1:3
01.11.07 3-1 FC Konstanz - Offenburger FV 0:3
01.11.07 5-3 FC Rot-Weiß Salem - FC Rastatt 04 6:1
01.11.07 5-3 Rastatter SC - FC Denzlingen 0:3
01.11.07 3-3 SV Weil - SpVgg Untermünstertal 3x0 (0:4)
01.11.07 5-4 SpVgg F.A.L. - FC Radolfzell 3:1
01.11.07 6-4 SV Rust - SG Bühl 2:4
28.11.07 1-2 SC Freiburg - SC Pfullendorf 6:0
Viertelfinale:
09.12.07 3-3 SV Weil - FC Denzlingen 2:4
09.12.07 5-4 FC Rot-Weiß Salem - SG Bühl 2:5
15.12.07 5-2 SpVgg F.A.L. - FC 08 Villingen 0:2
16.03.08 1-1 SC Freiburg - Offenburger FV 4:1
Halbfinale:
24.03.08 4-1 SG Bühl - SC Freiburg 0:6
17.04.08 2-3 FC 08 Villingen - FC Denzlingen 1:0
Finale (im Einbollenstadion des FC Denzlingen):
07.05.08 1-2 SC Freiburg - FC 08 Villingen 4:0 (3:0)

Verbandspokal Württemberg

Achtelfinale:
21.11.07 3-1 TSV Crailsheim - VfB Stuttgart 0:4 (0:1)
24.11.07 3-2 TSV Sondelfingen - SSV Ulm 1846 1:3 (1:0)
24.11.07 3-2 SpVgg Au/Iller - TSG Backnang 5:6 nE, 2:2 nV (1:1, 1:0)
24.11.07 3-2 FV Löchgau - SV Böblingen 0:4 (0:1)
24.11.07 3-1 VfL Pfullingen - SV Stuttgarter Kickers 2:4 (1:1)
24.11.07 3-2 VfL Nagold - VfL Kirchheim/Teck 2:3 (0:2)
24.11.07 2-2 FC Wangen - SGV Freiberg 2:3 (2:1)
17.04.08 3-2 Spfr. Schwäbisch Hall - SSV Reutlingen 05 1:3 (0:3)
Viertelfinale:
16.04.08 2-2 TSG Backnang - SV Böblingen 5:3 nV (3:3, 0:2)
16.04.08 2-1 SGV Freiberg - VfB Stuttgart 0:1 nV (0:0, 0:0)
23.04.08 2-1 SSV Ulm 1846 - SV Stuttgarter Kickers 2:1 nV (1:0, 1:0)
23.04.08 2-2 SSV Reutlingen 05 - VfL Kirchheim/Teck 2:1 (0:1)
Halbfinale:
01.05.08 2-1 SSV Ulm 1846 - VfB Stuttgart 1:5 (1:2)
01.05.08 2-2 SSV Reutlingen 05 - TSG Backnang 7:2 (2:2)
Finale (im Eichenbachstadion in Eislingen):
22.05.08 1-2 VfB Stuttgart - SSV Reutlingen 05 5:2 nE, 1:1 nV (1:1, 1:1)

Verbandspokal Bayern

Finale Bezirkspokal Oberbayern:
29.04.08 2-1 SpVgg Unterhaching - TSV München 1860 0:3
Finale Bezirkspokal Niederbayern:
01.05.08 3-2 SpVgg Landshut - FC Dingolfing 0:4
Finale Bezirkspokal Schwaben:
01.05.08 2-2 FC Augsburg - FC Memmingen 3:1
Finale Bezirkspokal Oberpfalz:
30.04.08 3-1 ASV Burglengenfeld - SSV Jahn Regensburg 1:6
Finale Bezirkspokal Oberfranken:
29.04.08 2-2 1. FC Eintracht Bamberg - TSV Hirschaid 9:1
Finale Bezirkspokal Mittelfranken:
30.04.08 3-2 FSV Erlangen-Bruck - 1. FC Nürnberg 1:2
Finale Bezirkspokal Unterfranken:
29.04.08 4-3 JFG Leinachtal/Zellingen - TSV Großbardorf 1:4
Verbandspokal:
Viertelfinale:
07.05.08 2-1 1. FC Nürnberg - TSV München 1860 3:1
07.05.08 2-2 1. FC Eintracht Bamberg - FC Dingolfing x:0
07.05.08 3-1 TSV Großbardorf - SSV Jahn Regensburg 2:11
Freilos: 2 FC Augsburg
Landesfinale in Erkheim bei Memmingen (Bezirk Schwaben):
Halbfinale:
22.05.08 2-2 1. FC Nürnberg - FC Augsburg 8:7 iE, 3:3
22.05.08 1-2 SSV Jahn Regensburg - 1. FC Eintracht Bamberg 3:4 iE, 2:2

Spiel um Platz 3:
22.05.08 2-1 FC Augsburg - SSV Jahn Regensburg 12:11 iE, 2:2
Finale:
22.05.08 2-2 1. FC Nürnberg - 1. FC Eintracht Bamberg 5:4 iE, 1:1

Unsere Empfehlung !

Nord-Chronik
Deutscher Sportclub für Fußballstatistiken e. V.

Fußball in Niedersachsen
1964 - 1979 NFV
Tabellen · Ergebnisse
Landesliga
Verbandsligen
Bezirksligen
Bezirkspokalendspiele
Verbandspokal
Ewige Tabellen
Mannschaftsbilanzen

Der Fußball in Niedersachsen zwischen zwei großen Ligareformen wird in unglaublicher Detailverliebtheit und Präzision dokumentiert. Von 1964/65 bis 1978/79 sind alle Abschlusstabellen und Ergebnisse der Landesliga, der vier Verbandsligen sowie der acht bzw. neun Bezirksligen enthalten. Hinzu kommen alle Entscheidungsspiele zu diesen Ligen, alle Verbandspokalspiele sowie alle Endspiele der Bezirkspokale, Ewige Tabellen aller enthaltenen Ligen sowie Mannschaftsbilanzen von 1945 bis 2007 aller knapp 50 Mannschaften, die in der Landesliga gespielt haben.

260 Seiten, 21x30 cm, Karton
Bestellnummer: 220350, Preis 24,80 €

Herausgeber:
Deutscher Sportclub für Fußballstatistiken e. V.

Zu bestellen bei:
Deutscher Sportclub für Fußballstatistiken e. V.
Dieter Hildebrandt
Nossener Straße 17
12627 Berlin
Telefax: (0 30) 56 49 87 97
e-Mail: shop@dsfs.de

Weitere Informationen finden Sie auch auf Seite 99.

B-Junioren

Die Pyramide

Um Ihnen einen kurzen Überblick über die Ligen auf den folgenden Seiten zu geben, ist hier die Pyramide des B-Junioren-Fußballs dargestellt (bis einschließlich 4. Liga). Die Ergebnisse und Tabellen der Bundesligen finden Sie auf den folgenden Seiten.

Level	Liga																Staffeln
0	Meisterschaft																
1	△1 Bundesliga Nord/Nordost ▽3					△1 Bundesliga West ▽3					△2 Bundesliga Süd/Südwest ▽3						3
2	△1 Regionalliga Nordost ▽4				△2 Regionalliga Nord ▽4		△1 VL WEF ▽2	△1 VL NIR A ▽3		△1 VL NIR B ▽3	△1 VL MIR ▽3	△1 Regionalliga Südwest ▽3	△1 OL HES ▽3	△1 OL Baden-Württemberg ▽3	△1 VL BY N ▽4	△1 VL BY S ▽3	11
3	LL MV	LL BRB	VL B	VL SA	LL TH	LL SAX	VL SH	VL HH	VL NS	VL HB	2	14	2	VL RHL	VL SW	VL* SAR	6	VL NBD	VL SBD	2 VS WBG	7	48
4	3	4	2	4	3	3	4	1	4	2	4	38	9	3	4	2*	34*	3	2	16*	24	169

* Ohne die zu Saisonbeginn vorgeschalteten Qualifikationsgruppen (oft nur Einfach-Runden).

B-Junioren: Bundesliga Nord/Nordost

Pl.	(Vj.)	Mannschaft		Sp	S	U	N	Tore	TD	Pkt	Sp	S	U	N	Tore	Pkt	Sp	S	U	N	Tore	Pkt
				Gesamtbilanz							**Heimbilanz**						**Auswärtsbilanz**					
1.	(↑)	Hertha BSC Berlin		26	18	5	3	67-29	+38	59	13	11	2	0	37-10	35	13	7	3	3	30-19	24
2.	(↑)	VfL Wolfsburg		26	18	5	3	68-31	+37	59	13	13	0	0	45-16	39	13	5	5	3	23-15	20
3.	(↑)	SV Werder Bremen		26	14	4	8	55-32	+23	46	13	8	1	4	30-14	25	13	6	3	4	25-18	21
4.	(↑)	Hamburger SV		26	11	7	8	41-29	+12	40	13	7	4	2	23-12	25	13	4	3	6	18-17	15
5.	(↑)	FC Hansa Rostock		26	11	6	9	48-43	+5	39	13	7	3	3	26-12	24	13	4	3	6	22-31	15
6.	(↑)	Hannover 96		26	12	5	9	36-32	+4	38	13	7	3	3	20-15	24	13	5	2	6	16-17	17
7.	(↑)	VfL Osnabrück		26	10	5	11	48-45	+3	35	13	8	3	2	32-17	27	13	2	2	9	16-28	8
8.	(↑)	Tennis Borussia Berlin		26	10	4	12	42-44	-2	34	13	6	2	5	25-22	20	13	4	2	7	17-22	14
9.	(↑)	FC Rot-Weiß Erfurt		26	10	4	12	40-44	-4	34	13	6	3	4	22-22	21	13	4	1	8	18-22	13
10.	(↑)	FC Energie Cottbus		26	9	6	11	29-38	-9	33	13	4	4	5	15-17	16	13	5	2	6	14-21	17
11.	(↑)	Holstein Kiel		26	10	2	14	30-46	-16	32	13	4	0	9	10-23	12	13	6	2	5	20-23	20
12.	(↑)	SG Dynamo Dresden	↓	26	8	6	12	31-40	-9	30	13	3	3	7	15-20	12	13	5	3	5	16-20	18
13.	(↑)	FC Sachsen Leipzig	↓	26	6	2	18	30-65	-35	20	13	2	2	9	16-32	8	13	4	0	9	14-33	12
14.	(↑)	Eintracht Braunschweig	↓	26	1	7	18	20-67	-47	10	13	0	4	9	9-28	4	13	1	3	9	11-39	6

Hannover 96 wurden drei Punkte wegen des Einsatzes eines nicht spielberechtigten Spielers abgezogen.
Informationen zu den Aufstiegsspielen finden Sie auf Seite 352.

Teilnehmer an Deutscher Meisterschaft: Hertha BSC Berlin.
Absteiger in die Regionalligen: Eintracht Braunschweig (Nord), FC Sachsen Leipzig und SG Dynamo Dresden (Nordost).
Aufsteiger aus den Regionalligen: FC St. Pauli, SC Concordia Hamburg (Nord) und FC Hertha 03 Zehlendorf (Nordost).

B-Junioren: Bundesliga Nord/Nordost 2007/08

	Hertha BSC	VfL Wolfsburg	Werder Bremen	Hamburger SV	Hansa Rostock	Hannover 96	VfL Osnabrück	Tennis Borussia	Rot-Weiß Erfurt	Energie Cottbus	Holstein Kiel	Dynamo Dresden	Sachsen Leipzig	Braunschweig
Hertha BSC Berlin	×	2:1	1:1	2:1	7:1	1:0	5:1	2:2	2:1	3:1	1:0	3:1	2:0	6:0
VfL Wolfsburg	3:1	×	4:1	2:1	4:2	2:0	3:2	3:2	1:0	5:2	3:0	5:2	4:2	6:1
SV Werder Bremen	1:2	1:3	×	1:0	3:3	1:2	2:0	3:1	2:0	4:1	0:1	3:1	6:0	3:0
Hamburger SV	1:4	0:2	1:1	×	2:1	1:1	2:0	4:1	2:0	2:0	2:0	1:1	4:0	1:1
FC Hansa Rostock	2:2	0:0	2:0	3:1	×	1:2	2:1	0:0	4:1	0:3	6:0	0:1	2:1	4:0
Hannover 96	2:0	2:2	0:2	0:1	3:1	×	1:1	1:0	1:0	3:2	0:5	0:0	5:1	2:0
VfL Osnabrück	0:3	2:2	2:1	3:1	1:3	2:1	×	4:1	3:0	3:0	2:1	3:3	3:0	4:0
Tennis Borussia Berlin	1:3	1:4	1:2	1:1	2:2	2:0	3:1	×	1:4	2:0	4:1	2:0	3:1	4:2
FC Rot-Weiß Erfurt	1:3	1:4	2:0	0:5	4:1	3:0	1:4	2:0	×	0:0	1:1	2:1	3:1	2:2
FC Energie Cottbus	4:0	1:1	1:1	0:3	1:0	1:1	1:0	0:3	3:0	×	1:3	0:1	0:2	2:2
Holstein Kiel	0:5	1:0	0:2	2:0	0:2	1:5	3:1	2:1	1:2	0:1	×	0:2	0:1	0:1
SG Dynamo Dresden	1:1	3:1	1:3	1:1	2:3	1:2	2:1	0:1	1:2	1:1	0:2	×	0:2	2:0
FC Sachsen Leipzig	2:5	0:2	3:4	0:0	2:3	1:0	1:1	1:2	1:8	0:1	2:3	0:1	×	3:2
Eintracht Braunschweig	1:1	1:1	0:7	2:3	0:0	0:2	2:3	0:3	0:0	0:1	1:2	1:2	1:3	×

B-Junioren: Bundesliga West

Pl.	(Vj.)	Mannschaft		Sp	S	U	N	Tore	TD	Pkt	Sp	S	U	N	Tore	Pkt	Sp	S	U	N	Tore	Pkt
1.	(2.)	Borussia Dortmund		26	19	2	5	81-38	+43	59	13	11	0	2	41-14	33	13	8	2	3	40-24	26
2.	(1.)	Borussia Mönchengladbach		26	14	8	4	58-32	+26	50	13	6	5	2	31-17	23	13	8	3	2	27-15	27
3.	(5.)	Bayer 04 Leverkusen		26	14	4	8	59-49	+10	46	13	6	4	3	32-24	22	13	8	0	5	27-25	24
4.	(9.)	DSC Arminia Bielefeld		26	14	4	8	42-34	+8	46	13	8	2	3	20-12	26	13	6	2	5	22-22	20
5.	(7.)	VfL Bochum		26	13	6	7	44-29	+15	45	13	8	3	2	25-17	27	13	5	3	5	19-12	18
6.	(3.)	FC Schalke 04		26	13	7	6	68-38	+30	43	13	4	5	4	24-21	17	13	9	2	2	44-17	29
7.	(4.)	1. FC Köln		26	10	8	8	56-39	+17	38	13	6	2	5	36-24	20	13	4	6	3	20-15	18
8.	(11.)	MSV Duisburg		26	7	8	11	34-39	−5	29	13	6	3	4	22-16	21	13	1	5	7	12-23	8
9.	(↑)	SC Preußen 06 Münster		26	9	2	15	30-50	−20	29	13	7	0	6	19-18	21	13	2	2	9	11-32	8
10.	(12.)	Rot-Weiss Essen		26	9	2	15	28-49	−21	29	13	4	2	7	14-24	14	13	5	0	8	14-25	15
11.	(6.)	TSV Alemannia Aachen		26	7	7	12	38-48	−10	28	13	3	3	7	22-26	12	13	4	4	5	16-22	16
12.	(10.)	Bonner SC	↓	26	7	4	15	38-64	−26	25	13	6	0	7	24-31	18	13	1	4	8	14-33	7
13.	(8.)	SG Wattenscheid 09	↓	26	4	8	14	16-47	−31	20	13	1	4	8	6-24	7	13	3	4	6	10-23	13
14.	(↑)	Fortuna Düsseldorf	↓	26	4	6	16	24-60	−36	18	13	3	5	5	12-20	14	13	1	1	11	12-40	4

Dem FC Schalke 04 wurden wegen des Einsatzes eines nicht spielberechtigten Spielers beim Spiel in Wattenscheid drei Punkte abgezogen.

Teilnehmer an Deutscher Meisterschaft: Borussia Dortmund.
Absteiger in die Verbandsligen: Fortuna Düsseldorf (Niederrhein), SG Wattenscheid 09 (Westfalen) und Bonner SC (Mittelrhein).
Aufsteiger aus den Verbandsligen: TSC Eintracht Dortmund (Westfalen), Wuppertaler SV Borussia (Niederrhein) und Sportfreunde Troisdorf (Mittelrhein).

B-Jun. BL West 2007/08	Dortmund	M'gladbach	Leverkusen	Bielefeld	Bochum	Schalke	Köln	Duisburg	Münster	Essen	Aachen	Bonn	Wattenscheid	Düsseldorf
Borussia Dortmund	×	4:1	5:2	3:2	3:2	2:3	1:2	4:0	2:0	4:0	1:0	1:0	6:0	5:2
Mönchengladbach	3:3	×	1:3	0:2	1:1	3:3	2:0	1:1	6:1	4:0	4:0	3:1	2:2	1:0
Bayer Leverkusen	4:1	1:1	×	2:3	1:1	3:4	1:6	1:1	3:1	2:1	3:3	6:1	1:0	4:1
Arminia Bielefeld	3:2	0:3	1:2	×	1:0	1:0	1:1	1:1	3:0	2:1	0:1	3:1	1:0	3:0
VfL Bochum	2:4	4:1	2:1	2:0	×	1:6	1:1	2:0	3:1	1:0	3:0	1:1	1:1	2:1
FC Schalke 04	2:5	1:1	2:4	1:1	2:0	×	0:0	3:1	6:1	4:2	1:2	1:3	1:1	0:0
1. FC Köln	3:4	0:2	6:2	4:1	0:1	3:1	×	5:4	5:0	0:2	1:1	4:4	0:1	5:1
MSV Duisburg	0:3	1:3	2:1	3:1	0:0	0:0	0:1	×	2:1	4:1	1:1	3:0	1:2	5:2
Preußen Münster	1:0	0:1	1:2	3:1	1:0	1:4	1:0	2:1	×	0:1	1:4	5:1	1:2	2:1
Rot-Weiss Essen	0:1	2:2	2:3	1:2	0:3	0:5	2:2	2:1	0:2	×	0:2	2:1	1:0	2:0
Alemannia Aachen	3:5	1:3	1:2	1:4	1:2	2:6	2:2	0:0	0:0	0:2	×	3:0	3:0	5:0
Bonner SC	0:4	0:5	0:3	0:2	1:6	1:4	2:1	0:1	2:0	3:0	4:1	×	5:1	6:3
Wattenscheid 09	2:7	0:2	1:2	1:2	1:0	0:4	1:1	0:0	0:4	0:0	0:0	0:0	×	0:1
Fortuna Düsseldorf	1:1	1:2	1:0	1:1	0:3	0:4	1:3	2:1	0:0	1:3	3:1	1:1	0:0	×

B-Jun. BL Süd/SW 2007/08	Hoffenheim	Kaiserslautern	VfB Stuttgart	Frankfurt	Nürnberg	FC Bayern	Mainz	Karlsruhe	Saarbrücken	München 1860	Freiburg	Stuttg. Kickers	Regensburg	Rosenhöhe
TSG Hoffenheim	×	1:1	3:1	4:1	2:0	1:3	5:1	4:0	2:0	3:1	1:0	3:0	4:1	2:0
Kaiserslautern	3:2	×	3:2	1:1	1:0	2:1	2:0	1:0	4:2	1:1	2:1	4:0	0:2	4:2
VfB Stuttgart	3:2	1:3	×	3:1	1:1	1:0	2:1	1:1	3:0	3:1	2:1	2:2	0:0	6:0
Eintracht Frankfurt	2:3	2:5	4:1	×	0:2	2:3	4:1	0:0	2:1	3:0	1:1	4:0	1:0	8:1
1. FC Nürnberg	0:3	0:1	1:2	4:1	×	2:2	1:2	4:0	0:2	2:0	2:0	1:1	2:0	3:0
Bayern München	1:3	1:2	2:1	1:1	0:1	×	2:2	0:2	1:2	2:1	4:0	3:0	0:1	5:1
1. FSV Mainz 05	2:2	1:1	3:2	0:1	1:0	0:2	×	3:0	1:2	0:1	6:2	1:1	4:1	3:0
Karlsruher SC	2:2	0:5	0:1	3:1	3:3	1:2	×		1:0	1:1	2:1	4:1	4:0	1:0
1. FC Saarbrücken	1:5	4:2	0:4	1:4	1:1	2:2	1:2	5:0	×	2:1	5:5	2:0	0:1	3:0
München 1860	0:1	2:2	1:1	3:3	0:0	1:0	2:2	1:0	2:2	×	0:1	3:0	2×0	4:1
SC Freiburg	1:3	3:5	1:2	0:2	1:1	1:2	1:0	3:1	1:1	2:0	×	1:3	2:0	3:1
Stuttgarter Kickers	2:3	1:1	0:3	2:3	0:7	0:1	2:2	2:3	1:1	2:0	4:1	×	2:0	2:1
Jahn Regensburg	0:3	0:3	1:3	1:4	0:1	1:1	0:2	1:0	0:0	1:0	1:3	2×0	×	1:4
SG Rosenhöhe	0:4	1:2	0:8	1:3	0:6	0:2	0:1	1:7	5:1	0:1	1:2	0:6	1:2	×

Das Spiel TSV München 1860 – SSV Jahn 2000 Regensburg wurde gewertet.

B-Junioren: Bundesliga Süd/Südwest

Pl.	(Vj.)	Mannschaft		Sp	S	U	N	Tore	TD	Pkt	Sp	S	U	N	Tore	Pkt	Sp	S	U	N	Tore	Pkt
1.	(↑)	TSG 1899 Hoffenheim		26	20	3	3	71-26	+45	63	13	11	1	1	35-9	34	13	9	2	2	36-17	29
2.	(↑)	1. FC Kaiserslautern		26	18	6	2	61-31	+30	60	13	10	2	1	28-14	32	13	8	4	1	33-17	28
3.	(↑)	VfB Stuttgart		26	15	5	6	59-32	+27	50	13	8	4	1	28-13	28	13	7	1	5	31-19	22
4.	(↑)	Eintracht Frankfurt		26	13	5	8	59-42	+17	44	13	7	2	4	33-18	23	13	6	3	4	26-24	21
5.	(↑)	1. FC Nürnberg		26	11	6	9	43-24	+19	39	13	6	2	5	22-14	20	13	5	4	4	21-10	19
6.	(↑)	FC Bayern München		26	11	6	9	44-33	+11	39	13	5	2	6	22-17	17	13	6	4	3	22-16	22
7.	(↑)	1. FSV Mainz 05		26	11	6	9	43-38	+5	39	13	6	3	4	25-15	21	13	5	3	5	18-23	18
8.	(↑)	Karlsruher SC		26	10	5	11	39-44	−6	35	13	7	3	3	25-18	24	13	3	2	8	14-26	11
9.	(↑)	1. FC Saarbrücken		26	8	7	11	41-50	−9	31	13	5	3	5	27-27	18	13	3	4	6	14-23	13
10.	(↑)	TSV München 1860		26	7	8	11	29-35	−6	29	13	5	6	2	21-13	21	13	2	2	9	8-22	8
11.	(↑)	SC Freiburg		26	8	4	14	38-52	−14	28	13	5	2	6	20-21	17	13	3	2	8	18-31	11
12.	(↑)	SV Stuttgarter Kickers	↓	26	6	6	14	34-56	−22	24	13	4	3	6	20-26	15	13	2	3	8	14-30	9
13.	(↑)	SSV Jahn 2000 Regensburg	↓	26	7	3	16	17-46	−29	24	13	3	2	8	9-24	11	13	4	1	8	8-22	13
14.	(↑)	SG Rosenhöhe Offenbach	↓	26	2	0	24	21-90	−69	6	13	1	0	12	10-45	3	13	9	2	2	11-45	3

Teilnehmer an Deutscher Meisterschaft: TSG 1899 Hoffenheim und 1. FC Kaiserslautern.
Absteiger in die Oberliga: SG Rosenhöhe Offenbach (Hessen), SSV Jahn 2000 Regensburg (Bayern) und SV Stuttgarter Kickers (Baden-Württemberg).
Aufsteiger aus der Oberliga: Offenbacher FC Kickers (Hessen), SSV Ulm 1846 (Baden-Württemberg) und SpVgg Greuther Fürth (Bayern).

B-Junioren-Meisterschaft

Halbfinale, Hinspiele:
11.06.08 N-S1 Hertha BSC Berlin – TSG 1899 Hoffenheim 1:6 (0:3)
11.06.08 S2-W 1. FC Kaiserslautern – Borussia Dortmund 1:3 (1:1)
Halbfinale, Rückspiele:
15.06.08 S1-N TSG 1899 Hoffenheim – Hertha BSC Berlin 1:3 (1:1)
15.06.08 W-S2 Borussia Dortmund – 1. FC Kaiserslautern 0:1 (0:0)
Finale in Hoffenheim:
21.06.08 S1-W TSG 1899 Hoffenheim – Borussia Dortmund 6:4 (4:2)

Hertha BSC Berlin – TSG 1899 Hoffenheim 1:6 (0:3)
Berlin: Robin Carly – Marcel Kussmann, Volkan Dikmen, Jens Gottschick, Shervin Radjabali-Fardi (74. Patrick Breitkreuz) – Damir Coric, Sascha Schünemann (22. Steven Arnemann, Lennart Hartmann, Daniel Ujazdowski (55. Fatih Aydogdu), Patrick Podrygala (55. Tim Scheffler) – Abu-Bakarr Kargbo. Trainer: Thomas Krücken
Hoffenheim: Daniel Strähle – Marcel Gruber, Manuel Gulde, Anthony Loviso, Christian Grassel, Robin Neupert (65. Marcel Oechsner), Robin Szarka, Marco Schäfer, Pascal Groß (71. Philipp Mayer) – Marco Terrazzino (71. Florian Müller), Dimitri Suworow (65. Claudio Bellanave). Trainer: Guido Streichsbier
Tore: 0:1 Groß (14.), 0:2 Groß (21.), 0:3 Groß (36.), 0:4 Neupert (55.), 0:5 Grassel (65.), 0:6 Groß (69.), 1:6 Scheffler (75.)
Zuschauer: 425 im Amateurstadion
Schiedsrichter: Sascha Thielert (TSV Buchholz 08, HH)
Gelbe Karten: Arnemann, Radjabali-Fardi, Coric

1. FC Kaiserslautern – Borussia Dortmund 1:3 (1:1)
Kaiserslautern: Chris Keilmann – Edward Wagner, Thomas Hartmann, Sebastian Eicher, Denis Linsmeier – Boris Becker, Rico Renner, Marco Gietzen, Philip Klement (70. Marvin Gabriel) – Steven Zellner, Arber Zogaj (70. Christopher Eifel). Trainer: Karl-Heinz Emig
Dortmund: Zlatan Alomerovic – Bastian Fischer, Lasse Sobiech, Onur Cenik, Tim Hermes (70. Volkan Ekici) – Marc Hornschuh, Marco Stiepermann – Mario Götze – Daniel Ginczek, Ivan Paurevic (56. Giacomo Serrone), Victor Hounyovi-Huschka (80. Dennis Buschening), . Trainer: Peter Wazinski
Tore: 0:1 Ginczek (13.), 1:1 Renner (28.), 1:2 Ginczek (42.), 1:3 HounyoviHuschka (47.)
Zuschauer: 530 auf dem Betzenberg, Platz 4
Schiedsrichter: Marco Fritz (SV Breuningsweiler, WBG)

TSG 1899 Hoffenheim – Hertha BSC Berlin 1:3 (1:1)
Hoffenheim: Daniel Strähle – Marco Schäfer, Manuel Gulde, Anthony Loviso, Christian Grassel (31. Claudio Bellanave) – Robin Neupert, Marcel Gruber, Pascal Groß, Robin Szarka – Marco Terrazzino (76. Philipp Mayer), Dimitri Suworow (67. Florian Müller). Trainer: Guido Streichsbier
Berlin: Robin Carly – Mark Leinau, Volkan Dikmen, Damir Coric, Marcel Kussmann – Lennart Hartmann, Patrrick Breitkreuz (71. Jens Gottschick), Abu-Bakarr Kargbo – Daniel Ujazdowski (61. Fatih Aydogdu), Patrick Podrygala (41. Max Zimmer) – Tim Scheffler (53. Omar Ali-Saleah). Trainer: Thomas Krücken
Tore: 0:1 Scheffler (20.), 1:1 Suworo (36.), 1:2 Dikmen (47.), 1:3 Coric (90., Foulelfmeter)
Zuschauer: 4.200 im Dietmar-Hopp-Stadion
Schiedsrichter: Christian Fischer (SG Hemer, WEF)

Borussia Dortmund – 1. FC Kaiserslautern 0:1 (0:0)
Dortmund: Zlatan Alomerovic – Volkan Ekici, Lasse Sobiech, Onur Cenik, Tim Hermes – Marc Hornschuh, Marco Stiepermann – Mario Götze (14. Giacomo Serrone, 80. Ibrahim Barry) – Daniel Ginczek, Ivan Paurevic, Victor Hounyovi-Huschka (78. Dennis Buschening). Trainer: Peter Wazinski
Kaiserslautern: Emilio Fioranelli – Edward Wagner Marco Gietzen, Sebastian Eicher, Denis Linsmeier – Boris Becker, Rico Renner (70. Christopher Eifel), Thomas Hartmann (75. Arber Zogaj), Philip Klement – Steven Zellner, Marvin Gabriel . Trainer: Karl-Heinz Emig
Tor: 0:1 Gabriel (50.)
Zuschauer: 600
Schiedsrichter: Robert Kempter (VfR Sauldorf, SBD)

TSG 1899 Hoffenheim – Borussia Dortmund 6:4 (4:2)
Hoffenheim: Daniel Strähle – Marcel Gruber, Manuel Gulde, Anthony Loviso (75. Dennis Atmaca), Christian Grassel – Robin Neupert – Marco Schäfer, Robin Szarka – Pascal Groß – Dimitri Suworow (58. Claudio Bellanave), Marco Terrazzino (78. Fabio Schmidt). Trainer: Guido Streichsbier
Dortmund: Zlatan Alomerovic – Bastian Fischer (41. Victor Hounyovi-Huschka), Lasse Sobiech, Onur Cenik, Tim Hermes – Marc Hornschuh, Marco Stiepermann – Daniel Ginczek, Volkan Ekici, Giacomo Serrone (46. Dennis Buschening) – Ivan Paurevic. Trainer: Peter Wazinski
Tore: 1:0 Terrazzino (10.), 2:0 Szarka (14.), 2:1 Paurevic (22.), 3:1 Terrazzino (25.), 4:1 Groß (30.), 4:2 Serrone (35.), 4:3 Sobiech (50., Foulelfmeter), 5:3 Grassel (61.), 6:3 Gulde (70. Foulelfmeter), 6:4 Buschening (72.)
Zuschauer: 4.800 im Dietmar-Hopp-Stadion
Schiedsrichter: Peter Gagelmann (ATSV Sebaldsbrück, HB) - Assistenten: Matthias Anklam (USC Paloma Hamburg, HH), Malte Dittrich (FC Oberneuland, HB) - Vierter Offizieller: Martin Petersen (VfL Stuttgart, WBG)
Gelbe Karten: keine

Aufstiegsspiele zur Bundesliga

Aufstieg zur Bundesliga Nord/Nordost:
Aufstiegsspiele der Zweiten der Regionalligen Nord und Nordost:
22.06.2008: SC Concordia Hamburg (N) – FC Carl Zeiss Jena (NO) 2:1 (1:1)
29.06.2008: FC Carl Zeiss Jena – SC Concordia Hamburg 1:1 (0:0)

SC Concordia Hamburg – FC Carl Zeiss Jena 2:1 (1:1)
Concordia: Christian Gruhne – Lars Weltin, Marcus Pick, Prince Boateng Styhn, Henning Stötefalke (43. Samed Topuzovic) – Mark Lukic (53. Florian Klinger), Jordan Brown – Patrick Westermann (59. Ferhat Yildirim), Jan Moritz (74. Marcel Thiele) – Aldin Kapur, Serdar Dursun. Trainer: Stefan Dähling
Jena: Nico Wesser – Christian Kretzer, Patrick Fischer, Gary Häußler, Sascha Rumpeltes (51. Michael Hort) – Eric Heinze (58. Philipp Serrek), Kevin Grob, Manuel Rausch – Stephan Pabst – Stefan Kolb (27. Daniel Barth), Konrad Bosse (65. Fabian Abramowitz). Trainer: Georg-Martin Leopold
Tore: 0:1 Heinze (7., Foulelfmeter), 1:1 Brown (25.), 2:1 Kapur (45.)
Zuschauer: 600 in Dulsberg-Süd - **SR:** Robert Kempter (VfR Sauldorf, SBD)

FC Carl Zeiss Jena – SC Concordia Hamburg 1:1 (0:0)
Jena: Nico Wesser; Dimo Raffel, Gary Häußler (64. Christian Kretzer), Patrick Fischer, Max Nagel, Sascha Rumpeltes (73. Fabian Abramowitz), Manuel Rausch (41. Stefan Kolb), Eric Heinze (41. Michael Hort), Stephan Pabst, Kevin Grob, Konrad Bosse. Trainer: Georg-Martin Leopold
Concordia: Christian Gruhne; Jan Moritz (4. Henning Stötefalke), Lars Weltin, Marcus Pick (55. Florian Klinger), Prince Boateng Styhn, Mark Lukic, Marcel Thiele (66. SamedTopuzovic), Patrick Westermann (58. Serdar Dursun), Jordan Brown, Ferhat Yildirim, Aldin Kapur. Trainer: Stefan Dähling
Tore: 1:0 Raffel (54.), 1:1 Dursun (72.) - **Zuschauer:** 350
Schiedsrichter: Raphael Seiwert (SV Merchingen, SAR)

Aufstieg zur Bundesliga Süd/Südwest:
Aufstiegsspiele des Zweiten der Regionalliga Südwest (Meister 1. FC Kaiserslautern II nicht aufstiegsberechtigt) und dem Meister der Oberliga Hessen:
08.06.2008: Offenbacher FC Kickers (HES) – SV Eintracht Trier 05 (SW) 8:1 (5:0)
13.06.2008: SV Eintracht Trier 05 – Offenbacher FC Kickers 3:3 (1:2)

Offenbacher FC Kickers – SV Eintracht Trier 05 8:1 (5:0)
Offenbach: Kostas Lourentzakis; Patrick Lerch, Cenk Güvenc, Felix Wheeler, Marcel Wohnsland, Daniel Henrich, Kim Werner, Johannes Günther, Florian Riegel, Nojan Öz, Baris Odabas. Trainer: Sven Kahlert
Trier: Dominik Wintersig; Daniel Petersch , Max Meyer, Torsten Schu (41. Martin Pelkner), Tobias Hunz, Luca Greco (67. Rolland Weiszenbacher), Kevin Dres (41. Michel Kupper-Stöß), Dimi Babanatsas, René Mohsmann (72. Erik Michels), Christoph Anton, Jan Brandscheid. Trainer: Werner Kartz
Tore: 1:0 Odabas (Foulelmeter), 2:0 Öz, 3:0 Odabas (25.), 4:0 Öz, 5:0 Eigentor, 6:0 Öz (47.), 7:0 Werner (49.), 8:0 Wheeler (Foulelfmeter), 8:1 Brandscheid (Foulelmeter)
Zuschauer: 1.000 am Bieberer Berg - **SR:** René Hammer (VfB 09 Pößneck, TH)

SV Eintracht Trier 05 – Offenbacher FC Kickers 3:3 (1:2)
Trier: Philip Basqutitt – Daniel Petersch , Max Meyer, Torsten Schu, Tobias Hunz, Luca Greco (70. Merlin Weis), Dimi Babanatsas (65. René Mohsmann), Florian Heck, Martin Pelkner (70. Daniel Christen), Christoph Anton (77. Erik Michels), Jan Brandscheid. Trainer: Werner Kartz
Offenbach: Stefan Braune – Patrick Lerch, Cenk Güvenc, Adrian Saletnik, Daniel Henrich, Kim Werner, Johannes Günther, Baris Odabas, Felix Wheeler, Nojan Öz, Christian Sic (eingewechselt: Marcel Schwalm). Trainer: Sven Kahlert
Tore: 1:0, 3:2 Anton (3., 55), 1:1 Sic (26.), 1:2 Öz (37.), 2:2 Brandscheid (47.), 3:3 Schwalm (81.)
Zuschauer: 350 im Moselstadion - **Schiedsrichter:** Patrick Alt (SV Illingen, SAR)

Landesmeisterschaft Bayern:
Aufstiegsspiele zwischen dem Meister der Bayernliga Nord und dem Zweiten der Bayernliga Süd (Meister TSV München 1860 II nicht aufstiegsberechtigt):
15.06.2008: FC Augsburg (Süd) – SpVgg Greuther Fürth (Nord) 1:3 (1:2)
22.06.2008: SpVgg Greuther Fürth – FC Augsburg 3:3 (1:1)

FC Augsburg – SpVgg Greuther Fürth 1:3 (1:2)
Augsburg: Stefan Brunner; Patrick Merkle, Maximilian Wuttge, Matthias Krammer, Simon Schröttle, Ivan Geljic, Dominik Robinson, Moritz Nebel, Giuliano Manno, Lukas Hiemer, Manuel Ujcic. Trainer: Ilija Aracic
Fürth: Oliver Scheufens; Michael Paccagnel, Benjamin Kaufmann, Alexander Eckert, Philipp Hauck, Jens Trunk, Felix Klaus (64. Sascha Bäcker), Fikret Akbulut, Matthias Katerna (55. Nol Zeka), Steffen Engelhardt, Süleyman Yilmaz (70. Christian Helmreich). Trainer: Fred Klaus
Tore: 1:0 Hiemer (8.), 1:1 Katerna (18.), 1:2 Klaus (38.), 1:3 Klaus (60.)
Zuschauer: ? auf der Paul-Renz-Sportanl. - **SR:** Johannes Hartmeier (ETSV Landshut)

SpVgg Greuther Fürth – FC Augsburg 3:3 (1:1)
Fürth: Oliver Scheufens; Michael Paccagnel, Benjamin Kaufmann, Alexander Eckert, Philipp Hauck, Jens Trunk, Felix Klaus (76. Fabian Döllinger), Fikret Akbulut, Matthias Katerna (51. Jan Marco Kotterer), Steffen Engelhardt, Iler Azemi (71. Christian Helmreich). Trainer: Fred Klaus
Augsburg: Stefan Brunner, Patrick Merkle, Alexander Kergel (28. Michael Hildmann), Matthias Krammer (61. Max Beyer), Simon Schröttle, Ivan Geljic, Giuliano Manno (45. Maximilian Wuttge), Moritz Nebel, Dominik Robinson, Lukas Hiemer, Manuel Ujcic (45. Maximilian Löw). Trainer: Ilija Aracic
Tore: 1:0 Azemi (2.), 1:1 Engelhardt (40., Eigentor), 2:1 Azemi (45.), 2:2 Löw (48.), 2:3 Merkle (55.), 3:3 Helmreich (78.)
Zuschauer: 450 im Sportzentrum Kleeblatt - **SR:** Simon Marx (Germ. Großwelzheim)

Verbandspokal Schleswig-Holstein

Viertelfinale:
16.12.07	4-3	Preetzer TSV - SV Tungendorf	5:3
16.12.07	4-3	TSV Pansdorf - SG Meldorf/Tensbüttel	1:2
17.02.08	3-3	FC Angeln 02 - SG Itzehoer SV/TSV Lägerdorf	0:2
29.04.08	2-1	SV Eichede - Holstein Kiel	0:3

Halbfinale:
01.05.08	3-1	SG Itzehoer SV/TSV Lägerdorf - Holstein Kiel	1:4
01.05.08	4-3	Preetzer TSV - SG Meldorf/Tensbüttel	6:5 nE

Finale (in Preetz):
10.05.08	4-1	Preetzer TSV - Holstein Kiel	1:4 (0:0)

Verbandspokal Hamburg

Viertelfinale:
06.05.08	3-1	SV Wilhelmsburg 1888 - Hamburger SV	0:3
06.05.08	5-3	SV Bergstedt - SV Nettelnburg/Allermöhe	2:1
07.05.08	5-2	SC Poppenbüttel - SC Vorwärts-Wacker 04 Billstedt	0:8
07.05.08	3-2	FC St. Pauli II - FC St. Pauli	3:2

Halbfinale:
20.05.08	3-1	FC St. Pauli II - Hamburger SV	0:2
21.05.08	4-2	SV Bergstedt - SC Vorwärts-Wacker 04 Billstedt	0:4

Finale (in Ahrensburg):
22.06.08	2-1	SC Vorwärts-Wacker 04 Billstedt - Hamburger SV	0:4

Verbandspokal Niedersachsen

Viertelfinale:
22.11.07	2-1	Hannover 96 II - Eintracht Braunschweig	1:0
24.11.07	4-1	SV Meppen - VfL Osnabrück	0:1
24.11.07	3-1	Lüneburger SK - VfL Wolfsburg	0:6
27.11.07	2-1	VfL Wolfsburg II - Hannover 96	0:4

Halbfinale:
01.04.08	1-1	Hannover 96 - VfL Osnabrück	0:1
02.04.08	2-1	Hannover 96 II - VfL Wolfsburg	1:3

Finale (im August-Wenzel-Stadion in Barsinghausen):
01.05.08	1-1	VfL Osnabrück - VfL Wolfsburg	2:3 (0:0)

Verbandspokal Bremen

Viertelfinale:
24.02.08	4-3	Olympischer SC Bremerhaven - TuS Komet Arsten	4:1
27.02.08	3-2	TuRa Bremen - Leher TS	1:8
27.02.08	3-2	SC Weyhe - FC Oberneuland	1:3 (1:0)
05.03.08	5-1	SC Borgfeld - SV Werder Bremen U 17	0:21 (0:9)

Halbfinale:
07.05.08	2-1	FC Oberneuland - SV Werder Bremen U 17	1:2 (0:0)
07.05.08	4-2	Olympischer SC Bremerhaven - Leher TS	2:4

Finale:
28.05.08	2-1	Leher TS - SV Werder Bremen U 17	1:2 (0:1)

VP Mecklenburg-Vorpommern

Viertelfinale:
30.10.07	2-1	Greifswalder SV 04 - FC Hansa Rostock	0:1 (0:1)
31.10.07	3-3	FSV von 1919 Malchin - FC Eintracht Schwerin	1:2
31.10.07	3-2	FSV Bentwisch - 1. FC Neubrandenburg 04	1:2
31.10.07	3-3	FC Anker Wismar 1997 - SV Hafen Rostock 61	5:7

Halbfinale:
17.03.08	3-3	FC Eintracht Schwerin - SV Hafen Rostock 61	3:0
20.03.08	2-1	1. FC Neubrandenburg 04 - FC Hansa Rostock	2:1 (2:0)

Finale (in Malchow):
01.05.08	2-3	1. FC Neubrandenburg 04 - FC Eintracht Schwerin	4:2 (1:1)

Verbandspokal Brandenburg

Viertelfinale:
20.03.08	4-3	Blankenfelde/M. - Ludwigsfelder FC	2:4
23.03.08	4-3	FV Erkner 1920 - FC Strausberg	4:1
23.03.08	4-3	Rot-Weiß Luckau - Fürst./EFC	6:1
23.03.08	4-3	SV Falkensee/Finkenkrug - MSV 1919 Neuruppin	3:0

Halbfinale:
30.04.08	4-3	Rot-Weiß Luckau - Ludwigsfelder FC	4:5
01.05.08	4-4	FV Erkner 1920 - SV Falkensee/Finkenkrug	1:2

Finale:
10.05.08	4-3	SV Falkensee/Finkenkrug - Ludwigsfelder FC	1:2

Qualifikationsspiele für den NOFV-Pokal 2008/09:
11.06.08	3-1	Ludwigsfelder FC - FC Energie Cottbus	0:2
18.06.08	2-1	SV Babelsberg 03 - FC Energie Cottbus	0:3
22.06.08	3-2	Ludwigsfelder FC - SV Babelsberg 03	abg.

Verbandspokal Berlin

Viertelfinale:
12.03.08	2-3	BSV Hürtürkel - 1. FC Spandau 06	4:1 (3:0)
12.03.08	2-5	1. FC Union Berlin - VSG Altglienicke	16:1 (8:0)
12.03.08	1-4	Tennis Borussia Berlin - Berliner FC Preussen	8:1 (3:0)
02.04.08	1-3	Hertha BSC Berlin - Nordberliner SC	5:1 (3:0)

Halbfinale:
02.04.08	2-2	1. FC Union Berlin - BSV Hürtürkel	4:3 (2:1)
09.04.08	1-1	Hertha BSC Berlin - Tennis Borussia Berlin	4:0 (1:0)

Finale (im Werner-Seelenbinder-Sportpark Berlin-Neukölln):
01.05.08	2-1	1. FC Union Berlin - Hertha BSC Berlin	1:4 (0:1)

Verbandspokal Sachsen-Anhalt

Viertelfinale:
16.03.08	4-3	TuS Magdeburg-Neustadt - FC Grün-Weiß Wolfen	9:10 nE
19.03.08	3-2	SV Braunsbedra - Hallescher FC	0:9
02.04.08	3-2	1. FC Lok Stendal - 1. FC Magdeburg	0:1
13.04.08	4-3	MSV Eisleben - Magdeburger SV Börde	4:0

Halbfinale:
21.05.08	3-2	FC Grün-Weiß Wolfen - 1. FC Magdeburg	0:9
12.06.08	4-2	MSV Eisleben - Hallescher FC	0:5

Finale (in Halle, Nachwuchszentrum Sandanger):
21.06.08	2-2	Hallescher FC - 1. FC Magdeburg	3:1

Verbandspokal Thüringen

Viertelfinale:
24.11.07	3-3	JSG Arnstadt - SV SCHOTT JENAer GLAS	1:2
24.11.07	3-3	FC Rot-Weiß Erfurt II - VfL Saalfeld	2:3 nV
23.02.08	4-4	SG An der Lache Erfurt - 1. FC Greiz	4:0
15.03.08	3-3	FC Carl Zeiss Jena II - Union Mühlhausen	8:1

Halbfinale:
15.03.08	4-3	SG An der Lache Erfurt - VfL Saalfeld	0:7
29.03.08	3-3	SV SCHOTT Jena - FC Carl Zeiss Jena II	0:5

(Umbenennung des SV SCHOTT JENAer GLAS Anfang März 2008)

Finale (in Blankenhain):
01.05.08	1-1	VfL Saalfeld - FC Carl Zeiss Jena II	0:3 (0:2)

Qualifikationsspiele für den NOFV-Pokal 2008/09:
03.10.07	2-2	FSV Wacker 03 Gotha - FC Carl Zeiss Jena	0:2
31.10.07	1-2	FC Rot-Weiß Erfurt - FSV Wacker 03 Gotha	3:0
09.04.08	2-1	FC Carl Zeiss Jena - FC Rot-Weiß Erfurt	2:2

(FC Carl Zeiss Jena II verzichtete auf das Qualifikationsspiel gegen RW Erfurt)

Verbandspokal Sachsen

Viertelfinale:
21.11.07	3-1	SG Dynamo Dresden II - SG Dynamo Dresden	1:6
21.11.07	3-2	FV Dresden-Nord - Chemnitzer FC	5:6 iE, 0:0 nV
21.11.07	2-1	1. FC Lokomotive Leipzig - FC Sachsen Leipzig	0:5
17.02.08	3-2	Bergstädtischer SC Freiberg - FC Erzgebirge Aue	0:2

Halbfinale:
20.03.08	2-1	FC Erzgebirge Aue - SG Dynamo Dresden	1:3
13.04.08	2-1	Chemnitzer FC - FC Sachsen Leipzig	8:7 iE, 2:2 nV

Finale (in Regis-Breitingen):
03.05.08	1-2	SG Dynamo Dresden - Chemnitzer FC	1:0

NOFV-Pokal / Südwest und Bayern

wurde 2008 nicht ausgetragen / wird generell nicht ausgetragen

Verbandspokal Westfalen

Viertelfinale:
16.04.08 2-1 TSC Eintracht Dortmund - Borussia Dortmund 0:2
16.04.08 1-1 SC Preußen 06 Münster - DSC Arminia Bielefeld 1:3
16.04.08 3-1 SuS Stadtlohn - VfL Bochum 0:2
16.04.08 5-1 TuS Hattingen 1863 - FC Schalke 04 1:21
Halbfinale:
04.05.08 1-1 DSC Arminia Bielefeld - FC Schalke 04 2:3
07.05.08 1-1 VfL Bochum - Borussia Dortmund 2:1
Finale:
22.05.08 1-1 FC Schalke 04 - VfL Bochum 3:1

Verbandspokal Niederrhein

Viertelfinale:
13.04.08 2-2 SSVg Velbert - SV 19 Straelen 2:0
16.04.08 1-1 Fortuna Düsseldorf - Rot-Weiss Essen 0:1
16.04.08 1-2 Bor. Mönchengladbach - Wuppertaler SV Borussia 6:0
17.04.08 1-2 MSV Duisburg - 1. FC Kleve 2:0
Halbfinale:
07.05.08 2-1 SSVg Velbert - MSV Duisburg 2:1
08.05.08 1-1 Borussia Mönchengladbach - Rot-Weiss Essen 2:0
Finale:
27.05.08 2-1 SSVg Velbert - Borussia Mönchengladbach 0:2

Verbandspokal Mittelrhein

Viertelfinale:
29.04.08 4-3 SC 09 Erkelenz - DJK Arminia Eilendorf 0:1
01.05.08 2-1 VfL Leverkusen - TSV Alemannia Aachen 5:3
01.05.08 2-1 DJK Blau-Weiß Friesdorf - 1. FC Köln 0:1
01.05.08 3-1 SSV Bergneustadt - Bonner SC 1:4
Halbfinale:
07.05.08 2-1 VfL Leverkusen - Bonner SC 5:6
15.05.08 3-1 DJK Arminia Eilendorf - 1. FC Köln 2:8
Finale (im Ulrike-Mayfarth-Stadion in Wesseling):
22.05.08 1-1 1. FC Köln - Bonner SC 6:2

Verbandspokal Rheinland

Viertelfinale:
04.03.08 2-2 TuS Koblenz - TuS Mayen 4:1
05.03.08 3-3 TuS Koblenz II - SV Eintracht Trier 05 II 3:1
05.03.08 2-2 FC Germania Metternich - SV Eintracht Trier 05 0:5
11.03.08 4-3 TuS Koblenz III - SG 06 Betzdorf 2:1
Halbfinale:
30.04.08 2-2 TuS Koblenz - SV Eintracht Trier 05 5:2
01.05.08 4-3 TuS Koblenz III - TuS Koblenz II 3:4
Finale:
12.06.08 3-2 TuS Koblenz II - TuS Koblenz 0:2

Verbandspokal Saarland

Viertelfinale:
17.04.08 2-2 1. FC Saarbrücken II - SV Rot-Weiß Hasborn 4:0
17.04.08 4-2 SV Röchling Völklingen - SV Alem. Thalexweiler 2:4
17.04.08 3-2 TuS Beaumarais - SSV Bachem 1:2
17.04.08 3-2 SV 09 Bübingen - Borussia VfB Neunkirchen 0:3
Halbfinale:
07.05.08 2-2 1. FC Saarbrücken II - Borussia VfB Neunkirchen 2:1
08.05.08 2-2 SSV Bachem - SV Alemannia Thalexweiler 2:3
Finale (in Schwalbach):
21.05.08 2-2 SV Alem. Thalexweiler - 1. FC Saarbrücken 1:2 nV (1:1, 1:1)

Verbandspokal Hessen

Finale Bezirkspokal Kassel (in Fritzlar):
17.04.08 3-3 1. FC Schwalmstadt - OSC Vellmar 5:3 nV (3:3, 1:3)
Finale Bezirkspokal Gießen/Marburg (in Angelburg-Gönnern):
01.05.08 2-2 VfB 1900 Gießen - VfB 05 Marburg 3:1 nV (1:1, 1:1)
Finale Bezirkspokal Fulda (in Flieden):
24.04.08 3-2 SV Buchonia Flieden - SC Borussia Fulda 1:3 (1:1)
Finale Bezirkspokal Frankfurt a. M. (in Neu-Isenburg):
23.04.08 3-2 KSV Klein-Karben - Offenbacher FC Kickers 1:5 (1:1)
Finale Bezirkspokal Darmstadt (Pfungstadt-Eschollbrücken):
01.05.08 3-2 SG Wald-Michelbach - SC Viktoria 06 Griesheim 2:3 (2:0)
Finale Bezirkspokal Wiesbaden (in Geisenheim):
01.05.08 3-2 TSG Wörsdorf - SV Wehen Wiesbaden 0:8 (0:2)
Verbandspokal:
Viertelfinale:
06.05.08 2-1 SV Wehen Wiesbaden - Eintracht Frankfurt 3:1 (3:0)
07.05.08 2-1 VfB 1900 Gießen - SG Rosenhöhe 5:4 iE, 1:1 nV (1:1, 0:1)
07.05.08 3-2 1. FC Schwalmstadt - Offenbacher FC Kickers 1:6 (1:4)
08.05.08 2-2 SC Viktoria 06 Griesheim - Borussia Fulda 2:3 nV (2:2, 1:1)
Halbfinale:
14.05.08 2-2 VfB 1900 Gießen - SV Wehen Wiesbaden 1:3 (1:1)
14.05.08 2-2 Offenbacher FC Kickers - Borussia Fulda 3:2 nV (2:2, 2.2)
Finale (in Schwalmstadt-Ziegenhain):
22.05.08 2-2 SV Wehen Wiesbaden - Offenbacher FC Kickers 3:5 (0:1)

Verbandspokal Nordbaden

Viertelfinale:
24.06.08 2-1 FV 1913 Lauda - Karlsruher SC 6:4 nE
26.06.08 3-3 TSG 1899 Hoffenheim II - SG Heidelberg-Kirchheim 3:2
24.06.08 4-3 VfB Grötzingen - FC Astoria Walldorf 4:2
24.06.08 3-3 SV Langensteinbach - TSV Reichenbach 3:4
Halbfinale:
01.07.08 4-2 VfB Grötzingen - FV 1913 Lauda 11:10 nE
01.07.08 3-3 TSG 1899 Hoffenheim II - TSV Reichenbach 1:4
Finale (beim FV Fortuna Kirchfeld):
06.07.08 4-3 VfB Grötzingen - TSV Reichenbach 2:3 nV

Verbandspokal Südbaden

Viertelfinale:
28.11.07 4-3 SG FC Radolfzell - FC 08 Villingen 4:2
01.12.07 3-4 SV Weil - SG Durbach 2:2 nV
(die niederklassige Mannschaft kommt bei Unentschieden nV weiter)
15.12.07 2-3 SC Pfullendorf - Freiburger FC 5:1
19.01.08 4-1 Spfr. Eintracht Freiburg - SC Freiburg 0:5
Halbfinale:
24.03.08 4-2 SG FC Radolfzell - SC Pfullendorf 2:1
24.03.08 4-1 SG Durbach - SC Freiburg 0:5
Finale (im Mettnaustadion FC Radolfzell):
07.05.08 4-1 SG FC Radolfzell - SC Freiburg 1:2 (1:0)

Verbandspokal Württemberg

Viertelfinale:
15.03.08 3-3 TuS Ergenzingen - FC Heilbronn 3:0 (2:0)
16.04.08 3-2 SSV Ulm 1846 II - TSG Backnang 0:3 (0:0)
23.04.08 2-2 VfB Stuttgart II - SSV Reutlingen 3:1 (2:0)
23.04.08 3-3 Spfr. Schwäbisch Hall - FV Oly. Laupheim 1:2 nV (1:1, 0:0)
Halbfinale:
07.05.08 3-2 TuS Ergenzingen - TSG Backnang 1:2 nV (1:1, 1:1)
08.05.08 3-2 FV Olympia Laupheim - VfB Stuttgart II 0:2 (0:0)
Finale (im Eichenbachstadion in Eislingen):
22.05.08 2-2 VfB Stuttgart II - TSG Backnang 1:0 (1:0)

Westdeutscher Pokal

Halbfinale:
04.06.08 1-1 Borussia Mönchengladbach - 1. FC Köln 4:1
11.06.08 1-1 FC Schalke 04 - VfL Bochum 2:0
Finale:
15.06.08 1-1 Borussia Mönchengladbach - FC Schalke 04 3:0 (1:0)

C-Junioren: Regionalliga Nord

Pl. (Vj.) Mannschaft		Gesamtbilanz							Heimbilanz					Auswärtsbilanz				
		Sp	S	U	N	Tore	TD	Pkt	Sp	S	U	N	Tore	Pkt	Sp	S	U	N	Tore	Pkt
1. (1.) SV Werder Bremen		22	19	2	1	92-17	+75	59	11	10	0	1	53- 8	30	11	9	2	0	39- 9	29
2. (3.) Hamburger SV		22	18	3	1	72-19	+53	57	11	10	1	0	36- 6	31	11	8	2	1	36-13	26
3. (2.) VfL Wolfsburg		22	14	1	7	52-24	+28	43	11	9	0	2	37-12	27	11	5	1	5	15-12	16
4. (5.) Hannover 96		22	12	4	6	57-21	+36	40	11	7	1	3	38-10	22	11	5	3	3	19-11	18
5. (↑) TSV Havelse		22	12	3	7	38-30	+8	39	11	6	2	3	22-17	20	11	6	1	4	16-13	19
6. (7.) Holstein Kiel		22	10	2	10	43-46	−3	32	11	5	2	4	28-17	17	11	5	0	6	15-29	15
7. (4.) FC St. Pauli		22	9	2	11	40-36	+4	29	11	6	0	5	17-15	18	11	3	2	6	23-21	11
8. (↑) SC Weyhe		22	7	4	11	32-46	−14	25	11	3	3	5	16-23	12	11	4	1	6	16-23	13
9. (6.) VfL Osnabrück	↓	22	7	3	12	43-53	−10	24	11	3	2	6	19-30	11	11	4	1	6	24-23	13
10. (↑) Eimsbütteler TV	↓	22	4	3	15	17-55	−38	15	11	2	2	7	10-21	8	11	2	1	8	7-34	7
11. (8.) VfB Lübeck	↓	22	4	2	16	25-74	−49	14	11	2	1	8	12-30	7	11	2	1	8	13-44	7
12. (↑) SV Eichede	↓	22	0	3	19	12-102	−90	3	11	0	2	9	7-39	2	11	0	1	10	5-63	1

Absteiger: SV Eichede, VfB Lübeck (Schleswig-Holstein), Eimsbütteler TV (Hamburg) und VfL Osnabrück (Niedersachsen).
Aufsteiger: Niendorfer TSV (Hamburg), TSV Hattstedt (Schleswig-Holstein), SC Langenhagen (Niedersachsen) und Olympischer SC Bremerhaven (Bremen).

C-Junioren: Regionalliga Nord 2007/08

	Bremen	Hamburg	Wolfsburg	Hannover	Havelse	Kiel	St. Pauli	Weyhe	Osnabrück	Eimsbüttel	Lübeck	Eichede
SV Werder Bremen	×	2:3	1:0	4:1	2:0	6:0	4:2	2:0	6:1	9:1	7:0	10:0
Hamburger SV	1:1	×	2:0	1:0	5:0	5:0	2:1	3:1	5:2	2:0	2:0	8:1
VfL Wolfsburg	1:2	2:1	×	0:1	2:1	3:0	3:1	8:2	2:1	2:1	8:1	6:1
Hannover 96	2:2	1:3	1:0	×	0:1	0:2	4:1	3:0	1:0	7:0	10:1	9:0
TSV Havelse	1:4	1:3	2:1	0:0	×	5:2	2:1	1:1	1:3	2:0	3:2	4:0
Holstein Kiel	0:2	2:2	3:1	1:1	2:3	×	1:0	0:2	4:2	4:1	1:3	10:0
FC St. Pauli	1:3	0:5	0:1	2:0	1:0	3:0	×	0:2	0:3	2:0	5:1	3:0
SC Weyhe	1:4	1:4	1:5	1:2	1:1	2:1	0:2	×	1:1	0:0	4:2	4:1
VfL Osnabrück	0:7	3:3	0:2	0:8	0:3	3:4	2:2	4:0	×	0:1	3:0	4:0
Eimsbütteler TV	0:2	0:3	1:2	1:1	0:3	0:1	2:2	0:3	2:1	×	0:2	4:1
VfB Lübeck	2:4	0:5	0:2	1:3	0:2	2:4	0:2	2:1	0:6	4:0	×	1:1
SV Eichede	0:8	1:4	1:1	0:2	0:2	0:1	1:9	0:4	1:4	2:3	1:1	×

Verbands- und Regionalmeister

Schleswig-Holstein → SG TSV Lägerdorf/Itzehoer SV
Entscheidungsspiel der Meister der Verbandsligen Nord und Süd:
21.06.08: Holstein Kiel (N) – SG TSV Lägerdorf/Itzehoer SV (S)   1:1 (0:1)
28.06.08: SG TSV Lägerdorf/Itzehoer SV – Holstein Kiel   6:1 (2:1)
Hamburg → SC Alstertal-Langenhorn (als Meister der Verbandsliga)
Bremen → SV Werder Bremen (als Meister der Verbandsliga)
Niedersachsen → SC Langenhagen
Entscheidungsspiele der Meister der Bezirksoberligen:
Vorrunde:
21.06.08: MTV Treubund Lüneburg (LG) – BV Cloppenburg (WEM)   1:2
21.06.08: Eintracht Braunschweig (BS) – SC Langenhagen (H)   2:4
Finale:
22.06.08: SC Langenhagen – BV Cloppenburg   2:1
Regionalverband Nord → SV Werder Bremen (als Meister der RL Nord)

Mecklenburg-Vorpommern → 1. FC Neubrandenburg (als Meister der LL)
Brandenburg → Frankfurter FC Viktoria (als Meister der Brandenburg-Liga)
Berlin → Hertha BSC Berlin (als Meister der Verbandsliga)
Sachsen-Anhalt → VfB Germania Halberstadt (als Meister der VL)
Sachsen → SG Dynamo Dresden (als Meister der Landesliga)
Thüringen → FC Carl Zeiss Jena (als Meister einer Hallen-Endrunde)
Regionalverband Nordost → wird nicht ausgespielt

Westfalen → SG Wattenscheid 09
Entscheidungsspiel der Meister der Landesligen 1 und 2:
01.06.08: SG Wattenscheid 09 (St. 2) – Hammer SpVgg (St. 1)   3:2
Niederrhein → Sportfreunde Hamborn 07
Entscheidungsspiel der Meister der Niederrheinligen 1 und 2:
27.05.08: Wuppertaler SV Borussia (St. 1) – Spfr. Hamborn 07 (St. 2)   1:2
Mittelrhein → Bonner SC
Entscheidungsspiele der Meister der Staffeln 1a und 1b:
25.05.08: Bonner SC – VfR Flammersheim   3:1
Regionalverband West → Der FC Schalke 04 (als Meister der RL West)

Rheinland → TuS Mayen (als Meister der Rheinland-Liga)
Saarland → 1. FC Saarbrücken (als Meister der Verbandsliga)
Südwest → 1. FC Kaiserslautern (als Meister der Verbandsliga)
Regionalverband Südwest → 1. FC Saarbrücken
Entscheidungsspiele der Landesmeister.
31.05.08: TuS Mayen (RHL) – 1. FC Kaiserslautern (SW)   0:3
10.06.08: 1. FC Kaiserslautern – 1. FC Saarbrücken (SAR)   0:4
15.06.08: 1. FC Saarbrücken – TuS Mayen   3:0

Hessen → Eintracht Frankfurt
Entscheidungsspiel der Meister der Oberligen Nord und Süd:
31.05.08: TSG Wieseck – Eintracht Frankfurt   0:2 (0:2)
Nordbaden → Karlsruher SC (als Meister der Verbandsliga)
Südbaden → SC Freiburg (als Meister der Südbadischen Liga)
Württemberg → VfB Stuttgart
Endrunde der vier Meister der Landesstaffeln:
Halbfinale:
11.06.08: SSV Ulm 1846 (St. 4) – SSV Reutlingen 05 (St. 3)   5:2
14.06.08: 1. FC Normannia Gmünd (St. 2) – VfB Stuttgart (St. 1)   0:10
18.06.08: SSV Reutlingen 05 – SSV Ulm 1846   0:2
18.06.08: VfB Stuttgart – 1. FC Normannia Gmünd   5:1
Finale:
22.06.08: VfB Stuttgart – SSV Ulm 1846   2:1 (1:0)
Bayern → 1. FC Nürnberg
Entscheidungsspiel der Meister der Bayernligen Nord und Süd:
04.06.08: 1. FC Nürnberg (Nord) – FC Bayern München (Süd)   1:0 (1:0)
Regionalverband Süd → VfB Stuttgart
Qualifikationsspiel:
21.06.08: SC Freiburg – 1. FC Nürnberg   3:0
Halbfinale:
05.07.08: Karlsruher SC – SC Freiburg   0:1
05.07.08: Eintracht Frankfurt – VfB Stuttgart   0:1
Finale:
06.07.08: SC Freiburg – VfB Stuttgart   1:3

C-Junioren: Regionalliga West (U15)

Pl. (Vj.) Mannschaft		Gesamtbilanz						Heimbilanz					Auswärtsbilanz					
		Sp	S	U	N	Tore	TD	Pkt	Sp	S	U	N	Tore	Pkt	Sp	S	U	N	Tore	Pkt
1. (6.) FC Schalke 04		26	20	3	3	85-25	+60	63	13	10	2	1	37-14	32	13	10	1	2	48-11	31
2. (3.) Bayer 04 Leverkusen		26	19	5	2	75-22	+53	62	13	9	2	2	40-13	29	13	10	3	0	35-9	33
3. (2.) Borussia Dortmund		26	16	4	6	52-28	+24	52	13	9	3	1	31-11	30	13	7	1	5	21-17	22
4. (7.) VfL Bochum		26	13	6	7	37-20	+17	45	13	7	3	3	19-8	24	13	6	3	4	18-12	21
5. (5.) 1. FC Köln		26	13	6	7	42-37	+5	45	13	7	3	3	17-14	24	13	6	3	4	25-23	21
6. (4.) TSV Alemannia Aachen		26	13	4	9	57-43	+14	43	13	6	3	4	29-25	21	13	7	1	5	28-18	22
7. (8.) DSC Arminia Bielefeld		26	11	5	10	46-38	+8	38	13	6	4	3	23-12	22	13	5	1	7	23-26	16
8. (1.) Borussia Mönchengladbach		26	9	8	9	35-33	+2	35	13	6	3	4	19-17	21	13	3	5	5	16-16	14
9. (↑) SC Preußen 06 Münster		26	9	4	13	43-54	−11	31	13	4	4	5	25-28	16	13	5	0	8	18-26	15
10. (↑) MSV Duisburg		26	8	4	14	44-58	−14	28	13	5	2	6	21-23	17	13	3	2	8	23-35	11
11. (10.) Rot-Weiss Essen		26	8	4	14	34-61	−27	28	13	6	0	7	25-33	18	13	2	4	7	9-28	10
12. (11.) Fortuna Düsseldorf	↓	26	3	8	15	37-68	−31	17	13	2	4	7	22-29	10	13	1	4	8	15-39	7
13. (9.) Rot-Weiss Ahlen	↓	26	2	7	17	26-67	−41	13	13	1	1	11	15-39	4	13	1	6	6	11-28	9
14. (↑) 1. Kölner Nachwuchsfußball	↓	26	3	2	21	16-75	−59	11	13	1	1	11	7-33	4	13	2	1	10	9-42	7

Absteiger: 1. Kölner Nachwuchsfußball, Rot-Weiss Ahlen und Fortuna Düsseldorf.
Aufsteiger: SG Wattenscheid 09 (Westfalen), Sportfreunde Hamborn 07 (Niederrhein) und Bonner SC (Mittelrhein).

C-Junioren U15 RL W 2007/08

	Schalke	Leverkusen	Dortmund	Bochum	1. FC Köln	Aachen	Bielefeld	M'gladbach	Münster	Duisburg	Essen	Düsseldorf	Ahlen	1. Kölner Nw.
FC Schalke 04	×	1:1	2:0	0:0	5:1	3:2	1:4	3:1	4:1	3:1	6:0	3:1	3:1	3:1
Bayer Leverkusen	3:4	×	1:3	3:0	4:0	1:1	2:1	1:1	6:1	2:0	3:1	5:1	6:0	3:0
Borussia Dortmund	2:1	0:1	×	2:0	1:1	2:0	4:1	2:1	1:0	5:2	3:2	7:0	2:2	0:0
VfL Bochum	2:1	1:1	1:2	×	0:1	3:0	1:0	0:0	0:1	2:1	0:0	4:0	4:1	1:0
1. FC Köln	0:4	1:3	5:1	1:1	×	1:0	1:0	1:0	2:1	3:1	1:1	0:2	0:0	1:0
Alemannia Aachen	0:7	0:1	0:3	1:0	2:5	×	5:3	3:1	3:1	6:2	0:0	1:1	1:1	7:0
Arminia Bielefeld	0:2	0:1	1:0	1:0	2:2	0:1	×	1:0	3:1	2:2	7:0	2:2	1:1	3:0
Mönchengladbach	2:7	1:1	2:1	0:2	0:0	1:0	1:3	×	0:1	4:1	1:0	5:1	0:0	2:0
Preußen Münster	0:4	1:5	1:1	2:2	4:2	2:3	0:3	1:1	×	1:3	1:1	4:2	3:0	5:1
MSV Duisburg	0:6	1:5	1:3	0:3	4:1	2:3	2:0	0:0	3:0	×	0:1	1:1	3:0	4:0
Rot-Weiss Essen	0:5	0:6	2:0	0:2	0:4	1:6	5:1	1:2	1:5	1:0	×	3:1	2:1	9:0
Fortuna Düsseldorf	1:1	1:3	0:1	1:3	1:2	0:3	3:3	3:3	2:1	4:4	3:0	×	1:2	2:3
Rot-Weiss Ahlen	0:2	1:3	0:2	1:2	0:5	1:4	1:2	0:4	1:3	2:4	3:1	3:3	×	2:4
Kölner Nachwuchs	1:4	1:4	1:4	0:3	0:1	1:5	0:2	0:2	0:2	0:2	0:2	1:0	2:2	×

C-Junioren U14 RL W 2007/08

	Dortmund	Leverkusen	Schalke	M'gladbach	1. FC Köln	Aachen	Duisburg	Bonn
Bor. Dortmund	×	2:2 / 2:2	3:6	2:0	2:2 / 4:2	7:0 / 9:1	9:0 / 6:0	2:0 / 11:0
Bay. Leverkusen	1:4	×	2:1 / 2:1	4:0 / 0:1	3:1 / 1:1	8:0 / 5:0	3:1	6:0
FC Schalke 04	0:2 / 3:4	1:1	×	4:2 / 1:0	1:2	2:0	4:1	8:0 / 8:0
Bor. M'gladbach	0:6 / 3:4	1:2	4:0	×	1:0 / 3:1	2:0	0:0	7:1 / 7:0
1. FC Köln	1:2	3:3	1:0 / 3:3	3:0	×	3:1 / 3:3	2:0 / 2:0	1:2
Alem. Aachen	0:2 / 2:2	0:5 / 0:3	0:3 / 1:1	0:2	0:4	×	2:0	5:1
MSV Duisburg	0:3	0:9	0:4 / 1:1	1:2 / 1:3	1:4	2:1 / 1:1	×	1:0
Bonner SC	0:11 / 1:8	0:4	0:4	0:7 / 1:2	1:5 / 3:7	1:3 / 2:4	0:2	×

C-Junioren: Regionalliga West (WFLV-U14-Nachwuchscup)

Pl. (Vj.) Mannschaft	Gesamtbilanz							Heimbilanz						Auswärtsbilanz					
	Sp	S	U	N	Tore	TD	Pkt	Sp	S	U	N	Tore	Pkt	Sp	S	U	N	Tore	Pkt
1. (2.) Borussia Dortmund	21	17	3	1	97:23	+74	54	12	8	3	1	59-15	27	9	9	0	0	38-8	27
2. (1.) Bayer 04 Leverkusen	21	13	6	2	73:22	+51	45	11	8	1	2	35-10	25	10	5	5	0	38-12	20
3. (3.) FC Schalke 04	21	11	3	7	58:28	+30	36	10	6	1	3	32-12	19	11	5	2	4	26-16	17
4. (4.) Borussia Mönchengladbach	21	11	2	8	46:31	+15	35	10	6	1	3	28-14	19	11	5	1	5	18-17	16
5. (5.) 1. FC Köln	21	10	5	6	46:32	+14	35	10	5	3	2	22-14	18	11	5	2	4	24-18	17
6. (8.) TSV Alemannia Aachen	21	4	4	13	27:64	−37	16	10	2	2	6	10-23	8	11	2	2	7	17-41	8
7. (7.) MSV Duisburg	21	4	3	14	16:63	−47	15	10	2	2	6	8-28	8	11	2	1	8	8-35	7
8. (6.) Bonner SC	21	1	0	20	13:113	−100	3	11	0	0	11	9-57	0	10	1	0	9	4-56	3

Anhang: Internationale Länderabkürzungen

Diese Abkürzungen finden Sie in den Spielerkadern der Bundesliga, 2. Bundesliga sowie der Regionalligen.

Abkürzung	Land (FIFA-Mitglied)	Abkürzung	Land (FIFA-Mitglied)	Abkürzung	Land (FIFA-Mitglied)
AFG	Afghanistan	IDN	Indonesien	PNG	Papua-Neuguinea
EGY	Ägypten	IRQ	Irak	PAR	Paraguay
ALB	Albanien	IRN	Iran	PER	Peru
ALG	Algerien	IRL	Irland	PHI	Philippinen
ASA	Amerikanisch-Samoa	ISL	Island	POL	Polen
AND	Andorra	ISR	Israel	POR	Portugal
ANG	Angola	ITA	Italien	PUR	Puerto Rico
AIA	Anguilla	JAM	Jamaika	RWA	Ruanda
ATG	Antigua & Barbuda	JPN	Japan	ROU	Rumänien
EQG	Äquatorialguinea	YEM	Jemen	RUS	Russland
ARG	Argentinien	JOR	Jordanien	SOL	Salomonen
ARM	Armenien	CAM	Kambodscha	ZAM	Sambia
ARU	Aruba	CMR	Kamerun	SAM	Samoa
AZE	Aserbaidschan	CAN	Kanada	SMR	San Marino
ETH	Äthiopien	CPV	Kap Verde	STP	Sao Tomé & Principe
AUS	Australien	KAZ	Kasachstan	KSA	Saudi-Arabien
BAH	Bahamas	QAT	Katar	SCO	Schottland
BHR	Bahrain	KEN	Kenia	SWE	Schweden
BAN	Bangladesch	KGZ	Kirgisistan	SUI	Schweiz
BRB	Barbados	COL	Kolumbien	SEN	Senegal
BEL	Belgien	COM	Komoren	SRB	Serbien
BLZ	Belize	CGO	Kongo	SEY	Seychellen
BEN	Benin	CRO	Kroatien	SLE	Sierra Leone
BER	Bermuda	CUB	Kuba	ZIM	Simbabwe
BHU	Bhutan	KUW	Kuwait	SIN	Singapur
BOL	Bolivien	LAO	Laos	SVK	Slowakei
BIH	Bosnien-Herzegowina	LES	Lesotho	SVN	Slowenien
BOT	Botswana	LVA	Lettland	SOM	Somalia
BRA	Brasilien	LIB	Libanon	ESP	Spanien
VGB	Britische Jungferninseln	LBR	Liberia	SRI	Sri Lanka
BRU	Brunei	LBY	Libyen	SKN	St. Kitts & Nevis
BUL	Bulgarien	LIE	Liechtenstein	LCA	St. Lucia
BFA	Burkina Faso	LTU	Litauen	VIN	St. Vincent & Grenadinen
BDI	Burundi	LUX	Luxemburg	RSA	Südafrika
CAY	Kaiman-Inseln	MAC	Macao	SUD	Sudan
CHI	Chile	MAD	Madagaskar	KOR	Südkorea
CHN	China	MWI	Malawi	SUR	Suriname
COK	Cookinseln	MAS	Malaysia	SWZ	Swasiland
CRC	Costa Rica	MDV	Malediven	SYR	Syrien
DEN	Dänemark	MLI	Mali	TJK	Tadschikistan
GER	Deutschland	MLT	Malta	TAH	Tahiti
DMA	Dominica	MAR	Marokko	TPE	Taiwan
DOM	Dominikanische Republik	MTN	Mauretanien	TAN	Tansania
COD	DR Kongo	MRI	Mauritius	THA	Thailand
DJI	Dschibuti	MKD	Mazedonien	TOG	Togo
ECU	Ecuador	MEX	Mexiko	TGA	Tonga
SLV	El Salvador	MDA	Moldawien	TRI	Trinidad & Tobago
CIV	Elfenbeinküste	MGL	Mongolei	CHA	Tschad
ENG	England	MNE	Montenegro	CZE	Tschechien
ERI	Eritrea	MSR	Montserrat	TUN	Tunesien
EST	Estland	MOZ	Mosambik	TUR	Türkei
FRO	Färöer	MYA	Myanmar	TKM	Turkmenistan
FIJ	Fidschi	NAM	Namibia	TCA	Turks- und Caicosinseln
FIN	Finnland	NEP	Nepal	UGA	Uganda
FRA	Frankreich	NCL	Neukaledonien	UKR	Ukraine
GAB	Gabun	NZL	Neuseeland	HUN	Ungarn
GAM	Gambia	NCA	Nicaragua	URU	Uruguay
GEO	Georgien	NED	Niederlande	VIR	Amerikanische Jungferninseln
GHA	Ghana	ANT	Niederländische Antillen	USA	USA
GRN	Grenada	NIG	Niger	UZB	Usbekistan
GRE	Griechenland	NGA	Nigeria	VAN	Vanuatu
GUM	Guam	NIR	Nordirland	VEN	Venezuela
GUA	Guatemala	PRK	Nordkorea	UAE	Vereinigte Arabische Emirate
GUI	Guinea	NOR	Norwegen	VIE	Vietnam
GNB	Guinea-Bissau	OMA	Oman	WAL	Wales
GUY	Guyana	AUT	Österreich	BLR	Belarus
HAI	Haiti	TLS	Osttimor	CTA	Zentralafrikanische Republik
HON	Honduras	PAK	Pakistan	CYP	Zypern
HKG	Hongkong	PLE	Palästina		
IND	Indien	PAN	Panama		

Redaktion:

Verantwortlich: Dirk Henning und Ralf Hohmann
Mannschaftskader: Ralf Hohmann
Ligen und Pokale: Ralf Hohmann
Redaktionsschluss: 12. August 2008

Mitarbeiter:

Kader der

Bundesliga:	Horst Eger
2. Bundesliga:	Gerhard Jung
RL Nord:	Helmut Mohr
RL Süd:	Hans Schippers
OL Nord:	Ralf Hohmann
OL Nordost-Nord:	Wolfgang Diehr und Matthias Riemann
OL Nordost-Süd:	Torsten Schmidt
OL Westfalen:	Lorenz Otto und Frank Besting
OL Nordrhein:	Gerold Dieker
OL Südwest:	Matthias Schlenger, Perry-Ralph Eichhorn
OL Hessen:	Frank Tiede
OL Baden-W.:	Günther Nebe und Wolfgang Stehle
Bayernliga:	Helmut Mohr
Frauen-Bundesliga:	Perry-Ralph Eichhorn

Quellen:

Viele Vereine und Verbände waren uns bei der Zusammenstellung der Daten behilflich. Leider gab es immer noch einige, die unsere Bitte um Mithilfe ignorierten.

Die Ergebnisse wurden entnommen aus vielen Tageszeitungen, diversen Internetangeboten; insbesondere zu nennen sind:

kicker Sportmagazin
Fußball-Woche Berlin
Sport-Mikrofon Hamburg
Nordsport Schleswig-Holstein
RevierSport
saar.amateur
Südkurier Konstanz
Schwäbische Zeitung
BILD Hamburg
Fußballwoche Berlin

Internet Vereine
Internet Landesverbände
fussball.de
diefussballecke.de
doppelpass-online.de
abpraller.de
kicker.de
derwesten.de
hafo.de
sportnord.de
bayliga.de

Zum Schluss wurden die Tabellen mit amtlichen Quellen der Verbände abgeglichen.

Für die zur Verfügungstellung von Daten bedanken wir uns bei: Wolf Dieter Brusch (Staffelleiter Herren- und Frauen-Verbandspokale Mecklenburg-Vorpommern), Klaus Ebeling (Staffelleiter der Herren-VL Sachsen-Anhalt), Johannes Huber (SC Freiburg), Günter Klose (Zentraler Ansetzer für Mecklenburg-Vorpommern), Thomas Leimert (Die Rheinpfalz), Jürgen Mai (Kicker Südwest), Hanspeter Maser (SBFV), Timo Mentel (GSV Eintracht Baunatal), Anja Ottstadt (Südwestdeutscher Fußballverband), Jürgen Reuter (FC Bitburg), Corinna Welling (Borussia Bocholt), Ralf Pirmann, Matthias Schlenger.

Regionale Mitarbeiter
für Ligen, Pokale und Mannschaften

im Norden:
Dieter Bierwisch
Oke Hellmann
Ralf Hohmann
Christian Jessen
Roland Jordan
Walter Lang
Reinhard Lierenfeld
Mario Santos
Eckhard Schulz
Stefan Scibor
Peter Strahl
Hans-Joachim Stubbe
Bernd Timmermann

im Nordosten:
Hans-Dieter Brüssow
Dieter Hildebrandt
Michael Meinecke
Andreas Müller
Karl-Heinz Platz
Matthias Riemann
Torsten Schmidt
Uwe Schmidt

im Westen/Südwesten:
Karl-Heinz Backes
Frank Besting
Perry-Ralph Eichhorn
Reinhard Janoschka
Klaus Meyer
Robert von Schaewen
Hans-Joachim Stubbe
Dr. Norbert Toporowsky
Friedhelm Vilbusch
Ulrich Wouters

im Süden:
Peter Binninger
Sturmius Burkert
Michael Hauschke
Dirk Henning
Siegfried Hochmann
Ludolf Hyll
Bernd Jäger
Bernhard Nather
Günther Nebe
Jürgen Renner
Wolfgang Stehle
Alex Störk
Frank Tiede
Joachim Troll
Dr. Andreas Werner
Dieter Zimmermann

Übergreifend/Externe:
Frank Besting (Ewige Tabellen)
Sturmius Burkert (Schiedsrichter)
Karl Ernst Fründt (Korrekturlesen)
Dirk Henning (Karten)
Helmut Mohr (DFB-Pokale)
Helmut Morgenweg (Pyramiden)

Impressum

Herausgeber:
Deutscher Sportclub für Fußballstatistiken e. V.
Produktvertrieb: Postfach 520111, 12591 Berlin

Satz: Ralf Hohmann, Lehrte
Einband: Werkstatt für creative Computeranwendungen, Lohfelden
Druck: Druck- und Verlagshaus Thiele und Schwarz, Kassel

© 2008 by Agon Sportverlag
Frankfurter Straße 92a
D - 34121 Kassel
Telefon: 05665-405 84 20 / Fax 05665-405 84 21
eMail: info@agon-sportverlag.de

Alle Rechte vorbehalten
ISBN 978-3-89784-349-3
www.agon-sportverlag.de